U0667004

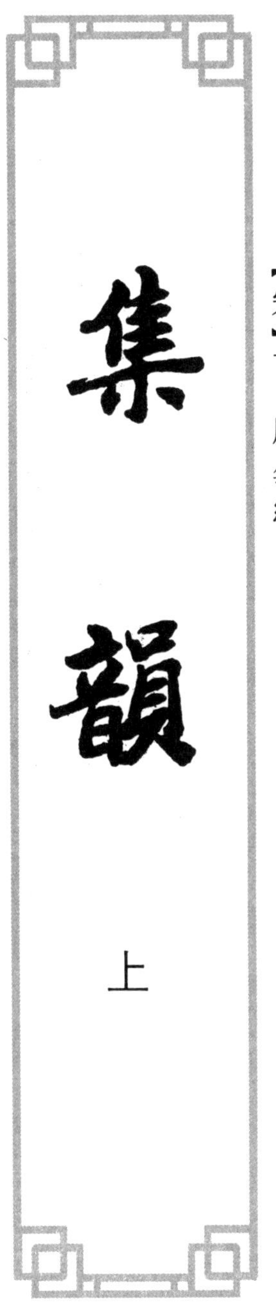

集韻

【宋】丁度等編

上

上海古籍出版社

據上海圖書館藏述古堂影
宋鈔本影印原書版框高
二四五毫米寬一七八毫米

出版説明

本書據上海圖書館收藏述古堂影宋鈔本影印，由顧廷龍先生撰書跋文，介紹這部珍本的源流情況。

影寫底本原有漫漶之處，我社根據清顧千里的修補曹楝亭刻本補上殘缺字，作爲附録，以供參考。

《集韻》收字按韻排列，檢索不便。爲此，並附印四角號碼索引於後。

上海古籍出版社　二〇一七年三月

集韻目次

上册

下册

集韻卷之一

翰林學士兼侍讀學士朝請大夫尚書右司郎中知制誥判秘閣兼判太常禮院群牧使上柱國濟陽郡開國侯食邑一千三百户賜紫金魚袋臣丁度等奉

敕脩定

韻例

昔唐虞君臣賡載作歌商周之代頌雅參列則聲韻經見此焉爲始後世屬文之士比音擇字類别部居乃有四聲若周研李登呂静沈約之流皆有編著近世小學寖廢六書亡缺臨文用字不給所求隋陸法言唐李舟孫愐各加裒撰以裨其闕先帝時令陳彭年丘雍因法言舊說爲刋益景祐四年太常博士直史館宋祁太常丞直史館鄭戩建言彭年雍所定多用舊文繁略失當因

詔祁戩與國子監直講賈昌朝王洙同加脩定刑部郎中知制誥丁度禮部員外郎知制誥李淑爲之典領今所撰集務從該廣經史諸子及小學書更相參定凡字訓悉本許慎說文愼所不載則引它書爲解凡古文見經史諸書可辨識者取之不然則否凡經典字有數讀先儒傳授各欲名家今竝論著以粹羣說凡通用韻中同音再出者既爲冗長止見一音凡經史用字類多假借今字各著義則假借難同故但言通作某凡舊韻字有别體悉入子注使奇文異畫湮晦難尋今先標本字餘皆竝出啓卷求義爛然易曉凡字有形義竝同轉寫或異如坪垩叴吮心小水氵之類今但注曰或書作某字凡一字之左舊注兼載它切既不該盡徒釀細文況字各有訓

不煩悉箸凡姓望之出舊皆廣陳名系既乘字訓復類譜牒今之所書但曰某姓惟不顯者則略著其人凡字有成文相因不釋者今但曰闕以示傳疑凡流俗用字附意生文既無可取徒亂真僞今於正文之左直釋曰俗作某非是凡字之翻切舊以武代某以亡代茫謂之類隔今皆用本字述夫宮羽清重篆籀後先總括包幷種別彙聯列十二凡著于篇端云字五万三千五百二十五新增二万七千三百三十一字分十卷

詔名曰集韻

平聲一

東第一都籠切獨用　冬第二都宗切與鍾通

鍾第三諸容切　江第四古雙切獨用

支第五 章移切與脂之通
脂第六 蒸夷切
之第七 眞而切
微第八 無非切獨用
魚第九 牛居切獨用

一〇東 都籠切許愼說文動也从木官溥說从日在木中一曰春方也又姓文二十五 涷 說文水出發鳩山入於河爾雅暴雨謂之涷郭璞曰今江東呼夏月暴雨爲涷雨引楚辭使涷雨兮灑塵一曰瀧涷沾漬 涷 雨也 蕫 蕫風艸名嶺南平澤有之莖高三二尺先春而生 蝀 蛞蝀科斗通作東 蝀 爾雅螮蝀虹也 鰊 魚名似鯉 鶇 鶇鶝鳥名美形皃一曰鶇鶝名或書作鶇 䍶 ⿰犭東 山海經泰戲之山有獸狀如羊一角一目目在耳後其名䍶或从犬 倲 倲 儱倲劣也或作倲 徚 徚然行皃 崠 山名一曰山脊 埬 上埬地名 ⿰食東 東郡館名 䰤 鬼名一曰醜皃 錬 方言輨軑趙魏之閒曰錬鏅 ⿸疒東 吳俗謂惡氣所傷爲⿸疒東病 ⿰田東 地名 ⿰壴東 ⿰壴東⿰壴東鼓聲 ⿰馬東 馬名 ⿱髟東 ⿱髟東鬆鬉皃 娻 國名 㥚 愚皃〇通 他東切說文達也亦州名又姓文二十五 熥 以火煖物 樋 木名 蓪 藥名博雅附支蓪艸 ⿱竹通 竹名 俑 說文痛也 侗 說文大皃引詩神罔時侗一曰侗未成器之人 恫痌恿 說文痛也一曰呻吟或作痌恿 曈 曈曨日欲明 ⿰豕同狪⿰豸同 獸名山海經泰山有獸狀如豚而有珠其鳴自呼或从犬从豸 潼 水名

⿸户同舍響 通水聲 跼走皃 桐輕脫皃通作通 絧緩而直通皃 ⿰車東鼓聲遠聞 ⿰巾通⿰巾同⿰巾通裙夷服也或从同 畽町畽

鹿跡 嬞女字 ○同徒東切說文合會也亦州名文七十二 童𥫗說文男有罪曰奴奴曰童女曰妾一曰山無艸木曰童又姓籀

文童中與竊中同从廿 僮說文未冠也詩傳僮僮竦敬也 勭成人也 侗倥侗蒙也 曈晍曈曨日欲出或作晍

朣朣朧月初出 膧肥皃 瞳目瞳子 眮吳楚謂瞋目顧視曰眮 哃哃唐大言 銅說文赤金也 峒崆峒

山名 硐碙博雅磨也或从甬 ⿰童瓦博雅⿰童瓦㼧甃也 ⿰甬瓦㼧⿰甬瓦瓬小牡瓦也或从同 桐木名說文榮也又姓古書

作臬 橦木名華可作布 絧布名 罿捕鳥罔 ⿰舟同艟博雅舟也或作艟 筒竹名 筩說文斷竹也 穜

先種後孰爲穜 蕫艸名爾雅蘱薡蕫郭璞曰似蒲而細 洞洪洞縣名在晉州一曰洚洞水無厓皃 潼說文水出廣漢梓潼

北界南入墊江 烔爞燑博雅烔熱也或作爞燑 ⿸户同舍響 𥦗通也 衕通街也 ⿰同阝鄉名 ⿰童阝地名又姓

鮦鱦魚名爾雅鱧大鮦或从童 ⿱童鳥鸏鶇水鳥黃喙長尺餘南人以爲酒器 ⿰豕同狪貆野彘或从犬从豸 犝

㸗說文無角牛也或从同通作童 ⿰羊童⿰羊同無角羊或从同通作童 ⿰革童⿰革同車被具飾或从同 ⿱鼓同鼕鼓聲或从

冬 湩幢湩容車幨帷也或从巾 酮⿰土甲倉馬酪也一曰酢也 挏推復引也 獞犬名 弴象弭謂之弴 憧

集韻[illegible]十一　三

憧憧往來不絕皃徐邈讀 氃 㲝氃毛皃 詷 說文共也一曰譀也引周書在夏后之詷 戙 舟纜所繫曰戙 㠉 㠉嵸山皃 桐

禾盛皃 粡 粽也 痌 瘇 創遺也或从童 虪 黑虎 黸 黑皃 𩦺 馬名 ○ 籠 盧東切說文舉土器一曰笭也

一曰所以畜馬文四十二 蘢 艸名說文天蘥也 櫳 說文檻也一曰所以養獸 龒 說文房室之疏也 𥢷 博雅𥢷稚也一

曰禾病 聾 說文無聞也或書作曨 嚨 說文喉也 𪚺 大聲也 𩟗 䴳 餅屬或从麥 靇 靇靇雷聲

曨 曈曨日出 朧 曈朧月出 䏊 說文兼有也 𩌎 馬被具通作䏊 䡁 方言車轊齊謂之䡁 襱 𧙕 方言齊魯

之間謂之襱關西謂之袴一曰裙也或从同 巃 巃嵸山高皃或書作巄 儱 儱偅劣也 壟 龍土 𪚲 擊也 𨇒

𨇒踨行皃 𢥞 𢥞忽遽皃 豅 谾 蝕 說文大長谷也或作谾蝕 瓏 埤倉玲瓏聲一曰風聲 礱 說文䃺也天子

之桷椽而礱之 𤮐 築土以磨穀一曰瓦礲物 瀧 說文雨瀧瀧皃 䳽 鳥屬 蠪 說文丁螘也一曰蠪蛭如狐九尾虎爪音如小

兒食人亦名蝺蠪 龐 驡 充實也詩四牡龐龐或从馬 竉 都竉縣名在漢九真郡 㦕 㦕悷多惡也 龒 筐也 鑨

器也 𦪆 舟名 㺜 獸名 攏 理也 ○ 蓬 莑 蒲蒙切說文蒿也籀省亦州名文三十一 芃 說文艸盛也引詩芃芃黍

苗 篷 䈏 䡫 方言車篓南楚之外謂之篷或省亦作䡫 艂 𥫱 織竹編箬以覆船或作𥫱 逢 韸 䪊 𪔂

逢逢鼓聲又姓或作韸韼鼜龐驡充牣也或从馬髼鬔字林髼鬆髮亂皃或作鬔袶艸名爾雅困衱袶熢熢焞煙鬱皃漨漨浡
煩鬱也烽蠭倉頡篇螽蜂蟲名或从逢颫風皃莑茂也詩莑莑萋萋塳塚塵也崔譔作塚鏠首著兜鉾
也莊子鏠頭䡫車聲軖車笭皮篋橎梁上欂𡕢煑麴也妦女字○蒙謨蓬切艸名說文王女也文五
十五冡說文覆也通作蒙⿱冖見說文突前也徐鉉曰曰重覆也犯曰而見是突前也幏幪說文蓋衣也一曰下刑墨幏幏巾也
使刑者不得冠飾或作幪髳䟒爾雅覒髳䟒離也郭璞曰艸木之叢茸翳會或作䟒䰒馬垂鬐濛霥說文微雨也或
作霥雺霚霿霧爾雅天氣下地不應曰雺或作霚霿霧朦朦朧月將入曚曚曨日未明朦方言
秦晉之間凡大貌謂之朦一曰豐也䑃博雅䑃艟舟也通作蒙矇說文童矇也一曰不明饛𥁋盟說文盛器滿皃引詩
有饛簋飧或作𥁋盟䤓醿說文籟生衣也或作醿通作䵆醯醠醯醠濁酒也或作醠鸏說文水鳥也罞爾雅麋罟
謂之罞蠓方言蠭燕趙之閒謂之蠓螉𦄙絲亂緒皃鄸邑名駹驡說文驢子也或从蒙檬木名槐也㨆
收斂也尨尨茸亂皃蛖蟲名爾雅蝚蛖螻懜懞懜懜無知皃或从夢蟊龜兆氣不澤也洪範曰圛曰蟊瞢雲瞢澤名
在荊州李軌說夢艸名說文灌渝博雅甾夢葶也䰒博雅䰒䰒髶也氋氋氃毛皃鑅博雅鑅鑅鏨也䝉獸似豕目出於耳

矇浮醭[illegible]醜也㠓山名𧭁嚎言不明亦从口隊自名鄸魯邑懞悫厚皃襛襤襠衣。檧箺

蘇叢切俗呼小籠爲桶檧或作箺文十一揔手進物憁悾憁了惠皃䁓素白也蜙蚣蟲名爾雅蜇螽蜙蜙或从公亦書

作螽𩬆鬆髮亂或作鬆鍃大鑿也潨水聲。怱悤麤叢切說文多遽怱怱也古作悤俗作忩非是文三十聰

恖聰說文察也一說耳病晉殷仲堪父患耳聰古作聰葱蔥說文菜也古作蔥轗載囚檻車通作葱樬檐兩頭銳者也

鍃說文鎗鍃也一曰大鑿一曰平木刻[illegible]說文屋階中會⿱山悤山皃璁說文石之似玉者繱緫說文帛青色一曰輕絹或作緫

憁憁侗無知蹤龒蹤行遽驄說文馬青白雜毛也蟌蟲名淮南子水蠆爲蟌一曰蜻蜓熜熜博雅爟熜炬也一曰煴也

或省醲醲醪謂之醲濛或作醲窻囪牕窗囪通孔也鄭康成曰窻助戶爲明古作囪或作牕窗囪𢏉山海經大荒之

南有從淵偬志衆也⿰女悤女字。㚇翪鵔祖叢切說文斂足也鵲鵙醜其飛也㚇或从羽从鳥文三十九騣馬鬣也鬉

鬉亂鬆繫髮繻曰頭鬆豵𤝔說文生六月豚一曰一歲豵尚叢聚也或从犬猣爾雅犬生三猣鯼魚名石首也出南海頭中有石蝬

三蝬蛤屬⿰虫從說文蝑蜙也一曰似蠎葼說文青齊沇冀謂木細枝曰葼篵折竹箠椶椶櫚木名葉似車輪稯稅說文布八

寸縷爲稯一曰十筥曰稯籥作稅通作緫緵𢓭逡行也或从辵緵爾雅緵罟謂之九罭郭璞曰今百囊罟緫絲數詩素絲五緫嵏

説文九嵏山在馮翊谷口或書作嵏惾困惾刻賊不通也李頤說嵸巃嵸山皃輚輪也磫石名堫䅸說文種也一曰內其中也一曰不耕而種或从耒鬷說文釜屬一曰總也又姓艐朡說文船著不行爾雅至也一曰三朡國名隷作朡蝬蛪蝬蟲名似蟬捘字統捘搣俗謂之捉頭睃視也䙕𧝓博雅䙕褋襌衣也或作𧝓陖國名䂎錐也𡣍女字○叢徂聰切說文聚也俗作藂非是文十五𦇧合絲織也䰌毛髮聚生藂菆𦶛說文艸叢生皃或作菆𦶛䉘籠䉘取魚器爜火皃蝬蝑蝬蟲名潨灇𣻛漎說文小水入大水曰潨詩傳水會也或作灇𣻛漎縱髺高大皃禮爾無縱縱爾劉昌宗讀匧盛米器○洪𣺀胡公切說文洚水也一曰大也亦姓古作𣺀文四十五洚說文水不遵道一曰大水一曰下也葓䓛木艸也或从紅篊引水也一曰竹木爲束𥹳粠說文陳臭米一曰赤米或从共紅說文帛赤白色亦姓阦博雅阦坑也陙阝工從陙山名在益州或作阝工谼大壑𥓬𥓬磅石隕聲鴻鳿說文鴻鵠也大曰鴻小曰鴈亦姓古省𩀉說文鳥肥大𩀉𩀉也羾飛聲或書作𦐇魟白魟魚名一曰魚肥虹𧍯說文螮蝀也狀似蟲引明堂月令虹始見籀作𧍯或書作垂仜說文大腹也一曰朦仜肥大皃肛肛門腸耑訌說文讀也引詩蟊賊內訌通作虹㤨說文戰慄也䪦叿𡂠大聲或作叿𡂠𩗴風聲鉷埤倉弩牙辟致也烘灴字林燎也或从工玒珙說文玉也或从共瓨陶器舼博雅舟也共共池地名垬埭也渱水聲一曰潰渱水沸涌䞑皮肉腫赤屸

山名娂妅女字或从工愩憒也⿰忄共徽懺類○烘呼公切說文尞也引詩卬烘于煁文十五⿰言共㕼大聲或作哅䫺

風聲⿰光空光色焢火氣兒叿哄呵也一曰叿叿人聲或作哄⿰空頁⿰空頁⿰空頁頭悶兒谾谾䃔礲澗谷空兒硿石落聲

魟魚名似鼈𣪠擊空聲⿰耳共耳有聲⿰口動歌聲○空沽公切說文竅也一曰虛也文二十一箜⿰扌箜箜篌樂器師延作蓋

空國之侯所好或从手䓤䓤芯艸名⿰禾空博雅秆⿰禾空稭槀也椌器朴埪龕謂之埪硿硿青藥名出會稽一曰石聲控

除也⿱空攴⿱空殳擊也或从殳崆崆巄山高倥倥侗童蒙也悾信也一曰愨也⿰衤空袾謂之悾涳說文直流也一曰涳

濛細雨鵼鳥名出則爲怪⿰虫空蟲蛲曰⿰虫空⿰鼓空鼓聲窾空也莊子導大窾向秀讀䯧尻骨○公㕣沽紅切說文平分也从八

从厶入猶背也韓非曰背厶爲公一曰封爵名古作㕣文二十六工𢒄說文巧飾也象人有規榘古从彡功糼紅說文以勞定國也或

作糼紅⿰工刂博雅銍謂之⿰工刂攻說文擊也一曰治也釭⿰車工博雅鍋錕釭也謂車轂中鐵或作⿰車工玒玜玉名或从公⿰石貢擊聲

篢笠名愩悒憒兒疘脫疘下病蚣蟲名廣雅蝍蛆蜈蚣也⿱艹公艸名⿰公鳥鳥名鮗魟鮗鰤魚名似鼈或从工

訌訟言相陷也詩蟊賊內訌鄭康成讀杠杠里地名⿰口公衆口⿰忄工急意○翁⿰公頁烏公切說文頸毛也或从頁翁一曰老稱又姓

文十五⿰魚翁說文魚名螉說文蟲在牛馬皮者⿰革翁吳人謂鞾靿曰⿰革翁⿰木翁木名⿱竹翁說文竹兒蓊艸名博雅蓊薹也又

蓊鬱艸木盛皃 嗡嗡吼牛聲 㺋豬也 ⿰翁阝邑名 ⿰衤翁䙚⿰衤翁衣名 嵡山名 嗡蟲聲 鎓鍬也 ○⿰山兒五公切崆⿰山兒山高皃文三

腢髃肩前也或从骨 ○夆樸蒙切俾夆使也文一 ○豐豊敷馮切說文豆之豐滿者也一曰鄉飲酒禮有豐侯者一曰大也亦

姓古作豊文十二 酆說文周文王所都在京兆杜陵西南又姓 灃水名在咸陽 僼闕偓僼仙人名 ⿰山豐山名 ⿰麥豐說文煑麥

也鄭衆謂熬麥曰⿰麥豐或書作⿰豐攴 寷說文大屋也易寷其屋 蘴葑方言蘴蕘蕪菁也陳楚之郊謂之蘴或作葑詩采葑采菲徐邈讀

韸鼓聲 靊靊霳雷師 ○風飌凮凬方馮切說文八風也風動蟲生故蟲八日而化一曰諷也又姓或从雚古作凮凬文十三 楓

檒說文厚葉弱枝善搖一名欇或从林 猦猦⿰犭母獸名如猿行逢人即叩頭微擊即死得風還活 偑地名 瘋頭病 ⿱⿰雚凡糸竹名出南海

⿰阝風地名 諷誦也一曰告也 ○馮符風切說文馬行疾也又姓文十六 ⿰馮阝說文姬姓之國 汎浮也 芃說文艸盛 艂舟名 渢

大聲 丰丰茸艸盛皃 堸蟲室曰堸 檒梵風行木上曰檒或作梵 葻艸偃風皃 縫摓紩衣也或作摓 ⿰氵鳳水聲

⿰月凡乳也 淜無舟渡曰淜 ○瞢矒謨中切說文目不明也从苜从旬旬目數搖也或作矒文十一 夢灌渝也 夢說文

不明也 ⿰土夢澤名通作夢 儚懜爾雅儚儚惛也一曰慙也或作懜 ⿱瞢民寐言 鄸邑名在曹 ⿰夢色艶艶醜皃 ⿰夢豕獸名

似豕目出於耳 ○嵩崇思融切說文中岳嵩高高山又姓古作崈文十七 崧爾雅山大而高崧郭璞曰今中嶽嵩高山蓋依此名 䳫

鴓鷘鳥爵䳍隼屬或从公从松　娀說文帝高辛之妃偰母號也引詩有娀方將又姓　菘蒠蘴菜名或作蒠蘴　硹地名在遼　⿰彳戎姓也　䖪蟲名　髶氄毛毛布一曰髮細皃　蜙蚣蜙蝑蟲名或从公亦書作蚣　⿰酉戎酒名。充昌嵩切說文長也高也或曰實也備也文七　珫珥玉名通作充　⿰忄充埋倉心動也　⿰黃充博雅黃也　⿰衤充襌衣方言襜褕布而無緣關西謂之⿰衤充裗　流流淙水聲　茺茺蔚艸名益母也。終𣅀𠔀𣅀𣅀夂之戎切說文絿絲也一曰盡也又姓古作𣅀𠔀𣅀𣅀隸作夂文二十七　汷泈說文水也一曰水名在襄陽亦作泈　潨厓也一曰小水入大水　𧓍螽𧐞𧕎說文蝗也或作𧓍𧐞𧕎　鼨𪕬說文豹文鼠也或省　⿰豸衆獸名如豹而角　蔠艸名爾雅蔠葵蘩露大莖小葉華紫黃色　柊齊人謂椎爲柊楑一曰木名通作終　⿱雨衆說文小雨也引明堂月令曰⿱雨衆雨　⿰冬龜龜名　䖚𧇾虎文赤黑或从終　鴤鳥名　⿱竹終戎人呼篋曰⿱竹終　衆艸名爾雅濼管衆郭璞曰葉負銳莖毛黑布地冬不死又姓春秋傳有衆父　㚵博雅㚵姅竟也通作終　⿰犭冬大名。戎戎而融切說文兵也一曰西夷名一曰大也或作戎文十六　⿰木戎木名似櫰　駥馬高八尺也爾雅絕有力駥　狨獸名禺屬其毛柔長可藉通作戎　絨布細者曰絨　⿰扌戎爾雅相也博雅推也通作戎　茙茙葵艸名一曰茙茙厚皃通作戎　⿱竹戎竹笴謂之⿱竹戎　茸尨茸亂皃　襛⿰衤茙衣厚也或作⿰衤茙　毧⿰鬲戎耎毳細毛古作⿰鬲戎　⿰石戎石也　⿱竹茸竹名頭有文○崇鉏弓切說文嵬高也一曰充也聚也終也又姓或書作宗文六從太高皃禮爾毋從從爾鄭康成讀漴水聲㟅字林畚屬郲國名通作崇䭹䭹饞貪食○中𠁧𠁩陟隆切說文和也从口从丨上下通亦姓古作𠁧籀作𠁩文六衷說文裏褻衣一曰善也中也忠說文敬也亦州苹說文艸也○忡𢥞敕中切說文憂也引詩憂心忡忡楚辭作𢥞文七沖沖瀜水深廣皃盅器虛曰盅𥦗穿也笚竹名翀上飛也○蟲持中切說文有足謂之蟲李陽冰曰裸毛羽鱗介之揔稱亦姓俗作虫非是文十二𧓉烛旱灼也或省通作蟲𪔳鼓聲沖說文涌搖也一曰和也种稚也亦姓痋病也翀上飛通作冲盅說文器虛也引老子道盅而用之通作沖𦬕苹艸名或从中㤝憂也○隆良中切說文豐大也一曰物之中高也文十六𤸇𤺻癃說文罷病也或作𤺻癃窿穹窿天勢通作隆𡾊𡾊豐山形漨漋高下水也或作漋𪔶𪔵鼓音或作𪔵䃧硿䃧石落聲䈦篁也霳靊霳雷師𧒽蟲名或从隆夅多也○融𧖻余中切說文炊氣上出也一曰和也方言宋衞荆吴之間謂長曰融又姓籀不省文七烿火氣瀜沖瀜水深廣皃肜船也肜商又祭名肜者相尋不紀意孫炎說李舟从肉赨赤蟲○雄䧺胡弓切說文鳥父也一曰牡也一曰武稱亦姓或从鳥文八熊𤡿能𢏾𪏚說文獸似豕山居冬蟄亦姓或作𤡿能𢏾𪏚赨赤蟲○弓居雄切說文以

近窮遠象形占者揮作弓又姓一說角曰弓木曰弧文十三躳躬說文身也一曰親也或从弓又姓邦山名在彭蠡杛木名

[身宮]窮恭皃或从穴宮說文室也一曰五聲之始亦姓[月宮]腐刑也通作宮[虫宮]守[虫宮]蟲名通作宮[氵宮]縣名在酒泉

[礻弓]博雅裀袾[礻弓][礻尃]也[艹宮]艸名䓖蘼也○穹丘弓切說文窮也爾雅穹蒼蒼天郭璞曰天形穹隆然文十五焪[火宮]

曝也燼也或从宮[忄宮][忄穹][忄弓]廣雅憂也或作[忄穹][忄弓][艹宮]芎鞠說文[艹宮]藭香艸司馬相如說从弓或作鞠[石穹]硿礲

石聲[山穹][山穹][山躬]山形[身宮][身同]博雅[身宮][身同]謹敬也或作[身同][竹宮金]方言車枸簍宋魏陳楚間謂之[竹宮金]籠[革弓卩]車軾中○[宮殳]火宮切說

文擊空聲文一○窮竆渠弓切說文極也或作竆文九[穴躬邑]說文夏后時諸侯夷羿國藭藥艸說文[艹宮]藭也[身宮][身同]謹敬皃或

作[身同][山躬][山窮][山穹][山躬]山形或从窮[犭窮]獸名似虎○[石有]於宮切石名文二[忄宮]憂也○[蚩隹]蚩工切雀也文一魟工戇切海

魚名似鼈文一

二○冬[古冬][日冬]都宗切說文四時盡也又姓古作[古冬][日冬]文九[雨冬]雨皃笗竹名苳說文艸也陸詞曰苣苳冬生通作名[豸冬]

獸如豹有角鴤鳥名似梟[女冬]女字○炵他冬切火盛ク文三[忄冬]博雅怪[忄冬]懼也[虫鳥]鳥名○彤蚒徒冬切說文丹飾也从彡

彡其畫也又姓或作蚒文三十三赨[赤冬]說文赤色也或从冬炵火盛皃爞蟲爾雅爞爞薰也謂旱熱薰炙人或作蟲[忄蟲]

博雅𢡟𢡟憂也𢗗惶也𢙺幡名疼𦙶博雅痛也或作𦙶痋說文動病也庝深屋謂之庝一曰舍響𪔵鼕𪔳

說文鼓聲也或从冬亦作𧒒𡫸說文空聲鉵𨭌說文相屬或从蟲鉖鈎也独博雅刺也𪛗說文龜名螐蜼

山海經松果山有鳥名螐渠狀如山雞黑身赤足可以已𦢊或从隹佟姓也𣸧汪𣸧水深一曰水名郶古國名𨡋酒醋壞虪

黑虎或作虪鼨豹文鼠也𪑟黑也○𥕮虛冬切䃔隆石聲文六𪔵𪔶𪔷𪔸鼓聲或作

鼕𪔳𪔵𪔸○農𣀔辳𨐨𨑁𨐿奴冬切說文耕也一曰厚也又姓古作𣀔辳𨐨𨑁𨐿文二十饢䭢饢強食噥

多言不中謂之噥䨺濃博雅露多也或作濃憹𢡟憹悅也儂我也吳語獶說文犬惡毛盥膿癑說文腫血

也或作膿癑蕽蓬蕽蘆華𪖌鼻病夒貪獸也一曰母猴𥌾怒目○鬆鬆鬆蘇宗切髼鬆亂或作鬆鬆文三

○宗祖賨切說文尊祖廟也一曰尊也本也亦姓文四倧上古神人洚水不遵道孟子洚水警子棕木名蜜杼也○賨

幏祖宗切說文南蠻賦也或从巾亦書作賨文十三悰誴說文樂也一曰謀也或作誴慒說文慮也通作悰琮說文瑞玉大八

寸似車釭淙說文水聲也潨水會也鬃高髻也蜙蜙蝑蟲名𤮐甖屬方言江湘之間謂之𤮐孮子孫隆盛曰孮婃

女字○䃔乎攻切䃔隆石隕文七㖯歌聲䫺大風謂之䫺洚水不遵道夅服也降下也瓨罃長頸者○攻

沽宗切治也擊也文三釭轂鐵一曰鐙也碽擊聲。沇統冬切沇淙水聲文一。硿酷攻切硿隆石聲文一

三。鍾諸容切說文酒器也一曰聚也當也又姓文三十三鐘銿說文樂鐘也秋分之音物種成古者垂作鐘或从甬通作鍾橦

木一截也唐式柴方三尺五寸曰一橦籦籦籠竹名任作笛觨舉角也笲字林無節筩𦬸艸名炂暍什也伀

說文志及衆也彸征彸怖遽皃妐公夫之兄爲兄妐一曰關中呼夫之父曰妐或省通作鐘罿捕鳥罔爾雅繴謂之罿蹱徸

埤倉蹱蹱行不進皃一曰小兒行或从彳憧憧憧往來不絕皃㕬衆口皃忪心動也幒帪衳說文幝也

一曰帙或作帪衳衳蚣蟲名蝩䗈蝗也或从童𨳡門外開童夫童郕地通作鐘鍾鈡量名六斛四斗曰鍾或作

鈡通作鍾舂荆山別名潼瀧潼溼皃鈆鐵也。舂書容切說文擣粟也古者雝父初作舂一曰山名日所入文十摏衝也

踳博雅踳蹢也惷憧騃昏也或作憧蝽蝽蟓蟲名通作舂𪃱鸀𪃱鳥名布穀也通作舂䮞駑馬從從容

久意禮待其從容然後盡其聲倯博雅倯倯罵也。衝衝昌容切說文通道也引春秋傳及衝以戈擊之一曰突也或从重文十七罿說文罬也用以捕鳥憧

說文意不定也一曰憧憧往來不絕皃䡴橦說文陷敶車也或作橦通作衝艟艨艟戰船所以突敵潼水名一曰水壞道𧞣

褈博雅褈褣襜褕也或从重𠞝𠛅博雅𠞝刺也或从重穜種廣雅短矛也或从重樅崇牙也惷騃昏也𥨊

空。鱅鰫常容切說文魚名一作鰫文十一䄬褈博雅䄬裕襜褕或从重𢈶窳庸器病慵嬾稱鏞饞鏞

不廉𩍅艐引船浅水中或作艐𤮐說文器也一曰瓶也嫞女字。茸如容切說文艸茸茸皃一曰尨茸亂皃文十八䇯

文竹䄧穠䄧芳也一曰禾稍𣘓木名似檀𩋨鞌毛毳飾緝絲飾𩮖𩭁說文亂髮也或从耳𣯩博雅毴毦罽也襛

說文衣厚皃引詩何彼襛矣穠華多皃𨂴行皃蛬蟲行皃搑推擣也一曰收也𤠗子屬醋說文酒也一曰

酒重醲者𣯖鳥獸細毛也媶姅媶美皃。蜙蚣思恭切說文蜙蝑以股鳴者或省亦書作蚉文九淞江名在吳郡淞

字林凍洛也鬆𩬰𩬰鬆髮亂或省倯彸方言保倯罵也郭璞曰羸小可憎之名一曰嬾也或从彳松木也關內語。樅七恭切木

名說文松葉柏身亦姓文二十𥢓𥢓移治禾也鏦錄稯說文矛也一曰稍小者或从彔亦作稯瑽瑽瑢佩玉聲瞛目光𦝫

肥也赺急行皃𩯣鬆鬆𩬰𩯣髮亂或从松从公摐博雅撞也從從容休燕也𢓭𨔗步緩也或作𨔗蓯

蓯蓉藥名𧒂蟲名蠮螉也𪕨鼶鼩小鼠嫐女字。從縱將容切東西曰衡南北曰從或从糸文十七縱說文从屬絨采章也

一曰車馬飾𨏨𨏨說文車跡也或作𨏨蹤蹤迹也或省赺急行皃樅木名一曰簨簴上牙𤇥火出穴中磫廣雅磫礲礪也

一曰石路𪖀鼶鼩鼠名瘲說文病也𣰈博雅𣰈氍罽也瞛目光也潨水外之高者豵豕生三子。松𥥍𥨸祥容

切說文木也亦州名古作宋寀或書作榕文七訟爭也淞水名在吳凇凍洛也苁艸名○从刅從迦牆容切說文相聽也从二人又姓古作刅隸作從或作迦文九豵豕生三子⿰食從⿰鳥從方言桂林之中謂雞曰⿰食從或从鳥亦書作雂訟爭也蜙蝑蜙蟲名○丰

芊丰敷容切說文艸盛丰丰也从生上下達也或作芊丰文三十五莑艸牙始生夆蜂說文啎也爾雅甹夆掣曳也或作蜂

妦⿰女夆方言凡好而輕者趙魏燕代之間曰妦或作⿰女夆⿰彳夆⿰彳逢說文使也或从逢⿰金逢鋒說文兵耑也或从夆桻廣雅木末也

⿱逢火烽說文燧候表也邊有警則舉火顏師古說夜曰⿱逢火晝曰燧或省⿰矛逢⿰矛夆矛屬或从夆⿰革丰⿰革逢鞛鞙䩬飾或从夆肨

肉耑峯⿱山丰說文山耑也或作⿱山丰或書作峰⿰耳夆⿰耳丰目⿰目夆或从丰蠭⿱夆䖵⿱逢虫蚌說文飛蟲螫人者古作⿱夆䖵或作⿱逢虫蚌通作蜂

蘴葑菜名或作葑捀說文奉也⿰牛夆牛名⿰言丰⿰言夆語耑或不省仹闕仙人名○封⿱㞢土⿰丰土方容切說文爵

諸侯之土也从之从土从寸守其制度也徐鍇曰各之其土一曰土陪益爲封一曰大也又姓亦州名古作⿱㞢土⿰丰土文十崶山名在封州葑蘴菜名

說文須從也或作蘴犎⿰牛夆牛名領上肉爆肰起如橐駝或从夆篈竹名㚰女字○逢符容切說文遇也一曰大也文十四縫

⿰糸夆摓說文以鍼紩衣也或省亦作摓韸⿰革逢字林被縫也一曰鼓聲一曰鞁韸艸名⿰矛逢稖字林矛有二横曰⿰矛逢稖或从夆捀⿰扌丰捧

奉也孫伷曰兩手分而數或省亦作捧通作摓夆爾雅甹夆掣曳也⿰衤逢萯山神名通作逢漨浲水名山海經畾孤山漨水出焉一曰漢漨池在

開封縣或从夆。○夆匹逢切甹夆掣曳也文一○蹱癡凶切躘蹱小兒行皃文八傭⿰月庸均直也或从肉⿺辶馬馬不行皃⿰豕重土精如豘謂之
⿰豕童⿰黑庸深宂中黑嫞女字⿱龍巫巫也○重傳容切複也文十三種穜說文先種後孰也或作穜緟褈穜說文
增益也一曰厚也或作褈穜鶇鶇鶇鳥名鮦魚名蝩夏蠭⿸㫃重旗杠隀地名酮酒欲酢媑女字○龍竜
⿱从电⿰禾龍⿱亼电⿱龍木盧鐘切說文鱗蟲之長春分而登天秋分而潛淵曰寵也又姓亦州名古作竜⿱从电⿰禾龍⿱亼电⿱龍木文二十⿱龍馬野馬
蠪博雅蚵蠪蛰蜴也一曰打螘瓏攏說文禱旱玉龍文从王或从圭⿱龍巫博雅巫也躘躘蹱行皃蘢蘢古
艸名通作龍籠博雅篕籠畚也一曰籠籦竹名龐竉都龐縣在九真或作竉巃山峻皃⿰舟龍扁舟蓋謂之⿰舟龍
⿱龍鳥鳥屬瀧水名○醲尼容切說文厚酒也文十濃⿱雨農說文露多也引詩零露濃濃或从雨襛厚也穠
華多皃⿰木農木名⿰多農⿰多邕⿰多農多也⿰黑農⿰黑庸⿰黑農黑甚⿰犭農犬多毛⿱髟農髮皃○容⿱宀公餘封切說文盛也从宀谷徐鉉曰屋
與谷皆所以盛受又姓亦州名古作⿱宀公通作頌文四十七頌⿰容頁說文皃也籀作⿰容頁通作容⿰庸彡重影也一曰形⿰庸彡⿱髟容髮長皃一曰飾也
傛漢制傛華婦官名一曰傛傛便習意一曰不安褣方言南楚謂襜褕曰褈褣搈博雅動也傭說文均直也一曰顧作謂之傭庸
⿳亠口庚說文用也从用庚庚更事也引易先庚三日一曰常也愚也古作⿳亠口庚又姓⿱亯用說文用也从亯自自知臭香所用食也鄘說文南夷國一

日紂之畿内地名鎔說文治器法也鏞銿說文大鐘謂之鏞或从甬㦷兵器槦搗槦木名村中箭笴一曰兵架謂之槦榕木名初生如葛蘽緣木後乃成樹䈶䈶笋矢也一曰文竹蓉芙蓉荷華溶說文水盛也一曰安流也亦水名滽水名山海經宜蘇之山滽水出焉墉隬牅𩫖說文城垣也或作隬牅古作𩫖嵱山名在容州𡾔山名在建州䡛輍車行皃或从容瑢瑽瑢珮音𤭁㼕博雅瓶也或作㼕𧳜㺎說文猛獸也或从犬鷛𩀊說文鳥也一曰庸渠即今水雞或从隹𪂹𪂹鷎鳥名鱅魚名如㲋牛音鰫說文魚也似鰱而黑𧒽山海經鯈𧒽狀如黃蛇魚翼出入有光訟諍也𤛑牛名領有隆肉鋊鉤鋊取炭器嫆女字○銎丘恭切說文斤斧穿也文三䇨車弓跫行聲○恭居容切說文肅也通作龔共或書作恭文十八龏說文慤也龔說文給也又州名亦姓供說文設也一曰供給通作共共共工官名又地名亦姓廾昇竦手也或作昇䢼亭名在宣城䀌𥈠埤倉䀌䀏非眭也或从恭髸髸鬆髮亂䲨鳥名似雉嗁自呼烘燎也珙拱大璧也春秋傳與我其拱璧徐邈讀或作拱㤨博雅懼也哄𠹔聲也或从恭○匈𦙄胷虛容切說文膺也或作𦙄胷文十七凶𣧑說文惡也象地穿交陷其中或从歺通作兇兇恟忷說文擾恐也引春秋傳曹人兇懼或作恟忷詾訩說詩傳訟也一曰盈也一曰衆言或作訩說跫𨁍人行聲莊子足音跫然或从凶洶汹水勢或作汹銎𨥫方言矛骹謂之銎一曰斤斧穿或从凶○邕𨙨於容切說文四方有水自

邕城池又州名籒作邕文三十五　廱說文天子饗飲辟廱一日辟廱學名通作雝　雝⿰邕鳥說文雝𪇆也或从鳥　雍和也亦姓通作邕雝　噰

嗈爾雅聲也郭璞引詩肅肅噰噰和鳴或作嗈通作邕雍　⿰豸雍猨屬　⿱雝食饔孰食也一日割亨煎和之稱或从雍　灉澭說文河灉

水在宋爾雅水自河出爲灉或作澭　⿱雝土壅塞也或从雍亦作⿱雍田　⿱雝玉⿱雍玉石次玉一日玉器或从雍　⿱雝缶⿱雍缶甕陶器或作罋甕

⿰多邕⿰多雍⿰多邕⿰豸農多也或作⿰多雍　蕹萃也　⿰革雍⿰革邕⿰韋雍鞾靿或从邕亦作⿰韋雍　⿰衤雍⿰衤邕襪靿吳俗語或从邕　癰臃說文腫也或作

臃亦書作⿱雍肉　擁⿱雝手遮也或作⿱雍手　⿰女邕女皃　⿱雍虫蟲名蛘也　○顒䮵魚容切說文顒大頭也引詩其大有顒一日顒顒溫皃或作䮵文八

蝺蟲名似蟬　禺番禺越地名　喁噞喁魚口上見一日聲也　鰅說文魚名皮有文出樂浪東暆神爵四年初捕收輸考工周成王時揚州獻鰅一日

鰅鱅狀如犂牛　遇曲遇地名　媀女字　○蛩⿱邛虫渠容切說文蛩蛩獸也一日秦謂蟬蛻曰蛩或从邛通作邛文二十九　⿱巩馬獸如馬而青一走千里

蛬爾雅蟋蟀蛬　邛說文地名在濟陰一日水名在蜀一日病也亦姓　筇竹名通作邛　⿱艹邛萁莢實　⿱巩木稽也　桏說文桉椐木也

栱共爾雅杙大者謂之栱或省　⿰木⿱巩木⿰舟⿱巩木舼⿰舟邛方言南楚江湖凡船小而深者謂之⿰木⿱巩木或作⿰舟⿱巩木舼⿰舟邛　輁輁軸士喪遷柩者　⿱竹蛩

籠⿱竹蛩車弓　銎佩也　⿰亻⿱巩木方言⿰亻⿱巩木㑣罵也　⿱巩鳥水鳥名　⿱髟兇⿱髟巩⿱髟從鬆亂　⿱巩足人行聲　廾竦手也　⿱巩手舉兩手取日⿱巩手　⿵門巩

說文所以枝鬲者从爨省从鬲省會意　烘燎也　⿱巩土⿱巩石水石之島曰⿱巩土或从石　⿱巩米精米　○逢⿱逢虫匹凶切蟲名爾雅土逢蟲文一　○逢

蒲恭切闕人名蓬蒙羿之弟子文一。犛鳴龍切羌中牛名李登說文二　氂毛之彊曲者李登說

四。江古雙切說文水出蜀湔氐徼外崏山入海又姓亦州名文十六　茳茳蘺香艸通作江　豇豆名　扛說文橫關對舉也　杠說文牀前橫木一曰旌旗干　矼聚石水中以爲步度彴通作杠　瓨說文似罌長頸受十升　玒玜玉名或从公　𧮰谷名在南郡　釭鐙也一曰轂鐵

䚗𧣒說文舉角也或从工　魟魟𩵼水蟲名　肛埤倉胮肛腸脹也　笁竹名。腔羫𤟃枯江切骨體曰腔或从羊从犬文十九　䯪髖䯪尻骨名　𤸪啌喉病也或从口　控打也　椌說文柷樂也　跫履地聲　䮉馬行皃　悾信慤皃　谾山谷深皃　崆崆㟅山高峻皃

𤬪𤮏𤬪也或从荒　肯說文幬帳之象从月出其飾也　舡解舡舟名　涳說文直流也　矼堅實皃。肛疘虛江切博雅胮肛腫也或作疘文九　啌咄也一曰嗔語一曰嗽也　舡博雅解舡舟也　谾澗谷空皃　𣫬䡫擊也或作降　矼堅實皃

涳水流直皃。夅降胡江切說文服也从夂牛相承不敢並也或从𨸏文十六　迒車迎也　𥬀𥬀𥳧酒篘也　栙說文栙雙也一曰未張帆皃通作𥬀　𧯎博雅胡豆𧯎䜎　缸瓨說文瓨也或作瓨　𤝞𤢟𤝞犬不服牽也　𡺯山名　洚說文水不遵道一曰下也　鳿鳥名或作䳱

跭跭蹤竦立也一曰行不進　㟅崆㟅山皃　虹潰也詩實虹小子鄭康成讀。胦於江切胦肛不伏文二　𤢟𤢟𤝞犬不服也。㟅𡹨吾江切崆㟅山峻或作𡹨文二。胮膖𤵢肨披江切胮肛腫也或作膖𤵢肨文七　𩐨𪔊鼓聲

或作鼙黭黑皃。邦𨛭峀悲江切說文國也一說大曰邦十日國亦姓古作𨛭峀文六梆木名垹土精謂手謂之垹𡙇
皮裏僂。龐皮江切說文高屋也亦姓文七𪔵韸鼓聲或作韸逄塞也一曰姓也出北海胮痒胮肛腫也或作痒舽
解艭船也。尨莫江切說文犬之多毛者引詩無使尨也吠一曰雜也文二十二厖說文石大皃一曰厚也駹說文馬面顙皆白牻說文
牛白黑雜毛蛖蟲名爾雅蜾蛖螻𪀙鳥名茅鴟也似鷹而白或書作𪆯𡷨五𡷨山名在蜀浝說文水也𪏝方言黮𪏝私也郭璞曰皆
冥闇故爲陰私娏埤倉女神名𩬳毛蒼也𥌊目暗也哤說文哤異之言一曰雜語𦝼身大也痝病困一日病酒𢙩𢙩懞惛也
𠆩𠆩儱不媚𡍬說文涂也龍黑白雜色也周禮龍勒厖豕讀蘢艸名𩕄頭皃鸏鳩屬。雙疎江切說文隹二枚也又
持之亦姓文十二艭解艭舟名䉶博雅箻䉶謂之箳一曰酒簩欆𢄔㩳欆末張帆或从巾通作雙䉶𧯠豆名愯
懼也春秋傳駟氏愯䲮海魚名瀧水名在嶺南亦州名𨇨跭𨇨竦立䨥艸名𩅦雨皃孇女字。囪窗牕
窻四初江切說文在牆曰牖在屋曰囪或作窗牕窻𥦕古作四俗作窓非是文十三𡑞䅲不耕而種或作䅲摐博雅撞也鏦錄
𥟖鏓方言矛吴楚之間謂之鏦或从彖亦作𥟖鏓蔥蔥靈輜車名。淙鉏江切水聲文六鬃從髻高也或作從𤭛
博雅瓶也長沙謂罌曰𤭛𩞵欲食也或書作𩞵漴雨急謂之漴。椿株江切杙也文五湷深水立也鬊鬊鬊亂髮𧜣

短衣䄝祠不恭謂之䄝○惷抽江切說文愚也文六⿱舂見⿰巷見說文視不明也一曰直視或从巷亦書作⿰巷見䄝祠不恭也䅚禾不
秀⿰衤舂短也○幢傳江切釋名幢童也其狀童童然文十二撞說文丮擣也橦說文帳極也一曰木名⿰耒童種入也於
旗杠⿰食童噇食無廉也或从口⿰骨童膧⿰骨童骼尻骨或从肉⿰童見視不明也⿰石童石皃⿰衤童衣也○瀧閭江切奔湍文二
驡充實皃○⿰耳農濃江切耳聲文十二噥譨噥語一曰語不明或从言⿰目農目不明憹心亂也鬞⿰毛農埤倉鬞鬞
鬆亂或从毛醲厚酒也搑推擣也一曰窒也⿰食農餺⿰食農強食也⿱農鳥鳥名⿱農鳥鴻也涳直流也亦姓
五○支⿱支巾章移切說文去竹之枝也从手持半竹一曰分也亦姓古作⿱支巾文五十四枝說文木別生條胑⿰身只肢⿰身支說文體四胑也或作
⿰身只肢⿰身支通作支⿸疒支傷也⿸疒支疧病也或从氏⿰糸支字林緯⿰糸支挽舟繩⿰糸爾縉屬衼毛衣也一曰髮裟謂之衹衼衹秖適也或从
禾禔媞衼安福也或从女亦作衼榰說文柱砥古用木今以石引易榰常凶𣘈木盛也梔黃木子可以染爾雅桑辨有甚
梔一曰桑半有甚半無名梔卮說文器也一名觛所以節飲食象人卩在其下也觶⿰角辰觗鄉飲酒器受三升一說實曰觴虛曰觶或作⿰角辰
觗只專辭也氏月氏西域國名一曰閼氏匈奴妻名⿰赤支䞓⿰赤支面飾眂視也馶說文馬彊也⿰支隹鳷說文鳥也一曰雉度或从
鳥漢有鳷鵲觀在雲陽甘泉⿱支馬土精如鴈黃色一足謂之⿱支馬⿰支毛博雅⿰支毛⿰支毛罽也⿱支虫蟲名如蜥蜴食人而善藏汥說文水都也

郊邑名在義陽多攰廣雅多也或从支軙軝軝長轂茋萡揄莢也或作萡岐分也跂踶跂用心力皃崔譔說
枳𧴧枳首蛇名蛇有兩首者或作𧴧訨博雅調也蘁博雅菹也䭲方言雞陳宋謂之辟䭲𧲤豕高五尺爲𧲤吱吱吱聲也
軛車器也眵目汁凝忮害也○騹騾專垂切馬小皃或作騾文三䚂規䚂面柔○齜此茈宜切齵病或書作
齹文一○施㐌㫊商支切說文旗皃齊欒施字子旗知施者旗也一曰設也亦姓古作㐌㫊文三十二䚂覗𧡏說文司人也一
曰規䚂面柔或作覗𧡏通作施箷竹枝葹卷葹艸名𦯞心不死通作施纚繬絁絁說文粗緒也一曰繒屬或作繬絁絁鍦鉈
䞣䞣方言矛吳楚之間謂之鍦或作鉈䞣䞣攱欹敀說文敷也或作欹敀通作施鸍鳥名爾雅鸍沈鳥似鴨而小長尾背有文䵶
蝨名說文䵶鼊蟾諸也引詩得此䵶鼊言其行䵶䵶𧕸說文姑𧕸強芊也謂米穀中蠹小黑蟲酏粥清也周禮醫酏劉昌宗讀弛施也通作
施㴀水名謻訑多言也或省𡠈女字也㘖聲也𧰨豕也疧傷也翍翼也○釃䍦山宜切以筐漉酒也
或作䍦文十九篩簁𥳑說文竹器也可以取粗去細或作簛簁纚襹襹褷毛羽衣皃或从徙欐棟也一曰木名蠡
博雅蠡蚰蜒澌水索曰澌凘流冰也斯撕廝麗析也或从手亦作廝麗蓰物數也五倍曰蓰禠祭名𣢑
喝聲沙水傍○䩛山垂切說文緌也博雅䩛謂之鞘文五孈說文愚戇憨多能憨也𨼆說文飛也鑴小餟也夊行曳足

○眵侈支切說文目傷眥也一曰瞢兜文五 奓姑奓美皃 纏𦅎博雅細也一曰繒屬或作𦅎 軗轂飾 ○吹歈姝爲切說文嘘也周禮作歈文四 籥說文籥音律管壎之樂也 炊說文爨也 ○差𢀩𢀩又宜切參差不齊也古作𢀩籀作𢀩文十五 羗說文東炭也 齹𪗨說文齒參差或从宜亦書作齹 嵯嵾嵯山不齊或書作嵳 縒說文參縒也謂絲亂皃 蹉跌也 柴偨柴池參差也或从人 𦐇𦐇翄燕飛不至也通作差 䇲篸䇲竹皃 溠水名荆州浸 𦟜𦟜也 ○衰初危切減也文四 㾓說文減也 夂說文行遲曳夂夂象人兩脛有所躧也 榱椽也 ○匙提常支切說文匕也或从木亦書作提文三十四 鍉鑰也 鶗鴟鶗鴂鶗也亦从氏 提翨提提羣皃或从羽 𠱾鳥鳴 隄堤博雅隄封都凡也或从土通作提 柢字林碓衡一曰桃也 𥳉說文𥳉䈹 𦯬說文艸也 茋蝭說文茋母也一曰知母或作蝭 禔媞說文安福也引易禔既平或从女通作提 禠爾雅福也 怟愛也一曰怟懘不憂事 姼𡛗方言南楚謂婦妣曰母姼婦父曰父姼或作𡛗 提毒出蠆尾 疷病也 眂廣雅視也 祁盛皃亦姓 祇病也一曰安也 箷爾雅竿謂之箷所以架衣者通作𥳉 麎麋牝曰麎 岐𡷢山名古作𡷢 徥說文徥徥行皃引爾雅徥則也 鞮紃餘鞮也 軝軙以朱絡轂或从支 ○垂𡍮是爲切說文遠邊也一曰幾也古作𡍮文二十二 陲說文危也 𠂹場說文艸木華葉𠂹古作場 倕𠊱重也黃帝時巧人名或作𠊱 䍋錘甀廣雅瓶也或作錘甀 𨾊鶽鵻也或作鶽 箠

篅囷也或作䉢郵地名在衛䬐風偃物皃種禾垂皃圌山名在吳郡厜厜㕒山顚箠竹名腄臂也娷

女字○兒兒如支切說文孺子也一說男曰兒女曰嬰亦姓古作兒文七郳國名齯老而更生齒婗婗嬬繒美皃唲嚅唲

強笑婼婼羌國名○痿儒垂切說文痺也一曰兩足不相及文六撋捼擩也或从委䬐風緩也餧𩟗小餟也或作𩟗○斯

撕斦相支切說文析也引詩斧以斯之或从手曰作斦斯一曰此也亦姓文四十八鐁平木器釋名斤有高下之跡鐁彌而平之磃

博雅磨也通作磃磃漢有上林磃氏館𤮐𤭢字林罋破也一曰瓶也或省亦書作𤭢廝㒋析薪養馬者或作㒋澌

說文水索也凘說文流冰也𩆊說文小雨財零也𥨊穴也㴲說文水出趙國襄國東入湡一曰水厓虒說文委虒虎之

有角者一曰虒祁地名在晉虒上地名在長安俗作虒非是鼶說文鼠也鷥鸒鷥雅鳥也蜇蝑名爾雅蜇螽蜙蝑通作斯蟴

郭璞曰青州人呼蛓爲蛅蟴螔方言守宮在澤者海岱之間謂之螔蜥郭璞曰似蜥易而大有鱗今通言蛇醫一曰螔蝓蝸牛也鷉鳥名䔮菥

䔮菥艸名似鷰麥或作析榹說文槃也爾雅榹桃山桃𩕄親𩕄頭不正一曰好皃𢣻慓也謕數諫一曰諒也𤸷博雅病也一曰

瘦𤸷痾楚禠說文福也簛竹枝也𦅺纚繒屬或作纚㯕博雅木下支謂之裨㯕燍煙也蘄艸名生水中華可食

傂地名在蜀一說抵傂擬手期翹也幑博雅幱幑謂之帊𨎵傂輪之類大玄作傂𣚰水薪𥠻治禾也𧫞

聲散也或書作澌 𡢃女字 鰤魚名一曰鰤 𦃈綼𦃈短小皃 𤺊噎也 愢怟愢不憂事 ○眭宜為切目深皃亦姓文五 睳

二捋也 菞莎挼菞擇手也或作莎 鑴曰旁氣反卿也 ○雌䧳鴜七支切說文鳥母也一曰牡也古省或从鳥文十 胔𡥼

人子腸也或作𡥼 姕姕姕婦人不媚皃 鈭鈭錍斧也 欋托也 䍣說文羊名蹏皮可以割桼 榹木名實如桃而小 ○貲將支切說文小罰以

財自贖漢律民不繇貲錢二十二通作訾文三十六 訾䜸思也毀也一曰不思稱意也又地名亦姓或作䜸亦書作訿 齎歎聲易齎咨涕洟一曰女功絲枲之事 𢁒

𢂑埤倉布名或作𢁒 鈭說文鈭錍斧也 頾髭頿說文口上須也或作髭亦省 姕說文婦人小物也引詩屢舞姕姕 媊太白星妻曰女媊

觜星名一曰鴟舊頭上角觜也 鄑說文宋魯間地 𨚮鄑谷名在西海亦縣名或作鄑 䶵蠵䶵蠵龜屬或作蠵通作觜

鴜鳥名說文鸃鴜也通作疵 鮆魚名 𪕀說文鼠似雞鼠尾通作𧈧或書作𪕮 𧈧蟲似蟬 㰣𣢁倉頡篇嘔㰣也一曰歐也或省

檟𣙉檟𣙉木名實可食或从觜 蒷菜名蕪菁也 𤵸卑疵佞人皃 眥爾雅衣眥謂之襟 𥏔矲𥏔短也 些啙也 飺

呲嫌食也或作呲 𦇗帛赤色 𣢊㘹𣢊無廉也 𧚥複襦 ○厜㟧津垂切說文厜㕒山顛或作㟧文十九 觜說文

鴟舊頭上角觜也一曰觜觿也 𣗕博雅石鍼謂之𣗕一曰鳥喙 嫢盈姿 纗維綱中繩 惢善也一曰心疑也 𧖴朘㞂

赤子陰也或从肉从尸 捘博雅按也 觿事佩可以解結 臇臛也 𦺇地蕈也 𥌐𥌐眭視也 𩒯小頭皃或書作頪 䮔

馬小行皃 瓗 王名 蠵 蟕蠵龜屬 ○劑 遵爲切爾雅劑翦齊也周禮質劑謂兩書一札同而別之長曰質短曰劑文十三 𦽹蘻 地黄也或作蘻 臇𦢊𤏙熼 臛也或作臇𤏙熼 檇欈 說文以木有所擣引春秋傳越敗吳於檇李或作欈 蟕𪚺

觜 蟕蠵龜屬或作𪚺觜 柴 石鍼 ○疵 才支切說文病也通作呰文二十二 玼 玉中石也一曰玉病 骴髊 鳥獸殘骨或作髊亦書作胔 𦙃 人子腸 茈𦶜 爾雅芍鳧茈或作𦶜 𣓫榹枇 木名郭璞曰㮕屬似豫章或作榹枇通作疵 呰呰 苛也瑕也或从口

飺呲嗞 歉食也或作呲嗞 鴜 水鳥 批 捽也 欪 歐也 訾 毀也莊子无訾无訾徐邈讀 羨 博雅暩也

庛 耒下歧木也 姕 姕妓女皃 ○隨𨽍遀追 旬爲切說文从也又國名亦姓古作𨽍遀追文十三 隋 順裂內也

隋文帝省隨之辶以爲代號 譿 言从也 篲 籠也 瑇 瑇瑻玉名 遺 謙以下人也詩莫肯下遺鄭康成讀 豶 豕牝謂之豶 璲 珠也蛇銜之以報隨侯

蓨 莎也 𡾖 山皃 ○知𥎿 珍離切說文詞也或曰覺也古作𥎿文十 鼅蜘鼄 說文鼅鼄蟊也或作蜘𧕋

𧓱 說文酒也或省 茹 茹毋藥艸 賀 以財質也 ○腄 株垂切說文瘢胝也一曰馬及鳥脛上結骨李舟說文三 箠 竹節

鼓 技鼓不齊 ○摛攡 抽知切說文舒也揚子雲作攡文二十三 离𡷊 山神獸也古作𡷊 螭䖃䴡離 說文若龍而黃北方謂之地螻一說無角曰螭或作䖃䴡離 魑 說文鬼屬 魅 厲鬼名 誺謧謧誺 方言沅澧之間凡相問而不知荅曰誺或

集韻五支十一 十五

作謻謧謧𥻘粚博雅黏或作粚𤈤火焱痴痴疵病也一曰不廉瞝視也賈誼曰瞝九州而相君曬舒也漢書白日曬光

𤞟𤞟鷙獸或从豸樆布木也○馳𩣡駗陳知切說文大驅也又姓古作𩣡或作駗文三十三踟博雅踟跦也趍

說文趍趙久也𧼮說文𧼮鷈輕薄也峙踟踶說文踞也或作踟踶傂一曰別植皃傂參差也簃之簃宮室相連謂

通作謻謻誃別也或省齝𪗉齒齘謂之齝或从它䶵篪笹箷說文管樂也或作篪笹亦作箷𩐨咸𩐨黃帝樂名

通作池杝落也陊丘名䙺覞面柔沱池穿地鍾水又姓亦作池褫說文奪衣也禔禔禔衣厚皃蛇毆蛇

地名春秋傳盟于毆蛇拸折也莊子介者拸畫𤢆縣名在濟南䬴飴也翍翍翍燕飛皃通作池她女字○鬌重垂切髮隋也文三

錘說文八銖也博雅錘謂之權甀方言甖其大者晉之舊都謂之甀○離鸝鵹鄰知切說文黃倉庚也鳴則蠶生或作鸝鵹離

一曰別也麗也大琴也亦姓文六十九离說文山神獸也歐陽喬說离猛獸也𤈤帷中之火曰𤈤蠡瓠勺也一曰谷蠡匈奴君長號一曰蟲齧

木中麗丽施也一曰高句麗東夷國名古作丽酈魯地名又姓縭說文絲介履褵爾雅婦人之褘也即今香纓通作縭纚

縿也通作縭䍦䍦氀接䍦白帽也或作䍦氀通作摛罹憂也遭也㒿𢥈支㒿多端也一曰思也或作𢥈謧讈㦒

說文謧詍多言也一曰弄言或作讈㦒䕻𡔀說文草木相附麗土而生引易百穀草木麗於地或作𡔀蘺艸名說文江蘺蘼蕪蘺

杝欐藩也或作杝欐 廲厦也 篱笓篱竹器 穲長沙人謂禾二把爲穲 樆爾雅梨山樆 黐黏也 醨說文薄酒也 灕漓滲灕流皃一曰水滲入地或省 璃博雅流璃珠也 驪驢子曰驪 鱺魚鱺陣名通作麗 黧𪏻赤黑色或从來 驪說文深黑色一曰駕二馬 孋孋姬晉獻公伐孋戎所獲女又姓通作麗 躧舞屣也一曰步也或作韆 儷說文棽儷也木枝條皃 𠌽偶也通作離 矖矖瞜明目者通作離 𤗍破木爲𤗍 攡摛張也太玄幽攡萬類或省 𧓍蛖𧓍蚰蜒 鱺魚名小鮦也 𧕬蝛𧕬 鸝鵹鸝蘺鳥名自爲牝牡或作鵹龍無角一曰蟲名 鼶鼶䶇小鼠相銜而行 劙博雅解也 砅履石渡水也 柂柯柂 䊍酒名熬米壞也 穲苗也一曰五穀之列爲穲稭 酈鄉名 釃以水釃糟 欐屋棟也一曰小船 𤻹犁黑瘦也 覼察視也 𦃄縴𦃄惡絮通作縭 廲廲廔綺窻 羅帛也 ○羸倫爲切說文瘦也文七 𤺋病疲也 儽膝病也 羸魚名 蘽菜名葉似竹生水旁 鼺鼺鼠別名 婁埶婁地名在西羌 ○繠汝垂切垂皃文一 ○蕤壯隨切地葵文一 ○訑許支切笑聲文一 ○𩪘語支切骨皃文二 輗轅端橫木 ○齹仕知切齒不齊也春秋傳鄭有子齹文六 𤎼束炭 齹鹹也河內語 㾊痷㾊疫病 姕姕妓婦人小物 鮆魚名 ○跬却垂切㪁跬用力皃李軌說文一 ○瀡髓隨切滑也文一 ○鈹攀糜切說文大鍼也方言錟謂之鈹一曰鉶如刀裝者文二十一 𨥖鉏也 披說文從旁持曰披一曰開也分也 翍張羽皃或書作翄 𢻹 㩕

剖肉也或作攡 坡坡 方言南楚之間器破而未離謂之坡或从皮 㓟 刀析也 帔 方言帬陳魏之間謂之帔一曰巾也 被 廣雅褶被衣帶

也 旇 說文旌旗旇靡也 耚畈 博雅耕也或从田 秛 廣雅稅也 鮍鱍 說文魚名一曰破魚或从披 狓 狓猖飛颺也

罷 罷辜磔牲以祭 藣 筍虡飾 𡜊 女字 ○陂波 班糜切說文阪也一曰池也一曰澤障或作波文二十八 羆罷𦋨

𦋨 說文如熊黃白文或省古作𦋨𦋨 犤𤛘 爾雅犤牛今㹠牛也一曰果下牛或从羆 碑 說文豎石徐鍇曰紀功德也釋名被也葬

時設施鹿盧以繩被其上引以下棺鄭康成曰宮有碑所以識日景宗廟則麗牲焉其材官廟以石窆用木 𠟉 說文別也 𤰞 田也 藣 艸名

焷 無也 麪 幽州謂麴曰麪 錍 斧屬說文鈭錍也 鑼䥯耙 說文帬屬廣雅耕也或从羆亦作䎱 鈹鑿 埤倉鐲鋈

鉏也或作鑿 襬䙡帔 方言帬自關而東謂之襬或从羆从皮 詖 辯僻之辭 藣𧃍藣 筍虡飾爾雅髦謂之藣一曰艸名或作𧃍藣

籭 竹名 ○皮𥬶㞺 蒲糜切說文剝取獸革者謂之皮古作𥬶㞺文十九 疲罷 說文勞也或作罷 藣 說文艸也

郫 縣名在蜀 鞞 或作鞞 猈箄 闕春秋傳楚有猈 椑 博雅木下支謂之椑櫛 犤 牛 䍿 番鄱番

縣名在魯或作鄱番 陂 陂池旁頹皃 㓟 刀析也 𠩄 水邪流 頗 闕人名春秋傳楚有薳頗 ○糜䊳𩟶𪎭 忙皮切說文糝也一

說黃帝初教作糜或作䊳𩟶𪎭文二十八 𪏭糜 說文穄也或从禾亦書作䵉 醾醿醾 酴醿酒名一曰麥酒不去滓而飲或作醿醾 糜

碎糠日𪍿麊説文爛也廣雅熱皃一曰壞也或書作𪍿縻⿰糸多説文牛轡也一曰繫也或作⿰糸多亦書作縻靡⿸麻分劘⿸麻分

分也易吾與汝靡之或从分京房从刀或省通作縻蘼艸名爾雅蘠蘼虋冬蘪説文蘪蕪也⿸麻耳金飾馬耳謂之⿸麻耳⿱米尼

麊漬米也又⿱米尼冷縣名漢書从鹿攠鍾擊處摩漢有施摩神荆巫所祠⿸广米⿸广米穰地名在今秦州鬻説文鍵也通作⿸麻食⿸麻食

瞴美目皃麼小也𢤷散也○卑賓彌切説文賤也執事也从ナ甲徐鍇曰右重而左卑故在甲下亦姓文二十九庳下也

一曰鶇北名裨陴説文接益也或从阜鞞牛鞞蜀縣名俾安俾縣名在安定郡錍説文鈭錍也博雅錍謂之銛椑

木名實似柹而青萆萆薢藥艸一曰萬類一曰蓑衣箄捕魚器渒水名在弋陽埤增也顊説文須髮半白也鵯

⿰卑隹鳥名爾雅鸒斯鵯鶋或从隹蜱⿱卑䖵蜱蛸蟷蠰卵或从蚰綼鄭康成曰飾裳在幅曰綼在下曰緆紕辟緣也禮作辟

⿺麥卑博雅⿺麥卑⿺麥差⿺麥芻也⿰木庳博雅木下支謂之⿰木庳⿴行斤⿰弓卑説文别也䚜横角謂之䚜⿰矢卑⿰矢卑⿰矢比短也⿰巾卑冕名通作裨⿰魚卑

魚名郫邑名在晉諀諀訾好毀譽也○陴⿰亶卑頻彌切説文城上女垣俾尼也籀作⿰亶卑文二十七埤説文增也一曰厚也

⿰食卑説文益也裨將之偏副一曰冕名亦姓俗从言非是郫説文蜀縣也又晉邑亦姓焷火熟也脾説文土藏也⿺麥卑

方言北燕謂麯曰⿺麥卑⿺麥比博雅⿺麥比⿺麥差謂之⿺麥差蜱⿱卑䖵爾雅蟷蠰其子蜱蛸或从蚰蠯⿸广蠡⿸疒蠡蚌狹而長者爲蠯或作⿸广蠡⿸疒蠡

椑 博雅木下支謂之椑櫥 紕 飾緣邊也 崥 崥崹山皃一曰山足 綼 飾裳在幅曰綼 猈箄 闕人名春秋楚有史猈或作箄

庳 爾雅鷯鶉其雄鶛其牝庳 卑 償也陸德明說 甈 方言甈謂之甈 阰 山名楚辭朝搴阰之木蘭 蠯 蠯威也 萆 艸名

○彌弥𢏚 民卑切說文弛弓也一曰益也終也亦姓或作弥古作𢏚張揖說文三十九 镾 說文久長也通作彌 冞罙宷 說文

用行也引詩罙入其阻一曰深也冒也或作罙宷 聉聉 汗面謂之聉或作聉 聺𦗺眯 眇目也或作𦗺眯 㜷𡚿 齊人呼母

曰㜷或作𡚿 鑈鍌 青州謂鐮爲鑈或作鍌 𥍯 矛屬 𡑒埅 王名或作埅 𪊺麊 說文漬米也交趾有麊泠縣或

作麊 獼猕狝 博雅猱狙獼猴也或作猕狝 鸍鵌雓 鳥名爾雅鸍沈鳧似鴨而小一曰鵌鸍善食蛇或作鵌雓 𡾉崺

山形或作崺 蘼蒾 艸名或作蒾 䉲籋𥸯籋 說文荼也荼竹篾也或作𥸯籋籋 瀰 渺瀰水皃 檷栙 檷柯山名或作栙 迷

惑也 ○移𥝢 余支切說文禾相倚移也一曰禾名亦姓或作𥝢文六十八 弛施 改易也或作施 迻拪扡𢻱 說文遷徙也古作拪或作扡𢻱通作移 鉹 涼州呼甑

爲鉹 栘 說文棠棣也 柂杝 木名爾雅椵杝或作柂 匜 盥器 椸箷箟提牠 方言榻前几趙魏之間謂之椸一曰衣架

或作箷箟提牠 䙾袘 博雅袖也或作袘 𤆵 熑𤆵火不絕皃 簃 說文閣邊小屋也通作誃 謻誃 門名一曰臺名或省 𣹟

𣹟 坪倉冰室也或从水 扅𢩝 門關謂之扊扅或作𢩝 䔟 說文艸萎䔟 拸 博雅加也 詑謻𧩅訑 詑詑自得也或

作謕謕訑𢞣不憂其事曰𢞣㒾㒾愉動皃通作歋歋𢷜搋說文人相笑相歋瘉或作𢷜亦省酏䣡𨣁酏飲粥稀

清也鄭康成說或作酏𨣁𠪚說文歡也或書作欣袲地名在宋𦕍說文曰行𦕍𦕍也樂浪有東𦕍縣㹜𧳋𤞽獸名似犬

赤喙白首見則荒或作𧳋𤞽蛇虵迤委蛇委曲自得皃或作虵迤吡㗭嗛食也或作㗭螔螔蝓蟲名𩗢回氣謂之𩗢乀說文流也

貤移也漢書無所流貤應劭讀𨛮地名㐌猗㐌單于名袘衣中謂之袘㠾山也坨地名𨳌門曰也䏙

視也𣶒水文也禠福也佗它佗佗美也或省。訑香支切言多皃文二㰷㰷欹欲食也。祇示翹移切說文地祇提

出萬物者也古作示文四十四祁說文太原縣一曰大也祇𧝓裶謂之祇衼𨙸岐𡵖說文周文王所封在右扶風美陽中水鄉

或从山因岐山以名或作岐𡵖岐一曰旁出道𧺹說文緣大木也一曰行皃跂枝歧說文足多指也或作枝歧伎舒皃詩鹿斯之奔維足伎伎忯

說文愛也疧說文病也𢻱𢼛𢏚弓彊皃或作𢼛𢏚𦬝繅鉤也𣀘橫首枝也𨱥長𨱥國名其人髮長於身汥水都也一

曰分流馶馬彊也𩢻𨾍方言雞陳楚宋魏之間謂之鶤𩢻或从隹翄𦐀說文翼也一曰翄翄飛皃或从氏亦書作翅𪀔鳥似翠赤喙

蚑跂說文行也蟲行或作跂蚔𧕦說文䖝也或作𧕦亦書作蚳軝䩌軙說文長轂之軝也以朱約之引詩約軝錯衡或作䩌軙

芪博雅芪母艸名𥹎𥹑赤米或从支攴令支縣名在遼西褫爾雅福也枳𧵊爾雅枳首蛇謂有兩首或作𧵊

集韻平聲一　十八

忮彊也扺擬手期剋技不端也。蓨匀規切藍蓼秀一曰蔕也一曰地毛莎蓨也文十六隓隋鷲飛也或作隓鷲蠵蟕鑴觽水蟲名涪陵郡出大龜甲可以卜緣中文似瑇瑁一名靈蠵司馬相如作蟕或从魚从角嫢盈姿一曰秦晉謂細要爲嫢欈埤倉櫹欈木名實可食䝐豬豬豶豕小者爲䝐子或作豬豬䙺規䙺面柔畦田有埒堤朱提。郡名隓陸墮翾規切說文敗城𨸏曰隓徐鉉曰𢀖从二左衆力左之或作陸隨陸亦書作墮俗作隳非是文二十睢說文仰目也一曰睢盱小人喜悅皃博雅睢睢盱盱元氣也眭眭盱健也䜃說文相毁也一曰諉也嫷愚戇多態觹說文鍼耑可以解結鑴博雅鼎屬一曰日旁氣蘳果實𤓰皃一曰黃華也𢡾有二心也隋挼綏祭食也一曰𦦦鷹血或作挼綏鰖鱌魚子已生者籀作鱌撱垂也䬣鑴小歠也或从巂鬌髮落也。闚缺規切說文閃也謂傾頭門中視也文二窺說文小視也通作闚。規槼均窺切說文有法度也一曰正圜之器或从木文十四䧦鳺巂子規鳥名或作鳺巂槻木名任作弓一曰欟槻木皮水漬和墨書色不脫摫方言梁益間裂帛爲衣曰摫䫇小頭䫇䫇也或書作𣕇鬹說文三足釜也有柄喙嫢細䁱也一曰婦人審諦皃瞡瞡瞡自得皃一曰眇視袿衣袪街都邑中道也珪玉也。羈羈䩭居宜切說文馬絡頭也从网从馬馬絆也或从革或作羈䩭文十九羇踦旅寓也或从足奇倚不耦也或作倚通作倚䛩語相戲畸說文殘田也通作奇𣧑棄也俗語謂死曰大𣧑掎偏引也敧⿰扌奇以箸取物或作掎妓妓娑女容觭得也周禮觭夢剞博雅剞劂刀也躸一身也驥良馬○犧虛宜切說文宗廟之牲也文三十八羲說文气也又姓戲嚱嗚戲嘆辭或从口歔相笑也或作⿰戲欠通作嚱苐後漢有苐陽聚通作戲曦㬢爔赫曦日光或省亦从火墭隵巇陒毀也或作巇⿰土戲陒通作巇⿰扌戲⿰扌犧博雅擊也或作⿰扌犧䖒說文古陶器也觛角上也⿰木戲⿰虫戲⿰木䖒⿰虫犧檥蟸也或作蠘⿰木䖒蟻檥⿰䖒瓜瓠瓢也桸⿰䖒欠勺也或作⿰䖒欠⿰氵戲水名在新豐通作戲⿰只欠⿰夾欠⿰只欠氣逆也⿰口次⿰口次欱欲食也⿰豸戲⿰犭戲豕屬或从犬虧虛虧古帝號通作犧義臺名莊子義臺巇嶬嶮巇山險或作巇嶬𥈞目動也⿵門奇⿵門奇壉壁隙也○⿰危支⿱吅鼓部竒欹立奇切說文⿰危支區也或作⿱吅鼓部竒欹文二十三攲說文持去也崎崎嶇山險觭說文角一俛一仰也齮齧也踦說文一足也廣雅脛也⿰虫奇蜘蛛長足者通作踦婍說文棄也俗語謂死曰大婍⿰身奇字林隻也謂一身徛說文舉脛有渡也猗說文虎牙也㥓惐㥓偷意危𨇨器名莊子危言日出李軌讀或作𨇨通作敧⿰耳奇側耳也⿰扌戲擊也⿰奇阝地名碕聚石為矼通作碕犄牛名○奇觭畸渠羈切說文異也或作觭畸又姓文二十五蚑蟲名一曰蟲行也⿰支阝岐⿱枝山地名或作岐⿱枝山古書作㞿騎說文跨馬也錡釜屬鑿屬琦玉名一曰玩也一曰大皃碕埼

集韻平聲一　　七

曲岸或作埼鵸䧵鵸䳼鳥名三首善笑或从隹踦一足也弜弓彊皃䰯鬾童鬼或从支崎崎嶇山險敧
枝字林横首枝也一曰木别生或作枝跂骰緩走也或从骨𢻱垂也刉割也。漪於宜切水波爾雅河水清且灡漪文二十一
猗猗說文犗犬也或从豸欹歎美辭通作猗嬄嬄美容也一曰聠皃或作嬄稦𥝩䔲禾茂也或作稦䔲禕爾雅
美也旖說文旗旖施也一曰旖旎盛皃椅說文梓也檹檹說文木檹㮯也賈侍中說檹即椅木可作琴或从猗陭崎戲說文
上黨陭氏阪或作崎戲通作猗㾨身急弱病一曰痙也犄牛名倚曲也書倚乃身徐邈讀鵸山海經翼望山有鳥三首六尾善笑
名曰鵸䳼。宐宜𡨍𡧢魚羈切說文所安也亦姓又州名隸作宜古作𡨍𡧢文二十七儀𥫃容也度也亦姓又州名或从立䮊
馬名檥說文榦也一曰立木以表物轙钀說文車衡載轡者或作钀鸃說文鵔鸃秦漢之初侍中所冠鵔鸃鷩也似山雞而小𨞲
說文臨淮徐地引春秋傳徐𨞲楚㕒巇山峯巉崖巖曰厜㕒或作巇厓涯水邊也亦作涯崖岸上也義善也通作儀
獻儀也周禮獻酌鄭司農讀䏡度牲體骨曰䏡通作儀𧣴獸角曰𧣴䱾魚子萓萓蒡艸名議謀度也崕崎崕
石危齷𪘏齹齷齒露皃或从宜。爲𤔢于嬀切說文母猴也其爲禽好爪爪母猴象也下腹爲母猴形王育曰爪象形也古作𤔢
象兩母猴相對形爾雅作造爲也亦姓文九潙水名在新陽𨻶鄬阪名在鄭或从邑鰞魚大者曰鰞撝佐也太玄撝肅榱

箓箄簍也或作箓○麾吁爲切說文旌旗所以指麾通作麾撝文十麾戲旗屬周禮建大麾以田或作戲撝說文裂也一曰手指也
噅廣雅䰢也一曰誚謂之噅鰞魚名隖鄬說文鄭地阪引春秋傳將會鄭伯于隖或从邑𩏂柔革平均也獡西荒有獸長短如人
著百結敗衣手足虎爪名貘獡出舌文餘食人腦東方朔說○匯空爲切水回爲澤也文一○虧虧驅爲切說文氣損也博雅小也或从亏文八
𡒄𡒄毀也或从戲通作虧戲傾側也𩏂柔革平均也噅醜也一曰口不正蔿方言楚鄭謂獪曰蔿○嬀俱爲
切說文虞舜居嬀汭因以爲氏亦州名文十鈘器名溈水名鄬說文地名一曰阪名佹幾似皃列子佹佹成者椅載也[illegible]
廣雅甶也或作東隗山名鬹釜三足有柄喙○逶蟡邑危切說文逶迆衺去皃或从虫爲文十九委委委行委曲也䫋
女隨人也通作委蜲木精也形如蛇紆曲長八尺以名呼之可使取魚通作蟡𩙲緩風倭說文順皃引詩周道倭遲覣說文好視
也一曰怒也痿痺也婑說文病也萎艸木枯死䅗䅗田器或从耒麣轓鹿鄭康成曰今益州有鹿麣一曰鹿之美者捼
倭猗犬屬𥄉字林井無水一曰目無明諉爾雅諈諉累也謝嶠讀萎藥艸通作萎踒折足也○危厃虞爲切說文在
高而懼也古从人在山上文十峗三峗山名在鳥鼠西或書作嶏通作危厃㕒說文厃㕒也洈水名在南郡郈邑名跪
屈厀也莊子跪坐以進之恑獨立皃僞也窩隍窩不安皃○厜才規切爾雅厜㕒者厜㕒郭璞說文三蓨藍蓼秀一

日莎也媞細署也○趑爲切倮升木皃文一○刏紀披切刀取物也文一○𪗆隗宜切齒不齊或書作齜文一

也六○脂蒸夷切說文戴角者脂無角者膏亦姓文十八祗秖祬說文敬也古作秖祬泜水名在常山⿰氵旨水皃一曰水名砥

磨石也岻山名衹衹裯單衣指指栭謂之杠一曰木名⿱艹泜⿱泜皿⿱艹⿱泜皿菹也或作⿱泜皿蘯鮨說文魚脂醬也出蜀中一曰魚

名鮪也鴲鳥名說文鴲鴲也一曰青雀一曰小鳥未翰者祁大也一曰藪名爾雅燕名昭余祁蓍蒿類疧積血腫也○隹

朱惟切說文鳥之短尾揔名也文十一鵻鳥名小鳩也一名鳺鵻通作隹騅說文馬蒼黑雜毛亦姓⿸鹿隹鹿一歲爲⿸鹿隹⿰鼠隹博雅鼠屬方言

新野人謂鼠爲⿰鼠隹或書作鼺萑說文艸多皃一曰艸名茺蔚也一曰木名似桂一曰泉未漄者椎木名似栗而小或書作奞錐說文銳也

崔高大皃詩南山崔崔揣治擊也老子揣而銳之梁簡文讀⿰角力小也○尸升脂切說文陳象臥之充一曰主也古者祭祀立尸以主神亦

姓文七屍說文終主一曰在牀曰屍通作尸鳲⿸尸隹鳲鳩鳥名布穀也或从隹亦書作鳸蓍⿱艹旨說文蒿屬生千歲三百莖易以

爲數天子蓍九尺諸侯七尺大夫五尺士三尺古作⿱艹旨⿰口尸呻也○師𠦃⿱𠦃十霜夷切說文二千五百人爲師从帀从𠂤𠂤四帀衆

意也一曰長也範也亦姓古作𠦃⿱𠦃十文二十浉水名篩竹名神異經曰長百丈南方以爲船⿰衤師黎⿰衤師衣破蒒艸名博物志生扶海洲上

實如大麥一曰自然穀獅狮犬生二子或省通作師鰤⿰魚帀老魚一說出歷水食之殺人或省⿰馬師⿰馬帀野馬或省螄蟲名

螺也瑡玉名簏斳竹器可以除麤取細或作斳通作篩婯女巫或書作㛃⿰鳥師鶳鳥名或省。衰[illegible]雙隹

切𣺬微也古作[illegible]文十榱說文秦名爲屋椽周謂之榱齊魯謂之桷⿸疒衰病減也⿰犭衰犬名⿱衰毛綏毵毿毛長皃一曰狐皃或作綏

縗鷺首毛⿰巂鳥馬垂鞘夊行遲皃。⿰𠂤隹⿰𠂤鳥⿰至鳥⿰至隹稱脂切鳥名說文雖也一曰鷙也或作⿰𠂤鳥⿰至鳥⿰至隹文十三胵

胝說文鳥胃一曰胵五藏總名博雅百葉謂之膍胵或从氐⿰魚氐⿰魚至魚名博雅河⿰魚氐⿰魚氐也或从至⿰言至訶怒也⿺辶至走皃眰張目

也蚳蠪蚳獸名山海經鳧麗山有獸狀如狐九尾九手虎爪食人⿱氐目視也或書作眡。推川隹切順遷也一曰窮詰文五蓷

艸名茺蔚也⿰言崔就也責也⿰牛隹牛名脽尻也。誰唯視隹切說文何也或从口文七⿰言崔就也韓詩室人交徧⿰言崔我脽

說文尻也一曰地名祠后土汾脽是也⿰言垂艸器厜厜㕒山顛腄縣名在東萊。甤儒隹切說文艸木實甤甤也文二十二蕤

苼說文艸木花垂皃一曰甤賓律名或省緌綏說文系冠纓也一曰垂也一曰注旄於干首或作綏桵⿰木委木名說文白桵棫或从委⿱艹⿰彳委

⿱艹挼蘺屬或作荾擩換揷揾也周禮擩祭以肝肺或作換揷捼挼撋兩手相切摩或作挼撋浽小雨⿰禾妥

⿰禾委長沙謂禾四把曰⿰禾妥或作⿰禾委痿說文痹也踒⿰足妥蹞踒弩名蹞踒兩足蹋也張弩必以足因爲弩名或作⿰足妥婑女皃。私

相咨切說文禾也北道名禾主人曰私主人爾雅女子謂姊妹之夫曰私文八厶說文姦衺也韓非曰倉頡造字自營爲厶通作私⿱艹私艸名說文

茅莠玒說文石之似玉者錗平木器禗神不安皃犀獸名西金方也。綏宣佳切說文車中把也亦州名文二十一

娞安也通作綏雖帷蟲名說文似蜥蜴而大一曰不定一曰況辭古作帷葰荾荽芰說文薑屬可以香口或作荾荽

芰䅗禾四把爲䅗睢濉水名在梁郡受汴入泗或从水夊行遲皃奞說文鳥張毛羽自奮也隋挼祭食也或作挼

莎挼莎以手切摩也陖地名浽滖霙浽微小雨或作滖霙眭姓也。郪千咨切縣名在廣漢文十九趀

趦說文蒼卒也或从資趑次䟩迩趡說文趑趄行不進也或作次䟩迩趡䙰盜視也屖屓倉頡篇此也或

从資輂䡹博雅塞也卻車抵堂爲輂或作䡹恣恣睢自得皃孶孶也蠀蟲名蝎化也妻齊也凄雲興

皃萋萋萋艸盛皃。咨諮津私切說文謀事曰咨一曰嗟也或从言文三十七姕妓姕女容資說文貨也一曰助也取也

亦姓齎持也戰國策齎盜糧一曰齎咨歎辭姿說文態也餈𩟄稻餅或从齊粢齋粢齊說文稷也或作

齋粢齊齍璾說文黍稷在器以祀者周禮有玉齍或作璾茦薺實絘績所緝也齋說文緶也謂裳下緝或書作𧝭

通作齊㳄茨疢具次山名在滎陽或作茨疢澬說文夊雨涔澬也一曰水名霣𩅦說文雨聲或从資鴜

鳥名雞身鼠毛積說文積禾也引詩積之秩秩呰爾雅此也次揟次縣名在武威郡薋艸名博雅茈茦薋一曰菜生水中

媊太白謂之女媊 蚩蠙蟲名蝎化也或作蠙 鼶䶅鼶鼠名如雞 𢂑大布曰𢂑 鮆魚名刀也 訾思也 鶿鳥名山海經女祭山有鶿鳥人面 隮陛也。崔嶉佳崒陮遵綏切崔崔高大也或作嶉佳崒陮文十 誰就也 檇以木有所擣 騅馬駒謂之騅 狋犬怒 推退也易晉如推如鄭康成讀。茨才資切說文以茅葦蓋屋一曰次也次比艸為之亦姓文二十八 薋說文艸多皃 蠀𧎔𧓉蠀螬蟲名或作𧎔亦書作蠐 餈餎粢𥹋饝說文稻餅也或作餎粢𥹋饝 𥢊博雅積也 垐堲說文以土增大道上古从土即引虞書龍朕堲讒說殄行堲疾惡也 瓷𦈲陶器之緻堅者或从缶 澬久雨一曰水名 𩃫𩆊雨聲或作𩆊亦書作𩃫 絘補也 𨏶𨏥連車或作𨏥 鮧魚名鮎也江東語 薺艸名說文蒺蔾也引詩牆有薺通作齊茨 飺飫也 懠怒也 齌等也 次疢具次山名或作疢通作茨。胝疷跃蹟張尼切說文腄也一曰繭也或作疷跃蹟文八 秖秜禾始熟曰秖一曰再種或作秜 氏氏池縣名 䜊不知也。追中葵切說文逐也文四 𨗮博雅雷也 箠竹名 嫢疾悍一曰怒也。絺抽遲切說文細葛也文十一 郗說文周邑也在河內亦姓 𤭛畜瓶瓶也一曰盛酒器古以借書 𥳽竹器 辴笑皃 脪肵脪畜水腸 𧦧陰知伺察也 狶狶韋因氏名官也 屖博雅嚜屖欺也 䜊不知也 𡝐女字。墀𡏖陳尼切說文涂地也引禮天子赤墀或作𡏖文四十 坻汷渚垁沶說文小渚引詩宛在水中坻或作汷渚垁沶 泜水名在常山 汦

說文著止也阺秦謂陵阪曰阺岻山名在青州謘說文語諄謘也遲迡遅趆遫說文徐行也引詩行道遲遲或作迡
遲趆古作遫徲博雅徲徲往來也一日久也祇祇徊裴回也菭水石衣荎茋說文荎藸艸也一日蘦荎木名今刺榆或
从氏莉姓也蚳𧕄𧉈蟲名說文螘子蚳周禮有蚳醢或从䖵亦作𧉈貾蟲名爾雅貝餘貾黃質白文通作蚳祁地名穀孰有祁
亭稺幼也一日自驕矜皃驪驪靬縣名在張掖菧𥁕䓜說文菹也或从皿皿器也亦作䓜𧍢蟲名蛭也逸詩偻人如𧍢
軝車兩尾褆衣也瑑圭文𡲶跠踞地也或从足躍止不前也。椎桘傳追切說文擊也齊謂之終葵或作桘通作槌
文十五鬌𩭛說文髮隋也或作𩭛槌蟿蟲曲柱鎚金推一曰權也錘說文八銖也磓落也䊚粉餌顀說文出頟也
䨴推頭髻漢尉佗䨴結𦉜甀罌也或作甀腄地名䯝項後骨通作椎。棃梨良脂切說文果名或作梨文四十二
睝目閉也𢹈手持物蔾蒺蔾艸名𪌉麱𪌉麵也秜說文稻今年落來年自生謂之秜𧝒𧝒襧衣蔽𢹈
㹈犂牛駮文一日耕也或作㹈犂䅻𥢒種也或作𥢒鵹𪇰𪏮鵹黃鳥名或作𪇰𪏮黧黑而黃蜊
蛤蜊蟲名海蚌也𧍙蟍螏𧍙蟲名似蝗大腹長角食蛇腦或从黎鯬鯬鯠魚名刕姓也蜀刀逵之後避難改焉从三刀鑗𨪕
黑金也或作𨪕𢢃𢛶說文恨也一日怠也悅也或省黎眾也菞地名穆天子傳讀書於菞丘𨟖國名𥬒笓𥬒織竹爲障也

麬 麥酒也 剓 直破也 𠝤剺 剓也或作剺 嫠嫠 寡婦 䉫 竹名 氂 小畫也 𣯍 引也 黎棃 饙也或从米 騋騋 騑騋獸名似馬或从梨

○纍縲 倫追切說文綴得理也一曰大索一曰不以罪死曰纍或作縲文四十五 絫 十黍爲累一曰十絲 纝縲 傳雅纝縲絡也或作縩 虆藟虆蔂 蔓也或作藟虆蔂通作纍 蘲蔂 盛土籠或作蔂 樏 說文木實也 欙樏 說文山行所乘者引虞書予乘四載山行乘欙一曰前無齒或作樏 灅 說文水出鴈門陰管累頭山東入海一曰治水也 𡾋⿰山壘𡼥 𡾋𡾋山皃或作⿰山壘𡼥 瓃⿰王纍 玉器或作⿰王纍 儽儡傫 博雅儽儽疲也一曰敗也欺也或作儡傫 嫘𡣍 姓也黃帝娶于西陵氏之女是爲嫘祖嫘祖好遠遊死於道後人祀以爲行神或作𡣍通作累 ⿰牛纍⿰牛絫累 求子牛一曰縢縷也或作⿰牛絫累 鸓蠝 鳥名鼠形飛走且乳之鳥或从虫亦書作鸓 ⿰畾力 推之勉也 耒 田器 ⿰目纍⿰目累⿰目絫 博雅視也或作⿰目累⿰目絫 罍𦉪 酒器也古作𦉪 儡 勞心也 ⿰扌絫 博雅理也 ⿰絫瓦 博雅⿰絫瓦匚甎也 壘 廣雅重也 礧 東齊謂磨曰礧硾 ⿰月累 脯也 ⿱艹耒 果實垂皃一曰耕多艸

○尼 女夷切說文從後近之徐鍇曰尼也文十八 ⿰山尼屔 山名顏氏禱於屔丘生孔子或从丘通作尼 怩 忸怩心慙也古書作𡰥 呢⿰口貳 呢喃小聲多言也或从貳 跜 蹢跜獸皃 ⿰飠尼 餌也 柅 絡杙一曰木名實似棃 秜 稻再生 蚭 蟲名博雅蚰蜒也方言北燕謂之蚰蚭 ⿰豸尼 獸名 ⿱尸昌 字林南方名 旎 旖旎柔弱皃 狔 猗狔物从風皃 妮 女字 ⿱尼日 告皃

棿研也。夷𡰥尼延知切說文平也東方之人也或作𡰥尼古書作文四十五侇尸也一曰侇之言移也銕嵎銕東表之地

通作夷𡰥寅𡨧𡦯東方之辰古作𡨧𡦯夤𡩟恭也籀作𡩟⿰阝夷博雅隇⿰阝夷險也⿰彳夷說文行平易也⿸广夷跠

博雅蹲⿸广夷踞也或从足姨說文妻之女弟同出爲姨恞爾雅也眱眤博雅瞝眱直視一曰小視也南楚謂眄曰眱古作眤胂

胰夾脊肉或作胰洟⿰氵荑鼻液或从荑痍說文傷也彝𢑱𢆶⿰舟并說文宗廟常器也一曰法也古作𢑱𢆶⿰舟并

𣚍說文木也桋木名說文赤桋也引詩隰有杞桋荑屮名爾雅莁荑蕵蘠一名白蕢⿱艹寅屮名莬爪也鏔戟無刃

羨沙羨縣名在江夏郡羠騬羊一曰野羊鴺鴺鶘鳥名飛生也通作夷鮧鱁鮧魚名一曰鹽藏魚腸宋明帝蜜漬鱁鮧一食數升蛦

⿰虫逐蛦蟲名⿰馬夷馬名⿱雨追雷也咦說文南陽謂大呼曰咦⿰虫歋⿰虫歋蝓蟲名蝸也⿰火尼火皃柅船名⿰犭夷獸名⿰韋夷韋也。惟

夷隹切說文凡思也一曰謀也一曰語辭文十六維說文車蓋維也一曰網也繫也隅也唯專辭⿰方遺旌謂之⿰方遺襩衣也遺⿺辶⿱𦥑丘

⿺辶⿱𦥑土說文亡也一曰贈也餘也亦姓古作⿺辶⿱𦥑丘⿺辶⿱𦥑土濰說文水出琅邪箕屋山東入海徐州侵引夏書濰淄其道壝堳埒也⿰目遺目疾蓶菜名

似鳥非而黃琟說文石之似玉者⿰虫遺蜰⿰虫遺蛇名山海經泰華山有蛇六足四翼見則天下旱⿱隹糸蠻夷貨⿰言崔就也。帷

⿷匚垔于龜切說文在旁曰帷一曰圍也所以自圍障古作⿷匚垔文二。咦馨夷切博雅笑也一曰呼也一曰南陽謂失笑謂咦文十一咥大笑也忔

廣雅喜也脵睢也吚欥訶脲屎欯欭說文唸吚呻也或作欥訶脲屎欯欭。倠呼維切說文仳倠醜面文七婎

⿱隹女說文姿婎姿也一曰醜也或作⿱隹女睢眭說文仰目也一曰睢睢元氣皃或作眭屎殿屎呻吟也奞鳥振羽。伊𠇪

於夷切說文殷聖人阿衡尹治天下者一曰伊維侯也又姓亦州名古作𠇪文十三洢木名在河南陸渾山入河通作伊咿吚喔咿強笑或省

⿰虫尹蛜蟲名說文⿰虫尹威委黍委黍鼠婦也或从伊黟黝⿰黑伊縣名在丹陽一曰黑木或作黝⿰黑伊⿰尹頁面不正嫛嫛婗小兒⿰女伊

女字。狋牛肌切說文犬怒皃一曰犬難附代郡有狋氏縣文二⿱⺮沂大篪也。飢⿰飠乏饑居狋切說文餓也亦姓或从乏从幾

文六肌說文肉也机木名似榆山海經之山多机木可燒以糞田虮蟲名爾雅蜜虮蠽英通作飢。龜𪚦居逵切說

文舊也外骨內肉者也天地之性廣肩無雄龜鼈之類以它爲雄一曰畜背隆起古作𪚦文八⿰足幵脛肉也一曰曲脛螝⿺鬼虫蠶蛹也或作⿺鬼虫騩

馬淺黑色頄顴骨也鱖魚名。耆者渠伊切說文老也一曰至也至於老一曰耆或省文十九愭畏也敬也⿰耆見⿰目耆

博雅視也或从目⿰言耆廣雅怒也鰭魚脊上骨禮魚者夏右說鬐馬項鬣鮨⿰魚祁⿰魚示鮓屬爾雅魚謂之鮨或从祁从示

⿰耒耆⿰禾耆麥下種也或从禾⿰金耆祁說文一曰盛也亦姓帆阢飢伊帆古天子號亦地名或作阢飢通作耆

⿰耆毛毛文會也。踶徒祁切也莊子怒則分背相踶文一。𦯱葵聚惟切說文菜也隸作葵文十四楑博雅揆楑推也一曰

集韻平聲一　二十四

度也通作葵⿰忄癸方言悸也䐥䐥皃鄈說文河東臨汾地即漢所祭后土處通作葵⿰癸鳥⿰癸鳥⿰癸隹鳥名方言鳩秦漢之
間其小者謂之⿰癸鳥鳩或作⿰癸鳥⿰癸隹⿰魚癸魚名⿰虫癸蟲名⿰亻癸左右視謂之⿰亻癸⿱竹癸竹名⿰彳癸壯勇皃○馗逵壝渠龜切說文九
達道也似龜背故謂之馗馗高也或作逵壝一曰中馗菌也鍾馗神物也文二十五夔獸名說文神魖也如龍一足象有角手人面之形一曰夔夔悚懼
皃亦州名俗作夒非是騤說文馬行威儀引詩四牡騤騤犪牛名山海經岷山多犪牛戣鍨兵也說文引禮侍臣執戣立于東垂
或从金⿱癶廾說文持弩拊也頯頄頰骨說文權也一曰厚也或作頄䐥博雅臞䐥醜也⿰亻癸左右視也⿱隹大博雅眷⿱隹大顧也
⿰歸見說文注目視也⿰亻歸方言使也躨躨跜動皃⿱艹夒菜名⿰足⿱癶廾⿰足癸說文脛肉也一曰曲脛或从癸艽遠荒也⿰忄癸
悸也鄈地名⿰山夒闕人名⿰癸鳥小鳥○巋丘追切爾雅山小而衆巋文六蘬⿱艹揆艸名爾雅紅龍古其大者蘬或作⿱艹揆
⿰歸見注目視⿰亻歸使也衰減也○紕⿰糹坒篇夷切繒欲壞或作⿰糹坒文十六⿰言坒⿰忄坒錯繆也或从心通作紕⿰忄毘性之惡者
仳此惟醜也⿰比攵器破也⿰毘攴⿰毘攴敝屋欲壞疕頭瘍⿰足卑鍾形下廣也⿰言毘⿰口毘吡聲或从口⿰言比博雅具也⿰口卑短皃
⿰比欠氣出聲⿰口紫⿰口紫呢口皃○⿱丕十攀悲切說文大也或从十亦姓文二十七邳說文奚仲之後湯左相仲虺所封國在魯薛縣伾
說文有力也引詩以車伾伾一曰衆也⿰丕頁大面謂之⿰丕頁⿰⿱丕口頁⿰丕頁說文短須皃或从丕髬髬髵猛獸奮鬣皃一曰被髮走岯坯

伾山再成曰岯一曰山一成或作坯伾　怀恐懼也揚子柔則怌　秠說文一稃二米引詩維秬維秠天賜后稷之嘉穀也　駓騂說文黃馬
白毛也或从丕　豾狉狸子曰豾或从犬　[丕巳]鳥名一曰別也　魾魚名說文大鱯也　鴀鳥名　鉟靈姑鉟旗名　旇麾謂之旇
秛禾租曰秛　[田皮]耕也　苤艸本花盛皃　抷披也　嚭字林大也　。悲逋眉切說文痛也文三　丕大也　斐姓也
。𣬈毗頻脂切說文人臍也从囟囟取氣通也一曰明也輔也厚也隸作毗或書作毘文五十一　[忄毘]性惡也　比和也一曰相次也　琵枇琵琶
胡樂胡人馬上所鼓推手前曰枇引手後曰把或从手　[麥毘][麥比][麥毘]黎麴也或省　枇說文枇杷木也　[木毘]說文梠也　笓篦[罒比]取鰕
具博雅篝笭謂之笓或作篦[罒比]　[木芘]木名可爲車轂　芘說文艸也通作茈　[艹𣬈]艸名說文蒿也　仳博雅仳倠醜也　[身比][身毘][身比大]
[身夸][身比]體柔或作[身毘][身比大]通作毗　貔豼[犭比]說文豹屬出貉國引詩獻其貔皮或省亦从犬　膍肶說文牛百葉也一曰鳥膍胵或从比　鵧
鵧[鳥𣬈]鳥名鳴自呼　魮[魚毘]魚名山海經文魮其狀如覆銚鳥首而魚尾是生珠玉或作[魚毘]　[比䖵]蚍[虫毘]䖵名說文[比䖵]蜉大螘也或作蚍[虫毘]
沘水名出廬江天柱山　阰[阝毘]山名楚詞朝搴阰之木蘭或作[阝毘]　[糸毘]細布　鈚[金毘]錍犂錧也一曰箭名或作[金毘]錍　魾鮃魚名魴也或作鮃　[扌毘]
博雅轉也　[巾毘]帷也　紕邊飾謂之紕　[比刂]斫也　砒石藥　毞氏罽也通作紕　[女毘]女字　秕粃穀不成也或从米　[虫琵]蟲名　庀地名　。邳
貧悲切國名在魯辟縣亦姓文二十五　岯伾大岯山名一曰山一成或作伾　坯坏瓦未燒或从不　伾伓衆也一曰大力或作伓　[丕頁][不頁]

集韻三　平聲一

二十五

短須髮皃或省駓駓馬駁色爾雅黃白雜毛駓或从丕鮬魚名爾雅鱎鮬鱖鮬旗乾讀䲹鳥名山海經鍾山欽䲹化爲大鶚狀

如雕音如晨鵠魾魚名鱯也鉟靈姑鉟旗名鴀鴀鴀鳥名小豾豾狉貔也方言北燕朝鮮謂之豾或作豾狉駓

馬走也伾走皃罘罘兔同也或省髬髬被髮走或从丕○睂眉旻悲切說文目上毛也一曰媚也隷作眉通作麋

文三十五嵋山名在蜀湄湄溦灖灖說文水草交爲湄或作湄溦灖灖溦谷與瀆通也爾雅谷者溦通作湄猸

獸名鶥鶥鴟鳥名通作麋楣說文秦名屋櫋聯也齊謂之檐楚謂之梠葿薇艸名博雅葹葿黃文內虛或作薇篃竹名

江漢閒謂之箭竿一尺數節葉大如扇可以衣蓬𥳌𥳌竹名或作𥳌櫗水中芰也爾雅菱蕨櫗䰨𥉈博雅覞也或从目

黴黴說文物中久雨青黑一曰敗也或省麋說文鹿屬冬至解其角亦姓郿說文右扶風縣堳壇埒瑂說文石之似玉

墨墨屎默詐皃蘪蘪蕪香艸娓順也䵋䵋金飾馬耳或作䵋糜赤苗曰糜薇艸名糜麋

分也或作麋○遟侍夷切闕人名遟任古賢人書遟任有言文一○洼烏雖切方言洿也文一○嫢聚惟切細要胥也文一

七○㞢之㞢眞而切說文出也象艸過中枝莖益大有所之一者地也一曰適也辭也亦姓隷作之古作㞢文六芝說文神艸也

𦤺到也指木名○菑甾莊持切說文不耕田引易不菑畬徐鍇曰从艸巛田田不耕則艸塞之或省俗作葘非是文二十四緇載

𢧢稲蕃博雅析也或作載𢧢稲蕃通作菑　𠚋說文東楚名缶曰𠚋古作甶　茬山名漢泰山郡有茬山亦姓　緇紂純說文帛黑也周禮七入爲緇或作紂純　輜說文軿車前衣車後也字林載衣物車前後皆蔽若今庫車　錙說文六銖也一曰八兩曰錙　椔爾雅木立死曰椔通作菑　淄水名出泰山梁父縣亦州名俗作湽非是　鶅䳫爾雅雉東方曰鶅或从隹　鄑鄉名　𩝐饘名　𧇹手足膚黑　鯔魚名　崰崰嶷不齊皃

○詩詘巿之切說文志也一曰承也持也古作詘文六　邿說文附庸國在東平亢父縣邿亭引春秋傳取邿　齝𪗋呞爾雅牛曰齝吐而噍也或作𪗋呞　眣𥇦外基切以目通指也春秋傳眣魯衛之使或从矣文三　漦沫也

○蚩充之切說文蟲也一曰蚩蚩敦厚皃文十八　妛媸侮也癡也或作媸通作蚩　嗤歖笑也或作歖　𦐇𦐇𦐇羽翼盛也　𧫞告也　呞齝齝食已復出嚼也或作𪗋齝　䁐目汁凝　饎酒食也　祁祁祁衆多也　䊷繒屬也　漦流涎也　𨻻地名　䇼竹名　𤟥獶𤟥犬也

○輜叉緇切軿車文五　颸颸博雅風也一曰颸疾也也或从甾　𪘂齝也　緦十五升布也

○時旹市之切說文四時也一曰伺也一曰是也古作旹亦姓文十九　塒說文雞栖垣爲塒令寒鄉穿墻棲雞通作時　榯木立皃一曰落榯榯門樞　蒔艸名　鰣鯺魚名魚之美者或省　鮨蜀以魚爲醬曰鮨　鼭爾雅鼠名　溡水名在齊通作時　覩睹博雅視也或从目　示姓也晉有示眯明　諸博雅怒也　提朱提縣名在犍爲

翡題說文飛盛皃或作題⿰口是鳴也稭種也○茬荎仕之切說文艸皃齊北有茬平縣或从仕文二○漦俟甾切說文順流也一曰水名一曰盡也一曰次流出皃文三⿰犭而⿰犭而鬚獸角皃一曰不平皃○而人之切說文頰毛也引周禮作其鱗之而一曰語辭一曰汝也如也文四十一髵鬐髵獸作鬣皃耏耐罪不至髡也或从寸應劭曰輕罪不至于髡完其耏鬢法度字宜从寸耏一曰姓也㖇咡吻也或从耳誀誘也洏說文洝也一曰漣洏流涕皃胹腝臑⿰鬲而⿰火而說文爛也方言秦晉之郊謂孰曰胹或作腝臑⿰鬲而⿰火而⿺辶而摩丸之孰也陑⿰阝需地名湯伐桀所外在河曲南或作⿰阝需峏山名荋說文艸多葉皃沛城父有楊荋亭栭說文屋枅上標引爾雅栭謂之格檽⿰木耎木名一曰木栮或从耎⿺瓦而瓦也輀轜輭說文喪車也或作轜輭⿰車羽礙車鴯⿰而隹鳥名燕也莊子鳥莫智於鷾鴯或从隹鮞說文魚子也一曰魚之美者東海之鮞濡水名在河間春秋傳盟于濡上一曰耎肉和滑⿰目而聏和也調也或作聏衻裝也⿰女而女字侕衆多皃⿰木乃木名⿰言乃厚也仍因也關中語艿艸名杒小車粢陾陾陾築牆聲○思恖⿱囟壬⿱囟乚新茲切說文容也一曰念也一曰于思多鬚皃古作恖⿱囟壬⿱囟乚文三十偲⿰忄思切切偲偲相切責也或作⿰忄思颸風皃罳⿸厂罳博雅罦罳謂之屏釋名罦罳在門外罦復罳思也臣將入請事於此復重思之籀作⿸厂罳緦⿱思幺說文十五升布也一曰兩麻一絲布也古作⿱思幺䈃竹名有毒傷人即死生海畔有毛楒相楒木名通作思禗神不安欲去意⿰馬思馬名絲糸說文蠶所

吐也或省　鷥鷺鷥鳥名　司說文臣司事於外者與后相反一曰后道寬惠司家徧急違於君也亦姓　伺候也察也　覗⿰耳司博雅視也一曰竊見或从目　⿲犭司犬說文司空也復說獄司空一曰辯獄相察　笥竹器　䚡角中骨曰䚡　⿱艹⿲犭司犬艸名　⿰氵司水名　蕬菟蕬藥艸　媤姛女字或从司　○玆𢆶津之切說文黑也引春秋傳何故使吾水玆玆一曰蓐也此也亦姓古作𢆶文二十四　⿰黑玆深黑色　孜說文汲汲也引周書孜孜無怠　孳⿱䜌兒說文汲汲生也籀作⿱䜌兒　孖一產二子通作孳　芓艸名若也　栥榑櫨也　仔說文克也一曰仔肩任也　滋⿰氵𢆶⿶凵𢆶說文益也一曰滋水出牛飲山白陘谷東入呼沱一曰蕃也旨也古作滋⿶凵𢆶　⿰禾玆禾生皃一曰蒔也　兹說文艸木多益　嵫崦嵫山名日所入處　鼒說文鼎之圜掩上者引詩鼐鼎及鼒通作鎡　鎡鎡錤鉏也通作兹　嗞說文嗟也廣雅嗞听笑也一曰啼不止　鰦魚名爾雅鮂黑鰦　耔壅禾根也詩或耘或耔沈重讀通作芓　字養也鄭康成曰小國貢輕字之也　⿰田玆地名或書作菑　鶿鸕鶿鳥名　○詞⿹司言詳玆切說文意內外古作司或書作⿹司言文十三　辭𤔲⿰𤔔亐說文訟也从𤔔𤔔猶理辜也𤔔理也籀从司古作⿰𤔔亐通作辤　辤辞說文不受也从辛从受受辛宜辤之籀从辛俗从舌非是　祠說文春祭曰祠品物少多文詞也仲春之月祠不用犧牲用圭璧及皮幣　柌枱鈶⿱錘木博雅柄也或作枱鈶⿱錘木　絧博雅補也　○慈⿱𢆶心牆之切說文愛也亦州名或作⿱𢆶心文十五　礠磁石名可以引鍼又州名或省　鶿⿱慈鳥鴜鳥名說文鸕鶿也或作⿱慈鳥鴜　⿰口慈潛⿰口慈愧皃　濨滋水名在定

集韻平聲一　二十七

州旱則竭或从玆玆龜玆西域國名呲無食也胔水腸謂之胔⿱竹玆竹名嬨女字。癡𢡖促超之切說文不
慧也或作懝促文十一痴痴瘵不達皃笞抬說文擊也或从手齝⿰齒司呞說文吐而噍也引爾雅牛曰齝或从司从口乿⿱台月孷理也或作
漦博雅盪也一日龍吐沫⿰扌孷⿰扌孷里地名在秦。治澄之切說文水出東萊曲城陽丘山南入海文十一乿⿱台月孷理也或作
⿱台月孷通作治耛耘耛除艸持說文握也莉姓也箈⿱竹怠箭萌一日水中魚衣或从怠菭菭藺艸名通作治荎
艸名著也。釐𨤏陵之切說文家福也一日理也或作𨤏文四十三孷坼也氂說文犛牛尾也一日十毫曰氂斄
庲鄉名古省⿰毛來⿰糸來彊曲毛可以箸起衣或作⿰糸來⿰禾來麳麥也或从麥⿰镸來⿱髟來⿰镸來鬆起皃來倈至也或作倈
賚賜也艃博雅艃艃舟也嫠說文無夫也孷孷方言陳楚之間凡人嘼乳而雙産謂之孷孳或省⿱𠩺心⿱𠩺心憂皃楚
頴間語⿱𠩺言罵也⿸疒里病也⿱𠩺巾斷繒也剺⿱𠩺廾說文剥也劃也或从廾⿱𠩺叐說文引也⿱𠩺友說文畫也犛說文微
牛名黑色出西南徼外張揖說貍狸⿰豸來猍說文伏獸似貙或作狸⿰豸來猍也薶塞也⿱艹⿰禾里豆名可食梩臿也司馬法周輴輦
載梩菫說文艸也一日羊蹄⿱竹剺竹名出廣州西南⿱竹孷笊⿱竹孷竹杓漦爾雅盝也浬泥浬波斯酋長名⿱𠩺木木名條可
爲大索⿱𠩺魚魚名⿱艹釐萊艸名夫蕦也或作萊。飴⿰食異⿱異食⿰食以粭盈之切說文米蘗煎也一日濡弱者爲飴或作⿰食異⿱異食

飤粘文四十六 𦣝頤⿰齒𦣝 説文顧也或作頤⿰齒𦣝 宧 説文養也室之東北隅食所居李巡曰東北陽氣始起育養萬物故曰宧 ⿸尸𦣝

豕脾息肉 台 説文悦也一曰我也 胎 肝胎地名通作台 怡 説文和也亦姓 ⿱𦣝女 樂也 貽 黒貝也 遺 與也通作貽 詒 説文相欺詒也一曰遺也或从貤通作貽 异 發歎一曰已也舉也 巸⿰𦣝欠戺 説文廣𦣝也一曰長也美也或从欠古从戸 ⿰弓𦣝 弓名

枱⿰木𦣝 博雅𣹢斗謂之枱所以抒水或从𦣝通作枱 洍 江水決復入爲洍 沶 水名 圯 説文東楚謂橋爲圯 枱鈶⿱金木耛 説文耒耑也或作鈶⿱金木耛 瓵 説文甌瓿謂之瓵 ⿰𦣝瓦 博雅甄⿰𦣝瓦瓿也 治 水名出鴈門累頭山東至泉州入海 ⿰王𦣝

珆 説文石之似玉者一曰五色玉或从台 ⿰魚𦣝 魚名博雅鯸⿰魚𦣝魠也背青腹白觸物即怒其肝殺人 ⿰女𦣝妃姫 衆妾總稱或作妃姫

熈 闕人名春秋傳鄭有公子熈 狶 狶韋太史官名李軌説 鮐 魚名爾雅鮐背壽也 怠 懈也 忯 忯忯和適也 ○僖 虚其切説文樂也亦姓文三十五 嬉 博雅戲也通作娭 ⿱巸女 説文説樂也或省 歖歖憘 説文卒喜也或从喜从心

欸咥吹 説文欸欸戲笑皃或作咥吹 嘻 敕也一曰有所多大之聲周頌有噫嘻 譆 痛也 誒唉 説文可惡之辭一曰誒然引春秋傳誒誒出出或作唉

禧釐 説文禮吉也一曰憑也或作釐 熙⿸尸巸 説文燥也一曰廣也和也古作⿸尸巸 熹暿 説文炙也一曰熾也或作暿亦書作熺 ⿰火矣 火盛皃 瞦 説文目童子精也 娭⿰女熈 婦人賤稱或从熈 ⿸厂敊 説文坼也从攴从厂

厂之性圻果孰有味亦圻故謂之孷訢烝也喜未喜有施氏女名通作嬉昕旦明日將出也欸呻吟也䵣黑也唭

呼也饎糦𩜁酒食曰饎或作糦𩜁豨豕也。欺倛丘其切說文詐欺也或作倛文十七諆說文欺也一曰謀也娸

說文人姓一曰詆娸漢書娸蘱其短或作㛴䫏魌說文醜也今逐疫有䫏頭䫏頭方相也或作魌通作䫏𩕄大頭也一曰頭

不正僛𠎾說文醉舞皃引詩屢舞僛僛不能自正也或作𠎾䶞齮博雅齧也或从奇𡖐廣雅多也鶀鵋鳥名今江

東呼鵂鶹爲鵋鶀或作鶀亟屢也抾兩手挹也。姬居之切說文黃帝居姬水以爲姓一曰妾稱文四十三稘𣍟

稘𣅈朞說文復其時也引虞書稘三百有六旬古作𣍟𣅈稘𣅈或作朞亦書作期基坖說文牆始也一曰本也古作坖

箕𠀠笄𢁅𠔁𠀷匶𠁦𠀽說文簸也一曰星名亦姓古作甘笄𢁅𠔁籀作𠀷匶或作𠁦𠀽丌說文下基

也薦物之丌象形其不其邑名在琅邪亦姓居語助通作其基諅忌也諆𧫷謀也一曰欺也或从基通作基萁薌萁

梁也笸說文取蟣比也𤥌石之次玉者一曰五色石錤鎡錤鉏也通作其𨅫踞也通作箕藄𦹈𦸏艸名

博雅藄綦蕨也或从基从棊棋𣝪根柢也或从箕熈然也畁舉出之踑𨀼跡也古从亓甚惎毒也

意也巷疾恚也祺禥祈吉也籀从基古作祈。醫毉於其切說文治病工也殹惡姿也醫之性然得酒而使从酉王

育說一曰毆病聲酒所以治病也周禮有醫酒古者巫彭初作醫或从巫俗作毉非是文十七 欸唉方言欸醫然也或从口 瘱痛劇聲一曰羸也

譩忿也傷也 噫億意嘻譆懿譼悪恨聲或作億意嘻譆懿譼古作悪

㥥博雅審也 𡄈𡄈嘘開口笑也 偯痛聲 ○疑儗魚其切說文惑也从子止匕聲或作儗文十二 𠤕𥏫說文未定也或作𥏫亦書作𥏫

嶷說文九嶷山舜所葬在零陵營道 觺角利皃楚辭其角觺觺 猚鳥名 𪏗爾雅盉也 礙礙礧青石

听听嗞口開皃 𦭵艸名一曰艸多皃 僛僛僛狐狸聲 ○其丌亓渠之切辭也豈也亦姓古作丌亓文五十七 期

𣅡朋說文會也一曰也要也或作𣅡朋 基本也 棊碁櫀說文博棊或作碁櫀通作棋 旗說文熊旗五斿以象罰星士卒以爲期引周禮率都建旗亦姓 琪玉屬爾雅東方之美者有醫無閭之珣玗琪焉或書作基 𤨍璂說文弁飾往往冒玉也或从基

綥綦帺𥿮說文帛蒼艾色引詩縞衣綥巾未嫁女所服一曰不亻綥亦姓或作綦帺古作𥿮或書作綨紤 粸𪌼餅屬或从麥

萁𧯊稘𦬆說文豆莖也或从豆从禾古作𦬆 藄𧂇艸名說文綦月也郭璞曰似蕨可食或作𧂇 蘄說文艸也江夏有蘄春亭一曰水名亦姓

錤錤名 倛淮南祈雨土人曰倛 惎心有所繫也 淇說文水出河内共北山東入河一曰出隆慮西山

祺禥祈說文吉也一曰祥也籒从基古作祈 𪘏𪗴齧也古作𪗴 畁舉也 掑扲掑堅勇也或書作

二二九

摹踑駠跡也䑫𦪺䑲博雅𦪺䑫舟也或从基从亓麒說文仁獸也麋身牛尾一角通作麖騏馲說文馬青驪文
如博棊也古作駓鶀䳢鶀鳥名一曰小或从隹蜝蟲名水蛭也通作蟇䱻䱽說文魚名或从亓蟇彭蟇蟲名似蠏
而小不可食蔡謨渡江不識噉之幾死歎曰爲學所誤倛万倛虜姓勤耄勤老稱也通作期諆謀也濝水名山海經沮洳之山濝
水出焉棋木根也猉汝南謂犬子爲猉
八。微𢔶無非切說文隱行也引春秋傳白公其徒微之亦姓或作𢔶文十六𢼸說文妙也徐鉉曰从耑省耑物初生之題尚微也通
作微癓足瘡也通作微薇𦼮說文菜也似藿籒省⿱竹微⿱竹𢼸說文竹也籒省⿰金微鉤也方言自關而西謂之⿰金微⿺鬼微⿰目微說文司也或从目
⿰氵𢼸溦霺說文小雨也或作溦霺⿰亻𢼸賤也或引虞書舜側微⿰石尾磥⿰石尾磨也齊人語。霏⿱雨飛芳微切雰也詩
雨雪霏霏或从飛文十五菲艸名芴也一曰艸茂皃馡廣雅馡馡香也通作菲妃⿱妃女說文匹也一曰嘉偶曰妃或作⿱妃女
婓說文往來婓婓皃一曰醜皃列仙傳江婓二女或書作婔裶裶裶衣長皃騑⿰馬斐匪騑騑馬行不止皃或从斐亦作匪⿱非目
說文大目也⿱非毳毛紛紛也昲曊方言昲曬乾物也或从費。非匪微切說文違也从飛下翄取其相背又姓文二十誹謗言
也⿱非大斐姓也春秋傳晉有斐豹或作斐扉說文戶扇也一曰以木曰扉以葦曰扇緋絳色一曰赤練餥爾雅餥餱食也

方言陳楚之間相謂而食麥饘謂之餥 飛飛說文鳥翥古作飛通作蜚 騑說文驂旁馬 騛說文馬逸足也引司馬法騛衛斯輿

⿰牛飛獸名如牛白首一目 ⿰魚飛鯡魚名似鮒出勞水或从非 䨽說文毛紛紛也 裶長衣皃 ⿱非毛細毛爲⿱非毛 裴即裴漢侯國名 馡香也 蜚蟲名。肥符非切說文多肉也徐鍇曰肉不可過多故从卪亦姓文十八 腓說文脛腨也一曰病也 萉避也幽通賦安慆而不萉通作腓 淝水名出九江山入淮一曰所出同所歸異曰淝泉 裴棐即裴漢侯國在魏郡或从木 賁姓也

⿱非巴山海經羭次山有鳥狀如梟人面一足名曰橐⿱非巴冬見夏蟄服之不雷 蜰蟲名說文盧蜰也 蟦虫名出北海水上狀如凝脂一曰水毋也蠐螬也 筂竹名 痱⿸疒肥風病一曰小腫或从肥 扉隱也 腓廣雅離也 婓婓婓往來皃 ⿱非邑聚名在河東聞喜縣 膹脽多湆。機居希切說文主發謂之機一曰織具也會也俗作機非是文二十六 鐖鉤逆鋩淮南子無鐖之鉤不可以得魚

刉⿱幾皿氣斷也封也鄭康成曰封羽牲曰刉或作⿱幾皿氣亦書作氣 禨祥也通作僟 ⿺鬼幾說文鬼俗也淮南傳吳人鬼越人⿺鬼幾 ⿰月幾說文頰肉也 幾⿱𢆶几說文微也殆也从𢆶从戍戍兵守也𢆶而兵守者危古作⿱𢆶几 僟深練於事曰僟 譏說文誹也一曰譴也 嘰說文小食也一曰唏也紂爲象箸而箕子嘰 饑⿰食⿱𢆶几⿰食乏說文穀不熟爲饑古作⿰食⿱𢆶几⿰食乏 𧼄說文走也 璣說文珠不圜也 磯博雅磧也一曰感激

孟子是不可磯也 鞿馬絡頭一曰韁在口 蘄鄿沛郡有蘄縣或作鄿 䉡竹也 蘎葅蘎艸名 磑⿰石離石 ⿰耒幾耕也。歸

歸居韋切說文女嫁也籀省一曰還也又州名亦姓文五騩山名山海經大騩山在滎陽密縣一曰馬色蘬艸名博雅葵也[亻歸]往也

使。也希𢁫香依切寡也望也施也亦姓古作𢁫文二十六稀說文䟽也徐鍇从禾爻巾爻者稀䟽之義巾象禾之根莖通作希俙

依俙猶言髣髴也一曰訟也面相是心相非睎說文望也海岱之間謂眄曰睎欷唏說文歔也一曰歔欷懼皃或从口悕願也悲也

春秋傳在招丘悕矣[走希][走夷][走幾]走皃或从夷从幾晞說文乾也一曰明之始升烯火色䫣䫣頭頭動皃莃艸名說文

兔葵也一曰似葵而小葉狀如藜有毛汋啖之滑桸木名汁可食一曰勺也鵗[希隹]爾雅雉北方曰鵗或从隹豨狶豬也方言南楚

謂之豨或从犬浠水名[虫希]蟲名啖欲食也[雨見]雨止皃[希卩]骨節間[女希]女字。暉吁韋切說文光也日之光

文二十七煇輝煒說文光也火之光或作煇煒揮[扌翬]說文奮也一曰竭也或作[扌翬][氵翬]振去水也通作揮[軍攴][軍攴]

博雅[軍攴][忄畫]菲刺也或从殳楎椲櫼也爾雅杙在牆者謂之楎或作椲鶤雞三尺曰鶤徽[山徽]說文衺幅也一曰三糾繩也美也古

作敫徽[方軍]說文幟也以絳徽帛著於背引春秋傳揚徽者公徒或作[方軍]通作徽褘說文蔽厀也引周禮王后之服褘衣一曰婦人邪交落帶

繫於體者幃說文囊也翬說文大飛也一曰伊雒而南雉五采皆備曰翬引詩如翬斯飛或書作揮[犭軍]山海經獄法山有獸狀如犬而人面

是善投見人則笑其名山[犭軍][馬軍]山海經太行山有獸狀如麢四角馬尾而有距名曰[馬軍]徽鰴爾雅魚有力者徽或作鰴闈爾雅宮中

門謂之闈緷大東也⿰牛軍牛名⿰女軍女字。衣於希切說文依也上曰衣下曰裳世本胡曹作衣衣隱也亦姓文十五依說文倚也
一曰祿也㐆說文歸也从反身徐鍇曰古人所謂反身脩道故曰歸也⿰阝衣說文酒泉天⿰阝衣阪也漢有天⿰阝衣縣陭陭氏縣名在上黨⿰女衣說文女字
也⿱依心依譩噫哀痛聲或作依譩噫⿰木衣樿⿰木衣木名可爲箭笴一曰箭第禕美也扆爾雅牖戶間謂之扆郭璞讀
郼國名呂氏春秋湯立爲天子商不變肆親郼如夏⿰氵衣水名。威𤰞⿱由畏於非切說文姑也引漢律婦告威姑一曰有威
可畏謂之威古作𤰞⿱由畏畏亦姓文十一葳葳蕤艸木皃楲說文楲窬褻器一曰通陂竇隇博雅隇陝險也嵔嵔壘山名
媁美皃蝛蛜蝛蟲名一曰鼠負鰄魚名。沂魚衣切說文水出東海費東西入泗一曰沂水出泰山蓋青州浸文九⿰氵⿱斤口听
⿰氵⿱斤口嗞媿皃或省⿰豈幾危也近也磑礧石豈皚溰博雅豈豈霜雪也或从白从水隑岸曲皃。巍嵬語韋切說文高
也或省文九騩馬黑色阢石山戴土犩⿰牛嵬牛名犪也如牛而大肉數千斤或作⿰牛嵬儡心勞苦皃魏獨立皃莊子魏然而
已㕒爾雅崒者厜㕒。祈⿰丌斤渠希切說文求福也或作⿰丌斤文三十九頎說文頭佳皃一曰長皃旂說文旗有衆鈴以令
衆也一曰交龍爲旂畿圻㙨說文天子千里地以遠近言之則言畿也一曰限也或作圻㙨埼碕崎隑曲岸也或从石从山
亦作隑岓山旁石曰岓⿱幾鬼⿰鬼幾鬼俗或从幾⿰豈幾說文幾也訖事之樂一曰危也汔也剴摩也⿰齒幾齒危幾近也

一曰器之沂鄂⿰月幾頰肉謂之⿰月幾刉封也或書作包俟万俟虜姓蚚蟲名說文強也蓋蠅類獑爾雅犬生一子獑蟣蚑

蟲名水蛭也入人肉者或作蚑璣珠不圓肵蔪也鄭康成曰盛心舌之俎⿰米幾嘰小食也或从口磯感激也蘄縣名鐖

大鐮⿱幾皿禨說文以血有所刉除祭也或作禨僟說文精謹也引明堂月令數將僟終鬿山海經北號山有鳥白首鼠足名曰鬿雀一曰

星名芹⿱艹沂水艸或作⿱艹沂⿺走幾走也○韋蕒于非切說文相背也从舛口聲獸皮之韋可以束枉戾相韋背故借以爲皮韋亦姓

古作蕒文二十一⿰韋康⿰韋束說文束也徐鍇曰束之象木華實之相累也或从束⿰韋攵說文戾也違說文離也幃囊也一曰單帳

闈說文宮中之門口說文回也象回帀之形圍說文守也⿰衤圍說文重衣皃引爾雅⿰衤圍⿰衤圍襀襀或書作⿴衣圍葦艸名爾雅

葦醜芀謝嶠讀⿱韋女說文衺也鍏說文臿也方言宋魏之間謂之鍏湋說文回也一曰水名潿說文不流濁也喡呼聲媁

說文不說皃褘邪交落帶繫於體謂之褘通作幃椲木名⿷匚韋器也○蘬⿱艹⿰禾癸區韋切說文薺實也一曰龍古

之大者古作⿱艹⿰禾癸文四⿰歸見注目視皃巋山皃○頄琴威切權骨也文一○脢莊歸切夾脊肉文一○⿰扌幾丘衣切扱取也文一

九○魚𩵋牛居切說文水蟲也象形魚尾與燕尾相似亦姓古作𩵋文二十二𩺰說文二魚也⿰氵𩺰漁⿰⿸虍魚攵魰說文

捕魚也篆省或作⿰⿸虍魚攵魰齬齒一前一却⿰金御鋙鉏⿰金御機具也一曰釜屬或从吾⿰目魚⿰馬魚⿰月魚⿰目吾馬二目白曰⿰目魚或作⿰馬魚⿰月魚⿰目吾

吾吾吾踈遠皃春秋國語暇豫之吾吾鯃蘁魚也衙衙衙行皃郚郚鄉地名蕪菩艸名東人呼荎爲蕪或作菩

閼門名娪吳人謂女爲娪○於𣄎衣虛切于也居也往也一日語辭亦姓古作𣄎俗作扵非是文九鄔鄔陵縣名在太原

箊箊箊竹名葉薄而廣菸艸名說文鬱也一日矮也淤泥澱唹博雅笑也瘀積血瑹玉名○虛𧆸休居切空也亦姓古作𧆸俗作虗非是文十二驉獹駏驉獸名或从犬通作虛歔說文欷也嘘吁說文吹也一日出氣急日吹緩日嘘或作吁

魖䖅說文耗鬼也或从示雩雩婁地名𡾥崎𡾥山峻𥕢石皃○虛墟丘於切說文大丘也崐崘丘謂之崐崘虛古者九夫爲井四井爲邑四邑爲丘丘謂之虛或从土文二十一𡾥崎墟山峻或書作𡺫厶笶蓎芸說文厶盧飯器以柳爲之象形或作笶蓎芸

𣏒說文极也椐椐樻木名節可作杖袪說文衣袂也一日袪褢也褢者裦也袪尺二寸引春秋傳披斬其袪一日舉衣皃攄博雅擊也阹說文依山谷爲牛馬之圈胠博雅脅也一日旁開爲胠一日陳左翼日胠魼鱋說文魚也一日比目或作鱋祛禳却也

去疾走也呿口開也抾方言抾摸去也一日捧也㦋志怯也車車也老子有車之用○居踞𡱂斤於切說文蹲也从尸古者居从古徐鉉日言法古也亦姓或作踞𡱂文二十六凥𡰥說文處也從尸得几而止引孝經仲尼凥凥謂閒居如此或作𡰥

䝬𡩦博雅䝬贖賣也一日貯也或作𡩦据說文戟挶也韓詩日足爲事日拮据椐木名說文樻也裾說文衣裦也一日衣後裾

琚瑌 說文瓊琚引詩報之以瓊琚或作瑌 崌 山名北江所出或書作崌 車 輿輪揔稱釋名今者聲如居所以居人也古曰車聲近舍車舍也韋昭曰從漢始有居音 涺⿰氵⿸尸丘⿰氵尻 說文水也或从⿸尸丘从尻 ⿱艹居 苴⿱艹居艸名 鶋 鶢鶋鳥名通作居 腒 說文北方謂鳥腊曰腒引傳曰堯如腊舜如腒 倨 傲也春秋傳直而不倨徐邈讀 ⿰居阝 國名 蜛⿰魚居 蜛蝫蟲名一頭尾有數條有脚狀如蠶可食或从魚 婮 女字 ⿰禾居 蜀人謂黍曰糖稆 ○渠 求於切說文水所居也一曰渠渠勤也一曰州名亦姓文五十三 ⿰食豦 博雅將⿰食豦帥也通作渠 ⿰氵豦⿰木豦 宋魏之閒謂杷為⿰氵豦拏或作⿰木豦通作渠 豦 說文鬭相丮不解也或从豕虍豕虍之鬭不相捨引司馬相如說豦封豕之屬一曰虎兩足舉 ⿰豸渠 ⿰馬豦⿰豸渠獸名 ⿰豦鳥⿸豦鳥⿰豦隹 鳥名說文⿰豦隹⿰豦鳥也飛則鳴行則搖或作⿸豦鳥⿰豦隹通作渠 腒⿰月豦 鳥腊或作⿰月豦 ⿱巨虫蟝⿱渠蚰 蟲名說文巨蟲蟝也朝生暮死豬好啖之或作蟝通作渠 ⿰亻渠 吳人呼彼稱通作渠 蕖 芙蕖荷揔名通作渠 蘧遽 說文蘧麥也亦姓或作遽 ⿱艹豦 說文菜也似蘇 籧 說文籧篨粗竹席也一曰籧篨疾不能俯通作⿱竹豦 ⿱竹豦 牛筐 ⿰木豦 博雅⿰木豦栫籬也 ⿰車豦 博雅⿰車豦輮輞也 ⿰糸渠⿰糸渠 博雅履其緣謂之無⿰糸渠一曰綵名或作⿰糸渠 鐻 金銀器名 璩琹璖 環屬戎夷貫耳或作琹璖通作鐻 磲⿰石⿱⿰王渠 博雅硨磲石之次玉或省 醵酟 合錢飲酒或从巨 ⿰阝豦 階也 ⿰豦阝⿰巨阝 聚名或从巨 ⿺走豦 犯也一曰小跳 ⿱穴豦 空也 巨 未央也通作腒 ⿰衤虚 繫也 裾 衣後曰裾 ⿰忄豦 怯也 琚 佩玉名 秬 黍屬 蚷 商蚷蟲名北燕謂之馬蚿 氍⿰雚毛 氍毹氈也或作⿰雚毛 ⿰氵豦 廣雅乾也

䗬麥小者䗬葅闕人名北齊有宋葅媟婐女字或省㺲犬狙惡也○胥新於切說文蟹醢也鄭康成曰青州之蟹胥一曰助也相也皆也待也文十九疋說文足也諝偦博雅諝也或从心通作胥湑露皃揟說文取水沮也武威有揟次縣或作㨨楈說文木也似栟櫚皮可以索一曰犂也稰禾子落皃䈝竹名一曰箕屬蒖姓也糈糧也䱬說文魚也蝑蟲名說文蜙蝑也偦䟽也通作揟輯相和集也莊子民孰敢不輯娶問娶媒也𤞞猨屬𦦕泲酒具○疽千余切說文癰也文二十八胆蛆蠦說文蠅乳肉中也或从虫亦作蠦鴡雎鳥名說文王鴡也其爲鳥摯而有別或从隹狙猨屬趄且跙說文走趄也或作且跙䔽藉也苴麻之有子者蒩蒩蓋艸名沮止也一曰水名在楚通作雎𪷓水名在北地入馮翊洛水岨砠䃊說文石戴土也引詩陟彼岨矣或作砠䃊麆鹿子曰麆坥說文益州部謂螾場曰坥𨚮鄉名在右扶風𡰣此也覻䚌相伺視也或作䚌組邑名在海中伹廣雅鈍也一曰拙也菹竹名怚姡也○苴子余切說文履中艸一曰包也亦姓文十四蒩說文茅藉也引禮封諸侯以土蒩白茅且說文薦也从几足有二橫一其下地也一曰此也語辭也𨚮說文右扶風鄠鄉蛆蝍蛆蟲名沮水名說文出漢中房陵東入江砠爾雅土戴石爲砠狙猨屬租包也罝說文兔罟也揟揟次縣名在武威郡一曰取魚也𢇲說文人相衣直也𩑛額也謯詠也○徐祥余切說文安行也又州名亦姓文十三俆邪說文

緩也亦姓或作邪通作徐伹說文拙也蒩蒩蓋菜名似韭郐地名邾下邑豠說文豕屬⿰羊余羜郊羊也皮可冒鼓擊之益急或

作羜余余吾水名在朔方鉏闕人名春秋傳有西鉏吾蒢艸名⿰車余車軨也。蔬山於切凡艸菜可食者通名爲蔬郭璞說

通作疏文二十梳⿰木疋⿰木疎說文理髮也或作⿰木疋⿰木疎疋說文足也上象月腸下从止弟子職曰問疋何止一曰記也⿰㸚疋⿰㸚守疏疎

說文通也一曰遠也或作⿰㸚守疏疎亦姓斯析也詩斧以斯之⿰囟疋說文門戶疏窻也通作疏練絡屬後漢禰衡著練巾⿰糸疋繼也

釃⿱罒麗麗盪也或作⿱罒麗麗蘇木名詩山有扶蘇徐邈讀⿱穴毛⿰疋毛⿺毛㐬毛席也或作⿰疋毛⿺毛㐬糈博雅饊也。書書

商居切說文箸也一曰如也庶也紀庶物也或作書文二十一舒豫說文伸也方言東齊之間凡展物謂之舒一曰敘也散也或作豫舒又姓亦州

名除余四月爲除或省紓絵悆忬說文緩也一曰解也或作絵悆忬通作舒⿰余阝鄉名在廬江通作舒⿱艹舒艸名

博雅⿱艹舒蔀魚薺也薯艸名瑹荼博雅瑹珽笏也一曰美玉或省⿱余鳥鵌⿰余隹鳥名似鳧或作鵌⿰余隹筡⿱竹般筡竹笢

也徐徐州地名在齊通作舒⿱竹舒竹名。初⿸厂⿱衣刀楚居切說文始也从刀衣裁衣之始唐武后作⿸厂⿱衣刀字文三⿰口楚呵叱也

。菹蕰⿱艹盬葅⿱艹阻⿱艹⿰耒盬苴臻魚切說文酢菜也一曰麋鹿爲菹虀菹之稱菜肉通或作蕰⿱艹盬葅⿱艹阻⿱艹⿰耒盬苴文十四⿱艹耝

茅⿱艹耝也⿰齒虘齒不齊皃沮姓也沮誦黃帝時史官通作俎苴俎薦牲几春秋傳司馬折俎柤以木爲闌也飷⿰食蒦飷食無味姐

嫿姐女態。諸㸙專於切說文辯也一曰衆也之也亦姓古作㸙文十三藷艸名說文藷蔗也通作諸[illegible]藥艸署預也櫧

[illegible]楮木名似柃葉冬不落或作[illegible]楮礑博雅礛礑礪也可以攻玉蠩鰭蝫蜛蠩蟲名一曰蝦蟆或作鰭蝫渚水名在恒山

偖月行也詩日居月偖通作諸。鉏鋤助牀魚切說文立薅所用也又姓或作鋤亦省文十耡粗起民令相佐助也周禮以興耡

利𣃇或省豠[illegible]豕屬或从助[illegible]春[illegible]鳥名鷺也通作鋤駔闕齊公子名麆麞子也一曰關中謂小兒爲麆子取此義。蜍

蠩常如切蟾蜍蟲名或从諸文六稌[illegible][illegible]藥艸署預也或作[illegible]稌[illegible]木名似櫧。如女人余切說文从隨也一曰而也若也

往也然也亦姓古作女文二十挐說文持也[illegible][illegible]說文地名或省[illegible][illegible]藘艸名蒨也可以染絳通作茹[illegible]藺[illegible]艸名絮

姓也漢有絮舜茹艸根相牽引皃亦姓袽絲袽也洳水名在南郡雓鴽鳥名說文牟母也或从鳥[illegible]獸名鼻赤毛青

食虎[illegible]假寐濡安也莊子有濡需者[illegible]病也[illegible]木名筎刮取竹皮爲筎[illegible]均也。豬猪䐗張如切說

文豕而三毛叢居者或从犬从肉文十瀦潴水所停曰瀦或作潴櫫博雅杙也揭櫫有所表識藸[illegible]茥藸艸名或作[illegible]都

明都澤名在青州椓木立死。攄捈抽居切博雅舒也或作捈通作摴文九摴摢摴蒲戲也亦姓或作摢[illegible]樗

櫖說文木也一曰惡木或从雩从慮筡艸名爾雅簢筡中言中空類竹也[illegible]玉名山海經小華山其陽多[illegible]琈。除陳如切說

文殿陛也一曰去也文二十二 宁 爾雅門屏之間謂之宁通作著 筡 艸名箘筡中 苧 艸名可爲繩 儲 說文偫也一曰副君也亦姓

躇踷 說文峙躇不前也或作踷 滁 水名一曰州名 涂諸 水名在堂邑或从諸 篨 說文籧篨也 蒢 艸名說文黃蒢職也葉似酸漿華小而白中心黃江東以作葅食 藸 艸名說文荎藸也通作著 藸 薵藸菜名葱也 藷⿱艹儲⿱艹稌 艸名山海經景山北望少澤多藷藇或作⿱艹儲⿱艹稌 著 太歲在戊曰著雍 ⿸疒余⿸疒除 廣雅痕⿸疒余瘢也或从除 屠 休屠匈奴王號祭天以金人者 ⿰米諸 糧也通作儲

。臚膚⿰䖍皮 淩如切說文皮也一曰腹前曰臚籀省或从皮文三十一 閭 說文里門也引周禮五家爲比五比爲閭閭侶也二十五家相羣侶也一曰居也一曰獸名如驢一角岐蹄亦姓 廬 說文寄也秋冬去春夏居一曰粗屋揔名又姓亦州名 璷 王名 慮櫖櫨 木名爾雅諸慮山櫐也郭璞曰謂似葛而麤大江東呼爲藤或作櫖櫨一曰林慮地名也無慮都凡也 櫚 木名博雅栟櫚椶也 ⿱竹閭箸 竹名 ⿱艹閭 葥⿱艹閭艸名狀如艾蒿近道處處有之 藘 茹藘蒨艸 蘆 漏蘆藥艸 ⿰髟盧 鬛也 ⿰忄閭 夏憂也 ⿰氵閭 浘⿰氵閭泄海水出外者通作閭 爈 山火曰爈 驢⿰馬婁 獸名說文似馬長耳或从婁 ⿰馬𧘇⿰馬旅 傳也如今遽馬或从旅 蠦 諸蠦蟲名通作慮

壚 黑土 旅 陳也周禮皆旅擯 鸕 鳥名爾雅鸕諸雉 ⿰足盧⿰月慮 傳也一曰上傳語告下爲⿰足盧或作⿰月慮通作臚 ⿰山盧 山名 ⿰金閭 矛戟受柄處 艫 船尾 。絮袽 女居切說文絜緼也一曰敝絮引易需有衣絮或作袽亦書作⿱如衣文十一 帤 說文巾帤也一曰幣巾方

言大巾嵩嶽之南陳潁之間謂之帤巾⿱奴毛犬多毛皃拏牽也煩也持也絮姓也蒘蔨蒘艸名似芹可食子大如麥著人衣⿰木拏⿰氵拏⿰木拏把也茹關人名春秋傳有莒茹通作拏蕠黏箸也史記蕠漆其間⿱艹⿰女攵藸⿱艹⿰女攵艸名○貙敕居切虎之大者文一○余羊諸切說文余語之舒也爾雅余予皆我也亦姓文五十予⿱余余說文二余也歟說文安氣也或作欤與語辭通作歟譽稱美也伃妤說文婦官也漢有倢伃伃美皃或从女嬩說文女字也悆樂也懙⿱与心懙懙行步安舒也或作⿱与心亦書作⿱與心舁⿱亠⿱口手說文共舉也或作⿱亠⿱口手擧說文對舉也⿺走與安行也輿⿰車与說文車輿也一曰始也眾也亦姓或作⿰車与艅艅艎吴舟名通作餘旟說文錯革畫鳥其上所以進士眾旟旟眾也引周禮州里建旟礜石藥餘說文饒也一曰皆也亦姓畬畭說文三歲治田也引易不菑畬田或作畭亦書作畬藇香艸爾雅藒車芞藇⿰氵與說文水也璵璠璵魯之寶玉或書作⿱與玉鸒說文馬行徐而疾引詩駟牡鸒鸒⿸鹿與郊羊大者曰羬⿸鹿與⿰犭與獸名一曰猗⿰犭與犬子狳犰狳獸名山海經餘莪山有獸狀如兔而鳥喙鴟目蛇尾見人則眠鵌鶌鵌鳥名山海經翼望之山有鳥焉三首六尾而善笑或書作⿰余馬⿱竹與⿱竹异博雅⿱竹豦也或作⿱竹异鸒鸒斯鳥名雓雞雛也爾雅雞大者蜀蜀子雓蜍蟲名鼅鼄也方言北燕朝鮮洌水之間謂之蝳蜍鱮鱑鱮魚名邪緩也詩其虛其邪荼茅莠周官有掌荼徐邈讀芧木名橡也莊子狙公賦芧李軌讀⿰口與噓⿰口與引重者歌除四月為除⿱與木篨輿也蜼獸名印鼻長尾零陵南康

人呼䃄石名䍽野羊䙝衣揚舉皃挪晉挪殘餘也作蜍

集韻卷之一

集韻卷之二

翰林學士兼侍讀學士朝請大夫尚書左司郎中知制誥判秘閣兼判太常禮院群牧使上柱國濟陽郡開國侯食邑二千一百户賜紫金魚袋臣丁　度　等奉

敕脩定

平聲二

虞第十　元俱切與模通

模第十一　蒙晡切

齊第十二　前西切獨用

佳第十三　居膎切與皆通

皆第十四　居諧切

灰第十五　呼回切與咍通

咍第十六　呼來切

眞第十七　之人切與諄臻通

諄第十八　朱倫切

臻第十九　緇詵切

文第二十　無分切與欣通

欣第二十一　許斤切

元第二十二　愚袁切與䰟痕通

䰟第二十三　胡昆切

痕第二十四胡恩切　寒第二十五河干切與桓通

桓第二十六胡官切　刪第二十七師姦切與山通

山第二十八師閒切

十。虞从吳元俱切說文騶虞也白虎黑文尾長於身仁獸也食自死之肉一曰安也度也助也樂也亦姓古作从吳俗作騪非是文三十二　鸆鶔鸆鳥名常在澤中象主守之官通作虞　麌獸名爾雅麌壯麌　鶚雎鶚鳥名山海經令丘山有鳥狀如梟人面四目有耳名曰鶚見則天下大旱或作雎鶚　禺說文母猴屬一曰日在巳曰禺中　鄅地名　禑福也　愚說文戇也从心禺禺猴屬獸之愚者　娛說文樂也　澞爾雅陵夾水澞　湡說文水出趙國襄國之西山東北入寖　堣說文堣夷在冀州陽谷立春日日值之而出引尚書宅堣夷通作嵎隅　嵎山名說文封嵎之山在吳楚之間汪芒之國　隅說文陬也一曰廉也　髃腢膊前骨謂之髃或从肉　齵齒重生　煹煑食也　鍝鉀鋸也一曰鐻鍝鑿夷穿耳物　蝺蟲名博雅蟱蝺魚伯青蚨也一曰蠍蝺似蟬而長味辛可食　鰅魚名出樂浪　喁噞喁魚口出入一曰聲也　[illegible]山節也　[illegible]博雅疣也　[illegible]說文懽也琅邪朱虛有偶亭　腢闕人名漢有周腢　鯃鮈鯃魚名　媀女字。亐于雲俱切說文於也象氣之舒亐从丂一者其氣

平也一日往也曰也亦姓或省文三十七迂遠也曲也避也迕寙也盂⿱于皿說文飯器也方言盂宋楚之間或謂之盌一曰
陣名亦姓或作⿱于皿釪鐏釪樂器以和鼓通作于竽⿱竹亏說文管三十六簧也或作⿱竹亏雩⿱羽亏說文夏祭樂于赤帝
以祈甘雨或从羽雩羽舞也一日吁嗟求雨之祭一日遠爲百穀祈雨玗⿰王亏說文石之似王者爾雅東方之美者有醫無閭之珣
玗琪焉或作⿰王亏⿰酉盂宴也一日能飲者飲不能飲者止靬⿰革亏說文靬內環靼也或从于虶蟲名方言蚰蜒趙魏之間或謂之蚨
虶⿱艸亏艸木盛大皃芋艸盛皃⿱艸盂蒩盂菜名似韭出塞下杅桙器也春秋傳杅不穿一日因杅匈奴地名
漢有因杅將軍或作桙邘⿰亏阝國名周武王子所封河內野王縣西北有邘城亦姓或作⿰亏阝汙水名在鄴西南項羽擊秦
軍汙水上⿴衣于衧說文諸⿴衣于也一日大掖衣或作衧亦書作⿰衤亏骬⿰骨亏廣雅髑骬缺盆骭也或作⿰骨亏⿱言雩謣說文
妄言也或从誇吁歎也盱艸名爾雅盱虺牀秆禾不秀釫汲器⿱罒異⿱罒⿱異皿種耬田器或作⿱罒⿱異皿。訏匈于切說
文詭譌也一日訏蕶齊楚謂信日訏一日大也文五十一誇譃妄言或作譃吁号歎也驚也古作号盱⿰目夸
說文張目也一日朝鮮謂盧童子曰盱或作⿰目夸昫說文日出溫也煦眗煦膢笑也或省⿰夸欠廣倉歈⿰夸欠樂也通作盱⿰亏欠
⿱呴灬說文吹也一日笑意一日欠也或作⿱呴灬姁姁媮美也⿰亏頁⿰禾頁⿰亏頁頭動皃聥張耳有所聞忬⿰忄夸說文憂也或从

集韻三　殷十二　二

夸通作盱 疞 ⿸疒夸 博雅病也或从丂通作肝 昗 ⿱日紆 商冠名或从糸 蓲 煦也太玄陽蓲萬物 ⿰示瓜 大招謂之⿰示瓜 ⿰革亏 靬內環靻也 扜 指麾也 ⿱覀亐 酉屬 醧 宴也 旴 晇 日始旦也或作晇 雩 雩婁縣名在廬江 ⿱𥫗夸 荂 說文艸木華葉也或作荂 虖 虎吼 紆 曲也周禮連行紆行李軌讀 膴 肉大臠 嘔 呴 悅言也史記項羽言語嘔嘔或作呴 鮬 魚名 謳 煦也莊子於謳欲化皃 朐 朐衍戎名在北地 芋 博雅大也 謣 謣輿舉重勸力歌也 ⿱艹盱 藥艸蛇牀也 煦 方言煦假熱也 邘 說文周武王子所封在河內野王是也 肝 肝眙縣名通作盱 姱 夸 美皃或省 蒟 芋也 ⿰阝句 艸名

○紆 邕俱切說文詘也一曰縈也亦姓文二十一 迂 說文避也 ⿺尢亐 說文股⿺尢亐也李陽冰曰體屈曲 扜 說文指麾也 靬 博雅靬謂之鞶 ⿰革區 字林鞬也胡人謂之⿰革區 ⿰衤區 褏頭衣 陓 藪名秦有楊陓在扶風汧縣西 盓 盤盓旋流也 ⿱雨汙 ⿱雨鹿雩暴雨 蓲 艸名 虶 蚨虶蟲名蚰蜒也 醧 宴也 汙 深也 于 大也禮況于其身 穻 牖也 ⿱穴區 山名 謣 妄言也 鰸 魚名 謳 齊歌也

○區 虧于切說文踦區藏匿也一曰處也屈也一曰玉十曰區亦姓文十八 ⿰阝區 嶇 岴 說文敧也一曰⿰阝區嶇不安或作嶇岴 ⿰足區 跛也 驅 敺 毆 說文馬馳也古作敺或作毆俗作駈非是 摳 褰裳也 軀 ⿰骨區 說文體也或从骨 鰸 說文魚名狀如鰕足長寸大如叉服出遼東 鮬 魚名似鮒子而黑俗呼爲婢江東謂之妾魚 夸 姱 奢也或从女 蓲 蓲蕍華皃 嘔 嘔夷水名在并

州鷗水鳥。拘佝句𢪇恭于切說文止也或作佝句𢪇文三十三斪爾雅斪斸謂之定捄說文盛土於梩中一曰擾也引詩捄之陾陾一曰捊也㪺鄭仇說文挹也或作鄭仇䀠眗左右視也或作眗蚼蟲名方言蚍蜉齊魯之閒謂之蚼蟓𥄗說文目邪也一曰矢長六指跔跬跔跳躍一曰偏舉一足曰跬跔俱說文偕也一曰具也駒驕說文馬二歲曰駒或作驕岣岣嶁衡山別名𣐚說文𣎵垂也𥗋磫𥗋礪石鮈鮈鯸魚名痀曲脊救禁也周官有司救劉昌宗讀蛷求肌蛷蟲名或省萬所以正車輪者玃搏也軥軛下曲者枸博雅枸蔞奄也䟡足寒曲也通作跔袧禰袧山名絇纑繩絇也區艸木屈生曰區。劬權俱切勤也文七十臞癯說文少肉也或作癯痀說文曲脊也胊䏭說文脯挺也一曰地名亦姓或作䏭跔跼𢓕說文天寒足跔一曰拘跔不伸或作跼𢓕躣忂說文行皃或从彳𧾩趜說文走顧皃或从句絇𡱡㡌𦃇說文纑繩約也鄭康成曰約謂之拘著舄屨頭以爲行戒或作𡱡㡌𦃇衢說文四達謂之衢瞿姓也鑺戵戟屬或从戈斪斸說文斫也一曰鉏名或作斸𥗋博雅磫𥗋礪也欋齊魯謂四齒把曰欋軥車軛兩邊叉馬頸者氍𣰽𣯬織毛蓐曰氍毹或从亘从渠邭說文地名句寃句縣名在濟陽一說寃即古寃濮句即須句縣處其閒因名焉灈說文水出汝南吳房入瀙鴝鸜䳢鳥名說文鴝鵒也或从瞿古作䳢䂂耜也𪁾鵙

鳥左足白或从眀豿⿰羽馬䮙⿰馬瞿爾雅馬後足皆白狗或作⿰羽馬䮙⿰馬瞿鼩說文精鼩鼠也䵶⿸局黽說文䵹屬頭有兩角

出遼東或从局亦書作䵶蚼蚼蛘蟲名蚼蛘也一曰蜃蠶其蛹蝰蚼蠷蠷螋蟲名蘧遽⿱艹瞿艸名爾雅大菊蘧麥或省

亦作⿱艹瞿葋蒟⿱艹劬艸名爾雅葋芋熒或作蒟⿱艹劬姁姁姁和好皃鱹魚名鉤鉤町西南夷國名枸立木也莊子若

橛株枸鮈闕人名漢有鮒鮈鞫博雅鞫鞧䩬鞪也瞿闕人名漢有瞿丘⿰扌瞿⿰扌瞿踈枝葉敷布皃翑說文羽曲也

⿰馬瞿馬行也⿸广瞿倉也昫昫町王西田戎君長號⿰女瞿蠻夷歌一曰女字懼怖也⿰阝句地名在河南眗左右視蒟艸名

實可爲醬○敷傅芳無切說文施也引書用敷遺後人一曰陳也散也或作傅文八十五尃溥說文布也或作溥鋪

陳也詩鋪敦淮濆⿰扌敷張也揚也⿱艹敷⿱艹傅華之通名鋪爲華皃謂之敷干寶說或作⿱艹傅荂華榮也篣竹青皮⿱艹否芣

華盛皃或省娝不肖蘆莒蘆蕍華皃或省莩說文艸也一曰葭中白皮麩麱⿺麥孚說文小麥屑皮也或从甫从孚稃

粰⿰禾付⿰米付說文穭也一曰秠一粰二米或作粰⿰禾付⿰米付秿禾穳也⿰木敷⿰木敷檻木名菜如椿生吳蜀山谷中子上有鹽如霜桴爾雅棟謂

之桴泭⿰氵符柎坿說文編木以渡一曰庶人乘泭或作⿰氵符柎坿通作桴⿰木符枎華蕚也或作扶⿰舟符⿰舟付廣雅舟也一曰艇短

而深者或作⿰舟付孚采附說文卵孚也徐鍇曰鳥之孚卵皆如其期不失信也古作采附孵⿰卩孚卵化也陸績曰自孵而殼从卵

或从卩俘說文軍所獲也引春秋傳以爲俘馘一曰取也鴀鴀鳩鳥名鳺鴀也一曰一宿之鳥娐⿰耳孚餓死曰娐或从耳

怤說文思也一曰悅也姇美色⿱髟孚⿰孚頁美髮謂之⿱髟孚或作⿰孚頁⿰孚毛鳥解毛曰⿰孚毛一曰亂也⿰羽尃⿰羽甫博雅羽也一曰細毛或从甫

筟說文筳也筳織緯者綒⿰糹敷博雅綒綂紬也一曰大絲曰綒或从敷罦⿱罒包⿱罒否爾雅罦覆車也今曰翻車有兩轅中施罥

以捕鳥或从包从否⿰魚孚蘆⿰魚孚魚名似鰌蝥而細文豧說文豕息也郛垺埰說文郭也或从土古作埰鄜鄜說文左馮

翊縣或作鄜郙南亭名在汝南上蔡庯說文石間見也苻艸之莩甲通作孚蚹蛇腹下齟齬也枹艸名爾雅楊枹薊

⿱髟孚博雅⿱髟孚也⿱孚殳⿰食孚博雅培也瓦木燒者或从孚懯懯懯急速皃䳕鳥名山海經基山有鳥三足三翼名曰䳋䳕膊

界坪也太玄福則有膊璷琈瓚璷美玉也或作琈犃牛玄脣謂之犃綒麤紬也紑繒色鮮⿰米敷糐粉餌或省⿰女敷

⿰女尃⿰女孚女字或作⿰女尃⿰女孚捊擊也○膚肤風無切皮也美也或作肤文三十二枹說文擊鼓杖一曰枹罕羌縣名跗趺

胕⿰足不足也或作趺胕⿰足不夫說文丈夫也从一大一以象簪也周制以八寸爲尺十尺爲丈人長八尺故曰丈夫扶側手曰扶

春秋傳扶寸而合通作膚妋貪皃⿱⺮盇⿱⺮盇簋祭器⿰禾夫再生稻衭⿰巾夫⿰糸夫說文襲衭也博雅衭襓劍衣一曰衣前襟或从巾从

糸鈇說文莝斫刀玞碔玞石次玉山海經會稽山下多玞石通作夫拊闕人名漢有張山拊柎⿰木符不枎艸木房爲

柎一曰華下萼或作椨不扶　蘮艸名博雅地葵地蘮通作膚　邞說文琅邪縣一名純德　𪂹𩿧鳥名山海經基山有鳥狀如雞三首六足六目三翼名曰䳜鵂或从隹　痡腫病　鳺𨾊鳺鴀鳥名或从隹　𩵹說文鯕魚也出東萊　𩭤美髮　𩬅露髻

°扶𢻺馮無切說文在也一曰相也亦姓古从攴文三十六　枎說文枎疏四布也一曰木盛皃　榑說文榑桑神木日所出　椨柎艸木花房或作柎　枹枹罕地名　符說文信也漢制以竹長六寸而相合亦姓　苻艸名爾雅苻鬼目蓫似葛葉員而毛子如耳璫一曰戎姓　芙芙渠荷也通作扶　莧莧苨艸名生下田根可食　夫訞語端辭或从言　颫大風也通作扶　𣹊水名出桂陽　泭游編木以渡或作游通作柎椨　坿藥石白石英也一曰益也　紨說文布也一曰粗紬　鳬鳥名說文舒鳬鶩也　玸玉名

䴸博雅䴸麷舂也　瓿小罌　蚨說文青蚨水蟲可還錢　衭衭襓劍衣通作夫　匍手行也　𪔁鼓聲也書傳乃鼓𪔁譟　罦䍖覆車罔也或从否　涪涪陵地名　鳺鳺鴀鳥名　痡博雅短也一曰病也　邞縣名在琅邪　𦕈希望也　胕腫也　娐女字

°無无亡武橆微夫切說文亡也奇字作无无通於无者王育說天屈西北為无或作亡武橆文三十八　毋說文止之也从女有奸之者亦姓　蕪說文薉也　莁說文木名爾雅莁荑蔱蘠一曰白蕢　䉑黑竹也　巫𡔢𡔢說文祝也女能事無形以舞降神者象人兩褎舞形古者巫咸初作巫亦姓古作𡔢𡔢　誣說文加也　譕誘詞也　㤿憮毷也方言楚曰

𢅟𢃇郭璞曰物之行敝或从無憮空也㥥爾雅愛也膴無骨腊瞴瞴瞜微視璑說文三采玉墲冢地𨽍說文弘農

陝東陬也舞𦊶罟屬或省鷡鵐䳇鴾鷡鳥名鴽也或作鵐䳇𤬴瓦器蝥蟱蝥蝥蟲名或作蟱務務婁邑名廡

蕃廡艸木盛皃瞀雊瞀縣名在上谷芜艸名玫撫也橅法也磃䃤磃石也○鬚詢趨切說文面毛也或从彡徐鉉曰借爲

所須之須俗作鬚非是文二十四䇓𥪖𥫃𥪔說文待也或省亦作𥫃𥪔需說文頦也遇雨不進止頦也引易雲上於天需一曰

疑也俗作需非是𦃆帗𦃆繒頭也繻緰㡏繐說文繒采色一說帛邊也漢制以爲關門符信春秋傳紀履緰或从俞亦作㡏

繻嬃說文女字也引楚詞女嬃之嬋媛賈侍中說楚人謂女曰嬃娶闕人名荀卿子有閭娶子奢蕦艸名爾雅臺夫蕦麢

博雅麢也嬬說文弱也一曰下妻鑐鍞鏁牡也或作鍞隃陵名一曰越也襦短衣濡水名春秋傳盟于濡上𦃆廣雅

絆也䇓魚笱○趨䠞逡須切說文走也鄭康成曰行而張足曰趨或从足俗作趍非是文六鯫淺鯫小人皃趣養馬者周

禮趣馬一曰嚮也騶馳也取取慮縣名在臨淮○諏𧭁遵須切說文聚謀也一曰諮事爲諏或作𧭁文十三㖩嚽㖩不廉也

嗺高皃𡹁𡹁嵎高厓也一曰山石相向皃或書作崷陬隅也娵星名爾雅娵觜之口營室東壁也掫擊也取取慮縣名娶

闕人名烏孫王岑娶緅青赤色𥩖向娵羸也踙足不相過○輸春朱切說文委輸也文九鄃說文清河縣隃陵名俞

集韻平聲二

漢侯國名㯓布所封一曰人名莊子俞兒古之識味人氀毲毹氍毲織毛也或作毲毹㲒博雅㲒㲒閃謂之幓帕揄揄傾皃。毹毲氀雙雛切織毛蓐氍毹者曰毲毲毲或作毲毲毲文十七㡏⿰革俞說文正耑裂也或从革橾說文車轂中空螋蝬蠷螋多足蟲或作蝬鋑刻鏤蔬菌名爾雅出隧蘧蔬形似七菌生菰艸中郭璞讀蓃菉蓃椒子聚生成房皃

溲博雅㬥也筲說文飯筥也受五升秦謂筥曰筲⿰麗毛毛磔起皃八荒中有毛人如猴毛長⿰毛麗東方朔說娶闕人名荀卿子有閭娶子奢⿰俞刂割也。樞春朱切說文戶樞也文十二趎闕人名莊子有南榮趎⿱竹朱博雅箬籆謂之⿱竹朱袾祋⿱殳女姝說文好佳也引詩靜女其袾或作祋⿱殳女姝軀骨名橾車轂空謂之橾蓲艸名嘔怒聲樞臬頭衣。芻蒭窻俞切說文刈艸也象包束艸之形亦姓或从艸俗作刍蒭非是文六犓說文以芻莝養牛引春秋國語犓豢幾何俗作犓非是⿰木芻

廣雅⿰木芻秦枸也⿰口芻吡聲⿰女芻女字。朱鍾輸切說文赤心木松柏屬一曰丹也亦姓文十四邾地名漢衡山王吳芮所都絑說文純赤也引虞書丹朱如此一曰赤色繒珠說文蚌之陰精引春秋國語珠以禦火災侏侏儒短人一曰伶侏古樂人名袾博雅詛也咮說文鳥口也一曰讋咮多言鴸鳥名似鴟⿰犭朱獸名山海經耿山有獸狀如狐而魚鱗有翼口曰⿰犭朱獳通作朱袾衣身曰袾⿰犭馬鄉名鮢魚名山海經鮢鱬似鰕無足株株檽短柱通作侏硃丹砂。㑳莊俱切偛㑳小人皃文五⿰芻羽

博雅稷穰謂之⿰禾芻苴姓也漢有苴氏⿰舟芻艆⿰舟周海船搊解也○殊慵朱切說文死也漢令蠻夷長有罪當殊之一曰絕也文十四銖說文權十
分黍之重也一曰十黍爲絫十絫爲銖几說文鳥之短羽飛几几然象形殳說文以杸殊人也禮殳以積竹八觚長丈二尺建於
兵車旅賁以先驅杸說文軍中士所持殳也引司馬法執羽从杸⿰片朱⿰片朱⿰片婁過水版曰橫木渡水洙說文水出泰山蓋臨
樂山北入泗趎闕人名莊子南榮趎⿰朱瓦方言甇陳魏宋楚之間曰⿰朱瓦茱說文茱萸茱屬朱朱提縣名在犍爲鮢魚名
以蝦無足株株梀木名可爲車輞陎陎膢縣名○雛鶵崇芻切說文雞子也一曰生哺雛鳥子生而能自啄者或作鶵俗作雏非
是文九⿰禾芻廣雅稷穰謂之⿰禾芻俗作⿰禾刍非是⿰女芻⿰女蜀婦謂之⿰女芻崔子玉曰惠於⿰女芻嬬⿰豸聚⿰豸取牝豕也或作⿰豸取騶⿸虍騶廐御也一
曰騶虞獸名或作⿸虍騶⿰亻芻偛⿰亻芻小人皃○儒傿汝朱切說文柔也術士之稱或作傿文三十濡漹說文水出涿郡故安東入
漆涑一曰霑溼也或作漹襦⿰衤焉說文短衣也一曰㬹衣方言襦自關而西謂之袛裯或作⿰衤焉繻帛邊也一曰細密網一曰⿰糸兒繻美繒
皃嬬博雅妻謂之嬬一曰婦人弱也懦愞說文駑弱者也漢倪寬懦於武或作愞嚅吺咮囁嚅言也或作吺咮顬
耳穴動謂之顳顬臑肱骨也一曰衣名襦者本取臑義醹厚酒⿰需鬼鬼彫聲不止麢鹿子曰麢獳朱獳獸名如狐魚翼
鱬魚名山海經即翼之澤其多中赤鱬其狀如魚人面食之不疥⿰赤需火色一曰色墯落燸温也燒也蠕蟲行皃䕊木耳

鑐金鐵銷而可流者通作濡需劀韋柔滑皃或作劚孺幼弱也屬也檽樢梁上短木或作摀。株追輸切說文木根也文二十邾說文江夏縣誅說文討也一曰責也戕博雅殺也一曰戈也𪎭穀名博雅𪏖麻也跦博雅蹢躅跢跦也一曰鳥跳行皃祩衣好也一曰衣身𪐝博雅𪐴𪐝黏也鼄蛛蟲名說文鼅鼄也或从虫鴸雉鳥名山海經拒山有鳥狀如鵄而人手或从隹禂爲牲祭求肥充也鄭康成說侏大也騶夷國名通作邾朝朝邪縣名姝好皃袾詛也𥬔說文栫雙也絑縉純赤。貙椿俱切獸名說文貙獌似貍者文五欋欋邾也或从木趎闕人名莊子有南榮趎踰𨁷踰獸走皃。廚重株切說文庖屋也一曰箭室一曰斯條國有廚木汁肥可用煮餅文九躕𨇨跦𨀖踟躕行不進也一曰志往而行止或省亦作跦𨀖趎闕人名莊子有南榮趎裯幮牀帳或作幮幬幔轂之華也。慺慺龍珠切悅也一曰慺慺謹敬皃古作慺文二十九瞜眗瞜笑也一曰瞴瞜微視膢䄛說文楚俗以二月祭飲食也一曰祈穀食新曰離膢一曰臘祭名或从示摟曳也聚也一曰挽使申通作婁婁婁牽也一曰愚也亦姓古作婁氀博雅氀罽也或書作𧝐貗𧲸豕求子謂之貗或从豕鄋說文南陽穰鄉鷜𩀜鳥名爾雅鵱鷜鵞今野鵞或从隹鱋魚名蔞茜說文艸也可以亨魚一曰艸中之䞞䎝者或作茜鏤屬鏤劒名漊漊漊雨皃一曰飲酒不醉𤗐𤖺𤗐遏水版嶁坶倉山巔也或書作

嘍　瘻瘻痀傴脊也　屢數也詩削屢馮馮　劉殺也漢禮立秋有貙劉　貗獸名字林貗子也　樓離樓參差皃通作婁　螻天螻蟲名　廔窻也　慮取慮縣名

俞容朱切說文空中木爲舟也一曰然也亦姓文六十九　逾踰𨕥說文越進也引周書無敢昏逾或作踰𨕥　偷行皃　渝說文變汙也一曰渝水在遼西臨俞東出塞一曰本巴國亦州名　洩汙也　愉媮說文薄也引論語私覿愉愉一曰樂也和也或从女　䩱博雅餘也　㥚憂也　⿰目俞⿰目俞媚皃　覦說文欲也　⿵門俞闚⿵門俞私視也

窬說文穿木戶也一曰空中　⿱冃俞毼⿱冃俞面衣　牏築牆短版　堬冢也方言秦晉之間謂之堬　隃縣名在扶風　鄃地名　崳崳次山名在鴈門通作揄　瑜說文瑜瑾美玉也　⿰王臾美石　⿰石臾碖石名或作碖　貐貗貐獸名　榆木名說文榆白枌　楰木名說文鼠梓引詩北山有楰　萸茱萸藥艸　⿱艹庾庾薜⿱艹庾艸名或省　蕍藥艸澤蕮也　萮⿱艹⿰鬲俞藍萮華皃或作⿱艹⿰鬲俞通作渝

⿱竹臾黑竹　⿰豆俞豆變色曰⿰豆俞　臾說文束縛捽抴爲臾一曰善也一曰須臾不久皃　腴說文腹下肥也　瘐瘉病也或作瘉　揄⿰扌歈說文引也一曰動也一曰邪揄手相弄或从歈俗作⿸广歈非是　歈說文歌也徐鉉曰渝水之人善歌舞漢高祖采其聲後人因加此字　炊欶炊炊呼犬子或作欶亦書作狄　諛說文諂也　褕說文翟羽飾衣一曰直裾謂之襜褕一曰衣美也　騟馬雜色

羭說文夏羊壯曰羭一曰美也　蝓⿰虫臾蟲名說文虒蝓也方言趙魏謂鼅鼄爲蠾蝓或作⿰虫臾　⿰赤需色墮落通作渝　螸蟲名爾雅

蠭醜螢郭璞曰垂其腴或書作蠍舀抌博雅抒也或作抌⿰俞瓦方言甇陳魏宋楚之間曰⿰俞瓦愈勝也益也老子動而愈出
梌刺木也㡏緰裂繒曰㡏或从糸艅艅艅舟名⿰牛俞黑牛也南齊建武中賜蕭穎胄白⿰牛俞牛⿸广俞行圍⿰馬臾疾也歈
投也喻嘔喻和悅皃一曰唠喻歌也貗⿰犭婁豕求子或从犬窳鄉名在絳。⿰鬼需乃俱切字林兔子也文一
十一。模⿱無大橅⿰夫無蒙晡切說文法也或从大丗亦作橅⿰夫無文二十一摹撫說文規也謂有所規倣或从無亦書
作模謨暮惎譕說文議謀也引虞書咎繇謨古作暮惎譕或書作謩膜胡人拜稱南膜穆天子傳膜拜而受⿱莫女悔
說文⿱莫女毋都醜也或作悔亦書作嫫⿰矛布車衡上衣⿱敄酉⿱敄酉酴揄⿱敄酉墲規度墓地也方言凡葬無墳謂之墓所以墓謂之墲膴無骨
腊一曰法也⿱竹無竹黑皮毋熬餌也禮煎醢加于黍上沃以膏曰淳毋獏獸名墓冢也。⿰禾尃⿰禾甫滂模切大豆也一曰
穧也或从甫文二十鋪說文箸門鋪首也一曰陳也陠衺也⿰甫攴鼓⿰甫攴屋欲壞墲規度墓也誧博雅諫也一曰大也痡
說文病也引詩我僕痡矣䮒馬名⿺走甫趛⿺走甫匍匐也𨃚馬蹀跡⿰豸甫豕息鵏鳥名䳇也鱄鯆魚名博雅鱄鮬鯆也一曰
江豚或从甫抪說文捫持也一曰舒也擊也持也柨蔽柨木名汁可食敷陳也庯石文見皃⿰女甫女字。逋⿺辶⿺辶甫
奔模切說文亡也籀从捕文二十一⿺走甫趛⿺走甫伏也晡日加申時餔⿱⿺辶甫皿哺說文申時食一曰歠也籀作⿱⿺辶甫皿或作哺秿禾刈

庯庯庩屋不平陠博雅衺也誧說文大也一曰人相助也謀也捬展舒也鵏䧼鳥名或从隹鯆魚名江豚也

鯆䱝魚名尾有毒或从逋峬峬峭好皃痡病也鋪設也𥩟物之端○蒲蓬逋切說文水艸可以作席一曰地名亦姓文二十

苻氏姓夲作蒲至苻堅更改爲苻蒱摴蒱戲也老子入胡作䑑膞魚也一曰雉膺肉𥳗箁𥳗篨小竹網或作箁荹捗

荹攎收亂艸或从手酺脯說文王德布大歓酒也或作脯匍扶說文手行也或作扶蜅蟲名蛤也䞯趁䞯伏也艀般短

而深者捬持也樸樸剽縣名在武威簠盛黍稷器周禮祭祀共簠簋鮒小魚名莊子守鮒鯢鵏鳥膺前○蘇

孫組切艸名說文桂荏也一曰薪艸曰蘇摯虞曰鳥尾也所謂流蘇者緝鳥尾垂之若流然亦姓又州名又十三穌說文把取禾若

也一曰死而更生曰穌通作蘇俗作甦非是廯博雅廜廯庵也酥𦢊䣞䣿酪屬或作𦢊䣞䣿䟽粗也鄭司農曰䟽食

菜羹𤻍病也𢷤模也𤏋𤏋爛也或作𤏋櫯木名可染○麤𡏙麆聰徂切說文行超遠也从三鹿篆从土或作麆

俗作麁麄皆非是文十粗觕大也䟽也物不精也或作觕通作麤俗作摝非是皻博雅皺皵皻也趀淺度也蔍說文

艸履也怚心不精也史記怚而不信人通作粗駔馬壯○租宗蘇切說文田賦一曰畜也文八怚劇也趲走也苴蒩

鉏茅藉祭也或作蒩鉏湫闕人名春秋傳魯有子服湫柤柤中地名在淮南○𨑩徂𨘋叢租切說文往也𨑩齊語

或从彳蓄从虘文十四 殂阻𣧤𣦸媔說文往死也引虞書放勛乃殂古作阻𣧤𣦸媔 虘虎不柔 且語辭詩匪我思

且 豠博雅豕也 阼主階 蒩葄蒩菇艸名生下曰可食或作葄 ○都䣊東徒切說文有先君之舊宗廟曰都引周禮距

國五百里爲都一曰揔也大也嘆也美也亦姓古作䣊文十二 闍堵說文因闍城門臺也或从土 𧶠賭勝曰𧶠 醏醬也 𦙶

胍胝大腹皃一曰椎之大者故俗謂伏頭大爲胍胝關中語訛爲胍𦢊 䩱牛韋舟謂之䩱 𥳙竹名 瀦停水 𦺇艸名 𩴾山鬼

○𤥭瑹通都切美玉或作瑹文十九 瑦𤨯玉名山海經小華山其陽多瑦玗或作𤨯 嶀山名 庩廜庩屋不平 稌

稻也 桴木名說文出橐山 悇憛悇禍福未定也一曰憂也 䟻𧼮伏也 𩋘𩎟𩋘㯉也 樗惡木 唋吐也 𡒊𨻳

圻也或从阜 𨛦郝下邑 𣈷曰陰也 𨡼醫𨡼醬也 捈博雅引也抒也 ○辻徒同都切說文步行一曰空也衆也隸

也亦姓隸作徒文五十六 途墿爾雅路旅途也或作墿通作塗涂 塗泥也亦姓 嵞峹說文會稽山一曰九江當嵞也

引虞書予娶嵞山或省亦書作峹 涂說文水名出益州牧靡南山西北入澠 鍍以金飾物通作塗 荼𣘻說文苦荼也一

曰芽秀郭璞曰茶樹小似梔子冬生葉可煑作羹飲今呼早采者爲茶晚取者爲茗一名荈或作𣘻 蒤艸名爾雅蒤虎杖 𥡴𥟊

禾穗曰𥡴或从斜 梚梌木名楸也或作梌 筡𥮻說文析竹筤也或作𥮻 圖𡇟說文畫計難也一曰謀也古作𡇟俗作啚

虞山錢遵王述古堂藏書

非是屠說文刳也亦姓瘏說文病也引詩我馬瘏矣廜𢈔博雅廜𢈔庵也一曰屋平曰廜或省酴說文酒母也𨡊𨡊酴醬也駼獸名說文黃牛

虎文鵌鷋爾雅鳥鼠同穴其鳥爲鵌或作鷋跿𨃚跿跔跣也或从徒鷵鳥名爾雅鷲鶋鷵似鳥蒼白色菟䖘檡兔春秋傳楚人謂虎於菟一

曰菟裘魯邑或作䖘檡兔𨛃𨜏說文邾下邑地魯東有𨛃城或从荼𨞀陼說文馮翊郃陽亭或作陼捈說文臥引也

杜姓也晉有杜蒯劉昌宗讀通作屠余檮余山名在匈奴𤥊美玉庩庯庩屋不平鞇𡲪韝也𨑢𨑢䟢伏也悇

苦憂也潳山名在南郡𨸔地名𨛬地名𧩊誨𧩊語不了稌稬稻也今俗尚謂稌糜酒𡍐土也斁塗也周書斁丹

雘嗏艸名生水中○盧𥃩龍都切說文飯器也一曰賣酒區亦姓籀作𥃩俗作霊非是文四十四𥃩𥂺鑪甗

說文𠙺也古作𥃩籀作鑪亦从瓦鑪爐說文方鑪也一曰火函或从火火所居也壚說文黑剛土也玈黸弤黑弓春秋

傳賜晉侯玈弓矢千或作黸弤通作盧黸說文齊謂黑爲黸𩯭說文鬣也顱髗說文頊顱首骨或从骨矑目童子

嚧嚧嚧呼豬聲曰呼嚧笑也攎說文挐持也一曰引也張也斂也𢿦歐𢿦欺也𤸩癰病廬廡也櫨說文柱上

柎引伊尹曰果之美者箕山之東青鳧之所有櫨橘焉夏熟一曰宅櫨木名出弘農山枰黃枰木名可染纑說文布縷也瓐

博雅碧瓐玉也瀘水名出牂柯一曰州名艫舟名說文舳艫也轤轒轤井上汲水木籚𥴠說文積竹矛戟矜也引春

秋國語朱儒扶籚一曰筐也大曰籚小曰籃或作籚蘆菜名說文蘆菔也一曰薺根一曰葦之未秀者蓾蘆蓾薈藥艸通作盧獹博雅韓獹犬屬通作盧鱸魚名蠦蜚蠦蟲名蝁也方言守宮秦晉或謂之蠦蠷鷺水鳥⿰盧皮博雅離也鸕⿰盧隹鳥名說文鸕鶿也或作⿰盧隹⿰盧瓜瓠⿰盧瓜匏而圜者勴助也來徠也山東語⿰鼠盧鼠名。奴伮仅農都切說文奴婢皆古之辠人引周禮其奴男子入于罪隸女子入于舂藁徐鉉曰又手也持事者也古从人或作仅文十一孥子也通作帑帑說文金幣所藏也鴑駘也砮⿸厂孥說文石可以爲矢鏃引春秋國語肅愼貢楛矢石砮古作⿸厂孥笯籠也努⿲亻女攵勠力也或作⿲亻女攵。胡頶⿰口固洪孤切說文牛頷垂一曰戈戟內柄處一曰虜揔稱一曰何也壽也亦姓或作頶⿰口固文六十二乎虖說文語之餘也一曰疑辭舒辭古从虍壺說文昆吾圜器也象形从大象其蓋也亦姓瓠器也爾雅康瓠謂之甈一曰瓠丘瓠讘並晉地名葫蒜名一曰⿱艹彭葫菰米也㮶棗大而銳上者爲㮶通作壺瑚珊瑚似玉而赤色作樹形鍸鈷黍稷器夏曰鍸商曰璉周曰簠或作鈷通作瑚瓳博雅甂瓳甂甎也餬⿰食古說文寄食也或从古亦書作⿱殳食鬻⿰食固說文鍵也或作⿰食固通作餬⿰黍古⿰米古⿰黍古⿰麥胡糊⿰黍胡粰⿰黍乎說文⿰黍古也一曰煑米及麪爲鬻或作⿰米古⿰黍古⿰麥胡糊⿰黍胡粰⿰黍乎杇鋘釫⿰扌吳泥鏝也塗工之具或作鋘釫⿰扌吳醐⿰酉互醍醐酥之精液或从互⿸疒胡⿸疒乎⿸疒胡癭物在喉中一曰物螫也或作⿸疒乎⿰口胡唔⿰口胡聲也弧說文木弓也一曰往

體寡來體多日弧箶笋竹名或作笋箛稜也䄻衣袚也或書作䙖湖說文小陂也楊州浸有五湖浸川澤所仰
以灌漑也魱海魚也似鯿而大鱗肥美多鯁一曰出有時吳人以爲珍即今時魚沍漫沍木皃狐說文祅獸也鬼所乘之有三德
其色中和小前大後死則丘首亦姓鼰䶕猢說文斬鼰鼠黑身白腰若帶手有長白毛似握版之狀類猿蜼之屬或作䶕猢亦書作鼰
鶘鵜鶘鳥名好羣飛沈水食魚鶦䧽鵜鶦鳥名似雉青身白頭或从隹喖喉咽也太玄爲嘏喖𡳐履也𨃚𨃚跪夷人
屈郝禮葫艸名䀰器也㺀犬聲𩋙𩋙篦箭室通作箶䗂蜂屬𡾟山名媩㚛女字或从乎昦冠名彋
弸彋帷張起皃。孤𡦃攻乎切說文無父也一曰侯王謙稱一曰負也或作𡦃文四十八辜𡱝說文辠也古作𡱝姑嫴
說文保任也博雅嫴婾苟且也姑說文夫母也爾雅父之姊妹爲姑一曰且也夃說文秦以市買多得爲夃引詩我夃酌彼金罍
酤說文一宿酒也一曰買酒通作沽沽說文水出漁陽塞外東入海一曰水名在高密泒說文水起鴈門葰人戍夫山東北入
海觚𨠋說文鄉飲酒之爵也一曰觴受三升者謂之觚或从酉柧說文棱也一曰柧棱殿堂高處通作孤箛博雅笘籟
箛也一曰竹箭小皃所書一曰方也箛說文吹鞭也急就章箛筱起居課後先籚笟以篾東物或作笟苽菰說文雕苽
一名蔣或作菰菰說文艸多皃江夏平春有菰亭𤬪菇正爪也或作菇㚠大也胍大腹肚胍䐻埤倉䐻膊大脯也軲

三員三　殳十二

卜

博雅輅軲車也一曰山名亦姓軱軱戾大骨一曰槃結骨皃呱⿰口辜說文小兒嗁聲引詩后稷呱矣或从辜⿰金辜鏌⿰金辜矢名通作

姑⿰舟古巫⿰舟古祠名在雲陽越人祀之也一曰嬰兒病鬼爲巫⿰舟古橭壯橭木名山榆也一曰橭梡木枝四布通作枯盬陳楚謂鹽

池爲盬罛⿱罒孤說文魚罟也引詩施罛濊濊或从孤鈲鐵鈲鴣⿰古隹鷓鴣鳥名出南越其鳴自呼常南飛不北或从隹蛄

蟲名說文螻蛄也枯茶也瓠瓠讘漢侯國名在河東估專榷也⿰糸古結縷艸名⿸虍古博雅息也皐槖皐地名在壽春孟

康讀⿰阝瓜地名⿰忄辜怯也。枯空胡切說文槀也引書惟箘輅枯木名也文十九姑說文枯也一曰媧也橭橭梡木四布

刳說文判也挎持也易刳木爲舟禮挎越內弦恗博雅恇恗怯也扝方言杇揁楊也跍蹲皃弙滿引弓也郀郀首地名

軲依軲山名一曰輅軲車也亦姓鮬魚名⿰月古博雅⿰月古⿰歹焉⿰月暴也胯博雅奎也奎者兩髀間骷廣雅骷髆骬也桍木名一曰

空也頶領車鈷斜餅⿱竹軲籛也。呼戲乎戲荒胡切說文外息也一說於呼嘆辭亦姓或作戲乎戲通作虖嘑文

三十九虖謼說文嘑虖也或从言⿰言乎說文召也通作呼嘑⿰口雩說文嗁也或作⿰口雩亦姓歑說文溫吹也虍

⿸虍非說文虎文也一曰未見皃古作⿸虍非⿸虍隹說文鳥也䰧⿺鬼虍說文鬼皃或省膴說文無骨腊也楊雄說鳥腊引周禮有膴判一

曰大也憮芋說文覆也一曰大也有也或作芋恗廣雅怯也一曰憂也葫菜名大蒜也芋艸名滹⿰氵⿸虍隹⿰氵雩

惡滮泘滹池水名或作滹滹惡滮泘通作虖軤姓也盱䀎張目也或作䀎晇日始出皃訏博雅大也坪垺也

枰木名憮憮然失意皃一曰傲也⿰虖阝地名⿰忄虖⿰忄虖怟夸誕也嫭婦人美皃⿰夸欠喜也○吾各訛胡切說文我自稱也一曰御也一曰棒名亦姓古作各文三十九吴吳說文姓也亦郡也一曰吳大言也徐鍇曰大言故矢口以出聲古作吳俗从口从天非是齬齒不齊娪埤倉美女也鋘鋙錕鋘山名出金可作刀以切玉或从吾⿰王吳珸博雅琨珸石之次玉者或作珸

梧說文梧桐木一曰櫬亦姓⿱竹梧⿱竹吾竹名或省⿱艹吾蘁⿱艹吳說文艸也引楚辭有⿱艹吾蕭艸或作蘁⿱艹吳浯說文水出琅邪靈門壺山東北入濰⿰舟吳船名郚說文東海縣故紀侯之邑也峿⿰山吳嶇峿山皃或从吳㹳⿰犭吳獸名如猿善啼或从吳麌獸名牡麢也鼯⿰吾鳥鼳鼠名狀如小狐似蝙蝠肉翅亦謂之飛生又姓或作⿰吾鳥鼳蜈⿰虫吾蜈蚣蟲名或作⿰虫吾⿰魚吳

鯃⿰魚吳鮈魚名或从吾⿱吾魚魚之大音牾獸名⿰馬吾騉⿰馬吾馬名⿰礻吳福也⿰氵吳戎人名唐有鐵利靺鞨⿰氵吳地蒙⿰吾頁大頭也⿰吾瓦甌也俉魁俉壯大皃○烏於⿰糸糸刀絵汪胡切說文孝鳥也孔子曰烏盱呼也取其助氣故以爲烏呼古作於⿰糸糸刀絵亦姓文三十四惡安也通作烏鴮⿰亐隹鴮鸅鳥名或从隹通作洿鰞鰞鰂魚名九月寒烏入水化爲之螐螐蠋蟲名似蠶通作烏洿汙說文濁水不流也一曰窳下或从于杇圬釫⿰木吳說文所以塗也秦謂之杇關東謂之槾或作圬釫⿰木吳㮧㮧椑

木名青柿也出長沙蔦蔦蓝艸名荻也弤說文滿挽弓有所向也扜引也鎢鎢錥温器瑦石似玉者鶇博雅鶇頭柳車

也歍嗚說文心有所惡若吐也一日口呴也或作嗚鄔縣名在太原陓楊陓秦藪名蝁田蟲弧曲也周禮無弧

深杜子春讀雩地名春秋傳秦人侵吳及雩婁陸德明讀碼小嶂窏窏洝卑下也盓盤盓旋流[烏刂]除田艸刃[走烏]走輕

皃。侉尤孤切怪辭也文一

十二。亝齊亣前西切說文禾麥吐穗上平也象形一日等也中也疾也水旋而深入也一日國名亦姓或作齊斉俗作亝非

是文二十臍說文肶臍也或書作臍通作齊𪗋好也材也𪗲說文等也癠爾雅病也懠怒也嚌鳥哀聲蠐蠐蠤

蟲名或書作蠐鱭魚名出漢水似鯉而小麡獸名如麋角前俯入林則挂常在平野鍗錴說文利也或从妻櫅

木名白棗也濟濟濟祭祀容𪗲闕人名列子𪗲扃周穆王車右齌炊餔疾也劑劧前劑也古作劧。西卥卤

卤先齊切說文鳥在巢上象形日在西方而鳥棲故因以爲東西之西亦姓古作卥卤卤文二十七棲栖鳥棲或从西通作西

屖遲說文屖遟也或从辵粞米碎曰粞𣝬說文櫪𣝬也撕提撕也嘶馬嘶澌流水燍煙燍焦皃𢢠愢𢢠

心怯也𧩤說文悲聲也一曰善也或書作𧩤𡟹女皃犀獸名說文南徼外牛一角在鼻一角在頂似豕一曰豯中一曰

兵器堅也亦姓䶃鼠名𠞰剺也𤻮凘說文散聲或作澌鄋鄋𨛜地名在齊𤭛㼷瓦破聲或省𥏮矲𥏮短皃𤺌瘈𤺌痛也○妻妛千西切說文婦與夫齊者也从女屮又又持事妻職也古作妛文十六萋說文艸盛引詩菶菶萋萋淒說文雲雨起也引詩有渰淒淒凄寒涼也霋說文霽謂之霋悽說文痛也𪗗𪗘等也或作𪗘緀說文白文皃引詩緀兮斐兮成是貝錦郪地名鶈䳼博雅鶈鸎怪鳥屬或从隹齌炊餔疾也雌牝也莊子猨猵狙以爲雌棲棲棲簡閱車馬皃○齎賫牋西切說文持遺也或作賫文二十八𪗲說文材也躋隮齊跮陞陵嵷說文登也引商書予顚躋或作隮齊跮陞陵嵷懠懫懠疑猶猜疑也或从賫呰弱也擠排也櫅說文木也可以爲大車軸一曰由棗韲說文𩐁也鄭康成曰凡醯醬所和細切爲韲一曰擣辛物爲之或作齏齏𪗉通作齊俗作虀非是齌炊疾鍗𨧫利也或从妻麡獸名似麋齍受黍稷器周禮賛玉齍劉昌宗讀搢插也𥎿博雅矲𥎿短也鑇切也嚌鳥聲○移成臡切木名唐棣也文一○腝臡𩱳人移切說文有骨醢也或从難从鬲文三○氐都黎切戎種一曰宿名俗作互非是文四十一低俛也下也彽彽回疑不即進隄𨹧堤說文唐也或作𨹧堤隄亦姓岻嵋岻山名在青州磾黑石可染繒出琅琊泜水名袛說文袛裯短衣也方言汗襦自關而西謂之袛裯揥捎也𧣒獸角不正一曰[illegible]也或書作𧢫紙說文絲縡也

騠駃騠良馬鞮鞮說文革履也或从氏腣埤倉腣胿腹肤也䏿曆䏿強脂也趆趨也徥徯說文徥不能行爲人
所引曰徥徯或从奚奃說文大也亦姓鍉歃器一曰鋒也𠟧到也柢木根詆呧訶也或作呧䬨䬨餬寄食也緹
赤縑羝牴說文羊也或从牛驒驒騱駏驉類趧說文趧婁四夷之舞各自有曲厎至也眂視皃頣頭垂下皃嶧
嶧狐山名罠罔也㚖女字砥石也蝭蝭蟧蟬屬○梯天黎切說文木階也文十九緹赤色踶蹋也匾匾薄也𧇖
𧇖臥也一曰虎臥息微或从亡睇視也崹崥崹山皃謕語相誘鷉鷈說文鷉鷈也似鳧而小膏中瑩刀或从隹䳒
唾聲一曰小笑焍灼龜木頹顗頪頭不正𠟩削也胕膈胕皐不正𧇖牌也鵜鵜胡鳥名㡗幱㡗帞也○題
田黎切說文頟也一曰署也文一百十一䚷𥉷說文顯也或作𥉷睼睇迎視也或从弟眱𥆞小視也或作𥆞嗁啼
㖒𠱂渧諦說文號也或作啼㖒𠱂渧諦通作謕謕方言謰謱挐也南楚謂之詁謕詆呧詆訶也或作呧提說文
挈也媞姼媞媞安也一曰美好或作姼折折折安舒皃禔博雅福也褆說文衣厚褆褆一曰衣好綈說文厚繒也
緹赤色締結不解也㡗博雅幱㡗謂之帓一曰赤紙㡗楚人謂憖曰幱㡗罤兔網通作蹄𥴲𥳑竹名一曰竹器
或省蹏蹄踶說文足也一曰蹋也或从帝从是徥徯徥徯行跛或从奚徲說文久也一曰後至趧說文趧婁四夷

之舞各目有曲鞮⿰革氏革履或从氏觬獸角不正⿱髟虒卧也醍䣡醍醐也或从氏⿰食弟餌也兗豫謂之餹⿰食弟⿰食氏⿰食氏餬寄食

隄⿰阝定隄防或从定崹崥崹山形漸平皃媂女字屖𥕡說文唐屖石也从厂屖省聲或从石⿱雨夷霽雲謂之⿱雨夷一曰雨

止⿰木屖槌也漽⿰氵犀米瀾也或从屖⿰是瓦㼵博雅題甌甂也或从弟磃磃氏館名一曰磄磃怪石桋桑也今俗呼桑樹小

而條長者爲女桑⿱彑希脩毫獸蕛稊⿰禾是⿱⿱艹雨弟⿰禾屖⿰禾夷艸名說文蕛苵也郭璞曰蕛似稗布地生或作稊⿰禾是⿱⿱艹雨弟⿰禾屖⿰禾夷

蕛羊蕛艸名荑苐苐說文艸也一曰芔木初生葉皃或作苐苐惿惿慚心怯銻說文鎕銻謂火齊也銕鐵謂之銕

古以爲鐵字⿰衤夷衣名襧襠也⿰金虒鍗說文器也一曰釜屬或从帝瑅珶瑅瑭玉名或从弟鴺鵜鳥名說文鴺鶘

汙澤也或从弟鷤鶗⿰示鳥鳥名博雅鷤鳺子鳺也或作鶗⿰示鳥鷈鳥名博雅鷈肩鷈也通作鶗騠說文駃騠也孟康曰

駮馬生七日而超其母鍉歃血器鼶⿰鼠帝鼶鼬鼠名或从帝⿰片是辟方文蝭螮⿰虫弟蝭蟧蟲名螻蛄也或作螮⿰虫弟鯑

魚名山海經少室山休水出焉其中多鯑魚一曰魚黑色鮷鮧鯷魚名說文大鮎也或作鮧鯷是月邊也春秋傳是月者何

僅逮是月也蟬黏蟬縣名在樂浪⿱艹提⿱艹禔艸名或作⿱艹禔蛦蝛蛦蟲名山雞也腣腣胵腹胅⿰犭是犬名遆姓也⿸虒鳥

鷉鶗鳥名碮砥也⿱艹蝭食苗蟲名⿱艹禔艸名湯侯莎其子⿱艹禔通作緹虒虒奚縣名徲徥屖徲休息也或作徥。泥

年題切說文水出北地郁郅北蠻中亦姓文十埿𡋯坭塗也或作屔埿通作泥屔坔說文反頂受水丘或作埿俗作

泥非是䘦喪禮首服腝臡有骨醢或作臡𧦝呼也。黎𥠖憐題切說文履黏也作履所用一曰衆也老也或作

𥠖文四十六𥢓犂科說文耕也或作犂亦省鑗說文金屬一曰剝也瓈玻瓈玉名𨛫𨛫說文殷諸侯國

在上黨東北引商書西伯戡黎或作𨛫邌說文徐也黧黧黑黃也或作黧廲廲廔綺窻也莉艸名一曰茈莉織荊障

蔾說文艸也蔾蒺蔾艸名蠡盠𧍱瓢也一曰蟲齧木中一曰谷蠡匈奴王號或作盠𧍱鯬魚名埤倉鯬鯠鮭也鱺

說文魚名通作鯬驪馬黑色麗高句麗東夷國名𪲷木名𩦉騹𩧘𥢓博雅駣騹馬屬或从黎从𥢓𦁈說文繫𦁈

也一曰雛也𪆴𪆷鵹鸝鳥名說文𪆷黃也一曰楚雀其色黎黑而黃或作𪆷鵹鸝𢢽𢢽他欺謾語𧒀蟍蛦𧒀

蟲名似蝗大腹長角食蛇腦或作蟍謧謧詍多言也一曰弄言𥌒視也棃梨果名或作梨𦽐新𦽐國名在匈奴北

𢜂恨也𪏾小瓶刕姓也𥸣筣竹名或作筣䤙䤞䤙酒滓一曰酪母。雞鷄堅奚切說文知時畜也籒从鳥文二

十一騱爾雅馬前足皆白禾說文禾之曲頭止不能上𥡴𥢌說文留止也古作𥢌卟乩說文卜以問疑也引書卟

疑一曰考也或作乩通作稽𣖂木名如楓栟𣓌說文屋櫨也或从肩笄𥲸說文簪也或作𥲸檕木名𥄉躁視

也鑴博雅鑿也谿蠰谿土螽似蝗而小軿車兩轄蛢蟲名博雅蛾也一曰螢火嗘嗘嗘聲也嫢女字○谿溪
嵠磎牽奚切說文山瀆無所通者一曰水注川曰谿或从水从山从石文十七盻說文蔽人視也一曰直視或書作昇晵一曰眉
說文尻也鸂騱鸂鶒水鳥或作騱繫縘說文繫褫也惡絮或作縘今謑謑髁不正皃㽯博雅𤳷𤰸筲簇也
螇蠀蛤蟲名土蠭也或作蠀亦省瞖目動也檕梅也醯鬹馨奚切說文酸也作醯从鬻从酒从鬻酒並省从皿
皿器也或作鬹俗作醘非是又十橀木名爾雅魄榽橀細葉似檀俗作榼非是𪒠𪑡黃病色或从兮㰿痛聲忚方言慴忚
欺謾也虒憪虒赤紙㰻歎息訳喜笑不止皃○兮弦雞切說文語所稽从丂八象气越亏也文二十五奚說文大腹
也一曰何也亦姓胿膍胿腹大𡝩說文女隸也通作奚傒闕人名春秋傳齊有高傒謑謑髁不正皃徯待也蹊𤳯
徑也或从田矣獸迹騱說文驒騱馬也一曰馬前足皆白曰騱通作奚豯說文生三月豚腹豯豯皃通作豯貕貕養澤名
在幽州鼷說文小鼠也一曰有螫毒者或謂之甘鼠春秋食郊牛角者是𪓰說文水蟲也薉貉之民食之螇蟲名說文螇鹿
蛁蟟也蒵艸名爾雅蘩菟蒵榽木名爾雅魄榽橀嵇山名亦姓郋說文汝南邵陵里也谿爾雅蠰谿蟲似蝗而小
谿友戾也莊子婦姑勃谿讗讗詬怒也猤東北夷名通作奚𩒫頭不正○鷖煙奚切說文鳧屬引詩鳧鷖在梁文

二十二驈黑色馬翳蔭也繄說文戟衣也一曰赤黑繒一曰詞也殹擊中聲𧝝𧝝袼次衣𧬈訡方言欸𧬈
然也或作訡嫛說文婗也釋名人始生曰嫛婗嫛是也言是人𡓞說文塵埃也𩮜黑髮黟黳說文黑木也丹陽有黟縣
或作繄黳說文小黑子一曰黑也𥔲瑿美石黑色或从玉羥黑羊一曰羣羊相積⿱桀女⿱桀女⿰木斯弩楔歅闕人名莊子有
九方歅善相馬李軌讀貏猰猰貐獸名似貙或从犬⿱垔氏什也。倪研奚切說文俾也俾益也文二十四⿰亻兮⿰亻兮⿰亻軍陽不知皃
齯說文老人齒通作兒婗彌說文嫛也一曰嗁聲一曰婦人惡皃或作彌⿰衤兒爾雅衣裗謂之⿰衤兒一曰女上服輗⿰車宜棿
說文大車轅耑持衡者或作⿰車宜梘鯢說文剌魚也郭璞曰似鮎四足霓說文屈虹青或白色陰气也通作蜺蜺蟲名說文寒蜩
也一曰似蟬而小青赤麑猊貎說文狻麑獸也一曰麑鹿子或从犬从豸鶂水鳥觬角曲曰觬一曰觬是縣名在西河郡
郳兒說文齊地引春秋傳齊高厚定郳田亦姓或作兒⿱桀女⿱桀女⿰木斯弩楔⿰兒攵⿰單攵⿰兒攵毀也⿸疒圭癡皃⿰羊兒⿰羊需⿰羊兒胡羊淣水際也
。䚷五圭切視也文一。圭珪涓畦切說文瑞玉也上圜下方公執桓圭九寸侯執信圭伯執躬圭皆七寸子執穀璧男執蒲
璧皆五寸以封諸侯从重土楚爵有執圭一曰六十四黍爲圭古作珪文二十八閨說文特立之戶上圜下方有似圭窐⿰巂瓦
⿰圭鬲⿰圭瓦⿰瓦扁空也或作⿰巂瓦⿰圭鬲⿰圭瓦洼深也亦姓⿰圭句⿰足句⿰圭句裂也邽說文隴西上邽也⿱罒⿰亻圭谷名在西縣⿰圭欠邪皃一曰聲也胿

𦟤胿大腹⿰耒圭說文冊叉可以劃麥河內用之一曰耕也茥艸名爾雅茥蒛葐也袿釋名婦人上服曰袿具下垂者上廣下狹如刀
圭湀湀闢流川也藈𤬓艸名爾雅鉤藈如或作𤬓麈說文鹿屬鮭魚名山海經敦薨之水多赤鮭睽⿱罒⿱癸糸乖也古作
⿱罒⿱癸糸蠲絜也明也通作圭畦埒也挂別也莊子以挂功名一曰中鉤取物也哇謳歌也鑴錐也。睽傾畦切說
文目不相聽也一曰乖也文十八睽方言聾之甚者秦晉之間謂之睽一曰私叶也奎說文兩髀之間一曰星名刲⿰扌奎⿰奎刂
說文刺也引易士刲羊或作⿰扌奎刲⿰扌奎鋤欋也⿰盾圭說文盾握也一曰盾鼻⿰骨圭六畜頭中骨⿰足奎⿰足奎踽摶物皃⿱圭虫蟲名
蠆也蝰蟲名蠡蝓也茥艸名說文缺盆也藈𤬓王瓜或作𤬓⿰圭句⿰圭句昫裂也⿰金奎鑴也湀水通川。⿰目奎翾畦切埤
倉瘠人視皃一曰健而無德一曰目眥文四⿰目萑鳥飛皃矆𥊡矆面有垢睢睢睢元氣皃。攜玄圭切說文提也一
曰離也亦姓俗作携非是文三十八𢡺說文有二心也巂⿰巂鳥鳥名說文周燕也从隹屮象其冠也冏聲一曰蜀王望帝婬其
相妻慙亡去爲子巂鳥故蜀人聞子巂鳴皆起云望帝或作⿰巂鳥驨獸名爾雅驨如馬一角通作巂蠵⿰虫夔⿰魚巂說文大龜也以
胃鳴司馬相如作⿰虫夔或作⿰魚巂鑴說文瓽也一曰日旁氣刺日觿角錐可用解結通作鑴劀博雅削也⿰鬲圭窐⿰巂瓦⿰圭瓦
⿰鬲瓦空也或作窐⿰巂瓦⿰圭瓦畦⿰田巂說文田五十畞曰畦或作⿰田巂⿰巂阝說文東海之邑一曰阪險名通作巂⿱罒圭嶲毒姓也一曰蜀闖

梁四公子名或作嵐毒纗䳪說文維綱中繩或作䳪䪁說文鮮明黃也眭𥌒目惡視或从巂眪直視也或書作昇
讗自伐也𩞁方言餽也𤮍說文𤮍也瓗赤玉襺一幅巾梢柃梢燒麥具栘木名棣也㥶心不平鞋
糸也𧢄鑴也通作鑴轞車輪轉一周爲轞通作巂。烓𠪨淵畦切說文行竈也一曰明也或作𠪨文六𤮍甑切也
洼曲也莊二似洼者窐深也黊汙也。豍𧯎邊迷切博雅豍豆豌豆也或作𧯎文三十六䔰𦯸蓖艸名說文
蒿也一曰蓖麻或作𦯸蓖㯅㯅榹小木也一曰木下枝通作椑梐𣗲說文梐板也或作𣗲笓箆箄博雅箄筌謂之笓一
曰可以約物或作箆箄𣘳梠也錍箭鏃鎞釵也𢄼博雅𢄼幭也一曰車帷𦂡綼紕幷也事謬織疏也或作綼紕
𧨝諀誤也或作諀𥏹𥏹𥎪短也陛𤠺䧗陛牢謂之獄或作𤠺䧗棲栖也䚜牛角橫螕蠯說文齧牛蟲也
或作蠯椑椑榼飲器𢝅𢙜意幷也或作𢙜嫓嫛嫓小皃俾使也皍齊也𤞤狴犴獸名崥崥崹山皃。𢺕批
篇迷切說文千擊也或作批文十五笓取蝦具枇梛木或書作柴鵧鵧鵜鳥名𠝉𠛔削也或从毘錍鈚𨥫鎞
方言箭鏃廣長而薄鐮謂之錍或作鈚鈚鎞砒磇藥石或作磇陛陛牢獄名𨇩博雅踦也。鼙鞞䡵騈迷切說
文騎鼓也或作鞞䡵文十九𦙶膍也膍肶牛百葉也或作肶𣘳梠也枇枇杷木名玭淮珠也椑說文圜榼也一

曰齊人謂斧柯爲椑鉈取蛙器瓶說文罌謂之瓶崥崥嵰山皃蠯蛤也周禮蠯醢徐邈讀批擊也助也椑椑㯕木下
枝砒石藥䫌風也蛂蟲名如虎豆綠色○迷緜批切說文惑也文二十八媙摵批也或从手蒾莢蒾艸名葉似
揄癳癳驚罙冞宷深入也或作冞宷醿麴蘖謂之醿䫌䫌頤頭垂皃麊鹿跡一曰鹿媒䚏覭
說文病人視也或作覭嬭㜷齊人呼母或作㜷醾醭醾白生醬酢上麛麑麊䴢說文鹿子也或从兒从弥
从舊𪓰𪔈𪓰𪔈黿屬如黿而多膏或作𪔈彌嫛彌嬰兒也籋竽竹謎詸言惑也或作詸㥧𢙐心惑
也或从迷○隄堤直兮切防也春秋傳弃諸隄下沈文何讀或从土文二○眭扶畦切深目皃文二奞傾頭作態也
十三○佳居膎切說文善也文二街說文四通道也○膎戶佳切說文脯也一曰吳人謂腌魚爲膎脼文十一鮭吳人
謂魚菜揔稱鞵鞋說文革生鞮也或作鞋㩗挾也扶也𧛞裨倉衣袖也㥟說文怨恨也榽榽榼木名邂邂逅
解說也嵠溪谷名㥠慣㥠心不平○𠿒𧦝希佳切廣雅笑也或作𧦝文四哇諂聲一曰喉咽結塞皃吹欸吹
氣逆○厓崖顏宜佳切說文山邊也或作崖顏亦書作崕文十八涯漄水畔也或作漄啀嘊𤜱犬欲齧或作嘊
𤜱𪘏䶩𪘏齒不齊或作䶩猚說文鳥也一曰睢陽有猚水睚目際一曰舉目䨙霖雨也倪涀極際也莊子不

知端倪或作況⿰女厓女媿也痽癡皃捱拒也◯娃於佳切說文圜深目皃一曰吳楚之間謂好曰娃文十一哇鼃說文
謟聲也或作鼃⿰圭欠邪皃一曰聲也唲嘔唲小兒言洼漥窐說文深池也一曰曲也或作漥窐黳黳黊淺黑徍
徍徥邪行皃⿰圭力逼也◯媧嬭公蛙切說文古之神聖女化萬物者也籒作嬭文十一緺說文綬紫青也⿰言咼⿰言爾情也
黠也或作⿰言爾歄姽也弱也腡手文謂之腡騧⿰馬爾黃馬黑喙或作⿰馬爾蝸蟲名蠃也鞋車上系◯咼喎⿰口爾空媧
切說文口戾不正也或作喎⿰口爾文十三𠁥華⿰亻瓜竵不正也或作華⿰亻瓜竵莢物不齊也絓博雅紬也⿵門咼⿵門爲門不
正開或作⿵門爲⿰女奎姱⿰女奎女皃跬半步曰跬◯哇獲媧切喉結塞也莊子言若哇文一◯詭五咼切⿰言咼詭惰也文一◯竵火立鼃
切說文不正也文四嚅口戾皃⿰食𠁥食銷也⿱艹𠁥舛雜皃◯鼃蛙烏蝸切蟲名說文蝦蟇也或作蛙亦書作䵷文九
洼窐深也或作窐⿱圭虫蟲名說文蠆也⿰禾圭⿰耒圭耕也或从耒哇淫聲鮭鮭蠪神名◯牌蒲街切博雅簀牌籍
也文十五⿱竹稗⿱竹𤄶箄大桴曰⿱竹稗或从水亦省郫縣名犤牛名⿰魚卑魚名博雅黑鯉謂之⿰魚卑蠯螷⿸疒⿱卑䖵
蚌狹而長者或作螷⿸疒⿱卑䖵猈⿱竹捭闕人名春秋傳楚有史猈或作⿱竹捭脾牛百葉周禮脾析徐邈讀陴城上墻鵯
鵯鶋小鳥名◯⿰目買⿰買見莫佳切說文小視也或作⿰買見文六⿰豸黑博雅⿰豸黑謧慧也⿰革買⿰革買鞵屨也⿰忄買⿰忄買⿰忄奚心不平⿰女買

意黠也。崽所佳切博雅子也一曰呼彼稱文六諰思意一曰語失籭盝具也𣸈漉米簁竹器䚡角中骨。釵

初佳切岐笄也文十七叉手指相錯差𢀩說文貳也不相值也一曰擇也亦姓籀作𢀩𠝤小稍靫埤倉鞴靫箭室

杈枝也頝頤頝頤旁𦞃脯腶䞣起也𤭛博雅𤭛𤭛磨也一曰屑瓦滌器芆艸名𦨴舟名或𦨴从叉扠打也𦨴

解也砐小石。柴鉏佳切說文小木散材徐鉉曰師行野次豎散木爲區落名曰柴籬亦姓文十三祡說文燒柴燓燎

以祭天神引虞書至于岱宗祡古文从隋省通作柴茈𦯬茈葫藥艸或作𦯬齜說文齒相齗也一曰開口見齒皃或書作𪗋

喍喍喔犬鬭皃𤺥瘦也𢪃積也輂𨏖說文連車一曰卻車抵堂爲輂一曰塞也或作𨏖眥博雅睚眥裂也

槎褎斫也春秋國語山不槎蘖。扠搋攄佳切以拳加物或作搋文三跐蹋也。羪居佳切羪羺胡羊文四掜搦也

誽埤倉詀誽言不正腉楚人謂乳爲腉𣪊。摣莊蛙切擊也文一。𦷫仄佳切艸名地𦯿也文一。𨁎蘖佳切蹟𨁎行

繚戾也文二𢟐𢟐恂白容入也

十四。皆𣅜居諧切說文俱詞也或作𣅜文二十八偕說文彊也引詩偕偕士子階堦說文陛也或从土𤭢

壯瓦謂之𤭢楷木也孔子冢蓋樹之者薢艸名爾雅薢茩英茪荄說文艸根也䕸稭禾稾去皮頴或作稭𩗢

疾風也通作喈湝說文水流湝湝也一曰湝湝寒也引詩風雨湝湝鍇白鐵謂之鍇瑎黑石似玉𥓓石名䐴說文臞也

痎說文二日一發瘧喈說文鳥鳴聲一曰喈喈和聲嚌嚌嚌衆聲鶛䧓鳥名爾雅鶛其雄鵲或从隹蝔蟲名

猥狗也知雨則翳葉垓壇級祴堂涂鄭康成曰若今令甓祴䈆黑竹核木名蠻夷以其皮爲篋媘女字○揩𢽳

丘皆切揩擳摩頪也或作𢽳文五䋾說文大絲也徣俳徣行惡𥻜米別名○俙休皆切說文訟面相是文二𧲣獸名

○𢱋挨英皆切推也擊也或作挨文四唉應聲𪐞深黑色○諧雄皆切說文詥也文十四龤說文樂和龤也引書八音

克龤通作諧骸說文脛骨也瑎說文黑石似玉者䕌艸名如蓍鞵履也湝水流皃䮾說文馬和也蝔蟲名

將雨輒出淮南呼爲雨母偕偕偕強壯皃梩博雅梩枲臿也鍇九江謂鐵爲鍇𢽳裁至也𥓓石名○𩃀宜皆切南陽謂

霖曰𩃀文一○𠁥𠦂乖公懷切說文戾也睽也或作𠦂乖文九𦫳羊角也𠁁說文背呂也象脅肋形𤸷疥疾

絓博雅紬也𦯚艸名䂲碎也○匯枯懷切水回爲澤文六擓擓博雅擓抆拭也或省𠢓𠢓劥有力皃𥷳竹箭

𨳒門邪也○𢓜㾯呼乖切𢓜饋馬病或作㾯文六僓順也傀大也莊子達生之情者傀俙訟面相是也豨獸名

○崴烏乖切崴嵔不平也一曰山形文十碨磈𥗳碨𥓏石不平皃或作磈碨瀤溰瀤水不平皃溾溾涹濊濁也𪉥

䰨䰩䴭𪊨戎鹽也或作䰨䰩 洼曲也莊子似洼者。懷乎乖切說文念思也一曰人情也一曰來也又州名亦姓通作褱文二十
一褢𧞣褱說文袖也一曰藏也在衣爲褢在手爲握或作𧞣褱 褱說文曰俠也一曰橐也 𡤣安和也 櫰木名葉大
色黑者名爲櫰一曰中曲之山有櫰木如棠負葉赤實實大如木瓜食之多力 槐說文木也 淮說文水出南陽平氏桐柏大復山東
南入海 瀤說文北方水也 𪊨䰨䴭𪊨戎狄之鹽或作䰨 蘹艸名 [illegible]蟲名蝦蟇也 𡿎𡾬嵬崴嵬不平或作
亦姓
𡾬嵬 𥯤高竹節 犪牛名人目而四角 𥗼石不平也 壞壞隤地名。崽山皆切子也方言江湘間凡言是子謂之崽自高而侮人
也文四 擓散失也 簁竹器 䋩繻色。差初皆切貳也擇也文四 𧺻起也 輂連車也 搓推擊也。亝齋
齊亝𪗊𪗇莊皆切說文戒潔也隸作齋古作亝籀作𪗊或作𪗇文十 嚌嚌唾笑皃 齋博雅好也 梩舌也 齝
𪘁齒不齊。豺犲牀皆切說文狼屬狗聲或作犲文六 䴠獸名似鹿而小角長五尺 儕說文等輩也引春秋傳吾儕小人
輂說文連車也一曰卻車抵堂爲輂 𡾨山名在平林。排蒲皆切說文擠也一曰推也文九 俳說文戲也 輫方言車箱
楚衛之間謂之輫 牌篁牌籍也 猈徇屬 啡吹也 頩曲頤 猅犬短首謂之猅 棑盾也一曰桴也。薶貍埋謨皆切說
文瘞也或作貍埋文八 霾霾說文風雨土也引詩終風且霾或作霾 𤇙少也 貍慧也 甊𤭮也。𪘏椿皆切博雅𪘏𪗑

也文三榸枯木根牴獬牴獸名性忠直○㧣艸皆切以拳加物文一○搱尼皆切博雅指搱摩也文二㛺美也○隤
憧乖切虺遺馬病文二顡頟肤皃○腂盧懷切腂膗形惡文二𥈻視也○頙頹蘖皆切大面皃或作頹文二○膗腄
崇懷切腂膗形惡或作腄文三擺方言揁也○唲塢皆切嘔唲聲也文二諰呼彼稱○崼匹埋切山哆聲文一○䃗楚懷切顡
也文一○蓑所乖切簑蓑艸木葉茂皃文二毸毛稀垂皃○唻賴諧切唱聲文一○徥度皆切往徥行皃文五𨘋頭垂皃
萯艸木葉垂汰沙汰擇也揌除艸也○黧力皆切黧黧淺黑文一○𡜶直皆切娃𡜶媚皃文三抵擠也咦笑皃
○梩都皆切木名文一
十五○灰呼回切說文死火餘㶳从火又又手也火既滅可以執持文十六脢夾脊肉易咸其脢王肅讀遂㧡相擊
也或作㧡讙譟也蝝豗鼿豕發土也或作豗鼿虺遂瘣虺遺馬病或作遂瘣燗爛也洃溲粉苂艸名咴
聲也皓髮皓落也劉昌宗說○恢豗枯回切說文大也謂志大也或作豗文十四㚇說文大也一曰多也詼譏戲𧻚邪足
悝說文啁也引春秋傳有孔悝一曰病也私也顝倉頡篇相抵觸也一曰醜也一曰大頭魁櫆說文羹斗也或从木魁一
曰北斗首星塊堛也一曰獨處皃盔器名𥳑箭竹鄳漢侯國名𥲾廣雅𥲾蓬篷也○隈隗烏回切說文水曲隩也一曰厓

虞山錢遵王述古堂藏書

內爲隩外爲隈或作阢文二十二渨說文没也溾博雅溾涹濁也一曰回淵椳說文門樞謂之椳揋椅也嵔山曲䚈角曲中畏弓淵也鰃魚名䬐⿱委畏低風謂之䬐或作⿱委畏煨說文盆中火也一曰煻火曰煨⿰糸畏斷色絲兩紐中而糾之偎愛也一曰北海之隅有國曰偎人⿰女畏女字葨艸名愄中善崴嵬崴𡾟下平皃或作嵬碨石不平詯呼聲○傀瓌⿰亻褱⿰亻褱傀姑回切說文偉也引周禮大傀異或作瓌⿰亻褱⿰亻褱傀通作瓌文二十一瑰瓌璝說文玫瑰一曰圜好一曰瓌瑰石次玉或作瓌璝櫰木名爾雅櫰槐大葉而黑蒐菜名鞼韋繡文瘣病也膭肥也槶簂筐也或从竹⿰月豈畜胎也敳闕人名隤敳高陽氏子⿰巾鬼博雅⿰巾鬼幃也⿰石褱小石廆山名在中山西⿰口褱呼也○回囬違韋胡隈切說文轉也一曰邪也一曰回中地名亦姓古作回或作違韋俗作迴非是文二十七佪徊俳佪不進皃或从彳通作回洄說文溯洄也瑰璝玫瑰火齊珠或从貴焴光也盔小甌蛕蚘蛔痐說文腹中長蟲或作蚘蛔痐槐木名守宮也亦姓瘣病也一曰腫旁出茴藥艸防風葉也一曰茴香⿰豕阝鄉名在睢陽或書作豝⿰馬回馬名⿰石褱石不平皃蚚強蚚蟲名恛昏亂皃太玄疑恛恛⿰月鬼胎⿰月鬼腫大皃潰溢也散也繢采色鮮⿱艹瘣艸名芋之惡者曰⿱艹瘣○鮠吾回切魚名鯷之小者文十五⿰酉危醉皃桅舟上帆干嵬巍峞爾雅石戴土謂之崔嵬或作巍峞椳門樞溰博雅溰溰霜雪也磑磨也腢髃肩前也或

从骨歂闕人名隤歂高陽氏子魏魏然獨立皃隗阢高皃或从兀。塠[誰土]都回切落也或从誰說文四十五硊磓
以石投下或从追追珀治玉也或从王搥捶博雅搥控擿也或作捶雁厍厜說文屋從上傾下也或作厍厜𠂤
說文小𠂤也象形火也堆雁洎垍嵟聚土或作雁洎垍嵟崔說文高也敦說文怒也詛也一曰誰何也盩
歃血器鐓說文下垂也一曰千斤推或書作鐜䭔作敦皃通頧母頧夏冠名通作追䙉檄棺覆或从木詯䛔
諄讁也或作追諄酯酯醋䯿骨起餽館麭䊙九餅也或作餽麭䊙𤵸䏿腫也或作䏿鴭雀屬轛車式
下木立者直埻攢塗所覆鎚鍛也娘媿女字或从追陮陮隗原阜高皃𦽤艸盛皃。䡈䡇通回切車盛皃或作
輴文十四焞焞焞盛也通作啍啍氣出皃一曰啍諄語不正𤈽𢭃以湯除毛或从推推說文排也一曰進也蓷說文艸名
萑也引詩中谷有蓷藬艸名牛蘈也高尺餘方莖葉長穗間有華紫縹色可以爲飲𡲮𡲮方言屨粗者謂之𡲮一曰屨有頸者
或从委妥綏安坐也一曰執下於心或作綏讉江南呼欺曰讉。穨徒回切說文秃皃一曰暴風文三十五隤頹
頹墤說文下墜也或作頹頺墤通作隤雁厍屋傾下或作厍蹪楚人謂什爲蹪蹪牕牕牕屋壞皃䙉檄棺覆
也或从木𩧺𩧺馬病俗作瘣非是瘣癩瘣𤸰倉頡篇陰病或作癩瘣𤸰譢謉說文謙也或作謉謉謙也

蕢蘈午蕢艸名或从頹　儧順也　魋說文神獸也　騩白馬　鶔鳥名鶊也　憝怨也　傀偉也　弟弟靡不窮皃一曰遜伏　盔器名　颾風也　饋餽饋餌名屑米和蜜蒸之　謘啍謘語不正　䨨雷也　祇祇徊疑不進皃　慛縱弛也　○獿

優奴回切古之善涂墍者一曰獿抆拭也或从人通作幔文七　捼挼手摩或从妥　醙字林一醙飯　幔以巾拭墀　錗艸木子垂皃　○靁靐𤳳靐𩂩𩃬𩆀雷盧回切說文陰陽薄動雷雨生物者也亦姓籀文靁間有回回靁聲也古作畾靁𩇔靁古作𩇓文三十六　儡說文相敗也一曰同也　櫑罍䍣鑸𦉪說文龜目酒尊刻木作雲雷象象施不窮也或从缶从皿从金籀作𦉪亦書作壘鑸　𤫂瓃說文玉器也或作瓃　鐳古鉼也　礧擊也石轉突也通作轠　甋屋檼瓦也

䍣𦋺網百囊者或从雷　轠轠轤不絕皃　勵勉也或書作㔣　攂擂研物也或省　畾田間地謂之畾　鸓𪈔飛生鳥名籀作𪈔　儽儽儽敗也一曰欺也　𨞛地名　櫑木名　𣀷推也　灅澤名通作雷　𥙷鍚飾　𩴵雷鬼也　錑鑽也　○嶉蘇回切𤗍𤗚屋壞也文十六　挼擊也推也　𩋙鞖鞶韋邊帶或作鞖　毸𣯍毰毸鳳舞皃或从崔　嗺唆促飲也或从妥　蓑

萑華蘂下垂皃或从崔　鬌髮亂垂皃　縗編鷺羽為衣　鏙器名　𩞁飯也　綷五色雜　熣熣煤煙塵　○崔倉回切齊邑名因封為姓文十五　陮𤗏陮隤崩也或从片　催說文相擣也引詩室人交徧催我一曰促期　𢕤行急皃　趡逼也　縗

衰褸說文服衣六寸博四寸直心或作衰褸 讙就也 雀謫也 榷木名 踓跮踓急甚也 蓑艸木葉垂皃

媸女字 嗺祖回切嗟也一曰嗺頹口動皃文十 摧爾雅至也方言楚詹楚說 脧赤子陰或从尸从血 𡳐屨粗履不借也或作屨 捘博雅按也 樶椶木節或作椶 ○ 摧徂回切說文擠也一曰搗也折也文十四 漼凗漼溰雪霜積聚皃或从夂 ⿰牛崔牛白色 ⿰米崔精米 崔嶵確說文大高也或作嶵確亦書作崪 慛博雅慛慛悲也 榷木名 檇以木有所擣也 催沮也通作摧

讙就也 墔堆堆大聚皃 ○ 桮銽杯盃鈈⿷匚不⿷匚否晡枚切說文䪌也蓋今飲器或作銽杯盃鈈⿷匚不⿷匚否文十三 ⿰片咅⿰片不版也或作⿰片不 鄁鄉名在鄁縣 伾山名 棓姓也漢有棓生蘇林讀 痞結病 ○ 胚妚鋪枚切說文婦孕一月也或从女文二十六 衃說文凝血也或書作盃 坏說文丘再成者 瓬培瓦未燒者或作培通作坏 坯伾岯阫爾雅山一成或作伾岯阫 ⿱髟不不髤鬆多須皃 醅酥說文醉飽也一曰酒未泲或作酥 痦博雅脖痞創也一曰弱也 ⿰魚不魚名一曰魚醬未成鮓 ⿰米丕滫粉

麧爲 㼟瓜㼟也 抔手掬也 婄博雅娝婄醜也一曰婦人皃 娝好色 垺陶器範一曰大也 阫不牆也莊子曰中穴阫 膊界垺也大支福則有膊 啡唾聲 ⿱不肉肉醬未成醬 妚人無行 ○ 裴蒲枚切說文長衣皃或書作裵文二十七 䢴說文河東聞喜縣亦姓一曰循益之後封䢴鄉因以爲比後封解邑乃去邑从衣故今姓作裴 俳徘俳佪便旋也或从彳 培說文培敦土田山川也通作陪

倍鄁崱說文右扶風鄠鄉又沛城父有鄁鄉或作崱倗說文輔也亦姓婄婦容棓姓也漢有棓生掊克也毰⿰阝毛毰毸毛羽
皃或从陪⿰片咅博雅版也⿰不頁⿰丕頁⿰否頁說文曲頤也或从丕从否輫車箱紑衣絜鮮皃倍負河神名一曰倍尾山名或作負阫坏
牆也莊子曰中穴阫或作坏踣頓仆也陪說文重土也一曰滿也臣也陫山名⿱艹陫艸名。枚謀杯切說文幹也可爲杖引詩施于
條枚一曰枚箇凡也亦姓文三十梅楳某槑果名說文枏也可食亦姓或作楳某槑亦書作棄苺艸名爾雅葥山苺媒說文
謀也謀合二姓禖說文祭也古者求子祠高禖亦姓腜說文婦始孕腜兆也一曰腜腜肥也脢⿰月灰⿰骨灰膴說文背肉也引易咸其脢
一曰心上口下也或作⿰月灰⿰骨灰膴玫說文火齊玫瑰也一曰石之美者鋂說文犬瑣也一鐶貫二者引詩盧重鋂䍙說文罔也煤炱灰
集屋者⿰土每塺塵也或作塺䊈酶酒本曰䊈或从酉通作媒⿰某鳥誘或禽者⿰酉其醢也⿰氵某媒壞也或作媒⿰魚每魚名
⿱屮母每艸盛上出也隷作每珻玉名⿱豆尾豆其下葉也
十六。咍呼來切說文蚩笑也文八欸⿰巳欠欸欸戲笑聲或作⿰巳欠⿰巳殳毅⿰巳殳剛卯也⿸疒咅病也誒說文可惡之辭唉歎也
欸飲也。開閞丘哀切說文張也一曰姓也亦州名古作閞通作闓俗从井非是文十二痎瘧疾闓明也⿰亥殳毅⿰巳殳剛卯也
侅奇侅非常也⿰多亥博雅多也⿱大亥大也烗熾也⿰金亥器名⿰犭開獸名暟照也。該柯開切說文軍中約也文三十四晐

說文兼晐也博雅晐皆咸也通作該賅 𪘒𪙊牙謂之𪘒或从牙 䐩肥也一曰六畜胎曰䐩 胲骸說文足大指毛也或从骨

揩觸也 餩方言飴謂之餩 祴裓說文宗廟奏祴樂或从衣通作陔 侅說文奇侅非常也通作賅 賅貨也 姟數也十兆曰經

十經曰姟 垓晐說文兼垓八極地也引國語天子居九垓之田或从田 陔說文階次也一曰隴也 郂說文陳留鄉也 峐爾雅

山無艸木曰峐 荄艸根通作核 核說文蠻夷以木皮爲篋狀如斂尊 絯博雅纏絯束也 䪿汔也危也 剴字林鐮也一曰摩切

𡟰博雅𡟰腜胎也一曰殺羊出其胎 豥爾雅豕四蹢皆白豥 頦博雅醜也 咳奇咳漢倉公脈書通作胲 痎痁瘧也 隑方言陭也

江南人呼梯爲隑 㱾說文㱾改大剛卯也以逐精鬼 䐗多也 眩目大皃 㚊大也 咳孩孙何開切說文小兒笑也古

文从子或作孙文十五 䫥頤頷也通作顡 頦說文醜也 䭬馬一歲 郂邑名 䰩𦬂也一曰糜中塊 𨈭躿𨈭體長皃 揩

觸也 趩說文留意也一曰將走有意留 豥豕白足 𩶡魚名博雅鯆𩶡雄曰鯢鱧 侅飲食至咽曰侅莊子侅溺於馮氣 哀於開

切說文閔也亦姓文九 唉說文譍也 欸說文訾也一曰然也 埃說文塵也 焥博雅焥爆爇也一曰熱甚 毐妄人無行或作妄

誒可惡辭 娭婢也 𩅰𩃔魚開切說文霜雪之皃也或从雨从䒑文二十六 荳乾菜 隑博雅䏩長也 嵦峽嵦

山皃 𨈭躿𨈭身長皃 䯤類髖頭長皃 磑博雅礊也一曰磑磑高皃一曰磨也 趩留意 敳說文有所名也一曰嘳敳高陽氏子

名𦝫肶皃𪘏𤘽說文齗牙也或从牙鱧鮨鱧壯蟹𤸰病也殨說文殺羊出其胎𣢑疾癡也一曰𡍬𣢑大志皃或作疾

豥豕白足𧯶爾雅汔也言相摩近通作剴剴鐖說文大鎌也一曰摩也或作鐖𧯷𧰎也艚船名諰謹也○𪒠當來切黥

𪓐大黑皃文六𪙈𪗋博雅𪗋齧也犢牛羊無子懛懛欵懒悅也鬗鬗髟毛乱皃𤳆荒田𤳆田○胎孡湯來切說文婦孕三月也

一曰始也或作台能三台星名或作能俗作彲非是邰𨞆𨞆𨞆說文炎帝之後姜

孡文二十一

國右扶風𨞆縣是也引詩有部家室或作𨞆𨞆𨞆急懈怠也鮐魚名紿縣紿緼也蛤蟲名黑貝也珆龍文之圭曰瓏珆嗿嗿嗿

語不正鬗鬗𩭊婦人僞鬗𡡪儓鈍劣皃或从人駘狐駘邦地一曰臺駘汾神治水名漢書鴈門累頭山治水所出東至泉

州入海𤌧㷧煤塵也○臺臺堂來切說文觀四方而高者亦姓古作𡍬或省俗作𡋻非是文二十四儓方言南楚

凡罵庸賤謂之田儓一曰陪儓臣也𡡪說文遲鈍也闒𡡪亦如之駘說文馬銜脫也一曰駑馬也一曰駘蕩曠遠也擡博雅擡攞動也

鮐說文海魚也跆䏂手而歌曰跆踏跆通作駘菭苔箈說文水衣或省亦作箈蛤蟲名字林黑貝也薹艸名夫須也一

曰芸薹菜名𦫽說文竹萌也檯木名𤌧說文灰𤌧煤也或書作炱𪑘𪒠大黑鮐鳥名台台背大老也鄭康成曰大老則

背有鮐文通作鮐詒懈倦皃莊子詒為病李軌讀𥰒笠也可以禦雨嚎嗿嚎語不正諰諰也○能囊來

一曰台谷地名

切爾雅鼈三足能一曰獸名亦姓文四㾍病也一曰儜劣𩬍鬡𩬍毛亂皃𤆂熱也。來徠逨𧼛郎才切說文周所受

瑞麥來麰一來二縫象芒朿之形天所來也故爲行來之來引詩詒我來麰亦姓古从彳从辵从走文四十一𥝩𪎭說文齊謂麥曰

𥝩或作𪎭亦从二來通作釐釐除艸也通作萊萊說文蔓華也一曰姓也亦州名𤳆舊場也休不耕者通作萊郲城名在滎陽縣

東齊滅之一曰蜀地名亦姓斄庲𣭶𦃇說文強曲毛可以箸起衣古省或作𣭶練淶說文水起北地廣昌東入河幷州浸崍

山名中江所出𡊊說文𡊊瓄玉也或書作琜犛氂說文西南夷長髦牛也或从毛騋說文馬七尺爲騋八尺爲龍引詩騋牝驪

牡𧲜猍獸名方言貔陳楚江淮之間謂之𧲜或从犬鯠鰲鯠魚名䱱也鶆鳥名字林鶆鳩鷹也郭璞讀爾雅以爲鶆字之誤

棶木名材中車輞通作來庲博雅舍也一曰長庲齊臺名庲降蜀地名瘷久疾也𪐝𪐝黸大黑賚與也尚書夢帝賚予

良弼徐邈讀或書作𧶘斄地名在扶風美陽通作斄釐睞目偏也陝階也一曰陝隑長皃筙竹名䅘耕也婡女字

唻聲也覙視也頼頼髗頭長皃𢔨至也勤也倈玄孫之子爲倈孫通作來。鰓桑才切魚頰中骨文十二䰄思髵䰄多須皃或

作思顋頷也俗从肉非是毢毸毰毢鳥羽張皃或从思通作鰓𪃾鳥名䚡說文角中骨愢意不合也揌博雅

擡揌動也粞𥻘碎米或作𥻘。猜𢜧倉才切說文恨賊也或作𢜧文七趀說文疑之等趀而去也偲

說文彊力也引詩其人美且偲 戠䁁 博雅戠聮視也一曰聮也或不省 揌 擇也 ○哉才 將來切說文言之閒也一曰始也古作才文二十二 烖灾扷災𤆎菑𤇾 說文天火曰烖或从宀从手从巛从乃亦作菑𤇾 鼒 鼎圜弇上 巛 說文害也從一雝川引春秋傳川雝爲澤凶 𢦏 說文傷也 栽𢦔載 生殖也或作𢦔載 䴭 方言麴也 𨛫 國名在陳留郡 渽𣸈 水名禹貢蒙山谿大渡水東南至南安入渽或作𣸈 䁁戠 博雅視也或作戠 㽵 廣雅㽵拴業也 ○裁 牆來切說文制衣也文十 纔 繒色一入一曰暫也 才 說文艸木之初生也一曰能也質也通作材 材 說文木挺也 財 說文人所寶也 䴭 說文餅麴也方言晉之舊都曰䴭 芓 艸名博雅蘈芓蔽也 鼒 鼎圜弇上 渽 水名 扐 壯也 ○𤛆 昌來切牛羊無子文一 ○㚰 鋪來切好色文四 䫠坯伾 爾雅山一成曰䫠韋昭讀或作坯伾 ○𤗤 蒲來切版也文五 棓 姓也 偝 不正鄉禮記毋偝立 培 封也 倍 倍阿神名 ○荋 汝來切艸多皃文六 腝䰭䰫 有骨醢或作䰭䰫 耏 須髮多皃 㾍 疾也 ○栘 逝來切木名榶棣也文一 ○頤𦣝 曳來切頷也關中語或省文二

十七 ○真𠀆 之人切說文僊人變形而登天也一曰實也又姓古作𠀆俗作直非是文三十五 禛 說文以真受福 砛 石不平皃太玄石砛砛一曰礪也 畛𤱏 溝上涂也田界也或从辰俗作珍非是 鎮 鑪也 笸䇷 博雅笸䇷篋笥也一曰器名 眞

集韻平聲十二 二一三

艸名葈葵也一曰萁莢實⿱艹甄說文豕首也⿰石垔石也籈樂器爾雅所以鼓敔謂之籈桭栕屋梠也兩楹間謂之桭或从臣⿰臣阝地名甄博雅甄匋窯也亦姓磌博雅礎碏磌礩也一曰磌然聲也鷏鳥名爾雅鷏蟁母似烏鸔而大黃白雜文帪方言飲馬橐燕齊間謂之帪侲養馬者一曰侲子童男女稱唇說文驚也或書作㖘誫爾雅敬也振振振盛也奮也厚也⿰辰殳喜動也擊也

踬說文動也稹槇艸木根相迫迮也或从木袗衣同色儀禮兄弟畢袗玄滇慎滇陽縣名在汝南漢永平五年失印更刻遂以水爲心縝密緻也鄄衞地名通作甄茞說文艸也駗駗驙馬載重難行皃媜女字○申𢑚𢑝升人切說文神也七月陰氣成體自申束从臼自持也吏以哺時聽事申旦政也又姓亦州名古作𢑚𢑝文二十六臾說文引也身說文躳也象人之身爾雅我也

娠震說文女妊身動也引春秋傳后緡方娠一曰官婢女隸謂之娠或作震通作㑗䰠神名㑗說文神也又姓伸信說文屈伸經典作信通作申呻𣢐⿰口身說文吟也或从欠从身胂說文夾脊肉也眒矎鳥獸驚皃一曰疾也引目也古作矎

紳⿰革申說文大帶也或从革神爾雅木自獘神⿰衤身博雅裀衸䘰也敒理也治也訷說也珅王名⿰忄申憂也婶女字○瞋眓䀼稱人切說文張目也祕書瞋从戌从辰文十謓嗔⿱眞心說文恚也賈侍中說謓笑或从口亦作⿱眞心䐜說文起也謂肉脹起瘨腹脹病⿱眞糸縝纑也或从糸○⿸厂辰辰丞眞切說文震也三月陽氣動靁電振民農時也物皆生从乙匕象芒達厂聲也辰

房星天時也古作㞟文二十五曟晨說文房星爲民田時者或省通作辰𣊓說文日月合宿爲辰通作辰晨𦥿說文早昧爽也从臼从辰辰時也辰亦聲夙夕爲𡖍臼辰爲晨皆同意籒作䢅通作晨宸說文屋宇也賈逵曰室之奧者後人指帝居曰宸屒重脣也

臣𢀳說文牽也事君也象屈服之形一曰男子賤稱唐武后作𢀳𨛭說文地名䢈姓也𢼄敐喜而動皃一曰擊也或从攴侲童男女也鷐䴢說文鷐風也或从隹通作晨麎說文牝麋也桭梀振屋端也䋎緻也茞說文艸也

莀艸多皃慎獸五歲爲慎鄭衆說陙山阜。神神𥛩乘人切說文天神引出萬物者也古作𥘺𥛩又姓文六䰠說文神也晨𣋋且也或作晨。人𠆢𡈼而鄰切說文天地之性最貴者也古作𠆢唐武后作𡈼文十一儿說文仁人也古文奇字象形引孔子曰在人下故詰屈杁字林屋間木人仁忎𡰥說文親也亦姓古作忎𡰥紉合縷也秂禾欲結者芢艸名。辛斯人切說文秋時萬物成而孰金剛味辛辛也又辛痛即泣出从一辛辛辠也亦姓文九新說文取木也一日初也亦姓薪說文蕘也一曰大木可析曰薪信引革也周禮革引而信之欲其直也劉昌宗讀呻吟也㾕寒病伸展也婞女字莘細莘藥艸。親𥨻寴媇雌人切說文至也一曰近也古作𥨻寴或作媇文七儭父母稱通作親瀙水名在南陽櫬木名王蒸也。津𦨈𣶒𦩂𨓆資辛切說文水渡也古作𦨈𣶒𦩂𨓆文十七𦘒說文聿飾也俗語以書好爲𦘒𦘔

說文氣液也从血𦘠聲或書作盡𣟗盂也璡說文石之似玉者𦳣艸茂也搸琴瑟聲浾棠棗木汁可以涂蓁

𦘠首戴物皃爾雅蓁蓁戴也或作𦘠𤦪𤥊王名或省𣶒潤澤也。秦𥞤𥡆慈鄰切說文伯益之後所封國也地宜禾

一曰禾名亦州名又姓籒作𥞤古作𥡆文九螓蟲名似蟬而小𤛑牛名蓁艸名榛木名嫀女字晨旦也關中語。繽

紕民切繽紛亂也一曰盛皃文十二𩰫翸翁飛皃䴇鳥名𨶒說文闠也从門幘衣敝皃𩴆鬼皃驞驞駍馬衆聲𧢌觀覸

暫見馪香氣盛皃𢡗心伏也礗碎石聲𠛅分也。賓賔𡧍賓賔卑民切說文所敬也一曰導也服也古作

賓𡧍賓賔又姓文二十二儐敬也孔穎達曰賓以禮曰儐顮頭憒也矉恨視𧢌觀覸暫見䰍說文鬼皃鑌利鐵也檳

檳榔木名無枝實從心生濱瀕㴢𩔪水厓也或从頻古作㴢顮𨻻蠙水苔也莊子蛙蠙之衣嬪婦也周禮嬪貢鄭司

農讀鱝魚名獱獺屬似狐青色居水中食魚𢡗心伏也。頻𩔪瀕毗賓切說文水厓人所賓附頻蹙不前而止古作顰或从

水一曰頻數也亦姓文二十七顰卑說文涉水顰蹙亦作卑𡡉姿也嚬笑皃嬪𡛷姘嬪嬪說文服也爾雅婦也

一曰妻死曰嬪古作𡛷姘嬪嬪𧮯說文匹也一曰多言玭蠙說文珠也引宋弘云淮水中出玭珠玭珠之有聲者夏書以虫賓薲

蘋說文大蓱也或作蘋櫇說文木也顮方言矉顮懣也繽擣也矉說文恨張目也引詩國步斯矉獱猵博雅獺也或作

褊 䡅車也 覭說文鬼皃 䐜肕也 蠙蟲名負盤也 ○民崏岷彌鄰切說文衆萌也古作崏岷文十 泯滅也 怋亂也

閺鄉名 睧俯視也通作閺 弫旗弧也 鍲鐵也 暋強也 ○砏披巾切博雅砏磷聲也文三 虨虎文 㓩分也 ○份彬悲巾

切說文文質備也引論語文質份份古从彡林俗作斌非是文二十 玢璸王文理皃亦从賓 虨虨虎文或省 瑸理倉璘瑸文采

皃 𥄢大目也 攽㓩說文分也引周書乃惟孺子攽亦从刀 邠豳豳說文周太王國在右扶風美陽又曰美陽亭即豳也

俗以夜市有豳山或作豳豳 豩說文二豕也 汃說文西極之水也引爾雅西至汃國謂四極 𣢾气分 琘石次玉者史記琳琘

琨琘劉伯莊讀 砏石也 𨐨駁也 棼木分也 ○貧穷皮巾切說文財分少也古作穷文二 ○珉琘𥓏碈玟砇

眉貧切說文石之美者或作琘𥓏碈玟砇文五十七 𡺝𡸶岷嶓汶說文山在蜀湔氐西徼外或作𡸶岷嶓汶 閺閺鄉名

或作閺 閩說文東南越蛇種 旻閔說文秋天也引虞書仁閔覆下則稱旻天或作閔通作𩕲 旼旼旼和也 旼睧眴視皃

或作睧眴 忞暋說文彊也引周書在受德忞亦作暋 𩕲𩓣𩔳彊頭也或从昬古作𩔳 捪抿說文撫也一曰摹也或省 痻

𤵸病也或省 緍緡說文釣魚繁也吳人解衣相被謂之緡一曰錢緡一曰國名或作緍又姓 鍲鈱說文業也賈人占緍博雅稅也

或从民 䞄䝺博雅本也一曰筭也稅也或作眴 罠𦀘說文釣也博雅兔𦉼罟或从糸 䟭皮理 敃勉也 𪚐蟁說文

民蟲也或作蚊 鶥䳍䳰鴖說文鳥也山海經其狀如翠而赤喙可以禦火或作䳍䳰鶥 笢竹膚也 文飾也禮大夫以魚須文竹劉昌宗讀 湣諡也史記齊湣王 昬悶也 虋禾名爾雅虋赤苗郭璞讀 苠𦶎衆多皃太玄人苠苠而處乎中或从昬

䡅車軶也 跃踣也 泯澤名山海經空桑之山西望泯澤 㞶女字 鳼鳥名鶉子也 ○珍鉁知鄰切說文寶也或从金俗作珎非是文六 駗說文馬載重難也 鎮寶器也周禮國之王鎮一曰壓也 塡說文塞也一曰定也 趁趁邅行不進皃 ○獜癡鄰切犬走艸謂之獜獜猭猿狁緣木皃文十三 ⿰單辰大笑皃 䠲走皃 獥獥緣連延皃 侲欲仆也 伸徶抻搷申也引戾也或作徶抻搷 縝博雅纑也一曰縝紛衆盛 瞋盛皃 狆狂也 胂伸身也

○陳阠池鄰切說文宛丘舜後嬀滿之所封一曰布也一曰堂下徑又姓古作阠文十七 塡寘久也或作寘通作陳塵 敶軙列也或作軙通作陳 𪋻塵[illegible]說文鹿行揚土也或省籀作[illegible]古作[illegible]俗作尘非是 ⿰羊東獸名似羊目在耳後 ⿱艹塵蔯蓳⿱艹塵菜或作蔯 趁跈邅也或从足 ⿱陳土⿱陳土蜳不安定皃

○鄰隣厶離珍切說文五家爲鄰一曰近也或从阜古作厶文三十三 ⿰土絲疄蔬畦曰⿰土絲或作疄 嶙嶙峋山厓重深皃 粼磷說文水生厓石間粼粼也或从石 潾水清皃 璘璘⿰王扁文皃 瞵說文目精也一曰視皃 繗紹也理絲也 轔轔轔衆車聲 麐麟說文牝麒也陸璣曰麕身牛尾黃色貟蹄角角端有肉音中鍾呂行中規矩王

者至仁則出或作麟通作麐驎馬班文爾雅青驪驎驒通作粼駗馬載重難也獜獸名山海經凡山有獸如彘黃身白首尾名曰聞獜獜鏻說文健也引詩盧獜獜或从金亦書作獸鱗䲐說文魚甲也或从令通作鱗又姓翷博雅飛也嶙山名鱉說文魚也粦燐鬼火或从火𦳊艸名似竹中實通作粼蹸蹸蹸行皃麟說文大牝鹿也𠜸削也瞵闕人名漢有俞間侯暽憐愛也○㡒測倫切布載米文一○杋測人切木名文一○鴝鵕呼隣切鴝鸇小鳥亦从旬文二○紉尼鄰切說文繟繩也文一

十八○諄啍忳純譚朱倫切說文吉曉之孰也一日懇誠皃或作啍忳純古作譚通作訰肫文十三𥆧盹鈍目也或从屯惇厚也肫說文面頯也淳厚𣻏漬也或作厚古作譚訰心亂皃○萅萛旾𣈅春樞倫切說文推也从艸从日艸春時生也一曰蠢也古作萅萛旾𣈅隸作春亦姓文十川穿通流水也踳蹐也鰆海魚名㛮女字偆理也○㛮式勻切女字文一○純殊倫切說文絲也引論語今也純儉文三十一沌𡴭䵵粹也古作𡴭䵵通作純蒓水葵通作蓴蓴說文蒲叢也一曰蒲中秀奄說文大也通作純醇䤣醕說文不澆酒也或作䤣古作醕錞金器錞于也圜如碓頭大上小下所以和鼓淳說文淥也一曰質也亦姓焞博雅明也一曰灼龜炬𩀱鶉說文鶉屬或从鳥𦎧𦎫說文

鬻也或省陙說文小𠂤也[illegible]恂忳說文憂也或作恂忳肫腊之全者膞股骨也屯屯留縣名在上黨芚

艸名[illegible]器名紃采文也鯙魚名[illegible]鈍目也惇厚也馴順也。脣䫃脗[illegible]船倫切說文口耑也古从頁或作脗

[illegible]亦書作[illegible]文二十二[illegible]牛[illegible]艸名如蕢斷寸寸有節拔之可復漘浱說文水厓也引詩寘諸河之漘或省[illegible]牛行遲也旬

均也馴順也甾墾田皃循蹲循逡巡也[illegible]木名唇驚也帪小皁[illegible]布戴米䤞酒厚也橁杶也麎牝麋

紃采也鶉鷐屬純門名春秋傳有純門。犉濡純切黃牛黑脣曰犉文六[illegible][illegible]鳥名鷐鷄也或从鳥撋拭也瞤䁳說文

目動也或作䁳。荀須倫切說文艸也亦姓文三十橁說文杶也[illegible]木名可爲鉏柄詢[illegible]咰春秋傳咨親爲詢或作[illegible]咰栒

邑名在扶風一日木名[illegible]驚也恂悛說文信心也一日均也樂也慄也或作悛通作詢恂洵說文渦水中也一日水名一日信也揮涕

也[illegible][illegible]欨欸喜皃一日氣逆也或从气眴旬目眩也或省姰往也郇[illegible]說文周武王子所封國在晉地又姓亦作[illegible]

峋嶙峋山形恂說文領耑也珣說文醫無閭珣玗璂引周書所謂夷玉一日器也畇畇甾爾雅畇畇田也郭璞曰墾辟或作畇

甾檈圜案也旬徧也絢采成文曰絢[illegible][illegible]鶉鳥名[illegible]鶉也[illegible]足坼曰[illegible]荀闕人名魏有韓荀。逡遁後

士倫切說文復也爾雅退也一日逡巡行不進亦作遁後文十八夋說文行夋夋也一日倨也竣踆[illegible]說文偓竣也引國語有司

已事而竣博雅土也伏也或作踆匔墫蹲士舞也墫墫舞皃或从足僎介僎也㕙兔狡者㕙捘廣雅按也一曰推也皴說文
細皮起也悛攺也趨說文行趚趨也嶟嶟嶟竦峭皃⿰衤夋袴裯曰⿰衤夋竴喜皃○遵𢍜蹤倫切說文循也古作𢍜文八跧
蹴也卑也僎鄉飲禮輔主人者嶟山銳也鷷爾雅雉西方曰鷷或作蹲恮謹也○旬𠣜松倫切說文徧也十日爲
旬古作𠣜文四十一巡𨋰說文視行皃或作𨋰古通作徇䟓說文走皃循說文行順也恂恂恂善誘也洵爾雅均也馴
說文馬順也衛宏通作馴馱馬逆毛⿰牛川牛行遲皃駨駨鷷小鳥名揗博雅順也一曰摩也𦁤縫也方言繞緧謂之䙌裺郭璞
曰謂衣衵脊紃絢約說文圜采也一曰絛也儀禮作絢約帕⿰衤旬領耑也或从衣畇畇甾墾田皃或作畇甾甽山下
受霤處灥說文三泉也楯闌檻也姰博雅狂也姰貪也尚書姰于貨色徐邈讀訓道也周禮土訓鄭司農讀遒逡遒
縣名在淮南峋嶙峋深無厓皃迿先也公羊傳朋友相衞而不相迿⿰氵盾流皃史記汗出⿰氵盾⿰氵盾徇侚伨使也一曰徧示或作
徇伨蚼蟲名鬊亂髮也眴眴卷縣名在安定郡⿰木粤杊說文大大可爲鉏柄或作杊梭木名○鷷從倫切西方雉名文一
○屯株倫切說文難也象屮初生屯然而難引易屯剛柔始交而難生一曰厚也文八迍邅也窀說文葬之厚夕引春秋傳窀穸從先
君於地下一說長埋謂之窀長夜謂之穸邨地名棆木名說文毋枇也遰不行也𢅃說文載米齘駗馬載重難行也○杶

集韻平聲二　二十二

櫄橓杻栒敇倫切說文木也引夏書杶榦栝栢或从熏亦作櫄杻栒通作椿文十九椿木名橓也莊子大椿輴輴楯

輴輇說文車約輴也引周禮孤乘夏輴一下棺車或从盾从木从旬从全楯一曰案也鶞䳡鳥名爾雅春鳸鳻鶞或从隹瑑

瑃玉名或从春芚无知皃莊子聖人愚芚李軌讀楯廣雅斷也遁走皃橇禹治水所乘者通作輴。醇重倫切純酒文二

㡒斷也。倫龍春切說文輩也一曰道也又姓文二十六論言有理也綸青絲綬一曰邑名亦姓惀欲知皃一曰思也掄擇也

周禮邦工掄材踚博雅遁也踚行也淪說文小波爲淪引詩河水清且淪漪一曰沒也侖侖侖說文思也籀作侖侖陯山阜

陷也棆木名似豫章爾雅棆無枇輪說文有輻曰輪無輻曰輇䑳船前桄也䈁籥子船具鯩魚名山海經來需之水多鯩魚黑文

狀如鮒蜦蜧說文蛇屬黑色潛於神泉能興風雨或作蜧碖石也菕艸名腀皮也㹻獸名崙崑崙山名沦水名崘

崘崓山皃耣耕也。因𢫬旲伊眞切說文就也徐鍇曰能大者衆圍就之一曰仍也又姓或作𢫬古作旲文四十二姻婣

𡛷說文婚家也女之所因故曰姻或作婣籀作𡛷諲㖶敬也或从口歅闕人名秦穆公時有九方歅禋𥛝裀禋

說文潔祀也一曰精意以享爲禋籀作𥛝或从因古作禋絪烟氤絪縕天地合氣也或作烟氤緸緸宛揺動皃𦳝𦳝蘳

香艸通作茵裀博雅複襂謂之裀茵鞇筃說文車重席司馬相如說茵从革或作筃通作裀絪垔陻堙㘻

垔說文塞也引尚書鯀垔洪水或作陻堙烟籀作𡋯古作㪽　闉說文城内重門也引詩出其闉闍　湮說文没也爾雅落也通作
洇　洇說文水名　駰說文馬陰白雜毛黑引詩有駰有騢　湮洇寒皃或从因　䍿𦍿黑羊或从因　歅歅歅嚘也　𥓍山名
山海經東山之南有𥓍山　栶木名　筃竹名　稛禾華也　壹壹壹不得泄也　○寅𡉈宾寅𡨚夷眞切說文髕也正
月陽氣動去黃泉欲上出陰尚強象宀不達髕寅於下也古作𡉈宾寅𡨚文十二　夤𡖐說文敬惕也引易夕惕若夤籀作𡖐　䐜
夾脊肉易通作夤　鏔博雅鏔子戟也　螾蟲名寅蟴也　𡨚說文兔爪也　㙈場也　○礥下珍切難也文三　訇博雅訇誑欺也
賢多才也　○勻俞倫切說文少也一曰均也文八　畇墾田也　馴道也　𡖑周也　汮水名　昀日光也　巡行也尚書巡守
徐邈讀　砏石名　○鈞銞規倫切說文三十斤也一曰陶旋輪古从旬又姓或書作𨥦鋆文十六　均旬勻說文平徧也周禮作旬或
作勻通作鈞亦書作皇　𤳉畇敂墾田也或作畇敂　汮水名出析縣　袀戎衣也偏裻謂之袀通作均　純鄭司農曰緣也
蚐蟲名馬蛾也　姰說文鈞適也男女併也　荺藕小者荺　趜走皃　㚬女始粃　○巾𧘝居銀切說文佩巾也一曰首飾
或从衣文六　抻以巾覆物也　觓觓也二十枚曰觓　弫弰也　艱險也　○堇墐𡏲墓𦯬渠巾切黏土也或从土古作𡏲
墓𦯬文十四　㨷拭也　矜𥍉𥎦𥏖說文矛柄也或作𥍉𥎦𥏖通作槿　槿木名　魿蛉蟲連行紆行者或从虫　䵖博雅黏也　㘸

土壁也。趣渠人切行皃文一。鼜乞鄰切稔也文一。銀魚巾切說文白金也又州名文三十 珢說文石之似玉者 泿水名山海經禱過之山泿水出焉 鄞說文會稽縣 圁縣名在圁水之陰因以爲名 齗太篪也爾雅通作沂 誾說文和悅而諍也一曰語也或从中 訔山名 言訢鄭康成曰言言和敬皃亦作訢 嚚嚚嚚說文語聲也春秋傳口不道忠信之言爲嚚古作嚚 狺㹞犬吠聲楚辭猛犬信狺或从斤 狠犬鬭聲 䴦獸名如貉八日 𧇻說文兩虎爭聲 䓣說文艸多皃江夏平春有䓣亭 檭木名 垠圻墾地垠也岸也或作圻墾通作泿沂 釿沂器之釿鍔或作沂 𪘨笑露齒 憖地名春秋會于厥憖 蛝馬蛝蟲名 沂沂淪水回旋皃。咽𪔉鼘鼘於巾切鼓節也詩頌鼓咽咽或作𪔉鼘鼘亦書作鼘文九 駰馬陰白雜毛黑者 壼壼壼不世 鄄縣名在濮陽 慇殷憂也亦省。贇紆倫切美皃文八 頵說文頭頵頵大也 壹壹壺不得泄凶也 奫奫瀠水深廣皃 涒涒粼水流曲折皃 蝹蝹蝹龍皃 峮嶙峮山皃 駰馬陰白雜毛黑。筠于倫切竹青皮文九 荺藕紹也爾雅荺莢 湞水名出南陽入夏水 囩說文回也一曰意不足 縜說文持綱紐也引周禮縜小 隕墜也 尹孚尹玉采 筍弱竹可爲席 貟闕人字春秋傳有子貟。囷區倫切說文廩之圜者圜謂之囷方謂之京文十七 菌本艸菌桂出交阯貟如竹 箘䇹箟竹名或从君从昆 蜠䝮貝也爾雅蜠大而險或从貝 峮𡸗峮嶙山相連皃亦从囷或書作峮 輑車軸相連曰輑 壼𡇈爾雅宮中衖謂

之壺或作𡔷　頄權骨也　菌地蕈之小者通作菌　硱硱磳石危皃　卷眴卷縣名在安定　皸皴也　○麇麕麏俱倫切說
文麞也或从囷从君亦國名文十四　莙艸名爾雅莙牛藻似藻葉大　頵頭大皃　洵水名　龜手凍坼也莊子不龜手之藥　僎
輔主人者　覠視也　趣走也　⿰糸麇⿴囗麇束也或作⿴囗麕　涒涒鄰水旋流　峮峮嶙山皃　○畇舒均切墾田皃文一　○蜵一均切蜵蛸蟲名文
三　淵深皃　鼘鼓聲　○竣踆匆壯倫切伏皃或作踆匆文三　○憌巨旬切憂也文二　赹獨行皃　○天鐵因切顛也至高無上文
一　○年禰因切穀熟也文一　○苓戾因切艸名文一　○顛典因切頂也文一　○田地因切樹穀曰田文一
十九　○臻緇詵切說文至也通作轃溱文十七　轃說文大車簀也　搸琴瑟聲也聚也　亲⿰木孱⿰木莘說文果實如小栗引春秋
傳女摯不過亲栗或从孱亦作⿰木莘通作榛　榛⿱艹榛說文木也一曰菆也或作⿰木蓁　峷獸名狀如狗有角文身玉采司馬彪說　潧說文
水出鄭國引詩潧與洧方渙渙兮通作溱淨　溱說文水出桂陽臨武入匯　淨魯城北門池也　瀙字林水名在豫州　𨯪小鑿也　蓁
說文艸盛　𣨼死也　責求也春秋傳西鄰責言　○莘⿱艹業⿰彐辛疏臻切虢地名又姓或作⿱艹業⿰彐辛通作莘文三十四　⿱甄女嫀有⿱甄女國名
或作嫀　𡚱女字　姺說文殷諸侯爲亂疑姓也引春秋傳商有姺邳　⿸疒辛說文寒病也　𡶪獸名狀如狗通作莘　侁⿰彳先⿰彳辛說文行皃
或作⿰彳先⿰彳辛　兟說文進也　屾說文三山也　甡說文衆生並立之皃引詩甡甡其鹿　𣮞罽布也　⿰多辛⿰林辛博雅⿰多辛⿰多辛多也或从林通作莘

集韻平聲二　二十九

⿰羽辛⿰羽辛⿰羽辛羽多⿱艹兟艸名詵說文致言也引詩螽斯羽詵詵兮⿱竹兟簟也駪說文馬眾多皃𣡦說文眾盛也引逸周書疑沮燊

說文盛皃从焱在木上一曰役也一曰火熾皃⿰木辛方言牀杠東齊海岱閒謂之⿰木辛籸⿰米先粉滓也粥凝也或从先⿰麥卂麻滓扟說文從上挹也博雅捪扟減也阠陵名⿰魚莘⿰魚辛魚名長尾皃或省鮮通作莘⿰禾莘穀名廣雅⿰禾麻⿰禾辛也。榛蓁鉏臻切木叢生曰榛或作蓁文

八侁往來皃殿殿殿動而喜皃淨魯北城門池帘幕也棧眾盛皃漢書蓁棘棧棧杋木名。瀙楚莘切水名文一

二十。文無分切說文錯畫也象交文亦姓又州名文三十一彣說文⿰黹戉也一曰青與赤雜古通作文紋織文玟玉文或从彣魰魚名炆熅也駇說文馬赤鬣縞身目若黃金名曰駇吉皇之乘周文王時犬戎獻之引春秋傳文馬百駟畫馬也西伯獻紂以全其身或書作媽敯字林摩上汁一曰以手拭物汶水名在魯北鼢班鼠鳼⿰文隹鳥名爾雅鶌子鳼或从隹聞䎽

⿱昏耳⿱米耳說文知聞也古作䎽閿說文低目視也弘農湖縣有閿鄉汝南西平有閿亭閩⿴門䖵東南越名或从䖵蟁⿱昏䖵蚊

⿰虫民⿱民䖵說文齧人飛蟲或从昏以昏時出也亦作蚊蟁蟁⿰昏鳥鴖母民鳥名紊亂也尚書有條而不紊徐邈讀雯雲成章曰雯鴍鳥名山海經玄丹之山有青鴍芠艸名妏女字。⿱屮分芬數文切說文屮初生其香分布或从艸亦姓文三十雰詩傳雰雰雪皃

氛祥氣也通作雰帉說文楚謂大巾曰帉或書作帉通作紛翂⿱分羽鳻⿰氵翂翂翂飛也或从鳥亦作⿰氵翂通作紛⿰分毛⿰分毛⿰分毛毛落也

紛說文馬尾韜也一曰衆也亂也砏大聲也訜訜詃語不定楜櫒棻說文香木也或作㯊亦省衯說文長衣皃或書作衮𩰲閍說文鬭連結闠紛相牽也或作閍馚馬行疾皃鳻鳥名爾雅春鳸鳻鶞份文質備也幩馬扇汗岎隱岎丘高出皃玢玢豳玉文理皃扮并也太玄以扮天十八羒牝羊𧿳躄也𢡟心亂攽亂皃通作紛燹火皃○分匪方文切說文別也从八刀刀以分別物也一曰與也周禮作匪文二十四鳻說文鳥聚皃一曰飛皃扮并也一曰握也衯衣大謂之衯𣰆博雅𣰆毨罽也餴饙餠䭻說文滫飯也或从賁或省亦作奔𧮛谷名在臨汾玢玉文坌𡑞坌拚𢍏糞坌埽除也或从糞糞亦作坌拚𢍏糞古作坌汾水名在太原𣯶毛落也帉巾謂之帉昐日光也賁飾也○汾符分切說文水出太原晉陽山西南入河或曰出汾陽北山冀州浸文七十一枌說文榆也一曰榆之先生葉後生莢者魵魚名出薉邪頭國郭璞曰小鰕𧮛谷名在臨汾妢妢胡胡子國在楚出美笴者𣯶毛落也鼢蚡𪕷鼠名行地中者或从虫从賁鳻鳻鶞鳥名棼說文複屋棟一曰亂也賁大也三足龜也蕡說文雜香一曰艸木多實濆說文水厓也引詩敦彼淮濆一說汝爲濆大水溢出別爲小水之名通作墳橨木名枰仲也鐼鐵也轒說文淮陽名車隆穹爲轒應劭曰轒轀匈奴車博雅以爲柳車羵羵羊土神名焚燓炃燌燔火灼物也或作燓炃燌古作燔鼖𩊱𪔐𢿝說文大鼓謂之鼖鼖八尺而兩面以鼓軍事或作𩊱𪔐𢿝秎穧也關中語坋大防𤘐

牝牛也墳隫說文墓也方言冢秦晉之間謂之墳取名於大防亦作隫幩說文馬纏鑣扇汗也引詩朱幩鑣鑣羒說文牂羊也豶
獖說文羠豕也或从犬⿰賁鳥⿰賁隹⿱賁鳥鳥名如鵲一目六足或从隹亦省梤橨棻香木也或作橨亦省頒朌⿰羔頁大首兒一
曰衆兒或从肉亦作類鳻鳥聚兒帉大巾亦書作帉⿰埶頁醜也氛雰盆說文祥氣也或从雨亦作盆蕡萉果實也亦
作萉或書作蕡通作蕡⿰扌賁拭也馩馚葐博雅馩馧香也或作馚葐芬艸初生香分布蹯獸跡分趙地名劉伯莊說蚠闕人
名春秋傳劉獻公之子伯蚠弅丘高起兒莊子隱弅之丘紛紛緼亂兒⿱竹賁帥⿱竹賁弦也⿰片賁⿰片賁牀柎也蒶蒶薀蘊積也蟦蟲名
蛇蟦水母⿰賁毛罽也翂飛兒⿱𦥯分水名⿸疒賁⿸疒賁沮憂也熱瘍也。雲𠄔于分切說文山川氣也从雨云象雲回轉形古作𠄔通作云文
三十六云言也語辭也亦姓通作員芸⿱艹耘說文艸也似目宿引淮南子說芸艸可以死復生或作⿱艹耘⿰耒員⿰耒芸秐說文除苗間穢
也或从芸从云亦作秐通作芸熉黃兒妘⿰女鼎說文祝融之後姓也一曰女字古从鼎鄖⿰云阝說文漢南之國漢中有鄖關亦作⿰云阝溳
說文水出南陽蔡陽東入夏水澐說文江水大波謂之澐䞫紜說文物數紛䞫亂也或从糸愪說文憂兒一曰動也耺耳中聲一
眃眩眃視不明兒沄說文轉流也蕓蒷蕓薹胡菜或从貟橒木名貟⿱貟鼎物數也籀作⿱貟鼎⿰言云訜⿰言云語不定縜
持綱細篔䉙篔簹竹名或从雲囩回也田十有二頃謂之囩⿰口貟博雅吐也⿰革軍韗鼓工或从韋鄆沁水鄉名。熅

於云切說文鬱煙也文十七壺說文壹壺也从凶从壺不得泄凶也引易天地壹壺涒涒鄰水皃搵沒也氳氤氳氣也縕說文

沸也一曰亂麻䅬馧蒀葐馧香也或从香从艸蘊積也蝹蝹蝹龍皃𨋈䩩說文大車後壓也或从革媪女字輼轒輼

匈奴車瘟瘟瘟小痛皃莙艸名牛藻也。熏熏許云切說文火煙上出也从山从黑屮黑熏象也隸作熏俗作燻非是文

二十二薰說文香艸也纁𦇧䙧𥨍說文淺絳也或从薰从衣亦作𥨍曛日入餘光矄目暗也獯𤞤獯鬻

匈奴別号或作𤞤通作葷醺說文醉也引詩公尸來燕醺醺臐臛也羊曰臐勳勛說文能成王功也古作勛葷𦶇說文臭菜

也或作𦶇通作焄壎樂器焄香臭之氣也禮君焄蒿悽愴鐼鐵類𡔷鼓鳴謂之𡔷煇灼也史記斷戚夫人手足去眼煇之。君

𠱈𠱈𠱈凮拘云切說文尊也从尹發號故从口一曰羣也下之所歸也古作𠱈𠱈𠱈唐武后作凮文十八宭羣居也莙

艸名牛藻也、箘竹名桾桾櫏木名出交阯鮶水鮶蟲名似魚麏麕麇麞也或从囷亦省軍𡨚說文圜圍也四

千人為軍从車从包省軍兵車也周制萬二千五百人為軍古作𡨚皸博雅皸皵皴也𧲜豕也楎弋在墻曰楎。羣𡖇𦍩

衢云切說文輩也一曰獸三曰羣亦作𡖇古作𦍩或書作群文十三帬裠說文下裳也或从衣亦書作郡裙䣙地名宭說文

羣居也峮嶙峮山皃或書作峮㾯𤺌痹也或从羣𢿌𢾾說文朋侵也或省麇羣也春秋傳求諸侯而麇至。輑

虞云切軺車前橫木也文一。卷立云切縣名在鄭文二皸皵也。磌旁君切石落聲春秋傳聞其磌然文一

二十一。欣俽惞許斤切說文笑喜也或作俽惞文十五忻說文闓也引司馬法善者忻民之善閉民之惡亦州名訢說文喜也通作忻昕說文日明日將出也炘熱也劤多力也邤地名一曰鄰也款闕人名曹有公子款時掀舉出也盺視不明皃⿰言希大言也斤斤斤仁也㚣女字。⿰㐆阝於斤切說文作樂之盛稱⿰㐆阝引易⿰㐆阝薦之上帝一曰中也大也衆也亦商別號因以爲姓文八慇說文痛也濦⿰氵隱⿰氵⿰㐆阝說文水出潁川陽城少室山東入潁或从隱从⿰㐆阝⿱艹⿰㐆阝菜名⿰石⿰㐆阝砏⿰石⿰㐆阝聲也㥯憂也。斤釿舉欣切說文斫木也或从金一曰斤權輕重之數一曰明也文十筋竻腱臄肋說文肉之力也从竹竹物之多筋者又姓古作竻或作腱臄亦省俗作筋非是箽竹名通作斤⿰黍斤黏也㨷拭也婧也。勤渠巾切說文勞也通作廑廑文一八廑⿸广勤說文少劳之名或从勤懃慇懃委曲意慬懄憂也或不省瘽說文病也芹蘄說文楚葵也今水中芹菜亦作蘄蘄藥艸廣雅山蘄當歸⿰矛堇矜矛柄也或作矜⿱艹近說文菜類蒿析漢侯國名堇堇𦰩說文黏土也古作堇𦰩嫤女字。虤魚斤切說文虎聲也文二十五斦說文二斤也齗齦⿰齒言說文齒本也或从艮从言垠圻⿱犾土說文地垠也一曰岸也或从斤从犾⿰龠斤⿱竹沂大篪或作⿱竹沂⿱竹沂通作沂⿱艹⿰犭斤艸多皃⿸鹿言獸名犾說文兩犬相齧也或書作犾狠犬鬭聲⿰犭斤狺說文犬吠聲或从言

鄞縣名在會稽　沂水名　圁縣名在西河　听笑皃　沎沎淪水旋流皃　誾和悅淪諍　齾齒出皃　釿平木具　○樺所斤切箐版文

二十二○元愚袁切說文始也首也又姓文三十九　騵原源說文水泉本也或从泉亦作原源一曰再也又姓亦州名　邍說文高平之野人所登通作原　沅說文水出牂牁故且蘭東北入江　魭魚名　邧地名在秦　阮五阮關名在代　嫄說文台國之女周棄母　謜徐語　⿰忄原測量也　⿰飠元方言餌謂之⿰飠元　⿰牛原山海經乾山有獸狀如牛而三足名曰⿰牛原　騵爾雅駵馬白腹騵　羱獸名爾雅羱如羊　豲獂博雅豲豕屬或从犬　蒝說文艸木形一說莖葉布曰蒝　芫藥艸說文魚毒也　杬木名生南方皮厚汁赤中藏卵果　䲮鳥名　榞木名實如甘蕉皮核皆可食　黿魭黿黿說文大鼈也或作魭黿黿通作蚖　⿱山原崟⿱山原山巔或書作⿱山原　⿱原䖵⿱元䖵⿱元虫⿱原虫重蠶爲⿱原䖵或作⿱元䖵⿱元虫⿱原虫通作原　蚖螈說文榮蚖蛇醫以注鳴者亦作螈　傆怒也　愿慤愼也周禮上愿糾暴劉昌宗讀　笎竹名　⿰鼠元鼠名　妧女字　○袁于元切說文長衣皃从衣叀省聲又姓文三十　爰說文引也謂引詞也一曰于也又姓　援說文引也　媛嬋媛牽引皃一曰美也　⿺走亘說文⿺走亘田易居也通作爰　園說文所以樹果也又姓　垣⿱亘章說文牆也又姓⿱亘章古作　洹說文水在齊魯間　溒水流白又姓　轅說文輈也籀通作爰又姓　榬⿱竹袁方言榬䉶所以絡絲者或从竹又姓漢有

榬終古楥木名柳一曰欄也湲潺湲水流蝯猨猿䝨犿說文善援禺屬或作猨猿䝨犿愋方言愋諒智也鶢鶢鶋
鳥名通作爰萲爾雅萲志也施乾說喛方言哀也⿰爰頁面不正曰⿰爰頁媴女名囩回也褑𧛮衣也或从袁⿰彳爰⿰彳爰⿰彳爰兔行
皃通作爰煖煊暄許元切說文溫也或作煊暄文四十吅讙喧說文驚嘑也亦作讙喧通作諠愃快也⿺走睘說文疾也昍
明也諼諠說文詐也爾雅忘也亦作諠藼蕿萱萲說文令人忘憂艸引詩安得藼草或从煖从宣从爰通作諼喛
方言喛恚也不欲譍而強荅一曰愁也愋⿰忄憲博雅愋諒詡也一曰很也或作⿰忄憲睻⿰目爰大目也或从爰壎塤⿰土雚坃
說文樂器也从土爲之六孔或从貟从雚从元⿰宣鳥⿰宣隹⿰宣鳥⿰宣鳥小鳥名或从隹翧翧翧飛也貆狟貉類或从犬⿰角雚說文揮角皃梁
鄢縣有⿰角雚亭⿰角亘說文角匕也一曰牛角一頫一仰蝖方言蠀螬自關而東謂之蝖轂暅日氣也⿺九亘日始出大昕時徐邈說
咺懼也暖柔皃莊子有暖姝者煇光也箮竹華也宣宣室天子居也媗女字◦鴛於袁切鳥名說文鴛鴦也文三十一鵷
鳳屬莊子南方有鳥名曰鵷鶵蜿⿱夗虫蜿蜿龍皃亦作⿱夗虫冤說文屈也从兔从冂兔在冂下不得走益屈折也怨惌讎也恚也
或从惌宛縣名在南陽一曰屈艸自覆眢目無明也廢井也⿰目⿱夗土石之似玉者⿰女冤⿰女惌宴婉也或从惌妴婉也裷方言
襎裷謂之襥郭璞曰即帊幞也苑人姓帵說文幡也⿰食冤⿰食宛博雅貪也或省⿰金冤鋺鉏頭曲鐵或从宛⿰革冤⿰革宛說文量物

之鞔一曰抒井鞔古从革从宛輐兵車莞艸名說文棘莞也今遠志苑博雅婑苑敗也涴涴水名山海經英鞮之山涴水出焉或从宛嬽博雅嬽嫺好也惋裁餘曰惋⿰山宛山名綩繙綩亂也○言[illegible]魚軒切說文直言曰言一曰我也又姓古作[illegible]文八琂說文石之似王者䇾大簫也⿱艹言艸名亦姓甗無底甑周禮陶人爲甗⿰山甗山形似甗⿰女言女字○攑揭丘言切舉也或作揭文六攐摳衣也⿱㝅走走皃⿰礻騫祭也攓相援也○軒虛言切說文曲輈藩車也一曰檐宇之末曰軒取車象又姓文九輪鞥衛車後重曰輪或从革亦作衛通作軒掀說文舉出也引春秋傳掀公出於淖蓒蓒芋艸名生水中通作軒鶱說文飛皃⿱㝅走走皃邤鄭也○⿰扌臬⿰木臬居言切⿰扌臬子擩蒱采名或从木文二十五靬乾革也一曰驪靬縣名在張掖鞬⿰革蹇說文所以戢弓矢或从蹇腱⿰月虔筋博雅膂腱肉也一曰筋之大者或作腱筋劇剔也犍⿰牛虔⿰牛曷犗牛或作⿰牛虔⿰牛曷騝爾雅騝馬黃脊騝鬻鬻⿰鬲建餰⿰食建飦⿰米建鬻也或作鬻⿰鬲建餰⿰食建飦⿰米建鞎車革前也軒闕人名漢有衆利侯伊即軒睷目數也⿰扌虔相援也⿱艹腱爪病○焉依言切安也一曰鳥黃色出江淮文二蔫博雅蔫菸葾也⿱艹腱腱筋渠言切字林筋鳴也或作腱筋文十⿰扌虔說文相援也赶說文舉尾走也犍⿰牛虔犍爲郡名或作⿰牛虔揵舉也卷曲也⿰木虔標也○翻飜拚孚袁切博雅翻翻飛也或从飛亦作拚文三十二⿰韋番群也韋平方也璠璵璠玉名旛說文幅胡也謂旗幅之下垂者橎堅木不華而實幡說文書皃

拭觚布也一曰幟也旛繽旛風吹旗也旛帨亂也襎襎裷帳也番數也轓博雅輫轓箱也瀿說文大波也鐇博雅椎也一曰

廣刃斧潘潘米瀾也或作潘嬏兔子𧢄觀𧢄暫見⿰樊頁大醜皃嬎匹偶反覆也漢書錄囚平反之返回行也扁

番也莊子扁然蕡山海經桂林八樹作蕡隅⿰火蕃蕃蕣艸名𦩥舟飾也鱕魚名嬏女字噃聲也幡蔽也⿰車反車兩耳出也

犿連犿犬宛轉皃○藩樊方煩切說文屏也亦作樊通作蕃文十三蕃說文艸茂也藩幡籓說文大箕也一曰蔽也或

从巾亦省轓車箱鐇椎也一曰鏟也鱕南越志鱕魚皐有横骨如鐇海船逢之必斷犿抃連犿宛轉皃一曰相從皃或作抃

橎木名勫健也○煩符袁切說文熱頭痛也一曰勞也文六十三⿰扌煩⿰扌煩擱挼也通作煩⿰樊頁⿰林頁說文大醜皃或省⿰樊見

⿰林見說文觀⿰樊見也或省繁多也概也緐䋣⿰糸畀說文馬髦飾也引春秋傳可以稱旌緐乎或作䋣⿰糸畀繙說文冤也一曰亂也

襎博雅襎裷帳也袢袢延衣熱詩蒙彼縐絺是紲袢也旛旗幅下垂者璠說文魯之寶玉孔子曰美哉璵璠遠而視之奐若也近而視之瑟若也一

則理勝二則孚勝礬藥石也有白青黃黑絳五種鐇廣刃斧橎說文木也一曰剛木不華而實墦博雅墦塚也或書作⿱番土

番蹞蹯𤰈𤰈說文獸足謂之番从釆田象其掌或作蹞蹯古作𤰈𤰈亦書作⿱番足⿺足頁⿰韋番韋裹曰⿰韋番⿰番瓦博雅⿰番瓦瓳塼也

⿰炙番膰⿰示番說文宗廟火熟肉引春秋傳天子有事⿰炙番焉以饋同姓諸侯或从肉从示燔說文爇也羳說文黃腹羊⿰犭番說文

犬鬭聲蠜說文𠂤蠜也蟠蟲名說文鼠婦也䶔說文鼠也鷭⿰番隹鷭鵯鳥名似鶂或从隹⿰犭番播生育也或省笲
竹器婦贄棗脩者⿰韭番說文小蒜也⿰禾番稻名蕃茂也息也藩⿱艹燔草名爾雅蕛蒁藩生山上葉如韭一曰提母或从燔薠說文
青薠似莎者⿱艹⿱每糸蘩說文白蒿也或作蘩棥說文藩也引詩營營青蠅止于棥通作樊⿱每泉泉名在魏郡瀿楚人謂水暴溢爲瀿
樊說文鷙不行一曰山邊也亦國名又姓⿰馬樊騂馬躊躇不行也⿰樊阝說文京兆杜陵鄉或書作⿰樊阝通作樊燓說文燒田也鱕魚名
嬏女字噃聲也⿱艹樊艸名⿰番頁白喙幡拭簡布嬔偶也蕡艸木多實○樠槾模元切木名一曰木脂出樠樠然或从曼
文九璊赤玉𥻔粥疑⿰谷曼⿰谷曼⿰谷几上谷亭名鄤鄭地也𧼒行緩也⿰飠免貪食㨅引也○拳巴袁切力也詩無拳無勇徐邈讀文二
⿱𠔉革爾雅革中辨謂之⿱𠔉革○圈去爰切屈木也文一○⿱𢇍首比元切斷首也文一○棬九元切西棬縣名文一
二十三○䰟胡昆切說文陽氣也亦書作魂文四十六忶⿰忄䰟心悶也或从䰟⿰亻軍人姓也俒完也⿰角昆角全也顐頤顐
禿無髮也覠視也⿰月昆餛餫⿰米昆博雅⿰月昆肫餅也亦作餛餫⿰米昆惃亂也蜫蟲之總名⿺麥果⿺麥完⿺麥昆方言麴也一曰麥不破也
或从完从昆⿰扌圂捆手推之也或从困渾說文混流聲也一曰洿下亦姓⿰負頁面急法說文轉流也煇赤也焜煌也䡣
說文土也洛陽有大䡣里或書作堚琿美玉⿰木䰟木名生南海棞梱說文梡木未析也或从困楎說文六叉犂一曰犂上曲木也

輝說文軶軥也一曰輣也一曰車相避謂之輝　騉山海經太行山有獸狀如騉騟四角而距名曰驒騱　獋山犬也人面而毛　緷周禮十羽謂之緷一曰百羽　䶕說文鼠出丁零胡皮可作裘　鞎輥車革前也或作輥　溷燉溷鬱熱皃　鯤大魚名　昆

混闕人名漢有屬國公孫昆邪或作混　梡博雅梡枝也　芸香艸　揮揮掄全而不破　媈女字　䓴䓴蒲艸名　○昆公渾切說文同也一曰明也後也又姓文四十四　罤晜說文周人謂兄曰罤或作晜通作昆　惃博雅惃悖亂也　㱚鰴觹說文昆于不可知也或作鰴觹　幝褌𢃲裩說文幒也或作褌𢃲裩　崐崐崘山名或書作崑　琨瑻說文石之美者引虞書揚州貢瑤琨或从貫

錕赤金謂之錕鋙　焜服虔曰明也　𦼧𦱫菎說文艸也或从晜从昆　䖵蜫䐊說文蟲之總名也或作蜫䐊通作昆　鯤鮷鰥卵爾雅鯤魚子或作鮷鰥卵　騉野馬屬爾雅騉蹄趼善陞甗　箟竹名　猑獸名也大犬也　麘鹿屬　鶤

鵾鳥名說文鶤鷄也爾雅雞三尺爲鶤一曰陽溝巨鶤古之雞名或从昆　混緄混夷西戎名或作緄通作昆　鼲博雅鼠屬　婫女字　餛飯餛餅也　䃂鍾病聲　緷百羽也　輥車轂齊等皃　霣𩆨齊人謂雷曰霣霣籀作𩆨　跟踵也　𪐴困也　○溫烏昆切說文水出犍爲涪南入黔水一曰燖也和也又姓亦州名文二十五　𥁕昷說文仁也从皿从食囚也官溥說隷省　輼說文卧車也一曰後因載喪飾以柳翣遂名喪車　𩣺𩣺驪良馬　豱爾雅豕奏者豱謂今豱豬短頭皮理腠慼　縕赤黃間色　韞韣也　䰛

戎鹽榅杉也媪博雅婚媪病也一曰極也瘟疫也䣺鄉名在廣陵縣名在蜀⿰昷瓜博雅⿰昷瓜瓟瓜屬薀薀藻水艸鴛鴛鴦匹鳥
也沈重說媪女字㬈日出而溫蝹蝹蝹動也蒕方言饒也褞褞褐衣也瑥闕人名晉有翟瑥榅柱也熅煾燇熅火微
或从恩。昏昬旦呼昆切說文日冥也从日氐省氐者下也一曰民聲古作旦文二十三婚𡜊說文婦家也禮娶婦以昏
時籀作𡜊怋怟惛說文怓也或作怟惛㱪㱪㱪不可知也殙殙⿰昏頁說文瞀也一曰未名而死曰殙或作殙⿰昏頁閽說文常以
昏閉門隸也棔合棔木名俗轉爲合歡殙矜也莊子以黃金注者殙緡爾雅綸也一曰合也盛也暋悶也莊子慰暋沈也⿰口昏
⿰口昏⿰口昏目所不見痻病也⿰亻昏闇也太玄闡諸幽⿰亻昏涽滑涽未定皃睧⿱氏目目暗也亦省。坤巛臾枯昆切說文地也易之卦
也从二从申土位在申古作巛臾文十四顐說文無髮也一曰耳門顝大頭髡髨說文鬄髮也或从元臗髖博雅臗尻也一
曰髀上或从骨豤⿰豕昆貇⿱豤齒齧也減也或作⿰豕昆貇⿱豤齒⿰几山刊木枝也。⿰亻軍吾昆切說文人姓文七顐顐顐禿也⿰女軍女字
⿱罒見視也⿱髟困翦髮也⿸疒軍癡也梱木名爾雅髡梱。垠圻坙五根切博雅厓也或从斤古作坙亦書作垦文六泿
水名痕博雅腫也鞎車革前飾曰鞎。奔犇⿰⻊奔逋昆切說文走也一曰堂上謂之步門外謂之趨中廷謂之走大路謂之奔古
作犇或从足文十四賁勇而疾走曰賁虎賁亦姓⿰賁鳥山海經太行山有鳥狀如鵲白身赤尾六足名曰⿰賁鳥⿰賁鳥⿰馬賁⿰馬奔馬走或从奔

鐼錛平木器或从奔夲喻德宣譽曰夲走僨僨驕不可禁之勢⿰黑奔黑也渀太急也蟦蠣也南方人燔以羞。歕鋪蒐切說文吹氣也文四噴
說文吒也一曰鼓皐濆潩水也通作噴渀水急也。盆瓫蒲奔切說文盎也又姓或作瓫文十⿰山瓫山形似瓫葐蕵葐艸名
⿰盆鳥鳻鳥名博雅鶻鵃⿰盆鳥鳩也或省湓汾水名在潯陽一曰水溢也或省㖹吐也衯衣長好皃。門謨奔切說文聞也从二戶
象形文二十八捫說文撫持也引詩莫捫朕舌𣯩說文以毳爲罽色如虋故謂之𣯩虋禾之赤苗也引詩毳衣如𣯩璊玧⿰玉免
說文玉經色也禾之赤苗謂之虋言璊玉色如之或从允从免樠說文松心木⿰米㒼粥凝虋⿱艹亹糜⿰禾㒼說文赤苗嘉穀也或
作⿱艹亹糜⿰禾㒼亹⿰氵亹山絶水也一曰浩亹縣名在金城郡怋惛怋怋不明也亂也悶也或从昏⿰昏頁⿰昬頁⿰氏頁說文繫頭殟也謂頭被繫
無知也或从昏亦省汶汶濛沾辱也離騷受物之汶汶菛菛冬艸名通作虋殙瞀也⿺走曼行遲皃⿰巾免吊服⿰蠻鳥山海經崇丘山有鳥
狀如鳧一翼一目相得乃飛名曰⿰蠻鳥⿰蠻鳥⿰目㒼⿰目㒼然慙皃⿰歹民矜也莊子以黃金注者⿰歹民悶悶然不覺皃一曰有頃間也。孫蘇昆切說文子
之子曰孫又姓文十六猻候猻獸名搎⿰手⿱孫廾捫也或从廾蓀⿱艹巽荃⿺辶蓀⿺辶⿱艹巽說文香艸或从巽亦作荃⿺辶蓀⿺辶⿱艹巽飧餐
說文餔也謂晡時食或作餐通作湌槂公槂木名蕵⿱艹湌爾雅須蕵蕪郭璞曰似羊蹄葉細或从湌⿰虫孫方言蜻蛚南楚謂之虰⿰虫孫湌
水沃飯曰湌。村麤尊切援也聚也通作邨文五邨說文地名𨚗鄉名澊水名爨爨爨鼎欲沸皃。𢍜尊鐏墫

⿰尊瓦祖昆切說文酒器也从酋廾以奉之周禮六尊以待祭祀賓客之禮或从寸从缶从土从瓦通作樽尊一曰高稱文十二　鐏戈戟底

嶟山高皃　鷷西方雉名　繜說文薉貉中女子無袴以帛爲脛空用絮補核名曰繜衣狀如襜褕　踆蹲也莊子踆於窾水　樽林木盛皃

瀳水至也　○存徂尊切說文恤問也一曰在也文十一　澊水皃　蹲⿰𧾷存俊說文踞也或作⿰𧾷存古作俊　鷷西方雉名　踆以足逆躝曰踆

拵据也　袸衣帶爾雅衿謂之袸　⿰存阝洊⿰存阝鄢縣名在揵爲或从水　○敦都昆切說文怒也詆也一曰大也勉也誰何也文二十五

惇⿰立享說文厚也古作⿰立享通作敦　⿱敦食貪食　墩平地有堆者　鐓鐏也通作鐏　⿱艹頓⿱艹敦艸名或从敦　⿱敦山山皃　驐字林去畜勢也

⿱敦石石可踞者　⿰敦瓦陶器似甌者通作敦　⿱敦皿盂也　弴弤說文畫弓也或从民　邨地名　⿱敦衣衣褚　鷻鳥名莊子鶉居而鷇食

蜳螴蜳氣不安定也　⿰虫敦⿰虫敦⿰虫禺蟲名青蚨也　錞⿰金𦎧錞釪如鍾以和鼓或作⿰金𦎧　⿰牛敦牛名　⿰木敦枯也　⿱敦手擊也　○暾旽他昆切日始出皃亦作旽文二十一

憞憞惃心不明也或省　燉火色一曰燉煌郡名　⿰口𦎧啍噋說文口氣也引詩大車啍啍隸作啍或从敦

⿰虫敦蜳⿰虫敦⿰虫禺蟲名似蟬而長或省　⿰火𦎧焞說文明也引春秋傳焞燿天地一曰灼龜炬隸作焞　⿰享黃⿰黃屯黃色或从屯

黗博雅黑也　涒汭說文食已而復吐之引爾雅太歲在申曰涒灘史作汭　⿰月敦⿰月享月光也或省　⿰目享視不明　炖風而火盛皃

○屯徒渾切聚也又姓通作敦屯文四十一　軘說文兵車也　沌水流皃一曰沌沌愚也　吨吨吨言不明也　忳憂也亂也　訰多言也　⿰黃屯黃色　肫

飩⿺麥屯粍䐇肫餌也或从食从麦从米瓲甌瓲瓜屬坉艸土填水曰坉一曰田隴純包束也詩白茅純束邨地名窀壍也犬見穴中也庉居也𦢊豚豘㹠逯說文小豕也从彖省象形从又持肉以給祠祀或作豚豘㹠逯通作肫屍脾臋臀說文髀也或作脾臋臀啍噋口氣也或从敦燉火色敦大也一曰敦煌郡名⿱竹殿⿰扌殿⿱竹臀說文榜也博雅从手或从臀焞灼龜火也炖火盛皃芚木始生皃楊子春木之芚兮一曰菜名似莧一曰愚芚無知皃閠闐門也霕大雨皃颮風也遯逃也囤廩也○論盧昆切說文議也文十一陯說文山阜陷也崘崑崘山名或書作崙踚行皃掄說文擇也⿰舟侖舟名菕菕蘥香艸名惀說文欲知之皃侖昆侖天形婨女名綸經綸也○⿰耳支儒昆切使也文一○⿸麻香奴昆切香也文二渜濡湯也二十四○痕胡恩切說文胝瘢也文九拫艮掀博雅拫攎引也或作艮掀鞎說文車革前曰鞎⿰木焉平量木肩羸小皃莊子其脰肩肩跟⿰月艮足後也或从肉○根古痕切說文木株也文五跟⿰止艮說文足踵也或从止珢石之似玉者⿰艮刂削也○恩烏痕切說文惠也文六衮煾爊說文炮肉以微火溫肉也或作煾爊亦書作秋蒽艸名出日南⿰女恩女字○吞他根切說文咽也亦姓文三⿱艹⿰黃尃黃色⿰阝吞阬也二十五○寒𡫓𡨄河干切說文凍也从人在宀下从茻薦覆之下有仌人姓古作𡫓𡨄文二十八𩏑韓⿰卓余⿰卓令

說文井垣也从韋取其帀也隸省或作榦幹一曰韓國名亦姓 邯說文趙邯鄲縣 邗說文國也今屬臨淮一曰本屬吳 汗可汗戎酋
稱 [艹寒]艸名爾雅葴[艹寒]漿郭璞曰今酸漿也 [寒馬]馬多皃 頇顢頇大面皃 蘔白蘔艸名 [𠦝皮]膜也 [倝毛]毛獸豪也 翰天雞羽有
五色者 鶾鶾音肥雉名以祀神通作翰 雗[𠦝隹]雗鸒鳥名即山鵲知來事者或省 [倝馬]駿[倝馬]馬名一曰馬毛長也 豻犴胡地
野犬或从犬 虷井中赤蟲 [寒虫][虫寒]蟲名[寒虫]蟺蚯蚓也或作[虫寒] 馯東夷別種名亦姓漢書有馯臂 [大旦]大口也 。頇虛干切顢頇大面文
三 鼾卧息也吳人謂鼻聲爲鼾 嫨老嫗皃一曰怒也 。看[倝目]丘寒切說文睎也从手下目或从倝文十 刊說文剟也 栞
說文槎識也引夏書隨山栞木或从幵 靬弓衣也乾革也 [月看][月看]腯坼也 臤堅也 漧燥也 頇頭無髮皃 。干居寒切說文犯也一
曰澗也水涯也扞也亦姓文二十九 [旱戈]博雅楯[旱戈]盾也通作干 迀說文進也一曰遮也 忓說文極也 奸姧說文犯也亦作姧
乾漧燥也或从水通作干 肝說文木藏也 竿說文竹梃也通作干 杆僵木也 飦燥飯 攼求也得也 玕[王旱]說文琅玕
也引禹貢雝州球琳琅玕古从旱 榦井上木 [干皿]博雅[干皿]謂之盤 邗越之別名通作干 [倝阝]說文地名 汗餘汗縣名在豫章通
作干 芉蔽芉艸名 雃鳱雃鵠鵲也知未來事者或从鳥 旰日行也晚也 虷蟲名一曰犯也 矸石皃甯戚歌曰南山矸 釬
器也一曰急也莊子有緩而釬 幹正也 犴野犴獸名 。安於寒切說文靜也又州名亦姓文八 侒說文宴也 鞌說文馬鞁具或書作

鞍盔博雅盔盌盂也郊當陽里名峖山名尪股也鴳鳥聲。豻犴俄干切胡地野犬或从犬文六雃鳥名鵻鵯也

嵃山高皃亦姓或書作謆忓博雅善也一曰秦晉謂好曰忓𤘫止牛也。𦙶𦢊相干切脂肪也或作𦢊文十三跚散

蹣跚行不進皃或作散珊說文珊瑚色赤生於海或生於山姍好也一曰誹謗也䈀竹器邖地名戔狹少意狦闕漢

有單于稽侯狦𧲦豕名𪐴盤𪐴色下刪削也。餐湌囋千安切說文吞也或从水亦作囋俗作湌非是文九𦪈舟名䱚

魚名或省箋𥼶竹籤也或从粲穇白穇稻名戔財千切說文賊也引周書戔戔巧言一曰戔戔多也通作殘文十五殘餘也

𣦼叡說文殘穿也亦作叡賫害物貪財也努殺害也故从奴从力𣧑殘說文禽獸所食餘也或从戔帴帬也婦人

脅衣盞博雅盞盞盂也㥫怢也𦐁鷙攫急疾皃揚子鷹隼𦐁𦐁𦼮艸名淺水流皃戕外殺曰戕。單多寒切說文大

也一曰隻也文十六襌說文衣不重通作單殫說文殛盡也通作單𡾰山孤者曰𡾰或書作𡼏丹甘彤說文巴越之赤石也

古作甘彤冉亦姓又州名簞說文笥也漢律令簞小筐也引傳曰簞食壺漿匰說文宗廟盛主器也引周禮祭祀共匰主癉勞病也

䡲䡲𨏩車名鄲說文邯鄲縣䐷脈肬謂之䐷彈射也勯力竭也苒艸名。𤅩灘他干切說文水濡而乾也引詩

灘其乾矣或从隹文二十一撣持不堅也貚獸名貙屬潬水中沙出通作灘擹攤手布也或从難亦書作𢺕𢱢搫𢱢婉轉

也歎嘆太息也或从口嘽說文喘息也一曰喜也引詩嘽嘽駱馬⿰舌單⿰舌單⿰舌延言不正譠方言譠謾欺語嬗緩也疫博雅
疫疫波也幝敝皃詩檀車幝幝漢太歲在申曰涒漢通作灘墠寬也癉勞病驒馬青白文曰驒驙騏驎謂之驙。壇
唐干切說文祭場也文三十⿰石亶石壇也檀說文木也亦州名又姓彈⿰弓丸丸射也一曰糾也或从丸撣觸也太玄撣擊其名
一曰西南夷國名襢爾雅襢裼肉祖也繟帶緩也⿸疒亶疫病癉風在手足病僤疾也明也繵繩也一曰紫色儃
說文何也伹語辭也辭之固也亦姓胆口脂澤也唌歎也⿰舌延⿰舌單⿰舌延語不正聅軍法以矢貫耳曰聅驙博雅白馬黑脊驙
驒驎驒青驪馬蟺鼉水蟲名似蜥蜴或作鼉鱣魚名貚說文貙屬鷤雉子單闕姓也鄭有櫟邑大夫單伯通作檀灘
爾雅大歲在申曰涒灘憚驚怚也⿱艹亶艸名躝踰也。闌郎干切說文門遮也一曰俛也希也失也文二十五⿵門爾說文妄入宮掖也通作闌⿰舌闌
⿰舌單⿰舌闌語不正躝踰也讕譋說文詆讕也或从間⿰口闌方言⿰口闌哰謰謱拏也或从蘭欄閑也通作闌欗木名桂類蘭說文香艸也亦州名又姓
籣韊說文所以盛弩矢人所負也或从革⿰光闌⿺光蘭光色或从蘭𦢊⿰月戔也幱襴衣與裳連曰襴或省孄斕斒爛色雜
也或作斆瀾漣說文大波爲瀾或从連灡說文潘也通作瀾糷⿰米蘭飯相箸爾雅摶者謂之糷或从蘭暕陰乾日也。⿰堇鳥
難⿰堇隹⿰⿱𦰩金隹⿰⿱𦰩巾隹⿰⿱占土隹⿰占隹那肝切說文鳥也一曰艱也又姓或从隹占作⿰堇隹⿰⿱𦰩金隹⿰⿱𦰩巾隹⿰⿱占土隹⿰占隹文八蔦艸名。籛子干切姓也文一

〇⿱展䖵知干切蟲名从展省文一

二十六〇桓胡官切說文亭郵表也一說漢法亭部四角建大木貫以方板名曰桓表一曰木名似柳一曰桓桓威也又姓文五十

梡木名可食出蒼梧 瓛說文瓛圭公所執通作桓 捖捖摩治玉也 完說文全也 丸說文圜傾側而轉者从反仄 ⿺丸而說文丸之孰也 ⿸广丸博雅⿸广丸瘤病也

一曰皷⿸广丸矢藏 寏院說文周垣也或作院 峘⿰山丸⿰山完爾雅小山岌大山峘或从丸从完亦書作⿰山亘⿰山丸 洹博雅洹洹流也一曰水名在齊魯間 汍汍瀾

泣皃 絙說文緩也 紈說文素也 綄說文船上候風羽楚謂之五兩 垸說文以桼和灰而髤也通作丸 芄雚說文芄蘭莞也引詩芄蘭之枝

爾雅作雚 莞說文艸也可以作席 ⿱艹睆艸名說文夫蘺也郭璞曰今西方人呼蒲爲睆蒲江東謂之苻蘺通作莞 荁艸名似堇葉木 萑萑

艸名說文亂也或省 雈說文鴟屬从隹从丫有毛角所鳴其民有旤或名木兔 鸛鸛專鳥名 ⿰丸鳥⿰丸鳥鳥名丸鳥喙蛇尾 萈羱羦

說文山羊細角者或作羱羦 豲獂貆說文逸也引周書豲有爪而不敢以撅博雅豕屬一曰邑名在天水或作獂貆 脘博雅脯也

一曰骨脂 ⿰丸欠⿰石曼⿰丸欠亭名 ⿸鹿完鹿三歲也 鵍鷒鵍完鳥名 貆說文貉之類 ⿰米完粉餌 狟說文犬行也引周書尚狟狟 ⿺麥完女麴也小

麥麴爲之一名麩子 ⿱大亘說文奢⿱大亘也 晥地名在舒 垣⿱亘韋宣墉也古作⿱亘韋或作宣 烷火也 蒝艸名 〇歡懽⿰舟雚

孉⿰女歡呼官切說文喜樂也或从心古作[illegible]或作孉⿰女歡文二十七 ⿱吅見嚾說文呼也或作嚾 讙說文譁也 酄⿰阝雚說文魯下邑引

春秋傳齊人來歸鄗或作讙通作驩驩說文馬名鸛鵍說文鸛專畐蹂如鵲短尾射之銜矢射人或从完鴅鳥名人面鳥喙[illegible]
鴅吺四凶之一通作鴅今通作驩貛[illegible]獾貆貒說文野豕也爾雅狼牡貛亦作獾貛貆貒通作犿雈雚方言始也化也
或作雚犿連犿相從皃蠸蟲名守瓜也臛山海經帶山有獸其狀如馬一角有錯名曰臛疏䊟白米巜濡也○寬完枯官
切說文屋寬大也一曰緩也古作完文四髖臗說文髀上或从肉○官[illegible]沽丸切說文吏事君也从宀从𠂤𠂤猶衆也古作[illegible]文二
十五倌詩傳主駕人也冠[illegible]說文絭也所以絭髮弁冕之總名也从冖从元冠有法制以寸徐鍇曰取其在首故从元或作[illegible]亦姓
觀[illegible][illegible]視也古作[illegible][illegible]悹憂也亦書作悺懽憂無告也棺[illegible]說文開也所以掩戶古作[illegible]俗作[illegible]非是涫說文鬻也酒泉
有樂涫縣莞艸名一曰東莞地名亦姓鵍鶇鵍鳥名雚鸛水鳥也或从鳥[illegible]竹杅毌說文穿物持之也从一橫貫象寶貨之形
貫穿也易貫魚以宮人寵徐邈讀管管人掌館舍之官雚艸名爾雅雚芄蘭謝嶠讀[illegible]華類[illegible]艸名琯石似玉○[illegible]
[illegible]烏丸切削也亦省文十四惋裁餘也捥[illegible]扌也或作[illegible]婠說文體德好也[illegible]說文目無明也一曰廢井埦穴也[illegible]
豌說文豆飴也一曰[illegible]豆博雅作豌[illegible]歡也蜿[illegible]博雅蜿蜿蝹蝹動也亦作[illegible]睕睕睆深目皃○岏吾官切巑岏山銳皃
文二十三忨貪也[illegible]蹟[illegible]蹲也[illegible]博雅[illegible]髀也[illegible]餌也刓[illegible]說文剸也一曰齊也或作[illegible]园抏圓削也莊子园而幾

向方或作抏⿱原䖵再蠶也通作螈⿰元兔兔子也㹉野牛名角可爲華材黿大鼈⿰豸元貉屬蚖毒蛇螈蟲名蠑螈析易也或
作原通作蚖杬博雅椹也⿰羊亘羱羦野羊名或从原从元妧女字芫艸名○潘鋪官切說文淅米汁也一曰水名在河南滎陽
又姓文十番番禺縣名在南海䤍醭䤍醬醋敗⿰番瓦⿰番瓦故甎也⿸疒番蟠居也⿸疒番病死也拌方言楚人凡揮棄物謂之拌俗
作拚非是墦冢也嬏女字姍醜也○⿰去番隨婚切博雅也一曰部也文九般⿰舟攴說文辟也象舟之旋从殳所以旋也一曰移也
亦數別之名古从攴⿱般衣衣表也吳俗語華籓說文箕屬所以推棄之器也官溥說吕靜作籓又姓⿸广番儲物也⿱竹般⿱竹般錢竹名一曰
捕魚笱入而不可出半中分也○槃鎜盤柈蒲官切說文承槃也古从金籀从皿或作柈文四十一般弁卞
爾雅樂也或作弁卞通作槃⿰髟般說文卧結也⿱般目說文轉目視也⿱般手說文槃擭不正也一曰除也蹣⿰足般跘蹣跚跛行
皃亦作⿰足般跘胖大也禮心廣體胖媻博雅媻媻往來也一曰奢也⿱般黑說文⿱般黑姍下色瘢說文痍也幋說文覆衣大巾或以
爲首鞶鞶⿰革殳說文大帶也引易或錫之鞶帶男子帶鞶婦人帶絲或省縏小囊⿱般足屈足也繁緐絣馬髦上飾春秋
傳繁纓以朝或作緐絣磐⿰石半大石一曰山石之安者或作⿰石半膰大腹磻溪名一曰以石著堆繳也番番和縣名在張掖郡⿱竹般
⿱竹般筡竹笢一曰捕魚笱⿱艹般艸名⿰犭般⿰犭般狐犬短尾⿱般鳥山海經北囂山有鳥狀如烏人面名曰⿱般鳥鵑夜飛晝伏郭璞曰鵂鶹屬盤

負盤臭蟲通作瀊蟠大也曲也委也一曰龍未升天謂之蟠鄱趙地名繙亂也寃也瀊水洄也拌弃也彥大也常也

皤馬作足橫行曰皤易賁如皤如董遇說○瞞謨官切說文平目也一曰目不明亦姓文五十一䓣說文平也從廿五行之數二十

分爲一辰㒳㒼平也节說文相當也漫水廣大皃謾說文欺也悗慢惑也或从曼慲說文忘也一曰慲兜也顢顢頇

大面鬘髮美皃䰎說文髮長也⿰衤曼胡衣蹣踰也㙢墁土覆或作墁⿺走曼行遲也僈健也鞔說文履空也一曰覆

也浼汚也孟子汝安能浼我⿰面免塗面⿰曼皮皮也曼曼曼長也俗作曼非是⿰石曼⿰石曼欲亭名在上艾⿰禾曼偏種皃蔓蔓菁

艸名蕪菁也⿱罒縣爾雅罬罟謂之⿱罒縣樠木名⿰米㒼粥凝糭糭糭飯澤饅麵饅頭餅也或从麥醂醞醭醂醬醋敗或从曼

縵⿰曼攴無文也或作⿰曼攵鏝槾墁說文鐵杇也或从木从土鄤鄭邑名⿱雨漫雨露濃皃獌⿰犭㒼獸名似狸或作⿰犭㒼⿰犭㒼蟃

蟲名鰻⿰魚㒼說文魚名或从㒼⿱穴曼穴黑皃閩蠻別種周禮七閩衊汙也⿱縣目相也絻連也○酸⿰酉夋蘇官切說文酢也關

東謂酢曰酸籀从畯文九⿰齒夋齒酸也痠痛也狻⿰豸夋⿸鹿夋說文狻麑如虥貓食虎豹者或从豸从鹿⿱艹酸艸名⿱雨酸說文小雨

也○鑽祖官切說文所以穿也文八劗吳人謂髡髮爲劗⿰贊攵姓也欑治擇也禮粗黎爨曰欑之通作鑽⿰革贊⿰車贊說文

車衡三束也曲轅⿰車贊縛直轅暈縛或作⿰車贊⿰車贊撮乘載器尸子行險以撮○爨七丸切炊也周禮以火爨鼎水文五竄入穴也

集韻平聲二

攛擲也鋑刀也穳遥捉矛也欑徂丸切說文積竹杖也一曰穿也一曰叢木文十六襸補也穳簒禾聚也亦作簒菆桗
積木以殯或作挫通作欑䡮䡮䡮車衡三束或作䡮䡮躦蹲躦跳聚足或作蹲灒水集皃酇聚居也百家爲酇巑
巑岏山皃劗剃髮也僔借也耑多官切說文物初生之題也上象生形下象其根也文十六端說文直也一曰正也始也布帛
六丈曰端通作耑又姓竱博雅齊也偳闕或曰人名褍褍說文衣正幅或从端𥟖禾垂曰𥟖篅篅竹名博雅篛篅
狣支也或省端艸名鍴方言鑽謂之鍴剬剸齊也觽說文角觽獸也狀似豕角善爲弓出胡休多國媏女字騗鳥名㟨
山名湍他官切說文疾瀨也文九煓方言赫也一曰火熾盛皃偳闕或曰人名䵎說文黃黑色也一說䵎䵎梁四公子名𪏆
𪏆黃色或作𪏆貒猯說文獸也似豕而肥或从犬褍衣寬也團專园塼徒官切說文圜也周禮作專莊子作
园太玄作塼通作敦文三十四敢揣聚皃或作揣篿篅說文圜竹器也或省[illegible]剸說文截也或从刀颛摶風也
慱爾雅慱慱憂也摶揰攌說文圜也謂以手圜之或省亦从團漙䨹湩霬漙漙露多皃或作䨹或並省𣟙大木
鄟邑名屬[illegible]鄟磚闕人名鄭有石磚嫥嬍也鷒鳥名爾雅鸛鷒鶝鶔如鵲短尾射之銜矢射人鷻鶉鳥名說文雕也引詩
匪鷻匪鳶或省亦書作鷔䊜糰粓粉餌或从團从耑蓴艸叢生鱄蟤山海經雞山黑水出焉其中有鱄魚狀如鮒而彘尾

音如豚或从虫槫柩車也鏄塊鐵。渜濡奴官切水名在遼西肥如南入海陽或作濡文二。鸞盧丸切鳥名說文赤神靈之精赤色五采雞形鳴中五

音文二十二鑾說文人君乘車四馬鑣八鑾鈴象鸞鳥聲和則敬也通作鸞巒說文山小而銳欒灤說文漏流也一曰漬也或

从欒亦書作灤䕢蘂說文鳧葵也或从欒亦省欒說文木似欄禮天子樹松諸侯大夫欒士楊一曰曲枅木一曰鍾兩角爲

欒亦姓臠㿻臠臠臞也或作㿻通作欒𣢾說文欠皃一曰心惑不悟皃曫說文日旦昏時矕目昏也䜌

亂也理也又南䜌縣名在鉅鹿古作䜌闗道入门掖也孿小臣主駕者攣聚也擇也羉彘網也圞圜也孌女字

二十七。刪師姦切說文剟也文八狦博雅狼也一曰惡健犬𡖶關單于名潸說文涕流皃引詩潸焉出涕𠟥博雅

箾謂之𠟥姍毀也漢書姍咲三代鄳地名𢝋疾利口也。闗開姑還切說文以木橫持門戶也一曰通也亦姓或省俗作関非是文

十三𢍰說文織絹从糸貫杼也瘝病也擐貫也𡂝嘫𡂝𡂝和鳴也或从𢍰通作關𥌯𥌯𥌯視皃鉉所以舉鼎也𢸜

手相關付也太玄𢸜神明而定摹莞䓤艸名可爲席或从睆𡢃女字。彎關貫烏關切說文持弓關矢也左氏傳作關或

作貫文十二灣水曲也𠜑削也潫濟潫水深廣𣛺曲木圝圜水勢回旋皃𩅦吳王孫休子名𧔧螞蠻蟲曲息皃

𡙇大韋里名在洛陽𡣷女字。檈數還切閑門機也文二栓貫物也。還胡關切說文復也文三十環瑗說文璧也肉好

若一謂之環或从爰又姓鐶金鐶也鍰說文鋝也引虞書罰百鍰一曰金六兩爲鍰寰寰內天子畿內也闤市垣也轘

轘轅關名在緱氏縣通作環韋大韋里名在洛陽呂靜說𠠝樓𠠝縣名在武威澴還水名一曰漩澴濆起皃或从還郇

國名周武王子所封又姓戾說文屋牝瓦下一曰維綱也鬟屈髮爲髻𩙺禽繞飛也瞏睔大目皃或作睔糫䴑餌也粔籹

吳人謂之膏糫或从麥𡓉環堵謂面一者墻也通作環嬛女字𩡧說文馬一歲也从馬一絆其足亦書作攜患獘也𦎧糫

山海經旬山有獸其狀如羊而無口不可殺名曰𦎧或作糫圜繞也懁辨急也莊子有順懁而達䴉水鳥名紅白深目目旁毛長亦

書作鷄鬟堅也。跧阻頑切伏也文一。奻尼還切說文訟也文一。姦姧悬居顏切說文私也一曰僞也或作姧

古作悬文九葌說文艸出吳林山蕑蘭也亦姓菅𦯠說文茅也古作𦯠亦姓奸犯淫也諫諍也。馯丘顏

切馬青黑色亦姓文四豻胡地野犬也鬝寡髮也擐援也。顏𩕂𩈗牛姦切說文眉目之間也籀作𩕂或作𩈗亦姓文六

檈木名如橦豻胡地野犬顮嚬爭皃。𤸎𤺧吾還切痺也或作𤺧文三狠說文犬鬭聲。豩呼關切說文二豕也文二

懁性戾也。班辬逋還切說文分瑞玉一曰次也別也或作辨亦姓文二十三𨐌斑辬貫說文駁文也或作斑辬古作貫

通作般頒說文大頭也一曰鬢也引詩有頒其首一曰賜也通作盼朌顒頒謂之盼般還也通作班𩬌髮半白扳引也

春秋傳扳隱而立之　𢍰說文賦事也　鳻方言鳩秦漢之間其大者謂之鳻鳩　蝵說文盤蝥毒蟲也　攽說文分也引周書乃惟孺子攽　⿰分爪瑞爪　⿰石般石文　⿰犭班獸名　玢玉文　彬文采明也　⿰賁毛毲罽也　𤰞水名出越嶲縣　須斑也禮笏大夫以魚須文竹　狣

攀扳𠬝披班切說文引也或作攀扳隸作𠬝亦書作攀文九　眅𥇖說文多白眼也引春秋傳鄭游眅字子明或作𥇖　盼美目也　眅爾雅大也　砏砏磻石聲　○蠻謨還切說文南蠻蛇種亦姓文十六　⿰蠻鳥⿰蠻鳥山海經有鳥如鳧一翼一目相得乃飛名曰⿰蠻鳥⿰蠻鳥或省

獌⿰豸㒼⿰豸曼狼屬似狸或作⿰豸㒼⿰豸曼　謾博雅謾台懼也　𥢑稻名　鬘髮美皃　⿱㒼黑畫車輪也　⿱䜌目目暗也　㬮日且昏也　蔓蔓菁蕪名徐邈說　⿺走曼說文行遲也　孌女字　⿱艹兩當也平也　○⿺走雚巨班切行偃也文三　⿰牛雚牛角曲　⿰弓雚弓曲皃　○⿰片分步還切片也文一

二十八。山師閒切說文宣也宣氣散生萬物又姓文五　疝腹痛也　⿰山阝說文城名　訕謗也　汕魚摻也　○漦棧山切魚龍身濡滑者或說蛟將齧人先以漦被之齧死者漦著身厚尺許以鐵刮之乃散夏后所藏龍漦是也文一　○⿰犭單元山切犬嚙也文一　○潺鉏山切潺湲流水皃文七　虥獸名爾雅虎竊毛謂之虥貓或書作虦　孱弱也　⿰金孱趙魏謂小鑿爲⿰金孱　𩮀髮秃皃　⿰車單輣也　⿰土孱⿰土孱門聚名在睢陽　○譠託山切博雅譠謾緩也文一　○虦昨閑切說文虎竊毛謂之虦貓文三　孱窄也呷也　⿰土孱⿰土孱門聚名　○媥𣁽[illegible]逋閑切斒斕色不純也或从并亦作[illegible]文八瑸玢瑸璘玉文或从分虨𧇭說文虎文彪也或从彬省俗作霦非是
鯿魚名。斕𣁽離閑切斒斕色不純或从粦文四瞯視皃潾圝潾水皃亶知山切藏也文二譠譠謾欺語。𤢺
文山切𤢺猭獸走皃文一。窀除鰥切犬見穴中皃文一。嘫尼鰥切啞嘫語聲文二㬮暍㬮暖也。⿺尢盧
渠鰥切⿺尢盧⿺尢雚膝病文一。閑何閒切說文闌也一曰止也以木距門一曰法也習也文十九閒安也除也通作閑憪𢡟說文愉也
一曰靜也或从閑嫺嫻說文雅也或从閑瞯覵說文戴目也江淮之間謂眄曰瞯又姓或作覵癇𤸎說文病也或从少
⿰馬間⿰馬閑說文馬一目白曰⿰馬間二目白曰魚或从閑鷳鷴鳥名說文鴟也一曰白鷳或从閑蕑艸名蛝爾雅蛝馬蝬一曰蝮蝠也
一曰蚍蜉子藖博雅⿰車眞藖堅也一曰莖餘艸⿰木閑木名慳老人智也。羴⿱羊羴虛閑切羊臭也文一。掔丘閑切說文固也引詩赤舄掔
掔文二十⿱臤車博雅固確⿱臤車也慳悋也⿰車眞說文車⿰車眞鉫也⿺辶𡿪過也豎說文美也䇂罪也臤說文堅也⿺走虔說文⿺走虔蹇行皃顅說文
頭鬢少髮也覵⿰艮見說文很視也齊景公之勇臣有成覵者或作⿰艮見鬜說文鬜禿也羥⿰羊皆羊名或作⿰羊皆牼牛膝
下骨⿱雨覞見雨而止息曰⿱雨覞⿰犭堅獸名藖艸名肩膊也。間閒居閑切說文隙也一曰近也中也亦姓古作閒文十三艱
艱𡎺囏說文土難治也或作艱𡎺古作囏蕑博雅蘭也又姓覵視也⿰扌虔援也靬黎靬國名硍鐘高聲鉉所以

縣鼎澗山夾水曰澗○黰黫⿰黑乚於閑切黑也或作黫⿰黑乚文九殷赤黑色春秋傳左輪朱殷⿰羊垔說文羣羊相積也一曰黑羊⿰牛因⿰牛垔牛尾包謂之⿰牛因或作⿰牛垔漹水名⿰口垔⿰口垔嘫語聲○訮牛閑切諍語也文十一齗⿰口間齗齗爭訟也或作⿰口間⿰犭間⿰犭閑大爭曰⿰犭間或从閑通作狠⿰口間圁縣名虤說文虎怒也狠獸名㗊語聲羴⿰羊臭羊臭或作⿰羊臭○湲明鰥切潺湲水流皃文二睆睆睆窮視皃○嬛逶鰥切容媚也文一○鰥⿱罒魚姑頑切說文魚也一曰丈夫六十無妻曰鰥古作⿱罒魚文七⿰金眔犂鈃也綸說文青絲綬也又姓淪姓大古有泠淪氏瘝病也矜丈夫六十無妻曰矜通作鰥⿱罒魚○瓣薄閑切瓜中實也沈重說文一○頑五鰥切說文㮯頭也春秋傳心不則德義之經爲頑文二⿸疒頑痺病

集韻卷之二

集韻卷之三

翰林學士兼侍讀學士朝請大夫尚書左司郎中知制誥判祕閣兼判太常禮院羣牧使上柱國濟陽郡開國侯食邑二千一百戶賜紫金魚袋臣丁度等奉

敕脩定

平聲三

先第一 蕭前切與僊通　僊第二 相然切

蕭第三 先彫切與宵通　宵第四 思邀切

爻第五 何交切獨用　豪第六 乎刀切獨用

歌第七 居何切與戈通　戈第八 古禾切

麻第九 謨加切獨用　陽第十 余章切與唐通

唐第十一 徒郎切

一○先 蕭前切說文前進也一曰始也又姓文八　跣 蹁跣旋行皃一曰舞容　姍姺 姍姍行皃一曰便姍衣婆娑皃或作姺　[illegible]

珗石次玉也或作珗[豕先]豕類也西金方○千倉先切說文十百也文十三仟千人之長曰仟阡路南北曰阡東西曰陌通作千圱三里四爲圱或書作圱谸博雅道也一曰望山谷谸谸青也芊芊芊茂也杄木名汘說文水也迁撫謂之迁一曰伺候也進也表也忏方言自關而西秦晉之間呼好爲忏帣博雅頭帣幓頭也盱盱瞋遥視奸女字○箋牋將先切說文表識書也一曰編也古者書紀其事以竹編次爲之或作牋文三十四[艹淺]以色飾帣通作牋帴小兒褯也韉[革戔][糹焉]馬被具或从戔从系[竹錢]姓也[毛戔][毛戔]屬機機趙魏之間謂栗之小者曰機或作機[木箋]馢香木名或作馢[艹津][艹津]艸皃詩[艹津][艹津]者莪李舟說瀳[氵廌]水名一曰水至也或作[氵廌]濺浅濺濺濺水疾流皃或作浅濺通作殘諓巧言也一曰淺薄皃[辶壽]說文自進極也一曰至也黇[黃戔]黃色或从戔轃[車晉]大車簀或作[車晉]戔戔戔猥積皃一曰顯見皃碊博雅樺碊鼓也笘籛蔽絮簀或作籛臻至也亲榛木名或作榛[木晉]木名沮消沮小流○歬𠝣前才先切說文不行而進謂之歬或作𠝣隸作前文十四媊說文甘氏星經曰太白上公妻曰女媊居南斗食厲天下祭之曰明星[艹湔]艸名說文王彗也似藜可爲帚[艹津]艸茂皃笘[竹湔]籛蔽絮簀也或作[竹湔]籛籛細削竹也騚馬四蹢白謂之騚瀳水至也葥車前藥艸[糹前]織一番也○邊卑眠切說文行垂崖也或曰近也方也又姓文三十籩[匚邊][匚邊]說文竹豆也或从匚籀作[匚邊]邊[氵邊]水名出番侯山或省

甂方言自關而西盆盎小者曰甂萹萹竹艸名䅭𥣥稨稹籬上豆或从邊亦作稨稹牑說文牀版也編說文次簡也字林以繩次物曰編𠐓傍身不正一曰傍也或省蹁𨇜行不正皃或从邊䟍說文走意蝙蟲名說文蝙蝠也猵獱獸名說文獺屬或从賓編褒謂之編楄山海經堵山有木曰天楄方莖而類葵𪓐紩也糄米也鯿𩸞魚名似魴或从賓揙擊也扁扁諸劒名吳王以葬。蹁偏蒲眠切說文足不正也一曰拖後足馬一曰蹁躚旋行也或作偏文三十一褊褊褼衣皃緶編說文交枲也一曰緁衣也或作編萹萹蔰艸木動皃𠐓傍𠐓蹮舞容或省通作蹁跰胼跰胼胝皮堅或作跰通作骿骿說文并脅也晉文公骿脅或作駢𪘍并齒也揙擊也玭琕璸珠名或作玶蠙貝賆博雅益也𨜐縣名在郎邪輧婦人車四面屏蔽者𤬪博雅白𤬪瓜屬栟栟櫚木名楄說文楄部方木也引春秋傳楄部薦榦一曰木名食之不噎𨁸下廣也苹車名所以對敵自蔽隱者牑牀版騈說文駕二馬也併列也扁圜皃紕繝布蝙魚名諞說文便巧言也引周書截截善諞言論語友諞佞。眠瞑民堅切說文翕目也或作瞑文十九矈矏說文目旁薄緻宀宀也一曰密也或作矏通作臱臱說文宀宀不見也謂人處深室𪓐紩也𡨊說文𡨊𡨊不見也一曰𡨊𡨊不見省人徐鍇曰室無人也聤埤倉注意聽也𩭻說文髮皃一曰燒煙染眉謂之𩭻瞒瞒然慙皃冥顛冥迷或也司馬彪說櫋說文屋櫋聯也覭病視𢡱忘也𧢀邪行䫙博雅健䫙孼也

一曰美也譓慧黠也幎覆也儀禮士喪幎目用塓所以平地。顚多年切說文頂也亦姓俗作顛非是文二十一巔山頂
也或省傎倒也或省蹎說文跋也⿺走眞說文走頓也瘨癲說文腹脹也一曰狂也或从顛齻牙兩畔長者儀禮左右齻
⿰馬眞馬顙戴星謂之⿰馬眞通作顛驒驒騱馬屬一曰白馬黑毛⿱雨眞雨聲一曰雨甚滇說文益州地名槙說文木頂一曰仆木也厧
塚也或省⿱艹顛艸末⿸厂顛高遠也鷆鳥名⿰眞黽⿰眞黽鼅鼄類似蜘蛛出遼東土人食之。天𠑹𠀘他年切說文顛也至高無上一曰刑
名剋鑿其顙曰天古作𠑹唐武后作𠀘文十一吞咽也又姓漢有吞景雲⿰殳延⿰殳延磾言不正也芺艸名眣視也訞訶也沮消沮小流
黇黃白色祆胡謂神爲祆。田亭年切說文陳也樹穀曰田象四口十阡陌之制也又姓文三十七佃治土也古者一夫一婦佃田百畝一曰古卿車
畋⿰犭田甸⿰甸攴說文平田也引周書畋爾田或从犬亦作甸⿰甸攴窴塡鎭說文塞也或从土亦作鎭闐說文盛皃⿰車甸⿰車田⿰車甸⿰車甸車衆
聲或从田通作顛闐⿰壴眞⿰壴眞⿰壴眞鼓聲磌博雅礎碼磌磧也一曰石落聲⿰田勺地名在絳⿰目勺目皃大戴禮人生三月目⿰目勺然有所見嗔說文盛氣也引
詩振旅嗔嗔⿰耳眞聲盈耳也磾⿰殳延磾言不正搷擊也引也揚也⿰𧾷田躡地聲鈿鎭金華飾亦作鎭沺水勢滇滇汚大水
皃貚獸名貙屬稹槙木根相迫也或从木顛憂思皃禮色容顛顛鷏鳥名蚊母也俗說此鳥常吐蚊因以名云⿸厂⿱眞土久也通作
窴塡瘨病也撣階名山海經靑要之山南望撣階一曰人名漢匈奴日逐王先賢撣驒廣雅驒騱馬屬⿰阝田田地名⿰車身⿰車身⿰車身喜動皃

瞋眂瞋低目皃。秊年䄵寧顛切說文穀熟也引春秋傳大有秊或作年唐武后作䄵亦書作秊文七郍䢅說文左馮翊谷口鄉或作䢅𥳑竹名姩女字。蓮靈年切說文芙蕖之實也文十四憐怜說文哀也或作怜䗲䗲䗲寒具千寶曰司徒儀吏死祭用䗲䗲羸羸羸𨻻縣名在交趾或从連零先零西羌名瞵怒目皃一曰以目隨泠毪毛長總結也周禮羊泠毛而毳羶徐邈讀或作毨磾噒誔磾言不正或作噒嫾女字苓艸名。堅經天切說文剛也一曰固也又姓文二十五熞灼鐵淬之鋻剛鐵也緊𦁉緊也或作𦁉𦁉通作堅𢄼布名出東萊㧥縣㧥縣名在東萊肩肩說文髆也一曰任也克也或从戶又姓鈃關人名六國時有宋鈃幵說文平也象二干對構上平也一曰羌名枅梋屋櫨也或作梋鳽䳤鷄鵑鳥名鷄也或从隹鳽鳥名說文鵁鶄也䶬說文龍耆骨上䶬龍亦書作𪛆麉說文鹿之絕有力者亦書作麉豣猏𧱌說文三歲豕肩相及者引詩並驅从兩豣兮或作猏𧱌鰹魚名爾雅鰹大鮦趼久行傷足謂之趼菺艸名茙葵也顅長脰皃一曰頭少髮皃。牽摼掔輕烟切說文引前也亦姓古作摼掔文二十五幵謂之幵一曰平也縴縴糸惡絮掔固也掔也牽也岍開山名在雍州或作開通作汧汧說文水出扶風汧縣西北入渭爾雅汧出不流謂水泉潛出自停成汙池一曰水決入澤中者郉地名在河內周公子所封雃鳽說文石鳥一名雝𪄿一曰精列引春秋傳秦有士雅或从鳥麉鹿之紀有力者亦書作蚈蟲名熒火也枅屋櫨也豣𧲸獸三歲曰豣或作𧲸犴犬名顅長脰皃牼

牛膝下骨 骭 戶板謂之骭鮮 臤 堅也 茾 茾艸也 趼 獸跡也 俓 忮恨也急也。祆 馨煙切說文胡神也唐官有祆正一

曰胡謂神爲祆中謂天爲祆文三 訮 說文諍語訮訮也一曰怒也 屳 說文人在山上。賢臤贀 胡千切說文多才也一曰善也大也

又姓古作臤贀文三十二 ⿰女玆妶 說文有守也亦省或書作嫈 㤔 說文急也河南密縣有㤔亭 𧻚赼 說文急走也或省 伭 說文很也一曰

亭名在安邑 ⿰口賢 聲也 誸 言急莊子謀稽一曰正 ⿰扌玆 縣名在東萊 弦 說文弓弦也從弓象絲軫之形又姓 絃 八音之絲也通作弦

⿰巾玆 說文布出東萊 ⿰玄刂 自刎頸謂之⿰玄刂 痃 癖病也 舷 船邊也 礥⿰口賢 難也木玄有礥首一曰地險也或作⿰口賢 胘 說文牛百葉也服虔說有角曰

胘無角曰肚一曰胃之厚肉爲胘 蚿 馬蚿蟲名 蜆蚈 蟲名爾雅蜆縊女謂小黑蟲赤頭喜自經死或作蚈 衒 箭笴 ⿱艹弦 說文艸也 𢎗 說文艸木弓盛

也 肩 嬴小皃一曰直皃莊子其脰肩肩李頤讀 弫 吳王孫休子字 泫 混流一曰泫氏縣名在上黨 盷 大目一曰國名王 玹 姓也。煙烟𡏁

⿱穴垔⿴囗垔 因蓮切說文火氣也或从因古作𡏁籒作⿱穴垔⿴囗垔文二十六 燕 國名 酀 說文地名 閼 匈奴謂妻曰閼氏 撚橪 撚支木也一曰撚支香艸或作

橪 咽胭⿰口垔⿰月垔 說文嗌也謂咽喉也或作胭⿰口垔⿰月垔 驠 馬名爾雅白州驠 湮 落也塞也 ⿱竹燕 竹名 禋 祀天也詩頌肇禋徐邈讀 闉 曲也

莊子闉跂司馬彪讀 歅 闕人名莊子有九方歅 ⿰犭因 獸名如牛四角白首 珚 玉名山海經王傳山多珚玉 ⿰虫垔 蟲名 ⿰垔刂 剜也 嬿 女字亦書作嬿

⿰麥垔 ⿰麥垔敊婦人面飾。妍 倪堅切說文技也一曰不省錄事也難侵也惠也安也文十三 研 說文礦也 硯 闕人名越有計硯通作研 揅 說文摩也

趼騉蹄平正也爾雅騉蹄趼通作研　俓急也　珏梡也　雃石鳥也　鳽鵁鶄也　㮆博雅麩也　汧淨也　幵平也　麉鹿有力

○涓圭玄切說文小流也引爾雅汝爲涓亦姓文二十四　酮說文䤉酒也　蠲蟲名說文馬蠲也引明堂月令腐艸爲蠲一曰明也潔也　鵑⿰肙隹鳺鵑鳥名或从隹

⿱艹肙⿱艹玄⿱艹肙明艸名祭以爲藉或从玄　稍⿰麥肙說文麥莖也或作⿰麥肙⿰麥蠲　睊睊睊側目相視皃　焆明也　蜎蜎蜵巧蟲　鞙馬勒　鉉

⿱冖鼎舉鼎也亦作⿱冖鼎　淵鼓聲詩鞉鼓淵淵　狷有所不爲也　⿰肙瓦陶器　泫泫氏縣名在上黨　肩尻也　梋盂屬一曰車環　⿲彳肙亍車搖也

⿰舟侖船前桄　○鋗呼玄切說文小盆也一曰無足鐺文十二　梋盌也　圎說文規也　矎博雅視也　讂譞多言也或作譞　⿱肙子

⿱肙子貪色或省　駽說文青驪馬引詩駜彼乘駽　弲廣雅彈弲弦也　悁急也　鞙馬勒　○玄𢆯胡涓切說文幽遠也黑而有赤色者爲玄象幽而入覆之亦姓古作𢆯文二十六

玆黑也　泫困泫水深廣皃一曰水名　縣懸說文繫也或从心　⿰目縣目瞳子黑　訇訇說文漢中西城有訇鄉或作訇

胘牛百葉　⿰玄頁後　眩惑也一曰視不明　眴眴瞋大目　伭佡很也或作佡　⿱覀廾吳王孫休子字　玹玉色一曰石次玉　⿰馬玄馬一歲名一曰馬黑色

⿵門玄試力士錘　誸急也　鉉馬蚿蟲名　狗獸名似豹而文少　妶女名　⿰犭玄性褊急也　獧犬疾躍也　儇慧也　○淵

𣶒囦⿰𣶒刂縈玄切說文回水也从水象形左右岸也中象水皃一曰深也古作𣶒囦⿰𣶒刂文二十六　⿰弓𣶒弓隈也通作淵　⿸疒肙骨也　弲說文角弓也洛陽名弩曰弲

剈⿰因刂⿰囦刂說文挑取也一曰窒也剜也或从因古作⿰囦刂　鼘鼝咽⿱鼓因說文鼓聲也引詩鼗鼓鼘鼘鼘淵或作鼝咽⿱鼓因亦書作⿰淵鼓

集韻平聲三　9

肙𦙶說文小蟲也一曰空也隸作肙 嬛博雅好也一曰嬛嬛美容 𨘢說文行皃 𩀟說文鳥羣也 蜎蜎蠋井中小蟲也亦姓 蜵蜎蜵巧蟲

名 悁忿也魯連曰忿悁之節 裫衣曲也 棩木曲也 焆火皃 娟女字 ○狷崇玄切獸名似豹而文少文二 ⿺走睘疾走

二○僊僊相然切說文長生僊去隸作然通作仙文二十九 仙木名出祁連 要䙴升高也或从巳 鮮說文魚名出貉國一曰鳥獸新殺曰

鮮一曰善也亦姓 魚鱻說文新魚精也从三魚不變 ⿱䙴鳥鳥名似鶴碧色 ⿱䙴毛博雅⿱䙴毛⿱䙴毛罽也 躚蹮⿰足鮮蹁躚猶蹣跚也或省亦作⿰足鮮 ⿰足延

擣繒石 廯廩也 秈⿰秝山籼⿰禾西方言江南呼秔爲秈或作⿰秝山籼⿰禾西 苮艸名如莞 ⿱竹鮮戶板謂之簡⿱竹鮮一曰竹名 ⿰山鮮小山別大

山曰⿰山鮮通作鮮 ⿱竹仙竹名 仚山居長往也 邖地名 綫縷也 ⿰女山女字 癬瘍也 ⿰衣䙴褊⿰衣䙴衣皃 ⿱艹䙴萹⿱艹䙴艸木動皃 ○遷遷說

拪⿰扌囟親然切說文登也隸作遷古作拪⿰扌囟文十八 ⿱舁囟⿱舁卩䙴⿰舁囟⿱舁巳說文升高也从舁囟聲或从卩隸作䙴古作⿱舁巳 ⿰䙴阝邗說文

地名或作邗 韆鞦韆北方山戎戲以習輕趫者 櫏⿰木䙴杄椐櫏木名子如馬乳或作⿰木䙴杄通作遷 ⿱竹遷篬⿱竹遷竹名 ⿸疒遷痛也 ⿰扌䙴插也 ○煎

將仙切說文熬也文十 ⿱艹津說文艸皃 湔說文水出蜀郡緜虒玉壘山東南入江一曰手瀚也洒也傍沾也 鬋女鬢垂皃 孱窘也今俗有孱廢語 ⿱前巾

說文幡幟也亦書作幁 翦淺色周禮翦繁鵠纓 媊女媊星名 ⿱前木箋識也或从手亦書作揃 ○次㳄涎漱羨徐連切說文慕

欲口液也或作㳄涎漱羨亦書作⿰氵次文六 唌說文語唌嘆也 ○錢財仙切貨泉也一曰田器亦姓文六 ⿰虫戔⿱錢虫蟬蟲名或从錢亦作蟬 碊坂也 濽

泙也。羴羶𦏵膻尸連切說文羊臭也或作羶𦏵膻文十九挻說文長也方言楚部謂取物而逆曰挻一曰揉也梴木長皃詩松桷有梴埏和土

也通作挻揙批也扇搖翣也煽火盛也脠醬酉生肉者曰脠鋋魚醬𧝓說文車溫也一曰巾也一曰帑巾𧝓牛領衣顫鼻徹爲顫謂審

於氣臭也𣆶博雅更也䟫行也猭獸名似兔傓盛也烻光也。燀稱延切炊也文六⿰犭單犬噬也僤地名在魯春秋傳歸讙及

僤嘽嘽咺迂緩皃幝車敝皃闡開也明也。饘鬻䭊餰飦𩜴鬻糋𩛥𩛥糰鬻諸延切說文糜

也周謂之饘宋謂之餬或作鬻䭊餰飦𩜴鬻糋𩛥𩛥糰鬻文二十八旃旜襢說文旗曲柄也所以旃表士衆引周禮通帛爲旃一曰之也亦姓或作旜襢栴㮵

栴檀香木名或作㮵氈說文撚毛也鸇䴐䳠鳽鳽鳥名說文鷐風也籀从廛或从隹古作鳽鳽⿰方頁⿱栞頁方言頷江湘之間謂之⿰方頁或从

栞鄄地名在衞通作甄⿰垔鳥⿰垔鳥鳥山名⿰弓垔弓⿰糸辛甄祭也勉也。山所旃切土高有石曰山文一。鋋時連切說文小矛也文十五

單爾雅太歲在卯曰單閼一曰匈奴酋長曰單于姓攣鞮氏單于廣大皃言象天單于然禪靜也浮圖說嬋嬗嬋娟美容亦作嬗儃僤態也

或从單撣博雅撣援牽引也蟬蟺說文以旁鳴者方言蜩秦晉謂之蟬或作蟺澶說文澶淵水在宋埏地際也亶亶爰山名⿰車單

⿰車單⿰車蒦車輞繟繟聯不絕皃。潺鋤連切水流皃一曰水聲文八孱說文迮也一曰呻吟也冀州人謂懦弱曰孱虥虎淺文⿰金孱小鑿⿰車單

車網⿰土㘸墠門聚名在睢陽⿰木孱果屬⿰馬冊驏禿。然𤎬如延切說文燒也一曰如也又姓古作𤎬通作難俗作燃非是文十五嘫說文語聲

也一白麐也 蘸鷬說文艸也或作鷬 肰肳瞅說文犬肉也古作肳瞅 𤡮猓𤡮猿屬色青赤有文 䳿鳥名 嫨姓也蒼梧有嫨
氏 繎說文絲勞一曰紅色 𥳫竹名由吾也 䕼野豆 錕車釭 。邅亶𢔦張連切屯邅難行不進皃或作亶亦从彳文九 䞴
說文趁也 驙說文駗驙也引易乘馬驙也一曰白馬黑脊驙一曰馬載重難行 鱣𩻜䲴或从虫从廛 澶水靜皃 。脠抽延切說
文生肉醬也文十六 鯅魚醬 延說文安步延延也 鋋長引也 挻博雅長也一曰逆取物 梴說文長木也引詩松桷有梴方言碓機自關而
東謂之挻 𤡮𤡮猭獸走皃 鏈䃛銅屬一曰圻也或从石 譠博雅譠謾欺也 狿獸名 䢭相顧行也 䩖䩖也 連𢙊泣皃 烻
光也 猭獸名似兔 。纏繵纒澄延切說文繞也一曰束也又姓或作繵亦省文二十 襢袀襢襌也 躔蹍說文踐也或从展 䞴轉也
廛壥𡍲厘鄽說文一畝半一家之居一曰廛市物邸舍或从土亦作𡍲厘鄽 䦥市門 瀍水名出河南北山入于河 澶水名在衛一曰
水皃 𧓍蟲名方言守宮秦晉謂之蠦𧓍 撣相纏不去也太玄提禍撣撣 𦛣沐𦛣罔象別名 𤡮𤡮猭大走皃 𡒠聚名在桂陽 。連璉
陵延切說文負連也一曰連屬又姓古作璉文二十四 謰嗹說文謰謱也或从口 聯說文連也从耳耳連於頰也从絲絲連不絕也 翴博雅翴翔飛也 漣
風行水成文曰漣 𢙊說文泣下也引易泣涕𢙊如通作漣 僆僆孿生也一曰僆佊不相及 𤃩山海經𤃩水出王屋山西北流注于秦澤 鏈䃛說文銅屬
或从石 槤簃也一曰木名一曰門持關謂之槤 令令居縣名在全城郡 㜻㜻娟眉細長皃 𪘔說文齒見皃 𤡮𤡮猭獸走皃 鰱說文魚名

梴長皃䵡轢禾也縺縺縷不解蹥蜷蹥蟲皃攣攏也𩟉𩟉饋寒具○甄稽延切說文匋也一曰察也免也亦姓文九蘄艸名豕首也鄄地名通作甄籈籈謂之篟鸇鶉屬䳕穆天子傳䳕鳥山名㢾廣雅𢐊㢾弭也䞃視皃栞識也入山刊木以識道也○嘕虛延切博雅樂也一曰笑皃一曰嘕嘕喜也或从虔文七嫣好皃一曰長也𡰦大皃仚輕舉也䎡䬯䎡翾飛或从飛○延夷然切說文長行也一曰陳也及也又姓亦州名文十八㢟行皃一曰遮遏𨒂相顧視而行也或書作𨒂埏登也方也墓道也或作羨莚艸名一曰莚蔓相連屬皃筵說文竹席也引周禮度堂以筵筵一丈郔說文鄭地綖冠上覆通作延䘰帊䘰牛領上衣一曰車溫也鋋小矛蜒蟲名方言燕北謂易析曰祝蜒一曰蝘蜒獸名一曰蜿蜒龍皃狿獸名麙也衍進也周禮望祀望衍鄭氏讀挻取也周也𧍯蚰𧍯蟲名亦書作蜒通作蜒唌唌唌譺急皃娫女字○漹尤虔切水名文三䗡蝘蠕蟲曲息也焉語助○焉於虔切說文鳥黃色出於江淮象形凡字朋者羽蟲之長烏者日中之禽舃者知太歲之所在燕者請子之候作巢避戊己所貴者故皆象形焉亦是也一曰何也文九漹說文水出西河中陽北沙南入河嫣長皃閼閼氏匈奴妻號蔫說文菸也鄢傿鄢陵縣名在潁川亦姓或从人䗡蝘蠕蟲曲息也㥏憶也○愆𡨅諐𨗛僁丘虔切說文過也或从寒省籀作諐亦作𨗛僁文二十二䇂說文辠也从干二二古文上字張林說俗作僁非是褰𧞤裷𧝆說文絝也引春秋傳徵褰與襦或作𧞤裷𧝆騫說文馬腹縶也一曰虧也亦姓又邑名𧽍蹇說文蹇行𧽍𧽍也或作蹇攓搴方言取也楚謂之攓一曰縮也拔也或作搴𠹌

嗎方言樂也一曰嗄嗄歡皃或作嗎　搙相援也　攐說文摳衣也通作褰　攐攓搴木名或作攓搴。乾乹乾[illegible]渠焉切說文上出也从乙乙物之達也一曰易卦名健也亦姓籀作乹乾或作[illegible]俗作乹非是文十九　筋大腱也　虔說文虎行皃一曰恭也固也殺也　勴負物也

揵揵爲郡名屬益州　鰎魚名似鱓博雅大鱓謂之鰎　[illegible]說文河東聞喜聚　騝爾雅騝馬黃脊騝　[illegible]磌也　榩椹謂之榩一曰構木爲廲　鍵鑰牡一曰車轄　揵舉也　靬驪靬縣名在張掖郡　[illegible]艸名　赶馬走也　[illegible]削也。鞭[illegible]卑連切說文驅也一曰扑也一曰馬檛古作[illegible]文四　鯾魚名似魴而大　箯博雅暴輿也。篇紕延切說文書也一曰關西謂榜曰篇又姓文十八　諞辯佞之言　偏偏說文頗也又姓史游章有偏呂張亦作偏

瘺說文半枯也公孫綽有瘺枯之藥以起死者　頨說文頭妍也从頁翩省　媥說文輕皃　扁扁特也古作扁　翩說文疾飛也一曰翩翩往來皃　鶣鶣鷂　鶣輕皃　萹艸名爾雅竹萹蓄似小藜赤莖節好生道旁可食　猵猵狚獺類一曰非類爲牝牡也　㼐說文似小瓿大口而卑用食　覑斜視也　𠜾削也　𢐦弓反張也　編列也。便毗連切說文安也人有不便更之一曰便便辯也亦姓文十三　平平平辯治也　[illegible]

辯巧言也亦作便辯通作便　㛹㛹娟美麗皃　緶博雅縺也　楩木名似豫樟　箯說文竹輿也　[illegible]蝥蟲名沙蝨也　鯾說文魚名　[illegible]猪也　[illegible]蔓蔞艸名　[illegible]行皃。緜綿彌延切說文聯微也一曰纊之別名又姓亦州名或从糸文二十三　棉柄楄木名出交阯可爲布或作柄楄　矊矊矊目瞳子黑　宀說文交覆深屋也　謾[illegible]慧黠也一曰欺也或作[illegible]　[illegible]𠑽𠑽低皃　芇折貯也一曰相當　蝒

蝒蟲名說文馬蝒也或作蝒　蚖說文蚗蚗蟬屬　槾木密皃　緍緍緍蠻小鳥皃或作緍通作緜　窅窅然猶悵然李頤說　媔目美皃

檰木名有子似栗　緬細也　嬵婂女字或省。鸇已仙切字林鵲屬文二　搴引取也史記搴長茇。宣亶荀緣切說文天子宣室也一曰徧也揚也通也古作亶文二十

揎㨹擐手發衣或作㨹擐　愃江東呼快爲愃　蝖蟲名　䳦鴝䳦小鳥　頨甎圖圓面也或作甎圖　朘縮也　瑄璧大六寸也通作宣　翧翔也　鍹銚也　𤔫博雅表也一曰手循　亘說文求亘也从二从回象亘回形上下所求物也徐鍇曰回風回轉所以宣陰陽也　剶削也　吅呼聲　媗女字。詮逡緣切說文具也一曰擇言一曰解諭也文二十八　銓硂說文衡也一曰度也或从石

捡揀也通作詮銓　痊病除也　佺說文偓佺仙人也　跧屈伏也　悛說文止也　駩爾雅白馬黑脣駩　絟說文細布也　筌取魚竹器　譔說文專教也一曰殊也　謜語和也　縓絳色　恮說文謹也　荃艸名說文芥脃也　梭木名如餘甘　繏所以縣持也

剶剈削也或从全　峑山頂也　匴方言簿或謂之匴一曰竹器　栓博雅𥁕也一曰釘也　鐉說文所以鉤門戶樞也一曰治門戶器　輇車下卑輪謂之輇　竣退也國語已事而竣一曰㚁也　䀬目不明也　姾女字。鐫鋑遵全切說文穿木鐫也一曰琢石也俗作鎸乃非是文五　朘縮也　剶削也　睃闕人名漢有魯文王睃。旋旬宣切說文周旋旌旗之指也一曰疾也文三十四　還𢕍睘復返也或从彳亦作睘通作旋

櫏木名說文櫏味棯棗　檈說文圜案也一曰以繩轉軸裁木爲器　鏇轆轤也　璿璚𪊺叡琁璇瓊瓗說文

美玉也引春秋傳璿弁玉纓古作璚籀作𪍿叡或作琁璇瓊瓗⿰月旋腚博雅短也一曰便⿰月旋小皃或省嬛續也一曰輕舉也颴風回淀漩說文

回泉也或不省⿱旋虫蜁蟲名博雅沙⿱丮虫⿰虫叀螿也或省圓圜說文規也或作圜⿷匚玄箕也嫙䁢說文好也或从目𢯜引也⿰旋鳥文

鶨目水鳥通作旋儇姓也黃帝之後梋蜿謂之梋一曰車環⿰魚旋魚名出梁州暶明也○仝全⿱全卯從緣切說文完也一說純玉曰

全又姓或作全古作⿱全卯文二十五⿰目全目眇視也牷說文牛純色泉灥洤說文水原也或作灥洤⿰虫泉目白質黃文曰餘⿰虫泉通作泉⿰虫巽

蜿⿰虫巽虵名騡駩白馬黑脣或从全⿰魚泉魚名還旋復也書還歸在豐徐邈讀或作旋純投壺禮二筭爲純慱爾雅慱慱憂也

郭璞讀恮慬也⿷匚玄箕也葲羊葲艸名絟布細者曰絟⿰泉頁圓面⿷匚全箕也姾女字跧行曲○穿穿昌緣

切說文通也从牙在穴中或从身文九川說文貫穿通流水也引虞書濬𤰝澮距川言深𤰝澮之水會爲川也釧車釧灥也衆流⿱穴毳毳穿地

也周禮甫⿱穴毳鄭少贛讀紃字林圜緣縚也⿰王穿玉也耑磬穿也○專朱遄切說文六寸簿也文姓文二十二叀⿱山幺卣户說文

專小謹也从幺省屮財見也古作⿱山幺卣户通作專顓顓說文頭顓顓謹皃亦姓嫥⿰女叀說文壹也一曰女嫥嫥一曰可愛皃或省諯讓也數也鄟

邑名鷒鸛鷒鳥名鱄魚之美者亦姓甎⿰耑瓦塼燒墼也或从耑从土⿰王專玉名篿楚人謂折竹卜曰篿一曰竹器膞鳥胃湍

漙水名出酈縣或从專摶剸擅也一曰斧合制領也或作剸通作叀專⿱斷首斷首也○遄淳沿切說文往來數也引易目事遄往文

十六篅圌說文判竹圜以盛穀也一曰竹器或作圌　輇輲椱團說文蕃車下庳輪也一說無輻曰輇或从耑亦作椱團　⿰木遄椯

木也或省亦書作嵩　歂說文口氣引也亦姓　諯相讓也　膞磚陶人作器具周禮器中膞或作磚　瓶江東呼盆曰瓶　叀小謹也　塼

紡錘　。船食川切說文舟也方言自關而西謂之船又姓或書作船俗作舡非是文三　膞鳥胃也　䁣目動也　。㽭壖堧壖而宣切說

文城下田也一曰㽭卻也一曰游地或作壖堧壖文十九　褑袻衣縫褑也一曰緣也或省　撋擩㨎捼煩撋猶挼莎也或作擩㨎捼　瓀瑌

珉也或从耎　緛絲難理一曰絲勞　蠕蟲行兒　犉𤛥黃牛黑脣曰犉或作𤛥　揣博雅拄也　⿰耎隹鳥名博雅⿰耎隹雖也　瞤目動

。栓所員切博雅栓櫏釘也文三　篿治車軸也　欗豎木杙　。恮莊緣切曲卷也文六　跧說文蹴也一曰卑也絭也　⿰目全目眇視　⿰虫巽

蜿⿰虫巽龍屈兒　佺偓佺仙人名　勬彊健兒　。饘珍全切饘䭡行不正兒文一　。觲火全切角俯仰也文一　。鐉椿全切所以鉤門戶樞也文四

猭逯獸走兒或从辵　剶博雅剔也　。椽重緣切說文榱也文五　傳說文遽也一曰轉也　縳卷也　椽陳椽馳逐也司馬正說　猭

攛猭獸走兒　。攣𤔳聯閭員切說文係也或作𤔳聯文十七　䜌𤔔說文亂也一曰治也一曰不絕也一曰南䜌縣名屬鉅鹿古作𤔔　⿰足䜌⿰足䜌踞足病　癵

癵𤻲癵病體拘曲也或作癵𤻲癵通作攣　𧕟𧕟蜛蟲名　臠膻臠驢馬腹腴　奱孌⿸广䜌說文樊也或作孌⿸广䜌　⿱艹攣艸名鳧葵

也　臠瘦兒　。沿余專切說文緣水而下也引春秋傳王沿夏文二十一　鉛說文青金也　櫞果名似橘出交趾　捐說文棄也　鳶鳶

集韻平聲三　十二

鳶說文鷙鳥也或从戈亦作䳒 蔦蔦尾艸名夜干也 寽以手循也 蝝蟲名說文復陶也一曰蚍蜉子一曰蝗子 緣因也一曰衣飾 𩸃魚名

䬬高也 允允吾縣名在金城郡 玧玧珸璺夷充耳 𦟲短也 猭猭獭兔奔也 㢟相循也 掾把也 梋車環謂之梋 船舟也

○翾䎗翗隨緣切說文小飛也或作䎗翗文十六 儇說文慧也一曰利也一曰舞皃 譞說文譞慧也 弲角弓也一曰雒陽名弩爲弲 蠉

蜎蟲行皃一曰井中小赤蟲或从肙 𧾌疾走 嬛說文材緊也引春秋傳嬛嬛在疚一曰便嬛輕麗 頨頭妍也 矎目童子黑 澴漩澴波涌

起皃 懁辨急也 獧疾也 𪚰龍背堅骨 ○娟縈緣切美皃文十一 嬛便嬛輕麗 悁𢚧說文忿也一曰憂也籀从心 𡶶山阿

潫潫𥤚水深也 圎規也 蜎井中蟲名 睊視也 嬛眉皃一曰好也 蝹蝹蝹龍皃 ○員鼎于權切說文物數也徐鍇曰古以貝爲貨

故數之籀从鼎文八 圜圓說文天體也一曰全也或从貟 湲潺湲水流皃 篔篔簹竹名 幁均也 約采成文曰約 ○嬛紆權

切說文好也文三 潫大淵潫大水 蝹龍皃 ○懁免貟切恐也文二 譞欺也 ○𠡷勬拘貟切勤力也一曰健皃或作勬文三 僒

困也漢書僒若囚拘蘇林讀 ○卷驅圓切縣名在河南一曰冠武文十八 絭弮弩弓桊絭或从弓 𢐿弓曲也 𣋂𦆏博雅

幘也一曰小兒帽或作纙 棬桊𥁕圈𥂝屈木盂也或作桊𥁕圈𥂝 鬈長也 鄻鄉名在聞喜縣 拳拳拳奉持皃 埢

圜墻也 錈屈鐵 䉨揉竹 腃身曲皃 ○權逵貟切說文黃華木也一曰反常一曰稱錘又國名亦姓俗从手非是文五十一 拳說文

手也一曰拳拳戞憂也一曰愛也亦姓矔目眶𤺌手屈病惓惓惓謹也狋獾狋氏縣名屬代郡或从雚觠䚗說文曲角
也一曰羚羊角三而爲觠或从頁𩓡䯔輔骨曰𩓡或从骨臛博雅臛䐝醜也趯𧼈說文行趯趢也一曰行曲脊皃或从卷踡躍
踡跼不伸也或从雚婘嬽𡤡博雅好也或从雚从闌犬卷獾牡狼或从犬𤛓爾雅牛黑脚𤛓蠸說文蟲也一曰大螯也埢
埢垣曲墻也𪘲齤說文缺齒也一曰曲齒一曰笑而見齒皃或省卷𡕁曲也一曰縣名或从雚欟鸛鸛鸛鵅鳥名或作鸛鸛
𡙇𧢴大視也或作䚕𥁕圈盂也或作圈𢐑弓曲謂之𢐑藿萑葦之類初生者皆曰藿蜷蟲名詰屈也爟烽火
捲說文氣勢也引國語有捲勇一曰收也治也腃吻也𠑽肩傴皃輇量度也莊子輇才諷說鬈說文髮好也引詩其人美且鬈
一曰髮曲桊囊有底曰桊巏巏務山名在柏人城東北纙布名出蜀㚇大皃𤇹蟲入火皃睿深通川也𤓰雚爪轉也
三。蕭先彫切說文艾蒿也一曰蕭也亦國名又姓文二十五簫箾䉶說文參差管樂象鳳之翼或作箾䉶橚櫹橚槮
艸木盛皃或从肅彇彇弓弭頭也或作彇通作簫𢹓攡擊也或从蕭瞍目有眹無珠子曰瞍瀟潚瀟瀟風雨暴疾
皃一曰水名或作潚飀颾涼風謂之飀或作颾艘船名蠨蟰蟲名說文蠨蛸長股者或作蟰慅爾雅慅慅勞也騷愁也
一曰蒲騷地名搜叟搜搜動皃亦省熽熽燗也嬦女名繡綺屬。貂鼦鼦丁聊切說文鼠屬大而黃黑出胡丁零國

又姓或从鼠亦省文四十七 雕鵰說文鷻也籒从鳥又姓 鵃鶻鵃鵃名 鳭𪀚䧙鳥名爾雅鳭鷯剖葦謂好剖葦皮食其中蟲或从召

从隹 蛁虭說文蟲也一曰蛁蟧小蟬或省 敦弴弤畫弓也或从弓亦作弤 刀古者軍有刀斗以銅作鐎受一斗晝炊飲食夕擊行夜亦姓俗

作刀非是 刐刟𠛪博雅斷也或从召从兆 琱說文治玉也一曰召似玉 錭鈍也 彫𠜿說文琢文也或从刀通作雕琱 凋說文半傷

也 芀葦華 蔏蓧艸名菰蔣也其米謂之蔏葫或作蓧通作彫 鬜留髮也一曰髮多 𥏖博雅短也 貂犬之短尾者 䙚

裯䘺說文短衣也引春秋傳有空䙚或作裯䘺 袑說文棺中縑裏或書作裯 𡖼奝大也多也亦从大 䳢說文目孰視也 𦨔䑽舟名

或作䑽 鯛鮉說文骨端脆也一曰小魚名或从召 婤女名 椆椆苕木名 軺博雅柳車也 𥳑山海經中山之東有扶𥳑山 㲓翗毷㲓

羽惡皃或从羽 齠毀齒也 ○祧𥜥他彫切說文遷廟也古作𥜥通作庣文二十一 庣不滿也 𠜵剔也 挑說文撓也一曰擽也引國語郤

至挑天 𣂉說文斛旁有庣剛一曰利也 䄻稻也 駣馬三歲曰駣 𣃁銚𪏮田器或作銚𪏮通作斛 佻恌窕𨋹說文愉也引詩

視民不佻或作恌窕𨋹 趒雀行也 聎耳病也一曰耳鳴 覜見也 朓晦而月見西方 蓧蓧艸名爾雅蓧蓨或作蓧 蓨說文苗也

條枝落也詩蠶月條桑 嬥嬥嬥往來皃 桃長枋可以抒物於器中者通作桃 脩縣名周亞夫所封 莜艸田器 ○迢𨖸

田聊切說文迢遰也一曰迢迢高皃或从苕文四十八 跳𨇐說文蹶也一曰躍也或从條 趒說文雀行也 佻𢓜詩傳佻佻獨行皃或从彳 庣

過也嫪好也一曰嫪嫪往來皃髫髫髮童子垂髮齠毁齒也髚髮多皃卲卜問也調稠說文和也或从禾毷
翢鵃毷毷鳥尾翹毛或从羽从鳥鋚絧首垂銅謂之鋚一曰鐵也鞗轡也匬𥂘說文田器也或从皿條䅦說文小枝
也一曰衣名或作㯅苕說文艸也芀說文葦華也莜艸田器篠竹名卣𠧪說文艸木實垂卣卣然籀作𠧪岧岧嶢山高皃或
書作峈鯈水蟲名山海經末塗水中有鯈蛸狀如黃蛇魚翼蜩䑽說文蟬也引詩五月鳴蜩或从舟鰷鯈鯈白鰷魚名或作鯈鯈鮡
魚名似鮎白色挑挧撓挑宛轉也一曰攪也或作挧怊悵也莊子怊乎若嬰兒之失其母郭象讀祒闕人名莊子有巫咸祒銚長矛也呂氏春
秋長銚利兵鍣錐也蓨說文苗也峒山皃㜗女字朷枝落也通作條○聊聊聤憐蕭切說文耳鳴也又姓或作膠聤
文七十八柳聊木名膫膋說文牛腸脂也引詩取其血膫或从勞省瞭目明也瞭明也髎髖骨名一曰馬髎上骨爲八髎嘹嘹亮
鳴也一曰嗷夜也飂小風也飉飂戾風聲僚賤稱春秋傳隸臣僚又姓寮同官爲寮通作僚廫寥嵺說文空虛
也或作寥嵺廫寮說文穿也論語有公伯寮豂說文空谷也一曰空豂深也嶛嵺廣雅嶛嵺高也或作嵺亦書作嶚嵺镽埤蒼細長
也遼𨘫說文遠也或作𨘫遼一曰水名在遼陽縣轑轑陽邑名在楚一曰軸也擽動作擊也𢹎取也通作擽撩說文理也一曰取物
嫽說文女字也一曰相戲憀說文憀然也憭方言慧或謂之憭料量也春秋傳臣料虞君敹說文擇也引周書敹乃甲胄廫

闕人名春秋傳有召伯廖亦姓 鐐鏐 說文白金也或从翏 璙 說文玉也 繆 繆繆絲皃 繚 纏也 ⿰言尞 ⿰言尞謬巧言 橑 椽也 簝
說文宗廟盛肉竹器引周禮供盆簝以待事 ⿱竹聊 竹名似苦竹而細軟江漢間謂之苦⿱竹聊 ⿺辶蓼 艸稀曰⿺辶蓼 漻 說文清深也 潦 山海經潦水出衞皋
東一曰渫也 尞 燔柴祭天也通作尞 尞 姓也 燎 縱火焚也 熮 說文火皃引逸周書味辛而不熮 ⿰土尞 周垣也 翏 高飛也 鷯
雡 鳥名說文刀鷯剖葦食其中蟲或从隹 鷚 鳥名天鸙也 獠⿰豸尞獠 爾雅宵田爲獠或从豸亦作獠 蟟蟧 蟲名馬蜩也或
从勞 ⿸疒卯 疾也 癆 方言北燕朝鮮之間飲藥而毒謂之癆一曰痛也 勠戮⿰⿱彐彐刃 并力也古作⿰⿱彐彐刃或作戮 膫 漢侯國名在南陽 ⿰山聊
山名 ⿱艹聊 艸名 顟 高鼻深目皃 ⿰舟尞 舟名 僇 且也願也通作聊 瘳 病損也 樛 木名 ⿰谷卒 ⿰谷卒谷空皃 ⿰豆留 并州謂豆曰⿰豆留 蟉
⿰虫幽蟉屈皃 ⿰巾尞 蓋弓也通作橑 ⿱艹県 艸器 ○驍 堅堯切說文良馬也一曰健也文二十九 梟 說文不孝鳥也日至捕梟磔之从鳥首在木上 県
說文倒首也賈侍中說此斷首到縣県字通作梟 鄡 縣名 嘄 說文聲嘄嘄也 蟂⿰虫鳥 獺屬害魚者或作⿰虫鳥 獥 狼子 ⿱敫鳥 鳥名鷓鷹也似
烏蒼白色 僥憢儌 僞也或从心从敫 澆漅 說文漢也一曰薄也或从梟 敫⿰堯攵 擊也或从堯 憿激 說文幸也亦作
激通作僥儌 邀撽 遮也或从手 趬 行輕也 釗 爾雅勉也一曰弩機 噭 噭噭哭聲 㿥 博雅腫也 徼 說文循也 ⿰女県
女字 ⿰金県 戟屬 ⿰目梟 視也 ⿰車梟 ⿰車梟轕車亂皃 ○膮 馨幺切說文豕肉羹也一曰香也文十六 ⿰糸堯 分臬一木也 嘵 譊

憢說文懼也引詩唯予音之嘵嘵或从言从心　⿸疒皋⿰月皋腫欲潰皃或作⿰月皋　⿱大焦博雅大也　翗⿰召鳥毷毦羽皃或从鳥

獟獷也漢書誅獟騁　撓撓挑宛轉也　髐髐然髑髏皃　顤廣顤謂之顤　⿰谷周谷大皃　⿵門焦門大開皃　。鄡⿰県阝牽幺切說文鉅鹿縣一曰鄱陽縣名或从県亦姓文十九　趬蹺說文行輕皃一曰趬舉足也或从足　繑說文絝紐也　顤說文大頭也　⿱大焦長大皃

敫擊也通作毃　墽磽也　⿱宀県⿱宀県寥空也　髐髐然髑髏皃　狢博雅狢犺健也　敿說文𤳟田也　燆火行也　⿰弓喬引弓也

⿰毛喬毛舉也　蹻舉足　⿰谷皋⿰谷皋⿰谷卒空谷皃　僬僬佻多智　。幺伊堯切說文小也象子初成之形文十三　吆吆吆聲也　怮博雅憂也　⿺辶杳遠皃

⿰魚幼魚名博雅鱔⿰魚幼鱮　冟戶樞聲也　宎竅聲莊子宎者咬者　⿰耳幺⿰耳翏⿰耳幺耳鳴　蟯蟲名在人腹　狗山海經隄山有獸狀如狗而文首名曰狗　⿺乚目望遠也　⿰幺頁頭小皃　⿰幺少說文急戾也一曰小意　。堯尭倪幺切說文高也从垚在兀上高遠也古作尭文八　嶢說文焦嶢山高皃或書作嶤

垚說文土高也从三土　僥說文南方有焦僥人長三尺短之極　顤高長頭皃　蟯蟲名在人腹　蕘蕘艸　。藨普遼切艸名爾雅藨麃又一　。⿰束巢子幺切蒜束也文四　幵夘丣事之制也或作夘丣　。嬈褭聊切煩也一曰心不欲也文一

四　。宵⿰日肖思邀切說文夜也从宀宀下冥也古作⿰日肖文三十八　踃跳踃動也　消說文盡也　霄⿰雲肖⿹气肖說文雨霓爲霄或从雲从从气　⿰風肖颵颵風聲　捎博雅揣抁摇捎也　逍說文逍遥猶翱翔也通作消　痟⿺尢肖說文酸痟頭痛引周禮春時有痟首疾或作⿺尢肖　綃

縿綃說文生絲也一曰綺屬或作縿綃 銷說文鑠金也 焇曝也爍也 硝硭硝藥石 蛸蟲名說文蟲蛸堂蜋子亦姓 莦艸根也

哨口不正曰哨 翛𦑣翛翛翛羽敝也或作翛翛 鮹魚名 𤞞狂也 䴛博雅鹽也 揱長臂皃一曰纖殺也 梢周禮梢溝謂水漱齧之溝鄭衆說 奞張羽皃 魈摻山鬼或作摻 俏削悄然反琴聲李頤說或作削 肖衰微也史記申呂肖矣徐廣說

𣯲毸𣯲鳥尾翹毛也 撨擇取也一曰拭也 萷萷摻艸木茂皃 ○斛𦨣𦨴銚鐰喿鍫橾千遙切爾雅斛謂之疀或作𦨣𦨴銚鐰喿鍫橾亦書作鍬文二十五 㨭廣雅㨭高也 㯃七也 篍簫管一名篍 幧幓𢄓帩頭也或作幓𢄓 𥿮小意

繰帛如紺色 鏒以箴鉄衣通作繰 維黲蕉維麻苦雨生壞也或作黲蕉維 摻持物也 䘯博雅䘯袺䙚謂之褸衩 鄵地名在鄭 愀色變也莊子愀然變容 ○𤓽焦𤒾兹消切說文火所傷也或省亦作𤒾又姓文三十 燋說文所以然持火也引周禮以明火爇燋

𪚴說文灼龜不兆也引春秋傳龜𪚴不兆或書作𪚳 𣯍首顛毛曰𣯍 蕉說文生枲也 膲三膲無形之府通作焦 鷦劁說文鷦鵬桃蟲也或从刀 茮椒𣏌木名說文茮茮一曰茮萸子聚生成房皃一曰椒山顛也亦姓 蔋旱山無艸爲蔋 噍啁噍鳥聲

揫收束也 鐎溫器說文鐎斗也通作焦 蟭蟳蟭蟲名螵蛸也 𩈯說文面焦枯小也 樵祭也 僬短人謂之僬僥 嶕山名 湫夫湫地名在吳一曰人名魯有子服湫通作椒 萩蔋闕人名楚大夫巳或作蔋 𦅉維布屬或从焦 鷦鷦鵬神鳥似鳳 𨷕木名皮堅

黑若鐵生水中 嫶女字 ○樵藮⿱艹⿱焦木慈焦切說文散木也或作藮⿱艹⿱焦木文二十九 劁博雅斷也刈也 憔顦嫶癄醮憔悴

憂患也或从頁从女从疒亦作醮 撨博雅擇也 ⿰耳曹⿰耳焦⿰耳曹⿰耳曹耳鳴或作⿰耳焦 譙焦國名一曰樓之別稱亦姓 ⿰焦阝地名 嶕嶕嶢山峻皃 嶣

廣雅嶣嶤高也 鐎温器形如銚 僬僬僥短人 湫水名在朝那 醮面枯也 菬說文艸也 燋灼龜木周禮菙共燋契李軌讀 噍

聲急也禮其聲噍以殺徐邈讀 焦焦夷楚地名 蕉艸芥也一曰芟刈 潐水名山海經常烝之山潐水出焉 軺軺車也 嘈聲也 槽

祖也一曰衣齊好 ○猋甲遥切說文犬走皃文四十二 飆颮⿰風勹飄說文扶搖風也或从包从勹亦作飄通作猋 表剽⿰扌剽識也

或作剽⿰扌剽 標木杪 摽⿰票殳擊也或从支 杓說文枓柄也 瘭漂疽病或作漂 ⿰骨票僄體壯也或从人 幖說文幟也

熛⿱覀火說文火飛也或省 墂封土爲識 ⿰山剽⿰山票磦山峯出皃或作⿰山票磦 𨗴說文輕行也 穮稻苗秀出者 蔈

陵苕之黃華者 篻竹長皃 驫衆馬走也 嘌疾也聲也 旚說文旌旗飛揚皃 贆貝名爾雅貝居陸贆 髟說文長髮猋猋也

猋艸香 ⿱覀火輕脆也 ⿰月猋⿰月猋膞腫漬也 ⿰金剽鏢刀鋒曰⿰金剽或省 ⿰目猋惡視皃 烈火 ⿰角麃角名 嫖女字 謤

言有所止 ○漂⿰氵剽紕招切說文浮也一曰擊洋水中也或作⿰氵剽文四十二 杓北斗柄星名 嫖僄說文輕也或从人 旚⿸㫃麃

說文旌旗旚繇也或从麃 犥說文牛黃白色 鏢說文刀削末銅也 ⿰票鳥⿰票鳥⿰票鳥飛輕皃 飄猋說文回風也或作猋 慓博雅急也 謤

言輕也爂熛火飛也或作㶾熛瞟方言曬乾物飃風飃飄風吹皃彯彯彯長組皃一曰漂搖輕便也𢿱摽擊也或从手𧽚𨂿說文輕行也或从足翲翲翲飛也瞟𧡈明察也或从見𧖂螵蟲名說文𧖂蛸也或作𧒂螵嘌說文疾也引詩匪車嘌兮隸作嘌𦢊膘𦢊膘脾腫欲潰或从票橐橐囊張大皃剽末也鬃顠鬃鬃髮亂皃或作顠薸瓢萍屬或从瓢嫖女字標木末𡾰山峯。瓢𤬱毗霄切說文蠡也古作𤬱文十一飄回風曰飄風剽爾雅鍾其中者謂之剽薸瓢蓱也或从瓢橐說文橐囊張大皃从橐省匋省螵𧒂螵蛸蟲名或作𧒂𨛂地名𩡝𩡝馥香皃。𧒂𧖂彌遙切蟲名或从蚰文十䖢蠶初生者篻細竹𢂿網細者𢂿鷍鷍鶏鳥名桃雀也或書作鷍緢旄絲也薸瓢萍也江東語或从瓢爂輕脆也。鑣䚥悲嬌切說文馬銜也或从角文十二臕脂肥皃儦𢕼說文行皃引詩行人儦儦或从彳瀌說文雨雪瀌瀌穮䆷說文耕禾間也引春秋傳是穮是蔉或从耒藨𦶎艸名子似覆盆一曰𦶎藨芀荼別名或从包鏖津名在匈奴中麃麃麃武皃。苗眉鑣切說文艸生於田者一曰夏獵曰苗又姓文七描畫也貓猫爾雅虎竊毛謂之虦貓一曰食鼠貍或从犬緢說文旄絲也引周書惟緢有稽䰧蟲茅管也易拔茅連茹鄭康成讀。燒尸昭切說文爇也文二繇瓜也。怊蚩招切悵也一曰怊悵失意文六弨彇說文弓反也引詩彤弓弨兮或作彇紹緩也詩匪紹匪游鄭康成讀柖闕人名莊子有巫咸柖𤛓牛羊不生子也

○昭炤之遥切說文日明也董仲舒曰食祝从火亦姓文十六 鵃鶻鵃鳥名 招說文樹搖也一曰射的 鉊說文大鎌也鎌謂之鉊張徹說 招說文手呼也又姓 駋馬名 釗說文刓也周康王名一曰勉也一曰弩機 盄盄說文器也或作盄 𤿎皽肉之魄莫或从亶 詔言誘也

鍣博雅錐也 弨弛弓 妱女字 ○韶磬招時饒切說文虞舜樂也引書簫韶九成鳳皇來儀一曰美也或作磬招文十七 佋卲說文廟佋穆父爲佋南面子爲穆北面或作卲昭 苕艸名 𠯈卜問也 𢁼擊手也从卩 軺小車也 卲高也 柖樹皃一曰射的

劭爾雅勉也 苕芀艸名詩苕之華徐邈讀 牊牀別名通作招 玿美玉 ○饒如招切說文飽也一曰益也多也又州名亦姓文九 襓博雅袂襓劒衣 橈𦪇方言楫謂之橈或从舟 犪牛馴伏 蕘說文薪也方言蕪菁齊謂之蕘 蟯說文腹中短蟲也

擾順也 瓇玉名 ○超癡宵切說文跳也亦姓又八 㰹㰹歊氣上烝一曰健皃 怊字林悵也 㠐㠐𢁉細絲 𠯗喉鳴 颵清風曰颵 條枝落也詩蠶月條桑沉重讀 鳭鳥聲 ○䑲朝陟遥切說文旦也亦姓隸作朝文三 蓢姓也 ○鼂𪓰晁馳遥切說文匽鼂也楊雄說匽鼂蟲名杜林以爲朝旦非是篆从皀或作晁亦姓文十 朝𦩈覲君之總稱又姓古作𦩈通作晁 淖潮說文水𦩈宗于海隸作潮通作朝 狣獸絕有力 𤖯俎几也 䍦羊未卒歲爲䍦一曰夷羊百斤爲䍦 ○燎離昭切火在地曰燎文五 髎尻骨謂之髎 繚繞也 敹擇也 摎搏也一曰縛殺 ○遥遙愉踰餘招切遠也或作遙愉踰文六十七 媱說文曲肩行皃一曰

戲也 傜使也通作繇 䚻說文喜也自關以西物大小不同謂之䚻 繇䌛說文隨從也一曰憂也由也或作䌛 颻上行風也 䚩歋說文歋歋氣出皃或作歋 窯窰說文燒瓦竈也或从缶 蘨䔄說文艸盛皃引夏書厥艸惟蘨古作䔄通作繇 鰩魚名山海經泰器之山灌水出焉是多鰩魚鳥翼蒼文白首赤喙 銚說文溫器也一曰田器又姓 姚說文虞舜居姚虛因以爲姓或爲姚嬈也史篇以爲姚易也 揺說文動也又姓 䚻謠猶說文徒歌或作謠猶 軺䡖說文小車也或从䍃 䍃廣雅瓶也 愮爾雅愮愮憂無告也一曰亂也通作恌 恌方言理也謂情理

遙進也一曰相隨行 陶陶陶和樂也 𤬪𤬩說文瓜也或作𤬩 鷂雉名爾雅江淮而南青質五采皆備成章曰鷂 褕揄褕翟王后之服刻畫鷂羽以爲飾或作揄 洮湖名在陽羨西 烑光也 餆餌也 瘙痤瘙疾名 彇𢏳說文弓便利也或从二弓 旚旗旒謂之旚 榣說文樹動也一曰山名 嗂喜也 䠯說文跳也方言陳鄭之間曰䠯 瑤說文玉之美者引詩報之以瓊瑤 蛛蟲名 猺獸名一曰獏猺狗種 鎐酒器 嶢山皃 䈞爾雅屋上薄謂之䈞 鮡魚名似鮎白色爾雅鰹大鱯小者鮡 燿照也 䓞艸名䓞芅羊桃葉似桃子如小姿通作銚 䟁博雅䟁䟁行也 脁方言脁說好也 緰帛也 珧說文蜃用也所以飾物引禮佩刀天子玉琫而珧珌 遙䔄艸名蒲葉也或省

䁘美目也 暚明也 䈞䈞支竹名 犥牛名 鞀匋鼓也或从匚 櫾木名 ○要腰㝃䙅伊消切說文身中也象人要自臼之形或从肉古作㝃䙅文十五 邀徼遮也或从彳 𧜖䌰衣襻也或从糸 喓喓喓蟲聲 葽說文艸也引詩四月

秀萋劉向說此味苦苦萋也 ⿰要鳥⿰要隹 山海經𪊨山有鳥名曰鵸鵸其名自呼服之不眯或从隹 ⿰虫要 青⿰虫要蛇名 蟯 腹中蟲 楆 棗名子細胥 。翹 祁堯切說文尾長毛也一曰企也一曰翹翹高皃或書作𦒸文九 莜 艸名說文蚍蜉也今荊葵 劭 精異意漢書劭農蘇林說 ⿱艹翹 艸名連⿱艹翹 嘺 不知意 ⿰喬羽 仄飛曰⿰喬羽 ⿰月多 俎几也 招 舉也漢書以招人過 釗 弩機也一曰逸也勉也 。鴞 于嬌切鳥名說文鴟鴞寧鴂也文三 ⿰号阝 鄉名在清陽 猇 縣名在濟南 。⿰女芺妖 於喬切說文巧也一曰女子笑皃引詩桃之⿰女芺⿰女芺或省文十三 ⿰扌芺祅 說文地反物為祅或省通作妖 枖⿰木芺 說文木少盛皃引詩桃之枖枖或从艸 ⿰言芺訞 語祅祥一曰巧言或省 夭 夭夭和舒皃 ⿰女芺 害物也 鴁 鴁鴁鳥名三首六目六翼六足 ⿱夭食 餲也 紗 紗緆紝小皃一曰絇未成而緩 。嚻 虛嬌切說文聲也氣出頭上或省文二十 呺⿰言号号 呺然虛大皃李軌說或作⿰言号号 枵 說文木根也引春秋傳歲在玄枵玄枵虛也 歊⿰喬欠 說文歊歊氣出皃或从喬 ⿱殸喬 爾雅大磬謂之⿱殸喬 獢驕 犬名說文猲獢也一曰犬短喙者或作驕 ⿰犭囂 犬黃白色 ⿰蒿欠 說文艸皃引周禮轂獘不⿰蒿欠 侄 驕也 ⿱㗊高 說文炊氣皃 ⿱艹嚻 艸名說文楚謂之蘺晉謂之⿱艹嚻齊謂之茝 熇 燆 炎氣也或从喬 ⿰月皋 膦⿰月皋腫欲潰 嵒 山名 。蹺趬蹻⿰止喬 丘祅切舉趾謂之蹺或作趬蹻⿰止喬文十八 趫 說文善緣木走之才 憍繑 絝紐也或从糸 ⿰⿱高灬頁 大頭也 ⿱喬灬 肥也 屩 屐也 驕 馬牡皃 撟 舉也 獟 獷也 嘺 博雅誎也 喬 喬詰意不平 橇鞽橋 泥行所乘或作鞽亦从木 。驕 居妖切說文馬高六尺為驕引詩我馬惟驕一曰野馬文十四 憍 逸也矜也通作驕

集韻平聲十三　十四

嬌女字禹娶塗山之女謂之女嬌 穚禾秀也一曰莠艸長茂皃通作驕 鷮雉名長尾走且鳴 喬木枝上竦也 蕎藥艸大戟也 嶠山銳而高 簥爾雅大管謂之簥 鱎白魚 撟博雅取也一曰選也舉手也 矯矢躍出也神異經東王公與玉女更投壺千二百嬌 轎車名 橋桔槔也。喬渠嬌切說文高而曲也引詩南有喬木又姓文二十五 僑說文高也 ⿱宀喬博雅客也通作僑 嶠爾雅山銳而高嶠或書作嵜

橋墧說文水梁也一曰地墧从土亦姓 趫善緣木走 鷮說文走鳴長尾雉也乘輿以爲防釳著馬頭上 ⿱殸喬大磬 轎竹輿 嬌女字 蕎藥艸大戟也 蟜蠪蟜蟻名一曰有蟜古諸侯 鐈說文似鼎而長足 蹻舉足行高也 䎗飛 ⿱喬皿盂也 ⿰角喬廣雅角曲 簥大管一曰田器 驕闕人名陳有表驕 憍虛憍高仰也 穚禾既秀曰穚 撟舉手謂之撟 嘺押倉不知誰也 [illegible]毳毹氍毹也。瀌蒲嬌切瀌瀌雨雪盛皃文三 藨麃艸名爾雅藨麃子似覆盆而大可啖或作麃。[illegible]稍妖切[illegible]毹毹也文一

五。爻何交切說文交也象易六爻頭交也文三十四 肴餚說文啖也徐鍇曰謂已脩庖之可食也或从食 胶脛骨 ⿰酉交酘沽也或作酘 倄說文刺也一曰痛聲 姣⿱交女說文好也或作⿱爻女 誵詨言不恭謹或从交 ⿰忄肴怓也 恔說文憭也 ⿰糹肴絞蒼黃色或从交 殽說文相雜錯也 ⿰木肴木名博雅梔子楕桃也 校梢也 筊笅⿱竹殽說文竹索也一曰簫之小者謂之筊或从爻从殽 崤

郩山名在弘農亦从邑通作殽 ⿰口肴聲也 淆混淆濁水 洨說文水出常山石邑井陘東南入于泜邦國有洨縣 ⿰犭肴獿⿰犭肴駭犬吠聲一曰獪也

彪虎聲一曰縣名在濟南校枋也藪博雅藪茭恨也藙茭黄茅也根可治渴或作茭佼效也像也槲蟄蟲桿也關中呼長杖
曰槲條○交居肴切說文交脛也文三十季說文放也謂放效也佼交也通作交迒說文會也通作交詨詨詅誇也教令也咬
咬咬鳥聲通作膠嘐鉸削刀也𩎓𩎓橐囊也或从交摎束也䈞竹索膠說文昵也作之以皮一曰欺也糾也又水名亦姓艽
秦艽藥艸俗作芁非是𦈲樂器塤類轇轇轕長遠皃一曰雜亂漻漻瀥水廣皃郊說文距國百里爲郊嘐說文誇語也䴔
鵁鳥名說文䴔鶄也一曰䴔鸕也或从交茭說文乾芻一曰牛蘄蛟說文龍之屬也池魚滿三千六百蛟來爲之長能率魚飛置笱水中即蛟去鮫
說文海魚皮可飾刀粎粎糊粉餌挍亂也一曰憤意洨邑名漢有洨縣䴔鳥名爾雅鵁頭鵁似鳧不能行骹膝骨也乂乂乂○敲
㩈搞丘交切說文橫擿也或作㩈搞文二十八骹骹跤𨂍說文脛也或作骹跤𨂍通作校窯窯窌空寂瞜顤窅瞜面不
平或作顤恷恷伻伏態磽礉磝說文磬石也或作礉磝砓砓礉戍名鄗山名庨官室高邃皃墽墝⿱敲土塙
嵪說文磽也或作墝⿱敲土塙嵪頝頝鳌不媚也僇方言陳宋之間謂盛曰僇校几足也儀禮拂几授校㺒博雅擾也一曰㺒蚜多詐訥澀
皃毃擊頭也嵺山谷深廣皃○虓唬猇虛交切說文虎鳴也或从口从犬文四十二哮⿰豕孝說文豕驚聲也或从豕詨
謼呼謞嗃詨嘮吳人謂叫呼爲詨或作謼呼謞嗃詨嘮嗃嚳嗃奮迂聲嘐⿰号翏大也孟子其志嘐嘐一曰駭皃一曰啁嘐

㚠語或从号 烋咻包烋自矜氣健皃或从口 碋碋磟山勢 窙窙氣上蒸或从穴 痚痚瘷喉病 庨庨豁宮室高皃 顤

䫜顤胡人面皃 髐髑髏皃 髇骹𩨷鳴鏑也或作骹髇通作嚆髐 飃飃颵熱風 灱熇暴也或从高 涍水名在南郡

歊穘艸皃或作穘 䴊鵁鳥名爾雅鵁頭鵁似鳧脚近尾或从爻 𤠷狰獔說文犬獿獿咳吠也或作狰獔 倄倄佬大皃 婋

女字 笣竹名 [illegible]讙也○䫜於交切大首深目皃文十八 窅見深目皃或作見 眑眑䁯面不平 鴢鴢鶂鳥名曲喙 咬哇咬

淫聲 𠯋𠯋咋犬多聲 坳地窊下也 抝戾也 軪車聲一曰軪軋奇皃 梘木柯曰梘 凹窊也 泑水名在長沙 窐窐寥深遠

皃 𤠷𤠷獿犬吠 𡤔女名 岰山曲 柪曲木也○聱牛交切不聽也文十四 謷不肖人也 嶅磝磽礉墽說文

山多小石也或作磝磽礉墽 𢗷𢗷忓伏態 𢾊摮䚫擊也或从手从角 贅頦贅不媚 嶢博雅崒也 𤿭皮堅也○包

班交切說文象人褢妊巳在中象子未成形也元氣起於子子人所生也男左行三十女右行二十俱立於巳爲夫婦褢妊於巳巳爲子十月而生男起巳至寅女起巳至申故男

年始寅女年始申也一曰本也亦姓文十三 胞生兒裹也 泡䲍泡盛也 勹說文裹也象人曲形有所包裹通作苞 苞說文艸也南陽以爲麤履亦姓

笣竹名出茘浦其筍冬生 枹木叢生曰枹通作苞 𨚔說文地名 𡶒山名 鮑闕人名楚有申鮑胥通作包 苴天苴地名在益州

皰綵色也 㚢好皃○胞披交切說文兒生裹也文十六 脬說文膀光也通作胞泡 拋摽𣪍抱棄也或作摽𣪍抱 䍖

覆車罔也泡說文水出山陽平樂東北入泗或曰浮漚嘐言不實而夸葹芑藥艸或从匕郇地名僇盛大也穮穮䅗

禾虛皃佨牛行足外出也鮑魚名○庖蒲交切說文廚也通作包文三十四炮炰說文毛炙肉也或作炰胞肉吏也咆嚗

嚗說文嘷也或从麃从雹掊捊抱引取也或从孚从包穮耕也跑蹴也鉋平木器鞄柔革工麭赤黑桼颮

風聲泡泡泡流也一日盛也麃麅說文麠屬或作麅狍獸名目在腋匏瓟包苞說文匏也从包取其可包藏物或从

瓜亦作包苞𡾰山名藨艸名子似覆盆骲骨鏃也軳車軬一曰戾也䈏竹名刨削也齙齒露嘐大言不實佨

佨脛交也或作佨○茅謨交切說文菅也一曰明也亦姓文二十一媌說文目裏好也方言河濟之間謂好而輕者爲媌緢絲旋曰緢描打也

罞爾雅麋罟謂之罞貓猫食鼠貍也或从犬犛氂𣯍髦說文西南夷有長髦牛也或作犛氂髦通作貓𡺿茅山山名渵

大水皃鶜鳥名鶜鴟也通作茅蝥蟊𧎿蟲名說文盤蝥也或作蟊𧎿𧎿虫蝥名說文蠿蝥也方言蜩蟧謂之𧎿蠽昴

𣆶西方宿也詩維參與昴徐邈讀古作𣆶䅗穮䅗禾不實○梢𥳓師交切說文木也或作𥳓文二十九艄船尾捎說文自關而西凡取

物之上者爲撟捎髾髮末鞘𩏓博雅鞘謂之鞘或从韋弰弓末旓旌旗旒輎兵車以鹿皮爲飾稍稅也綃帆維䘯

袵也襊也稍種也娋㜭博雅娋孟姊也或从稍䈰筲說文陳留謂飯帚曰䈰一曰飯器容五升一曰宋魏謂箸筩爲䈰或从肖颵風聲

莦說文惡艸皃䱂海魚名形如鞭木蛸蠨蛸蟲名箾象箾舞者所執司馬正說[illegible]箾蓼木枝竦也綃維舟謂之綃[illegible]擊也焇乾也洨水盛皃咬香乾物也○譟初交切代人說也文十一勦說文勞也引春秋傳安用勦民以力鈔剿抄摷說文叉取也或作剿抄摷[illegible]競走訬說文訬擾也一曰訬獪一曰書也[illegible]疾皃楚俗謂鬼剽輕爲害者觘角匕吵闕人名宋大夫吵○[illegible][illegible]莊交切[illegible][illegible]聲擾耳或从言文十七罺樔[illegible]接罟也或作樔[illegible]巢[illegible]爾雅大笙謂之巢或从竹抓博雅搔也[illegible][illegible]焚也或从炙窼鳥穴中也摷擊也拘也㙲地名在聊城鄛郊名在南陽釗闕人名周康王釗啾[illegible]小兒聲或从愁○巢鉏交切說文鳥在木上曰巢在穴曰窠一曰大笙又國名亦姓文二十樔說文澤中守艸樓轈轈說文兵高車加巢以望敵也引春秋傳楚子登轈車或省通作巢巢嶚巢山高皃窲寥窲屋深皃㙲摷陽地名在聊城漅湖名鄛說文南陽棗陽鄉[illegible]高高皃[illegible][illegible]葽艸名[illegible]魚子轈[illegible]束也或从韋[illegible]行捷也勦勞也[illegible]博雅健也一曰剽輕爲害鬼訬博雅獪也[illegible]附國之民壘石爲巢而居曰[illegible][illegible]女字○啁陟交切說文啁嘐也文八嘲謿說文詎也或作謿通作啁[illegible]趙趙跳躍皃鵃鵃鵃鳥名似山鵲而小鳭鳭鷯黃鳥寥寥窲屋深皃[illegible]風皃○[illegible]丑交切炎風謂之[illegible]文六掉角挑也嘮說文嘮呶讙也趠超也脩目不正灱熱也○顟力交切大首深目文十四髎馬脊骨一曰髖也窌深空皃寥

窐寥深遠皃 僇盛大皃 蹘走也一曰足相交 賿廋語謂錢曰賿 摎物相交也 巢國名 嵺山名 𤢧𤢧獿犬亂吠 廫
室中虛皃 澆水洄洑皃 謪多言也 ○𥝩除交切禾穪曰𥝩文一 ○鐃尼交切說文小鉦也軍法卒長執鐃文二十一 呶詉說文讙聲也引
詩載號載呶或作詉 橈曲也 譊說文恚呼也一曰譊譊語也 怓說文亂也引詩以謹惛怓 䰫見鬼驚詞 嶤崒也 撓抓也或从
匈 匈洶硇礹匈沙藥石或作洶硇礹 獶犬名 獿說文獿𤢧也謂犬吠 鷯鷯鴟鷯黃鳥聲或从隹 纒纒博雅紛纒不善
也 蕘蘴蕘菜名蕪菁也 颮熱風 ○巢徂交切爾雅大笙謂之巢孫炎讀文一 ○猇于包切虎聲一曰國名一曰犬聲文二
倄刺也一曰痛謼
六 ○豪豪豪豪乎刀切說文豕鬣如筆管者籀从豕或省文三十三 毫長銳毛 號皋号唬說文呼也或作
皋号唬 諕譹說文號也或作譹 告勪休謁也漢書告歸之田或从力 嘷獆貋說文咆也譚長說嘷从犬或从豸 濠
水名在鍾離亦州名 壕城下池通作濠 據較多少曰據 鄡說文南陽淯陽鄉 𡾰崤山名在弘農或作崤 號𧆞說文
木也 皞皞䆸深谷皃或省 顥顥大面皃 𠢕健也彊也通作豪 嘷颰風聲莊子萬竅怒嘷或从風 膠戾也 隞
隞塹謂之隞一曰城下道或从豪 殽雜亂也 餚膳著也 蒿呼高切說文菣也文十四 皞皞䆸深也 撓擾也 薧

薧說文死人里或不省薅蓐茠拺鎒蒿說文拔去田艸也籀作蓐或作茠拺鎒蒿髜髮見嵩山名獔豕名

。尻屍䐧丘刀切說文脽也或从尾省亦作䐧文八訄戲言一曰迫也栲𣏍木名或以尻嵪山嵪嶅峻髛骨也。高

居勞切說文崇也象臺觀高之形又姓亦州名文三十四皋說文氣皋白之進也禮祝曰皋登歌曰奏故皋奏皆从夲引周禮詔來鼓皋舞皋告之也一曰

局也澤也俗作睪非是𥕛𥕛碎深也咎姓也通作皋㦅𢞣局知也或从皋䫄見也鄡鄉名在范陽嵲嶅崒山名羔

說文羊子也獋闕人名晉靈公夷獋膏說文肥也餻糕䭛博雅饗餻餌也或从木从高櫜韟說文車上大櫜引詩

載櫜弓矢或作韟稿秆也鼛說文大鼓也引詩鼛鼓不勝𣟮篙䈇方言所以刺船謂之𣟮或省亦作䈇槔櫓木名一曰桔槔

機器或作櫓䓘艸名實似瓜𦱖說文蒿屬白華鷎鶾鳥名方言鶡鴠轉魏謂之鷎鶾一曰鳩也或从隹麔牡麔橋

起勁疾也顥顥顬面大也告白也槁木名稈禾名。爊衮於刀切煨也或作衮文七鑣說文温器也一曰金器通作鏖鏖𢷤

盡死殺人曰鏖糟漢霍去病合短兵鏖皋蘭下或作𢷤蘸菜名懊懊憹痛聲。敖敖遨傲牛刀切說文出游也一曰傲也隸作敖或作遨

傲文四十二翱說文翱翔也𩭤髮見勢說文健也摮擊也䫨顤䫨高也䬲風聲𣈤日光慠慠慠憂心也亦

書作𢡟嗷說文眾口愁也引詩哀鳴嗷嗷亦書作嗸謷說文不肖人也一曰哭不止悲聲謷謷聱不聽也嫯侮易也熬𪌊鷔

說文乾煎也或从麥从鬲嶅山多小石或書作嶅𡼏磝硣磝滶說文水出南陽魯陽入城父鏊釜屬𦪈𣞟舟接首謂之𦪈或从木

𡼏長皃鼇海中大鼈鰲魚名𩪽螯𧽳蟹大足者或从虫从足𢧢𢧏戟鏠謂之𢧢或省驁駿馬以壬申日死故

乘馬忌此日曰鷔夏詩名鷔不祥鳥也白身赤口似鴈所集國亡獒說文犬如人心可使者引春秋傳公嗾夫獒二蔜艸名爾雅蔜薞蕿嚻囂

諠也一曰地名古作買隞地名通作敖囂獓山海經三危之山有獸焉其狀牛身四角豪如被蓑名曰獓狠是食人璈樂器。褒褎裦

襃博毛切說文衣博裾也一曰獎飾又姓或作褒裦褏襃文九蒄吳王孫休名子報進也郒地名褓廣也蕔荒也。橐普刀切囊

張大皃文七藨艸名𩃬雪皃颮輕風犥牛黃白色𣯢𢅢毛起皃一曰輕也或从巾。袍蒲褒切說文襺也引論語衣弊緼袍

亦書作裒文六郒地名𧦝詾譟亂語軳車軨一曰戾也𧬿痛甚稱阿𧬿嚥鳴也。毛𣭠耄謨袍切說文眉髮之屬及獸毛

也又姓或作𣭠耄文二十五髦說文髮也爾雅髦士官也髳𩬝說文髮至眉也引詩髧彼兩髳漢令有髳長或省氂犛𤛐犛牛尾也

或作犛犛旄說文幢也一曰獸名𩣡車翣以禦風塵一曰馬長毛軞公車也通作旄芼艸也通作毛枆楙木名冬桃也或作楙

通作旄𣴹水名嵍堥𥓶務丘前高後下或从土从石亦作務通作旄酕酕醄極醉皃牦牛名今所謂偏牛者顏師古說蛑

螗蜋也秏獨皃漢書靡有孑遺秏矣覒說文擇也。騷蘇遭切說文擾也一曰摩馬文三十九搔掻說文括也或从蚤一繅繰

繰⿰糸蚤說文繹繭爲絲或从參从喿从蚤 臊⿰月蚤說文豕膏臭也或从蚤 鱢說文鮏臭也引周禮膳膏鱢 ⿰魚蚤山海經鳥鼠同穴之山有⿰魚蚤魚其狀如鱣 溞爾雅溞溞淅也 ⿰木叜艘⿰木叟說文船總名或作艘⿰木叟 ⿰金蚤⿰金蚤鍤銅器 ⿰風蚤⿰風喿風聲或从喿 ⿰亻蚤說文⿰亻蚤驕也

⿱艹嫂艸名 慅懆說文動也一曰起也或作懆 ⿰忄叟愁也通作騷 瘙疥也 ⿱髟蚤⿱髟蚤⿱髟蚤髮皃 ⿰彳蚤⿰彳蚤衙緩行皃 ⿰犭蚤獸名 ⿰蚤阝

鄋鄵北方長狄國也在夏爲防風氏在商爲汪芒氏或作鄋鄵 搜叟搜搜動皃或省 廋博雅求也 溲便也國語少溲於豕牢、

哨方言冀隴而西使犬曰哨 槮橚槮木長皃 ⿰犭參神異經西方深山有人長尺餘祖身捕蝦蟹以食名曰山⿰犭參 ⿰目蚤日色 ⿱竹蚤⿱竹蚤⿱竹蚤竹聲。

操⿰喿攵倉刀切說文把持也或从攴文十二 鄵鄭地名 造進也 懆絡頭也 褿幒說文帴也或从巾 譟聲也 ⿰車蚤蒼色飾車旣練所乘者 參宜也莊子以參爲驗 懆愁也 ⿰氵⿱喿灬⿰氵⿱喿灬⿰氵⿱喿灬欲沸。

糟⿱曹酉⿱艹酒醩臧曹切說文酒滓也籒作⿱曹酉或作⿱艹酒醩文十七 ⿰日東日出明 慒慮也 䐬脆也 褿幒博雅褿帗襦也或从巾 遭說文遇也一曰邏行 熜說文焦也 槽⿺走曹說文果木華實相半也或从遭 傮⿰歹曹說文終也或从歺 嶆⿰山聊嶆山皃 ⿰言曹⿰言包譜聲亂。

⿰車曹曹財勞切說文獄之兩曹也在廷東从⿰東東治事者从曰徐鍇曰以言詞治獄也隷作曹又州名亦姓文二十四 ⿰女曹廣雅好也 ⿰歹曹終也 䐬脆也一曰腹鳴 ⿰耳曹聊⿰耳曹耳鳴 嘈廣雅嘈口听聲也

⿰礻曹祭也祐也一曰祭豕先 褿說文帴也一曰衣失浣 槽說文畜獸之食器 艚舟也 漕衛邑名 嶆⿰山聊嶆山皃 ⿱高喿髝髞

高皃鏁剛折謂之鏁蓸說文艸也⿱曹䖵螬蝤蟲名說文蠐⿱曹䖵也或省亦作蝤⿰日曹日晚⿱竹曹竹名鏪穿也傮
儕也愁夏憂也揚雄有畔牢愁○刀釖都勞切說文兵也或从金文十二魛魚名飲而不食忉忉忉憂勞也亦書作忍裯說文
衣袂祗裯方言汗襦自關而西或謂之祗裯舠⿰舟周小船也或从周杒木心曰杒一曰木名䫄䫄顛大面惆方言惛江湘謂之惛惆錭
鈍也啁嘐啁語多○饕䬞叨飸飹他刀切說文貪也一曰貪財爲饕籀作䬞或作叨飸飹文五十慆說文悅也一曰慢也一曰慆慆
久也謟爾雅疑也⿰言叏往來言也一曰小兒語不正⿰亻⿱夂目目不明曰⿰亻⿱夂目一曰目通白⿰亻⿱夂目⿰目叏日色或从叏絛縚說文扁緒也或从舀幍
巾帙也韜鞱說文劒衣也一曰寬也或从革綢韜也一曰纏束弢說文弓衣也叏說文滑也引詩叏兮達兮三曰取也一曰戎鼓大道謂之
叏夲說文進趣也从大十猶兼十人也搯掏說文搯也引周書師乃搯搯者拔兵刃以習擊刺詩左旋右搯一曰抒也或作掏挑⿰彳兆佻
挑達相見皃一曰往來皃或从彳从人⿰禾兆稻也翢爾雅纛也令羽葆幢瑫美玉一曰王飾劒䈱飲牛器方言篆趙岱之間謂之䈱⿱⺈甾
𠥫⿱𦥑共說文古器也籀作𠥫或作⿱𦥑共⿰舟兆⿰舟舀博雅⿰舟兆舸舟也或从舀洮說文水出隴西臨洮東北入河滔說文水漫漫大皃槄
木名爾雅槄山榎⿰牛叏說文牛徐行也嵧山名騊說文馬行皃鮉魚名蜪蝮蜪蝗子桃抌抒物之器或作抌聎耳鳴
蓧艸名頫盥也⿱大小進也从小从大媘女字⿰牛壽牛羊無子也○匋徒刀切說文瓦器也古者昆吾作匋通作陶文五十七陶

說文再成丘也在濟陰引夏書東至于陶丘陶丘有堯城堯甞所居故堯號陶唐氏 燾 溥覆照也 洮 盥也一曰淅也 淘 淘淘水流也 濤 說文大波也 飇颾 風也或从翯 掏 抒也擇也 逃跳 說文亡也或作跳俗作迯非是 衜 徭衜行皃 儔 翳也 翿 翿翳 舞者所執幢或作翢翿翳 鞀鞉鼗磬 鼓名說文鞀遼也鄭康成說鼗如鼓而小持柄搖之旁耳還自擊或作鞉鼗籀作磬亦書作鼗 鞠 鼓木也考工記鞠人為皐鞠 醄 酕醄醉皃 顝 䪞顐大面 謟詾啕 說文往來言也一曰小兒未能正言也一曰祝也或作詾啕 咷 說文楚謂兒泣不止曰噭咷 䬢 䬢陰地名在齊 䴭餡 餌也或作餡通作䬢 萄 說文艸也 桃 說文果也又姓 檮梼 說文斷木也引春秋傳檮柮或从壽 𥯨 𥯨枝竹名通作桃 綯 絞也詩宵爾索綯 裪 裪襦袖褾也 錭 鋾 說文鈍也或作鋾一曰鋾鑄也 騊 說文騊駼北野之良馬 駣 馬四歲謂之駣 舭 舟名 鷻 鷻河鳥名通作淘 祹 神也 蜪 蝗子爾雅蝝蝮蜪 幬 幔轂革 姚 闕人名春秋傳周有頹叔姚子通作桃 滔 聚也莊子滔乎前而不知所以然 慆 慆慆久也 籌 壽 方言戴也或省 犒㹆 說文牛羊無子也隸作㹆 瘦 疾也 聎 耳病 䍀 闕人姓春秋傳有䍀茷 ○勞憥 郎刀切說文劇也用力者勞古从悉或作僗文四十八 譊嘮 聲也尚書大傳譊然作大唐之歌或从口 澇潦 說文水出扶風鄠北入渭或作潦 牢窂臾 說文閑養牛馬圈也从牛从舟省取其四周帀也又姓或从穴古作臾 簩 䈇簩竹名皮利可為刀一曰竹

名一枝百葉有毒毋⿱𤇾豆⿰禾勞蹽⿱艹勞野豆謂之⿱𤇾豆豆或作⿰禾勞蹽⿱艹勞醪說文汁滓酒也撈沈取曰撈⿰山牢⿰山皐⿰山牢山皃蟧

蟲名小蟬也一曰螺屬嘮嘮嘈大聲髝髝髞高皃一曰性麤急⿰勞少⿰勞少⿰畱少物未精憥苦心也一曰疲病⿰镸勞⿰镸勞⿰镸敫長皃⿰耳翏⿰耳翏⿰月曹

耳鳴⿰谷牢⿰谷皐⿰谷牢深也⿰金牢鐒廣雅⿰金牢鑪鐈也一曰鐙⿰金牢銅器或从勞⿱𤇾石⿰石牢磱石器或从牢从勞⿰王勞王名嫪嫪婷妬也

⿰口牢⿰口闌⿰口牢謰謱言語不解也⿰木聊木名簝竹器所以受肉膫腸脂浶浶浪驚擾皃⿰山聊嶗⿰山聊嶆山險或作嶗能

獨行皃詩佻佻公子沈重讀轑撓也漢書轑釜摷取也⿰亻牢僗膠⿰亻牢麤大皃或从勞⿰牢鳥⿰牢鳥⿰勞鳥鳥名錦文癆朝鮮謂中毒曰

癆嘐嘐啁語多○夒獿獶猱蝚奴刀切說文貪獸也一曰母猴似人从頁巳止夊其手足或从夒从憂从柔亦作蝚一曰獿善

塗塈者文十九⿰犭農⿰犭農獳說文犬惡毛也隸作⿰犭農或作獳通作峱峱⿰山夒⿰山農說文山在齊地引詩遭我于峱之閒兮或从夒从農

⿰忄柔⿰忄夒劣也或从夒⿰王夒玉也⿺尢亘戲也臑羊豕臂也⿰言丑喜也謎也農耕也憹懊憹痛悔

七○歌謌⿰哥各可居何切說文詠也或从言从咨古作可文二十一哥說文聲也通作謌柯說文斧柄也又姓⿱加心

法也⿰哥戈⿰可戈牁博雅⿰可戈⿰哥戈杙或省亦从爿通作柯⿰舟戈船名菏荷⿰氵荷說文菏澤水出山陽胡陵引禹貢浮于淮泗達于菏

或作荷菏茄芙蕖莖滒說文多汁也廣雅滒溏淖也抲揮也⿰馬可鳥名說文⿰馬可鵝也⿱加女姆也⿰哥瓦居結棟謂之合⿰哥瓦

哥 哥毋艸名出嶺南 ○珂砢 丘何切石次玉或从石文五 ⿰歹可 死皃 ⿰骨可 膝骨 軻 車接軸亦姓 ○訶 虎何切說文大言而怒也文十二 丂 說文反丂也何錯曰气已舒 呵歌 博雅呵呵啞啞笑也一曰氣出或从欠 ⿰可頁 傾頭也 哥 止也 訶 祭也

抲 說文抲撝也引周書盡執抲 荷苛 譏察也或作苛 呿 開口聲 妸 女字 ○阿 於何切說文大陵也一曰曲阜一曰比也一曰慢應亦姓文十二 阿女 說文陰阿女也謂媕阿女不決 疴痾 說文病也引五行傳時即有口疴或从阿 妸婀 說文女字也或不省 ⿰糹阿⿰糹可 博雅⿰糹阿縞練也或省通作阿 娿 說文女師也杜林說加教於女 ⿰木⿴衣可 ⿰木⿴衣可橡樹枝長弱皃 鈳錒 鈳鉡釜屬或从阿 ○何 寒歌切說文儋也徐鉉曰儋何即負何也亦姓文十一 河 說文水出焞煌塞外昆崙山發原注海 荷 說文荷芙蕖葉 滒滒 水名或作滒通作荷 菏 一說文小艸也 蚵 蟲名博雅蚵蠪蜥蜴也 訶呵 訶訶眾聲或从口 魺 魚名廣雅魺䱌魠也 呵 唯呵問也通作何 ○莪 牛何切說文蘿莪蒿屬文二十三 裓 衣盛飾 哦 唫也 ⿰扌我 搓也 娥 說文帝堯之女舜妻娥皇字也秦晉謂好曰娙娥 皒 皒皒白色

裓 祭名 峨峩 說文嵯峨也或作峩亦書作峩 鵝䳘 鳥名說文鴚鵝也或从隹 俄 說文行頃也引詩仄弁之俄 ⿰我頁 博雅衰也 ⿱我䖵蛾 說文蠶化飛蟲或从虫亦書作蝵又姓一曰齊皃 睋 視也 涐 說文水出蜀汶江徼外東南入江 誐 說文嘉善也引詩誐以溢我

硪 說文石巖也 訛 動也詩或寑或訛徐邈讀 檥 附船著岸 騀 博雅騀騀馬屬 珴 奉珪璋皃

八。戈古禾切說文平頭戟也文二十六過說文度也亦姓濄渦說文水受淮陽扶溝浪蕩渠東入淮或省亦姓楇紡車也

輠車盛膏器通作楇䰛鬲說文秦名土釜曰䰛或作鬲鍋廣雅鍋錕釭也鍋鈛䰙鍋鑹溫器或作鈛䰙𤵸

瘑禿也一曰創也春發爲燕𤵸秋發爲鷹𤵸或从咼緺綬文𪀔鳥名蝸不蝸蟲名螗蜋也通作過堝甘堝液金器薖艸名

蝸蝸牛蟲名𡂿𡂿唆小兒相應聲𪇐鴰鳥名廣雅𪇐鸁工雀也或省𦬊艸名𨠑酒之色蜾蜾蠃桑蟲。科

苦禾切說文程也从禾从斗斗者量也文二十一窠說文空也穴中曰窠樹上曰巢薖簻說文艸也一曰寬大皃一曰飢意或从竹䬾美皃

稞𥟂青州謂麥曰稞或作𥟂萪艸名海苨也一曰藤類蝌蝌斗蟲名或書作蚪𪌐𩚵麥斗餌也象蟲形或从食蚪

牠料䭮博雅郭犐牛屬一曰牛無角也或作牠料䭮課率也𥮉竹名𤵸瘑首瘍或作瘑髁骨也窾空也

通作科。倭烏禾切女王國名在東海中文十七𤡖猧小犬或作猧濄渦水名爾雅濄爲洵或省亦姓堝地阬也𥨊

穴居也踒足跌也𩲡鷙鳥食已吐其皮毛如丸萵萵苣菜名𡖷燕人謂多曰𡖷㶇㶇皃涹濁也漚也楚人曰漚齊人曰涹亦山

名覣視皃萎婆萎室韋北狄別種名唩小兒啼捼手縈也。和胡戈切說文相譍也又州名亦姓古書作咊文十四龢

說文調也一曰小笙十三管也一曰徒吹𥝲𣐊博雅棺當謂之𥝲或从木通作和禾說文嘉穀也二月始生八月而孰得時之中故謂之禾禾木也木王

而生金王而死从木从𠂹省𠂹象其穗鉌鉌鑾鈴也通作和過小兒相應也澕水深皃⿱艹禾萂艸名或从和盉說文調味

也通作和⿰氵禾水名喛嚾喛泣皃⿰女禾女字○吪⿰足爲僞吾禾切說文動也引詩尚寐無吪或作⿰足爲僞通作譌文十三譌訛說文

譌言也引詩民之譌言或作訛通作吪鈋說文吪圜也囮⿴囗繇說文譯也率鳥者繫生鳥以來之名曰囮或从繇枙厄木節曰枙或省

魤⿰魚厄魚名或从厄蔿艸名○波逋禾切說文水涌流也文十六皤博雅白也番僠番番勇也或从人⿺走皮蹇也

紴說文絛屬一曰錦類陂岥博雅陂陁衺也一曰山阪或作岥嶓嶓冢山名菠菠薐菜名碆石也可爲矢鏃潘潘旍縣名

在臨淮磻說文以石箸堆繳也通作碆播水名在豫州域⿰番頁老皃譒敷也○頗⿰叵頁詖滂禾切說文頭偏也或从叵古作詖

文十四坡岥⿰山叵說文阪也或作岥⿰山叵⿰飛皮飛皃⿰阝叵陂⿰阝叵陁不平也或从皮鉕鉕鑼銅器玻玻瓈玉名⿰氵頗水皃⿰礻叵

衣皃跛闕人名楚有蘧跛○⿱般女婆蒲波切說文奢也一曰女老稱或从波文十八鄱番說文鄱陽豫章縣或省皤⿰番頁說文

老人白也引易賁如皤如或从頁膰大腹也繁緐姓也亦省陂陂陁不平搫⿰扌繁斂聚也除也或从繁⿱艹皤白蒿也

蔢蔢蔢茂皃一曰艸根橎木名碆石名潘潘旍縣名蟠委也○摩攠眉波切說文研也或作攠文十八磨

治石謂之磨⿰石靡石磑也劘削也麽細小曰麽魔鬼也⿸麻女女美稱⿸麻皿博雅柸也⿸麻食⿰食靡食也一曰哺小

皃或从靡䯨説文𤸁病也謂身半枯或書作𩪘𢤵心病𦟽𦢒或从靡痳痳漏病靡散也𡾰山名𥻰碎也精也

◯娑桑何切説文舞也引詩市也婆娑文十八挲沙摩挲也亦省或書作挱通作𢯱沙䰐馳䰐馬行皃或从沙𥄫視之略也髿沙

鬖垂皃傞侳説文醉舞皃引詩屢舞傞傞或从沙些減也鞂鞂靴樂器䔋蔢䔋艸根一曰茂皃桫桫欏木名鈔鎩鈔鑼

銅器或从娑犧獻戲酒尊名飾以翡翠鄭司農説或作獻戲◯蹉倉何切説文蹉跎失時也一曰跌也文十二瑳説文玉色鮮白溠

水名搓搓挪也脎大腹也髊治牙骨也通作磋磋博雅磨也傞舞不止也齹齒跌也或从差差淅也通作

溠嵯嵾嵯山石皃◯醝才何切白酒通作酇文二十五鹺説文鹹也河內謂之鹺或書作醝暛説文殘薉田也引詩天方薦暛瘥嫅

爾雅瘥病也或从歺通作暛䴭説文䴭麥也一曰擣也𣅝博雅畬𣅝春也嵯厜説文山皃或作厜亦書作嵳蒫爾雅蒫薺實䇧

筥屬蔖𦯈蔖艸名可苴履鬌髮多也𪗋齹説文齒差跌皃引春秋傳鄭有子𪗋齹或从差䠞躦踏也或从贊虘

説文虎不柔不信也𨟠酇説文沛國縣蕭何初封邑或从贊𦚢腹鳴也𪍴粟體艖艚艑艖舟也或从贊䨣雨聲◯

衰蓑𦾘蘇禾切説文艸雨衣秦謂之萆或从艸古作𦾘文二十二莎艸名説文鎬矦也𣘝木名𣘝䈗梭織具所以行緯

也或作䈗梭挱挼挱手相切摩也通作莎沙㛗女字穆天子傳盛姬之喪叔姓爲主𤸃疾也髿鬖髿髮美也唆𡁷唆小兒相應聲

集韻三　戈十二　　二二二

⿰言坐傞也動也芯芯題縣名在清河郡趖說文走意魦鮻魚名或作鮻沙亭名在元城⿰糸表編鷺羽爲衣也⿰女夋女字

⿱雨鮮小雨。遳村戈切脆也文四⿱竹坐竹名脞叢脞細碎也⿰女坐訬疾也一曰叔⿰女坐周穆王女字。侳臧戈切安也文七⿰血夋

朘⿸尸夋赤子陰也或从肉从尸挫案也莊子挫鍼治繲睉目小皃⿰女坐少皃一曰女字。矬徂禾切廣雅短也文九痤說文小腫

也一曰族絫銼說文鍑也睉說文目小也⿰女坐說文訬疾也一曰女字⿰木座桽木名櫨李也一曰車下李或作桯脞叢脞細碎也

⿱坐山山名。多𡖋當何切說文重也从重夕夕者相繹也故爲多重夕爲多重目爲曡古作𡖋或書作夛文九⿱艹⿰彳多⿰彳⿱屮多姓也或从屮茤

南夷名姼方言南楚謂婦妣曰母姼婦考曰父姼鄲漢侯國名一曰縣名在沛⿰足帶蹛林匈奴地名跢攜幼行也。佗他湯何

切彼之稱或从也通作它文十四它蛇說文虫也从虫而長象冤曲垂尾形上古艸居患它故相問無它乎或从虫詑訑說文沇州謂欺曰詑或从

也⿰麥它⿰米它餌也或从米拕拖扡說文曳也或作拖亦省鼧鼠名痑馬疲病嘽嘽嘽衆也一曰嘽嗳泣皃。駝

駞唐何切橐駝匈奴奇畜或从㐌通作它文五十三佗說文負何也一曰美也亦姓馱馬負物⿰束它橐也一曰馬上連橐驒說文驒騱野馬也一

曰青驪白鱗文如鼉魚⿱佗齒馬齒長也⿰犭它狏獸名或作狏⿰革它⿰革㐌說文馬尾⿰革它也今之般緧或从㐌⿰車它車疾馳⿰羊它

⿰羊尃⿰羊它獸名如羊四耳而九尾⿰牛它⿰角它牛無角者或从角鼧鼠名⿸疒它⿸疒㐌病也或作⿸疒㐌鮀⿰魚㐌魚名說文鮎也或作⿰魚㐌鴕

鴕鳥名似雉或从陀　䰠獸名山海經驕山有神䰠狀如人面羊角虎爪出入有光　鼉蟺鱓說文水蟲似蜥易長大或作蟺鱓　沱沲說文江別流也出嶓山東別爲沱一曰滂沱大雨或作沲　陀岮陁博雅陂陀衺也或作岮陁　㼠缶也　迱迤逶迱行皃或作迤通作佗他　跎𧿳說文蹉跎也或作𧿳　拕拖扡引也或作拖扡　袉裾也　詑訑欺也或作訑　酡酏飲而赭色著面或作酏　紽絲數也詩素絲五紽通作它他　匜與器　池呼池水名通作沱　㐌闕人名後魏桓帝猗㐌　柁木葉落　汏淅也　馳走也　䪘皮帖履也　蛇蟲名蠖也

。羅良何切說文以絲罟鳥也古者芒氏初作羅一曰帛之美者亦姓文二十　𡾊山名或書作𡾊　孋女字　蘿說文莪　籮方言箕陳魏宋楚之間謂之籮一說江南謂筐底方上圜曰籮　儸儦儸健而不德也　𪎉饠餅也或从食　𤅫水名在長沙羅縣　欏博雅欏落籬也一曰檖木別名　囉歌助聲　邏遮也　鑼鈔鑼銅器　罹遭也　蘆艸名爾雅葖蘆萉　襬衣也宋玉敬弭婢著青紋袴襬　攞攎揀也或作攎　剆擊也　𩹷魚名一身千首

。那𨙻囊何切說文西夷國安定有朝那縣一曰何也一曰安皃亦姓古作𨙻文二十　𦨶廣雅𦨶䑶多通作那　難𦋺難郤山惡也周禮方相氏率百而時難或作𦋺通作儺　梛木名　儺說文行有節也引詩佩玉之儺　𩴾說文見鬼驚詞　𪍞哪山名或作哪　哪哪哪儺人之聲　臡𦢊雜骨醬也或作𦢊　牪獸名似牛白尾　𤛫山海經甘棗之山有獸狀如犬鼠而文題名曰難食之已瘻　挪搓挪　榱㰙桹榱枝弱或作攤　𨁏足跌　娜女字　。垜陊

都戈切小堆或从𠂤文七⿰衤朶博雅⿰衤函⿰衤朶袖也埵鑄金具⿰山垂小山皃⿰木朶株也⿰禾垂博雅積也。詑訑訑土禾切欺也或
从也俗从他文八涶說文河津也在西河西⿰言禿也⿰言隋⿰言⿸𠂇月方言慧也楚謂之⿰言隋或省隋中高四下也。牠⿰角隋徒禾
切牛之無角者或作⿰角隋文十五⿰山咼山形似碢者碢碨通作⿰石隋磚橢圜而長也一曰堛鼓器名⿰土隋⿰石隋砣⿰隋瓦⿰豕瓦飛甎戲也或作
⿰石隋砣⿰隋瓦⿰豕瓦踻踒踻行踖皃惰美也磚皃⿸尸倭屬蜀⿰扌化撝也。⿱亡⿲月魚凡盧戈切魚名有翼見則大水文三十三⿱亡⿲月犬凡獸名
⿱亡⿲月馬凡驘騾說文驢父馬母或从𣎆亦作騾蘽蔂⿰土累盛土籠或作蔂樏絫十黍爲絫⿱亡⿲月木凡⿰木累木名可爲箭笴
或从𣎆⿱亡⿲月糸凡綾紋⿱亡⿲月鳥凡須𣎆鳥名鸊鷉也似鳧而小⿱亡⿲月虫凡螺蠡蝸蚌屬大者如斗出日南漲海中或作螺蠡蝸⿱亡⿲月禾凡⿰禾累
穀積也或作⿰禾累⿱艹𣎆⿱亡⿲月艹凡菜名生水中鑹⿱亡⿲月金凡鏍溫器說文銼鑹也或作𣎆鏍覶說文好視也一曰覶縷委曲也俗从爾非是嬭
順也腡手指文緺綬文⿰扌累博雅理也傫疲勞也縲大索也⿵冂⿰羽羽博雅釜也⿱彖虫蕃夷聚落謂之⿰火眞⿱彖虫瘰瘯瘰
瘻病。捼挼撋奴禾切說文推也一曰兩手相切摩也或作挼撋文五⿺丸而說文丸之孰也⿰田需博雅土也一曰城下田。嗟蹉
遭哥切易大耋之嗟王肅讀古作蹉文五⿰女差小疲也一曰未婚而夭𨀛丘名⿰彳左⿰彳左足横皃。⿰言芋于戈切拒譍也文一。韡靴
⿰革爲⿸尸⿰彳委⿸尸⿰亻委呼肥切說文鞮屬或作靴⿰革爲⿸尸⿰彳委⿸尸⿰亻委文十⿰扌化撝也⿰口靴吙吐氣也或作吙⿰目化目動譁諠也。⿰月巴於靴切手

足曲病文二俄恒俄㿹皃。𩨷丘靴切足病皃文一。瘸衢韡切手足病文一。臠驢韡切驢腸胃也文一。伽求迦切伽倍國

名文三茄菜名子可食枷梻也。胜醋伽切胞也文二姓訬疾也。佉去伽切人姓一曰神名文五呿啓口謂之呿恒

恒俄㿹皃𡚸女字㰦出气。𨑰迦居伽切迦互令不得行也或从加文三迦迦謀讖言

九。麻蔴謨加切說文與林同人所治在屋下亦姓或作蔴文十五痳風病麿緩視皃𩔰顛𢣷廝顛難語或作顛懨𥂕

博雅杯也犘牛名出巴中重千斤䵵鼊鼊似龜生海邊沙中蟆蟲名說文蝦蟆也或書作蟇𪂗雞名𡼍山名䣕收靡縣名

在益州升靡藥艸所出䵬廣雅稈也。葩苩披巴切說文華也或省文十五皅說文艸華之白也帊殘帛妑女字𦐇飛皃吧

大口皃𩬻髻皃鈀博雅鈀鉀鏑也𩈪面廣舥浮梁謂之舥蚆蠃屬形中央廣兩頭銳𧢹牛角張芭闕人名漢有侯芭

夿大也。巴邦加切說文蟲也或曰食象蛇又州名亦姓文十九蚆蠃屬爾雅蚆博而頯豝犯說文牝豕也一曰二歲能相把拏也引詩一發五豝

或从犬芭芭蕉艸名笆竹之有刺者一曰笮也𧳈獸䰾狀鈀說文兵車也一曰鐵也引司馬法晨夜內鈀車疤筋節病𧆬𧆬

皐疾𪗔齙齖齒出也吧大口皃𢼸斂也𤘽牛角相背謂之𤘽蚆螺屬兩首銳者䈈笮也通作笆妑女名𨊾兵車

也耙腊屬。爬把蒲巴切搔也又姓或从手文九杷說文收麥器一曰枇杷果名琶釋名琵琶樂器胡中馬上所鼓推手曰琵却手

曰琵因以爲名跁跁踦蹲也罷止也論語欲罷不能陸德明讀鮇魚名潖水名鵖鵖鶮鳥名○些𡰝思嗟切少也或作𡰝

文四𤸫𧝂也𣏌木名○䰿嗟𨅙差咨邪切說文咨也一曰痛惜也或作嗟古作𨅙差亦書作謎文二十𨱽山名在東海謯

博雅謯錄也瘥𡝩病也亦从女通作嗟𡟯怚驕也或作怚袓袓厲縣名一曰好也𤱼殘田也溠水名罝𦋂𦋺

說文兔网也古从糸籀作𦋺蒫薺實苴菜𦼮也一曰獵場蒩澤有草曰蒩孟子驅龍蛇而放之蒩丁公著讀𡞋女字○衺邪

徐嗟切說文𧙷也謂不正或作邪通作斜亦書作衺文十六峫山皃斜說文抒也查查查大皃䒽蒘茶屬或作蒘蒣䔑

茶蒣𦳊茅穗亦作䔑古作茶䔑菜名苴苴咩城在雲南瀉水名猘猘猘獸名㖿聲也𢜴心不直也○奢

奓詩車切說文張也籀作奓文十諸諸詉不解賒說文貰買也畬火種也䤾郤說文地名或从舍緖

緖餘殘也鍦方言南楚五湖矛謂之鍦䅈骨名○車𨋼䡒昌遮切說文輿輪之總名夏后時奚仲所造又姓籀作𨋼古作

䡒文九䡒䡒蔛艸名蛼蛼螯蟲名如蜆而大通作車硨博雅硨磲石之次王者䡅牙車通作車崋山名哆

大皃○遮庶之奢切說文遏也或省文九奲博雅父也𢹿𢹿𢹿健而不德也諸姓也闍城臺也詩出其闉闍徐邈說

嗻謶𠿒囉嗻多言或从言𡣍女字○闍堵時遮切爾雅闍謂之臺或从土文十七蛇佘姓也或作佘鉈𧴪

鍦說文短矛也或作鍦亦作鍦　它蛇虵虵屬或作蛇虵　荼艻也爾雅蒤藈荼　邪歸邪星名　斜伊稚斜匈奴單于名　狏山海經虵山有獸如狐白尾名曰狏狼　虵水名　鉈兩刃臿　訑淺意　○若人奢切蜀地名文三　惹博雅挐也　婼婼羌戎國名　○沙

沙砂師加切說文水散石也从水从少水少沙見楚東有沙水譚長說或从尐亦从石沙又姓亦州名文二十一　砦沙砦石地名在樓煩西　鈔鈔鑼器也

粆庶飴通作沙　髿髟髿髮垂皃　紗縳屬一曰紡纑通作沙　裟㲚毛衣謂之袈裟或从毛　㸺牛名　鞂䩖博雅鞈䩖鞸也或不省　㴸挓抄開語　桬桬棠木名　魦鯊說文魚名出樂浪潘國或从沙　莎莎雞蟲名　紗廣雅紗小也　麨碎麥也

挱抲引也　○叉初加切說文手指相錯也又象叉之形文十七　杈說文枝也一曰杈杷農器　差𢀩說文貣也一曰擇也一曰差不相值也籀作𢀩　扠打也　敹博雅敹鞴矢藏也　魰博雅鰈謂之魰　頦頤旁也　釵婦笄　芆艸名　瓩瓩瓿磋垢也　訍許也

鎈錢名　𦞂脯腵　剗剗物也　舣艖博雅舟也或从差　○樝楂莊加切說文果似梨而酢或作楂通作柤文二十六　柤說文木閑　担𤖈說文挹也一曰取物泥中古作𤖈　䖷摣說文叉取也或从手　䶥齟說文齬齒也或从且　𢧵

齇𦠆皻鼻上皰或从鼻从肉亦作皻　溠水名　𣵗棠木汁　查查下地名亦姓　䅳紅稻也　渣水名　謯說文謯娽也　𣸈說文水出北地直路西東入洛　蔖蒩艸名楚葵也或作蒩　䖒指按謂之䖒　𤺲疪也　𢉒屋隤皃

[米乍]淬也通作渣○髽莊華切說文喪結引禮女子髽衰弔則不髽魯臧武仲與邾戰于狐鮐魯人迎喪者髽文二檛馬杖○茬槎查鋤加切邪斫木也漢書山不茬蘖或作槎查文二十一祡燔燎祭天也柴小木也[齒虘]齟齒不正也或省苴蒫水中浮艸或作蒫虘屋隤皃[虘阝]地名[足虘]行失序鉏鉏牙物傍出也柤博雅隁也[此齒]開口見齒皃溠水名在北地痄痄疨病甚楂水中浮木一曰柴門厏厏厊不齊[衣差]衣見裼[女虘]女名○爹陟邪切廣雅父也文一○奓陟加切張也文二十四挓挓抄開皃觰[角奢][角奓]說文觰拏獸也一曰下大者也或說角上張亦从奢从奓譇謯說文譇詉著窮也或作謯[广秅]開張屋也[疒奈][月奢][月奓]博雅痕[疒奈]癜也或作[月奢][月奓][尚多]說文厚脣皃[奴齒]博雅[齒辛][奴齒][齒奢]也[月奓][月奓][月多]不密也豬豬豝亂艸[黍奓][黍奓][黍多]相黏也吒咤喥噴也怒也或作咤喥秅數也二秭爲秅一曰麻屬[禾宅]縣名在濟陰通作[广秅][忄奢]誕也潳潳㵘沾溼也胍𦙶胍𦙶腹大今謂林頭大者曰胍𦙶○[竹朶]簻檛張爪切說文箠也或作簻檛文五撾擊也膼腿也○侘抽加切侘傺失志皃文八哆張口也[疒宅]癡皃[尚多]厚脣皃[言奢][言奓]譇詉羞窮或从奓詉博雅拏也㤞㤞憏未定也○秅直加切數也說文二秭爲秅引周禮二百四十斤爲秉四秉曰筥十筥曰稯十稯曰秅四百秉爲一秅文十八捈擲也[广秅]說文開張屋也濟陰有[广秅]縣梌吳人謂刺木曰除[疒余]癜也塗涂沮洳也一曰飾也或省[足屠]跱躇不前[屠阝]亭名在馮翊[阝屠]垞丘名或作垞[穴余]窐[穴余]不正

窣宊窣深皃婇美也荼樣茶茗也一曰葭荼或从木亦省斜伊䄜斜𠛎奴單于名○孥拏女加切說文牽引也或作拏文二十一詉設諸詉著窮一曰言不可解或作設誀博雅譇誀拏也憥心亂蒘藸蒘艸名䏧膠䏧不密也䵚䵚䵚黏着絮絲耑曰絮袽說文敝衣𠘑杷𠘑搔也一曰斂也笯𥰚籠也或从袽秅烏秅西域國名茹闟人名晉有大夫茹通作拏誽說文言相誽司也摣取也𣸭潛𣸭沾溼也呶嘮呶諠也抲搦也○邪耶余遮切說文琅邪郡一曰疑辭或从耳俗从王爲琅耶非是文二十六䓉𦵛木名皮可爲席或作𦵛釾鎁鋣說文鏌釾也或从邪从耶斜梁州谷名南口曰褒北口曰斜峫山名擨歋揶擨歈舉手相弄或省亦作揶通作邪茒艸名說文茚茒也𦺳茅穗也一曰蓄積也𦲸蒣枲屬皮中索亦从木䈊𥮋竹名或从耶涂涿涂山名在匈奴中餘緒餘殘也徐邈說荼荼陵縣名在長沙枒梛椰木名出交阯高數十丈葉在其末或从邪从耶蛇關中謂毒蟲曰蛇捈抒也通作斜○遐假何加切爾雅遐遏遠也或从彳通作瑕文二十八蝦蟲名說文蝦蟆也一曰蝦蟲與水母游鍜說文錏鍜頸鎧也霞雲日氣相薄通作蝦赮赮赤色瑕說文玉小赤也一曰過也亦姓騢說文馬赤白雜毛謂色似鰕魚鰕魚名說文魵也假已也犌牛有力者𨁈說文足所履也䫗𢘑頟䫗言不正也一曰頟䫗難制或从心碬說文厲石也引春秋傳鄭公孫碬字子石韕鞎緞說文履也一曰履根後帖或从革从糸蕸葭爾雅芙蕖其葉蕸或

省叚說文豭也从彑下象其足瞍目白皃瘕說文女病也椵囚械也叚姓也春秋傳晉有叚嘉通作瑕㥦怨也𣢽歔𣢽
咽病嘏咽也○煆虛加切火氣文十九谺岈䜚𧯷㗇𠳿谽谺谷中大空皃或从山亦作𧮫𧯷閜閜蝦蟲名𨉣身傴
皃呀說文張口皃颬風吹謂之颬瘕疨喉病或从牙鰕魚名欱博雅息也訶廣雅訶訶笑也嘏咽也太玄
爲嘏啎宋惟幹讀閜門閜也㦛㦛怍無志○齣丘加切字林大齧也文十跒跁跒蹲也㤎恪恐怯伏態或从客
柯𢹂抲抲撝也或作𢹂抲𡣍亞𡣍女婀也欱出氣也加膠加戾也王逸說○嘉佳居牙切說文美也或作佳亦姓
文四十六加說文語相增加也家宊家說文居也爾雅牖戶之間謂之扆其內謂之家古作宊家珈說文婦人首飾引詩副笄六珈通作
笳髲𣯛袈毛衣謂之髲裟或作𣯛袈幏蠻夷稅布跏屈足坐也痂𦊬說文疥也或作𦊬瘕病也枷耞
說文拂也淮南謂之柍或作耞迦迦說文迦互令不得行也或省笳胡人卷蘆葉吹之也蕸芙蕖葉也通作葭葭說文葦之未秀
者茄說文芙蕖莖一曰地名豭猳說文牡豕也或从犬貑亂如熊黃白文關西呼曰貑羆犌爾雅牛絕有力欣犌麚
麚說文牡鹿以夏至解角或作麚𤞣玃也鴚鵝鴐鳥名廣雅鴚鵞鴈也或作鵝鴐鴐亦書作駕𧦝誣也架米也𧊵
米中黑蟲椵囚械也通作枷鴐人名左氏傳有榮駕鵝䅘䅘支穀名𥐟石名𦺇艸名泇水名腵腸病𧊵

蟲名蟼蟆蛙類⿰禾加禾也瑕垂瑕地名○雅鴉鵶於加切說文楚烏也一名鷽一名卑居秦謂之雅或作鴉鵶文十八烏烏秅西域
國名去長安九千九百五十里錏鐚說文錏鍜頸鎧也或作鐚亞伊優亞者辭未定東方朔說⿱宀亞⿱宀亞窫不正⿰足亞道岐椏方言
江東謂樹岐為杈椏⿰亞欠氣逆丫物之跂頭者⿰石亞土不平謂之⿰石亞一曰石名⿰亞刂博雅剜也一曰剄也⿰犭亞⿰犭亞犽赤子啞啞嘔小兒
學言俹傲也婭婭⿰女余態也○牙牛加切說文牡齒也象上下相錯之形古作𤘐牙一曰旗名文十九齖齖齵齒不正芽說文
萌芽怑惡怑伏態枒說文木也一曰車輞會亦通作牙⿰禾牙穇也⿰扌牙扠⿰扌牙不正吾允吾縣名在金城郡⿰氵邪縣名在馮翊衙
彭衙地名一曰古者軍行有牙尊者所在後人因以所治為衙又姓犽獸名似貛而長⿰牙子吳人謂赤子曰⿰犭亞⿰牙子雅人名尚書有君雅通作牙疨
痄疨病甚笌筍也⿱罒牙兔罟庌⿸广乍庌不齊涯涘也○華荂胡瓜切說文榮也古作荂文二十三崋山名通作
華驊騮駿馬名或作騮譁嘩讙也或从口鷨䳸山雉名或从隹⿰虫華大蛇名善啖小蛇茉鋘
鏵說文兩刃臿也从木象形宋魏曰茉或作鋘鏵划找舟進竿謂之划或从手侉怯也痛也樺木名⿰禾華禾盛也
⿰忄華心侈也⿰扌瓜寬也鼃蟲名蝦蟇也⿱炎木熾也○譁呼瓜切說文讙也文十一華花蘤爾雅華荂也或从化
亦作蘤匕變也蛙蟲名蝦蟇也謣譍也蔿博雅譌也⿰扌化撝也⿰忄瓜夸誕也吪口開○誇䛩枯瓜

切說文譀也古作𧪞通作夸文十八侉說文備詞也夸奔說文奢也或作奔荂榮也姱喜皃一曰好也⿰身夸⿰身夸躰體柔通作夸鮬魚名胯股閒恗心自大也跨吴人謂大坐曰跨⿰石夸磐石髃⿰骨危髃髂上骨⿰日夸闕人名邾妻叔術子⿰日夸佤蓏佤邪離絶皃或作蓏婐女侍也○瓜姑華切說文㼌也俗作苽非是文二十三抓引也擊也⿰𧾷瓜踻足理文或从咼腡手指文瘑病也婐女侍也歄弱皃媧古之神聖女亦姓緺綬青紫色文騧⿰馬𤔔䯄說文黄馬黑喙籀从𤔔或作䯄蝸蟲名說文蝸蠃也渦水名在淮陽⿰女瓜女名⿰咼頁短頸也柧棱也⿰目咼⿰目瓜目也或作⿰目瓜⿰瓜刂割也胍胍肚腹大佤佤邪離絶皃○窊窳溛烏瓜切說文汚衺下也亦作窳或从水文十八⿱大瓜說文⿱大瓜大也窐說文甑空也⿰田瓜⿰田瓜留地名在絳洼⿰氵亞說文深池也一曰曲也或从亞窪說文清水也一曰窊也鼃蛙蟲名說文蝦蟇也或从虫汙鑿池也禮有汙尊搲手捉哇淫樂⿱雨圭蹄涔也抓博雅引也呱兒啼⿰月窊⿰月窊⿰月羅臚腹下肉○⿰亻欠⿰瓜欠吾瓜切歄⿰亻欠弱皃或从瓜文六⿰骨危⿰骨危髃髂上骨譁譌方言化也或作譌姽婐也一曰身弱皃○苛黑嗟切辨察也鄭康成曰苛其出入文一○哶彌嗟切苴哶城名在雲南文一○捼儒邪切揉也關中語文一○挫祖加切折也周禮凡揉牙內不挫李軌說文一○⿰石虘七邪切石也文一○⿱大且才邪切大口皃文一○儸利遮切儸儸健而不德文三囉囉嗹多言⿰月羅臚腹下肉

十。陽𨼆 余章切說文高明也又姓古作𨼆文五十六 昜 說文開也一曰飛揚一曰長也一曰彊者眾皃 暘湯 說文日出

也引書暘谷或作湯通作陽 崵 說文崵山在遼西一曰嵎銕崵谷也一曰首崵山在洛陽 煬烊 爍金也或作烊 揚敭 說文飛舉也又州名

古作敭 徉 廣雅彷徉徒倚也 佯 弱也 詳 詐也通作佯 諹 譽也讙也 愓 方言婬愓游也 𡖈 多也 羏 美善也通作洋

洋 洋洋盛大也 眻暘 眉間曰眻一曰目美也或作暘通作揚 鐊鍚 說文馬頭飾也引詩鉤膺鏤鍚一曰鍱車輪鐵或作錫通作𩌏 楊 說文

瘍痒𤸫傷 說文頭創也一曰創癰也或作痒𤸫傷 颺 說文風所飛揚也 瑒 玉名 輰 博雅輰轙柳車也 楊 說文

木也又姓 样 方言槌齊謂之样 𥂕 杯也 蕩 艸名 芊 芊菒藥艸 鴹 鸉鴹鳥名舞則將雨通作羊 鸉鶍 鳥名

爾雅楊鳥白鷢似鷹尾上白或作鶍 羊 說文祥也从𦍌象頭角足尾之形孔子曰牛羊之字以形舉也 蛘 蟲名 垟 墳垟土怪 騴 馬名 鰑

魚名鮦也 禓 說文道上祭 將 雜名周禮伯用將劉昌宗讀 霷 十月為霷通作陽 𥳑 博雅篙𥳑筕篖也 𩌏 馬鞙 薚 艸名

𥬪 竹名 𢏗 弓曲 戥 戈昜也 勨 勸也 眻𥉁 明也或从祥 煬 炙燥也 婸 女名 ○芳 敷方切說文香艸也又姓文七

妨彷㤃 說文害也或作彷㤃 𦬒汸 山海經箕尾之山𦬒木出焉或从方 雱 雱雱雪皃 ○方汸放舫 分房切說文併

船也象兩舟或从木亦作放舫方一曰矩也道也類也且也亦姓文二十四 𪕃 地鼠 坊埅 說文邑里之名或从防 邡 說文什邡廣漢縣 肪 說文

肥也䟛曲脛也鈁説文方鍾也博雅鑋謂之鈁一曰鑊屬祊周禮祭四方之名枋説文木可作車一説蜀人以木偃魚曰枋秲
禾名牥牛名日行三百里能行流沙中鴋䳆鳥名説文鴋澤虞也字林鶭鴋人面鳥身或从隹蚄虸蚄蟲名食苗者防北也通作方
匚𠃊匚説文受物之器古作𠃊籒作匚閍巷門⿱竹方竹器。房符方切説文室在旁也又姓古書作防文十三防埅坊
説文隄也或作埅坊又地名汸水名仿彷防佯徙倚或从彳通作方方方輿縣名在山陽郡鴋䳆鳥名澤虞也或从隹魴
鰟説文赤尾魚或从旁肪脂也。亡兦武方切説文逃也一曰無也或作兦文二十一妄無也禮妄常以儒相詬病忘説文不識也
⿱亡朙望也忘也望在外望其還也朢𦣠月滿與日相朢也或省邙洛陽北山名一曰惡名在沛⿱⿰山亡心山名杗説文棟也引爾
雅杗廇謂之梁芒説文艸耑⿰禾亡䅒稻稃也或从芒⿱芒心艸名説文杜榮也似茅可爲繩一曰⿱芒心憂萱也⿰言望責望也硭硭硝藥石
山石中採之布於芒上沃以水以盆覆之經宿飛著盆故曰硭硝其布於木皮曰朴硝通作芒鋩刃端罔汪罔氏長狄之君⿰⿱亡禾阝郡名一曰鄉名在藍田
汒谷名在盩厔。襄𤕦𡗉思將切説文漢令云解衣耕謂之襄一曰除也上也駕也成也篆作𤕦古作𡗉文二十二緗淺黃
色纕佩帶一曰馬腹帶瓖玉名一曰馬帶玦驤説文馬之低卬也一曰馬後右足白儴爾雅因也⿰彳襄⿰彳襄徉逍遙也一曰行皃
相説文省視也引易地可觀者莫可觀於木引詩相鼠有皮𢪋及也欀木名出交趾皮中有物如米屑之可食廂廡也箱説文大車

牝服一曰竹器 蘘葙 青蘘藥艸或从相 瀼 水皃通作蘘 湘 說文水出零陵陽海山北入江 鑲 兵器 [illegible] 斂也 蠰 蟷蠰蟲名蟷蜋也 倡 狂也太玄物咸倜倡宋衷讀 ○瑲 千羊切說文玉聲也引詩鞗革有瑲一曰樂聲或作鏘鎗創 文二十五 將 請也 槍 [illegible] 說文岠也一曰剡木傷盜曰槍或从矛 蹌 [illegible] 說文動也一曰舞皃古作[illegible] 𨇊 說文行皃引詩管磬𨇊𨇊或書作蹡 謒 語輕也 斨 說文方銎斧也引詩又缺我斨 牄 [illegible] 說文鳥獸來食聲也引虞書鳥獸牄牄或从鳥 嶈 山高皃 [illegible] 傷也 [illegible] 亦从倉 搶 集也突也莊子搶榆枋 嗆 鳥食也一曰黑皃 篬箐 竹名或作箐 [illegible] 小齒 [illegible] 額也 鶬 鳥名 閶 門聲

○將 資良切有漸之詞一曰且也大也領也送也文十三 [illegible] 摪 說文扶也或作摪通作將 [illegible] 柯也或書作槳 [illegible] [illegible] 漿 說文酢[illegible]也古作[illegible]或作漿 蔣 艸名說文苽蔣也 螿 蟬屬 鱂 鱂鱂魚名 [illegible] 席也 戕 戕戕橛也 [illegible] 亭名 ○詳 徐羊切說文審議也文十七 祥 說文福也一曰善也 佯 弱也 [illegible] 女鬼一曰殘也 庠 說文禮官養老夏曰校殷曰庠周曰序 痒 說文瘍也 翔 [illegible] 說文回飛也或从鳥 [illegible] 趨行也通作翔 [illegible] 山名 洋 說文水出齊臨朐高山東北入鉅定一曰洋洋水盛皃 [illegible] 菜名 [illegible] 多也 禓 道上祭 样 槌也 嬙 女字也 眻 明也 ○牆 [illegible] [illegible] 墻 慈良切說文垣蔽也籀作[illegible][illegible]或作墻文十六 廧 [illegible] 廧咎如赤狄別種或省 檣 艢 [illegible] 婢倉颿柱也或作艢[illegible] 戕 說文槍也春秋傳自外曰戕 [illegible] 說文山峻也 嬙 婦官也 薔 蘠

艸名說文薔靡虋冬也或省 佯弱也 奘妄强犬也 ○商𠷎𠹎𠷔𠷗𠷕尸羊切說文从外知內也一曰刻也一曰契所封地名亦姓一曰徵音之所生古作𠷎𠹎𠷔𠷗籀作𠷕文四十三 𧶠說文行賈也通作商 觴𥂕𧢣說文觶實曰觴虛曰觶或从酉籀作𧢣 傷說文創也 慯痛也憂也通作傷 殤說文不成人也年十九至十六死爲長殤十五至十二死爲中殤十一至八歲死爲下殤 𥏫說文傷也 禓強鬼也一曰祭名或作禓 塲場暘蝪方言蚍蜉犁鼠之塲謂之坻塲一曰浮壤或作場暘蝪 湯𣼝湯湯水流皃或作𣼝 蔏鬺𩱧𩰲說文煑也或作鬺𩱧𩰲 𪐩黑也 饟餉餳𩜶饁也或作餉餳𩜶 痌瘍憂疾或从商 蔏艸名蔏蔞蒿也一曰蔏陸馬尾 𪀔𪀔鷞鳥名一曰𪀔鷞鷟黃 螪蟲名爾雅蛶螪何一曰蜥蜴類 愓愓愓行 煬諡也魯有煬公徐邈說 蠰蟲名爾雅蠰齧桑似天牛 踼躩踼蹡動皃 汸水名 滳水名 ○昌𠱃出良切說文美言也一曰日光也中詩東方昌矣又州名亦姓籀作𠱃文十六 倡娼樂也或从女 閶閶說文天門也楚人名門曰閶闔或作閶 琩琩玩璗夷充耳 裮帽博雅披裮不帶也或从巾 猖猖狂也 菖菖蒲艸名蓀也通作昌 鯧鯧鯸魚名 ⿰昌鳥廣⿰昌鳥鳳皇屬 ⿰禾昌穅也 淐水名 ⿰虫昌小蠃 ○章諸良切說文樂竟爲一章从音从十十數之終也一曰采也亦姓文二十二 暲日光上進皃 彰說文文彰也 嫜傽夫之兄曰兄嫜或从人 遧迵遧透也 𢕌𢕌徨行不正 慞慞惶懼也 璋說文剡上爲圭半圭爲璋引禮六幣圭以馬璋以皮璧以帛琮以錦琥以繡璜

以輔墇障𢊍壅也或作障𢊍通作鄣鄣說文紀邑也韓馬䡴漳水名說文濁漳出上黨長子鹿谷山東入清漳
清漳出沾山大要谷北入河南漳出南郡臨沮𦱊說文艸也樟豫樟木名麞獐說文麋屬或从犬𪈼𪈼渠水雞也商
度也尚書我商賚汝徐邈讀蔏蔏藋艸名○常裳辰羊切說文下帬也或从衣常一曰天子旗名一曰久也又州名亦姓文十六嘗甞
𨡓說文口之味也一曰試也一曰秋祭名亦姓或作甞嘗尚主也漢官也書主大計徜博雅徜徉戲蕩也償說文還也鋿鏛磨鉦也
一曰車輪繞鐵或从常鱨魚名說文揚也鶮𨿽鶮鶮鳥名或从隹𢡃人行五常也通作常瑺玉名𦳝艸名○穰
如陽切說文黍䅋已治者一曰豐也又姓文二十七禳說文磔禳祀除癘殃也古者燧人禜子所造儴因也鬤𣯍鬡鬤或从毛攘
𢿭襄說文推也古作𢿭襄孃煩擾也一曰肥大懹恇懹怯遽也鑲說文作型中腸也一曰兵器纕說文援臂也瓤
瓠瓤瓜中𨟚說文今南陽穰縣是瀼䨒瀼瀼露也或作䨒襄釀博雅釀醢葅也蘘艸名說文蘘荷也一名蒚葙
䉴說文裹也一曰漉米竹器獽獸名狨屬蜀也蘘艸名可作縻緶蠰蟲名說文蟷蠰也𦢊秦晉謂肥曰𦢊壤土也
驤馬右足白𨇁距躟行遽也勷劻勷遽皃○霜師莊切說文喪也成物者文十一孀嫠也驦騻驌驦良馬名或
从爽通作爽鷞鸘說文鷫鷞也西方神鳥或从霜蠰蟲名爾雅蠰齧桑長角體有白點緗淺黃也湘水名在零陵爽

差也明也騻騯騻馬淺黃色。刅創刱刱刅刑戧初良切說文傷也从刃从一或作創刱刱刑古作戧文十瘡痏也滄寒也瑲玉聲愴悲也。莊𦨭側羊切恭也爾雅六達之道謂之莊亦姓古作𦨭俗作庄非是文十妝娤糚糚說文飾也或作娤糚糚裝說文裹也牂妄強犬也樁木名似豫章其小似桃故生七年乃知𥂴楊州謂杯爲𥂴。牀床仕莊切說文安身之坐者或作床文六霜滜霜霜急雨或作滜𤕰說文扶也疒病也。張仲良切說文施弓弦也一曰開也亦姓文七䛫譸䛫誑也通作張賬目大也餦餦餭餳也一曰餅也通作粻粻糧也漲水大皃倀狂也。萇抽良切說文艸枝枝相植葉葉相當文四倀說文狂也一曰仆也一曰倀倀無見皃瞠直視皃鼞鼓聲。長镸兂𠑿仲良切說文久遠也古作镸兂𠑿文十八𨃌方言北燕之郊謂跪曰𨃌腸膓說文大小腸也或作膓場塲畼說文祭神道也一曰田不耕一曰治穀田也或作塲畼瓺方言朝鮮洌水之間謂罃爲瓺䕋雞䕋菜也萇艸名說文萇楚銚弋一曰羊桃又姓𧍯蟲名博雅𧍯蠰蛈蜓也倀狂也粻糧也䕋遂䕋艸名一曰馬尾悵恨也。皀良目戶㐭呂張切說文善也一曰甚也亦姓隸作良古作目戶㐭文三十五筤博雅筤謂之笭量量說文稱輕重也古作量糧粮說文穀也或作粮粱粱說文米名或从禾梁渿說文水橋也一曰梁棟古作渿梁又國名亦姓涼說文薄也亦州名凉薄寒一曰凉𩗴䬉說文北風謂之𩗴或从良𠔆諒說文事有不善言諒也引爾雅涼薄也䝧賦斂也綡纜也䣼博雅漿也通作涼⿰足梁跳⿰足梁走也踉踉蹡欲行也悢悲也椋木名說文即來也⿰牛京說文牻牛也引春秋傳牻⿰牛京騡山海經大封國有文馬縞身朱鬣名曰吉騡蜋蟲名爾雅蛣蜣蜋輬說文臥車也故遂爲喪車合二名而呼之也亮諒信也或作諒稂童粱也俍良工也䯬股內謂之䯬○孃尼良切說文煩擾也一曰肥大也文四瓤瓜實鑲兵器娘女字○⿱黍甘香薌虛良切說文芳也一曰穀气也引春秋傳黍稷馨香或省亦作薌文十一皀穀之馨也象嘉穀在裹中之形鄉說文國離邑民所封鄉也嗇夫別治封圻之內六鄉六卿治之又姓膷牛之美者麘麝麘獸名啍愚皃饗享享也或作享○羌⿰犭羌⿱山兆墟羊切說文西戎牧羊人也从人南方蠻閩从虫北方狄从犬東方貉从豸西方羌从羊此六種也西南僰人僬僥从人蓋在坤地頗有順理之性唯東夷从大大人也夷俗仁仁者壽有君子不死之國亦从犬又姓古作⿱山兆文七蜣蜋蜣蜋蟲名或作蜋慶亂也通作羌⿰氵羌水名○⿱艹彊薑居良切說文御溼之菜或省文二十二畕說文比田也從二田畺疆疅壃彊說文界也從畕三其界畫也或作疆疅壃彊姜說文神農居姜水以爲姓倞強也僵說文僨也⿰冫畺凍凝⿰女畺奶不礓礫也橿說文枋也一曰鉏柄⿰牛畺⿰牛姜說文牛長脊也或从姜繮韁說文馬紲也或从革⿰虫畺蠶白死葁山艸⿰羽京⿰羽京⿰羽京鵲行皃通作彏○彊弜渠良切說文弓有力也或作弜一曰勝也亦姓文十二強⿰弓⿱畺虫蟲名說文蚚也籀作⿰弓⿱畺虫勥⿰彊力說文迫也古作⿰彊力⿰魚畺

鯨大魚也或作鯨 蘠蘠蘪艸名百合也 𢹂扶持皃 漒水名在河南 嬙女字或書作嬙 。央於良切說文中央也一曰久也

文二十 姎袂𥘉說文咎也或从示古作𥘉 鞅馬頸革 䵬䵬黽屬从黽 𩶱魚名 鴦說文鴛鴦也 咉唐聲

鉠鈴聲謂之鉠 泱說文滃也謂雲氣起皃一曰泱泱水深廣也 秧說文禾若秧穰也一曰蒔謂之秧 雵雲皃 佒身傴謂之佒一

曰樂也 胦脖胦臍也 怏怏然自失之意 狭獸名狢也 紻纓謂之紻 英稻初生未移者 。王于方切說文天下所歸往也董仲舒

曰古之造文者三畫而連其中謂之王三者天地人也而參通之者王也孔子曰一貫三爲王又姓文十 虹蟲名方言促織南楚謂之虹蟋 魟魚名鮪也 往

行遽皃 騜馬黃白色 𦏈翿也舞者執以祀星 往之也 惶恐也 餭餦餭餳也 徨彷徨往來 。匡曲王

切說文飲器筥也或从竹亦省匡一曰正也又地名亦姓文二十四 迋戾也 𨛍邼說文河東聞喜鄉隸省 蚟火蝦 洭洭說文水出

桂陽縣盧聚山洭浦關爲桂水隸省 恇恇說文怯也隸省 劻𢓜劻勷遽也或作𢓜 𩬍𩬍鬤髮亂 茥方言隨也一曰艸名 軭

車戾謂之軭 眶𩑶目厓或从頁 框牀門謂之框 軖繅輪車也 閠門周木也 𦛨腔也 𨇨䢗距蹼行遽或从走 。

𤞟狂㤮渠王切說文猘犬也一曰躁也隸作狂古作㤮或書作𤝶文十七 𣏌汲具 𣳃水皃 軖說文方車也一曰一輪車 軭

軖說文車戾也或省 鮏大魚或書作𩸔 𪀔𨿾鳥名鴟屬五色有冠者或从隹通作狂 㞷呈艸木妄生古作呈 迋妄也

應劭讀漢書廷吾兄也俇俇儴惶遽也抂抂攘亂皃框框枢也○㤮俱王切狂也文一○卬魚𡘾切卬卬君德也文一
十一○唐啺⿰昜夫⿸广昜徒郎切說文大言也又國名亦姓古作啺⿰昜夫⿸广昜文六十六餹糖糃餳方言餳謂之餹或作糖糃
餳搪方言張也傏揬也通作唐塘踼說文跌踼也一曰搶也逿過也堂坣臺說文殿也古作坣籀从高省隚殿基謂之
隚鄌⿰堂阝說文地名或省塘偃豬也通作⿰阝唐磄磄⿰石虎恠石溏滒溏淖也一曰池也⿰冫唐滂溏凍相著皃煻熱灰謂之煻煨闛
說文闛闛盛皃⿵門唐閬高門謂之⿵門唐或从良鎕說文鎕銻火齊瑭博雅瑭璑玉也⿺麥唐小餅有耳者曰⿺麥它⿺麥唐蓎艸名爾雅蓎蒙女蘿
篖符篖竹席直文而粗者棠木名說文牡曰棠牡曰杜或書作⿰木尚榶木名棣也通作唐摚博雅距也簹篔也⿰車唐⿰車堂
輎兵車也或从堂亦省橖車木⿰赤唐赤色鶶䧜鳥名爾雅鷵鶶鶶似烏蒼白色或从隹⿰馬唐馬色⿸唐毛博雅⿸唐毛毦罽也
⿰牜唐⿰牜堂牛名或从堂⿺鼠唐⿺鼠唐⿺鼠唐鼠屬一曰易腸鼠謂一月三易腸⿰魚唐魚名博雅魧⿰魚唐魠也螗蜩螗蟲名蟬也螳螳蜋蟲名通作螗
蝪蟲名爾雅王蛈蝪形似鼅鼄隯爾雅廟中路謂之隯通作唐⿰土蓎蕪菁一名⿱艹殿⿰土蓎愓方言佚愓緩也嵣⿰山亡嵣山名禟祜也
鄌國名糃精米漟溪也膅肥也⿵風唐風皃⿰豕唐豕名⿰禾唐蜀人謂黍曰⿰禾唐稆碭石之有文者一曰山名⿰女唐⿰女堂
女字亦从堂○當都郎切說文田相值也文十八儅倘儅不當也襠裲襠衣名璫充耳也鐺說文鋃鐺也簹篔簹竹名

櫑木名譡忠言轞車轞通作欓穡根穡禾皃艡艇艡舟也⿰當瓜當瓜瓤瓜中也⿱艹當艸名⿱當䖵蟲名說文⿱當䖵蠰不過

也或書作⿱當䖵⿰耳當⿰月當耳下垂謂之⿰耳當或从肉澢水也⿰當瓦甌屬一曰題題謂之⿰當瓦溝。湯他郎切說文熱水也又姓文二十三蕩

簜水名東至內黃澤西山或从竹通作湯膛肥皃鏜鐺說文鐘鼓之聲引詩擊鼓其鏜一曰鐵貫物謂之鏜或从當鼞闛

⿱長壴闛闣鞺說文鼓聲也引詩擊鼓其鼞或作闛⿱長壴闛闣鞺瞠𥉶直視也或从棠搪揬也趤走皃踼蹚

跌踼行不正皃或从堂盪滌器也蝪玉蛈蝪蟲名薚⿱艹昜艸名爾雅蓫薚馬尾一曰蔏陸或省倘止皃莊子倘然止。郎

盧當切說文魯亭也一曰宮名亦姓文三十八廊博雅康廊舍也㝗䆡說文康也或从穴閬高門也躴長身也哴號極

無聲曰㖫哴一曰兒啼不上䀶目病㰠歁㰠貪皃⿰骨良博雅骯⿰骨良骬也踉踉蹡行皃一曰欲行輬轒輬兵車艆舟名浪

滄浪水名南入江一曰浪浪流皃㟍峻㟍山名冬至日所入硠說文石聲一曰硠硠堅也琅⿰王筤說文琅玕似珠者一曰琅邪郡古作⿰王筤俗作瑯

非是鋃說文鋃鐺鎖也𥎦說文矛屬茛說文艸也⿱艹狼蒗蒗毒藥艸或从浪筤筤謂之笑一曰籃也蓈稂

說文禾粟之采生而不成者謂之董蓈或从禾桹說文高木也一說桄桹屑之如麪可食羹䐳也魯頌楚辭急就篇與房漿穅爲韻榔賓榔

木名⿰良鳥⿰良鳥鷞鳩也狼說文似犬銳頭白頰高前廣後亦姓駺馬尾白駺䱶蟹其雄曰䱶鱧蜋蟲名說文堂蜋也一名蚚父⿸广良

高也瓬器名勀有力也鄸不鄸色名通作羮○𡅅囊奴當切說文橐也一曰有底曰𡅅無底曰橐亦姓隸作囊文十一蠰
蠰蟷蠰蟲名螗蜋也或从囊欜木名灢䨶露盛皃詩零露灢灢徐邈讀或从雨瓤瓤瓤瓜瓣孃煩擾也蘘𧅩
䍧蘘艸名皮可作綆古作𧅩○幫𩏊縍𩋑𢾺逋旁切治履邊也或作𩏊縍𩋑𢾺文十二𢹌捍也並也䣊舽如杯酒曰
䣊或从角彭多皃詩行人彭彭搒掠也㥬並將牛也謗毀也○滂雱霶𩅻雱鋪郎切說文沛也或作雱霶𩅻雱文十
三滂滂磄凍相著皃磅隕石聲膀脹也鎊削也榜木名𣂆說文量物溢也牓履編模也旁旁磗混同也䧛
鄉名在銅陽○㫄旁𠬛𣃟𣃦㝑蒲光切說文溥也爾雅二達謂之歧旁隸作旁古作𠬛𣃟籀作𣃦或作㝑文三十三房阿房秦宮
名傍徬說文近也或从彳㥬㥬惶恐也彷方彷徉徘徊也或作方膀髈說文脅也或从骨趽足曲謂之趽𨂪踉𨂪
欲行皃䧛說文汝南鮦陽亭磅磅石聲稖䅭博雅稖稈穄也或从米蒡艸名爾雅蒡隱荵似蘇有毛可為菹篣箕篣屬騯
馬盛皃螃螃蜞蠏屬琣瑭琣玉名彭壯也一曰彭亨驕滿皃王肅說盳盳洋仰視皃滂水流聲漢書滂湟流溉郭璞讀鬔鬔髟髮亂也
𣂆量溢者斛嫎女字𢏷𢎵弦急也或省○芒茫謨郎切芒芒廣大皃或从水芒又姓文二十八𥐥㟐硭砬碭山名
或从山从芒通作芒汒谷名在京兆邙說文河南洛陽北土山上邑郲鄉名在藍田𥝮渠也㡆𢃆㠩周禮㡆氏堂湅絲帛或省

亦从芒忙心迫也吂罔而不荅曰吂朚䒽博雅遽也或作䒽䀮目不明也𣈶𣅺半熟也或省蘉勉也𥧌寐言

莽莽蒼艸野之色盳盳洋仰視皃䋾絲曼延也𡾰山名恾憂皃𤰶曠野或書作亩田妔女字○桑𣜩𣓴

蘇郎切說文蠶所食葉木也又姓古作𣜩籀作𣓴或書作桒文十四𠷎喪𠸶䘮𡃄說文亾也从哭从亾會意隸作喪古作𠷎𠸶䘮𡃄

驦騻馬色黃尾白或从桑縔纕緗縔淺黃也或从襄顙額也○倉仺千剛切說文穀藏也倉黃取而藏之故謂之倉又姓奇字

作仺文十七𠥻說文古器也蒼𦰡說文艸色也又姓古作𦰡篬竹色滄𣴑滄𣶒說文寒也古作𣴑𣶒或从仌滄一曰水名亦州名

鶬鶬鳥名說文麋鴰也或从隹牄牛名瑲玉色搶搶搪鋸也䭚食也傖傖囊亂皃○臧𦣞𢧵茲郎切說

文善也又姓古作𦣞籀作𢧵通作藏文十二贓受賕曰贓藏艸名似亂𤖨博雅𤖨戕杙也牂將羘說文牂羊也或作將羘样

槌也𥉾明也𦯈塵也○藏臧𠥪𠥘慈郎切說文匿也或作臧古作𠥪𠥘文八𦯈塵也周禮以相𦯈埋劉昌宗讀鑶鈴聲

𣽁没也𡾮岇𡾮山高○鴦於郎切鴛鴦匹鳥文十九𧳜𤞜江東呼貉爲𧳜𤞜或从犬抰打也𪚝龜屬頭喙似鵝

佒傴佒體不申皃姎女人自稱眏眏䁩目皃咉譍聲泱泱泱弘大也春秋傳泱泱乎大風一曰水深廣皃央中央也一曰盡也鞅

博雅鞅罔無賴也䱀魚名善醒酒坱塵埃也嫈小心態胦脖胦臍也殃敗也鉠鉠鉠鈴聲秧栽也一曰秧穰禾下葉多

○炕虛郎切張也爾雅守宮槐葉晝聶宵炕文七　欿飲欿貪皃　𥇊狼𥇊南夷國名　黋黑皃　忼咉忼很戾　𦤺臭也　㾜气疾。

穅康糠粇丘岡切說文穀皮也古作康或作糠粇文二十七　康樂也爾雅道五達爲康又州名亦姓　歑說文飢虛也通作康　㝩

𥦃說文屋㝩寊也謂屋閑或从穴　⿰阝康槺⿱艹康虛也司馬相如作槺鄭康成作荒　漮說文水虛也一曰外名在伊闕　㼩甈㼩甈陶器

或从荒通作康　𥉽映𥉽目皃　躿長身謂之躿躴　邟城名在陽翟　砊砊磕雷聲　⿰虫康⿰虫康蜋蟲名蜻蛉也　炕灼也　𥖧石聲　嵻

嵻峎山名　廊地名在西羌　慷忼慷慨歎也或作忼　閌門高皃　嫝女字　○岡居郎切說文山脊也或書作𡵂通作阬俗

作崗堽非是文二十九　剛但說文彊斷也古作但或書作信　鋼堅鐵　綱杔說文維紘繩也古作杔　𤱪說文境也一曰陌也趙魏謂陌

爲𤱪　堈壠也　亢頏肮說文人頸也一曰咽也或从頁从肉亢亦星名　掆抗扛舉也或作抗扛　棡橫牆木　𦬹艸名葉似蒲叢生

犅牨說文特牛也或从亢通作剛　迒獸迹　魧蚢說文大貝也一曰魚膏或作蚢　笐說文竹列也一曰弦加竹謂之笐　阬地名　伉剛正

皃後漢書難經伉伉劉太常　𦬼山海經小陘之山有艸名𦬼葉如葵赤莖白華如蘡薁　𤭛𤭞鋼博雅䍃也一曰大瓮爲𤭛或作𤭞鋼　邟

縣名在潁川　○卬魚剛切說文望欲有所庶及也引詩高山卬止曰我也文一　昂日升也一曰明也　䩕說文䩕角鞮屬　䭲䭲馬怒皃一

曰馬白腹謂之䭲　枊馬柱　⿰木昂斜桷謂之飛⿰木昂　茚說文昌蒲也益州云　仰靈威仰青帝號　岇岇藏山高皃　⿱目卬舉目

視。斻航杭𦨴寒剛切說文方舟也禮天子造舟諸侯維舟大夫方舟士特舟或从舟从木亦作𦨴通作斻文二十八抗舉也邟
邑名在餘杭沆水流皃一曰渡也行列也左傳二十五人爲行胻脛也桁木在足曰械大械曰桁⿰亢羽䀪鴴鳥飛上曰⿰亢羽下曰⿰亢羽
或作䀪鴴通作頏吭頏亢咽也或作頏亢通作肮迒䟘說文獸迹也或作䟘魧魚名博雅魧鰽魧也一曰魚骨蚢紫蚢海貝
一曰蟲名食蒿者苀艸名爾雅苀東蠡筕筕篖織竹也瓬博雅工瓬也肮大脉謂之肮⿰黃亢黃也⿰忄行忼也妔女字
笐樂器有紘一曰竹名。⿰氵𡈼汪烏光切說文深廣也一曰池也隸作汪又姓文八尣⿺尣𡈼說文𡯁曲脛也或作⿺尣𡈼洸水涌也
⿰目汪⿰目汪目欲泣皃⿱汪鳥雉名其鳴自呼⿱汪女女字。巟⿰氵荒呼光切說文水廣也引易包巟用馮河或作⿰氵荒文三十三荒說文
蕪也一曰艸掩地也一曰遠也亦姓⿰禾荒⿰禾巟⿰禾芒說文虛無食也一曰果不孰爲⿰禾荒或作⿰禾巟⿰禾芒詤說文夢言也⿰目巟⿰目荒目不明也一曰
狼⿰目巟夷國名人能夜市金或作⿰目荒⿰忄巟⿰忄荒博雅忘也或作⿰忄荒肓說文心上鬲下也引春秋傳病在肓之下衁說文血也引春秋傳士封羊亦無衁
也⿱巟巾⿱巟巾博雅⿱巟巾幞帳也或从巟⿰巾巟⿰巾荒⿰巾芒說文設色之工治絲練者一曰⿰巾巟隔或从荒以芒⿰糸巟⿰糸荒說文絲曼延也或从
荒⿰日巟旱熱也⿰馬巟⿰馬荒說文馬奔也或从荒⿰巟瓦⿰荒瓦器也或从荒鄺姓也芒歲在巳曰大芒駱通作荒⿱宀巟博雅居也
通作巟⿰巟朙說文翌也⿰巟邑縣名⿰巟見視也⿰犭荒狼屬⿰女巟女字。⿰骨光苦光切博雅⿰骨光⿰骨可也文三硄石聲⿰荒瓦⿰荒瓦[illegible]

破瑩。光炗灮𤇾𡭗灮姑黃切說文明也又州名亦姓古作炗灮𤇾𡭗或書作灮文二十五 洸潢說文水涌光也引詩有洸有潰或作潢 僙恍武也或作恍通作洸 侊盛也一曰小皃 胱膀胱脬也 横門名漢長安北有横門 桄桄榔木名一曰舟前木也 垙⿰阝光𤳉陌也或从阜从田 𨏶輄車下横木或从光通作桄 茪艸名爾雅薢茩芵茪郭璞曰芵明也一曰蔆也 ⿰馬黃⿰馬廣馬回毛在背曰闋⿰馬廣或作廣 珖玉名 闣門關也 𤖻牀下横木 姯女字 趪走皃。黃𡕛胡光切說文地之色也又姓亦州名古作𡕛文六十四 癀⿸疒皇疸病也或从皇 皇𡗗說文大也從自自始也始皇者三皇大君也亦姓古作𡗗 媓南楚謂母曰媓 趪走皃 僙武皃通作趪 遑偟說文急也一曰暇也或从人 徨徬徨彷徉也 惶說文恐也 喤說文小兒聲引詩其泣喤喤 鍠韹說文鐘聲也引詩鐘鍠鍠或从音韹一曰兵器 瑝說文玉聲也 璜說文半璧也 ⿱羽皇說文樂舞以羽𦏑自翳其首以祀星辰也通作皇 簧說文笙中簧也古者女媧作簧 篁說文竹田也一曰竹名 䅣⿰米皇說文⿰禾旁䅣也穄別名或从米 ⿰禾黃野穀 餭餦餭餌也 煌熿𪏎說文煌煇也或从黃亦作𪏎 ⿰舜㞷說文華榮也引爾雅⿰舜㞷華也古作⿰㞷舜 㞷⿱之土說文艸木妄生也古作⿱之土 堭壙博雅堂堭壂也或从黃 隍說文城池也有水曰池無水曰隍引易城復于隍 ⿰皇阝縣名在會稽 鄺古國名通作黃 潢說文積水也 湟說文水出金城臨羌塞外東入河 艎⿰舟黃艅艎吳大舟名或从黃通作皇 凰⿰皇鳥爾雅鶠鳳其雌凰或从鳥通作皇 騜⿰馬黃爾雅馬黃白騜或从黃 獚⿰犭皇博雅楚獚犬屬或从皇通作黃鱑鰉魚名或从皇蝗蟲名說文螽也蟥蟲名說文蟜蟥也䐵𦢈病腫或从允𪏽卵中黃䵃𥽃䵃麈或从米𤛫牛名𩟄糜也鷬鸝鷬鳥名撗橫艸名爾雅傅橫目一名縷艸或从木崲地名南史治寧郡有休崲湖磺名

葟博雅葟葟茂也○徍𧺆誑王切行征伀也或从走文二○瘡磢霜切瘍也文一

集韻卷之三

集韻卷之四

翰林學士兼侍讀學士朝請大夫尚書左司郎中知制誥判祕閣兼判太常禮院羣牧使上柱國濟陽郡開國侯食邑一千二百户賜紫金魚袋臣丁度等奉

敕脩定

平聲四

庚第十二居行切與耕清通　耕第十三古莖切

清第十四親盈切　青第十五倉經切獨用

蒸第十六諸仍切與登通　登第十七都騰切

尤第十八于求切與侯幽通　侯第十九胡溝切

幽第二十於虯切　侵第二十一千尋切獨用

覃第二十二徒南切與談通　談第二十三徒甘切

鹽第二十四余廉切與沾嚴通　沾第二十五他兼切

嚴第二十六魚枚切　咸第二十七胡讒切與銜凡通

銜第二十八乎監切　凡第二十九符咸切

十二。庚居行切說文位西方象秋時萬物庚庚有實也一曰道也十日名也亦姓文二十二　賡續也　更說文

改也一曰歷也償也　秔稉粳說文稻屬或作稉粳　鬻䰜鬻羹⿰月羹說文五味盉鬻也引詩亦有和

鬻或作䰜鬻羹亦从肉　鶊⿸庚隹鶬鶊鳥名鶩黃也或从隹　郠邑名在琅邪　⿺辶更⿰⻊更兔逕或从足　莄

艸名　埂秦晉謂坑爲埂　浭水名出北平　亢闕人名老聃弟子有亢桑子　㹴彼㹴犬名　邟縣名在潁

川。阬坑丘庚切說文閬也或从土从石文七　硎石也　砊砊硠石聲　劥劥動有力　妔美女　亢跡也

。亨享亯亨虛庚切嘉之會也或作享古作亯亨文九　涥水名　脝膨脝腹滿皃　悙憉悙自矜

健皃　𡜇熧𡜇肨也　哼嗆哼愚怯皃。行何庚切說文人之步趨也文十四　衡奧說文牛觸橫大木著

其角也引詩設其福衡一曰橫一木爲門也一曰平也又姓亦州名古作奧　洐說文溝水行也　珩說文佩上王也所以節行止

羹⿰月羹肉湆也亦从肉　胻說文脛耑也　⿰骨行牛脊後骨　桁屋橫木一曰葬具　筕方言筕篖籧篨直文者

蘅杜蘅香艸鶊鳥名離黃也衡角長皃。横衡胡盲切說文闌木一曰東西曰縱南北曰横或作衡文二十二

鐄鍠鐘聲或从皇煌火光襀字林襀褡小被也黌學舍通作横揘揘畢撞必也⿰鼎黃藤屬

可用織喤諠也怒也一曰小兒泣聲諻方言譟諻音也一曰大聲瑝王聲蝗螽也甋小瓦謂之甋⿰忄卬

憕⿰忄卬失志稈⿰禾旁稈穄也飌暴風潢⿰舟黃博雅筏也或从舟彋起皃韹爾雅韹韹樂也鐄大鐘也大鎌也

。諻呼横切大聲文八喤諠也揘擊也𡅅聲也謍謍謍小聲⿱𤇾羽博雅⿱𤇾羽蠘飛也鍠鼓鐘聲

⿰黃風⿰黃風颸風皃。觵觥姑横切說文兕牛角可以飲者也其狀觵觵故謂之觵或从光文十一侊說文小皃引春秋國

語侊飲不及一餐⿱罒光⿱罒厷⿴橐黃罔滿也或作⿱罒厷⿴橐黃⿰月⿱罒厷⿰月黃膨⿰月⿱罒厷大腹或作⿰月黃⿱雨吳吳王孫休子名僙

趪武皃或从走。彭禧祊横切說文門内祭先祖所以徬徨引詩祝祭于祊或作禧祊通作閍文二十

二閍宮中門⿰舟幷舟名⿰糸彭也彭衆車聲騯旁騯騯馬盛皃或省榜說文所以輔弓

弩嗙說文謌聲嗙喻也司馬相如說淮南宋蔡舞嗙喻也一曰叱也傍傍傍然不得已⿰幷力奟㔙大力也或

作㔙奟搒⿰扌方相牽也或作⿰扌方⿰土兵宂口浜溝納舟者曰浜⿰女彭⿰女朋⿰女彭夕胕也或作⿰女朋⿰犭彭大也。磅

二

磞披庚切擊石或作磞文二十三恲阬也一曰志洴泙滂水聲或作泙滂亨烹亯享

鬺煑也或作亨古作亯享鬺揨打也鑏練釜也悙憉悙自矜健皃澎萍滂澎濞水皃或作萍滂

怦博雅急也⿰木亨木弩軯軯訇車馬聲⿰弓幷絣張弦也或从糸⿰幷攵擊聲○彭蒲庚切說文鼓聲也

一曰水名在衛地一曰國名文二十六⿰車旁轟⿰車彭⿰阝旁傍車聲也或作⿰車彭⿰阝旁傍通作彭騯說文馬盛也引詩四牡騯騯通

作彭輣說文兵車也棚說文棧也趽說文曲脛馬也錋兵器鬅鬅鬆亂皃膨膨脝大腹憉憉悙自矜

健皃澎縣名在東海一曰水皃⿰旁斗量溢榜所以輔弓弩也搒笞擊也通作篣篣博雅籠也蒡艸名

爾雅蒡隱荵郭璞說稖稖程穄也蟚蟚蜞蟹屬或書作蟛⿰香旁⿰香旁馞芬芳也蒡旁勃白蒿也兔食之壽八百歲

𥡝禾密也⿱山彭聲也○盲眉耕切說文目無牟子曹萠瘖或作曹萠瘖文十九鼆說文鼆冥也⿰目黽⿰目黽盯

直視鄳縣名在江夏⿰盟阝縣名在義昌蝱虻說文齧人飛蟲或省⿰金蝱⿰金虻鎖也或省莔⿱艹蝱萺⿱艹虻

艸名說文貝母也或作⿱艹蝱萺⿱艹虻通作蝱⿱竹冏⿱竹冒竹名或作⿱竹冒黽地名在秦○趟中庚切趟趟跳躍也文五撐樘柱也

或作樘⿰尚風⿰風堂飄暴風⿰耳⿱尚疋直視○瞠⿰目棠盯憆瞭抽庚切直視也或作⿰目棠盯憆瞭文十七⿱尚疋說文距也⿱穴⿰止見

䚫正視也一曰深意或作䚫 𧿒跉𧿒行遲皃 樘橕牚樘說文衺柱也或作橕牚樘 䟓小車輚也通作樘 湞水
皃 䠀蹚距也或从棠 ○棖除庚切說文杖也一曰法也一曰棖謂之楔文十八 敞棖撜博雅揬也或从長从登 揨
䠀蹚距也或作䠀蹚 挰博雅挰掄擇也一曰舉也 盯瞪瞪盯視皃或从登 憕憕怳失志也 澄水清定也 粻糧也
䮫馬住皃 倀獨立皃 𥳫笪也 趟趟趟驚走皃 䬒䬒颺風聲 ○鬡鬤尼庚切鬡鬤髮亂皃或从襄文十 𣰶
犬多毛謂之𣰶 𡄔𡃧𡃧說文亂也一曰窒𡄔籀作𡃧或省 𦽳艸也說文䕞𦽳可以作縻緶 攘搶攘亂皃 檸吳俗謂木
椑曰檸頭 𤺊病也 ○兵⿰亻兵⿱兵廾晡明切說文械也从廾持斤并力之皃古作⿰亻兵籀作⿱兵廾文三 ○平𢆉蒲兵切說文語平舒
也从于从八八分也爰禮說亦姓古作𢆉文十四 評博雅評訂平也 坪地平也或書作坔 泙說文谷也一曰水名 枰栟枰仲
木名一曰博局或作栟 苹萍說文蓱也無根浮水而生者或作萍苹一曰藾蕭 胓博雅胓𦟝脂也 蚲蟲名博雅蚲蠽蛸也
呯呯呯聲也 抨使也 玶玉名 ○朙明眉兵切說文照也从月从囧古作明又姓亦州名文十三 盟盟盟盟說文
引周禮國有疑則盟諸侯再相與會十二歲則盟北面詔天之司慎司命盟殺牲歃血朱盤玉敦以立牛耳或从朙从明古作盟 鵬鳴博雅鵬鳴鷦鵬
鳳也或从朙 鳴說文鳥聲也 冥暗也易冥豫鄭康成讀亦書作鸎 盟鄳縣名在義陽 明視瞭也 萌蕨萌艸名 ○生

生𤯓師庚切說文進也象艸木生出土上又姓古作生唐武后作𤯓文十九甥說文謂我舅者吾謂之甥亦姓笙說文十三簧象
鳳之身正月之音物生故謂之笙大者謂之巢小者謂之和古者隨作笙一曰吳人謂蕈爲笙鉎鐵衣也牲說文牛完全猩
狌猩猩獸名能言者或从生⿱鹿生獸名似鹿而小一曰大兔鼪⿰生鳥江東呼鼬鼠爲鼪或从鳥湦闕人名曹桓公終湦姓
闕人名春秋傳蔡公孫姓甡死而更生泩水深廣皃甠甠⿰麗毛毛起皃苼地名在魯胜䐹肉○鎗鏿楚耕切說文鐘聲也
或作鏿文七槍爾雅彗星爲欃槍瑲聲也鐺釜屬通作鎗滄凔冷皃古作凔○傖鋤庚切吳人罵楚人曰傖
文八⿴行倉牄獸角長曰⿴行倉或作牄鬇⿱髟盧鬇鬡亂髮或作⿱髟盧鎗鐘聲也搶搶攘亂皃嗆嗆哼愚怯○京
居卿切說文人所爲絕高丘也一曰大也又姓文十荆⿱艹刅說文楚木也又姓亦州名古作⿱艹刅驚說文馬駭也麠⿸鹿畺麖
說文大鹿也牛尾一角或从京鶁羌鶁鳥名南方有之蟼蟲名爾雅蟼蟆蛙類⿸广京廣雅倉也婛女字○卿丘京切說文章
也六卿天官冢宰地官司徒春官宗伯夏官司馬秋官司寇冬官司空亦姓文三夘說文事之制也亦姓慶賀也擎
⿱茍廾渠京切擧也或从廾亦書作擏文十四勍說文彊也引春秋傳勍敵之人黥剠⿰黑刂說文墨刑在面也又姓或
作剠古作⿰黑刂⿰成頁博雅顩⿰成頁項也⿰埶力艸名山⿰⿱臣貝隹也⿰木敬⿱敬弓說文榜也或从弓亦書作檠⿰木竟鑋柄⿰魚畺鯨說文

海犬魚也一説雄曰鱷雌曰鯢常以五月生子於岸八月導而還海鼓浪成雷噴沫成雨水族畏之或从京 矜戈戟柄 ○迎魚京切説
文逢也文一 ○英於驚切説文艸榮而不實者一曰黃英一曰知出万人爲英又姓亦州名文二十三 柍楧説文梅也一曰江南橦村其
實謂之柍或从英 瑛説文玉光也 ⿰風英高風也 媖女人美稱 蝧蜂屬 韺博雅五韺帝嚳樂通作英 鄭地名 霙霰也通作英 渶
水名出青丘 ⿰目英目深也 鶧繼鶧鳥名通作英 央⿰巾英鮮明皃詩旂旐央央或作⿰巾英 泱泱泱雲皃通作英霙 煐人闕
名南史有張煐 廮長廊 碤水中石 鍈鉠鈴聲或省 ⿰谷英谷名 ⿰皮英青皃 ○榮于平切説文桐木也一曰屋梠之兩頭起
者爲榮一曰艸華謂之榮又姓亦州名文十 嶸崢嶸山皃或省 嵤 瑩石似玉 禜祭水旱也 蠑方言易蜥南楚或謂之蠑螈通作榮 揘
擊也 螢火蟲名 嫈女字 ⿱𤇾瓜小瓜 ○兄呼榮切説文長也一説从人口以制下文一 ○謍乙榮切謍譁聲也文一
○夻口觥切大也文二 ⿰石夻⿰石夻⿰石夻石聲
十三 ○耕畊古莖切説文犂也一曰古者井田故从井古作畊文二 ○⿰金身鏗鎮丘耕切博雅⿰金身鎗聲也或从堅
亦作鎮文二十九 ⿰扌身摃琴聲論語⿰扌身爾捨瑟而作或作摃通作鏗 摼挳説文擣頭也或作挳 ⿰开欠欬也 ⿱臤耳聣聽
視不明或从坙 ⿰山坙谷也 硜踁硜硜小人皃或作踁 硻説文餘堅也 臤堅也 轚輷説文車堅也或从冥 ⿰車貞博雅

豎也。輷輷輘車聲。牼說文牛厀下骨引春秋傳宋司馬牼字牛。羥羊名。鵛䧡鳥名或从隹。䃂硍鍾病
聲周禮高聲䃂杜子春說或作硍。誙誙誙趣死皃李頤說。娙女身長謂之娙。硎臨硎山名在吴郡吴宮以爲門名一曰磨
石一曰谷名。磬不可近也。娙魚莖切說文長好也文三。俓併急也忮也或作併。罌甖甇於莖切說
文缶也或从瓦亦作甇文三十。英䂆以羽飾矛或从矛。罃說文備火長頸缾也。鎣器也。𠞰刋木也賈思勰曰山澤林
木大者𠞰殺之。嫈說文小心態一曰嫈嫈好皃。䁝目淨皃。譻說文聲也。嚶說文鳥鳴也通作譻。謍呻也。鸚
𨿽說文鸚䳇能言鳥也或从隹。鶯鸎說文鳥也引詩有鶯其羽或作鸎。櫻櫻桃果名。莖姚莖艸名。蘡艸名博雅
燕薁蘡舌也。褮鬼衣。𧝝間采。賏說文頸飾也。瓔石次玉。嫈嫈嫇下俚婦人皃。𥌘𥌘矇目無光。鸎鸚鸎
鳥名東夷有之。譻謍怒也或作謍。諻銅器聲。莖何耕切說文枝柱一說艸曰莖竹曰箇木曰枚文九。䪫博雅
六䪫顓頊樂通作莖。牼牛膝下骨。誙誙誙趣死皃。鈃瓶甄䍧器似鍾頸長或作瓶甄䍧。鋞鑠幹。宏
𥥍乎萌切說文屋深也或从穴文三十三。厷大通也通作宏。宖說文屋響也。閎說文巷門也又姓。紘紭
說文冠卷也一曰纓从下而上者或从弘。耾𦕈博雅聾也一曰耳中聲一曰耾耾大聲或从宏。弦彋弸弦弓聲或作彋

鈜吰鏗鈜鍾鼓聲或从口硡碽博雅硡磕聲嶸巆𡾰峵𡶶說文崝嶸也或作巆𡾰峵𡶶谹說文谷中響也翃翃翃飛也或書作翃𧊈蟲名竑𨊸度也周禮竑其輻廣或作𨊸橐罖罔滿也或作𦊔汯浤汯汯迅流也或从宏揈擊也颹大風也或書作𩗴𩣑馬一歲也一曰縣名熒火光○泓烏宏切說文下深皃一曰水皃文九宖屋響也謍謍譻小聲閍試力士錘也㕬牛聲耾耳中聲弘弓聲汪水皃竤幽深皃○訇訇呼宏切說文騃言聲漢中西城有訇鄉籀不省又姓文三十䫺𩘸風聲或从甍揈拘揮也或作拘㤮𢡀惆㤮怒皃或作𢡀渹水相激聲或作瀃鍧𨰻鏗鍧鐘鼓聲或作𨰻轟輷軥說文羣車聲也或作輷軥𧦝硡䃔礯石落聲或从宏从訇从營𦒄𦑙𦐸翑𦒄𦒄飛也或作𦑙𦐸翑薨衆也疾也詩度之薨薨沈重說閎閎廊深遠也一曰大也𡾰巆大聲也或作巆耾耾耾大聲巆山深○琤初耕切說文玉聲也文十錚鏳金聲或从曾噌噌吰聲也掙博雅刺也淨冷皃鏘將鏗鏘聲也或作將棦木束也䁝呻也○爭𤕓甾莖切說文引也徐鍇曰从受丿受二手也而曳之爭之道古作𤕓文十八箏說文鼓弦竹身樂也一說秦人薄義父子爭瑟而分之因以爲名䈴說文艸葶藍皃埩耕治也𦄖綪說文紆朱縈繩一曰急弦聲或作綪

猙獸名似豹一角三尾䏳足筋䱢魚名博雅竹頭鯚也錚說文金聲也䍷羚羊名䣖國名𥞫
犁上木䡠車聲鮏魚名夝雨而見星諍訟也○崝崢嶒鋤耕切說文嶸也或作崢嶒亦書作崝文
十七竲說文北地高樓無屋者淨說文魯北城門池也埩耕治也鬇鬡鬇鬡髮亂或作鬡𦱌𦱌薴
艸亂䃘破聲䆸䆸宏屋大噌噌吰聲也䱢魚名鏳琤玉聲或从玉𢐗弓弦聲磳硱磳
石皃○朾中莖切伐木聲或作丁文十三玎玎玲玉聲𧿒跉𧿒行遲皃𤼭撜張也或作撜𥨐𥨐宏
屋響𢭃引也僜僜倜不仁憕惆憕失志䬝䬝颼風聲鬇鬇鬡髮亂猙猙獰犬毛○橙𦶊除耕切說
文橘屬或从艸文十五朾揨敦揨敥說文橦也或作揨敦揨敥敥毃揬也或作毃穻小突也䆸
䆸究響也聤審視皃湞湞陽縣名屬始興郡虰蠪虰蟷屬哼器也○儜尼耕切弱也通作嬣文九𧬍
營𧬍小聲饓食也鑏刃柄蘫薴說文艸亂也杜林說艸箏蘫皃或作薴𥢓禾芒曰𥢓嬣姘嬣女劣皃
獰猙獰大毛一曰惡也○綳繃悲萌切說文束也引墨子曰禹葬會稽桐棺三寸葛以綳之或作繃文十五絣說文氐人
殊縷布也𢇍繩以直物通作絣迸博雅𢇍也一曰行急拼抨伻迸平苹爾雅使也或作抨伻迸古作平

苹竮彈也通作拼⿰女崩謹也軯車聲螃蝦蟇類○怦⿰女平披耕切博雅急也一曰忠謹皃或作⿰女平文
二十八姘說文除也漢律齊人子妻婢姦曰姘拼伻迸平苹使也或作伻迸古作平苹通作抨抨說文
撣也閛閞闔扉聲或从并漰漰渟水聲弸弸弦弓聲砰硑匉⿰食平廣雅砰磅聲也或作硑匉古作⿰食平
軯騂車馬聲或从馬胓腹脹⿰牛平說文牛駁如星⿰羊平駁羊名一曰使羊也馮馮閎大也一曰虛廓恲㥊
忼慨也或从朋硼磞石名或从彭⿰并力大也○弸蒲萌切說文弓彊皃一曰滿也楊子弸中彪外文六㥊㥊愲怒皃
㵗㵗濞水勢相激皃馮馮大也棚博雅閣也㿿腹滿○甍橧⿰每瓦謨耕切說文屋棟也或从木亦作⿰每瓦
文十六䕅艸名似苕可爲帚⿱竹甍竹也一曰竹筍萌鋂說文艸芽也古作鋂⿱萌心心所在也通作萌俗作蕄非是甿
說文田民也氓說文民也通作萌甿嫇嫈嫇幼婦一曰小人皃矒瞑瞑矒視不明皃或作瞑盟誓約也莊子其留如
詛盟徐邈說鄳縣名在江夏橗木名○宖⿱穴弘于萌切屋響也或从穴文三⿰忄弘⿰忄弘憕失志皃○磷力耕
切砰磷峻皃文四輘輷輘車聲駖馬衆聲玲玲玎玉聲
十四○清親盈切說文朖也澂水之皃文六鯖魚名圊博雅圂廁也請漢有請室請罪室也棈木名䨝

䨝女神名。精咨盈切說文擇也文二十六晶晟說文精光也或作晟菁艸名說文韭華也鶄⿰青隹鳥名說文
鵁鶄也或从隹蜻⿱精虫蟲名說文蜻蛚也或从精鼱鼱鼩小鼠婧竦立也一曰有才睛目睛也聙善聽也⿰青頁
⿰青頁⿸厂頁頭不正氏狋氏縣名在代郡旌旍⿰衤青⿰羽青說文游車載旌析羽注旄首所以精進士卒又姓或作旍⿰衤青⿰羽青⿰氵旍⿰氵旌
水名在南郡或从旌⿱艹精蕪菁艸名通作菁⿰精鳥⿰精鳥鴷鳥名⿰邑鳥⿰瀨鳥也腈肉之粹者⿰目爵目瞋葏茂皃詩葏葏者莪通
作菁箐笭箐小籠。餳徐盈切說文飴和饊者也文一。情啨慈盈切說文人之陰氣有欲者或从口文十姓
晴暒說文雨而夜除星見也或作晴暒請受言也䞍受賜也⿰爿殳殺也蜻蟲名如蟬而小餳飴也
。觲觪思營切說文用角低仰便也引詩觲觲角弓或省文七騂牲赤色⿰牛辛或从牛垟垶說文赤剛土也
或作垶烊博雅赤也。并畀盈切說文相從也又州名亦姓文十栟栟櫚也箳箳篂車籓屏
屏營征伀也⿰忄并屋蔽也通作屏絣雜也太玄錯絣⿱竹洴盛絮籠姘姦也⿱竹并竹名⿰并鳥鳥名。名
弥并切說文自命也从口从夕夕者冥也冥不相見故以口自名又姓文六洺水名冥幽也史記冥冥決事劉伯莊讀冥眉閭
謂之⿰冥頁眳眳睛不悅皃⿰米名潰米也。聲殸書盈切說文音也亦姓古作殸文三⿱殸耳無形而響。延征

徰 諸盈切說文正行也或从彳古作徰文二十三 延 說文行也 正 歲之首月夏以建寅月爲正殷以建丑月爲正周以建子月爲正 紅 說文乘輿馬飾也 鉦 說文鐃也似鈴柄中上下通 怔 射的通作正 征怔 方言征伀惶遽或从心

眐 眐眝獨視也 䘹 䘹裕小兒衣也 鴊 鳥名方言齊魯間謂題肩爲鴊 脠鯖䐁熘䭘 煑魚煎肉曰脠或作鯖䐁熘䭘 炡 炡爚煠也 政 賦也周禮聽政役以比居通作征正 証 諫也 聇 博雅聇聇行也 姃 女字 。成𢦩 時征切說文就也古从午亦姓又州名文十八 郕 說文魯孟氏邑 城𩫨 說文以盛民也籀作𩫨 誠 說文信也 宬 說文屋所容受也 盛 說文黍稷在器中以祀者也 晟 明也 珹 美珠也 頳 項也 瓬 甑也 晟 飯匱也从曰 峸 山名 陙 地名 莀 艸名

筬 筬筐織具 娍 女名 。禎 知盈切說文祥也文十一 上所稱 貞𪉆偵 說文卜問也从卜貝以爲贄一曰鼎省聲京房所說一曰正也古作𪉆或作偵 楨 說文剛木也上郡有楨林縣一曰築牆具 湞 說文水出南海龍川西入溱 郥 地名 隕 說文丘名 寊 闕人名後周齊王子寊 揁 引也 媜 女字 。檉 癡貞切木名說文河柳也文十八 偵 博雅偵質問也 湞 水名 䞓赬

𧹞緽 說文赤色也引詩魴魚䞓尾或作赬𧹞緽通作竀 浾泟 說文䞓棠棗之汁或从正 䟓 跉䟓偏行 竀𥨿 說文正視也从穴中正見也或作𥨿 虰 蟻屬 朾 地名在宋春秋傳會于朾通作檉 蟶 蚌也 阷 丘名 酲 病酒 逞 縱也 。呈

馳貞切說文平也一曰見也文十二程說文品也十髮爲程一程爲分十分爲寸又姓酲說文病酒也一曰醉而覺也珵佩玉也珩謂之珵一

曰玉大六寸⿰足呈行期也通作程郢地名筳博雅筌筳竹席一曰竹名可爲笛裎倮也一曰佩紟謂之裎脭肉之精者挰

博雅擇也一曰舉也⿰女呈女名虰蟻屬○跉離貞切跉𧿒偏行文五伶建伶縣名令使也⿱殸令多聲也魿魚蟲

連行紖行○盈怡成切說文滿器也一曰國名文二十五楹⿰木嬴桯說文柱也引春秋傳丹桓宮楹或从嬴从呈⿰盈阝姓也⿰月盈

肥也⿰氵盈闕人名魯有大夫⿰氵盈⿰犭盈獸名黃狐也嬴說文少昊氏之姓⿰女嬴方言娥⿰女嬴好也瀛海也楚人名澤中曰瀛亦

州名沟水名在沂縣⿰石嬴石名贏刅說文有餘賈利也或作刅籯⿱竹盈說文笭也或从盈攍⿰扌盈方言擔齊楚陳

宋曰攍或从盈通作嬴逞闕人名晉有欒逞通作盈⿱艹嬴⿱艹盈菊華也或作⿱艹盈⿰糸盈⿰糸呈絲綬也或作⿰糸呈⿱楊鳥鳥名白鷺

也江東語○輕輕逕牽盈切說文輕車也古作輕逕文九鑋金聲也一曰斷也⿺走巠一足行也⿱穴巠空也詩瓶之⿱穴巠矣

⿱殸巠不可近也⿱殸水側器頃酒漿也⿰山巠深谷○頸渠成切項也文四⿰魚巠說文魚名葝⿱艹剄艸名爾雅葝山䪢或

从刀○嬰賏伊盈切說文頸飾也或省一說女曰嬰男曰兒文十三瓔石似玉纓說文冠系也攖拈也亂也瀴

瀴溟水絕遠皃⿰嬰阝地名蘡艸名蘡薁也櫻櫻桃果名⿰矢嬰短也癭頸疾⿱賏金博雅罌謂之鈁⿰牛嬰牛名

○營維傾切說文帀居也一曰度也亦姓文十八　瑩石似玉　鎣器也一曰采鐵也　𤬪小瓜　塋說文墓也　櫿
木名　䁝惑也　覮覮然能視也　謍說文小聲也引詩謍謍青蠅　瀯瀠濴濚澴瀯水回皃或从縈从榮
从熒　榮屋梠之兩頭起者禮升自東榮劉昌宗說　禜祭水旱也　熒火光也　𤺄病也　𦗓聲也　○䝇翾營切貨
也文四　騂牲赤色　滎熒水名或作熒　○傾頃窺營切說文仄也或从阜文六　頃說文頭不正也　坰
遠也詩在坰之野　檾麻屬　廎屋側也　○瓊璚瓗琁葵營切說文赤玉也亦从矞从巂或从旋省文二十五
煢說文回疾也　惸焭㤏𢜰惸惸憂也或作焭㤏𢜰　赹𧺆說文獨行也或从旬　睘說文曰驚視也
引詩獨行睘睘　橩忖子通作瓊　嬛𡤥僗𠍁𤔡獨也或作𡤥僗𠍁𤔡通作𦦱𡤥一曰淑媛也　䡫說文
車輮規也一曰一輪車　藑艸名說文茅葍也一曰蕣也　𦾨藀艸旋皃或作藀　橩木名　䝇𧹞貨也或作
𧹞　○縈𢂝娟營切說文收卷也或从巾文十　藀說文艸旋皃也引詩葛藟藀之　褮說文鬼衣　嫈
小心態一曰金嫈漢侯國名　䪯聲也　慏也　攖有所繫著也　礯石名　滎滎瀯波浪涌起皃　○泂古營切大
洞地名文一　○頸吉成切項也文二　瀅絕小水也　○穰人成切蹂禾黍之餘文一　○騂許營切牲赤色文二　䝇貨也

○甍忙成切屋棟也文一○聘匹名切也文一

十五○青岺峇岦倉經切說文東方色也木生火从生丹丹青之信言必然又州名亦姓古作岺峇岦文十一

靘靘靘無色鶄鶄鶄鳥名畜之以厭火綪淺碧色菁華盛皃鯖魚名蜻蜻蛉蟲名蝍蛉也六足四

翼圊廁也○曐星⿱厽生〇桑經切說文萬物之精上爲列星一曰象形从口古口復注中故與口同或省又姓古作

⿱厽生唐武后作〇文二十三程禾稀也惺惺憁了慧醒醉解也篂博雅箳篂蔽簹也鉎鍟鐵衣或从星腥

豕肉中息胜說文犬膏臭也一曰不熟猩說文猩猩犬吠聲鮏鯹說文魚臭也或从星狌獸名似人⿰舟星船名⿰礻星

燐光箸衣睲目睛照也⿰石星石名⿰虫星⿰虫星蜓蟲名煋火烈也瑆玉光○竮滂丁切竛竮行不正也通作俜文十八甹說文亟詞

也一曰甹俠也三輔謂輕財者曰甹俗作号非是荓荓蜂摩曳也通作甹⿰骨甹肋骨⿰氵甹水中浮艸箳吳人謂蠶曲爲

箳俜說文俠也⿱雨甹⿱雨甹⿱雨甹雨皃⿰彳甹⿰立甹說文使也或从立姘姦也頩博雅艵頩色也艵說文縹色也

聠耳閑也⿰言甹言也⿱竹甹舟車蓬⿰氵甹水皃⿰糸甹吳人數絮○缾瓶⿰缶平旁經切說文甖也或从瓦从平

文二十五輧⿰車屏說文輕車也或从屏屏所以蔽也⿰齒屏⿰齒幷說文帡也杜林以爲竹筥揚雄以爲蒲器或从并竮

跰跉跰行不正或省郱說文地名在臨朐洴洴澼漂絮聲荓苹艸名說文苹也或作萍荓艸名說文馬帚也箳竹名一曰箳篳戶扇鵧鵧鶄鳥名簈簈篁蔽簹鼮說文鼮令鼠一曰鼠子蛢蟲名說文蟜蟥也苹蔽也周禮苹車所用對敵自蔽隱之車鉼漢侯國名駢地名論語駢邑三百帡覆蓋也楊子夏屋之爲帡幪琕玉名○冥暝忙經切說文幽也从日六冖聲日數十十六日而月始虧幽也亦姓或从曰文二十三瞑翕目也

覭說文小見也引爾雅覭髳弗離䫥眉目閒也引詩猗嗟䫥兮幎覆也熐熐𧍢匈奴聚落也⿰糸名細絲也嫇說文嫈嫇也一曰嫇嫇小人皃一曰嫇奵面平銘名志也或作名溟說文小雨溟溟也鄍說文晉邑也引春秋傳伐鄍三門

蓂蓂莢堯時瑞艸⿱冥米⿱冥麗潰米也一曰⿱冥米泠縣名在交阯或作⿱冥麗榠榠樝果名⿰豸冥⿰犭冥小豚也或从犬螟說文蟲食穀葉者吏冥冥犯法即生螟禖福也⿰耳冥行而上聽⿱冥亏密也○丁个當經切說文夏時萬物皆丁實象形一曰當也又姓古作个文十五釘說文鍊鉼黃金郭璞曰鶴鄰矛江東呼爲鈴釘一曰鐵鋌玎說文玉聲也引齊太公子伋謚曰玎公

靪說文補履下也閅說文立名疔病創𧿒⿰彳丁跉𧿒獨行或从彳⿱罒丁罟⿱罒丁小罔叮叮嚀囑辭通作丁虰朾蟲名赤蚍蜉也或作朾灯火也奵女名一曰嫇奵面平○聽湯丁切聆也文二十九廳古者治官處謂之聽事後

語省直曰聽故加广 汀町渟說文平也謂水際平地或从平从亭 訂䚷評議或作䚷 𦃇䋼說文媛也或从呈

綎鞓䩠說文系綬也或作鞓䩠 矴厅碑材或省 桯說文牀前几一曰碓梢 䇸笭䇸竹器 朾地名在宋

艼艸名說文艼熒朐也 頲狹頭皃 町圢說文田踐處曰町或从土 耓耒下木也 甹甹䍇罔也 骬腨骨

䯼髎䯼長骨皃 筳方言繀筳意也 豴豕皃 珽大圭長尺二寸 耵耵聹耳垢 ○庭唐丁切說文宮中也文三十八

廷說文朝中也 𥦗穴也 亭說文民所安定也亭有樓从高省 停止也 渟水止曰渟 娗婷博雅娗娗容也

一曰女出病或从亭 聤耳病 䁎目眵 梃縣名在膠東國 甹說文定息也 綎綬謂之綎也 𤭁甂也 霆鼑

說文雷餘聲也鈴鈴所以挺出萬物或从鼎 朾橦也 葶葶藶藥艸 莛壬說文莖也一曰屋梁或作壬 筳說文

繀絲筦一曰楚人結艸折竹十曰筳篿 𤟹𤢎𤟹猱猨屬或从庭 鼮鼠名文如豹漢武帝時得此鼠終軍知之 鯙鯅

魚名魡也或从廷 蜓蜓蚨蟲名蟪蛄也 𧓪蠶中息也 榳櫺榳長木 楟木名梨也 𠩂廣雅重也 蝏蝏蜓水蟲

名 訂評議也 𡶴山名在白登 閮門中也 𨚍亭名 汀水平 定止也 ○𤫊靈𩂣𩆷

𧪊郎丁切說文靈巫以玉事神一曰善也又姓亦州名或从巫古作𩂣𩆷𧪊俗作靈非是文一百六十三 𥜛𥛎神名或从霝 霝

說文雨零也引詩霝雨其濛通作零零𩃬𩅦囹說文餘雨也又姓或作𩃬亦从泠古作囹龗䨮𩂣𩃓龕龍
說文龍也古作䨮𩂣龕龍𩆨䚖山神人面獸身或作䚖亦書作𩆨昤𣌾昤曨日光或从靈朎朎朧月光泠說文水出
丹陽宛陵西北入江又姓伶說文弄也益州有建伶縣通作泠亦姓姈女字𡢃說文女字也竛伶跉竛竮
行皃或从彳从足呤埤倉呤呤語也詅衒也魿鬼名泠吴人謂冰曰泠澤聆說文聽也鈴說文令丁也
玲說文玉聲醽𨣍𨡓酃湘東美酒或不省亦作𨡓酃通作酃𨞰說文長沙縣亦清河縣齡古者謂年
齡齒亦齡也通作秢獜犬聲𨜚縣名䬆寒風𥣬𥟖艸莖疎也或从零拎𢹸𢹎懸捻物也或从
零从靈令使也囹說文獄名𩕟說文面瘦淺𩕟𩕟也𤶫疲病岭山深也或書作岺阾顛阾阪名通作軨
𨨊鈴說文瓦器也或从令亦書作䨩瓴𤭛𤬪說文𤮐瓵似瓶或作𤭛𤬪櫺𣖅說文楯間子也櫺或从零通作𣞤
方言屋梠謂之櫺柃說文木也𦪇𦪷舲𦪃舟也一曰舟有窻者或从靈从令从零軨𨏲說文車轖間橫木或
从霝司馬相如說苓蕶艸名說文卷耳也一曰茯苓藥艸或从領蘦艸名說文大苦也蕶艸蕶落也通作苓笭
䈖說文車笭一曰笭籝也或从軨䈖籯竹名一曰竹器或从靈麢麢𦏆𦏧羚說文大羊而細角或从零

亦作羻羺羚 駖駖轞車騎聲 [毛令]毛結不理通作泠 [鼠令]博雅[鼠句][鼠令]鼠屬 狑獳獹良犬也秦有狑或作獳獹 鴒

[靈鳥]鶺鴒鳥名或从靈通作令 [零鳥][零隹]鳥名鶺小者鶺或从隹 翎說文羽也 魿說文蟲連行紆行者一曰魚名 蠕說文蝢蠕

桑蟲也通作蛉 蛉蟲名說文蜻蛉也一曰桑根 紷緶絮一曰絲細湅爲紷布細湅爲繐 [鹵令]鹽也 [令虎]獸名似虎而小出南海

怜[忄靈]心了也或从靈 [令瓜]小瓜出南海 [牛靈][牛令]牛名或作[牛令] 㓫撞也 [霝刂][零刂]刢刀剖物或作[零刂]刢 [飠令]

方言餌謂之[飠令]也 [飠零]食飽 呤耳聲 砱[石靈][石零]石也或从靈从零 [广靈][谷靈]巖穴或从谷 坽峻岸 [火靈][火零]

火光也或从零 [艹靈][艹霝]艸名旱荷也一曰蔬似葵或省 [虫靈]蟲名丹良也 [糸零]絮也 秢禾始熟曰秢 閝[門霝]門上

窻謂之閝或从霝 [罒零]罒[罒零]罔也 [犭粦]犬健 [广令]屋宇通皃也 [霝殳]擊也 澪水名 [三口]衆聲也从三口 [車靈]轞[車靈]軨殿名 [骨零][骨令]

[骨零][骨疑]骨皃或省 [走霝]犬走逐皃 涔水名楚辭望涔陽兮極浦 [氵霝][氵靈]水曲或从靈 [髟霝][髟零]髟跊也或从令 [白靈][白霝][白零]

皊白色或从霝从零从令 [目霝][目零]目光或从零 [衤靈][衤零]衿衣光也或从零从令 [豕零][豕令]猪[豕零]藥名或从令

[霝龜]黃[霝龜]龜名 [禾霝]艸名蔓生 [穴靈]穴也 [霝囟]天[霝囟]人頂骨可爲藥 [爿靈][爿零]牄牀笭或从零从令 [阝靈]隟鑄也

[靈音][霝音]音也或省 [米靈][米零]米餌或从零 ○寧囊丁切說文願詞也又州名文十六 寍說文安也从宀心在皿上

皿人之飲食器所以安人通作寍聲告也聹耵聹耳垢也一曰耳聒邢郉鄉名在馮翊谷口或作郉鸋䳘

鳥名爾雅鴽子鸋或从隹嚀叮嚀囑辭通作寍𧖫蝏說文蟲也一曰螻蛀或作蝏佞諂也莊子佞人之心鄭象讀

寗昊天謂之寗濘汀濘小水嬣女字𡩋願也○經絰坙堅靈切說文織也一曰常也又國名亦姓古作

經巠文十二巠說文水脈也一曰水冥巠也涇說文水出安定涇陽开頭山東南入渭雝州之川也鵛䳌鳥名爾雅與鵛鶄或从隹

徑行過也剄說文刑也桱說文桱桯也東方謂之蕩莖藤貝江淮人經絲用之𨛫鄉名在密縣○馨醯經切說文香

之遠聞者文六䡵說文聲也蛵蟲名爾雅虰蛵負勞即蜻蛉也虖虖池水名泂也皿定息○形乎經切說文象形也文二

十七㓝剄說文罰罪也从井刀引易井法也古作剄通作刑刑說文剄也硎砥石型說文鑄器之法也一說以土爲法曰剄以

金爲法曰范以木爲法曰模鋞說文溫器也圜而直上鉶銒說文器也即禮盛和羹器或从形通作銒鈃瓶甄鈃說文

似鍾而頸長一曰酒器或作瓶甄銒陘說文山絕坎也亦姓𨛫鄉名在高密邢說文周公子所封地近河內懷蛵蟲名說文丁蛵

負勞也娙姍好也或从刑桯方言榻前几江沔之間曰桯𤕬小爪𡶝說文谷也𡸫山名䯅骨也巠地名在趙

通作陘緈直也侀成也○熒玄扃切說文屋下燈燭之光文十八螢蠑火蟲或从熒褮爾雅祊謂之褮一曰鬼衣

熒艸名滎說文絶小水瞀說文惑也𤬪說文小瓜也嵤巆岭嵤山深皃或从營嫈好也一曰態也鎣
博雅磨也䝡貨也洞洞澤地名一曰器也通作熒謍小聲濴回波曰濴濙濕濙小水皃營辯解也莊子口將營
之。扃扄閅涓熒切說文外閉之關也一曰鼎扃古作扄或作閅文十七冂冋坰說文邑外謂之郊郊外謂之野野外
謂之林林外謂之冂象遠界也古从口象國邑或从土駉說文牧馬苑也引詩在駉之野駫說文馬盛肥引詩四牡駫駫⿰鼠冋博雅⿰鼠冋鼠
絅說文急引也瀅水名在襄陽熲光也鉉舉鼎也顈禪也洞大洞地名一曰水皃耿明白也楚辭吾所陳之耿
著⿰木扃木名娙正刑切廣雅好也文一。菁子丁切韭華也一曰茅有毛刺曰菁茅文二青青青茂盛也通作菁。嫈
於下切博雅好也文四晴晴吟小語鯖魚名青色有枕骨鎣器名。瀅烏熒切水皃文四謍小聲窅
深目嫈好也。坰欽熒切林野之外地文五硎石聲絅急引也冂遠也洞大洞地名。更古青切歷
也文一。⿸尸嫈子坰切不借之粗者曰⿸尸嫈文一。桯餘經切博雅桯[illegible]俎几也文一。⿱殸巠苦丁切不可近也文三⿱穴巠空也
罄側器傾酒漿也。嫈火熒切女人潔清皃文一
十六。蒸⿱艹丞諸仍切說文析麻中幹也或省文十二烝說文火氣上行也一曰君也進也衆也淫上也⿰言烝⿰言烝仍語煩脀

縢以牲實鼎或作縢　蓋博雅蓋謂之薑　箂竹炬一曰竹名皮有文　敼擊也　承丞承陽縣名在長沙或作丞

抍取也拔也。承𢍏𢏄承辰陵切說文奉也受也又姓或作𢍏𢏄承文十四　㞼丞說文翊也从廾从卪从山山高奉承之義隸省　脀說文騃也　䡕廧說文軺車後登也或从广　浗博雅潛浗沒也　郕成地名或省　傶理也

抍上舉也。繩神陵切說文索也文二十一　譝譽也通作繩　憴爾雅憴憴戒也　乗椉兗說文覆也从入桀桀黠也軍法曰乗一曰四矢曰乗亦姓或作椉兗　䡕輮車一乘也或作輮　騬䮴說文犗馬也或从椉　澠水名　溗溗淩溗疊波一曰水不流也一曰水名或从椉

塍𦢊睦塍塖說文稻中畦也或作𦢊塍塍塖　鱦江東謂魚子未成者曰鱦　嵊亭名在吳　𦡷妊也。升書蒸切說文十龠也一曰布以八十縷為升一曰進也成也文十二　昇阩日之升也又州名或作階　陞阩跰登也或省亦从足通作升　勝夌說文任也从舟亦姓古作夌　抍撜上舉也或从登　䅬麻屬　䡬登車也。

稱蚩承切說文銓也从禾爯聲春分而禾生日夏至晷景可度禾有秒秋分而秒定律數十二秒而當一分十分而寸其以為重十二粟為一分十二分為銖故諸程品皆从禾又姓俗作秤非是文七　爯說文并舉也　偁說文揚也　𦺻巨𦺻藥艸　秤耒也

㥖㥖慄愚皃　𡠌女字。仍如蒸切說文因也文十九　扔㧗戎說文因也一曰引也或作㧗亦省　𧥷訒說文厚也

十二

或从仍礽福也通作仍陾說文築牆聲引詩捄之陾陾艿芿說文艸也一曰陳艸相因艿或作芿杒說文木也珥
刉牲以釁也周禮珥于社稷耳耳孫之子爲昆孫通作仍𠧟𠧪說文驚聲也古作𠧟通作𨑒𨑒及也往也𨸝地名𡌚
王器𥝢禾名○仌冰非陵切說文凍也象水凝之形或从水亦書作冫文六弸弓彊皃掤說文所以覆矢也引詩抑釋掤
忌通作冰淜無舟渡也鞥車靳○淜披冰切淜滂水聲文七砅砰水激山也或作砰脉腹脹皃馮盛也春秋傳震電馮
怒徐鍇說淜馮濼水皃堋削牆土隕聲○凭皮冰切說文依几也引周書凭王几或書作凴文八蕄倗依也厚也滿也或作
倗通作馮淜馮濼水皃淜說文無舟渡河也通作馮蕄憑蕄憑艸木盛馮說文馬行疾也一曰乘也凴據也○繒
縡慈陵切說文帛也籀从宰省楊雄以爲漢律祠宗廟丹書告文十六鄫說文姒姓國在東海罾置魚笱中炙或書作熷
驓蹭爾雅馬四骹皆白驓或从足騬犗馬橧𧲖爾雅豕所寢橧或从豕竲高皃襘汗襦嶒崚嶒山皃
甑炊器噌泒噌空罾囂意𤛓牛名僧僧倰不平也○徵𢿌壬知陵切說文从微省壬爲微行
於微而聞達者即徵之一曰成也明也亦姓古作𢿌𢿌壬文七𨟻古國名癥足瘡一曰腹病㫙旌旗杆○僜丑升切倰
僜病行皃文六庱亭名在吳興棱吳人謂酢柚爲棱睖睖瞪直視皃䘅蛉屬紿絲勞也○澂瀓

澂持陵切說文清也或作澂亦从登文十一懲說文忿也通作徵瞪直視憕說文平也謂心平承漢縣名在東海一曰

言春秋傳蔡昭侯將如諸大夫恐其又遷也承橙橘屬徵縣名在同州紿絲勞也幐美目皃○夌閭承

切說文越也从夊从兴兴高也一曰夌徲文三十四陵𨹧說文大阜古作𨹧淩說文水在臨淮又姓朡凌說文仌出

也引詩納于朡陰或从夌倰㔂敥侵尚也或从力亦作敥㥄憐也怖也𧼑說文去也掕止馬也裬馬腹帶輘

車轢也䈊竹名䭇䮚馬食粟曰䭇或从馬𥻗稜烏稜稻名或从禾婈婈娩鬼出也一曰病皃祾博雅祭也

一曰福也綾說文東齊謂布帛之細者曰綾崚崚嶒山皃或書作𡶨蔆𧂐菱薐說文芰也楚謂之芰秦謂之薢茩或

从遴司馬相如說或作菱薐睖睖瞪直視鯪鯪鯉魚名一曰獸名一曰石鯪藥名

棱柧也婈女名○蠅𪓰余陵切說文營營青蠅蟲之大腹者或从女文三僌理也○膺膺於陵切說文胷也或

从骨文十一應說文當也亦姓䧹鷹說文鳥也从隹瘖省聲徐鍇曰鷹隨人指蹤故从人或作鷹𥌭䁝𥌭睖定視或作䁝

𧕈蟲名寒蜩也譍譍荅言也或作譍痽闕人名漢有痽疵○冰凝仌魚陵切說文水堅也一曰成从疑古从仌文四

𦠆肥也○興虛陵切說文起也从舁从同同力也又州名文四嬹悅也一曰女名𨞽地名𦺒𦺒菜菜名一曰芸薹○𥗼

集韻卷四　二三

欺矜切硱磳石皃文一。磳士冰切硱磳石皃文一。兢兢居陵切說文競也从二兄二兄競意一曰敬也古作兢文十一矜說文矛柄也一曰憖也莊也鹶爾雅滷鹶鹹苦也䅂博雅䅂行大也兢婈兢鬼出狑獸名歺卢骨朽之餘或作卢亦書作卢伶大也慎也通作矜稞寡也通作矜。儚亡冰切爾雅儚儚惛也文一。䰝即凌切爾雅䰝謂之鬵文一。熊矣兢切獸名文一。耺筠冰切耺耺聲也文一。線息凌切線繒也文一。兢巨興切兢兢欲死皃文四兢兢兢堅彊皃琴琹艸名根可緣器或从金。兢色矜切兢兢欲死皃文二橪艸木盛皃

十七。登𤼷蹬僜都騰切說文上車也从癶豆象登車形籀从収或从足从人登一曰姓也亦州名文一十四鐙燈說文錠也徐鉉曰錠中置燭故謂之鐙或从火璒說文石之似玉者豋登𤭛說文禮器也从廾持肉在豆上或作登甑通作鐙𣯛毾𣯛罽也簦說文笠蓋也𩭤𩭤𩬅毛不理皃䔲金䔲艸名𥪯𥪯𥪯立皃鵭鳥名鵭鵭也澄小水相益䭢祭食謂之䭢鼞鼓聲癥病也嬁美女皃覴久視也墱墱墱築墻皃通作登磴益石也。鼟鼟他登切鼓聲也或作鼟文九膯吳人謂飽曰膯澄小水相益磴益石也幐伸之長也驓馬傷穀病鼟倰鼟長也𥂗益也。騰徒登切說文傳也一曰騰犗馬也俗作驣非是文二十五𨅔踜騰行皃滕說文水超涌也又國名亦姓或書作滕𦢅

說文迻書也𦡆美目也一曰大視懵懵懵迷亂儯僜倰儯長也或作僜𤺤癃痛病或从滕縢䌰縢
說文緘也或作縢䌰幐說文囊也藤䒐藤艸名胡麻也一曰藟也𧇊𧇊說文黑虎也或省螣螣說文神蛇也一曰蝗也或
作蟞鰧鱶魚名山海經來需之水多鰧魚其狀如鱖或作鱶𪆟黑皃籐竹器䒭䒭曹目暗鼟鼓聲。棱
楞盧登切說文柧也或作楞俗作稜非是文十五輘輘轢車聲倰博雅長也颰颰颰大風祾博雅祭也踜蹶也一曰踜䠥行皃
𩪠骨高皃崚崚嶒山皃菱菠薐菜名掕博雅止也倰方言倰憮哀也餧馬食穀病碐石皃篜竹名
。能䏻耐奴登切說文熊屬足似鹿能獸堅中故稱賢能而彊壯稱賢傑也或作䏻耐文六㴰水名𩬱鬔𩬱毛不整
而安也易宜建侯而不寧鄭氏讀。崩𨹹𨺅悲朋切說文山壞也古从𠂤或作𨺅亦書作崩文八傰阿黨也㻚女病血不
止𣂰斸也剻斫也鵬鳥名。漰披朋切水激有聲也文三堋振動也弸弸環引聲。𦐂朋蒲登切輩
也說文爲古鳳字鳳飛羣鳥從以萬數故以爲朋黨字隸作朋文十鵬鳥也莊子北溟之鯤化而爲鵬說文亦以爲古鳳字隸从朋倗
說文輔也鬅鬅鬙鬆亂堋射埒棚博雅閣也輣兵車也踻走也傰姓也前漢有南山盜傰宗。瞢矒彌登切目
不明也或作矒文十九夢爾雅夢夢亂也儚懜懵𠐩夢頁爾雅儚儚惽也或作懜懵𠐩夢頁甿野民萌蕄爾雅

萌萌在也或作蕄俗作蕄萌是蔓勉也鯍鱛魚名說文魴鯍也或从曹艚艚艶神亂也䓯博雅蕆也鄫邑名在曹

媒媒媒晦皃曹瞢瞢日無光。僧思登切浮屠道人文三鬙鬅鬙髮長艶艷艶神亂。增咨騰切說文益

也文十九譄說文加也曾則也又姓憎說文惡也罾說文魚网也矰說文雉躲矢也或从弋𢧐䞓

說文置魚筩中炙也或書作熷䎖博雅䎖翥飛也一曰舉也潧水名橧竲聚薪以居也夏則居橧巢或作竲磳碅磳

石皃䕒艸名博雅菎䕒也繒也噌泓噌空囂意璔玉皃嫸女字層重屋。層祖稜切說文重

屋也通作曾文十四繒帛也䙢楚人謂襦曰䙢曾說文詞之舒也䁬瞢䁬日不明䁬瞢䁬目不明嶒崚嶒山皃驓爾雅馬四骹皆

白者橧𧰿或从豕博雅圈也竲窮高謂之竲䉕簦䉕笠也譄加言也䏜肥也。揯搄居曾切說文引

急也或省文七緪絙說文大索也一曰急也或省刯剖也魱魚名說文鮔也恒弦也詩如月之恒沈重讀通作緪。恒亙

亙胡登切國諱說文常也从心从舟在二之間上下心以舟施常也引詩如月之恒一曰山名古作亙亙文七峘爾雅小山岌大山峘佷

佷山縣名在武陵姮女字桓桓山藥艸。薨呼弘切說文公侯殍也一曰壞聲文八儚䔻說文惛也或从頁䬟

䫺大風也或从厷𣽊水聲𦒐翃博雅𦒐翃飛也或作翃通作薨。厷𠃋肱姑弘切說文臂上也从作乙徐錯曰象人曲肱

而寫之乃得其實不爾即多相亂或作肱文五⿰車弘鞃車軾中靶或从革○⿰曾彡七曾切毛張皃文二竑度廣也○弘胡肱

切說文弓聲也一曰大也文四鞃車軾中靶苰苰藤艸名胡麻也閎門也○鞃⿰革厷⿰車弘⿰車厷苦弘切說文車軾也引詩

鞹鞃浅幭或作⿰革厷⿰車弘⿰車厷文六苰苰藤艸名⿱穴弘室響○泓乙肱切下深皃文一○⿰革弁一憎切馬轡也文一○奟⿰朋力肯登切倰奟彊大皃或从力文二

十八○尤⿱尤心于求切說文異也徐鍇曰乙欲出而見閡見閡則顯其尤異也一曰甚也過也又姓古作⿱尤心文二十⿰木尤木名腄

腄縣名在東萊或作腄肬疣⿰黑尤說文贅也或作疣⿰黑尤忧不動也沋說文水名郵⿰垂卩說文境上行書舍从邑垂

垂邊也一曰事之過者爲郵亦姓一曰田間舍或作⿰垂卩訧說文罪也引周書報以庶訧通作尤蚘蚩蚘古諸侯號通作尤⿱艹郵⿱艹尤

艸名或作⿱艹尤⿰馬尤馬名⿰豕尤豕名⿰女尤女字⿺辶尤經過也○休庥茠虛尤切說文息止也从人依木或从广从艸文二十三咻煦

痛念聲或作煦通作休⿰月休脙⿰月咎腹脊間謂之⿰月休或作脙⿰月咎髤髹⿱镸休說文桼也一曰赤多黑少之色或从休亦省貅

⿰豸休⿰犭休摯獸名或省亦从犬⿰休馬說文馬名鵂舊鳥名博雅怪鵂也或作舊⿸疒休⿸疒休息下病⿰氵休水皃烋美也和也善也

通作休⿺辶休廢也⿰女休女字⿰火休吳俗謂灾爲⿰火休○⿱北一⿱北土丘⿱丘土祛尤切說文土之高也非人所爲也从北从一一地也人

居在丘南故从北中邦之居在崐崘東南一曰四方高中央下爲丘一曰空也又姓古作⿱北土或作丘⿱丘土亦書作坵文十八區域也邱⿰⿱北土阝說文地名

或作邛𩐓博雅迫也䒦説文艸也蚯蚯蚓蟲名龜龜茲西域國名怽惆戾也或作惆也㲉揉屈驅疾馳

也坵聲也泣水也姐女字。惆尼猷切戾也文五㲉揉屈也㤹愁也㖙㖙呢小兒聲⿸疒九小痛

。鳩𨾊居尤切鳥名説文鶻鵃也文二十一勼九恪救説文聚也或作九恪古作救通作鳩艽穋藥艸或作穋

捄盛土虆中丩相糾繚也协絕力也茾艸相糾⿸疒丩疒瘤肉起一曰腹中急璆玉名摎説文縛殺也

牞大牡謂之牞𨊠車長轂也剹剹流回轉皃笱竹名朻曲木樛或作樛。求渠尤切索也亦姓文六十

六宲搜室也裘説文皮衣也一曰象形與裘同意亦姓俅頯説文冠飾皃引詩弁服俅俅或从頁絿紈説文

急也引詩不競不絿或从九扏扏扏緩持也一曰不固仇𣏩説文讎也一曰仇匹也亦姓或作扏通作逑咎怺怨也

或作怺亦書作恪叴説文高气也臨淮有叴猶縣一曰三隅矛或書作叺𩐓説文迫也一曰安也謀也或書作訅逑説文聚斂也引虞書

旁逑孱功䞘趜足不伸也或作趜𨁥蹋也毬㧨丸蹴或从皮脙胳説文齊人謂臞脙也或从咎捄長皃詩有

捄棘匕觩觓𤘽角皃或作觓𤘽肍説文孰肉醬也頄頯面顴也或作頯鼽𪖐説文病寒鼻窒也或

作𪖐殏爾雅終也釚釓鈗弩機謂之釚或从丩从仇銶鑿屬通作釚球璆説文玉磬也一曰美玉或从翏賕

說文以財物枉法相謝也一曰戴質也 郝說文地名一曰鄉名在陳留 欲䜀欲亭名在上黨 梵亭名在新市一曰荆也 馗鳩

爾雅中馗菌也或作鳩 艽說文遠荒也引詩至于艽野一曰獸蓐 𦬂𦬂藚艸名 莍說文茮樧實裹如表者 梂說文櫟實也一

曰鑿首 朹木名爾雅朹檕梅 崷山名 浗水名 犰犰狳獸名鳥喙鵃目蛇尾 蝨䖝說文多足蟲也或从虫 𥬦小籠

𥦗深也 𤖿廣雅犕𤖿榭也 逑違也 訧止也 𢈆偏厦 戉矛飾 颷小風 盎姓也 娕女字 氿水厓也 捄盛土

虆中 ○牛魚尤切說文大牲也牛件也件事理也又姓文三 芊艸名一曰芊滕藥艸 汻水名 ○𢝊懮於求切說文愁也或

作懮通作憂文二十五 優說文饒也一曰倡也又姓 𡖀𢖱說文和之行也引詩布政𡖀𡖀或从彳 瀀說文澤多也引詩既瀀既渥

麀𪊨爾雅牝鹿也或从幽 櫌耰說文摩田器引論語耰而不輟或从耒 鄾說文鄧國地也引春秋傳鄧南鄙鄾人攻之 怮怮怮

憂也一曰舍怒 嚘說文語未定皃通作𣣬 獶犬名 𦾔菜名 纋笄中央狹曰纋 妖皐目間有恨也一曰貪皃 燠奥

燠休痛念聲或作奥 蚴蚴蚴龍皃 呦鹿鳴 幽微也 𣣬歐𣣬嘅也一曰气逆老子終曰號而不𣣬 𢋄地名 鷗鳥名水鴞也山海經

玄股國人衣魚食鷗 ○由夷周切因也用也又姓文八十六 𢎘柚說文木生條也从弓由聲引商書若顛

木之有𢎘枿古文言由枿徐鍇曰說文無由字今書只作由枿蓋古文省弓而後人因之从弓上象枝條華函之形或作柚 䚻徒歌一曰從也或書作䚻 䍃說文瓦器也 冘冘豫不定通作

猶抌舀䑆揄抒臼也或作舀䑆揄歈歈舉手相弄莤蕕說文艸也或从逌逌卣說文氣行皃古作卣揂淹也卣脩中尊也或作脩䚀深視苬瑞艸爾雅苬芝謝嶠讀⿺辶䚀說文下視深也⿺辶⿱卣金⿺辶⿱卣玉玉名山海經平丘有遺玉或从卣游斿旃汓說文旌旗之流也或省亦作旃古作汓遊𨑒遊行也或从子从斿通作游𨘋說文行𨘋徑也繇爾雅迪繇道也一曰喜也猶⿰豸酋獸名說文玃屬一曰隴西謂犬子爲猶一曰似麂居山中聞人聲豫登木無人乃下世謂不決曰猶豫或从豸一曰猶若也可止之辭也猷道也謀也通作猶悠說文憂也一曰遠也攸汥攸泅說文行水也徐鍇曰攴入水所杖也又姓秦刻石嶧山文作汥或作攸古作泅逌所也通作攸滺浟流皃詩淇水滺滺或作浟通作悠油說文水出武陵孱陵西東南入江一曰膏也一曰油油和謹皃柚柚梧竹名一曰橙屬秞禾盛曰秞一曰物初生皃蕕䓑說文水邊艸也一曰臭艸或作䓑莤水艸名爾雅莤蔓于蘨艸盛櫾說文崐崘山河隅之長木也楢說文柔木也工官以爲耎輪槱禉燎柴也或作禉輶說文輕車也引詩輶車鑾鑣㾢博雅病也偤侍也圝囮捕鳥媒也或作囮庮⿸广卣簷槐謂之庮一曰久屋朽木也或从卣邮⿰卣阝亭名在馮翊高陵縣或作⿰卣阝鮋鯈小魚或从攸鴭鵯夷鳥名蝣⿰虫㐬蟲名爾雅蜉蝣渠略也或从㐬颵颵飅風聲蚰蚰蜒蟲名璓美玉蝓螔蝓蠃也翛疾皃莊子翛而往李邈讀鯈白魚也筄爾雅屋上薄謂之筄岫爾雅山有穴爲岫

俞然也 猇縣名在齊南 莜山海經硜山有獸狀如馬而羊目四角名曰峳椒 婺女字 𦯶艸名 艕舟行也 洩治帛也 蝤蝤蛑水蟲 怞憂皃 翛翛翛鳥飛皃 𠐃彌攸切足腫也文一 。輈𨏈張流切說文轅也籀从𨏈文二十二 趥趥趥行不進也 疇疇䠓目動皃 咮鳥喙 啁啁噍鷰雀聲 怞憂也 調朝也詩惄如調飢 譸嚋 𠷎說文詶也引周書無或譸張爲幻或作嚋古作𠷎 盩說文引擊也扶風有盩厔縣一說山曲曰盩水曲曰厔俗作盩非是 𦨖射鳥矢或書作䑪 侜說文有廱蔽也引詩誰侜予美 跦跦行皃春秋傳鸜鵒跦跦 倜佅跦也太玄物咸倜倡或作佅 鵃鳥名說文鶻鵃也 騆騆騪馬名 譸多言也 煪燥也 珍美玉 。㨨抽𢭃丑鳩切說文引也或从由从秀文二十 紬引絲紬緒也 妯動也 婤女字 偹耴說文肰也或从丩 䐌儌眣失意視也古作激眣 惆說文失意也 𠏇足病 瘳說文疾瘉也 廖闕人名春秋周有瑕廖 揄垂手行也 儵山海經彭水多儵魚其狀如雞三尾六足四首 譸譸譠不決 倏犬走 篸竹相合也 。儔翢𠎎陳留切說文翳也一曰侶也或从朋古作𠎎文六十三 怞懤朗也憂也 𦠆脯也 躊𨆪廣雅躊躇猶豫也或从𠷎 𢅤幬㡘說文禪帳也或作幬㡘通作裯 裯襌被也 紬說文大絲繒也 綢繆說文綢繆也或作繆 袖𥛚祝也或从留 妯動也 𤰝𠷎疇說文耕治之田也从田象耕屈之形或省亦作疇 𠷎疇嚋

譸說文詶也引虞書帝曰㠀咨或作嚋嚋譸㠀說文誰也通作嚋㠀稠說文多也薵䓓艸名博雅薵藸葱也或以
㠀菗𦾤艸名博雅菗蓨地榆也或从㨨籌說文壺矢也䈽𥳑說文䈽箸或作籌懛通作籌檮剛木也或書作𣚈
椆木名寒而不凋聚姓也鬗髜說文髮多也或从周𤎢溥覆照也或書作燽飅颾風也或从㠀鸀鵃
南方雉名或从㠀亦作㠀鯈說文魚名一曰魚子或書作鰍鮋魚名𩻹魚之大者鄯蜀江原地搯抽引也或作抽盩諸盩
周先公名敦覆也禮每敦一周凡劉昌宗說婤女字春秋傳衞襄公嬖人婤姶趎關人名莊子有南榮趎擣聚也史記周上有擣著石
谷名𡢃女字𥻨厚鬻毃棄也𣪘縣擊物濤潮也𢥠心悸酬州報也易是故可與酬酢徐邈讀儵關人名春秋傳有伯
儵。留力求切說文止也又地名亦姓文八十七遛豆遛不進通作留鎦劉說文殺也或作劉劉又姓亦邑名䦈說文經繆殺也摎
𢹔束也捋也亦姓或从劉勠𠢇并力也古作𠢇憀賴也且也懰懰懰慄憂皃一曰怨也或从留瘤𦛔說文腫也或从肉
鏐鉚說文弩眉也一曰黃金之美者或从丣翏翏翏飛皃瑬說文垂玉也冕飾通作旒旒斿游旈㐬旌旗之斿廣雅
天子十二斿至地諸侯九斿至軫大夫七斿至轂士五斿至肩或作斿游旒㐬瑠琉瑠琉珠也或作琉珋說文石之有光璧珋也出西胡中
𪎭枲也𧰳博雅豌豆𧰳豆也裗袿衣之飾餾飯饋熟爲餾𤰶說文燒種也漢律曰𤰶田茠艸𥻆博雅粰𥻆饊也

硫磂硫黃藥石或作磂通作流 䈂𥴮竹名或作𥴮 嵧岣嵧山皃 榴若榴果名 橊扶橊藤緣木而生其味辛可食

嬼美也 䉧𥳾說文竹聲也或作䉧 藰艸名藰弋也或作劉 蒥香艸一曰蒥荑藥艸 㳅流汓說文水行也或作流汓

瀏漻水清皃或从翏 飂飀䬟說文高風也或从留从劉通作翏 膢立秋祭名通作劉 鷚鳥名爾雅鷚天鷚大如鷃色似鶉

騮駵說文赤馬黑毛尾也或作駵 䶉鼦說文竹鼠也如犬或从留 鶹說文鳥少美長醜爲鶹離 𪆺水鳥名 𪄯博雅鶹鵂飛鸓

緢綺屬 䱖鰡魚名或从留 蓅菜名 蝣蜉蝣蟲名朝生暮死 漻漻求手足凍皃 䅓禾名一曰禾盛皃 蚽蟲名似蟹而小十二足

蟉蟲名說文蚴蟉也 溜水名出鬱林 觩觩觩角皃 蔞萬蔞所以正車輪者 聊木名爾雅朻者聊

犂犁然栗然也 廖闕人名春秋傳有瑕廖 鷚鷇卵也 鎏美金謂之鎏 橊木名 𢡟定意 㺨執㺨狗名言善執留禽獸

罶捕鳥獸具 昴星名詩維參與昴 熮火皃 繆枲十絜也 媹女字 ○脩思留切說文脯也一曰長也又姓文二十一 修說文飾也古省或通作脩

羞䐹饈𦟨說文進獻也一曰致滋味爲羞或从肉从食亦作䐹羞一曰恥也 𩚏餹廣雅饋謂之𩚏或从修

糔滫說文久泔也一曰溲也或作滫 鏅博雅鏅鈕鋌也 樇木名 䅎𥢕禾名或不省 䡭䡭輕載麥三箱車河南穫麥用之或說載喪車非是

蓨乾也 鱐魚脩腊 嫪女名 颼風也 𣯸毰毸羽倅皃 ○秋龝𪛁雌由切說文禾穀孰籀作烁一曰秋秋馬騰驤

也所謂秋駕以善馭不耍逸也又姓古作𪓰䵸文三十六緧䋺緀鞧鞦說文馬紂也或从秋从叟亦作鞧鞦趥蹜說文行皃或从
是篍吹筩楸橚木名說文梓也或作橚通作萩萩艸名說文蕭也鶖鵚鳥名說文秃鶖也或从秋𪆁雞雛湫集也
春秋傳瘞閈秋底徐邈說一曰汜水鰌鰍魚名說文鰌也或从秋鱃魚名博雅鱃鰌鯟也山海經蒼體之水多鱃魚狀如鱧犬首食之不
疣鰌妝緻具鼀䶂𪓰尗鼀蟲名詹諸也或作䶂䵸脙䐓股脛間或从酋蟗蝵蝤蟲名爾雅次蟗鼅鼄
或从秋亦作䵸酋長也愀色變取取慮縣名在臨淮楢木名山海經堀山多楢杻中車材媝女字逎白也。揫將由切說
文東也引詩百祿是揫一曰聚也或書作揫文三十揂愁說文聚也或作愁𨢐酒官逎遒縣名在涿郡或作逎𩀟束臬也
𩏼𩐋說文牧束也或从要通作揫鬏鬊接鬏也噍燕雀聲禮啁噍之項通作啾𦖨𦗣耳鳴或作𦗣啾說文小兒
聲也或書作啾𪆁方言鶏雛徐魯之間謂之𪆁子𧳜犬名湫水名在周地一曰安定朝那有湫泉或書作湬楢柔木一曰木堅中車材
蝤蝤蛑大蟹一曰蟲名木蠋也鮂鳥化爲魚者頸有骨毛稵禾生皃酋終也莤酒滓也鄭司農曰稻醴清莤焦
鐎釜屬或从金㥢慮也蟭蟲名蜅蟭螵蛸也𥨪𥨪空穴中鼠聲煪火皃趥徒行。囚徐由切說文繫也文二十慒
𢘅爾雅慮也或作𢘅傮𡖿終也或从夕汓泅游湭說文浮行水上也古或以汓爲没或作泅游湭鮂魚名烏賊也

䣞䣞縣名在臨淮　茜爾雅茜芝瑞艸也一歲三華　遒遈遒縣名在淮南　鰌鰽魚名似鯿而大鱗肥美多鯁或作鰽

酋方言久熟曰酋　⿰夕因殘也　蒏滓也　莤艸名生水田子可食　⿺辶囚拘留也　○酋醔玆秋切說文繹酒也禮有大酋

掌酒官也或作醔文三十一　湭蒏博雅湭滋液也一曰水名在雍州或作蒏　㥢博雅㥢鉗惡也　⿰忄猷曰傲也或从猷　遒遒

說文迫也或从酋　⿰耳秋耳鳴謂之⿰耳秋　艏說文雔射收繳具　𡺪𡺪崒山皃　緧馬紂　愀變色皃　煪燥也或書作⿱酋灬

禉祭天燎柴　鰌魚名　蝤螬蟲名說文蝤蠐也或从曹　揫⿰韭焦爾雅聚也一曰細也或作⿰韭焦　猶良犬也　⿰秋隹

東皋也　鬏鬏揫鬏也　楢木名　傮⿰女曹終也或作⿰女曹　㵞腹中有水氣　鰌鰽魚名或从曹　啾小聲　揂

捊聚也　○收⿰扌丩尸周切說文捕也一曰夏冠名古作⿰扌丩文六　攸縣名在長沙　⿰目攵瞟⿰目攵斂容視皃　⿱攸牛牛名　莜艸名荊葵

也紫色　犨犫蚩周切說文牛息聲一曰牛名又姓亦地名或不省文四　趎闕人名莊子有南榮趎　⿰牛壽畜無子謂之⿰牛壽　○周

周之由切說文密也又地名亦姓古作周文二十八　⿵冂舟說文帀徧也通作周俗作週非是　賙振贍也　州𡿧⿰𡿧刂說文水中可居

曰州周遶其旁从重川昔堯遭洪水民居水中高土故曰九州引詩在河之州一曰州疇也各疇其土而生之古作𡿧⿰𡿧刂又姓　洲渚也說文通作州

舟說文船也古者共鼓貨狄刳木爲舟剡木爲楫以濟不通　輈說文重也一曰低也　⿰米周粇⿰米周粉餌　婤說文女字也春秋傳嬖人

婤姶 喌𠯌 喌喌呼雞聲或省 郮 國名黃帝後所封 䲓 魚名山海經英鞮之山浣水出焉是多䲓魚 𤤣 玉也 𦏱 弱羽
𥑮 石也 淍 水名一曰水皿 倜 倜儻行皃 椆 說文木也 烐 火行 𦰡 艸名 蒭 艸名似葵五色 㲢 禦也 脽 尻也
洀 水文也 ○讐𠷎周㤘 時流切說文猶譍也一曰仇也古作𠷎周㤘文二十四 𨢩醻酬 說文主人進客也或从壽
从州 詶𠷎 說文譸也或作𠷎 𣪗𣪘 說文縣物𣪗擊或从壽 𣪥𣪘魗 說文棄也周書以爲討又引詩無我𣪥兮或从壽亦
作魗 𨞚 說文蜀江原地 𠷎 耕田器名 鮋 魚名 𣛈 地名 𠷎 雉名 雔 說文雙鳥也 𣏕 木名 𠷎 詞也 疇 田也
𠷎 耕治之曰象形或省 ○柔 而由切說文木曲直也一曰安也文三十四 媃 女名 揉 以手挺也 鍒鑐 說文鐵又耎也或作
鑐 瓇瑈 說文玉也或从柔 蹂 踐也詩或簸或蹂 腬 說文嘉善肉也一曰盛也 脜頋 說文而和也或从頁 鞣
𦍩 說文耎也謂柔革或从羊 𤳉 說文和田也一曰鄭地名 葇薷 香葇菜名或作薷 騥 爾雅馬青驪繫驖曰騥
鶔 鳥名爾雅鸛鶔鶝鶔鶔射之銜矢射人 髳 馬繫鬣一曰黃髮 蝚 蟲名說文蛭蝚至掌也 鄋𨛖 鄉名或作𨛖 輮 車輞
也 濡翿 柔忍也或作翿 猱夒 獿猱彌猴類或作夒通作蝚 僥 僬僥國名 渘 水名 雓 鳥名亦姓 堥 丘名前高
後下 粈 食也 鰇 魚名 㥻 心安也 ○㨎搜𢯱 踈鳩切說文衆意也一曰求也引詩束矢其㨎或作搜古作𢯱文三十九 廋

廣雅匿也一說索室曰叜蒐艸名說文茅蒐茹藘人血所生可以染絳一曰春獵曰蒐葰艸名爾雅蔎葰虁鄋鄋說文北方
長狄國也在夏爲防風氏在殷爲汪茫氏引春秋傳鄋瞞侵齊或作郰趜趀趛一進醙醻白酒也一曰黍酒古作醻䐹鱐說文
乾魚尾鱐鱐也周禮有腒鱐或从魚餿餿飯壞也或作餿叟叜𠬳叟叟淅米聲古作叜或作𠬳通作溲鎪鏤也一曰
馬耳也颼颾博雅颼風風也或作颾𣯷氉𣯷毛織有文者㹱犙牛三歲也或从参獀𤡔獀獸名獀說文南越
名犬獿獀叜一曰春獵螋蟲名博雅蛷螋蜙蛷也⿰魚叟闕人名韓將有⿰魚叟申差滫淅米汁傁闕人名春秋傳齊有公孫傁
茰茰茮椒子聚生成房皃瘦瘠也太玄山殺瘦騪駒騪馬名溲浚溺謂之溲或作浚⿱竹叜竹名𠜲刈也⿰木叜
木名似白楊橚木長皃○搊初尤切博雅搊拘也俗作搊非是文十⿱𥫗朵廣雅篗謂之⿱𥫗朵掫手取物也篘⿱𥫗酋篗
醔灑取酒也或作⿱𥫗酋篗醔⿰米芻濾取粉也謅謅謏私語⿰木芻牛鼻繫繩具○鄒甾尤切說文魯縣古邾國帝顓頊之後所封一
說魯穆公改邾作鄒又姓文三十四郰鄹說文魯下邑孔子之鄉或作鄹陬隅也一曰魯邑齱說文齺也齺說文齒擣也一曰齺
也一曰馬口中糜⿰足芻獸足也緅色也周禮染羽五入爲緅縐細絺也⿰舟芻船名艇謂之⿰舟芻菆說文麻蒸也一曰蓐也一曰餘
也一曰矢之善者通作菆箃竹黃也棷說文木薪也棸木名亦姓掫持也⿰木菆艸木子聚生⿸麻取⿸麻芻說文麻藮也或

从芻騶說文廏御也亦姓僽偢愁皃或省㛗說文婦人妊身也引周書至于㛗婦⿱竹⿰芻皮取魚器謅小言私授謂之謅

⿰口愁嬰兒啼也⿰王取玉文娵女名⿰骨叟韗也⿰禾芻禾穰也槭木名可作大車輮啁啁哳鳥聲⿰革芻皺華文蹙也或作

皺芻艸也。愁鋤尤切說文憂也或書作⿰火愁文二⿰氵愁說文腹中有水氣也。不鴀方鳩切鳥名夫不隹也或从鳥不一曰姓

也辭也文十三哹吹聲紑不衣絜鮮皃𣪍未燒瓦器也垺大也盛也⿱不目見也捊⿰扌麃引取也古作⿰扌麃胞胎衣也

衃凝血⿱竹浮竹有文者㐬流也。浮房尤切說文氾也亦姓文五十三⿱雨孚⿱雨孚雨雪皃通作浮涪說文水出廣漢剛邑

道徼外南入漢⿰山孚山名桴說文棟名泭併木以渡通作桴艀舟短小者錇小缶也枹艸名爾雅楊枹薊稃穀皮

也莩艸名掊把也鹽官入水取鹽謂之掊通作捊⿱竹浮竹有文者芣說文華盛一曰芣苢箁竹名巷姓也棓

大杖⿺走孚行皃稃博雅粰䊀饊也一曰鬻也烰說文烝也引詩烝之烰烰⿸疒孚火瘍哹吹聲鉜錇鉜鏂大釘或作錇

琈美玉名⿰多孚廣雅⿰多孚⿰多孚多也⿱罒包罦說文覆車也引詩雉離于⿱罒包或从孚⿱罒否罘說文兔罟也一曰罘罳闕前飾或省虫

水蟲名⿰孚鳥⿰浮鳥⿰孚隹博雅⿰孚鳥鳩也或从浮从隹⿰魚孚魚名𧖴蜉蜉蟲名說文蚍𧖴也或从孚娐女字孚⿱付女王采也或作⿱付女

通作琈包包來邑名在紀國通作浮培闕人名魯有巾培公衃艸名爾雅荍蚍衃多華少葉通作⿰虫不⿰崩阝⿰崩刂鄉名在右扶風在沛

城父或作崩 枹擊鼓槌通作桴枹 雺霧也 裒褎聚也或作褎 梵木得風也 諏謀也 捊抱引取也或从包

○颫披尤切風吹物皃文十四 秠禾一稃二米 胚衃胚胎未成物之始或从血 㲉坏瓦器未燒或作坏 紑說文白鮮衣皃

引詩素衣其紑 醅醉飽也 寱寐聲 朴夷姓也魏有巴夷王朴胡 砰破聲 覛視也 筟竹名 哹喉中聲

十九。○矦𥎦𢂎胡溝切說文春饗所䠶矦也从人从厂象張布矢在其下天子䠶能虎豹服猛也諸侯䠶熊豕虎大夫䠶麋麋惑也

士䠶鹿豕爲田除害也其祝曰毋若不寧矦不朝於王所故伉而䠶汝也一曰候也維也古作𥎦或从巾文四十二 猴獸名說文夒也 翭䳧說文

羽本也一曰羽初生皃或从鳥 鍭說文矢金鏃翦羽謂之鍭 銗頸鉗也博雅鋞鍛謂之銗 𧛰𧛰褕短衫 骺䯏骨端謂之骺骺䯏或从

侯 瘊疣病 䫛䫛顱揚言也一曰健皃 𣢵𣢵欱氣出皃 喉𦜝說文咽也或从肉 餱糇說文乾食也引周書峙乃餱粻或从

米 睺半盲也一曰深目 鄇地名在晉 𧯳䜯谷名在城皋或从矦 㮢㮢桃果名 葔艸名芐葔莎通作矦 緱刀劍首飾 篌

箜篌樂器或說空國之侯所好故謂之箜篌通作侯 𩿧鳥名出崑崙 鯸說文魚名 𧍪蟲名方言守言東齊海岱之間謂之螔𧍪 逅覯

邂逅解說皃或作覯 𤬛𤬩王瓜也或从侯 𡺭山名 𥍰矛屬 娭女字 𥎪一也 服 𩙧風皃 帿帿悽怒皃 𥚳祭求

福也 㤧和解皃 郈鄉名在東平 ○謳烏侯切說文齊歌也文三十七 嘔博雅嘔嘔喜也一曰小兒語一曰嘔夷州名 歐姓也

一曰歐刀甌私燕飲也頭頭頁面折也慪俗也漚水池也區名四豆爲區又姓甌說文小盆也又姓塸聚沙瞘

曉目深也或作曉䉱竹器吳人以息小兒篋吳人謂育蠶竹器曰篋膒久也一曰以膒漬皮褔𧝒涎衣謂之褔一曰編

枲頭衣或从歐鏂門鋪謂之鏂鉐剾博雅剾劊也櫙樞蓲木名爾雅樹荎今榆也或作樞蓲鷗鳥名說文水鴞

也㭷地名紆陽紆山名優嚘伊優亞者辭未定東方朔說或从口犃特牛也勈足胊謂之勈熰炮也

纋屈笄以安髮𡨋闇富夷人屋斪鉏也鰸水蟲似蝦無足𨻰傴窬深下皃𢙳愁也嬥

巴人歌。齵魚侯切說文齒不正也文四吽𣏓吽牙者兩犬爭東方朔說腢肩頭也嵎嶇嵎山皃。彄彀

墟侯切說文弓弩耑弦所居也或作彀文二十五摳說文繑也一曰摳衣升堂或作挎袧辟兩側空中央曰袧儀禮喪服裳幅三袧

剾鏂歐鑃剅剜也或作鏂歐鑃剅韝捍臂也怐㡚射決也或从區滱水名在常山夠多也

鷇鳥哺眗瞜瞘埤倉目深皃或作曉瞘䩖挹也緱緱氏地名毆地名春秋傳盟于毆蛇嫗闕人名陳有夏

嫗夫通作傴𦂅博雅𦂅繐絹也芤病脉徐氏說按之即無舉之來至傍實中空者曰芤。齁呼侯切齁䶎鼻息文五𩿧

鳥名纋屈笄以安髮睺方言半目爲睺呴喉中聲。鉤鏂居侯切說文曲也一說鉤縣物者亦鉤屬或作鏂文四十四

眗畦也 句區說文曲也又姓或作區 檄枸木曲枝曰檄一曰木名或省 拘拘摟聚也 夠多也 剾說文鎌也 斪斪斸

鋤屬 軥車名夏曰軥車通作鉤 ⿰舟句⿰舟冓愽雅⿰舟句艛舟也或从冓 冓數名十秭曰冓一曰邑名漢有邯冓侯 溝說文水瀆廣四

尺深四尺 袧褏裳幅辟兩側也 ⿰食句牛飽 韝說文射臂決 褠⿰巾冓單衣或从巾 緱說文刀劍緱也又姓亦地名 ⿰口冓

⿰口冓咶聲亂一曰大聲 篝⿱竹構說文笿也可熏衣宋楚謂竹篝牆以居也一曰蜀人負物籠上大下小而長謂之篝笭或作⿱竹構 ⿱竹鉤竹名

愽雅⿱竹鉤篇桃枝也 ⿰句瓜字林⿰句瓜⿰婁瓜王瓜也 ⿱句黽⿱句黽鼊水蟲名似龜皮有文 鴝鴝鵒鳥名鸜鵒也 購購贖取也史記購吳王千金

彄嫗闕人名春秋傳陳有夏彄夫或作嫗 呴匈奴單于名史記呴犂湖 鬮說文鬬取也 蚼蚼犬獸名如犬食人 泃水聲

⿰月冓足曲也 耩耕也 ⿰石冓⿰石冓碻堅也 搆牽也 茩茩吻艸名 ⿱宀冓夜也 ⿱艹鉤⿱艹鉤芺艸名 彀張弓也 ○捊

抱抔蒲侯切說文引取也或从包从不文二十 ⿰月咅豕肉醬 餢餢饇食曰 錇瓿說文小缶也或从瓦 箁說文竹箬也

⿰耒咅愽雅⿰耒罷⿰耒咅耕也 棓高下有絕加板曰棓公羊傳踊于棓而窺客一曰木名依樹生枝交如罔 垺大也盛也 踣斃也 涪

涪漚水泡 ⿱髟咅⿰咅頁說文髮皃或作⿰咅頁 掊說文把也今鹽官入水取鹽爲掊 裒⿳宀臼衣曰爾雅聚也或作𡬽曰俗作裦非是

錇錇鏂釘名 ○謀惎⿰口某⿱毋心⿱毋口⿱毋言迷浮切說文慮難曰謀亦姓或作其⿰口某⿱毋心⿱毋口⿱毋言或書作⿰口母文六十二 恈愛也

𩭹髳髦髮至眉也或省亦作髦眸愽雅目珠子謂之眸通作牟侔件說文齊等也或省桙杵器名或省

牟說文牛鳴也从牛象其聲气从口出一曰取也大也又姓勃敄北燕之外相勉努力謂之勃一曰彊也或作敄堥堆隴洠

廣雅陴洠厓也雺霿蒙爾雅天氣下地不應曰雺或作霿蒙醔醔𨡓榆醬也麰麰說文來麰麥也或作麰通作䒽

脌脊也矛𢦵鉾說文酋矛也建於兵車長二丈象形或从戈从金鉾劒端鍪說文鍑屬或書作鍪鞪鞮鞪

首鎧通作牟鍪𦃇縛也繆枲絜也鶩鳥名爾雅鷚天鸙大如鷃或書作鷚鴾鳥名鷂也鰵蝐魚名或省蛑

蝶蝤蛑蟹屬或作蝶蝥盤蝥毒蟲蟊蝥蟊𧒽𧕢說文蟲食艸根者从蟲象其形吏抵冒取民財則生或从

孜亦作蟊蟊古作𧕢通作蛑毋淳母膳珍也貿目不明皃一曰貿戎戎別種務務婁邑名瞀俯視蟱蝥蛛蟱蟲名蜘蛛

也或从敄瞴說文瞴婁微視也母母頭夏后冠名𢄔車衡上衣謂之𢄔䒽艸名婺女皃𧯜登踰豆秸𧞜𧜀

長衣襜作𧞜闅開也。涑漱先侯切說文澣也一說以手曰涑以足曰澣或作漱一曰涑水名在河東文二十二鏉鎪彫也或从

叟䩳𩌦治革也或从欶颼颼颼風聲𩯄鬉𩮀𩯄髮亂或从叜擻捒摟擻取也或省嗾𠺕𠿇使犬

聲或从速从造漱涑冷也一曰冰氣或作涑𡣝女字㨨搜求也莊子搜於國中李軌說或作搜𢵌推也擇也獀南越

謂犬爲獿猣敕攴也○諏千侯切博雅就也文一○緅緅將侯切皁未漬也或从取文十五緅帛青赤色諏⿰言奏咨事爲諏或作⿰言奏陬⿰阝聚說文阪隅也或作⿰阝聚掫趣說文夜戒守有所擊引春秋傳賓將掫或作趣鯫小魚也棷戲謂之棷一曰木薪租包裹也菆蒩也儀禮御以蒲菆⿰月芻脯也⿰聚刂斷也○⿰聚刂⿰聚刂徂侯切字林細斷也或作剩文四鯫魚名漕水運也○兜當侯切說文兜鍪首鎧也文二十四吺⿱殳口說文讘吺多言也或作⿱殳口侸佔侸極疲一曰僂侸下垂或作⿰亻豎⿰亻豎⿰豆見⿰目豎⿰目豆說文目蔽垢也或作⿰目豎⿰目豆⿰髟兜⿰髟兜⿰髟敄鬆亂剅⿰豆到⿰豆句小穿也一曰割也或作⿰豆到⿰豆句郖⿰壴阝說文恒農縣地或作⿰壴阝篼說文飤馬器也鬭交爭也⿰足豆跌也⿰糸兜結縷囊⿰木兜木名⿰扌兜也⿰兜鳥⿰兜鳥⿰兜鳥鳥名人面鳥喙有翼不能飛頸頁頸面折窬傴窬深下⿰俞斤歐⿰俞斤偃鉏○偷愉他侯切苟且也或从心文八鍮鋀石名似金或从豆⿰魚豆魚名婾說文巧也緰布名揄垂也莊子揄袂○頭徒侯切說文首也文二十五投說文擿也一曰合也亦姓古作投揄引也豛說文繇擊也酘酒再釀⿰俞刂博雅剜也投陶窾⿰豆殳博齒褕⿰巾俞襜褕短袖一曰近身衣或从巾牏說文築牆短版也⿸广俞行圊受糞函也通作牏窬穿也⿰酉俞⿰酉俞醬名緰說文緰貲布也逗射也俞也匬說文甌也⿰俞系說文⿰俞系屬或書作⿱艹俞⿰豆鳥鳥名似鳧逾車米數名⿰鹵斗⿰鹵俞鹵地

或作蝓蕍木名。婁𡝓𡜳𡚡郎侯切說文空也从母中女空之意也一曰宿名又姓籀作𡡓古作𡝓𡚡文四十八樓𩫨說文重屋也又姓古作𩫨廔說文屋廔也一曰也䣚鄉名南陽䣚縣𨻻羸𨻻縣名在交阯塿說文塺土也一曰部塿小阜通作婁漊水名出武陵蠻中蔞山也遱說文連遱也謂不絕皃僂僂傴下垂髏𩕂說文髑髏也或从頁瞜𧡨瞜睺偏盲一曰細視或作𧡨慺慺慺恭謹皃一曰動也謱嘍說文謰謱也或从口一曰謹也褸縷傳雅衽謂之褸南楚凡人貧衣破謂之褸裂或作縷𢅤方言飤馬橐自關而謂之𢅤竹鞻鞮鞻氏掌夷樂官膢𥜗漢以立秋曰祭獸因以出獵還祭宗廟名貙膢或从示軁軀軁傴也摟說文聚也剅小穿也艛舟也簍說文竹籠也耬種具𤬏𧀒茜鉤𤬏王瓜菰𤬏土瓜或从艸亦作茜蔞蒿類鷜鳥名野鵝也貗求子豕通作婁䍛山海經崑崙之山有獸狀如羊名曰土䍛𩸄說文魚名一名鯉一名鰜螻蟲名說文螻蛄也一曰螢天螻牢削約握之中央以安手也儀禮士喪握手用玄牢寠窶甌寠猶抔摟也或从穴𩧸馬類一曰大騾㜢女字䍡麗䍡罔也。羺奴侯切胡羊謂之羺文十一𦼵艸名獶南越謂犬爲獶狡𩆵㲘江東呼兔子爲𩆵或作㲘亦書作𪍣𧇫犁華𤞈獳怒犬皃或作獳䰭鬼聲譨譨譨多言也

麢鹿麛也。捊普溝切掬也文九紑衣鮮絜皃吥吸也䫝須短白皃浮漂也哹吹也䱐鯆鯆魚名娝

不肖婄女皃

二十〇幽於虯切說文隱也又州名亦姓文十四 丝說文微也 呦𣢍說文鹿鳴聲或从欠 怮說文憂皃一曰含怒不言 [魚幼]魚名 蚴方言蠭之小者燕趙之閒謂之蚴蜕 麀[鹿幽]說文牝鹿也或从幽 泑泑澤在崑崙下一名蒲昌海去玉門關三百里 [虫幽]蟲名說文[虫幽]蟉也 黝黑色 颵風聲 [氵要]深也 〇聱倪虯切廣雅不入人語也文四 鷔汻魚鳥之狀或作汻通作聱 謷不肖也 〇犙山幽切三歲牛文一 〇驫必幽切博雅驫驫走也文五 [氵驫]水聲 髟髮垂皃 虨虎文也 飍風也 飍香幽切風也文六 膮字林豕羹也 休美也通作烋 驫博雅驫驫走也 烋微也 貅鷙獸 〇稵[禾幽]子幽切禾生也或从幽文三 [秋隹]雞雛名 〇飍步幽切風也文一 〇區羌幽切域也文三 鷚天鷚鳥名江東語 惆去捩 〇瀌平幽切瀌瀌雨雪皃文三 滮水流也 烰火氣也 〇樛居虯切說文下曲曰樛通作朻文二十 朻說文高木也 樛𢪃束也或从丩一曰姓也漢有樛氏 丩剹說文相糾繚也一曰瓜瓠結丩起或作剹 虯龍類 [茻丩]說文艸之相丩者 𤵸腹中急病 璆美玉 繆糾細也或作糾 [丩力]赳輕勁皃或从走 㓶大刀 觓觩角曲皃或从求 鬮鬥取也 䀐瞭眑視皃 艽秦艽藥艸 〇虯蘢渠幽切說文龍子有角者或作蘢文十九 朻木下曲也 觓觩[牛求]說文角皃引詩兕觵其觓或作觩[牛求]

通作捄捄長皃璆球美玉名出崐崘或从求鷚鳥名似鶅蟉蚴蟉也釗弩機翏剹流環繞也銶鑿屬

絿急也一曰糾也穋禾類管子其種穋秜鏐美金莍茮樧實梂櫟實○鏐力幽切黃金美者一曰弩眉文二

蟉蚴蟉蟲名○彪悲幽切說文虎文也文四髟髮垂皃驫說文衆馬也魣魚名博雅鱄魣鮒也○淲滮皮虬切說

文水流皃引詩淲池北流或作滮文四颩風皃瀌雨雪盛皃詩雨雪瀌瀌徐邈讀○繆亡幽切說文枲之十絜也一曰綢繆束也文三

⿱白彡細也⿱敄糸縛也鷚鳥名爾雅鷚天鸙樛木名

二十一○侵千尋切說文漸進也从人又持帚若埽之進又手也一曰五穀不升謂之大侵俗作侵非是文十八駸駸字林馬行疾也

或从侵浸滲濅浸淫漸漬或作滲濅𧯈幽豆也博雅𧯈謂之𧯈一曰野豆稄鋟錐也或从金綅也絳綫梫

木名爾雅梫木桂浸冷也諿私語僭侵也詩以籥不僭祲祲祥地名春秋盟于祲祥鈐鈦也㬐日光埐地名○心

思林切說文人心土藏在身之中象形博士說以爲火藏文六沁水名𦬒螟食苗心死也𨋣車鉤心制軸者通作杺芯艸名杺木名

其心黃一曰車鉤心木○祲咨林切說文精氣感祥引春秋傳見赤黑之祲文二十三駸說文馬行疾也引詩載驟駸駸綅說文絳綫

也引詩貝冑朱綅稄錐也兓說文兓兓銳意磛小石瑨石似玉⿰鼻朁⿰鼻㑴高鼻謂之⿰鼻朁或从侵寖瀙也亦水名埐

說文地也梫木桂梣橣說文青皮木或从寑省⿰朁隹⿰朁鳥漢中呼雞爲⿰朁隹或从鳥嶜山高大皃⿰魚朁魚名一說
南方謂⿱蓋魚曰⿰魚朁撍羊鮑⿰月朁⿱耳灬也礛櫼楔也或从木僭侵也詩以籥不僭○㝷尋徐心切說文繹理也从工口又
寸工口亂也又寸分理之彡聲度人之兩臂爲尋或省又姓文三十四⿰糸尋續也襑衣博大也撏取也⿰月尋古姓鐔說文劍鼻
也亦姓鬵𩱧鼎大上小下籒作𩱧灊水名出巴郡潯⿰氵蕁潭說文旁深也或作⿰氵蕁潭⿰土尋地名⿰阝尋小阜也在三輔
鄩說文周邑也又姓枔木葉也燂燖⿱尋炎火熟物或作燖⿱尋炎樳木名一說以爲炭煉生鐵一烹乃熟撢修也鱏
魚名涔漬也⿰魚朁魚名蕈菌也蕁艸名海蘿也⿱⺮尋竹名長千丈可爲大舟⿰牛尋牛名⿺走尋長也馬融
曰⿰足覃⿺走尋技蟫蟫蟫物動皃橝盾上竿⿰王鬵石次玉㜝女名○鬵𩱧才淫切說文大釜也一曰鼎大上小下若
甑曰鬵籒作𩱧文二十一鮗魿博雅魿⿱蓋魚也一說大魚曰⿱蓋魚小魚曰魿或作魿嶜山高也梣橬⿰木鬵⿰木寑青皮木名
一曰江南樊雞木也其皮入水綠色可解膠益墨或作橬⿰木鬵⿰木寑灊水名出巴郡宕渠埐地名⿰耒冘鈂博雅耕也一曰臿屬或从金⿰酉甚
博雅寑⿰酉甚幽也岑岑崟高皃一曰山岸也⿰王朁石似玉埁土也枔木葉⿰魚朁魚名涔漬也罧也䃪石門○深
㴱式針切說文水出桂陽南平西入營道一曰邃也又州名古作㴱文五罙說文深也一曰竈突⿱艹深說文蒲蒻之類琛爾雅寶也

郭璞讀○覞充針切內視也文一○斟諸深切說文勺也又姓文十三鍼鐵針說文所以縫也或从箴从十通作箴

𣂌斗鄩古國名在河南禹後也通作斟箴說文綴衣箴一曰誡也一曰竹名又姓瑊石次玉葴艸名說文馬藍也⿰箴鳥

鳥名說文⿰箴鳥鴜也通作箴鱵魚名黬皙而有黑纖刺也禮記其刑罪則纖剸瀸水艸名酸漿也○諶時任切說文誠諦也引詩

天難諶斯文十三訦說文燕代東齊謂信曰訦忱愖說文誠也引詩天命匪忱或从甚煁說文烓也瘎⿸疒冘

方言秦晉之間謂病曰瘎或从冘湛水名在襄城春秋傳戰于湛阪⿰魚朁說文魚名醓麴孰黕鈂臿屬或从金⿰木朁

積柴水中以取魚○壬如林切說文位北方也陰極陽生故易曰龍戰于野戰者接也象人褱妊之形一曰佞也文十五任文

保也又姓妊⿱任女孕也或作⿱任女亦書作姙⿰言任信也諫也一曰喉聲謂之⿰言任恁博雅思也銋鈓字林濡也博雅韏也或省紝⿱任糸

機縷也或从任亦書作絍鵀⿰任隹戴勝也或从隹⿰言壬念也鄙地名㸒貪也○森疏簪切說文木多皃文二十三槮

蔘說文丨長皃引詩槮差荇菜或作蔘曑參𠫭說文商星也或省古作𠫭篸說文差也一曰竹長皃⿰女參娙也傪

歡也衆也蓡⿱艹侵說文人蓡藥艸出上黨或作⿱艹侵通作蔘參襂綝幓襂纚衣裳毛羽垂皃或作綝幓⿰參阝地名棽

木枝扶踈皃滲漉也⿰犭參犬容頭進皃摻林離摻攦也罧說文積柴水中以聚魚也罙深也一說俗謂深黑為窨罙一

曰竈突也鬖鬖髿毛皃穇禾長皃○嵾初簪切嵾差山不齊皃或書作嵾文十三篸篸差竹皃梫水名桂類葉似

枇杷而大白華穇穇禾短曰穇或省槮槮木長皃或从篸駸馬行疾也僭侵越也詩以籥不僭攙天攙星名鬖

髮亂皃叅朁叄差不齊古作朁○兟簪𥳑𥯨篸緇岑切說文首笄也或作簪𥳑篸古作𥯨文九瑨說文

石之似玉也撍疾也通作簪鬵釜屬鐕可以綴著物者通作簪○岑鉏簪切說文山小而高又姓文二十涔說文漬也一曰涔陽渚在郢中梣博雅樳也橬

青皮木或作橬通作梣笒竹名嶜嶜崟高銳皃或書作嶜霯博雅霤霯霖也一曰雨聲汵池也顉顄顉俯首

𡵜說文入山之深也𩃬說文霖雨也南陽謂霖𩃬穇禾苗將秀曰穇魿博雅魿鮆蕭也鱏說文魚名鬵釜屬一曰疾也

踗蹏蹟停水也通作涔汵𦉰罔名灊水名璔石似玉○碪砧知林切擣繒石或从占文十鉆鬼谷篇有飛鉆湼錎

椹枯鍖斫木櫍也或作枯鍖𥪶坐立不移皃揕刺也一曰斫木聲㪛擊也坫櫍塗謂之坫○琛賝癡林切爾

雅寶也或从貝文十棽說文木枝條棽儷也𧠈說文私出頭視也闖馬出門皃一曰出頭皃踸踸踔無常也郴說文桂陽縣亦

州名綝說文止也一曰善也𦨖說文船行也諃善言○沈湛持林切說文陵上滈水也一曰濁黕也一曰溺也或作湛俗作沉非

是文十三霃說文久陰也通作沈鈂𨰻說文臿屬或从臿笐竹名䒞莐說文艸也生山上葉如韭或从沈瓭方言甖其小者謂之

瓬　牤吳牛謂之牤通作沈　魫魚子也　杺繫牛杙　醓熟麴　。林犂針切說文平土有叢木曰林又姓文二十一　箖箖箊竹名　臨䏈說文臨監也一說以尊適卑曰臨亦姓古作𦟪　琳玪說文美玉也古作玪　霖說文雨三日以往　淋灊說文以水沃也或作灊　瀶[illegible]濂說文谷也一曰寒也一曰瀶瀶雨也或省或从兼又書作[illegible]　罧積柴水中聚魚也　痳說文疝病也　𩕄𩕄頷俯首　岑岑巖山高皃　碄碄碄深皃　𡨦室深也　惏惏慄寒也　㡘㡘縿羽毛皃　嶙山名　。䛘尼心切喉聲謂之䛘一曰諛也文七　紝𦁰䋻織也或作𦁰䋻　軖紡車　鵀鳥名博雅戴鵀戴勝也　恁思也弱也信也　。淫夷針切說文侵淫隨理也古通作㸒文二十七　㸒說文近求也从爫壬壬徼幸也　霪久雨爲霪或作湛通作淫　婬說文私逸也通作淫　冘佔說文冘冘行皃一曰冘豫未定或作佔　醓說文孰蘜也　㾪疾也　鐔博雅劍珥謂之鐔　橝探也　鄩地名　[illegible]竹名　[illegible]方言明也或作[illegible]　鷣[illegible]江南呼鷂爲鷣或从隹　鱏說文魚名引傳曰伯牙鼓琴鱏魚出聽　蟫說文魚也　潯濅潯漸也　潭水名在武陵　[illegible]深也或作[illegible]　[illegible]過也　[illegible]通戾　[illegible]久緩皃　[illegible]艸名　。愔伊淫切愔愔安和皃文四　窨地室　韾聲和靖也　䜶[illegible]豆名　。音於金切說文聲也生於心有節於外謂之音宮商角徵羽聲金石絲竹匏土革木音也从言含一文十九　陰[illegible]說文闇也水之南山之北隸作陰亦姓　霒霠[illegible]侌侌說文雲覆日又姓或作霒雺古作侌侌　瘖說文不能言也　䇖博雅䛤謂之䛤　喑說文宋齊謂兒泣不止曰喑　䤃小聲　蔭艸木蔭翳也　愔安和皃春秋傳祈招之愔愔徐邈讀　闇默也何林曰高宗諒闇　隌隱闇也　醅醉聲　吽午鳴　窨窨窔黑也○吟䪩訡欽魚音切說文呻也或从音从言亦作欽文二十二　⿰口芩蘞芩菜名似蒜生水中古作蘞芩　魿魚名似鼈也　霠霖雨也　㐺說文衆止也从三人　廞說文崟也一曰地名　碞山石皃一曰僭也　唫說文口急也　嶔兩山相向　玪王名　崟碒巖嵒岑⿰口岑⿸厂今說文山之岑崟也或从石亦作巖嵒岑⿰口岑⿸厂今或書作崯岭○歆虛金切說文神食氣也文五　廞說文陳輿服於庭也　⿱歆女愛也　⿰甚冘火盛皃　嶔嶔巇山險皃通作廞○欽欽祛音切說文欠皃一曰敬也古作欽文十一　衾說文大被也或書作衾　嶔⿰石欽山高險也公羊傳殽之嶔巖或作⿰石欽通作⿰山金　菳菳荃艸名　⿰金頁⿰今頁曲頤也或作頜　唫口急也　廞崟也　⿸厂欽像車服以送死也○今居吟切說文是時也文十五　金說文五色金也黃爲之長久薶不生衣百鍊不輕从革不違西方之行生於土从土左右法象金在土中形天姓亦州名古作金　黅博雅黃也　紟衿⿰糸金說文衣系也或作衿⿰衤畱从金　裣襟⿰衤侌說文交衽也或作襟裣　禁勝也制也　䟾坐也　靲鞮也　菳⿰忄菳⿱艹鍪艸名　⿰忄禁懃也○琴⿱珡貝⿱珡金⿵門琴渠金切說文禁也神農所作洞越練米五絃周加二絃亦

二一二

姓古作䫴鑿𩐆文四十七靲說文鞮也耹地名說文引春秋國語回以信於耹遂肣斂也灼龜首仰足肣捦襟擒扲

說文急持衣衿也或从禁从禽从今通作禽𢻰鈙說文持也或从金𣪘禁也紟絵衿衣系也或作絵衿庈闕人名春

秋傳魯有費庈父𠪥厈說文石地也或从今黔黑色春秋傳邑中之黔又地名亦姓菳艸名說文黃菳也通作芩黚黔

黬淺黃黑或从禽从箴芩說文艸也引詩食蜀之芩仱仱侏古樂人忴忴惧健了皃𦵴艸名生水中根可緣器

𥟃禾欲秀檎林檎果名禽𠏻說文走獸總名一說二足而羽謂之禽古作𠏻鳹鵭雂句喙鳥或从金从隹鈐

飛鈐鬼谷篇名𨚕亭名在重安澟𢋈𣽫澿寒也或从稟从禽从禁𪗆若也𧑬蟲名軡地名在江南通作黔

岑岑崟險也澿水名。磹天心切磹甛吐舌皃文一

二十二。覃𦥖𠧢𠧹𠪚𡈑徒南切說文長味也引詩實覃實許或省古作𠧢𠧣𠧤文四十三鄿

說文國也齊桓公之所滅通作譚譚大也又姓潭說文水出武陵鐔成玉山東入鬱林一說楚人名深曰潭亦州名橝說文屋相

前也一曰蠶槌一曰木名灰可染蟫衣書中白魚䞶趛䞶走皃燂說文火熱也鐔劒旁鼻曰鐔䭳馣䭳香氣

𥻧糜和也𤮭博雅甞𤮭甘也酓酒味苦也𪏭和也醰䐺厚味或作䐺驔馬豪骭曰驔曇雲布

謂之曇　壜⿰曇瓦⿰金曇墰甀屬或作⿰曇瓦鐔墰　蕁⿰女蕁艸名說文芫藩也或从爻　憛憂意　藫苔也爾雅藫石

衣　譚譚譚鼓聲　婪貪也愛也　⿰甚見內視　瞫視也　⿰甚冘博雅⿰甚冘⿰甚冘盛也　眈視近志遠　沈沈沈深遠皃通作⿰甚冘　蕈

艸名生淮南平澤可作鹽　腩腤也　嘾貪也　潯傍深也　⿰火鳥鳥名　⿰女覃女字　○貪他含切說文欲物也文八　探撢

說文遠取之也或作撢　欿炊⿰貪欠說文欲得也或作炊⿰貪欠　⿰氵貪水也一曰沒也　僋癡謂之僋傪　○耽都含切說文耳大垂

也引詩士之耽兮俗作躭非是文十五　酖說文樂酒也　媅冘湛愖說文樂也或从冘亦作湛愖　⿰多冘博雅多也　眈說文

視近而志遠引易虎視眈眈　⿰甚見說文內視也　甔⿰冘瓦罌也容一石或从冘　⿰甚冘⿰甚冘⿰甚冘室宇深之皃　⿰冘見緩頰也一曰舉首　⿰氵耽淫也

⿰口耽聲也　○婪惏盧含切說文貪也杜林說卜者黨相詐驗爲婪或作惏亦書作⿱林心文十二　啉聒也一說飲畢曰啉或書作⿱林日　⿱雨兼

⿱雨淋久雨或从淋　燣熱也色焦也也　顲顪顲首皃　嵐山氣一曰岢嵐山名在太原又州名　葻說文艸得風皃　㑣

㑣儖鶩鈍皃郭璞說　⿰足嵐急行　颯翔風也　○南那含切說文艸木至南方有枝任也古作　文二十　男說文丈夫也从

田从力言用力於田也古書作⿰田力　枏楠木名爾雅梅枏或从南　抩廣雅也　⿰冉龜⿰甲冉龜甲邊也或从甲　萳艸名

諵聒語　⿰言冉諵喃博雅諵諵語也或作諵南　聃那冄國名或作那冄　苒艸名博雅藜蘆苒也　暔國名

唐天寶中封王爲襄寧王萴萯萴艸名弇姓也○毿含切毛長也文鬖髟鬖髿垂皃蔘蔘綏垂皃

襂衣垂皃犙說文三牛糝米也𢿆𢿆厭也或省謲謲言心○參三厽倉含

切謀也間也或作三古作厽又姓文十二嵾山皃謲說文怒使也驂說文駕三馬也趍走走也傪說文好皃嫪

婪也鄝地名在鄭犙牛名摻摻扌也○鐕蠶篸祖含切博雅謂之鐕鐕或从蠶从参文十一

說文可以綴箸物者一曰釘也一曰綴衣通作撍撍疾也䐶腤䐶烹也一曰脣病䍶藏肉一曰獸名似羊蹔博雅止也𢐀

弓弦謂之𢐀鄫亭名在朁貝丘婼女字○蠶祖含切蟲名說文也俗作蠺非是文糸撏方言衛魯揚徐荊衡之郊謂取

曰撏鄫亭名在貝丘箌剡也才馬蹭博雅止也䍶臭謂之䐶婼女字○㟏呼含切大谷也文二十二谽

谽谽呀谷空皃或省䤃䤃面赭色或从酉酓酒味苦也或書作䤃𩡗𩡗博雅𩡗𩡗香也或作𩡗欲欱㰹

含笑也或省亦从咸唅博雅唵也寱𥧒寢不褫衣或省蜬水蟲名爾雅蠃小者蜬喊吼也䞁赤色𦑣小鳥飛皃

惂疏縱也䛹愛也欦欲也一說戲乞曰欦顉醜皃○龕枯含切說文龍皃博雅䤬龕受盛也文十七堪說文地突

也一曰任也又姓坎山穴間戡說文刺也一曰勝也撖扌也鈙鈙敢不齊瞰咸博雅視也顉醜皃嵁嵁巖不平戓今

㦰說文殺也引商書西伯既㦰黎或从舍古通作戡　㽫和也也　㰹貪惏也　㼨瓦器　雂鳥名　勘能也　歁意不滿

○弇穽姑南切說文蓋也古作穽文二十一　𦇎監持意　淦汵涻水入舟隙謂之淦一曰水名或从今从舍

䶃𪖀鼠屬或从舍　𠛁吴人刈禾具　雂鳹鳥名或作鳹　嵅嵐嵅山名　䫲風也　紟絲皃　𨓈𨓈䶟行不進

肣肥脯　犙牛三歲　諴𠵋也　礛以石蓋也　㾤和也　硆器歛口者

○含胡南切說文嗛也文四十八　圅說文舌也象形舌體弓弓通作肣　圅椷容也或作椷　肣䏸肥牛脯或从含　瓴槒說文治橐榦或作槒瓴一曰似鉼有耳

顄說文頤也通作頷　頷頜面黃也或作頜　䘶褔博雅䘶褋袖也或从函　𩃬霠說文久雨也或作𩃬　涵涵

汵說文水澤多也引詩僭始既涵或从函从今　浛𦣞淊淊淦𣸣方言沈也或作𦣞淊淊淦𣸣　涵說文寒也　鋡博雅鋡甲介鎧也通作函　鋡方言齊楚謂受曰鋡博雅鋡鑽謂之鏇　𢎘艸木之華未發　𣐼木垂華實皃　笒𥳀𥲁笒

笒隋竹實中或作𥳀𥲁笒　梒梒桃果名櫻桃也通作含　䶃𪖀說文鼠屬通从含　䗣𧖳之小者　琀飯玉　𠷗𠷗嘲怒氣　鈐

鈦也　馠馠馩香也　硆硆𥗽小餅　嵅嵐嵅山名　晗欲明也　𠥻受物器　梒潛通水具　娢女字　雂鳥名

○諳𧬑䛳烏含切說文悉也一曰諷也或作諳亦从弇文四十二　䨲鷂鳹鶕𪈬𩀼鳥名說文雜屬或从鳥亦作鳹鶕𪈬𩀼　媕

媕女有心媕媕或从酓俺跛也喑啼泣無聲謂之喑一曰犬呼䤌說文下徹聲馣䅖博雅馣馣香也或从禾盦

覆蓋也腤䏦烹也或从弇鞥轡屬㡋裺博雅㡋篭囊也或从衣錌溫器庵菴圜屋曰庵或从艸

闇陰治喪廬也禮高宗諒闇三年不言或作陰婪貪也愛也䓀野艸埯小坑菴葊菴蕳艸名或作葊

痷痷婪泛意也諳聲小也䤃醉謂之䤃韾聲和也婄女志不靜盒器曰斂檶𣗫木名或省䛳

詥䛳阿語不決或作詥通作媕○讂儑吾含切不慧也或作儑文八諴嗤也齡齒齵嵁嵁崿山皃㖥𥨍

寐聲列子眠中唅弇藝呻呼或作𥨍巖山厓也○沈長含切沈沈宮室深邃皃文一○䫲常含切䫲䫲俯首皃文一○緂充含

切衣鮮色文一

二十三○談徒甘切說文語也亦姓文二十三郯說文東海縣帝少昊之後所封亦姓惔說文憂也引詩憂心如惔倓

倓說文安也或从剡恬恬也痰病液也餤進也淡澹水皃或作澹炎小熱也錟說文長矛也剡

馬剡也所以搔馬一曰飼篼炎美辯也莊子大言炎炎蓞蓞藍瓜菹窞籃窞匾薄也䫴面長也寱寐不

解衣儋姓也通作澹啖噡啖少味醈酒醋薄也㷋爁也婒女字○舑他甘切䑙舑吐舌皃文十七耼聃說文

耳曼也或从甘俗作聃非是坍洅水壞岸也或作汫洅𣶒消洅峻波皃或作𣶒𥨍𥨫𥨍薄而大也緂衣白鮮也苒

艸名葱也錟錟鏦矛也䏙膚肉壞菼菼藍瓜菹倓𠞤安也或从剡惔憂也抩說文并持也儋

擔都甘切說文何也或从手文十二噡噡噡煩語聸說文垂耳也南方有聸耳國通作儋甔甇也方言齊東北海岱之間謂

之甔通作儋聃耼耳曼也或从甘襜澹蹛胡名史記李牧破殺匈奴滅襜襤或作澹蹛繪緩也薝薝棘

艸名。藍盧甘切說文染青艸也亦姓文二十五濫說文瓜菹也一曰水清籃𢈧說文大篝也古作𢈧𢤦嚂貪懢

嗜也或从口儖儖儳皃惡𩈣𩈣蹔長面皃鬑說文鬑長也擥取也爁火延白襤繿衣名說文裯謂之襤

或从糸𢅋說文楚謂無緣衣𥨫𥨫窞區薄也𤩪玉名濫邑名在邾𥑡聚也厱礛礛說文厱諸治玉

石或作礛亦省𪆁𪆁鷞鳥名郭公也襤襜襤北胡別名𨉷𨉷軆長皃嚂女名。三弎蘇甘切說文天地人之道也从

三數古作弎文七叄博雅參三也𢁒𢂋衣破或从三鬖𩮀鬖獸毛垂皃蔘蔘綅垂也。慙財甘切說文媿

也或書作慚文十𢷾說文暫也或書作慚暫須臾也𧼗往也𩈨𩈣𩈨面長皃鏨鑿也鶲𩀯

鳥名博雅鶲鷲鵰也或从隹嫸女名軆艦軆身長。蚶魽呼甘切蚌屬魁陸也橫縱其理甘五味自充炮則羞或从魚文八賘

戲乞也通作欿䜶貪也愛也憨僋欿愚也或作僋欿歛博雅欲也。坩甋枯村切土器也或从瓦文二。甘

凵凹沽三切說文美也从口含一一道也古作凵凹文十八𪎊說文和也从甘从麻麻調也㤌心伏也通作甘泔粓說文周謂

潘曰泔或从米䭆餌也柑果名似橘也疳病也𥬸竹名姏老女稱媒媞也𡶓山名苷說文甘艸也玵

南方山有旰蔗材東方朔說通作甘𧋍蚶蠃之小者或作蚶。玵王甘切美玉也文四䨢霜也鉗刃也雂闕人名今春秋傳

有公子。酣甘佄胡甘切說文酒樂也或省亦作佄文十四𪎊和也邯䛁邯縣名亦姓𨛫欿方言𨛫或也沅澧之

間凡言或如此者曰𨛫如是一曰𨛫湖不定也或作欿𤋪炶𤈖火上行或作炶𤈖䖣獸名爾雅䖣白虎魽蚶蛤也或从

虫𧋍桑蘂上蟲。𩈎作三切面長皃文一。姏謨甘切老女自稱文二耼耳垂。緂充甘切女衣文一。笘

七甘切竹箠文一。袩與甘切徐行也文一。黯鄔甘切深隱也文二喑喑啖少味。聃乃甘切闕人名古有祝聃文三䛁

多言妠入取也。𥳁市甘切搔馬具文一。蚦汝甘切大蛇名出嶺表文六䛁䛁邯縣名䬼相謂食須冉須髯也䀎

𪚋龜甲邊或从黽

二十四。鹽𥂁壛余廉切說文鹹也古者宿沙初作煑海鹽或省亦从土俗作盐非是文三十四餤進也檐

櫩⿰木⿵門詹簷⿰爿詹𢊁說文㮰也或从閻从閻亦作簷⿰爿詹𢊁⿰木鹽木名膠可作香⿵門詹說文⿵門詹謂之樀樀廟門也通作檐

⿰糸閻續也閻爓說文里中門亦姓或从土憛惶遽也袩徐行也阽說文壁危也爓說文火門也⿰氵閻

⿰氵鹽說文海岱之閒謂相汙爲濶一曰水進或作瀘韂衣蔽也⿸疒閻博雅傷創也⿱竹閻竹病不可祈苠⿰炎鳥博雅⿰炎鳥離怪鳥

屬覃利也詩以我覃耜徐邈說讇過恭也禮立容辨甲母讇⿰炎頁而長也⿸疒甚方言病也棪木名⿰甘閻味甘⿰禾鹽

禾也⿰女閻女字嬚嬚⿰火彡火不絕皃○懕猒厭於鹽切說文安也引詩懕懕夜飲或作猒厭文十二猒⿰食犬饜

說文飽也或从肙亦作饜嬮說文好也㤿㤿憸多意氣皃⿰女酓博雅美也一曰含怒皃稖稖稖苗齊等也餤進也憛

博雅悇憛懷憂也○銛鋑思廉切說文鍤屬一曰利也或作鋑文三十六⿰禾韱稴⿰禾韱艸不實韱⿱艹韱艸名說文山韭也或

作⿱艹韱纖說文細也通作韱綅綅繒名白經黑緯一曰綫也或作綅嬐說文敏疾也一曰莊敬皃孅說文兌細也襳

小襦摻攕摻摻女好手皃或作攕譣說文問也引周書勿以譣人憸說文憸詖也憸利於上佞人也通作𢙢𢙢思

說文疾利口也引商書相時𢙢民或作思彡鞲飾謂之彡⿱髟㑴鬑也暹日光升也⿱雨韱⿱雨戔微雨或省枮說文木也⿱艹瀸

艸名百足也殲盡也瀸爾雅泉一見一否爲瀸⿰炎占木名似松可爲船及作柱埋之不腐郭璞說釤刀名⿰犭韱獸名⿰米韱粉餌

⿺毛韱毛也臓脽也櫼押也韂䩞縿旌旗末也或作䩞縿。籤揃千廉切說文驗也一曰銳也貫也或作揃文十七簽
博雅簽籤籠也僉說文皆也引虞書僉曰伯夷憸博雅彊也一曰詖也鋟鑯刻也春秋傳鋟其板或作鑯槧削牘也
臉臓埤倉脽也或从韱釗切也憸帔也鹼鹽在水曰鹼孅巧佞也史記孅趨而言懺也幟標識鐱面也譣
議。𢦔將廉切說文絕也一曰田器文二十五殲殱說文微盡也引春秋傳齊人殲于遂古作殱鑯說文鐵器也一曰鑴也鋟
也尖博雅銳也或作尖瀸說文引爾雅泉一見一否為瀸一曰洽也漸流入也䨘𩅰說文小雨也或从水⿰口韱⿰口取不廉
懺攕說文拭也或从手櫼說文揳也熸吳楚謂火滅為熸蔪蔪蔪麥秀⿱艹鑯艸名百足也湛漬也禮湛饎必
絜通作漸⿱雨韱⿱雨韱𩅰說文微雨也或从韱纖刺也韱艸名山韭也鋟⿰矛𠬶鐫錐也或作⿰矛𠬶鐫。燅𤇁㷋
爓膶燖燂煔徐廉切說文於湯中爚肉或作燅𤇁㷋爓膶燖燂煔文十六⿱艹燅菜名生山中⿱燅手⿱燅手撏摘也
或从艸从尋亦書作㰎㰎木名細葉⿱燅巾博雅幓⿱燅巾巾也閻鬼閻地名在潁川⿰氵閻方言涔也。潛漸慈鹽切說文涉水也
一曰藏也一曰漢水為潛亦姓或作漸通作涔文二十二⿰阝朁縣名在廬江通作灊灊說文水出巴郡宕渠西南入江朁於潛縣名在丹陽
鬵⿱兓鬻爾雅䰝謂之鬵古从弜笘說文蔽絮簀也䁮閉目內思也燂博雅煗也一曰炙爛熸火滅螹螹蟰蟲名

一曰蝲胡似猴　䐶揊肉也　燖爓𤇣沈肉於湯也或作爓𤇣　涔橬博雅濅涔㭫也或作橬通作潛　䕭艸名五原之韭曰䕭　揝
摘也　犃羊腊　嶜嶜碞山皃　○襳師炎切襳襹毛衣皃文八　攕摻說文好手皃或作摻　幓縿韂旗正幅爲幓或
从糸亦作韂　䨲微雨　沴瀸沴波皃　○苫詩廉切說文蓋也亦姓文六　笘說文折竹箠也潁川人名小兒所書寫爲笘　痁
說文有熱瘧引春秋傳齊侯疥遂痁　枮木名　𡜼妗𡜼喜皃　蒤說文喪藉也通作苫　○襜韂衻襝蚩占切說文衣蔽前
一曰禪襦謂之襜或从韋亦作衻襝文二十五　幨裧帴𢅋車襜山東謂之裳幃一曰潼容或作裧帴𢅋　𢄊袩佔衣動皃或
作袩佔通作襜　緂說文白鮮衣皃　𡛕小弱也一曰女輕薄皃　妗妗𡜼喜笑皃　𢚣怗苫音敝不和或作怗苫亦書作怘俗作惉非
是　𤵸疲說文皮剝也或作疲　沾沾沾自整頓也　𡖔𡖔多也　蹭馬急行　詀多言　笘小兒書簡一曰折竹箠　䑜
䑜研吐舌皃　○詹之廉切說文多言也一曰至也亦姓俗作詹非是文十六　瞻說文臨視也　占說文視兆問也亦姓　沾沾沾輕薄也
产仰也一曰屋梠秦謂之檐齊謂之产　蛅蟲名說文蛅斯墨也　蟾蟲名爾雅鼁䵹蟾諸似蝦蟆居陸地　𡾍山峯　𠝏削也　點
闕人名魯有豐點齊有鮑點　讝疾而寐語也　䀡目垂也　薝木名山海經爾谷之山多薝棘　鸕鳥名山海經女祭山有鸕其色
青黃　譫噡多言或从口　○棎棪時占切果名似柰而酢或从炎文八　撏探取也或作探　蟾蟾諸蟲名　橬積柴

水中取魚也⿰言罙言不實讇寐言○⿰冄頁髥⿰冄頁⿰冄毛⿰鹽毛如占切說文頰須也或从髟亦作⿰冄頁⿰冄毛⿰鹽毛文二十三冄枏

冄冄毛皃占作枏𠰻呥呥自安皃一曰噍皃⿰石冄⿰石詹⿰石冄長皃一曰吐舌⿰言冄說文⿰言冄⿰言冄多語也樂浪有⿰言冄邯縣抩博雅拚也姌

弱長皃⿸疒冄皮剝謂之⿸疒冄袡⿰糸冄博雅襜袡蔽厀也一曰衣下襈或从糸枏木名說文梅也⿰冄龜⿰冄冄說文龜甲邊也天子

巨龜尺有二寸諸侯尺大夫八十士六寸或从甲蚦說文大蛇可食蛅蛅蟴蟲名通作蚦⿰彳冄遲行也⿰多冄⿰多占⿰多冄多也⿰食占楚謂

相謁食麥爲⿰食占○霑知廉切說文雨霑也通作沾文四鉆鬼谷篇有飛鉆涅闇戚采說沾水名黇黃色○覘

佔沾䀡癡廉切闚也或作怗沾䀡文十二⿱髟占博雅⿱髟占也⿱占心志灊樂音不和或書作怗鉆說文鐵銸也一曰膏車鐵

鉆⿱竹剡說文搔馬也⿰金剡銳也⿱沾女說文姈也一曰姈⿱沾女喜笑皃劄剡物使薄閊小開門以候望也○㶨持廉切說

文小熱也引詩憂心㶨㶨文四⿰言利言利美也黇⿰黃炎黃色或从炎○廉㢘槏廥離鹽切說文仄也一曰自檢也又姓

亦州名古作㢘槏廥文四十七稴⿰禾廉稴纖艸不實或从廉⿸疒兼臞疾㡘⿰巾廉說文帷也或从廉帘酒家幟⿰車廉車輞

籢匳匲奩幣說文鏡籢也或作匳匲奩幣覝說文察視也⿰食兼說文嘰也一曰廉絜也鎌鐮說文

鍥也或从廉熑燫說文火煣車輞絕也引周禮煣牙外不熑一曰火不絕皃或作燫襝襝襜衣垂皃⿸广敫⿰壴兼搛擊鼓

謂之廞或从壴从手 磏 說文礪石一曰赤色 嬚 女字 䨲 說文久雨也 ⿰貝廉賺 博雅賣也或省 薟 白薟藥艸

蘞 艸名似栝樓一曰蔓也 濂 說文薄水也一曰中絕小水 獫 爾雅犬長喙 螊 說文海蟲也長寸而白可食一曰蚌

名 歛 歛盂地名 蠊 蜚蠊蟲名輕小能飛 𤬦 博雅水芝瓜也其子謂之𤬦 簾 說文堂簾也 薕 艸名說文蒹也一曰

三薕味酸可食一曰薑也 鬑 說文鬋也一曰長皃 臁 脛廉也 縑 縿也 劆 輕勃也 謙 謙譧言不正 槏 艸木

踈皃。黏粘溓 尼占切說文相箸也或从米亦作溓文九 鮎 方言陳楚之外相謁而飧曰鮎 ⿰麥占 青⿰麥占藥艸地節也華佗說

鮎 魚名 秙 禾也 ⿱黏心 心有所箸 袡 蔽膝。炎 于廉切說文火光上也文三 惔 憂也詩如惔如焚 ⿰炎鳥 廣雅⿰炎鳥離怪鳥

屬。淹 衣廉切說文水出越嶲徼外東入若水一曰漬也留也文十九 醃 博雅醃藍菹也 腌 漬肉也 ⿱奄音 音小聲 㤿

愛也 媕 女皃 閹 說文豎也宮中奄閽閉門者 㛪 毀也 ⿰奄阝 邑名 崦⿰山弇⿰山翕 山名山海經鳥鼠同穴山西南曰崦嵫或

从弇从翕 菴葊 菴門艸名古作葊 厭 溼意詩厭浥行露沈重讀 弇 弇中隘道 ⿰石奄 石名 ⿰言奄 ⿰言奄消克當也一曰拏也 ⿰禾奄

⿰禾奄⿰禾奄禾苗美也 㦓 丘廉切㦓㥓意不安皃文九 鈐 曲頭鑿 嶔廞嵰 山高峻皃或从广亦作嵰 顩 顩顂醜皃 杴

⿰木奩 泄水器或从奩 ⿸广奩 吳人謂盛衣櫝曰奩。黚 紀炎切水名南至鼈邑入江在犍爲文二 𢓍 𢓍尬行不正。⿰齒兼 牛廉切齒

差也文九噞𩸁噞喁魚口動皃或从魚礛山名膁美也𩔿䫡顩醜皃嶮嵰嶮山皃嚴呻也巗磛巗山皃

。鍼巨鹽切鈢也文一。箝笘其淹切說文藺也或作箝文三十三拑𢻃說文脅持也或从攴拎博雅甾拎專職業也

靲鞮也鉗鉆說文以鐵有所劫束也或作鉆鈐說文鈐鐠大犂也一曰類梠聆地名國語回祿信於聆隧鍼葴

闕人名春秋傳秦有鍼虎或作葴紟布帛名或作絟忴忴惧心急也黔說文黎也秦謂民爲黔首謂黑色也周謂之黎

民引易爲黔喙伶伶侏古樂人黚說文淺黃黑也羬麙羊六尺爲羬或从鹿芩艸名岒山名蚙蝦蟹距也雂

鴒說文鳥也春秋傳有公子苦雂或从鳥衿紟衣系也或作紟軡軡中地名通作黔柑以木銜馬口也春秋傳柑馬而秣之

𩭹去鬀著鉗之刑玪玉名厱石地名䅟禾名。砭䂳悲廉切說文以石刺病也或作䂳文三楓木名似白楊。狎

箄蒲瞻切闕人名楚有箄史押或作箄文四𥁰方言桮也栚木名。婱火占切說文㚲姈也一曰喜笑皃文十瀲濂

物毒喉中病或从兼薟辛味一曰薟稀藥艸馦𤮏香也或省䵚黃色欦㰹貪欲或从咸縬口閉也

二十五。沾他兼切說文水出壺關東入淇一曰沾益也文十一添益也通作沾酟黇說文白黃色也䌰蜀刻也酟

和也𥗊𥗎𥗊研吐舌皃或作𥗎詀方言謰謱拏也南楚謂之詀謕呫嘗也婖女字苫青苫藥艸。䯾丁兼切䯾

䰋髟踈文十二故玷故掇以手稱物或作玷佔佔伹下垂也一曰疲劇詀詀謕巧言袩衣衽也方言褙謂之袩帆衵領耑或从衣聑說文小垂耳也䀡竊視也一曰目垂皃鼸鼸鮎鼻垂䩞䩞䩥面陋。甜餂徒兼切說文美也从甘从舌舌知甘者或从食文八恬說文安也湉澶湉安流皃菾菜名治病熱萿藥艸胋䏦肥也或作䏦。鬑勒兼切說文鬑也一曰長皃一曰鬑鬑髟垂文十二䅿禾黍踈皃稴說文稻不黏者熑燫火不絕也或从廉聕聕貼耳垂鼸鼸鮎鼻垂

魦小也濂溓中絕小水或省磏礪石槏艸木踈皃。鮎奴兼切魚名說文鰋也文三䬯說文相謁食麥也拈說文掫也。馦𣉻馨兼切博雅馦馦香也或省文九㢘喉病㾾蠚瘍也妗說文姿妗也一曰喜笑皃[illegible]辛毒之味蘞說文赤黃也一曰輕易人蘞姁也㰹口閉也欦博雅歛欦欲也。謙嗛苦兼切說文敬也或从口文七慊意不足辡兼辡兼艱也㰹持意堅固謂之㰹一曰口閉熑燥輞也𢧵戈屬。兼𠔥堅嫌切說文幷也从又持秝兼持二禾秉持一禾亦姓古从二秉文十二縑說文幷絲繒也鶼鳥名比翼也稴䅐稻不黏者一曰青稻𥻨白米或从米萑說文萑之米秀者䍾絲網曰䍾鰜說文魚也䢣䢣𨒪行不正搛夾持也㢘喉病

。嫌賢兼切說文不平於心也文六慊兼說文疑也或省通作嫌稴䅐稻名或从禾鰜魚名。湼其兼

切鬼谷篇有飛鉆涅間劉昌宗說文一○鬖斯兼切鬖垂皃文二摻拈摻手稱物

二十六○嚴嚴魚杴切說文教命急也古作嚴亦姓文十一⿱艹嚴艸名⿱竹嚴厂說文雖射所蔽者也或省巖

厰嶔巖險也或省⿰氵嚴嚴凝寒也孍女字喦巖喦山皃蘞字林水中野韭○⿰韋歛虛嚴切博雅被也文十二杴

檶欣鍫屬或作檶欣⿰禾欠禾傷肥⿸疒歛⿸疒兼味毒喉中或从兼⿱艹殹艸味辛毒⿰火歛字林⿰火歛熇熱也蘞

豨薟艸名一曰天名精㢛庈櫃也或从欠○欦丘嚴切說文含笑也一曰多智也文七鈐鍫屬从曲厱岤間

嵁嵁巖不平歛欲也庈櫃也壧地穴○醃於嚴切漬藏物也文四一腌漬肉淹久也剣刑也○黔

其嚴切黃黑色易良爲黔喙文三鉗鐵束鈙鈙敲不齊○黚居嚴切黃黑色文一○广之嚴切仰也一曰屋梠文一⿰言利

直嚴切言美利也文一○氾扶嚴切水名文一

二十七○咸胡讒切說文皆也悉也从口从戌戌悉也亦姓文二十四諴說文和也引周書不能諴于小民鹹說文銜也

北方味也俗作醎非是凾⿰木函⿰金函匱也杯也或作⿰木函⿰金函一曰木名亦姓崡山名在肴陵輱車聲麙羬說文山羊而大

者細角或从羊䮊騽驩縣名通作咸鰜鰔魚名或从咸蠊蝛海蟲或作蝛稴糠稻不黏者或从米涵

同也許偂始旣涵鄭庚成讀 葴艸名爾雅葴馬藍今冬藍也 瑊瑊玏石次玉者 䎡䎡翻疾飛也 椷趙魏謂杯曰椷 𪔋鼓聲

䶢口揀不齧 ○㰹欲虛咸切含笑也或从今文十一 妗女輕薄皃通作㰹 䤗酟䤗小頭 醶鹵味 䗌螊蛤屬或从兼

喊呵也 谽谺谽谺谷空皃或作谺 麙羊絕有力 ○鵮㪖歛丘咸切鳥啄物也或作㪖歛文十 歁意不滿

嵁嵁巖不平 廞山穴間 䫡頭頰長也 𨍍車聲 膁牛馬肋後胯前 顩䫡顩醜皃 ○緘居咸切說文束篋也文十

八 𡅧喊說文監持意口閉也或从口 玪瑊說文玪塾石之次玉者或从咸 椷說文篋也一曰㮕也 糂塗也 臽

鹹也 𧼖說文不正也 黬黬說文雖晳而黑古人名黬字晳一曰釜底黑或作黬 咸棺傍所以繫緋者齊人謂棺束爲咸緘禮大夫

宊以咸通作緘 䶢說文齧齧也 黚說文黃黑也 𨍍車聲 蒹蘳未秀者 葴艸名藍屬 鰔魚名 ○𤞣於咸

切說文竇中犬聲文四 淊沒也 黯深黑色 揞方言摩滅也荊楚曰揞 ○喦魚咸切說文山巖也文十三

諴戲言一曰和也或从諴 碞說文磛喦也引周書畏于民碞孔安國曰僭也取參差不齊之意 顩說文頭頰長也 𪘬

齒高皃 𩪒骨𩪒高皃 黬黑色 𧆞雄虎絕有力者 羬麙卩羊其犬者羬麙與或作麙 㺂羊肚謂之㺂

𪘦齒差也 ○攕摻削掔師咸切說文好手皃引詩攕攕女手或作摻削掔文十七 摲芟也禮有摲而播 襳

木名𩅸𩂯𩃎細雨謂之𩅸或作𩂯𩃎毿毛長皃鬖鬖髮髮垂㺑犬容頭進也釤闕人名晉有沙樓國帥釤加

𥉰𥃳暫見也或省嘇嗿嘇物在口中𨏥車聲楈木名。讒咸切說文譖也文二十五儳說文儳互不齊也

嚵說文小啐也一曰喙也纔說文帛雀頭色一曰微黑色如紺纔淺也饞饞𧇊也𪘨𪘨𪘨齒高𩫕𩫕高皃攙刺也

𩋐馬韉也鏨鑿屬酁說文宋地也瀺瀺灂水落皃㲋𤢪說文狡兔也兔之駿者或从犬𩅧小雨獑

螹獑猢獸名似猿或从虫鼸博雅鼠名𪑢𪑢刊書謬也鏩鏩鏩銳進皃蔪麥秀𢡮吝也𣢑笑也𨈥

𨈥𨈥身長𠞲刺也。詀知咸切南楚謂譴讓曰詀詀文六𩈎𩈎𩈂小頭站䟄坐立不動皃或从走䶂鹹也鵮鳥啄物

。諵喃娚尼咸切詀諵語聲或作喃東晳作娚文四淰水濁。菱亡咸切博雅蕨也文一。魿才咸切魚名文一。祐

弋咸切徐行也文一。𢘝咸切也文一。炎也文二䤹刺也

二十八。銜行監切說文馬勒口中从金从行銜行馬者也或省文十一譀誕也調也甂瓦施屋也蜬蟲名食瓜者

嗛咁說文口有所銜也或作咁蘅艸名嵌嵌嵒深谷䶫䶣䶫小頭溓漬水沾物。監𧬈𧫩居銜切說文臨

下也古从言或作譼文十䁪說文視也通作監鑑鑑諸可以取明水於月或書作鑒𠟭牒切也礛厱礛礹礪也或作厱䀩

玉名𤮊大甕。嵌嵰嵚嶔丘銜切嵌巖山嶮或从兼亦作嶔嶔文七𩪓𩪓髖骨高皃㘋山穴間䕭艸名茅屬

。巖嚴險魚銜切說文岸也一曰險也或省亦作險文九𪘨說文齒差也𪚏齒巖齒高礹說文石山也嚴巗

說文也或从嵒嚴壧穴也。衫師銜切小襦通作襂文二十四縿幓襳襂䙜說文旌旗之游也一曰正幅或作幓襳襂䙜通作

𩌏衫𩌏𩊱馬鞘垂皃或作𩊱彡說文毛飾畫文也髟髟髟長髮檆煔杉說文木也或省亦作杉芟蔪

說文刈艸也或作蔪纔帛青色穇稴穇禾穗不實犙牛三歲名𩃬𩂯細雨謂之𩃬或从戔𠞞刈也漢有𠞞子

䅟禾肥曰䅟槮森槮木長皃𤞤犬容頭進也。欃初銜切爾雅彗星爲欃槍通作欃文十攙博雅銳也一曰刺也

毚兔辰星別名或省𩕋𩠐𩕋頭皃𪕮鼠名黑耳白腰者嚵讒言也勬抄也𡮼𥃒𡮼少也纔

帛色。巉嶃漸鋤銜切巉巖高也或作嶃漸亦書作嶄文十五磛說文礹石也或書作𥖀鑱𨧫說文銳也一曰犁鐵

或从岑劖說文斷也一曰剽也剗也艬博雅舸艬舟也欃𣟵爾雅彗星爲欃槍一曰木名或省𨼖地名𤣈犬聲

䗞蟹屬𩈲面長醜皃儳儳互不齊。𧗾在銜切獸名𧗾猢類猿而白腰以前黑文三涔蹏跡水也纔帛雀頭色

。𨂙皮咸切涉也或書作𨇃文三𨗼行淖中也淜徒涉也。𩠐力銜切𩠐𩕋頭皃文三𥃒𥃒𡮼少也𨲠𨲠鬑鬖長皃

○顩而銜切頰須也莊子黑色而顩文三 冄䄠毛長皃古作䄠 ○㵐側銜切流皃楚辭㵐㵐㵐兮文三 ⿰鼻毚鼻高皃 ⿱斬見

避也 ○讝女監切病人自語也文

二十九 ○凡符咸切說文最括也从二二偶也从了了古及字亦姓文十七 仉博雅仉㒖輕也 ⿱氾皿⿱汎皿⿱泛皿⿰皿乏博雅杯也或作⿱汎皿⿱泛皿亦省 帆⿰舟風舟上幔所以汎風或作⿰舟風通作颿 舥⿰木范博雅舟謂之舥或作⿰木范 氾水名一曰地名在鄭亦姓 柉木名皮可爲索 渢渢渢中庸之聲 颿馺說文馬疾步也或从凡 邧地名 杋木名俗呼此木皮曰水桴 ○芝甫凡切說文艸浮水中皃文八 ⿱氾皿盃也 凬風也 杋楓木名或从風 氾水名 䛘言急也 泛深也 顩領顩頷丘凡切顩頤醜皃或作領顩顩文十 欦欲也 鈐鑿屬曲刃 攱攱歁不齊 㢽庅櫃也或从欠 欦多智也含笑也 ○炎千凡切火光上也文一 ○⿰王⿱亡夂亡凡切玉名文一

集韻卷之四

集韻卷之五

翰林學士兼侍讀學士朝請大夫尚書左司郎中知制誥判秘閣兼判太常禮院群牧使上柱國濟陽郡開國侯食邑一千二百戶賜紫金魚袋臣丁度等奉

敕脩定

上聲上

海第十五許亥切　軫第十六止忍切與準通

準第十七主尹切　吻第十八武粉切與隱通

隱第十九倚謹切　阮第二十五遠切與混很通

混第二十一戶衮切　很第二十二下懇切

旱第二十三下罕切與緩通　緩第二十四戶管切

潸第二十五數版切與產通　產第二十六所簡切

一。董覩動切艸名說文鼎董也杜林曰蕅根文十八董正也督也通作董蝀螮蝀虹也懂懵懂心亂箽竹器一曰竹名或从重亦姓𪔛𪔛𪔛鼓聲𣽏物墮水聲動振動拜也以兩手相擊而拜一曰今倭人拜以兩手相擊蓋古之遺法橦木名湩水濁𥐖石墜聲㖦多言揀擊也膧肥也嬞女字犝牛名墥塳墥封埄也。侗吐孔切侗胴直皃文十七衕襱衕直行𨉚躘𨉚身不端𩓷說文直項或从頁亦書作㛚捅進前也引也𧙕衣短袖桶說文木方受六升𪌞餅屬曈曈曨欲曙恫痛也硧磨也敨擊也槦爲槦木名可爲矢𥨬𥨬竉闇也㛚女字墥

塥壇封垤。動運僮動杜孔切說文作也一曰躁也古从辵从彳或作動文二十一眮吳楚謂瞋目顧視曰眮詷譀詷急也

一曰共也挏說文攤引也漢有挏馬官作馬酒⿰赤同赤色酮酒酢壞洞洞洞孝敬心至也硐磨也⿰同女項直皃或書作姛沖

涌也桶廣雅桶㧜箸筩也一曰方斛謂之桶筩候管或作甬桐水名莊子自投桐水胴侗胴直皃也一曰食腸⿱穴同

通穴也嗵大歌謂之嗵峒山穴籠魯孔切竹器文十四攏持也掠也曰拗攏籌也儱儱侗未成器⿰忄龍⿰忄龍悷佷也櫳

乗馬也一曰牽也一曰兼有襱襩袴之兩股曰襱或从賣矓曈矓欲曙巃巃嵸山孤皃竉孔竉穴也蘢蘢茸聚皃

朧肥皃⿰身龍⿰身龍⿰身同身不端徿徿侗直行。鸗盧動切鳥名小駈也文一。琫鞛䩬琣補孔切說文佩刀下飾天

子以王諸侯以金或作鞛䩬琣鞛一曰皮屨文十八玤⿰王拜說文石之次玉者以爲系璧或作⿰王拜⿰糸封⿱封皮⿱封衣說文枲屨也一曰小兒皮

屨或作⿱封皮⿱封衣亦書作⿱封糸蜯蟲亂飛皃俸併俸小皃一曰密不見唪說文大笑也菶說文艸盛葑艸名爾雅蕦葑蓯

埲塵也⿰奉鳥鳥亂飛皃⿰丰頁耳本⿰瓜丰瓜多實皃詩瓜瓞⿰瓜丰⿰瓜丰通作唪。蠓母揔切蟲名說文蠛蠓也文十七鸏水鳥名曚

瞈曚日未明⿰白蒙物上白醭⿰蒙頁顭頫頭昏朦豐也大也矇瞈矇目不明⿰糸蒙絲亂紊也懵懜懞廣雅闇也一曰

心亂或从夢从蒙幪茂盛皃詩麻麥幪幪濛微雨一曰濛鴻大水一曰小溝蒙蔑蒙飛揚皃⿺尨鳥鳥名鴟⿰月尨博雅腫也

庬庬澒未分之象通作濛○𢾺捅揁動切擊也引也或从手文九駷揀搖馬銜走或作揀鏓刀通竹節中一曰大鑿平木者䈄蔥方言箸筩自關而西謂之桶䈄或作蔥一樬木名𢭃推也○總捴緫揔𥿐祖動切說文聚束也一曰皆也或从手古作緫揔𥿐俗作捴非是文二十八縱趨事皃禮喪事欲其縱縱爾從高大皃禮爾無從從爾鄭康成讀鬉鬆馬鬣一曰鬆角或作鬆通作總傯倥傯苦也一曰事多䁓相竊視南楚謂之䁓㢔屋階中會也𢈹衆立也一曰兩屋合䡯轗車輪方言關西謂之䡯或作轗熜說文然麻蒸也𥣱稯禾聚束也或作稯𢸦鳥飛竦翼上下也蓯艸名爾雅須葑蓯一曰蕐蓯艸皃猣犬生三子鬷艸名爾雅素華軌鬷嵸巃嵸山孤皃𨏔蒼色飾車嵏九嵏山名在雍州總博雅綮總縮也璁美石緫悾愡倯不得志○嗊虎孔切囉嗊歌也文十三䀧䀧䀧日欲明𦚓𦚓𦚓月不明戇愩心恍愡曰戇或省䫹顡䫹頭昏𢻃擊也澒汞說文丹砂所化爲水銀也或作汞渢水風江也䪬肥共矇䀧皃䀧目不明鴻濛鴻大水通作澒孔孔苦動切說文通也从乙从子乙請子之候鳥也乙至而得子嘉美之也古人名嘉字子孔一曰甚也亦姓古作孔文五空竅也通作孔倥倥偬事多一曰苦也悾悾愡倯不得志○澒汞戶孔切水銀也或作汞文十二㶹㶹㶹火皃𩓣頭直也鴻濛鴻大水通作澒𨾴䲨𨾴𨾴鳥肥大也或从鳥㖐㖐㖐聲也𦔈𦔈𦔈耳中鳴𧑄蟲名𩗶

風皃錄鍾聲。蓊鄔孔切蓊鬱艸木茂皃一曰艸名可染黃文二十翁翁翁葱白色䈵竹皃䨴䨴䨴雲皃滃說文

雲氣起也一曰大水皃螉蟲名暡暡曚日未明聬聬聬耳聲𡖇方言南楚凡大而多謂之𡖇勜𩓻勜九屈強皃或从頁𥨪

室中闇塕塵也𤏫𤏫然煙氣䏙𦡝肥皃或从翁𩡖𦒉香也或从臭嗡闇聲嵡山皃。嵸才總切巃嵸山

高峻皃文一。𦒣菶蒲蠓切𦒣菶艸亂皃或作菶文十一唪大聲埲塕埲塵起埄埄垺煙塵雜起皃𩡞香氣盛也

熢熢㶻火氣漨漨滃水濆皃𩿎鳥亂飛皃𧒂蟲亂飛皃𩗓風起。湡吾蓊切水名在襄國文一

二。腫主勇切說文癰也文八穜種類也或从重喠不能言也一曰喠喀欲吐踵說文追也一曰往來皃歱說文跟也一曰

迹也通作踵㣫說文相迹也董董董髮短也通作種。𨿽䳯蠢勇切鶵飛皃一曰雀也或从鳥文四喠急喘也一曰喠喀欲

吐衝衝蓯相入皃張揖說。瘇瘇偅偅𩪋豎勇切說文脛氣足腫引詩既微且瘇或作瘇偅偅𩪋文七歱跟也喠

喠喀欲吐。宂乳勇切說文散也从宀人在屋下無田事引周書宮中之宂食俗作內非是文三十四坈地名笂竹頭有文茸艸生皃𡪑

不肖也一曰偄媷劣也通作茸𣮯㲥𣮯雜皃一曰不肖搑說文推擣也𨋪𨎲𨊻說文反推車令有所付也一曰輕車或从茸从宂通

作搣搣相也沉沉沉水皃毴𣯛𣯍鞾毦縟說文毛盛也引虞書鳥獸毴髦或作𣯛𣯍鞾毦縟𦐇𦒒說文羽獵

韋絝引虞書鳥獸㲝毛或作褸𡖂𡖂𡖂眾多也迒踖行也或作踖犺吴牛名蚢小蟲行𪕊說文鼠屬稓禾稍

𢽤使也緝博雅索也䄾秬黍𡊾地名傛眾也毦毦毦艸亂皃戚戟屬○竦捒揀𣀏筍勇切說

文敬也从立从束自申束也一曰上也或从手古作揀𣀏文二十二愯㦝悚說文懼也引春秋傳駟氏愯或作㦝悚通作聳慫說文驚也

聳說文生而聾曰聳一曰高也從從從從疾皃或从人㩳𢭏執也推也或省𦃇須系獸前絆謂之𦃇或作須系亦書作

𦃇䙕襌衣嵷嵱嵷山峯皃駷搖馬銜走也蓯衝蓯相入皃洶洶溶水皃憁忪楚人謂懼曰憁或作忪○衳

憁𢕟忪衳取勇切博雅衳褌幝也一曰帙也或作憁𢕟忪衳文六喠喠喀欲吐○䙕足勇切博雅䙕裸襌衣文四慫從

縱方言慫涌勸也或作從縱○捧拝奉撫勇切掬也或作拝奉文七㛆死也麷熬麥也周禮其實麷蕡徐邈讀淎水也

俸併俸小皃○覂𢇭泛𨀖方勇切說文反覆也或作𢇭泛𨀖文七𦥲𦦤所以枝鬲者或作𦦤𡋯塗也○奉

捧𠭥父勇切說文承也或作捧古作𠭥奉一曰祿也文四唪口高皃一曰大笑○冢塚展勇切說文高墳也或从土冢一曰大也文五湪

偃水也湩水濁𡼊山名○寵丑勇切說文尊居也一曰愛也文三𧽝𧽝𧽝小行埫埫塎不寧○重𡐿柱勇切厚也善也慎也古

作𡐿文九𢝇說文遲也襱襩𧙕說文絝踦也方言袴齊魯之間謂之襱或从賣从同鮦說文魚名一曰鱶也幢廣雅幢謂之幏媑

女字。隴魯勇切說文天水大坂也因以爲州名文五壠龍說文丘壠也一曰田埒或省亦書作壟通作隴躘行正也塗說文塗也。甬
尹竦切說文艸木華甬甬然也周禮鍾舞上謂之甬一曰甬東地名在越文三十四埇地名在淮泗一曰道上加土通作甬勈戚恿說文氣也一曰
健也或从戈从心亦書作勇悀慂愹心喜也一曰凡以器盛而滿謂之悀或从勇从容踊踴說文跳也一曰刖足者屨或从勇⿺走甬說文
喪辟⿺走甬通作踊⿰口容⿰口甬喠⿰口容欲吐或从甬⿰氵恿容史勸也方言南楚凡已不欲喜怒而旁人說者謂之慫⿰氵恿或作容史搈說文動搈
也傛說文不安也俑說文痛也一曰偶人⿴行甬道也涌湧說文滕也一曰水名在楚國或作湧溶說文水盛也塎埇塎不寧嵱
嵱嵷山峯皃蛹說文繭蟲也筩箭室桶斛也通作甬硧磨石⿰食勇⿰食甬食也或省⿰女甬女名⿰容彡垂帶飾皃⿱容魚魚名
。洶詡拱切說文涌也一曰洶涌水聲文七詾眾言兇恟說文擾恐也引春秋傳曹人兇懼或作恟昫眗煦日出温也司馬法鼓
且明五通爲發昫或作朐煦。恐忎悪丘勇切說文懼也古从工或作悪文七⿱艹恐艸名廣雅⿱艹恐苹藺蕩也拲兩手同械跫
行聲⿱巩禾秉穫也。拱共古勇切說文斂手也或省文二十九拲桊說文兩手同械也引周禮上辠梏拲而桎或作桊廾手說文
竦手也楊雄說廾从兩手巩⿱巩土⿱巩手⿱巩十說文袌也或从手亦作巩㤨說文戰慄也珙玐璧也或作玐通作拱鞏說文以韋束也
引易鞏用黃牛之革一曰固也亦縣名又姓⿵鬥巩所以枝鬲者一曰舂器亦姓⿱巩車車輞一曰轢也輁輁軸喪遷柩之具栱杙大者曰

栱。𥐻說文水邊石也引春秋傳闕𥐻之甲𤭛𤭛𦉥瓶也或从缶蛩蛬蟲名博雅蛩趄織或作蛬䲨魚名博雅鯢也䤚鹹菹
獷獷平縣名在漁陽服虔說𩣺馬名青毛善走日千里舼舟名孑孑孑井中小蟲𧊀蟲名百足也。拲巨勇切穫
也文三洪凝也𨌣曲轅一曰車輞。擁擁揹擁委勇切說文抱也或作擁揹擁亦書作雝手𢷏文十八臃臃腫肉起灉水聚
雍睦也祐也壅廱邕堨塞也或作廱邕通作雍䗤蠁蟲名廣雅蛬蠁也一曰蛘也或作蠁嗈氣咽塞翁蔥白色甕
鴦類𥝒吳王孫休子字饔食饐也雍雲氣。湩覩鴆切乳汁一曰水濁文三硿石墜聲揰擊也。䙯乃湩切博雅𦨵䙯多
也文四繷博雅紛繷不善也癑說文痛也獳犬多毛。鵝母湩切鳥名似鷹鳥面一曰或書作䳜文二䑋豐大也
三。講古項切說文和解也一曰謀也習也文九港溝水分流也或作溝傋佹傋不媚兒耩耩耕也或从禾虹蝃蝀
也鄭司農曰白虹彌天或書作垂顜覯見明也和也直也史記顜若畫一或从見通作講。傋虎項切佹傋不媚文七𢤱很戾搆
扛工山東謂擔荷曰扛或作扛通作𠐻䑦肥兒顜邪視𢙅多力。㑳傋𥃡亂鄧項切㑳傋很戾或从人从乚文六絕
色深惡兒勨勨傾多力𤿎𤿎𧄑多也。項戶講切說文頭後也亦姓文六鈮說文受錢器也古以瓦今以竹一曰鈮如瓶可受投書項
艸名似葵頃勨頃多力澒汞水銀或作汞。𦁼𩏱補講切小兒皮屨一曰泉履或从皮亦書作𦁼文三𦡊耳本也。棓

棓棒⿰木丰 部項切說文棁也謂木杖或作棓亦从奉从手文十七 拝 打也 䄣 邦屬 玤珜 說文石之次玉者以爲系璧或作珜 厗 周地名通作玤 蚌蜯⿰魚丰硥蛖 說文蜃屬一曰美珠或作蜯⿰魚丰硥蛖 ⿰忄奉⿰忄丰 ⿰忄奉悻很戾或从丰 䂜 石皃 。⿰亻尨 毋項切⿰亻尨儂不媢文七 硥 石皃 ⿺尨鳥⿺尨隹 ⿺尨鳥鴟鳥名似鷹而白或从隹 ⿰月尨朦 豐肉或作朦 庬 豐也厚引詩爲下國駿庬徐邈讀 。擃

揖 匿講切撞也刺也或作搑文四 ⿰多農 ⿰多農⿰多農多也 ⿰食農 河朔謂強食不已曰⿰食農 。控 克講切打也文三 崆 山皃 殼 堅固也 。⿰扌桼 普講切擊也文一 。𦗮 雙講切博雅聾也一曰欲也棟也文三 ⿰扌雙 執也 ⿰亻從 齊立皃 。傯 初講切衆齊也文二 ⿱⺮朱 帆張也

四。紙帋 掌氏切說文絮一苫也釋名紙砥也平滑如砥一說古以擣絮水蔡倫後以敝罔樹膚爲之一曰姓也或从巾文二十九 砥 平石 坻 隴阪 坻汦 說文箸也或从水 ⿰氵只 水名山海經拘扶之山⿰氵只水出焉 只⿱口三 說文語已詞或作⿱口三 咫职⿺尺止 說文中婦人手長八寸謂之咫周尺也或作职⿺尺止 抧 說文開也 扺抵觝批 說文側擊也或作抵觝批 枳 說文木似橘一曰枳首蛇名一曰縣名在巴

軹 說文車輪小穿也一曰地名通作枳 恀忯 爾雅恀怙恃也或从氏 ⿰鳥只 駅鵌鳥名赤足善禦焚 積 說文多小意而止也一曰木枝 曲 氏 姓也 祇 辭也易無祇悔馬融讀 疧 說文敺傷也 訳 廣雅調也 ⿱艹底 ⿱艹底蒻艸名小萍也 ⿱者䖵 毒蟲名 。弛

弛號賞是切說文弓解也一曰捨也或作㢮號文十八豕豕說文彘也竭其尾故謂之豕象毛足而後有尾古作豕阤壞也

施捨也改易也通作弛鉹鈘爾雅鬵鉹也或作鈘侈大也一曰鐘形中央約㹓豨韋氏古帝王號李軌說通作豕胣

肔刳腸也莊子萇弘胣或作肔㞒㢋闕人名莊子有謂㞒或从广𤵿衆皃一曰自放縱豙豕屬𢘅不憂事也

○侈奓㑥敞尒切說文掩脅也一曰奢也大也或作奓古作㑥文二十四𡖒有大度也𢋾㢋說文廣也引春秋國語俠灊而

㢋我或省哆衆意春秋傳於是哆然外齊侈也一曰張口一曰大皃謻誃說文離別也周景王作洛陽誃臺或作謻垑說文恃也

謂恃土地恀恃事曰恀懘沾懘音不和姼說文美女也曰姑姼輕薄𡛗妻母曰𡛗通作姼鉹鈘說文曲鉹

也一曰鬵鼎一曰小刀或从氏㶴說文盛火也𦙶肉物肥美也袳移嚎說文衣張也引春秋傳公會齊侯于袲或作移嚎亦

書作衺豙豕屬茈茈虒不齊也疻毆傷○是昰上紙切說文直也亦姓古作昰文十九諟惿說文理也一曰

正也審也或从心氏阺說文巴蜀山名岸脅之旁著欲落㯝者曰氏引楊雄賦響若氏隤或作阺氏一曰姓氏也姓王者所賜氏

以王父字爲之䟗說文封也一曰積聚徥行也媞說文諦也一曰妍黠也一曰江淮之間謂母曰媞姼美女一曰南楚謂妻母曰姼

恀忯恃事曰恀或从氏禔美衣服皃鯷魚名重千斤狏狼屬似狐白色尾長見則有兵踶牛展足謂之踶𢏅

彈也𥹳黏也崼山也。舓䑛舐𦧇甚尒切說文以舌取食也或从也从氏从是文五狧大以舌取物。尒忍氏切說文詞

之必然也通作爾亦書作尒文八爾爾說文麗爾猶靡麗也一曰没也从冂从㸚尒聲或省邇𨒥迩說文近也古作𨒥或作迩

薾說文華盛引詩彼薾維何嬭姊謂之嬭。𨇾韆蹝所綺切說文舞履也或从革从徙文二十二鞢說文鞮屬謂革

履屣屣不躡也灑汛也落也爾雅大瑟謂之灑言琴瑟多變聲流離布出如灑也簁簏說文簁箄竹器也或作簏纚

縰斯說文冠織也謂以繒帛韜髮或作縰斯矖䙰𥌊視也或作䙰𥌊蓰物數也五倍曰蓰孟子或相倍蓰或相什百

攦折也莊子攦工倕之指徐邈讀釃說文下酒也一曰醇也䚕分也漇潤也𦌾㒧盝也襹襂襹旌旒皃縰毛垂

皃。扯阻氏切說文捽也文五跐蹈也𧙗粹也䴾𣇞磨麥也或从日。揣𢿚揣楚委切說文量也度高曰揣一

曰捶之或从攴古作揣文七𧌑蟲動皃椯捶也剟也鬌髮好皃皵膚如粟。捶棰主蘂切說文以杖擊也或

从木文十四箠菙說文擊馬也一曰策也或从艸䑌𦨣小卮或从專騒𩢛說文馬小皃籀从𠂹或書作𩢛睡

博雅佌佌小皃沝說文二水也錘鍛也諈諈諉煩重皃揣治也。菙坙是棰切木名周禮有菙氏共荊

菙以灼龜或作坙文八㥉不悦皃壝土埒箠馬策錘鍛也捶以杖擊也𥟖積也博雅。繠蘂乳捶切說

文垂也或从木文九繠蘂艸木華蘂或作蘂通作繠甤艸秀不實蕊艸木叢生皃一曰香艸根似茅蜀人所謂葅香[illegible]柔弱也𥰡竹葉再生曰𥰡樬木名。𨑢𢓊徙𡕩𨗓想氏切說文迻也或从彳亦作徙古作𡕩𨗓文十五璽壐說文王者印也所以主土籒从五磃磃氏館名𠇢𢕄佌說文小皃引詩𠇢𠇢彼有屋或作𢕄佌𢐀弛弓徙艸名杫[illegible]木名可以爲器或不省。此淺氏切說文止也从止从匕匕相比次也文十七佌𠇢𢕄小也詩佌佌彼有屋或作𠇢𢕄跐履也或書作𧿒𧼮說文淺渡也泚水清也𥏡直大也或書作𥐻鴜鳥名或書作鴜𩣺說文馬名𢂑巾也一曰布名玼皉玉色鮮潔或从白妛舞也一曰婦人皃茈茈虒不齊也通作佌坻阪也鮆魚名。紫蔣氏切說文帛青赤色亦姓文二十茈說文茈艸也一曰薑類一曰蕨屬訾𤸪說文不思稱意也引詩翕翕訿訿或从疒亦書作訿呰說文苛也一曰此也呰說文窳也一曰短也𢪱說文捽也跐說文行皃一曰足踐也泚泚水名在長沙或作泚魮山海經汾水多魮魚狀如鯈而赤鱗疵毀也通作訾佌爾雅佌佌小也𣬈妣母也或作姐𩚉惡食也管子訾食則不肥胔鳥胃一曰胃有肉謂之胔或書作骴柴木名笓竹名䘡衣縫。䯝髓𩨱隋膸選委切說文骨中脂也或作髓𩨱隋膸文十六瀡齊人謂滑曰瀡𩟐𩟐䴹豆屑和餄也或作𩟐䴹䨺䨺靡弱皃一曰䨺䨺細皃蘼艸木花敷皃巂

越巂郡名或作嶲 蓨博雅蔕也 ⿰犭脩⿰犭隨特豚或不省 ○觜㖢嘴⿰口⿱此朿祖委切鴟舊頭上角觜一曰觜觽星名或

作㖢嘴⿰口⿱此朿文五 ⿱此朿說文識也一曰石鍼謂之⿱此朿一曰藏也 ○惢聚縈切說文心疑也从三心文三 ⿰犭惢獸名雌狢也 ⿰禾垂禾積

也 ○⿰扌致展豸切博雅刺也一曰至也文五 ⿰衤致衸緻敝衣 ⿰黑知⿰黑知黈艸書勢崔子玉記 ⿰言致言也 ⿸疒致下病 ○褫丑豸切奪衣也

文九 ⿰虒刂剝也 ⿰角虒說文角傾也 搋扡拸析也或作扡拸 弛落也 胣肔刳腸曰胣莊子萇弘胣徐邈讀或作肔

○豸⿰虫豸文尒切說文獸長脊行豸豸然有所司殺形一曰有足謂之蟲無足謂之豸或从虫文二十六 芺艸名蒿也 虒委虒獸名似虎

而角出廣陽 廌解廌獸名通作豸 傂佌傂參差皃通作虒 扡析也 ⿰角虒⿰角豸角不端或从豸 褫奪衣也易終朝三褫

之 褆衣厚皃 徥行徥徥謂之徥 ⿰米是黏也 阤陁陊說文小崩也一曰崖際或作陁陊 踶踶跂用力皃 杝說文落也一曰

析薪 鳩解也春秋傳庶有鳩乎徐邈讀通作豸 蠆毒也郭象曰無蠆介於胷中 簃連閣也 締結也楚辭氣繚轉而自締 ⿰阝虒地名

蚳氏蟲名蚑也 坻秦人謂阪曰坻 ⿰豸矛矛屬 ○邐輦尒切說文行邐邐也一曰邐迤旁行連延也文九 峛峛崺丘名 㸚說文二爻也

⿸疒麗病瘠黑也 欐欐佹支柱也一曰重累 跂踶跂用力皃 離離跂攘臂皃 纚連也 攦折也 ○柅乃倚切說文木也實如梨

一曰椅柅木弱皃文十二 伲儞你汝也或作儞你 檷鑈絡絲跌一曰所以制動或作鑈通作柅 ⿰衤尼裿⿰衤尼衣好皃 旎旖旎旌旗从風皃

狔猗狔弱皃馜犄馜香也呢聲也抳止也。酏演爾切說文黍酒也一曰甜也賈侍中說酏爲鬻清文二十三匜器也說文似羹魁柄中有
道可以注水迆迤說文衺行也引夏書東迆北會于匯一曰靡也䛐訑自得之語或从匜崺峛崺丘名袘衣緣也肔
胣刳腸也或作胣愢說文怟愢不憂事也搋拸拖析也或作拸拖雉下雉縣名在江夏也詞也斯也佪小效希明
皃孈愚戇多態栘木名唐棣也褫福也陁阤邪皃或作阤。企𠆭𧾷跂遣尒切舉踵也或作𠆭跂文九
抧開也觖怨望也䢷博雅避也忮害也健也逗曲行也吱行喘謂之吱。枳頸尒切枳椇木名白石李也一曰枳
首蛇名文四稽多小意而止也汥水名鳷鳷鳹鳥名似鳥赤足。蔿尹捶切艸名方言芡北燕謂之蔿文十七蓨藬
艸名說文藍蓼秀一曰蔕也或作藬芛芰說文艸之皇榮也一曰艸木華初生者爲芛或从蔿省𧳻豬猗隊說文豶也
一曰俗呼小豶爲豬子或省亦作豴隊𤸫臇說文創裂也一曰疾𤸫或作臇嫢怒也孈愚戇多態撱撱博雅棄也
一曰捫也或作撱貐貐貐獸名類貙虎爪食人餚豆屑和飴也。趌跬頃䟴窺䠞犬䜿切說文半步也司馬
法凡人一舉足曰跬跬三尺也兩舉足曰步步六尺也或作跬頃䟴窺䠞文十三䟸奎跬踵開足皃或省頍說文舉頭也引詩有頍者弁
缺冠卷幘也結項中隅爲四綴所以固冠者儀禮緇布冠缺項通作頍烓行竈烇火皃抧開也。襣許倚切卧息聲一曰去涕文三㩉

博雅擊也嘺氣聲一曰多言○綺去倚切說文繒也亦姓文十二婍博雅好也通作徛㥓惐㥓儉意𧺶䞘行皃或从奇
㾨病疽也觭牛角謂之觭一曰角一俯一仰碕石皃齮齧也裿博雅襌襦謂之襜裿𠋃蹇也崎山形一曰崎錡
不安皃攲敧敧多少不齊皃○掎舉綺切說文偏引也文十五𠋃蹇也一曰一足行踦博雅脛也何休說
人在外一人在內曰踦閭敧去也一曰不平婍棄也剞刻說文剞劂曲刀也或作刻庋庪掎攱閣藏食物也或作庪
掎攱觭得也周禮觭夢軹車輪小穿也裿博雅襌襦謂之襜裿枳枳椇名一曰白石李○技巨綺切說文巧也通作伎文十
四妓姼說文婦人小物也或从多倚舉脛渡也伎說文與也引詩𥫗人伎忒錡釜也方言江淮陳楚之間謂之錡倚立也
易參天兩地而倚數王肅讀踦足也𡉠䰙鬼服䯊小骨䝯貝名崎巋崎山皃𩰤鈘三足鍑或从金○倚奇
隱綺切說文依也或作奇通作猗文十九猗犗犬一曰猗狔弱皃椅㮁椅旎木弱皃一曰木名或从旖旖㫀旖旎旌旗從風皃或
省輢說文車旁也踦立倚也春秋傳踦閭而語㾨𥎦博雅疒也或作𥎦𠋃蹇也陭隑也䇤博雅䇤陭筕篖也㢊
庋藏也𩡘𩡘䣾香也裿裿褆衣皃𢴤掎𢴤匜不正也或省○螘蟻蛾𧓍語綺切虫名說文蚍蜉也
或作蟻蛾𧓍文二十四齮𪘏說文齧也或从義亦姓錡說文鉏鋙也江淮之間謂釜曰錡一曰鑿屬𩰤鈘說文三足鍑也

一曰滫米器或从金轙鑯說文車衡載者或从金獻艤南方人謂整舟向岸曰艤通作檥檥幹也一曰木名𡾊隵

岌𡾊山高皃或作隵亦書作巇礒硪石皃或省羛羛陽鄉名在鄴嬟婍嬟好皃踦觸也莊子膝之所踦綺闕人

名莊子有土成綺䉝竹器𨟻地名○頠五委切說文頭閑也一曰靜也文十三姽博雅好也硊磈碨硊石也或从鬼、

𪀗𩿕鳥名鳲鳩也即今布穀或从隹頍弁皃瓦屋甃也莊子纍瓦結繩厃說文仰也从人在厂上一曰屋梠秦謂之楄齊謂之厃

峗峻峗山皃䁻䁻䁻目好皃跬開足行皃洈水名在南郡○委鄔毀切說文委隨也一曰棄也任也安也文十五㖂聲也

骫說文骨耑骫也一曰骫骫屈曲也𠃵說文鷙鳥食已吐其皮毛如九羠羊相積也蜲蟲名黍負也通作委崣嶊崣

山高皃萎萎藥艸爾雅熒委萎葉似竹表白裏青可啖或作萎𡖇多也磈碨䃬磈硊石皃或作碨䃬捼捫也

嵬山皃○蔿羽委切說文艸也亦姓文十五𤾣華榮也薳說文艸也引春秋傳楚大夫薳子馮寪說文屋皃亦姓𨶋

𨶋說文闢門也引春秋國語𨶋門而與之言亦姓或从毀鄬地名隖阪名在鄭地𧲥豕名𠌯動搖也瘍說文口咼也䈧筍皮

𤺌病也一曰瘡裂撝裂也嬀愚也○毀毀虎委切說文缺也一曰壞也古从壬文二十毇𥻝說文米一斛舂爲八斗一曰饘也或作𥻝

𧦬譭謗也或作譭通作毀𡠛說文惡也一曰女字或書作嫛擊說文傷擊也或書作擊燬𤈦𤇈火也或作𤈦𤇈烜取火官名周禮

司烜氏掌以夫遂取明火於日檓木名爾雅檓大椒今椒樹叢生實大者名爲檓䳏鳥食吐毛如丸𥗎敗也列子事之破𥗎𥳒𥳒
𥳒春謂之毇或作檕亦省蘶艸名桅遷廟也通作毀。佹倭𥎸姽苦委切博雅傍也一曰跂也或从委亦作矮姽文十二
蛫蟹屬跪說文拜也郈陸郈山名頠面頠也一曰厚也爾雅貝蛫博而頯巍細也秦晉之間凡細而有容謂之巍奎奎蹻開足行皃薛綜
說垝陒毀垣也或从𨸏。詭謉譌古委切說文責也一曰詐也或从鬼从爲文三十三傀恑異也姽說文閑體行姽姽也恑
說文變也一曰悔也庪庋攱閣藏食物或作庋攱衼祈祭山名或作祈通作庪庋𥦗通也祪說文祔祪祖也一曰毀廟
主佹攱重累也一曰依也或从支㧪毀撤也垝陒說文毀垣也引詩乘彼垝垣或从𨸏郈山海經綸山東有陸郈山通作陒
䆨穴也錡說文函屬一曰瑩鐵桅說文黃木可染者𧳯短矛洈說文水出南郡高城洈山東入繇觤羛說文羊角不齊
也或从羊鴭鸋鴭鳥名子規也蛫說文蟹也一曰蟹六足者一曰鼠負也一曰猿類一曰獸名似龜善禦火蟡涸水之精曰蟡𣢾疲極也
跪𧻖跽跪也或从走䩈韈也。跪𧻖巨委切跽跪也或从走文四峗硊山皃或从石。俾補弭切說文益也一曰俾門侍
人文十六俾卑使也或作卑通作俾埤博雅寄埤客也捭陝侍也髀𨁈脾說文股也或从足从肉崥山足也一曰雨
石鞞劒削方言自關而西謂之鞞箄說文簁箄也博雅箄簍箸篆也方言筡箄折也䵗說文黍屬萆萆艸名爾雅萆鼠

莞可以爲席或作蓽匩籠也碑肶也。諀吡普弭切博雅諀呰毀也或作吡文十六顊傾頭也𧤏角傾也𡹓山摧也

庀庇比治也具也或作庇比疕說文頭瘍也一曰痂也仳別也詩有女仳離訿䚿言具也或省敉爾雅憮敉撫也孫炎讀

踋形下大也蚍芘艸名爾雅蔽蚍衃或作芘。婢部弭切說文女之卑者也文七庳說文中伏舍一曰屋庳通作埤踋卑形下

大也或作卑通作庳敝敝跬用力皃埤田百畝謂之埤髀股也通作踋。弭𢏺母婢切說文弓無緣可以解轡紛者古从兒通作彌文二

十五渳說文飲也周禮大渳謂浴尸也洱水名入洛通作沔瀰濔洋沔水盛皃或作濔洋沔敉侎㥝說文撫也引周

書亦未克敉公功一曰愛也安也或从人从心㣆厲也闢編狹也一曰智少力劣而爭罙冒也芈哶說文羊鳴也亦姓或作哶䍹

熟寐也蝆蟲名爾雅蛄螿強蝆令米穀中小黑蟲一曰蝆蝆螗蜋也葞爾雅葞春艸彌辟止也周禮彌災兵或作辟通作弭

髀股也檷絡絲具瞇眇目也𢐀弛弓。彼補靡切說文往有所加也一曰對此之稱文八𣧽說文裂也佊埤倉邪也

柀木名說文檆也一曰折也罷㒧遣有罪也或从人罷亦姓貏貏豸漸平皃紴錦屬。㓟普靡切折也文七披

裂也𦰡艸名紴錦屬柀柀粘木名秛粗也頗闕人名春秋傳楚有薳頗。被部靡切寢衣一曰及也亦姓文八藣

艸名罷弱也易或鼓或罷徐邈讀一曰散也春秋傳布路而罷一曰遣有罪貏貏豸漸平皃埤下濕也春秋國語松栢不生埤㓟

折也骳骫骳曲也庳舍下也○靡毋被切說文披靡也一曰靡曼美也一曰無也文十五巏山名躢衞徾行皃或作灖瀰通作靡䊳碎也孊女字漢許皇后姊孊䏘說文乘輿金馬耳也寐𥨍熟寐也或作𥨍骳曲也蘼艸名爾雅蘼蘼冬冬通作靡𧃍縻散也易吾與爾縻之徐邈讀灖水流皃𣃽旌旗皃○𤢖𤡾直婢切狩狏也或从豕文三䅜小積也○萎荾女委切艸名爾雅熒委萎或作荾文二○鮆自爾切刀魚也文一

五○旨𦧇𣅀𣅀𠮛百軫視切說文美也古作𦧇𣅀𣅀古或作𠮛文十九恉說文意也通作旨指脂說文手指也或从肉祁地名詣說文許也厎砥說文柔石也或作砥厎一曰定也耆致也通作厎蘆茋蘆葪艸名萍也或省栺木名氏氏道地名在廣漢鞊蓋杠絲也○矢笶𢎗𠂒矧視切說文弓弩矢也从入象鏑括羽之形古者夷牟初作矢或从竹古作𢎗𠂒一曰陳也文十一芖說文菜也𦵬𡲬𡳐屎𡳐說文糞也从艸胃省或作𡲬𡳐屎𡳐通作矢䂕石墮聲○視眎眡

眂善言切瞻也比也或作眎眡古作眂文五鉃箭鏃○水數軌切說文準也北方之行象衆水並流中有微陽之氣也文四𥫩竹名沝沝𣲑短皃準平也一曰車轅脊不停水○𣲑汝水切沝𣲑短皃文一○死𠒁𣦸想姊切說文澌也人所離也古作𠒁𣦸文三○姊蔣兕切說文女兄也文四秭說文五稯爲秭一曰數億至萬曰秭第牀也方言陳楚謂之第市止也○兕𠒋𠒛光雉序姊切獸

集韻上聲五　十

名說文如野牛而青象形與禽离頭同一說兕犀也古作兕𠕒或作先雉文十羠說文騬羊也𧰲豶豕也薙芟雉也芺芺艸名蒿也或从矢○趡取水切說文動也引春秋傳盟于趡趡地名文二踓狂走一曰蹵也○淬祖誄切說文小溼也文九脺博雅脺髁臀也一曰肥實謂之臎啐鳥喙一曰鳥聲翠玉色䘹朘赤子陰也或从肉嶊隹山皃或省嶉山曲也○嶵粗誄切嵬嶵山皃文一○黹絺希展几切說文箴縷所紩衣或作絺希文十五襹𦅎緻說文紩衣也或作𦅎緻夂說文从後至也象人兩脛後有致之者𧷤財物相當鑈鑽也𢽾說文刺也桎礙也鵗雉名通作希䵹知黟黈艸書勢𣞣木枝軧大車後至○綠楮几切移蠽也蠽或从蠽文二○雉𩀻鴙𩿈文几切鳥名說文有十四種盧諸雉喬雉鳺雉鷩雉秩秩海雉翟山雉翰雉卓雉伊洛而南曰翬江淮而南曰搖南方曰𠷎東方曰甾北方曰稀西方曰蹲古从弟或作鴺鴙雉一曰陳也理也文十一滍泜說文水出南陽魯陽堯山東北入汝或作泜𨻳山名𩏂驂具薙芟也埃垁城三堵也太玄閑黃埃或作垁通作雉○𡳐屐顗題徲𡳃兩几切說文足所依也或作屐古作顗題徲𡳃文六○柅女履切說文木也實如梨一曰上車輪木文七檷鑈絡絲柎或从金通作柅𧧤呢言以示人或从口抳博雅止也一曰手指物屎說文䈪柄也通作柅○壘魯水切說文軍辟也亦姓文四十四垒說文垒墼也厽說文絫坺土爲牆壁象形絫累說文增也絫一黍之重也或作累礧𡾋石山壘嵬累嵔碨礧山皃或作礨壘嵬累嵔通作壘蘲

一

虆說文艸也引詩莫莫葛藟一曰秬鬯或作虆　藟櫐櫑說文木名爾雅山櫐似葛虎櫐有毛刺或省籀作櫑　蠝山海經藟山其上有王　䐯皮起也　樏山行所乘一曰盤槅器名一曰木實　灅濕灅水波涌起皃　漯灅灅水名出鴈門或作灅灅　雷推石下也　礨礨空小穴一曰小封也　畾田間謂之畾　轠轠轤車　讄䛔讄讄說文禱也累功德以求福引論語讄曰禱尒于上下神祇或作䛔讄讄通作誄　誄說文諡也　耒田器　鸓蠝猵猓䴎鸓說文鼠形飛走且乳之鳥也一曰以其鼯飛或作蠝猵猓鸓籀作鸓亦書作鸓　猚蜼獸名似狖卬鼻長尾或从虫　累姓也春秋傳飲之無累氏　纍絫法也一曰法可以纍人心李舟說或从糸　㩚兕擂喪家之樂　唯愈水切說文諾也文十九　唯鳥雉鳴　嫷愚而多態　雖獸名爾雅雖卬鼻而長尾　踓趡走皃或从走　𧽤埒也　遺遺遺遺魚行相隨皃一曰魚盛謂之遺一曰水流皃一曰膏液　鰖䲧䲧魚始生者或作䲧䲧　蓶說文菜也一曰似馬韭而黃　沇沇洧水流澗谷中　揹撌博雅棄也或作撌　痏創裂一曰病也　抌揣也動也　遺饋也　唯蟲名似蜥易有文　䳡虎癸切恚視也文一　婎姿婎自縱皃　癸𤼾頸誄切說文冬時水土平可揆度也一曰北方之日古作𤼾文三　湀水通流　揆巨癸切說文葵也一曰度也文六　楑說文木也一曰度也　𢝋悸悸竦悸也　嫢好也小也一曰秦人謂細而有容曰嫢　湀說文湀辟深水處也　猤獷悍也　歖歖隱几切歖歔鳴或省文二　唏許几切博雅笑也一曰哀而不泣文五　𩏂息也一曰盱息聲　韡涕也　㩚擊也　謕語也

○几舉履切說文踞几也象形周禮五几玉几雕几彤几髹几素几文十　机說文木也　𨙸地名　屼說文山名一曰女屼山弱水所出　㞒　𡰪赤舄或作𡰪通作几　麂鹿二歲曰麂　麔麂說文大麋也狗足或从几　犰獸名兔喙而虵尾　○跽巨几切說文長跪也或作䠊文七　𨚑山名　㠱踑說文長踞也或从足亦書作甚　邔邑名在河南　异舉也　○洧羽軌切說文水出潁川陽城山東南入潁文五　鮪魚名說文鮥也引周禮春獻王鮪一曰水名鞏縣西北臨河有周武山武王伐紂使膠革御宗之鮪水上蓋其處也相傳山下有穴通江穴有黃魚春則赴龍門故曰鮪岫今爲河所侵不知穴之所在　痏說文疻痏也　䵋黃色也　侑祐也　○巋苦軌切山小而衆曰巋一曰高峻皃文六　蘬艸名爾雅紅蘢古其大者蘬　樻椐樻木名　頯大朴皃莊子而頯頯　峗嵬巍山皃　䙆視皃　○軌𧗟𨑯矩鮪切說文車徹也或作𧗟𨑯文十九　簋𠥍朹說文黍稷方器也古作𠥍朹通作匭　匭匣也　晷說文日景也　宄宊奻說文姦也外爲盜內爲宄古作宊奻　𡣗竦身也　厬𣸈𣳫沈說文仄出泉也或作𣸈𣳫沈　氿說文水厓枯土也引爾雅水醮曰氿　䒮香艸　頯頄屬中央廣而兩耑銳者　○鄙補美切說文五酇爲鄙文十三　啚𡄦說文嗇也古作啚通作鄙　娝姓也　肥薄也列子曰所偏肥通作鄙　𤺊痞腸中結病或作痞　仳離也　秕粃穀不成者或从米　沘水名北至壽春　䮁獸趨行皃　否惡也　○嚭𡄯普鄙切說文大也引春秋傳吳有太宰嚭或从丕文十六　秠䅯黑黍也爾雅秠一稃二米或从否　疕創也　𡶟

三二〇

壞也⿰比⿰土攴⿰土⿰比攴方言南楚謂器破未離曰⿰比攴或从皮岯伾山名或从人仳說文別也引詩有女仳離庇比庀具也或作比庀⿰言比⿰言匕

言具也或省○否部鄙切塞也文十八痞說文痛也仳離也⿰比攴齊楚謂壂曰⿰比攴帔憏裂也圮⿰酉非說文毀也引虞書方命圮族或

作⿰酉非⿱山肶說文⿰月朋也⿰豸否獸名豼也方言北燕朝鮮之間謂之⿰豸否⿱艹攴艸木枯落娝⿰女殳餓死或作⿰女殳岯⿰酉丕坯伾山一成曰岯或

作⿰酉丕坯伾⿰否瓦瓶也⿰馬否⿰馬否駛獸行也○美鄙切說文甘也从羊从大羊在六畜主給膳也美與善同意文九嬍善也通作美媄說文色好

也渼水名在京兆一曰水波⿱艹美艸名⿱美牛獸名似牛⿸疒粟熟麻也眯物入目病敏疾也○匕履切說文相與比敘也

匕亦所以用比取飯一名柶文二十四比夶並也古作夶帔說文憏裂也妣⿰女匕說文殁母也籀省⿰礻比⿰礻匕說文以豚祠司命引漢律

祠⿰礻比司命或省枇朼所以載牲體或省通作匕秕粃⿰禾匕說文不成粟也或从米亦省⿰酉比⿰酉匕酒名或省沘水名在盧江灊縣

疕說文瘍也一曰頭痛也髀⿰足卑說文股也或从足⿰氵⿰比攴以水激物魮魚名尾有毒紕說文氐人纀也芘艸名⿰牛比獸雌者牝○牝

並履切畜母文三⿰虫坒小蛤⿰犭比獸名似豕○柹側几切削木餘也詩傳許許柹皃文二⿰糸甾黑色○⿰扌雈丑水切山皃文一○⿱山⿸广巳藝雚切山

皃文一○⿰⿸户匕阝巨軌切山名文一○⿰水林之誄切閩人謂水曰⿰水林文二

六○止渚市切說文下基也象艸木山有址故以爲足一曰已也文十五趾足也阯址說文基也或从土沚洔說文小渚曰沚

引詩于沼于沚或从寺畤說文天地五帝所基址祭地右扶風有五畤好畤鄜畤皆黃帝時祭一曰文公立也杫板施於礎上者芷

香艸茈艸名蘪蕪也祉福也砋檮緡石太玄砋石一曰滑石笁竹名訨許也沚水名一曰原名霸陵在其上。齒

𠚕齒醜止切說文口齗骨也一曰年也列也古作𠚕齒文六[艹齒]馬齒艸名紪績一紪謂之紪茝艸名。始乱乩

乨首止切說文女之初也古作乱乩乨文五[艹始]艸名。市上止切說文買賣所之也文九恃[忄市]說文賴或从市畤田際也一曰平

時地名沶縣名洔溡水中小渚也一曰水暫益未減曰洔或从時鈰劒名[竹市]竹名出南方荒中長百丈圍三丈一。耳忍止

切說文主聽也一曰語已詞文八洱山海經水名在罷谷山[糸耳][糸耳][糸耳]繒威皃通作耳駬騄駬馬名珥耳璫[鼠耳][鼠耳][鼠耳]鼠屬一說鼠形

如獸餌米餅栮木薁。滓壯仕切說文澱也文十一笫說文牀簀也[食士]胏脺[月士]說文食所遺也引易噬乾[食士]楊雄說

[食士]从朿或作脺[月士][疒宰]說文瘕也[艹宰]茾說文羹菜也或作茾[扌此]戟撮也朿丘也。[朿刂]剟[宰刂]測紀切博雅割也或

作剟剚文六[叕己][叕欠][叕欠]齔也或作[叕欠][叕欠]。史爽士切說文記事者也亦姓文八[彳吏][犭吏]獸名似犬或从豸使[山叏]說文令也

古作[山叏][氵吏]水名在河南駛疾也[香史]香之美者謂之[香史]。士上史切說文事也數始於一終於十从一从十孔子曰推十合一爲士亦

姓文六仕說文學也柹說文赤實果俗作柿非是戺爾雅落時謂之戺一曰砌也或書作[阝巳][士阝]鄉名在密縣通作士事

從所務也。俟牀史切說文大也引詩伾伾俟俟文十四　竢⿰來矣⿰立巳⿰彳矣⿸广矣⿸疒矣逘⿸尸矣說文待也引詩不⿰來矣不來或作⿰來矣圯

俟⿸广矣⿸疒矣逘⿸尸矣通作俟　騃獸行皃　⿸尸矣履也方言西南梁益之間謂之⿸尸矣　涘說文水厓也引周書王出涘　⿰牛矣牛一歲謂之⿰牛矣　⿰石矣石墮

聲。枲⿰糸枲想止切說文麻也籀作⿰糸枲文十五　⿱艹弁葈胡⿱艹弁艸名枲耳也或作葈　葸博雅愼也一曰⿱竹肙慤皃　⿱竹思簩竹名

一枝百葉有毒如堇　⿱竹枲竹叢　崽博雅子也　諰說文思之意也一曰直言　愢謙也　⿸厂異說文石利也　⿰犭思偲不安也或从人　笥

竹器　⿰思阝漢侯國名。子祖似切說文十一月陽氣動萬物滋入以爲偁象形古作⿱巛子⿱巛⿱囟儿文十七　仔仔肩克也　虸虸蚄蟲名

害稼　秄耔芓說文壅禾本或从耒从艸　梓榟木名說文楸也或从宰　杍治木器曰杍通作梓　吇吇吇鳥聲　𠂔說文止也从𣎵

盛而一橫止之也　⿰尸孚地名　⿰金子⿰金宰剛也或作⿰金宰　⿱此子縣名在犍爲一曰⿱此子膓。佀似以⿰厶人象齒切說文象也或作似亦省

古作⿰厶人文三十四　巳說文巳也四月陽氣巳出陰氣巳藏萬物見成文章故巳爲蛇象形　祀⿰示㠯禩祠⿰示巽說文祭無巳也或从㠯从異从司古作⿰示巽

姒⿰女㠯爾雅娣婦謂長婦爲姒婦亦姓古作⿰女㠯　⿰木㠯梩耜⿰木巳⿰耒以㠯曰器說文臿也一曰徙土輂齊人謂或作梩耜耜杞⿰耒以　鈶矛屬

⿰金㠯⿰金巳博雅⿰金㠯鉛鋌也或作⿰金巳　攺毅攺大剛卯也　佁至也呂氏春秋佁儗之機高誘讀　汜說文水別復入水也一曰汜窮瀆也引詩江有汜

洍⿰氵以說文水也引詩江有洍或作以　⿸鹿巳鹿二歲名　邔國名　⿰巳瓦瓶⿰巳瓦甎也　枱辝耒耑或作辝通作鈶　圯東楚謂橋曰圯　苢

苡薏苢艸名一說禹母吞薏苢而生禹故以爲姓或作苡○徵展里切宮音所主也亦姓文六黴艸名萦芎也毴獸名夕夕曰毴敳

尅也壬證也擻刺也○恥誀丑里切說文辱也或作誀文四祉說文福也䖳蟲伸行或書作蚩○峙偫丈里切爾雅供峙具也或

作𩛔文十九跱歭跱躇行不進也或作峙賆賆畜財也或作賆恃心不明庤畤說文儲置屋下也或从田植持也

偫說文待也洔說文水暫益且止未減也痔說文後病也秲稻名塒鑿垣棲雞也滍水名出魯山騃獸行皃畤祭、處

待山獨立皃峙通作峙○里兩耳切說文居也文十五理說文治玉也一曰正也文也郢陧說文南陽西鄂亭或从阜俚說文聊也一曰下俚或曰

南夷種名娌妯娌娣姒婦也悝憂也𤸂爾雅病也裏說文衣内也艃䑴艃舟名李說文果也亦姓古書作杍鯉鱫魚名說文

鱣也或从裏梩臿也一曰蘳也𦔮地名○㠯以養里切說文用也从反巳賈侍中說巳意巳實也象形或作以文十四已止也佁癡也攺巳

敊攺大剛卯也苢苡艸名說文芣苢一名馬舄其實如李令人宜子周書所說或从以𠪚石利也笖筍也𤞣獠姓汜洍水決復入

或作洍叕張羅皃㢁踞也○矣羽巳切說文語巳詞也文八唉譍辭䓇艸名蒿也俟大也偯哭餘聲𢡃說文痛聲

歖欯歖騃鳴騃獸行皃通作俟○喜歖憘許已切說文樂也或从欠从心文九訢喜也唏方言痛也一曰笑聲蟢蟢子蟲名

蟰蛸也睎盱息瞦盛皃一曰熱也嬉末嬉夏桀妃字○起迉口已切說文能立也亦姓古从辵文十六屺峐說文山無艸木也引

詩陟彼屺兮或作峐亦書作岊　峊山高皃　玘說文玉也　邔縣名在南郡　杞梩木名說文枸杞也一曰國名亦姓或作梩　芑說文白苗嘉穀

己姓也　苢藥艸可治金瘍　杞禾名管子其種穋杞　笆簟也　㠱古國名衞宏說與杞同　[illegible]艸名馬唊之則馴通作芑

。己苟起切說文中宮也象萬物辟藏詘形也古作[illegible]文八　邔說文南陽縣　紀說文絲別也又國名亦姓　改說文女字也　吕言也平也

改更也　巹偫也身所承也　。擬儗譺疑偶起切說文度也或从心从言亦作疑文十三　儗說文僭也一曰相疑　薿

[illegible]說文茂也引詩黍稷薿薿或从禾　孴孴[illegible]說文盛皃一曰若籀作孖或作孨　[illegible]聲也　譺博雅詀也一曰詀也或書作譺　騃馬行皃

。譩隱已切辭文五　醫醷臆和也或作醷臆爲食　噫嘆聲　芑目已切白苗也詩維穈維芑徐邈讀文二　忌戒也

。伱乃里切汝也文一　。弟蕩以切悌也文一　。禮以切體也文　醴濁酒　。體天以切四支也文三　涕目汁　緹赤色

。啓詰以切開也文一　。薺茨以切艸名文一　。[illegible]鋪市切水擊絮也文一

七　。尾尾屗武斐切說文微也从到毛在尸後古人或飾系尾西南夷亦然又姓或作㞙古作㞙文十六　浘

浘閭海洩一曰水流皃一曰泉厎　娓說文順也一曰美也　[illegible]赤色　荱艸名　[illegible]食餘　[illegible]颶風　亹亹亹亹勉也或从

文通作娓　虋艸名一曰赤梁　[illegible]　稺廣雅饡也或作稺亦書作稺　𡸖山名　[illegible]竹名　[illegible]砥碾磨也　梶樹杪　。斐妃尾切說

文分別文也引易君子豹變其文斐也文十五𩇯說文別也一曰鳥名似梟悱⿰忄匪心欲也或从匪朏說文月未盛之明引周書丙午朏古作𦜑菲
艸名說文芴也一曰薄也騑馬名俷背也史記燕王策曰無俷德蕜博雅悵也⿱艹棐方言猝也誹非說文謗也或省痱鬼痛
病䅏禾穗兒棐棐林地名◦匪⿰糸匪府尾切說文器似竹篋引逸周書實玄黃于匪或作⿰糸匪通作篚匪一曰非也文十九篚說文車笭
也棐說文輔也榧木名有實出東陽諸郡餥說文餱也陳楚之間相謁食麥飯曰餥蜰蟲名爾雅蜰蠦蜰⿱艹棐方言猝也⿱非䖵
蜚蟲名負蠜也或从虫⿱非土塵兒斐文章兒𦓝說文兩壁耕也一曰覆耕種也誹謗也⿰𧾷非刖也𩇯鳥名山梟也⿰禾匪稻名
⿱非業賊事也⿰忄匪心欲也◦膹父尾切月也文十禾不黏者楚樻⿰舟賁舟邊也或作⿰舟賁蟦蠐螬也陫陫隁也
或从匪⿰金非小丁也⿱非土塵也⿰亻肥薄也◦豨狶許豈切說文豕狶脩虵之害或作狶文七豨豨古有唏說文笑也一曰哀痛不泣曰唏
⿰言希⿰言希⿰言希語也俙僾俙仿佛也⿰鼻希卧息霼氣雲雲兒◦豈去幾切說文還師振旅樂也豈一曰也登也非也文二⿱艹豈說文
菜之美者雲夢之豈◦蟣⿰虫幾蟻舉豈切說文虱之子一曰齊謂蛭曰蟣或作蟣蟻文九⿱幾夊且數古作⿱幾夊機說文禾穖也
⿰鬼幾南方之鬼曰⿰鬼幾一說吳人曰鬼越人曰⿰鬼幾⿱幾皿血祭謂之⿱幾皿⿰酉幾酒浮也◦扆隱豈切說文戶牖之間謂之扆通作依文十一依譬喻也
⿸厂衣⿸广衣廣雅扆隱翳也或作扆⿱依心偯說文痛聲也引孝經哭不偯或作依僾僾俙仿佛也㐆歸也从反身⿱雨愛⿱雨愛⿱雨氣

雲皃。陔陖乇。砍石聲。○顗語豈切說文謹莊皃文三。螘蟻蟲名蚍蜉也或作蟻。○韙羽鬼切說文是也引春秋傳犯五不韙籒通作愇文三十

二。愇恨也。偉稟說文奇也一曰美也或作稟。煒說文盛赤也引詩彤管有煒。暐光盛皃。韡韡說文盛也引詩萼不韡韡或从華

椲說文木也可屈爲杅者。葦艸名說文大葭也通作葦。瑋廣雅瑰瑋琦𤦡也一曰美玉。鍏臿也。媁美姿。褘重衣皃。緯束也

颹大風謂之颹。徫行皃。揮逆追也。喡呼聲。崴嵔嵔山皃或作嵔亦省或書作嵔。䈭蘢也。渨渨灅水波涌起皃

[羊韋]羍羍羊相還皃一曰羝也。[韋鬼]鬼韋也。瘴弱病。犩牛名。嵬嵬山險也或作嵬。碨碨石皃或从鬼。○虫詡鬼切蟲屬說

文一名蝮博三寸首大如擘指象其卧形物之微細或羽或毛或介或鱗以虫爲象通作虺文十四。虺蟲名說文虺以注鳴引詩胡爲虺蜥。𩴕𩴕𩴕

闕人名仲𩴕湯左相或作𩴕𩴕通作虺。䨟雷聲。焜燬說文火也引詩王室如焜引春秋傳衛侯燬一曰楚人曰焜或作燬。娓美也。[自畀隶]卧息。芔

說文艸之總名。[虫犬]獸名。[氵虺]汼水流皃或从卉。○鬼䰟矩偉切說文人所歸爲鬼从人甶象鬼頭鬼陰氣賊害从厶或从示鬼一曰遠也慧也文四。愧

博雅愧幃緆也。磈石皃。○嶉子尾切山曲也文二。噿鳥喙。○隹諸鬼切山皃莊子山林之畏隹李軌讀文一。○恢苦虺切大也一曰恢恑譎

怪文一。○壘良斐切山皃文一。○儡魚鬼切儡然意不安定皃文五。[扌危]懸也。嵬𡾞山高皃或作𡾞。[石委]石皃。○壝欲鬼切起土爲

埒也文一

集韻上聲五　一五

八。語𢍱偶舉切說文論也古作𢍱文二十三齬說文齒不相值也圄說文守之也圉說文囹圉所以拘罪人一曰圉垂也一曰圉人掌馬者亦姓通作圄禦說文祀也篽籞魰衘䥏說文禁苑也引春秋傳澤之自篽或作籞魰御䥏敔梧說文禁也一曰樂器椌楬也形如木虎或作梧䥏鑻鋙說文鉏䥏也一曰白錫謂之䥏或不省亦从吾峿岨峿山皃𨵦小門衙說文行皃一曰縣名在馮翊亦姓衛御止也或作圉御通作禦𡼏山名蘌翳也。許喜語切說文聽也亦姓文六鄦䣱說文炎帝太嶽之後甫侯所封在潁川或作䣱通作許滸水涯𡵆山名䕏虎許藥艸續斷也。去弆口舉切徹也或作弆文十紶糸也麮鬻麥𤵸病也胠腋下鼁𧊔蟲名爾雅鼁鼀蟾諸一曰去父或作蚨詓聲也紶緒也舉苟許切說文對舉也亦姓或作舉俗作櫸非是文十八𨶉支鬲也弆去藏也或作去𧺐行皃莒艸名說文齊謂芋爲莒一曰國名亦姓筥說文箱也籧說文飲牛筐也方曰筐圜曰籧俗作篆非是柜柜柳木名櫸木名拒也郘亭名在長沙椐木名腫節可爲杖昷吴王孫休子字齟齗腫也舁㪯共舉也古从收。巨榘𢀜臼許切說文規巨也从工象手持之或从木矢矢者其中正也古作𢀜巨一曰大也文四十三拒捍也違也通作距𪏰秬說文黑黍一稃二米以釀也或作秬柜說文木也距鮔艍說文雞距也或作鮔艍岠說文止也一曰槍也超也虡虡鐻鐻樣簴說文鐘鼓之柎也飾

爲猛獸从虍異象其下足或省亦作鐻鐻櫨簴鉅說文大剛也一曰弓名詎渠說文詎猶豈也或作渠齟齗不固曰齟駏⿰犭巨

駏驉獸名或作⿰犭巨通作岠粔麮蜜餌也吳謂之膏環或从麥苣炬管說文束葦燒或从火从竹一曰苣藤艸名⿱艹虡

⿱艹豦萯藘艸名或作蒙⿰耳巨明也怇慢也罝魚罟鴡鳥名萬所以正輪者周禮萬之以眡其匡也蚷商蚷蟲名澽

博雅曝也酟合資而飲謂之酟⿰孑禹孤也洰水中物倮曰洰⿱巨䖵獸名獙也蘧艸名豦封豕。扵歐許切廣雅扵拍擊也文

六⿰骨於⿱於月肩骨或省亦書作膂雨水从雲下也⿰女於姑也唹笑也。胥偦寫與切什長也有才知者或从人文二十諝

㥠說文知也或从心⿸尸予屐屬禑說文祭具也稰熟穫曰稰糈⿺疋邑說文糧也或从邑醑釃酒也湑說文

莤酒也一曰浚也一曰露皃引詩有酒湑我㟰山名䝓財上問爲贈㾁痛病楈木名蝑蚣蝑蟲名㐫胥凶也疋足也輴車下⿱齒胥

齒酸也。⿰耳皮此與切皵散也文三且多皃一曰恭慎詩籩豆有且⿷匚且薄也。苴子與切履中艸一曰艸浮水中文六宜相依也咀

㕮咀謂商量斟酌之一曰含味䃣⿰石甫䃣磴也疽瘦疽痒病蒩茅藉祭也通作苴。敘象呂切說文次弟也通作序文二十六序

阾㘧說文東西牆也或作阾㘧緒說文絲耑也⿸尸予屐說文屐屬或从夂抒挹也芧杼木名相也或作杼

藇䤖美也詩釃酒有藇或作䤖漵⿰氵與水名或从與嶼山在水中鱮魣說文魚名或作魣䴘獸名⿰禾與矛屬沮

敗也蝑蟲名爾雅蜤螽蜙蝑郭璞讀㙤博雅反坫謂之㙤伃方言豐人楚謂之伃汿溝也㝋山海經狋山有堪㝋之魚狀如

夸父而彘尾一曰魚子杍姓也。咀在呂切說文含味也文十沮止也壞也一曰丘名水出其後怚驕也趄邪進也祖說文事好

也一曰祖厲縣名跙跙跙行不進䗁蟲名方言春黍謂之䗁蝑齟嚼也⿸广且相依也珇玉文。所⿸尸且爽阻切說文伐木聲

也引詩伐木所所一曰處所也亦姓古作⿸尸且文十一齭⿰齒胥齒傷酢或从胥疋足也盨橧頿盨負戴器糈博雅饑也俗作精非是

⿰貝疋賥說文齎財卜問爲⿰貝疋或从胥數目物也蔬凡粒也。阻岨壯所切說文險也或从山文九詛呪也俎柤⿰爿且說文

禮俎也从半肉在且上或从木从爿齟齟齬齒不正跙馬傷足病沮止也一曰沮陽縣名在上谷。楚刱所切說文叢木一名荆也一

曰國名亦姓文十⿰黹虘說文合五采鮮色引詩衣裳⿰黹虘⿰黹虘⿰衤戚美皃齭齼說文齒傷酢也或从楚礎楹石憷𤺥痛也

或从疒濋水名𨼩阪也。齟⿰齒虘狀所切齟齬齒不相值或从虘文六岨岨峿山形鉏鋤鉏鋙相距皃或从助跙跙跙行不

進。暑賞呂切說文熱也文七鼠說文穴蟲之總名黍說文禾屬而黏者以大暑而種故謂之黍孔子曰黍可爲酒禾入水也

⿰虫黍⿰虫鼠蟲名博雅蜤蝑蝽⿰虫黍一曰⿰虫黍蝢或从鼠亦書作蚤癙憂病通作鼠⿸疒暑暍疾。鬻煑鬻掌與切說

文亨也或从火从水在其中亦省文九渚說文水出常山中丘逢山東入湡陼爾雅小洲曰陼通作渚⿱者䖵惡蟲名庶驅除

毒蠱之言周禮有庶氏 羜五月生羔 杵敞呂切說文舂杵也文三 処處說文止也得几而止或从虍 ○墅野上與切曰廬也或省

文八 黖黑也 紓緩也 杼芧木名栩也或作芧亦書作⿱予木 抒說文挹也一曰除也 桃抒物之器 ○汝忍與切說文水名出弘農

盧氏還歸山東入淮文八 女爾也通作汝 ⿱宀⿰爿禹楚人謂寐曰⿱宀⿰爿禹 ⿰黍女⿰黍女⿰黍禹黏也 籹⿱如米蜜餌或作⿱如木 肗魚敗曰鮾肉敗曰肗 茹

飲也貪也一曰菜茹 ○貯⿱宀者著展呂切積也或作䝼著通作褚文二十一 褚囊也 ⿰衤宁敝衣 ⿰巾宁⿰巾著覆棺衣或从著 ⿰甾宁䍆

說文𦉥也所以載盛米从宁从甾甾缶也或从缶 眝說文長眙也一曰張目 ⿰忄宁詝博雅智也或从言 楮柠木名穀也或作柠

⿰虫宁蟲名 宁門屏間曰宁 柱支也 紵檾之粗者史記用紵絮蔪陳 ⿰火宁熏也 ⿱予木木名栩也或書作杼 坾積塵也

○楮柠丑呂切說文穀也或从宁文四 褚說文卒也一曰製衣亦姓 栩木名柞也 ○宁丈呂切說文辨積物也文二十四 ⿱虛皿⿱宁皿

說文器也或省 佇竚久立或作竚 ⿰足著⿰土著躊⿰足著進退皃或从止 眝張目也 坾積塵 芧苧說文艸也可以爲繩

或从宁 紵緒說文檾屬細者爲絟粗者爲紵或从者省 泞澄也 抒挹也除也 ⿱予木木名說文栩也通作杼 杼⿱竹宁說文

機之持緯者或从竹 羜說文五月生羔也 ⿰忄宁智 予闕夏帝名通作杼 著門屏間也通作宁 ⿰夊宁進皃 柠木名梧桐

也 ○呂膂兩舉切說文脊骨也昔太嶽爲禹心呂之臣封呂侯或从肉旅一曰呂陰律亦姓文二十六 旅魯⿱止从說文軍之

五百人爲旅亦姓古作魯𣥠 袮𥛱祭名或作禴 侶儷也 儢𡟉儢儢不欲爲也或从女 启闕人名晉有大夫启 㤦慢也

邵亭名 㾔久病 絽廣雅紩也 梠說文楣也 櫖梠木名中箭笴或省 穭秜禾自生或从呂通作旅 簇筥箘飯器或作筥箘

㛎嫙醜皃或作嫙 膐細切肉也。女碾與切說文婦人也象形王育說古作㚢文五 粔籹粔餌也 𥽫或从𥿓黏也

如。與与𢍰𦦶演女切說文黨與也古作与𢍰𦦶文二十 与說文賜予也一勺爲与通作與 予說文推與也象相予之形

伃㚥大也安也或从与 屐履也 趣行也 歟說文安氣也 歟歎也 𢗉𢗉說文趣步𢗉𢗉或作忬亦書作懙 嬩女字

醧美也通作與 䅶𦱰苗盛也或从艸 野郊外曰野 輿闕人名春秋傳楚有闔輿罷 與謹也 倚也 𦜐肥也

九。噳麌麌五矩切說文麌麇鹿羣口相聚皃引詩麀鹿噳噳或作麌麌文八 俁俣說文大也引詩碩人俁俁或作俁 鯃

魚名 噳欲笑皃 喁險喁魚口聚皃。傴痀瘧委羽切說文僂也或作痀瘧文十 噢痛聲 噢咻 迂曲皃 鰸魚名 嫗

以氣曰煦以體曰嫗 僂手病春秋傳曹公子手僂 傴衣編枲 句健也 竘立匠也。詡火羽切說文大言也一曰偏也和也文二十 㖞冔

商冠名或作昇 昫日出温也 欨呴煦吹也或作咻休 噢咻痛聲或省 煦烝也一曰温潤 姁說文嫗也一曰佚樂

謂之膴博雅脯也一曰牒肉大臠 祤祋祤縣名在馮翊 郇縣名在安邑 玗博雅離也一曰玉名 栩木名說文柔也其皁一曰樣 訏

許許大也憮媚好也孟康說一曰傲也蛡蜂房也太玄蝴其蛡一曰蟲飛幠覆也○𤘁齲顆羽切說文齒也或从齒文九踽

說文疏行皃引詩獨行踽踽⿺走句跔行皃或作跔竘說文健也一曰匠也逸周書有竘匠曲曲遇地名⿰齒巨說文⿰齒巨腫也噢噢咻痛聲

○矩榘果羽切法也或作榘文二十七聥博雅驚也一曰張耳有所聞⿰目禹⿰目巨驚視皃或作⿰目巨踽獨行也⿻大目目衺也翑鳥曲

翑⿰禾収說文稽⿰禾収也一曰木名徐一曰稽⿰禾収不伸之意楀木名椇枳椇木名曰白石李一曰俎足曲而下枸說文木也可爲醬出蜀一曰枸木飴

善⿰酉禹酒蒟說文果也一曰蒟蒻似芋可食萬艸也亦姓漢有萬章岣岣嶁山名鄅國名在琅邪拒方陳也史記攻其前拒裴駰說

狗爾雅馬後足皆白狗通作翑拘拘澗水名東南至郇鄭入白渠楀禑姓也詩楀維師氏或从示通作萬竘健也柜山海經方

山有青樹名曰柜格之松齲齒蠹病⿰魚瞿魚名䈅䈅簍規車輞則也苟艸名○窶郡羽切說文無禮居也一曰貧窶文七

痀痀僂身曲病簍䈅簍規車輞則也貗獸名爾雅貒子貗蘡蔞艸名一曰木耳或省樻樻須負戴器○羽

王矩切說文鳥長毛也一說北方之音文二十七禹⿱亼帀⿱亼禸說文蟲也从厹象形古作⿱亼帀⿱亼禸一曰夏王之號亦姓偊偊偊行皃頨說文

頭妍也聥說文張耳有所聞也雨⿵冂⿻丨⺀⿵冂⿰⺀⺀⿵冂⿻⺀⺀說文水從雲下也一象天冂象雲水霝其間也古作⿵冂⿻丨⺀⿵冂⿰⺀⺀⿵冂⿻⺀⺀⿱雨禹說文雨皃方語也

宇寓⿸广于⿸广禹說文屋邊也引易上棟下宇籀从禹或並从广鄅說文妘姓之國引春秋傳鄅人籍稻⿰羽阝說文南陽舞陰亭

祤 祋祤縣名在馮翊 瑀 說文石之似玉者 栩 木名柞也一曰栩陽地名 楀 說文木也 萭 說文艸也亦姓 芋 芋尹楚官名

迃 遠也春秋傳不迃其文 䨏 說文水音也通作羽 ⿱艹羽 艸名 ○撫⿺辶亡 斐父切說文安也一曰循也或作⿺辶亡文二十一 柎 樂器也實

以穅一曰編柎棺中方木 鴀 鳥名 㕮 㕮咀嚼也 拊 說文揗也 ⿰亡攵 說文撫也 弣 弓把中也通作柎拊 殕 物敗生白也 ⿰糸咅⿰糸無

說文治敝絮也或从撫省 俌 說文輔也 剖 判也 趜⿰咅句 健也或作⿰咅句 ⿱髟咅髺 髮好也或作髺 ⿱艹剖 剖蔀艸名魚⿱艹臍也

尃 本也拂也 ⿱付鼓 軍鼓聲喧也 嘸 不精明也 ○甫父 匪父切說文男子美稱也从父用或作父甫一曰大也始也亦國名文三十二

府 說文文書藏也一曰聚也公卿牧守稱府道德之所聚祭藏稱府財物之所聚亦姓 頫俛俯 說文低頭也太史卜書頫仰也如此揚雄

曰人面頫或作俛俯 ⿸疒付 說文俛病也一曰短也 俌 輔也 腑 人之六腑通作府 脯 說文乾肉也 黼黼 說文白與黑相次文或作黼

簠⿱艹⿱甫皿医 說文黍稷圜器也古作⿱艹⿱甫皿医 斧鈇 說文斫也或作鈇 ⿺鬼甫 北斗星名 ⿱父䖵 蟲名食爪者通作父 蚥 去蚥蟲名

蟾諸也 蜅蟹 屬 鯆 大魚也 ⿰石甫 ⿰石甫碵石磑也 郙 說文汝南上蔡亭 莆 艸名說文萐莆也 㕮哺 㕮咀嚼也或从甫 ⿰骨甫

博雅剾也 ⿰馬父 牡馬也 駙 鬐也 ⿰扌府 捍也 怤 思也 ○父⿻彐丨 奉甫切說文矩也家長率教者古作⿻彐丨文三十二 㕮 㕮咀嚼也 輔

⿰甫頁⿰車父⿰面甫 說文人頰車也或作⿰甫頁⿰車父⿰面甫亦姓 鬴⿰鬲釜釜釡 說文鍑屬或作⿰鬲釜釜隸省 滏 水名在鄴 腐⿸府火 說文爛也

或从火 府痡 博雅病也 稨䅆 博雅穮稨穧也或从尃 𩿧 鳥名𩿧屬 蚥 蟲名爾雅不蜩王蚥一曰去蚥蟾諸 𩡧 壯馬 蚥 瓜中小蟲也通作父 俌𥙒 助也古作𥙒通作輔 蜅 蠏也 𪀓𨾩𪈈 鳥名越父也或作𨾩𪈈 殕 物敗生白曰殕 𩬊 髮謂之𩬊 𡵙 山名 韛 忪也 。武 罔甫切說文楚莊王曰夫武定功戢兵故止戈爲武文四十七 䟼𨗯躌 博雅跡也或作𨗯躌通作武 舞僢𦏸 說文樂也用足相背或从人古作𦏸 侮伇毋悔㛂務 說文傷也一曰慢也古作伇悔悔或作㛂務 嫵娬 說文媚也或从武 憮 失意皃 憮 說文愛也韓鄭曰憮一曰不動一曰傲也 㥢 說文撫也一曰愛也 瞴 微視 膴 美也詩周原膴膴 廡𢊪庑 說文堂下周屋籀从舞或作庑 橆蕪 說文豐也从林𠀤或說規模字从大𠀤數之積也林者木之多也𠀤與庶同意引商書庶艸繁橆或作蕪通作廡 𦌡𦊭 說文𦊳中网也或从無 𦉼 雉罔 䑰 舟謂之䑰 墲 墓域也 敄 彊也 潕𤅊 說文水出南陽舞陰東入潁或从舞 碔珷𥖁 碔砆石似玉或作碔𥖁 甒𤮆𤭢 方言甖周魏之間謂之甒或从廡武 陚 平原 鷡鵡䳇 鳥名說文鸚䳇也或从武亦省 嘸 嘸然傷應也 譕 誘詞 𠤷 刀室 𤮏 瓦器 。𦃽𦄵 聳取切說文絆前兩足也漢令蠻夷卒有𦃽或省文六 數 數數猶及汲也 纚纚 方言所以縣㯋東齊海岱之間謂之纚或省 盨 說文檳盨負戴器也 。取 此主切說文捕取也周禮獲者取左耳引司馬法載獻聝聝者耳也文二 娶 取婦也 聚 在庾切會也文三 郰 亭名在新豐 鄹 民所聚居 。數 爽主切說文計也文五 籔藪 聘禮十六斗曰籔或从艸 翑

羽曲盨檳須盨負戴器通作籔藪○主炷腴庚切說文鐙中火主也或作炷主一曰君也掌也文十宔砫祩說文宗廟宔祏或从石从
示枓斗說文勺也或省麈說文麈屬哇呼雞聲罜說文罜麗魚罟也○豎竪僵上主切說文豎立也籀从殳或从人
俗作竪非是文九裋襡方言襜褕自關而西其短者謂之裋褕或从豎樹扶樹也尌侸說文立也或作侸壴陳樂立而上見
○⿰豕聚⿰豕取撰禹切豝豕或省文二○乳蘂主切說文人及鳥生子曰乳獸曰產从孚从乙乙者玄鳥也明堂月令玄鳥至之日祠于高禖以請子故乳从乙
請子必以乙至之日者乙春分來秋分去開生之候鳥帝少昊司分之官也文四擩說文染也周禮六曰擩祭醹⿰氵乳說文酒厚也引詩酒醴惟醹或作⿰氵乳
○丶黈冢庾切說文有所絕止而識之也亦姓或作黈文六拄牚也通作柱柱艸名爾雅柱夫揺車哇口不正壴陳樂立而上見
○柱重主切說文楹也文八⿱𥫗主榁樂也所以調絃或从木⿰山主山名⿰主黽鳥⿰主黽⿰主黽名跓停足⿰身主⿰月主身直皃或从肉○縷
隴主切說文綫也文十九褸說文衽也僂軁說文尪也周公韈僂或言背僂亦从身慺姓也謱䚖謱委曲也婁卷婁猶拘
孿也一曰空也⿰阝婁䣚⿰阝婁縣名嶁岣嶁衡山也或書作⿱山婁漊說文雨漊漊也一曰汝南謂飲酒習之不醉爲漊簍博雅畚也一曰竹籠蔞
艸名一曰萬蔞正輪者蔞艸名爾雅蔜蔞蔞今之蘩蔞一曰雞腸⿱艹⿴囗主艸名香菣也鷜鸜鷜鳥名郭公也藪寠藪帶器寠
雨皃⿰婁見視也⿰女婁婦無廉也○庾⿸广俞匬勇主切說文水漕倉也一曰倉無屋者亦姓或作⿸广俞匬文二十五斞斔匬說文量也

引周禮桼三艸或作鞕匬抌刺也愈勝也通作俞瘉癒說文病瘳也或作癒通作愈瘐漢律囚以飢寒而死曰瘐㥚懼也㼌

說文本不勝末微弱也窳窪說文污窬也朔方有窳渾縣或作窪萸萸薜萸艸名或从臾通作庾楰木名鼠梓也貐獸名

說文猰貐似貙虎爪食人迅走俞俞俞容皃和恭也踰越也史記無以踰人司馬正說通作瘉篗玄竹也腴腹下肥蕍蕍茈

木耳窳嬾也史記呰窳偷生○檽尼主切木名可染文三擩拄也醹厚酒

十○姥滿補切女老稱亦姓文十六娒姆女師也或省馬馬也媽女博雅母也一曰牝馬憮愛也或書作惎罔罔也峔

山名在丹陽茻宿艸莽犬逐兔艸中𢡝𢡝惱心惑𧬒𧬒詾言不足錛鈷錛溫器牡禽雄曰牡瞴微視憮失意皃

○暜普頗五切說文日無色也亦姓隸作普文七溥說文大也通作普誧人相助也一曰謀也浦說文瀕也烳火皃潽水也補

䋠𢼄浦彼五切說文完衣也一曰數也十兆曰經十經曰垓十垓曰補或作䋠𢼄古作浦文十三譜諩說文籍録也或省圃圃𡇼

說文種菜曰圃或省亦作𡇼黼白黑文也詩玄衮及黼徐邈讀埔闕人名衛有石埔烳火皃鯆魚名○簿伴姥切籍也笏也文十

薄菡薄艸也部分也總也蔀蔀蔀艸名一曰郭明物篰竹器溥塗也𩏑韛鞴鞁鞴車茵或从韋亦作鞴蒲

艸名生水中○蘆利五切艸名可作履一曰艸死曰蘆文六𧇊皷博雅鞁皷𧇊也或省䴸麤艸履錇博雅鉛謂之錇縒繒色

鮮皃。祖𥘵揔古切說文始廟也亦姓古作𥘵文十珇說文琮玉之緣一曰美也靻馬鞁也組說文綬屬其小者以爲冕纓蒩
說文菜也苴蒩藉也或作蒩徂浅也作造也。粗麆麤坐五切說文䟽也或作麆麤通作觕文九蔖艸名可爲
屨駔會也一曰駿馬名伹廣雅鈍也牰牛角直皃奘大也通作駔麆𥉟閉目思也。睹覩董五切說文見也古从見文十
八督闕仉督梁公子名暏說文且明也賭𧶂博弈取財或从度肚胃也堵𩫖𩫖陼說文垣也五版爲一
堵籀从亯或作猪陼亦姓居美石楮木名𣀔桑皮也帾博雅幡也杜姓也楚有杜敖劉伯莊讀琽玉名者語辭。土
統五切說文地之吐生物者也二象地之下地之中物出形也文六靯鞴鞁也一曰車中薦吐說文寫也𨚖鄉名稌沛國呼稻爲稌芏艸名爾雅
芏夫王生海邊似莞藺越人以爲席。杜動五切說文甘棠也亦姓文十六稌說文稻也引周禮牛宜稌莊莊衡香艸土桑根也方言東齊謂
根曰土通作杜𣀔字林桑皮也肚胃也𩩍顱也靯鞴鞁也一曰車中薦𢾓𠟋𠟋說文閉也或从刀古作𠟋𢉖舍也
𡓬塞也坬博雅瓷坬甊也塢塢鶘鳥名通作杜芏艸名夫王也。魯𣥪籠五切說文鈍詞也引論語參也魯一曰國名
亦姓古作𣥪文三十一虜擄說文獲也或从手𢭏博雅強也一曰動揺𢡏憈㤼惱心惑或从虜𧨀謧𧨀言不定鹵滷塷澛
說文西方鹹地也象鹽形安定有鹵縣東方謂之㡿西方謂之鹵或从水从土亦作澛𩯎鬛也𠣘𠣘匐伏地嚕嚕嘘吳俗呼偺

聲𢊃𢈪說文廡也或作𢈪 硵砂也 櫓樐𣟄說文大盾也或从鹵从虜 枰木名可染 艣所以進船也通作樐 鐪𨪕說文煎膠器一曰刀柄或作鑥 䓣𦿔說文艸也可以束或从鹵 鱸說文魚名出樂浪潘國 簵竹名 嚕語也 𧯷豆名

○怒暖五切恚也文六 弩說文弓有臂者引周禮四弩夾弩庾弩唐弩大弩 砮石可以爲矢鏃 努方言勉也 㚢子也 𧊅水蝥 虝蟲名

○虎𧆞𧇮火五切說文山獸之君亦姓古作𧆞𧇮文十六 琥說文發兵瑞玉爲虎文引春秋傳賜子家雙琥一曰禮西方之玉 虝蟲名善捕蠅 許滸滹說文水厓也或作滸滹 𡲈屌舟中渫水器或作屌 𨞞鄜說文地名或作鄜 𧇯豆屬似貍豆而大 許許許柹皃 篪竹名高百丈 䨞北方謂雨曰䨞呂靜說

○苦孔五切艸名說文大苦苓也一曰急也文三 𥮏筈竹名

○古𠫥果五切說文故也从十口識前言者也古作𠫥文三十六 詁說文訓故言也引詩詁訓 敁說文擊鼓也 鼓𡔷鼛說文郭也春分之音萬物郭皮甲而出故謂之鼓从壴支象其手擊之也古作鼓籀从古或从革 瞽說文目但有眹也 股𦙶骰說文髀也或从古从骨 沽𠰏略也或作苦通作盬 夃秦以市買多得爲夃 賈𧷸說文賈市也一曰坐賣售也或从古 盬說文河東鹽池袤五十一里廣七里周百十六里 盬𥂦說文器也或作𥂦 蠱說文腹中蟲也引春秋傳皿蟲爲蠱晦淫之所生也梟桀死之鬼亦爲蠱从蟲从皿皿物之用也 罟說文网也 鈷鈷鉧溫器 牯牛名 羖𦍩說文夏羊牡曰羖或从古 𤄏水𤄏蟲名 𠒎𠒈說文廱蔽也从人象左右皆蔽形或作𠒈

崮山名 棝棝斗射鼠器 顧視也書我不顧行遯徐邈讀 薣艸名爾雅葒一曰蘢薣 笘䉶也 估市稅 酤一宿酒 ○戶後五切說文護也半門曰戶一曰止也古从木文四十一 怙㤉說文恃也或作㤉 祜說文福也 昈方言效昈文也一曰赤文 婟好也 活妥說文活姿鹵貪也 酤一宿酒 扈屺𧆸說文夏后同姓所封戰於甘者在鄠有扈谷甘亭亦姓古作屺或作𧆸 㨢抪㨢不順理 滬玄滬水名 洿水深謂之洿 鄠說文右扶風縣名 岵說文山有艸木也引詩陟彼岵兮 㟪山卑而大曰㟪通作扈 居說文美石 㙤𨼇坼也或从阜 帍方言帍裱謂之被巾 滬戽抒水器或作戽 簄取魚竹罔通作扈滬 芐苄艸名說文地黃也引禮鉶毛牛藿羊芐豕薇是或作苄 楛說文木也引詩榛楛濟濟 雇䨼鳸說文九雇農桑候鳥扈民不婬者也春雇頒盾夏雇竊玄秋雇竊藍冬雇竊黃棘雇竊丹行雇唶唶宵雇嘖嘖桑雇竊脂老雇鷃也或从雩从鳥亦書作雇鳸 枯竹名通作楛 𦐉緩也周禮弓而羽𦐉末應將發 虖闕人名莊子有子桑虖 姱性不端良謂之㛹姱 熩光也 琥玉也 槴藉書具一曰取魚具 下下也 荼茅莠 樟木名 ○隖塢碼埡於五切說文小障也一曰庳城也或从土从石亦作埡文十五 嵨山名 鄔說文太原縣一曰周地名 瑦說文石之似玉者 溩水名一曰水大皃 𢅤䫫首巾謂之𢅤或作䫫 䛩𧮀說文相毀也一曰畏亞或从惡 𧼯說文走輕也 䡧博雅䡧頭柳車也一曰車首 㾢疾也 ○五𠄡㐅阮古切說文五行也从二陰陽在天地間交午

也古作㐅乂文十伍說文相參伍也亦姓仵偶也亦姓逜迕過也或作迕午說文牾也五月陰气午逆陽冒地而出旴明也

玝闕人名後蜀有李玝

十一。薺在禮切艸名文十二鮆鱭說文歛而不食刀魚也或从齊呰短也弱也霽濟雨止也洪範曰雨曰霽或作濟

齊齊齊恭愨皃䍜博雅溢也瘠癠方言江湘間凡物生而不長大曰瘠一曰病也隸作瘠璾玉病謂之璾穧穫也

𩯔髻小而髙爲𩯔洒洗小禮切說文滌也古爲灑埽字或作洗文三姺古國名。泚此禮切說文清也文八玼說文玉色鮮也引詩新臺有玼

緀紕帛文或从此凄雲雨起皃皉白也扯捽摭也萋艸盛皃一曰恭順皃。濟泲子禮切說文水出常山房子贊皇山東入泜一曰齊也一曰州名亦姓古作泲文十三泲說文沇也東入于海䍜茜酒也通作泲癠短皃一曰生而不長

𢫬博雅捽也䠞走皃柴木名卪事之制也秭禾五稯霽爾雅雨濟謂之霽訾博雅訿訾也擠排也米母禮切說文粟實也象米實之形文十二

蔝蘇蔽艸名眯說文艸入目中也或書作𥃲絲𪓎說文繡文如聚細米也古作𪓎寐𥩋說文寐而米厭或作𥩋洣水名在茶陵𣧤米生壞𩶓魚名一曰魚子瀰濔瀰濔水流皃或从彌。頪普米切說文傾首也文九

俾睥俾倪邪視或从目𢽾捭說文毀也或从手庀庇具也周禮庀其委積或作庇𢘫愼也

擗擗堄陴也。陛堦部禮切說文升高階也或从土文十四梐梐枑行馬也髀𩪐𩩫脾肶股也或作𩪐𩩫脾肶
㑷㑷傒行張足蛙字林小蛤也萆芫蜀狴狴犴獄名坒相連也𤛛牬𤛛牛馬行。邸𨚼典禮切說文屬
國舍也或作𨚼亦姓文三十二氐說文至也从氏下箸一曰地也一曰星名疧病也奃大也底說文山居也一曰下也柢說文木根
也堤說文滯也聜不聽也一曰耳病詆呧說文苛也或从口袛袛裯短衣抵掋說文擠也或作掋牴觝說文
觸也或从角𢼄博雅隱也軧軝說文大車後也或从底艉艉艢舟名弤弓名茋艸名爾雅茋芪茋芪提絕也一曰
史記以旨絜提文帝蕭該讀砥厲石之尤細者趆說文趨也䢑說文怒不進也阺坻說文秦謂陵阪曰阺或从土𤝹犬名
骶臀也罠罘罠也掋擿也。體軆土禮切說文總十二屬也或从身俗作躰非是文十三涕說文泣也洟鼻液偍
止也緹衹說文帛丹黃色或作衹醍酒赤色䟡博雅䟡棓杖也挮𩎟去涕也或从鼻𩏂醴軟謂之軆稊孩也
。弟𢎟待禮切男子後生爲弟古作𢎟文十四娣說文女弟也媞媞娓無媚一曰諦也悌易也䑯船名遞递
更易也或从弟𤭛鍉瓯也方言陳魏宋楚謂之題或从缶涕泣也怟怟怟愛也郭璞說䟡杖也𧼮輕也。禮礼
里弟切說文履也所以事神致福也亦姓古作礼礼文二十八豊說文行禮之器从豆象形醴說文酒一宿孰澧說文水出南陽

雉衡山東入汝亦姓一曰州名蠡⿱彖虫⿱彖木說文蟲齧木中也或省古作⿱彖木⿰酉蠡⿰酉⿱彖虫醯⿰酉蠡酪滓或省⿰麗攵說文數也劙剌也

劙盠博雅瓢也一曰盠簞也或从血欚⿰舟蠡說文江中大船名或作⿰舟蠡通作欐麗⿱竹豊竹名鱧鱺魚名說文鱯也或从麗麗

彭麗澤名通作蠡⿰魚蠡魚名說文鮦也蘺赤艸也⿰矛豊戟屬鈒謂之⿰矛豊欐梁也矖視也筣筣笓織荆履踐也易履

霜堅冰鄭康成讀○禰祢乃禮切說文親廟也亦姓或作祢文二十八嬭廣雅婢嬭母也⿱髟爾⿱髟尔說文髮皃讀若江南謂醋母爲

⿱髟爾或作⿱髟尔檷鑈鈮說文絡絲檷或从金亦作鈮通作柅⿰革爾轡垂也通作⿰革尼抳博雅止也⿱艹泥泥露濃謂之⿱艹泥或省瀰水流

也柅木名實如梨抳地名在衛苨艸名薺屬薾華茂曰薾尼爾雅定也㣆心弱也⿵門爾⿵門尒說文智少力劣也或

作⿵門尒⿰目尼近也通作尼濔爾說文滿也一曰濔濔衆也或省⿰革尼⿰革苨軟也或作⿰革疑隬地名⿰黍尼黏也○啓遣禮切說文教也引

論語不憤不啓文十六启說文開也通作啓晵說文雨而晝姓也亦姓⿵門启開門也通作啓⿸衣多袳開衣也或作袳卟卜問也

𩠐稽說文下首也或作稽⿸启月肥腸⿸启木⿸启戟說文傳信也一說形如戟有幡書之吏執爲信或作⿸启戟綮說文緻繒也一曰徽幟信也有

齒一曰肉結處也⿰金稽方言錯⿰金稽堅也⿰車啓⿰車启說文礙也一曰至也或从启○徯蹊⿰立奚傒戸禮切說文待也或从徯蹊⿰立奚傒文十八

謑⿰言奊說文恥也或从奊一曰謑詬小人怒⿰目奚目動也匸說文衺徯有所俠藏也从匸上有一覆之涀水名出高陵⿱竹奚⿰舟奚所以

安船或从舟㨙揭也蒵屎也謑誠言也譍言也⿴衣兮開衣也䏿肥腸軫至也礙也○堄吾禮切埤堄城上垣文十二⿰兒攵戰⿰兒攵擊聲梘擬也一曰不從倪睨俾倪視皃或从目睨日昳一曰明也視褫視衣飾觬說文角觬曲也西河有觬氏縣謑恥也盻盻盻勤苦不休息皃一曰恨視婗媞婗無媚一曰疑不決寱夢魘○⿰口兮杳禮切然也文三嫕婉也謑博雅譍也○埤卜礼切埤堄城上垣文二⿰卑攴戰⿰兒攵擊聲○灑時禮切汛洒也文一○鳽古礼切鳥名鳽也或从奊文三⿰奊鳥䏿肥腸○茝掣睨切香艸名似蘭齊謂之茝楚謂之蘺文一

十二○蟹下買切蟲名說文有二敖八足旁行非蛇鮮之穴無所庇通作蠏文十八邂迦邂逅解說皃或作迦薢艸名說文薢茩也解曉也散也亦姓獬⿰牛解觟獬豸獸名或作⿰牛解觟澥說文勃澥海之別也一曰澥谷也嶰山澗⿰阝解說文水衡官谷也一曰小溪⿰革解廣雅鞘謂之⿰革解⿰魚解魚名鮦也⿱解土地名⿱竹解竹名⿰豸解矛也⿰木解松樠也觟盾鼻○解舉蟹切說文判也以刀判牛角一曰解廌獸名文六薢薢茩⿰木解松樠也獬⿰亻解⿰亻解獬豪強皃或从人嶰谷名○芐口蠏切戾切文三⿱毄女意難也⿱解力罷勸解疲也○矮倚蟹切矬也或作⿸疒奇躷文五⿱殹言笑聲⿸广奇倚坐○卝古買切羊角文七⿱口木枴杖或作枴亦書作柺觟盾鼻掛別也⿱穴卦罫博局方目也或作罣○扮虎買切亂也文一

〇擺補買切開也或書作罷䍌文五捭說文兩手擊也鵯鵯鳴小鳥名⿰歹卑博雅裂也䥯鐵杖〇罷部買切說文遣有辠也从网能言有賢能而入网而貫遣之引周禮議能之辟一曰止也文十四竨矲矲䂿短皃或作矲猈說文短脛狗䥯鐵杖⿰歹卑裂也㦏疲劣也⿰罷力⿰罷力⿰解力疲也一曰惡怒箄闕人名楚有史箄⿰氵罷水名擺撥也捭兩手擊也⿱艹罷艸名犤牛短足〇買母蟹切說文市也从网貝引孟子登龍壟斷而网市利文六嘪嘪嘪羊鳴蕒蕒藚艸名⿰氵買說文水出豫章艾縣西入湘⿰罷鳥⿰罷隹鳥名博雅⿰罷鳥鷤子鵯也或从隹〇矖所蟹切視也文十二灑洒汛洒也或作洒汛躧徐行也⿰革麗⿰革徙履也或作⿰革麗亦省纚縰斯⿰髟麗髮也或作縰斯籭篩也〇簃杜買切取魚竹器文二杖杖也〇⿰犭廌⿰亻廌都買切豪強皃後魏時語莫⿰犭廌獬或从人文二〇廌⿰角虎⿰角豸⿰豸解文蟹切說文解廌獸也似山牛一角古者決訟令觸不直象形从豸省或作⿰角虎⿰角豸⿰豸解通作豸文十豸蟲無足⿰豸矛矛也扡析也杝析木也駘駘駭馬不進佁佁儗儗皃〇⿱扮手杜買切攙物也文一〇嬭妳⿴囗乳女蟹切博雅母也或作妳古作⿴囗乳文四疓博雅病也〇抧庂蟹切擊也文四跐蹋也⿱此虫蟲名⿰禾此禾也〇胯枯買切腰也肥皃文六銙⿰革夸帶具或从革㤉小衫曰㤉恗心恨也跨踦跨行皃〇⿸厂見五買切博雅視也文一〇撮初買切指取物也一曰搦也文一〇女奴解切楚人謂女曰女文二疓病也〇⿱艹犲楚解切山名文一〇崴

烏買切崴嵔山谷不平皃文一○嵔戶買切崴嵔山谷不平皃文二　夥多也○⿰巾乜艸買切裂也文一

十三○駭下楷切說文驚也文七　絯挂也絲也　侅奇侅非常也　駴疾雷擊鼓曰駴　豥爾雅豕四豴皆白豥　梩杞臿也或作杷○鍇口駭切說文九江謂鐵曰鍇文八　楷柭說文木也孔子冢蓋樹之者一曰模法也古作柭　⿰糸皆犬絲　⿰月皆瘦謂之腊　雉⿰矢皆竘可桂林謂人短爲矲雉或作矲竘○挨倚駭切說文擊背也文二　唉飽聲謂之唉一曰應聲○騃語駭切說文馬行仡仡也文四　⿸疒矣病也癡也　娾喜也　⿸厓見視也○攋洛駭切把攋弃文三　懶襰懶⿰忄殺衣破或从衣○鉙知駭切鈌也文一○⿰巾殺⿰衤殺⿰糸殺師駭切懶⿰忄殺衣破或从衣从糸文四　摋擺摋抖擻也○⿱竹矣簤徙駭切竹器或从買文三○徥博雅行也一曰細而有容○鍇古駭切堅也文一○偍直駭切行也文二　柺杖也○矲蒲揩切短也文一

十四○賄⿰貝每虎猥切說文財也或从每文十八　⿰火有火色　悔恨也或書作⿱每心　喛哀也　腲脜腲大腫　⿰火閔爛也　潣湏水皃或从頁　⿰火果方言火也　倠⿰亻自仳倠醜皃或从自　蛕上蟲名　痗病也　䵋說文青黃色也　輠車轉也　溾溾涹穢濁也　謉哼謉謧言○⿰鬼頁苦猥切說文頭不正也文十五　顝大頭也　傀傀儡木偶戲　殨殨殨歹皃　磈磈⿰山鬼⿰山果礧磈山皃或作磈⿰山鬼⿰山果　⿰立屈崛然獨立皃　魁魁瘣木枝節盤結也　塊大塊天地間　輠車轉也

篦篦竹高節或省　匯匯僓長大皃　○瘣戶賄切說文病也引詩譬彼瘣木一曰腫旁出也文二十九　侑痛聲　⿰夕鬼媿娞不知皃　讉中止也　篦篦竹高節或省　溾溾浽穢濁　櫰木名似槐　匯說文器也一曰回也夏書東匯澤爲彭蠡

𠍷貿物價　廆廦也　僓𠍷僓長大皃　潰決溢也　螝蟲名說文蛹也　輠⿰車鬼車轉也或作⿰車鬼　回繞也春秋傳右回梅山徐邈讀　塊大塊天地間也　䵋黃䵋黃也　⿱艹廆蒐艸名懷羊也或省　⿰言有呼也　殨多也　⿰鬼卩⿰鬼卩和墝埆也

⿰貴頁⿰貴頁⿰貴頁頭皃　鮥魚名叔鮪也　繢畫也　憒亂也　⿰女貴腫決也　○猥烏賄切說文犬吠聲一曰并雜文二十　⿰角畏說文角曲中也　⿰彳畏⿰彳畏⿰彳畏行病　⿰女畏⿰女畏娞弱也　腲腲腇肥也　⿰女畏⿰女畏婑妍也　鍡說文鍡鑸不平也　嵔畏嵔壘山名或省亦書作⿰山畏

碨⿰石委⿰石威石皃或从委从威　溾渨博雅穢也或作渨　椳門樞　⿸疒畏⿸疒委⿸疒畏⿸疒退風病或从委　⿰食盍冐而吐也　萎萎腇耎弱也　⿰鬼卩⿰鬼卩郝墝埆也　○頠五賄切頭閑習也文九　顡聉顡愚皃　隗說文陮隗亦姓　峞嵬山皃或从鬼　⿰鬼頁廣雅大皃一曰頭不正　磈⿰石⿱甶儿衆石皃或省　廆闕人名晉有慕容廆　○琲部浼切珠五百枚也亦書作⿱非玉文九

仳仳惟面醜一曰離也　蓓蓓蕾始華也　痱⿸疒肥說文風病也或从肥　倍反也　⿸厂⿱非手手起物　菩黃蓓艸名　倗姓也漢有倗宗　○浼潣母罪切說文汗也引詩河水浼浼引孟子汝安能浼我或作潣文十一　⿰火閔熟謂之⿰火閔也　⿰歹尾碎其

莓毒說文艸盛上出也一曰雖也隸作毒 痗病也 梅梅伯紂諸侯號 挴黖也 䵀博雅敗也一曰禾傷雨 苺艸名說文

馬苺也。漼濢取猥切說文深也引詩有漼者淵或从萃文十六 滜說文新也 洒高峻皃詩新臺有洒 璀說文

璀璨王光 皠白也 鏙鱗甲謂之鏙錯一曰文采皃 磪絲大皃 嶉動皃一曰速皃 䊾糪稻赤米曰䊾或作糪

⿰氵罪泚⿰氵罪清也通作滜 嶊山皃 鬞⿰崔毛毛髮皃或从毛 ⿰扌皋摸也。摧祖猥切木蘊積文十 蓌詐也挫也 隹

嶊嶵山皃莊子山林之畏隹或作嶊嶵 嗺口醜也 洅雷震謂之洅 肫面頯 捘推也 㢈㢈㢈垂皃。辠

粗賄切說文犯法也从自言辠人蹙鼻苦辛之憂也秦以辠似皇字改爲罪文五 罪說文捕魚竹网 ⿱山辠嶵說文山皃或从罪 ⿰扌罪

拉也。⿰月自覩猥切⿰月自腲大腫文九 陮說文陮隗高也 ⿱亠辠⿰立享說文磊⿰立享重聚也隸作⿰立享 ⿰扌享排也 ⿰垂阝陲⿰垂阝木實垂皃 啍

譢言 頧頭不正皃 埵堅土 骽腿吐猥切股也或作腿文十二 妥爾雅止也一曰安也 俀弱也 腇腲腇肥也 ⿸疒追

重⿸疒追踵疾 聉聉頹愚皃 ⿰歹妥媿娞弱也 ⿺辶妥偎⿺辶妥行病 僓說文嫺也一曰長皃 ⿰山妥⿰山妥嶵山高皃 瘣瘣⿸疒追風病。琣

普罪切闕人名唐有滕王循琣文五 俖不可也 啡唾聲 朏月未出明也 昢日未明皃。錞鐓杜罪切矛戟平底或从敦文十四 ⿱竹隋

箬⿱竹隋竹名 憝恨也 隊羣也 隧徑也春秋傳當陳隧者徐邈讀梁益謂履曰屩 遺潰遺沱水汎沙動皃或从隤 ⿱山雁

高唯嶉唯隗高也或作嶉鏅博雅鍊鋪鈥錧也竨重也也蓶艸也○磊磥礧魯猥切說文衆石也或从

累亦作礧文四十𤸇瘰癧病或从累𡚱大也礌硦礨㠥大石皃或作硦礨㠥𡾊𡾋磈𡼼

𡾊說文𡾊辠也或作𡾋磈𡾊累𡾊亦書作𡾋儽㒍傫說文垂皃一曰儽儽疲也一曰嬾解或作㒍傫鑸說文鍡鑸也櫑櫑具劒鹿盧飾陘說文磊也郲鄓郲境埆

郲淶縣名在桂陽或作淶頛頭不正䐯䐯腂腫皃𦓐𦓐𤬪瓜中𤺋小腫蕾蓓蕾始華也耒田器壘纍

累嵔壘山名或作纍亦省礨礨空小穴也一曰小封灅瀶水名漢書在北平南至無終東入浭或省儡儽纍傀儡木偶

戲或作儡纍瘣魁瘣木枝節盤結也○餧餒努罪切說文飢也或作餒文十五鯘鮾腇魚敗也或作鮾腇通作鯘娞

婑娞婑妍也或从委𣨙弱也浽涹博雅濁也或作涹𩗬風動謂之𩗬腇萎腇耎弱也𤬪𦓐𤬪瓜中𡍮

重垂也𨓜偎𨓜行病○阢俞罪切高危也一曰地名文一○累路罪切畏累山名文四類偏頗也春秋傳刑之頗類徐邈讀礨

堀礨不平皃瘣魁瘣木枝節盤結皃○頍沽罪切頰高皃文四乑背呂也腂腫大也憒博雅亂也○悖必每切博

雅強勞也文一○崔息罪切動皃速皃文一○倄於罪切痛聲文一○𩬅陟賄切假髻文一

十五○海許亥切說文天池也以納百川者或書作𣳚文八烸燥也醢𨣫𥂝𧃍說文肉醬也籀作𧃍或作𨣫搕

集韻上聲五　二十八

醠盇酒器或作醠盇。愷豈凱可亥切說文樂也或省亦作凱文十五颽南風通作凱塏說文高燥也䁗方言
明也嵦山皃闓博雅欲也一曰開也鎧說文甲也凒肥也愒貪也輆博雅輆軩不平也一曰礙也肯肎字林著骨
肉也或作肎嘅既歎也。改已亥切說文更也从巳从攴李陽冰曰巳有過攴之即改文十攺說文毅攺大剛卯以逐鬼鬽从辰巳之巳忋博雅
恃也頦醜也頁胲䐩頁下曰頁或作胲䐩絠彈彄也一曰繹佁癡也輆輆軩不平。亥豕豣下改切說文荄
也十月微陽起接盛陰从二二古文上字一人男一人女也从乙象裹子咳咳之形引春秋傳亥有二首六身古作豕豣文十四劾竆因也侅賅
奇侅非常或从貝㧡動也減也豥豎豥神人也通作亥輆輆軩不平閡藏塞也頦領也忋恃也毅毅攺大剛
卯漢法以正月卯日作佩之除厲鬼或用金玉或桃銘曰正月剛卯絯絲也。欸唉倚亥切譍也或作唉文十六𠩺藏也娭
戲也婢也挨博雅擊也絠說文彈彄也一曰冠卷毐人無行也靉雲盛皃駴疾擊鼓也周禮鼓皆駴李軌讀僾仿佛
也䑂腁肥也或作腁鮥魚名叔鮪也與与也攺毅攺大剛卯烠爛皃。啡普亥切唾謂之啡文四俖倗
不可也或作倗朏說文月未盛之明从月出引周書丙午朏。倍簿亥切說文反也文八菩蒷說文艸也或作蒷蓓黃蓓
艸名蓓蓓蕾始華也培重也莊子乃今培風痱說文風病也傰姓也漢有傰宗。䆀毋亥切禾傷雨曰䆀文四挴

貪也莓艸名實如桑椹輆輆軩不平○采採此宰切說文捋取也或从手文十四綵繒也䣋地名彩文色也通作采

婇女字寀爾雅寀寮官也一曰同地爲寀䰂髺謂之䰂㾘病也埰博雅冢也倸說文姦也一曰恨也𦛂大腹

棌木也漢書唐虞採椽也𧬈就也○宰𡩋𠦬子亥切說文辠人在屋下執事者从宀从辛辛辠也賈公彥曰宰者謂和膳羞之名一曰官稱古作𡩋𠦬文十二𣪠殺也通作宰𡠗滅也䔂菜名崽湘沅呼子曰崽載年也縡事也通作載

𦕛說文益梁之州謂聾爲𦕛秦晉聽而不聞聞而不達謂之𦕛𩣞馬雜騘色𡩫烹也○在盡亥切居也存也察也文一

○茝昌亥切艸名說文虈也文一○佁夷在切說文癡皃文一○疓汝亥切病也文一○待䇮蕩亥切俟也或从立文二十

迨隶隸逮及也或作隶隸逮殆說文危也一曰近也駘疲也一曰駘蕩散也佁癡皃㾂病也靆靉靆雲盛皃

怠說文慢也詒江南呼欺曰詒通作紿紿𦄷說文絲勞即紿一曰纏也或从怠軩博雅輆軩不平也㗃言不正

䈚箈竹萌或作箈悌易也○𢗉布亥切恃也文一○等打亥切齊也文一○嚉坦亥切言舛也文五

檯吴人謂逆剡木曰檯䈚箈竹萌或作箈騃疲也○𨥂鑸里亥切連鉤釣曰釯或从禮文四唻囉唻歌聲

䂾磨也○𠄎乃迺㐰𢎗𠧃卤曩亥切說文曳詞之難也象气之出難一曰汝也或作乃迺古作㐰𢎗𠧃卤文

十三⿱皆日埃⿱皆日無光　疨博雅病也　鼐鼎大者　⿰月褱肥也　⿰車褱轄也　⿺辶甾艸名　○諰息改切語也文三　⿱竹枲竹名

葸愸也論語慎而無禮則葸一曰難順也　○騃五亥切童昏也文四　顗爾雅顗頠靜也　隑長也倚也　敳改理也

十六　○軫⿰車眞止忍切說文車後橫木亦姓或作⿰車眞俗作斬非是文三十九　診⿰㐱見說文視也或作⿰㐱見　弫弓強也　胗

疹說文脣瘍也籒作疹　耹聜告也或引禮耹于鬼神亦作聜通作昣　眕說文目有所恨而止一曰安重也　姫慎也　沴

沴汈涇相著　抮了戾也　⿸厂攵⿸厂攵喜而動皃一曰擊也　㐱說文新生羽而飛也　㐱鬒說文稠髮也引詩㐱髮如雲或作鬒

黰黑謂之黰　賑⿰貝㐱說文富也或作⿰貝㐱　軹語辭一曰是也莊子奚來爲軹夫　砛以石致川之廉也　⿸疒彡廗病　趁走謂之趁

昣明也　駗馬載重難行也　辴笑皃　袗裖說文玄服或从辰　紾說文轉也　縝⿱眞糸紖纑也或从㐱枲亦作紖田

⿰田臣說文井田間陌也古作⿰田臣　稹說文種穊也引周禮稹理而堅之　⿰㐱頁說文顏色⿰㐱頁⿰粦頁慎事也一曰黕也　振襌也禮振絺綌通作袗縝

槙木理堅密也一曰木根相迫　○⿰弓矢矧⿰矢攵訠矢忍切說文況也詞也从矢取詞之所之如矢也或作矧⿰矢攵訠文十一　⿰弓矢長也

弞哂吲說文笑不壞顏曰弞或作哂吲　⿰臣頁說文舉目視人皃　⿱竹申竹名　鯅魚醬　○腎是忍切說文水藏也文十一

裖脤⿰月臣說文社肉盛以蜃故謂之裖天子所以親遺同姓引春秋傳右尚來歸裖或作脤⿰月臣　鋠圓鐵　麎爾雅麋牝曰麎

蜃𧓍𪓰蚌也說文雉入海化爲蜃或从蚰从黽　辰重脣　𣢁說文指而笑也　鈏錫也○忍爾軫切說文能也文六　涊

水名　汈沴汈澀相箸　訒純也難也　葱說文葱冬艸　肕胸肕縣名○胤羊忍切繼也文一

十七○準𦎧主尹切說文平也或作𦎧𦎧俗作准非是文十一　埻說文射臬也　肫頄也　純緣也　淳敦綧布帛

幅廣也或作敦綧通作純　諄方言朱魯凡相惡謂之諄　𧑡蜳陳蜳蟲行隸作蜳○蠢𢧐𢦏尺尹切說文蟲

動也引周書我有𢧐于西或作𢧐𢦏𢦗文二十　惷𢾝說文亂也引春秋傳王室曰惷惷焉一曰厚也或从文　𩮰髮亂皃　偆說文

富也一曰喜樂皃　𦜬肥也　朐肑朐肕縣名在漢中或从勹俗作朐非是　䮞駿馬　春作也出也周禮春以功　睶大目　㖺

吹也　踳舛僢蝽雜也或作舛僢蝽　萶艸名○盾豎尹切所以扞身蔽目者通作楯文六　吮䑛也　楯說文闌禮也

揗摩也　𨻵階也　輴車轉者○蝡蠕蝡乳尹切蝡蠢蟲動皃或作蠕亦从耎文九　氄𣰆說文毛盛也引虞書鳥獸

𣯍髦或作𣰆　愞劣弱皃　𡁾吮也　𧂰𧝝韋絝或作𧝝○笉此忍切筊也文二　𥲛小竹○𣝐子忍切盂也文四

盡極也任也　濜湏濜水波皃　袀絲梳○盡在忍切說文器中空也一曰悉也文四　濜水急流皃　藎艸名　𡣼女字　筍

笋箰簨䈼聳尹切說文竹胎也或作笋䈼古作𥬸文十九　簨𥰎𣖾栒所以縣鍾磬横曰簨植曰簴或作𥰎𣖾栒

集韻上聲十二　二十

榫剡木相入笋艸木華初生者爲笋⿱旬丂㥧說文驚亂也或从心䳡隼鶽鳥名說文祝鳩也或祚隼一曰鶉子赤

作鶽錐金之萌生曰錐詢謀也⿰忄巽愞僎劣弱皃恂嚴慄也。⿰角秦阻引切角齊謂之⿰角秦文五毴毛髮齊皃亲

木衆齊曰亲第簀也周禮𥚊席牀第徐邈讀濆濜㶆水流皃。齓楚引切博雅毀齒謂之齓文一。濜鉏引切濜

濜水波皃文一。牝匕婢忍切說文畜母也引易畜牝牛吉古作匕文九猵獺屬髕臏說文厀耑也一曰刖也或从肉扁

鶣扁鵲古之良醫或作鶣蜃蛤也蠙珠名書淮夷蠙珠劉昌宗讀一曰水苔也莊子蠙之衣李軌讀。泯弭盡切水皃一曰盡

也文十六脗脗合无波際皃⿰車憂車伏菟⿰民皮細理也惛惛意莊子惛然若亡而存緡合也莊子丘陵艸木之緡郭象讀

刡削也眠視也繩繩繩無涯際皃一曰運動不絕意勔黽僶爾雅勉也或作黽僶澠澠池水名⿰足民獸蹄甲也

笢說文竹膚也⿰耳冥注意而聽謂之⿰耳冥愍⿱民思[illegible]緍美隕切說文痛也古作[illegible]或作緍亦書作⿰民思文二十一

慜聰也閔說文弔者在門也憫閔憂也或書作閔敏勄說文疾也一曰足大指名古从力⿰豸閔豕名敯說文冒也引周

書敯不畏捪撫也摹也敃敯忞說文彊也或作敯忞潣說文水流浼浼皃湣暋謚也史記齊有湣王或作暋

⿱罒黽罔密也⿰車憂輡說文車伏兔下革也从憂古昏字或从昏簢⿱竹愍⿱竹憮艸名爾雅簢荼中中空類竹或作⿱竹愍⿱竹憮[illegible]

山牛鰵海魚名沔水名濔浴尸也周禮大濔杜子春讀蠠爾雅蠠沒勉也⿱敏鳥鳥名鶪也⿸疒閔病也○屒展引
切說文伏皃一曰星宇一曰重脣文二眕視有所恨而止○辴丑忍切笑皃文九趁⿺廴㐱走也或从廴螴螴蜳蟲行一曰不安
定意賑富也齓毀齒也疢病也駗馬載重難也抻手伸物○紖絼文忍切說文牛系也或作絼文十一⿰木引
榺木名灰可以染或从朕⿰月引博雅瘢也一曰濾也⿰目引怒目謂之⿰目引一曰目睛眹目兆也朕革制也周禮函人為甲眡其朕
鄭司農說靷引軸也診視也桭水名嶙里忍切嶾嶙山峻皃文十九⿰粦巛隱鄰川形轔殷轔車聲燐鬼燐火田
高壟謂之嶙僯慙恥也通作蹸撛扶也挺也橉木皮曰橉一曰砌也閾也驎隱驎馬色駮也一曰白馬黑脣瞵視不明
蹸說文轢也一曰行皃璘玉皃磷⿰石吝石皃或从吝⿱艹粦艸名䫐少髮皃或書作䫐獜博雅健也閵燭息
火存謂之閵𠃯憂也○稐耣⿰耒困縷尹切禾束曰稐或从耒从困文八惀思求曉知謂之惀淪沒也尚書商其淪喪徐邈
讀埨⿰田侖壟土或从田蜦蛆蜦蛇行皃○緊紾頸忍切說文纏絲急也或作紾文九𣙑木名胗⿸疒臤⿰月臤疹脣瘍
或作⿸疒臤⿰月臤疹⿺辶芹菜名似蒿婜女字○螼遣忍切說文螾也文四𦟘皮厚也𧼑說文行皃繾繾綣纏緜也○引
⿰扌弓以忍切說文開弓也一曰導也古从手文二十廴說文長行也从彳引之⿰扌衍申布也⿰口寅博雅笑也演水也弞笑不壞顏曰弞

二一九

朄當脊肉⿰車申擊小鼓以引樂縯引也戭長戈釼爾雅錫謂之釼靷⿰革又說文引軸也籀作⿰革又演濥濥水脈行地

中螾蚓⿱行虫蟲名說文測行者或从引亦作⿱行虫紖牛系也笉竹名。𤸱尹切博雅𤸱痿也文一。尹𡰥

𡰥庾準切說文治也从又握事者也古作𡰥𡰥文十六允說文信也⿰山允說文進也引易⿰山允升大吉⿰尹頁說文面目不正皃玧瑱也

阭說文高也一曰石也蚢蟲名鈗說文侍臣所執兵也引周書一人冕執鈗馻爾雅馬逆居馻犹獵犹匈奴別號楯盾

干也或省蜳𧑓蜳不安定意沇水名。齓創尤切毀齒也文一。釿擬引切說文劑斷也文七𪘲博雅笑也一曰齒齊齗

⿰犭斤犬爭謂之齗或从犬⿰石脣大脣也笉筊謂之笉通作听听大口謂之听。磒羽敏切說文落也引春秋傳隕石于宋五

通作溳文十三隕抎說文從高下也引易有隕自天或作抎殞歿也霣⿱雨⿱貝鼎說文雨也齊謂靁為霣一曰雲轉起也古

作⿱雨⿱貝鼎溳溳濜水波皃愪憂也⿰尹頁頵顏面不平正笉筊也⿰員頁說文面色顛顛皃縜持綱紐也說文茇謂茅根一曰

藕梢𤸱病也。稛圞麇苦殞切博雅束也或作圞麇文四僒傴也。窘巨隕切說文迫也文二十困廩也僒

⿰亻君傴也或省⿰耒囷輪⿰耒囷束也⿰口囷欲吐皃惲重厚也䐃獸脂聚皃一曰腸中脂⿰王囷博雅⿰王囷砡齊也一曰玉名莙

艸名說文牛藻也似藻葉大菌⿴囗⿱艹禾艸名說文地蕈一曰菌桂一曰鹿蘿亦姓或作⿴囗⿱艹禾⿺麥囷餅屬蜠貝屬爾雅蜠大

而險鵘雞無尾頵頭皃卷眴卷縣名在安定郡箘箟箬說文箘簵也一曰博棊古作箟或作箬。輑生尹

切說文車前横木文六稛輪稛束也⿰王困⿰王困砡齊也⿰扌宭束也䨚雨也喗口大齒醜皃。脪⿸疒希興腎切熱气著

膚也腫或作⿸疒希文二。駗知忍切馬重也文一。螼丘忍切蚓也文三趣行皃卺蠡也。臏逋忍切刖也文二⿰月扁

腱肉。⿰石川匹忍切石也文二⿰賓見⿰賓見暫也。卺⿱艹壴姜愍切蠡也或作⿱艹壴文四螼螼螾蟲名巾飾也。賰偆

式允切賱賰富也或从人文三膥腪膥肥皃。囟思忍切小兒頭會也文二胤爾雅繼也。楯辭允切干也文一。蜳

柱允切⿰阝⿱東虫蜳不安定意文四⿰土彖耕壟也⿰阝彖道旁短垣瑑壁上成文曰瑑。蹲趣允切蹲循緩意文一。楯勑準

切業也司馬彪說文三⿰阝⿱東虫⿰阝⿱東虫蜳不安定意偆富也

十八。吻肳㖧呅武粉切說文口邊也或作肳㖧呅通作脗文十九脗聚筋也⿰月⿱召日⿰月⿱召日合無波際皃伆離也

抆捪拭也一曰拒也或从昏刎歾斷也或作歾态博雅态态亂也或書作忟匂覆也⿱艹昒鈎⿱艹昒艸名笏笢笏手循

笛皃鄤鄉名在廣漢汶潣水名或从敃⿰氵⿱召日水絕皃。忿撫吻切說文悁也文二魵魚名魚也。粉府吻切說

文傅面者也文六⿰忄畚說文以囊盛穀大滿而裂也黺說文袞衣山龍華蟲黺畫粉也說通作粉扮⿰扌忩握也動也

或从忿蒶艸名。憤惛馮父吻切說文也或从奮亦作馮文二十忿蕡怒也或作蕡濆涌也膹說文

臛也扮說文握也一曰動也并也弅隱弅丘高起皃坋說文坴也一曰大防也𢊍分也墳土膏肥也𤸰病悶也

轒轒輼大車橨博雅橨。梀柎也牘牀版鼢䶊蚡說文地行鼠伯勞所作也一曰偃鼠或从賁从甲獖

博雅往獖犬屬羵土之怪魵魚名爾雅魵魚出穢邪頭冂鱝⿰魚忿魚名大䱚也形圜有毒或从忿棼闕人名楚有伯

棼⿰田分⿰田分泉地名在魯通作賁蕡蕡藹木蘩茂皃孫炎說𢅻幩穀囊滿或从賁秎穧秎穫也

十九。隱倚謹切說文蔽也一曰安也亦姓文二十四㥯說文所依據也从受工㥯懚憂病也哀也或作懚乚

說文匿也象迟曲隱蔽形慇痛也通作隱𤺊癮癮胗皮小起皃或不省𦆝博雅絣也一曰縫衣相合𡾊嶾

嶾嶙山高皃或从隱亦書作𡼿濦㶏說文水出潁川陽城少室山東入潁或从隱殷磤雷聲詩殷其雷或从石

䡲轗車聲或从殷通作殷𩆜𩆜𩆜雲皃檼檃棟也或从隱蘟蘟䓄菜名似蕨䓄䓄里艸名

𠂤帰也讔瘦語。𧓸蚓許謹切蟲名蚯蚓也吳楚呼爲寒𧓸或作蚓文六脪𤺋創肉反出也或作𤺋劤

多力也炘博雅爇也。赾口謹切說文行難也文六𪘨𪘨齗齒皃螼蟲名蚓也听笑皃齗口上肉圻界也

○謹几隱切說文愼也文二十三　慬殹也憂也　赾行難也　堇𦰩艸名爾雅謂之𦰩若今堇葵也一曰黃土古作𦰩　蓳說文艸也根如薺葉如細柳蒸食之甘　⿰黍斤博雅⿰黍斤䵒黏也　卺說文謹身有所承也　墐拭也　斳助也　嫤好皃　⿱艹卺說文蠡也一曰瓢也或作卺　⿱艹近芹菜名類蒿或省　⿱竹堇竹名　槿木名蕣也　⿰牛堇博雅柔也謂牛柔馴　廑闕人名衛有治廑　漌清也　⿰糸堇織紋緻密　瑾美玉　○齔初堇切說文毀齒也男八月生齒八歲而齔女十月主齒七歲而齔文一　○近巨謹切迫也古作⿱止斤文三　⿱止斤　瘽病也　○听語近切說文笑皃文三　齗口上肉　⿱犾齒笑也　○抎羽粉切說文有所失也引春秋傳抎子辱矣文十一　⿰員頁⿰員頁⿰員頁面急也　縜持網細　⿸疒員病也　⿰口員吐也廣雅　殞殂也　熉黃皃　愪憂也　磒石落　枃絲梳　运走皃　○攟舉蘊切博雅取也文二　庫儲積也　○惲委隕切說文重厚也文十八　薀蘊菀宛說文積也引春秋傳蘊利生孽或作蘊菀亦省　壼壹壼不泄皃　褞衣也　韞藏也　緼枲也紼也　轒轒輓車也　賱賱賰富也　醖釀也　揾博雅柱也　慍心所薀積也　腪腪䐇肥也　榲木盛皃一曰積也　媪女字　蝹蝹蜦蛇行皃　○齳牛吻切說文無齒也或作齫文九　齫　夽說文大也　⿺走君⿺走囷走皃或从囷　喗㖧說文大口也或作㖧　輑車前橫木　⿰王囷⿰王囷砡齊也　○⿺走囷去粉切說文走意文六　⿰米卷粥稠皃　稛⿴囗麇束也或从麇　卷縣名在鄭

麇 羣也春秋傳求諸侯而麇至

二十。阮 五遠切說文代郡五阮關也亦姓文九 沅 水名在牂牁 邧 說文鄭邑也 ⿰亻皀 小弱皃 ⿰目元 視也 ⿰爰頁 面不正

⿺元音 樂名 ⿰原頁 面短皃 ⿺走憲 走皃。宛 委遠切說文屈艸自覆也古作惌文三十四 夗 說文轉臥也 妴 說文婉也

婉 說文順也引春秋傳太子佐婉 院 垣中也 腕 目開皃一曰嫵媚 倇 歡也 ⿰言宛 慰也從也 踠 屈也足跌也

⿰衤宛 韈也一曰袖耑屈 鞔䩩 量物之鞔或从宛 䩩⿰韋宛 方言自關而東履其庳者謂之䩩或作⿰韋宛 ⿰舟宛 說文舟也或作⿰舟夗

琬 說文圭有琬者 畹⿱夗田 說文田三十畝也或作⿱夗田 苑 說文所以養禽獸也 菀 艸名說文茈菀出漢中房陵亦姓

涴 涴演水皃 蜿⿱夗虫 蜿蟮蚯蚓也或作⿱夗虫 ⿰山宛 山名 ⿰鳥夗 闕山海經女和月毋之國有人名曰⿰鳥夗 ⿰面宛 面柔也韓詩青楊⿰面宛

兮通作婉 晼 景昳也 ⿰目夗 指目也 ⿱竹宛 竹器 綩⿰糸夗 冠卷也一曰纁色衣一曰罔也或省 ⿰歹宛 人死皃 裷 襎裷幞帕

。遠遠𢓶 雨阮切說文遼也古作遠𢓶文七 ⿰爰頁 說文面不正也 薳蒬 薳⿱艹志藥艸或作蒬 ⿱大亘 奢也大也

。咺喛 火遠切說文朝鮮謂兒泣不止曰咺一曰懼也或从爰文二十 愃 說文寬嫺心腹皃引詩赫兮愃兮 ⿱大亘 奢也大也

諼萲 詐也或作萲 ⿰目爰 說文大目也 ⿰爰見夐 說文大視也或作夐 暅⿰日烜⿰日恒 日氣也或作⿰日烜⿰日恒 烜 光明也

煖温也暖柔婉皃莊子有暖姝者諠忘也漢書諠巳而遺形通作諼菌艸名山海經孟子之山多菌蒲夐營求也媗

女字緩寬綽也○𢍏九遠切屈也文三餋祭也卷臠卷不舒也○綣苦遠切繾綣不相離散也文十四

䅌禾相近謂之䅌虇萑葦之類初生者皆名虇郭璞說裷襪謂之裷倦徐行也𥻸𪐴粽說文

粉也一曰饍𥻸摶也或从黍亦作粽圈圈豚行不舉足皃一曰轉也拳拳拳奉持皃卷區也禮一卷石之多范宣讀

捲摶也𢐞弓弓曲謂之𢐞或作弓○𧯷窘遠切豆屬文十四箘竹名菌艸名蕈也巴蜀語蔨艸名鹿豆

也葉似大豆根黃而香郭璞說圈畜閑也亦姓𨸨聚名在河東卷捲斂也或从手𢍏屈也緷束也鬈

髮曲皃錈屈金也呂氏春秋柔則錈堅則折䴴餅屬裷襪也○幰𢁉許偃切張繒車上爲幰或从軒省文十

軒車軾攇𢯢博雅擬也一曰手約物或作𢯢𧒽蚓寒𧒽蟲名蚯蚓也或作蚓𢢞恨也𤻮寒病讞很戾

也𧽍走皃○湕紀偃切水名出南郡文二十𤛮獸名似牛揵舉也難也寋爾雅徒鼓磬謂之寋一曰女字

箻竹名𠡠難也𧬄𧬄謇方言吃也或作𧬄謇𡾊𡾊嵼山阿也𢏾弓強也蹇說文跛也

鍵門牡也周禮授管鍵鄭司農讀楗馬行不利也考工記終日馳騁左不楗杜子春讀腱大筋𧞣字林袴也建

𢶏覆也漢書居高屋之上建瓴水或作攑　鰎魚名　𥍯博雅𥍯稍矛也　○言去偃切言言脣急皃文三　傿健傿

相从也　𠿍喉𠿍癡皃　○言語偃切言言脣急皃文十　⿰齒干⿰齒幵露皃　⿰齒幵或作⿰齒幵　巘山形似甗或書作巚　甗甑也

⿰鬳瓜博雅瓢也　遃方言行也　嵃峨嵃山皃　屵𠪚仰也或从言　○𡨋巨偃切徒鼓磬文十二　腱大筋

鍵說文鉉也一曰車轄　楗⿵門建拒門木或从門　⿰山卷⿰山蹇𡾋嶕山皃或从蹇　⿰亻寋⿰亻卷倨也一曰偃僊不從或从寋

揵舉也　鑳籥牡也通作鍵　蹇跛也　○匽隱㥡切說文匿也文二十七　偃說文僵也亦姓　㫃⿰方人說文旌旗之游

於蹇之皃从屮曲而下垂㫃相出入也古人名㫃字子游古作⿰方人　𡾀山形　䁈物相當也　隁阪也　堰壅木也通作偃

郾縣名在潁川　鄢傿地名在鄭或作傿　𧽈走皃　嫣長皃　㥹㥹惼性狹　褗說文褔領也　鶠

⿰匽隹說文鳥也其雌皇或从隹　鼴鼹鼠名或从匽通作偃　鰋⿱匽魚魚名說文鮀也或从匽　蝘⿱匽䖵蟲名蝘蜓也一

曰蝘蜓守官或从䖵　䄃鍼戟三刃者謂之䄃或从金　躽傴也　䁙視也　○𩓞翻阮切醜皃文四　⿰樊見觀覶暫見　⿱大番

不釋米釀也　鴘鷹二歲色　○反反仮甫遠切反說文覆也古作反或作仮文十四　返彶行還也或从彳　阪

坂岅說文坡者曰阪一曰澤障一曰山脅也或从土从山　轓車蔽　軓說文車耳反出也　橎木名不華而實　朴

連犿相從皃　詉權言合道　瓦牡瓦　○畚楍父遠切車上蓬或作楍文八　飯餅飰食也或从弁从卞
笲竹器所以盛棗脩　鴘鷹二歲色　頯無髮　○晚武遠切說文莫也文二十　輓挽說文引之也或从手　鮸
魚名　梚木名　挽生子免娩也　娩婉娩容順　脕愉也一曰色美澤　⿸皮曼博雅離也謂皮脫離　𦰶闕人名莊子有蔣閭
𦰶通作莬　⿰食免博雅貪也　鞔履空曰鞔　免默也　勉勗也　俛頫俯也或作頫　冕冠有延前俯也　⿰衤免服也
⿰禾免禾名　莬艸名　○塡徒偃切塡塡質重皃一曰詳徐皃文一　○⿸疒反芳反切方言惡也文一　○㖀丑幰切㖀
⿰口庋癡皃文一　○僆力偃切僆傻相从也文一　○冕忙晚切冠有延前俯也文一
二十一　○混渾戸袞切說文豐流也一曰雜流或作渾文四十　倱倱伅不慧也通作渾　鯇鯶魚名似鱒而大或作
鯶　緷束羽也爾雅自羽謂之緷　⿱艹睆莞艸名爾雅⿱艹睆莞芙鄢或省　稛束艸也　⿱髟完全麥[illegible]　焜煇說文煌也
或从軍　㯻說文㯻也　棍束木也楊雄曰棍申椒與菌桂　錕車釭　溷濁也亂也　諢謀也　沄水流皃　婫女字
輥車轂齊等皃　很不聽行也行難也　䫟䫟䫟面急一曰面首俱圓謂之䫟　睔⿰目昆目大皃或从昆　鯤魚圓
皃一曰獸角謂之觨　⿰酉軍⿰酉昆相沃謂之⿰酉軍　⿰阝系說文大阜也　掍博雅同也　睴大出目也一曰睴睴視皃　⿰石昆鍾病聲周

禮高聲硍鞎車革前⿰乞頁頰高也緄緄夷西戎名通作混掍博雅也⿰月昆圓長皃昆闕人名漢上有公孫昆

邪梡棞說文梱木薪也或作棞皖地名在舒⿰目去眩⿰目去疾皃○惛虎本切惛懣不憭也文三⿰黑昏黑也⿰糸怨

結也○梱閫朱苦本切說文門橛也或作閫朱文二十五壼𡈽說文宮中道也从口象宮短道十之形引詩室家之

壼古作𡈽稛裍⿴囗麇圝說文絭束也或从衣亦作⿴囗麇圝梱一曰致也緷大束也悃說文愊也捆齊等也孟

子捆屨織席𦄍織也齫齦齒起皃一曰齧也或作齦硱倫硱石落皃䠣說文瘃足也一曰跡也⿰困頁無髮也通

作⿰乞頁頰高也䓘艸名似著食之不夭豤⿱豤齒豕齧物也或从齒詪⿰言典詪根皃墾耕也懇誠也

○衮卷古本切說文天子享先王卷龍繡於下幅一龍蟠阿上鄉或作卷文三十六睔說文目大也春秋傳有鄭伯睔

緄說文織帶也輥說文轂齊等皃引周禮望其幅欲其輥緷夷也百羽爲緷蔉壅苗也惃滾博雅

惃⿱勃心亂也或从衮丨說文上下通也引而上行讀若囟引而下行讀若退滾混渾大水流皃或作混渾謴語不

明䃂鍾病聲謂鍾高則聲上藏衮然旋如裏輥車轉錕車釘齊燕海岱之間謂之錕掍⿰同昆說文

同也或从同鯀說文魚也⿰骨系觘鰥闕人名禹父也或作觘亦作鰥通作鯀⿰骨玄鯶魚名似鱒㯻大束緄

鵞鴨炙也。耝耕也。㥲㥲懣也。⿰气頁⿰艮頁頰高也或从艮。菎艸名蓸也。⿰骨玄細骨也。捆扌也。楎六尺犂也。一曰犂轅。㫻旗名。亅鉤逆鋩。○穩鄔本切蹂穀聚也文八。熅熅炳熱也。𠍗⿰足㥯安也或从足通作穩俗作埊非是。縕赤黄色禮士縕紱。顐顐顐面急。嗢嗢嚾小口。慍慍惀煩憒。○本嵓補袞切說文木下曰本古作嵓文六。𤰞畚說文𦉪屬蒲器也所以盛種或作畚。笨說文竹裏也。苯苯蕁艸叢生。○⿰本羽普本切鳥飛上起文二。呠噴也。○獖部本切廣雅犬屬一曰守犬文十四。泍泉涌皃。笨竹裏一曰不精也。楍舟篷也或作桻。穦穩積穀未皷皃。㤓性不惠。体儜劣也。⿱夲車⿰車畚車蓬也或作⿰車畚。麖牝麖。墳土起。⿸麻本麻蒸也。⿰食本粗食。○懣𧄹㦖鞔母本切煩也或省亦作㦖鞔文八。潣水盈皃。悗廢忘也莊子悗乎忘其言一曰無匹皃。瞞暗也。悶悶然混然也。○損抆鎖本切說文減也古作抆文九。⿰月員⿰月巽說文切孰肉內於血中和也或作⿰月巽。瘁瘁瘰惡寒也。⿰目員目病。跣裸足行也。⿰石先石次王者。姺國名。○忖寸取本切度也或省文五。刌⿰扌寸博雅斷也或作⿰扌寸。譐聚語。○⿰尊刂祖本切說文減也文八。撙挫也禮恭敬撙節。撙噂譐說文聚語也引詩噂沓背憎或从言。僔博雅僔僔衆也。蓴苯蓴艸叢生。蹲雉名。嶟

山高。鱒粗本切說文赤目魚文十蓴說文叢艸也⿰禾尊⿱艹⿱尊禾禾穳也或作⿱艹⿱尊禾唷喗大口也或作喗洊
冉也易水洊至蹲聚也春秋傳蹲甲而射之徐邈讀墫說文舞也从士引詩墫墫舞我僔說文聚也引詩僔沓背憎
。黗吐衮切說文黃濁黑文九畽⿰黑重怨畽行無廉隅或从黑淟淟涊水濁⿱肫灬烹肉也吨吨吨言不了錪
方言錪鍾重也⿰黑重⿰黑重㦦不明⿰言典⿰言典詪很皃。⿱竹屯囤⿱艹囤杜本切說文篅也或作囤⿱竹囤⿱竹屯一曰篪也文二十四盾
闕人名春秋傳晉有趙盾沌水不通一曰混沌元氣未判純束也炖火盛皃庉說文樓牆也屯塞一曰室中藏土也
伅敦倱伅不慧或作敦⿰扌囤推也遯遁⿺辶彖踲遷也逃也或从盾从彖亦作踲腞腯豚行曳踵或
作腯豚偱僊去也潡大水⿰巾盾載米斷屯聚也忳愚也。怨魯本切怨畽無廉隅文六惀廣雅思也
一曰欲知皃稐束也碖碖磳石落皃睔目大也淪混淪水流轉皃。⿰火内弩本切博雅⿰火内悗也文三⿰火聶涊淟涊
濁也⿰氵⿱丙大水也。限魚懇切限切急意文三眼出大皃周禮望其轂欲其眼也鄭康成讀⿱山艮山名。芚治本切元
知皃莊子聖人愚芚郭象讀文一
二十二。很下懇切說文不聽从也一曰行難也一曰盭也文五詪說文眼戾也拫牽也⿱艹很艸名似著

食之不夭䡕車革前也○穩安很切艸名文一○懇口很切誠也文八詪眼戾也豤石石皃墾耕也頎至也一曰惻隱齦說文齧齧也豤很說文齧也謂豕齧物或从犬○頣頜舉很切說文頰後也或作頜文三詪博雅詪詪語也○頜其懇切頰高也文一○洒蘇很切驚皃莊子洒然異之文一

二十三○旱下罕切不雨也文十三⿰山旱山名在南鄭晘博雅白也草艸名⿰言旱大言也多言也悍性急也通作旱垾小堤⿰卓力勤也睅暖大目或作暖取指目覞大視也𧿳偏立○罕許旱切說文网也一曰希也亦姓文十六焊蔊菜名味辛或作蔊厂厈山石之厓巖人可居籀从干暵熯乾也或作熯焊⿰田𦰩⿰耒𦰩耕也或从耒⿱艸⿰𦰩鳥艸名灘⿰漢鳥水濡而乾也或从鳥軒干闕人姓鄭有軒虎浫水名⿱艸⿰𦰩鳥鳥名○㑁可旱切說文剛直也从㐰㐰古信字从川取其不舍晝夜引論語子路㑁㑁如也文三衎說文行喜皃鶾鶾鴠鳥名似雞五色晝夜鳴○笴幹簳竿古旱切字林箭笴也或作幹簳亦省文二十一稈秆⿰禾幹⿱艸⿰禾幹說文禾莖也引春秋傳或投一秉稈或作秆⿰禾幹⿱艸⿰禾幹芊艸名一曰薏苡子衦⿰糸干摩展衣也或作⿰糸干擀扞以手伸物或省盰目多白也一曰張目也仠長也奸䵟皯說文面黑气也或作䵟皯⿰木笴⿰木竿柄也或从竿矸碾繒也

二十四。緩鬆戶管切舒也或从素文三十一𢓜𢕟緩徐行捖擊也摩也𧹞赤色一曰濁也瀚澣
浣濯衣諱也或作澣浣綄博雅纆也一曰船上候風羽岏山多㬳明也暖大目背也覶大視也梡棵斷木
也一曰木名一曰薪蒸束或作棵賗睕賗小有財䈠博雅篅䈠節也䓻莞艸名芙蘺也或省鰀鯇鯶
魚名或作鯇鯶嵈山名睆縣名在廬江輠回也禮叔孫武叔見輪人以杖關轂而輠輪者輐圓也形截之所用漶
漫漶難測也䴷全麥麴蕿蔍也𤭁瓦器大口豢食犬豕曰豢。盌㼝埦椀鄔管切說文小
盂也或作㼝埦椀文十一捥取也䝹睕賗小有財宛闕人名春秋傳使宛來歸邴婉順也詩燕婉之求徐邈讀䀉
捾目睆睕小嫵媚或从宛。款欵苦緩切說文意有所欲也或从柰俗作款非是文十七𢷲捉也窾空也𨪚
燒鐵也䘾攏也棵捖𣘀斷木也或从完从款鰥魚名𢕟𢕟緩徐行顆藃艸名爾雅菟奚顆凍或作
藃𥟍禾病捖擊也𣽽水名緩舒也。管琯古緩切說文如篪六孔十二月之音物開地牙故謂之管或从
玉古者琯以玉舜之時西王母來獻其白琯前零陵文學姓奚於泠道舜祠下得笙玉琯夫以玉作音故神人以和鳳皇來儀也管一曰
姓也通作筦文二十𧎢蟲名筦說文筟也輨斡說文轂端沓也或作斡錧田器博雅鍊鐕錧也䩪說文

車鞁具 館 客舍也俗作舘非是 涫 博雅綺其涫謂之襱 盥 灌 灌手一曰灌祭也或作灌 悹 悹悹無依也一
曰憂也或書作悺 痯 爾雅痯痯病也 浣 滌也火記身自浣滌劉伯莊讀 逭 爾雅逃也 脘 朊 説文胃府也一曰即
胃脯漢殖貨傳濁氏以胃脯連騎或省月 𦛱 胃府 閌 所以出鍵也通作管。滿 母伴切説文盈溢也亦姓文十一 懣
懣 煩也或省 𥳫 㵴 博雅䈽篾篰也或从滿 鏋 金精謂之鏋 浼 汙也 䩈 塗面也 曼 曼懣不分
別皃 㒼 平也五行數廿爲一辰有兩㒼平故从廿从㒳 䘱 以血塗也。坢 普伴切平坦也一曰發地文四 𧺺 走皃 㚗
而大 拌 捐弃也。粄 𥹉 𩚩 補滿切屑米餅也或从半从食文九 瓪 牝瓦 昄 大也 綆 車輪箄也 般 漢縣
名在今齊州地一曰面平皃 跘 交足坐 𩬜 卧鬝。伴 部滿切説文大皃一曰侶也文八 㚘 説文並行也 鉡
鏊也 竝 並 同竝縣名在牪牭或作並 拌 博雅拌捐弃也 眅 爾雅大也 秚 物之相和通作拌。㪔 散 穌旱
切雜肉也隷作散文十四 㪚 麻分也通作散 𩙿 飛也 繖 㡟 傘 𠍮 説文蓋也或从巾亦作傘𠍮 𥳅 博雅
篃𥳅桃枝竹也 饊 糤 説文熬稻粻程也或从米 𥰭 竹器 鏾 弩機緩謂之鏾 𦶟 艸名。𩯩 子罕切髮好也
一曰光澤皃文四 趲 逼使走也 穳 補也 攢 折也。瓚 在坦切宗廟祼器一説三玉二石由瓚四玉一石曰瓏玉石相半曰

瑒諸侯用之文四櫕營櫕祭處趲逼使走囋嘲也○算選撰損管切說文數也或作選撰文七匴
說文淥米籔也篹籑篹籩屬一曰竹木器或作籑通作匴䈀博雅箱䈀謂之䈀○纂纂纗祖管切說文似
組而赤一曰集也或作纂纗文十九䡽車衡二束纘餐說文繼也古作餐𥎋廣雅鋋也櫕矛戟柄一曰管
櫕禜祀之所儹說文最也一說聚而計事曰最籫篹說文竹器也或作篹酇說文百家爲酇酇聚也一曰縣
名在南陽焞焌灼龜也或作焌僔衆也鐏戈柄下銅趲逼使走也穳纂禾積也或作纂○鄹
耶緒纂切亭名在新豐或省文五選算筭數也或作算筭○亶單黨旱切說文多穀也一曰誠也
厚也或作單俗作亶非是文二十二𤺺癉風病或从單鴠鶡鴠鳥名閰也炎彡嘽慓也疸黃病
笪担博雅擊也亦姓或从手皽面膚病也觛博雅觛觛巵也狚獸名獺亶也嬗婵也燀
厚燠也呂氏春秋衣不燀熱𢋈偏舍謂之𢋈繟緩也通作嬗𠟉割也繵束也史記繵緣中經維絡僤
速也動也憚怛勞也或作怛○坦壇儻旱切平也明也或作壇文十三閶開也儃儃舒閒皃僤
速也動也靼䩡柔革或作䩡胆明也璮王名𩒝面平也嘽嘽啴聲舒緩也㪔㪔數無文嬗

緩也婢也○但袒襢亶蕩旱切說文裼也或作袒襢亦省文二十三膻胆說文肉膻也引詩膻裼暴虎或省儃
何也僤速也誕𨘋㖥說文詞誕也或省亦从口誕曰大也觛說文小觶也⿰日亶⿰日重曛也繵褌也一曰大帶謂之
繵⿰巾亶⿰巾亶⿰巾免喪之輕服⿰革延馬帶也潬江東呼水中沙堆爲潬今河陽縣南有中潬城蜑⿱延䖵蠻屬或从䖵
憚勞也難也撣說文提持也嬗緩也婢也柤木器如俎無足○嬾懶悚㦨孄孏魯旱切說文懈
也怠也一曰臥或从心亦作悚㦨孄孏文十五⿰米闌糷⿰米柬飯相箸也或从蘭从柬灡潘也讕譋⿰口闌詆讕誣言也或
作譋㘓攋方言壞也襰惰於祭也○虥士嬾切爾雅虎竊毛謂之虥貓施乾讀文一○攤乃坦切按也文二
⿰巾叓以巾拭墀也○短⿰扌豆覩緩切說文有所長短以矢爲正或从手文九裋布襦斷⿰亘刂⿰㠯召所截也古作
⿰亘刂⿰㠯召所俗作断非是⿰扌㡭博雅轉也一曰轉篗也⿰貝耑睆⿰貝耑小富○疃畽墥⿰田爰⿰𧾷㡭士緩切說文禽獸所踐處引詩
町疃鹿場或作畽墥⿰田爰⿰𧾷㡭文九⿰言㡭⿰言忝⿰言㡭言惑⿰忄㡭悿⿰忄㡭心惛瘓痶瘓病皃⿰韋段履後帖○斷所⿰㠯召⿰亘刂
杜管切絕也古作所⿰㠯召⿰亘刂文八⿰𧾷㡭說文踐處也⿰韋段緞⿰革段履後帖或从糸从革○⿱毳心千短切說文精戇也文二⿱毳木
重祭也○卵魯管切說文凡物無乳者卵生象形文二怨行無廉隅謂之曈怨○侒何侃切侒侒不催也文一○輐五管

切輐斷刑截所用也一曰圜皃文二魭魭斷無圭角皃煗煖暖㬉乃管切說文温也或作煖暖㬉文十一

餪博雅餪餫饋也一曰女嫁後三日餉食爲餪女渜湄說文湯也或作湄稬稻也䙇短襦也媆垣外餘地

臑體煗也○豢胡滿切養也莊子民食芻豢文二輐圓皃○湲火管切弄木也文二𤺺痛也

二十五○潸數版切淚下皃文二𩃬雨皃○㹽楚綰切說文齧也文二齴齴齗齒不王皃○𩈒阻版

切𩈒𩈜老也曰色皵文三拃摸也翪迅飛皃○蛓仕版切蟲名爾雅蜋馬蛓一曰蟬大黑者謂之蛓文三虥虎竊毛謂

之虥猫齴齴齒不正皃○撰篹雛綰切持也具也或作篹巷文五饌籑具食也或作篹養簨竹器禮食

於簨徐邀請○赧𧹞𢠽乃版切說文面慙赤也周失天下於赧王或从皮亦作𢠽文八𩈜𩈒酢𩈜色皵或作𩈒

戁說文敬也㬎說文温溼也蝒蟬屬○𣊊丑赧切㬎赤㬎温溼皃文一○僩下赧切說文武皃引詩瑟兮僩

兮一曰寬大皃文七憪愉也撊忿皃春秋傳撊然授兵登陴橺大木捍止也橺猛也𢄺以飾縣鍾鼓也

○齗齗雅版切說文一齒見皃或从开文三嵃㟞嵃山皃○睅睆戶版切說文大目也或从完文十九鯇說文

魚名皖晥明皃或从日鋎刃也莧莞唍莧爾笑皃或作莞唍𧘽衣褔𪌊黃蒸𪌊子

一曰全麥爲完麩或从完⿰山完山名悍急也攌木柵也史記攌若因拘劉伯莊讀睅日出皃脘肉也捍

捍摌搖動浣水名在江夏○綰鄔版切說文惡也一曰絳也綃也轚手也文五捾取也⿰面官曲面謂之⿰面官悺

闕人名漢有左悺⿰目叉捾目○版板補綰切說文判也或从木文八蝂蝜蝂蟲名或書作螌通作版舨⿰舟畺舨

舟也瓪說文敗也一曰牝瓦鈑爾雅餅金謂之鈑胖夾脊肉一曰半體也周禮膴胖杜子春讀昄說文大也○眅

普版切多白眼也文二昄大也○阪坂⿰𠂤反部版切坡也或从土从𠂤文八返⿰彳反說文還也引商書祖伊返

或从彳昄大也反難也詩威儀反反沈重讀魬魚名○矕母版切說文目矕矕也一曰目美皃文六⿰女旱

傲慢也蔄菜名瞞瞞然慙皃眅多白眼也⿱艹矕艸名

二十六○產所簡切說文生也文十二簅大籥通作產摌捍摌手精擇物也⿰牜產說文畜牲也

嵼⿰山蹇嵼山曲皃汕魚游水也滻說文水出京兆藍田谷入灞一曰出涕皃⿱竹刪竹器⿰馬產馬名⿰木產木名

⿰栗產⿰石⿱非隹粟也⿰忄產全德也○剗楚限切手也翦也韓詩勿剗勿敗文十三鏟說文鏶也一曰平鐵丳

燔肉器羼說文羊相厠也從羴在尸下尸屋也一曰相出前也⿰忄產全德也⿰栗產⿰粟產字林⿰石⿱非隹粟也或

作䶬䐮皮也㹀說文齧也𡚫夌也蹍徒騎也𠠝劑也戔擣傷也。𢠵揣綰切全德也文二齒産

礶粟。醆阻限切盎齊也禮醴醆在戶文十一琖𧣾盞湔錢玉爵也夏曰琖殷曰斝周曰爵或从角从皿亦

作湔錢𣜬木名棧爾雅鐘小者謂之棧東晉元興中剡縣民井中得一鐘長三寸口徑四寸銘曰棧一曰淺也𡶴

嶘𡶴嵼山峻皃或作嶘也戔擣傷也。棧仕限切說文棚也竹木之車曰棧亦姓文十八䃪博雅跂也一曰

蜀道輚轏卧車也一曰兵車或作轏通作棧䏼腹大皃㹀犬食曰㹀嶘𡶴說文尤高也或省亦書作

𡹬䱠𩼀魚名或从孨孱博雅惡也一曰孱陵縣名在武陵𤖼𦏵豢羊屋也或从羊僝具也

𠟉博雅攻也虦虦猫獸名𪗶齒跌皃𧉩馬𧉩蟲名。限下簡切說文阻也文八硍石聲𥇖說文

大目也一曰晩𥇖目視皃𤚬牛不從覊謂之𤚬𨵻𢨯𣐒閾也或作𢨯𣐒通作限骭脛中也。齦

𤘌起限切博雅齧也或从牙文二。簡賈限切說文牒也一曰略也閱也誠也亦姓文十三橺說文大木皃𥳑

說文淅也僩撊武皃爾雅瑟兮僩兮或作撊襇襉帬幅相攝也或省柬揀說文分別簡之也從

束八八分別也或从手通作簡暕明也𥳑說文𥳑有也覵視也閒地名春秋傳大蒐于昌閒。眼皀

語限切說文目也古作𥄉文六齴棧齴高峻皃嵃⿰山戔嵃山皃⿰𧾷彥跡也喭小笑皃。盼匹限切動目也一曰美目。睌武簡切說文睌⿱臤目目視皃或書作⿺勹免文一。版板蒲限切籍也古从然文三阪版泉地名

。軋膺眼切車輾文二窴窴報迫窄也

集韻卷之五

集韻上聲五

三十七

集韻卷五　三十九

集韻卷之六

翰林學士兼侍讀學士朝請大夫尚書左司郎中知制誥判秘閣兼判太常禮院羣牧使上柱國濟陽郡開國侯食邑一千三百戶賜紫金魚袋臣丁度等奉

敕脩定

上聲下

銑第二十七　蘇典切與獮通

獮第二十八　息淺切

筱第二十九　先了切與小通

小第三十　思兆切

巧第三十一　苦絞切獨用

晧第三十二　下老切獨用

哿第三十三　賈我切與果通

果第三十四　古火切

馬第三十五　母下切獨用

養第三十六　以兩切與蕩通

蕩第三十七　待朗切

梗第三十八　古杏切與耿靜通

耿第三十九　古幸切

靜第四十　疾郢切

迥第四十一 戶茗切獨用　　拼第四十二 之上聲拼等通

等第四十三 得肯切　　有第四十四 九切與厚黝通

厚第四十五 很口切　　黝第四十六 於糾切

寑第四十七 七稔切獨用　　感第四十八 古禫切與敢通

敢第四十九 古覽切　　琰第五十 以冉切與忝儼通

忝第五十一 他點切　　儼第五十二 魚檢切

豏第五十三 下斬切與檻范通　　檻第五十四 戶黑切

范第五十五 父鋄切

二十七。銑 蘇典切說文金之澤者一曰小鑿一曰鐘兩角謂之銑文十九 洗 說文洒足也一曰潔也通作洒 烍 熈也 㧥 撫㧥手捻物 筅 飯帚或从先 跣 說文足親地也 毨䧮 也說文仲秋鳥獸毛盛可選取以爲器用或作䧮 姺 㓹 國名或从邑 桄 木名爾雅桄大棗出河東猗氏縣子如雞卵 䒚 艸名 鮮 魚名 洒 肅恭皃禮一爵而色洒如 䈻 竹器博雅箾謂之䈻 鍌 闕人名唐有竇維鍌

豯野火。䍒小缶。扁補典切說文署也从戶冊戶冊者署門戶之文也一曰不圓皃亦姓文十六　匾器之薄者一曰匾㮸　編絞也

緶⿰糹匾褰衣或从匾　萹藊艸名說文萹茿也或作藊　⿰禾臱藊⿰禾邊豍豆名或作藊⿰禾邊豍　惼愝惼性狹　碥乘石皃通

作扁　糄燒稻取米曰糄　扁庳扁虒薄皃或从卑。覑匹典切視皃文二　萹萹茿艸名。辮婢典切說文交也文十六　⿲辛氵辛

旋流　編⿰黹扁博雅緻謂之編一曰履底或从黹　艑艑艖舟也　編細也　⿰鹵扁⿰鹵扁⿰鹵扁鹽也　瘺風病　骿骨骿生　扁鶣姓也

古有扁鵲或作鶣　㲢⿰毛扁⿰毛菐毛不理　䍒小缶一曰紡錘　揙搏也　牑牀賁　⿰月扁豚隱起如辮繩。丏弥殄切說文不見也象壅蔽之

形文十　眄目偏合也一曰邪視　搷博雅搷培封塗也　矊目童子黑　矏目旁薄緻宀宀也　芇相當也　苪艸名　㴐淟汨紆

水皃　眠楚謂欺爲眠娗一曰偭劣　掚飾也。忏士典切怒也文一。典𥮾多殄切說文五帝之書也从冊在丌上尊閣之也莊

都說典大冊也一曰常也古从竹文九　敟說文主也通作典　蕇艸名說文亭歷也　琠說文玉也　⿰典頁頰後也　錪釜也　婰女名　䵖

黑也。腆⿱典月⿱⿱竹典舌他典切說文設膳腆腆多也或作⿱典月⿱⿱竹典舌或書作⿱典目文三十六　娗欺慢也一曰偭劣　⿰虫敟⿰虫敟蝎蟲名青蚨也　飻貪也

奵丁嫢奵好皃　紾垂絕皃　⿰阝典⿰阝典華藥艸　捵手伸物也　賟當也　⿰目典明也　琠瑱𤩊王也或从眞从殿　錪說文朝鮮

謂釜曰錪一曰重也　靦⿰面且⿰面亶⿰單亶說文面見也引詩有靦面目或作⿰面且⿰面亶⿰單亶　㥏⿰目典說文青徐謂慙曰㥏或作⿰目典　⿰足典⿰足亶行皃

或从亶嘷吐也㾞㾞瘓病也淟博雅淟涊垢濁也倎㙉厚也或从土通作腆町圢暚𪢏町畽鹿跡一曰餔田人衆皃或

作圢暚𪢏㚲蟲名蛩蟺也𧩙𧩙譣言不定㤐㤐憸心惑○殄塡㐱徒典切說文盡也或作塡古作㐱文十五餮飻

貪食爲餮或省蜓𧊒蟲名說文蝘蜓也一曰蜓蚞蟬類或从殄猠㺬劣皃跈止也典腆典堅刃皃一曰車轅束紾角理犕也周禮

老牛之角紾而昔一曰垂絕皃沴陵亂也莊子陰陽之氣有沴徐邈說瘨病也詩瘨我以旱抮偝也娗眼娗不開通皃○撚捵乃殄

切說文執也一曰蹂也或从典文八蹨跈𧺳蹈也逐也或作跈𧺳涊淟涊垢濁抮廣雅偝也𩈂靦𩈂面少色○橪子殄切博雅盩橪盂

也文一○顯㬎𣋗呼典切說文頭明飾也一曰著也光也亦姓古作㬎文十四𩌧韅說文著腋鞥也一曰在背曰韅或从顯蜆𧒂

小蛤或从顯㔵𨰡削也或从金抮𢷎偝也或作𢷎憲興盛皃詩憲憲令德晛日見也灦灦湞水皃㦜意難也

○𡫜牽典切不動也文七豤也𪘱𪘱齦齒露皃𪐆緊博雅𦃇也或作緊𧐱蟲名蛩蟺也掔說文牛很

不从牽也一曰大皃○繭𧀹絸吉典切說文蠶衣也从糸从虫芇聲或作𧀹古作絸俗作𧓬非是文二十五𧄑艸名紫綦也涀小溝䳏

鶪䳏鳥名子鳺也襺說文袍衣也以絮曰襺以縕曰袍挸𢹊博雅拭也或作𢹊𪑨黑皴也趼𤿤胝也一曰足指約中斷傷

爲趼或作𤿤𣏌𣗊𣟮枅梘說文小束也或作𣗊𣟮枅梘垷塗也筧梘通水器或从木豣獸名爾雅麠絕有力者

顅頰後韏艸名葥也檷棧也硯濡石○現峴胡典切山名一曰山小而險一曰嶺上平或作峴文二十一垷說文塗也㦃㦃㦃

意難也倪譬喻也一曰磐也誢諍語哯吘說文不歐而吐或从吘晛日氣一曰明皃睍說文出目也一曰好視筧竹名

臔博雅臔臔肥也一曰肉急䵤黑皺也顈綴也蜆蟲名說文縊女也鋧鋧鋧小鏧鍪也⿰阝見限也嫢細要也現

石之次王者礥堅也娊女字○蝘𧓀於殄切蟲名說文在壁曰蝘蜓在艸曰蜥易或从蚰文十五躽曲身也㰮大呼用力也

暥䁙說文目相戲也引詩暥婉之求一曰仰視古作䁙嬿嬿婉安醼合飲順皃醼也宴燕爾雅宴宴居息也或作燕酀

闕人名春秋傳有酀仲曾酀㥼㥼褊俠⿰𧾷亶行跡妟安也偃艸皃○齞研峴切說文張口齒見文一○犬苦泫切說文狗

之有縣蹏者也象形視犬之字如畫狗也文二畎畎戎西戎之通作犬○旋信犬切鍾縣謂之旋李軌說文一○蜎於泫切井中小

蟲文二⿰食肙飫也○く甽畎古泫切說文水小流也周禮匠人爲溝洫耜廣五寸二耜爲耦一耦之伐廣尺深尺謂之く倍く謂之遂

倍遂曰溝倍溝曰洫倍洫曰巜古从田川篆从田犬聲六畎爲一畝文十六汱水落皃狷獧有所不爲也或作獧埍說文徙隸

所居一曰女牢一曰亭部詃誘也詐也罥羂絹䍲挂也或作羂絹䍲擐繫也琄王皃畎淖耕⿰氵畎也呟

聲也○泫胡犬切說文[illegible]也上黨有泫氏縣文二十八汱水落皃鉉說文舉鼎也易謂之鉉禮謂之鼏琄珮玉皃通作鞙

閔說文試力士錘也罥絹挂也或作絹鞙鞍大車縛軛靼輐鞆輐車弓也或繯从革从肙糸

說文絡也埍說文徒隷所居一曰女牢一曰亭部隕坑也矎博雅縣說文盧童子也馯馬一歲也貾債也眴目搖炫說文爛燿

也畇畨田平均也或作畨虤虎兒虦說文分別也从虤對爭貝也一曰獸名出西海大秦國似狗多力獷惡駽馬青驪爾雅

驪者鋗玉聲霣露兒昍水流兒、

二十八。獮獮省獮息淺切說文秋田也或作獮省獮文二十五禰禰說文宗廟之田也或作禰尟鮮

尟鱻仙說文是少也尟俱存也从是少賈侍中說或作鮮尟鱻仙燹𤓰野火或作𤓰橼木名廯博雅囷倉也癬

癬說文乾瘍也或作癬蘚垣衣一曰白艸名䉳博雅篇䉳籍也蟮蚰巘小山別大山鮮屬山曰巘通作鮮澥水鮮也懈

慚也彌王名彌女字。淺𤀹此演切說文不深也或作𤀹文五跣足親地也書若跣弗視地徐邈說刌斷也刌肺脊以

祭徐邈說諓言淺也。翦翦子淺切說文羽生也一曰羽古作翦文二十七前齊說文齊斷也或作翦俗作剪非是

揃擶說文搣也一曰擇也或从翦戩戒說文滅也引詩實始戩商爾雅履戩福也或作戒錢說文銚也古田器引詩庤乃錢

鎛瑐王名𧷂剃髮諓諓諓淺薄兒一曰巧言也一曰善也媊明星也一說太白妻曰女媊鬋說文女鬢垂皃帴帬也裾也

狄諓語也諓煩 ⿱艹湔艸名王彗也 ⿱竹晉竹名 ⿱竹進竹名 籛姓也一曰竹名 戔少意 湔水名在蜀郡 譾俴淺也史記能薄而材譾或作俴 ⿰羽戔博雅⿰羽戔⿰羽戔武也 煎滅也 孨謂也。⿰糸羨似淺切博雅⿰糸羨⿰糸羨緩也文一。踐跈在演切說文履也一曰列也或作跈文十三 ⿰彳戔⿴行戔說文迹也或从行 ⿰阝戔說文水阜也 俴說文淺也 餞送去食也 諓說文善言也一曰謔也一曰淺薄皃 ⿸疒戔廣雅⿸疒雋⿸疒戔蝆也 錢田器 帴戔狹也周禮革自急者先裂則是以博爲帴或省 浅滅也書寅淺納日馬融讀通作餞。選撰須兗切說文遣也从辵巽巽遣之一曰擇也或从手文十一 ⿱罒巽⿰足巽⿱罒豆說文网也引逸周書不卵不⿰足巽以成鳥獸⿱罒巽者羅獸足也故或从足亦作⿱罒豆 ⿱竹選竹名 算數也 ⿰羊巽字林未睟羊 ⿰宣見見也 僎具也 ⿰巽頁選具也。臇熼子兗切說文臛也或作熼文十一 ⿰火雋火皃 剬斷齊也 鐫博雅鑿也 ⿱雋䖵說文蟲食也 雋肥也 ⿰亻孨⿰亻孖具也或省 ⿱孨心華聚皃 ⿰孨刂裁也。雋粗兗切說文肥肉也从弓所以射隹長沙有下雋縣亦姓文十一 抁揣也 吮欶說文欶也或从舌 ⿸疒雋廣雅⿸疒雋⿸疒戔蝆也 ⿱艹雋蓄⿱艹雋菜名 巂酅地名在齊或从邑 慱爾雅慱慱憂也郭璞讀 阭高也一曰地名 ⿱雋虫蟲食創也。⿰亻然矢善切意肰也一曰意然也急而懼一曰難也文三 ⿰女然亦姓 ⿰目亶視面色變也。闡齒善切說文開也引易闡幽文十六 幝說文車弊皃引詩檀車幝幝 ⿰糸羨說文偏緩也 繟說文 嘽單聲緩也或省 譂妄言 燀說文炊也引春

秋傳燀之以薪䵣廣雅䵣䵣黃也灛水名爾雅汶爲灛僤鄲地名在魯或作鄲通作闡墠寬也老子墠然而謀河上公

讀通作繟鐥博雅鐵謂之鐥憚慢也單寬大也。耳也善切耳門十七䁴𥈟說文視而止也或从善

顫說文倨視人也嬗說文好語也一曰靳也人戩戩戩也亶刂說文伐擊也或从刀[illegible]博雅[illegible]文搗也軆儃倮也

或从人顫首動皃皾博雅皾皮寛也檀樿說文木也可爲橏木名一曰木瘤也燀炊也饘飦

麋也或作餰襢露也戩爾雅福也醰酒苦謂之醰酉也撣急也僐作姿也戔賊也周書戔戔巧言

搘引也。譱譱善嬗上演切說文吉也或省隸作善亦作嬗文二十五膳說文具食也[illegible]僐說文作姿也或作僐

單單父縣名亦姓墠壇說文野土也一曰除地祭處或作壇墡磰白土也或从石鄯阝善西胡國名䵧麫屑新麥爲餌鱓

鱣䱜說文魚名皮可爲鼓一曰蛇魚黃質黑文或作鱣䱜紾牛角理㨿潬澶潬水相薄也或作澶僤行動皃漢書象輿婉僤顏

師古說蟺蟮蟲名說文螼蟺也或作蟮蟺一曰逢蟺樿木名山海經風雨之山其木多椒樿白理中櫛鱔善魚名。蹨忍善切踐也文十二

戹嬬㜸說文柔皮也或作嬬㜸𠑊橪說文意肥也一曰意急而懼或从心戁懼也熯說文乾皃引詩我孔熯矣嫨敬也

通作戁橪木名說文酸小棗一曰染也齴廣雅笑也嬿姿也亦姓。舛踳尺兗切說文對卧也从夂中相背楊雄說舛从足春

一曰錯亂文十　喘歂說文疾息也或从欠　䓴荼晚取者名䓴　篅竹以貫物　揣歂博雅度也或从攴　⿰虫耑螺⿰虫耑動蟲一曰無足蟲　腨腓也　○膞主兗切說文切肉也文十二　𣃔剸說文截也或作剸　剬說文斷齊也　竱說文等也春秋國語竱本肇末　孨說文謹也从三子一曰孤煢可矜謂之孨　闗說文開閉門利也一曰縷十絃　圌因刑固出　⿸危耑⿸危專說文小危也或从專　鱄說文魚也　轉無窮也太玄軫轉其道王涯說　○腨蹲竪兗切說文腓腸也或作蹲文十九　踹足踵也　膞䏝切肉或省　歂說文口氣引也　⿸危專說文上小危危有耳蓋者　鄟⿰阝專地名屬魯或从𠂤　鱄魚名　輲輇槫團載柩車也或作輇槫團　蓴艸名無魚也凡水有此艸則無魚　漙䨵露皃或从雨　剬斷齊也　吮舐也　○耎乳兗切說文稍前大也文三十八　⿰車𠬝輭軟需濡柔也或从耎从欠亦作需濡通作耎　𦫵⿱北兗皮叚㲈㲈說文柔韋也从北从皮省从夐省徐鉉曰北者反覆柔治之也夐營也或作⿱北兗皮古作叚籒作㲈　腝足疾　媆說文好皃　愞懦偄恨選愞劣弱也或作懦偄恨　緛䙇說文衣縐也或从衣　⿰貝耎小有財　⿰田耎城下田　碝礝瑌說文石次玉者或作礝瑌　⿰木耎木名槫棗也似材而小　⿱艹耎檽說文木耳也一曰萮茈或作檽　蝡蠕說文動也一曰狄號或作蠕　㞋博雅弱也　⿱艹渜艸名紅藍也　⿱竹耎竹名　⿰耎刂剌也或作⿰需刂　⿱北⿰兗皮褎羽獵韋絝或作褎　渜濯也　○棧士免切棚也文七　俴淺也　孱孱陵縣名在武陵

集韻上聲六　三

䶬齒不正𨍏車名蛓蟲名䖬獸名虎文。撰巽雛免切持也或省文十七譔篹述也或作篹通作撰僎說文具也通作撰顨選具也𢁉齊也从二巳䍐罔也或从足𨇢鰈魚名無骨篹饌具食也或作饌僝見也或省鱒大魚也詩鱒魴沈重讀選艸名襈衣緣。䍐式撰切罔也文五䍤未晬羊㦏悏㦏弱也匴笥也一曰漉米籔一曰竹盤或作匴。褊俾緬切說文衣小也文七辨𢤱說文憂也一曰急也或作𢤱諞巧言緶輪革也揙搏也惼狹意。楩婢善切木名文九𢤱博雅憂也一曰急也揙搏也諞說文巧言扁姓也古有扁鵲牝畜母𨍑車也艑舟名𥿚履底。緬𥿚彌兖切說文微絲也或作𥿚文二十二䩂𩋂說文勒靼也或作𩋂𢁾幕謂之𢁾愐㤁說文勉也一曰想也勔僶爾雅劭勔勉也或作僶通作黽偭鄉也一曰偭焉不顧皃湎𨡕𨠨說文沈於酒也引周書罔敢湎于酒或作𨡕𨠨沔說文沔水出武都沮縣東狼谷東南入江一曰入夏水一曰流滿皃丏說文不見也象壅蔽之形𢠽說文厲也一曰止也澠黽澠池縣名或作黽通作沔㴐浴尸也周禮大㴐李軌讀媔妬也㱙矜也莊子以黃金注者㱙眠眠娗不開通皃。辨平免切別也文六辯說文治也从言在辡之間辡罪人相訟也𥳑博雅筞篺𥳑也一曰竹簡諞巧言𢤱博雅憂也。辡辯邦免切說文辠人相與訟也或从言文九瞏說文兒初生瞥者𨳡視皃鴘鷹隹二歲色赤亦姓辨別也周禮辨方正位劉昌宗讀㵷水皃釆捒別也一曰獸懸蹄𥳑古書竹簡

也。鵪披免切鷹隼二歲色赤文一。免美辨切釋也止也亦姓文十五 娩娩娩順也 㝃生子免娠也 勉說文強也 俛俯也 冕

絻悗說文大夫已上冠也邃延垂瑬紞纊古者黃帝初作冕或从糸从巾 鮸說文魚名出薉邪頭國 葂莬闕人名莊子有蔣閭葂或作莬

䵖廣雅黃也 挽引也 浼潣浼浼水皃或作潣。㞡展知輦切說文轉也一曰誠也舒也省視也隸省文十四 蹍蹟也 𧝤

襢丹縠衣或作襢 㠭說文極巧視之也 輾卧而不周曰輾通作展 搌博雅搌搭展極也一曰縛束也 皽皮也 嫸嫸好好皃 𧒀

𧌟說文蟲也或省 紾轉也 棎木名。蒇丑展切說文敇也引春秋傳以蒇陳事一曰去貨文十六 蚩說文蟲曳行也 僌人形長皃 迪

遈安步也或作遈 鎈博雅鎈杼長也 搌搌搭展極也 囅笑皃 䡵收絲器一曰驂具 㫃說文旌旗杜皃 犍牛緩謂之𤛓 寘

寘赧笛聲緩也 揰擊也 饎長咲 棎搭棎樹長皃 梴木長皃。䞡邅躔丈善切移行也一曰循也或作䞡邅躔文四 紾轉也

。輦力展切說文輓車也从扶在車前引之文十六 謰謰謱語亂 摙負擔也 僆爾雅雞未成者一曰江東人謂畜雙産曰僆 蓮蓮芀

縣名在馮翊 槤璉說文瑚槤也或从玉通作連 鄻說文周邑也 㶌小然謂之㶌 連難也易往蹇來連 㶌水名山海經王屋之

山㶌水出焉即濟水 𪐴轢禾也 𤃩水也 𢡱留意 膦膦輭無力 𤞋𤢼輦劣皃。㞋尼展切弱也一曰柔皮也文十二 𨋢

輾說文轢也或从展 碾𥑮磨也或从㞋 趁跈蹍𧿬踐也或作跈蹍𧿬 赧寘赧笛聲緩也 𨻐魯邑 㯙轢物

器。轉陟兗切輾轉反側也文四叀死叀篿也竱廣雅齊也嫥女名。篆柱兗切說文引書也文十二瑑⿰王篆圭璧

上起兆或从篆摶百羽爲摶縳⿰糸叀說文白鮮色也或省⿰阝彖博雅院也一曰道邊庳垣⿰土彖耕土沌水名在江夏腞

篆也莊子腞楯之上司馬彪說鱒魚名鮅也戭闕人名擣戭古才子。臠脟力轉切說文臞也一曰切肉臠也或作脟文八覶

視皃⿰女䜌孌孌說文順也引詩婉兮⿰女䜌兮或作孌孌亦書作䜌⿱艹攣⿱艹欒艸名鳧葵也或从欒。遣去演切說文縱也文九

⿱𣦼目⿱虫𠂤說文⿱𣦼目⿱虫𠂤商小塊也隸省繾繾綣不相離也⿰食遣⿰食⿱虫𠂤博雅⿰食遣⿰米卷摶也一曰粘也一曰乾餌或省⿰竹開⿰竹開蘚籍也譴

小息也⿰土遣小垍也。演以淺切說文長流也一曰水名文十五衍說文水朝宗于海也一曰廣也達也樂也散也通作演縯

長也戭說文長槍也引春秋傳有擣戭⿲彳寅亍舒布也⿰寅力繇緩也勉也㖡笑也䔇艸名爾雅䔇菟瓜⿲彳⿱寅虫亍蟲名蚰蜒也

延綖冕上覆或作綖諓諓諓善言⿱延䖵蜑⿱延䖵虫形⿱衍虫蟲行皃⿲彳木亍木名。蠉馨兗切說文蟲行也文七⿺走睘走意

⿰目睘皃初生瞥者蜎蝝井中小蟲或作蝝頁綴不也關開閉利也。蜎蠉下兗切井中小蟲或作蠉文三繯維也一曰

旗紐一曰槌耳。㕣容以轉切說文山間陷泥地从口从水敗皃讀若沇州之沇九州之渥地也故以沇名焉古作容文二十沇沿渷

說文水出河東垣正屋山東爲浡古作沿或从兗阭⿰阝兗高也一曰地名或作阭抁⿰扌兗動也揣也或从兗⿰糸兗紉也莌艸名雀弁也

三八八

⿵風允小風 駀馬逆毛 兖州名通作沇 蜎蜵井中小蟲或作蜵 ⿰言㕣笑皃一曰善言 繯維也 吮嗍也 孖謹也 ○蜎

葵兖切井中蟲名 鞙說文大車縛軛鞙 ○蹇九件切說文跛也亦姓文三十二 謇嚵寋謇譾

博雅吃也或作嚵寋謇譾諓謇一曰難也 寋爾雅徒鼓磬謂之寋 攐攓搴說文拔取也南楚語引楚詞朝搴阰之木蘭或从蹇

亦作搴俗作撵非是 𠐸僆偃𠐸傲慢也或作僆 搢搌搢展極也 綣縮也 褰寋袴也或省 𢏳弓彊 𡾟嵼山皃

⿱艹搴⿱艹蹇艸名藅訶也或从蹇 ⿰魚蹇魚名 囝閩人呼兒曰囝 鍵籥牡也 ⿸寒走說文走皃 ⿰虔阝地名聞喜有⿰虔阝鄉 建

竹名 揵舉也難也 𥎊矛屬 鶱鶱也 劧力也 橏橏搌樹長皃 ○鍵鑳巨展切籥牡也或作鑳文六 楗闥拒門

木或从門 件說文分也从人从牛牛大物故可分 𡾟𡾟嵼山皃 ○繾起輦切縮也文一 ○㫃於蹇切旌旗皃文四 ⿺走㫃走意 嫣

長皃 鼴鼠名 ○齴齗蹇切博雅笑也或作齗文十二 巘山形似甑 㟇巘嵼山峻皃 甗甗也 遃行也 ⿰女岸⿰女屵

博雅⿰女岸婧齊也 瓛玉甗 讞評獄也 齞齘齒露也或从开 𤬛瓜瓠也 ○卷古轉切說文厀曲也文十 菤葊

艸名爾雅卷耳卷耳形似鼠耳叢生如或作葊 关中 一曰草之关 帣斂衣也 ⿰阝卷聚名在安邑 捲斂也通作卷

埢塚土 觠爾雅三觠 关 切說文養之文七 蔨艸名爾雅蔨鹿 蜎井中小蟲

箘𥳳竹名或从圈菌艸名倦怠也。切犬名文一○剗側展切刈也文一○蟤茧撰切蜿蟤蟲不中

皃文一○蔓詳究切艸名爾雅蔓華有郭璞說蔓文三一鄘地名膔短也一曰便膔小皃。萹匹善切艸名爾

雅竹萹蕃文一。羨延善切謚也文一有切小文一○宛烏勉切闕人名鄭有大夫宛文二夗方言夗木簿也。腞敎轉

切篆也莊子腞楯之上文二蜳意不定

二十九。筱篠了切說文箭屬小也或作篠文十𥖃黑砥石也山海經京山有玄𥖃謏謏說文小也誘也引禮

足以謏聞或作謏鰷鮉鯈魚名或从了亦作鯈𥓓小石𥖃也。湫子了切說文隘下也引春秋傳晏子之宅湫隘一曰水名

在周地安定朝邦有湫泉文十二𣹢腹中有水气漅水名在盧江勦勞也藻艸名山薺也罺漉也朴小相高也一曰忽

高𨚫地名在魯帩巾頭也一曰凶首飾愀變色幧拭也剿絕也。鳥丁了切說文長尾禽總名也象形鳥之足似匕故从匕文

十八帎帎須巾繒頭也𢗌憂也蔦樢艸名說文寄生也引詩蔦與女蘿或从木鵃鵃舠船長皃扚說文疾擊也𥜪

短衣䄌說文禾危穗也厶𢆶懸也方言趙魏之間曰厶或从幺窵窵窅深皃隝島水中可居曰隝或从山佻

遠也釕鞮釕也𥔂磟𥔂懸石皃佋佋儅不常。朓土了切說文晦而月見西方謂之朓文八趒躍也眺覜遠視

或从見窱廣雅窈窱深也䠷身長皃窕爾雅肆也謂輕窕放肆碼磟碼懸石皃○窕徒了切說文深肆極也一曰閑

也文二十三𤗀牀版絩繒長皃𤱶田界一曰𤳁田中穴𢕊行皃誂𠺕說文相呼誘也一曰戲也或作𠺕㑳獨立也

挑博雅疾也一曰弄也掉搖動也嬥說文直好皃一曰嬈也一曰巴歌䂪𥐰磽䂪石名或从兆佻獨行皃詩佻佻公子一曰

偷也趙㨨刺也詩其鏄斯趙或作㨨䂏矢也跳挑戰也兆數也十億曰兆踔路遠也𣀣擈也朓月測也垗

埒也○了朗鳥切說文了佨也从子無臂形一曰慧也訖也決也文二十九磟磟碼石垂皃镽博雅镽驕長也繚繆說文

纏也或作緣𧘂方言小袴謂之校𧘂瞭目明也周官有眡瞭憭說文慧也一曰快也僚嫽說文好皃一曰戲也或作嫽𦨣

鵃𦨣船長皃璙玉名𩈮𩈮面𩈮面白也撩取也釕鞻鈌謂之釕𢅥拭也燎尞說文放火也或作尞

轑爒爑炙也或从巢𣿅漻漻洌水清或省鄝𨟻說文地名或作𨟻通作蓼蓼說文辛采蔷虞也蟉

蟉虯曲皃𩵬魚名𡓷長垣○褭乃了切說文以組帶馬也一曰騕褭馬名或書作𩨋文十五㒟嬝美也或从女𡾰

岰𡾰山皃嫋說文姌也𨱿𠢕𨱿長而不勁嫐嬲戲相擾也或省嬈說文苛也一曰擾戲弄也一曰嬥也𥗊山田謂之𥗊

曰𥐰石𢺕擿也𥣬衡不舉也㮁木長弱皃茮茢茮艸長皃隁偃低皃○皛胡了切說文顯也从三白文十

芍葯薂艸名說文鳧茈也或从約从敫㵿渺㵿水遠也一曰㵿溔水深白皃幺相詐惑也或書作㓜鷕雉也髾水滕也的葯蓮子也或从艸蕌艸名○杳伊鳥切說文冥也从日在木下文三十二䁘幽静也一曰視皃窅說文深目也从穴中目窈窌說文深遠也或作窌偠婹㜭嬈偠㒘美皃或从女从幼从堯騕䮍要騕褭古之良馬或作䮍要𨲠𨲠肆長而不勁葽艸名爾雅葽繞蕀蒬今遠志也𣄃旖說文旗屬一曰旗皃或从依鵵鳥名爾雅鴢頭鵁似鳧脚近尾略不能行或書作䳌㝔宎窔突說文戶樞聲也室之東南隅或作宎窔突㫐說文望遠合也从日匕匕合也徐鍇曰七相近也𡨦說文冥也闄隔也䁏䁯䁏眇遠視也或作䁯苭苭蓔艸長皃鷕雉鳴宎竅聲莊子宎者咬者𥉚深視皃𣽊𣽊溟深不測岆山名○磽倪了切山田曰磽文一○趙起了切刺也詩其鎛斯趙沈重讀文一○曉馨鳥切說文明也文四鐃說文鐵文也皢說文曰之白也膮豕肉羹○𥐰磽輕皎切山田也或从堯文四𩫕高也憿幸也○皎晈吉了切說文月之白也引詩月出皎兮或从日文二十六皦說文玉石之白也皛白也璬玉佩鐃鐵文也䘼䘼𧙇小袴𢅢繳行縢謂之𢅢或从糸恔說文憭也譑糾也撽持也𨶒博雅絞也一曰絞繆殺也𦕊重瞼也撟撓曲也敫光景流也僥僥倖求利不止皃絞繚也𥌒𥇟明也一曰清別皃或作𥇟憿憿憭以誠

告也一曰幸也 徼 邀也史記徼一時權徐廣說 杓 木也爾雅杓者聊 鷔 鳥名似烏蒼白 效 方言效佳明也 芍 艸名

鳧茈也

三十。小 思兆切說文物之微也从八丨見而分之文四 𦬁 葽𦬁艸名遠志也 ⿰魚小 魚名 ⿰木小 說文相高也謂木生相高 。悄

⿰忄小 七小切說文憂也引詩憂心悄悄或从小文八 愀 容色變也 俏 行皃 繰 說文帛如紺色一曰深繒 ⿰金小 好也方言青徐謂之⿰金小一

曰微也 ⿰米肖 粉也 ⿰木小 小木高也。劋剿 子小切說文絕也引周書天用剿絕其命或作劋文二十二 勦 說文勞也引春秋傳

安用勦民 ⿰巾焦 ⿰衤焦 式也或从衣 摷 ⿰扌⿱艹果 說文拘擊也或作⿰扌⿱艹果 ⿰骨肖 膘 脅骨或作膘 萩 ⿱艹秌 闕人名楚有大夫萩或

作⿱艹秌 愀 色變皃或書作愁 ⿱罒潐 潐 說文釃酒也一曰浚也盪也盡也或作潐 ⿰木小 小木高也 ⿰耳喿 耳鳴 湫 隘下也一曰地名在

楚一曰水名在安定 ⿰少阝 邑名在魯 漅 湖名 ⿰金小 利也 僬 僬仯鷦竦 ⿰氵愁 腹中水氣 。少 始紹切說文不多也文三 ⿰少阝

說文地名 ⿱艹少 艸也 。⿺麥酋 麨 糗 齒沼切糗也或从少亦作糗文十 楢 赤木名 弨 弓反曲也 眧 以目玩人謂之眧 鈔

取也。⿱罒潐 樵小切盪也文一 。沼 止少切說文池水文五 炤 光也 菬 艸名仙苕也 ⿰耳召 明也詩其音昭昭 ⿱竹沼 竹名 。紹

⿱卲糸 市沼切說文繼也一曰紹緊糾也亦姓古作⿱卲糸文九 佋 介行也 袑 說文絝土也一曰絝襠也一曰衣襟 ⿰召見 見也召也 袑 闕人

名莊子有巫咸招招博雅牀謂之招𠧞說文卜問也㽉耕休田一曰瓜塍。擾擾鐃爾紹切說文煩也一曰順也或作擾鐃文十六獿犬驚也橈木曲嬈亂也繞說文纏也亦姓遶字林圍也㹛說文牛柔謹也⿰足憂蹂躟足動

褭騕褭良馬揉撓屈也或作撓繚闕人名莊子有黃繚猱獸名如獮猴健補鼠隢地名。狢巨小切博雅狢犺健也文二虯蟉虯曲皃。嶠丑小切山皃文三超趫輕走皃或从喬。趙直紹切說文趨趙也一曰國名亦姓文二十二

肁說文始開也亦姓肈謀也始也肇說文擊也通作肈晁晁陽縣名在東陽𠧩兆𠔉說文灼龜坼也从卜兆象形一說十億曰兆古省或作兆⿰片兆桃朓博雅版也或作桃朓垗𤱴說文畔也爲四畔界祭其中引周禮垗五帝於四郊或从田通作兆旐說文龜蛇四游以象營室游游而長引周禮縣鄙建旐駣駣騄馬屬曰馬三歲䍜說文羊未卒歲曰夷羊百斤爲䍜狣狗也爾雅絕有力狣鮡說文魚名大鮎也⿰扌周⿺走削刺也詩其鎛斯⿰扌周或作⿺走削通作趙洮水名在淮南絩說文綺絲之數也漢律曰綺絲數謂之絩布謂之總綬組謂之首。溔以紹切浩溔大水皃文二十三苭苭茮艸長皃舀抭⿰臼冘⿰舀召說文抒臼也引詩或簸或舀或作抭⿰臼冘⿰舀召⿰骨肖⿰骨号⿰骨肖骨或从号⿰山羔山皃⿱艹羔艸皃⿰目䍃美目一曰眇⿰目䍃視皃⿰木羔木長皃鷕說文雌雉鳴也引詩有鷕雉鳴或書作鷕闄廣雅遮也⿰言萑艸名如鴽非也⿰䍃欠⿰羔欠出气也或作⿰羔欠偠要偠紹舒緩皃或作要⿰方要

旌旗皃⿰爿兆牀板𡠿女字𡸖山名。夭於兆切說文屈也从大象形一說獸雙爲夭文十三紗紗緺理絲未成絇急緵也岆

山名枖木名殀少殁也丿右戾也仸尪弱謂之仸一曰仸僑不伸䴠獸名爾雅麋其子䴠芺艸名爾雅鉤芺大如

拇指中空初生可食一曰芺薊味苦江東食以下氣闄隔也窈窈糾舒姿也楧艸少長也一曰木華葉茂苭艸皃。矯舉夭切說

文揉箭箝一曰安也文二十二撟說文舉手也一曰擅也正曲也通作矯敽⿰喬殳說文繫連也引周書敽乃干或从殳孂說文竦身也

嬌女字憍小人得志也譑糾也一曰多言蹻爾雅蹻蹻憍也䀩眹也一曰目重瞼⿰角喬角高皃太玄⿰角喬其角蟜說文

蟲名一曰夭蟜龍皃一曰野人身虎文亦國名又姓鱎白魚糾窈糾舒皃槁橈木使曲橋闕人名秦有盛橋驕僨驕不可禁之

勢藨艸名喬喬詰音不平僑伏僑不伸鄗國名鐈溫器似鼎高足。⿰镸喬巨夭切⿰镸尞⿰镸喬長也文十丩相糾

也莜糾窈糾舒皃茾艸相糾皃麔牝麔也狢獪撟也趫輕走莜艸名爾雅莜蚍蜉撟夭撟頻伸皃爾雅人

曰撟⿰各欠博雅吐也。褾⿰衤少裱俾小切袖或从少从表文十三蔈說文苕之黃華一曰末也標木末也莊子上如標枝

嘌山顛⿰票見說文目有察省見也剽末扌表也北史也木⿱艹猋艸名狢獪也表𧞤外也一曰上衣或从麃

。䀩吉小切目重瞼文一。縹匹紹切說文白色也文十八標說文木杪末也顠鬃髮亂皃或从髟瞟

⿰目剽說文瞭也一曰目小皃或从剽⿰票見有察省見也票說文也膘說文脅後骨前合革肉也醥酒清謂之醥蔈苕華一曰草盛皃篻竹名實中者犥牛白謂之犥⿰扌剽落也⿰氵剽水皃皫鳥色變麃屬漂浮也。摽婢小切說文擊也一曰挈闢牡也古作㨭文十二蔈⿱艹𠬪𠬪莩落也或作⿱艹𠬪𠬪莩通作摽慓卞急也顠⿱髟票鬢白皃或作⿱髟票膘脅前鰾魚胞也標木名。眇弭沼切說文一目小也文十六吵雉鳴訬高也擾也渺渺洋水皃淼大水藐遠也春秋傳藐諸孤⿱艹眇艸細莖者篎說文小管謂之篎秒說文禾芒也或作⿰禾票⿰禾票杪說文木標末也⿰眇鳥鳥名說文焦⿰眇鳥也一曰桃雀即巧婦或書作⿱眇鳥紗⿰亻眇微也或作⿰亻眇仯僬仯驚竦皃一曰小皃妙嫽妙女皃。表⿴衣毛⿰衤麃⿸广⿴衣毛彼小切說文上衣也从衣从毛古者衣裘以毛爲表一曰識也明也古作⿴衣毛⿰衤麃⿸广⿴衣毛文十裱方言帍裱謂之被巾褾袖耑藨艸名子似覆盆婊女字⿱艹⿰夭夭艸名諘讚也。皫麃滂表切鳥毛變色或作麃文四藨艸名子似覆盆⿰牛麃牛白蒼色。𠬪被表切說文物落上下相付也通作⿱艹𠬪莩文十七殍⿱艹殍⿱艹𠬪莩餓死曰殍或作⿱艹殍⿱艹𠬪莩藨藨苞艸名說文鹿藿也一曰蔽屬或作藨苞皫⿰牛麃毛羽朱色不澤也周禮鳥皫色而沙鳴貍或从牛摽落也詩摽有梅徐邈讀⿸广⿱林口牡鹿沒水皃欲歐吐也⿰犭谷獪也⿰豸⿱止?獸名似狐善睡⿰扌麃析縛也。槁袪矯切枯也莊子槁項黃馘文

四喬喬詰意不平觹角皃鱎白魚。⿰皁乚魚小切皁也文三⿰牜堯獸名一曰趙魏謂牛馬騰躍曰⿰牜堯鱎白魚

三十一。巧⿰扌丂苦絞切說文技也古作⿰扌丂文六⿱丂鳥鷦鷯鳥名巧婦也⿰阝丂地名⿰丂頁薄媚⿱丂女女字。絞古巧

切說文縊也一曰縛也亦姓又國名文三十狡說文少狗也匈奴地有狡犬巨口而黑身一曰獪也疾也⿰目交聊⿰目交邪視攪捁說文亂也

引詩祇攪我心或作捁筊竹索鉸交刃刀也⿰氵⿱翏皿⿰犭⿱翏皿⿱翏皿說文器也一曰橈使濁或从犬亦省姣佼妖⿱交女好也亦姓

或从人亦作妖古作⿱交女烄說文交木然也⿰⿱交火攵⿱⿰交攵灬說文交灼木也或作⿱⿰交攵灬⿸疒丩⿸疒交說文腹中急也或作从挍亂也

一曰憤意咬聲也莊子突者咬者膠膠膠和也校疾也周禮轚兵細則校一曰柴也恔慧也⿰犭翏擾也摎摎蓼搜索

也⿱竹⿰交殳筍也⿱艹⿰交殳藕根也江東謂之⿱艹⿰交殳一說弓角接曰⿱艹⿰交殳挍接物也一曰戾也灚撓水聲。抝⿰扌窔於絞切拉也或作⿰扌窔

文十二鴢鳥名爾雅鴢頭鵁似鳧足近尾略不能行怮讖上也⿰面幼⿰面幼⿰面丏面曲

窅見⿰目丩⿰目堯眑深目也或作見⿰目丩⿰目堯眑

狕獸名⿰女幼⿰女幼嫪不順。齩⿰齒堯嚙咬五巧切說文齧骨也或从堯亦作嚙咬文六骲骨鏃也磽石皃。⿰鬼堯士絞

切黠也文二⿰亻巢長皃。⿱𦥯水澩下巧切水聲或作澩文二十三⿰犭翏擾也骹脛下也⿱艹骹茭茭博雅⿱艹骹茭根也

或作茭茭佼說文交也漻博雅清也一曰水中絕一曰凍也校几足⿰木⿱翏皿⿰氵⿱翏皿⿱翏皿器名或作⿰氵⿱翏皿⿱翏皿⿰扌學攪亂也或从

覺恔慧也筊筊笱也或作筊轇轇轕車多䘨䘨衵小袴齩齧骨效事露也狡犬吠通作⿰犭翏○飽

䭋𩜓䬪博巧切說文猒也或从采从卯从缶文五怉悖也○鮑部巧切說文饐魚也亦姓文七骲骨鏃⿰耒包廣雅耕也鞄

⿰韋包⿱陶革柔革工或从韋从陶枹木名○卯戼莫飽切說文冒也二月萬物冒地而出象開門之形故二月爲天門古作戼文十

泖水名媌⿰女卯博雅好也或作⿰女卯昴⿱日丣說文白虎宿星古作⿱日丣茆艸名鳬葵也⿰目卯⿰目交⿰目卯邪視緢旄絲○稍

山巧切漸也文十五莦藕根細者⿰身少⿰身少⿰身少體長皃數捎擊也或作捎潲博雅潲濯滫也⿰耒肖耰種也搜攪搜

亂也櫹梢說文長木皃或作梢⿱稍女長姊謂之⿱稍女⿰角肖牛角開皃⿱竹髾竹枝長⿱艹髾艸長皃髾毛髮長○鬻

𩰫⿱鬲火⿱𦥑火炒⿱取火楚絞切說文熬也或作𩰫⿱鬲火⿱𦥑火炒⿱取火亦書作𩰫文十三抄掠也謅訬弄言一曰聲也或从少⿰面巧⿰面幼⿰面巧

面曲⿰忄芻心迫也吵聲也仯小也○爪側絞切說文丮也覆手曰爪象形文十四叉蚤搔說文手足甲也或作蚤搔通作

爪瑵⿰王爪說文車蓋玉瑵或从爪笊笊籬竹器⿱艹爪菜名生水中抓廣雅搔也僺長也⿱艹澡藻水艸或作

藻⿰犭巢⿰犭爪西南夷種或从爪○嗃哮孝狡切犬呼或从孝文二○獠⿰豸巢⿰犭巢竹狡切戎夷別名或从豸从巢文三○橈

女巧切曲木也文七撓摎說文擾也一曰抓也或从摎⿰犭翏方言猥也獿犬驚吠皃⿸尸毛⿸尸毛⿱襄毛⿱瞿毛⿰俞毛毛深亂者膠⿱𦥑米膠

集韻上聲六 十二

雜亂皃
三十二。晧下老切說文日出皃文四十翯素羽杲日在木上昦昊說文春爲昦天元气昦昦或从天
淏清皃暤說文暤旰也亦姓顥皓皜暤暠⿰景高說文白皃引楚詞天白顥顥南山四顥白首人也或作皓皜暤
暠⿰景高浩澔說文澆也引虞書洪水浩浩或从皓灝說文豆汁也一曰灝灝夷曠也鎬說文溫器也武王所都在長安西上林苑
中滈說文久雨也一曰水名在鄠鄗隔邑名在常山或从𨸏格木名郻⿰皋阝邑名在南陽或从皋⿰号⿸虍豆⿱號土
說文土墼也或不省亦作⿱號土鰝魚名爾雅鰝大鰕⿱艹滈艸名爾雅⿱艹滈侯莎曒明也老子其上不曒灝博雅灝灝大也⿰禾⿱尤各
網飾謂之⿰禾⿱尤各一曰木名悎懼也峼山皃⿰矛告矛屬夰放也⿱山号山名⿰女告女字唬虎聲⿰王號石似王⿰𨸏皋地名。好
𤘆𡚸許晧切說文美也古作𤘆𡚸文四旭字林日始出也一曰明也。考苦浩切說文老也一曰成也亦姓古通作攷丂文十九攷
說文敂也丂說文气欲舒出勹上礙於一也⿰高頁⿰高頁頟大頭祰禞說文告祭也或从高槀說文木枯也或書作槁薧乾也
拷掠也⿱竹考⿰木⿱竹考⿱竹考笓屈竹木爲器或从木通作栲⿰木⿱丂九栲木名說文山樗也或从考洘水乾燺熇燥也或省搞
以火曲物也周禮橋幹欲孰於火而無贏劉昌宗說⿰夕高博雅貼⿰夕高曝也⿰孰瓦器也。杲古老切說文明也文二十七暠明白皃

夰說文放也从大而大分也臭說文大白澤也顥廣文皃縞說文鮮色也一日細繒𥡴說文𥡴𣄢而止也从稽省賈侍

中說稽稦𥡴三字皆木名稾藁菒蒿說文稈也或作藁菒蒿㾸㾸疕疥病格說文木也𥗏女𥗏石名燕珉也

皓皓皓絜白也浩以水沛酒曰浩亦姓櫜弢也周禮犬襓尾櫜劉昌宗讀祰博雅謝也槀槀本藥艸鰝魚名大鰕

也笴槁弓材或作槁晧光也澔澔汗大水皃灝煮豆汁鶮鷎鶮鳥名栲木名似樗○媪烏浩

切說文女老偁也文十九夭少長曰夭燠甚熱也襖袍也镺镺䠷長也𩩲䐿䏨骨或作䐿懊㤇恨也或从

夭䳅鴁䧱說文鳥也或省亦从隹芺說文艸也味苦江南食以下气䴠獸名爾雅䴠䴥其子䴠𩣡馬名𨛬邑名

帎帎帧巾也薁移蠶具蝹蟲名形若羊若豕在地中食屍腦殺之以栢葉覆首乃死陳倉人曾得之○䓴五老切爪蔓文

二䫜大頭也○寶寚珤𠈃補抱切說文珍也古作寚珤𠈃亦書作瑶文二十六葆說文艸盛皃一曰大也梓上苗

也鼓上飾也𠤏說文相次也鴇𪂷鳵𨾴說文鳥也肉出尺胾或作𪂷鳵𨾴亦書作鴇宲𢈊說文藏也引周書陳

宲赤刀或作𢈊堡隄也壿也或書作堢𠈃𤓰𤓯倸保呆說文養也一曰住也守也亦姓古作𤓰𤓯倸隷作保呆

賲和價物者緥褓說文小兒衣也或从衣𦐇失羽一也羽五色駂馬名烏驄也或書作鴇髱䯽髻也一曰

髮未長或从吾。袌抱簿晧切說文褱也或作拘文五怉懷也勹說文覆也[illegible]白皃也。務武道切艸多說
文卷耳也一曰葆也一曰毒艸通作蓩文十二耄旄老稱古作旄扨持也冃說文重覆也䀢說文低目視也引周書武
王惟䀢茆𦽳艸叢生也或从孜媢夫妒婦芼以菜和羹楙木名冬桃也苺艸名馬母也。㛮
嫂蘇老切說文兄妻也或从叟俗从更非是文八燥乾也俗作[illegible]非是埽掃說文弃也或从王𡟭𦾖說文
艸也或作蕿慅溲也。艸草屮采早切說文百芔也从二屮或作草屮文八騲牝馬𠹗𠹗嘐寂靜也懆
說文愁不安也引詩念子懆懆愺愺恅心亂慅爾雅慅慅勞也一曰愁也。[illegible]早子晧切說文晨也从日在甲上隸作早通作蚤
文十九𧖻蚤𧊅𧐘說文齧人跳蟲或从虫亦作𧊅𧐘璪𤀹說文玉飾如水藻之文引虞書璪火黺米或从水璅說文石之似王者
繅文采也通作繰藻繰博雅繰謂之縑一曰紺色棗木名說文羊棗也亦姓藻藻䕆說文水艸也引詩于以采
藻或从澡从繰鱳魚名雞足也轈車飾有華藻也杜子春說劋方言獪也秦晉間曰劋𨚗邑名在筑陽。皁
在早切黑色一曰馬閑一曰賤人文十一梍木名莢實者𦯔草說文草斗櫟實也隸作草草通作皂造𨔳艁
𨑖趈作也或从草古作艁𨑖趈𣸣水名。倒覩老切仆也文三十搗擣搗㨶說文手椎也一曰築也或作擣搗㨶

禱𥛃𩕦𠷎說文告事求福也古作𥛃𥜹作𩕦或作𠷎㠀𡷰隝嶹隯鳥說文海中往往有山可依止曰島或从𠂤亦作嶹隯亦書作嶋古作鳥檮斷木禂𩢡𩦺說文禱牲馬祭也引詩既禡既禂或作𩢡𩦺𤸬𤺺病也古从𠷎𡎴壔說文保也一曰高土或从壽𦦨𦦧𣈆博雅舂也或从𠷎亦作𣈆𥗿碡碡𥗿懸石皃𢿠懸擊物懤憂也窵窵窅深皃𠟍艸名。討土晧切說文治也一曰求也殺也文五𡙇長大也槄木名山楸也𪏮關西呼蜀黍曰𪏮黍稻杭也關西語。道𦤎衜杜晧切說文所行道也一達謂之道古作𦤎衜文二十二䆃瑞禾一莖六穗一曰治粟稻說文稌也亦姓駣馬二歲名𨲠跳跃長也洮水名在江淮間𧓍纛翿𣪘翳也舞者所執或作纛翿古作𣪘𩬅髮長𦅾色在青黃間曰𦅾肁始開也肇擊也肈謀也始也𦍯羊未成曰𦍯鮡魚名小鱯也絩五色縷狣犬絕有力者噵說也通作道敦覆也禮毋敦一几。老魯晧切說文考也七十曰老从人毛匕言須髮變白也亦姓文二十二撩取也嘐嘐嘐寂靜𤸷瘑𤸷疥疾恅憦恅心亂轑說文蓋弓也一曰輻也橑說文椽也䕩藔說文乾梅之屬引周禮饋食之籩其實乾䕩後漢長沙王始煑艸爲䕩或从潦栳笔栲栳柳器或从竹𪎻博雅𪎻䵗黃也簝受肉籠潦說文雨水大皃咾聲也澇水名在扶風

蔘摎蔘搜索也橑木名獠獠僚獠西南夷謂之獠或从犬从人亦作獠一曰土人自謂獠獠引種。匘腦
腦㑃𦢊乃老切說文頭髓也从匕匕相匕著也巛象髮囟象匘形或作腦腦㑃𦢊文三十三䯯䠇䯯長皃嫋惱惱嫐
嫐𢞞說文有所恨也今汝南人有所恨曰嫋或作惱惱嫐嫐𢞞碯瑙碯瑙博雅碼碯石次玉也或作瑙碯瑙獶獶
𤡢𤡢獸名䳕猻也或作獶𤡢𤡢謟謟語相侮也或作謟瘚瘚瘚病也或作瘚瘚燘燘燘熱皃或作燘燘
㛴姓也𡢃嬈也騷褭騷馬名也擾煩也𩯐髮皃。麃麃滂保切毛羽不澤也或作麃通作𤡩文四𤡩牛曰
蒼色𢿎擊虛聲
三十三。哿賈我切說文可也引詩哿矣富人文十舸大船也方言南楚江湖謂之舸笴箭幹笴笴
笴蒩或作笴魺鮓也南越曰魺菏菏荷澤名或作菏荷戨繫舟杙。可口我切說文肎也文六岢岢嵐
山軻說文接軸車也一曰轗軻失志坷坎坷不平一曰亭名在寧陵閜門傾也𣂑斫斫掣也。㰤𡂝許我切大笑或
作𡂝文五可頁傾頭視也𢻫𢻫擊也或作𢻫。荷何抲抲下可切博雅儋也或作何抲亦省文八嗬慢應言
聲苛急也崎礶砢山皃笴箭幹。閜閜倚可切說文門傾也或省文十二旖旖旎旌旗皃𧚊袲衺衣皃

鈳鏻也椏橠椏樹袤⿰木衺⿰木衺橠木盛皃掗掗攞搖也猗阿柔皃詩猗儺其枝或作阿婀妸娿娜弱態

或省亦書作婀又姓○我𢦐語可切說文施身自謂也一曰我頃頓也亦姓古作𢦐文十一涐水名在蜀俄䫉行頃也或从頁

哦誐吟也或从言⿰扌我差我也硪峨砐硪山高皃或从山騀說文馬搖頭也○𠂇左子我切說文𠂇手也象形或从

工亦姓文八⿺尢左⿺尢左⿺尢左行不正毑她姐博雅毑嫭母也或作她姐佐助也⿰镸左丘名○嚲⿰亨單典可切垂下皃一曰

厚也廣也古作嚲文十一奲說文富奲奲皃⿰多頁醜皃哆說文張口也⿰足單⿰足單小兒行態⿰月多肉物肥美⿰女多博雅妻父

謂之父⿰女多妻母謂之母⿰女多癉勞也怒也袳衣弱皃一曰被也○袉他可切長皃文四拸加也訑言不正也一曰欺罔自誇

皃柁木堅○拕拖扡佗待可切引也或作佗文二十七袉說文裾也引論語朝服袉紳通作拖爹說文

爹𤕞父也阤陀陊博雅壞也或从它从多沱⿰氵陀⿰氵陁沲水皃或从陀从陁亦作沲柁柂舵⿰舟㐌杕

正船木或作柂舵⿰舟㐌杕炧灺燭餘或从也詑訑誃欺罔也或作訑誃酡將醉謂之酡⿰可頁傾頭視也拸

加也抲擔也○砢⿰石羅郎可切衆石皃說文磊砢也或从羅文十八⿰木衺⿰木衺⿰木衺木茂皃⿰斦刂剆⿰磊刂說文柯擊也或作剆⿰磊刂

⿰木磊⿰木磊椏樹袤⿰金斦曳釣也⿰巾羅裂繒攞揀也裂也⿱斦口⿱斦口哆垂皃㦬⿰面羅懡㦬慙也或从面邏遮也囉聲也

磪磪砢山皃 攦攦攦搖也 曪曤曪日無光 ○娜乃可切婀娜美皃文十二 那何也 儺行有節也 旑旎旑

旑旗皃或作旎 帹幏㚇博雅㡔帹也或作幏㚇 袲裝皃 橠難㯁橠木茂或作難通作儺 𨍰轎也

○縒想可切繒鮮謂之縒文六 嵯女皃 䙞衣長也 𩮀鬖美 娑駊娑殿名 暛明也 ○瑳玼此我切玉

色或作玼文十 𥑮沙石地名 鬖說文髮好也 傞傞傞舞皃 醝山醝粟名 縒采色鮮曰縒 䙞衣長也 娑

駊娑殿名 搓邪皃

三十四○果𣐌古火切說文木實也从木象果形在木之上或作𣐌文十九 盉盤也 淉說文水也 惈

惈敢勇也通作果 裹說文也 輠錁車膏器曰輠或从金 鐹鍋刈鉤方言陳楚謂之鐹或省 𠛊戈

割也或从戈 猓猓猓獸名似猴通作果 虫蜾蝸蟲名說文虫蒲盧細要土蠭也之細要純雄無子引詩螟

蠕有子虫之或从果亦作虫 亯車所果 粿米也 餜餅也 ○顆苦果切說文小頭也文八 堁堀堁

起皃 棵𤖯名或从爿 敤說文也女弟名敤首一曰擊也 𡲬髁髀骨或从骨 果飽皃莊子

腹猶果然 ○火夃虎果切說文也南方之行炎而上象形古作夃或書作一文三 邩說文地名 ○禍礻媧戶果

切說文也神不福也古作媧通作禍文十一禍說文惡也過秦晉之間凡人語而過謂之過夥𡖇說文齊謂
多爲夥或从咼輠楇𨍏過也車盛膏器或作楇𨍏過○婐婑鄔果切說文妬也一曰女侍孟軻曰舜爲天子二女
婐或作婑文八倭倭墮髻皃𡖗博雅多𡖗多也𩭸髮美𠩴䂳石石皃捰擇扼摘也䀿明也○𡛙五果切說
文婐𡛙也一曰弱也好也文六厄說文科厄木節也賈侍中說以爲厄裹也一曰厄蓋砈䂳砈石皃頋靜也扼捰扼摘也鮠
魚名○跛補火切說文行不正也一曰足排之文八𡯁說文蹇也𪚜蚾䖯名蟾蜍也或从虫駊駊駝馬行皃播
搖也簸說文揚米去糠也𪛇龜屬○頗普火切不正也文八叵說文不可也从反可駊駏馬行皃說文駊騀也
或作駏洍水皃巔巔山皃叵聲也䀛眾䀛小高皃○爸部可切爸爹父也文一○麼麿母果切說
文細也或作麿文十一懡䤈靡𩈣懡㦤慙也或作䃺䃬䃷曪曪曪日無光𡑲細匕沒不知而問曰拾沒
髍漏病躨行皃○貨損果切說文貝聲也文二十二鎖鏁銀鐺也或作鏁瑣璅說文玉聲也或作璅䩛
草鎖也䂹礫小石或作礫摃扌擊也一曰動也惢心疑也𨛦亭名在河南漬灑說文水也或作
漅蓑蓑人縣名在上黨䈝博雅篘篌席也一曰竹名一曰篁也麩䴸說文小麥屑之覈也或作䴸鮪鱳

魚名或作鱳脞叢脞小也⿰月⿱⺌貝說文⿱⺌⿱由月也⿰⿱⺌貝刂切也一說斫○脞取果切小也一曰切肉爲脞文二⿰氵岩⿰氵岩石地名

⿰石坐碎石○𡋯坐粗果切止也或作坐文五侳安也⿰山𡋯山名脞目小○朶朵⿱艹朵都果切說文樹木垂朶朶也或

作朶亦从艸文三十二褍衣長一曰衣正幅椯說文箠也一曰度也一曰椯也⿰土耑動也易觀我⿰土耑頤京房讀⿰女朶

說文量也一曰女字⿰糸朶冕前垂也糸字林糸也硾石皃揣挅搖也一說高曰揣或从朶⿰阝朶小崖⿰金朶

鈌也垜說文堂塾也⿰革朶履謂之⿰革朶𥟖說文禾垂皃⿱禾乎雲不族也鬌⿰髟朶剃餘髮或从朶捶⿰耑攴

故捶物輕重也或作⿰耑攴⿰衤朶博雅福⿰衤朶袖也橢科橢木首杌也宋惟幹說埵說文堅土也⿰衤過大衣也⿰山垂⿰山朶山皃或从

朶跺行皃⿰金隋車轄頭棰木聚生皃⿱竹隋竹名○妥綏⿰妥攵吐火切安也或作綏⿰妥攵文二十二媠嫷好也

或作嫷隋埋祭餘也鰖魚子已生者⿱山妥嶞隓山長皃或作嶞隓鬌嬰兒前髮謂之鬌髟橢木圓而長曰橢

一曰車中器通作隋⿰隋鳥鳥名⿰月隋牲肉謂之⿰月隋⿰禾垂禾積也跺行皃⿰扌隋揲也⿰氵隋水名隓隓也憜不敬⿰田朶田畮

小高皃𠐍倭𠐍髻皃○憜惰媠㥩杜果切說文不敬也引春秋傳執玉憜或省古作媠㥩文二十八隋說文

裂肉也嫷說文南楚之外謂好曰嫷陊陏墮說文落也或作陏墮亦書作墮垜陊堂塾一曰射埒或从𨸏棰

禾積也篟笛篟竹名實中㼂甌也橢說文車笭中橢橢器也䡐履緣鰖鰖說文魚子已生者籀省鬌
剃餘髮一曰髮美隓說文山皃鑇說文鈴鑇也嶞說文山之嶞嶞者撱揲也䈗䈗竹名生南陽漢時獻爲馬策
豴豴豕埵堅土毈卵壞墤起土爲埒○臝裸躶倮儽魯果切說文袒也或从果从身从人从纍文二十三
卵凡物無乳者卵生蠃蟲名說文蜾蠃也瘰癧病蠡𤺓瘰瘯蠡皮肥也一曰疥病或作𤺓瘰稞無皮
穀蓏儽𣎆說文在木曰果在地曰蓏一說有核果無核蓏一說有殼果無殼蓏或作儽𣎆果龜名前弇果嬴說文畜產
疫病也𣎆鳥名博雅果𣎆桑飛𤸜說文[illegible]中病也𣎆說文獸名象形䴹麵也欙木名實有皮無殼蜾
蟲名也通作蠃○奵婧切女好皃或作[illegible]文三扌之間爲扌扼○坷苦我切埳坷地不平文一○齹
𪘧可切齒不齊也或从佐文二
三十五○馬𩡧影母下切說文怒也武也象馬頭髦尾四足之形古作𩡧影亦姓文十碼瑪碼碯石之次玉或从
石罵詈也䣕郁䣕縣名𥥩穴名在燕野鰢魚名鷌鳥名○乜母野切虜姓文二哶羊鳴○把補下
切說文握也文三𢀜說文擊也扌笆竹名有刺○跁部下切跁踦不前文五竨說文短人立竨竨皃笆竹名有刺蚆

蟲名小蛤也罷止也○寫洗野切說文置物也文九瀉去水也一曰鑑形樢博雅案謂之樢鎢範也金𥂕
獸名譌言以寫志舍方言發捝舍車也屚及也蕮澤蕮藥艸○且丑且淺野切說文薦也一曰𦉶詞古作丒且文五
跙蹠跙足利抯取也○姐毑她媎子野切說文蜀謂母曰姐淮南謂之社古作毑或作她媎文六抯博雅取也飷食無
味○灺似也切說文燭㶳也文二抯取也○姐慈野切弥姐羌族名文二担取也○捨舍始野切說文釋也或省文七𩚾䭃
餉飲也或从舍騇牝馬庴小室赦放囚一曰置也○奲齒者切寬大也文十一哆侈拸大皃或作侈拸撦裂也
𢭏擊也䰩𩲾醜䰩惡也或省潳䞍潳不絜也吳俗語奓張也赿距也漢令赿張百人○者止野切說文別事詞也從白聲
𣥋古旅字文六赭說文赤土也堵縣名亦姓𢭏擊也褚衣赤也方言卒謂之褚䣝馬名○社社䄕常者切說
文地主也引春秋傳共工之子句龍爲社神一曰周禮二十五家爲社各樹其土所宜之木亦姓古作社䄕文三○惹爾者切詭也論也絓也或書作
惹文六若艸乾也一曰若若綬垂皃一曰今人謂弱爲若亦姓喏䛖呩應聲或作䛖呩踷蹠踷距地用力也○灑
所下切落也汛也文一○鮺鮺䱹鮓側下切說文藏魚也南方謂之魿北方謂之鮺或作䱹𩼃鮓文十七羨博雅曝也
一曰束炭厏屋也厏厏房不相合痄痄疨創不合也一曰病甚詐謯詐謯言戾或从虘槎衺斫也苴

苲土苴和糞艸也一曰糟魄或作苲䇞炭籠長沙語艖小舟飷食無味諎誘言○槎柞⿰差刂仕下切說文衺
斫也引春秋傳山不槎或作柞⿰差刂文十奓夸奓自大⿸广乍屋也痄痄疨創不合⿰糸乍繒紕皃⿱𦍌炭束炭也厏庴痄
不相合詐詐謯言戾○葰數瓦切葰人縣名在上黨文五謏強語傻傻俏不仁一曰輕慧皃酸⿰夋頁面醜或从頁○⿰石坐
楚瓦切石藥頿黃也一曰小石皃文三嗖惡言溲泥也○觰展賈切觰觰牛角上張皃文五苴土苴糟魄也一曰不眞物⿰糸奓
⿰糸奓⿱奴糸絲⿱奴糸相箸皃偶偒行皃⿰足者衺行皃○奼姹丑下切說文少女也或作姹文三土土苴不眞物○⿱若石呂下切⿱若石⿰石差不
中皃一曰⿱若石苴泥不熟文二砢磊砢石皃○⿱奴糸女下切⿰糸奓⿱奴糸絲⿱奴糸相箸皃文七⿰石尒⿰石奓⿰石尒石垂皃⿰月多膩也⿰食多饜也⿰月厄⿰月奓⿰月厄
肥皃⿱多黍⿱奴黍⿰黍多⿰黍多粘也或作⿱奴黍○⿰糸奓⿰糸奢竹下切⿰糸奓⿱奴糸絲⿱奴糸相箸也或从奢文七⿰黍奓⿰黍奓⿰黍奓粘也⿰足奢⿰足咼⿰足奢行跨皃⿰石奓⿰石奓⿰石尒
石垂皃⿰石差⿱若石⿰石差不中皃⿰月啇腏肉○稞丑寡切穀名可食一曰莪葵文一○野墅壄埜以者切說文郊外也
或从土古作壄埜文十一也⿱廿也說文女陰也一曰語助或作⿱廿也冶說文銷也一曰女態虵虵蛭氏虜姓也蠱腹病一曰婚也⿰氵埜
⿱邪土泥淖也或从邪○丅下亥雅切說文底也指事或作下文六⿳𦥑頁夊⿱會足夏說文中國之人也从夊从頁从臼臼兩手夊兩足一
曰大也亦國名古作⿱會足隸作夏厦大屋○閜許下切說文大開也文六⿰口閜⿰口閅博雅笑也或作⿰口閅襾覆也煆方言熱也土

土苴糟。踍宅下切踍跒行不進文一。跒口下切踍跒行不進文三價價價大皃𪗾可𪘂也。賈舉下切姓也一曰國
名文十六斝說文王爵也夏曰琖商曰斝周曰爵一說斝受六升叚叚說文借也或作叚譚長說如此通作假假說文非眞也一
曰大也亦姓徦蝦說文至也或作蝦遐說文遠也婽博雅好也瘕博雅腹中久病檟榎木名說文楸也引春秋傳
樹六檟於蒲圃或作榎通作夏檟一曰苦荼椵說文木可作牀几夏陽夏縣名鰕魚名爾雅鰝大鰕瑕巳也詩烈假不
瑕鄭康成讀。搲烏瓦切吳俗謂手爬物曰搲文四𨄄跨行不正䆉色敗腂脺肥皃。啞瘂𤺂倚下切瘖
也或作瘂𤺂文七婭婭姹作姿𣢖鼓𣢖騴嗚也掗掗摇揺也𨃅行不正皃。雅鴉語下切鳥名說文楚鳥也一名鸒一名卑
居秦謂之雅或从鳥雅一曰正也文九疋說文古詩大疋字通作雅𥁰博雅杯也厊厏厊不相合庌說文廡也引周禮夏庌馬疨
痄疨病甚牙車罔訝詐訝言戾。踝戶瓦切說文足踝也文二十三𢧚𢪃說文擊踝也或作𢪃𠿾𤭁閞瓦大口曰𠿾或
省倮內衤也𡱝𡲱履也方言西南梁益之間謂之𡱝一說青絲頭履或作𡲱輠車轂轉皃一曰車膏器稞粿說文穀之
善者一曰無皮穀或从米䴹麹也蘳說文黃華也觟說文牝牂羊生角者也鱢魚名說文鱧也跨髀間髁谿髁不正皃一
曰謹刻腂藥艸名生山谷中益氣延年蘳蘳黃也𦕨地名讗𡂿疾言皃或从口鮭楚冠名。髁骻苦瓦

切髀骨也或从夸文十五跨踪跨行不進皃㐄廾說文跨步也或作廾夸夸奓自大銙䩋錁帶具或作䩋錁㡁袔小衫曰㡁或作袔顝醜皃咵言戾也㤉心快也楇橫擿杖。寡古瓦切說文少也从宀从頒頒分賦也故爲少文十二

倜倜倚行皃罫博局方目也篙篾篙收絲具𧣾𧣾觰牛角上張皃跒跒躇行跨皃冎另剮說文剐人肉置其骨也象形頭隆骨或作另剮丫說文羊角也象形𣏎枴老人杖也或作枴亦書作柺。瓦五寡切說文土器也燒之總名象形文五邷地名在衛𣐍博雅鼓謂之𣐍䝐䞃財也或从危。哆丁寫切魚口張皃文一。䟸力者切身

不就皃文二忚忚忚心不欲。土片賈切土苴不眞物一曰糟魄文一。笅初雅切竹名文一

三十六。養羧以兩切說文供養也一曰育也亦姓古作羧文十五懩心所欲也勨說文繇緩也一曰動也勉也痒癢膚欲搔也或作癢瀁漾潒滉瀁水皃或从羕从象蛘蟻蟓蟲名說文搔蛘也一曰北燕人謂蚍蜉曰蛘或从養从象𦢊𦢊𦢊欲吐𠢕𠢕也攁發動也。象爲似兩切說文長鼻牙南越大獸三季一乳象耳牙四足之形一曰罔象水神一曰南蠻號古作爲文十六像說文象也通作象勨勉也動也襐說文飾也一曰未笄冠者首服潒潒潒水急皃樣橡說文栩實也或作樣嶑山名蟓蟲名食桑葉作蠶者鱌魚名白魟也䔗艸名鐌鐌鼻器鈕一曰錦名𨖷行也𪆂

鳥名箳剖竹未去節。獎將子兩切勸也助也或作將文九 㯍說文族犬厲之也 蔣艸名說文菰蔣也一曰國名亦姓 箳說文剖竹木去節謂之箳一曰籯也席也 篻槳𥶍𦪉方言所以隱櫂謂之篻一說前推曰篻却曳曰櫂或作獎槳簩𦪉亦書作𢷎。

㒳里養切說文再也引易參天㒳地通作兩文十五 兩說文二十四銖爲一兩从一从㒳平分 入入說文二入也㒳字从此 緉說文履兩枚也一曰緉縷絞也 𦮽艸名 脼說文膎肉也一曰多味 倆伎倆巧也 㔝㔝勥力拒也一曰體急皃 裲衣名博雅裲襠謂之袹腹

𣐤松夜 蜽魎良閬說文蛧蜽也或作魎良閬通作兩 掚飾也春秋傳御下掚馬。鞅倚兩切說文頸靼也文十九 抰說文以車鞅擊也 怏不服懟也 𧵍無貲也 詇說文早知也一曰問也 䭲𩚵博雅滿也飽也或作𩚵 秧秧穰禾密皃

柍屋中央一曰架屋皃一曰木名梅也 胦脖胦臍也 炴火光 眏恨視 紻說文纓卷也 岟山足也一曰山名 駚駚犖獸跳踏自撲也一曰駚讋馬皃 𧊜气流皃 𢳆擊也 佒偃佒不能俯皃一曰守分歸一曰之佒陸德明說 𠃵盆也。強彊

巨兩切勉也或从畺文十五 𧬄詞不屈也 勥𪟨迫也或从彊 𨰈鉛屬 𩴾鬼名 弜說文彊也从二弓 𣩫殭仆也

言競言言語也 𢳆擊也 滰說文浚乾漬米也引孟子夫子去齊滰淅而行 彊堅土也周禮彊檃用蕡 蔃艸名餘歲人食其根 𩟄硬食。仰卬語兩切說文舉也或省文五 鞆屩屨也方言東北朝鮮洌水之間謂之鞆角 䒢茚艸名昌蒲也或作茚。𤭛

⿱相瓦楚兩切說文瑳垢瓦石或从相文十二摤𢊂磨滌也或作⿰亻爽漺淨也𩕡醜也搶突也傸惡也⿰爽刂𦢂皮傷也或

作膾愴愴怳失意漺冷皃○想寫兩切說文冀思也文四鮝鱶魚腊或从養欀木名皮中有米可爲餌○掌止兩切說

文手中也文九爪說文亦丮也从反爪抓批擊也仉⿰亻爪仉督梁四公子名或从爪一說从几者誤黨姓也⿱竹掌竹名⿱艸掌

艸名攩推也○爽𡙁𡚌所兩切說文明也一曰差也或作𡙁古作𡚌文十七騻驌騻良馬⿱竹爽竹皃慡性明也漺淨也

塽地高明處通作爽⿰爽瓦⿱相瓦半瓦也或作⿱相瓦縔博雅絪縔絞也一曰履底繩⿱彖糸⿱彖糸中繭樉木名一曰木茂皃⿱艸爽艸名

鷞鷞鳩鳥名鷹也通作爽䫪醜也䅄禾皃○敞齒兩切說文平治高土可以遠望也一曰開也露也文十三⿰忄敞惝⿰忄敞怳

鷩皃或省氅鷩鷩羽或从鳥廠屋無壁也⿱尚止蹋也距也倘倘然止皃儻卬敞无偏也⿰尚鳥鳥名尚山海

經基山有之如雞三首六足⿰尚阝地名傶寬也⿰足尚踞也○響⿱宀亯薌鄉⿱鄉音許兩切說文聲也古作⿱宀亯薌或

从口从言文十五⿱鄉言兩階間謂之⿱鄉言⿰亯阝說文不久也引春秋傳⿰亯阝役之三月亯享亭說文獻也从高省曰象進孰物形引

孝經祭則鬼亯之一曰當也隸作享古作亯饗說文鄉人飲酒也⿱鄉虫蚼說文知聲蟲也司馬相如作蚼一曰醯雞名⿰門鄉

門響也向闕人字春秋傳晉有叔向○繦舉兩切說文繦類也文九鏹以繦貫錢襁強⿰衤巫說文負兒衣或省亦作⿰衤⿱亠力

膙筋強也勥[爾力]強勥力柜也絽闕人名鄭伯絽也憼敬也○支丈雉兩切說文十尺也从又持十隸作丈文六

杖說文持也仗刀戟揔名一曰憑也[疒丈]病也扙傷也○[竹將]在兩切剖竹未去節文二[走匠]行皃○袒丑兩切通也明

也文二鋹利也○壤壡汝兩切說文柔土也古作壡文十九𦢊說文益州鄙言人盛諱其肥謂之𦢊穰豐也纕絲芰也

鬤髮亂皃攘擾也孃煩也躟𢖷躟躟疾行或从彳𥗼雌黃之惡者禳祭名蠰蠰谿蟲名土蠭

也蘘說文亠也一曰也[艹釀]艸名博雅艹木蘇也一曰也爙火也𢐦弓曲也瀼[氵壤]水淤也或从土○賞

始兩切說文有功也一曰玩也文八餯餳說文晝食也或从省曏少時謂之曏償報也莊子世俗之償饟

人謂饋曰饟餉[食敞]或从向从敞○仿倆髣[髟兩][扌方]扌兩切說文相似也籀从丙或作髣[髟兩][扌方]文十一眆眪

微見也或作眪紡說文絲也[紡鳥]鳥鳥名爾雅[紡鳥]或省[口方]如也○网罔網冈囚宔罡

[网紡]文紡切說文庖古作宀亡罒亡[网紡]一曰也俗作非是文二十一或作罔網冈籀作四𦬖艸名𡈼𧦧誣也或作

誷惘惘忄失志蛧蝄𩲃方說文蛧蜽山川之精物淮南王說蛧蜽狀如三歲小兒赤目長耳美髮引國語木石之

蛧蜽或作蝄魍方輞棢車也从木𦔮耳也網水名在也○昉昞甫丙切明也古作昞文十放

倣方俩也或从人亦作方俩鴋鶭鳥名說文也或从紡瓬說文之功也鬡髮鬡鬡亂桂

枉嫗往切說文曲也隸作枉文九㞷說文也浧汪泩陶縣名在鴈巛門或省亦从木䀝背也𢻹倭曲也𢿍侵

也。徃往迬兩切說文也或省古作迬文六旺也皇皇皇祭祀之儀𣶒去也楊雄弔屈原作此以其去水中故从

水。怳誑往切說文狂之皃文三詤也軦黃軦蟲名。搶摤此兩切突也或从爽文六槍逆刺𦡒傷也墏

基也篬竹名。長镸夫兩切說也進也古作長夫文五㳥漲大水也或从張。上上二是掌切說文高

也此古也一曰升也或作上古作二文三。臩俱往切說文驚走也一曰往來皃引周書伯臩文七迋逛欺也或从狂

𠏤𢕅遠行也或从彳𧷒𧷒負戴器也獷犬獷獷不可一曰縣名在漁陽。俇求往切惶遽也文四䀝背也

迋欺也誆誆也。恇丘往切懼也文一。丘作切石石名文一

三十七。蕩𣽁待朗切說文水出河內蕩陰東入黃澤一曰大也放也亦姓或从昜文二十七湯盪說文滌器也

勨博雅動也潒潙說文水潒瀁也或作潙像惕婸傷說文放也或作惕婸傷碭說文文石也崵

𡺵山名或从湯通作碭嵣嵣岨山皃璗說文金之美者與王同色禮佩刀諸侯璗琫而璆珌通作瑒簜說文大竹也引

夏書瑤琨筱簜簜可爲幹筱可爲矢　簜說文大竹箭也一曰盛酒竹器　⿰昜光光皃　暘春日也　𢡃𧑓博雅湯𢡃動也或从

虫　⿰衤舄襐博雅飾也或作襐　⿱竹黨竹名也　逿過也　婸嫯也戲也　瑒大圭尺二寸　○黨底朗切說文不鮮也

文十四　讜譡善言也或作譡　灙灙漭水皃　攩說文朋羣也通作黨　⿰尚阝⿰黨阝說文地名周禮五百家也或作⿰黨阝古書作⿰黨巴通

作黨　欓木名越椒也通作黨　党党項虜名　⿱艸黨艸名　⿱尚見博雅⿱尚見坑覽也　儻助也一曰倜儻卓異皃　⿰禾黨⿰禾黨頓⿰禾黨黃穀名

⿰寸蕩簡易也　○曭坦朗切日無光也文二十一　灙灙漭水皃　矘說文目無睛直視也　⿰白昜⿰白黨白色或从黨　爣

爣烺火皃　帑金幣所藏也　儻倜儻卓異皃　偒真也一曰長皃　戃戃慌失意　⿰月黨月不明　⿱竹昜大竹箭　⿰瓜昜

大瓜　蕩平易也詩魯道有蕩徐邈讀　倘止皃一曰自失皃莊子倘然止李軌說　惝儻惝然罔也或作儻　黨異也

漢書黨可徼幸通作儻　攩攩提擊也　踼申足伏臥　欓木箭　○朖⿰日良⿰月兩里黨切說文明也亦姓或从日古作⿰目兩亦書作

朗文二十一　悢懭悢意不得皃　誏言之明也　⿰目兩⿰目良目明或从良　硠博雅硠硠堅也一曰石聲　㝗康㝗屋虛　崀

嵻崀山虛　俍儱俍不平　樃㮥木名或作㮥　狼狼犺獸名似候　烺爣烺火皃　筤說文藍也　裉裉襐衣敝　㝗

⿱穴康⿱穴良空也　閬爣閬寬明皃　浪孟浪較略之言徐邈說　埌壙埌原野迥皃　○曩乃朗切說文鄉也文五　瀼泱瀼水濁

集韻上聲六　二一

瀼瀼水流皃或从曩𣰶𣯷𣰶氍毹毛深亂皃○榜牓補朗切木片也或从片文十𩯣𩯣𣰶髮亂𣯴𣯽博雅

𣯴𣰂罽也一說邪文曰𣯴或从旁騯騯驂馬皃螃蟲名陸居蝦蟇也傍左右也蒡蒡牛蒡艸名或省○髈普朗

切脅肉也文三𦫼𦫼𦫾色睛也覫視物皃○莽毋朗切說文南昌謂犬善逐菟艸中爲莽文二十茻說文衆艸也从

四屮𩅤𩅤霿雲色漭㴒漭沆水大皃或作㴒𡺸𡺸嵣𡺸山皃或从芒𥊬曭𥊬不明也𥊬無一目曰𥊬鏻

鈷鏻温器𣭡𣯴𣭡毛布蟒大蛇𦫾𦫼𦫾色睛𧯷吳王孫休子名孟孟浪無趣舍之謂向秀說汒忽遽皃莊子汒若於

夫子之所言空空窅空也𩪲骯𩪲體胖也䈿竹名其節稠䳟䳟鷄鳥名○顙寫朗切說文頟也文十一𧯸

𪔋鼓柂或从壴䮨騯䮨馬皃嗓喉也磉柱下石鎟鈴聲褬裉褬衣敝搡填也𤺥馬病轑車輞

○蒼采朗切莽蒼寒狀一曰近郊之色文一○駔子朗切說文牡馬也一曰馬蹲駔也一曰市會文五驡驡良馬𩪲

骯𩪲體胖𧯴大也通作駔臧善也○奘在朗切說文妄彊犬也从犬文四𨭸鈴聲奘駔說文奘大也从大或

作駔○沆下朗切說文莽沆大水也一曰大澤皃一曰沆瀣露气文十四骯骯𩪲體胖𡕒莽竣直項皃蚢魧海貝也或从魚

迒獸迒一曰道也伉闕人名䟘伸足也行行行剛皃忼慢也慷慷慨憤意吭頏咽也或亢从頁𦐊詡𦐊

飛皃通作頏。○汻許朗切姓也文三酐若干鹵地酒田名。忼慷口朗切慨也或从康文十二骯骯髒體胖⿰車亢
車⿰車亢也㝩㝩㝗室虛𢡌大意嵻嵻崀山虛伉闕人名⿰口康⿰口康咳聲也㝩㝩宦空也吭頏咽也或从亢
頁。○⿰田亢舉朗切博雅竟也一曰趙魏謂陌爲⿰田亢文十二⿰亢夋說文直項莽⿰亢夋皃从亢从夋夋倨也⿰鹵亢⿰酉亢鹽澤或从酉犺
犺狼獸名⿰足亢伸足也一曰擊踝亢頏咽也或从頁瓬甖屬沆漭沆水大皃魧海貝⿱宀亢廣也。○坱倚朗切塵
也文十七泱滃泱水皃炴氣皃岟山形霙白雲皃映映暳不明眏目不明⿱竹央竹名一曰竹無色醠⿰酉央濁酒
或作⿰酉央通作盎盎⿱央瓦盆也或作⿱央瓦、姎女人自偁我也胦脖胦臍也咉咉咽悲也駚駚讋馬皃軮軮軋遠相映皃
。○⿱卬馬⿰馬卬駺語朗切馬驚謂之卬⿰馬卬或作⿰馬卬駺文四⿰車卬⿰車亢⿰車卬車名一曰竹輿。○晄熿爌⿰光廣煌戶廣切說文明也或
作熿爌⿰光廣煌文十九⿰皇光闕人名櫎橫說文所以几器一曰所以帷屏風之屬一曰兵欄或省幌帷也榥書牀攩
博雅擊也一曰推行滉潢瀇洸水深廣皃或作潢瀇洸潢一曰染紙也愰愰懩心不定鎤鍾聲⿱艹晃
艸名⿰目晃目大皃。○慌⿰忄巟怳恍芒荒虎晃切昏也或作⿰忄巟怳恍芒荒文十九謊博雅忽也一曰
夢言⿰目巟目不明⿰目晃瞔晃目疾⿰月巟⿰月黨⿰月巟月不明爌寬明皃⿱艹晃艸名⿱宀巟廣也鎤鍾聲⿰目巟⿰日巟

集韻上聲下　二十二

旱熱也或省懬大意汻姓也喤喤呷衆也。懬若晃切大意文八懭懭悢意不得也軖車名儣瀇佷
不平熿爌熿明皃或作爌熿壙[illegible]也一曰壙埌原野迥皃。廣古晃切說文殿之大屋一曰闊也文八[illegible]解也
鄺姓也出廬江懬大意鸆鸆鶚鳳類[illegible][illegible]光皃或作[illegible][illegible]張大皃。汪鄔晃切大水一曰水名在
譙郡文三瀇水深廣皃[illegible]池不流
三十八。梗古杏切說文山枌榆有朿莢可爲蕪荑也一曰略也荒也文十九哽說文語爲舌所介也鯁
說文魚骨也骾[illegible]說文食骨留咽中也或从肉綆[illegible]說文汲井綆也或从亢㾘病也埂說文
秦謂阬爲埂一曰堤封謂之埂莄莖悙很也峺硬礙也或从石郠說文琅邪莒邑引春秋傳取郠
[illegible]挭攪也或作挭[illegible]日光[illegible]雲皃[illegible]蟲名。杏下梗切說文果也文七莕荇莕艸名
說文萎餘也或作荇莕[illegible]很也胻脛也鋞溫器。卄胡猛切金玉未成器也文三澋洒澋水回旋皃
[illegible]橫也。界若礦切驚而舉目視一曰好皃文三[illegible]空也天明明也。磺礦鑛釙砒卝古猛
切說文銅鐵樸石也或作礦鑛釙砒卝文十二懭悍也穬說文芒粟也一曰稻末春麷[illegible]麥也或从黃通作穬穬

說文犬獷獷不可附也漁陽有獷平縣奣明也。瞢烏猛切說文惑也文六濸水淨皃奣明也嚐
犬聲洄洄潒水回旋皃𤛱犢也一曰牛鳴。𤛱於杏切吳人謂犢曰𤛱文二哽咽聲。猛母梗切說文健
犬文八䁅䁅目有餘視一曰恚皃艋博雅舴艋小舟蜢蟒蚱蜢蝗類或作蟒皿字林器也盎博雅
盎窞窟也鯭胡蜢蝦虫屬通作孟。鮩猛切蟲名文六𧐖𧓄蜯蚌說文陛也脩爲广圜爲蠣或从
蚌亦作或書作蜯蚌𧍯博雅白魚也。朾都冷切擊也文一。炳百猛切明也文四𠈁詐僞浜
浦名邴邑名。冷打切說文寒也亦姓文二䍅䍅罟罔也。盯張切目盯直視文五𥿍絲繩緊直皃
儖海岱之人謂勇悍曰儖掟引也𧆠皮膚皃。瑒之切王名長尺二寸祭宗廟有瓚文五挺直也瞠
直視皃𢿞廣雅盡也町町地也。檸切木名皮可爲文一。丙補切說文位南方葛炳然陰氣初
起陽氣將虧从入冂一者陽也文十七炳昞說文明也或从日亦書作昺怲說文憂也引詩憂心怲怲蛃蟲名蟫也
邴說文宋下邑又姓鮩說文蚌也秉說文禾束也从又持禾或曰粟十六斛爲秉亦姓抦柄棅持也
或作柄棅通作秉苪艸名窉寎爾雅三月爲窉一曰究也或作寎眪目明也鈵博雅固也陃闕人

名宋有鮑陋○皿眉永切說文飯食之用器也象形文六𥁢說文北方謂地空因以爲土穴爲𥁢戶⿱䀠馬驢汗馬名
盟⿱囧皿信也坎用牲加書或作盟鄳縣名○眚⿱少囧省所景切說文視也从眉省从屮徐鍇曰屮通識也一
曰簡也古作⿱少囧隸作省文二十一眚說文目病生翳也一曰過也⿸疒省⿰骨省瘦謂之⿸疒省或从骨⿰女省說文
減也⿰省瓦博雅⿰幸瓦⿰省瓦甁也消渻爾雅水出其前渻丘一曰水名一曰少減亦姓或作渻⿰木省說文木參交以支炊
籅者也⿰虫省蟲也生青也周時四乳生八子陸德明說⿰口省愼言也⿱宀省⿵門省禁署或从門通作省⿱艹省
艸名⿱竹省竹名⿰镸省長皃⿰亻省直皃⿰省阝地名○景影於境切物之陰影也葛洪始作影或書作㬋文十三璟
璄王光也或从竟⿰食景⿰食英⿰食竟餌也也或从英从竟摬博雅擊也⿰火光火光⿸广英也⿰英見視皃⿰英刂
削也刺也⿰風英風高皃○景舉影切說文光也又姓文十二璥說文玉也竟境界也或作境儆擏
說文戒也引春秋傳儆言或作擏警說文戒也謂言戒憼說文敬也⿰木敬所以正弓漢蘇武能⿰木敬弓弩或書作
檠蟼蛙屬⿰敬頁警枕擏除也○永⿱勿几于憬切說文長也象水巠理之長引詩江之永矣古作⿱勿几文三
栐木名○憬俱永切說文覺寤也引詩憬彼淮夷一曰遠行皃文十六璟王光烱炎蒸也暻明也

囧說文窻牖麗廔闓明象形⿱竹囧竹名煛㷡火名一曰日光古作煛⿱罒介驚走也炅耿光也或作耿臦闕人名周有伯臦通作囧煛⿱罒介獷惡皃⿰氵囧澋水迴皃或从景⿱竹囧竹名○澋呼猛切水皃文一○憬孔永切遠行皃詩憬彼淮夷沈重讀文一○令盧景切官署之長文一○伉苦杏切健力也何休曰辯護伉健者爲里正文五摼擊鍾也硻剛也⿱殸車車聲揁琴聲○莌況永切艸名文二泂滄也○⿰月爭側杏切足跟筋也文一○⿰氵靚差梗切楚人謂冷曰⿰氵靚文一○⿰言亨虎梗切脂語文一

三十九○耿古幸切說文耳箸頰也从耳烓省杜林說光也从光聖省文五⿱耿心憂也⿱艹耿博雅芋其莖謂之⿱艹耿䁝䁝盯有餘視邢地名通作耿○㚔幸下耿切說文吉而免凶也从屰从夭夭死之事故死謂之不㚔隸作幸文七倖婞徼倖也一曰親也或从女通作幸𤭛博雅𤭛甑也悻悻悻很怒也諱言很也○黽𪓕母耿切蟲名說文鼃黽也从它象形籀作𪓕文六䵶蟲名博雅冥也一曰句䵶魯邑名鄳說文江夏縣⿰魚黽魚名⿰目黽⿰目黽盯直視○皏普幸切博雅白也文三頩色也絣氏人布名○⿰亻竝竝蒲幸切偕也或省文六併博雅安也⿰魚竝鮩魚名或从幷⿰虫竝木蟲名似蛤○迸⿺辶絲必幸切行急也文四絣急絚也一曰布名一

曰無文綺絣急也

四十。靜疾郢切說文審也一曰謀也文十九竫說文亭安也靖說文立竫也一曰細皃又姓婧竦立

皃一曰有才也姘博雅絜也一曰靜也⿰青彡[illegible]說文清節也古作[illegible]睜睛字林昭睜不悅視也或从青阱

穽汬陷也或从穴从水狰獸名飛狐也一說章義山有獸如赤豹一角音若擊石名曰狰⿱竹靜⿱竹竫竹名或从

竫靚召也一曰清潔女容徐靚也埩說文治也⿰爭頁顯⿰爭頁好皃。省⿱少囧箵息井切察也審也古作⿱少囧

箵文十一⿰忄省惺悟也或从星眚過也⿰木省俎几渻說文少減也一曰水出丘前謂之渻丘一曰水名亦姓箵

笭箵也睲視也篂屛篂車蔽當。請此靜切說文謁也文三睛昭睛不悅皃蜻蟲名蟬屬。丼

井子郢切說文八家一井象構韓形。罋之象古者伯益初作井或省文三。郱郱陘趙魏地山嶮名。整之郢切說文齊

也文一。徎丈井切徑也文五逞浧通流也或省裎深衣涇寒也。逞呈丑郢切說文通也楚謂疾行爲

逞引春秋傳何所不逞一曰快也或作呈文十四徎說文徑行也騁[illegible]說文直馳也古作[illegible]裎說文袒也方言襌衣

趙魏之間無裦者謂之裎侱役也悜憂也浧塗泥也⿰車蚩說文驂具也睈睈睈照視也𡈼善也梬

木名似梓睛眳睛不悅皃○領里郢切說文項也文八嶺阾阪也或从𨸏柃木名袊方言祖飾謂之直袊謂婦人初嫁上服一曰繞衿謂之君帬江東通言下裳曰袊[艹領]艸名軨車有和鈴也徎徑也○頸經郢切說文頭莖也文二烴烴燍焦皃○痙巨井切說文彊急也文二涇博雅寒也○廮於郢切說文安止也鉅鹿有廮陶縣文八郻說文地名巊巊嵮山皃癭[賏月][嬰頁]說文頸瘤也或从肉从頁嬰欠怒氣炔火光○[奈頁]渠領切博雅怒也文一○郢以井切說文故楚都在南郡江陵北十里或省文五梬說文棗也似柹浧泥滓漥說文清水也一曰窊也○潁庚頃切說文水出潁川陽城乾山東入淮豫州浸文五穎木名一曰錐柄一曰刀環一曰警枕穎說文禾末也引詩禾穎穟[𤇾并]深池也窐清水一曰窊也○穎騂穎切足凡也文二擷竟也○頃犬穎切田百畝也亦从田文十[田頃]一檾[艹頃]苘艸名說文枲屬引詩衣錦檾衣或作[艹頃]苘擷博雅竟也高廎說文小堂也或作廎烓博雅明也一曰小竈傾俄傾少選也通作頃[阝頁]仄也○餅[麥并]必郢切說文麪餈也或从麥文十六鉼金鈑一曰鬴也恲并合和也或省屏說文屏蔽也庰帡說文蔽也一曰覆也或从巾庰一曰廁也箳箳篂車蔽簹綆輪箄也辟除也莊子至信辟金𪘏𪘏齒偋偋倴密皃跰並足立皃琕王名[甾并]畚也○眳母井切眳

睛不悅文三慎慎悜意不盡一曰憂也溟溟泠寒皃○頸九領切項也文一○最知領切日出皃文一○怳呼請

切博雅狂也文一○駬如頴切馬行疾皃文一

四十一○迥戶茗切說文遠也文十四泂泂說文滄也或从冫炯光也𦾔熒逈艸名或省亦从

迥絅禪也琄佩玉皃爾雅琄琄刺素食也郭璞讀皛博雅白也冂冋空也或作冋𣚍桐桿牀也或省○詗

火迥切知處告言也文四泂北燕謂澿曰泂炅火光䳪鴝䳪鳥名似鷺鷥色蒼○褧顈犬迥切說文檾也引詩衣錦褧

衣示反古或作顈文十苘莔䔛枲屬或作莔䔛冋空也絅𢄊禪也或从帛通作褧耿耿耿小明也

扃扃扃明察也○熲畎迥切說文火光也文十七炅𣅳說文見也或作𣅳鎣治器从金爲之炯

耿說文光也或作耿泂泂寒謂之泂或从水餇飽也𥄫目驚也𧎛蟲名似蛙畎田畝也書伭畎

絲枲劉昌宗讀扃扃扃明察也憬覺悟也穎足几也一曰篋也𡘋大目也皛明也○濙瀅

滎瀅烏迥切洴濙小水皃或从鎣亦作濙瀅文七𤎌說文深池也熒瑩聽熒疑或也或从五○婞

悻倖下頂切說文很也引楚詞鯀婞直或作悻倖文十七𢙣說文恨也脛胻也𥪕小皃緈說文直也涬

溟涬自然氣也涬涬冷寒也鋞温器鯹魚名睈瞑目皃鈃字林似小鍾而長頸䩕博雅䩕䪂䩕也巠
地名在趙剄斷首也誙誙誙趣死皃○謦棄挺切說文欬也文十三漀說文側出泉也䡖一足行也
綮結處也莊子肯綮汫汫涏小水皃㷫火乾出也涇泉也磬擊石聲罄盡也高廎小堂
也或作廎䆋空也涇寒也○剄古頂切斷首也文四烴焦臭巠坙水脈也或作坙○巊烟頂切巊嵮山高皃
文三瀴瀴涬水皃⿺鬼巠巠厭○⿰目巠研領切直視也文一⿰矢廷⿰矢廷小皃烴焦臭○鞞補鼎切說文刀室也
文一○頩普迥切美皃楚辭玉色頩以脕顏一曰斂容或从色文二艵○竝部迥切說文併也隸作並文六併
並立也鮩白魚蜱⿸广蛵蛵屬或作⿸广蛵○茗榠母迥切茶晚取者或作榠文十七嫇嫇奵自持皃一
曰面平皃瞑瞑眸目不明姳好也酩佲⿰亻冥酩酊醉甚或作佲⿰亻冥通作茗溟凍皃溟溟涬水皃慏
意不盡也⿰日名日暗也眳目小也一曰眳睛不悅也嵮巊嵮山高皃冥暗也詩維塵冥冥蓂蓂莢瑞艸
⿰冥色青黑皃○醒銑挺切醉寤也文五惺悟也箵笭箵車笭也⿰火斯焦也篂簈篂車蔽簹○頂
⿰丁⿱巛首⿰鼎頁顁都挺切說文顛也或作⿰丁⿱巛首亦从鼎从定文二十四奵嫇奵自持一曰面平耵耵聹耳垢鼎鼑

說文三足兩耳和五味之寶器也昔禹收九牧之金鑄鼎荆山之下入山林川澤螭魅蝄蜽莫能逢之以協承天休易卦巽木

於下者爲鼎象析木以炊也古作鼑　薡薡董艸名似蒲而細　酊酩酊醉甚或作仃　濎湏濎濘水皃

或作湏　艼艸名　葶葶藶艸名能毒魚出熊耳山　靪博雅補也一曰補履　屓博雅重也一曰待也展也　檙

朾廣雅梧也或从丁　釘鍊鉼金　町田畝謂之町　嵿山名　𡔠𡔠墥蟻封　打擊也　。𡈼他頂切說文善

也從人士士事也一曰象物出地挺生也文二十六　珽珵說文大圭長三尺抒上終葵首或作珵　⿰亻𡈼侱徑也或作侱

脡脯朐也　⿸鹿廷鹿走皃　侹說文長皃一曰著地一曰代也勇也　頲頊說文狹頭頲也或省　町圢𡔠

說文田踐處曰町或从土亦作𡔠　⿰留丁田器也　艼艸名爾雅蔄艼熒　蜓蟲也　⿱罒丁䍅罟小網　閅門上關

挺直也　鋌廣雅鐵鏶鋌也　葶葶藶毒艸　⿱竹丁竹函也　⿰魚廷全魚嬏　霆迅雷　濎濎濴水皃　亭空也

。挺待鼎切說文拔也一曰直也待也一曰縣名在膠東文二十三　艇小船　鋌說文銅鐵樸也　梃說文一枚也一曰木

名　娗說文女出病也博雅娗娗容也方言嫣娗優也　霆爾雅疾雷爲霆霓　莛艸莖　⿰禾廷⿰禾定稻麥皃或从定　涏

洴涏小水一曰波直皃　蜓蟲名爾雅蜓蚞螇螰一名蟪蛄　誔博雅訑也一曰欺慢　訂說文平議也　脡脯朐也　筳

屋梁也通作莛侹徑侹直也靪博雅補也𢾎博雅也町鉤町縣名汀汀濘泥淖也閮門外啓謂之閮烶

火皃䁝目出也。箹郎鼎切䈌箹籯也通作笭文罜䍅罜小網泠水皃冷涬泠寒也酃䢯縣名

在長沙或从零笭笭箵也怜憭也。𩕲𩖍乃兩切項顛也或从寗文十聹耵聹耳垢濘水皃淵謂之濕

濘一曰淖也𧒄𧓍蟲名似虫或从寗橣木名䔭艸名博雅薴薴蓍荏蘇也一曰葶薴毒艸鑏吳俗謂刀柄入

處爲鑏䈌䈌箹籯也。汫徂醒切汫水皃文一婧𥫗切女有才也文。鶁呼頂切鴝鶁水

鳥文一

四十二。拼承撜拯丞卄無切語音蒸之上聲說文上舉也拼馬壯言或作承撜拯丞文九

𨍏軺車後登也或書作輕烝氣上達皃瘬骨瘬病也承縣名。懧尺拯切懧憴愚皃文一。庱丑拯

切亭名在吳文四崚踜止也或从足憴懧憴愚皃。殑其拯切殑姺欲死皃文二凂凂冼寒皃。姺色拯

切殑姺欲死皃文二洗凂洗寒皃。憑皮殑切懣也文一。耳仍拯切耳也關中河東麃文一。齒稱拯切齒

也河東云文一。澄直拯切水清不流文一

四十三。等得肯切說文齊簡也从竹从寺寺宮曹之等平也文二⿰白登白也。倗㑭普等切博雅不也从

朋聲一曰从勿巜人文四⿰崩阝⿰崩刂國名穆天子傳西征至于⿰崩阝人或作⿰崩刂一曰縣名在扶風鄉名在鄠。肎肯

肎苦等切說文骨間肉肎肎著也从肉从冎省一曰骨無肉也或作肯古作肎文三。能奴等切夷人語多也文四

⿱能虫⿰能虫蜂類或从虫⿰口能多言也。倰朗等切倰䔲長皃文一。䔲他等切倰䔲長皃文一。⿰田曾

子等切水田文一。⿰足桼徒等切⿰足桼⿰足桼行皃文一。⿵門朋步等切山名文一。瞢忙肯切目不明文三懵惛也

⿰亻瞢⿰亻瞢癡也。⿱宀亘[illegible]切癡也文一⿱宀亘緪也一曰大索

四十四。有ナ云九切說文宜有也引春秋傳曰有蝕之一曰質也古作ナ又姓文十九右左右手也

佑佐也助也友⿰爿十⿱羽冋說文同志爲友从二又相交友也古作⿰爿十⿱羽冋囿苑也⿱有皿⿱右皿器也或从右侑

勸也栯木名食之不妒⿰有鳥鳥名似雉⿰黑有黑色博雅⿰黑有堊塗也⿱艹有艸名疚顫疚頭搖皃⿱艹⿱苗禾艸名从苗四禾

⿰有龍兼有也鮪魚名似鱣長鼻。⿰歹丂朽許九切說文腐也或从木文六疞病也殠臭也糗乾飯屑也⿰扌丂

扐⿰扌丂力也。糗⿱臭米去久切說文熬米麥也或作⿱臭米又姓文六⿰食臭食物爛也⿰牛壽牛無子搝搝揭手舉⿰面臭⿰面幼⿰面臭

面醜。九乙有切說文陽之變也象其屈曲究盡之形文九久說文从後久之象人兩脛後有距也引周禮久諸牆以觀

其橈玖說文石之次玉黑者引詩貽我佩玖灸說文灼也奺說文女字也雂姓也韭韮說文菜名一種而久

者故謂之非象形在一之上一地也或从艸镹長也通作久。臼巨九切說文春也古者掘地爲臼其後穿木石象形

中米也文二十二舅說文母之兄弟爲舅妻之父爲外舅或書作舅齨說文老人齒如臼也一曰馬八歲齒臼也⿱臼木

說文春糗也⿱艹咎字林艸名咎說文災也从人从各各者相違也倃⿰言咎說文毀也或从言⿱咎心說文怨仇也

⿰木咎木名⿰咎欠蹴鼻也⿸疒咎病也⿱臼鳥⿰臼隹鳥名百舌也一曰烏⿱臼鳥鳥也或从隹亦書作⿰臼鳥麔說文麋牝也

⿱艹⿱臼木艸名爾雅蔨鹿藿其實⿱艹⿱臼木⿰魚咎魚名說文當互也⿰馬臼馬八歲謂之⿰馬臼通作齨⿱艹臼艸名⿰魚臼魚名柩

匶棺也籀作匶。懮於九切舒遲皃詩曰舒懮受兮文十五⿰魚幼魚名⿰黍幼⿰黍幼⿰黍柔輭也⿰歹幼⿰女幼妞欲死⿰火幼

⿰日幼⿰火幼炄欲乾或从日⿰面幼⿰面幼⿰面臾面醜噢痛聲欲歐也一曰蹙鼻⿱臼木春糗也⿰魚奧魚也⿰土卯邑名黝博雅

黝堊塗也一曰黑色⿰風幼緒風謂之⿰風幼⿰風幼⿰示憂福也。酉丣以九切說文就也八月黍成可爲酎酒象古文酉之形古

文酉从卯卯爲春門萬物已出酉爲秋門萬物已入一閉門象也文三十六牖說文穿壁以木爲交窻也譚長以爲甫上日也

非戶也牖所以見日羑說文進善也文王拘羑里在蕩陰羐誘䛻𥠖說文相訹呼也或作誘䛻𥠖卣

𠧩中樽也亦作𠧩歑歑說文言意也或省槱楢梄積木燎之也或作楢梄通作蕕庮說文久屋朽木

庮謂臭如朽木引周禮牛夜鳴則宂貧病也輶輕車也琇璓玉名或从莠𤩂遺玉也蕕

臭艸莠說文禾粟下生艸𦯔莤艸名或作莤蜏蟲名晨生暮死攸懸危危春秋傳湫乎攸乎一曰

所也徐邈讀儵疾皃莊子儵然而往媨醜也滫水名酭收弋繁具梄木名也囮鳥媒也戭長盾亶

小甌煪火也。缶缻俯九切說文瓦器所以盛酒漿秦人鼓之以節謌象形或从瓦文二十一缹炰火熟之也或作

炰亦書作炰否說文不也一曰口不許也又國名通作不不說文鳥飛上翔不下來也从一一猶天也象形𠛘說文

刀握也一曰以刀握取物鴀鳥名鵖鳩也䍂白也痞病也婄博雅敗也妚𡜳好皃或作𡜳一曰女儀也

芣艸名芘芣莪衃血也或作衃秠字林黑黍一稃二米婄廣雅醜也蚥蠶臥邳地名蒪艸木莖葉

舒布皃。紑孚不切衣絜鮮也文一。婦扶缶切說文服也从女持帚灑埽也文二十二負說文恃也从人守貝

有所恃也一曰受貸不償一曰荷也通作偩偩依也禮樂偩天地之情𨸏𠂤阜𨹟說文大陸山無石者

象形或作𠂤阜古作𨸏𨸐𨺅說文兩𠂤之間也从二𠂤隸作𨺅𩢍𨹌馬盛也一曰益也或作𨹌𤆍熾盛火也

鴭鴭雀鶵也通作負𧍢𧐖蟲名爾雅𧍢螽蠜或从䖵通作阜蝜蝂蟓蝜蟲名或从帚萯艸名說文

玉萯也菩艸名服𠬝服車箱也草草䕭香艸𤮨瓦瓦器○滫糔息有切溲也或作糔文八醙酒白

謂之醙縜綇絆前兩足亦从酉𩛄饋也謏訹博雅誘也或作訹○酒子酉切說文就也所以就人性之善

惡一曰造也吉凶所造也古者儀狄作酒醪禹嘗之而美遂疏儀狄杜康作秫酒或書作𨠎酋文二愀愀然變色皃○湫

在九切隘下也一曰著也春秋傳墊隘湫底服虔讀文四愀變色皃逎近也媨博雅好也○𦣻𩠐首始九切說

文頭也古文作𦣻巛象髮謂之鬊鬊即巛也或作首文十手𠂿說文拳也象形古作𠂿守𡨦說文守官也从

宀从寸寺府之事者从寸寸法度也或作𡨦艏舟也𩠓產而不醽謂之𩠓或曰人初產子狩冬獵也○帚

箒止酉切說文糞也从又持巾埽冂內古者少康初作箕帚秫酒少康杜康也葬長垣或从竹文七鯞爾雅鱖鯞

小魚也𣇱晭明也或作睭𢫏執也𧳅獸名○醜魗媿𡇩齒九切說文可惡也或作魗古作媿𡇩又

姓文六𦿟瑞艸蓓也𣀤棄也討也○受𠬛是酉切說文相付也一曰承也从𠬪舟省聲古作𠬛文十五

授說文予也綬說文維也壽𠷎說文久也又姓古作𠷎⿰壽阝濤水名在濁或从水⿰受阝⿰壽阝王

鄉名或作⿰壽阝⿰忄受闕人名漢有武安侯⿰忄受涭水皃嶹也⿰礻氣久祭璹王名。厹蹂忍九切說文獸

足蹂地也象形九聲引爾雅狐貍貛貉醜其足蹞其跡厹篆从足柔文十九⿰彳柔說文復也煣揉楺說文

屈申木也或作揉楺輮說文車軔也沑說文水吏也一曰温也葇⿱艹揉菜名似蘇或从揉鞣柔皮

也腬脜面色和柔皃或从頁⿰禾柔轢禾也狃犬狎也一曰習也杻木名意也糅粈雜飯也或作粈

鞣韌也。⿰氵叜溲⿱𦥯叜所九切說文浸渓也或作溲古作⿱𦥯叜文十一⿺走叜走皃颼颼颼風皃餿饋也

醙白酒也獀春獵名國語獀于農隟廋廀隈也或从叜蓃白滓。⿰革取⿰革芻楚九切束也或

从芻文四謅謅謅衆聲棷博雅校棷柴也。掫趣側九切夜戒守有所擊也或作趣文六搊𢪃持也或从州

⿰木菆艸木子聚生⿰虫取蟲名。⿰禾聚士九切聚也文二鯫魚名聚姓也。肘䏔陟柳切說文臂節也从肉从寸寸手

寸口也或作䏔通作⿰月壽文八疛⿸疒肘⿸疒壽⿰月壽說文小腹病或从肘从壽从肉扭手轉也一曰按也蚌海蟲名似

人肘形。丑敕九切說文紐也十二月萬物動用事象手之形時如丑亦舉手時也文七杽杻⿰金手鈕說文械也

或从丑亦作鈕鈕莥說文鹿藿之實名也吜聲也。○紂⿰革紂丈九切說文馬緧也或从革紂一曰商辛別號文九鮦鮦陽縣屬汝南葤薵艸苞物也或从壽⿱竹紂竹易根而死聚姓也⿰月壽𩨨後曰⿰月壽曰小腹病懤愁毒也。○桺柳力九切說文小楊也一曰聚也一曰桺谷日入處隸省文三十二罶⿱罒丣⿱罒婁說文曲梁寡婦之笱魚所留也或省亦作⿱罒婁珋石也茆艸名說文鳧葵也引詩言采其茆⿱竹劉竹名懰⿰女卯劉好也或作⿰女卯劉通作懰綹說文緯十縷爲綹一曰絲十爲綸綸倍爲綹熮火貌一曰灼爛鉚美金瀏說文流清皃引詩瀏其清矣⿺風卯⿺風劉緒風謂之⿺風卯⿺風卯或从劉⿰鼠卯竹鼠蟉蚴蟉龍皃蔘糾蔘相引皃留昴星別名蔞僂⿰車卯⿰車留喪車飾也或作僂⿰車卯⿰車留通作柳嬼婺婦藰艸名⿱艹陸也𠛪割也泖水皃⿱艹陸蔏⿱艹陸艸名⿰食卯餌也⿰扌卯捫也。○紐女九切說文系也一曰結而可解文三十沑溼也忸愧也鈕⿰王丑說文印鼻也或从玉亦姓⿰月丑說文食肉也⿰黍丑黏也扭案也⿰彳柔習也狃說文犬性驕也⿰丑阝說文地名莥⿱艹⿰月丑⿱艹紐爾雅蓾鹿藿其實莥或从⿰月丑从紐粈⿰食丑說文雜飯也或从食⿰禾丑禾耎弱者杻木名爾雅杻檍似棣細葉材中車輞厹蹂獸跡或作蹂輮車軔也揉撓之也⿰子丑說文刺也⿵門丑門關也⿰氵⿴囗九水名在汝南妞姓也高麗有之⿰火丑⿰火幼⿰火丑欲乾妞

㚰妞欲死𥝖麴𥝖輭也䘢衣耎也○恄悟四九切小怒也或从吾文六紑鮮衣也秠字林黑黍一稃二米

𣢒唾聲一曰唾而不受雺霧也○䶊牛久切齒差也文一○柚羊受切枳屬文一

四十五○𠪋厚垕𣆿很口切說文丘陵之厚也从𣆿从厂又姓隷作厚古作垕𣆿文十四𣆿說文厚也从反亯徐鍇曰亯者進上也以進上之具反之於下則厚也后說文繼體君也象人之形施令以告四方故厂之从一口發號者君后也又姓茩艸名說文薢茩也姤遇也後逡說文遲也从彳幺夊者後也徐鍇曰夊猶䍡躓之也亦姓古从辵郈說文東平無鹽鄉又姓㖃欲吐也一曰怒聲詬詢說文謑詬恥也或作詢○㖃呴吽吼許后切說文厚怒聲或作呴吽吼文十一𤘘𤙖郭璞曰青州呼犢爲𤘘或从后蚼蚼蟲名蚍蜉也或从后呺風聲莊子萬竅怒呺徐邈讀竘方言治也謂治作也犼北方獸名似大食人○口去厚切說文人所以言食也象形又姓文十一訂叩說文扣也如求婦先訂叕之一曰訂訂笑也或作叩扣說文牽馬也敂擊也通作扣叩說文京兆藍田鄉釦說文金飾器口㸸𤘽牛名或从后竘博雅治也一曰巧也健也劶劶劶用力皃

○耇耉舉后切說文老人面凍黎若垢或不省文二十一茩薢茩艸名詬詢辱也或作詢敂

扣也玽說文石之次玉者岣岣嶁山巔一曰岣嶁衡山名珣垧說文濁也一曰塵也或作均苟蒟說文
艸也一曰且也或作蒟又姓鮈鯷鮈魚名笱罶說文曲竹捕魚笱也或作罶狗說文孔子曰狗叩也叩气
吠以守豿熊虎子也漢律捕虎購錢三其豿半之是也通作狗⿰木苟枸木名博雅⿰木苟乳苦杞也或作枸蚼說文
北方有蚼犬食人⿰牛句青州呼犢子曰⿰牛句○毆敺摳於口切說文捶毄物也或从攴从手文十六歐嘔
咯欲衉欣說文吐也或作嘔咯欲衉欣⿰衤區博雅袼⿰衤區次衣也一曰編枲頭衣塸沙堆岴山名在陽
羑⿰牛后⿰牛區牛名或作⿰牛區甌西甌駱越別種饇飽也○偶語口切說文桐人也一曰儷也通作耦文十一耦說文
耒廣五寸爲伐二伐爲耦髃腢說文肩前也或从肉⿰禺瓦博雅缶也⿰女禺女字蕅藕⿱艹偶說文芙蕖根或
从耦从偶喁于喁聲相和也湡水名在襄國○⿰扌保拊彼口切說文衣上支也或作拊文四捂擊也捬捬擻
振也○剖普后切說文判也文十五婄婄娝婦人肥皃一曰不才⿱髟咅髮短皃⿱艹剖菩艸名或省蔀腤也
小也一曰星名⿰咅鳥⿰咅隹雀名或从隹否相與語唾而不受棓何休曰凡無高下有絕加躡板曰棓齊人語
⿱竹剖篰簡篓也一曰竹牘或作篰醅醉飽⿱艹傅華葉布也捂擊也○部薄口切說文天水狄部一曰說

也界丷也又姓文十八培嶏垺附傳雅培塿冢也或作嶏垺附脴豕肉醬⿰麥咅餢⿰麥疑⿰麥疑餅也或从食瓿
說文甂也䍌廣雅瓶也蔀艸名廣雅蓓蔀魚薺也一曰術家推閏法爲蔀蔀首篰剖說文兩爰也或作剖犃
廣雅猳犃雄也一曰牛短首謂作犃婄女字勏勏励用力箁竹葉也⿰咅鳥⿰咅鳥鳩鳥名○母莫後切說文牧也从女象
褱子形一曰象乳子也文三十七拇胟說文將指也或从肉踇足將指𨂍行皃畮畞畝說文六尺爲步
步百爲畮或作畞畝⿱艹林說文艸也某槑說文酸果也古作槑厶且字也通作某⿰母鳥⿰母隹鸚⿰母鳥能言鳥也或从
隹牡⿰牛馬說文畜父也或从馬⿰犭母猦⿰犭母獸名茻眾艸也莽南昌謂犬善逐艸中爲莽姆女師也⿰土每
地名在朝歌⿰忄某愛也⿰石母雲母藥石⿱艹某艸名⿱罒某⿱罒母⿱罒毋罔也或从毋从母牳牛名⿰豕每豕名戊
中宮也茂美也⿱敄瓦瓦器⿱敄羊六月羔蓩艸聚生皃⿱敄麥麥也痗病也⿱厶年中年地名○叜
⿱穴寸⿰亻⿱穴寸叟傁蘇后切說父老也或作⿱穴寸⿰亻⿱穴寸叟傁文三十⿰目叜瞍說文無目也或作瞍⿰耳叟⿰耳叜字林聰也
或作⿰耳叟嗾嗖⿰口造使大聲或作嗖⿰口造謏誘辭廋隱也擻抖擻舉索物也橾車轂中曰橾通作藪
藪棷⿱艹叜說文大澤也九州之藪揚州具區荊州雲夢豫州甫田青州孟諸沇州大野雝州弦圃幽州奚養冀州楊

紆并州昭餘祁是也或作棷亦从叟　藪筊篬說文炊箅也或从変亦作篬　駷駿搖馬銜走或从変
搜搜搜動皃通作叟　蔌爾雅菜謂之蔌　廋廋隈也或从叟　陖阬也　⿸厂數后也。趣⿺走芻此苟切促也周禮有趣馬官或作⿺走芻文九　取獲也　棷廣雅柴也　鯫小人也　采持取也　掫擊也　娵美女
⿰聚刂析薪也。⿱夭止走子口切說文趨也从夭止者屈也隸省文二。鯫仕垢切說文白魚也一曰小也文五
棷柴也　⿰豕聚⿰豕取小豕名或省　齱齱齵齒不正。斗當口切說文十升也象形有柄俗作㪷非是文九　枓
枓栱一曰勺也　抖抖擻舉索物也　阧陡峻丘也或从走　襡衣袖　⿰山斗山名　⿰麥斗麥⿰麥斗　蚪科蚪蟲名通作
斗。姓他口切說文女字也文十七　黈黃色通作斢　紏絲黃色　⿱艹黈廣雅好也　斢字林斢奪取
物　鈄姓也　敨展也　⿺走主⿺走俞飳⿰麥豆⿰麥主餅屬或作⿺走俞飳　⿰主鳥⿰主隹說文鳥也似鳧黑色或从隹　⿰犭主
犬名黃身黑首　⿰魚豆⿰魚主說文魚名或从主　⿰言斗誘也　諳言悉也。⿰金⿱卯豆鋀⿱卯豆徒口切說文酒器也从金
⿱卯豆象器形或从豆亦省文九　揄引也　襡博雅袖也一曰短衣　⿱艹揄艸名一曰編艸坐具　⿰主鳥水鳥名　⿰缶后說文
受錢器也古以瓦今以竹　鈄姓也。塿婁郎口切培塿小阜或省文十六　嶁山巔也　⿰阝婁羸⿰阝婁縣名在蒼

梧郡⿸瓦婁博雅瓿甈瓶也⿺麥婁⿺麥畢⿺麥婁餜餅也司徒儀吏死祭用⿺麥畢⿺麥婁三十千寶說漊溝也謱嘍方言謰謱拏也

或从口⿰禾婁耬耕娃謂之耬或从耒簍竹器數多也⿰石婁石也蔞艸名⿰婁斗字林⿰婁斗⿰婁斗奪取物。㝅

穀𣪘𤕟乳小乳吼乳乃后切乳子也或作㝅穀𣪘𤕟乳小乳吼乳文十二𧰲虎乳也通作㝅穀⿰氵乳

說文水也一曰酒也陾衆也檽構檽木名可染紫⿰女乳⿰女孚⿰女乳女肥皃。鯫才垢切小亦姓文一。謅

初主切樂音美也文一

四十六。黝幽於糾切說文微青黑色或作幽文十八怮怮怮憂也𣢭說文蹴鼻也⿰幼欠⿰幺欠

愁也或省眑靜也岰山曲皃泑說文澤在昆崘下山海經有泑山神收居之⿰火幼⿰火幼⿰火田欲乾⿰風幼⿰風幼⿰風卯風聲⿰魚幼

說文魚名蚴⿰虫幽蟲名博雅蚴蜕上蜂一曰蚴蟉龍皃或从幽呦鹿鳴拗抑也⿰田幼黑壤蟉蟉蚪盤曲皃。糾

糺吉酉切說文繩三合也或作糾文七赳說文輕勁有才力也朻木也爾雅朻者聊䦲鬮取也嫶竦身

也觓角皃春秋傳展觓角。虬蟉渠糾切龍皃或从翏文二。嫶苦糾切竦身也文一

四十七。寑𡩳寑寢寑七稔切說文臥也檑作𡪊古作寑寢寑文二十𥌠視皃沁水名

浸浸浸寒皃⿸疒帚寑說文病臥也或作寑鋟爪刻也公羊傳鋟其板⿰酉朁甘也一曰歃酒蓡蓡說文覆也或省梫梫木名說文桂也或省祲妖氣⿸疒𠬶⿰㑴頁體陋也或从頁⿰朁頁懦劣也通作頵。罧槮斯荏切積柴水中以取魚或作槮文四伈伈博雅伈伈懼也沁水名。⿰酉朁子朕切說文歃酒也文九⿰食朁博雅美也一曰味小甘也通作⿰月朁⿰月朁脣病寖濅涇也漸也或作濅⿸疒朁痛疾寑地名孫叔敖邑鋟博雅錐也⿰朁頁⿰朁頁⿰朁頁頭長。蕈慈荏切說文桑萸也文一。宷審式荏切說文悉也知宷諦也或作審亦姓文二十九諗說文深諫也引春秋傳辛伯諗周桓公瞫覘說文深視也一曰下視一曰竊見亦姓或从見眹視也牨牛名⿰女覃貪頑也一曰志下淰魚駭皃一曰濁也魿魚名一曰大魚爲鮺小魚爲魿魫魚子蕈桑羮橎棯木名或从念⿱山覃山名沈郴國名亦姓或从邑槮罧積柴水中以取魚或作罧腍孰也⿱艹審艸名⿰氵闖⿰氵闖淪水流漂疾訦燕代謂信曰訦覃邦利皃濸濸灅水動皃椹桑子⿱炎回侵火也⿰魚夭大魚嬸俗謂叔母曰嬸。瀋沈昌枕切說文汁也引春秋傳猶拾瀋或作沈文四瞫闕人名春秋晉有狠瞫⿰甚頁弱也。枕章荏切說文臥所薦首者文四⿰冘頁說文項枕也⿰朁頁頭俯皃一曰頭銳而長也魫魚首骨

○甚𠯑𦥍食荏切說文尤安樂也从甘甘匹耦一曰遇也古作𠯑𦥍文十　葚䊡椹說文桑實也或从桑

从木　訦信也　抌方言推也　魿魚名　魫魚子　○飪餁𩜁䏕𩚵𦜝忍甚切說文大孰也或作餁𩜁

䏕𩚵古作𦜝通作飪文二十　稔說文穀孰也引春秋傳鮮不五稔　恁說文下齎也徐鍇曰心所齎卑下也一曰思也

或書作𢗼　衽說文衣䘧也　䇮單席通作衽　荏艸名說文桂荏蘇　栠說文弱皃或書作栣　棯荵木名爾雅

還味棯棗或从艸　羊說文撖也从干入一爲羊言稍甚也　任佞也　妊說文孕也　秹說文禾弱也　潭水動皃　腍

飫也　○瘁所錦切寒病文七　澿潹噤澿寒皃或从罧　瘮駭恐皃　槮積柴水中以取魚　𩕄頭𩕄

懦弱　沁水名出上黨　○墋堪楚錦切土也一曰不清澄或从甚文十一　磣物雜砂也　醦博雅醋也　趻

趻踔行皃　瘮駭恐皃　譧讖言讒之也　慘毒也　駸馬聚皃　𩟗食有沙也　蔘覆也　○類

頋土瘁切醜皃或作頋文五　魿鯵岑小魚鯗也或从岑　岑山厓　○稟筆錦切說文賜穀也文三　廩

疾也　藁艸名藤也　○品丕錦切說文衆庶也又姓文一　○㲋陟甚切說文下擊上也一曰禁也文十　黮博雅黮䵋

也一黑　抌𣪘說文深擊也一說楚謂博曰抌或作𣪘　黕汚也　戡揕刺也或从手　磩用石椓也

劥用力也眈出頭視皃○踸跉跣丑甚切說文踸踔行無常皃或作跉跣文十䫂䫂顡懦劣皃

䰼多皃闖馬出門皃鍖鍖鉒聲不進皃嵁山高皃湛湛潭水皃眈出頭視也通作闖○朕

𦨶直稔切我也古作𦨶文十八㴨水流皃䑙黑色䲍魚名似鱖螣龍類能興雲霧栚𣗲說文

槌之橫也關西謂之栚或作𣗲㼭瓜青曰㼭橝屋梠前也黮黮汚也一曰黭黮果實壞皃○亩㐭𥣤

廩稟力錦切說文穀所振入宗廟粢盛倉黃亩而取之故謂之亩从入回象屋形中有戶牖古作廩𥣤或作𢈪稟文十九

㨆方言殺也一曰自關而西謂打為㨆懍𢡓懼皃或作𢡓古通作亩𥣤菻䕲說文蒿屬檁屋上

橫木凜𣵻說文寒也或从亩顲作色謂之顲一曰顲顲不飽一曰瘠也𨛫說文𨛫地名癛寒病𤯱

說文侵火也䉮博雅𦗃也凜凄清也○拰尺凜切搦也一曰拰搦調弓皃文三鉒銋鍖鉒聲不進皃或省

○灊潭湛以荏切灊潭藥水動也或作潭湛文五栖鄉名在濟北㷋火盛也○廞歆羲錦切興

也喪禮有廞車服或从今文三𣚣寒皃○坅丘甚切埳也文九趛赺倉君低首疾趍謂之趛或从今顉

頤曲上曰顉顉或从金顩顩頗顩醜皃或从金昑明也扲特物○錦居飲切說文襄邑織文文一礏

石名。噤渠飲切寒閉口也文九唫說文口急也顉廣雅怒也一曰顳顉懦劣禁寒皃𣤷闕人名漢有劉𣤷禁艸名憷勤也㬎絮中小繭蕈菌生木上。㱃飲𣱶飮𩚜淰酓於錦切說文歠也或从食古作𣱶飮𩚜淰酓文十一㵪水大至也喑喑醷聚氣也李軌說黔黔黮果實壞皃嶔山岑皃。魿牛錦切鰲魚也文十一僸嬐仲頭也或作嬐趛說文低頭疾行也廞興也岑崖岸也莊子未離於岑廞大屋顩頗顩醜皃嵒嶜嵒山皃坅坑也吟噤吟鎮頤皃。嶜集荏切嶜嵒山皃文一。呫當審切嘗也文一。𩔳側踸切頭俯皃文一

四十八。感古禫切說文動人心也文十九𠥄𥳉箱類或作𥳉䃭以石蓋也一曰石篋灨贑贛水名出南康或作贑贛䪼蓋也𤄷豆瀋也感鳥聲鹹醶鹹味或从酉𨣬說文酒味淫也𧆞說文艸也一曰薏苡通作贛籟竹名有宅鰔鰔魚名魠也一曰黃頰或省獑犬名鱝魚。顑虎感切說文飯下飽面黃起行也文七㖦博雅可也㰹气盛也𦑼飛皃𡑎土起𣛸木製趣走皃。坎𡷉埳苦感切說文陷也或作𡷉埳文十九竷說文繇也舞也樂有章从章从夅从夂引

詩竷竷舞我曰擊也通作坎也鋊連鐶歁說文食不滿也惂說文憂困也輡轗輡轗車行不平也一

曰不得志或从感欿欿然不自滿足意一曰欲得也壈壈坷不平顑䫡首動也或省⿰去虎甝屬⿰氵欿

濁也臽小阱厰陵岸竷扻擊也或作扻○頷戶感切說文面黃也文三十四頷㖤肣說文

顄也或作㖤肣顄頤也⿰女酓含怒也⿰山酓山皃撼揻說文搖也或从感⿰巾函⿰衤函巾擁耳也或从衣

肣牛腹也淊說文泥水淊淊也一曰纅絲湯憾感恨也或省⿰火函灼爛涵水澤多也𣐺說文木垂

華實从木弓㔾⿰口㔾說文嘾也艸木之華未發圅然象形或从口菡說文菡藺也通作歁⿰函欠欿欲得

也或作欿莟⿱艹頷開華也或作⿱艹頷⿰髟臽髮短皃蜭蟲名說文毛蠹也⿰口歁聲也圅⿰月圅口上曰臄口下

曰圅或从肉壈壈坷不平邯邯淡豐盛意顏師古說泔滿也漢書秬鬯泔淡一曰泔淡水皃⿰去虎虎聲○晻

隌暗鄔感切說文不明也或作隌暗文三十一黭說文果實黭黯黑也盦覆蓋也黤黯深黑色或

从音⿰氵闇說文水大至也腤腤腩調飪也罯說文覆也揞博雅藏也唵博雅哈唵也一曰手進食⿰田奄

⿰耒奄⿰禾奄種田也或从耒从禾⿰尢奄蹇也韽鍾病聲周禮微聲韽戚衮讀闇隱晦皃禮記君子之道闇然而

曰章厭沈溺意莊子其厭也如緘喑喑醷聚氣皃黬釜底黑也淰濁也馣馣馣香也韽繁茂

也醅醅醦面感容雸雲氣盛也媕含怒也掩阬也揜掩覆取也或从奄穽窒也。顉頷

五感切說文低頭也引春秋傳迎于門顉之而已或作頷頷文入媕說文含怒也一曰難知也引詩碩大且媕嵁

碪嵁岩咢山形或从石僴癡也喊可也。糂糣糝餕桑感切說文以米和羹也一曰粒也籀从朁古

从參或作餕文十五嘇啗嘇物在口中也傪𢔁顉傪動也或从彳粽蜜漬瓜實曰粽𢭅撼𢭅

摇也槮聚柴木水中魚寒入其裏因以簿圍捕之䫩顉䫩首動皃參雜也儀禮有參侯𦗼視也倸

僋倸無儀𤄃水皃。慘七感切說文毒也文十四憯𤸫說文痛也一曰憯也或从疒噆銜也莊子蟁蝱

噆膚朁說文曾也引詩朁不畏明通作憯噆黲說文淺青黑也一曰敗也傪好皃嫸𡡎說文婪也或作𡡎

懆說文愁不申也通作慘醦醅醦面感容參參譚衆多皃縿淺紺繒也䫩顉䫩搖頭。寁子盛切說

文居之速也文十昝姓也出蜀郡撍揝毛動也或从昝簪疌速也易朋盍簪王肅讀或作疌坅

坎也噆銜也㴸地濕喒喒喒味也。歜𣢾徂感切昌蒲葅也或从艸文九𠟰刺也𢐎𢏳弓張

弦也或从寁鐕綴物也慚鏆慚笙也𩸯魿博雅鱃也或省○黕都感切說文滓垢也文二十一眈虎視也抌𢻳刺也擊也或从支衴緣也紞說文冕冠塞耳者𡖇多也𤭛博雅瓶也一曰瓦屬丼投物井中聲又扵𣪘博雅禁也澸水淦吣鳥聲𦬫艸名知母也馾馬名髧髮垂皃𥶳篢竹名或作篢頕顩頕醜也𥳌匵檟篋類或作匵檟○襑他感切說文木博大文十三

䏙說文肉汁滓也監𥂴醓𨡬說文血醓也禮有監醓以牛脯粱䴹鹽酒也或作𥂴醓𨡬𢢔𢢔忒心不寧諃詩試言不定嗿說文聲也引詩有嗿其饁黮說文桑葚之黑也𧻓𧻓踔行進退也僋無檢也圅吐舌皃一曰竹皮○禫徒感切除服祭名文三十二髧髮垂皃詩髧彼兩髦或从人伔譚大也亦姓

贉市先入直也䊤說文糜和也醰厚味也嘾說文含深也𧡬眈徐視謂之𧡬或作眈偡齊也窞說文坎中小坎也引易入于坎窞一曰旁入也𥦐竈突也黮廣雅黑也霮䨴𩅆霮䨴繁雲或省亦作𩅆𦼮萏𧃍𦽷說文芙蓉華未發爲菡藺已發爲芙蓉或作萏𧃍𦽷㮧木名湛水名周禮其浸潁湛李軌讀鐔劒口也歁博雅歁歁盛也䆘曲內也太玄雷推歆䆘𥔃冉春

集韻上聲六　三一八

嵁嵁豐厚皃撢揞也嫸女名也憾不安蕈桑葜。壈壈盧感切坎壈不平一曰失志也

或作壈通作轗文十九燣焦黃色顲說文面顄顲皃轗輡轗車不進淊清也漬也漤沐也涁

字林藏梨汁也醂藏棶也一曰桃菹㨆方言殺也一曰打也懍𢡃坎懍困極或作𢡃㜝好皃醶酢醬

⿱入林⿱入愁悲愁皃一說林木君子所感故宋三曰入林悲心或从心婪惏不謹也一曰木人詐告吉凶也或作惏

窞王肅曰次底也。湳乃感切說文西河美稷保東北水文十四腩䣸⿰月甚臑也或从酉亦作⿰月甚揇搦也

䎃博雅聃䎃羽也⿰米南糝茹也萳艸長弱皃⿱竹南竹弱皃淰博雅濁也喃嚐喃嘗也暔夷名唐有暔國

罱取魚具⿱任酉醬也。縿幓所感切旌旗正幅或以甲文四⿰氵闖⿰氵闖淪水漂疾皃⿱雨彡小雨也。㚇

莫坎切首飾文一。䎃如坎切鳥翼下細毛文一

四十九。𠬝𣪘𣪝敢古覽切說文進也从𠬪古聲古作𣪘𣪝隸作敢文八橄橄欖果民澉

澉⿰飠蒦味淡⿱竹甘大竹𥕎𥕎窞摸末䐺大食國酋長名。喊嚂虎覽切聲也或从監文九⿱臨木擥堅土也或

作擥亦書作壏⿰谷敢嵌溪谷皃或作嵌闞聲大皃从門獥犬聲㢸山險。澉胡歌切澹澉洒滌也

文一。厰口敢切嶮也文四虦虘屬䶟鹹酫苦味𩜾飢也。黤烏敢切忘也文二博雅。㜗毋敢

切鄉名在河東文二䭢吳人謂哺子曰餡。䬺子敢切無味也文三瀲䭈𢁥繒未緶也灊醬也。槧

在敢切斷木爲槧文七鏨博雅鐫謂之鏨或書作鏩嵌𡶞山皃或作岨𠟍縮腩皃太玄曹𠟍𨇤鷲

鳥名鶵也𢶍擊也。厰五敢切山石皃文二㑣仰首皃一曰好皃。澉賞敢切水皃一曰果勇也文一摲

芟也。膽覩敢切說文連肝之府文八䃫石藥石黵說文大汚也鸇䪜鳥名羽青黃色或从

隹𥉍𥉍㰌田蔭也薝薝棘艸名甔罌屬。𦶹菼吐敢切說文薍之初生一曰薍一曰騅或作䓷文十一

緂繖緂說文帛騅色引詩毳衣如緂或作緂䋭毯毳席裧毳衣謂之裧罽魚罔黵

黑倓安也荀子倓然見管仲之能厰山地。啖杜覽切說文噍啖也或作啗噉餤㘖

文二十澹水皃醈醨也淡說文薄味也憺惔說文安也或从炎䇼竹名𥥠爨突謂之𥥠

舕舕出也賧蠻夷贖罪貨通作倓䬺無味也濫竹聲倓㑣博雅靜也或从剡菼𦶹

艸名爾雅薍也或从剡。覽魯敢切說文觀也又姓文十擥攬㩜說文撮持也或从覽从監欖

集韻二卷十八　三一一

檶橄欖果名或从窞爁火焚也灠灆漬果也一曰染也或作濫醶泛齊行酒也
五十。琰以冉切說文壁上起美色一曰圭之銳七者文二十五剡掞說文銳利也或从手⿰足炎
⿰足炎⿰足炎疾行也烡說文火光也燄說文火行微燄燄也灩淊淡瀲灩水滿皃或从臽亦作淡⿰氵閻
博雅汚也⿰糸閻方言未續也睒暫視皃⿸尸炎關謂之⿸尸炎⿸尸彡也⿰甘炎味甘也棪木名說文遬其也子似柰
赤而可食⿰木⿱穴炎廣雅篕棪謂之籧篨通作棪⿰耒炎覃利耜也或作覃燚火華也閻地名春秋傳戰
于鬼閻錟利刃也史說錟戈在後⿰木閻方言秦晉續折木謂之⿰扌閻夵夲廣末狹謂之夵⿰犭炎山海經女和月
母之北有國曰⿰犭炎氏⿸疒剡傷也。餤習琰切火行微也文四剡利也棪木名膠可和香爲蘇合銛臿屬
。脥謙琰切腹下也文三惔恨也唊猴頰藏食曰唊。黶黬於琰切說文中黑也或作黬文十五⿸厭甾
面黑子一曰⿰酉冉也壓塞也魘驚夢擪持也襛襛也通作厭⿰禾厭禾稻不實也酓說文酒味苦也
⿰女弇女有心⿰女弇⿰女弇也檿說文山桑也引詩其檿其柘通作酓或書作⿰扌厭⿸厂皮瘍痂也⿸厭甲蟹腹下甲厭
開藏也一曰厭次地名⿰黑敢忘也。湛牒琰切博雅湛湛露也文一。⿰糸僉纖琰切槌細也文二彡羌姶漢有西羌

姐。醶七漸切博雅酢也文六塹坑也憸懯詖也一曰惾憸多意也或作懯賧市先入直若今贉錢遾
遾遾欲近皃。𩟒子冉切嘗食也一曰𩟒䣶味醨或从漸文六𩟒𩈾色弱臢美也䁪笑皃悏
悏悏恨也。漸疾染切說文水名出丹陽黟南蠻中東入海一曰漬也文十八槧說文牘樸也𧼛走進也或書作
𧾬螹蟲名說文螹離也一曰魚名鏨博雅鑴謂之鏨錟長矛餤火行微也磛磛礹石皃嚵小食
蔪𧂍說文艸相蔪苞引書艸木蔪苞或从槧𨣛說文闕一曰醬也一曰𨣛䣶味醨剡鋭上也鏩
鏩鏩鋭進皃𧃒麥秀皃𢫬取也摲除也嶃嶃巖山高皃或書作嶄。閃失冉切說文闚頭門中也从人
在門中文十六潣灁流皃或作灁睒睫說文暫視也或作睫通作䀹覢說文暫見也引公羊傳覢然公
子陽𧩟誘言夾說文盜竊褱物也从亦有所持俗謂蔽人俾夾是也㨛疾動皃陜說文弘農陜也古虢
國王季之子所封也𡟝說文不媚前却𡟝𡟝也𢻌𢻌𢻌攑手皃𦕐𦕐𦕐目皃淰淰淰躍踊遾也或作淰
𢒼狄姓。颭職琰切風動物也文四趈前趈皃敁敁敊攑手皃拈拈也。剡時染切縣名在
會稽文三簷竹名黮黑甚也。冄冉而琰切說文毛冄冄也象形或作冉文十五姌姌說文姌弱

長皃或作姌　䎃羽皃　染說文以繒染爲色又姓　⿱雨染說文濡也　媣說文諟也一曰媞也或省　⿱任酉說文闕一曰瀸饕舊味醲一曰醬也　⿰金冉鐵也　⿰口冉噍皃　苒艸盛皃一曰茬苒柔木　䇮竹弱　枏木名梅也

○⿱斬手山儉切博雅次也文一　○讇丑琰切說文諛也或省文四　諂　⿰目見視也　⿰女臽⿰女臽陵女志前却　○斂力冉切說文收也文十三　⿰食兼廉食　撿說文拱也　䌞方言所以縣㯓關西謂之䌞一曰索也　嬚女字　瀲　澰瀲灩水溢皃或省　隒厓也爾雅重甗隒　溓廣雅漬也一曰冰其薄者溓　薟　蘞艸名說文白薟也或从斂

獫犬長喙者　⿰羊僉字林角三觠爲羷　○險　嶮虛檢切說文阻難也或从山文十　譣　憸廣雅詖也或从心　羷爾雅羊角三觠羷　⿰女夾性不端良謂之⿰女夾姱　⿰韋僉胡被謂之⿰韋僉　玁周謂北夷曰玁狁通作獫　獫說文長喙犬一曰黑犬黃頭　⿲木毌木[illegible][illegible]蔭也

○顩　⿸厂頁　⿰平頁丘檢切顩顩面不平也或作⿸厂頁⿰平頁文十一　鼸鼠屬說文齸也　嵰山高皃　㪁意不掩也　隒厓也　⿵門僉門屋　䭑食不飫　欦笑也　笶小竹　○檢居奄切說文書署也一曰俗謂燕尻今世書褒簽下或作跂文九　撿　儉束也或作儉　臉頰也　瞼眼瞼也　險字林山形似重甗　黬　黔黑也或作黔　贛贛榆縣名在東海　○儉　險　㑒巨險切說文約也或作險古作㑒文

四芡說文雞頭也。○奄衣檢切說文覆也大有餘也一曰欠也同也从大从申申展也亦姓文三十七弇穿㝅說文蓋也古作穿㝅掩說文斂也小上曰掩一曰撫也止也揜說文自關以東謂取曰揜一曰覆也⿸㫃网覆車罔⿸㫃奄旌旗皃罨罕也所以罔魚裺說文褗謂之裺晻屋檐耑版也閹閹閽官中守門者通作奄媕說文女有心媕媕也𨛔說文周公所誅𨛔國在魯⿰忄奄⿰忄弇博雅愛也或作⿰忄弇⿰目奄日無光也⿰氵弇䨄說文雲雨皃或作⿱雨弇⿰石奄山嵒巖也黭果實黑壞也媕誣拏也崦㟌崦嵫山名曰所入或从弇淹水涯也一曰繰絲出緒也⿰木奄博雅⿰木奄檻棜也殗瘞也馣馣馤香氣通作晻菴菴藹木茂皃埯土覆謂之埯⿰女酓美也⿰金奄椎也黤黑青也⿺尢奄𨂰跛也或从足裺襦也⿰禾奄禾不實也。○嚵士冉切博雅甞也文二瀺瀺灂魚鳥沈浮皃。○⿰酉韱⿰酉參初斂切酢皃或作⿰酉參文三⿰月韱羹也。○黵止染切黑污也文三㪓㪓敕擧手皃⿺走詹⿺走詹⿺走詹疾趨

五十一○忝㤐他點切說文辱也古作㤐文十三⿰禾因鄉名在濟北蛇丘餂取也孟子是以言餂之銛博雅錍謂之銛一曰取也⿰火忝火炎㮇栝木杖也一曰炊竈木或作栝⿰忄忝弱也⿰女覃婦人細長皃

姾女字阽亭名在京兆丙無光也○點多忝切說文小黑也文八耇廣雅老也一說老人面如黑點玷玉瑕鉆器缺刮刀缺一曰斫也蒧闕人名夫子弟子曾蒧通作點怗博雅靜也一曰服也姑女字○簟徒點切竹席文八潭簟灩水滿也居耴戶牡或作耴橝屋梠驔說文驪馬黃脊也䆄穛穇穀名蕈桑萸○稴盧忝切稻不黏也文四溓恬靜皃一曰小水𤬪廣雅瓜其子謂之𤬪溓薄水○淰乃玷切說文濁也文九嫸說文下志貪頑也阽亭名在鄭姌纖細也黬點黬艸書勢笧竹弱皃醶消也䑎劣也疕病也○鼸下忝切鼠名文三嗛鳥獸頰貯食㺌犬吠也○歉䭑苦簟切食不飽也一曰不足皃或作䭑通作嗛文六慊恨也一曰不滿也一曰愜也嗛鳥獸頰貯食膁馬腹旁謙安靜皃禮記此之謂自謙○嬚兼忝切諫身皃文二䭠博雅祈也○憯此忝切痛也文一○僭子忝切差也文一○濂燮玷切濂溓輕薄皃文二帴帬幅也○㚁𡘋美忝切腦蓋也或作𡘋文二

五十二○儼嚴曮𠑊魚檢切說文昂頭一曰好皃一曰恭也或作嚴曮古作𠑊文二十一顩

說文齸皃曮日躔謂之曮㜝含怒也嬐敏疾也⿰女广婦人齊整皃通作嬐广說文因广爲屋
象對刺高屋之形隒說文崖也嶮高峻山皃⿸广亻⿱罒亻俺⿸广亻癡也或作⿱罒亻礹磛礹山石皃噞
說文噞喁魚口上見也⿰魚僉魚名⿸广自峻也孍好皃⿸厂僉厓岸危也⿸广顩顩⿸广顩面不平○貶⿰貝僉辨
悲檢切說文損也或作⿰貝僉辨文六⿱臼寸說文傾覆也从寸臼覆之十人手也从巢省杜林說以爲貶損之貶疺病也窆
葬下棺也○拈章貶切服也文一○欿口广切笑也文二⿸广頁⿸广頁⿸广顩醜也○掩倚广切土覆也文一○險
希掩切峻也文一

五十三○⿰豆兼下斬切豆半生也文十⿰米咸博雅塗也減耗也禮以減爲文⿸厂⿱咸女博雅健也⿰犭兼說文犬吠
不止也一曰兩犬爭⿰口減喊怒聲或省⿰車咸車聲⿰兼瓦乾瓦屋也⿰舟咸船名○欿火斬切笑也文三喊聲也
諴廣雅謷也○槏⿸戶兼⿰木⿸戶兼口減切說文戶也一曰牖邊柱謂之槏或作⿸戶兼⿰木⿸戶兼文十三橄橄欖果名⿰兼頁醜皃⿰忄咸
⿰亻咸意不安也或从人歉不飽也⿰耳咸博雅陷也撖挂也危也⿱竹咸竹名嵰山皃⿰車咸車聲○減咸
古斬切說文損也或作咸又姓一曰減水名出番條山文十一椷篋也⿱竹減⿱竹咸竹名或省鹼鹻⿰鹵臽鹹也

或从兼亦作䶜　薟艸名寒蔣也　鰔魚名　䊗博雅塗也○黬乙減切說文深黑也文十一　闇隱暗也禮記

君子之道闇然日章　敨弃也　黶猒闕人名晉有黶黶或作猒　黬直聚氣也　𩈣醅醦感容　黤青黑

皃　黭忘也　獥小犬吠也　䵸黔黚果實黑壞○摻所斬切博雅取也一曰執也文十一　擊博雅次也一曰

取也　摲芟也禮有摲而播　醦博雅酢也　㺑說文犬容頭進也一曰賊也　鬖亂髮　嘇啗嘇

物在巳中　葠草初生者　毿擊也　險艱難也　槧芟艸木也○䐫楚減切臉䐫以豬膓肩椒芥醯鹽爲

之文二　䤔說文酢也○斬阻減切說文截也从車从斤斬法車裂也文　蔪刈也○瀺士減切瀺灂水聲文

十　嶃巉磛高峻皃或从毚亦作磛　劖斷也　嚵小飲　儳不齊也　壥北名　摲除也　擊

取也○僩丑減切癡也文三　跈踸跈踔行不進皃或作踸○湛湠文減切說文沒也一曰湛水豫州浸

又姓古作湠文五　偡齊進謂之偡一曰偡偡齊整也　瘎方言病也　黮黔黮果實黑皃○臉雨減切臉䐫羹屬

文三　溓味薄也　醶醶䤔酢味○囡女減切縮取物也文六　𣐤木名　𦯀艸名　𦋉𦌵魚網或从銜

淊水無波也○𪘹竹減切齫也文一○𩔖五減切面長皃文一

五十四。檻戶黤切說文櫳也一曰圈文二十艦戰船四方施板以禦矢狀如牢⿰犭監大獟謂之
⿰犭監轞車聲通作檻⿱臨車載囚車通作檻橄姓也出河內濫瀐爾雅濫泉正出郭璞曰正出涌
出也或作瀐通作檻⿱臨缶曲器壏⿱臨木堅土也或作⿱臨木糮⿱臨米博雅毀糮饘也或作⿱臨米㔋利也⿲氵斬瓦
懸水皃𩥃馬走皃㦨健也啗啗㖗物在口中也莕荇水艸或作荇。闞虎檻切虎聲文
三⿰犭敢說文小犬吠南陽新亭有⿰犭敢豃開皃。淰奴檻切水無波也文二。黤倚檻切說文青黑也文二
黬說文黬忘而息也。醶楚檻切博雅酢也文一摲山檻切取也文二⿰犭參⿰犭監⿰犭參犬聲。嵁
仕檻切高皃文二⿰犭參犬皃⿱斬齒。摻素檻切方言細也文一
五十五。范父切說文艸也又姓文八⿱范䖵蟲名博雅⿱逢䖵也通作范笵說文法也从竹竹簡
書也古法有竹刑通作範范軓⿰車巳說文車軾前也引禮立當前軓或作⿰車巳範說文範軷也一曰模也
犯⿰犭乏說文侵也古作⿰犭乏。僩丑犯切癡也文二⿰足閒跓足望也。槏胡犯切孟也文一。釩
峯范切器也文二⿰足乏也腇補范切河東謂腹爲腇文三貶損也⿱覀乏博雅棄也。鍐⿰金乏亡范切馬

首飾或从乏文五𡕢說文𡿺蓋也象皮包覆𡿺下有兩臂而夂在下⿰黑𡕢闇行也鐱刀也○凵口犯切說文張口也象形文二𢪃取也○冂五切凵冂張口文一○拑极范切脅持也文一

集韻卷之六

集韻卷之七

翰林學士兼侍讀學士朝請大夫尚書左司郎中知制誥判秘閣使判太常禮院羣牧使上柱國濟陽郡開國侯食邑三千一百戶賜紫金魚袋臣丁度等奉

敕脩定

去聲上

送第一蘇弄切獨用　宋第二蘇綜切與用通

用第三余頌切　絳第四古巷切獨用

寘第五支義切與至未通　至第六脂利切

志第七職吏切　未第八無佛切獨用

御第九牛據切獨用　遇第十元具切與莫通

莫第十一莫故切　霽第十二子計切與祭通

祭第十三子例切　太第十四他蓋切獨用

卦第十五古賣切與怪夬通　怪第十六古壞切

夬第十七古邁切　隊第十八徒對切與代廢通

代第十九待戴切　廢第二十放吠切

震第二十一之刃切與稕通　稕第二十二朱閏切

問第二十三文運切與焮通　焮第二十四香靳切

願第二十五虞怨切與慁恨通　慁第二十六胡困切

恨第二十七下艮切　翰第二十八侯旰切與換通

換第二十九胡玩切　諫第三十居晏切與襇通

襇第三十一居莧切

一〇送⿺辶⿱𢆶夊⿰亻送蘇弄切說文遣也古作⿺辶⿱𢆶夊隸作⿰亻送文五　鬆松鬆鬆鬆亂皃　凇凍凇冰堅皃　〇謥千弄切謥詷言遽文四　憁憁恫不得志一曰心急一曰無知皃　檧檐也　篵竹名　糉粽作弄切角黍也或作粽文十五　傯揔

倥偬苦也一曰困皃或从手⿰目㚇窺視也一曰⿰目彖⿰目㚇視皃緵⿱罒㚇總爾雅緵罟謂之九罭一曰百囊罟或作⿱罒㚇總㚇翪鳥斂
足也或从羽鯼魚名石首也⿰革㚇鞚⿰革㚇駕馬遽也鬷釜屬一曰漢侯國名⿰豕宗牡豕⿰怱力勸厲也。凍多貢切說文仌
也文十四涷爾雅暴雨謂之涷湩說文乳汁也棟說文極也爾雅棟謂之桴戇倲倲戇愚皃或作倲蕫艸名⿰東瓦
博雅⿰東瓦瓺⿰免瓦也⿱髟東⿱髟東鬆髮亂皃⿰犭東獸名如羊一角一目蝀說文螮蝀也⿰東見視皃娻女字崠山脊。痛他貢切說
文病也亦姓文三蘣好也甬穴也。洞徒弄切說文疾流也一曰通也文二十一峒山嵾嵯不齊也一曰山穴通作洞
衕說文通街也迵說文迵迭也一曰過也眮說文吳楚謂瞋目顧視曰眮⿰口動大歌聲也䪝⿰音通鍾聲或从通
詷謥詷急言一曰同也慟說文大哭也憧憧憧意不定胴大腸筒說文通簫也絧鴻絧深遠一曰相連次皃
戙杙也駧說文馳駧去也侗說文誠慤皃郭象曰侗然而來姛項端恫㥬恫不得志烔火皃洞冷也。弄挵盧貢
切說文玩也或从手文二十⿰忄弄⿰亻弄⿰忄弄戇愚也或从人哢鳥聲也⿰衤弄衣一襲⿸广弄厦也屛也⿰弄阝邑名在魯梇
說文木也益州有梇棟縣⿰忄龍⿰忄龍悷性恨礲石洞礱小磨⿱穴弄⿰山弄⿰石弄⿰土弄穴也或从山从石从土摝搖也周禮
摝鐸鄭司農讀⿰氵弄水名瀧瀧涷溼也⿰女弄女字。齈奴涷切鼻病多涕文四濃涷濃寒皃癑說文痛也一曰瘡潰

鬞鬆鬞髮亂。⿰口宮哄胡貢切衆聲或作哄文十六訌潰也烘火皃一曰火乾物港港洞水皃閧鬭聲孟子鄒與魯閧

从門⿰口動廣雅歌也一曰大聲⿱穴共⿱穴共⿱穴共空皃戇愚也蕻茂也或作蕻澒汞水銀也或作汞洚洪水也

虹虹洞相連也鴻澒鴻絧深遠一曰相連次皃。控苦貢切說文引也引詩控于大邦文十二鞚馬勒也倥倥傯困也

崆崆峒山深皃悾博雅誠也空窮也缺也腔穿垣謂之腔涳水直流皃絟絲屬矼慤實皃莊子德厚信矼

羫腔羊腊亦从肉。貢古送切說文獻功也又姓文二十二贛贑說文賜也籀作贑⿰氵貢灨水名出豫章或作灨

通作贑⿷匚贛⿰木贛說文小杠也或作樻⿱艹贛說文艸也一曰薏苡⿱贛土⿰土貢地名或作損⿰貢鳥鳥讓食夅說文杠落也一

曰盛箸籠虹字林螮蝀也一曰縣名在沛郡或書作⿰虫土羾飛至也⿰忄貢心動也一曰自高⿰阝虫從⿰阝虫山名在雲南攻戰伐也

戇悻戇愚也⿰女貢女字⿱艹貢艸木子聚生⿸尸夅差也⿰氵虹水皃。瓮甕烏貢切說文罌也亦从雍通作罋文八

⿱雝缶罋說文汲缾也或作罋⿰邕鼻埤倉病也⿰邕鼻臭乞翁頸毛壅縣壅山名在晉陽郭璞說。⿰忄冢懞

蒙弄切蓋衣也或从蒙文十三⿰氵冢微雨也霿霧說文天氣下地不應曰霿或作霧⿱㴎土塗也艨艨艟戰船懞

心暗⿰馬冢⿰馬蒙驢子或从蒙⿰金冢廣雅鏵⿰金冢鐅也一曰鐅刃⿱雨冢靁⿱雨冢聲⿰目冢⿰目冢瞍視皃。夢莫鳳切說文不明也一曰艸中曰夢

通作瞢文十三。㝱蓿說文寐而有覺也或作蓿通作夢。瞢目不明也。鄸邑名在曹。鏳鑿刃。𧽩瞢趧極行也一曰疲也。鸏鳥名。幪巾也。鏳博雅鐶也。霿雺天氣下地不應或作霧。夢楚謂艸澤曰夢通作夢瞢。賵凮撫鳳切贈死之物古作凮文三。麷熬麥也。諷風方鳳切說文誦也一曰諫刺或作風文二。鳳𦐝鶳馮貢切說文神鳥也引天老曰鳳五色備舉出於東方君子之國見則天下大安寧古作𦐝象形鳳飛羣鳥從以萬數故亦以爲朋黨字或作鶳文三。趥千仲切行皃文一。銃充仲切斧穿也文三。梳木種也。笎竹尖也。衆眾㐺之仲切說文多也从㐺目衆意又姓古作眔㐺文五。𧍞方言螻蛄謂之𧍞蛉。霥小兩。𠜱仕仲切鍤屬文一。戇贛呼貢切悻戇愚也或省文八。烘火乞乾物。蕻吴俗謂艸木萌曰蕻。篊竹器所以熯物者。䁎瞢䁎不明。嗊羅嗊歌也。𡾝𡾝峒山谷深皃。𣀦粗送切𢧀𣀦不迎自來也文五。穟麻東一曰積禾。㒖聚也。欉江東謂艸木叢生。藂艸稚也。中陟仲切當也文三。衷折衷平也。妕女字。仲中直衆切說文中也或省文九。筗中籥也通作仲。蟲蚛中蟲食物也亦作蚛。茽艸卉叢生。鴤鳥名博雅鶅鴤飛鸓也。祌神名。螐鳥名。𧽚䠗香仲切說文行也一曰瞢趧趜或从足文三。嗅鼻畀審乞也。焪去仲切火乾物文八。晇日乾物。䛪多言。澑水急皃。㑋小皃一曰寒皃一曰屈也。𢹁捺也。𨉖曲躬也一曰使役。𠯈鞫訊也通作䛪。矗丑衆切直皃文

一。樥蓬菩貢切艸木盛皃或作蓬文二

二。宋蘇綜切說文居也一曰木者所以戌室以居人也一曰地名商後微子所封亦姓文三謥謥詷言遽荣艸名。綜子宋切說文機縷也文四豵豕子碂碎也琮半壁也禮君享用璧夫人用琮天地配合之象。統他綜切說文紀也一曰攝理文二䵵博雅黃也。𥗦魯宋切䃔𥗦石落聲文二鼕鼓聲。䃔胡宋切䃔𥗦石落聲文二㖦廣雅歌也一曰大聲。湩冬宋切乳汁文一。霿雺莫宋切天气下地不應或作雺文二。癑奴宋切病也文一

三。用用余頌切說文可施行也从卜从中衛宏說古作用文六𩫖用也鼻知臭香所食也𥁞𤭛大罌或作𤭛苚艸名。俸奉房用切秩祿也或作奉文八縫衣會也周官有縫人捀奉也一曰分而數也㦀款書也覂覆也[骨逢]灼龜坼夆牾也。葑芳用切蕪根也江東有葑田文四封㞷爵土也書往即乃封徐邈讀古作㞷湗深沉。縱從紭足用切說文緩也一曰舍也或省古作紭文五瘲瘛瘲風病緃絨屬。頌額似用切說文皃也一曰告成功之詩或作額文八誦說文諷也從同宗也訟𧦝㕕吅說文爭也一曰謌訟古作𧦝㕕吅。從𨑦才用切說文隨行也或作𧺆文二。穜種朱用切說文埶也或从重文六踵偅躘踵不能行皃或从人𤮚甖屬鍾字林酒器也一曰樂器。䩦𩊭

毦縙而用切𥨋毳飾一曰罽也或作毧毴緝文三𩸣鮐魚也湩𪏑𪏑竹用切乳汁也或从乳亦省文六堹池塘塍埂
也諥言相觸也惷愚也○贚良用切用貧也文七蹱儱蹱蹱不能行皃一曰不強舉或从人襱襱緟衣寬皃𤸇𤻮瘇病也
𡑞博雅塗也驡重騎○惷𢤱贛丑用切愚也或作𢤱亦省文五蹱僮蹱蹱不能行皃或从人○𢧜戎用切推也文四
宂餘也散也䘰鬼衣宂皃𪀔鷬飛○重𡍲壟儲用切說文再也古作𡍲壟文七緟褈緟縛也或从衣𨉲
媑也憧遲也○恐𢖻欺用切疑也古作𢖻文四葸艸名博雅葸莗蘭蕮伷遲也○供共居用切設也或省文五龏慤也蛬蟲名
蜙蝑也拱檢手也○共𦮃渠用切說文同也古作𦮃文二○雍邕於用切地名又姓古作邕文十二灉𤅶邕爾雅
水自河出爲灉或作澭邕壅壁塞也一曰加土封也或作壁甕罌也𩍅𩋟鞾靿或从邕𧝏𧜭襪靿或从邕
○揰昌用切推擊也文五橦木杭也𨔢揰𨔢邪行艟艨艟戰船衝要也○艨忙用切艨艟舟也文一
四○絳紅古巷切說文大赤也或从工絳一曰地名文十一降夅說文下也古作夅洚水不遵道也孟子洚水警予䅶
艸名爾雅困䄽䅶禾垂虹蝃蝀也一曰縣名𡲢博雅差也㤏恨也洪水名○鄉巷衖䢽閧胡洚切說
文里中道也或作巷衖䢽閧巷文姓文十二𨞬邔說文鄰道也隷作邔閧鬨說文鬭也引孟子鄒與魯閧或从巷笐挂衣

架也一曰竹列降星名爾雅降婁奎婁也港水皃。胮匹降切脹臭皃文五炐火聲韸鼓聲𩈲面腫吽聲。䎫𡓝楚降切不耕而種謂之䎫或从土文二。淙潨仕巷切水聲或作潨文四漴水所衝也通作淙霟雨皃。㤶尨巷切㤶戇愚也文一。戇贛憃惷陟降切說文愚也或省亦作惷文五鬆鬆鬤髮亂皃倯立皃。惷赫巷切惷憧志氣淩突文一。鬤尼降切鬆鬤髮亂皃文二饢食无廉。淙朔降切水出皃文五篵篨以竹木刺物也或从木雙相偶也𢧐捧船水。𥈠䚒䚈丑降切直視也或作䚒䚈亦書作睠文五惷愚皃瞳未有知皃莊子瞳焉如新生之犢。䡴文降切衝城車也一曰陷陣車文八艟短船名幢后妃之幰曰幢憧𢥞意不定也一曰戇憧愚皃亦作𢥞撞撞擊也䚒視不明也𧡟䚈𧡟直視。贛呼降切賜也文一

五。寘支義切止也置也廢也文十四忮伎說文恨也一曰懻忮強害也或从人伿惰也誃不知也𢻫博雅多也觶觛觝說文饗飲酒角也引禮一人洗舉觶觶受四升或从辰从氏鳷鳥聲示置也禮示諸掌乎通作寘支方言南楚謂謰謱曰天註㚤有大度也𡺳山名。翅翄施智切說文翼也一曰過多也或从氏文十九翨鳥之彊羽猛者或書作翨𨾑鳥名啻說文語時不啻也一曰諟也餘也施㐌惠也與也古作㐌暆博雅暆𣄻謂之㥀帞鍦鉈江淮

南楚之間謂矛爲鍦或作鉈　儩盡也　𤗈博雅𤗈俎几也　馶馬彊也　𧑐爾雅姑𧑐彊蛘今米中小黑蟲　弛改易也通作施　棓字林

木名　揓掊把也或作棓　㚉有大度也　○㚉誃充豉切說文有大度也一曰慶也或从言文五　鉹鬵鼎也　侈字林汏也

𠊲開衣也　○敊豉𧯃是義切說文配鹽幽尗也或从豆亦作𧯃文十一　𥹥廣雅黏也　𢐗青州謂彈曰𢐗　鯷魚名鮎也

扡牽也　貤物重數　易傷輕也或从人　𩈖字林𩈖䩉面皃　○惴之瑞切說文憂懼也引詩惴惴其慄文七　睡𥈡

杵擊也或作喘　諈爾雅諈諉累也　揣治擊也　錘鍛也　䣚病也　○吹尺僞切噓也文六　𪛗龡說文籥音律管壎之

樂也或省通作吹　𥝧糶也　出出也詩杲杲出日　炊炊累動升也　○瑞樹僞切說文以玉爲信也徐鍇曰从耑諦也又姓文

十　倕闕人名堯時有工倕　睡說文坐寐也　𩨨黍器先以冐坑之也　𨾓𪀗鳥名說文雖也一曰雅烏或从鳥　𥝩小積也

垂將及也　腄縣名在東萊　娷女字亦姓　○䅑而睡切内也一曰人心薄内言而語謂之䅑文六　抐内也　汭小水入大水也

内入也　諉諈諉煩重皃　𢏀弓曲謂之𢏀一曰張弩　䩸韆所寄切韆屬或从麗文九　屣躧履不躡跟也一曰徐

行不履或作躧　灑洒說文汛也或作洒　曬說文暴也　纚襹纚毛羽衣皃　釃以筐盪酒　○𧙌爭義切衣不伸謂之𧙌文

三　𣁐皮不展也　第牀格謂之第　○賜錫斯義切說文予也又姓或作錫文十三　澌說文水索也　𤄞泄水門一

說停水曰澌南史有石澌⿰歹斯死也通作澌杫⿰木徙栺方言俎机西南蜀漢之郊曰杫或从徙亦作栺蕮說文艸也⿱艹斯
艸名斯儩盡也詩王赫斯怒鄭康成說或作儩屣履不著跟曰屣○刺七賜切說文君殺大夫曰刺刺直傷也俗作刺非是文二
十三朿說文木也莿茦說文茦也一曰艸芒也或省誎說文數諫也一曰書也通作刺⿰言戍也⿰朿見說文⿰朿見⿰盧見
闕觀也⿸广朿博雅舍也⿸广且相依也⿸疒朿風痺膚疾庛⿸广⿱此米⿸广柴周禮耒庛長尺有一寸鄭康成曰表下前曲扌耜者或作⿸广⿱此米⿸广柴
⿰木朿楣屬蛓蚝⿰虫慈⿰虫司⿰虫朿⿰虫恩說文毛蟲也或作蚝⿰虫慈⿰虫司⿰虫朿⿰虫恩⿱朿䖵蟲名博雅⿱朿䖵蠆蠍也刺耳聽不相當⿸尸朿⿸尸朿屣足前
却也○積子智切聚也周禮遺人掌邦之委積以待施惠或書作⿱艹積文十⿱艹積艸名一曰艸積⿰禾資穧積禾也或从齊⿱此手柴積也
一曰搣頻窮也或作柴⿰羊責說文⿰羊委⿰羊責也鮆刀魚也㰣歐也嗟也眥目匡○漬洓疾智切說文漚也古作洓文十
六⿰羊責⿰羊委⿰羊責羊疫通作漬骴胔髊⿰歹責⿰歹朿說文鳥獸殘骨曰骴骴可惡也引明堂月令掩骼薶骴或从肉亦作髊⿰歹責
⿰歹朿或書作⿱此骨㰣說文⿰弜欠也⿱此手柴說文積也引詩助我舉⿱此手一曰搣頻窮也或作柴鮆刀魚名眥說文目匡也或
書作眦穧穫禾也羨博雅曝也懠怒也○瀡思累切滑也文九髓⿰骨隋骨脂也或省⿰禾委⿰禾累禾四把也
一曰禾積或作⿰禾累陏隋墮綏挼尸所祭肺脊黍稷之屬或作墮綏挼○⿱⿰矢于日智知知義切說文識詞也一曰知也

集韻去聲上

五

或作智知文五䨻鼅鼄網蟲潪水名○詈力智切說文罵也从网罪人文十四離去也䈝博雅笘䈝籬也砅履石渡水
荔艸名似蒲而小根可作㕞一曰荔支果名珕蜃屬士佩刀珕琫癧博雅癧也一曰瘦黑麗美也莊子麗譙之間
蘺艸附地生覼䁻䁻視也或作督䁻隸附也𣛭木名○諈娷竹恚切說文諈諉累也郭璞曰以事相屬又姓
或从女文五餧飢也纗絓中絕錘權也一曰側意○縋絉馳僞切說文以繩有所縣也引春秋傳夜縋納師或从耒文十
五槌縣蠶曲杙說文關東謂之槌關西謂之持錘博雅錘謂之權一曰八銖也通作錘硾倕鎮也一曰揣量物重也呂氏春
秋硾之以石或作倕𦉈𦉈甀說文小口罌也或作𦉈甀膇𤸖足腫也春秋傳重膇之疾或作𤸖腄縣名在東萊
垂鄉名在蘄縣娷女字鎚銅半熟○累纍力僞切事相緣及也或作纍文九厽垒絫拔土爲牆壁也或从土
嫘𡢽嫘祖黃帝妃西陵氏女或从纍通作累𤮐廣雅甎也儽病困謂之儽瓃玉器一曰玉名○諉女恚切說文累
也文八錗說文側意也㢎𢐦弢𢐦張弓皃或从垂枘内也㥨𢝊思也或从委娷女字○偒易以豉切說文輕
也一曰交易或省文十五敡說文侮也通作易伿說文惰也貤絼說文重次弟物也或作絼𣈶面衣也廣雅𣈶䰛謂之幔帞移
邊也羨也大也施及也進也袘𧛔緆裳下緣也鄭康成曰袘之言施以緇緣裳象陽氣下施或作𧛔緆椸𤖩方言揙前几趙魏謂

卷之七　去聲上　　四六九

之榹或从爿⿰歹易芰夷艸木曰⿰歹易。帝丁易切諦也文二疐躓也。企⿱企足𨀕去智切說文舉踵也古从足或作𨀕文十二

跂垂足也一曰跂望⿺辶支避也⿰匕支伎說文頃也从匕匕頭頃也引詩⿰匕支彼織女或作伎通作跂蚑蟲行皃⿰舌支吱行喘息或从口

⿺走支博雅⿺走支⿺走支行也一曰緣木行逗曲行也。馶居企切馬彊也文九鳷⿰支隹鳥名或从隹瞡博雅視也一曰瞋皃翨

翅說文鳥之彊羽猛者周官翨氏攻猛鳥或作翅亦書作肢⿰頁⿱支木小頭忮很戾⿱支貝多小意而止。縊於賜切說文經也引春秋

傳夷姜縊文八⿰歹益物凋死螠蟲名縊女也⿸疒益病也謚諡行之迹也或省⿱殹貝博雅益也撎俯手拜也。恚

於避切說文恨也文六烓行竈⿰目恚睳目小怒皃或省⿰女恚說文不說也⿰口恚恚聲。瓗弋睡切玉名文八纗

博雅纗紳鞵帶也一曰維網中繩一曰弦中絕⿱殹貝益也⿰僞鳥鳥名小鳩也諉累也錗縣也⿰言春媕諸女官一曰恨言⿰糹多也

。⿰女巂呼恚切愚戇多態一曰好皃一曰過也文七毀壞也麾以旌旗示之曰麾隋隨墮綏挼戶祭黍稷肺脊

也或作隨綏挼。觖窺睡切望也文二闚小視。瞡規恚切埤倉眇視皃文三規規規驚視自失皃李軌說嫢博雅好也

。戲香義切說文三軍之偏也一曰兵也文四⿰扌戲擊也⿰火戲燒也嚱噓嚱聲也。掎卿義切偏引也文四輢車傍

倚奇也⿰亻⿸厃奇傍也。寄居義切說文託也文七徛⿰彳寄爾雅石杠謂之徛郭璞曰聚石水中以爲步渡彴一曰舉脛有

所渡或从寄觭隻也莊子觭偶不忤⿰月奇分牲謂之⿰月奇一曰臟也掎戴也⿸⺈⿰亻㔾傍也。芰茤⿰⿱艹其支奇寄切說文蓤也杜
林說从多古作⿰⿱艹其支文十二汥水戾一曰水都騎乘馬也又姓輢車傍兵所插處⿰貝支貝名一曰器用⿱此手積也一曰摵頰
旁鬾說文鬼服也一曰小兒鬾引韓詩傳鄭交甫逢二女鬾服陭陂名在上黨忮害也詩不忮不求韋昭讀⿰言戊謀也
。倚於義切因也加也文七輢車傍陭阪名在上黨猗相附著也詩兩驂不猗踦足也一曰立倚也椅
木名楸屬旖旌旗皃。義宜寄切說文己之威儀也墨翟書通作羛通作誼文十羛說文魏郡有羛陽鄉夲內黃北
二十里議說文語也一曰謀也誼⿰言⿱亠女竩說文人所宜也古作⿰言⿱亠女竩⿰面宜字林⿰面宜面皃⿰氵⿱戌示周穆王駿馬名⿰女義女字⿰立義
正也。爲于僞切助也文二⿰阝爲坂名在鄭。萎餧於僞切說文食牛也或从食文九委委積牢米薪蒭之總名⿰歹委
益州人取鹿殺而埋地中臭乃出食之名鹿⿰歹委鄭康成說⿰弓委皃痿痹濕病涹水所聚也一曰汇也⿰羊委說文羊相
積也骩骩骳脛曲也。縻縻寄切緤也文一。僞危切說文詐也文一。⿰貝爲䞈居僞切說文資也一曰古貨字或从危文
十三垝坫也可以鼓物一曰毀垣也⿰危支⿰危力也或作⿰危力⿰立支庋庪擧起物也或作庋庪⿱宀危⿸广危毀也或作⿸广危通作垝
硊石硊江名在宛陵西⿸⺈⿰亻㔾傍也嬀僞方言嬀僈也一曰也或从人⿰礻支祭山名通作庋庪。⿸⺈⿰亻㔾丘僞切廣雅傍也文一

○譬匹智切說文諭也或作辟文四檗水中洲也篺射鳥具臂卑義切說文手上也文五檗水中洲也嬖
賤而得幸曰嬖𩪿博雅彏彊𩪿也蔽廦也○避辟僻義切說文回也或省古从彳文四比次也也○帔被襬
披義切說文弘農謂帬帔或作被襬文九㓟剥也貱迻予也一曰貱貤次第也秛禾租破鹿也披也鞁車駕具○賁
被義切說文飾也文十四彼裦也論語子西彼哉怶心怶憸也通作詖詖說文辯也坡阪也陂傾也易無平不陂通作詖
跛偏任也禮立毋跛貱說文迻予也一曰益也披柩行夾引棺者蘢旌也謂簨虡飾𣯫廣雅𣯫毭罽也波水循
行也漢書傍南山北波河𢅺帬也幩馬飾○髲平義切說文鬄也文十三被說文寢衣長一身有半一曰加也紴裝束
皃一曰條屬鞁說文車駕具𢏽絲皮飾弓也一曰所以張弩一曰弓曲也骳骫骳脛曲旇旌旗皃披散也𢻱
羽也𧚍衣不帶通作披𢱋積也汥水庋𤿚皮不展也○𨼡肉恚切毀誘也文一○䬈祱式瑞切小祭也或从示文
二○毀況僞切齓也文三𨽿爾雅息也麾招也春秋傳周麾而呼○鮆鱭才豉切字林刀魚也或作鱭文二○靡
縻詖切偃也曳也散也文一
○六至坐脂利切說文鳥飛从高下至地从一一猶地也不上去而至下來也古作坐文二十五摯說文握持也又國名亦姓𡠗贄

質說文至也引周書大命不摯一曰虞書雉摯亦作贄質通作摯⿱埶巾博雅幋⿱埶巾巾也鞊䩢說文蓋杠絲也徐鍇曰絲其繫系也或从
至⿱遜至懫⿱遜至忿戾也周書有夏氏之民叨⿱遜至亦作懫古作⿱遜至懥怒也⿱埶金說文羊箠耑有鐵一曰田器礩柱下石
鷙說文擊殺鳥也鴲雀鷇一曰冥鴲鳥名⿱埶魚魚名山海經崌山之江多⿱埶魚魚織織文也⿱埶車車重也⿱竹執博雅箭⿱竹晉⿱竹執也
侄堅固也依也咥齧也恉意也氏總也史記莊子著書十餘萬言大氐率寓言也○痓充至切博雅惡也一曰風病文三恎
恨怪惡性也怪⿰忄冬惶遽也懘音敝不和○屍矢利切似皺皃文三詄忘也誤也眣使也○嗜⿰食耆⿰酉耆⿰月耆⿰口示耆
時利切欲也說文耆欲喜之也或从食从酉从肉亦作⿰口示著文十一視眎⿰目耆⿰目旨說文瞻也古作眎⿰目耆⿰目旨眡說文眡皃○示爪
神至切說文天垂象見吉凶所以示人也从二古文上字三垂日月星也觀乎天文以察時變示神事也古作爪文十一○諡謚說文行之迹也或省溢
慎也詩假以溢我徐邈讀寘置也周禮寘之圜土洓洓鄉縣名勩勚肄爾雅勞也或作勚肄隶方言餘也秦晉之間曰隶○二
弍而至切說文地之數也从偶古作弍文七貳⿰亻貳說文副益也一曰疑也或从人⿰忄貳飾也⿰扌貳相當也樲木名說文酸棗也
○出尺類切自內而外也文二⿰礻出祟也○⿸疒朮式類切腫病文四罙邃深也或作邃⿸广朩屋深也○⿰羌皮楚類切體栗文
一○帥所類切佩巾也帨或作帨文五率捕鳥畢也⿱帥月血祭肉也一曰帥祭衛將也通作帥率○四亖𠒃息切說

文陰數也象四分之形積畫古作𠥬文二十三　籀　𨽻肆⿰矢聿　說文極陳也一曰遂也故也又姓或作肆𨽻　𦒻𦒹　說文𦒻屬引虞

書𦒻類于上帝古作𦒹　牭⿰牜貳　說文四歲牛一曰恨也籀从貳　駟　說文一乘也　囟胴⿰月宰　頭會也或作胴⿰月宰　泗　說文受泲水東

入淮又州名　柶　說文禮有柶柶匕也　⿱艹肆　艸名說文赤䔉也一曰芮也堇也　肂　埋棺坎　⿰死欠　博雅死病也　貄律　獸名爾雅

貄脩毫或从犬　⿰米四　糟也　丨　上下通也　○次𠕀𡕳　七四切說文不前不精也亦姓古作𠕀𡕳文十七　佽　說文便利也引詩決拾既

佽一曰遞也助也通作次　⿰髟次　說文用梳比也一曰婦人首服通作次　⿰髟桼⿰髟彔⿰糸桼漆　以漆塗器或作⿰髟彔⿰糸桼漆　絘　說文績所緝也一曰

絘布稅布也　⿰死欠　死而復生爲⿰死欠　⿱次鳥　鳥名人面如梟　⿰七鳥⿰七隹　鳥名或从隹　⿱次虫　蟲名似鼅鼄　軟　以髮飾車也　趑　趑趄行不行

○恣資　資四切說文縱也秦刻石文作資文九　⿱次糸　理絲也　⿰死欠　說文戰見血曰傷亂或爲惛死而復生爲⿰死欠　咨　歎聲易曰齎咨

佽　便利也　次　揄次地名　⿱次鳥　鳥名　姿　媚也　○自𦣻白　疾二切說文鼻也象鼻形古作𦣻白自一曰從也巳也文九　嫉

⿰女百　妬也或作⿰女百　食　糧也　懠　怒也　穧　穫也　絘　緝也　○邃隧　雖遂切說文深遠也或作隧文二十一　⿰忄㒸⿰忄遂　說文

深也一曰𨐓也或作⿰忄遂　粹　說文不雜也　⿰糸祟　卷絲爲緯也　脺　顏面澤也一曰脳也　睟　視正皃一曰潤澤皃　誶　說文讓也引國

語誶申胥　⿰言遂訊　告也問也或作訊通作誶　祟⿰祟夏　說文神禍也籀作⿰祟夏　彗　艸名　⿰祟攴　楚人謂卜問吉凶曰⿰祟攴　彗篲

竹帚也或从竹彗一曰星名 讆說文相毀也 韢囊組謂之韢 𤺄風病 賥貨也 ○翠七醉切說文青羽雀也出鬱林文六 臎
肥也臀也 䮔馬卒 濢下溼也一曰物之小霑溼 萃萃蔡衣聲 綷綷縩紈素聲 ○醉將遂切說文醉卒也各卒其度量不
至於亂也一曰潰也文五 檇雋地名春秋傳越敗吳於檇李或作雋 𢧐槃屬 檇以木有所擣 ○㒸徐醉切說文从意也通作
遂文四十六 遂速遹說文亡也一曰因也達也古作速遹 燧取火也論語鑽燧改火或書作燧 鐩鐆說文陽鐩也取火之
鑑也或作鐆 𨼬[illegible]說文塞上亭守㷭火者古作[illegible]通作燧 隧隊𡒄[illegible]墓道也或省亦从土古作[illegible] 襚䙡說文衣死人也引春
秋傳楚使公親襚或作䙡 旞[illegible]說文道車所以載全羽以爲允允進也或从遺 璲佩玉也詩鞙鞙佩璲 繸䅗[illegible]爾雅綬也所以連繫瑞玉者或省亦从革 韢[illegible]
橐紐也一曰盛虎頭囊或从彗 䡵博雅轜䡵柳車也 蓫艸名似菌 㯟檖說文羅也引詩隰有樹檖或从遂 蓫[illegible]
篴蓫蒤也或作蒃篴 彗篲埽竹也或从竹 穟䅗[illegible]說文禾采之皃引詩禾穎穟穟或省亦作䅗 采穗
遂說文禾成秀也人所以收从爪禾或从惠古作遂通作穟 澻㴬田間小溝也或作㴬通作遂 遺饋也周禮遺人徐邈讀
悴廣雅困悴也 㜃[illegible]女字亦省 術六鄉之外地一曰道也通作遂 䅗禾四把 ○萃秦醉切說文艸皃一曰聚也文十一
崪博雅待也一曰止也 椊[illegible]木朽或从卒 顇說文顦顇也 悴說文憂也 瘁病也 踤集也太玄鷺踤于羽

誶告也⿱狄心雌貊稹稻黏者○地墬墜坔埊徒二切說文元气初分輕清陽爲天重濁陰爲地萬物所列也籀作墬墜

或作坐唐武后作埊文九楴簪屬締結也棣棠棣木名髢鬄也○致陟利切說文詣送也文三十七質劕物相贄也

或作劕疐𨇍嚔疌㨗說文礙不行也从叀引而止之也叀者如叀馬之鼻或从足亦作嚔疌㨗躓說文跲也引詩載躓

其尾⿺辶朿前頓也⿰氐垔⿰氐⿱人垔跙也或作⿰氐⿱人垔騺鷙說文馬重皃或作鷙駤博雅騃駤止也一曰馬高大咥止也易咥

惕中吉馬融讀⿱執車輊輖⿱執至⿰車疐說文抵也或作輊輖⿱執至⿰車疐通作摯⿰扌致說文刺也一曰刺之財至也一曰摶也懫

止也忿也⿰月致胵肥也或省懥恨也⿰氵致洷溼也或省⿰貝致賑也貝也⿰弓是博雅⿰弓是謂之彈⿰彳悳施也⿰至攴說文艸大也

摯廣雅解也厎致也史記震澤厎定⿰亻致會也⿱癶致出方言短也⿰扌啻棄也○⿸尸木屎⿰木屎丑二切篗柄也或作屎⿰木屎亦書作柅

文二十一⿱⿰彖彖木⿰彖殳蠡析曰⿱⿰彖彖木或从攴⿰言桼訵沅澧之間凡相門而不知荅曰⿰言桼或作訵⿰糸桼結固也⿰言桼言緩皃⿰忄桼惰也

⿰言致咥笑也或从口呬默知也⿱孫至懫⿱孫至說文忿戾也从至至而復遜遜遁也引周書有夏氏之民叨⿱孫至或作懫古作⿱孫至跮

乍前却也一曰忿戾騺騺曼馬距扼遲頓皃一曰馬旁出⿰矢鬼妷魑魅也山海經剛山多神⿰矢鬼或作妷丨上下通也上小下大

中十等字从此○緻直利切說文密也文三十一⿰糸屖⿰糸遲紩也或从遲亦通作緻⿵門致太玄首名陰氣閉陽緻密也王涯說稺

稺稚稊䅵説文幼禾也或不省亦作稚稊䅵 𢹂摴蒲采名通作雉 治乿理也古作乿 遟待也 謘語謘也

⿰亻致字林會也 ⿰扌貳說文當也 ⿰金致⿰革致⿰角致字林刺履底也或从革从角 ⿰角致魚名 ⿰忄疐怒皃 泜泜鄉縣名 ⿰扌致刺也 ⿰矢隹野雞

也 ⿰氵蚩水名 ⿱竹雉竹幼 ⿰禾致禾稠 ⿰木貳以木柜輪也 墊墊也 眙驚視皃 ⿰扌識持物使相當也 ○利⿰禾勿力至切說

文銛也从刀和然後利易曰利者義之和州名亦姓古作⿰禾勿文十九 慹說文楚潁之間謂憂曰慹 痢下病 ⿰立隶莅蒞位

說文臨也或作莅蒞位 涖汔也一曰涖涖下瀨水聲 浰疾流也 ⿰麗見求視也 ⿰風利暴風也 唎聲也 ⿱竹利竹名 沴祅气

悷懔悷悲也 ⿱彖䖵蟲名 ⿰亻戾怒也 戾乖也罪也 ○膩⿰月疑女利切說文上肥也或从疑文十一 ⿰目昏目深皃 ⿰酉貳⿰酉耳字林重釀

也或作⿰酉耳 ⿰巾貳字林飾也 ⿰忄貳快性也 旎旖旎旌旗皃 ⿱弋目視也 佴佽也疑也 屎㕷屎歎也 ○⿰車對⿰木對追萃切說文車

橫軨也引周禮參分軹圍去一以爲轛圍一曰車或从木文九 追逐也周禮比其追胥劉昌宗讀 速踈逯⿺辶枼足不前也

或从足亦作逯遳 ⿱車足⿸厂氏跲也古作文 ○墜隊⿰石彖⿰石遂隧⿰食彖直類切爾雅落也或作隊⿰石彖䃍䃍⿰食彖文九 ⿱椽土吳俗

斷木爲軸以申物 懟譵說文怨也或从言 ○類力遂切說文種類相似唯犬爲甚一曰善也古通作⿰自胃亦姓文十 禷說文以事類祭

天神 ⿰自胃血祭肉也 涙目液也俗作淚非是 ⿰立隶莅臨也或作莅 蘱艸名 率計數之名 耒耜柄莊子耒耨之所刺 ⿰黑律黑色

○𦘫𨽿肄肆 羊至切說文習也籀作𨽿或作肄肆文二十四 㛳𡝐 說文座也或作𡝐 𢑱 希豕屬 隶 本也 𨽿𦘫

律 爾雅狸子𦘫或作𦘫律 𢑚𢑑𧰨 河內名豕也古作𢑑籀作𧰨 勩 勞也詩莫知我勩 㢡 廡也 廙 恭也一曰

行屋下聲 䞈 物重有次謂之䞈 㥒 怒皃 袣 褱也 𧒽 米穀中蟲 蕼 赤蕼艸名 𩟺 主也 謚 行之迹 ○𠅀棄弃

棄遊𡙇𢍁 詰致切說文捐也从廾从推𠦒棄之从𠫓𠫓逆子也古作弃棄遊𡙇𢍁文十 䏰 結博雅䏰多也 眉 說文尻也一曰歆坐

皃 𧌑 爾雅盡也 𧌑 蟲名似蠀蝑細長 𢡱 備也 ○遺䙡 以醉切贈也或作䙡文十二 𢗿 忘也 䙡 目疾 𤉉

𤉉清漢侯國名一曰藥艸名 壝 堳埒也 蜼 獸名如母猴卬鼻而長尾 蟦 𧍨蟦神蛇二身同首六足而四羽見則不雨 [illegible]

蟲名蛘也 篲 帚也莊子操拔篲徐邈讀 疫 字林病流行也 膭 肉病 ○睢 香萃切恣睢暴戾一曰自得皃文三 瞲 恚視也

婎 醜也 ○侐四伵 火季切靜也或作伵文三 呬 爾雅息也施乾讀 ○悸𢚋 其季切說文心動也或作𢚋文十二 痵 說文气不

定也 頯 大口 睽 睽睢張目皃 𠍸 說文𠍸左右兩視 𥧐 熟寐也 猤 武猛也 𧢦瞡 視也亦作瞡 𨂂 足也 癸

武玄之曰木下垂皃 ○季 居悸切說文少稱也又姓文六 𣳚 水名 𪁩 鳥名 琗 玉名 𩓕 頭小皃 頍 小皃 ○𪖐 虛器切鼻

息也文十九 呬嚊 說文東夷謂息曰呬引詩犬夷呬矣亦从鼻 叩脥 呻也或作脥 屓 臥息也 眉屭 贔屓壯大

兒亦作屭覞䨾說文見雨而止息豷𤟠闕人名寒浞之子或从犬咥唏笑也或作唏忥博雅忥喜也欷悲也譆語聲

覬幸也⿱大卉疾也⿺辶幾走也○器𠽽去冀切說文皿也象器之口犬所以守之又姓或作𠽽文五𤺊病也欬言謦欬笑

也一曰俗謂嗽爲欬⿱竹器氣也○冀兾几利切說文北方州也一曰欲也又姓或省文十八覬幾钦說文钦幸也或作幾钦

蔇艸名懻彊直皃⿱既言言無吹也穊𥝍穖說文稠也或省亦从幾驥說文千里馬也孫陽所相者天水有驥縣通作

騹洎灌釜也蔇艸多皃⿰言既許也稩禾長穗也既已也騹冀及也○臮眔目至切說文眾詞與也引虞書

臮咎繇古作眔文十五暨說文頗見也一曰與也洎說文灌釜也一曰及也璣珠不圓者湶說文水也垍說文堅土也塈

說文仰涂也或書作塈蔇至也𥂖器名一曰居𥂖獸名似蝟㮣杙也⿱既鳥鳥名鱀⿰魚旡魚名鱀也大腹喙小銳而長齒羅生

上下相銜或从旡⿱幾血以血涂祭禨祅祥也嘰少食○𢣸懿㦤𣤶乙冀切說文專久而美也又姓或不省古作㦤𣤶文

十六亄方言貪也荊湘凡貪而不施曰亄⿰黑乙博雅黑色撎揖俯手拜也或作揖欭說文嚘也饐⿰飠乙饖說文飯傷

溼也或作⿰飠乙饖⿰土壹陰晦也鷧蟲名說文鳥也或書作鷾曀陰而風曰曀⿰壹咨痛聲○𠜒劓魚器切說文刖鼻也引易天且

劓或从鼻文三⿰月鼻⿰月息肉○位于累切說文列中庭之左右謂之位文二壝堳埒也○豷𤟠許位切說文豕息也引春秋傳生敖

及䃣或从犬文五燹火也屓臥息也唏痛聲○尉於位切說文捕鳥罔也文一○喟嘳𣪈丘媿切說文大息也或从貴亦

作𣪈文十五𩭪說文屈髮也𧞤細也鞼繡韋也䩻馬韁也𩪘說文厀脛間骨也一說以厀至地腃筋節急也韋

里名在洛陽樻木名靈壽也蘱地名春秋傳伐鄅妻取蘱巋獨皃莊子巋然而有餘蹪博雅蹎也毇細米○媿

愧謉聭基位切說文慙也或从心从言从耻省文十𥈲𧢀視皃或作𧢀餽說文吳人謂祭曰餽騩說文馬淺黑色螝

蠶蛹緭繒也○匱鐀櫃求位切說文匣也或作鐀櫃匱一曰乏也文二十四籄簣土籠也或省樻木名說文

据腫節可作杖蕢臾蕢說文艸器也古象形引論語荷臾而過孔氏之門或作蕢壝累土鞼韇韇說文韋繡也或从韋

亦作韇䩻馬韁也通作鞼繢繢織餘也或从貴蕢艸名饋歸𩞁說文餉也或作歸古作𩞁通作餽餽吳人

謂祭曰餽戣鍨字林兵也或从金闠市門○畀𢰧畁必至切說文相付與之約在閣上也或作𢰧古作畁文三十比

說文密也二人爲从反从爲比仳俾及也或作俾庇芘說文蔭也或作芘痺疪濕病也或作疪𥘵肶祠也或作肶彃

射也紕飾也理也𤻙足气不至病蓽艸名爾雅蓽鼠莞可爲席蔽蔽芾小皃詩蔽芾甘棠徐邈讀鷩雉名婎醜也

箄薄也覕暫見也滭水名在弋陽䄶縣名在琅邪𢾗畫也一曰召使疾行也篳籓落也趩蹕

𢓨止行也或从足从彳妣比母名蚍蚍蚽艸名似葵紫色。屁𡱦宗窯氣糟匹寐切字林下出氣也或作屁宗窯氣糟文十三

跛器破也鯶魚名博雅黑鯶謂之鯶𡞰配也䐐謂肥壯箅方言盛也箅說文蔽也所以蔽甑底顐首傾也

潷潷泛敗皃𢗴別也一曰鼻臺𢗴鳥名。鼻自毗至切說文引氣自畀也古作自文二十九鼻𩠹犬初生子一曰首子亦从頁

膞肥壯皃痺說文足气不至也褌惲也一曰無裥之袴爲褌比俾近也或作俾坒說文地相次坒也祉祀司命謂之祉

枇筢櫛屬一曰次也或作筢芘艸也蹕止行也周禮凡邦之事蹕徐邈讀庳卑有庳國名象所封或作卑通作畀

紕比爾雅比配合也太玄紕飾也坒陰陽坒參蚍蚍蟲名大蚍蜂也駜馬肥謂之駜䩛車革曰䩛妼女多容止也咇咇咇哀鳴拯

戲擊手也列子攢拯挨抗佖威儀也瘻痺病也或从畀萆艸名。寐蜜二切說文臥也文七媢夫妬婦也寐

眯博雅厭也或作眯睸目合燗旱气嘿嘿屎欺也。祕兵媚切說文神也亦州名亦姓文二十九·秘密也毖說文慎也引周

書無毖于卹閟說文閉門也引春秋傳閟門而與之言韍弓紲也泌說文俠流也柴地名䀣說文直視也一曰自愧恨

曰䀣䝚逡子也疪病也婢女名𨚔說文宰之也鄪鄨費肸色名在魯或省亦作費肸柴柴

粊說文惡米也引周書有粊誓或从比亦作粃皕二百也轡鞁說文馬轡也引詩六轡如絲或作鞁柲鉍說文欑也或从金

芘庇覆也或作庇 潰闕人名史記鄭悼公潰 聉方言𪖃趙魏之間謂之聉 䰎䰎𩬱多須 ○濞匹備切說文水暴至聲文八
淠水出汝南弋陽重山東入淮 嚊喘息也 𦢊肥壯也 𣳚浮水名亦从孚 𤺊氣滿也 𣽡𣽡沄敗皃 ○葡
平祕切說文具也隸作葡通作備文二十七 𤺆𤻐說文滿也或从鼏 鼏鼏䫊屭䫊鼇也一曰雌鼊爲鼏 備俻說文愼也
古作俻 奰說文壯大也从三大三目二目爲䀠三目爲奰益大也一曰迫也引詩不醉而怒謂之奰或省 𤄛水皃 𠢠𠡷博雅
挾也一曰壯也或省 𦢊肥壯 糒說文乾也謂乾糇 僃火乾也 𣖝木名蜀中有之士八月吐穗穗如鹽粉著狀可以作羹 牑
牖也模也一曰牀橫桄 𢐗以絲被弓也 絥茯鞴䩉說文車絥也或作茯鞴䩉 犕說文引易犕牛乘馬一曰牛八歲謂之犕 𤰈
鳥名 濞水聲 㣁極也 庳下舍也 ○媚明祕切說文說也文十九 郿縣名在右扶風 睸目合皃 鬽魅𩲡
𢑚祙說文老精物也从鬼彡彡鬼毛或作魅籀作𩲡亦作𢑚祙 娓博雅順也 嚜嚜𡐋尿欺也 煝博雅焅謂之煝一曰旱熱 篃竹名
一尺數節葉大如扇 𥳑博雅箭𥳑𥳁也一曰竹名長節深根筍冬生 蝞蟲名如蝦寄龜殼中食之益顏 𥟖散種也 𥹳𥝺𩚵
𡲷博雅饙也或从禾从食亦作𡲷 ○出敕類切自中而外也文一 ○繫吉棄切聯也文三 係縛也 繼續也 ○系兮肄切箸
也文一 ○呬許四切息也文三 𠯕呷也 咥笑 ○菑子異切剖裂也周禮居幹之菑栗不迆沈重讀文

七○志㞢職吏切説文意也古作㞢文二十 誌識説文記誌也或作識 銡銘也 織結紱織文也或作結紱 痣䏜黒子也或从肉 娡女有莘氏之女鯀娶之 䓚遠䓚藥艸 幟㤝旗也或从志通作織 箎竹名 䏄見審視也 㤝忘也 沚小渚

䎀翓羽盛皃或从志 ○試式式吏切説文用也引虞書明試以功或省文十四 弑殺煞弒殺也自外曰弒内曰弑或作殺煞弒 幟織旗也或作織 識志記也或作志 戠黏士也 室居也 僿無悃誠皃 始始也禮蟬始鳴

○𤈷熾昌志切説文盛也古作𤈷熾文二十二 幟織𢧐㤝志旗也或作織𢧐㤝亦作志也 哆聲 埴戠黏土也或作戠亦省 饎𩜌𩟊䬻糦喜𩞁説文酒食也一曰饎或作𩜌𩟊䬻糦喜𩞁 俶耕發地也詩俶載南畝鄭康成讀 㑴衆盛也 識記也

○侍時吏切説文承也文十 蒔秲時蒔莳説文更別種或作秲時蒔莳 植樹立也史記方正倒植劉伯莊讀 寺閽寺人奄官或从門 恃仗也

○𩞀𩟃餌𩜀仍吏切説文粉餅也或作𩟃餌𩜀文二十一 䎶酸酒也一曰次釀 佴説文佽也一曰貳也 㚷説文女號也 珥説文瑱也 眲凡人相侮以爲無知謂之眲一曰耳目不相信 咡口旁曰咡 蛆釣魚食也 誀誘也 胆腱也 衈殺牲血祭名 聉神聽告饗謂之聉 刵説文斷耳也 毦博雅𣭪毦罽也一曰績羽爲衣一曰兜鍪上飾 洱水名在西域 𩯐去髮飾 𡖅春祭以除病 聕聽也

音○胾側吏切説文大

齋也文十六剚鍕插刀也或从金亦書作事輜車輜入牙曰輜腦肥皃鶅雉名東方曰鶅椔木立死也菑傳
事植物地中謂之菑或作傳事扻治髮也莊子簡髮而扻緇黑色椲木名甾田一歲曰甾諱言入也秋機皃
○駛疎吏切馬行疾也文十二使將命者詖忘也𨐂說文列也窔穴也浹浹水名在河南或从吏貏𤝞江東呼貉
爲狭狭或作𤝞瑟樂器鬄鬗鬄多須皃齣皁也○廁初吏切說文清也一曰間也文二菑植物地中○事叓仕吏
切說文職也古作叓文五𩜄飾也𩛿嗜食也殖植也○笥相吏切說文飯及衣之器也文七思慮也獄獄官也伺覗
奄闚也一曰傚也或从見僿無悃誠皃一曰細碎司主也○蚼士吏切毛蟲文一○寺閧祥吏切說文廷也有法度者也或从
門文九嗣孠台說文諸侯嗣國也亦姓古作孠台飤飼食飴說文糧也或从司亦作食飴○字孶疾置切說
文乳也从子在宀下一曰之也古作孶文十孳孶𢆶乳化曰孳古作孳籀作𢆶孖雙生子也一曰蕃長牸牛壯也芓孛說文
麻母也古作孛字詺言也○子將吏切愛也禮記子庶民也徐邈讀文三秄擁禾根也俗謂禾根生曰秄仔克也○置罬畢
竹吏切說文赦也一曰立也古作罬畢文六𢐁彈也植寘也書植璧秉圭鄭康成讀德禮立容德蓋如有所置物於前也徐邈說○眙
丑吏切說文直視也文八佁佁儗不前也懫懥忿戾也或作懥䰡𩲡說文厲鬼也或作𩲡㨗怒皃誺不知也○値

直直吏切說文措也或作直文八植種也槌也一曰將吏春秋傳宋城華元爲植搘投也置樹也周禮凡試廬事置而搖之踶立也遟

待也樴戶旁木通作植。吏良志切說文治人者也徐鍇曰吏之治人心主於一故从一文七孷雙生子也慗憂也浭水名裏

衣內也俚博雅聊也一曰下俚一曰勤也𢘭憂也。異𢍰羊吏切說文分也从廾从畀畀予也古作𢍰文十异說文舉也引虞

書岳曰异哉已卒事之辭一曰去也食闕人名漢有酈食其審食其廙恭也潩水名在河南密縣大騩山南萁艸名

說文芓也一曰連翹詒貽遺也亦作貽。怬許異切忻也文一。憙喜憘許記切說文說也亦省或作憘文八嬉美姿

也嘻𡃤笑也或从憙噎聲也誡謀也。亟去吏切說文敏疾也从人从口从又从二二天地也徐鍇曰承天之時因地之利口

謀之手執之時不可失疾也文七𡖿𡖾多也或从吉唭唭凝無聞見皃一曰給也倛倛儗不前𥁓居𥁓獸名似蝟而赤㞿

山高皃。記居吏切說文疏也文十𨑻說文古之遒人以木鐸記詩言从辵从丌忌㤅已其語已詞詩叔善射忌或作㤅已其

䓄艸名近已也辭也詩往近王舅𡖿多也㞿山高皃。忌𢗁𡊄渠記切說文憎惡也亦姓古作𡊄文二十三𥬟竹名𦷚

艸名惎𢡂𢗁說文毒也引周書來就惎惎一曰教也意也或作𢡂古作𢗁亦書作𢘊畁說文舉也引春秋傳晉人或以廣墜楚人

畁之黃顯說廣車陷楚人爲舉之諅𧬳說文忌也引周書上不諅于凶德或从棊誋說文誡也一曰告也𢘊祺𥙆

繫也中也或作祺禩 娸 怒也 緦 博雅鉢緦鍼也一曰秤錞 梞 梞跌定縆細之物 邔 縣名在南郡 鵋 鳥名鵂鶹也 ⿰口忌 食也

惎 毒也 綦 屨飾或書作綥 ⿰豸隶 貍子 ○意 於記切說文从心察言而知意也又姓文十一 鷾 䧅 鷾鴯鳥名或从隹 嬑

女字 檍 木名可爲弓幹者 噫 譩 痛聲或从言 𦺓 薏 𦺓苡艸也一曰蓮的中或作薏 誒 可惡聲 萁 艸名

連翹也 ○䰯 魚記切博雅懼也文七 儗 俱儗不前也 ⿰口疑 唭凝無所聞見也一曰給也一曰笑皃 譺 雅調也一曰誑也 豙 豕怒

毛豎一曰殘艾也 ⿱髟疑 博雅瘢也 忍 怒也一曰从刀心審意 ○撎 伊志切俯手拜也文一

八○未 無沸切說文味也六月滋味也五行木老於未象木重枝葉也文十四 味 說文滋味也 菋 說文荎藸也 ⿰未頁 面俯前也

⿱艸尾 艸垂皃 ⿰米尾 ⿰禾尾 ⿰食尾 博雅饘也或作⿰禾尾⿰食尾亦書作⿸尸⿱毛米 沬 水名 寐 鮇 魚名山海經諸鈎山多寐魚或作鮇 ⿰山未 山名

⿰未阝 地名 ⿰木未 木名 ○費 芳未切說文散財用也文十九 佛 仿佛見不諟也通作髴 髴 髣髴鬉亂 ⿱髟彔 說文⿱髟皿也一曰忽見

也 靅 ⿰雲弗 雲布皃或省 昲 日光皃一曰乾也 ⿱沸鬲 說文涫也 ⿰米費 食失氣者⿰米費 炥 火皃 ⿰木費 木名 ⿺走弗 走皃 怫

忿皃莊子怫然作色 ⿰扌費 擊仆也 ⿰目弗 目不明或書作⿰目費 紼 緼也 鄪 邑名在魯 ⿱山⿸厂配 壞聲 芾 小也 ○沸 ⿱沸鬲

方未切涫也或从鬲文三十六 誹 謗也 炥 火皃一曰熱氣 ⿰言弗 多言也 疿 熱瘍也 袚 ⿰衤弗 ⿰衤市 襏 蠻夷衣也一曰

蔽䔰或作⿰衤弗⿰衤巿襏⿱非牛博雅耦⿱非牛耕也鯡魚子一曰海魚名⿰足巿⿰足弗行疾皃或作⿰足弗芾茀小皃詩蔽芾甘棠或作茀亦姓

⿱非鳥鳥名或書作⿰非鳥拂佛扐拂形似也或作佛通作髴濷泉涌出皃餥爾雅食也蛂甲蟲也爾雅蛂蟥蛢孛

屮木盛𣎵𣎵然或作孛笰削矢令漸細髴髣髴髮亂韍蔽膝也妭羌人謂婦曰妭⿱非手覆手也⿰羊巿姓也

甶鬼頭綍大索⿰衤孛衣神誖⿱勃心或悖也或作⿱勃心作惑○屝父沸切說文履也或通作菲文四十九⿰木費說文木也

⿰足非剕⿰足悲說文跀也或从刀亦作⿰足悲奜大也厞⿱非巾陫說文隱也或从巾从阜濷濷渭水溢皃痱腓

⿸疒肥爾雅病也或作腓⿸疒肥⿱弗目目不明也或書作⿰目弗費姓也⿰扌費拂楚謂搏擊曰⿰扌費或省⿰弗力武猛皃一曰迫也怫怫悁

心不安悲博雅悵也翡說文赤羽雀也也鬱林一說雄曰翡雌曰翠⿱𦥑禺狒⿱巛禺⿱𦥑禺⿱罒禺⿱⿰甶甶禺說文周成王時州靡

國獻⿱𦥑禺人身反踵自笑笑則上脣掩其目食人北方謂之土螻爾雅⿱𦥑禺如人被髮一名梟陽从厹象形或作狒⿱巛禺⿱𦥑禺⿱罒禺⿱⿰甶甶禺蟦⿰虫費蟲名方言蟦螬

謂之蟦或从費蜰蜰神蛇也⿱非䖵⿰非䖵說文臭蟲負蠜也或从䖵通作蜚⿱非土⿱非火說文塵也或从火⿰禾冀⿰禾義說文

稻紫莖不黏或作⿰禾義萉⿸麻賁蕡說文枲實也或作⿸麻賁蕡亦書作⿸麻賁菲菜名⿱非牛覆耕也⿰亻肥背也史記燕王策曰無⿰亻肥

德⿰目弗乾也列子肴一⿰目弗⿱髟費髮也⿸疒賁⿸疒賁痱熱悶一曰腫盛皃蜚⿱費䖵獸名如牛白首蛇尾行水則渴行屮則枯見則大疫

或作蠹⿱肥虫獸名也上烝氣也。欷許既切泣餘聲文三十三咥說文大笑也引詩咥其笑矣唏啼也⿰言希語言氣氣

⿱既米餼⿰食既說文客芻米也引春秋傳齊人氣諸侯或从既赤作餼既⿰牛氣牛犢謂之⿰牛氣一曰牛餉鎎說文怒戰也引春秋傳諸

侯敵王所鎎通作愾愾說文太息也引愾我寤歎⿰食忥飽也忥說文癡皃一曰靜也息也一曰忥忥甚也⿱既心⿱旡心息也亦省通作

塈亦書作慨塈⿱旡土涂塗也古作⿱旡土⿰豕氣豕息也⿰馬希馬走皃⿰火氣薙艸燒之曰⿰火氣霼靉霼雲皃黖不明皃⿹气虫

⿱既䖵蟲名或从既⿱既皿居⿱既皿獸名⿸疒希痛也⿰亻氣怒也滊水也摡⿰扌旡博雅取也一曰拭也或作⿰扌旡蔇至也一曰地名

在魯槩平木扢動搖皃。气氣⿱旡灬丘既切說文雲气也象形一曰息也或作氣⿱旡灬文十盵姓也⿱既皿居⿱既皿獸名似胃

毛赤乞與也或通作乞⿰日氣⿰日乞日氣也古作⿰日乞⿰食乞乞也通作氣汽水乞也。既居氣切說文小食也引論語不使勝食既

一曰已也盡也或通作⿰氵既文十九⿰禾乞說文秳也旡兂說文㱃食屰氣不得息曰旡从反欠古作兂禨福祥也⿱既豆諸⿱既豆

縣名在越亦姓⿸疒既⿸疒旡癡也或作⿸疒旡穊稠也漑灌也蔇說文艸多皃⿰乞欠不便言也一曰幸也肌體也汽相摩近也

⿰魚既魚名胎生鼻長文稩禾長⿰食既饋食生也⿱既皿器名韎茅蒐染韋。禨其既切福祥也文十⿰酉幾沐酒也謂既沐飲酒

禮有進⿰酉幾通作機璣⿰王戠珠不圓者或作⿰王戠幾近也⿱既豆及也刏刲也⿰木⿱既豆⿰金吉也⿱既魚魚名鼻在額⿱既皿居⿱既皿

獸名似胃毛赤○衣於既切服之也文五𡔲博雅貪也黑乚深黑也靉靉靅雲皃輢車傍○毅魚既切說文妄怒也一日有決也文

十三豙豙說文豕怒毛豎一曰殘艾也或作豙忍說文怒也⿱竹顡⿱竹毅竹名或从毅顡頭不聰也⿱艹顡藙說文

煎茱萸引漢律會稽獻藙一斗或作⿱艹顡藙⿱疑鬼恐也或書作⿰疑鬼劓割也尚書我乃劓殄滅之徐邈說⿰虎乞虎皃○𦙾胃

胃于貴切說文穀府也从图从肉象形亦作胃⿰月胃文二十九謂說文報也⿰忄胃博雅忼慨也一曰心不安皃媦說文楚人謂女弟曰媦引

公羊傳楚王之妻媦緭說文繒也緯說文織橫絲也亦姓⿰虫韋蛒⿰虫韋蟲名⿰風胃風也喡小兒啼聲煟火光

渭說文水出隴西首陽滑首亭南谷東入河杜林說夏書以爲出鳥鼠山雝州浸也⿰舟胃運舟也鮹魚名如蛇文⿰月韋皮

也⿱彑希彙蝟⿰豸胃猬說文蟲似豪豬者隸作彙或作蝟⿰豸胃猬彙一曰類也圍繞也𣎵⿱亠⿱回木⿱卄胃說文艸木

𣎵孛之皃或作⿱亠⿱回木⿱卄胃⿱艹畀織艸也莊子⿱艹畀蕭而食偉大也⿰扌亥博雅動也一曰扌也⿱聿異獸名似鼠○諱許貴切說文誋也文七

卉艸之總名⿰口卉吪聲⿰氵卉漼⿰氵卉水皃⿰鼻隶爾雅息也孫炎讀⿱夲卉疾也⿱卉女女名○⿰⿱臼米殳毇丘畏切米一斛舂爲八斗或不

省文七殨多得也⿱歸見⿰衤貴⿱毀衣⿰衤貴也或作⿱毀衣⿱髟貴屈髮○⿱臾貝貴尚歸謂切說文物不賤也亦姓隸作貴

古作尚文八瞶極視一曰目無精也⿰亻歸使也餽饋飽也或从貴祪毀廟之神謂之祪○尉尉紆胃切說文从上案

下也从𡰥又持火以尉甲繒也一曰候也又姓隸作尉文十七慰說文安也一曰恚怒也畏𢀛威說文惡也鬼頭而虎爪可畏也古作

𢀛或作威⿱尉手以手布物也褽說文衽也一曰薦也一曰斷也罻說文捕鳥網也⿱尉牛牛名爾雅牛黑耳⿱尉牛或書作樹⿰魚尉魚名

⿰尉虫螱飛螘或从虫蔚說文牡蒿也一曰艸木盛皃蔚茺蔚艸名益母也通作蔚瑋瑰瑋珍琦也霨雲起皃

○魏巍虞貴切地名春秋傳魏木名也一曰象魏闕名象作巍文七⿱魏虫再蠶也蘶艸木採更生也⿱魏香阿⿱魏香藥名通作魏

犩⿰牜嵬獸名如[illegible]而大肉數千斤或作⿰牜嵬○窘巨異切困也仍也文四鞼馬繮⿰羊胃廣雅羖羊羺曰⿰羊胃豙極也○倪

五未切顧視也鄭康成曰龜左倪靁文一○猵鋪畏切猵狚獸名似猿狗頭文三⿰忄⿸鹿木用力極也⿰扌⿸鹿木或从手

九○御馭御⿲彳缶卩牛據切說文使馬也徐鍇曰卸解車馬也或彳或卸皆御者之職古作馭御⿲彳缶卩御一曰侍也進也又姓文十二魰

漁捕魚也或从水禦衙止也或作衙語說也⿰御阝鄉名迓迎也書迓衡鄭康成讀⿰食又餞也○⿰食芺飫饇⿰食於

⿰禾夭依據切說文燕食也引詩飲酒之⿰食芺或作飫饇⿰食於古作⿰禾夭文十七飫說文飽也民祭祝曰厭飫醧說文私燕飲也棜承樽器如窠無

之禮有棜禁寱⿱宀⿰爿僕說文楚人謂寐曰寱或作⿱宀⿰爿僕扵擊也瘀說文積血也菸蔫菸敗也淤⿰土於說文澱滓濁泥

或从土通作閼鄔縣名在太原閼閼與容暇皃○噓許御切吹也文一○去丘據切說文人相違也文十⿱艹去艸名

䳾鳥名　㰦呿張口皃或作呿　胠脅也　𡰪閑也　麮說文麥甘鬻也　鼁蟲名爾雅鼁䵶似蝦蟆居陸地　祛杖木也

據居御切說文杖持也亦姓俗作㩀非是文二十二　倨裾說文不遜也亦作裾　踞說文蹲也　𧩔言有則也　鋸說文槍唐也通作鐻

鐻器名似鍾　腒居鳥腊也　䝣質錢也　据拮据手病　澽𤃊乾也或作𤃊　椐字林木名靈壽也　𧤇獸名角似

雞距或作𧤗　䱟魚名　豦𤡷獸名爾雅豦迅頭大如狗似獼猴黃黑色多鬣獵好奮迅其頭郭璞說或从犬　居居居懷惡不相親比皃一

曰處　舉稱引也禮其任舉有如此者徐邈讀　躆手據地一曰倨躆猶動作也　處闕人名齊有梁丘處通作據　○遽其據切說

文傳也一曰窘也懼也文十一　懅懼也　勮說文務也　醵䣐合錢飲酒醵或从巨　壉地名　澽乾也　詎渠字林未知

詞也或作渠　蘧𦽊有形皃莊子覺則蘧蘧然或作據　○絮息據切說文敝緜也一曰冒絮頭上巾也文二　楈木為犁柄　○覻

䁦七慮切伺視也或从目文十一　坥蟺場也　胆蛆蠅乳肉中也或作蛆　蜡周官蜡氏掌除骴　耝𠠝耕而上起謂之耝或

从刀　狙說文玃屬一曰狙犬也暫齧人者一曰犬不齧人也　嫭博雅妬也　𡳍屟履行前却也　○怚𢛕將豫切說文驕也或作𢛕文九

嫭姐說文嬌也或作姐　沮水名出漢中房陵東入江　沮沮洳浸潤也一曰澤名通作沮　苴艸也　蒩菹澤生艸曰蒩或作菹

○疏綀所據切博雅條陳也或作綀文五　捒擘也　蔬菜也　疋足也　○憷創據切心利也通作楚文四　儊不滑也

楚木名硫石不滑者。詛謯禮䃊作莊助切說文詶也或作謯禮古作䃊作文十跙𨇨阻行不正也一曰馬蹄痛病或作𨇨阻俎禮器狙猨類莊子狙公賦芧。助牀據切說文左也文六耡鉏莇說文商人七十而耡耡耤稅也引周禮以興鋤利萌或作鉏莇麆麔爾雅麆子麆或从助。恕𢖟商署切說文仁也古作𢖟文十二庶𢊁庻說文屋下眾也古作㡿庻𣹢水名𥳑箕屬謶異也通作庶樜木名𤸫病也鏣器名嫬女字。處昌據切所也俗作處非是文一。翥䎄章恕切說文飛舉也或从飛文十四箸籬屬蠚毒蟲庶除毒蠱物也周禮有庶氏掌除毒蠱𪕶𥳑𪖐博雅獸𪖐畨也亦作𥳑𪖐樜木名𡾼山名䭴犬豕食也𣂷斫也嗻語不要也蹠跳也。署常恕切說文有所网屬徐鍇曰署置之言羅絡之若罘四也文九杼泄水槽也曙暏旦也或省藷𧂇薯藷與署預也或作藷薯𣽈潚也𡢃女字。茹如倨切說文飤馬也文六如似也左氏傳不如從長陸德明讀𣽈洳說文漸溼也或作洳𤵸𤵸瘵不達也㚶度也。箸著㞫陟慮切明也立也或从艸古作㞫文四𡺮吳俗謂盛物於器曰𡺮。絮楮御切調也禮無絮羹文四悇𢡐憂也或从慮𤸞𤵸瘵不達也。箸筯櫡遲據切說文飯攲也或作筯櫡文十莇艸名苴芑也竽織所以特緯者𤸞字林瘇也除去也詩曰日月其除宁門屏間也躇躊躇不進皃屐履也。慮良據切說文謀思也文三

十一勴勴勴說文助也或从慮从盧爈燒也南史山澤熑爈鑢鋁鐧說文錯銅鐵也或从呂从閭謯詐也𡾊山名在河内

𢾺侵也濾洗也澄也艫舟中簀也櫖諸櫖木名一曰山櫐罜罔也驉傳謂之驉蠦諸蠦蟲名勴疾也

鷺字林鳥名錄寬省也大玄蹛于狴獄三歲見錄王涯說通作慮礪石名。女尼據切以女妻人也書女于時文五茹艸相連

茹姓也漢有絮舜潔澀也挐拘挐不展。姐样豫切嬏也文一。豫豫舒余羊茹切說文象之大者賈侍中

說不害於物一曰逸也叙也亦姓古作豫或作舒余文三十二預忬先也安也或从心通作豫悆說文忘也嘾也引周書有疾不悆悆喜也

歟歎也譽說文稱也與及也輿轝舁車也或作轝⿱與木食輿也⿱與土高平陸也礜說文毒石也澦㵰

灩澦水名或从豫𡰾履也藇蕷諸藇艸名或作蕷穥禾稼謂之穥一曰穥穥黍稷美皃⿰與馬馬行也⿱與羊羊也

⿸鹿與獸名說文似鹿而大鸒⿱與隹鳥名說文卑居也或从隹亦書作鷽悇博雅悇憛懷憂也櫲橮櫲章木名或从須

畬治田也或書作畭⿰金與鈿謂之⿰金與或書作⿱與金⿰矛象獼豫矛屬

十。遇元具切說文逢也文十二寓庽說文寄也或从广通作偶媀女姤男曰媀㾢疣也禺說文母猴屬頭似鬼⿱鳥吾

獸名⿰寓鳥鳥名狀如鼠⿸鹿吳獸名通作寓㒁偶像人或作偶虞度也。嫗威遇切說文母也文六蓲艸名茎也

饇飽也燠噢燠休痛念聲或作噢嘔和悅皃漢書嘔喻受之應劭讀。煦吁句切說文烝也一曰赤皃一曰温潤文十四昫朐

說文日出温也北地有朐衍縣或作朐䣐酗說文醉醟也或作酗姁嫗也呴欨休咻氣以温之也或作欨休咻⿰虫區蚼

蟲名幺蟁也或作蚼䨞雨皃北方語⿺辶羍無牽也。驅區遇切馬馳也俗作駈非是文七姁嫗也一曰河南謂婦⿰牛區牛名歐

疾行也⿰虫區幺蟁夸奢也誇歌也。屨俱遇切說文履也一曰鞮屬文二十三鞻四夷舞者所屝也絇纑繩句詞絕

也恂恐也痀佝病僂或从人忂行也䀠⿻大䀠說文左右視也或从大⿱䀠介說文舉目驚䀠然也瞿說文鷹隼

之視也一曰心驚皃邭地名⿰魚瞿說文魚名蒟枸果名出蜀或作怐駒駒麗國名懼無守皃顏師古說雊雊瞀縣名

在上谷泃水名在北地⿱竹竘織具一曰竹名拘拘挐不展⿰禾叔積椒水名。懼瞿𢖻愳衢遇切說文恐也或省古

作𢖻愳文十臞瘦也具說文共置也从貝省古以貝為貨亦姓埧堤塘也⿰食具寒具餅屬矍姓也漢有矍丘颶越人謂具

四方之風曰颶。芋王遇切艸名說文大葉實根駭人故謂之芋也文十三吁譍聲一曰驚辭羽鳥翅雨自上而下曰雨⿱雨羽

水音也通作羽䨞博雅舒也一曰雨皃杅官名漢有因杅將軍翑箭羽⿱𦥑具軁也⿰虫區幺蟁聥張耳有所聞雩求雨

祭一曰吳人謂虹曰雲⿱羽亏繒羽也雩祭所執。裕俞戍切說文衣物饒也引易有孚裕無咎一曰寬也古書作衮文十七諭

喻說文告也一曰曉也亦姓或作喻　蕍艸名　籲說文呼也引商書率籲衆戚一曰和也　覦欲也　㬰廣雅㬰㬰謂之幓帞　柚橘屬鄭康成曰魚鱸橘柚　欲慾貪也或从心　俞响俞色仁也　諛諂也莊子孝子不諛其親　羭羊牡也　愉樂也　渝水名在遼西一曰色涂也　螸蠭飛皃　牏築牆短板。赴芳遇切說文趨也文十七　訃告也通作赴　毚𧻓說文疾也或作𧻓　嬔娩兔子也或省　𧿒說文趣越皃　豧豕聲　簠祭器　報疾也禮報葬者赴虞鄭康成說　仆𧼐𧻸掊踣說文頓也一曰僵也或作𧼐𧻸掊踣　孚孵育也方言雞伏卵而未孚或从卵。付方遇切說文與也从寸持物對人文十六　傅說文相也亦姓　榑說文華葉布　賦說文斂也一曰布也　䍸𤝔獸名似羊四耳無尾目附於背或作𤝔　搏捕擊取也或作捕　髻說文結也　陚說文丘名　葍艸名說文葍也　拊捬以手箸物也或作捬通作傅　𡜊美色　怤悅也　䝿以財卜也。附符遇切近也託也亦姓通作搏文三十六　傅箸也　坿說文益也一曰白坿石藥　紨縛縛繩也或从尃　祔付說文後死者合食於先祖或省　𦃟絲也　𨉖𨉖軀服稱也　袝盛服　腑胕人之六腑也或省　𢈴器也　跗足上也　怤心附也　團樹蔬曰團　𩈹說文頰也　賻說文助也所以贈終布帛曰賻　𦔍田器　榑木名　駙駙說文副馬也一曰近也一曰疾也或从附　鮒𩷕說文魚名或从附　䓀藥艸　蚹蛇腹下齟齬也或書作蚥　詂䛃言有所依也或从附　柎編柎藉尸木　孚育也　軵車廂外立木承重較之材　砆白石　[illegible]

伏也搏捕也䏖乳䏖也帗付帛也。務亡遇切說文彊也文二十六務說文趣也一曰事也亦姓婺說文不繇也一曰星名州名霚

雺霧說文地氣發天不應古从矛或作霚瞀目不明一曰俯視帑髮巾謂之帑一曰車衡上衣䍶罔繆𦃨中繆絲

餘也嵍旄說文山名或作旄踇方言立也一曰跦踇跪拜騖說文亂馳也䍙說文六月生羔也一曰美也雺

鶩鶩鷔鶵也或作鶩蝥蟊名募以財使也莊子募左右蕪蘪蕪艸名蝥蝃蟲名博雅蝃蝥蟱也或作蝥通作

蝥蓩毒艸名葶䔰也禺闕人名公叔禺人魯昭公子侮輕也瞀瓦器〇尠宣遇切少也或作尠文三須

絆前兩足〇娶逡遇切說文取婦也文五覷說文拘覷未致密也趣說文疾也趨趍行之速也詩巧趨蹌兮或作趍〇緅遵遇

切青赤色文六足益也一曰足恭便僻皃孎姡也嫿說文嬌也詛詶也㑁促也〇埾聚從遇切說文土積也或不省文七

聚郰說文會也邑落云聚或从邑冣說文積也鄒雛闕人名史記孔子弟子有顏濁雛覦覬覦也〇戍春遇切說文守邊也

文十五輸委也隃說文北陵西隃鴈門是也或作俞腧五藏腧穴通作俞䠼射䠼服稱也或作袾毹也

趨馬前覓謂之趨鞴刀鞊一曰餘也和也哾使犬聲也束約也捒裝持也馵馬膝以上皆白曰馵䟦顙也呼也〇注

屬主朱戍切說文灌也一曰屬也或作屬主文二十四澍霔時雨澍生萬物或作霔註䌛也方言南楚謂之支註一曰解也識也

炷燈也鑄䵹說文銷金也一曰國名亦姓古作䵹䎷顴也呼也袾詛詶也⿰韋主戎服蔽厀也一曰韋絝蛀蠹也疰病也
馵說文馬後左足白也⿰犭馵鄉名在河南⿰犭主說文黃犬黑頭罜小魚罟鉒博雅署置也一曰以物送終謂之鉒牏版也飳
餌也⿰口主咮喙也或从朱⿰主阝邑名○樹尌⿰尌殳殊遇切說文生植之總名亦姓古作尌⿰尌殳文十七⿰亻豎神名裋⿰衤豎說文
豎使布長襦或从豎尌侸⿰亻壴⿰足尌立也从壴从寸持之也或作侸⿰亻壴⿰足尌⿰女豈女字⿰豸易說文老人行才相遠襡短衣澍說文時雨
澍生萬物贖貨易也亦姓屬連也⿰目賣視皃○孺⿰子惠儒遇切說文乳子也一曰輸也輸尚小也亦姓或作⿰子惠文七乳育也擩
手進物也肉肌肉也濡沾溼也⿰牛需牛名○數雙遇切枚也文四捒裝也⿰巾俞殘帛也嗽使犬聲○⿱菆木
菆芻數切鳥巢也或省文六⿰月芻⿰月壴膇也或作膇⿰火菆火行謂之燺或書作⿱菆火⿰豆攴勇也○⿵門主⿸尸主丑注切直謂
二○⿰女芻⿰了芻仄遇切婦人妊身也或从了文七⿰月芻姸也⿰芻皮也縐⿰糸聚絺也或作⿰糸聚緅青赤色⿱艹⿰月且藏菜○駐
株遇切說文馬立也文十四鉒祭器一曰送死具軴車止也住立也咮鳥聲壴說文陳樂立而上見也亍步止也⿰垂馬
不飛也⿺辶⿰垂馬⿰垂馬說文不行也或省柱牚也刺也漢書連柱五鹿君註注述也解也或从水飳餌也○⿰豆攴昌句切博雅勇
也文二⿰角蜀抵也○住廚遇切立也亦姓文七牏築牆短版逗留止也一曰曲行亦姓⿱竹往壇篹竹也尌侸立也或从人

駐馬立也。屢婁嬰瞾龍遇切數也或作婁古作嬰瞾文十四屨鞻也嘍呼犬聲窶貧也鞻靲鞻也䝁貗求子豕也或省僂膢痀僂身曲病或从身累謱遬累囟奴官名瘻頸腫。續辭屢切連也詩陰靷鋈續徐邈說文一

十一。莫暮莫故切說文日且冥也从日在茻中或作暮文十一慕說文習也一曰思也慔說文勉也募說文廣求也墓說文丘也一曰葬地謨謀也僞也笯籠也方言南楚謂之笯簒竹簒摹模也縸惡絮也齊人語。悑怖普故切說文惶也或从布文十一鋪設也一曰鋪首著門銜環者誧謀也陠博雅衺也𧦴諫也鯆魚名𤺺痡𤵛痡病或作痡𤵛㛂美女。布博故切說文枲織也一曰散也文十四抪擊也持也佈尃福也古作尃圃甫囿種菜曰圃或省亦从布柨木名𠝏截也一曰裁刀蚹蟦蚹蟲名似蜆沛地名周世宗遣將破賊於東沛洲𤺺痞病或从布餔與食也。步蒲故切說文行也亦姓文二十五踄說文蹈也捕說文取也或作搏哺說文哺咀也餔糒粰餹餔餌也或作糒粰鵏鵏拔鳥名通作鋪㾦痞病瘦復病郙亭名鞴鞴靫箭室艕舟也方言艇短而深謂之艕或从符騯習馬也通作步酺脯為人物災害之神一曰會聚飲食也或作脯賻以財相酬鰟鱎鰟小魚捗捗攎收斂

也駯馬名荹說文亂艸豧豕謂之豧陠舍下也○𦃇素蘇故切說文白緻繒也从糸𠂹取其澤也隸作素文二十三訴

𧩊愬說文告也引論語訴子路於季孫或作𧩊愬餗膳徹葷也愫誠也傃鄉也榡器未飾也泝遡溯說文逆流

而上曰泝洄泝向也水欲下連之而上也或作遡溯𧬑語也塑塐埏土象物也或从素通作素嗉鳥吭容食處爾雅其粻嗉𤝯獸名玕

玉名摗暗取物也胥蟹醬也鄭康成所謂青州之蟹胥膆肥也索求也書序八卦之說謂之八索徐邈讀嫊女字○措厝

倉故切說文置也或从厝通作錯文七鍇錯金塗謂之錯亦姓或省㳻博雅匽也所以壅水酢醋說文醶也或作醋○作宗祚

切造也俗作做非是文一○祚存故切說文福也文十二阼說文王階也胙說文祭福肉也飵食也𧇽說文且往也秨禾稼也一曰禾

搖皃葅𧂂魚醬或作𧂂葃莋艸名木芓也或从祚乍止也㳻匽也○妒妬都故切說文婦妬夫也或作妬文二十三

𡛟美女䏧𦙶廣腹也或作𦙶𤵸乳病曰𤵸𧦲咤宅詫說文奠爵酒也引周書王三三祭三宅或作咤宅詫𪐝色深

黑𡡺𣧛斁睪說文也引商書攸或作𣧛斁亦省蠹螙𧓷說文木中蟲或从木蟲在木中形譚長

說亦作𧓷秅秺禾束或作秺秺漢侯國名在或武通作喥也橐邑名○兔土切說文獸名象其尾形通作菟

文五菟菟絲藥艸鵵𩿢鳥名爾雅鵵或从隹吐也○度庀宅徒故切說文法制也亦姓或作庀宅文十五渡𣴎

說文濟也或作泥鍍塗金飾也或作塗斁也也墿也篗博雅也坬土也蒦香艸芏艸名海也[足余]

行不履也[女度]敗也。路魯故切說文道也一曰道容三軌文二十二輅曰通作也一賂說文遺也璐說文

王名[疒慮][疒盧][疒虜][疒尃][疒盧]也或从盧从虜露說文一曰也潞說文州有潞也[罒路]罟罟取魚具簬

簵[竹露]竹名說文箘簬也引夏書惟箘簬楛古作簵或从露露蕗露艸名或作蕗鷺[路隹]鸕鵅鳥名說文白鷺

也或从隹从慮亦省[木路]木名桐也攎撈攎文也酪酉屬。笯奴故切說文鳥籠也文九奴賤稱怒[女心]傉說文恚也古作

恕傉努妻子也砮[厂祭]石名古作[厂祭]詉惡言。護胡故切說文救視也文三十九擭[竹隹]捕魚器或作籗濩布濩散也

護大護湯樂名通作濩鸌鳥名擭布擭分解也韄佩刀謂之韄嫭嫮㚾妒也一曰好皃或从雩亦作㚾[汙女]貪也

婟說文姓也一曰戀也胍肥胍肥大皃瓠說文匏也[犭互]獸名似玃尾長[艹互]艸名可為繩䇘互[糸互]說文可以收繩也从竹象

形中象人手所推握也或省亦从糸互一曰差也[黍互]黏也[言互]詰也枑說文行馬也引周禮設梐枑再重[罒互]說文罟也沍互固寒也鱯

互魚名似鮎[魚互]或作[魚互]獲爭取也禮毋固獲涸水竭穫焦穫地名在周䨼黝屬山海經青丘山多青䨼艧博雅丹也胡

頸也漢書捽胡晉灼讀護艸名艸護也[衤互]短衣綔佩印系續漢志諸侯王以下以綔嬳惜也沍水漫也摢擁障也

謼嘑呼荒故切說文評謼也或作嘑呼文十　桍栗茦坼也　⿱竹虖籠也　𧖴血污也　⿸疒虖江淮謂治病爲⿸疒虖　戽抒水器　洿抒水也　鴮鳥名爾雅鵜鴮鸅善洿去河水以取魚故名云　○庫苦故切說文兵車藏也从車在广下文十六　絝袴

⿰革夸說文脛衣也或从衣从革　胯跨⿰足亏說文股也一曰奎也或从足亦作⿰足亏　苦⿸疒苦困也今人病不善乘曰苦車或从疒　⿰辛苦搗茱萸爲之味辛而苦　⿱艹酤藍⿰酉苦說文韭鬱也一曰菹也或作藍⿰酉苦　秙秙穅禾不實　鮬藏魚子也　齁折鼻　○顧⿱雨鳥古慕切說文還視也古作⿱雨鳥俗作顧非是文二十七　䭅饘也　雇傭也　詁通古今之言也　古始也通作故　故說文使爲之也亦姓　固怘說文四塞地一曰再辝一曰堅也古作怘　盬攻緻也　錮說文鑄塞也　棝說文棝斗可射鼠　酤沽賣也略也或作沽　㽽痼說文父病也一曰小兒口生瘡或从困　涸凝也　稒⿰扌固稒陽縣名在五原郡或作⿰扌固　⿱艹固說文艸也　鷇嗀方言爵子雞雛皆謂之鷇或作㲉　⿱罒固⿱罒路⿱罒固取魚具　鮰魚腸一曰杭越之閒謂魚胃爲鮰　鈷斷也　婟嫪惜也一曰女字　蠱事也　○汙洿汚盓烏故切說文薉也一曰小池爲汙一曰涂也或作洿本盓文十四　惡⿰言亞⿰言惡恥也憎也或作⿰言亞⿰言惡　隖障也　塢野聚也　堊白飾也或書作埡　噁喑噁怒皃　杇塗工具　⿱汚女貪也　嗚歎傷也後漢書噫嗚流涕　○誤五故切說文謬也文二十九　悞欺也疑也　悟忢⿱吾吾說文覺也古作忢籀作⿱吾吾　娛樂也　寤⿱穴⿰爿蜀⿱宀吾說文寐覺而有信曰寤一曰晝見而夜夢也籀作⿱穴⿰爿蜀或省　⿸疒吾

博雅窒竈也晤昨說文明也引詩晤辟有標或从午聕聽也捂捑斜相抵觸也或从吳⿰犭吾猿類大而有騙色黃逜爾雅寤也

謂相干寤遻迕俉遇也或从午亦作俉啎忤午蘁說文逆也或作忤午蘁娪青州呼女曰娪仵同也莊子餠偶

不仵⿰忄啎倉卒也後漢書錯⿰忄啎不能對鼯獸名梧魁梧大皃。寤傷故切行水也周禮以澮寫水劉昌宗讀文一。⿸厂忎儒互切鈍

也从辱省文一。⿰𧾷丂於故切踞也文一

十二。霽子計切說文雨止也文十三濟渡也⿱髟韱露髻曰⿱髟韱擠說文排也⿰山齊山名躋隮⿰𧾷竝方言登也一曰墜也

或从𨸏古作⿰𧾷竝通作⿰山齊懠緝也齊和也周禮入珍之齊徐邈讀齎行道之財用⿱折衣斷也管子⿱折衣領刎頸穧穫也。⿰糸囟細

思計切說文微也隷作細文十四⿰氵囟囟說文水出汝南新郪入潁⿰木囟⿰木囟陽山名壻婿⿰土咠說文夫也引詩女也不爽士二其行士者夫也

或从女亦作⿰土胥俗作聟聓非是⿰山囟山名粞米屑棲栖雞所止或从西些呰語辭或从口⿰女囟女字。切七計切衆也文十

砌碏也⿰目祭⿰目切說文察也一曰衺視或从切聺⿰耳切聰也或从切摖挑取也悽恨也妻以女嫁人曰妻⿱祭山山名。嚌

⿰口𠫭才詣切說文嘗也引周書太保嚌受同祭嚌古作⿰口𠫭文二十一⿰鹵齊鹹也櫅斷木也⿰酉齊博雅醬也眥說文目匡也或書作⿰目比

懠爾雅怒也一曰愁也疾也癠病也一曰短也⿰齒齊⿰齒齊⿰齒旨齧也劑說文齊也⿱此衣衣交衿穧說文穫刈也一曰撮也齍說文

炊餔疾也齊齋和也或作齋粢酒也禮粢醍在堂通作齊儕等也薺艸名疵痕疵恨也霽晴也銐利也。媲四計切說文妃也文十八⿰足⿱囟比踦也⿰甲刂⿰⿱囟比刂割也或作⿰⿱囟比刂壀埤壀堄城上垣或作埤渒⿰氵⿱囟比說文水出汝南弋陽垂山東入淮博雅渒⿰氵⿱囟比茂也一曰舟行皃或作⿰氵⿱囟比⿰氵⿱白卑水聲通作⿰氵⿱囟比䡵䡵輗車名⿰月⿱白卑盛肥也⿰牛⿱囟比牛名睥俾⿰目辟辟睥睨視也或作俾⿰目辟辟⿰氵⿱白卑水名在丹陽⿰卑頁傾頭皃。閉必計切說文闔門也从門才所以歫門也俗从下非是文六嬖說文便嬖愛也箄甑蔽⿰卑戈戰敗毀也椑木名綼緝也。薜蘗蒲計切艸名說文牡贊也或作蘗文十五⿱辟弓弜也鐴治刀使利⿰足必蹴也椑木名⿱罒辟鳥罔⿱敝金羊箠端有鐵⿰酉卑⿰酉畀說文擣榆醬也或作⿰酉畀箄薄也憊困病莊子先生之憊⿱竹辟捕鳥具僻辟也一曰从旁牽⿱敝金銅生王色。謎彌計切說文隱語也文十㜆吳俗呼母曰㜆⿰扌戚拭滅也⿰金蔑小釜檕檵檕木名瞇睥也⿰忄迷慢也。帝帝丁計切說文諦也王天下之號也古作帝文五十五偙僀偙儶困劣皃或作僀揥捎也戲也諦諟⿰言帶說文審也或从是从帶嚏⿰口帶說文悟解氣也引詩願言則嚏或作⿰口帶腣⿰月帶腣胿肤腹或从帶骶博雅背謂之骶摕⿰扌⿰斤示⿱折木說文撮取也或从折从示兩手急持人也亦作⿱折木厎至也⿰足氐蹋也趆趨謂之趆迡驚不進也蔕⿱氏革補履下也或从氏⿸疒帶創也一曰下病⿰舟氐⿰舟氐艢舟也一曰水戰船⿰氐瓦⿰氐瓦甇大瓮疐⿱艹疐去木也爾雅棗李曰疐之或从艸柢楴根也或作楴怟悶也蔕說文瓜當也螮蝃蜥蚳說文螮蝀虹也或作蝃蜥蚳䗖蝭蝭蟧蟲名蚸蟟也或从是扺擿也媂圍室神名一曰黠媂女皃邸本也周禮四圭有邸氐東方宿名胝牲體之本也墆博雅墆翳障蔽也僀博雅僀僀憭也一曰疾也泜水名在常山⿰鼻至⿰鼻帝鼻疾太玄決其聾⿰鼻至或作⿰鼻帝亦書作⿰鼻帝締結不解鯑魚名大鱧渧泣皃一曰滴水啻高聲一曰諟也詆呵也阺阪也奃大也⿱艹是姓也○㬱暜替地計切說文廢一偏下也从竝白聲或从曰亦作替文四十五鬀剃剔說文鬀髮也大人曰髡小兒曰鬀盡及身毛曰鬀或作剃剔揥所以摘髮詩象之揥也⿱彖夷⿰彖弟⿱兟䖵易曲也或从弟涕泣也洟⿰鼻韋說文鼻液也或作⿰鼻韋⿰疐欠唾聲⿰衤啻裼褅說文緥也引詩載衣之⿰衤啻或作裼褅达字林滑也屟屜屉履中薦或作屜屉⿰革夷馬鞁具⿰女夫⿰女帶博雅極也或作⿰女帶睼說文迎視也笶車⿱大車竹也戾說文輜車旁推戶也⿰蔕阝亭名薙說文除艸也引明堂月令季夏燒薙偙困劣也⿰耒啇⿰耒啻種也或从啻⿰忄笶字林寧⿰忄笶心安也⿰口遰不嚔也汰沙汰擇也蛈蛈蝪蟲名棣棠棣木名一曰通也漢書萬物棣通孟康說𢧵國名在三苗東挮拭也鶙鷈鶙鳥名鬄⿱髟世⿱髟曳髲也或从世从曳⿺麥替㵒麵也軑韓魏謂車輪曰軑⿰衤笶補也○弟第大計切說文韋束之次弟也或从竹弟一曰順也文五十四悌易也娣女弟一曰母之女弟鬄鬀錫說文髲也或作鬀錫締說文結不

解也睇睼眤說文目小視也南楚謂眄曰睇或从夷古从尸題題䁥視皃一曰顯也或作題䁥⿰言帶⿰言壴⿰言帶審諦也懘
說文高也一曰極也一曰困劣摕取也⿱折木兩指急持謂之⿱折木踶蹄說文躗也或作蹄遰說文去也遞迭递說文
更易也或作迭递逮逮及也古作逮禘說文諦祭也引周禮五歲一禘釱說文鐵鉗也墆墆翳障蔽也嵽岧嵽山形
軑說文車輨也一曰地名棣木名說文白棣也一曰棣棣威儀杕說文樹皃引詩有杕之杜⿱竹是竹名⿰舟弟舟名鷤鶗鷤鴂鳥名
子規也或从是⿱彑帝河內名豕古作⿱彑帝鮷鯷魚名鮎也或从是⿰夷隹去艸曰薙提擲也史記以冐絮提文帝焍灼龜木也
史記梁卯焍黃蛂甲蟲也隶⿰犭氐子也⿰鳥大鳥名山海經首山有⿰鳥大狀如梟三目珶玉名遞⿱竹遞遞鍾樂器晉灼曰二十四鍾各有節奏聲
不常⿰女帶極也[illegible]刀鞞楴笄屬地元氣濁爲地戾輜車旁推戶○麗丽亓下郎計切說文旅行也鹿之性見食急
則必旅行从丽聲引禮麗皮納聘蓋鹿皮也一曰美也著也古作丽亓文五十九⿰离隹去也隸隷說文附著也一曰賤稱篆作隸儷⿰亻離
⿰亻离偶也或从離亦省戾⿰戾犬說文曲也从犬出戶下戾者身曲戾也一曰至也古作⿰戾犬㑦博雅怒也通作戾悷懍悷悲皃⿰足戾⿰月戾
跛足或从肉盭⿰幸攵說文弼戾也或省綟說文帛戾艸染色㸚二爻也⿵風劦⿵風劦急風或作⿵風劦⿵風戾颲颲風聲沴沵說文
水不利也引五行傳若其沴作或作沵⿸疒麗說文癰也一曰瘦黑⿰麗見⿱習目說文求也一曰索視皃或作⿱習目珕⿰虫劦說文蜃屬也引禮佩

刀士瑒琫而珧珌或从虫劙⿰麗刂⿰留刂方言解也或从麗从留⿰麗攴博雅布也一曰數也⿰氵隶滯⿰氵隶泣也一曰漉也欐小舟一曰棟名

棙琵琶其撥曰棙⿰扌隶說文木也博雅篗其㞑謂之⿰扌隶⿱竹隸篤也䕻艸木生著土通作麗⿱艹戾說文艸也可以染留黃荔說文

艸也似蒲而小根可作㕙一曰荔支果名唳鶴鳴蜦蜧神蛇或从戾⿰虫麗蟲名蚰虫也⿱濔土滿也莊子陰陽氣有⿱濔土崔譔說

折也莊子攦二倕之指⿰忄詈⿰忄詈怈欺謾也⿱彖虫方言參蠡分也一曰蟲名食木⿰瓜蠡瓠勺⿰木刕果名似枇杷淚疾流皃淮南子水淚

破舟⿰目黎視也⿱刕禾長也⿰扌隶裂也孋美也錑鑽也一曰鋸也泣汔也一曰泣泣水聲浰淒浰疾皃○泥乃計切滯也文九埿

朽也迡近也濘涵也⿱泥木糟者濃也嬭女字⿱泥心心柔密也⿰木柰木立死⿰言尼言不通也○系毄⿱毄処𦃇繫結

胡計切說文繫緤也或从毄處籀作𦃇亦作繫繫結文三十一係說文絜束也通作結禊祭⿰契頁除惡說文同人也一曰恐也盻說文恨視也⿰忄奚

恨也妎爾雅苛妎也一曰妒也膎⿰月契喉脉也一曰腹也或从契瘛⿸疒絜瘈博雅瘛瘲病也或作⿸疒絜瘈⿰扌奚⿰扌系杭越之間謂換

曰揳或从糸榽木名爾雅魄榽橀細葉似檀⿰糸奚⿰糸系⿰糸繇帶也或作⿰糸系⿰糸繇閉扇扉也韢說文囊紐也一曰盛㦽囊蒵

履系一曰艸名⿰女奚怯也一曰妬女殹擊中聲郋里名在召陵稧吳人謂秧稻曰稧⿰开开羿闕人名有窮國君⿰开开或作羿

○⿱奚月顯計切大肥也文六怈㦮怈欺也⿰奚欠唾聲⿱㓞女喜皃⿰女帶極困也騞解牛聲莊子奏刀騞然徐邈讀○契詰計切說

文大約也引易後代聖人易之以書契文二十契鍥說文刻也或从金通作契罊說文器中盡也𢡱說文憊也毄難也𩑶伺人也一

曰恐也䁈說文省視也𦞌腨腸也舟契博雅舟也蟿蟲名挈鑽龜也通作契蘻艸名爾雅蘻狗毒𡲳廣雅臀也

㼤瓶也瘈瘈瘲癎疾恝心有事也䀎直視皃㲉獸很不動皃絜提也○計吉詣切說文會也亦姓文二十五係

束也繫毄說文繫褫也一曰惡絮一曰維也或作毄繼說文續也一曰反㡭爲繼俗作継非是紒髺結束髮也或作髺結

轚舟車斤行也𨛱國名說文封黃帝之後於𨛱通作薊薊艸名說文芺也蘻艸名說文狗毒也蘮蘮蒘艸名檵

木名說文枸杞也一曰監木繫說文繘耑木也一曰扌繫梅蟿蛙屬擊闕人名春秋傳晉有屠擊瘈狂也蛣蛸蛣海蟲名

猘狾狂犬或作狾蠿蠿英蟲名𢡱夏憂也譥聲也魝解也医壹計切說文盛弓弩矢器也引春秋國語兵不解医文四

十𧢼視皃撎說文舉手下手也悘恭也靜也殹說文擊中聲翳說文華蓋也一曰蔽也緊歎聲一曰語助一曰

翳裕小兒次衣一曰赤黑繒豷豕息謂之豷嫕嫛嫕順從也或作嫛瘱嬺說文靜也或作嬺瘞陸幽隱也或作陸

譩諟也引越謂諟曰譩謉訡博雅譍也窫說文靜也一曰安也嬄殪說文死也古作壼㦤廣雅審也一曰臥也曀

說文陰而風也引詩終風且曀墷堅說文天陰塵也引詩墷墷其陰或作堅瞖目疾枍枍栺木名蘙艸名一曰艸茂皃𦡯

瘦也蠮蟲名鷧鳥名鸕鷀也搤拉也醫醴酏爲飲也周禮六飲一曰醫徐仙民讀或作醫非是鷖青黑色也周禮彫面鷖總劉昌宗讀縊經也縩結也肯綮李軌說湮爾雅落也猰𤞞猰貐獸名類貙或从犬韋昭說齸嗌江東名咽爲齸齸者齨食之所在或从口噎咽痛方言廝嗌噎也。詣研計切說文至也文二十四栺枍栺木名羿𢏚說文羽之羿風或省盻恨視㿂㿂疵恨也睨倪說文衺視也或作倪覞說文視也𢾌說文旁攴也堄說文埤堄城之垣寱衛也鷘也𢏚說文帝嚳射官夏少康滅之引論語羿善射通作羿詣燒松枝取汁曰㶒輗車輗車名鮨魚名山海經滾水多鮨大首音如嬰兒齸齝齸齝齧齒也霓蜺虹也或作蜺誢伺也涀水際掜捉也寄也帠法也莊子帠以治天下婗姕也。慧胡桂切說文儇也通作惠文二十七惠𢡈說文仁也古从憓愛也順也通作惠譓儶僀儶困劣皃韢囊裹細一曰囊屬㨹𢯻裂也挂也或从惠鏏廣雅鬵鼎也潓說文水出廬江入淮蕙香艸橞槥說文木也或从彗蟪蟪蛄虫屬譿譓辨察也或作譓鏸銳也一曰矛三隅謂之鏸𨼋陲也繐踈布䍶䍶䍶大管翽䎺𦑟𦑟博雅羽也或从慧亦並省熭乾暴也轊𨍵車軸頭或从惠。嘒嚖呼惠切說文小聲也引詩嘒彼小星或从慧从惠文九暳曙小星謂之暳或不省𣢼𣢼歕笑也噦聲徐有節也詩鸞聲噦噦徐邈讀喙口也騞刀解牛聲。桂涓惠切說文江南衆百藥之長文二十四娃博雅明也通作香炅觖舌頭語也趹踶也鈌

剌也妜博雅極也刲割也筀竹名傷人則死䒽茥艸名或蘲絓也泱疾皃莊子麋鹿見之泱驟徐邈說赽趧赽走皃

𧮾谿也[圭攴]放也侵也訣決也[圭鳥]鶗鴂鳥名也鴂或从夬趹馬行皃洼水名眭姓也昋炅姓也炅氏謂桂貞爲秦博士始

皇阬儒改姓昋其孫溢避地朱虛改爲炅弟四子居齊改爲炔今江東多桂姓一曰漢有城陽炅橫漢末被誅有四子一守墳墓姓炅一避難徐州姓昋一居幽州

姓桂一居華陽姓炔四字皆九畫云炔煙出皃○[衤癸]睽桂切衣裾分也文五胅孔也闋止也瓗璿玉名或作璿○筡遾

丑戾切竹名一曰竹裏爲筡或作遾文二

十三○祭子例切說文祭祀也从示从手持肉文十三際說文會也鬣露髻曰鬣[祭阝]邑名在周穄說文穈也鰶鯯

魚名或作鯯瘵接也詩無自瘵焉鄭康成讀傺方言逗也逗謂住穧穫也或从齊嚓小語漈水涯○歲嵗

須銳切說文木星越歷二十八宿宜徧陰陽十二月一次从步戌聲律歷書名五星爲五步古作嵗文十一[糸彗]蜀細布[糸歲]說文細疏布也

或省亦从歲帨佩巾涗沛和也盎齊謂之涗酌彗日中暴胡也暳小星也櫘槥小棺或作槥○脃膬脺

此芮切說文小耎易斷也或从毳从卒通作毳文十五𣃔斷也[氵奧]飲也韢[韋歲]說文囊屬或作[韋歲]毳說文獸細毛也[毳示]說文

數祭也[祭心]說文謹也竁穿地也[毳虫]蟲名帨佩巾劂小也涗溫水○蕝芮切束茅位也文六[扌慧][扌彗]

裂也或省毛橇禹之四載泥行所乘通作蕝栬小栊[illegible]土脆也。篲篲𥳆芮切說文埽竹也从又持或从竹从

彗古作篲文二十㨹槥說文棺也或作𣚍轊軎車頭或作軎鏏鏸大或从惠𪔂小鼎繐細疏布也𦆽

說文蜀細布𢅤盥巾謂之𢅤蔧艸名爾雅王蔧㥣也㨹挂也腏挑取骨間肉也覢見破也幧布巾。𠀍

𠛮始制切說文三十年爲一世从而曳長之亦姓古作卋𠛮文六貰也勢威力也齛呼世切气世聲文一

。掣𢊅摯尺制切爾雅夆掣曳或作𢊅摯文二十七觢𢱭說文一角仰也引易其牛觢或从手通作掣瘛猘

𤸷說文引縱曰瘛或从制亦作𤸷懘說文小兒瘛瘲病也狾𤝞𤢸狂犬或作𤝞𤢸滯𣿅懘𡟰音敗不和

也或从心亦作懘𡟰懥說文小怒也𨧀𨩆除艸器或作𨩆𣔯齊人謂急持曰𣔯。制𠛁制征例切說文裁也从

刀从未未物成有滋味可裁一曰止也古作𠛁制文三十八製說文裁也謂裁衣也𩊂博雅鞸𩊂刀削睰目明聅聺聞也或作

晣晢目美也或書作晣晣睰明也或从制亦書作晢迣說也迣也晉趙曰迣𩷏魚名𩸎䤄魚醬或从酉𩛻

臭也狾猘瘈說文狂犬也引春秋傳狾犬華臣氏之門或作猘瘈𥯭大簟也𡞰病子在娠謂之𡞰𧼤姓也

王莽時有𧼤渾孙𧊒蟲名蝗子也或从虫折斷也春秋傳司馬置折俎徐邈讀觢豎角牛晢博雅白也𢿞子謂之𢿞

𧩁語不正𧼮踰也聺聰也瘛引縱病也逝遰往也或作遰淛浙江名或作浙瘵病也聺察親。誓
𧦝時制切說文約束也古作𧦝文二十七噬說文啗也一曰喙也𥰭筮簭說文易卦用也从竹从𢍏𢍏古巫字或作筮簭逝
遞說文往也或作遰𧼮跇𧿹𨓈超踰也或作跇跇迾通作迣迣迾也遾爾雅遏遾逮也北燕曰遾一曰逮也忕習也
銴說文車樘結也一曰銅生五色或書作鉹觢𤛓挈一角仰也一曰牛角立謂之觢或作𤛓挈澨說文埤增水邊土人所止者引
夏書過三澨折曲也詍呭詍語多也山東云或作呭詍拽拕也山東語𦛗制肉也貰漢侯國名。稅輸芮切說
文租也一曰舍也亦姓通作說文十四說誘也祱說文贈終者衣被曰祱帨帥佩巾或作帥𢄍說文禮巾也捝拭也
餟鑴說文小餟也或作鑴祱博雅祭也一曰過制追服謂之祱涗說文財溫水也引周禮以涗漚其絲蛻說文蛇蟬所解皮也啐小歠
𣪠卜問吉凶曰𣪠。毳充芮切細毛也文十二竁說文穿地也一曰小用引周禮大喪甫竁喙口也𦿂艸名橇毛泥行所乘通作
毳𣰆博雅謝也一曰數祭𥵿博雅春也剸𠞣斷也或作𠞣𥼶穀再春膬脆也啜嘗也。贅𧶠朱芮
切說文以物質錢从敖貝敖者猶放貝當復取之也古作𧶠文六𤺊瘤腫通作贅𣪠說文楚人謂卜問吉凶曰𣪠从又持祟𧒭蟲名
𢜸謹也。啜稱芮切嘗也文三𢜸謹也畷田中道。惙丑芮切短氣皃文二啜爾雅茹也施乾說。刵才芮切截耳也

文一。汭内儒稅切說文水相入也或省文十八 芮說文芮芮艸生皃一曰國名亦姓 𦵏蒳艸之小者或作蒳 枘鈉刻木

耑所以入鑿或从金通作内 抐捽也 蜹蚋蟲名說文秦晉謂之蜹楚謂之蚊或省 說悅也周禮注遊觀則施惠以爲說也聶氏定作此音

[土内]深也靜也 笍竹名 袂衣袖莊子被髮揄袂李軌讀 [扌芮]扨也 [金芮]銳也 [毛芮]細毛 衲補也。[疒芇]竹列切痢病一曰牛頭瘍文二

蛭水蛭蟲名。憏所例切帛餘文十 鎩戟屬 帴被也 殺害也 殺[糹閃]降也或作網 蔱椒也 哵唱哵聲也 椒

木名似茱萸 襏衣縫。[竹毳][竹敝]初芮切春也或作[竹敝]文十 毳跳也 齧齒 [剿][斯][剿]斷也或从斤亦作[剿] [祟攵]艸出皃

蔡艸汚地也 察伺也 [毛祭]數祭也。[口率][氵算]山芮切博雅嘗也或作[氵算]文五 [祟蚤]蟲名 嘬盡臠也一曰齧嘗之與無反魚

肉同義 [祟又]楚謂卜問曰[祟又]。跇迣[走世]丑例切說文述也一曰踰也或从辵从走文二十二 [走契][足契]說文超特也或从凡 [足折]跳也

傺博雅逗也一曰侘傺失意皃 [忄曳]習也 [丗思]困劣也 晢瞥也一曰目美或書作晣 揥所以摘髮者 [角枼]博雅[角枼]謂之[角攵]

滯水灑散皃 踅蹛一足行也或从帶 憏怗憏未定也 懘㦅怗滯樂音不和或作㦅 [折巾]悧也 [目祭]察視

揭褰衣渡水 [行折]刻也。[糹曷]於例切說文不成遂急戾也文十三 瘞說文幽薶也 [氵葛]博雅清也一曰蓋也 [巾曷]直衿謂之[巾曷]

餲饐說文飯餲也引論語食饐而餲或作饐 [月曷]臆下也 [鼠曷]小鼠名 [艹囟]以艸補缺 座[食坙]埋也古作[食坙] [壴鳥]鳥名食魚

𧗿夢言不慧也○愒憩偈㞯去例切說文息也或作憩偈㞯文十五揭說文高舉也甈𤮊𤭛爾雅康瓠謂之甈或作𤮊亦省擖刮也藒香艸爾雅藒車芞輿謝嶠讀堨壁隙踅跛也劂傷也瘚頭瘍一曰傷肢也愒恐也○猘狾瘈𤞞狛居例切狂犬也或作狾瘈𤞞古作狛文十七彑說文豕之頭象其銳而上見也罽說文魚网也𦇧㲰𦄺說文西胡毳布也或作㲰𦄺通作罽訐相告斥曰訐瀱說文井一有水一無水謂之瀱汋蘮艸名爾雅蘮蒘竊衣似芹可食蘮說文艸之小者劂博雅傷也𥵭𥵭劂箙竹實瘚博雅秃也○瘵側例切病也文一○偈其例切武皃文六堨堰也蘮蘮蒘艸名𣞤博雅撿𣞤釬也一曰車木鎋碣山名書夾右碣石韋昭讀揭揭陽縣名在南越○衛于歲切說文宿衛也从韋帀从行行列衛也又國名亦姓文二十一𧗿讆說文譿言不慧也或从言𧗽說文牛踶躛也躛說文衛也璏𤩽𤩪劒鼻玉或省亦从彗軎轊𨍉𨎃說文車軸耑也从車象形杜林說或从彗从慧从惠𥳫博雅𥳫衞箭也一曰竹名𧗼說文豚屬槥小棺熭𤏩暳說文暴乾火也或作𤏩亦从日㨹博雅裂也鏏說文鼎也𦒎翮末○劌姑衛切說文利傷也文十五劂𠜾剞劂刀也或作𠜾撅揭也橛夏祖名通作嶡蹶躗趉僵也一曰跳也或从衛从走亦書作蹷嶡山皃𧗽牛踶蟨鼠也一曰獸名鱖鱥說文魚名或作鱥橜盛肉几亦姓䮍馬姓惡○憩詰罽切息也詩召伯所　徐邈讀文八餀

物臬瀱爾雅井一有水一無水爲瀱汋孫炎說欪气聲㛳皃恣也靾䩞被具所以逃死或从曳亦書作韈䩞

繐也。滯直例切說文凝也一曰積也文十一蹛蹛林匈奴祭天處茜說文以艸補缺或以爲綴一曰約空也銐除利器也璏

說文劒鼻王也彘說文豕也後蹏廢謂之彘从彑矢从二比彘足與鹿足同亦姓𩸄魚名𥬞以竹補缺𨥂小車耳鈎𤺋夊痢

墆停貨也。例㑪列力制切說文比也或作㑪亦省文五十四厲𧓝說文旱石也或从蠆通作礪厲一曰嚴也

惡也危也大帶垂也亦姓礪䃺也砅濿說文履石渡水也引詩深則砅或从厲通作厲洌水清也𡾊巁𡽛說文

巍高也或从厲亦省㾐𡛖癘𤸇疾疫也春秋傳大瘠者何痢也或作𡛖癘𤸇通作厲禲𥜰鬼災曰禲春秋傳鬼

有所歸乃不爲櫔或省通作厲勵勉也𧸘𧶈貨也或省㤠裂帛餘也或作裂迾迣遮也一曰車駕清道古作迣

鴷𩣡說文次第馳也一曰馴也或从厲亦書作駠㸽牛白脊鮤魚名蠇蠣𧓝說文蚌屬似螊微文出海

中今民食之一曰罷百歲化爲蠇或作蠣𧓝亦書作萬鱱魚名或書作𧓝䅀穲𥠐黍穰謂之䅀或从厲古作𥠐

覛視也爄止火櫔木名實如栗栵木名爾雅栵栭似槲樕而庳小䊪米之不精者茢艸名一曰

苕也裂囊有飾緣之曰鞶裂鄭康成說𣧍病也𥁊器名𠟍割也曞日光盛𧦝言美也颲利風駃也㤠

㦡驚也或从厲 𨭕利也 洌寒也 𦔳籌也 ○綴株衛切說文合箸也文十七 娺廣雅怒也一曰疾悍 餟醊腏說文祭酹也或从酉亦作腏 ⿰叕豕豕歷地 啜泣皃一曰茹也 畷井田閒道 輟車小缺 笍錣說文羊車騶箠也箸箴其耑長半分或作錣 轛車式下立木 蹳博雅跳也 䄌繹祭謂之䄌 致積累也漢書致令辟爲郭 𥟨禾皃 乚劒戟皃从反亅 ○⿰金芮除芮切曲刀文一 ○瘈吉曳切病也文一 ○曳以制切說文臾曳也文六十五 丿說文抴也明也象抴引之形 抴拽說文捈也或从曳 跇踰也 袣䄪絏衣長皃一曰袖也或从曳亦作絏 裔褻𧘇說文衣裾也一曰邊也末也或作褻古作𧘇 ⿰扌市裂也 㥔忕怈說文習也一曰明也或作忕怈 勩勚肄𠢆說文勞也引詩莫如我勩或作勚肄𠢆 呭㖂詍𧦧說文多言也引詩無然呭呭或作㖂詍𧦧 齛𪘂羊振也或从曳 靾博雅鞫靾駻韏也 疶⿸疒曳病也或作瘈 ⿰彳析刻也 ⿱竹曳箄也 玴珊說文石之似玉者或从世 泄說文水受九江博洵波北入氐 滴溶滴水皃 枻栧楫謂之枻一曰也或从曳 ⿱艹渫渫丞葱或省 𧃲𧀩艸名似蘇而赤或作𧀩 𦐂𦐚飛也或从世 鴺鳥名飛生也 翽翽也 羿闕人名有窮后羿 汰沙汰懌也 𤟹𤞟爾雅貍子隸或作𤞟 𩋐軼車馬贈亡謂之鞢或从車 廗皮謂之廗 洩舒散也 乀曳足也 銴銅生五色 澨水名一曰水涯 筭筮揲著古也

或省噬齧也誓要言⿰角業食也⿱帝女婦人病娠⿰禾曳⿰米曳稻名或从米忄也忕伏過度。叡睿
容叡俞芮切說文深明也通也古作睿容籀作叡文二十三銳劂棁兊說文芒也亦姓籀作劂或作棁亦省鋭鏸
侍臣所執兵或从惠銴銅生五色鏏小餟裞贈終衣莌方言艸ク初辶謂之莌抁抁博雅動也或从允蜹
毒蟲名轊車軸頭篲帚也莊子操拔篲以侍門庭郭象讀啜爾雅也郭璞讀⿰言睿恨言⿰石允磨使消也璿美玉
。埶蓺藝藝秇倪祭切說文種也从坴丮持而種之引詩我埶黍稷徐錯曰坴土也一曰技能也或作蓺藝藝古作秇文
十三槸槸說文木相磨也或从艸亦書作槷褹袂方言複襦謂之筩褹或作袂寱寱瞑言也或作寱囈寐聲
列子啽囈呻呼⿱山目土高皃。劂九芮切剞劂刀也文六⿸厂丮追迮也臬射的也闑門中橛⿱埶瓦康瓠也或
作甈。⿰臬刂劓牛例切去鼻刑或从鼻文七寱寱說文瞑言也或作寱甈⿱埶瓦說文康瓠破罌或从埶⿸虍兀
虎見。蔽萆䕾必袂切說文蔽蔽小艸也一曰奄也或作萆䕾文十三鄨說文牂柯縣鷩⿱敝隹雉名
或从隹幣財也周禮幣餘之賦于寶讀敝塞也通作蔽瞥瞖也䉾簞衣車戶也一曰簿籌弊斷也彆
弓戾也⿰弓㡀或作彇。潎⿰氵敝匹曳切說文於水中擊絮也一曰清也一曰魚游皃或作潎文六⿱敝力削也撇摽也㡀衣壞皃

瞥瞖也。㡀毗祭切說文敗衣也从巾象衣敗之形文十二敝說文帗也一曰敗衣幣𧝒𧸖說文帛也一曰財也或从衣从貝

獘斃說文頓仆也引春秋傳與犬犬獘或从死弊惡也𢿫獸名似犬有文故从文蔽塞也通作敝獙山海

經姑逢山有獸狀如狐有翼名曰獙獙䋞惡綿。袂彌蔽切說文袖也文三𢁉布帛幅邊機機楔細小皃

十四。夳太大泰他蓋切說文滑也一曰大也通也或省亦作大泰文十五舦太舟行汏汰太過也一曰沙汏或从汰

溙水皃通作汏忕㥭奢也或作㥭通作汏釱博雅錧也一曰在項曰鉗在足曰釱軑地名故弦子國戾輕車旁戶黙黑甚

蹛踶也。帶當蓋切說文紳也男子鞶帶婦人帶絲象繫佩之形佩必有巾从巾通作蔕文十四𢄔𢄔方山名一曰郡名屬幽州通

作帶㿃㿃下病跢小兒行皃一曰倒也蹛說文踶也一曰蹛林匈奴繞林而祭也顏師古說艜方言艇長而薄者謂之艜摕

撮取也蔕艸木帶根也𧩩方言諟也𣝪博雅槌也𢄕姓也王莽時有中常侍𢄕惲廗屋邪𧓍蟲名一曰蛇也

遰連也。大徒蓋切說文天大地大人亦大故大象人形文十六汏汰㳠說文淅𤄊也或从太古作㳠戾說文輜車旁推戶也

軑博雅輪也釱鉗也𩿪鳥名山海經𩿪出首陽山三目有耳𥳑海隅謂籃而者曰𥳑𢄕姓也呔啻也蹛𧿒

踶也過也忕奢也習也黙黑也馱馬畜負物也一曰馱名在江夏伏名在。賴頼落蓋切說文贏也一曰恃也亦

姓古作頫文三十二贎貨也襰祷祝攋博雅墮也賚釐說文　也引周書賚介秬鬯或作　爾圭瓚徐邈讀

亦書作賕⿰米萬糲⿰米剌說文粟一　爲十六斗　斗舂爲米一斛曰糲噧嚹聲也或从賴⿰火賴火之炎毒

曰⿰火賴癘癩說文惡疾也或从賴瘌楚人謂毒曰痛瘌⿰足賴躝也一曰邪行瀨說文水流涉上也⿰冫賴說文寒也

籟說文三孔龠也大者謂之笙其中謂之籟小者謂之笒藾⿱艹剌艸名爾雅苹或作莿犡⿰牛蠆說文牛白月也或从

蠆蠣蚌屬鯻說文魚名厲病也詩厲　不鄭康成說一曰祖厲地名一曰鄉名⿱厲虫毒蟲也莊子⿱厲虫蠆之尾郭象讀

⿰女柬好皃⿰犭厲狂也懶憎懶嫌惡攋毀裂。柰乃帶切說文果也一曰那也俗作榛非是文七萘艸名⿰氵柰說文沛之

也一曰水波皃⿰魚柰鰶⿰魚柰魚名⿱能日日無光也⿰柰毛獸毛曰⿰柰毛⿰女柰女字。貝博蓋切說文海介蟲也居陸名猋在水名蜬象形古

者貨貝而寶龜周而有泉至秦廢貝行錢一曰州名文三十鋇博雅鋌也⿰目市⿰日市不明也或从日⿰足貝⿰足市跋說文步行躐跋

也或作跡跋通作狽杮行皃浿水名出樂浪伂顛伂什也通作沛⿰市阝沛說文沛郡或作沛垻⿰女皮也⿰毛市⿰柰毛

多毛⿰牛市⿰牛貝說文二歲牛一曰牛足長大曰⿰牛市或从貝⿰魚市說文魚名出樂浪潘國⿰木犬大張斷皃芾爾雅小也市艸木

皃茇爾雅苕白華茇一曰艸根⿰木貝根多木名出交阯及西域葉可書萯萯母藥艸⿰忄市恚恨也狽獸名狼屬也生

子或欠一足二足相附而行離則蹎故猝遽謂之狼狽　茷艸葉多皃　菝物衺舛也　娊女字　珼貝飾　坒姓也。娧脫
吐外切娧娧舒遲皃一曰喜也或从肉文十一　蜕蟬蛇易皮　稅日月已過聞喪而服曰稅　駾說文馬行疾來皃引詩昆夷駾矣　毻
毤博雅解也謂馬獸解毛羽也或从允　兊成蹊也詩行道兊矣　丨上下通也　侻舒緩皃一曰輕率　裞送死衣。祋⿱殳豆
都外切說文殳也一說城郭市里高縣羊皮有不當入而欲入者暫下以驚牛馬曰祋故从示殳引詩何戈與祋一曰祋祤縣名在馮翊古作
⿱殳豆文四　杸木名　綴表也禮行其綴兆詩荷戈與綴鄭康成讀。兌兊徒外切說文說也古作兊文十五　娧說文好也　⿰革兑
博雅補也　綐博雅紬也　鋭銳矛屬或作鈗　⿰米兑眉也　⿰兑刂削也　⿰土兑牆墮也　⿰山兑⿰山兑儈山皃　遺遺沲汎沙也
颰小風　駾馬行疾來皃一曰突也　奪地名。酹⿰食寽⿰氵頪魯外切說文餟祭也或作⿰食寽⿰氵頪文十　餟小啜也　祱門祭
謂之祱通作餟　⿰歹羸癘也一曰畜病　頪鮮白也一曰難曉　毲鳥羽斑色　⿰女寽也　⿰馬寽馬毛白。霈普蓋切多澤也文十四
沛說文水出遼東番汗塞外西南入海　浿水出樂浪　怖怽博雅怒也或从　⿰目巿目不明皃　肺茂皃詩其葉肺肺
淠動也詩其旆淠淠徐邈讀　⿰足貝急行皃　⿰手巿姓也　⿰馬巿馬皃　柿木盛皃　⿰巿阝邑名　坒姓也。旆蒲蓋切說文繼
旐之旗沛然而垂文十六　軷出祭道神也　⿰足貝蹎⿰足貝行不正　拔柹生柯葉皃詩柞矣或作柹　栰茷艸多

皃一曰茷茷有法度也或省肰曰肉也莊子股无肰李軌讀茇苕白華翇緝羽也往稷舞執之㧊撥也沛艸生
水曰沛姵女名祓祭也棑舟前木瞂盾也○眛莫貝切目不明也文十一跊賤也沬水名在蜀西一曰微晦
䵢深黑色枺木名榙也抹摸也昧冥也一曰斗杓後星一曰縣名在益州媒貪也通作昧韎赤韋妹
女弟黴濡筆也○蔡𦾒士蓋切說文艸也一曰國名亦姓古作𦾒文七⿰氵蔡水名⿰蔡鳥⿰蔡隹鳩屬或从隹⿰糸蔡
綷繺紈素聲⿰女蔡女字○⿰石最先外切小石文三⿰女最瘠病⿰目最流視也○⿰衤最取外切緇布冠也一曰衣縫文九⿰足最
行皃⿱宀叔說文塞也⿱最䖵蟲名⿰日最小春竄逃匿也最聚也莊子物何為最之徐邈讀蔽說文艸也⿰巾最⿰巾最項
古服其制未聞○最祖外切說文犯而取也一曰極也凡也文十一⿱最䖵說文蟲也蕞地名在秦一曰在新豐撮會撮頭椎也
稡禾秀不實也𪓋悴說文五采繒色也或作悴棷澤也禮麒麟在郊棷徐邈讀⿱竹最叢木灌木也周續之說
萃艸盛皃⿰女最女字○蕞祖外切小皃文四⿱竹最⿱竹最篭竹器最聚也叢叢木灌木也劉昌宗說
○害下蓋切說文傷也从宀从口宀口言从家起也文八妎㛊說文妒也或作㛊夆說文相遮要害也南陽新野有夆亭
違說文無違也嗐大開口一曰聲也㤥快也䯐骨也○餀饁虛艾切說文食臭也引爾雅餀謂之喙或作饁

文八鶡䭈臭也或作䭈猲犬臭疲𤸷病也或作𤸷⿰魚曷魚名。磕礚丘蓋切說文石聲石或从蓋文二十六⿰盍阝

地名嘅嘆也愒𢠽渴貪也或从欠从水𢿻𣪘博雅辱也一曰擊也或从殳濭船著沙⿰矛害說文矛屬䪌

頭骨皃或从蓋鶡𨿯盇鶡鴠鳥名或从隹亦作盇⿰食盍物臭也愾博雅滿也⿰巾曷非時而葬謂之⿰巾曷⿰火蓋

火也𤺺喉病轄轞車聲或从蓋⿰口𣪘喝聲也或作喝⿰土蓋塵也。蓋⿰盍食居太切說文苫也一曰疑辭古

作⿰盍食文十匃丐說文乞也逯安說亾人爲匃或作丐刉制斷也書刉申勸寧三之德鄭康成讀⿰葛鳥⿰葛鳥⿰葛鳥鳥名⿰王蓋闕人

名晉有建平夷王向⿰王蓋⿰蓋阝地名𥱼籧篨也忦懼也。譪於蓋切說文臣盡力之美引詩譪譪王多吉士文十九

⿱艹渴說文蓋也清也微也馤⿰香蓋馣馤香氣也或从蓋靄⿱雨曷雲皃或省⿰土蓋塵也通作堨⿰目蓋日色⿰忄蓋謹也

⿰鼠曷⿰鼠曷⿰鼠曷小鼠相銜尾而行⿰女蓋⿰女盍⿰女曷或省⿰女曷⿰口蓋噎也⿰臭曷廣雅臭也⿱艹溘晻⿱艹溘鬱陰也堨

青土謂之堨一曰壁間隙噯氣也曖晻曖冥也艾𢪃牛蓋切艸名說文冰臺也一曰老也一曰邑名在南昌或作𢪃文七豛

字林豕三毛聚居者一曰豕老謂之豛通作艾鴱𩀋鳥名爾雅桃蟲鷦鳥或从隹乂⿱乂心創乂懲也或作⿱乂心通作艾。會

巿佮岁乃會今黃外切說文也从亼曾省曾益也亦姓古作巿佮岁乃會今文十八⿰山會峗⿰山會山皃⿸辰會日月合宿

集韻卷十二　　三十二

譮悟也繪繢說文會五采繡色引虞書山龍華蟲作繪引論語繪事後素或作繢古通作佮㞧禬除殃之祭曰禬

鬠骨擿之可會髮者璯玉飾冠縫檜木名一曰柩飾⿱雨會雨也襘衣緩帶𨖷無違也。⿰言歲呼外切說

文聲也引詩有⿰言歲其聲文九翽說文飛聲也引詩于飛翽翽其羽鉞鐬噦說文車鑾聲也引詩鑾聲鉞鉞或从

歲亦作噦⿰鼻會鼻息濊說文水多皃渙水名一曰縣名在亳⿰彳歲⿰彳歲⿰彳歲室宇顯敞也。⿰禾會糩苦會切說文糠也或

从米文七翽飛聲也快逞也史記應侯固不快劉伯莊讀髁⿸尸果博雅臀也或作⿸尸果轄車聲。儈古外

切會合市人也文三十一禬說文會福祭也引周禮禬之祝號會㞧總合也古作㞧⿰骨會鬠說文骨擿之可會髮者引

詩⿰骨會弁如星或从髟通作會襘說文帶所祭也引春秋傳衣有襘⿰食會食也擓收也刽說文劃傷也一曰斷也一曰刀不利

於瓦石上刽之劊說文斷也膾鱠說文細切肉也或从魚獪狡獪兒戲也廥說文芻稾之藏也鄶說文祝融

之後妘姓所封潧洧之間鄭滅之亦姓嬒說文女黑色也引詩嬒兮蔚兮澮說文水出靃山西南入汾巜沛⿰氵㞧說文水流

會澮也方百里爲巜廣工尋深二仞古作沛⿰氵㞧通作澮擓說文建大木置石其上發以機以追敵也引春秋傳擓動而鼓又引詩其擓如

林一曰旝也檜栝木名說文柏葉松身或作栝噲地名史記魏敗趙于噲通作澮璯玉飾冠縫⿸疒會病也概杖也

噲嶮噲山皃繪五采束髮[illegible]胃痛○薈烏外切說文艸多皃引詩薈兮蔚兮文十一懀懀憒嫌惡也一曰悶也
瞺眉目間⿰黑會說文沃黑色濊澮汪濊深廣也或作澮穢惡也通作濊䨤小雲謂之䨤嬒女黑色
儈儈儈屋宇高明也⿰鼻會鼻息○外五會切說文遠也卜尚平旦今夕卜於事外矣文一○⿴行惠于外切夢言意不慧也文一
○饖乙大切食臭敗也文一
十五○卦古賣切說文筮也文十一挂說文畫也一曰懸也通作掛詿⿰言畀博雅誤也或作⿰言畀⿸盾圭盾握掛別也易掛一以象三繣徽也絓罣罥也或从四⿱𣪊木緌耑木惴性多阻礙也○畫胡卦切界也俗作畵非是文十五
註誤也絓說文繭滓也一口結頭一曰以囊絮練也⿰糸卦罫挂礙也或从网亦作挂通作絓澅水名在齊纗博雅纗紳𩊝帶也一曰弦中絕也孈愚戇多態也黊博雅黃也繣徽也哇喉結塞也⿸尸系屐履也方言西南梁益之間謂之⿸尸系杸柃杸農具⿰立全庋也○諣呼卦切說文疾言也文二⿸疒巂愚也○懈居隘切說文怠也或書作解文七解除也一曰閒上也繲故衣也薢薢茩艸名芵茪也廨公舍嶰山名⿸疒圭病也○邂下解切說文邂逅不期而遇也文四解散也一曰解廌獸名一曰地名謑⿰口解怒聲或作⿰口解○謑許懈切恥也一曰怒聲文二○⿱𣪊女⿱𣪊心毄口賣切說文難也或从心亦省文五

解解垢詭曲之辭㖒㖒詬力諍○䚷隘阸阨烏懈切說文陋也从𨸏𦐇籒文嗌字或作隘亦从尼从厄文十八伌困也

搤扼也⿰山尼⿰山益險也或从益䅬稻車曰䅬一曰稗䅬稻種㾜說文劇聲也⿱雨厄霧也⿰石尼砨王名范雎曰周有砥

⿰石尼或作砨呢⿰言厄聲不平謂之呢或作⿰言厄嗌方言噎也秦晉謂咽痛曰嗌⿵門益閙也賹記物貝也○睚⿰目崖⿰目賣⿸疒見

厓牛懈切目際也一曰怒視或作睚⿰目崖⿰目賣⿸疒見厓文七⿰齒厓齧⿰齒厓切齒⿰忄厓恨也○庍卜卦切舍也別也文五䋎散絲也⿰木𠂢滕屬派

谷名在安邑⿱山辟山谷阮也一說蜀中謂山谷間田曰⿱山辟○𠂢普卦切水分流也文十一派說文別水也䋎說文散絲也

林朩說文葩之總名林之爲言微也微纖爲功象形或省⿰氵萆渒說文水在丹陽或省⿰木𠂢滕屬一曰木皮蜀人以爲布

⿰耒華博雅種也⿱竹⿰耒卑⿱竹派竹片也或作⿱竹派○粺⿰韋桒旁卦切說文毇也一曰粟一石舂米一升四外或作⿰韋桒文八⿰矢卑短皃

稗說文禾別也⿰白卑白皮䵗黍屬杷田器⿰氵罷水名○𧶠賣莫懈切說文出物貨也从出从買隷作賣文四⿰目賣

邪視⿰扌賣⿰扌賣⿰耒襄垢贖皃○曬所賣切暴也通作⿰黍易文八⿰黍易不黏皃灑洒汛⿰氵丽汛也或作洒汛古省攦埽也

⿰酉責簀酒也○瘥差楚懈切說文瘉也或省文七衩博雅䘯袺袿謂之褸衩杈杈杷平田器⿰氵圣水浦也訍

疑也一曰訍持人短⿰言差異言○債責側賣切逋財也或省文七榨取油具⿰酉責醡笮⿱竹賣壓酒具或作醡

笮簀。⿸疒柴仕懈切疾也文十二　柴砦𡏖磜㙇藩落也或作砦𡏖磜㙇　眦睵疵眦睚恨視或作睵疵亦書作眥

齜齜䶩開口切齒　胔骴獸死或从骨。膪陟卦切腟膪肥皃一曰𦢊肉文二　⿰彳啻立皃。媞得懈切方言荽媞欺

讗也文一。⿱髟卒求卦切⿱髟卒⿱髟內髮亂文一。⿱髟內奴卦切⿱髟卒⿱髟內髮亂文一

十六。怪傀古壞切說文異也或作傀亦書作恠俗作恠非是文十三　⿰石圣磙石似玉古作磙　⿱夂圣大也　壞擾𣀔

⿱罒土毀也或从手从攴古作⿱罒土　蔽艸名　抜擾也　箴竹名　⿰氵圣水名。蔽蒯𠚭苦怪切說文艸也或作蒯𠚭蒯亦姓

文十七　蕢艸名赤莧也　簣博雅籠也　箴竹箭也　郝說文汝南安陽鄉　喟嘳⿰冊欠說文大息也或作嘳

⿰冊欠　⿰冊欠博雅斷也　塊墤凷土也或作墤凷通作蕢　⿰崩阝漢侯國名　忦恨也　嬇女字。𧱼呼怪切豨𧱼頑惡也

文八　⿱自隶臥息　⿴行足過也　⿱衛木木名　瀎濊水相激聲　嘳喟字林息憐也或从胃　顡癡不聰明也。壞⿱罒土

𣀔胡怪切說文敗也古作⿱罒土籀从支文七　饟良敗也　𣩴腐也　𡓮艸名爾雅𡓮烏蓷　犪䊢犪粘膩。擺仕壞

切拉也文一。聵𦗓𦘑五怪切說文聾也或作𦗓𦘑文七　顡說文癡不聰明也　𩔗說文頭蔽𩔗也謂頭癡

𩓡闕人名漢有北平康侯𩓡　聵聾甚。戒𢦛居拜切說文警也从廾持戈以戒不虞古作𢦛文五十四　誡𧩞說文

敕也或从界　悈說文飾也引司馬法有虞氏悈於中國一曰急也懂也　忦憂懼也　介說文畫也一曰助也間也獨也

夵說文大也　价⿰亻戒說文善也引詩价人惟藩或作⿰亻戒　⿱穴介博雅獨也　⿱介心忽忘也　畍堺阶介說文境也

或作堺阶介亦書作界　⿱髟介說文簪結也一曰覆髻也　⿰巾介幘也　尬說文尲尬也　玠琾說文大圭也引周書稱奉介圭或从界

界　疥⿸疒界蚧說文搔也或从界从虫　衸說文衸也一曰布幅　砎⿰石界硬也或从界　⿰衤害⿰衤蓋上衣也或从蓋

屆届暨說文行不便也一曰極也至也或作届古作暨　艐爾雅至也　睃怒也　犗說文騬牛也　⿰馬介說文系馬尾也

鴧說文鳥似鶡而青出羌中　魪魚名比目也　芥說文菜也　丰說文艸蔡也象艸生之散亂　庎楐所以庋食器者

或作楐　吤聲也　⿱艹魪蔕⿱艹魪鯁利也通作芥　鶛鳥名爾雅鶛劉疾　恝無愁皃孟子不若是恝丁公著讀　⿺毛介獸毛細曰

⿺毛介　岕山名　⿰氵戒水名　⿰牛介四歲牛　紒綰也　妎女字　儿仁人也　駴上不問下　○烗⿰火戒炌口戒切烗炌熾

也或从戒从介文九　揩揩排強突　鞂鼓名通作揩　⿰吉攴聲也　喫喫詬力諍　劾勓勤力也一曰勉也或作勓　○譮許介

切怒聲文十七　欸⿰口戒說文訾也或作⿰口戒　⿰鼻隶眉唏說文卧息也或作眉唏　噧說文高氣多言也引春秋傳噧言　⿰言萬

⿰言蠆譀⿰言萬爭怒或从蠆　⿱大乍說文瞋大也或書作⿱此大　⿰臭曷博雅臭也　⿰害欠欣急氣皃或作欣　⿱介心說文忽也引孟子孝子之心不

君是忿一曰不和皃或書作忦咬風聲莊子宎者咬者蔽艸名喈聲也○械下介切說文桎梏也一曰器之總名一曰持也一曰

有盛爲械無盛爲器文二十四𢪘持也韰薤䪥說文菜也葉似韭或作薤䪥噧送死歌也瀣沆瀣海氣𧦝

言善也𠐑韰博雅陿也一曰速也或省㦗忖度也𢡤博雅悵也一曰傾心也果敢也骱堅齘說文齒相切也一曰

怒也鱭魚名閅說文門扇也祄祏也妎博雅妬也一曰煩苛𢙆悋雎曰𢙆䡈車轄𨘢無違也䜁誡也

𡢟女字𣹟水名○𦖢牛戒切不聽也文六蟓蟲名食木葉㥟忦㥟吝也譺說文騃也一曰欺怟也忦說文憂也

一曰懂也劓截鼻也周禮劓罪五百李軌讀○噫欬乙界切說文飽食息也或作欸通作餩文十欸怒聲𧂇五誅藥艸喝

嗌說文歂也或作嗌嗄噎氣逆也或作噎餲餩食饐謂之餲或从亥○𢷾拜𢷏𢷹𢪃布怪切說文首

至地也揚雄說拜从兩手下古作𢷏𢷹文七𦳝艸名扒八拔也通作拜○湃𣹻艸拜切滂湃水聲或作濆文三浿說文

水出樂浪鏤方東入海一曰出浿水縣○𢟍𤺌憊步拜切說文𢟍也或作𤺌憊文十四韛𩏗橐吹火韋囊也或作鞴

橐𦩎船後木通作排棑木名𣿅水涌湃彭湃水聲糒乾餱備成也王褒說薜水艸名排排指強突

○𥇮暮拜切冥目遠視也一曰火也文十韎赤韋也一曰北狄之樂霾風而雨土譪說文讝也𧲣𧲣㹯頑惡𧂇艸名

集韻去聲上　三十五

茎著也貍蘺瘞也周禮以貍沈祭山林川澤劉昌宗讀或从艸味飲食之味䵻黑皃○鎩鎩所介切說文鈹有鐔
也或作鎩文十𧝏衣削幅也殺閷煞疾也削也或作閷煞𣽊流疾也䰉䰈鬼名或省𩂯雨疾也○瘵側界切說
文病也文三䣊祭說文周邑也或省○褹女介切複襦也江湘之間謂之補褹或書作䙝文三𣯍毛髮衆皃𦃃絜亂皃聉
墀怪切聉顡無志皃文一○顡迮怪切擊頭聲一曰聉顡無志文一○𪕂火界切𪕂𪕃臭也文一○𪕃忌戒切𪕂𪕃臭也文一○菋
任戒切艸名爾雅菋茎著即五味也文一○𢝲才瘵切雌貉曰𢝲文一○齥渠介切睡中齘切齒聲文一
十七○夬古邁切說文分決也从又中象決形文七獪狭狤博雅擾也一曰狡也或作狭狤𥱼竹名噲闕人名燕
王噲澮爾雅水注溝曰澮○快苦夬切說文喜也文五𥢷穅也噲說文咽也一曰嚵也亦姓璯闕人名晉有錢璯駃
馬行疾○咶火夬切博雅息也文四譮氣高皃𪖛臥息鼻聲𪓈黑皃○話話譮䛡戶快切說文合會善言也
傳曰告之話言或作話譮䛡文六躗過也誡謀也○𪓈烏快切黑皃文四𪖛臥鼻息懀心惡噲小咽○𪕂許邁
切𪕂𪕃臭也文三𧭈譀也䵻黑皃○餲於邁切飵敗也文五喝嗑𣤄饐聲或作嗑𣤄嗄氣逆也老子終日號
而不嗄一曰楚人謂啼極無聲爲嗄○敗北邁切毀之也陸德明曰毀佗曰敗文一○敗𢿭貝𣁋薄邁切說文毀也古作𢿭貝𣁋

文十一

退𠛂說文敷也引周書我興受其退古作𠛂　唄西域謂誦曰唄　把田器　墩堤也　毦毦毦多毛皃　浿水名在樂浪

○邁𨘻莫敗切說文遠行也从辵蠆省聲或不省文七　勱說文勉力也引周書用勱相我邦家　𧭈讗說文譀也或不省　佅

東夷樂名　黬黬黲黑皃　○嘣所邁切喝嘣聲敗也文　○柴寨砦士邁切籬落也或作寨砦文三　○嘬毛毳歠

歠楚快切一歠盡釂也或作毳歠亦省文十一　啐小飲　𪘝博雅鹺也　闋石抑闋穀名　醊廣雅醊醬也　𪘝齒剔

也　篹除穀芔也　剸斷也　○啐倉夬切啗也文一　○蠆𧖟蠇丑邁切說文毒蟲也象形或从䖵亦作蠇文八

囆闕人名春秋傳公孫囆　蔕蔕𧛧蔕芥刺鯁也或作蔕𧛧　懘懘忦心不安也或書作懘通作蔕　○𦤶除邁

切𦤶𦤷臭也文二　𢖻遺也　○睉仕夬切睉取目惡文一　○取女夬切睉取目惡文一　○濊褱夬切水多皃文一　○𧵢何邁切奴

深堅音也文一

十八

○隊徒對切說文從高隊也文三十　䃍說文陊也　瀩博雅潰也　𩅿𩆷𩃬𩄲𩄇雲皃或从隊从遝

薱艸木盛皃　𣋍茂皃　隊𨻐𨽍說文也或作𨻐𨽍　憝𢡁譈懟說文怨也引周書凡民罔不憝古作

𢡁或作譈懟亦書作𢡁　錞鐓說文矛戟下銅鐏也引詩矛錞或从敦亦書作鐜　棣字林移也陳留酸棗縣西南有

棣城一曰棠棣木名悷廣雅志也⿰黑逮⿰黑彖或从也⿰山對山皃或書作它〻也⿰骨彖愚皃蒃出蒃跡

也謂茮上菌隶从及之也一曰與也逮也𤺄下𤺄膭下下皃王王○𡭊對都內切說文應

無方也从丵从口或从責對而爲言多⿰亻對說文也石才从木或敦

𤭛器名周禮一曰瓿無緣盟以歃血或作瀩〻也〻也○復衲迺遏遏退內切說文也一曰行

遅也或从內古作迺退退隷作退文十五腿肥皃悷怢博雅也也一曰肆也或作怢⿸危妥⿸危委⿺辶⿸危委⿸危委⿸危委風疾或作⿸危委⿺辶⿸危委⿰口遞

不嚌也追和柔皃湝潰去色曰湝○纇盧對切說文節也文三十三頪說文曉也一曰鮮白色从粉省儽傫

垂皃或作傫⿰畾力⿰畾攴說文推也或从攴擂⿰扌纍纍或礌或从纍壘礧靁擂埤倉推石自高而下也或

作壘礧雷擂鑸銇平版具或从耒耒說文手耕曲木也从木推手古者垂作耒耜以振民也洡相潰洡也莱

說文耕多艸睐目不正蘱艸名爾雅蘱薡蕫似蒲而細一曰地名⿰足耒足跌郲說文今陽郲陽縣壘塊也纇

偏也春秋傳刑之頗纇罍罍空小穴一曰罍小封李軌說櫑櫑具劍名謂以木標首也頛頪說文頭不正也从頁从耒耒頭

傾也或省倈侸也酹餟祭也儡極也一曰重大而偏丯艸亂也穤秱穤稻名○內肉奴對切說文入也从冂自外而

入也古作因文八芮蕞芮艸生皃⿰髟内髳⿰髟内毛亂皃枘楠枘艸木垂實皃㡊㡊垂皃軜驂馬內轡⿰亻内闕人名。肯

補妹切說文脊也文十七褙⿰糸背襦也或从糸誖悖哱亂也或从心从口亦書作⿱孛心輩⿱北車說文若軍發車百兩爲一

輩也或从北⿱非牛⿱北牛廣雅耕也一曰兩壁耕或从北北違也倍加也莊子遁天倍情被福也胥闕人名晉有胥督邶古國

名一曰邑名在齊⿱北土姓也⿱北米惡米。配滂佩切說文酒色也文十妃匹也通作配嶏崩聲謂之嶏朏月未盛之明也古書

作湖啡臥息一曰唾聲蜚蜚林地名在齊痦博雅痦疕痂也⿰目出艴將曙謂之⿰目出或作艴靅靉靅雲盛。佩蒲昧切說文大

帶佩也从人从几从巾佩必有巾巾謂之飾文三十珮佩玉也通作佩琲珠百枚曰琲一說珠十貫爲一琲或書作蜚背偝⿱北貝

違也或从人弗作北負誖悖哱怫惑亂也或从心从口亦作怫古作惑狒大過也一曰犬怒皃或書作犻艴色艴如也

⿰目孛暗也孛茀說文𣐁也从米人色也引論語色孛如也一說彗星也或作茀⿰火背焙煏也或作焙⿰米佩糝也邶⿰背阝說文

故商邑自河內朝歌以北是也或从背棑舟前木⿱艹北艸名山䕻也⿱艹背麻也⿱艹⿱北貝艸名山名⿱北米惡米抜拂取也

⿰女佩女名⿰扌佩轉戾。妹莫佩切說文女弟也文三十六韎說文茅蒐染韋也一入曰韎昧⿰目㔾說文爽旦明也一曰闇也古作⿰目㔾

眛目昏也脢脄背肉也博雅胂謂之脢或作脄痗病也黴物中雨青黑也一曰濡筆⿰黑未淺黑也⿰禾黑禾傷雨

每每艸盛上出也隸作每每一曰常也雖也苺莓艸名博雅蕻蕰蘾英莓也一曰木名子似葚或省墨讒哀敗善
曰墨罞網也栂木名瑁瑁蝐冒瑇瑁龜屬或从甲从虫亦省跊跋也沬微晦也一曰水名在蜀苿茅蒐
蒨艸昧器光澤也禮瓦不成味媒媒媒晦皃眊博雅好也沒沈溺也春秋傳何沒沒邪昒說文目冥遠視也一曰入也一
曰明旦也沕潛藏也顯說文昧前也佅西戎之樂曰佅嚜嚜屎多詐也秣飼也抹摸也○碎蘇對切說文䃺
也文九䘹單衣䯿髮皃𤭢說文破也啐聲也誶告也粹碎米埣土之不黏者繀說文箸絲於筟車也○倅
萃卒取內切副也或作萃亦省文十六䘹副衣也淬說文滅火器也琗玉光焠說文堅刀刃也啐說文
驚也啛先嘗也通作啐催促也𥓉方言磪謂之𥓉綷會五采繒色淬博雅寒也祽祭也捘推也夋詐拜
也○啐摧內切驚也文四䯿䯿鬄髮亂摧滅也𣩨殘敗○晬祖對切子生一歲也一曰晬時者周時也文十六祽
博雅祭也䘹方言單衣謂之䘹啐少飲酒也𪓐綷𢄢說文會五采繒色或从糸从巾通作琗捘捽推也或作捽
蓌夋詐拜也或省淬寒也醉闕人名晉有邯鄲醉睟目際也䤵鍊也琗玉光○潰胡對切說文漏也一曰散也文
三十一憒說文亂也殨說文爛也膭肥大皃从肉僓嫺也一曰長好嬇女字一曰女嬇陸終氏妻䫲無髮皃䜅說文

中正也引司馬法師多則人讀讀止也一曰讀諱啁欺言詗膽气滿聲一曰胡市也一曰決後悔也或作詗繢繪說文織餘也一

曰畫也或从會⿰黃有⿰黃或黃色或从或闠說文市外門也匯水回合也荳萊之美者雲夢之荳螝蟲名蛹也蚚字林蟲也

⿰山迴山無艸木也回迴曲也漢書多陂回遠顏師古讀或作迴⿰土迴地形回屈⿰糸迴衣領緣皃膭月朓謂之膭洄洄湜水清也

⿰韋貴⿰韋貴繡韋囊或作鞼瀣沆瀣露氣一曰北方夜半氣烠火色⿰石迴石皃。誨⿱每口呼內切說文曉教也古从口文二十一

詯說文膽气滿聲在人上悔說文悔恨也𠧪說文易卦之上體也商書曰貞曰𠧪通作悔晦說文月盡也洄㴐淴

青黑色隸作㴐或从忽沬湏靧頮說文洒面也古作須或作靧頮⿰面頁⿰面每面多肉謂之⿰面頁或从每痗病也秏稻

出南海⿰灰頁大首也賄⿰貝每財也或从每⿰⿱日灬頁昧前也。凷塊蕢蒯⿱⺕車苦會切說文墣也或作塊蕢蒯⿱⺕車文

十三𥎊短也堁博雅塵也一曰堆土儝傴皃漢書儝若囚拘李奇說⿰幵頁大朴之皃魁魁然無徒也通作塊嘅嘆也磈

石皃瘣病也。憒古對切心亂也文十六慖埤倉恨也簂幗婦人喪冠或从巾⿱既月肐⿱既月要者忽轉動而跳或作肐亦

書作氣槶說文筐當也⿱竹恢博雅畚韋也刉刺也一曰礪刃扢博雅磨也⿰黃或病皃⿰骨鬼⿰骨鬼骸愚皃杚槩平斗

木或作槩𩪘頭骨皃⿰黃有黃色。⿺辶畏⿸疒畏烏潰切⿺辶畏⿺辶畏病痱也或从疒文七隈水曲曰隈屒隱翳也猥犬衆吠

褽衽也櫜大橐囊。磑五對切說文䃺也古者公輸班作磑文三𨡹醉皃㿐癡疾。坾苦對切深也靜也文一。燊所內切盛也文一。鞼韢巨內切韁也一曰繡韋也或作韢文三衛觝也

十九。代待戴切說文更也亦州名文三十一岱說文太山也黱黛說文畫眉也或从代袋帒囊屬或从巾隶隸說文及也从又从風省又持尾者从後及之也或作隸引詩隸天之未陰雨逮逯說文唐逮及也古作逯

埭䃯𡋯壅木也或从石亦作𡋯䁰𥉂黱暖䁰暗也或省亦从黑甙𨠂酨博雅甛甙甘也一曰酤也或从酉亦作酨酨說文酢漿也瑇𥉃毒玳瑇瑁也或从甲亦作毒玳䨺靆靉靆雲皃𩩲𩩲賽體顫動皃棣木名實似櫻桃一曰棣棣威儀閑習也𢟪緩也柋吳俗謂蠶槌曰柋𤩶玉名佁佁儗癡也。貸他代切說文施也文十

態能說文意也从心从能徐錯曰心能其事然後有態度也或从人儓佁儓儗癡也一曰不前或从台蚮蟲名食葉者方言蟒宋魏之間謂之蚮詒懈倦皃𢘅失常也爄爄烑煙皃䁻曖䁻不明。戴載𢦸丁代切說文分物得增益曰戴一曰首戴或作載古作𢦸戴一曰國名亦姓文六襶褦襶不曉事𪒙黖䨺黑皃瀻酒不清。勑徠倈來逨洛代切說文勞也或从彳从人亦作來逨文十五睞說文目童子不正也𧼛來也通作徠逨䚒說文內視也誺誤也瘷惡疾

唻呼聲萊艸也騋馬名賚賜也黖黖黧黑色。耏耐𦓤乃代切說文罪至不髡也或从寸諸法度字从寸亦
作𦓤文十三佴次也亦姓能忍也亦姓通作耐䏻說文埃䏻日無光也䏻視不明鼐說文鼎之絕大者魯詩說
鼐小鼎螚蟲名小虫也褦褦襶不曉事乃辭也能小能也態意也。黣莫代切博雅敗也一曰黑也文八
脥脢夾脊肉或从每瑁瑁瑁圭四寸或省莓艸名實可食冒蝐蝳蝐也或从虫通作瑁。塞先代切說
文隔也文七簺說文行棊相塞謂之簺一曰編竹木斷水取魚也僿無悃誠也一曰細碎賽報也㥶實也通作塞賽
骨賽體顫動皃䚡角骨。再作代切說文一舉而二也从一冓省文十三載𡕀說文乘也一曰年也唐虞曰載一曰
則也事也唐武后作𡕀洅說文雷震洅洅也栽築版䣨說文故國在陳留縡事也𩰫說文設飪也酨
博雅漿也鼒鼎之掩上者䜴豉也𪑬滓也才始也。菜倉代切說文艸之可食者文十埰采臣食邑謂
之埰或省寀官也棌櫟也唐虞棌椽髺博雅髺也一曰覆巾縩綷縩鮮衣婇女字䐆大腹也山海經丹熏山有耳鼠
以其尾飛食之不䐆切限切急意。在昨代切說文存也文十裁製也載舟車運物也溨博雅測也酨酢漿
栽說文築牆長版引春秋傳楚囗蔡里而栽纔僅也材材具也縡事也財貨也。濭溉潰戶代

切沆瀣露氣一曰水皃或作瀩潰文十四㤥說文告也一曰愁畏劾說文法有罪也愘快也㧡廣雅動也痎二日一發瘧扢磨也

⿰足亥行急菦艸名似葛可食隑陭也閡外閉也核擔也。儗許代切儓儗癡也文二⿰骨曷博雅⿰骨曷骬缺盆肩也

。慨仡口溉切說文忼慨壯士不得志也或从人气文十三愾太息也一曰怒也滿也嘅說文嘆也引詩嘅其嘆矣欬說文屰气也

鎧廣雅鍤甲介鎧也闓開也隑博雅陭也輆輆沐國名在越東核擔也鎎怒戰愷康也⿰血叉息也。溉居代

切說文水出東海桑瀆覆甑山東北入海一曰灌注也文十八⿰亻既主也𣦼說文奴深堅意也从奴从貝貝堅寶也摡說文滌也引詩摡之

釜鬵通作溉扢博雅磨也槩杚說文杚斗斛或作杚亦書作摡⿱既月博雅病也一曰腰痛鐖剴汔磑切近也或

作剴汔磑磯感激也刉割也⿱溉土墍⿱旡土仰涂也或省古作⿱旡土阣陵也。㤅愛⿱既心⿱旡心於代切說文惠也或

作愛古作⿱既心⿱旡心通作㤅文十七㤅㤅說文行皃古省僾說文仿佛也引詩僾而不見一曰唈也薆說文蔽不見也薆

爾雅隱也一曰艸木盛皃靉靉靆雲暗皃曖晻曖冥也唉慢譍也誒可惡之辭馤說文馣馤香氣也通作薆璦美玉

曖白色焥爁焥煙氣。礙硋㝵牛代切說文止也或从亥南史引浮屠書作㝵文十三閡說文外閉也儗儓儗癡皃

懝說文騃也一曰惶也或書作懝⿰木疑木名不木屈頭不出也侅飲食至咽爲侅㝵石名剴切也㿂癡病磑礳也

○倅倉愛切副也文一 ○怖匹代切怒也文一 ○偝蒲代切偝立不正鄉前也文一 ○隑巨代切博雅陭也文一

二十 ○廢放吠切說文屋頓也一曰置也文十九 癈說文固病也 祓爾雅福也 墢壉坺也或不省 ⿰貝發博雅棁也 ⿰角發說文雉射收繁具也或从市 ⿱竹廢⿱艸廢⿱竹發蕟籧篨也或⿱竹廢⿱艸廢⿱竹發蕟 ⿰木廢爾雅⿰木廢椵柚屬 橃屋棟頭 茀小也 茇竹葦組也 髮毛也 砩石遏水 發發矢也詩獻爾發功徐邈讀 ○肺胇芳廢切說文金藏也或作胇文五 怖怒也 柿說文削木札樸也陳楚謂櫝爲柿 昁博雅春也 ○豩牛吠切豨豩短皃文四 杌椹也 軏小車轅耑 刵斷耳 吠 犻犮房廢切說文犬鳴也或作犻犮文十二 茷艸葉多皃 骳骨耑也 鼣⿰鼠發鼠名其鳴如犬吠或从發 瞂盾也 砩石過水 昁春也 鮁魚名 伐擊也亦星名 乂刈艾魚刈切說文芟艸也或从刀从艸文十一 ⿱辟乂說文治也引虞書有能俾⿱辟乂通作乂艾 ⿱乂心說文懲也 汉水名 ⿸虍乂說文虎皃 鴱⿰乂鳥鳥名爾雅桃蟲鷦其雌鴱或从乂 忍怒也 ⿸疒乂病也 ⿰乂欠虛乂切息也文一 ○訐九刈切直言文一 ○薉穢⿰歲戈烏廢切說文蕪也或从禾古作⿰歲戈通作濊文九 饖說文飯傷熱也一曰食臭敗 獩獩貊東夷國名通作薉穢濊 䮹馬怒 濊⿰氵薉濁也或从薉 ⿰歹歲殘濊死物 ○瞥普吠切財見也文一 ○喙許濊切說文口也文十 ⿰食彖⿰食隶爾雅餀謂之⿰食彖或作⿰食隶 ⿰女彖⿰宀彖⿱彖心博雅⿰女彖極也或从广亦作⿱彖心 顪噦頤下

毛一曰頰謂之顪或从口彖博雅𥐹彖短也趯走皃。𦁷立廢切闕周禮朱緫鄭康成曰故書緫或爲𦁷李軌讀文二捌券契也

。衛達穢切牛觸謂之衛文二蹶小溺也一曰倦也。𪑉去穢切蘖也齊人名𪑉曰媒徐邈說文二𥐹𥐹彖短也

二十一。震𩆷之刃切說文劈歷振物者引春秋傳震夷伯之廟籀作𩆷文三十六賑䝩富也或作䝩振說文

舉救也一曰奮也挋說文給也一曰約也拭也䟴蜄𢼂動也或作蜄𢼂䪴頷顙顏色慎事也賑眂也侲童子也漢

制難於禁中用侲子娠妊也或書作㜸通作震袗裖玄服也一曰衣前襌或作裖邔地名𪄻鷐鷐羣飛也或省

唇驚聲䫃頭動也稹禾穊也甄掉也鍾病聲滇慎水名在汝南或作慎縝纑謂之縝帳方言飲馬

橐燕齊之間謂之帳黲黑也謓笑也裖整也一曰祭肉瞋恚也眂昭告也㐱鬒多皃𡳐鳥羽始飛皃鬒

髮黑瘨病也槙木根相迫也一曰木理堅密。眒瞋試刃切張目也或作瞋文五阠字林陵名抻展也申引也

。慎眘昚時刃切說文謹也一曰獸五歲爲慎亦姓古作昚眘文十蜃𪓟大蛤或从黽𩵝堪𩵝魚名蜄蛟屬

通作蜃釰爾雅錫謂之釰欣指而笑之曰欣鋠圓鐵。刃而振切說文刃堅也象刀有刃之形文二十二肕韌靭

忍堅柔也或从韋从革亦作忍通作刃荵𦬸荵冬艸名或省𢂘𢅤說文枕巾也或从忍仞說文伸臂一尋八尺

也峢山高形訒說文頓也引論語其言也訒認識也軔說文礙車也眀䀢視皃一曰眩也或从辰忉心能於事
也牣㸾說文牣滿也引詩於牣魚躍或从忍杒梕說文桎杒也或从忍䵒粘也
二十二。稕𥠖朱閏切束稈也古作𥠖文十二純緣也諄䜭告也春秋傳諄諄如八九十者古作䜭訰爾雅
訰訰亂也䏩盹說文謹鈍目也或从屯埻壘土也一曰射臬肫全腊也甽灊也旽旽旽懇誠。𦧌𡕼舜
俊輸閏切說文艸也楚謂之葍秦謂之藑地連華象形古作𡕼隸作舜或作俊文十五蕣橓𦾢說文木堇朝華
暮落者引詩顏如蕣華或作橓亦从𦧌瞚瞬眣眴瞤說文開闔目數搖也或作瞬眣眴瞤鬊說文鬝髮也恂
恂然遽也𪂷鴟𪂷鳥名。順𢡏巡侚殊閏切說文理也古作𢡏巡侚文七揗摩也楯檻也徇行示也。閏
儒順切說文餘分之月五歲再閏告朔之禮天子居宗廟閏月居門中从王在門中引周禮閏月王居門中終月也文六潤說文水曰潤下
𡾂地名後魏常景發兵守白𡾂䏰朐䏰蟲名巴郡有朐䏰縣地下多此蟲因以爲名橍木名芮蕞芮艸生皃。儐
必仞切說文導也通作擯文九鬢說文頰髮也𧡈說文暫見也覕嬪不見謂之覕或作嬪殯說文死也棺將遷葬
柩賓遇之夏后氏殯於阼階商人殯於兩楹之間周人殯於賓階賓宾會賓客也周禮金路以賓沈重讀古作宾擯弃也。木

匹刃切說文分枲莖皮也从中八象枲之皮莖也文三覻斬見闠鬭也从門。信伩訫思晉切說文誠也古作伩訫亦

姓文三十三訊𧦝𦀌訙咰說文問也古作𧦝𦀌訙咰囟出脖顋顖說文頭會匘蓋也象形古作出脖顖

顖泅水名出汝南栖篋也經絲具狛獸名卂說文疾飛也从飛而羽不見迅說文疾也犳獸阠小爾雅東陵

阠𦬊蘻艸萬類汛洒說文灑也或作洒徇遍也玐玉名杋木名軐車也𡨚腹氣病扟振也

琗珠玉光𣦂待也奞鳥張羽申伸也莊子能經鳥申。親儭七刃切婚姻相謂爲親或作儭文八寴𡩟

屋虛皃一曰至也亦省[illegible]瀙博雅寒也或从親瀙說文水出南陽舞陽中陽山入潁櫬木槿。𦤎晉晉晉

即刃切說文進也日出萬物進从日臸引易明出地上晉又國名亦姓徐鉉曰臸到也古作晉奇字作𣈆隷省文二十二縉說文皇赤色也引春秋傳

縉雲氏搢插也枃埤倉織具所以理絲經榗木名一曰鼓名瑨璡美石或从進進𨗨孖說文登也亦姓

古作𨗨籀作孖[illegible]蟦蛤類或从晉𦏧說文羊名汝南平輿有𦏧亭嚍憒也楊子通諸人之嚍嚍𡾋山名溍水名

鄑地名在宋魯𨘢行艸皃賮貨以將意曰賮。𦘫燼徐刃切說文火餘也一曰薪也或从盡文十賮贐

進說文會禮也或从盡亦作進濜水名在襄陽璶說文石之似玉者藎蕢𦺳說文艸也一曰進也或从賮从𦘫

○㞞峻陖嶕 須閏切說文高也或作峻陖嶕文三十八 陖埈 說文陗高也或从土 㕡濬濬 說文深通川也从谷

从卢卢地坑坎意也引虞書容畎澮距川或作濬濬 浚 說文杼也一曰水名在今京都一曰深也敬也 晙 早也 𢏗 弓簫 ⿰貝睿⿰貝夋 傳雅

益也或作睃 迿 先也春秋傳朋友相衛而不相迿 珣 玉名出醫無閭山 駿 火也通作峻 迅 疾也 卂 疾飛也 奞

奮奞張羽 鵔⿰夋隹 鳥名說文鵔鸃鷩也或从隹 訊訙 問也或作訙 恂 容皃嚴栗也 逡 逡遒縣名在淮南 筍

齊魯以北謂竹輿爲筍何休說 梭 說文木也一曰木茂 稄 秉四謂之莒莒十謂之稄 徇 行示也 ⿰彳夋 大急也 ⿰夋兔 狡兔名 俊

才千人也 ⿰鼠夋 石鼠也 𧮐 深谷 ⿱洵亏 水名在魯 侚⿱侚亏 遠也或作⿱侚亏 ○俊儁 祖峻切說文才千人也或从雋文二十

懏 慧也 畯 說文農夫也一曰典田官一曰農神 餕⿱夋食 博雅孰食謂之餕饔一曰食餘曰餕或作⿱夋食 晙 明也 焌 然火也

駿 說文馬之良材者 ⿰夋兔 狡兔名 ⿰鼠夋 石鼠也毛中筆 ⿰夋阝 地名 葰 薑屬 峻 大也書克明峻德通作駿 雋 博雅聚也

浚 浚稽山名在匈奴 荾⿱荾几 韋褲也或作⿱荾几 睃 視也 僎 鄉飲酒介輔也 ○殉 徐閏切以人從死也文九 ⿰彳勻徇

⿱徇亏 說文行示也引司馬法斬以徇一曰求也順也歸也或从旬亦作⿱徇亏 侚⿱侚亏 說文疾也或作⿱侚亏 ⿰毛旬 毛羽利也 揗 摩也

循 行也 ○櫬 初覲切說文棺也引春秋傳士輿櫬文十三 ⿰石親 水石也 藽⿱艹櫬 木名槿也或从木通作櫬 瀙 水名在灈

陽襯近身衣譾訓言也䞋睨也寴說文至也齔齓毀齒也男八歲女士歲而齔或作齓𠟧博雅揭也儭見藉也

○酳士刃切漱酒也文一○鎮銑陟刃切說文博也古作錢文六填定也瑱玉充耳也彈也駗馬載重行也

○疢疹⿸疒尒丑刃切熱病或作疹⿸疒尒文七趁趂說文𨅝也或从尒螴螴蜳氣不安定皃徐邈說獙獙猭獸走○敶

陳陣直刃切說文列也或省亦作陣文九⿱二門說文登也从門二二古下字診說文視也桭⿰木吝木名升可爲酒或作⿰木吝

塵土汙也鄭康成曰拜手坋塵⿰亻敉說文理也○吝咳吝咯啹良刃切說文恨惜也引易以往吝古作咳吝或作咯啹文

四十六悋恡鄙也或作恡⿰貝吝貪財䫐說文⿰彡粦也一曰頭少髮或書作頪瞵視不明撛挺也扶也遴

僯說文行難也引易以往遴或从人一曰僯慙恥也蹸躙轥轔說文轢也或作躙轥轔疄說文轢田也粼

⿱艹粦⿱竹粦⿱竹甐竹類爾雅鄰堅中或作⿱艹粦⿱竹粦⿱竹甐磷薄石論語磨而不磷鏻鍵也甐瓦器也鄰敝也通作甐

粦燐燐說文兵死及牛馬之血爲粦粦鬼火也从炎舛徐鍇曰舛者人足言光行著人或作燐燐閃⿱二閃說文

火皃从火⿱二門省聲或不省⿰虫粦螢火通作燐驎隱驎馬色駮獜山海經依軲山有獸虎爪有甲名曰獜麐牡鹿閵

⿱二閵鳥名說文今閵似鴝鵒而黃籀从⿱二門不省⿱二蠿蟲名⿰口閵鳥聲藺艸名說文莞屬亦姓籣博雅籣謂之植橉

門閾也楚人曰橉一曰木名　駱牝馬　瀾水名　魕鬼名　獜獸名似彘身黃尾白　胤羊進切說文子孫相承續也从肉从
八象其長也从幺象重累也一曰國名亦姓古作𦙍文十九　䏖說文瘢也一曰遽也　酳漱酒也　酌說文少少飲也　引牽車紼也
一曰曲引　靷𩌾駕牛具在胷曰靷籀作𩌾　朄說文擊小鼓引樂也　鈏說文錫也　演說文水脉行地中演演也　𢿌
擣也　朄車名　洕小水　戭子屬　廴廷也　枃絲梳　螾蟲名　掮伸也　○菣𦺰去刃切艸名說文香蒿也或从
堅文四　趣行緩皃　臤闕人名鄭襄公臤　○印伊刃切說文執政所持信也文六　鮣鮣鱗魚名如篆一曰首象印　𡏅
說文臥也　茚艸名　𩃬氣流行謂之𩃬　𩋃木屨有足　○呁九峻切吐也文五　詢訇博雅欺也或作訇　攈拾也
汮水名在沂　○韻韵筠昀切音和也或作韵文三　枃絲梳　○釁衅許慎切說文血祭也象祭竈也从爨省从酉酉所以
祭也从分分亦聲徐鉉曰分布也从火非是或作衅釁一曰罪也文五　舋鏬坼也　𠁁器裂　璺玉破不離　○螼羌刃切蟲名螾也文一
○隱於刃切據也文一　○僅勵堇渠吝切說文材能也一曰劣也或作勵亦省文十七　覲說文諸侯秋朝曰覲勞王事
勤慬憂也春秋傳勤雨慶氏說或从心　歏欠也　瑾美玉　𡮞少也　廑博雅㾜也一曰小屋　墐說文塗也　𠞚
割也　瘽病也　饉說文蔬不熟為饉　殣說文道中死人人所覆也引詩行有死人尚或殣之　蓳藥艸烏頭也　嫤女字

○⿰扌巾 居覲切以巾覆物謂之⿰扌巾文八 摧拒 拭也或作拒 堇 藥艸烏頭也 ⿰禾堇 艸穰 矜 怜也 紉 合絲爲繩也 劤 力多

○猌 魚僅切說文犬張齗怒也文三 憖 說文問也慬敬也一曰說也一曰皆也引春秋傳昊天不憖兩君之士皆未憖一曰愓也張揖說

涇 瀫也 ○壼 囷閭切宮中巷文一 ○詢 均俊切誰也文一 ○眒 式刃切張目也文一 ○淪 倫浚切博雅沒也文二 蜦 蟲名

蝦蟆也 ○凧 所陳切陵名文一 ○飩 屯閏切味厚文一 ○酳 于栿切小飲也一曰漱酒文一 ○慭 仕覲切強也鄭康成曰民

不慭作勞文一

二十三問

○問 文運切說文訊也文二十一 聞 𦖞 聲所至也古作𦖞 紊 說文亂也引商書有條而不紊 絻 免

⿰巾免 喪冠也或省亦从巾 抆 拭也 汶 說文水出琅邪朱虛東泰山東入濰桑欽說汶水出泰山萊蕪西南入泲 ⿱𦥯目 鏬坼也 莬

脕 艸新生或作脕通作免 鼤 爾雅鼠鼤 文 飾也 葂 闕人名莊子有蔣閭葂郭象讀 忞 彊也 璺 ⿱𦥯缶 玉器破裂

妏 婏 女字或从免 ⿰酉勿 酒器名 ○湓 ⿰口盆 芳問切水聲或从口文八 忿 怒也 ⿰魚怱 魵 魚小曰⿰魚怱一曰魚名或省

瀵 說文水浸也引尾下一說泉涌出也蒲同二州夾河皆有瀵泉傳云隔河相通 ⿰目弗 乾也 噴 吹聲 ○糞 𡊄 糞 糞

𡊄 方問切說文弃除也从廾推𠦒棄采也官溥說似米而非米者矢字或作𡊄 糞 糞古作𡊄 文二十七 坴 𡐦 拚 撲

坋墳糞𡋯 說文埽除也或作坌坋墣坋墳糞𡋯 ⿰禾糞 稻紫莖者 瀵 水名爾雅瀵大出尾下在河東汾陰縣瀵其流爲陂以種稻 僨焚 說文僵也或作焚 ⿰女賁 博雅乡也 奮 說文翬也从奞在田上引詩不能奮飛一曰振也亦姓 奔 覆敢也詩傳奔軍之將通作賁 賁 有勇力也周官虎賁氏劉昌宗讀 粉 傅也飾也 分 比也春秋傳救患分災 噴 叱也莊子噴則大者如珠 撌 擊仆也晉書撌馮豕 㡆 囊褁滿而裂曰㡆 ⿱分牛 跳躑也山海經依軲山有獸虎爪有甲名曰獜善駚⿱分牛 ○分 符問切別也文六 鼢 鼠名 秎 稍也一曰秎穧禾有限也 坋 塵也一曰大防 ⿸疒賁 ⿸疒賁脪熱腫也 㡆 囊滿而裂曰㡆

二十四○焮炘 香靳切炙也春秋傳行火所焮一曰爇也或省文九 脪⿰月欣⿸疒欣⿸疒希⿸疒斤⿰月興 說文創肉反出一曰⿸疒賁脪熱氣箸膚中或作⿰月欣⿸疒欣⿸疒希⿸疒斤⿰月興 ⿱欣心 犬笑皃 ○靳 居焮切說文當膺也一曰吝也杜預說戲而相愧曰靳文十六 ⿰亻斤 相也 頎 頭佳皃 ⿰黍斤 黏也 斤忻 爾雅斤斤察也或从心 菫 艸名 ⿰扌堇拒 說文拭也或作拒 ⿰扌巾 巾覆物也 劤 多力也 巾 衣也周禮巾車劉昌宗讀 菫 菫陰地名在晉 ⿰馬斤 車中馬 芹 艸名楚葵也 肵 敬也禮有肵俎 ○近 ⿱止斤 巨靳切說文附也古作⿱止斤文九 瑾 赤玉 廑 廣雅蔭也 慬 僅也春秋傳慬然後得免 墐 塗也 ⿰堇少 少也 ⿱艹近 艸名萬也 殣 埋也 ○傿𢡱㥯 於靳切依止也或作𢡱㥯文十八 ⿱爫⿱工土 所依據也 㥯 說文謹也 隱 築也隈也 檃⿱隱木

說文棼也或从隱㶏濦水名或省𢡓𧝄裹也巹也或从衣㓉當也𢮐撝劑也一曰平量或从焉𢡓

𢡓慘煩懣也𤢖獸名山驢也形如羖羊棟東也○垽語靳切澱也江東呼為垽文三慭博雅傷也泿水名○運王問

切說文迻徙也一曰地南北謂之運文三十四煇暈日光炁也或作暈緷染間色餫說文野饋曰餫緷說文緯也

䤎字林醽相沃䩵韗說文攻皮治鼓工也或从韋通作煇䢵𡼡大䢵山名或省鄆說文河內沁水鄉魯有鄆

地貟姓也䝻物數亂也鄖國名韻均韵說文和也裴光遠云古與均同或作韵䙿䚌說文外博眾多視也

或作覞忶心迷也㾓說文病也鶤爾雅雞三尺為鶤芸艸木落之色𪁺交廣人謂鳩曰𪁺一曰雉鳩耘𦓢

𦓤除艸也詩或耘或秄或从芸从貟通作芸圓說文圜合也輐轒輐大車腪膜也杓絲梳也隕墜也霣齊人

謂雷為霣○訓吁運切說文說教也亦姓古書作訔文十六臐𦙶羊臛也或作𦙶壎盂也熏灼也鑂說文鐵屬

薰香艸也馴順也易馴致其道徐邈讀勛勳功也或作勲纁絳三入曰纁韗攻皮工也䳑䳑鶘妖鳥

揮奮也䵍物被熏色鑂金色渝也○攈捃攟俱運切說文拾也或从君亦作攟文八宭羣居也皸

手足坼裂也桾木名㹻豕發土也一曰豕求食貚野豕小者曰貚○䞩丘運切走也文一○郡具運切說文周

制天子地方千里分爲百縣縣有四郡故春秋傳曰下大夫受郡是也至秦初置三十六郡以監縣邑文五 ⿰君鳥雞無尾 ⿱艹郡

芝屬 窘急也莊子困窘織屨 郡水名 ○⿰龠斤佗靳切大箎也文一 ○醞紆問切釀也文十三 愠怨說文怒也

或作怨 榅柱也 煴以火伸物 媪女字 緼枲也紼也 ⿰麥昷麴也 壼壼壼志不得伸也 腪富也 蕴藴積也或作

蘊 温温藉也詩飲酒温克鄭康成說通作醞藉 ○⿰酉肖士靳切漱酒也文一 ○齓初問切毀齒也文一 ○齓耻問切毀齒也文一

○掀丘近切舉出也一曰引也文二 ⿰堇刂割也

二十五 ○願願虞怨切說文大頭也一曰每也雖也或从愿文八 顚說文顚頂也 源說文徐語也引孟子源源而來 傆

說文黠也 愿說文謹也 ⿰眞頁頭不正 杬椹也 ○遠于願切離也文六 瑗璧之好倍肉者 媛美女 援引持也 褑佩衿

妴李舟曰說文闕 ○楥楦呼願切說文履法也或从宣文八 韗 ⿰韋爰 ⿰韋宣 ⿰革宣 ⿰革憲 煇治鼓工也或作⿰韋爰⿰革宣⿰革宣⿰革憲

煇 ○券區願切說文契也券別書之書以刀判契其旁故曰契券文十一 絭攘臂繩 韏韋中辨 綣繾綣厚志 勸

勌說文勉也或从卷 虇竹葦萌 桊牛䊵鼻謂之桊 䍸⿱罒巺罥也或作羂 巹祠也福也 ○奱𢍰倶願

切說文抒滿也或从廾文九 韏說文革中辨謂之韏 絭說文攘臂繩 勬愽雅動也 ⿱龹皿愽雅盂也 ⿱龹鬲鬲也 餋

常山謂祭曰養彏弓曲○圈圏具願切說文養畜閑也一曰邑名或从舂文二○怨𢘽夗惌悒紆願切說
文恚也古作𢘽夗惌悒文十四畹⿱夗田田畝三十爲畹或作⿱夗田䛄𧨁說文尉也一曰懟也或从怨苑所以養禽獸也周禮
禁山之爲苑劉昌宗讀瑗玉名⿰女冤說文宴⿰女冤也妴婉也涴水名山海經莫鞮之山涴水出焉○獻許建切說文宗
廟犬名羹獻犬肥者以獻之文六軒切肉如藿葉也瀗水名𧼑說文走意也𤩽栢圭也圭之方者憲說文敏也
一曰傷也一曰周禮懸法示人曰憲法後人因謂憲爲法亦姓○建居萬切說文立朝律也文二莨水艸蟹有毒食水莨所爲健
渠建切說文伉也文六踺行皃笏腱說文筋之本也或从建楗說文門限也一曰剛木鍵鉉也一曰籥壯騫
祛建切馬腹上也文一○堰隁隖於建切障水也或作隁隖文十五郾說文潁川縣鄢地名在楚在鄭在南郡
漹水名在襄陽嫣長皃傿說文引爲賈也⿰月匽物相當也躽怒腹也曲身也褗衣領⿰匽欠大呼用力皃⿱罒匽
說文大皃一曰巻勇字匽路廁也⿰木匽積木爲障○⿰鬳瓜牛堰切⿰鬳瓜也文八鬳甗說文鬲屬或作⿰鬳瓜言
訟也唁⿰口獻弔生曰唁古从獻這迎也巘山形如甗○娩孚萬切說文兔子也娩疾也文二十四⿺兔婁⿰女⿱兔兔兔
說文生子齊均也或作嬔⿺九女女字嬔匹偶⿰忄反急也悔也𨡅說文酒疾孰也一曰不釋米而釀或書作酧⿰口辡⿰口辯博雅

吐也或从辯通作疲汳水名在陳留入泗奔上大也覸覵暫見歎𪇴小春也或作䡴𢍰𢍰量也或从廾

潡水名在睢陽番𢐥庋更次也或作𢐥庋粄粉也反覆也𤵸愚癡也𣿅泉水也○販䝼

方願切說文買賤賣貴者或从買文十畈田也反難也詩威儀反反毛萇說一曰順習皃疲心惡病𨢐酤謂之𨢐㤆

褊狹也𢍰杍也仮返也訉譀也○飯餅飰扶萬切說文食也或从弁从卞文九粄粉也閞門欂櫨也𣿅

說文泉水也蚌蟲名饌陳食也儀禮饌于東序簞竹器○萬𥝠𠦃𦳝無販切說文蟲也一曰舞也亦

姓古作𥝠𠦃𥝠文二十五万數也通作萬曼說文引也娩媚也鬗髮長也脕澤也一曰愉色必有脕容𧇚廣雅

離也贎說文貨也𨍭戰車一曰衣車蓋也輓引車𢇇絻引舟縴或省槾槾荊木名𨟻鄤說文蜀廣漢鄉

也或从曼蔓說文葛屬亦姓𪏐𪏐杰粱四公子名獌𤢂說文狼屬引爾雅貙獌似貍或作𤢂通作蟃鰻魚名蟃

蟲名蝒蛉也免喪冠也春秋傳陳侯免擁社徐邈讀○𢿱𪇴𢿱莫萬切說文小春也或作䡴𢿱文七𠟱𠟱斷也

或从戔𠠝攻治也𢤱全德也○健力健切雞未成者文二𧒽赤𧒽蛇名

二十六○圂胡困切說文廁也从口象豕在口中也文七慁說文憂也一曰擾也一曰辱也或書作㥵𦢊肥皃溷

說文亂也一曰水濁皃菌艸名俒說文完也引逸周書朕實不明以俒伯父去惑亂也○惛呼困切不憭也文五焝
火皃惛耄志也昏暗也亦姓涽涽涽濁水○困栞苦悶切說文故廬也从木在口中一曰極也古作栞文八顚耳門也一
曰無騃涃水名蜠蟲名閫門橜通作梱梱齊等也儀禮旣拚取矢梱之劉昌宗讀庮廩也○睔古困切目大也
文十五睴說文太出目也諢⿰言貫⿰言袞譀人也或从貫从袞琯璭治金玉使瑩曰琯或从運鄆水名一曰大水滾滾滾
水流皃⿰土袞土皃⿰山袞山形⿰袞刂削也⿰頁袞圓也黖純黑色㨰轉也○搵烏困切說文没也文三⿰食㥯說文秦人謂相
謁而食麥曰⿰食㥯⿰食豈一曰飽也⿱穴免博雅曲也○顐吾困切無髮皃文六睴大出目⿰食豈⿰禾豈說文⿰食㥯⿰食豈也謂相謁食麥秦人語或从禾
⿰亻沅戲也諢弄言
二十七○⿰忄𥃩恨下艮切說文怨也隸作恨文三拫引也○⿸疒吞佗恨切病善食也吴中藥術云文三⿰扌吞振也⿰𧾷吞蹋也
○艮古恨切說文很也从匕目匕目猶目相匕不相下也引易艮其限其匕目爲𥃩匕目爲眞也文八詪很戾也珢石似玉者鞎車革
前也茛艸名鉤吻也⿰艮頁頰後也⿺辶艮走止也痕腫病○硍苦恨切吴俗謂石有痕曰硍文二垠土有起跡曰垠⿰食㥯
於恨切方言關西呼食欲飽爲⿰食㥯⿰食豈文一○⿰食豈王恨切說文⿰食㥯⿰食豈也文二⿰食艮餕也○捱所恨切擇也文一○奔補悶切急赴也文一

○噴呠吩普悶切吒也一曰鼓鼻或作呠亦省文九　歕次氣也　坌並也　鯲小魚　湓水聲　瀵瀵水名在汾陰隷

从糞　○坌蒲悶切塵也一曰並也或書作坋文九　炃燌火爇或从賁　湓水出皃　湓博雅清也一曰水聲　捹手亂

皃　蕡麻也周禮其實麷蕡徐邈說　伜劣也　[艸坌]以艸爲界　○悶惛莫困切說文懣也或作惛亦書作悶文六　懣

滿說文煩也或省　婚氣絕也　們們渾肥滿皃　○巺巽巽巺蘇困切說文具也从丌巴聲徐鉉曰庶物皆具丌以

薦之古作巺篆作巽文十二　顨說文巽也从丌从頭此易顨卦爲長女爲風者通作巽　潠噀噴水也或作噀　遜孫說文道也

或省　愻說文順也引唐書五品不愻通作遜　蓀艸名　[月巽]肉割再煑曰[月巽]　[頁頁]選具也　○寸村困切說文十分也人手卻一寸動衇謂

之寸口从又从一文二　[金萬]瓦器　○焌焞燇祖寸切說文然火也引周禮遂籥其焌焌火在前以焞焯龜或作焞燇文七

[髟尊]頂上委髮　捘說文推也引春秋傳捘衛侯之手　鐏柲下銅　[目尊]赤目　○鐏祖悶切說文柲下銅也文十五　[金存]

鑽也　臶洊再至也或从水　拵插也　焌焞然火以灼龜或作焞　[月巽]切肉和血爲羹也　荐聚也再也艸也　袸衣衿

[舟尊]舟漏謂之[舟尊]　栫以柴木壅曰栫　鱒魚名　存在也　瀳水出皃　○頓都困切說文下首也文八　扽𢻫博雅

引也一曰摩也或从攴　敦爾雅丘一成爲敦丘一曰太歲在子曰困敦　遯遜逃也古作遜　忳沌愚皃老子沌忳兮梁

集韻去聲上　二　　四十二

簡文讀或作沌。鈍徒困切說文錭也文十八遁說文遷也遯逯遂邈說文逃也或作逯古作遂通作遁鶨雜鳥名

或从隹腞豚行曳踵也或作豚頓不利也屯通作鈍庉博雅舍也䢭藥艸𩔫頹頹顋禿也憞憞溷惡亂也獤犬也

褍衣長也忳忳㥏意不樂腯牲充也。論盧困切議也文八錀鏧丸滿龠爲戲惀也淪水中曳舟曰淪碖

石没淪見也喻埨坎陷也或从土。䵪昏困切䵹䵪不幹事文一。䵹敦頓切䵹䵪不幹事文一。嫩嫰奴困切少弱也

一曰好皃或作嫰文七臑腝肉醢或从耎焫熱也抐字林搵也抐没也枘艸木始生也

二十八。翰侯旰切說文天雞赤羽也引逸周書大翰若翬雉一名鷐風周成王時人獻之文五十三雗鳥名說文雗鷽也

𣯴說文獸豪也螒小蟲名黑身赤頭一曰天雞一曰莎雞䮧說文馬毛長也駻馯說文馬突也亦姓或省豻貋

犴胡地犬名或作貋犴旱說文不雨也悍說文勇也忓博雅善也一曰好也鼾說文臥息也旰晏也汗

說文人液也瀚澣北海名一曰混瀚水皃或从幹扞捍仠說文忮也一曰衞也或作捍仠𢻲攼說文止也引周

書攼我于艱古省皯射韝謂之皯弙𢏝弓拒也一曰縣名或不省𢦤說文盾也釬銲說文臂鎧也或从旱一曰

固金鐵藥一曰矛鐏謂之銲䏷䐴䏷藥名出西蕃治金創通作汗鳱鶾鳱鴠鳥名或从旱垾堤也𡸖山名

或省閈說文閭也汝南平輿里門曰閈䢵邑名在南陽矸干石也或省⿱艹韓屮名骭骹也榦幹體也或作

幹皔⿰白干博雅白也或省鶾說文雉肥鶾音者魯郊以丹雞祝曰以斯鶾音赤羽去魯侯之咎汧汧汧水迅流皃靬

馬被具⿰阝干關名在峽中⿰氵那江湘間謂如是曰⿰氵那秆禾莖⿰龺魚魚名⿱臤玉石似玉○漢⿰氵戁虛旰切說文漾

東爲滄浪水古作⿰氵戁文十四暵熯說文乾也引易燥萬物者莫暵乎離或作熯⿰田𦰩⿰耒𦰩耕暴田或作⿰耒𦰩⿰漢鳥水濡而乾也

囂⿰口鄉呼也或从莧厂厈說文山石之厓巖人可居籀作厈⿰𦰩鳥說文屮也罕枹罕地名⿰亻𦰩姓也○看

⿰倝目墟旰切睎也或从倝文七侃偘剛直也或作偘衎說文行喜也靬說文靬乾革也武威有驪靬縣⿰旱鳥⿰旱鳥鳥名

獨春也○倝居案切說文日始出光倝倝也文二十七旰晘說文晚也引春秋傳日旰君勞或作晘盰說文目多白也一曰

張目⿰倝赤大赤也一曰濁也幹能事也一曰屮木莖一曰助也亦姓⿱艹榦⿱艹幹說文屮也或从幹骭⿰骨幹䟚說文

體也或作⿰骨幹䟚⿰倝火⿰倝日乾也或从日榦說文築牆耑木也一曰井欄承轆轤者杆⿰木幹木名柘也一曰檀也或从幹汧

汧汧水迅流皃皯⿰面干面黑气或从面⿰巾干布囊衦說文摩展衣也矸⿰石延也个射侯舌也竿衣架干扞也詩公侯干

城沈重讀⿰亶人說文闕簳箭羽○按於旰切說文下也文十案說文几屬一曰木名或書作桉䅁說文䅁禾也峖

山名荌説文艸也鮟魚名洝説文渜水也𨚍里名咹聲止也晏晚也。○岸魚旰切説文水厓而高者文二十一

嵃廣厚也一曰不恭也頇無鬃也一曰冠敧後謂之頇𤅢𤅢水皃喭唁弔失國曰喭或作唁遃遨也㷔火色

𩦢説文馬頭有發赤色者一曰駻𩦢馬行皃一曰馬流星貫脣謂之𩦢𨫼豻犴干説文胡地野狗引詩宜犴宜獄

一説犴野犬犬所以守故謂獄爲犴或作犴亦省顅額也鳱鳱鵠小鳥矸山石皃甯戚謌曰南山矸通作岸𡣍博雅好也

謂婦人齊正皃屽山名諺訮諺自矜也听聲也𩭹長大

二十九。換胡玩切説文易也文二十八𧹞説文赤色也逭𨇨䢩𨁸説文逃也或作𨇨亦从辵从足逭

沸也𤜵獸名肒疣癯𪑤説文搔生創也或作疣癯𪑤脘廣雅脯也垸𩩫丸説文以桼和灰而鬆也一曰補

垸也或从骨亦作丸澣浣説文濯衣垢也或作浣漶漫漶難測皃奐伴奐廣大有文章也詩伴奐爾游矣徐邈讀輐

輐斷刑截所用灌水流盛皃詩方灌灌芀顔師古説𦟎肥也𥛞報神祭也𥆤睆𥆤轉目目大目皃鯇魚名愌

援㤓愌不順也一曰拔邑或作愋。○喚嚾讙呼玩切説文評也或作嚾亦从言古通作奐文十六嚻囂博雅鳴也

或作囂奐説文取奐也一曰大也亦姓煥明也通作奐渙説文流散也𣈶喚山海經喚壐國在崑崙虛東南或从自

嗳方言恚也⿰禾奐禾名漶漫漶難測皃愌忤愌不順蠸蟲名大鼈也嬎嬎爛文采通作奐○⿰金欵苦喚切埋倉焼鐵久
也一曰灼鐵以識簡式文五⿰魚欵魚觸罔也梡俎有足者⿰木欵杅聲齊也寬緩也○貫古玩切說文錢貝之貫也一曰國名亦姓
文四十六毌穿物也通也通作貫遺行也冠男子二十加冠曰冠矔說文目多精也益州謂瞋目曰矔一曰閉一目鱹闕人
名宋有鱹鱹通作矔觀舊說文諦視也爾雅觀謂之闕古从囧綰絳淺色婠好皃懽讙說文喜欵也引爾雅
懽懽愮愮憂也告也或从言祼果淉棵說文灌祭也或省亦从水古作棵通作盥灌悹說文憂也或書作悺痯
⿸疒雚爾雅痯痯病也或作⿸疒雚館舘說文館舍也周禮五十里有市市有館館有積以待朝聘之客或从舍瓘說文
玉也引春秋傳瓘斝⿰火果楚人謂火曰⿰火果爟烜⿰火⿱亘木說文取火於日官名舉火曰爟引周禮司爟掌行火之政令助作烜亦从
木涫沸也一曰縣名在酒泉灌說文水出廬江雩婁北入淮一曰漑也亦姓樌權木叢生或作權通作灌蟦
蟲名蠑也罐鑵⿰木觀汲器或从金亦作⿰木觀盥說文澡手也从臼水臨皿引春秋傳奉匜沃盥鏆鐶手謂之鏆錧字林
田器一曰車軸耑鐵棺以棺殮也雚鸛鳥名說文小爵也引詩雚鳴于垤或从鳥莞東莞地名棺韋袴巏
山名鄪亭名夐大目雚雚蘭艸名○惋烏貫切篤難也文十睠腕捥𢪛⿱夗月說文手睠也楊

雄曰脝握也或作腕捥𢪛背琬圭名堅說文石之次玉者婉嬿婉婦人皃睕睕眈轉目。玩貦五換切說文弄也或从貝
文九妧字林好皃翫抏說文習猒也引春秋傳翫歲而愒日或作抏忨說文貪也引春秋傳忨歲而激日輐輐斷刑截
所用者魭魭斷無圭角皃頑頭大皃。半博漫切說文中分也从八从牛牛爲物大可以分也文九姅說文婦人污也引漢
律見姅變不待侍祠一曰褱子傷也料說文量物分半也一曰升五十謂之料騂騂𩥭馬行皃絆說文馬縶也靽
駕牛具在後曰靽昄大也𠯫𠯫喭剛強皃䛀䛀諺自矜。判普半切說文分也通作坢文二十一泮頖說文諸侯
鄉射之宮西南爲水東北爲牆或作頖通作泮拌弃也泮冰釋通作泮詊巧言牉片半也字林牉合合其半以成夫
婦也或省姅傷孕也胖說文半體肉也一曰廣肉伴詩傳伴奐廣大有文章也一曰自縱弛之意𠯫𠯫喭失容也一
曰剛彊皃潘番縣名在上谷或省半大片也漢書一半冰顏師古說版炍煥也或从火沜水流也一曰厓也騂
騂𩥭馬皃袢衣無色一曰袢迅盛服皃柈木名。畔薄半切說文田界也文十一叛說文半也媻娭媻無儀適也𠯫
𠯫喭剛彊也𦙃肉也𩭿臥髺伴伴仟相拒一曰偶也媻奢也一曰下妻𨒡去也坢坋也怑怑煥不順
。縵莫半切說文繒無文也引漢律賜衣者縵表白裏通作幕文二十三𢿱𢿱無文采幔幕說文幕也或作幕

⿰車曼說文衣車蓋也一曰戰車以遮矢也謾欺語漫水敗物也一曰大水皃一曰徧也墁塗具通作鏝槾槾博雅貪也一曰
木名一曰木脂⿱雨曼雲皃⿰耒曼博雅種也⿰禾曼或从禾⿰山曼山名獌⿰豸曼⿰豸滿狼屬或从豸亦作⿰豸滿⿰滿頁灦瀕水皃鄤
地名曼曼衍無極皃蔓枝長也莊子攬蔓其枝郭象說浼洿池⿰氵蔓艸也鏝鏝胡戟也秦晉語○繖傘先旰
切蓋也或作傘文十二帴廣雅⿰衤帶也帛二幅爲帴一曰帬也一曰婦人脅巾名㪔⿰木攴說文分離也从攴从㪔林分㪔之意也古
从氺㪚散說文雜肉也一曰分也隸作散潵水散也𢿥說文𢿥𢿥也一曰飛𢿥也⿱竹刪說文竹器䈶竹名博雅篙䈶
桃支鏾弩也○粲蒼案切說文稻重一秳爲粟二十斗爲米十斗曰毇爲米六斗太半斗曰粲亦姓文十二餐餅也璨
說文玉光璀璨燦明皃通作粲⿰粲彡文彩盛皃⿱𡕢巾㤿也㛫⿱𡕢女說文三女爲㛫㛫美也或作⿱𡕢女澯澯瀾水皃⿱粲糸
艸名可爲席⿰粲鳥鳥名⿰髟粲髮光○贊賛則旰切說文見也从貝从兟徐鉉曰兟進也執贄而進有司贊相之隸作賛文二十
讚偁也明也通作贊攢聚也⿰女贊說文白好也一曰不恭⿰髟贊髮光澤也襸鮮衣謂之襸饡⿱贊食說文以羹
澆飯一曰以膏煎稻爲醓也古作⿱贊食⿱贊食趲逼使走濽浅湔濺說文汙灑也一曰水中人或作浅湔濺禶祝神
也瓚圭也一曰雜名酇說文百家爲酇酇聚也南陽有酇縣蕭何子孫續封者⿱艹贊艸名爾雅薜壯⿱艹贊兟二人屈巳以贊

也○攢徂畔切聚也穿也文一○⿰女贊才賛切愽雅好也一曰不謹文六瓚三玉二石也禮天子用全純玉也上公用駹四玉一

石侯用瓚伯用埒玉石半相埒也一曰祼器⿰歹内⿰月戔禽獸所食餘或从戈穳禾茂不實囋讒也○筭算蘇貫切說

文長六寸計歷數者从竹从弄言常弄乃不誤也或作算文六笇⿱⺮遵竹器或作⿱⺮遵祘說文明視以筭之从二示引逸周書士分

民之祘均分以祘之也蒜說文葷菜一曰山名○竄⿰竄攴取亂切說文匿也从鼠在穴中古作⿰竄攴文十攛擲也鑹

⿰禾爨穳小矟也或从矛爨亦作穳爨㸑熶說文齊謂之炊爨臼象持甑口爲竈口廾推林内火籀省或作熶亦

姓縓帛赤黃色○鑽欑祖筭切說文穿也愽雅鐫謂之鑽或从木文三穳鋋也一曰小矟○旦得案切說文明也从

日見一上一地也文十二怛說文憯也引詩信誓悬悬一說悍怛勇力或書作悬通作旦疸說文黃病也癉憚說文勞病

也或从心⿰舟旦小卮笪筥也一曰笞也一曰符箸似籧篨直文而粗江東呼爲笪鴠鳥名說文渴鴠也狚獦狚獸名巨狼也

⿸广旦小舍小曰小柸⿸疒亶癬病妲妲已紂妃○炭他案切說文燒木餘亦姓文十二歎⿰難欠說文吟也籀不省通作嘆⿰扌炭

槃⿰扌炭死轉也湠字林湠漫水廣皃⿰炭攴⿰炭攴數無文采皃⿰女炭⿰女炭婺無儀適皃灘爾雅太歲在申曰涒灘⿸疒炭愽雅

痑痑疲也嘆說文呑嘆也一曰太息也澶漫也儃儃漫縱逸○憚徒案切說文忌難也一曰難也通作癉文二十二僤

說文疾也引周禮句兵欲無彈但說文裼也䱇說文小觶也撣觸也貚獸名彈弜弓說文行丸也或从弓
持丸亦作弓澶漫也壇壇曼寬廣皃訑慢訑弛縱意灘太歲在申曰涒灘蟺蟲名上蟮也僤何也
一曰僤漫縱逸萓艸名晅暉明也或从軍嘽嘽嘽喜樂盛也罳單罳狐邑名在洛南百五十里秦遷周赧王
於此或省○爤爛燗煉郎旰切說文孰也或从蘭从間从柬文二十𣩼𣩵博雅敗也或作𣩵𢒠孄闌
博雅粲𢒠文也或作爤亦省糷𥻨餅饜相箸也或省瓓玉采讕譋諫詆讕誣言相被也或从間从柬瀾
波也灡潘也礷礷礷玉石皃鑭金采也連連石山名○難𪂻鸛乃旦切阻也古作𪂻鸛文十一攤
按也灘水奔流皃㬮嘆說文安㬮溫也或作嘆幔巾捫也罳罳狐邑名單逐疫也䰞見鬼驚詞
○鍛段都玩切說文小冶也或作段文十七斷㫁剆斷剸決也古作㫁剆斷剸𨻶險也腶腶脩捶脯施薑
桂也瑖石之似玉者碫博雅礱碫礪也踹足也鍛柲下銅平底曰鍛竱博雅齊也椴杖也𢶍捶衣褍衣長也
○彖吐玩切說文豕走也一曰易斷卦辭文九褖稅黑衣王后之服或作稅湪水名湍疾瀨也貒𧳜
獸名野豕也或作𧳜鶨鳥名爾雅鶨鵙老嚾召呼也○段𠭊徒玩切說文推物也亦姓古作𠭊文十四斷

㫁剫說文截也从斤𢇍𢇍古文絶古作㫁从皀皀古文惠字引周書㫁㫁猗無他技或作剫 椴木名似白楊 葮木名

權也通作椴 毈㱭說文卵不孚也或作㱭 𩌏緞說文履後帖也或从糸 騢款駿馬行緩 碫礪石 𩈲

負面 ○亂𠚨𤔔𤔔變盧玩切說文治也从乙乙治之也一曰𢆰也李斯从寸古作𤔔𤔔𤔔俗作乱非是文十三 𡇒

𤔔說文治也幺子相亂𠬪治之也一曰理也徐鍇曰冂坰也界也古作𤔔 敽嫋說文煩也或从女通作亂 䜌沙丘

絶水橫流也一曰正絶流渡曰䜌通作亂 亂小蒜根曰亂子 覶委曲也 ○偄愞需懦㽭耎奴亂切說

文弱也或从心亦作需懦㽭耎文十三 稬穤說文沛國謂稻曰稬或作穤 渜濡沫浴餘潘或从濡 堧水濵地一曰

城下田 麞說文鹿麛也 餪婚三日而宴謂之餪

三十○諫居宴切說文証也亦姓文二 鍊博雅車軸鐵 ○晏於諫切說文天清也爾雅晏晏柔也一曰晚也亦姓

文十五 䁙以目相諎謂之䁙 騴爾雅馬尾本白者 鴳𨿹鳥名說文雇也或从隹 鷃鴳𪄉鴽屬或作

鷃亦从隹 曣日出清濟曰曣 暥廣遠也 妟說文安也引詩以妟父母通作晏 㛪女字 荌艸名 洝水名 烏鳥秏

漢西羌國名鄭氏讀 ○鴈魚澗切說文鵝也文十 厭說文水色也 雁說文鳥也徐鉉曰雁知時鳥大夫以爲摯昏禮用之通

作鴈贗偐僞物也或作偐干犴豻胡犬也或从犬亦作犴鳱鳱鵠小鳥馯馬首○骭䟚下晏切骹也或

从足文三娨字林嫯也○摜遦慣貫串古患切說文習也引春秋傳摜瀆鬼神或从辵从心亦作貫串文十四擐

貫也春秋傳擐甲執兵丱束髮皃詩總角丱兮絆以絲貫杼爲絆倌說文小臣也引詩命彼倌人嬇孎也睔大目矔

方言轉目也琯貫玉飾也棺以棺斂曰棺○薍䓅五患切說文剡也八月薍爲葦或作䓅文四串傆爾雅習也

或作傆○患悶悹胡慣切說文憂也从心上貫吅古从關省或作悹文二十四宦倌𠈃說文仕也一曰閹人或作倌

亦省擐說文貫也引春秋傳擐甲執兵轘說文車裂人也引春秋傳轘諸栗門繯絡也一曰綸文寰天子圻內也槵梡

木名無患也皮子可辯或省豢圂說文从豰圈養豕也或作圂䍃獸名如羊無口幻𠃷惑亂也或作𠃷串西戎名詩串夷

載路鄭康成說還繞也鄭司農曰還市朝而爲道通作繯環圜蜀也莞莞爾小笑皃梡木名如訶梨鍰鋝也環

卻也周官有環人劉昌宗讀○襻𧞣衩普患切衣系曰襻或作𧞣亦从八亦書作衮文八搫鈥器系或从

六眅般𥉽轉目視或作𥉽扳引也○慢漫僈𢗋莫晏切說文惰也一曰慢不畏也或作漫僈古作𢗋文十一

嫚說文侮易也謾欺也縵緩也周禮教縵樂杜子春說𤸇畜病一曰目疾也一曰惡氣著身摱擊也䡘車衣

蓋乑分別也○訕姍所晏切說文謗也或作姍文十八汕說文魚游水皃引詩烝然汕汕潸潸說文涕流皃或作潸

罠魚網⿺麥山麴謂之⿺麥山疝病也狦說文惡健犬也⿰氵算洗馬柵笧⿵門冊冊編竹木爲落也或从竹从門亦

省姍匈奴名産生育也㯆林蕣山二山竝也山立曰屾○鏟初諫切平鐵也文六𥻦米一舂也⿺麥戔麥也𢜛全德

也一曰夥也冊編竹木補籬謂之冊⿰孱刂攻也平治也○棧⿱葥木仕諫切柵也或作⿱葥木文十輚轏埤倉卧車也或从孱

𦱍艸名⿰谷戔谷名在上艾一曰在城皐虦虎淺毛蝬蟲名𤩋玉名㡨屋笮○綰綄烏患切繫也史記獨擅綰

事或作綄文四⿰耳患妄弃財物⿰面官面曲○孿⿱䜌孖數患切詩文一乳兩子也或从兩子文四涮滌也⿰氵篡洗馬也○⿺走雚

求患切行曲也文五彏弓曲權角曲䙛繏衣褛或从糸○篡攥初患切屰而奪取曰篡或从手文二○㬎

丑諫切㬎㬎温溼一曰小赤文一○㬎乃諫切㬎㬎温溼一曰小赤文二⿸疒焉齒病○奻女患切諠訟也文一

三十一○襇居莧切帬幅相厠也文十五間厠也廖也代也犴⿰犭幵逐虎犬或从幵覵瞯視也或从目

見梘棺衣禮實見間而析入陸德明讀或从木繝錦文也唐有大繝錦通作襇澗⿰山間說文山夾水也一曰澗水出弘

農新安東南入洛或作⿰山間鐧說文車軸鐵也⿰角間角雙者爲⿰角間一曰籆也衦衣名⿰酉間醎也○鰥⿰目眔古幻切視皃或

从目文二。莧侯㵎切說文莧菜也文五藖艸餘莖也𥶕竹枯也麲麥屑粯米屑。幻幺眩𠫊胡辦切說文相詐惑也引周書無或譸張爲幻古作幺眩一說从到予文五苭艸名。扮博幻切握也文一[illegible]絆也引擊手也。盼盻普莧切說文引詩美目盼兮或作盻文三[illegible]小兒白眼一曰視皃。瓣分皮莧切說文瓜中實或作分文十一[illegible]說文小兒白眼也辦具也通作辨辨說文判也釆丂說文辨別也象獸指爪分別也古作丂辯下辯縣名在武都辦股間也𥳗箛也跘交足坐。蔄萌莧切姓也文一。袒綻䘺直莧切說文衣縫解也或作綻䘺文四組說文補縫也。犴眼莧切逐虎犬文一。羼初莧切羊相廁也一曰傍入曰羼羴一曰相出前文二[illegible]插也

集韻卷之七

集韻卷之八

翰林學士兼侍讀學士朝請大夫尚書吏部郎中知制誥判秘閣兼判太常禮院群牧使上桂國濟陽郡開國侯食邑三百户賜紫金魚袋臣丁度　等奉
敕脩定

去聲下

霰第三十二先見切與綫通　綫第三十三私箭切

嘯第三十四先弔切與笑通　笑第三十五仙妙切

效第三十六後教切獨用　号第三十七後到切獨用

箇第三十八居賀切與過通　過第三十九古卧切

禡第四十莫駕切獨用　漾第四十一弋亮切與宕通

宕第四十二大浪切　映第四十三於慶切與諍勁通

諍第四十四側迸切　勁第四十五堅正切

徑第四十六吉定切獨用　證第四十七諸應切與嶝通

嶝第四十八丁鄧切　宥第四十九尤救切與候幼通

候第五十下遘切　幼第五十一伊謬切

沁第五十二七鴆切獨用　勘第五十三苦紺切與闞通

闞第五十四苦濫切　豔第五十五以贍切與㮇驗通

㮇第五十六他念切　驗第五十七魚窆切

陷第五十八呼韽切與鑑梵通　鑑第五十九胡懺切

梵第六十扶泛切

三十二。霰䨘𩅿霰先見切說文稷雪也或从見亦作𩅿霰文十四　先相導前後曰先後　𢿌散也　廠廠博雅庵廠舍也或从散　鏾瓦器　汧洒灑也或作洒　𨌯轉軒車迹　𥳑竹名　詵衆致言也。蒨芊倉甸切艸盛皃或从千文十九　茜𦸗艸名說文茅蒐也或作𦸗通作蒨芊　綪說文赤繒也以茜染故謂之綪　輤喪專飾鄭

康成說通作禱禱襉也一曰美衣帤博雅幧頭也睛白色倩說文人字東齊壻謂之倩一曰美也一曰無廉隅亦姓棈
米名䅽說文望山谷䅽䅽青也阡田陌鏋瓦器一曰紡甎篟竹茂皃淒凊淒浰疾皃或从倩通作倩䑶
輕舟謂之䑶箐張竹弓弩曰箐。薦䕻穮作甸切說文獸之所食艸从廌从艸古者神人以廌遺黃帝帝曰何食何
處曰食薦夏處水澤冬處松柏或从豕从禾薦一曰進也藉也鼠蓬也文四䈙楚謂筏上居曰䈙。荐才甸切說文薦蓆也一曰
再也通作洊文十一瀳洊說文水至也或作洊臶薦重也或作薦栫博雅蘺也𤥞玉名袸爾雅衿謂之袸鑬
說文瓦器𨳝門次謂之𨳝存在也。殿丁練切軍前曰啓後曰殿文七唸𠯗㰻𢿤說文叩也引詩民之方唸叩或
作𠯗㰻　𢿤通作殿瘨病也詩胡寧瘨我以旱沈重讀𥴊博雅也。瑱䡩顛琠𤩊他甸切說文以玉充耳也引詩
玉之瑱兮或从耳从頁亦作琠𤩊文十䀖瞋睼視也或作瞋睼滇滇溅大水牪牛食艸。電𩃲堂練
切說文陰陽激燿古作𩃲文四十二殿說文擊聲也壂博雅堂埤壂也通作殿奠㝶說文置祭也从酋酋酒也
下其丌也禮有奠祭一曰定也或从广嵮山名㝶說文偫也㽞地名在絳甸乘說文天子五百里地或作
乘縯文繒畋平田也佃說文中也引春秋傳乘中佃一轅車鈿鎮鑈以寶飾器或作鎮鑈琔𤩊玉色

或从殿 涏涏涏光澤皃 錠鐙足 淀淺泉 澱說文滓垽也 黖黖說文黖謂之垽垽滓也或作黖

靛以藍染也 闐于闐國名在西域通作奠 寘塡塞也或从土 趚走也 滇大水皃 甾墾田皃鄭康成

曰甾甾原隰 槙木根迫也 訑 ⿱艹殿⿱艹塘艸名蕪菁也 婝女字 ⿰衤定 綻衣坼也或从糸

槙木理堅密 ⿰口殿呻也 屍髀也 瑱玉名 ○練郎甸切說文湅繒也亦姓通作湅文二十六 煉說文鑠治金也 鍊

說文治金也 湅說文灡也 漱說文辟漱鐵也 浰浰疾也 柬揀⿰柬攴擇也或从手从攴 ⿰片柬析木理 ⿰柬桑

博雅陳也一曰蠶簇 瑓王名 堜墟名在博平 ⿰亻柬雞未成也 鰊魚名如繩 欄欄說文木也或作欄 ⿰柬瓜天瓜

也 萰艸名爾雅萰菟荄 瓣瓜中實通作⿰柬瓜 ⿰光柬光皃 ⿰女柬女字 ⿱䜌日日旦昏 蘭荔馬蘭艸名或作

荔闌闌雀鳥名 ○晛⿰日然乃見切日光也或从然文七 ⿰女然說文人姓也一曰女姿 涀說文水也出上黨 ⿰忄然

意難也 姸姘美女或作姘 ○見形甸切顯也曰朝也文十二 晛說文見也引詩見晛曰消 現玉光 蜆蟲名縊女也 涀水名出馮翊

逵無逵也 莧菜名商陸也 睍目小也 哯⿰口幵嬰孩飲乳謂之哯或作⿰口幵 梘檢也一曰棺蓋 賢車大穿也

周禮五分其轂之長去一以爲賢劉昌宗讀 ○⿱顯革⿰革㬎馨甸切駕牛具在背曰⿱顯革或省文四 灦水澄深也 顯闕人名秦有子

顯。○繎人見切絲勞也文一　○俔悓輕甸切說文譬諭也一曰閒見引詩俔天之妹或从心文十八　掔牽挽也或作牽　涀水名出高陵　汧水潛出爲池爾雅汧出不流　𪏰𦃇穄也或作𦃇　菣𦺶艸名蒿也或从堅　蜆蟲名縊女也孫炎說　𣛮橫木　𩏶韅駕牛具或省　𤛓博雅很也　晵霽也　棨戟屬　𢃼幡係於棨者　○見經電切說文視也亦姓文四　鋻說文剛也　梘栓也　𦃇黍屬　○宴伊甸切說文安也通作燕文二十二　讌合語也　醼合飲也通作讌燕　咽嚥博雅吞也或从燕　嬿說文女字也　曣說文星無雲也　燕鷰說文玄鳥也籋口布翄枝尾象形或从鳥亦書作鷰　驠說文馬白州也　𣹟大水皃　䦲窺也　鷃鶉屬　𥇢𥌢䁙博雅視也或作𥌢䁙亦書作𥇢　酀地名　湮没水中也　躽曲身也　晏日出清明也　曣博雅曣曣温也　歐大呼用力也　○硯研硱倪甸切說文石滑也或作研硱文十　趼說文獸足企也　䟰行不正　犴獸名說文莸犬也一曰逐虎大　豣麕屬也爾雅絕有力豣　齞開口見齒謂之齞　𪒠濡墨也　𤟳頨頏狡也　○縣熒絹切釋名縣縣也縣於郡也文三十二　澴聚流也　寰王者畿内也通作縣　眩日光　𩢸馵馬一歲或作馵　眩說文目無常主也　眴旬說文目搖也或省　姰博雅狂也　迿先也何休說　炫明也　袨𧙃好衣也或作𧙃　𧗳衒眩說文行且賣也或从玄亦作眩　玹玉名　𩑶顯後

閔試力士錘也从門虥賁獸名似犬駽馬青驪曰駽絹射侯網細絢絇采成文也或从苟泫泫湣混合

也或省通作眩佪廣雅迷也埍隸居也一曰女牢謂之埍罥罔也譞慧也衛車搖也○絢絇羂縣切說文皃說

文引詩素以爲絢兮一曰成也或从苟通作絃文二十眴旬目搖也或省敻營求也讂說文流言也諯諑相責

也一曰數也或从彖拘揈博雅擊也或从訇趨走皃駨駽馬青驪謂之駨或作駽眩瞑眩劇也姰狂也一曰女牲

矎矎矎目不正迿先也袧好衣也絃繩也澴流皃○睊局縣切側視皃孟子睊睊胥讒文十五讂流言

懁說文急也衛車搖也瓬盎下甈駽驪酒也羂罥說文罔也一曰綰也或作罥獧蹮說文疾跳

也一曰急也或从足衒衙眩行且賣也或作衒眩埍隸居也一曰亭部柍椀也○餇餢縈絹切飫也賈思勰曰通

食不餇或从恚文十一噮噮噮食甘甚也呂氏春秋甘而不噮䙎袂曲削曲刀睊說文視皃肙小蟲檈東屬

筲竹名涓涓澴流皃悁曲裁○徧遍辯辨畀見切說文帀也或从辵亦作辯辨文五頨頨頨狹也从翩

省○片匹見切說文判木也从半木文七牉半體也辨旋流也爾雅過辨回川戔狹少之意劉昌宗說眅

爾雅大也瓣瓠中實辦華中絕也○麪麵眠見切說文麥末也或从面文二十三櫋牑屋簀實或作牑

瞑瞑眩劇也眠偃息也眄⿰目丐說文目偏合也一曰衺視或作⿰目丐衊汚血也⿰言民誘言也⿰糸丏細也宆說文冥合
也⿰氵眄滇⿰氵眄大水⿰米冥米屑藊藊藊艸皃幎覆也慢慢訑弛縱意湣惽泯泫湣混合也或作惽亦省
⿰酉冥⿰酉冥炫汗血⿱艹兩博雅當也冥冥眴視不見○綻⿰衤定治見切縫解也或从衣文二○駽犬縣切馬色爾雅青驪駽謝嶠讀文
一○辡玭眄切急流也文一

三十三○綫線綖絤纃私箭切說文縷也古从泉或从延亦作絤纃文九鮮姓也⿱罒叜魚罔也㦘憐也
帴裠也一曰婦人脅衣○⿱竹⿰舟刂箭翦⿱竹晉子賤切說文矢也隸作箭或作翦⿱竹晉文二十二葥艸名說文山莓也籛
姓也媊女媊太白妻鬋垂鬢謂之鬋揃射歌令正也湔水名在蜀濺浅水激也或省通作湔糋煎餌煎
熬也或書作糋榗木名餞字林送去食也搢插也通作晉戩爾雅履戩福也孫炎說櫼果名山梅也⿰氵葥艸名王彗也晉水名⿱艹錢艸名
○羨似面切說文貪欲也从次从羑省一曰餘也俗作羡非是文二⿺辶羨遮也○賤才線切說文賈少也亦姓古書作⿱戔貝文八諓巧說謂之
諓餞說文送去也引詩顯父餞之⿱全次車道⿴行戔說文迹也俴淺也濺激也踐履也○選撰須絹切擇也或
作撰文十三⿰氵算飲也一曰咒也選潠寶也或省⿰米巽羊羔也⿱罒巽⿺辶⿱罒巽⿰足巽罔也或从選从足繏纙博雅

縼繏索也或从選譔善言渲小水○縓取絹切說文帛赤黃色一染謂之縓再染謂之䞓三染謂之纁文六葲艸木皃一

曰艸名諯相責也遄相顧視而行灥雨而泉出爨炊也○淀漩隨戀切回也或从旋文二十五旋遶也

𨂸𢕔徐行也或作𢕔鏇說文圜鑪也一曰裁水器縼綻說文以長繩繫牛也或省嫙美謂之嫙腚𦢊便旋短小皃或

从旋蔙艸名趙給走意也𦍧羊羔也梋鋗鐶車鐶也或作鋗鐶圓規也檈圜案通作梋𢯷

手挑物𪌞麥也徇以人從死𧾰大也㯀椗纏大繩所繫或省○扇式戰切說文扉也一曰竹曰扇木曰闔一

曰動也助也文十二謆以言惑人傓煽說文熾盛也引詩豔妻傓方處或从火𧍗蟲名說文蠅醜𧍗搖翼也𦶢鬼扇艸名

搧批也篇箑也通作扇𨌭車扇也𥖚攻玉石鏣𠞤齊謂相笑曰鏣或从刀○硟尺戰切說文以

石扞繒也文六繟緩也憚難也方言齊魯曰憚幝車衣㼷瓦器緣也鐔或作鐔○戰𢧐𢦦

之膳切說文鬭也一曰懼憟也亦姓一曰以戈擊罝故作獸古作𢦦文七顫說文頭不正也單單至輕發之皃𦽗艸名𨈳

體搖也通作顫○繕敾時戰切說文補也或从攴文二十三禪䄠說文祭天也一曰讓也王侯功不敢當故讓於山或作䄠膳

饍說文具食也庖人和味必嘉善故从善或从食僐博雅態也嬗說文緩也一曰傳也擅說文專也單單父邑名字姓

鄯說文鄯善西胡國也甗鐔瓦器緣也或作鐔墠壇除地也或从亶襢去上服也橝木名曰理檀闕人
名春秋傳有饔人檀鼉水蟲莊子黿鼉魚鱉儃讓也楊子堯儃舜通作禪嬗搢博雅搌搢展極也繟緩也譠欺也。剸
之轉切斷也文二孨謹也。釧樞絹切鐶也文十竁穿地諯說文數也一曰相讓揣度也穿貫也僢蠻夷
臥以足相向也玔玉環䀩視專皃荈艸名縳雙縳緻繒也紡熟絲爲之。叀專𠧢嵒船釧切小謹皃或作
專古作𠧢嵒文八揣方言度高曰揣揰縺腄望繩取正周禮置臬以縣是或作縺腄通作叀。𤳃堧壖儒轉切城下田
或从乇亦作擩文七緛織也𩀟𪁉鳥名博雅𩀟雛也或从鳥媆好皃。軔如戰切字林礙車木文二繎絲勞也。簒
數眷切說文治車軸也文六孿𡚸一乳兩子也或从二男栓概也涮洗也栅籬也。篹饌餠雛戀切說
文具食也或从巽从𢍏文十六𢀿說文二巳也譔專教也僎僝具也或作僝襈緣也撰持也集也䐣切肉和血爲着
也孨謹也顨說文選具也瑑玉名鱒魚名叀小謹皃𡡾女字。驔驙陟扇切馬臥也或从亶文
六𧝓展襢說文丹縠衣或作展襢搌捲也拭也。纏直碾切繞也文六邅轉也逐也廛民居區域之名周禮
有廛人徐邈讀諯數也相讓也𦅾博雅𦅾𦅾緩也躔跡也。㾻連彥切痓㾻惡疾文六摙按也僆僆佊行相

及也一曰雜未成曰健漣漣勺縣名在馮翊連及也聯不絕也○輾女箭切轉輪治穀也文四碾碾榐所以轢物

器也或作碾榐○囀株戀切聲轉也文六轉說文運也傳驛遽也竱等也嫥女字籑饌饋也○猭⿱艹猭

寵戀切走也馬融曰獸不得猭或从艸文七⿰𧾷彖⿺辶彖行也或从走鶨鳥名說文欺老也⿰羊彖羊長尾⿱掾虫兑胥○傳

柱戀切釋名傳傳也所以傳示人文八摶縳緟束也周禮百羽爲摶或作縳亦省瑑說文圭璧上起兆瑑引周禮瑑圭璧⿰土彖耕發

土椽桷也槤木名○戀⿱䜌品龍眷切慕也古作⿱䜌品文十一⿰女戀孌從也或作孌亦書作⿰女戀䜌言不絕亦姓攣

手足曲病灓漏水也虊⿱艹䜌艸名似莧葵或从䜌⿰米䜌熬餌黏也鱄闕人名春秋傳有衛侯弟鱄○衍延面切水溢也

一曰大也多也文二十延及也莚⿱艹衍蔓莚也或作⿱艹衍⿺辶⿱止目說文相顧視而行也羨延也餘也⿺辶羨說文遮遂也綖冕上

覆通作延⿰口寅大笑涎沔涎水流皃烻光熾也狿蜒獌狿獸名似貍而長或作蜒埏地際也一曰墓隧⿰目延博雅視也

⿰糸羨緩也⿰氵羨水益皃演淺流縯長也⿱雨延⿱雨延⿱雨延雲皃○譴詰戰切說文謫問也亦姓文四遣祖奠也麉

鹿有力⿰韋遣韋帶謂之⿰韋遣○掾俞絹切說文緣也一曰官名文十一緣說文衣純也⿰弓彖弓緣也⿺辶風⿺辶風⿺辶風小風一曰穀再颺曰

⿺辶風抁動也老子揣而抁之⿺辶⿱止目⿺辶⿱止目相顧而行也或省亦書作脠⿰木允木名蝝蟲名蝗子未翅者一曰蟻屬殉以人從死睘

衆流皃。絹縳綆規掾切說文繒如麥稍或作縳亦省文十狷有所不爲也鄄甄說文衛地今濟陰鄄城或作甄

[木+絹]木名皮葉可作衣似絹出西域焉耆國弫博雅彄弫辦也悁躁急也覞視也。躽於扇切曲身也文四䁙視也堰

障水也歐大呼用力也。彥魚戰切說文美士有文人所言也文十二唁娮喭說文弔生也或作娮喭這行也

迎也諺喭說文傳言也古作喭婩博雅好也甗瓢也甗甑也爾雅重甗隒郭璞讀讞議罪也嵃山名。瑗

于眷切說文大孔璧人君上除陛以相引爾雅好倍肉謂之瑗肉倍好謂之璧文十援助也亦姓媛說文美女也人所援也从女从爰爰引也引詩

邦之媛兮褑佩紱也寏院周垣也或作院鍰量名重六兩大半兩轅地名在齊春秋傳取犁及轅楥木名爾雅

援柜柳一曰蘺也篗斷竹也。巻苦倦切祠也文五絭攘臂繩𨇰跼也𥳐曲竹也𥟍禾相迫也。眷

睠劵古倦切說文顧也引詩乃眷西顧或从卷亦作劵文三十一𡆪說文目圍也卷曲也𢍏𢍴弮說文摶飯

也或从収亦作弮餋𥙊常山謂祭爲餋或从示豋說文豆屬𥁕盂也帣說文囊也今鹽官三斛爲一帣絭

攘臂繩勬勤也捲棬西捲縣名或从木桊說文牛鼻中環也犈爾雅牛黑脚犈觠羊卷角者𧊲

蟲名蠐螬也方言自關而東謂之𧊲蠾縳說文鮮色也婘親也史記呂須婘屬牶爾雅革中辨謂之牶饓饌也捲限曲

也𣝕橐也陮縣名在安邑菤菤耳艸名𦅾欠也卷連弩也通作絭。券逵眷切說文勞也一曰止也文二十一𢍏

𢍏摶飯也或作弄圈邑也轋車裂也僎具也籑餋食也倦惓勌勧說文罷也或作惓勌惓通作券餋

𫄨絭屐縫飾或从券亦省韏韏革中辨襈緣也蜎蟲名港水也揵馬行疲也周禮終日馳騁左不揵鄭康成讀圈

養獸閑蔨艸名鹿藿也。騗匹羡切躍而乘馬也或書作騙文三偏不正也猵猵狙獸名似猿首如犬一曰異類牝牡也。便

眦面切安也字統人有不善更之則安故从更从人文三楩木名瘺骨病風也。面弥箭切說文顏前也象人面形文四偭偭說文鄉也引少儀尊

壺者偭其鼻一曰偝也或作偭䩂馬韁當面皮。變㣶𢒈彼卷切說文更也古作㣶𢒈俗作𢿺非是文三。卞皮變切縣名在

魯亦姓一曰躁疾也法也文二十五汳汴說文水受陳留浚儀陰溝至蒙爲雝水東入于泗或从卞覍𡲯弁絣說文冕也周曰覍商

曰吁夏曰收从皃籀从廾上皆象形或作弁絣𩓹冠傾皃拚抃說文拊手也或从卞洴導水使平坢平土也或書作垪閞

說文門欂櫨也或从木𣐼昪忭說文喜樂皃或作忭匥笲博雅笥也或从竹𤤳玣玉飾弁也或作玣䒪

雀䒪艸名𤢟𤝛犬爭謂之𤢟或从𤝛郱邑名閞摶也从門。鈌窺絹切門髮際結項中所以固冠者文二頍舉首也一

曰弁小而銳。帴山箭切狹也周禮革自急者先裂則是以博爲帴也文一。泉疾眷切水原文二餞食餘也。恮子眷切博

雅謓也文一○縛升綃切繒也文一○傁虔彥切健傁行相及文一○悛莊眷切謹也文二敥卜問也○潸刪彥切淚
兒文一○篡芻眷切奪取也文一篹小春
三十四○嘯先弔切說文吹聲也籀通作歗文十䐹䐹脽也或作䐹𥼶糜也歗說文吟也引詩其歗也謌
蟰行兒撨博雅拭也熽火熾𢹿擊也𠞊割也○弔多嘯切說文問終也古之葬者厚衣之以薪从人持弓會敺禽
文十六逻至也通作弔伄伄儅不當也釣魡說文鉤魚也或作魡訋博雅拏也一曰聲也瘹博雅狂也一曰
小兒疾窵說文窵窅深也蔦樢艸名寄生也或从木輖車前重也杓物之標準倜倜傢癡兒淍半傷也
葯艸名卣艸實垂也○糶他弔切說文出穀也俗作粜非是文二十二朓月側糶說文穀也眺說文目不王也
覜說文諸侯三年大相聘曰覜覜視也咷楚謂兒泣不止曰嗷咷窱窔窱深遠也絩綺絲數也窕姚輕也春秋傳楚
師輕窕或作姚佻方言疾也朓祭肉鋽鐵未煉鐃鐵有文謂之鐃䠷身長兒頫俯首而聽謂之頫啁嗟也銚
燒器趠趒超踔越也或从兆亦作超踔○調徒弔切賦也試也文二十八掉挑說文搖也引春秋傳尾大不掉或从兆
嬥直好也糶姓也晉有糶茷糶穀也銚鑃鑵燒器或作鑃鑵莜蓧⿷匚攸⿷匚條⿱攸皿說文

莜 艸田器引論語以杖荷莜或从脩亦作[illegible] 藋⿱艹⿰米翟⿱艹⿰禾翟 說文釐艸也一曰拜商藋或从米从禾 滌 養牲室 鋽 鐵未煉

蜩綢 蜩蟉龍首動皃張挹說或从糸 踔 遠騰皃史記遼東踔遠司馬正讀 窱 說文杳窱也 啁 嘲也通作調 稠 動搖皃漢書天地稠嶅 ⿰歹翟 牛羊死也 跳 行皃 ⿰立卓 ⿰立卓嶢高危也 〇嫽 力弔切好也方言青徐之間曰嫽文二十二 璙 玉名 顟 顤顟長頭

嘹 嗚也 轑 車輪也 料 量也 鐐 字林美金也 尥 說文行脛相交也 嫽 敗也 廖 姓也 遼 往也 ⿱罒尞 魚罟通作橑

蟉繆 蜩蟉龍首動皃或作繆 熮 火皃 髎 馬尻骨謂之八髎 聊 木名爾雅料者聊 撈撩 方言取也或作撩 ⿰鼻翏 鼽鼻昇仰皃

⿰衤刁 校衦小袴 翏 高飛 〇屪尿溺 奴弔切說文人小便也从尾水或省亦作溺文四 ⿰髟褭 柔長也 〇歒 馨叫切悲意文四

⿱折女 ⿱折女嫽喜也 嬈 不仁也 顤 大頭皃 〇竅 詰弔切說文空也文九 趬 行輕皃 ⿱敫手 說文旁擊也或書作撽

激 風聲莊子激者謞者李軌說 覈 博雅覈覈骨也 鼽 自昇 ⿰高九 高 躈 馬八髎也史記馬蹄躈千 噭 口也漢書馬蹄噭千

〇叫嘄嘂 吉弔切說文嘑也或作嘄嘂通作嘂文二十一 窵 遠也 窵窱深 ⿰衤交 校衦小袴 ⿰車堯 車轄 嘂 說文高聲也一曰大呼也引春秋傳魯昭公嘂然而哭

噭 說文吼也一曰呼也 ⿱敫言 說文痛呼也一曰訏也 訆 說文大呼也引春秋傳或訆于宋大廟 ⿰敫欠 說文所歌也

徼邀 循也一曰境也或从走 ⿰巾敫 行滕 激 湍流也 獥 獸名爾雅狼其子獥一曰北狼 ⿱敫鳥 鳥名似鳥 繳 糾戾也劉向曰紛繳

爭言嬓敫闕人名史記齊有太史嬓或省皎明也○窔宊窔穾窔窈一叫切說文窔皀突深也一曰室中東南隅謂之窔或作窔
窔窔窈文十二宧冥也宧戶樞聲帘幕也实窔聲莊子实者咬者轎轄車轄窅窵窅深也嘄叫也○顤倪弔
切說文高長頭文十二嘄叫也𪖙仰鼻也澆闕人名寒浞子轎博雅轄也嶤嶅山皃或从敫獟獸名說文狾犬也
垚高皃䕎削也竨竨跳高危也僥倜僥癡皃○顤戶弔切長項皃文一○獟火弔切狂也文一
三十五○笑咲关仙妙切喜也古作咲或省俗作㗛非是文十一肖俏霄說文骨肉相似也不似其先故曰不肖或从人硝石堅皃
亦作霄鞘鞘削皺刀室或从革从刀从皮鹵肖煎鹽也○陗峭七肖切說文陖也或从山文十八
悄急也潚消浚波也或作消箾吹竹也哨口不正也俏行皃俏好皃帩縛也踃足筋急病削削格
所以施羅網也訬輕也江東語竨立皃僬僥僬長皃䵲䵲黶面點㤽傻㤽不仁○醮樵子肖切說文冠娶禮祭或从示
文二十四釂歠說文飲酒盡也或作歠䊰說文盡酒也潐說文盡也癄病也縮也皭博雅皭白也燋灼龜炬也醮面不
澤爝瞋目也一曰目冥也僬行皃禮庶人僬僬趭博雅犇也爝說文苣火祓也呂不韋曰湯得伊尹爝以爟火釁以犧猳椒芬香也詩有椒其馨
徐邈說灂車轅漆也噍嚼齧也或作嚼穛物縮而小謂之穛瞲闕人名梁有虞瞲㦡性急也䩌收束物也灂冰裂

勦勞也。○噍嚼才笑切說文齧也或从爵文八 哨說文不容也 譙誚說文嬈譊也引周書亦未敢誚公古作誚 趭走也
劁刈也 樵拭也 ○少失照切幼也亦姓文四 燒爇也 邵地名在魯 魦魚名 ○照炤昭曌之笑切說文明
也或从火亦省唐武后作曌文十 詔說文告也 ⿱召土⿰阝召說文耕以臿浚出下壚土也一曰耕休田也一曰隄也或省 沼池也 ⿰召卜卜也 勺詩頌篇名
劉昌宗說 ○邵召時照切說文晉邑也或省亦姓文八 ⿰召卜博雅卜也 劭說文勉也 卲說文高也 ⿰召句到懸鉤也 ⿰飠召小食 ⿰召見見也
○饒人要切益也文八 繞撓纏也史記苛察繳繞或作撓 襓袂襓劍衣 蕘艸既芟曰蕘 顤額顤頭長 ⿰禾堯禾皃 蟯
蟲動 ○召直笑切說文詩也文一 ○朓丑照切祭也从肉文三 朓晦而月見西方 哨口不正 ○尞燎⿰礻尞力照切說
文柴祭天也从火从昚昚古慎字祭天所以慎也或从火亦作⿰礻尞文十二 爒膫說文炙也或从肉俗作⿰炙樂非是 ⿸疒樂療樂說文治也或从尞亦
省 繚繞也 撩周垣 獠說文獵也 鷯鳭鷯鳥名巧婦也 ○燿弋笑切說文照也文三十三 ⿰白翟白色 曜耀炅
光也或从光古作炅 覞⿰見䍃說文竝視也或作⿰見䍃 ⿰侖見睔矅說文視誤也或作睔矅 論讙也 淪水清也 ⿰足䍃博雅跳也 摇
動也 ⿰亻⿱日乚說文行不正也一曰腫也 趯走也 ⿰䍃欠人遺玊也 筄爾雅屋上薄謂之筄 ⿰舟兆⿰舟筄大舟或作⿰舟筄 ⿱艹缶藥艸菟絲也一曰王
女 窯燒穴 鷂說文鷙鳥也 颻風高皃 抭抒臼也 ⿰礻侖爾雅祭也 ⿱艹銚銚⿱艹銚芅艸名羊桃也或省 愮方言

愮療治也一曰憂也姚佻剽姚勁疾皃故漢以名兵官或从人通作鷂臛瘠也鷍鳥名負雀也○趬丘召切行輕皃一曰舉足高文九

嘺口不正⿱喬几⿱喬几⿰虛几不安也⿸广喬高屋譑言弄獟勇也漢書誅獟悍顏師古讀通作趬顤舉首⿰鼻乚鼻仰也⿰堯乚高也

○翹祁要切鳥尾舉也文一○要⿱𦥑女⿱宀⿱𦥑女一笑切約也或作⿱𦥑女古作⿱宀⿱𦥑女文十葽艸名䙅衣䙅約也契幼幼眇精微也

紗急戾也一曰紗紐小貌熎熎爐也黝黑也一曰黝用黑塗地○嶠渠廟切山銳而高也一曰石絕水一曰山徑文八撟舉也轎博雅軺也一曰

小車鐈鼎名橋牛貫鼻木一曰桔槔也⿰角喬獸長角敿盾謂之敿喬木枝上曲○驕嬌廟切驕驁馬行皃文四撟橋抄

略取也⿱喬几⿱喬几⿰虛几不安也轎牛車也一曰竹輿○⿰虛几牛召切⿱喬几⿰虛几不安也文三驁驕驁馬行皃鏊燒器○勡匹妙

切說文劫也或从寸文二十六蔈艸黃華剽說文砭刺也一曰剽劫人僄嫖說文輕也或从女慓疾也⿰耳票行聽也一曰聽裁聞翲

飛皃飄⿰麃風風皃或从麃瞟暴也漂浮也摽擊也彯彡畫飾也⿰足票行輕也⿱票火輕脃也瘭瘭疽病瘍膿潰也通

作潎博雅漂清也縹帛青白色篻竹名出九真顠⿱髟票髮白皃或作⿱髟票髟彡長髮嘌車行疾無節瞟矖也○驃毗召

切說文黃馬發白色一曰白髦尾文十二標落也摽擊也嫖僄輕也或从人驃馬行疾皃票勁疾皃漢官有票鷂校尉剽剌也

慓疾也勇悍也瀌雨雪皃⿰耳票行聽也勡劫也○妙玅彌笑切精微也或从幺文六⿱艹眇艸細一曰⿱艹眇篎爾雅管小者謂之篎

眇成也易眇萬物而爲言王肅說一曰眇然微細皃 皫白色 ○褾彼廟切領巾謂之褾文三 俵摽分與也或从手 ○廟庿眉召切說文尊先祖皃也古作庿文三 㡌幗也 ○捎梢嶠切撟捎略取上物也文二 ⿰肖阝地名 ○超抽廟切踰也文二 眺望也一曰視不正 ○⿺鬼堯虛廟切健也剽⿺鬼堯強死輕爲害之鬼淮南子說文一 ○覞昌召切普視皃文一 ○標卑妙切木杪也莊子上如標枝文五 褾博雅袂也 驃馬黃色 蔈穀黃華者一曰禾末 瀌瀌瀌雨雪皃

三十六。效傚効交殽後教切說文象也一曰功也或从人从力亦作交殽通作詨文二十 斅學教也或省 恔校方言快也或从交 骹艸根 ⿱竹骹竹萌也 𦥯說文闕博雅誤也 骹脛下也 佼庸人之敏謂之佼 姣淫也 洨水名出井陘山東南至廮陶入泜 ⿰爻犬⿰爻犬⿰爻犬犬吠 ⿱⿰氵爻皿器名鎢錥也 詨叫也 校教學之宮一曰械也一曰木爲欄格軍部及養馬用之故軍尉馬官皆以校爲名 ○孝許教切說文善事父母者从老省从子子承老也文九 哮呼也 嗃謞詨大嗥也或作謞詨 涍水名在河南 ⿰孝廌獸名解廌孝廌或書作⿰孝鹿 ⿰豕孝⿰犭孝豕走皃或从犬 ○敲口教切擊也方言楚凡揮棄物謂之敲文十五 墽墝土不平或作墝 礉磽磝石不平或作磽磝 巧⿱巧心僞也或从心 骹脛近足 ⿰土尻厓外 ⿱茭女方言⿱茭女媞欺謾也 撽擊也 頝不媚 ⿰目堯深目皃 毃擊頭也 ○教⿰孝言效學居效切說文上所施下所效也古作⿰孝言效或作學文二十六 𡥈效也 覺⿰糸告也 校說文木囚也

悎驚也 較較直也一曰不等或从交 斠平斗斛也 窖窌說文地藏也或作窌 膠黏也 珓杯珓巫以占吉凶器者
酵酒滓 佼博雅交也 [illegible]鷂獸名說文解鷹屬 稾枯禾 挍報也 滶水也 詨呼也 絞繒黑黃色一曰縊也 烄交炊
木 餃飴也 鉸交刀一曰以金飾器。靿於教切曲也俗謂靴鞔曰靿 文十九 皀曉深目或从堯 呦叫也 岰山曲 䂪石不平皃
坳土窐 柪木ㄐ屈 袎幼襪頸或省 䫐頸不隨也 㑃㧻很戾也或从㧻 詏言逆也 箹管小者謂之箹一曰竹節 𥁕
器中 怮心不平 𨋹車有戾機也 約束也屈也。樂魚敎切欲也 文八 獟犬狂 䚩醜也 磽磝磽石不平皃 墽墽墝土不
平皃 䯫鬆䯫鬐高皃 烄煎也 嶅山高皃。豹巴校切獸名說文似虎圜文 文十 鼩鼠屬 [illegible]誇也 犦牛名出合浦
爆火裂 儤越也唐制新到官府併上者謂之儤儤今俗謂程外課作者爲儤 謈嚗謈謈惡怒也或作嚗 趵跳躍也 嘐
嘐嘐聲也。奅披教切說文大也文二十 窌說文窖也一曰南窌地名通作奅 炮灼也齊民要術有胡炮肉 皰胞𦙦面生气或作胞𦙦
[illegible]大聲 礮砲䂣機石也或从包从豹 拋擲也 麭說文桼垸已復桼之 嚗嚗桼然聲也 軳飛石車 疱歷病 麭
餇也 滜清也 袌袌褁衣緩皃 穮穮䅳禾虛皃 [illegible]起也。皰靤䶌疱皮教切說文面生气也或从面亦作
䶌疱 文十六 颮風皃 [illegible]手擊也 䀧目怒皃 鞄柔皮工 鉋治木器一曰搔馬具 骲骨鏃謂之骲 袀衣襟 勺

鳥伏卵髱多須皃咆獸呼泡水泉酡酒之色○皃䫉貌眉教切說文頌儀也从人白象也面形或从頁豹省籀作貌通作

緢文十六⿰氵皃大水皃描擲也緢旄絲⿰帛皃帛雜文帗幗也輗博雅引車也一曰車鉤心媌偛博雅好皃或作偛[illegible]

博雅歺也貓穮貓禾虛皃⿰食皃⿰歺皃飽薖憖也或从歺藐艸名可染紫○稍所教切說文出物有漸也文二十一⿱削木梢剡木

殺上也或省⿰耒肖耰種髾髮皃⿰肖阝削說文國甸大夫稍稍所食邑引周禮任⿰肖阝地在天子三百里之內亦作削通作稍艄舟名娋

博雅侵也謂爲人所侵侮捎攴也⿱削手人臂皃⿰角肖⿰牛肖角銳上或从牛颵風聲睄小視潲水激也一曰汎潘以食豕⿰月肖⿰月翟

燿哨凡物之殺銳曰⿰月肖或作⿰月翟燿哨⿱艹焯熾火急然謂之⿱艹焯○抄鈔勦剿楚教切略取也或从金亦作勦剿文十五⿰舟少舟不寧謂之⿰舟少譟

代說也縐細絺耖覆耕曰耖⿰角少角上皃罺小網訬吵輕也或从口杪木末錟鏊也仯小皃○抓

阻教切搔也文六癄縮也笊笊籬漉器一曰鳥居穴曰笊樹曰巢醮酌而無酬酢儀禮士冠醮用酒劉昌宗說⿰木爪木刺爪覆手取物

一曰抓也○巢仕教切棧也文三⿰口巢衆聲⿰亻巢長皃○罩⿱竹卓陟教切說文捕魚器或从竹文十五踔說文踶也⿱罒隹

⿱罒綽說文覆鳥令不飛走也或作⿱罒綽鵫鳥名白雉也箌爾雅大也⿺走周行不正也卓卓鷙行不平也向秀說⿰犭卓獸名

菿艸名⿱𥝌卓特止也一曰冒也⿱屖卓⿱冒到覆具或从到啅啅啅鳥聲○趠⿰彳卓敕教切超也或从彳文六⿰牛卓

以角挑物踔說文踶也⿺尢卓蹇也⿰馬卓馬馳也。櫂棹⿰舟卓直教切行舟也或作棹⿰舟卓通作濯文八⿰扌⿱翟疋燔木餘䓬燿
爨急也或作燿淖和也儀禮普淖謂黍稷也德能大和乃有黍稷濯博雅稍濯滑也。橈女教切說文曲木文十一撓鐃擾也屈也或作
鐃淖說文泥也一曰和也鬧⿱亼巿擾也或作⿱亼巿婥說文女病也掉聲甄動也鄭康成曰鐘微薄則聲掉一曰正也春秋傳掉鞅而還徐
邈讀嬈博雅弱也⿰髟堯多須皃澆湍也一曰水回波
三十七。号後到切說文痛聲也文十五號教令也一曰名稱⿰犭号犬聲⿰言皋⿰言皋讀相欺也⿰号虘⿱號土說文土發也或作⿱號土
⿰王號說文石之似玉皋譹呼也周禮令皋舞劉昌宗說或作譹呺風聲⿰目皋盱也⿰女皋女名哠多言受姓也⿰禾敄⿰禾敄稱而止一曰木名
。秏虛到切說文稻屬伊尹曰飯之美者玄山之禾南海之秏一曰減也文十一毷㚪虛厲或从女⿰言毛信也好⿰丑女愛也古作
⿰毛子通作⿰丑女⿱艹好艸名⿰丑女⿰丑子說文人姓也引商書無有作⿰丑女古从子⿱艹秏吳俗以艸木葉糞田曰⿱艹秏鄗邑名在趙。⿰食高犒⿱高禾⿰月高
口到切餉也或作犒⿱高禾⿰月高通作槁文十四熇焅熇也或从告薧⿱高死枯也或省靠搞說文相違也或从手⿰高頁顥贅大頭蛣
蟲名蜎也槁枯⿰足高足不前。誥⿱告廾⿰卯又居号切說文告也古作⿱告廾⿰卯又文二十告說文牛觸人角著橫木所以告人也从口从牛引易
僮牛之告郜說文周文王子所封國亦姓峼說文山皃一曰山名縞白繒也一曰白帛也練矸者曰縞武文之說膏潤也詩陰雨膏之高

度高曰高烄交木然也槔散也儀禮槔車鄭康成讀櫜㞮也浩水名在金城郡槁木名大者也祰報祭謂之祰篙

槗進舟具或从木𢡃煩也㚛女名䊵色青黃謂之䊵。奧𡩽於到切說文宛也室之西南隅或作𡩽文二十一墺垗

埏四方土可居古作垗堙隩說文水隈厓也澳深也一曰水名㥩痛也薁艸名燠說文熱在中也懊爾雅忨也一曰頑也

䜒告也㜵妬也𦞂鳥胃也𩞄妬食也扷量也䟀長皃芺菜名味苦鰲魚名博雅鱔鰍鰲也噢吅也𣵀

潎也。傲慠敖嫯魚到切說文倨也或从心亦作敖古作嫐亦書作𢾍通作鷔文十八嫯說文侮易也或書作嫐奡說文嫚也引虞

書若丹朱奡論語奡湯舟嶅山高皃謷志遠也䞏說文贅顤髙也或書作顤鏊燒器驁說文駿馬以壬申日死乘馬忌

之一曰驕驁馬怒通作鷔鷔鶩鷔夏樂章名或从鳥𤅹闕人名寒浞子𡚱動搖皃漢書天地稠𡚱撽動也𦾨艸名

䝞贅耴魚鳥狀。報博雅切說文當罪人也从夲从𠬝服罪也一曰荅也告也文二𠈅狂也。㬥暴曓㬧薄報

切說文晞也或作㬥古作曓暴俗作曝非是文十七𣋺說文疾有所趣也从日出夲廾之𨅒皃𧾂虣強侵也周官有司虣或从戈廾通作

暴瀑𤄻說文疾雨也一曰沫也一曰瀑賨也引詩終風且瀑亦水名菢勽鳥伏卯或作勽鸔水鸔鳥𨣿一宿酒也袍襃

𧝃衣前襟一曰褎也或从㠭从麃亦書作袌嚗嚗口多聲。冃帽帽莫報切說文小兒蠻夷頭衣也从冂二其飾也或作帽亦从

巾文三十三 湄 漲水 冒冐 說文蒙而前也古作冐 瑁玥 說文諸侯執圭朝天子天子執玉以冒之似犁冠引周禮天子執瑁四寸古省

㨦𢾄 抵也或从攴 薹耄薹 說文年九十曰薹或作耄古作薹通作旄 眊𦏲 說文目少精也或作𦏲 𥇦 俯目細視

謂之𥇦通作冒 媢 說文夫妬婦也一曰相視 紌 繒帛有毛刺者 旄 犛毛獶長也 毛托 擇也鄭康成說或从手通作芼 𪀦𣮹

輕毛或从隹 鶥 山海經嚣山有鳥狀如鳥人面名曰盤鶥 芼秏 說文艸覆蔓引詩左右芼之或从禾 萺 說文艸也 艒 舟名 楣

說文門樞之橫梁 毷 博雅解也 秏 秏亂不明 㥆 貪也 覒 觸也 ○喿噪㗲 先到切說文鳥羣鳴也从品在木上或从口亦

作㗲文二十二 燥 說文乾也 譟 說文擾也 𩫕 髝髞急也 颾 風聲 僺 性疏也 𤺊瘙 博雅疥瘙創也或从蚤 傻 快也

䠆𢔻 跳也或从彳 埽掃騷 拚除也或作掃騷 𨥥 碎鐵 𢭏搔 攫搔搏也或作搔 𣯣 毛皃 懆 貪也 鐰 金鐵

大剛曰鐰 ○操 七到切持念也文十一 造艁 說文就也譚長說造上士也古从舟 慥 慥慥言行相顧皃 糙𥼚 米未舂或作𥼚 懆

貪也不不也 鄵 地名在鄭春秋傳鄭伯卒於鄵 鼜 行夜戒守禮夜三鼜杜子春讀 鑿 穴也 慅 愁也 ○竈竃窖 則到

切說文炊竈也或不省亦作窖文六 趮躁 說文疾也或作躁 造 灼龜燒荆處史記卜先以造 ○漕 在到切說文水轉轂也一曰人之所

乘及船也文五 嘈䜊 喧也或从言 𢯩 攪也 鑿 穿空也 ○到 刀号切說文至也文十一 倒 顛倒也 禱𥜥 求福曰禱

古从𢑑受姓也出河內菿說文艸木倒箌大也䙲中縫謂之䙲禂𩧏䮭爲牲馬祭求肥大或作𩧏亦从𢑑○䵚

叨号切臂衣文三套地曲後唐與梁人戰于胡盧套謟疑也○導道衜大到切說文導引也或作道衜文三十七𥻨黏也翳

翿說文翳也所以舞也引詩左執翳或作翿通作纛翢儔隱也纛翢左纛也以旄牛尾爲之在左騑馬首纛說或作翢䙲衣背縫

燾濤幬說文溥覆照也或作濤幬幬敦覆也或作敦通作燾𦅼色青黃謂之𦅼盜說文私利物也从次次欲皿者

悼說文懼也陳楚謂懼曰悼一曰傷也𦒹耄博雅老也一曰七年曰𦒹或作耄佻傲也𩬊長也駣馬三歲名蹈行皃陶

陶陶驅馳皃檮隯博雅棺也或从片璹玉名𨈟𨉖𨈟𨈟身長或从卓檤木名或書作䆃𣀜𣁉弃也討也

或从𢑑醻美酒名䆃說文禾也司馬相如曰䆃一莖六穗一說以粟爲米曰䆃漢有䆃官故相如曰䆃六穗之禾犧共䣛之獸直以䆃爲禾者誤

受姓也劉大也○勞郎到切慰也文二十五撈撩取物也或作撩藔乾梅癆說文朝鮮謂藥毒曰癆一曰痛也

嫪說文婣也亦姓䵏黃色髝髝髞高急也橯㮚大者曰橯潦水積𧬄聲多也鐐白金之美者橑蓋弓

也一曰椽也窌石窌地名僗伴也䕲嫪也𧯳谷空皃篣竹名澇水名出扶風鄠縣北入渭𡫜寬也憦懊憦

悔也𨉖𨉖𨈟身長也轑車軸橯耮摩田器或从耒○臑乃到切說文羊豕臂也文三髟兆長皃腦湵澤也○𤛥

叵到切牛名文五 櫜橐 橐囊張大皃或从缶 毑 輕也 𦢊 腫皃 ○趮 色到切失傍掉也周禮羽殺則趮文一 ○𣚍 巨到切廣雅鋯也文一

三十八。箇个介 居賀切說文竹枚也或作个介通作個文五 個 偏也 吤 聲也 ○呵 詩箇切噓氣也一曰責也文七 訶 譀訶怒皃 𦮃苛 菜名或从呵 歌 大笑 呼 發聲也春秋傳呼役夫 蔄 薆蔄艸名 ○坷 口箇切坎坷不平皃文八 軻 車也一曰轗軻不得志 𦨴㴓 船著沙不行也或作㴓 𢼛 博雅擊也 蚵 商蚵蟲名 齣 齣齾齒皃 袔 夾衣 ○賀 何佐切說文以禮相奉慶也亦姓文七 袔襸 博雅裓袖也或从賀 𣶎 水名 訶 祭名 謌 譍語 㑥 痛呼也 ○㑥 安賀切痛呼也文二 啊 愛惡聲也 ○餓 牛箇切說文飢也文二 齾 齣齾齒皃 ○些呰 四箇切說文語辭也見楚辭或从口文二 ○磋 千个切磨治也文五 蹉 足跌 䛽 言失也 槎 斫也 植 栻也 ○左佐旌 子賀切說文手相左助也或从人亦作旌文七 𡯉 說文𡯉𡯉行不正 ナ 左手也 袏 禪衣也趙魏之間謂之袏 作 起也造也 ○跢 丁賀切小兒行皃文八 癉憚𤻮 說文勞病也或从心亦作𤻮 痑 馬病也 哆 緩脣也 䟃 踣也 點 艸葉壞也故墟種麻有點葉夭折之患賈思勰說 ○馱他 唐佐切畜負物也或作他文四 大 巨也 誃 欺也 ○邏羅 郎佐切說文巡也或省文十 䙨 女上衣也 癳𣩢 病也或从歹 囉 歌也 攞 籬格也 𣟵 椏𣟵樹衺 纙 錢緡也 𨇽 跐𨇽

猶蹭蹬也○柰乃箇切能也文七輆轎也那哪㖠語助或从口从奈如若也書曰如五器辛刀復鄭康成讀䰐見鬼驚詞
○椏阿个切椏⿰木磊樹裹文二痾病也
三十九○過古卧切越也文九鍋車釭也方言齊楚海岱之間謂之鍋划鎌也楇說文盛膏器裹包束也蝸不蝸
蟲名一曰蟷蠰通作過⿰禾會糠也涹水名腂腫赤○貨呼卧切說文財也文三㷉爾雅火也郭璞讀⿰氵化水名○課苦卧
切說文試也文七敤博雅椎也一曰研治髁⿸尸果說文髀骨也或从尸堁堀堁塵起兒一曰阜也⿸疒果秃病科滋生也○和
胡卧切應也調也文六⿰亻和和也盉調味也通作和楇輠⿰車咼說文盛膏器或作輠⿰車咼○涴汙烏卧切污也或作汙文七堁博雅
塺也踒踠說文足跌也一曰折也或作踠⿺立委立兒⿰火亐煖也○卧吾貨切說文休也从人臣取其伏也文一○播𢻱𢿿補過切說
文種也一曰布也亦姓古作𢻱𢿿文十二譒說文敷也引商書王譒告之簸揚也嶓山名襎長袂碆磻石名可爲矢鏃或作磻
彼足撗病北關東謂塚大曰北番獸足○破𥒅普過切說文石碎也古作𥒅文三頗偏也一曰疑辭○⿰石靡磨
莫卧切說文石磑也或省文七塺博雅塺也摩[illegible]也麼以大對小之言蘑蘑蒚艸名攠鍾擊處○䈘步卧切作也文
三蔢蔢蔄艸名㴾燕代謂喜言人惡爲㴾○䐲蘇卧切䐲膏也文六⿺麥隋麵不精也渃渃石地名嵗騎歲穀名嗾

使犬聲麴麴麴粟粥。剉寸臥切說文折傷也文六莝摧說文斬芻也或作摧銼銼鑹溫器沯地名⿰坐阝山名。挫

祖臥切說文摧也文十侳說文安也⿱艹⿱坐女⿱坐女⿰足坐詐拜也介士之拜或省亦从足沯地名史記擊韓信軍於沯石⿰山坐山摧也⿰女坐輕也剉

研也誜以言折人。座徂臥切坐具文四㘴坐說文止也从土从留省土所止也古作坐挫搦也。拕拖扡他佐切曳也或作拖亦省

文八佗加也袉說文裾也引論語朝服袉紳杝車名大太也何休曰約誓大甚痑博雅痑痑瘦也。桗都唾切木本也文九⿰金朵剁

剉也或从刀⿰女朵挆量也或从手⿺辶朵允也⿰山朵山皃⿱朵夕頗也⿰言朵言相誇。唾涶吐臥切說文口液也或从水涶又水名文

十二⿱雨隋雨下皃鰖魚去鱗曰鰖嫷嫷南楚之外謂好爲嫷或省⿰衤育⿰衤隋說文無袂衣謂之⿰衤育或从隋⿱隋毛毻鳥易毛也或作

毤蛻蛇所解皮也頹委廢皃周禮頹爾如委李軌讀。憜惰嫷⿱隋女㥩⿱隋心徒臥切懈也或省亦作嫷⿱隋女古作㥩⿱隋心亦書作隓文

十五⿰豕隋⿰豸隋豕名或从隋錞覆殯也禮大夫殯以錞䈗箘䈗夏笋埻射堋⿰衤隋方言無緣衣謂之⿰衤隋鰖魚初化曰鰖

⿰禾朵禾積也鬌子生三月翦髮也。羸盧臥切說文瘦也文十六⿸疒羸博雅病也一曰畜病捰挼理也或作挼⿸𠂆羸[illegible]病攍

擊也纙說文不均也一曰絲有節騍騍歲穀名賈思勰說麴麴麴粟粥倮不正也欏木名⿱竹⿰木朵簣也惰憜嫷

懈也或作惰嫷儽弱也。愞偄懦㼌奴臥切弱也或从人从需亦作㼌文十五堧沙土羸矮羸立皃⿰田耎堧⿰田需⿰土需

城下田一曰江滸或作堧壖壖稬糯稻名或作穤婧方言娃婧豔美也濡水皃挼推也。縛符卧切束也文一

四十。禡貉莫駕切說文師行所止恐有慢其神下而祀之曰禡引周禮禡於所征之地或作貉文十五⿰目馬視皃罵說文詈也通作傌

⿸广馬博雅庵也⿸疒馬說文目病一曰惡气著身一曰蝕創傌闕人名⿰阝馬方言益也⿰馬阝說文郁⿰馬阝犍爲縣榪牀端橫木鬕鬕袜

額也一曰帶結飾儥博雅儥也⿰言馬多言也⿰犭馬獸名驀登也。帊帕袙普駕切博雅帳或作帕袙文六怕⿰忄霸

⿰忄巴懼也或从覇从巴。霸⿱宀胃必駕切把也一曰月始生古作⿱宀胃文十三壩⿰石霸堰也或从石灞水名垻平川謂之垻靶

說文轡革也弝引把也杷欛⿰骨巴枋也或从霸亦作⿰骨巴俗从手非是⿰扌𠂢廣雅⿰扌𠂢謂之⿰舟桼爸吴人呼父曰爸。杷步化切田

器文十五䶕齒出白白西方之色狛獸名似狼或書作⿰白犬鮊⿰魚犬魚名或从犬⿱髟巴⿱髟巴鬖髮亂皃矲⿰立卑跁矲⿰矢亞短皃

或作⿰立卑跁穲⿰禾巴穲稏稻也或从巴⿰米畀糓也鑼廣雅耕也皅色不真也。卸寫四夜切說文舍車解馬也从卩上午或作

寫文九瀉鹵也泄也篶博雅篇章篶程也蝑⿰虫夜⿰虫卸⿰虫舍蟹醢或从夜从卸从舍⿸厂馬傾也。借子夜切假也文三唶

諎廣雅鳴也一曰歎聲或从言。謝詞夜切說文辭去也一曰告也文六榭豫說文臺有屋也一曰已屋無室曰榭或作豫通作謝⿰氵射水名

出瞻渚山⿰衤射吴人謂衣曰⿰衤射謝凋也。褯慈夜切小兒衣文七⿰足藉踖踐也或省藉⿰耒苴耤說文祭藉也一曰艸不編

狼耤或作耝耤䣢亭名在貝丘。笡七夜切博雅𦽨笡謂之笡文四跙衺足立趄衺逆也[扌笡]衺捂也。

舍式夜切說文市居曰舍从亼屮象屋也口象築也文十一[舍阝]邑名厙姓也赦說文置也[亦攴]或从亦涻說文水出北囂山入邛澤

騇[牛舍]爾雅牝曰騇或从牛貰貸也[虫舍]蟲名似蟹螫蛆也。[走斥]充夜切距也文六跅歧道[广斥]山名爾雅東北之美

者有厈山之文皮奓開也莊子奓戶而入厙姓也[糸斥]以繩維持也。柘之夜切說文桑也亦姓或書作𣑭文十六樜說文木出發鳩

山蔗䐗[月庶]艸名說文藷蔗也或作䐗[月庶]嗻說文遮也炙䏑燔肉或从肉鷓鷓鴣鳥名蟅說文蟲也一曰蝗類

一曰鼠婦或書作䗪䵙黑色橐橐皐地名在淮南逡道縣東南[革庶]石[革庶]藥艸一名石韋遮過也䀸日赫[氵炙]膗鬲。䠶

射[吕寸]艸夜切說文弓弩發於身而中於遠也篆从寸寸法度也亦手也籀作[吕寸]文七貰說文貸也麝[牛射]獸名說文如小麋臍

有香一說冬〻食栢夏食諸蟲虫或从牛[疒貰]病也。嗄[夏欠][口昰]所嫁切聲變也或从欠古作[口昰]文十一廈[广乍]房屋也或作[广乍]

沙聲撕也周禮鳥皫色而沙鳴貍閷開也[人目]姓也出新鄭鯊魚名曬[羽易]博雅暴也或作[羽易]𠛮刺也。誜唆

數化切傻言也一曰妄言或从口文三傻傻㑷不仁。詐側駕切說文欺也文十五咋語聲一曰暫也醡笮苲榨醶

䤅酒盞也或作笮苲榨醶䤅溠說文水在漢南荊州浸也引春秋傳脩涂梁溠𦭶[艸差]詐拜也或省髟乍毛多皃䡨車裂

蚱蟬屬⿰氵窄溼也。乍助駕切說文止也从亡从一徐鍇曰出亡得一則止暫止也文十六鮓蚱海魚名或作蚱咋暫也詐
䛩說文慙語也或从苲齰齧也蜡說文蠅蜡也引周禮蜡氏掌除骴䄍索也合聚萬物索饗百神也通作蜡砟碑石也渣
水名怍忓怍多姦也宱寬也溠水名在美陽蓌夎詐拜也或省。吒咤嗄陟嫁切說文噴也叱怒也或作
咤嗄文二十哆張口皃奓張也奓奓𪏻粘也⿰月奓貿⿰月奓不密也⿰虫宅⿰虫宅蟥蟲名水母也觰角上廣灹火炊也奼
少女⿱穴乇窋⿱穴乇物在穴中皃膪胵膪肥也⿰亻啻⿰亻啻步立也⿱冖託宅⿵門託說文奠爵也或作宅⿵門託宅一曰懲也託誇也媞
⿱艾女媞詐欺⿱艹奼⿱艹奼蒼藥艸黃芩也黃文內虛。詫⿰言奓丑亞切誇也或从奓通作侘文六奼侂說文少女也或作侂侘侘傺失志皃
哆張口皃。⿰虫宅蜡除駕切蟲名南越志水母東海謂之⿰虫宅或作蜡文五塗飾也⿰禾宅束禾也⿰禾厇屋皃。⿰可欠全夜切張口息
也關中謂權卧爲⿰可欠一曰歎歌不意文一。⿰月多乃嫁切膩也文十二𪏻𪏻𪏻黏也挐亂也⿱加糸絮⿰糸奓絲勢也或从如从奓
⿰足若⿰足冢⿰足若小兒始行皃⿸疒挐病也⿰車衺⿰車衺⿰車堯也詉諸詉詐也㥮心亂也鬖髿鬖鬖亂。夜亱寅謝切說文舍也天
下休舍也古竹夜文八鋷鏡也射僕射宮名射者武事古者重武以主射名宮關中語轉爲此音鵺⿰夜隹鳥名似雉或从隹⿰氵射
水名出瞻諸山⿺麥夜⿺麥夜⿺麥夜龍普皮也。偌人夜切姓也文三⿱如言如也一曰譍聲渃城名在彭州。暇亥駕切說文閑也一

曰嘉也文十一嘉假美也或作假下降也下也苄艸名地黃也夏昰𡕰時也古作昰𡕰暇緩視也⿸疒下利疾

⿰合欠飲也。罅呼虛訝切說文裂也从缶缶燒善裂也或作呼文十八⿰土虖⿰阝虖⿰片虖⿱宀共說文坼也或从𨸏从片亦作⿱宀共襾說文

覆也从冂上下覆之⿰土虎地名在晉⿰口閜訶⿰口閜怒皃一曰笑也嚇赫⿰口赤以口距人謂之嚇或作赫亦省煆博雅熱也謑怒言

⿰口虒說文⿰口虒聲也一曰虎聲詑告也⿰言虎⿰言宊誑也或作⿰言宊。髂⿰骨可⿰骨叚丘駕切要骨也或作⿰骨可⿰骨叚文十三揢持也

疴客小兒驚病或作客歌博雅息也一曰大笑⿰去可歎聲謑謑詬巧言⿰齒可博雅齧也愘愘恪多伏計⿰言亞⿰言亞詐言不

正⿰齒客⿰齒客⿰齒畜齒出皃。駕⿰牛各居訝切說文馬在軛中籒作⿰牛各文二十七椵榢架博雅杙也所以舉物或作榢架亦書作枷

⿸广家構屋也⿱加月⿱加月膠不密也一曰瘡皮賈價售直也或从人假叚下以物貸人也或省亦作下假一曰休告也瘕

腹病嫁說文女適人也幏說文南郡蠻夷賨布稼家說文禾之秀實爲稼莖節爲禾一曰在野曰稼或省一⿱解心

廣雅嬾也假方言至也⿱𥫗𦍌鬱鬯酒之尊畫禾稼者㤠心不安也⿺辶枷⿺辶枷枒木如蒺藜上下相距加增也⿰目賈視也⿱加舟⿰舟架舟具

也或从架⿰木省木參交以枝炊籅者李舟說。亞衣駕切說文醜也象人局背之形賈侍中說以爲次第也文十六婭兩壻相謂曰婭通作亞

啞聲也一曰鳥聲⿰亻亞倚也稏䆉稏稻也⿱亞昚⿱亞日說文美闕一曰姓也或作⿱亞日⿰矢亞⿰矢罷⿰矢亞短也⿰亞欠歐⿰亞欠也惡惡也

易言天下之至賾而不可惡也到廣雅剄也一曰到也脛脛膪肥也悭心鬱也鋞柔剛鐵也逕次第行也西復也○訝
迓御輅魚駕切說文相迎也引周禮諸侯有卿訝發或作迓御輅訝一曰疑也文十五忓恪忓心不合齖齰齖齒不相值砑⿰扌牙
礙也或从手厊廡也枒木名一曰迦枒木相拒犽獸名似貛長尾牙車輮也睚睚眦恨視玡骨似王者⿵門牙開裂也
○崋華嵱胡化切說文山在弘農華陰从山華省亦姓或作華古作嵱文十六窊博雅寬也呆口大皃挎搲鍾橫水也
春秋傳大者不搲或作搲樗樺說文木也以其皮裹松脂或从華鱯說文魚名獲爭取也擭機檻鷨雉名話
言也或从口嬅女名○化㐹火跨切說文敎行也古作㐹亦姓文八匕說文變也通作化傀說文鬼變也魤說文魚名
⿰木化木名皮可爲索諣疾言吪開口皃○跨踤枯化切說文渡也或作踤文八⿰彳夸行也⿰𧾷荂說文踞也骻胯
⿸尸夸股閒也或作胯⿸尸夸㐄舉足越一日一步也○坬古罵切土堆也文四⿰言⿱罒大⿰言罛詿說文相誤也或从瓜亦作詿○窊
烏化切下地也文六⿰𧾷窊⿰𧾷窊踞距地用力也搲攨吳人謂挽曰搲或作攨⿰口窊小兒啼⿰窊色色敗也○瓦⿱冖瓦吾化切施
瓦於屋也或作⿱冖瓦文二○瘥楚嫁切博雅瘉也文八汊水歧流也差異也衩木枝欋也一日收艸具衩廣雅䘯袺社謂之褸
衩一日襌衣⿰𧾷叉歧道也謑訍異言或作訍

四十一 ○漾瀁弋亮切說文水出隴西氐道東至武都爲漢一曰水皃古从養文二十三 羕說文水長也引詩江之羕矣 樣法也 恙說文憂也一曰蟲入腹食人心古者艸居多被此毒故相問無恙乎 ⿰食恙⿰食羕方言餌也或从羕 ⿰忄羕恨也 養⿰養攵供也或作救 眻美目一曰眉間曰眻 諹字林讙也 煬說文炙燥也 颺風所飛颺也 ⿰黑昜說文赤黑也一曰淺青 ⿰犭恙⿰犭羕獸名如猨掜食熊羆或作⿰犭羕 ⿰亻彖寫也 痒⿰歺羊創也或从歺 ⿰女羕女字 ⿰言羕聲變也 ⿰亻羕立動皃 ○訪敷亮切說文汎謀曰訪文三 妨博雅娉也一曰害也 邡邑名 ○放匚甫妄切說文逐也古作匚文七 舫枋說文船師也引明堂月令舫人習水者或作枋 趽馬曲脛謂之趽 旊鳥名 坊提也 ○妄無放切說文亂也文十三 忘棄忘也 望⿱⿰亡夕立說文出亡在外望其還也或从立 朢𦣠𡈼說文月滿與日相朢以朝君从月从臣从𡈼𡈼朝廷也古省或作𦣠 ⿰言朢⿰言𦣠說文責朢也一曰欺也或省 汒谷名在京兆 盳盳洋仰視皃 莣艸名杜榮也 ⿰言妄誑也通作妄 ○防坊符訪切隄也或从土文二 ○相息將切視也助也文二 蠰蟲名食桑者 ○蹡蹌七亮切走也或从倉亦書作⿱將足文五 ⿱竹將竹也 ⿺麥將麪敗曰⿺麥將 ⿰扌將刺也 ○醬⿰爿酉⿸爿⿱酉皿即亮切說文醢也从肉从酉酒以和醬也古省⿸爿⿱酉皿从皿文四 將說文帥也 ○匠疾亮切說文木工也从匚从斤斤所以作器也文三 ⿺走匠說文行皃 ⿰匠鳥女鷗鳥名巧婦也 ○餉⿰食尚⿰米向饟攘餳式亮切說文饟也或作⿰食尚⿰米向饟攘餳文十八 向國名一曰沛縣一曰周邑亦姓 愓⿸疒向說文憂也一曰

閔也或作痾殤未成人死者曏少時也蟓蠶別名⿱尚疋正也周禮維角⿱尚疋之煬燥也蠰蟲名齧桑也喜齧桑樹作

孔入其中珦玉名恦向念也姰向女字。唱⿰龠昌誯倡昌尺亮切說文導也或从龠从言亦作倡昌文七廠露舍也淌

大波。障⿸广章章之亮切說文隔也或从广亦省文七墇說文擁也⿰彳章⿰彳章徨行遽皃嶂山之高險者瘴癘也

。尚時亮切說文曾也一曰庶幾也貴也主也父也文四上君也償還也𣥺距也蹋也。讓⿳亠吅㕚人樣切說文相責讓也一

曰謙也古作⿳亠吅㕚通作攘文八瀼水名在蜀饟說文周人謂餉曰饟懹博雅難也攘卻也䖆艸名菜蘇也欀交欀

木名出岷山一曰道上木。壯側亮切說文大也文九𤵸病熱也裝行具⿰氵壯焋賫米於甑也或从火莊恭也糚

飾也奘健也大也从大⿰壯犬妄彊也从犬。霜⿱雨相灀色壯切霣霜殺物也或从夂文三孀嫠婦。創⿰倉刃㓨

楚亮切懲也傷也或从刃古作㓨文八刱說文造法刱業也通作創愴說文傷也滄⿰氵倉凔說文寒也或从水倉喪也。狀助亮

切說文犬形也一曰類也文四⿰氵狀⿰氵狀水瀺灂皃或作⿰氵狀漴雨疾下。帳知亮切說文張也曰幬謂之帳文九脹𤸗腹大也或从疒

漲涱水大皃或省⿰土張⿰土長沙墳起也或省張陳設也周禮邦之張事一曰自侈大也春秋傳隨張必棄小國粻糧也。悵

⿰目長丑亮切說文望恨也或从目文十四⿰礻旦達也畼⿰田長說文不生也或从長暢長也通也通作鬯鬯⿰禾鬯說文以秬釀鬱艸芬

芳攸服以降神也从山山器也中象米匕所以扱之引易不喪匕鬯或从禾 ⿱十暘⿱艹暢說文艸茂也或从暢 瑒說文圭尺二寸有瓚以祠宗廟者 韔

⿰革長說文弓衣也引詩交韔二弓或从革 ⿰長瓦博雅瓶也一曰朝鮮謂罌曰⿰長瓦。仗直亮切兵器文九 暘⿰目長田不生也或作⿰目長 韔⿰韋長

弓衣或从韋 妐女字 長度長短曰長一曰餘 杖所以扶行也周禮共其杖函 ⿰長瓦瓶也。諒亮力讓切說文信也亦姓或作亮文二

十五 ⿰口良喨嗟哴啼極無聲也或作喨 悢惊⿰忄亮博雅悢悢悲也或作惊⿰忄亮 ⿺辶涼薄也通作涼 涼佐也詩涼彼武王一曰冷也 䣼

說文雜味也一曰清漿曰䣼 ⿰風京北風 ⿰目良晾⿸疒良說文目病也或作晾⿸疒良 掠榜也 ⿰貝京賦也 踉踉蹡欲行皃 量斗斛曰量

兩乘也匹也 緉說文履兩枚也一曰絞也 ⿰牛京駮牛也 韔弢也詩言韔其弓沈重讀 㨾整飾也春秋傳御下㨾馬 倞遠也 剠

鈔取也通作掠。釀女亮切說文醞也作酒曰釀文四 ⿰米襄糅也 ⿱艹釀⿱艹穰說文菜也一曰藏菹或从穰。向⿰爿向許亮切說文北出牖

也引詩塞向墐戶或从片文十七 鄉嚮⿱宀亘⿱宀亘面也或从向古作⿱宀亘⿱宀亘 ⿱鄉言荅也 曏不久也一曰屬也 ⿵門鄉

說文門響也爾雅兩階間謂之⿵門鄉一曰牖屬明堂位刮楹達⿵門鄉天子之廟飾 珦⿰玉鄉說文玉也或从鄉 蠁蟲名 享薦也詩享于祖考徐邈讀羌

羌量鳥雛飢困皃 響聲遠聞 ⿰女向女字 ⿱艹香芼羮。唴丘亮切說文秦晉謂兒泣不止曰唴文五 ⿰目良晾⿰目羌目病或作晾⿰目羌

⿰羊慶闕人名陳桓公子。畺彊居亮切死不朽也或从弓文二。弶⿰扌強其亮切字林施罟於道一曰以弓罥鳥獸或作⿰扌強文五 倞

倞強也或作倞嵹山名。怏於亮切說文不服對也文七詇說文早知也䬬飫也䘧青血也一曰面蒼柍僉也方言齊楚
謂之柍即令連枷坱說文塵埃也鞅馬駕具。軮魚向切字林轎也文四仰廣雅恃也昂昂昂君之德也[illegible]闕人名陳桓公
子。暀旺于放切說文光美也或省文十三王興也𨑹迋說文往也引春秋傳子無我迋隸省㤮誤也𢓊往歸嚮也隸作往
𢗰方言獪也洼汪洼陶縣名或省䀮視也𣳂大水皃。況湟兄兊許放切說文寒水也一曰益也矧也譬言也亦姓或作湟古
作兄兊文十一眖視也况寒冰貺貺賜也或从光況字林水名一曰山名軦黃軦蟲名岲山名。誑誑誆迋逛
古況切說文欺也隸省或作誆迋逛文十三㤮㤮說文誤也隸省𢓊徃說文遠行也或从彳臦說文乖也从二臣相違狂惑也晄明也
泩去水中也。狂具放切軖也文五誆言迋逛欺也或从狂暀日光。𦛢區旺切腹中寬文一
四十二。宕大浪切說文過也一曰洞屋汝南項有宕鄉文十三踼跌踼行失正也嵣山形碭說文文石也一曰山名蕩莨蕩
藥艸閬門不開逿失據倒也漢書陽醉逿地一曰過也瘍畜病泄愓放逸𡇫囥砰圍石聲或省盪動也趤趟趤
逸游。儻他浪切倜儻大志一曰希望也文八湯熱水灼也一曰蕩也盪滌器一曰行也亦姓摥推也鐊鋿治木器或从宕讜
美言蕩蒗蕩渠名。讜譡丁浪切言中理也或从當文九儅倸儅不常也一曰了也當主也底也中也擋摒也簹

車當檔橫木艡艆艡舟也党說文大盆也一曰井以甀爲甓者顏師古說亦姓。浪郎宕切說文滄浪水也南入江文十八㝗空也

閬說文門高也巴郡有閬中縣眼目病也埌博雅墦埌冢也一曰壙埌原野迴皃誏謔也一曰泛言䍚㟝䍚廣大皃[illegible]

蓢蘭蒗嶋艸名或作蓢蒗蒗蕩渠名在譙郡狼博狼地名在陽武俍良工也硠硠硠石聲⿰扌良擊也踉踉蹡

行遽皃⿺走良趨趤逸游筤扇類曲柄繡蓋在乘輿後。儴纕⿰衣襄乃浪切寬緩也或从糸从衣文十壤塵也一曰𡏂灢決灢濁也

⿰髟囊鬤髮亂儾行皃蘘蘘蘘艸皃⿰山囊⿰石囊山隈或从石。謗補曠切說文毀也文八螃蟲名似蝦蟇

榜搒進船也或从手縍吳俗謂⿰糸虎絮曰縍艕舫並兩船或从方嗙聲也。傍並陦蒲浪切近也或作並陦文九

幫書帖也徬說文附行也⿰髟並說文⿰髟彔也踉踉蹡行遽皃螃蟲名如蝦蟇陸居可食塝地畔也。漭汒

莫浪切漭浪水大皃或从亡文八㟐㟐嵣山形⿱⺮吂屋篢吂耄昏不知皃一曰凡使人不荅曰吂沅湘間語孟⿱亡皿孟浪不精要皃或作⿱亡皿⿱艹孟

艸名狼尾也。喪𠸶四浪切亡也古作𠸶文五⿰糸喪色淺黃也⿰目桑眼⿰目桑暴⿱彗火也搡摚也。葬𦋃⿱艹⿺虍死則浪

切說文藏也从死在茻中一其中所以薦之引易古之葬者厚衣之以薪或作𦋃古作⿱艹⿺虍死文四髒抗髒伺立皃趙壹說。藏才浪切物所畜曰藏文五臟

腑也奘大也⿱艹車修車也葬藏也。吭頏肮亢下浪切咽也或作頏肮亢亢亦星名文九行次也一曰行行剛強皃

笐䇴竹竿也或省　桁衣椸　𦐄翃翃飛皃通作頏　。亢口浪切高極也一曰星名文十八　頏咽也通作亢　囥藏也　抗扞也　忼說文忼慨也　伉說文人名論語有陳伉一曰匹也健也亦姓　邟說文潁川縣　閌說文閌閬高門　炕乾也　砊砊硠石聲　⿰黃亢博雅黃也　犺說文健犬也　蚢海貝名　梗禦災害也周禮招梗禬禳鄭興讀　康舉罝也禮出宗祏康圭通作亢　⿰車亢車軌也　阬坑也　䆲䆲䆲高下不平皃　。鋼居浪切堅也文三　掆字林捎掆舁也　⿰田亢境也　。盎㼜於浪切說文盆也或从瓦亦書作㼜文十四　⿰口盎⿰言盎詇聲也或从言亦省　醠⿰酉央說文濁酒也或省通作盎　坱塵也　柍中央　泱水皃　⿰木盎⿰木盎椿木名　姎說文女人自稱我也　⿰目盎⿰目盎瞖日無光　⿱竹央竹無色　。⿰禾倉七浪切水項也文二　⿺辶倉過也　。枊魚浪切說文馬柱一曰堅也文五　⿰馬卬說文⿰馬卬馬怒皃　岇山名在越　⿰彳卬[illegible]仰行不嵩　⿰食卬食無廉　。潢胡曠切釋名潢漾氐帀也文七　⿰目黃⿰目黃眼明皃　攩擴打也或作擴　愰心明也　⿰糹黃繩束也　煌燿也　。荒呼浪切田不治也文四　㡆廣也　⿰日巟旱气也　慌惚也　。曠爌苦謗切說文明也或从火文十一　懭恨也或通作懬　矌目無眹也　壙說文塹穴也一曰大也　纊絖說文絮也引春秋傳皆如挾纊或从光　懬說文闊也一曰廣也　⿰山廣山名　⿰黃亢黃色　⿰足廣路曠遠也　。桄古曠切說文充也文十二　曠目無色　光⿰米廣廣飾色也或作⿰米廣　廣度廣曰廣一曰兵車名　橫⿰木廣俎跗衡木或从廣　纊絖綿也周禮共其絲纊劉昌宗讀或从光　撗擴充也或从廣通作橫　⿰月廣脛皃　。汪

瀇汪烏曠切停水臭一曰水皃或从廣从枉文四 ⿰酉黃酒醋也○膀滂謗切脹也文一

四十三○映暎於慶切隱也或从英文十一 賏頸飾 詇博雅問也一曰告也一曰早知 ⿰飠景⿰飠央方言飽也或作⿰飠央 英飾也

摬說文中擊也 暎眏視也亦从央 嬰關中謂孩子曰嬰○敬憼⿰茍攴居慶切說文肅也或从心古作⿰茍攴文九 璥玉名

暻日明也 竟說文樂曲盡爲竟 獍獸名 鏡說文景也 蕄艸名○㪅更居孟切說文改也隸作更文五 賡續也 鯁

字林魚骨也 梗荒也略也○瀴於孟切瀴瀙冷也文二 ⿰衤嬰雜采相暎○鞕硬魚孟切博雅堅也或从石文二○行下孟

切言迹也文四 絎緣也 胻脛也 ⿰言幸言也○蝗戶孟切螽也文四 潢說文小津也曰以船渡也 横不順理 脛足也○

榜搒北孟切進舟也或从手文三 艕船也○孟𡥈莫更切說文長也古作𡥈文九 ⿱艹孟艸名 ⿰目孟⿰目黽⿰目孟盯目怒皃或从黽

蜢蟲名蝦⿰虫麻也 ⿱亡明⿱亡明倀失道皃 盟明盟津地名或作明通作孟○膨蒲孟切脹也文四 ⿸壴足⿰⻊見⿸壴足蹋地聲 ⿱鼓石⿰石見⿱鼓石石聲

瓶瓬屬○⿱穴泓烏橫切小水也文一○悙亨孟切倀悙踈率文三 ⿰言幸啈博雅言也一曰瞋語或从口○倀⿰言長豬孟切倀悙踈

率或从言文九 ⿰韋登張皮也 偵廉視也 趟⿺走周趟跟⿱尚足也 憕幀撜張畫繪也或作幀亦从手 盯⿰目黽盯視皃○牚恥孟

切支柱也文十 敞拒也 橕柱也 儻黨⿰亻棠不動意莊子儻然不受或作黨⿰亻棠 趟⿺走周趟行皃 ⿰彳貞⿰彳貞⿰彳貞走也 瞠⿰目棠直視

皃或作矇。鋥張敬除更切磨也或作張敬文八打椟也瞥春也𥊅𥉛瞠定視也或从棠从堂。柄棅枋

秉陂病切說文柯也或作棅枋秉文十四鈵廣雅固也怲憂也寎窉爾雅三月爲寎或作窉邴邑名在宋又姓昞昺明也炳

火明丙衣中日蛃白魚名寎卧驚病通作病。病皮命切說文疾加也文七寎說文卧驚病也一日三月名評訂也坪說文

地平也或書作坙枰博雅平也一曰榻也平平物賈也漢謂之月平馮據也漢書馮王几。寎窉況病切爾雅三月爲寎孫炎讀

或作窉文三寎卧驚病通作病。寎窉丘詠切爾雅三月爲寎郭璞讀或作窉文二。寎窉鋪病切爾雅三月爲寎或作窉

文二。掙先命切倮肱也文四䫆䩞負面或从面爭修也。命眉病切說文使也文三盟誓約也莊子其留如詛盟郭象讀一

曰河津名鳴相呼也。生所慶切產也文五鼪鼬鼠別名胜富也蛛刺也犍牸牛。𤁷𠏧泂楚慶切冷

也吳人謂之𤁷或从人亦作泂文三。慶惖丘正切說文行賀人也从心从夊吉禮以鹿皮爲贄故从鹿省古作惖文二。詗恥慶切伺也文一。競

競竸渠映切說文彊語也一曰逐也隸作競或作竸文十二倞傹說文彊也或从竟誩誩說文競言也从二言古作誩儆戒也

曔明也乾也滰溢也檠有足所以几物或書作擏擎持也。迎魚慶切迓也文一。詠咏永爲命切說文歌也或

从口亦省文九泳說文潛行水中也禜說文設緜蕝爲營以禳風雨雪霜水旱癘疫於日月星辰山川也一曰禜衛使災不生引禮記雩禜祭水

旱蝗江南謂食禾蟲曰蝗隍城池也無水者醟酥說文酗也或作酥○亨享普孟切煑也周禮劉亨劉昌宗讀或作享

文六膨脹皃瓶甖屬彭踶踼彭趹蹋地聲磞彭石聲

四十四○諍側迸切說文止也通作爭文二爭競也○迸跰北諍切說文散走也或从足文八迸迸走也或从屏

霹雷聲誁助言腁腹脹皃蛢獸名蟲出也○倂蒲迸切皆也文二䨢雷雷聲○軿巨迸切車聲文四

砰石落聲閛開閉門也枰析木聲○嚶於迸切嚶嚶獸聲文二嫈小心態○轟輷呼迸切衆車聲或作輷文二

四十五○勁堅正切說文彊也文三𠠶筋竹葝葝艸名鼠尾也或作葝俓佞也○輕牽正切庆也春秋傳戎輕而不整文

三鑋金聲踁一足行○欽磬正切笑也文二醒酴醒頭面劣皃○敻虛政切說文營求也从旻从人在穴上引商書高宗夢得

說使百工敻求得之傅巖巖穴也徐鍇曰人與目隔穴經營而見之然後指使以求之攴所指畫也文五矎視也詗說文知處告言之醟沈酗也

䀻目轉也○高廎傾敻切爪屋也或作廎文二○擗拼畢正切博雅除也或从并文八鉼北燕謂釜曰鉼賆益也

倂并說文並也或省屏除也恲蒲意○聘匹正切說文訪也文四聘視也娉說文問也謂昏禮問名甹使也○

偋眂正切僻寠也文三偋傍側也屛廁也○詺名彌正切目諸物也或作名文一○性息正切說文人之陽气性善者也

六蛸說文蟲也姓𤯓囟說文人所生也古之神聖母感天而生子故稱天子引春秋傳天子因生以賜姓亦姓古作囟狌鼪鼠屬莊子捕鼠

不如貍狌或从鼠○婧七正切說文竦立也一曰有才文六清凊說文寒也或作清胜山海經王山有鳥如翟而赤其名胜遇是食魚倩假也

掅捽也○精子正切強也文二婧有才品也一曰女婧婧健皃○淨疾正切魯北城門池一曰水名文十五瀞清說文無垢薉也

或作清通作淨穽汬阱說文陷也所以取獸者古作汬阱寈說文坑也䝼賜也靚說文召也妌說文靜也婧女貞也一曰竦立蜻

蟬屬請謁也頱說文好皃詩所謂頱首婙女字○聖𦔻𨤼式正切說文通也古作𦔻唐武后作𨤼文三○正𤴑𠀍

𤴓𠙺之盛切說文是也从止一以止古从二二古上字或从一足足者亦止也古亦作𤴓唐武后作𠙺文十二政說文正也証說文諫也鴊𨾔正鳥名

鶄鶄也或从隹筬竹名眐耑視姃女字○盛時正切多也又姓文六娍長好皃一曰美也墭𤮐器也或作𤮐䏍肥也

晟明也或書作晠○䆺𩇨丑正切廉視也或作𩇨文七䝻售也偵博雅問也䬻饋也詗知處告言之遉邏候也

○鄭直正切說文京兆縣周厲王子友所封宗周之滅鄭遷潧洧之上今新鄭是也一曰重也亦姓文四呈衒也𤮐瓶屬裎祖也○𧓍女正

切蟲名文一○𤼷妨正切火皃文一○令力正切說文發號也一曰善也一曰官署之長漢法縣方戶以上爲令以下爲長文三詅博雅賣也衛也

伶縣名在益州○纓於政切馬大頸飾文六嬰嬰累小弱郢楚地名春秋傳吳其入郢劉昌宗讀罌甖博雅瓶也

或从瓦涅水名一曰澱也

四十六。徑逕吉定切說文步道一曰直也亦从辵文十一經織也涇涇涏直流也俓直也堅也⿰鬲巠博雅隔也⿰口巠字林聲也桱程也一曰堅杉一曰經絲具牼牛膝下骨陘海陘魯隘道一曰山絕爲陘剄斷也。罄詰定切說文器中空也引詩缾之罄矣文十一窒說文空也引詩瓶之窒矣磬殸硜說文樂名也从石殸象縣虛之形殳擊之也古者毋句氏作磬籒省石古从巠⿱䡖足一足行也通作⿱䡖金⿱䡖金說文金聲也或書作⿰金䡖麉爾雅鹿絕有力者汧水名在扶風綮肯綮肋肉結處也謦謦欬言笑也。脛踁⿰足呈形定切說文胻也或从足亦作⿰足呈文四鋞長鍾也鎛謂之鋞。鎣縈定切說文器也一曰磨也文八⿰忄瑩忊⿰忄瑩恨也瑩說文玉也一曰石之次玉者引逸論語如玉之瑩濴滎汀濴小水或作滎嫈遼嫈漢侯國名褮衣襉熒火光。濙胡鎣切濎濙小水皃文四熒暫明皃迥遠也高牆屋間狹陘也。⿰冥色莫定切⿰冥色⿰青色赤黑色文六瞑冥夕也或省瞑閉目⿰豕冥豚也⿰米冥屑米。腥胜新佞切說文屋見食豕令肉中生小息肉也或省文六醒醉解也暒姓雨止無雲星見也或作姓性心悸也。⿰青色千定切⿰冥色⿰青色青黑色文五⿰氵⿰青色⿰氵⿰青色說文冷寒也或从仌掅博雅持也一曰捽也碃石也。矴碇⿰石奠丁定切錘舟石也或从定从奠文十五釘黃金也靪補履也訂平議也飣⿰月丁置食也或作⿰月丁錠說文鐙也一曰豆屬有柎

曰蹬無柎曰錠奠假也定營室星也一曰定謂之耨顁題也通作定一鼎方且也漢書鼎貴如淳讀䈌竹器粁米餌○聽

𦔮他定切說文聆也古作𦔮文十一侹直也忊忊憆不得志皃庭廷逕庭激過也一曰不近人情或省涏波流直皃濎濎濴小水

皃豖豕皃汀汀濴小水篂笭篂車中蓬也○定𤴓徒徑切說文安也古作𤴓一說丘左有澤曰定亦州名文十廷正也直也

朝位也霆雷也錠鐙也鼮豹文鼠也奠置也誔詑詐也眐見也忊忊憆恨也○零郎定切落也文六

令令支縣名在遼西伶弄也笭笭篂車中篷𠟫割也攊插也○甯乃定切說文所願也又邑名亦姓文十二佞

詃說文巧讇高才也或从言濘說文縈濘也一曰清也鸋鳥名爾雅鴟鴞鸋鴂泥寍泥母地名或作寗年闞人名周景王

弟年夫𣪍告也从白𧬈博雅𧬈諛諂也通作佞詃𢕪𢕪𢕪行皃蝷蟲名似蟬○絅口定切襌衣也禮衣錦尚絅徐邈讀文二

烓小竈○𤺹噎甯切歐聲文一○屏庰步定切偃廁或从广文四偋說文僻宴也偋傍側也○跰

迸壁瞑切散走也或从辵文二○扃㢠扃定切明察也或从广文三坰遠郊

四十七○證𧩼諸應切說文告也唐武后作𧩼文十烝蒸氣之上達也或作蒸承丞承鄉漢侯國名或作承[illegible]

姓也䵂黃色脀癡也一曰臂脀腫也僜倰僜行無力○勝𠢕詩證切克也亦州名古作𠢕文七䐡美目也滕說文

機持經者藤䕨胡麻也或从稱媵女字○稱昌孕切權衡也分寸起於秒秒禾芒也故程器字皆从禾一曰宜也謂也俗作秤非是文四
偁譽也爯𥝢大也舉也古作𥝢○丞常證切縣名在沂州文五䡕軺車後登也拼撜上舉也或从登郕縣名
在會稽○乘椉羘石證切車也一曰物雙曰乘春秋傳以乘韋或作椉羘文十六賸益也餘也一曰以財贈送俗作剩非是媵美女
一曰從嫁也䵴孕妊也或作孕嵊山名在剡縣鱦魚子甸六十四井爲甸鼆黴也騬驟犗馬亦从椉𨎮䡕
副車也或从承誗促言○認如證切誌也文六扔博雅引也一曰就也推也數也杒木名一曰止車木芿艿艸芟故生新曰
芿一曰艸木不翦亦省仍因也郭象曰仍自然之能○甑𩰫子孕切說文甗也籀从弜鬲文五䰝說文䰝屬䙢方言汗襦江淮南楚謂之
曰䙢䬬馬食穀多气流下也○凭凴部孕切依几也或作凴文八𦢅痭腫滿皃或作痭𦿖艸盛皃𨅓踜蹬踏凴地聲毴
毴毲犬毛磞磞磕石聲○𣰡尼證切毴毲犬毛文一○覴丑證切直視皃或作眙文二○眙瞪澄應切直視皃或从登文六澄
清皃𪑓米壞也憕心靜𪒿雲色○𢑧七孕切毛張皃文一○䬬里孕切說文馬食穀多气流四下也文七掕𣋾說文止馬
也或作𣋾凌冰也𤺊風病𡐯去也倰長也一曰倰僜行疲○孕𡥦䵴𪓰以證切說文裹子也古作𡥦䵴𪓰文十三倂媵
𠈆說文送也呂不韋曰有侁氏以伊尹倂女古文以爲訓字或作媵倂䑫大視也美目也賸說文物相增加一曰送也副也𪑾面黑子謂之𪑾鱦

鱦爾雅鱦小魚或从孕繩艸含實曰繩周禮秋繩而芟之。興許應切象也文四嬹說文說也[illegible]腫病興鄉說文地名。兢

其孕切欲死皃文一。應於證切答也文五譍譍噟說文以言對也或作譍噟膺胷也禮拳拳服膺徐邈讀。凝牛孕切止

水也文一。冰逋孕切冷迫也文一。砯蒲應切水激石聲文四𨌷軯𨌷車聲栤枰栤析木聲[illegible]靁靁雷聲

四十八。隥嶝磴丁鄧切說文仰也或从山从石文十三登蹬履也或从足憕懵憕不爽僜倰僜不親事

鐙馬鞍具曰豆也凳橙字林牀屬或从木䭨祭饌墱飛陛謂之墱蕶蕶蕶臥初起皃。澄台隥切小水相益也

文三轑車羽霯大雨。鄧唐亙切說文曼姓之國今屬南陽又姓文十一蹬說文蹭蹬也嶝𡡏嬁困病皃蕶蕶蕶臥初

起皃騰駿騬馬傷穀病縢囊屬僜倰僜不親事撜𢹂負擔也或从手澄清濁分也鼜擊也。倰郎鄧切倰僜不

親事文六𡡏𡡏嬁困病皃駿駿騬馬病輘軸也踜踜蹬馬病蔆蔆蕶初起皃。堋塴𥨎窆封

逋鄧切說文喪葬下土也引春秋傳朝而堋禮謂之封周官謂之窆又引虞書堋淫于家或作塴𥨎窆封一曰堋射埻也文七𠊧也阿黨堋蜀郡謂塘曰堋

。倗步鄧切輔也文一。懜懵儚母亘切說文不明也或从曹从人文十二瞢目不明也鏳鐙博雅鏳鏳鐛也或从夢

䒼棟也鯩鱛魚名或从曹甿博雅癡也一曰田民艶艶艶色惡𥉇𥉇𥉇眠寤。䁅思鄧切𥉇䁅眠寤文一

○蹭七鄧切說文蹭蹬失道也文三⿰曾色豔⿰曾色色惡⿰曾刂割過傷也○增子鄧切膌也文三綜織文䙢複也○贈昨亘
切說文玩好相送也或書作䞥文五⿰黑曾⿰黑黽䵴⿰黑曾面黑氣或从黽驓爾雅馬四骹皆白者繒帛也○⿰木亘亘⿰月亘居鄧切說文竟也古作亘
⿰月亘文十二搄博雅急也或書作㨘縆索也堩博雅道也曾子曰葬引至于堩⿰魚亙⿰魚亘魚名或省⿰耳亘博雅暴也恒月弦也詩如月之恒
⿰目亘目起兒⿰石亘石兒○⿰土亘口鄧切道也文一○⿱宀鼎寧鄧切大鼎文一
四十九○宥尤救切說文寬也文二十七又說文手也象形三指者手之𠛷多略不過三也右𠇵佑說文助也一曰手口相助
也徐鍇曰言不足以左復手助之或作𠇵佑祐說文助也謂福祐也姷侑說文耦也或从人酭醻酒也通作侑⿸疒又痏疣說文顫也或作
痏疣⿰尤頁⿰又頁頭顫也亦从又怮說文不動也⿺走有說文走也⿱有皿⿱右皿說文小甌也或从右囿⿴囗䜌說文苑有垣也一曰禽獸曰囿
籒作⿴囗䜌栯木名⿱艹⿴囗䜌⿱艹囿⿱艹有說文艸也或作⿱艹囿亦省有復也通作⿱穴有空也狖獸名○齅嗅許救切說文以
鼻就臭也文十一⿰歹臭腐气也嘼畜⿰犭畜說文象耳頭足厹地之形古文嘼下从厸作畜亦从犬珛說文朽玉也玉篆玉工
⿰歹丂腐也痳桼瘡臭逐氣也禽走臭而知其迹者犬也故从犬○⿰鼻丘丘救切⿰鼻丘⿰鼻乚仰鼻昇文五⿰足丘⿰足丘⿰足丘行兒⿰米臭粮也⿰足臭
⿺走丘跛行也或作⿺走丘○⿰鼻乚牛救切⿰鼻丘⿰鼻乚仰鼻昇文二⿰足臭行○⿰言求救捄居又切說文止也又姓或从攴从手文二十二𣪘

說文揉屈也从殳从皀皀古叀字徐鍇曰叀小謹也亦屈服之意⿺辶又說文恭謹行也匓飹說文飽也祭祀曰厭匓或作飹究宄敗說文
窮也一日究究相憎惡古作⿱穴敗⿱宀久說文貧病也引詩煢煢在⿱宀久疚久病也灸灼也或書作夂廄⿱九皀說文馬舍也引周禮馬有二百
十四匹爲廄廄有僕夫古从九俗作廄非是玖石之王者猶獸名善登木久以蓋塞鬲口也鼓強擊也慦怮也謹也坈畂
耕隴中或作畂⿰皀見衆視也○舊鵂救切鳥名說文舊舊留也或从鳥依舊一日故也又姓文十一𢐛弤弓強也或作弤柩匛
匶匶說文棺也或作匛籀作匶匶鮥魚名爾雅鮥當魱似鯿扏方言仇也賕以財相謝○貁狖𤢏犹余救切說文鼠
屬善旋一日禺屬或作狖𤢏犹文三十猶獸名似麂善登木一曰隴西謂犬子曰猶蜼⿰豸酋猚字林獸名如猴卬鼻長尾或作⿰豸酋猚蜏蟲名不知
晦明者鼬⿰鼠穴說文如鼠赤黃而大食鼠者或从穴牰牛目皆黑曰牰輶輕車也褎褏盛飾皃詩褎如充耳或从由⿸疒酉博雅
病也油浩油地名柚櫾說文條也似橙而酢引夏書厥包橘柚或作櫾槱禉說文積火燎之也引詩薪之槱之周禮以槱燎祠司中司命或从示
哨不正也峀岫山有穴曰岫梎木名庮久屋朽木臭怞憂也釉物有光也通作油舳舟首也媨醜也卣鷕聲
○謬嘐眉救切說文狂者之妄言也或从口文三繆戾也○副疈敷救切貳也或从二畐文十六郛郭也福衣一稱鬸
⿱髟富博雅假髮謂之鬸或从富通作副愊恒怒也或作恒覆覆說文覂也一曰蓋也豧豕息也仆踣頓也或作踣䋨

治敗絜也瘦再發之疾曰瘦福藏也史記邦福重寶徐廣讀⿱⺮復竹蓋也○富方副切說文備也一曰厚也又姓文七輻輪轑也

鍑說文釜大口者葍葍也⿰舟畐舟名不弗也⿱罒包罔也○復扶富切又也文十五⿰韋复⿰韋尃⿰革复⿰革尃皮衣車軛

也或作轉亦竝从革復复說文重也古作复覆蓋也通作伏伏⿱宀复菢卵也或作⿱宀复瘦再病也椱說文機持繒者冒

⿰阝阜兩阜間也或作⿰阝阜附說文附婁小土山也从𨸏付聲引春秋傳附婁栢○秀息救切實也有實之象下垂也徐鍇說文十四璓琇

說文石之次玉者引詩充耳琇瑩或省⿰亻秀⿰亻秀⿰亻留行相待也通作宿繡說文五采備也鏥銹鏽鐵上衣也或作銹鏽宿列星也舍也

蜏朝蜏蟲名子母也滫糉溲也或作糉莠也鏅鍛也○⿺走叟⿺走叜千繡切博雅⿺走叟⿺走叟犇也或从叜文三⿱⺮就廣雅

籧謂之笪○僦即就切說文賃也文八⿰扌就攬也⿰禾冑稅也⿰米冑稻實也亦通作⿰禾冑瘷縮也⿰女酉醜也⿰言就吏也惆悲也

○岫⿱穴由⿰谷由似救切說文山穴也籀从穴从谷文七褎袖說文袂也或从由一曰盛飾一曰褎褎禾黍盛皃牰爾雅黑眥牰緒也

○就就疾僦切說文就高也从京从尤尤異於凡也又姓籀作𩔈文七終也鷲⿰就隹說文鳥黑色多子師曠曰南方有鳥名羌鷲黃頭赤目五

色皆備或从隹亦書作鷲牰字林牛眼黑眥也⿱山就山名○狩舒救切說文犬田也引易明夷于南狩文七守諸侯爲天子守土故稱守漢置郡太

守獸說文守備者一曰四足而毛曰獸首嚮也禮寢常東首一曰有咎自陳收⿰收又穫也或作⿰收又⿰口守趭鳥聲○臭尺救切說

文禽走臭而知其迹者犬也故从犬徐鍇曰以鼻知臭故从自文三㚖臭說文腐氣也从死。祝呪呪詋詶職救切詛也古作祝或从口从言亦作謝文九𩬊髮多也椆木名聙耳明也颵風皃。授𢮩𥢌承呪切付也又姓唐武后改作𢮩嗖口誨與也綬韍維壽彐古詶荅也售讎說文賣去手也引詩賈用不售或作讎詩無言不讎鄭康成讀禂祈久年也醻報爵嬦女名。輮如又切車輞文十二煣火揉木也楺木名韖柔革也蹂厹踐也或作厹揉順也詩揉此萬邦肉錢璧之體腬𦙶肉善者腬或从丑𠼾惡言𩞤餾也。瘦瘦膄所救切說文臞也隸作瘦或作膄文十一颼颼颼風聲漱嗽說文盪口也或从口鏉說文利也一曰鏉鎘衣涑水有所敗蒐爾雅戢蒐聚也施乾讀嗖𠻥驅聲或从叜。𨔔初切說文艸皃一曰艸雜也文三𨘩倅也齊也遚不進也。縐側救切說文絺之細也引詩蒙彼縐絺文十㤴篘器甃說文井壁也㛮好也博雅縮也𦛚脯也皺也㑳傻㜌也或从傻通作㛮䩦也。驟騶鉏救切說文馬步疾也或作騶文九潨水流急也㛮㑳㜌也或从人𢷾擊也僽僝僽詈也从言𧈯虎聲晝𦘠晝陟救切說文曰之出入與夜爲界籀作𦘠隸省又姓文八疛腹心疾也喌咮喙也咮注扭按也。畜嘼丑救切搐也謂六畜或作嘼文四𠝣姓也惆惆悵失志。冑

胄伷直祐切說文胤也从肉由聲又姓或作胄伷文二十八　冑䩜說文兜鍪也从冃司馬法从革或書作軸　伷行無極也　宙說文

舟輿所極覆也　籀說文讀書也引春秋傳十籀云一曰史籀造篆以故有籀文　䌤占辭　䛆說文訓也　䌷紬博雅業也一曰緒也或作紬

疛㾭博雅病也一曰心腹疾也或从壽　懤愁毒也　酎說文三重醇酒也引明堂月令孟秋天子飲酎　逐奔也山海經夸父與日逐一曰

牡牝合　駎馬競馳謂之駎　盩闞人名周大王父諸盩　岫爾雅山有穴爲岫郭璞說　怞說文朗也引詩憂心且怞　箹竹易根而死曰箹　䌷古今

無極謂之䌷通作宙　𥛚䄂祝𥛚也或作䄂　稍稅也　粬稻實　舳舟首　○溜力救切說文水在鬱林郡文三十三　霤說文屋水流也　廇

說文中庭也一曰屋大梁　𥛚𧨾䄂說文祝𥛚也或从言古从示由　𤮘博雅甍瓦謂之𤮘　餾說文飯气烝也　𨡀酒名　鬸關東謂甑通作𤮘

塯瓦器堯舜飯土塯通作溜　埦畂耕地起土也一曰也或作畂　窌石窌地名在齊地　𢓾留𢓜留行相待也或作留　翏說文高飛

也　廖說文人姓一曰國名　僇說文癡行僇僇也一曰且也　嬼螂也　瘤瘻也或作瘻　勠併力　飂長風聲也通作

翏　雡說文鳥大鶵也一曰雉之莫子爲雡　鷚鳥名說文天鸙也好高飛作聲　璆名　鏐金之美者一曰弩牙　靁龜名左倪靁

𢹭築墻布土也　劉竹聲　鎦磂梁州謂金曰鎦或从石　○糅粈女切从丑文十一也或　𩚢䭲雜飯也或从柔

鞣柔革也　腬肉之善者　楺木名　猱獼類爾雅猱蝯善援　狃習也　䋴　輮車輞　○憂於救切慮也詩

序百姓見憂徐邈讀文一

五十。候下遘切說文伺望也文二十八　堠記里　鄇說文晉之温地引春秋傳爭　郈⿰厚阝鄉名在東平或作⿰厚阝

睺半盲也　⿰貝侯博雅⿰貝勺睺本也一曰⿰貝侯貝貪財皃　訽詬博雅或从后　逅說文邂逅也一曰也　遘遇也　覯遇見也

⿺走后蹇也　後詩傳相導前後曰先後　鍭翭爾雅金鏃翦羽謂之鍭或从翭　䬲颫風皃或从后　⿰食皮埤倉石蠶膜也一曰石蟇

⿰谷侯谷名　鮜魚名⿰魚果也　鱟魚名似蟹有子可爲醬　⿰鳥侯鳥名　⿰虫侯水蟲似龍出南海　洉　銗受錢器　后君也

厚厚薄也。詬訽呴許候切說文謑詬恥也或作訽亦从口文十八　吼厚怒也　⿰句頁也一說⿰句頁頁老稱　怐佝怐愗

愚也或从人　⿰壴欠數歖凶麤也　⿰谷后谷名在成皋　豿字林豕鳴也　蔻茠豆蔻艸實生交阯或作茠　豞豿狗熊虎子名

或作狗狗　眗怒目視皃太玄遠之眗　鮜鱟魚名似蟹。寇丘候切說文暴也文二十二　𢜺𢜺𢜺勤力　敂說文擊也　佝

說文務也　瞉⿱殸豆區怐瞉霧猶鄙吝心不明也或作瞉區怐　袧博雅襞也　⿱敄糸博雅綃也　簆織具　罊㲉說文未燒瓦器或从

土　滱說文水起北地靈丘東入河滱水即漚夷水并州川　扣擊也　鷇鷇說文鳥子生哺者或作鷇　⿰鳥寇鳥名鴨屬　垢解垢詭曲

之辭　詬詈言也　釦飾器也　叩以手至首。冓居候切數也一曰交積材也文五十六　構說文蓋也一曰木名或从手非是　購

視也⿱艹購艸名蒿類篝竹器遘說文遇也⿰石冓碻也覯說文遇見也媾說文重婚也引易匪寇婚媾姤易卦名遇也陰陽相
遇也㝅說文乳也一曰㝅瞀也⿱宀冓博雅夜也詩中⿱宀冓之言購說文以財有所求也⿰貝句稟給也⿰鼻句縣數也句拘也又姓軥
說文軛下曲者彀說文張弩也雊⿰口冓呴鴝雉鳴或作⿰口冓呴鴝⿰⿱𡉉女殳取乳也⿰⿱𡉉羊殳取羊乳也⿰⿱𡉉牛殳取牛乳也⿰⿱𡉉牛殳取牛羊乳也
⿰冓鳥⿰冓鳥鴝鳥名鉤鉤梯攻城具詩以爾鉤援韝射所以韝臂者詬訽詈也或作訽逅邂逅不期而遇一曰解說也鷇⿰⿱𡉉隹殳字林
鳥子生哺者或作𣪊袧博雅襞也⿰⿱𡉉目殳⿱句心怐佝傋⿰⿱𡉉目殳霿鄙吝也或作⿱句心怐佝傋榖木名岣博雅岣嶁謂之衡山⿰句瓜博雅⿰句瓜⿰婁瓜
王瓜也骺骺骺骨耑一曰骨鏃⿰火冓舉火也⿱穴冓穴也⿱雨冓大雨也搆擩也⿱艹冓⿺辶⿱艹冓積艸或从⿺辶⿱艹冓夠聚也玽
上名⿰句頁⿰句頁⿰句頁勤力⿰⿱𡉉豕殳啖豬也⿱⿰𡉉殳犬獸名似犬食猴穀祿也善也論語三年學不至於穀○漚渥於候切說文久漬也或作渥文二十
⿰虫區螌蝥眠也⿰衤區次衣也⿰革區胡鞬⿰區隹鳥聲蓲飲水也欲歐吐也醧酒味和膒以脂漬革熰瞘⿱艹甌煖也
或从日亦作蓲⿱林勾⿱林勹⿱林句地名在竟陵或省亦从句⿰氵⿱林勾罧也積艸水中以取魚握⿰糸屋喪束千者或从糸搜闕人名莊子有
王子搜○偶牛遘切不期會也文一○仆踣趞匹候切僵也或作踣趞文八⿰咅欠語不受也扑擊也⿰糸咅治敝絮豧
豕息也朴木皮○⿰月咅蒲候切醬豕者爲⿰月咅文十⿰革⿱艹尃⿰革尃革裹車軛也或省錇說文小缶也⿰咅鳥⿰咅鳥鳩鳥名⿸𠂊咅仆也朴

二十七

木皮蟔蟔蝀蟲名芟殁落也或从或殁○戊莫候切說文中宮也象六申五龍相拘絞也文四十三茂說文艸豐盛[illegible]艸名[illegible]
說文毒毋艸也菽說文細艸叢生也苺覆盆艸也冃覆也楙說文木盛也爾雅楙木爪袤[illegible]說文衣帶以上一曰南北曰袤東西
曰廣籀作[illegible]𤼲拜也懋忞說文勉也引書時惟懋哉或省通作楙霿愗傲傲㥐嗀霿鄙文也或作愗傲傲㥐蝥
蟲名蛷螋也罞獸罔瞀瞐說文低目謹視也一曰目不明也或从冒[illegible]說文瞀醶揄腦也姆娒毋女師也或从每亦作毋
[illegible]染布以覆車也鄮說文會稽縣侮傷也詩受侮不少徐邈讀牧地名尚書大傳牧之野劉昌宗讀一曰畜牧蟊龜兆氣鬱冥也洪範
曰蝥曰尅劉昌宗讀侔上下等也周禮凡爲輪行山者欲侔劉昌宗讀務瞀牟昏也古作瞀或作牟鍪博雅釜也蓩艸名卷耳也
楘木名各桃也貿貿說文易財也或作貿杼果名鱟魚名出日南雺地气發天不應曰雺○漱先奏切蕩口也文十
三嗽欶刻也或省瘶寒病嗾族說文使犬聲引春秋傳公嗾夫獒或省通作欶鏉利也一曰鐵上衣慗困慗氣臭薰臯不通
兒搜闕人名莊子有王子搜籔小竹蝀蟆蝀蟲名[illegible]吮也謏私詈言○湊奏千候切說文水上人所會也或作奏文十
七輳輻共轂也鍐槍屬鏃博雅鏃鍭鏑也揍插也腠膚理也[illegible]博雅鹽也一曰南夷謂鹽曰[illegible]楱小橘也出武陵䅦
豕也蔟族太蔟律名蔟湊也萬物始大湊地而出也一曰蠶蓐或作族藪車轂空也衆輻之所輳李軌讀[illegible]半春也嗾[illegible]

使犬聲或作噠蔟鳥巢○𡗝奏𡙈𢿱屐則候切說文奏進也从夲从廾从中中上進之義一曰簡類晉法召王公以一尺奏王公以下用一尺版隸作奏或作𡙈𢿱屐文九卩說文卩也闕走疾趨也族樂變也漢書聲有節族蘇林讀通作奏踍蹋也○𠝡手候切博雅斷也一曰細切文四楱鎒楱把鐵齒也𨃮醉行皃驟疾馳○鬭丁候切說文遇也又姓俗作鬪非是文十八鬥說文兩士相對兵杖在後象鬥之形斣物等也䢮郖地名在弘農或作郖䛠𡣐詎娗埤倉䛠譳不能言也或从女亦作詎娗豱尾星名噣咮喙注口也或作咮喙注𨼉𨹜峻也或从豆襡衣袖餖飣也○透𧼮他候切說文跳也過也或从走文十三𧻓𨀻自投也或从足咅歆唔哣相與語唾而不受也或作欧唔哣偷苟也郎司農曰民不偷黈博雅好也逗止也綉吳俗謂絲一片㯺地名在高陵○豆𥁀梪荳大透切說文古食肉器也古作𥁀或从木从竹文三十五裋祭福也餖𩛺飣也或从殳脰䪷說文項也亦作䪷逗投說文止也或作投酘字林重醞也通作投𣪘遥擊也毭博雅㲘毭罽也䩲說文車鞁具也郖地名在弘農縣浢水名在河東竇說文空也亦姓窬鑿垣爲戶瀆𣽡渝水也或作𣽡渝荳荳蔻藥艸讀𡃓誦書也周禮鄭司農讀火絶之徐邈讀或从口𢖅詐也牏築牆短版𨡵說文𨡵酳也𥥔陷也狟犬吠渝水名𢪎四剡曰𢪎䱏魚名瀆句瀆宋地名鍮鍬鍮鐵生衣𡛼𡛼姓不能言也○扇

郎豆切說文屋穿水下也从雨在尸下尸者屋也文二十漏說文以銅受水刻節晝夜百節一日泄也㔷說文側逃也一日箕屬陋說文阸陝也

鏤說文剛鐵可以刻鏤引夏書梁州貢鏤一曰釜也⿰金屚鍬也剅剩細切貗貗賝貪財瘻說文頸腫也一曰久創⿱艹屚⿱艹屚蘆藥艸蔄

埤倉姓也螻內病嶁岣嶁謂之衡山𤬪博雅⿰句瓜𤬪王瓜也窌地名⿰足屚蹋也鞻鞮鞻四夷舞僂僂向短醜⿰言屚⿰言屚詬㬥怒

⿰婁欠⿰婁欠歐小兒兇惡○槈鎒耨乃豆切說文薅器也或从金从耒文十三擩構擩不解事檽構檽木名皮可染譳謱譳不能言也

䰭說文鬼鬽聲䰭䰭不止也穀博雅乳生也獳怒犬兒猱猨類詩無教猱升木沈重讀搙博雅挂也嗕羌別種漢有呼速

㝒嬬女字

五十一○幼伊謬切說文少也文四柚橘屬鴢鴢頭鵁鳥名似梟蚴方言燕趙謂蠭小者曰蚴蛻○軪已幼切車軨上軪文二椆木名○⿰足臭輕幼切趵⿰足臭行不正也文二螑赳螑龍申頸行兒○趵祁幼切趵⿰足臭行不正文四玌玉器赳

赳螑龍申頸行兒軥軨上幹也○赳古幼切赳螑龍申頸行兒文四僇癡行僇僇一日且也劓折鼻也叫聲也莊子叫者譹者

郭象讀○螑火幼切赳螑龍申頸行兒文一

五十二○沁七鴆切說文水出上黨羊頭山東南入河文十五吢⿱心吅犬吐或作⿱心吅亦書作吣⿱竹侵⿰木悠墨漬筆也或作⿰木怂⿰尋刂

剋也疢痛也㱹艸木萎死揔㧄插也或从心鈊利也浸沁冷氣或从心伈恐也𧯿鼓也○浸湛子鴆切清也或作湛文十五

𢶀𣪧擊也或从攴濅說文水出魏郡武安東北入呼沱水葠蘉喪藉艸也或作蘉祲說文精氣感祥引春秋傳見赤黑之祲

梫爾雅梫木桂葉似枇杷而大白華𦢊脣䏭謂之𦢊𥎦錐也𪆐漢中名雞𢶀深掘也鋟刻傷也

𠗫冷氣○枕職任切臥首據物也文三針鍼縫也刺也或从箴○甚昰時鴆切過也古作昰文八葚說文桑實也

㾕復病曰㾕䫖㑴頼頷俯首或作㑴䨵雨皃𩓥頭皃一曰弱也○妊𡜣知鴆切說文孕也或作𡜣文十四任

克也栠說文弱也衽袵衣衿也或从任亦書作𧘂䇮臥席也通作妊紝𦃇說文機縷也或从任亦書作絍鵀戴鵀鳥名飪

孰也恁思也賃以財雇物𡈼也○滲所禁切說文下也文八瘆病也罧槮𦋺積柴水中以取魚或作槮𦋺滲

寒皃突深皃俗謂黑曰瘞也關中謂瘞突一爲突沁水名○二言切也文一○譖側禁切說文愬也文三䫬

頭俯皃僭文也○揕知鴆切擊也一曰刺也史記匕首揕之文七鈂也㪽宂𣫡廣雅耕也一曰臿屬或作𣫡湛潰也

愖癡也○闖丑禁切說文馬出門皃文四𧡼䚇私出頭視也从彡或省𦨭船行曰𦨭○鴆𪄈直禁切說文毒鳥也

一名運日或从隹文七沈湛没也或作湛𤬏瓜名䒞䒣艸名或省○臨力鴆切也文六箖博雅翳也菻拂菻西域

胡名淋以水沃也⿰木頁⿰頁臨⿰木頁類俯首或作⿰頁臨。賃任女禁切說文庸也或作任文二。禁居　切說文吉凶之忌也一曰制也蔡邕說

天子所居曰禁又姓文七僸北夷之樂㩒方言格也謂令竹木格一曰所以打紟⿰糸禁⿰齒禁鉤齒內曲謂之

⿰齒禁⿱林木承樽桉。⿰牛今⿰舌今⿰齒今巨禁切說文牛舌病或从舌从齒今噤⿰齒禁說文口閉也或从齒

⿰禁力用力也拎擒捉也或从禽澿也㤊⿰忄禁紟⿰糸金也一曰佩或从金衿⿰衤金衣系或从

金⿸厂金石地懍心怯也笒竹籤也鈙⿰扌禁也或舟⿰舟今或今謂舟⿰足禁坐也⿱林欠闕人名漢有劉

⿱林欠妗俗謂舅母曰妗。蔭⿱艹隌於禁切說文艸陰地或作⿱艹隌文十七廕庇也通作蔭⿸疒侌⿰月侌⿸疒侌字林心病或作⿰月侌亦省

⿰酉音醷氣窨說文地室也穃禾苗茂美也喑⿰口窨方言啼無聲齊宋之間謂之喑或作⿰口窨⿰歹音⿰歹音呃不平聲飲歠也一曰

度聲曰飲陰瘗藏也禮陰爲野土噫意氣出皃隌門也瘖痛劇也。⿱㐭木鴆切受也文一。瀋鴆禁切置水於器文

一。深式禁切度深曰深文五諗字林念也瞫低目視嬸志下也⿸广罙⿸广侌⿸广罙屋深。⿰扌衾丘禁切按也文二顉顉頷

首動。吟宜禁切長詠也文二⿰口頁顉頷首動。⿰言感火禁切⿰言感許怒言文四廞猛意謂物新美者意嚮之愖愖愖心不止

⿲彳音亍⿲彳音亍暗行皃。許于禁切⿰言感許怒言文一。鐔尋浸切刀本文二蕈桑卄。⿰鼠冘淫沁切鼠名文一。⿰禾朁

岑譖切禾欲秀文一。𠢃思沁切𠢃勘用力文一

五十三。勘苦紺切校也文二十二𧗳𧖴𧗫𧗶說文羊血凝也或从贛省亦从甚从敢䜍豉味厚𪉟味厚也

轗輱轁轗軻車行不平一曰不得志或省亦作轁𪔂𪔃擊鼓也或从殳磡碪碞巖崖之下或作碪碞埳埳坷不平

坎墈險岸或从勘餡䭑味過甘也或作䭑凵張口皃顑食不飽也。憾感胡紺切恨也或省文十五琀含

說文送死口中玉也通作含唅博雅唵也一曰哺也淦泥皃䐄𤎖食肉不猒也或从炎蜭蛿毒蟲名或从含莟禾欲秀皃

顑顲顑頭面不平顑臨火气也蚶蟲名食桑食瓜者䀏目深皃。顑顑呼紺切不飽而面黃也或作𩕟文十𩞁

食不飽也𢡱愚也賳賕貪財也一曰戲乞苷艸名蚶蟲名食桑食瓜者䐄食肉不猒酣飲酒未既顑臨火气也

。紺古暗切說文帛深青揚赤色文十六灨水名一曰邑名在豫章通作淦𧃒艸名薏苡也䰼髟青紺色甘土之味佄倌佄無儀

濶水大至也黚博雅黑也淦汵說文水入船中也一曰泥也或作汵嵅嵐嵅山名詌口閉鶮鳥聲醶酒味淫也贛

贛榆縣名在東海揞掩也。暗晻烏紺切說文日無光也或从奄通作闇文十醃藏葅也闇說文閉門也韽鐘聲小也

喑喑醷聚氣皃濶水大至也揞掩也諳諳背誦或作諳。儑五紺切偈儑不自安也文二䯬首骨高皃。

俕蘇紺切僋俕老無宜適一曰癡皃文三　穎搖首皃　⿰忄宋憛⿰忄宋憂惑也　○謲丨紺切相怒使也一曰伺也文十　傪

⿰飠參鼓曲也後漢禰衡爲漁陽參檛或从人从食　⿰田參田隴相聯也　慘憂戚也　驂騑也　鏒鋤也　⿰口參聲也　⿰石戠⿰石戠磹電光　○

篸鐕揝作紺切綴也或作鐕揝文三　○馾丁紺切馬睡皃文十二　⿰面冘頑劣皃　⿱竹⿰身冘竹名　⿰夕冘多也　⿰月冘⿰月冘⿰月厥短醜

皃　顲顲鬑頭皃　⿰冘氺⿰冘氺⿰冘氺水聲　鴆鴤⿰井鳥鳥名或从冬从井　⿰冘頁⿰冘頁顉癡皃　⿰巾冘冠俯前也　○僋他紺切僋俕老無宜適也

一曰癡皃文十三　撢探說文探也或作探　⿰月覃食美也　憛⿰忄罙博雅思也一曰憛⿰忄宋憂惑也一曰惶遽也一曰禍福未定意或作⿰忄罙

誩競言　傝傝㒌不目安一曰無恥也　⿰氵闖　⿰氵貪浮皃或从貪　黮黮闇不明皃　貪多欲也　㐁無光一曰舌出皃　○醰

徒紺切說文酒味苦也文十五　⿰月覃食美也一曰⿰月臽⿰月覃肥皃　⿰甘覃博雅忒甘⿰甘覃甘也　瞫下視也　⿰貝覃⿰貝僉債物預授直也或从僉　潭沒也

⿱飠血⿰血臽羊凝血也或作⿰血臽　磹⿰石戠磹電光　⿱雨潭久雨也　⿰米覃⿰米覃糂滓也一曰淖糜　撢探取也　潭擊水聲　⿰竟酓酒味

淫也　○顲郎紺切面色黃皃文三　僋僋俕癡皃　⿰氵⿱夲面水浮謂之⿰氵⿱夲面　○姏莫紺切女老稱文一　○妠婄奴紺切女字一曰取也入

也或作婄文七　婻美皃一曰小肥　⿰内皮柔革　⿱亼酉餡也　⿰月臽⿰月臽⿰月覃肥皃　掐魚食皃　○靲其闇切竹⿱艹⿰缶糸也文一　○⿱斬手祖紺

切舉也文一　○⿰女⿱丸木辱紺切淮南呼母一曰媞也文一

五十四。闞苦濫切說文望也一曰邑名在魯又姓文十四瞰矙𥊈視也或从闞从嚴喊𡂡嚂呵也亦从感从監𪉺味苦也𧾍說文虓屬一曰怒也瞰日出皃𩎫𩎫鼙鼓也或从殳嵌岸歁崚監地名在東平郡。憨下瞰切愚也文四譀𧩴說文誕也一曰調也或从忘㺝犬聲。歛呼濫切博雅欲也予也文十二濫瓜葅也𧾍說文虓屬一曰虎怒皃憨愚也譀𧩴博雅調也或从忘㺝犬吠𧢆罂大盎或从缶顩煩顩癡皃𦛗食肉不厭䖔蟲名食桑食瓜者。

𪉟古覽切𪉟𪊇無味文六𪉺𪊅味過鹹或从感通作𪉟橄橄欖果也澉味薄也鋡鑪屬。三蘇暫切參之也論語三思而後行文四帴衣敝皃傪傪傪行皃鬖鬖長毛皃。暫昨濫切說文不久也通作蹔文五鏨說文小鑿也𩞁無味也趲說文進也蹔疾進也。擔檐𦾸都濫切負也或从木亦作𦾸文六甔儋甖也或作儋癚癡皃。

憺惔倓徒濫切動也漢書威稜憺乎鄰國一曰安也或从炎从人文十七啗餤嚪噉說文食也或作餤嚪噉腅博雅肉也一曰相飲也啖誑也噍也淡薄味也澹說文水搖也一曰澹林東胡名䨵霮雲皃靉謂之霮䨵或作䨴衉羊肉疑也䉷竹名譫字林競言也郯國名。賧倓吐濫切夷人以財贖罪也或作倓文十二睒候視也𧋍蚺𧋍獸吐舌皃𪊇𪉲𪉟𪊇無味也或从炎澉味薄也䆲𥨗䆲深穴䀡候視埮壏埮地平而長舑𦧲舚舑吐舌皃或从炎。濫灠盧瞰切說文氾也一曰濡上及下也引詩觱沸濫泉一曰清也或作濫文十七懢貪也𡢃嬾說文過差也引論語小人窮斯𡢃矣或从覽醶說文泛齊行酒也嚂貪也一曰食皃纜維舟絙㔋廣雅利刀也爁火行也⿱穴監窞深穴⿰扌監擥埮地平而長藍蘫酸葅或从濫欖撖欖果名鬛鬛鬖長毛⿰貝監⿰貝監貪財也○鑑濫⿱監缶⿱監瓦胡暫切陶器如甀大口以盛冰周禮春始治鑑或从水亦作⿱監缶⿱監瓦文五⿰食兼餅中肉○岑仕濫切窪也文一○甔乂濫切瓦甔器文二甔罌也容一石

五十五。豔艷閻以贍切說文好而長也从豐豐大也引春秋傳美而豔隷作艷或作閻文二十爓焰炎燄⿰火敢火光或作焰炎餤⿰火敢炶火行焱也焱焱焱火盛皃掞⿰扌焱⿰扌焱舒也或从焱鹽以鹽漬物一曰歆豔之也禮流示之禽而鹽諸利灩瀲灩水動皃擔假也禮記擔主瞻曬也淡水皃淫巴東有淫預石通作灩⿰炎攵以手散物⿰女臽女字○厭猒懕於豔切足也或省亦作饜文十⿰禾猒禾不實也⿰示猒禳祭饜飫也通作厭猒壓伏也⿱奄酉酒盈量也嬮女字一曰嬮嫳美皃⿰忄弇快也

○⿰忄弇於贍切快也文十九俺博雅愛也一曰忘也⿰禾奄稻不實俺大也⿰木奄掩檢木名奄精氣閉藏也周禮奄人劉昌宗讀厭服弇鍾形中央寬也周禮弇聲鬱劉昌宗讀掩⿰糸奄繅絲以手振出緒也或从糸通作淹⿰言奄方言誣⿰言奄與也猶阿與也一曰拏也匿也謗也言輕也裺方言裺謂之襦一曰緣也一曰衣寬皃淹沒也媕說文誣拏也一曰女字⿺鬼奄殗裺⿰衤弇污觸也或作殗裺⿰衤弇揜斂羽

○塹壍蹔七豔切說文阬也一曰大也或作壍蹔文五槧牘樸嬱嬮嬱美皃○潛慈豔切藏也一曰伏流文二䁮閉目思也一曰憂也○嚵子豔切嚵啜不廉也文四漸漸洳溼皃䨻小雨䶢面包○閃舒贍切闚頭也文九㣣佔㣣行皃炶爓說文火行也或作炶爓掞𢯷舒也一曰疾動或从閃苫茨屋也睒視遠皃○襜幨䄏昌豔切披衣也或从巾从炎文十二韂韀也通作襜幨韂馬障泥也壛蔽也牆屋檐耑版也蹅馬急行也闇視皃𨼽陷也貼竊視也冉皮起皃○占章豔切固有也文五佔佔㣣行皃壛蔽也䨻小雨瞻視也○贍饍儋澹時豔切賙也或从食从人亦作澹文八𧻓𨖼行速皃或从辵嶦山阪擔假也禮記擔主○染而豔切漬色也文四霑沾也詀字林言多不盡髯須也○覘貼敕豔切說文窺也引春秋傳公使覘之或从目文三笘薄也㓠刻使五十六○栝柄㮇他念切說文炊竈木或从丙从忝文十五㐁囟舚䑙舔說文舌皃古作㐁亦作舚䑙舔㐁一曰席也無光也竹上皮也烢炶火行也或从占添和益也忝辱也𦵔艸木長茂皃阽亭名在京兆蚺蚺蟖獸吐舌皃○店都念切停物舍也文二十三頕垂首也坫說文屏也一曰反爵亢圭處點郭璞曰以筆滅字爲點通作沾玷沾水出上黨壺口關一曰縣名在樂平痁疲病鉆說文缺也謂器之缺㓠說文缺也引詩白圭之㓠墊埝阽說文下也引春秋傳墊隘或作埝阽霑𩆀

說文寒也一曰旱霜而寒謂之䨘或从土姑女皃𦒷說文老人面如點也貼目垂皃殿㱛唸㰹殿屎呻吟也或作㱛唸㰹玷
玉病𡪢𡫁說文屋傾下也一曰厭也或从土。磹徒念切䃸磹電光文七坫楮也通作磹僤䃸僤行皃居所以止動
也腍博雅美也簟說文竹席也驔驪馬黃脊。稴歷店切稴䅐禾不實皃一曰稻不黏者文三𤬖瓜子𪍿小也。
念念奴店切說文常思也又姓古作念文七𦁄引舟繩也䇣𥳈竹索或从綸棯木名棗屬𨡓消也。兼𥝤
吉念切并也古作𥝤文七𩩲瘦皃𩸄魚名鰜魚名䑎舟名趝俯首疾行。傔詰念切侍從也文四鰜魚名穴而青歉
說文歉食不滿也𥱧籠也。醶𨣠於念切苦也或作𨣠文二。䃸先念切䃸磹電光文三𧬣僤𧬣行皃穖稴穖禾不
實皃。僭朁子念切說文假也古作朁文四譖不信也通作僭瞥閉目思也一曰夏憂也
五十七。驗魚窆切說文馬名也文十二醶𨣠說文酢漿也或从嚴噞字林噞喁魚口出水皃譣𧬈博雅證也
或作𧬈通作驗嚴酷也广俺广凝也𤁷寒也𪘲𪙁齒差也或从嚴鹼說文鹵也。窆堋封陂驗切說文葬下棺
也引周禮及窆執斧或作堋封文五砭𥐘說文以石刺病也或从巳。黏女驗切黏也文一。斂力驗切聚也文十二殮衣死也瀲
泛斂波也𩃏小雨也爁爁焱火延𧸘市先入直謂之𧸘獫長喙犬名𣟅掩𣟅木也葉可爲飲蘞艸名似栝樓𤒋

火也　澰博雅清也　羷羊角三觠曰羷　○脅虛欠切迫也文六　拹引從也　𡢃好皃　熁火乾也　𧽙走皃　韐胡被

○欠欿㰤去劒切說文張口气悟也从人上出之形一曰不足也古作欿或作㰤文七　闞小開戶也　𢿊屋閒也　硷陶器小瓶有耳者

笒竹名　○硷巨欠切陶器或書作瓴文一　○劒劍居欠切說文人所帶兵也或从刀俗作劔非是文三　𦽯藥艸俗呼蜀夜于治喉病　○

獫力劒切爾雅犬長喙名文一　○僉七劒切皆也文一　○𤺓式劒切皮破文二　閃闚頭也

五十八　○陷埳乎韽切說文高下也一曰陊也或从土文十七　𪘨怒齒也　臽欿說文小阱也或从穴　𤞤犬聲　錎連鏁

也　䱘說文魚名　𦙶說文食肉不猒也　焰魚名山海經留水多焰父之魚其狀如鮒而彘身　豏餅中豆　䭑膁𩞘𦢊餅中肉或

从肉从食从監　䂖石名　溓沈物水中使冷　○歉口陷切博雅貧也一曰食不滿文五　𧵳目陷　䖘虎怒皃　𢿜物相值合　𩕄顲顩

面長　○𩕄公陷切𩕄顩面長文四　緘棺旁所以繫緯者　減咸損也史記減仲之產又姓亦省　○𨡹𪛕於陷切下聲也

或从龠文五　𤞬竇中犬聲　淊淊淊水淖一曰沒也　揞弃也吳俗云　○㺌午陷切兩犬爭一曰犬吠不止文一　○蘸莊陷切說

文以物沒水也文七　𧢀斬見斂高危　獑獸名　蘸淊蘸溼皃　斬芟也　䨴小雨　𤭛布瓦於屋也　○𪉟陟陷切鹹皃文

五　站佔从立也或从人　𪘬剔齒也　泹江岸地名　○賺直陷切廣雅賣也一曰市物失實文三　詀謙被誑也或从廉

三一三

○讝尼賺切讝諛私詈文二 ⿱雨南雨淖也 ○鑑力陷切鑑䰞頭長文一 ○齴五陷切齴𪘨齒皃文二 顑顲顑面長

五十九 ○臨覽鑑胡懺切博雅覽坂覽也可以盛氷或从金文五 ⿱臨水沈物水中使冷也 ⿱臨木櫃也或省亦書作檻 ○⿰亻敢

許鑒切暫覽⿰亻敢高危也文六 譀誕也 ⿰犭敢犬吠聲一曰鄉名 闞獸怒聲 ⿰咸欠叫也 憨怒也 ○鑑居懺切說文大盆也一曰鑑諸可以

取水於月或書作鑒文六 監⿱臨言臨也古作⿱臨言 ⿰目監視也通作監 ⿰監刂博雅利也 ⿱臨水沈物水中使冷也 ○⿰黑敢乙鑒切忘而息也文

一 ○埿湴薄鑑切泥淖也或作湴文三 ⿰月並膚肉踈皃 ○⿱斬見子鑒切暫覽⿰亻敢高危皃文三 ⿱斬面面長 ⿱雨斬小雨 ○釤所鑒

切大鐮也文七 ⿰目彡暫見也 ⿰占彡相接物也一曰利也 ⿰夕刂刈也 ⿰犭參犬毛也 ⿰木芟接檐也 纔雀頭色 ○懺讖叉鑑切悔也或

从言文十三 儳儳互不齊也 ⿰阝詹陷也 ⿰毚瓦罌也 ⿰兼瓦埤倉乾瓦屋也 摲投也芟也或書作⿱斬手 ⿰犭敢犬吠聲 嚵嘗食

䀡窺視 ⿰食韱貪食也 ⿰疒韱病也 ⿰足韱行皃 ○鑱仕懺切銳也文二十 ⿰革毚韉也 ⿰長毚髮皃 ⿰足毚行皃 纔染帛雀頭

色 ⿰犭參犬容頭進 ⿰牛毚牛角皃 ⿰齒毚⿰齒毚⿰齒嚴齒皃 ⿰毚頁⿰毚監⿰毚頁頭長 ⿰毚瓦大盆以盛潘者 ⿰木毚⿰爿毚字林水門也或作⿰爿毚 攙

完補也日傍掣 ⿰舟毚舟名 ⿰阝毚陷也 讒譖也 ⿱斬馬鶝鷉 儳輕賤皃一曰儳互不齊也一曰蹔走也 摲投扳偃水曰摲 涔水涯

○儳士臨鑒切蹔足也周禮廛人掌斂儳布徐邈讀一曰輕賤皃文一 ○儳荅臨鑒切蹔走也文一

六十。梵扶泛切西域種號出浮屠書文六　帆舟幔也通作颿　颿博雅颿颿走也一曰馬疾馳　凡瓦也　訉多言　仉相輕薄皃。泛孚梵切說文浮也文十三　汎說文浮皃　氾說文濫也　仉相輕薄皃　姂好皃　⿱泛皿　⿰皿乏　鋄　釩博雅盞盌杯也或作⿰皿乏鋄釩　⿱艹乏艸浮水上皃　帆碭也杜預曰拔旆投衡上使不帆風差輕　渢中庸聲春秋傳渢渢乎徐邈讀　⿰山乏山名。⿱艹⿱乏夂亡梵切博雅芒也艸木蕪蔓也文一

集韻卷之八

集韻卷之九

翰林學士兼侍讀學士朝請大夫尚書左司郎中知制誥判秘閣兼判太常禮院群牧使柱國濟陽郡開國侯食邑一千二百戶賜紫金魚袋臣丁度等奉

敕脩定

入聲上

屋第一 烏谷切獨用

沃第二 烏酷切與燭通

燭第三 朱欲切

覺第四 訖岳切獨用

質第五 職日切與術櫛通

術第六 食律切

櫛第七 側瑟切

勿第八 文拂切與迄通

迄第九 許訖切

月第十 魚厥切與沒通

沒第十一 莫勃切

曷第十二 何葛切與末通

末第十三 莫葛切

黠第十四 下八切與鎋通

舝第十五下瞎切　屑第十六先結切與薛通

薛第十七私列切

一○屋屋𡌛烏谷切說文居也从尸尸所主也一曰屋形从至至所至所至止一曰具也籒从广或作𡌛文十三　剭誅也周制誅大臣適甸師謂之剭　渥水聲　喔雉聲　黫墨刑　鄏地名在南陽　臖膏膗也　腥厚也周禮革欲其柔滑而腥脂之則需　𥞤禾芒　媉好也　握小兒易若號一握鄭氏讀○嗀呼木切歐聲文十一　嚛說文食辛嚛也一曰𣪊聲　膗羹也　焀火皃　熇說文火熱也引詩多將熇熇　𣪊𧰼說文日王之赤或从火　𤞞說文犬屬𦊲以上黃𦊲以下黑食母猴一曰㱿似牂羊出蜀北嚻山中犬首而馬尾　豰豕聲　𪌭麥也　豰豕名一曰狐子○哭空谷切說文哀聲也文九　𣫊鷇卵已孚或作鷇　㲄說文未燒瓦器　𪌱說文餅麴也　𥻦𦂏說文未練治纑也或作𦂏徐鍇以爲後非聲疑从復今按沃字韻有𣫊蓋从沃　𡒊土墼也　㱿皮也○穀穀古祿切說文續也百穀之總名一曰善也祿也一曰水名或从米文二十三　𣩵博雅𣩵㼉歹也俗作𣩵非是　𣫊木名說文楮也　𧯞𣪘豆名一曰豆萁或作𣪘　轂𨏬說文輻所湊也古作𨏬　𣪘雙王　𣪊足蹋　䀲𦖰目動也或从谷　谷說文泉出通川爲谷从水牛見出於口一曰窮也又姓　㕽角雉鳴或从角　𣻏水名在河內　𪆷𪇰布𪆷鳥名或从隹通作穀

𪕶𪕋𪖙鼠名 貉獸名山海經北嚻之山有獸狀如虎白身馬尾彘鬣名獨貉 觳器名受三斗 𥳇簏也 㞿持也○縠
胡谷切說文細縳也文二十五 斛斗說文十斗也或作斗通作觳 觳說文盛觵卮一曰射具一曰盡也 𪘏齒聲 𧤗角聲 嚳
瓦器一曰坯也 硻石聲 𥳇大箱也 斛石斛藥艸 醶濁酒 蔛菜名生水中 槲槲樕木名或書作槲 螜蟲名螻蛄
也一曰蠐螬 殼牲後足一曰足跗 𥳇吳俗謂簏篗爲𥳇 瀫水聲或作濲 擭捕獸機檻也書杜乃擭徐邈讀𧰎
豕也𧰎豰 䀨目動也 焀火皃 㲄㲄簏器名 𤌍赤皃 𧝹𧝹𧝹衣聲○卜𠧞博木切說文灼剝龜也象灸龜
之形一曰象龜兆之從橫也古作𠧞亦姓文三十一 汁水名 𡍮煩也 濮說文水出東郡濮陽南入鉅野又州名亦姓 𩂹𩂹彭𩂹
蠻夷國名或作僕通作濮 轐僕說文車伏兔也引周禮加軫與轐焉或从僕 𡡢女字昌意娶蜀山氏女曰昌𡡢 樸樸屬叢生皃 𣝂說文棗也 㒒
山海經𦡀鈆南極之夷 𦡀蹼鳧鴈足間相連著爲蹼或省 纀襆幞說文裳削幅謂之纀或作襆幞 轐絡髮謂之轐一曰牛絡頭 鳪隹雉名
黃色鳴自呼或从隹 𪇆鳥𪇆水鳥 撲撲挑西域地名 鏷鏷鈷矢名 蟔蟔螏小蟲 鬗鬌鬢皃 𩭯也 𪆶忽見 䮀博雅䮀䮀
鼠屬 醭酒上白 撲拭也 㯷牆版之大者○攴撲扑箣𢼂剝普木切說文小擊也或作撲扑箣𢼂剝文
二十八 濼水名春秋傳公會齊侯于濼 鼩鼩鼩鼠屬 墣圤由謂之墣或从卜 髆骨鏃也 仆僵也 䑑物氣烝白

醭酒上白䴆黙色暗一曰淺黑色或从卜䳰鳥名善占𧬈以言蔽也副判也僕羣飛皃莊子蚉䖟僕緣撲方言
盡也樸穙艸生穊或从僕炇火烈也䞳美財也樸堅木也一曰木生密也蔩薄也朴木皮○僕䑑步木切給
事者古从臣𠌥侏儒也菐煩也𡲢夋𡲢𡲢行皃古作夋㬥暴𣋲曝日乾也或作暴𣋲曝文二十三
鸔鳥名說文鸔鳥也瀑水縣𩬗𩯦𣯽𩬗毛不理或作𩯦穙禾生穊也樸樸木密也一曰樸樕小木或省蠼蠼蠼
小蠼博雅車𩌏伏兔也蚹蚹蠃蟲名蝸牛也鰒海魚名㬥繤頸聯也匐匍匐○木莫卜切說文冒也冒地而
坐東方之行从屮下象其根又姓文十九朷刀治桑也沐說文濯髮也一曰水名在青州又姓霂說文霢霂也謂小雨𦐂毛一曰思皃
好𣖻說文車歷録束交也引詩五𣖻梁輈𨏒𨎤𨏒說文車軸束也或从車亦作𨏒艒小船謂之艒艒縮𪀔鳥名
說文舒𧯷豆箕也𩃎鳥澤羽蚞蟲名爾雅蜓蚞螇螰也𦳝毒艸𦳝布泰莯艸名𣳹美皃
𪁉鳥名○速𧫷遬蘇谷切說文疾也一曰召也古作𧫷籒作遬文三十三誎說文餔旋促也一曰飾也䉲鬻餗
餥餗說文鼎實惟葦及蒲陳留謂健爲䉲鬻或从食亦作餥餗軟吮也娕𡛼娕𡚱也𣀔觳觳動物涑水名在河東
倲𠌃倲動也一曰短皃𣿬爾雅菜謂之𣿬𧛚𧛚𧛚新衣皃遬艸名說文牡茅也通作𣿬梀赤梀木名可爲車輞𣖱

說文樸樕小木趚趚趚走聲樕木名爾雅樸樕其通作樕棴棴常木名𪋻說文鹿迹也螏蟍蝶蛓小蟲或从欶數遫也

鏉鏤也觫觳觫懼死皃瘶瘁瘶寒病㰉山名山海經東山之首曰㰉螽𩴳鬼名簌篩也颼颼颼風聲䐹燥也

。蔟千木切說文行蠶蓐也文九簇小竹瘯瘯瘰皮膚病䃚碌䃚石地不平皃䔌憕也趗趗趗局小皃⿱旋立

立待也鏃鏑也棟短椽。鏃族鉃作木切說文利也一曰矢末或省亦作鉃文十五蹴蹴蹴曲足皃蝊蝊蝊蟲集皃嗾

⿰口造呼犬聲或从造瘯瘯瘰皮膚病⿱族虫蝦蟲頭上距㧻方言鐫㧻也傶邑名亦姓𦯬䅇艸木叢生或从禾

鉐姓也出彭城⿰甾鹿鹿番也。族𥎦𥎴昨木切說文矢鋒也束之族族也一曰从㫃从矢㫃所以標衆衆矢之所集一曰聚也古作𥎦𥎴文九

⿱殸金鏤也銼鏃銼鑹温器或从族⿱族魚魚名⿰扌族斂也或書作擮戚縣名在東海。⿱殸豕都木切⿱殸豕⿰豕殳動物文十五

⿱殸豕⿰豕殳㧻擊聲或从文从手⿱至衣衣至地涿流下滴一曰郡名⿰月豖⿸尸豖博雅臀也或作⿸尸豖俗作居非是⿰豖巴⿰豖尾星名

或从尾⿱殸衣⿱殸衣⿱殸衣衣聲啄咮也斀字林去陰刑閦水名剢刀鉏也。秃秃他谷切說文無髮也从人上象禾粟之形

取其聲王育說倉頡出見秃人伏禾中因以制字未知其審亦姓籀作秃文八誘詆誘狡猾也一曰相欺詆痜首瘍秃杖指也鵚

⿰禿隹鵚鶖鳥名或从隹通作秃⿰亻蜀⿰亻蜀倲不寧。牘徒谷切說文書版也一曰樂器所以節行文五十七讀說文誦書也讟⿸疒酉

說文痛怨也引春秋傳民無怨讟古作痛 黷說文握持垢也引易再三黷通作瀆 ⿺辶賣說文媟⿺辶賣也徐鍇曰不以禮自近 嬻說文媟也

犢⿰牛蜀說文牛子也或从蜀 ⿰亻蜀短陋謂之⿰亻蜀⿰亻束 殰牘說文胎敗也古作牘通作殰 ⿰夗賣夗內敗 髑⿰蜀頁說文髑髏頂也

或从頁 鑟印之匵 覿見也 匵說文匵也通作櫝 櫝木名一曰小棺 襡⿰衤賣韜也或作⿰衤賣 韇韥說文弓矢韇也今謂

之胡鹿或从皮 韣韇弓衣或作韥 罜⿱罒賣罜麗小罟或作⿱罒賣 瀆竇說文溝也一曰江河淮濟爲四瀆或作竇 隫⿰谷賣

說文通溝也古作讀 瓄玉器一曰圭名 獨說文犬相得而鬬也羊犬爲獨一曰老而無子曰獨 䵺䵺𪍾煑餅 纛羽幢俗作纛非是

⿱艹獨⿱艹獨落藥艸 ⿰馬蜀⿰馬賣⿰馬比⿰馬蜀野馬一曰馬行皃 鸀鸀鳿鳥名 涿涿鹿地名 噣畢星別名 ⿰乇頁說文顱也 ⿰羊蜀羊六尺謂

之⿰羊蜀 儥見也動也 碡⿰石蜀⿰石賣碌碡田器或从蜀亦作⿰石賣 ⿰賣刀刀劍室 ⿰蜀犬⿰谷犬狒⿰蜀犬⿰犭谷獸名如虎而豕⿰豸蜀古作⿰蜀犬狒通作獨

⿰飠蜀粥也 ⿰車賣車名 ⿰歹甬⿰歹甬⿰歹束歺也 ⿰賣殳足跗 登豆名 ⿰扌賣扣也 ○祿盧谷切說文福也一曰居官所給廩亦姓文八十八 彔

說文刻木彔彔也一曰夲也又姓 漉淥說文浚也一曰滲也或从彔 盝⿰氵盝爾雅竭也或从水通作漉 濼說文齊魯間水也引春秋

傳公會齊侯于濼 ⿰口彔笑也一曰鳥聲 琭玉皃老子琭琭如玉 ⿰黑鹿⿰黑彔⿰黑歷⿰黑鹿垢黑也或从彔 ⿸鹿瓦博雅瓴⿸鹿瓦⿸鹿瓦甎也 磟⿰石鹿磟碡

田器或作⿰石鹿 簏箓說文竹高篋也或从彔通作盝 簶⿰革彔⿰革鹿胡簶箭室或作⿰革彔⿰革鹿 ⿱罒鹿⿱罒祿說文罜⿱罒鹿也或从祿 麓

𣘘說文守山林吏也一曰林屬於山爲麓引春秋傳沙麓崩古从录 䌒純也 睩說文目睞謹也 𥉮𥌨𥉮目明也 𧠛笑視也

㲈煉也 𥎜皷瘯皮肉瘦惡也 䮉私聽也 𧒂字林蟓聽蟲名似蜥蜴出魏興居樹間輒下齧人人必死復上樹垂聽聞人哭乃去

娽顓頊之妻一曰隨從也 𢿐擊也 𧮶吳王孫休子名 摝振也或作捸 𧼒𧼒趗踞也 𧽊𧽊趚走聲 䃙祭名

轆車聲 𩃬暴雨謂之𩃬霢 醁酒名 角獸不童也漢四皓有角里先生 𩒪項也 觻說文角也張掖有觻得縣 鱳𩸞

說文魚名出樂浪潘國或从鹿 鏕金名一曰鉅鏕縣名 龣䶂觮東方音也或从鹿从角 樚樚櫨井上汲水木 轒轆

博雅車軌道謂之轣轆一曰維車或从录 𦪇舸𦪇舟也 谷谷蠡匈奴王 碌碌硞石也 䟿䟿行皃或作趢 祿祿襹衣聲

逯說文行謹逯逯也 鹿庚也 鹿說文獸也象頭角四足之形鳥鹿足相比从匕亦姓 騼博雅騻騼馬屬一曰野馬 䍡白獸 螰

蟲名爾雅蜓蚞螇螰一名蟪蛄 𪊽𪊽獸皮有文皃或从文 𦾬𦾬蓫艸名 蔍艸名鹿蹄也一曰麓葱 錄録録不自異 妯

爾雅彔動也 𧩷博雅謯𧩷也 盝蟲甲 𤋊𤆝火爆米曰𤋊或从火 𨁈𨁈逯鬼見也 𦑘上飛皃 𡓗地名梁有𡓗口城

𣙁木名 𦟧腹鳴 𡢓𡢓婁蜀人埋鹿臭而食之 𢥧心閑一曰心轉 𡢓女字 𡒍𡒍菌艸名地蕈也 𦗩耳鳴通作䮉 𨞳

地名 𣝉𣝉心柹名。福方六切說文祐也文三十八 腹說文厚也一曰身中 複說文重衣也一曰褚衣 幅䋿畐說文布帛廣也或作⿰糸畐亦省輻說文輪轑也復重也復漢法除其賦役也通作復蝠蟲名說文蝙蝠服翼也⿰革畐⿰革复革帶或作⿰革复⿱⺮復竹實⿱宀复鍑
釜大口者鶝鳥名爾雅鸛鷒鶝鶔如鵲短尾射之銜矢射人踾踾蹙聚也輹車軸縛也菐瀆也偪偪陽國名在宋楅楅衡牛角耑橫木覆
倒也審也⿰舟畐⿰舟畐⿰舟宿大舟葍艸名⿱⺮畐織具一曰竹名稫穀名葍蔔蕧說文葍也或作蔔蕧⿰食复食也复
台行故道也古作台澓姓也⿱穴復⿱土復⿰土复穴地以居或从土亦省通作復諨言備也堛由也⿰女菐女字。蝮
芳六切說文虫也爾雅謂之蝮一曰虺博三寸首大如擘文十七覆反也輹說文車軸縛也蕧艸名說文、盜庚也一
曰旋蕧似菊⿱山復山名⿱髟復婦人首飾⿱穴復⿰土复說文地室也引詩陶⿱穴復陶穴或从土畐滿也葍蕧艸名通艸也一名烏蕧
複重也腹厚也一曰身中葍蕌艸名或作蕌覆覆水也副疈剖也或作疈。伏房六切說文司也文五十三
虙說文虎皃古有虙犧氏亦姓𠬝說文治也从又卪卪事之節也服⿰月𠬝⿰舟𠬝說文用也一曰車右騑所以舟旋从𠬝一曰事也古
作⿰月𠬝或作⿰舟𠬝亦書作般⿱畐夊复說文行故道也隸作复復說文往來也亦州名畗滿也⿸疒复⿸疒复方言痛也一曰勞復也或省
⿰足伏屈手足伏地一曰行皃⿰鬼录說文鬼皃鬼魌皃絥⿰韋伏⿰革伏韛鞴說文車絥也或从韋从革亦作鞴茯茯苓藥艸⿰王軍⿰車畐說文
車笭間皮篋古者使奉王以盛之或作⿰車畐輹⿰車伏車下縛也或从伏箙韛鞴⿱⺮復說文弩矢箙也周禮仲秋獻矢箙或作韛鞴⿱⺮復

榎機持繒者栿梁也棴木名出崑崙山㧆上雍曰㧆史記川塞谿㧆𥨍𡓅𡋯博雅窟也一从土亦省匐伏地皃

澓洑伏流也或从伏一曰澓姓也蕧艸名說文盜庚也菔蘆菔艸名一曰刀劍衣馥香氣也稪穀名䭸

馬名鵩妖鳥也鰒海魚名犕用牛也通作服蝮蛇名廣三寸色如綬鼻有針一名反鼻大者百斤一曰蝮蜟蛻也鶝䳁

鶝鵖鳥名戴勝也或作鶝復博雅重也𧕴𧕴蟦神蛇也二身同首六足四羽見則不雨葍艸名㚿女字趥趙趙小皃

手據地行。目莫六切說文人眼象形重童子也古作㒵文二十一睦𥇍說文目順也一曰敬和也古作𥇍𥉘說文細文

也繆謚也古有魯繆公秦繆公亦姓牧說文養牛人也引詩牧人乃夢亦姓坶𡊰說文朝歌南七十里地周書武王與紂戰于坶野或

从毎通作牧艒𦨣博雅艒䑿舟也或省苜𦯠𦱤苜蓿艸名或从牧从目𤵽病也穆𢿃說文禾也一曰敬也美也古

作𢿃䀛目病𥄯敬也通作穆嘿楚人謂欺曰嘿㞙䘑衣縫。肅𦘦息六切說文持事振敬也从聿在淵上戰戰兢

兢也一曰進疾也古作𦘦文二十九𡖋夙㑉佰說文早敬也从丮持事雖夕不休早敬者也隸作夙古作㑉佰宿說文止也亦姓潚

廣雅清也𣹢濕也䬃𩘭廣雅風也或从宿𦪇博雅艒𦪇舟也㩋𢿊博雅擊也或从文橚木名一曰木茂皃蓿

苜蓿艸名㑉傗㑉不伸也玉𡐓璛琢玉工或作𡐓璛王又姓䃤廣雅礪也鷫𪇆說文鷫鷞也五方神鳥也東方發明

南方焦明西方鸘鷞北方幽昌中央鳳皇司馬相如說或从叜䎘博雅飛也驌驌騻良馬通作肅鱐魚名鮀毋也一曰魚腊蟰蟲名
爾雅蟰蛸長踦也鏽鐵鏉也嘯吹氣若歌。鼀䵹𧍠七六切蟲名說文先鼀詹諸也其鳴詹諸其皮鼀鼀其行圥圥或从
酋亦作䵹文十三蹴蹙踓說文躡也或作蹙踓𡖿爾雅終也噈歍也䙛博雅好也䤛說文醜也一曰老女𥶽
笡也規規覷面柔蹜迫也。蹙𨅣蹜子六切迫也或作戚蹜亦書作𨅣文三十三顣顣頞䫇鼻也潚說文深清
也蹴踘也逐也或書作䙯踧跾說文行平易也引詩踧踧周道或省𡖿爾雅終也𣢾說文惄然也引孟子𣢾曾西𣢾然一曰悲皃𪛈
噈說文歍𪛈也或作噈𠵯咔歎也一曰無聲或省㖩嘁戚咨怬促也或作嘁䐹𦡦腳䐹膏澤也或从心𦄀縮也一曰
縮文𧜘衣鮮明皃𢹿至也摵說文木可作大車輮䊭吳俗謂熬米爲餌曰䊭𥳦𥳦𥳦廣雅𥳦蹙謂之笡或从
且亦省𧓍蟲名博雅蚇蠖蟦𧓍也勬截也㴼勁也慼博雅䞴也一曰憂也婚博雅好也鼀蟲名詹諸也𧮰
樂懸斷皃。摵就六切廣雅至也文七蹴蹴然敬皃摅極擊也𣢾惄然也一曰悲皃𪛈噈歍𪛈也或作噈𥶽
笡也。尗菽式竹切說文豆也象尗豆生之形也或作菽文二十四叔𡬤掓紨說文拾也汝南名收芌爲叔或从
寸从手古作紨尗叔一曰字也透博雅驚也戲也倐𠈲儵說文疾也長也或作倐儵翛飛疾皃倏說文走也儵說文青黑繒發白色

一曰黑也一曰儵儵罹禍毒也虪儵虎說文黑虎也或省鯈鮛魚名王鮪也小者曰鮛或不省菽艸旱盡也瀟䨓波也
闕人名晉有庚䨓字玄默倏光動皃㨋引也佩儵佩不申。俶叔昌六切說文善也引詩令終有俶一曰始也或作叔文十
埱說文气出於土也一曰始也⿰止叔說文至也琡爾雅璋大八寸謂之琡柷說文樂木空也所以止音爲節祝國名爾雅北至於祝
栗諔詭也錖銎也淑俶汨水皃。祝⿰食兄之六切說文祭主贊詞者从示从人口一曰从兌省引易兌爲口爲巫或从食文十三呪
⿰口尗說文呼雞重言之或作咮鬻粥鬻糜也或作粥鬻鬻亦書作鬻鬻柷木空也擊以作樂一曰木名琡璋大八寸鬻
鬻鬻卑謙皃通作粥⿰口叔⿰口叔歎聲諔說文詭也⿱粥鳥⿱粥鳥鳩鳥名。⿰享凡孰熟[illegible]神六切說文食飪也引易孰飪隸作孰熟古
作[illegible]文十九塾闏闏門側之堂謂之塾或作闏闏淑說文清湛也婌後宮女官通作淑𥗼石名璹璹說文
玉器也琡爾雅璋大八寸謂之琡叔俶善也或从人通作淑售儥也壔⿰土鳥堡也古从鳥⿰礻由久也。肉
而六切說文胾肉象形俗作宍非是文六衄䏔鼻出血也或从肉⿰魚丑魚子初生曰⿰魚丑朒月朔見東方沑淑沑水皃。縮所六
切說文亂也一曰蹴也一曰牆紅也文二十四莤說文禮祭束茅加于裸圭而灌鬯酒是爲莤象神歆之也一曰莤榼上塞也引春秋傳尒
貢包茅不入王祭不供無以莤酒通作縮俗作莤非是摍說文蹴引也一曰抽也或書作摍蝺蟰蟰蝺蟲名蚿蠖也或作蟰⿰扌肅

集韻入聲九　六

摉擊也或作摉摵方言到也謏小也禮足以謏聞徐邈讀謏起也蹜足迫也或省通作縮趚趜趚傴僂也
颵寒風翽肅鳥飛或省樎博雅皂櫪也數數數迫促意嗖笑皃欶吮也鷫鳥名橚橚矗行木
皃驌馬名潚滈潚水皃。珿初六切等齊也文十三齪踀娖齊謹也或作踀娖矗艸木盛也一曰直皃閦
衆在門中或書作閦𡲢𡲢𡲢行皃豉小豆濖濕也捉羽齊皃𥑮小石趗直皃傶憂也或讀易傶嗟若吉。縬
𥿋縬側六切聚文也或作𥿋縬文五䘯塞也𥗁礎謂之𥗁。竹張六切說文冬生艸也象形下垂者箁箬也亦姓文十三竺
天竺西域國名亦姓筑說文以竹曲五弦之樂也从竹从巩巩持之也築𥳑𥳈𥫢𥮅說文擣也古作𥳑或作𥳈𥫢亦省
茿𣐍艸名說文萹茿也或从木𥬂以手築物掓拾也㾫𤻷㾫痛皃。蓄稸勑六切說文積也或作稸通作畜文
二十一畜𤲟說文田畜也引淮南子玄田爲畜魯郊禮畜或从田从茲茲益也豖說文豕絆足行豖从豕繫二足苖艸名蓨也
蓫艸名惡菜也慉色憤起皃一曰慉佩不舒也敊敊戳痛至皃一滀滀滯也鄐地名在晉亦姓竹萹竹艸名董
字林艸名似冬藍蒸食之酢鱁魚名出梁州矗長直皃搐牽制也𨂼𨂼足距也𤦲車笭篋慉起也𡟷姓也
㾫腹痛。逐仲六切說文追也文十八妯娋方言今關西兄弟婦相呼爲妯娌或作娋柚杼柚文也亦通作軸軸說文持輪

也舳說文艫也漢律名船方長爲舳艫一曰舟尾碡磟碡田器蓫蓫薚艸名馬尾也筑⿰氵筑水名漢有筑陽縣在南陽或从水⿰飠逐餅也鱁魚名爾雅鱀是鱁鱀體似鱓尾如鱏魚郭璞說蚰⿰虫逐蟲名方言北鄙謂曰鼓大者曰馬蚿或作⿰虫逐坴土塊疛心腹之疾曰疛⿰馬逐獸名築杵有鐏○六力竹切說文易之數陰變於六正於八从入从八文三十六⿱漻皿器也⿱屮共⿱屮⿰共共艸名說文菌⿱屮共地蕈叢生田中籀从三共坴說文土塊坴坴也一曰坴梁陸⿰阝⿱屮⿰共共說文高平地籀作⿰阝⿱屮⿰共共亦姓淕凝雨也淕澤名飂⿸疒⿰翏力翏翏長風聲或从風病也稑穋說文疾孰也引詩黍稷種稑鄭司農曰先種後孰謂之種後種先孰謂之稑或从翏⿰女坴女字⿱竹陸竹名⿱艹陸⿱艹稑蔏陸艸名或从稑蓺蓼艸長木皃詩蓼蓼者莪一曰衆薪也或作蓼磟磟碡田器⿰車坴轓⿰車坴三箱車勠勎說文幷力也或作勎戮僇⿱羽⿰刀刀⿰翏寸說文殺也古作僇⿱羽⿰刀刀或从寸踛趨足也⿰扌留引也⿰馬坴驡⿰馬坴良馬鵱⿰坴隹艸名說文蔞鵱也或从隹亦書作⿰馬坴鯥山海經魚名羽在魼下而蛇尾⿰虫坴海蛤負厚而有文通作陸⿱坴貝⿱坴貝渾地名○肭女六切說文朔而月見東方謂之縮肭文十八恧忸⿰耳恧⿱恧丑聏說文慙也或作忸聽⿱恧丑聏⿰月丑食肉衄⿰血鼻說文鼻出血也或从鼻沑泥也⿰耳内視也⿰矛丑博雅刺也⿰虫丑蟲名蚰蚚也北燕謂之⿰虫丑蚭莥鹿豆剹削也⿰足丑行也狃獸名⿰扌肉搐⿰扌肉不申○育毓余六切說文養子使作善也引虞書教育子或

集韻 入聲上

从毋亦姓文三十七鬻生也一曰鬻鬻謙卑皃矐博雅望也一曰目明喅喑說文音聲喅〻喅然或作喑逌行也轉也昱

說文明日也煜熽說文燿也或从育錥鎢錥温器㥔心動也鬻粥鬻鬻鬻說文鬻也或作

粥鬻鬻鬻鬻鬻又姓賣說文衒也通作鬻粥綪說文帛青經縹緯〻一曰育陽染也棛槠覆欄也或从艸薁

說文艸也引詩食鬱及薁䒹說文艸也蘛艸名榮也張衡曰異莽蒀蘛𢍏說文兩手盛也蜟伏蜟蟬蛻淯

說文水出弘農盧氏山東南入沔一曰出酈山西塾𨶜閾夾門堂或作𨶜閾儥說文賣也鄭康成曰買也通作鬻

昱明也書昱日九丑劉昌宗讀儵疾皃莊子能儵然乎堉肥壤謂之堉𢿌鷙辟𧙀車闌慢也虪黑虎囿

𡈀于六切苑也一曰禽獸曰囿籀从田中四木文七痏病也唷吐聲宂皃鴪疾飛䒹蘛艸名蓿作蘛畜

𤲸𤱃許六切養也或从茲古作𤱃文二十一慉說文起也引詩能不我慉一曰驕也𡟿說文媚也一曰石也鄐說文晉邢

侯邑亦姓𥉆低視也𧝒褚也董苗艸名羊蹄也或作苗通作蓫傗傗佩不申蓄蓄蓄冬菜或从

禾从蓄蓫蓫薚艸名馬尾也蹜足也稸積也𤲶火田種也勖勉也𧦝謏𧦝聞香皃儥動也鬻

鞠鞫麴麯𪍿丘六切說文酒母也或作鞠鞫麴麯𪍿文十六𥨍曲脊鄐地名躹趜博雅躹躹謹敬

也或作趜蝌蟲名廣雅蛩蟺也一曰蝌蜮螃也鮙蘜魚名鱄也或作蘜騆馬躍謂之騆蘜蘜蘼華青黃色
坈曲厓外也。匊掬居六切說文在手曰匊或从手文六十四臼說文叉手也間閑也躹躹躬也通作鞠弆
兩手盛也踘踏也趜說文窮也一曰趜趚足不伸鞠𥷚鞫說文蹋鞠也或作𥷚鞫亦姓蝌蟲名說文蝌鼁詹諸
以脰鳴者𥳓𥷚簐鞫諊說文窮理罪人也或省亦作簐鞫諊告讀書用法曰告禮告子句人通作鞠𥧔
說文窮也或从穴通作簐𩛠廣雅飦𩛠饘也菊艸名說文大菊蘧麥蘜蓻艸名說文治牆也今之秋華菊
或作蓻通作鞠菊蘜艸名大蘭也葉細華紅紫色蘜菊蓻艸名說文曰精也似秋華或省亦作蓻𥈳韭畦
椈𣐼木名柏椈也或作𣐼𡽱山高皃阢坈泦水厓外也或作坈泦跼足謂之跼髟髟髮亂也或
省梮木名𪈅鵴鳥名說文秸鞠尸鳩或从匊鳲雇說文鳥也或从隹𤞞獸名黃署胥也鮙蘜說文
魚名出樂浪潘國一曰鮙魚出江東有兩乳或作蘜梀木實鬻稺也詩鬻子曰閔斯徐邈讀拲恭兩手同械或作恭
𥳗漉米籔𢍰𥵾說文撮也或作𥵾𢝂謹慎也梮輿食器一曰士轝淗水文通作泦𧮨谷名在上
艾爪抍也婅女名驧騆馬曲脊或省陱養也盈也通作鞠呴雞聲垢不淨也。驧騆渠竹切說

文馬曲脊也或省文十七𠣞說文曲脊也趜趜趚傴僂也鞠趜踢鞠也或从毛⿰谷匊谷名踘踏也⿰鞠鳥鵴⿰匊隹
鳥名鳲鳩也或省亦从隹⿰魚匊字林魚名有兩乳⿰虫匊蟲名詹諸也椈大實名掬廣雅法也菊艸名爾雅椒樧醜菊
菊蔓子聚生成房皃郭璞說裘皮衣○𢿀彧乙六切說文有章也或作彧通作郁文四十八稶稶黍稷盛皃或省
通作或郁地名說文右扶風郁夷也亦姓鄓姓也澳說文隈厓也其內曰澳其外曰隈墺隩圫垺說文四方
土可居也或从𨸏古作圫垺通作奧燠⿰日奧炨烰熱也或从日古作炨烰鐭⿰金或⿰金鹿溫器或作⿰金或⿰金鹿⿱竹奧
說文漉米藪也噢噢伊悲也⿰革或黬緎羔裘縫也或作黬緎⿰或欠說文吹气也⿰口或⿰口郁聲也或从郁⿰幼欠⿰奧欠
愁皃或从奧拗抑也怮抑志也薁艸名說文嬰薁也⿰木郁木名郁李也⿰豕奧育蠶器⿰月奧鳥⿰月奧胵也
棫木名柞也域區處也莊子无所畛域⿰口有博雅吐也⿰忄有心動懊貪也⿰有鳥山海經縣雍之山有鳥曰白⿰有鳥
栯山海經泰室之山有木名栯葉如梨而赤理服者不妬⿰石奧石似玉也惐痛心也幼少也⿰酉或面黃皃⿰言憂謏誄
聞香皃⿰魚幼魚名奧室中○砡逆菊切琱砡齊也文一○⿱山族位六切聚齊皃文三齱齒叢生⿰齒欠歟也
二○⿰氵芺沃烏酷切說文溉灌也或作沃亦姓文十五鋈說文白金也觷礐治樸之石爾雅角謂之觷或从石

膌膜目膌膏腹也鸄馬鳴腹謂之鸄一曰馬行徐疾也鰽魚名夭虵名山海經軒轅國有諸夭之野

篗漉米箕鴁鴂水鳥或从芺𣽊纑末湅鷱鳥名山鵰也○鵠䧿胡沃切鳥名說文鴻鵠也

或从隹文十五皠說文鳥之白也翯鳥白肥澤皃隺說文高至也从隹上欲出冂易曰夫乾隺然㸕說文灼也𪘨

治象齒令白也通作鵠艁洽角也頶高鼻謂之頶閰門聲謂之閰𪐠小羊鷎邑名在韓犨牛白色

潅水聲礐石名○熇呼酷切說文火熱也引詩多將熇熇文十二嚛說文食辛嚛伊尹曰酸而不嚛膗肉羹

澩㶅水自渭出爲澩一曰夏有水冬無水曰澩或作㶅歊氣出皃𤳌火田種也𧍍蠚蟲毒或从䖵豰

小嗃聲也滈久雨○酷枯沃切說文酒厚味也一曰甚也文十二晧說文旱气也硞碌硞石皃𥟍廣雅熟也

嚳說文急告之甚也俈闕帝高辛之號亦通作嚳峼山皃靠相違也悎怖也告吏休假也漢書告歸之田

孟康讀陪大阜捁打也○告誥姑沃切告也易初筮告或从言文十六牿說文牛馬牢也引周書今唯牿牛馬

梏說文手械也祰博雅謝也一曰告祭郜國名在濟陰周文王子所封陪說文大阜也一曰右扶風郿有陪阜鵠

雗博雅鳿鵠鵠也一說小鳥射之難中古者畫於射質以中之爲儁一曰鵠澤縣名在西河郡或从隹𪘨治象牙曰𪘨一曰齒聲

靠相違也或書作𩇯峼山皃嚳假嚳咽也䅵䓊菩禾皮一曰地名或作䓊菩○𤜵犨吾沃切牛白色
或从隹文五熇約也嶅磝山多小石皃或从石○襮逋沃切爾雅黼領謂之襮文四犦牛名犎也鸔䳰
鳥鸔水鳥也或从隹○僕䑑蒲沃切說文給事者也古从臣文十四菐說文瀆菐也从丵从廾徐鉉曰瀆讀爲煩瀆之
瀆華衆多也兩手奉之是煩瀆鏷鏷錍矢名通作僕轐車伏兔蟔蟔蝩小蟲襮說文黼領也引詩素衣朱襮
蝮蟲名蟔也爾雅蟔蝮蜪郭璞讀跑博雅趵也雹雨冰鞄鞄莞柔革工鸔鸔鸔鳥名㜀女㜀昌意
妻暴日乾也○瑁𤰖蝐珇謨沃切瑇瑁也或从甲从虫亦省文十媢妒也㨹門樞橫木艒
南楚謂小船曰艒䑋覒突前見也媌好也萺艸名○渢蘇篤切博雅渢渢雨也文二𧝉新衣
聲○傶祖毒切邑名亦姓文八糳毇糲米一斛舂爲九斗或省錊姓也𧜟衣鮮皃𢪐收早熟禾曰𢪐
𣫃𣪡穿也或省○篤都毒切說文馬行頓遲文十七竺䈞說文厚也或作䈞通作篤督督𥉀說文
察也一曰目痛或省亦作督𧛸䙱裻說文衣躬縫或从篤从督裻說文新衣聲一曰背縫鋈鑠舌䓯𦯬
艸名韓詩䓯葍筑也或省豰說文推毄物也𥐝落石也焯明也𤬪瓠名○毒𠠝徒沃切說文厚也害人之艸往

往而生从屮从毒古从刀畐文二十一 妯⿰亻毒動也或作⿰亻毒 ⿱艹⿰氵毒⿱艹毒艸名說文水萹茿也或省 ⿱毒縣⿰忄毒羽葆幢或从巾 碡碌碡田器 瑇⿰目毒瑇瑁介蟲或从甲 蝳蝳蜍蟲名蚨蝥也 ⿰止毒⿰止毒行不上或省 蔋艸旱盡也

迪道也進也 ⿺辶霤雨皃 苖艸名 邮鄉名在高陵 㣙神㣙也皃 怞也 ○傉奴沃切人名虜有禿髮傉檀文八 搙捻也

褥小兒衣 耨𦔳田治艸也或从禾 嗕嗕行省地幼奴稱名 穛禾皮 惄飢皃 ○儥地篤切買也文一

○蓴猼四沃切蓴且艸名蘘荷也或作猼文四 砲聲也 鞄柔革工 ○磟盧督切磟碡田具文二 濼

水名在濟南 ○宗才竺切無聲也文三

○燭朱欲切說文庭燎从燭也亦姓文二十二 屬說文連也一曰足也俗作属非是 囑託辭也 蜀蜀鴟鳥名

孎說文謹也 歜⿰屬欠吹氣也或作歜 矚視之甚也 ⿺走蜀說文行皃 ⿰糸屬⿰糸蜀襮綴帶謂之⿰糸屬或省 韣弓衣

鸀⿰蜀隹鸀鳿鳥名似鴨而大赤目紺觜角或从隹 蠋蠋蟲名似蠶 蠾蟲名方言蠀螬謂之蚕蠾 臅狼臆中膏

灟博雅灟灟恭也 襡長襦一曰短衣 ⿰馬廾馬後左足白 斀擊也 ⿰豈攴擊鼓也 ○束捒輸玉切說文縛也亦姓或从手文五 ⿰亻蜀倲動皃 梀木名 ⿰口束吸也吮也 ○觸⿱角單樞玉切說文抵也古作⿱角單亦書作⿰牜甬文十一

韣弓衣歜說文盛气怒也臅狼膽中膏斣說文相易物俱等爲斣鄐闕人名史記齊有鄐鄐通作歜蠋蟲名擉也屬闕人名呂氏春秋齊

有顏𡳾鸀山海經氏人之國有青鳥赤足六首名曰鸀○蜀蠋蠾殊玉切說文葵中蠶也从虫上目象蜀頭形中象其身蜎

蜎者蜀或作蠋亦从屬蜀亦地名文二十二屬附也類也俗作属非是𣀖擊也蘛菜名韣𩋽弓衣或从革

襡𧞔襩說文短衣也或作𧞔襩鸀鳥名山烏也似烏而小究也西方郭璞說𣢧擊鼓也㑁倲動皃

鐲鋦錆温器欘木名大葉似柳而赤钃鋤也擉刺取龜鼈孎女字薥薥葵艸名𧼒跳也𤫊

王也○贖神蜀切說文貿也文四斀梁四公子名襩長襦𩏣鞮也○辱㦺𢚉儒欲切說文恥也从

寸在辰下失耕時於封畺上戮之也辰者農之時也故房星爲田候也亦姓古作㦺或省文十六蓐𦶋說文陳艸復生

也一曰蔟也籀从茻褥藉也縟說文繁采色也溽說文溼暑也媷懈惰也嗕囑嗕隣也一曰羌别種

𪐱黑垢鄏說文河南縣直城門官陌地也引春秋傳成王定鼎于郟鄏𩱶大鼎𢧜𢿬博雅戟其子謂之𢧜或作

𢿬㙯牛馬所蹢處○㮚𥻆粟須玉切說文嘉穀實也孔子曰㮚之爲言續也籀作𥻆隷作粟亦姓文十一

慄詭隨也𣯛𣰈博雅𣯛毦罽也或作𣰈𠜱細切也涑水名在河東一曰浣也玉西戎國名亦姓臅

狼臆中膏鏁金也。○促戚趨玉切說文迫也或作戚文十六趨趣趗速也或作趣趗誎博雅促也一曰飾也綀

脨弗練灸筋或从肉⿰鼠足⿰鼠足鼩小鼠⿰犭足宋良犬也數細也毛甚曰庶人不數罟取取慮縣名在臨淮⿸广束博雅

含也梀椂也娕婧娕齊謹也趗趢趗小步或書作⿱足走。○足疋縱玉切說文人之足也在下古作疋文三哫哫、訾

以言求媚也。○續賡松玉切說文連也古作賡文八藚艸名說文水舄也引詩言采其藚俗𠈁說文習也古作𠈁

⿰革鳥⿰革屬博雅履也或作⿰革鳥⿱出鳥速也。○䪁䪁逋玉切牛首絡或省文五懪牛名也襮黼衿鸔鳥名。○幞

襆纀纀逢玉切帕也一曰裳削幅或从衣从糸亦省文四。○瘃⿸疒彔株玉切說文中寒腫覈也或从彔文十四斸钃

說文斫也或从金欘說文斫也齊謂之鎡錤一曰斤柄性自曲一曰木枝上曲⿰扌屬博雅執也孎嫡孎文謹頭皃豖彖

豖絆足行皃或作彖擉刺也莊子擉鼈於江徐邈讀⿰蜀阝縣名⿰足屬行謹皃灟目汁⿺走豖小步。○梀丑玉切說文短

椂也一曰木名文八⿰米束糒⿰米束米也損⿺走豖趢⿺走豖小皃行亍說文步止也从反彳⿰彳豖豖豕絆足行或作豖塚牛馬

所蹈處⿰足豖走也。○躅⿰足屬⿰足逐廚玉切說文蹈躅也或从屬从逐文六蠋蠾蠋蟲名⿱艹躅⿱艹蜀艸名博雅羊⿱艹躅

⿱艹躅英光也或省。○録龍玉切說文金色也一曰采也記也文二十三睩日無光籙簏也一曰籍也⿰彔攴扑聲⿰言彔謯也

謔也親說文笑視也逯博雅逯逯衆也一曰行謹也亦姓䟿行皃一曰恭也趢說文權趢也娽說文隨從也

緑綠說文帛青黃色也或从帛碌石青色淥水清一曰水名在湘東又姓醁醽醁酒名騄騄耳馬名⿰月彔脂也

⿰魚彔魚名菉⿱艹緑艸名說文王芻也引詩菉竹猗猗或从緑祿祿形見爲禮也陸德明說睩謹視皃㥒心從也

○欲俞玉切說文貪欲也文十四慾情所好也谷峪爾雅水注谿曰谷或从山⿰黑谷黑皃浴說文洒身也或書作⿱谷氺

鋊說文可以鉤鼎耳及鑪炭一曰銅屑⿰車谷輍車枕謂之⿰車谷或从育⿰犭谷說文獨⿰犭谷獸也一曰豕毛長尾鵒⿰谷鳥

⿰谷隹鳥名說文鴝鵒也古者鴝鵒不踰泲或作鵒⿰谷隹螸說文螸醜螸垂腴也○旭吁玉切說文日且出皃一曰旭旭驕蹇皃文八

勖說文勉也引周書曰勖哉夫子頊說文頭頊頊謹皃一曰顓頊帝高陽之號朐朐衍戎名在北地⿸鹿頁⿰骨鹿顱也或作髗

珛朽玉⿰柔巿桼布覆車曰⿰柔巿○⿶凵曲曲𠃊區玉切說文象器曲受物之形亦姓隸作曲古作𠃊文十四⿴囗曲⿱曲土說文骫曲也隸作豊

⿱⿰屮屮曲⿱艹曲⿱竹曲說文蠶薄也或作⿱艹曲亦从竹通作曲⿰魚曲魚名有兩乳跫行聲蛐蟲名蚓也匤⿷匚曲也

⿰口曲鞫問謂之⿰口曲⿱髟曲⿱髟曲⿱髟局鬈髮皃○𦥑拘玉切說文叉手也文二十五⿱𦥑手兩手同械挶拘說文戟持也或作拘

輂說文大車駕馬也⿰扌瞿攫說文爪持也或作攫⿱𦥑車說文直轅車轒也⿱𦥑角曰角⿱𠔉糸攘臂繩⿱𦥑糸

說文約也鋦𢑝鐵束物也古作𢑝㮁梮說文舉食者或作梮𥻔弆說文素屬隸作弆檋梮蹻山行所乘以鐵如錐施之屐下或从屐亦作蹻𡰪說文持也从反丮𩿧鳥名坸水厓外𠂆覆手挶也梂檏實。局衢六切說文促也从口在尺下復局之一曰博所以行棊象形徐鍇曰人之無涯者惟口故口在尺下則爲局博局外有根堮周限也文十跼踡跼不伸也𦓫博雅𦓫耩耕也梮博雅曲道栻梮也通作局駶馬立不常謂之駶𡨍不敢伸也𩮲髮𩮲鬈髮皃𩶜魚名𡱩行促迫也侷侷促短小皃。王玉𤣩虞欲切說文石之美有五德潤澤以溫仁之方也䚡理自外可以知中義之方也其聲舒揚專以遠聞智之方也不橈而折勇之方也銳廉而不技絜之方也象三王之連丨其貫也隸加點古作𤣩文十一獄𡈰說文确也二犬所以守也古从口鳿琟鸀鳿鳥名或从隹通作玉砡字林齊也𨀱行不玉正蜬蠟蚟蟲名頊人腦煩。傉女足切愁悰也文二媷嬾也。嶌仕足切速也文二䮷驍騳野馬。數所錄切汲水疾也莊子數如泆湯文一。娖娕𡝫又足切嫧也或从東亦作𡝫文五𪘁齒齊也𥁃盂也。𠥓甫玉切受物器籒作𠥓文三亍足下齊。媢某玉切妬也文一

四。覺𧢘𧢘訖岳切說文寤也古作𧢘𧢘文三十五𥌓目明也角說文獸角也象形亦姓觮東方之音

一曰樂器通作角觷杖耑角捔博雅掎也通作角桷構說文榱也椽方曰桷引春秋傳刻桓宮之桷或作構

筩竹接也搉博雅揚搉都凡也埆獄也榷說文水上橫木所以渡者悎驚也⿰目角目動斠

說文平斗斛也梏爾雅直也通作較覺顜較較說文車騎上曲銅也或作較傕闕人名漢有李傕玨瑴說文

二王相合爲一玨或从㱿⿱𦥯馬馬行疾也⿰馬隺馬白額鉸器名駮雜也一曰獸名如馬一角鋸牙顜覯明也和也史記

顜若畫一或从見通作較矐去目睛也史記乃矐其目觳盡也史記不觳於此壆器之豐坼⿰氵隺漬也⿰骨隺骨堅

白榖木名關中謂楮爲榖。吒黑角切吒暴言恚呼皃文十八嗀⿰⿱士冖欠殳㱿說文歐皃引春秋傳君將嗀之或从欠亦省

謞謞謞崇讒慝也⿰酉樂廣雅酢也滈⿰氵翯⿰氵暠滈瀑水沸湧皃或作⿰氵翯⿰氵暠⿰⿳士冖韋殳急也翯鳥白肥澤皃豿

哮豕聲或作哮嗃悅樂也易家人嗃嗃歊歊暴木器乾而橈減也㲉獸名豰爾雅貔白狐其子豰⿱𣪊火

火聲。㱿克角切說文从上擊下也一曰素也文三十三鷇鳥子欲出者㲉⿰⿱士冖出殳⿰⿱士冖皮殳卵孚也一曰物之孚甲或从出从皮毃

說文擊頭也搉說文敲擊也⿰氵隺說文灌也一曰漬也愨慤說文謹也或从志確碻堅也或作碻墧

說文堅不可拔也通作塙礐⿱𣪊石确埆嶨壆爾雅山多大石也或作⿱𣪊石确埆嶨壆塙土高也硞

說文石聲也一曰巩革也肯幬帳之象觳盛觵器皷㱿皷乾也燩博雅曝也榷桔木名枳也有實如柚或作
梡傕姓也寉寉然心志高也觷治角也榖苴杖也門闕也⿰齒告治象齒也○斆學轄覺切說文覺
悟也从敎从冂冂尚矇也臼聲篆省文二十二觷說文治角也鷽雤說文雗鷽山鵲知來事鳥也或从隹一曰鷽鳩小鳩翯
說文鳥白肥澤皃引詩白鳥翯翯㱿㱿皷乾也⿱𦥑水澩說文夏有水冬無水曰⿱𦥑水一曰水自渭出爲⿱𦥑水或从學礐說文石聲
嶨埆壆說文山多大石也或作埆壆确⿱㱿石說文磬也或从㱿觳射具所以盛雉皬白也壆土堅
告休謁也㷌燥也⿰女角⿰女角娕孅皃㵳㵳瀑水皃○渥乙角切說文霑也文三十二媉博雅好也一曰
媉媉容也偓說文佺也嚳誇聲喔說文雞聲也一曰喔咿強笑也齷⿰𧾷屋齷齪迫也一曰小皃或从足腛脂豐
也握臺說文搤持也古作臺剭⿰黑屋博雅刑也或作⿰黑屋楃說文木帳也幄⿰衤屋屋幬也或从衣亦
作屋⿰角屋說文調弓也箹說文小籟也葯白芷其葉謂之葯葹艸名蒻也龏愨也鷽學
雤鷽鳩小鳩也或作學雤⿱𦥑馬說文馬行徐而疾也一曰馬腹下聲約⿰勺力束也或作⿰勺力嗌笑聲韄縛
一曰刀鞄中韋鱟魚名𦟼碎脂也⿱竹角竹名○嶽岳⿱山缶出逆角切說文東岱南靃西華北恒中泰室王者

之所以巡狩所至古作岳嶅出或書作嶽岳文十八顎顎說文面前岳岳也隷作顎樂說文五聲八音總名象鼓鞞木虡也亦姓
捳抨也觷礐治角也或从石鸑𪇻說文鸑鷟鳳屬神鳥也引春秋國語周之興也鸑鷟鳴於岐山江中有鸑鷟似
鳧而大赤目或从隹騅馬白額㸿犨白牛也或作犨礉磽山多小石也或作硗鑵齊人謂大椎曰鑵。剝
𠚧剛北角切說文裂也从录录刻割也或从卜亦作剛或書作㓟文三十犖犖犖雜色駁說文獸如馬倨牙食虎豹駁駮
說文馬色或从复㬥暴木落陰疎也爾雅毗劉暴樂郭璞說皺皺𦢊暴墳起也或从肉亦省筋㪣效
說文手足指節鳴也或作㪣效通作肑肑豕肶踃从足擊也髍骨耑爆爆熱也一曰火聲或从暴𣪍㩧𢿚
擊也或从手从勺嚗叼怒聲或作叼懪懪懪悶也鸔水鳥爾雅鵅烏鸔似鳧而短頸鳪鳥名爾雅鳪雉黃色自呼
𥗊石也㬥聲。璞玌匹角切玉素也或作玌文三十二樸說文木素也朴說文木皮也烞烞熚竹火
聲墣圤說文塊也或从卜鏷釙金釙擈攴撲扐扑攴博雅擊也或作攴撲扐扑亦省㬥大呼自勉
也鞄柔革工颮颮颮衆多皃䗱蛇屬犦特牛嚗㬥聲也莊子嚗然放杖而笑或从暴言爆爆火
爇也或从暴言𦢊皮破起𥐨矷硝藥石䁒目暗也𩪡骨箭礏石聲懪心懣炇火裂㼎小瓜𧴱

美財也。雹靁弼角切說文雨冰也古作靁文四十五彴仢爾雅奔星爲彴或作仢鵔鳥名骲骨鏃撲

撲說文挨也或不省㩧㩧博雅擊也或作㩧𧬂𧬂𧬂說文大呼自勉也或作𧬂𧬂懪懪爾雅

懪懪悶也或从暴跑博雅跑趵也一曰蹵之也窇博雅窖也䮝⿰馬包獸名馬形牛尾一角或作⿰馬包砲砲砆石文犦

牛名即犎也領上肉犦肤起狀如橐駝郭璞說𦢊⿰夂皮肉肤起一曰皮破或作彼豰⿰豕暴說文小豚也或作⿰豸暴鰒說文海魚一說石決

明藥旁有七空者良⿰瓜交瓝瓟說文小瓜也或作瓝瓟⿰目包怒目⿱竹畐竹名箹箹篔奄帶也暴歊暴乾撓也辟

器破裂也周禮髺狠辟暴劉昌宗讀服嗃呼也漢書謼服謝罪爆⿰火𧬂爇也或从𧬂鞄說文柔革工也引周禮柔皮之工鮑

氏鞄即鮑也鑤鉋杵頸謂之鑤或省瀑⿰氵𧬂⿰氵𧬂瀑水沸聲或从𧬂⿰犭暴⿰犭暴槊唐衞伎名⿰氵雹水激也颮颮颮物自

空墮皃。邈墨角切邈邈悶也一曰遠也通作藐文十五⿱貌土⿱貌心說文美也或从貌⿰扌貌擊也皃貌容也或作貌

眊⿰目⿱日毛目少精也一曰眊眊忌也或从⿱日毛瞀低目謹視也一曰目不明毣思貌一曰毛濡⿱艹䫌藐艸名說文茈艸也或从貌

⿱目⿰目目美目一曰目深勖勤也鞪輈束。朔色角切說文月一日始蘇也一曰北方也亦姓古書作⿰月屰文二十九數數爾雅疾也

古作數欶嗽⿰口束嗍說文吮也或作嗽⿰口束嗍矟槊鎙長矛或作槊亦从金搠博雅塗也箾說文以竿

擊人也引虞書樂曰箾韶㛙殰㛙嬻也箾筲飯帚或省渢大風雨皃𦋨㩋𦋨罘罟形揱說文人臂或引周禮輻欲
其揱𦃃緘也或書作䌃㴑溯㴑濯瀋也或从朔萷萷藋藥艸梢萷蕱梢櫂木無枝柯長而殺者或作萷蕱
櫟櫟虜縣名在臨淮槊木名一曰柵也𨧫鏍也消澩湘水聲。娕嫊婕娖孎測角切說文謹也一
曰善也或作嫊婕娖孎文二十八齪𨇨齺促齪齪迫也或作𨇨齺促擉簎捒捔刺取鱉蜃也或作簎
捒捔簇作餅具𥳓箹奄帶或𥳓作箹碏碏碏礫盤石或作碏盄杯也珿博雅齊也鏃鋜鋤也
諔曰欲得穀馬耳鏃賈思勰說或从足齺闕人名王莽時有廉斯齺𨇨行足也葯艸名椖柵也趵足齊皃餗鼎實
。捉側角切說文搤也文十六篧篧箄也或作篧斮斬也蕉藮蕉藮藥艸博雅蕉葵莤毋附子也或从禾从米
燋灼龜也糕穛說文早取穀也一曰生穫曰糕熟穫曰穛或作穛穱稻下種麥擉刺也莊子擉鼈於江鏃矢鏑箹
奄帶也汋健也汋井一有水一無水。浞仕角切說文濡也文二十四灂灂說文水小聲也隸从爵一曰環灂漆沂鄂汋
灂汋井一有水一無水嶨澩山夏有水冬無水曰嶨或不省齺齺博雅齧也一曰齒相近皃捔猎擌簎刺也或作猎擌簎
鋜足鈴鷟鸑鳥名說文鸑鷟也或从隹篧篧謂之罩丵說文叢生艸也象丵嶽相並出也䈾遫速也或作遫

濯明也詩鉛𦜝濯濯洮重讀觕説文角長皃鞢博雅屐也啅衆聲磭硺磭地不平一曰石也數促也周禮數目短脰李軌
讀。斵𣃟斲㔍𣂔竹角切説文斫也徐鉉曰㔍器也斤以斵之或从丮畫亦从斤或作㔍𣂔文五十四㵐水名在臨湘𧝝
博雅補也一曰長衣或从豖琢説文治玉也踍跳也襡短衣鐲小鉦焯小熱斀椓劅説文去陰之刑也引周書刖劓斀黥
或作椓古作劅𣪚𢴾𢧵𣪍説文擊也一曰擿也或从手从戈从殳卓𠧟説文高也亦姓古作𠧟棹踔説文持止也徐鍇曰
持止卓立也或作踔倬説文箸大也引詩倬彼雲漢𩣑𩣑驁馬行不前皃𥇣目明也晫明皃通作劉卓劉也孎大孎謹也
逴遠也趠疾走也諑博雅責也謑也啅衆口皃啄噣説文鳥食也或作噣䳟馬名爾雅雜雉䳟雉豨犳豝
龍尾一曰東方星名或从犬亦作豝通作豚豚博雅殿也一曰肥也涿𣅿説文流下滴也上谷有涿縣者或作𣅿籱篧籗罩
䈇説文罩魚者也或並省亦作罩䈇鯙魚名菿艸大皃濁闕人名史記孔子弟子有顏濁雛淖姓也諄闕人名晉
有韓諄𨶜水名山海經成山𨶜水出焉。逴趠勑角切説文遠也一曰蹇也或从走文十八踔博雅跳踔無常也戳刺也一曰
戳拔痛至也晫明也𢓌博雅蹇也篧擉以杈刺泥中搏取龜鼈之屬鄭衆説或作擉𥞛𣒼持止也一曰木名𧤭水名
罩𥳍劉箌擉魚哭或作𥳍劉箌鵫雉名卓高也𢾂擊也倬箸大也。濁直角切説文水出齊

郡厲嫣山東北入鉅定文二十八躅迹也濯說文澣也通作淖擢說文引也一曰拔也戳春也築也嬥直好也鐲說文

鉦也軍法司馬執鐲藋藋蒴藋藥艸或作藋⿰忄蜀心不安也鸀鳥名爾雅鸀山鳥似烏而小鸐翟鵫⿰卓隹鳥名爾雅

鸐山雉或作翟鵫⿰卓隹⿰犭卓犬猛噬蠗說文禺屬一曰小蜃涿淥地名一曰澤名或作淥瀆數也𨆌蹢躅行不進淖濡甚

也嬥博雅好也籗竹名⿱雨濯大雨櫂梢櫂木直上皃欘鋤也⿰犭翟獸名似鹿白尾。搦㲋昵角切持也或从攴文十

掉搖也搙搵也⿰角卓握也⿰角弱⿰角溺調弓也或不省溺休沒也莊子大浸稽天而不溺或作休蒻蒟蒻豆也。犖力角

切說文駁牛也一曰地名在宋文十二⿰口犖啅⿰口犖辯捷也礐石相叩謂之礐爍樂爆爍葉踈皃或省濼水名在齊魯間躒

礫逴躒超絕也或从石通作犖碌碌礫石地不平也通作礫⿰革翟⿰革翏⿰革翟斆皮堅也或作⿰革翏⿰牛隺白牛

五。質職日切說文以物相贅一曰朴也成也正也形也亦國名文二十七鑕鐵椹⿰口質⿰言質說文野人之言或从言懫博雅止也

⿰月質⿰月質⿰月旱藥也可治金瘍通作質劕劕劑券也長曰質短曰劑通作質晊爾雅大也一曰明也桎說文足械也櫍說文柎也礩

說文柱下石⿰彳至博雅擊也⿰至見眰視也或从目郅說文北地郁郅縣一曰至也亦姓隲說文牡馬也一曰陟也定也蛭蟲名說文

蟣也一曰水蛭恎很也躓跲也⿵門至門閫謂之⿵門至瓆闕人名後漢有劉瓆⿰氵質身寒皃⿰馬質馬名銍縣名摯姓也⿱執車

車前重⿰女實女字○失式質切說文縱也文三室說文實也从宀从至至所止也⿰革至刀削謂之⿰革至通作室○叱嘯尺栗切說文訶也或
作嘯文四⿰女七女不謹也⿰七鳥鳥聲○實⿱艹實宲食質切說文富也从宀从貫貫貨貝也古作⿱艹實宲文四溢米二十四分升之一也一曰滿
手爲溢儀禮一溢米劉昌宗說○日𡆠入質切說文實也太陽之精不虧从口一象形唐武后作𡆠文十六⿱艹日艸名昵暱親也或作暱
臸說文到也⿺辶臸說文近也⿰巾刃⿰巾日枕巾或从日⿰舟日舟飾⿰金日鈍也衵說文日日所常衣馹⿰馬刃說文驛傳也或作⿰馬刃
⿰黍日⿰黍刃黏也或从刃○率𢆟朔律切說文捕鳥畢也象絲罔上下其竿柄也一曰領也從也自也古作𢆟通作衛文十九⿰素率說文素屬
𧗿衛說文將衛也古作衛⿰木率木名⿺辶率說文先道也帥帨說文佩巾也或作帨⿰亻率行皃⿺風率風聲⿰率刂割也蟀
⿱帥虫蟋蟀蟲名或从帥膟腸間脂咰飲也史記楚先有熊咰是爲蚡冒䘹衣也禂謂之䘹⿰口率聲也⿰片率板也○悉
𢜡息七切說文詳盡也古作𢜡文十八⿰米悉粲也僁偦爾雅聲也或作偦厀膝⿰月厀說文脛頭卪也或作膝亦从厀⿱艹膝
⿱艹悉牛⿱艹膝藥艸或作⿱艹悉蟋蟋蟀蟲⿰衤桼博雅衸袥⿰衤束⿰衤桼也⿰木厀木名可爲杖⿰彳悉⿰彳悉⿰彳胥搖也四關中謂四數爲四駟四乘馬
肆放也⿱穴悉從穴出也○七戚悉切說文陽之三也从一微陰从中衺出文十四桼⿰虫彡㯃說文木可以髤物象形桼如水滴而
下古作⿰虫彡或作㯃漆柒說文水出右扶風杜陵岐山入渭一曰入洛亦姓或作柒⿰木卿說文木可爲杖⿱艹桼⿱艹柒艸名似蘇或作

茦郪說文齊地也鶔說文鳥也叱聲也莊子叱者吸者徐邈讀鰿魤魚名或从七○堲即子悉切疾也書朕堲讒說一曰燒土也禮夏后氏堲周一曰燭燼或省文十七汢麗也扗擮摘也或作擮尐蚍蟲名方言蜻其嶋者謂之尐或从虫

楖楖栗木名㗩鼠聲唧啾唧衆聲蝍蟲名爾雅蒺蔾蝍蛆似蝗而大熫㶭博雅煨也或省通作堲租秵秷禾重生嚉唧嚉言多也窸窸窣鼠在穴中聲洼淖濈也○疾廿𥏼𤵸昨悉切說文病也古作廿籒作𥏼𤵸文十五

㑵嫉𤺋說文妎也一曰毒也或从女从心亦書作愱揤拭也槉爾雅開謂之槉一名枅蒺蒺蔾藥艸螏螏蟄蟲名似蝗食蛇腦或書作𧑷通作蒺𧩉語速一曰毒也嗾啾嗾聲也𧼤走遽也鏃鏃鏵鐵撾○必壁吉切說文分極也文四𢾰說文熚火

十八華箕屬畢畢罼說文田罔也从華象畢形微也一曰貫牲體木或省亦从网畢一曰終也又國名亦姓

皃饆𪍿饆饠餅屬或从麥𧤽觱說文羌人所吹角屠觱以驚馬也或省俗作觱非是熚說文熚火皃滭𩗗

颮說文風寒也或作𩗗颮𤅦𣸣滭泉沸也或省亦从畢珌𤨸說文佩刀下飾天子以玉或从畢鏎簡也通作畢篳

彃說文䠶也引楚詞芎焉彃日一曰弦也韠𤿆鞸說文韍也所以蔽前以韋下廣二尺廣一尺其頸三寸一命縕韠再命赤韠或从皮从革

通作縪𧽤蹕𠌫說文止行也或从足从人通作譯𡢻博雅母也覕見也篳說文藩落也引春秋傳篳門圭窬通作華𡸟

終南山通从通作畢⿰虫畢蟲名⿰木畢說文木也鷝鷝鴂鳥名青色白面一曰水澤神⿰犭畢獸名鮅⿰魚畢魚名或从畢蔽小皃

詩蔽芾甘棠沈重讀縪博雅縫也一曰約束一曰冠縫著武也鉍矛穳謂之鉍醓飲盡也⿰示畢竈上祭咇喞咇喞聲出

皃或从畢邲地名泌水皃蓽豆也荊也一曰蓽苠艸名羊蹄也⿰言畢敬也。匹僻吉切說文四丈也从八匚八揲一匹一曰偶

也俗作疋非是文七⿰女匹女字鴄鳥名爾雅鷽斯鴄鶋或作鴄抋博雅刺也⿰匹鳥鳥名廣雅⿰馬匹也通作匹吡吡吡唾皃。邲

簿必切地名在鄭文三十一坒地相連次𠨘說文輔信也引虞書𠨘成五服比次上也怭怭怭慢也詩威儀怭怭佖說文威儀也引詩威

儀佖佖泌泉水皃醓飲酒俱盡一曰揄𨡃飶說文食之香也引詩有飶其香苾馝⿰黍必秘說文馨香也或从香从黍亦作

秘縪縫也㛑婦容咇言不明⿰必欠吹也鞸韠䩛說文車束也或从畢从比柲鉍戈柄也一曰偶也或从金吡

吡吡鳥聲抋刺也擊也駜駁說文馬飽也引詩有駜有駜或作駁鮅說文魚名鮩魚名⿰糸甲給也⿰虫必蠭屬笓次也。𧖅

蜜𧕴覓畢切說文蠭甘飴也一曰螟子或从宓从蚰俗作蜜非是文二十二蠠⿱面黽爾雅蠠没勉也或从黽⿱必皿說文拭器也宓

密⿱宓貝默也安也或作密⿱宓貝蔤⿱艹蜜說文芙蕖本或从蜜謐說文靜語也一曰無聲一曰慎也⿰目密不可測量也⿰酉⿱必皿說文

飲酒俱盡也⿰木⿱必皿樒字林香木也似槐或从密⿰⿱必虫鳥鳥名⿰氵⿱必皿滵淧⿰氵⿱必皿水皃或作滵亦省⿰扌⿱必皿拭也⿰氵⿱必土⿰氵⿱必土注泥淖。筆

笔逼密切所以書也說文秦謂之筆或作笔文十三嗶鳴也潷滗湢博雅溢也一曰去滓或从笔从皀⿰王筆玉管柲鉍

戈柄或从金㩧刺也咇咇嚹多言也蹕走也畢揘畢撞也○弻弼㢸㣁𢐀弼拂𠨘𠡓

⿱弗心薄宓切說文輔也重也徐鍇曰西舌也舌柔而弜剛以柔从剛輔弼之意或从二西古作㢸㣁𢐀隸作弼或作拂𠨘𠡓⿱弗心通作佛說文右戾也象左引之形

文二十三⿱大弗說文大也或書作𤟹奘怭慢也佖威儀備也邲地名⿰禾弗⿰禾弗⿰禾卯禾重生鴓鵖鴓鳥名駜馬肥皃柫

連枷也咈違也⿰革必束也佛佛仡勇壯胇⿰月必⿰月卯脟大皃或从必○密𡶒莫筆切說文山如堂者或省密一曰靜也近也

秘也亦州名又姓俗作宻非是文二十一⿱竹密竹名空小而有穰蠠蠠没勉也⿰立录見鬼詞宓說文安也通作密⿰目密⿰目密⿰目密不測也

沕潛藏也一曰塵濁謂之沕淧水流疾皃⿰密鳥⿰宓鳥⿰馬密⿰密鳥肌鳥名或省亦作⿰馬密通作密蔤⿱艹宓山荷本也或作⿱艹宓山榓香木⿰耳必

⿰耳必方言𢡃也趙魏曰⿰耳必或从目醓醓醹醬也⿱不目⿱必目不見也或作⿱必目鴓鳥名鴓如鵲○窒陟栗切說文塞也文二十七庢

說文礙止也一曰盩庢雍縣名跌拔也觸也⿰言窒諮⿰言窒言無倫脊也⿸厂窒倍⿸厂窒抵梧也一曰不循理也⿰矢窒短也挃秷⿰禾窒說文穫禾

聲也引詩穫之挃挃或从禾从窒⿰金⿱至土⿰金窒銍說文穫禾短鎌也或从窒隸作銍⿺辶窒近也嗟⿰口窒博雅咄也⿰食窒銍人地名一曰刈禾

人通作銍⿰齒⿱至土⿰齒窒說文齒堅也或从窒螲蟲名方言螻螲謂之螻蛄郅胵郁郅地名或作胵鷙卓鷙行不平也李軌說

抶擊也莊子抶其背　路廣雅蹢躅路跦也　⿰耳窒聽不聰也　⿰扌窒擣也通作挃　侄癡皃一曰侄作不前也　蛭蟲名爾雅蛭蝚至
堂。抶勑栗切說文笞擊也文十三　咥欪笑也或作欪　眣眰說文目不正也或从至　跮跮踱至前却也　紩縫也　騺
卓騺馬行不平也　⿰單長笑皃莊子⿰單長然而笑徐邈讀　呹聲也　⿰鬼失⿰歺失厲鬼或从歺　⿰齒至齧聲。秩直質切說文積也引詩積之秩
秩一曰常也次也文二十三　豑⿰豊失說文爵之次弟也引虞書平豑東作或从失通作秩　紩鉄說文縫也一曰索也或从金　帙袠說文
書衣也或从衣亦姓　⿰索失⿰馬風索　柣爾雅柣謂之閾一曰砌也　姪妷兄弟之子或从失　戜說文大也　⿺走戜說文走也　⿰豕失⿰豕失⿰豕失飛舒遲皃
荎荎著艸名　⿰亻色字林⿰亻色⿰亻色勇壯一曰行皃　抶擊也　挃爾雅穫也　戜國名山海經戜國在三苗之東　洷水也　袟劒衣　鮇
魚名　祑祭有次也。㮚⿱卤㮚⿱覀⿱卤㮚栗力質切說文木也其實下垂故从卤古作⿱覀⿱卤㮚徐巡說木至西方戰㮚亦姓隸作栗文二十
八　慄⿰忄㮚爾雅懼也或从㮚　⿰王㮚瑮說文玉英華羅列秩秩也引逸論語五粲之瑮兮其瑮猛也或作⿰王㮚　⿰糸栗黃色繒　⿰㮚刂⿰栗刂削也
或作⿰栗刂　莅臨也一曰劉莅林木鼓動之聲顏師古說　⿰扌栗以手理物　溧說文水出丹陽溧陽縣　凓說文寒也　⿰土栗塞也　颲⿺風栗說文
風雨暴疾也或从栗　⿱艹栗艸名　篥觱篥胡人吹葭管也　⿰山栗⿰月栗山名或从月　㗚嘍㗚挐也　鷅爾雅鳥少美長醜爲鶹鷅
麜牝麕也　⿰車栗車名　⿰禾栗⿰禾栗⿰禾栗積禾皃　⿰車力刷纑具。暱昵尼質切說文日近也引春秋傳私降暱燕或从尼文十三　⿰忄匿

愢也衵婦人近身衣尼爾雅止也一曰近也䵒⿰黍刃說文黏也引春秋傳不義不䵒或从刃痆痒也秜稻先熟者𧌐蠹蟲一曰
蟲食病𥉃小目𣟇木名神異經南方大荒之中有樹名𣟇其高百丈匿隱也○逸𨓈弋質切說文失也从辵兔兔謾訑善逃也古作𨓈通
作劮文二十六詄忘也昳詮詞一曰喜也佚說文佚民也一曰佚忽也佾⿰亻谷說文舞行列也古作⿰亻谷軼說文車相出也一曰侵軼泆
說文水所蕩泆也⿱穴失穴也溢洫說文器滿也一曰米二十四分升之一也或省鎰二十兩爲鎰一曰米謂二十四分升之一通作溢紩縷一
枚也齸麋鹿受食處⿰馬失馬足疾鴩水鳥名失放也鄭司農曰放失六畜殈鳥卵坼也禮卵生者不殈范宣讀迭過也
浸也洫深意莊子老而愈洫郭象讀秩鳥名爾雅秩秩海雉如雉而黑在海中山上施乾讀劮妷博雅劮婸也或作妷⿱竹逸廣雅罝也
呹疾也一曰羊呴皃○欯閱吉切博雅喜也文七徣行皃欯說也一曰無慗恄怖也咥咭笑皃或从吉颫風皃詰
喫吉切說文問也文八趌說文趨怒走也⿰多吉多也⿰馬吉馬色也劼用力也蛣蟲名說文蛣蚰蝎也髻竈神名箸赤衣狀如美女
欯無慗也○吉激質切說文善也亦姓文十六拮拮据手病詩余手拮据⿰吉阝地名趌趌趨走皃鞊鞂也⿺走幾走皃
結繫也洁水名狤狂也一曰狤掘獸名出西域嗽重陸香身無毛秸鴶秸鞠鳴鳩也或作鴶髻竈神名莊子竈有髻李軌說蛣
蛣蟩井中蟲名孑博雅孑孓短也一曰無右臂郅郅偈竿杠皃顏師古說⿰吉皮皮黑○一弌益悉切說文惟初太始道立於一造分天

地化成萬物或作戎文七壹說文專壹也嬞嬞婆婦人皃噎饐䭇食塞咽也或作饐䭇。肸黑乙切說文響布也从十从肸
徐鉉曰肸振肸也文一。暨戢乙切巳也亦姓吴有暨豔文二疙博雅癡也。姞吉郅極乙切說文黃帝之後百鯈姓后稷妃家也或
作吉郅姞一曰謹也文十一佶說文正也引詩既佶且閑趌直行也狤狂也鮚蚌也會稽有鮚醬[illegible]有志力也仡壯勇也
芞香艸趌怒走也。乙億姞切說文象春艸木冤曲而出陰气尚彊其出乙乙也亦姓文七鳦玄鳥也或通作乙汔水涸今謂去飯
水爲汔[illegible]臭也吃乙吃聲也[illegible]博雅貪也軋報也。拂普密切拂汨風動皃文一。耴逆乙切聱耴象鳥之狀文十三
疙博雅癡也朏無知意也[illegible]舟行皃[illegible]斷也圪說文牆高皃引詩崇墉圪圪屹山危皃[illegible]水流皃[illegible][illegible]
動也听笑皃[illegible]危也[illegible]截也[illegible]小山也。颶[illegible]越筆切說文大風也或作[illegible]文十一位居有著定也扢博雅投也
驈驪馬白跨也[illegible]目動[illegible]汩淢說文水也或作汩淢蚏蟚蚏似蟹蒁艸名。欯咭欠一切博雅欯欯喜也或作咭
文二。茁莊出切艸初生皃文一。耋地一切老也文三垤蟻封蛭蟲名茁厥律切艸初生皃文四[illegible]谷名繘綆也
[illegible]艸名。絀式聿切縫也一曰出皃文一。窒得悉切塞也文二挃廣雅擿也。[illegible]楚律切斷也割也文一。祋都律切殳也文一
屈僪其述切狂屈僪張似人而非也李頤說或作僑文五[illegible]走皃[illegible][illegible]博雅醬也或从鹵佶其吉切壯健皃文四吉姓也

詩謂之尹吉鮚鮖鮚大蛤咭笑皃。驕戶橘切驪馬白跨文一穴孔也。昵暱乃吉切近也或从匿文二。矞獝𢧤𦑣休必切驚遽皃禮鳥不矞或作獝𢧤𦑣文十六䀏直視也䀸急速泧水流皃䢌衆走皃烕狂也齊人語一曰怒也瞲𣅝眓目深皃或作𣅝眓亦書作䀸怵惐𤸁博雅狂也或作惐𤸁颰風也。貀女律切獸名無前足文三柮斷也吶語不明。繘其律切綆也文九趫遹狂走皃或从辵僪䰬狂鬼或从鬼䤎醬也𧾩趉走皃或从出矞錐穿物。鮠魚一切闕易其人天且鮠王肅讀文一。抶大一切闞也文一。齣測瑟切齧聲文一𤼽側律切吳人呼短文二𤼷鷄子出㲉聲六。術食律切說文邑中道也一曰技也文二十八述𨕖說文循也亦姓籒从秫沭𣶒說文水出青州一曰技也齣說文齣齒也潏爾雅水中可居者曰洲人所爲爲潏䢦說文艸也鉥說文綦鍼也絉縷也袕衣開孔也矞博雅穿也𡋭高也𧘂劒衣𧺩走皃噊爾雅危也秫朮說文稷之黏者或省驈䮂說文驪馬白胯也引詩有驈有騜或从聿鱊鱊鮬魚名𧒒蝗也繘綆也遹邪也詩潰潰回遹馽馬絆也莊子連之以羈馽李軌讀鷸𨘢翠鳥也或作𨘢茁艸華。出尺律切說文進也象艸木益滋上出達文一。卹雪律切說文憂也一曰鮮少也文二十二恤說文憂也

收也 賉賑也 訹怵鉥說文誘也或作怵鉥 謐靜也 戌說文滅也九月陽气微萬物畢成陽下入地也五行土生於戊盛於戌从戊含一 珬球珂謂之珬或作球 娍姐也 荗荗荗水流皃 鉞鋸聲一曰鉏鉞瑣處也 蛾水蟲名海蟀也 𠯌𣢖聲也或作欰 𣭎不能行也 鴥說文鳥也 𨻰頹也 祟鬼神爲厲 䬅小風 綇絆前足 ○頔之出切頭皃文五

茁艸名葫蘆也 𧳣短也 𪏰雞出殼聲 崛山皃 ○焌促律切燒也一曰火滅文三 黢黑也 卒終也 ○卒即聿切終也文八 啐啐嘽聲也 𣢾口飲謂之𣢾 淬淬沒水皃 𣨛說文大夫死曰𣨛通作卒 䱣魚名鯈也一曰鮪別名 崒山高皃 綷周也床衞語 ○崒卒昨律切爾雅崒者厜㕒或作卒文十二 𦐯飛疾皃 踤蹋也 捽博雅持也

誶讓也 箤笭也 啐嘈啐衆聲 萃聚也 顇顣顇短皃一曰關中謂癯弱爲顣顇 悴憂也 淬流也 ○怴竹律切憂心皃文十六 絀縫謂之絀 窋將出穴皃一曰空也一曰不窋后稷子名 茁艸初生皃 䢑趨也 泏說文水皃 罬雉罟 窡罬婜𩑢面短皃或作罬𩑢 𧳣𥎰𠇙短皃或从矢从人 𥬀竹筍生皃 𪡔聲也 炪火聲 ○黜詘出勑律切說文貶下也或从言亦作出通作絀文十三 絀說文縫也 趉走出也 跊𤞞山海經流沙之東有獸左右有首名曰跊踼或从犬 怵說文恐也 怴憂怖也 炪火聲一曰炪爩煙皃 欪說文咄欪無慙也一曰無腸意 𤸷爾雅狂也 泏水流

皃。茉朮直律切艸名說文山薊也或作朮通作莍文八趉走皃烣煙也袾博雅鉤衣也窋鑿穴居也墜隕也蒁艸名小薊也。律劣戌切說文均布也一曰法也述也陽管謂之律文二十九寽說文五指捋也繂索也或从糸稡粹糲米或从米悴夏憂悶也嵂崒嵂山高皃䔁博雅紈䔁素也捸去滓汁曰捸類似也淚關中謂目汁曰淚䢦艸名建述也一曰遻建行不美𦞁膟說文血祭肉也或从率一曰腸脂蟀蟀蟲名或省率約數也䔁博雅始也一曰艸孚甲出也葎說文艸也似葛有刺𠯿啐哷鳴也或从率从寽筟箻竹管以射鳥或从律𡾰壘鬱𡾰不平皃或省𩴍鬼名。聿允律切說文所以書也楚謂之聿吳謂之不律燕謂之弗一曰述也遂也文三十二遹說文回避也一曰述也趫說文狂走也欥說文詮詞也引詩欥求厥寧𦯬艸名藜也獝獸走皃統縷一枚也矞說文以錐有所穿也一日滿有所出也霱卿雲謂之霱通作矞颾疾風燏火光皃潏水流皃繘𦇧𦅿說文綆也古从絲籒从曰銉針也鐍錐也緈長也噊說文危也一曰鳴也鴥𦑣說文鸇飛皃引詩鴥彼晨風或作𦑣𥎞出也鷸𩾎說文知天將雨鳥也引禮知天文者冠鷸或从遹蟠蟲名說文蟠蟥也驈𩡰驪馬白跨也或从聿鱊魚名爾雅鱊鮬鱖鯞茟爾雅蕍茟葟華榮謂艸木華初生也沭水名出東莞僪日傍氣也呂不韋說通作矞建

行皃。橘訣律切說文果出江南文九　蕎艸名廣志蕎子生可食一曰馬芹　𦝦月在乙曰𦝦一曰月見西方通作橘　𨣶說文醬也

繘𦆑博雅繘絡綆也或从絲　𧼫說文走意也　𨇨狂走或从足

七。櫛楖抆測瑟切說文梳比之總名也或作楖抆文十一　擳廣雅拭也　𥢶𥝢𥢶禾重生皃或省　㘉唧

咇㘉聲出皃或省　瀄瀄汨水流皃　札甲葉也春秋傳蹲甲而射之徹七札徐邈讀　笫牀也。瑟𤤓爽𤦺

色櫛切說文庖犧所作弦樂一曰衆多皃一曰矜莊皃一曰泉流皃古作𤤓爽𤦺文十七　璱卹邲𤩐琗說文王英華相帶如帶如瑟弦引詩

璱彼王瓚或作卹邲𤩐琗通作瑟　𦆵𦆵色也通作瑟　颾颾𩗓風皃　蝨虱蝨說文齧人蟲或省　𠼞吐聲　𠜾刺也　𧐾

𧐾蟀蟲名促織也或从悉。𠜂𦿳𠛱𠞦測乙切博雅割也或作𦿳𠛱𠞦文十　𪘁𪗁𪘁也或从出　𧩓謅𧩓

私言　覕見也　沏流皃　㗿叱聲。𪗁食櫛切說文齚齒也文一

入。勿𣃓文拂切說文州里所建旗也象其柄有三游雜帛幅半異所以趣民故遽稱勿勿或作𣃓一曰勿莫也文十二　物說文萬物也牛

爲大物天地之數起于牽牛故从牛勿聲一曰事也　岉崛岉高皃　伆雜也　沕沕穆深微皃　昒未明也　粅粅粅粉皃　芴

艸名說文菲也　𨑨遠也　笏笢笏緊密皃　𥇍瞑也。拂敷勿切說文過擊也文三十三　昲博雅曝也　刜斷也　𩬅

佛說文髴若似也或从彳怫韜髮也梻柭說文擊禾連枷也或从犮袚梻說文除惡祭也或作祓甶說文鬼頭也象物佛
說文見不審也蛂田蟲艴色怒也孟子艴然不悅一曰畫工設色⿰足弗說文跳也⿱咸鬲⿱或鬲說文炥𩰪也或省亦作炥
岪說文山脅道也⿰山配石隤聲⿺走弗說文走也茀茀離艸木翳薈也祓蠻夷衣⿰目弗視皃⿱雨弗雲皃翇
舞狘帗方言帗縷毳也謂物之行敝笰博雅箭也通作茀⿰音弗樂聲乍息皃孛艸木盛皃⿰忄畜囊滿裂也⿱弗氺
沸灑也或作沸。弗亞分物切說文橋也古作亞文四十七乀說文左戾也不無也通作弗市韍韠說文
韠也上古衣蔽前而已市以象之天子朱市諸侯赤市大夫葱衡从巾象連帶之形或从韋从犮亦从弗通作芾黻⿰⿱山巿犮說文黑與青相次文
或作黻古通作茀紱紼綬也或从市袚博雅袚襏襫也綍引車索紼說文亂系也或書作⿱弗糸翇帗說文樂舞
執全羽以祀社稷也或从巾亦書作⿰犮羽⿱弗大博雅大也或書作⿱大弗獻刜說文擊也⿰弗阝姓也漢有⿰弗阝修茀說文道多艸不可行⿰革弗
與革後謂之⿰革弗通作笰笰箭也一曰笄謂之笰梻治禾具芾艸木成也沷寒也說文一之曰滭沷⿰風弗颰小風謂之⿰風弗一
曰疾風或作颰沸說文滭沸濫泉襏襏襫雨衣⿱雨犮雨皃紑鮮絜皃詩絲衣其紑蔽后車以翟羽為飾也鄭康成說通作茀
茇竹葦絙也胈股肉膚蛂甲蟲也大如虎豆綠色岪山脅道誖⿱勃心⿸或亭⿰亻⿸或亭亂也或作⿱勃心或⿸或亭⿰亻⿸或亭⿱髟音

髴首飾或作髴　𤇻𤇻炥熚或𤇻火不時出而滅一曰鬼火一曰火盛皃或省亦从弗　祓祭名　費佹也。佛拂符勿切大也一曰戾也或作拂文二十一　咈說文違也引周書咈其耇長通作拂　𧼮走也　怫弗說文鬱也或作弗　𨁴𧼮跳也或从走　㓈擊也　𢾐𢿘𢼊理也或从𢿘亦作𢼊　𡸊𡸊鬱山皃一曰山曲或書作岪　炥火皃　坲坲埻塵起也

茀艸木衆多皃　𡘇博雅大也　𠡒多力皃或書作𠢅　砩石名　艴大船　費佹也

九。迄忥訖許訖切爾雅至也或作忥訖文十九　仡壯勇也　餼䊠餼飽也或从忥从氣　忔博雅喜也

諦諦諦語也一曰語難皃　肸說文響布也从十从肸徐鉉曰肸振肸也　釳說文乘輿馬頭上防釳插以翟尾鐵翮象角所以防網羅釳去之　汔說文水涸也引詩汔可小康一曰泣下一曰幾也　芞香艸爾雅芞藒車芞輿　𦬸吳王孫休子字　扢奮舞皃一曰喜皃　肸說文振肸也　忔癡皃　掀舉出也　𩡧笑聲。气气欺訖切取也或省文五　芞艸名說文芞輿也　契字林契丹北夷號　吃吃吃笑皃。訖居乙切說文止也文八　吃說文言蹇難也或作𠯗　扢擊也　暨及也亦姓

魟魚游也一曰魚名　趌直行皃　秔春粟不潰。趌其迄切直行也文六　𥿮相切近也　汔幾也　扢奮舞皃

芞芞䔞艸名　仡勇皃。乙於乞切東方之日也象春艸木冤曲其出乙乙也文二　圪高皃。疙忔魚乙切癡皃或

作忔文十五　趌說文直行也　仡說文勇壯也引周書仡仡勇夫　圪說文牆高皃引詩崇墉圪圪　屹⿰阝乞屹峍山皃或从阜　⿸虍乞說文虎皃或書作虓　疑正立自定皃儀禮婦疑立于席西　忔心不欲也史記數忔飲食　扢奮舞皃一曰擊也　⿰舟乞舟行謂之⿰舟乞　⿰勿力動也　⿱辥刀斷也　釳乘輿馬首刀所以割網羅　○⿺風胃五勿切說文大風也文十　觱羌人所吹角所以驚馬　⿰目胃暫見也　⿰彳胃⿺走胃行遽皃或从走　曰發語詞　⿰扌胃⿰扌穴⿰扌運擲也或从穴从運　鴥鳥飛皃　○⿺風忽⿺風勿⿺風豖許勿切疾風也或省亦从豕文十三　⿰耳欻不明皃　⿱大卒疾也　⿰目⿱大卒目動或作⿰目豕　欻說文有所吹起　⿰彳⿱大卒獸名　⿰火豕⿰火彔博雅曝也煨也或从彖　⿰口欻气也一曰呵⿰口欻不明也　⿰出欠無慙皃　○屈⿱夂屈曲勿切曲也請也亦姓古作⿱夂屈文十二　詘誳說文詰詘也一曰屈襞一曰充詘喜失節皃或从屈　⿱艹屈說文㕞也　鶌山海經馬成之山有鳥狀如烏白首青身黃足名曰鶌鶋　⿰虫出⿰虫屈蟲名說文蛣⿰虫出也或从屈　⿰金屈⿰金屈鉞鎖鈯也　⿺風出⿺風屈風也或省　⿰馬屈⿰馬屈產良馬通作屈　○孑孓九勿切博雅孑孓短也一曰無左臂或作孓文十九　⿱山屈山皃　⿰犭屈狤⿰犭屈西域獸名食香無毛但自鼻有毛廣寸至尾燒刺不能傷　⿰足出趉⿺走孑走皃或作趉⿺走孑　⿰糹屈翟衣一曰結也通作屈　⿸尸⿱毛出屈說文無尾也隸省又地名亦姓　厥突厥夷屬　⿰屈刂說文剞⿰屈刂也　鶌鳥名說文鶌鳩也　⿰屈豕豕穴土也　⿱竹屈⿱艹屈博雅⿱竹屈謂之刷或从艸　⿰扌孑以杖掘出也　⿰虫屈蛣⿰虫屈蟲名　⿰足屈律⿰足屈多力　○倔⿰言屈⿰革屈渠勿切倔強梗戾也或从言从革文二十

掘堀說文搰也或从土　踀劻博雅力也一曰足多力或从力　趉趨說文走也或从屈　袦祉方亏自關而西謂襤褸曰袦裍或省　⿰王屈王名　⿰木屈斷木也　崛說文山短高也或書作崫　屈屈博雅短也一曰無尾或省　⿱屈土埤倉短尾犬也　⿰叕屈豕掘地也　詘充詘喜失節皃　⿰歹屈殭也。鬱欝欝欝紆勿切說文木叢生者一曰幽也亦姓或作欝古作欝文三十二　鬱欝蘙說文芳艸也十葉爲貫百廾貫築以煑之爲鬱从臼冂缶鬯彡其飾也一曰鬱鬯百艸之華遠方鬱人所貢芳艸合釀之以降神鬱今鬱林郡也或作欝鬱通作鬱　菀茂也詩有菀者柳通作欝蔚　蔚艸名亦州名　⿱𦥑儿屈䠇屈短皃　尉尉从上案下也又姓古作尉

⿰扌鬱捥拗戾也或从宛　尉熨爩持火展繒也一曰火斗或从鬱　⿰口豋⿰口餐喉中鳴或从餐　爩炪爩煙出也　黦黦玄黃也或从宛亦書作黦　䬴餐䜲飴和豆也博雅饐謂之䬴或作餐䜲　灪灪滃大水皃　⿰石鬱⿰石鬱礦小石　貍臭也周禮馬黑色而沙鳴貍　慍惌宛心所鬱積也或作惌亦省　罻網也　⿰黑鬱黑皃　煨畜火。崛屈魚屈切崛然獨立皃或書作崫文六　阢兀高皃　杌刖餘木　⿰兀頁頏頟面短　峗屼屼峗崪山皃或从兀。眣丑乙切以目使人也春秋傳眣魯衛之使文一。⿰叕出竹勿切短皃文一

十。月𠥱魚厥切說文闕也太陰之精象形唐武后作𠥱文十八　刖說文絕也　跀趴說文斷足也或从兀通作刖　抈說文

折也扤動也引詩天之扤我軏軏說文車轅耑持衡者或从兀岄山名或書作胐鈅兵器枂鞍瓦⿰兀危不安皃䚴廣雅怒也⿰耳月說文聉耳也玥神珠也朝車釭杌刖木餘○鉞越王伐切說文度也一曰墜也於也遠也亦國名又姓隷作越文二十四⿺辶戉說文踰也引易雜而不越⿰足戉說文輕也戉鉞說文斧也引司馬法夏執玄戉殷執白戚周左杖黃戉右秉白髦或从金⿰韋戉斧衣也璏劍鼻玉也曰說文詞也从口乙聲亦象口也出也粵㖥說文亏也審慎之詞者从亏从宷引周書粵三日丁亥或从口絨說文采彰也一曰車馬飾一曰細布娍說文輕也一曰愚也⿰立戉竚立也⿱彗火暴也樾⿰木粵字林樹陰也或作⿰木粵棫木名⿰戉鳥鳥名蚏蝟蝛彭蚏水蟲似蟹而小或作蝟蝛泧大水皃⿰虫戉蠊蛾水蟲名似蚌○颰許月切颰颰風也一曰小風謂之颰文十⿰歹戉盡也泧大水皃⿰走戉走皃狘大水皃⿰山戉山皃⿰手戉⿰手戉⿰手戉飛皃⿱目夂舉目使人也⿰言欠廣雅怒也⿰忄戉字林戇皃一曰怒皃○闕丘月切說文門觀也一曰乏也空也文五⿰糸屈屈⿰糸屈狄后夫人之服或作屈⿰氵厥⿰氵闕水名在義陽或从闕○厥⿱氒可居月切說文發石也一曰其也又姓古作⿱氒可通作氒文三十三⿰石厥發石也或書作⿱厥石乢乢丨動皃从乚丨乙瘚欮說文屰气也或省一曰欮穿也⿱欮羊羊病⿰豕厥豕食發土謂之⿰豕厥孓說文無左臂也一曰孑孓短也乚說文鉤識也劂剞劂曲刀也⿱厥力⿰歹力也撅說文从手有所把也一曰擊也撥也⿱厥木弋也或書作橛蹶⿰足闕說文僵也一曰跳也或从闕亦

書作㜃嬉㜃女皃𩪘𦢊說文𩪘骨也或从肉𧾷趉說文蹠也或省蕨菜名說文鼈也蟨說文鼠也一曰西方有獸前足短與蛩蛩巨虛比其名謂之蟨蟩蛣蟩小蟲𧤼說文角有所觸發也鱖魚名鷢鳥名說文白鷢王雎也屈屈貉地名通作厥氒說文木夲撅羊名嶡俎名足有橫𧝎揭衣渡也𧼮怒走也。𧤼其月切角有所觸發也文二十三劂𢤱說文彊也或从心亦書作劂橛說文弋也一曰門梱或書作橛𧾷蹠也掘闕撅穿也或作闕撅亦書作𢷎鐝磨也蹷𨇾倒也或从闕亦書作蹶𧼯趉行越𧼯也或省𩪘𦢊博雅髀髁𩪘也一曰尾夲或从肉鷢𪆾白鷢鳥名似鷹鷢或从隹亅說文鉤逆者謂之亅象形瘚博雅病也𧝎短衣赶舉尾走橛橛株山名蕨菜名。噦𣤶於月切說文气啎也或从欠文十三㜃嬉㜃女皃或書作𡡞豌䬴𩚁豆飴也或作䬴𩚁黦黦說文黑有文也或从宛宛鄭康成曰兔爲宛脾焥烟火皃菀紫菀藥艸濊濁也鱖魚名。钀語訐切馬勒旁鐵爾雅鑣謂之钀文五𨏚高車皃揭長皃詩葭菼揭揭扢擊也听語相訶拒。紇恨竭切說文絲下也春秋傳有臧孫紇文五齕齧也籺米粉麧覈麥糠中不破者或作覈。㾜五紇切㾜瘍凝皃文一。頢苦紇切頢高也文一。歇許竭切說文息也一曰气越泄文九蠍毒蟲䯧䯧骭骭前骨𦪈𦨣𦪈艒大舟或省猲𤞽說文短喙犬也引詩載獫猲獢或从歇熂火焚山艸也滊字林鹽池一曰以甘水和鹹水爲鹽曰瀛。訐居謁切說文面相斥罪相告訐也文十九 揭擨說文高舉也或从歇 稭穛說文禾舉出苗也或从桀 吃語難 趨說文趌趨也 鍻金飾鼓名大駕鼓吹有金鍻 羯羪說文羊羖犗也或省 桀莠盛皃詩維莠桀桀 偈傑偈偈用力皃或从桀 藒菜名似蕨生水中 盂齊人謂盤曰盂 猲虜別號 駒馬走皃 丩丩丩動皃从乚丨相向 傑負持皃。竭其謁切盡也文九 碣嵑[illegible]碣石山名或[illegible]从山古作[illegible] 楬說文楬桀也引春秋傳楬而書之 揭擖擔也或从竭 偈傑偈偈用力皃或从桀。謁於歇切說文白也又姓文十一 暍焗說文傷暑也或从火 ⿰曷臭物敗气也 ⿰糸曷繒壞也 ⿸广曷說文屋迫也 ⿸疒曷病也 閼止也塞也一說太歲在卯曰單閼 ⿰金曷以鐵爲楬也 ⿰黑曷黦色變也或作黦。⿰忄巿拂伐切根怒也文一。髮⿰犮首⿰犮頁⿰犮頁方伐切說文根也又姓古作⿰犮首⿰犮頁⿰犮頁文十 發說文䠶發也一曰舉也 冹寒冰也一曰風寒 颰颰颰風疾皃 ⿰舟發收繫具 蕟艸名 ⿰言發出言也。伐傠房越切說文擊也从人持戈一曰敗也或作傠文十九 茷說文艸葉多引春秋傳晉羅茷 罰說文辠之小者从刀从詈未以刀有所賊但持刀罵詈則應罰 垡墢耕起土也或从發亦書作⿰土戈通作伐坺 坺地名 ⿰日巿春也 ⿰酉犮俗謂釀酒一成曰⿰酉犮 閥閥閱功狀 瞂𢧵⿰口犮說文盾也或从戈亦作吠通作伐 橃栰筏⿰舟發說文海中大船或作戕筏⿰舟發 藅艸名爾雅⿱蘢言藅 拔艸名龍葛也。韈韤襪[illegible]韎⿰糸末[illegible]袜帓勿發切說

文足衣也或从革从衣从皮亦作韎沫𩋾袜帗文十三 儀儀鞨東夷名 幭博雅幭帊帳也 靺靺鞨胡羊名 𡕢舉目使人

。揭丘謁切舉也爾雅淺則揭文五 藒艸名說文芞輿也 頞秃也 㓭字林傷也 朅却也一曰武壯皃 。爖丑伐切爖爖燒起文一

。焥於伐切烟火皃文一

十一。沒莫勃切說文沈也文九 叜說文入水有所取也从又在回下回古文回回淵水也 頞內頭水中也 勿卹勿搔摩也 歾

歿說文終也或从叜 𤤼說文王屬 𦱤艸名 圽埋也史記以至圽身。 䪬普沒切按物聲或省文十二 朏月未盛之明古書作 馞 馟香盛也或从出 哱吹聲 𡤿乳母字 𩂜雲皃 艴 𦫙色艴如也或从孛 昢日未明 𢘅心𢘅然起。

孛薄沒切色惡也一曰彗星謂之孛通作茀文四十六 艴 佛 𦫙說文色艴如也引論語色艴如也或作佛艴 侼強也很也 勃 𢿣說文排也又姓或从攴 誖 悖 哱 𧮂 𢡋說文亂也或从心从口籒从二或亦作𢡋 浡浡然興作皃

𩗩風皃 郣說文郣海地一曰地之起者 渤 𣻔渤澥海名或从敦 𡋯 𡑃博雅塵也或从勃 𤇯 𤎯煙起皃或从勃 馞博雅馛馞香也通作茀 𥞊 𥞥字林𥞊稡禾秀或作𥞥 𩱌 鋍說文吹釜溢也或从金 餑博雅餑䭃長也 𪍓屑麥也 𥹯屑米也

桲方言齊楚僉或謂之桲今連枷一曰杖也一曰榅桲果名 葧 𦳟艸名博雅蘩母蒡葧或从敦 脖脖胦臍也 挬

拔也𣯶𣯶𣯶毛短鶉鶉鳩鳥名騂山海經敦頭之山多騂馬牛尾白身一角其音如呼䨴雲皃茀弋射矢名菩麻菩楊艸

名𡾊說文崩聲狒說文過弗取也䴺䴺䴺餅也暳暗也䫲䫲䫲皃敗氣也哱聲也○窣蘇骨切說文从穴中

卒出文二十一埣土落也䊝粟也𣰆毛短謂之𣰆稡稡稡莠也卹捽卹勿摩也或作捽䴵䴵磨麥也或

作䴵䶤鼻聲篲帚也莊子操拔篲屑屑博雅勞也一曰勃屑行皃或作屑淬沒也䳩𪈁鶉鶉鳥名或从淬倅傑

不安𥗼磨也糈米粉也堉塵也㾷瘠瘠癡皃○猝踤蒼沒切說文犬从艸暴出逐人也或从足文十二卒忽也崪忽卒暴終

切字林扨摩也紏也刌斷也䏶脺耎易破也或作脺䯿小骨窣忽自穴出也捽捽擽行艸聲○卒臧沒切說文隸人給事者

衣為卒卒衣有題識者俗作倅非是六四倅兵百人曰倅通作卒稡𥟎稡禾秀不成聚向上皃鬡髮多○捽昨沒切說文持頭髮也文九椊

字林柱頭枘也齰齰也䚝角始生也𣰆毛生皃崒山危峻皃髀小骨踤說文觸也一曰駭也一曰倉踤鬡髮皃也○咄

當沒切說文相謂也一曰呵也或从對文九𡁏柮榾柮短木𦍑羊名朏臀也一曰䐃朏曲胐也一曰肤出也鶻鳥名鳴豫知吉凶或

書作貀䝪貀獸名怞怵也黜出北海○突宊他骨切方言江湘謂卒相見曰突一曰出皃或省文十六腯𦝰

說文牛羊曰肥豕曰腯或从突葖艸名爾雅葖蘆萉蕪菁屬𠫓𠫔說文不順忽出也从到子引易突如其來如不孝子突出不容於內也或从到

古文子即易突字 ⿰忄隶 說文肆也 踕 踕踥前不進也一曰蹂也 杌 木杌也 ⿰犮皮 皮壞也 怢 忽忘也 ⿰窋刂 剌入皃 捸
滑利 ⿱竹突 竹器 湥 流也。 揬 陁沒切搪揬觸也文二十五 𠫓 不順忽出也 突 說文犬从穴中出也从犬在穴中一曰滑也
堗 突竈窗謂之堗 凸 出皃 腯 腞 肥也或作腞 鈯 博雅鈍也 鍎 ⿰金突 槍也或从突 ⿰木突 埤倉戶持鎖植也 ⿰舟突
釣舟謂之⿰舟突 ⿰耒突 耕也 趃 走皃 摕 擊也 葖 艸名爾雅葖蘆萉 湥 流皃 ⿰犭突 獸名 鶟 ⿰突隹 鶟鶘鳥名似雉青身
白首或从隹 鼵 鳥鼠同穴其鳥爲鵌其鼠爲鼵 跌 足傷也 ⿰衤突 博雅幃無襠謂之⿰衤突 ⿰王突 王瑱 ⿰山窋 ⿰山窋屼山皃。 赦 ⿰木赦 勒沒
切箭⿰身矢之矢謂之赦或作⿰木赦文十三 殼 殼敍不滑利一曰物不安皃 踥 踕 踕踥不進或从聿 ⿰口聿 聲也 ⿰土聿 土埂埒也 葎
艸名似葛 ⿰石戾 硉 峍 ⿰石戾矶山崖也或作硉峍 捸 捽也捋也 律 律魁大皃。 訥 呐 詘 奴骨切說文言難也或从口亦
作詘文九 肭 膃肭肥也 抐 搵抐擩也 妠 媪妠心亂 䟜 足傷 ⿰忄内 瘟⿰忄内憂悶 㕯 下聲。 麧 ⿰禾乞 籺 下扢切說文堅麥也一曰
俗謂麤屑爲麧或从禾从米文七 齕 說文齧也 淈 博雅淈淈流也一曰濁也 扢 摩也 紇 絲下也。 扢 古紇切摩也文一
。搰 胡骨切說文掘也文二十七 扢 摩也 抇 博雅裂也穿也一曰牽動也 ⿰扌圂 說文手推之也一曰拑也 ⿰目黑 濁垢 ⿵門乞 婞很也从
門 ⿰車圂 轉物軸也 縎 絲類 ⿰耳黑 埤倉地名一曰耳聾 滑 亂也 ⿺乙骨 說文[illegible]病也 鶻 ⿰气鳥 鳥名或从气 榾 核

集韻　入聲十乙

果中實或作核堀穿也淈爾雅治也聉耳聲繢采色明潰決也殨腫壞也絗縷縈也紇束也一曰絲下

齕齧也䅂麧屑也或从麥汩涌波也○忽呼骨切說文忘也一曰輕也文二十五淴說文青黑色曶𡇂

說文出气詞也从曰象气出形引春秋傳鄭太子曶一曰也象形籀作𡇂淴淈水皃或从屈㧾楚謂擊爲㧾一曰去塵也惚

怳惚失意寣博雅覺也一曰卧驚[illegible]心也一曰熟寐[illegible]遠也啒唿博雅啒啒憂也或从忽[illegible]狂趨[illegible][illegible]

說文尚冥也或从忽緫博雅也通作總笏曶公及士所搢也籀作曶象形義云佩也古笏佩之釋名笏忽也有事記其上以備忽忘榴

說文高皃匫匢說文古器也或作匢[illegible]埤倉急㩌縛也[illegible][illegible]餅屬或从忽[illegible][illegible][illegible]說文疾風也或从豖古作

[illegible][illegible][illegible][illegible]說文豕屬也或作[illegible][illegible]芴芒芴无象也扫博雅裂也[illegible]說文疾也沕沕穆微也○堀窟

苦骨切說文兔堀也或从穴亦作窟文二十七䯋月䯋月出所生也[illegible]㞊崫[illegible][illegible]屼山皃一曰童山或作㞊崫亦从石

矻石也㔢㔢㔢勞極皃通作矻[illegible]博雅勤也圣說文汝潁之間謂致力於地曰圣[illegible]目出皃[illegible]突出也[illegible]敓敨

不滑利也一曰敨敓不安㧾博雅擊也方言南楚凡相推搏曰㧾䯇說文大頭也一曰醜也一曰相抵觸[illegible]說文禿也一曰頰起皃朏

𦜟髖也一曰朕出或从屈泏字林水定也一曰淈池搰搰搰用力皃堀說文突也引詩蜉蝣堀閱一曰堀堁塵起[illegible]水深也

掘揚也 髡去髮也 搰推也。骨古忽切説文肉之覈也文二十七 傦⿸疒骨鄭病或从疒 杚説文平也謂斗槩

扢摩也 汩治也一曰水聲 啒啒啒憂也 ⿰出頁面顴 縎説文結也 愲心亂也 滑扫亂也或作扫 淈説文

濁也一曰滒泥一曰水出皃一曰治也 ⿱艹屈⿱竹屈字林刷也或从竹 蓇艸名不實 ⿰羊骨⿰羊骨⿰羊出羊名 榾榾构木名 ⿰豸骨⿰豸骨貀獸名

鶻鳥名説文鶻鵃也 ⿰馬骨⿰馬骨駘獸名出北海 槩哀亂皃莊子我獨何能无槩 螖螺屬 ⿰魚骨魚名山海經稷澤多⿰魚骨其狀如

虵四足食魚 ⿰禾骨禾莖 ⿰牛骨牛名 矻磨石也。頭烏沒切説文內頭水中也文十四 淴淴泱水流疾皃 搵搵抐擩也 嗢説文

咽也一曰大笑 ⿺毛昷⿺毛昷毷毛皃 ⿰昷欠咽中息不利也 膃膃肭肥也膃脖病也 殟説文胎敗也 馧馧馞大香也 榅⿰木烏榅桲果名

或从烏 瘟心悶皃 熅煙皃一曰熱皃 ⿰臭昷臭气。兀五忽切説文高而上平也从一在人上亦姓文三十二 扤説文動也通作杌

杌柮樹無枝也一曰檮杌頑凶無疇匹之皃或作柮 ⿱艹兀艸名艾屬 矶硉矶山崖 屼山名一曰⿰山窟屼童山 軏車轅端持衡者 刖

⿰舟兀仡説文船行不安也或从兀亦作仡 ⿵門乞括也一曰婞很也从門 齀齆獸以鼻搖物一曰鼻仰也或从危 ⿸疒出疣説文病也

或从兀 刖絶也 虮蛤屬 跀⿰足兀斷足也或从兀 髡完⿰兀頁去髮刑或作完⿰兀頁 坯伾爾雅山一成坯沈旋讀或

作伾 阢峗説文石山戴上也或作峗 ⿸厂危⿰亻兀⿰出兀⿰臬出博雅危也或作⿰亻兀⿰出兀⿰臬出 ⿰虫出蛣⿰虫出蟲名。⿰豸豈敳紇切齒相齘也文一

○貀 女骨切獸名無前足形如猴文一

十二。曷害 何葛切說文何也或作害文三十三 褐⿰衤歇 說文編枲韤也一曰粗衣或从歇 嵑 嶱嵑山皃 㲧 博雅㲧毲罽也 鞨 博雅屩鞨履也一曰靺鞨北狄別種 頨 傾頨揚言也一曰頼頨健也一曰頼頨鼻面平也 𩩲 骨名𩩲謂之骱 偈 武皃 ⿰白曷 白色

藒䕼⿱艹褐 水艸似蔽可啖或从髟从褐 喝 呼也一曰喉喝怒聲 遏 水皃 骱 ⿰骨蔑骱小骨一曰堅也 餲 爾雅食饐謂之餲

鶡鳱 鳥名說文似雉出上黨或从旱 鶷 鶷鸛鳥名 蝎 蟲名說文蝤蠐也 ⿱害䖵 蟲名說文螻蛣也 ⿰木害 木轉皃

⿰牛曷 牛名 螛 轄螛龍搖目吐舌皃 ⿰米曷 白米 齃 䶩齃齧物聲 ⿰曷力 勸力 遏 遮也 堨 壅也 ⿰王害 石似玉 轄 轕轄轉搖皃

○歇喝⿰口蓋 許葛切訶也或省亦从蓋文十五 暍 熱也 頨 頼頨健也 ⿰白曷 博雅白也 ⿰曷臭 大臭也 ⿰鼻曷 卧息

馤 字林香氣 歇獥猲獦 短喙犬或作獥猲獦 愒曷 相恐怯也或作曷通作猲 ○渴 丘葛切說文盡也文二十五

歆 敵也 ⿰氵歇 說文欲歠也通作渴 ⿸疒曷 內熱病 ⿰骨曷 肩髆骨 嶱嵑 山皃或作嵑 磕 石名 碣礍 石皃或从葛 葛

艸名 蝎 彭蝎水蟲似蟹 碣 石可爲器 ⿰禾曷 禾長穗 鶡⿱曷盍 鶡旦鳥名或作曷盍 ⿰鳥間頨 驢秃或作頨 趨 趌趨走也

楬毼 柩不飾曰楬或作毼 ⿰黽曷 蛙類 轞轕 轕轞車聲或从曷 ○葛 居曷切說文絺綌艸也亦姓文二十六 𦵔

竹名博雅篙箣桃支也𤩰石似玉割刏說文剝也古作刏匃求也春秋傳毋或匃奪𨜒說文南陽陰鄉𣽂漻𣽂

水廣也一曰水名葢覆也騔騔𩣡說文馬疾走也或从曷从葛獦𤢺獦狚巨狼或从葛𧽯怒走𣂼哥哥堅干

皃鶡鶡鶡鳥名似伯勞蝎蟲名蝤蠐也褐𧜄粗衣或从葛𥢓博雅穅謂之𥢓𥡴禾長皃轕轕轇轕

車馬喧雜皃一曰室宇曠深一曰鋒戟形或从曷𢷎揭𢷎楔木聲臈臈胆肥皃。遏阿葛切說文微止也文二十閼堨

說文遮攤也或作堨𢉀屋迫頞齃說文鼻莖也或作齃洝洝洝濕潤也咹博雅止也一曰小語一曰吃也峖山名歐

大呼用力謂之歐餲食敗也爾雅食饐謂之餲胺肉敗曷逮也輵輵轄轉搖皃暍博雅暍曬煐也藒菜似蕨生水中

𤂣水名靄雲霧皃藹茂盛皃按捺也。𡾊嶭牙葛切說文巀嶭山也或作嶭文二十六屵說文岸高

也巘說文載高皃𣟑櫱不梓栟說文伐木餘也引商書若顛木之有甹𣟑或从木辥古無頭亦作梓栟歺户

說文列骨之殘也从半冎徐鍇曰冎剔肉置骨也骨也故从半冎古作户𠯑𠯑說文語相訶岠也口岠辛辛惡聲也或作𠯑亦書作哰

齾齒缺也𠯫囐嗱嘈嘈𠯫𠯫聲也或从獻从幸𢿌擊也䯥鬄餘髮刖絕也孼孼孼将壞皃

頢短面也嶱嶱嵑山皃𩪧𣫭𩪧骨高皃碎磍碎石皃頇無髮。躠䠅桑葛切跋躠行不正或作䠅通

作殺文二十四薩唐六典有薩寶府掌胡神祠殺散皃史記望之殺然黃⿰禾辛辛味⿱竹散篙⿱竹散竹名⿱殺米蔡撒⿰扌祭說文⿰米殺⿱殺米散之也一曰放也或作蔡撒⿰扌祭通作殺摋側手擊也春秋傳摋仇牧一曰抹摋掃滅也縩綃屬姍姺姍婦人行衣曳地皃⿰言祭散言也泧泧瀎拭搣⿰木祭⿰木蔡字林艸木動聲或作⿰木蔡⿵風殺⿵風蔡⿵風殺⿵風殺風也或作⿵風蔡⿰口冊聲變也⿰米冊糝也齊民要術時⿰米冊之蔎香皃楚辭懷椒聊之蔎蔎珊珊瑚生海中⿰口薩⿰口薩玉西戎族名。攃⿰石蔡七曷切摩也或从石文五縩綃屬⿰木蔡艸木動聲蔡昧蔡宛酋名。⿰髟贊子末切髮⿰髟贊多毛文十九⿰巾節拭也拶逼也⿰足𡿧蹙⿰足𡿧行皃𡿧灒水濺也或从贊⿱艹贊艸木叢生也⿰氵截小水出也一曰灑也⿰𡿧刂刺⿰𡿧刂蕆濁桚笮也礤礸麤石或从贊⿰忄贊懵⿰忄贊心慢怠囋聲多也⿰女𡿧婢也⿺辶差偏⿺辶差足大饡日也⿰氵⿱巛石⿱巛石水激石皃或省。巀才達切說文巀嶭山在馮翊池陽文九囋⿰口獻⿰口卉唪啐博雅嘈囋聲也或作⿰口獻⿰口卉唪啐⿰扌獻擊也歺⿰歹乃骨餘⿰氵巀雨聲。怛⿱制心憚當割切說文憯也或作⿱制心憚文十五妲妲已有蘇氏女呾相呼也炟火起也⿰黑旦說文白而有黑也五原有莫⿰黑旦縣笪說文笞也一曰覆舟簟亦姓靼⿰革亶柔革或从亶狚山海經北號山有獸如狼赤首鼠目名曰獦狚噠㺚噠西夷國名胆膽胆肥皃僤傍⿱龍鳥也⿱艹旦艸名蕈也。闥他達切博雅闥謂之門文三十一撻⿺辶⿱虍羊⿰羍攵⿰扌⿺辶⿱虍羊說文鄉飲酒罰不敬撻其背引周書⿺辶⿱虍羊以記之

古作𨘢或从手　敊　躂踤足跌或省　㞢說文蹈也　㒓𢕹達达博雅逃也一曰行不相遇或作𢕹達达　噧囆
高氣多言也或作囆　橽所以洩水也　𨘢字林滑也　汏過也　羍𦍜說文小羊也或省通作達　𤿡皮起　笪籧篨也
獺𤢂獸名說文如小狗也水居食魚或从達　𩸅魚名　蠆蠤毒蟲或从䖵　大籀文象人形也　𢺕博雅擊也　𧓍
蝲蠆蟲名蝎也　燤爁烷煙皃　太太末縣名在會稽　○達达陁葛切說文行不相遇也引詩挑兮達兮一曰通也一曰迭也或作达文
六　𦶶屮名馬舄也　澾水出皃　達嚈噠西夷國名　羍羊子　○剌郎達切說文戾也从束从刀刀者剌之也徐鍇曰剌乖
違者莫若刀一曰衺也文三十四　辢辛味　𢲳𥼷博雅研手也或从米　攋揦撥攋手披也或从剌　轢車踐也　𪘂
𠟇說文齒分骨聲或作𪘂　𥊓𥆈眸子不正也或省　瘌癩說文楚人謂藥毒曰痛瘌一曰傷也疥也或作癩　𢈋
𢇔博雅庵也一曰嶽室或省　𤤷𤥂瓎說文玉也或作𤥂瓎　㸊爡火皃或从賴　莿屮名萵屬　𩵽魚名或書作鯻
𣘞說文木也　𥻰糲𥻰脫粟也或从厲从剌　𧨾謱𧨾語聲　𧭅名　𧑅蟲名廣雅蠆也一曰蝎也或書作蝲　𢄼
說文剌也　喇喝喇言急　㤥惡也　𦕁聽不相當也或書作𦕁　颲剌風皃　○捺乃曷切字林捺搦捎也文六　蛆𤸷博雅痛也
一曰螫也或作𤸷　萘吳中菜名有剌　囃博雅唱也或書作𡁷　𥙯棒生皃

十三。末 莫葛切說文木上曰末从木一在其上一曰無也弱也文四十六 帓 帶也 佅 肥皃一曰四夷樂名 妺 妺嬉有施氏女

坺 塺壤也 怽 志也 頛 頛顒健也一曰面平 眜 說文目不明也 䀛 目冥遠視一曰久也一曰不正視 苜 說文目不正也

袜 絉 所以束衣也或从糸 韎 韋赤色 𥬀 捕魚竹器 靺 靺鞨北狄別種 砞 碎石 沫 說文水出蜀西徼外東南

入江 皌 師皌浅白 抹 字林抹摋滅也 艳 𤼵艳色浅 瀎 說文拭滅皃一曰塗也 眜 日中不明也 粖 鬻 𩜼 博雅

饘也或作鬻𩜼 𥽜 䴲 說文䴲也博雅𥽜謂之麪或作䴲 𨣿 字林醬也 䬴 秣 䅣 說文食馬穀也或从禾亦作䅣 䳟 鳥名

博雅䳟鳴鵖也 鮇 魚名 䏩 肚也 柀 皮也 𣧵 朽餘也 味 黑光也通作沫 衊 血也汙也 魩 魚尾 䯦 骱䯦小骨 駯

馬走皃 𦦷 春米碎也 跊 行過也 枺 木名 𤆢 火色 𤎼 火不明 。活 𣽿 戶括切水流皃或从聒活一曰生也文二十

𥙲 祀也 䣭 酒末沛 佸 會也 蛞 蟲名科斗也通作活 姡 詐也靦也 髺 鬠 絜髮也或作鬠 䯏 骨耑 越

趏 艸也春秋傳大路越席一曰瑟虛或从舌 䒷 萿 獨萿藥艸 秳 說文舂粟不潰也一曰生也謂禾生 會 項椎也莊子會撮指天向

秀讀 括 方言閑也 頢 𩈣 說文短面也或作𩈣 䑡 舟行 𠪚 偏𠪚行廣 。豁 呼括切說文通谷也文十 奯 說文空大也 眓

博雅眓眓視也一曰眼眓視高皃 濊 濊 說文礙流也引詩施罟濊濊或作濊 泧 說文瀎泧也一曰泧泧流也 𣁉 博雅抒也 濊

木聲闊大開門皃䵲黑色。闊苦活切說文䟽也一曰遠也文十适疾也蛞蟲名科斗也一曰蛞蝓無殼蝸筈括箭末
曰筈或作括佸說文會也䟯蹩也秳禾皮曰秳葀艸名𤬛瓜也。括捪古活切說文絜也一曰撿也或作捪文四十一
𠯑𠯒說文塞口也古从甘髺鬠說文潔髮也或从會䀓目暗聒說文讙語也懖𨪐𦗛說文善自
用之意也引商書今汝懖懖或从耳亦作𢡄聲通作聒𪗴說文噍聲銽說文斷也姡說文面醜也劊博雅斷也佸𠈃說文
會也引詩曷其有佸一曰佸佸力皃或作𠈃頢小頭皃一曰短面𩪓䯏說文骨耑也一曰𩩲也或作骺蛞蛞螻蟲名螻蛄也一曰科斗也
𨓈适說文疾也隸作适𣵀𣽘活湉說文水流聲或从聒隸作活𣸪祮說文祀也檜㮰木名古作㮰栝
說文檃也一曰矢栝築弦處筈箭末曰筈筈會也謂與弦相會通作括䒷𤬛說文䒷蔞果蓏也或作𤬛葀艸名爾雅葀蘪
舌葀字林菝葀瑞艸也鴰鳥名說文麋鴰也會會撮項椎也噲腫噲顏色剝錯也王叔之曰盈虛不常皃匃乞也
。斡烏括切說文蠡柄也揚雄杜林說皆以爲軺車輪斡文十二捾說文搯捾也一曰援也𣁦抒也𥉂說文短深目皃
一曰塞也睕嫵媚也𩈯目開皃或書作𡨱嬒女黑色懀懀也焥烟起皃𥄲說文捾目也濣
取水也𡜟臭乞。椊攢活切椊杌木短出皃文三蕞小皃柮柮枂柱耑木。抈五活切折也文十枂

集韻入聲乙　三十

木除橉曰枂一曰柮枂柱耑木頢說文短面也抏動搖也卼䯌卼不安外外也刖絶也杌梓杌木短出皃跀去足刑

𣧛獸食餘。撥疪末切說文治也文三十七𣥠說文足剌𣥠也隸作癶迖說文前頓也賈侍中說髮鬉鬒多

毛怖意不悅也跋說文蹎跋也帗說文一幅巾也袚䘍說文蠻夷衣一曰蔽厀或作䘍襏襏襫雨衣也盋

鉢食器或作鉢驋驋馬搖首羛博雅羛羯也䳊鳥名似雉鮁發鱍說文鱣鮪鱍鱍或作發亦从魚妭

羌人謂婦曰妭巿芾艸木盛皃或从艸柭說文棓也茇茷說文艸根也春艸根枯引之而發土爲撥故謂之茇一曰艸之白華爲茇或从伐

跀斷足也筏箄也𣧛獸食餘拔把也蹳足跋物墢坺發土也國語王耕一墢或从犮

𧘂博雅補𧘂袂也鏺鏺鎌也𦪙橃海中大船或从木遍遍䢐足大。鏺鏺𠜂普活切說文兩刃木柄可以刈艸或

省亦从刀文二十九癹蹳撥說文以足蹋夷艸引春秋傳癹夷蘊崇之或从足从手𤼽𤼽艴色淺巿艸木盛皃驋

馬行皃抪說文摧也一曰擊也𤽡𤽡昧淺白色𧘂袂也𥄉眜說文目不明也或从市亦書作𥇒𨠘說文酒色

也醱酦酘謂之醱或省潑溌弃水也或省羛牯羊名鱍鱍鮁魚游皃或省亦作鮁迊廣雅猝也

炥說文火皃筏箄也笩箄也柭拂取也昲光也一曰乾物。跋蒲撥切本也一曰跋疐行皃文四十一拔回也

迖跋𧺝越說文行皃一曰猝也或作跋𧺝越胈膚毛毨皮骮骮嵦骨高皃一曰肩髆骨癹𦾓除艸也或从艸犮說文走犬皃从犬而丿之曳其足則剌犮也魃說文旱鬼也周禮有赤魃氏除牆屋之物引詩旱魃爲虐废說文舍也引詩召伯所废通作茇妭說文婦美也柭矢末鮁魚名似鯉而赤鼥䶍鼠肥者或从發拔推也一曰拔掘自任無單也旆旗旒䡔說文出將有事於道必先告其神立壇四通樹茅以依神爲䡔既祭䡔轢於牲而行爲範䡔引詩取羝以䡔颰疾風也𩂯雲皃䣮字林酒氣也䭸博雅䭸䭸香也𢗄心起也𣧑𦤧腐氣或从臭炦說文火气也坺說文治也一曰臿土謂之坺引詩武王載坺一曰塵皃鏺淮射收繁具鈸鈴屬䮂䮂馬名䳊𩀣說文鳥也或从隹茇𨒫艸木根或从辵菝菝葀瑞艸也撥絕也蹳足跋物也茷木枝葉盤紆皃通作茇○撮最麤括切說文四圭也一曰兩指撮也或省文六襊緇布冠謂之襊拺攫拺搏也徐邈說黖黑也鬡髻也○繓宗括切結也一曰縫餘文七撮挽也一曰兩指撮也攥把也欑木錐沛水名東入海𢡟拭也瀐滿也○掇都括切說文拾取也文十三剟削也敠敁度知輕重也一曰聚食不遠也腏取肉骨中曰腏祋殳也一曰祋祤縣名裰補也咄叱也鵽䳂鵽鳩鳥名大如鴿無後趾或从出蝃蟲名鼅鼄也叕出方言也毲織毛尸也𥉂不聽也○悅他括切博雅可也一曰狡也一曰輕也文八捝稅說文解捝也或作稅脫消肉臞也莌𦲸艸名生江南或

从脫棁說文木杖也突卒相見皃。奪奪徒活切說文手持隹失之也或从寸文十四敓說文彊取也引周書敓攘矯虔

挩捶也解也脫說文消肉臞也一曰壞斷亦姓痥說文馬脛瘍也一曰將傷鮵魚名青州呼鱺爲鮵莌蔙活莌艸名生江南高

丈許大葉莖中有瓤正白或作蔙兊龍兊地名在趙梲博雅杖也侻行也敓皮剝也鵽鳥名大如鴿。捋盧活

切說文取易也文十一寽五指寽也㓻博雅削也頨頢頭面醜蛶蟲名螪何也𪑜里也騂馬毛斑白脟肉酹

祭酒也将駁也⿰木寽木名。㓻先活切削也文二篿吮也

十四。黠下八切說文堅黑也一曰慧也文六⿰齒骨齧骨聲⿱艹黠麻莖⿵門吉門聲礣研礣小石⿰齒吉齧聲。⿰言瓜丘八

切勁也文十八劼用力也固也慎也⿰吉刂剝也㓞說文巧㓞也或書作⿰丰刂鬜⿱髟契博雅秃也或从契硈矻爾雅固也一曰石堅

皃或从乞⿰吉攵擊也⿰矢吉短也咭鼠聲⿱艹⿰言瓜葜挈菝蓏艸名或从契亦作挈⿰魚劼鮚魚名或省戛爾雅常也

絜苦也。戛拮訖黠切說文戟也一曰轢之也或作拮文三十九樺鼓也楔門兩旁木一曰木名荆桃也揳擊持也

扴說文亂也禊上巳祭名契說文齘契刮也一曰契畫堅也一曰戲也頡羹頡漢侯名忦博雅憂也懼也一曰恨也通作恝

嘎嘎嘎鳴聲砎砎礣小石一曰磨也骱骱骱小骨尬尲尬行不正圿垢也袺說文執衽謂之袺稭秸⿱艹秸

藒說文禾藁去其皮祭天以爲席或作秸鞂藒通作戛 硈說文石堅也一曰突 鶪鶪鴶鳥名 鴶鴶鵴鳥名鳲鳩也通作秸 指敔也

轢之以止樂通作戛 介特也漢書介居河北晉灼讀 芥小艸 㤁無愁皃 挈絜博雅獨也或作絜 劼博雅勤也 蔑

艸名 鬝秃也 拮拮据口手營作也 屆至也 𥊮眄𥊮視皃 契戲也 祴祴夏樂章名 猰犬也 忦憂皃。軋

札乙黠切說文報也或作扎文二十一 揠扎說文拔也或作扎 䁵以目相戲謂之䁵 嫼嫉而怒也 猰猰猰貐獸名類貙虎爪

食人或从犬 黖黑也 虬蟲聲 魟鰍魟魚名 叱鳥聲 穵窫說文空大也或从契 乙鳦說文玄鳥也齊魯謂之乙取其鳴自

呼象形徐鍇曰此與甲乙之乙相類其形聲舉首下曲與甲乙字少異或从鳥 乢山曲 尬尬尣屈強也 閪門聲 乱石皃 鼿鼻皃。滑

戸八切說文利也一曰州名亦姓文二十 𨈡𦙓足病或作𦙓 磆磆石藥名 䶜說文𪙒骨聲 㔟說文餅䴵也 猾獪亂也或作獪

鶻鷽鷽學鶻鳥名似鷽或作鷽學 鰼山海經餘如之澤多鰼魚鳥翼出入有光 蛣爾雅蛣蟣蛣屬一曰蟚蛣蟹小者 澮兩水合也

𣪠博雅偶也一曰深堅意 𩐟說文𡆧突出也 䁱眣䁱直視皃 榾木也 骩骩骩所以也 趏走也。儈呼八切儈健也文

九 麧麧也 䀏䀏視也一曰怒視皃或作䀏 搰搰搰用力皃郭象說 寣說文卧驚也一曰小兒號寣寣一曰河內相評也 毼毼毼毛覺卧

也 欯訶也 𪖯鼻息。劼苦滑切力作也文四 搰搰搰用力皃徐邈說 闊闊大開門皃 也。劀古滑切說文刮去惡創肉也引周禮劀殺之齊文七

鰫魚名擖博雅折也擡也盻視也契廣雅刮也鶷鶷鶷鳥名趲走也。婠烏八切體好也文十歆嗷說文咽中息不利也或从口

㪷斗取物也嗢笑也咽也嗗飲聲謂之嗗膃膃肭肥也揎抉也穵也穵穿也。䶏五滑切槷䶏不安也文四聐聐𦗲不能聽聉

說文無知意也𦗝說文吳楚之外凡無耳者謂之𦗝言若斷耳為盟一曰聾耳也。八布拔切說文別也象分別相背之形文十朳捌竝具

或作捌玌玉聲釟治金謂之釟馴說文馬八歲叭鳥聲扒捌破也擘也或作捌柭棓也。汃普八切水皃文六

八聲叭也矾石破聲齣齒聲糪餅半熟也爾雅米者謂之糪施乾讀𨍉車破聲。拔蒲八切說文擢也文四犮拔結

短皃䔲蕈䔲蓏艸名或作蕈。傛莫八切傛偩無一曰健也文十二搿打也眑昒博雅視也一曰惡視或从勿醭醬也

骪骪骼所以礙也䯀䯀骱小骨一曰骨堅礣礣砎小石叟入水取物䮜皐䮜息也擮拭也韎赤韋。殺𢿣

杀𣀔布䊛𢿣𢿽山戛切說文戮也古作𢿣杀𣀔布䊛𢿣或作𢿽文十八鎩鏾長矛謂之鎩一曰羽傷也或作鏾

𣙮蔱艸名說文似茱萸出淮南或从艸𧝈衣縫餘帴說文帬也一曰帗也一曰婦人脅衣幓巾二幅謂之幓𣿞寒也摋

擊也𪈸鳥飛迅疾。察初戛切說文覆也徐鍇曰祭祀必質明明察也故从祭文十一詧說文言微親詧也擦推也䀿博雅

視也聺聽聦也𪘨齒利一曰磣也䕓艸名有毒殺魚櫒木名梓屬䰍羅䰍鬼名懏審也嚓小聲。札側八

切說文牒也文九　紮纏束也　⿱⺌⿰夕乚⿰夕乚字林夭死也或作丸　⿰木⿱乚鳥鳥名似百舌喙長　蚻蠿虫名爾雅蚻蜻蜻如蟬而小或
作蠿　蠿蟲名說文蠿蝨作罔蛛蝨也　扎拔也　○⿰齒辛士滑切博雅齧齒也文一　○茁側滑切說文艸初生出地皃引詩彼茁者葭文一
○窡張滑切說文穴中見也文十　⿱穴⿱叕口說文口滿食　聉無知意　娺說文疾悍也　鵽鳩屬　窋說文物在穴中皃一曰后
稷子名　⿱穴⿱叕女⿰氐頁說文短面也或作頢　訥言不辯也　朏郩病　○痆瘵女黠切瘡也或从柰文四　褹複襦⿰衤祭人奴
衣　○貀豽女滑切獸名說文無前足漢律能捕豺貀購百錢或作豽文七　柮說文斷也　㕯說文言之訥也　肭膃肭肥皃　⿰豕出
豕名　⿱穴羊穿也　○哳知戛切嘲哳鳥聲文一　○呾⿰目桼軋切呾𠲿語不正文一　○𠲿宅軋切呾𠲿語不正文一
十五　○舝⿱舛手下瞎切說文車軸耑鍵也兩穿相背从舛萬省聲萬古偰字或作舝文二十三　轄鎋轄說文車聲也一
曰鍵也或作鎋轄　⿰食害飫也　⿰害力用力也　⿰王害說文石之似王者　砎砎礣小石　⿰頁圣說文四突出也　鶷鶷鸛鳥名似伯勞　⿰木害
木所以正弓弩也　⿱害蟲蟲名螻蛄也　⿱艹害⿱艹丰艸名方言蘇沅湘南謂之蓋或省　⿰糸害束也　搳揎說文擖也或作揎　螛
蟲名仙姑也　磍碣磍勁怒皃　嗐大開口　骱髖骱小骨　閜爾雅代也施乾讀　○瞎⿰目曷許轄切目盲也或从曷文七
⿰齒吉說文齒堅聲　⿰髟害⿰髟曷博雅禿也或作⿰髟曷　傄傄傄無憚　⿰害力⿰害力⿰害力用力聲　○⿰禾曷葛⿰木害丘瞎切敔也以止樂

三十三

或省亦作搳通作楬文十二 蒚蒚車香艸 騞馬駁色 磍碣磍勁怒皃 髺楬桱不飾者或从木 鬠禿也 搳博雅搔也 擖說文刮也一曰撻也 趏走皃。鶷居轄切鵝鶷鳥名似鳧文十 擖刮也折也 轕轇轕雜也 齾齒聲 鶷鶡鳥名似伯勞而小 𦧺舌出皃 䓣艸名 羯騬羊也 磍碣磍勁怒皃 猰雜也。鶷乙轄切鶷鶡鳥名文九 閜說文門聲也 圖馲駞聲 呾呼聲 磍磍礙石地不平 歇闕人名史記有趙王歇徐廣讀 䪠怒皃 輵車聲漢書皇車幽輵 碣碣磍勁怒皃。瘩女瞎切廣雅痛也文二 箬竹病一曰竹皮。齾牛轄切說文缺齒也文十二 聐不聽受也 鑡齒器缺也 鬠鬟博雅禿也或作鬟 巀山中絕皃 憖字林閒也一曰傷也一曰缺也一曰厥憖地名 鶷鶷鶡鳥名似伯勞正 𠆲行不正 鷍鵝鷍鳥名似梟 忦恝急也憂也古作恝。頢乎刮切小頭皃文十九 𪘐齒聲 姡方言獪也一曰面醜一曰靦也 秳秳春未潰也或从舌 咶唔息也或作唔 𠯑𤯍舌博雅塞也或从甘亦作舌 敌盡也 𢅽帛細者 婠好也 刖危也 窫面短也或書作㜸 瀕瀕瀕不淨也一曰言不了 䄆䄆廣雅法也或作䄆 佸會也生也勤力於田也。䀨荒刮切埋倉怒視皃文二 𠋫傛𠋫健也。刮捖古刹切說文掊把也一曰摩切或作捖文之 䄆禳祭也 鴰鳥名爾雅鶬麋鴰 睆明皃禮華而睆徐邈讀 𢅽帛細者 𨦈銛斷也或从舌 趏走皃。刖跀五刮切斷足也或从足文五 聉墮耳也 𣨁獸食餘 𧥲博雅怒也一曰訶也○㭊百轄切木名文一○帓莫轄切帶也文五 袹帞貊邪巾袹頭始喪之服或从巾亦作貊 韎赤韋○剎㓨初轄切柱也或作剎文九 劕𠜂割聲謂之劕或从斤 𤝞水獸名 摋搏也 杀徐鉉曰未知所出 蔱艸名 𪑕黑也○𠞰鑡槎轄切斷艸刀也或作鑡文四 積蓑具 𣲗沏沏水流皃○𩭔而轄切細毛文一○刷數滑切博雅箟謂之刷一曰刮也文三 選金鉄兩名也 唰小聲也 纂芻刮切說文黃黑而白也一日短黑文六 蕟除艸也 荃艸名 劕𠜂劕𠜂博雅斷也或作劕𠜂○哳陟轄切嘲哳鳥聲文二 䝴貨也○鵽張刮切鳥名說文鵽鳩也文五 窡穴中出皃 錣策端有鐵 娺疾悍也 𡣖面短皃○頞丑刮切頞頓小頭一日面短皃文二 𤄷灦灦不淨也○婠妠女刮切妠婠小皃肥皃或作妠文六 𤭛髪𪘲也或作髪亦書作𡵜 睧目深皃 䘸帶襦也○獺逖鎋切捕魚獸文一○𦭸側刮切菜名文一

十六○屑屑先結切說文動作切切也一日敬也勞也不獲巳也隷作屑文十九 糏䴾舂餘也或从麥 榍說文限也 𦞦䘏博雅脂也一日臆中脂或从血 𦳝艸名 僁𠌻說文聲也一日僁僁呻吟也或从屑 㣯亘憂也 𣹰𣿫泧濊潥水皃或从屑从泧 揟挺出物也一日揲也 跬𨀈敝跬疲也一日分外用力皃 𢕟𢓡偦衣服婆娑皃一日𢓡偦搖也 𡣖小皃 𥽈

說文殺桀也。切千結切說文刌也爾雅骨謂之切一曰迫也要也刌也文十七柣榍爾雅柣謂之閾或从屑竊竊說文盜自中出曰竊

一曰淺也或省𧩯詧嚓正言也或省亦作嚓沏水聲一曰水流疾皃⿰足切跌也⿰齒差說文齒差也漆漆漆祭祀之容⿰齒建

爾雅斛謂之⿰齒建沈旋讀⿰扌切博雅磨也⿰糸切博雅索也聺聺聰也或省。節子結切說文竹約也一曰制也操也信也文十八⿰忄節

心有度也⿱艹卽艸約也⿰亻節僔⿰亻節猶趣節也卩說文瑞信也守國者用玉卩守都鄙者用角卩使山邦者用虎卩士邦者用人卩澤邦者用龍

卩門關者用符節貨賄用璽卩道路用旌卩象相合之形通於節⿰阝攵⿰阝殳治也或作⿰阝殳癤癰也岊⿰卽山說文陬隅高山之節

或从卽⿰木咨說文欂櫨也或書作楶⿰忄節⿰扌節拭也或从手⿰火節燼謂之⿰火節蝍蝍蛆蟲名蜈蚣也⿰魚節魚名扻

治髮也莊子簡髮而扻⿰扌叏斷絕也。截擮昨結切說文斷也或作擮文十六⿺走截邪出前也節岊巀山高峻皃

或作岊巀蠞蟲名海蟹也⿱艹截博雅治也一曰艸名⿰食截食也札疫癘也周禮大札則不舉徐邈讀蠽⿱札䖵⿱札虫蟲名爾雅

蠽茅蜩似蟬而小青色或作蚻⿰鼠截⿰鼠截鼬猿類長毛善走⿰虫荼蜍水蟲名海蒩有⿰虫荼蜍或省⿱竹截竹劑也。窒丁結切塞也文十四

⿰糸窒結也⿰目窒⿰目窒⿰目血惡皃⿰口窒⿰口窒咄語無節蛭水蛭蟲名咥蛇咥虜姓螲螲螲蟷蟲名似鼅鼄在穴中有蓋或从室恎

博雅佷也⿰扌窒擿也⿰窒頁⿰窒頁顚小頭皃櫍斫木具⿵門至閑也囶下入也。鐵鐡銕鐵他結切說文黑金也或省古作

鉠鐵文十六 ⿰扌戜捅⿰扌戜也 ⿰亻替狡也 飻餮說文貪也引春秋傳謂之饕飻或作餮 驖說文馬赤黑色引詩四驖孔阜 蛈

蟲名螲蟷也 耋年八十也易大耋之嗟王肅讀 戜替也 鴩鳥名爾雅鴩餔敊或書作鵻 佚怢佚蕩簡易也或从心 替

弛也。姪⿰女疊徒結切說文兄之女也或作⿰女疊文七十五 耋⿰耂老耊臷說文年八十曰耋或不省亦作臷 絰⿰至臬說文喪首戴也

或从臬 ⿰氐失說文觸也 凸高也 胅⿰骨失䏲⿰月羍說文骨差也一曰腫也一曰連脽肉或从骨古从弟从羍 跌蹛說文踼也一曰

越也或从帶 趃大趨也 迭踼說文更迭也一曰达或作踼 咥⿰口垤⿰齒至⿰齒失齧齒堅皃或作⿰口垤⿰齒至⿰齒失 詄說文忘也 蛭說文

水蛭蟲名 恎恎怢懼也一曰很也 ⿰扌窒挃博雅擿也或省 墆貯也止也 懘不能自安也 垤說文螘封也引

詩鸛鳴于垤 跮前却皃 窒實也一曰寢門冢前闕皆謂之窒皇 柣⿵門失桔柣鄭門名或从門 ⿵門至閉也 泆泆蕩滌也 戜

說文利也一曰剔也 軼車相出也 ⿰馬失⿰馬乞說文馬有疾足或作⿰馬乞 驖⿰馬戜馬赤黑色或省 鴩⿰鳥至⿰失隹鳥名說文鋪豉也或

作⿰鳥至亦从隹 镻說文蛇惡毒長也 蛈蟲名博雅蛺蜨螌蛈 螲螲蟷穴蟲王蛈蝪也 瓞⿰瓜弗⿰瓜弟⿰瓜帶說文瓝也引詩緜緜

瓜瓞或从弗亦作⿰瓜弟⿰瓜帶 苵⿱艹戜艸名說文蕛苵也或作⿱艹戜 荎木名刺榆也 嵽⿰山窒⿱山室峌山皃或从窒从室亦省

戜替也 突蹔出也易突如其來如王肅讀 至單至輕發皃 佚方言佚惕緩也 苜說文目不正也 摕⿱挃木捎取

也或作㮽昳日側鬄剃鬀髮也或从弟戜大也盛也秩序也常也眣眰睟目出皃一曰目不正一曰以目使人也或从至

从夅鐵利鐵也。㚗类力結切㚗㚗頭衺態一曰多節目也或作类文十八睙轉視戾曲也至也一曰謚也無其功有其意謂之罪

有其功無其意謂之戾⿰戾刂割也捩攦拗也或作攦夨左仄也盭引戾也綟綬謂之綟一曰帛䓞艸染色也呼

雞鳴唳嘍唳鳥聲棙木名善破血䓞紫艸淚漻淚水皃隸僕也⿰亻戾⿰亻戾與行不正乀右戾也。涅

乃結切說文黑土在水中也一曰化也一曰水名一曰縣名在上黨文二十三⿰土圼圼下也塞也或省⿰月圼腫也捏搦也⿰口圼⿰言圼博雅怒也

一曰詞也或从⿰言圼⿰石圼羽⿰石圼礬石也篞⿱竹圼爾雅管中者謂之篞或省⿸疒圼痛也捻敜按也或从攴苶疲皃一曰止皃

菍艸名⿱艹圼⿱艹涅菜名似蒜生水邊或作⿱艹涅⿱穴圼塞穴也槷木楔也疹疾也沴陵亂也莊子陰陽之氣有沴

哪咄哪胡人名⿰石念石名。纈奚結切繫也謂繫繒染爲文也文三十三襭擷說文以衣衽扱物謂之襭或从手⿰扌絜

博雅束也頁說文頭也从頁从几古文䭫首如比㚗說文頭衺骫㚗態也⿰月絜博雅⿰月絜⿰月弱膜也齕博雅齧齧也絜爾雅河名

即九河之一也一曰絜束知其大小也桔⿵門吉桔柣鄭門名或作⿵門吉⿵門頁門聲頡說文直項也亦姓翓翓翓飛上下皃通作頡

⿰鼠頁鼠名色蒼⿰虫頁肸⿰虫頁國名月支也掔牛很皃麧屑麥籺⿰禾乞屑米細者曰籺或从禾⿰目絜瞡⿰目絜目赤⿰亻頡

山海經鼜山有獸狀如犬有鱗名曰獺 蘱龍蘱艸名馬蓼也 挈縣持也通作絜 紇大絲 髻竈神名 𢉎帶也莊子正𢉎係履

乱乱毒國名身毒也 鴶鴻鴶艸名莊也 𨁲姓也後唐有𨁲跌琉 蛪蟲名 𥢌麥全曰𥢌通作覈 覈邀也○𡗝

顯結切廣雅𡗝合肥也文八 歙歙歙气皃 䩶繫牛頸一曰急也 肸肸蠁也 擷袺扱也 𢷾束也 褉襦也 絜約束

知大小也莊子絜之百圍徐邈讀一曰河名以其水勢約絜也○猰詰結切獸名文二十一 窫靜也 挈說文縣持也 䫔顯䫔

短皃 奊左庂也 𡖵𡖵奊多節目一曰頭傾 契契闊勤苦也詩死生契闊 栔博雅缺也 𠜾刻也通作鍥鍥 𡐝

界也 稧禾稈也 𣲖水名出雍州南山 𧼐 𨁈跳皃或从足 鍥鍥說文鎌也或从挈 𤬪器受一斗北燕謂瓶

爲䂄 蛣𧉝蛣蟲名長寸餘腹中有蟹子如榆莢合體爲蛣一曰蚌之小者 𧊏𧐖𧊏蚼蟲名似蟬而小或从䖵 齧噬也○結

紒吉屑切說文締也或作紒文二十六 桔說文桔梗藥名一曰直禾 袺爾雅執衽謂之袺 拮說文手口共有所作也引詩予手拮

据 狤狤据獸名 𡖵說文頭傾也 𧍢蟲名蠸也一曰蝗屬 絜說文麻一耑也 潔𣲖 𢓜清也或作絜亦省 㛃

女㛃清也 𣚢𣜬𣚢槔汲水具或从絜 鍥𨮒𨧄鐑博雅鎌也或从絜从挈从結 蕱艸名 鶪𪇊鳥名說文

鶪𪇊鳥屬或从絜 趌趌𧼐跳皃 䱡說文楚人謂治魚人 𧾰說文走意 髻說文竈神名著赤衣 𢉎帶也 楔木名爾雅

楔荊桃施乾讀蛣蛣蟩井中小蟲鮚蚌也漢書鄞縣有鮚埼亭吳頁頭小皃蛪蛪蝻蟲名薊艸名計畫也扢

摩也稭禾秀也○噎飼饐一結切說文飯窒也或作飼饐文二十二咽聲也䊦米餌也曀風晦闉

閴也窫窫靜也或从穴蠮⿰虫燕⿰虫座蠮螉蟲名土蜂也或作⿰虫燕亦从座洇⿰氵壹水流皃或作⿰氵壹㹞獸名四首

四角也搤持也猰⿰豸契猰貐獸名似貙或从豸湮塞也蝘螠蝘螠蟲名壹也翳也蛪

蛪蝻蟲名如蟬不捨晝夜○齧倪結切說文噬也亦姓文二十三⿰礻兒爾雅交𣓍謂之⿰礻兒闑爾雅橛謂之闑臬槷說文

射準的也或作槷隉⿰阝臬⿰危臬⿱埶手棿倪說文危也徐巡以爲隉凶也賈侍中說隉法度也班固說不安也引周書邦之阢隉

或作⿰阝臬⿰危臬摯棿倪⿱埶夫蘖也蜺蛪霓屈虹也或作蛪霓蛣蛣蟩井中小蟲嵲⿰山辥⿰山兒⿱山自嵽嵲山高

或作嶭峴⿱山自亦書作⿱山兒⿰氵臬水名⿱毛龍龍髻⿰山齧屼⿰山齧山皃○穴胡決切說文土室也文六⿰糸穴說文纏一枚也坹空深皃

⿰衤穴衣開孔也鴥鳥穴名⿰扌穴抗揑擊○血呼決切說文祭所薦牲血也从血一象血形文二十一瞲⿰目穴眏驚視也或

作⿰耳穴眏⿰目血瞠⿰目血視惡皃⿰言穴博雅怒也泬說文水从孔穴出也闋闋闋無門戶也⿱穴矞⿱穴血⿱穴夬說文空皃或从血从夬

⿰臼肙⿰阝夬陵自突也或作陕⿰木血木名赤若血⿱艹血說文艸也一曰地⿱艹血蒨也決咉疾皃或作咉坹博雅深也疦瘡大

者疢。颫風也𦢊瘡皃。闋苦穴切息也止也文七闃闋闃闋無門戶也或不省湀湀闢流川孫炎說缺
𥁃決破也或从皿亦作決。玦璚古穴切說文玉佩也或作璚文五十七觼觿鐍說文環之有舌者或作觿鐍通作觖
鈌博雅利也觖怨望也潏泬說文涌出也一曰水中抵人所爲爲潏一曰水名在京兆杜陵或从穴決說文行流也廬江有決水
出於大別山一曰斷也刔抉剔也或从手𦙶說文孔也柍方言梳謂之柍𧞤袂博雅裀𧞤袖也或从夬紋
絉繘縷也或从矞訣絕也譎說文權詐也梁益曰謬欺天下曰譎或省眣說文涓目也憰說文權詐也一
說心恑曰憰言詭曰譎疦說文癟也趹說文馬行皃一曰步疾也赽說文踶也一曰疾也駃說文駃騠馬父驘子也[illegible]
說文獸也似牲牲鴂𨿽𪀁鳥名說文鶪鴂也或从隹亦作𪀁蚗蛥蚗蟲名蟪蛄也一曰龍屬芵𦯀芵光艸名芵明
也或从決夬弜所以闓弦者詩夬拾既次或从弓通作決罬罔名爾雅罿罬叕也郭璞讀闋騤爾雅馬回毛在背曰闋廣或从馬
鴃鵙鳥名伯勞也孟子南蠻鴃舌或作鵙僪日旁氣襘不祥也砄石也𤞞獸走也𨸝餶陵皁突也古作
𩞄醑蜂醬鱊魚名吷鳥聲𥤮穿也瞲眖目深皃或省妜美皃炔焆煙皃或作焆。抉一決
切說文挑也文十三𥦒說文深抉也鈌說文刺也𥤮說文穿也一曰空也妜說文鼻目閒皃瞲說文目深皃焆

火光。決筮也周禮銳喙決吻炔博雅明也蚗蟲名說文蚏蛁蟟也一曰蟪蛄秦謂之蛥蚗⿰𠂤夬說文𠂤突也⿰亯夬城缺也

⿰身夬⿰女臾皃。撆蔽匹蔑切說文別也一曰擊也拂也或作蔽亦書作撇文十八⿱敝刀削丿也左戾𥿄編繩瞥

瞥覕說文過目也一曰目翳一曰財見也或从見亦作覕⿱敝耳暫聞也嫳說文易使怒也馝馞馝馝香也或作馞馝颰

小風謂之颰瞥瞥瞥日落勢蟞蟞蟞蜉蟲名蟻也蹩蹩反足跟也或書作蹩捭牽也。弼彆𢏦必結切弓

戾謂之弼或作彆扸弓𢏦文二十七鞸刀削飾或作珌袐袂也𨁊跳止也飶巨力也或作奓鮅魚行皃閟

閟也俗作閉非是熚灼物焦也或作熚暏暴乾也必縪以組約圭也周禮天子圭中必或作縪韠必弓紲也蟞

蟲名博雅蛺蜨蟞蛈𦆮劍帶謂之𦆮胇必肥也痹足病佖滿皃撇揎衣奠奊奠行不正㧙捌捩也或作

捌。蹩蒲結切說文踶也一曰跛也文三十四㧙批擊也或作批𩔼頞頞短皃胇說文肥肉也𨀁必足擊也苾

菜柲捩也馝馝香名馝馞馝馝香也或作馞馝馞馝通作苾咇語也飶食氣之香瘪病也蛂蛂蟥蟲名敝枯敗也

詩敝笱在梁徐邈讀弊惡也周禮弊弓徐邈讀必也覕過目也徶徶徶衣服婆娑皃或从人嫳博雅怒也或書作嫳憋惡也或書作憋

炦火氣蟞蟞蟞蜉蟲名蟻也坲坲埻塵皃撆拭也榓木也颰風也柲戈戟柄襒衣也或書作襒𤆹火

斃仆也或从死○蔑莫結切說文勞目無精也从苜人勞則蔑然从戍文三十八懱說文輕易也引商書以相陵懱一曰末也
⿰扌蔑博雅擊也一曰懱揳文方正⿰酉蔑⿰酉蔑醢醬也瀎塗飾也一曰瀎泧水皃鑖博雅鑖釗鋌也⿰面蔑⿰面蔑小面小也衊說文
污血也⿰目監污面也⿱蔑目⿰目蔑說文目眵也一曰目赤或从蔑覕說文蔽不相見也幭⿱蔑巾說文蓋幭也一曰襌被一曰車覆式
或省⿰糸丙細也⿰禾蔑⿱蔑禾說文禾也或省⿱蔑鬻粖⿰米蔑⿰米必說文涼州謂鬻爲⿰米蔑鬻或从末从蔑亦作⿰米必⿰米丙糈也篾
⿱竹密析竹也一曰桃枝竹名或从密⿱苜火說文火不明也引周書布重⿱苜火席纖蒻席也⿰蔑鳥⿰蔑隹鳥名工雀也一曰巧婦或从隹⿰亻蔑僣也
鴓⿰宓鳥鳥名繼英也或从宓鱴鱴魛魚名鮆也蠛說文蠛蠓細蟲也眜地名春秋傳公及邾儀父盟于眜通作蔑⿱苜旦
目不明也或作⿱苜旦⿱目攴舉目使人謂之⿱目攴苜目不正或書作苗礣礣砎堅石○⿱髟票鋪結切髮皃文一
十七○薛薛私列切說文艸也或省曰國名亦姓文四十六辥說文辠也紲緤絏說文系也引春秋傳臣負
羈紲或从枼从曳褻說文私服引詩是褻袢也絬說文引論語絬衣長短右袂⿰巾祭說文殘帛也暬說文日神習相慢也詩曾
我暬御謂侍御一曰瞑晦也媟⿰女曳說文嬻也或作⿰女曳偰契說文高辛氏之子堯司徒㓞之先或省古通作禼⿱巛禼禼
⿱巛禼說文蟲也象形或作⿱巛禼渫滐泄洩說文除去也一曰漏也或作滐泄洩詍⿰言曳言多也或作⿰言曳⿰羽世⿰羽曳飛皃

或从曳瘛瘈痸病或从曳辥說文斷也一曰餘也鏊博雅椎也一曰羊箠耑有鐵一曰田器以治苗殺艸齛齥

齥說文羊粻也或从齒从曳揲持數也易揲之以四鞢馬具偞俢也𢟮不安皃躠殺躄躠旋行皃或

作殺亦書作蹩揳摗揳拭滅也楔榝槷說文檝也蜀人从殺周禮从埶一曰楔山桃摋側擊也春秋傳摋仇牧呭

呭樂也或从曳毤鳥獸理毛潰注也。蠽蠽子列切蟲名說文小蟬蜩也或从虫文十四鸛說文鳥也尐

說文少也抄摘也𣦶字林夭死也鬛說文束髮少也或从尐瀸灑也孅好也吣鳴也癤癰也蚻

蠽蚻蟲名襊小衣。䨮雪蘇絕切說文凝雨說物者一曰除也隸省文八𢄕𢄕縷今時翦繒爲華也㨹掃滅涗拭皃

以酹酒一曰涑秏娍博雅盡也賤艸名鼠姑也歲年也。膬脃脺促絕切說文耎易破也或作脃脺文八絟

荃細布也或作荃毳石破也𣫁斷也蕞艸聚皃。蕝蕞祖悅切說文朝會束茅表位曰蕝引春秋國語置茅

蕝表坐或作蕞文十三隉隔也絕𢇍𢪙斷也或从刀从手茁艸生皃橇毳禹治水所乘形如木箕摘

行泥上或作毳通作蕝撮行具尸子曰行險以撮抉拈也膬毳柔易破也蕊艸木聚生。𢪃拙扢似絕切拈也或

作𢪃扢文七鱡蜇鮆鱡魚名似蝤生海中或从虫𢺋蝨取皮也擗旋倒也。絕𢇍徂雪切說文斷絲也古作𢇍象

不連體絕二絲文二。𧩟遷薛切察也文二 䒷束茅表位也。設式列切說文施陳也从言从殳使人也文六 䜵說文香艸也 晰明也 餀陳飲食也 𢅤裂帛也 揲數著也。𢽾尺列切挽也文五 𤷱瘛𢈔𤷱瘲病也或作瘛𢈔 懘懘懘心勤。浙漸之列切說文江水東至會稽山陰爲浙江一曰汏也或作漸文二十一 晰說文昭晰明也引禮記晰明行事或書作晢 晣目明也 𦢊𦛂博雅𦢊䏰脂也或从折 折𣂉斷也或作斮 𧏡蟲蛆之子 䩞說文柔革也古作韇通作靳 𩝴臭也 𥯤博雅笙𥯤席也 𩋾乃削 𢔗方言刻也謂相難折 𪇟鷙鳥擊也或作鷙 𣧅夭死也 𦸜艸斷 𡟮女字 蛶蛶蚗蟬類。舌食列切說文在口所以言也別味也又姓文二十一 苦艸名 𣂚𣂛折說文斷也从斤斷艸譚長說从艸在仌中仌寒故折隸从手 揲抴擮𢍀說文閱持也或作抴擮𢍀 𥯤竹席 鱜魪鱜海魚名 𩌃剔磔治皮也或从刀亦作磔 蛶蛞蛶蚗蟲名蟪蛞也或作蛞 忕習也 渫治也易井渫不食徐邈讀 𦟝胖𦟝牛羊脂也 誓相要以言也 逝往也。埶而列切說文温也文二 苶疲皃。說輸爇切說文說釋也一曰談說文三 蛻復蛸也 稅田賦。歠𣤊吷嚽姝悅切說文歠也或作𣤊吷嚽通作啜文十二 𡳿䂐短皃或从矢 𥨍穿地 啜說文嘗也一曰喙也泣也 毳細毛 娺疾悍 𨢔鹹葅 荃菜名。拙

拙朱劣切說文不巧也古作炪文十七 炪說文火光也 䪼肫面骨博雅顴頄䪼也或作肫 準鼻也漢書高祖隆準服虔讀

䫎頭短 𣪠叕兌掇䵵短皃或作叕兌掇 醊鹹葅 梲梁上楹謂之梲通作棳 棳說文木也益州有棳縣 蝃

𧊒蠿蟲名蜘蛛也或从出从𢇍 茁艸初生皃 ○爇焫儒劣切說文燒也引春秋傳爇僖負羈或作焫文九 吶言緩也或

書作向 蜹蚋蟲名蚊也或省 芮國名 汭水北也春秋傳及滑汭 擩㨎撋也或作㨎 ○榝山列切木名茱萸也文一

○閷士列切城門版也文五 齥齘也 鞨鰈劄治皮也或作鰈劄 ○㕞所劣切說文拭也从又持巾在尸下文八 刷

說文刮也引禮布刷巾 涮水名 唰鳥治毛也 鋝率量名或作率 啐說文小歃也一曰嘗也 選稱銖兩數 ○篹測劣

切小春也一曰聲也文五 荎艸名可染一曰菜也 絟細布 醛酒味變也 靫箭室 ○茁側劣切艸初生皃文五 纂黑皃

體瘁謂之纂 𥂰雞聲 劕斷也 蕞艸聚皃 ○哲悊嚞喆陟列切說文知也或从心古从三吉亦省文八

晢明也 晣博雅塞也 蛆蜇螫也或从折 ○屮敕列切說文艸木初生也象丨出形有枝莖也古或以爲艸字尹彤說文十五

徹𢖢𨇨說文通也古作徹或从足 撤抽也 勶說文發也 聅說文軍法以矢貫耳也引司馬法小罪聅中罪刖大罪剄 硩

說文上擿山巖空青珊瑚墮之引周禮硩蔟氏一曰石中矢 𦪇船行也 鰈博雅鰈謂之觙 颰颰颰風皃 焎火焚也 燤

爞烒煙皃丨上下通也瞮明也。轍 蹾 䡖 直列切說文迹也或从足亦作䡖文十二 瞮 明也 徹 徹 通也道也古作徹

撤 勶 去也或从力通作徹 𢷋 楊𢷋槀木名通作徹 澈 水澄也 哲 毀也周禮哲蔟氏徐邈讀 𦆽 衣破。𠛱

列 剈 刀蘖切說文分解也隸作列或作剈文三十八 𡿪 說文水流𡿪𡿪也 𤇾 烈 說文火猛也一曰業也光也隸作烈 咧

咧咧鳥聲 洌 冽 說文水清也引易井洌寒泉食隸作洌 冽 寒也 颲 說文烈風也 𧜝 裂 說文繒餘也隸作裂 挒

捩也 𤕣 剖也通作栵 𡜹 美也 迾 例 泄 說文遮也或作例泄 埒 塍也 鴷 驟也或書作駠 鴷 𩾅 鳥名

爾雅鴷鳥斲木或从隹 㤠 博雅烈烈憂也或書作栵 鮤 魚名爾雅鮤鱴刀 蛚 蟲名說文蜻蛚也一說蛚蠍雷師 𥟖 栵

說文黍穰也或作栵 𦳝 茢 說文芀也隸作茢 栵 栵 木名說文栭也引詩其灌其栵或作栵 栗 析也通作裂 𪗲 齒分

骨也 厲 巖也一曰褰垂飾 巁 山高皃古有巁山氏 爄 火斷也 列 有力也。叕 綴 株劣切說文綴聯也或从糸文二十

九 𨏇 說文車具也 輟 𨍏 說文車小缺復合者一曰止也古作𨍏 罬 罔名說文捕鳥覆車也 諁 啜 多言不止謂之諁或

从口 掇 拾取 餟 休祭也通作䄌 腏 說文挑取骨間肉也一曰髓謂之腏 惙 說文憂也引詩憂心惙惙一曰意不定也一曰拔也 蹳

𨗀 跳也或从走 畷 說文兩陌間道也廣六尺 𠜑 說文刊也 𧕘 蝃 蟲名蛛蝃也或作蝃 𧖷 𢾽 博雅短也或作𢾽 𩥅

卷之九　入聲上　　七一一

集韻入聲九　　ㄅ卜

馬名的盧也醊䄔酻謂之醊或从示⿰叕頁首短謂之⿰叕頁䯝續骨也涰泣也通作啜𦏧羊躍而死錣鈉策耑
有鐵或作鈉。䋘椿劣切皮剝也文三爇竈中煙㾌疣傷也。劣龍輟切說文弱也通作㤡文十八㤡少也憂也⿱邑又
說文撮也脟說文脅肉也一曰腸間肥也一曰膫也⿰足寽蹶踤跳踉皃鋝鋢說文十銖二十五分之十三也引周禮重三鋝北方以二十兩
爲鋝東萊以鍰爲權重百二十斤亦曰鋝古从率埒說文卑垣也一曰丘名浖博雅湄浖厓也一曰山上有水曰浖通作埒⿰牛寽說文
牛曰脊也𣯍馬毛雜班謂之𣯍哷鷄鳴也蛶蟲名說文商何也⿰木寽說文木也一曰舟檣⿰田寽耕曰起土也膊界也
太玄福則有膊陸績讀捋采也耒耒禾麥知多少也。吶女劣切聲不出謂之喟吶或書作冋文二笍羊箠耑有鐵。拙
拽羊列切捈也或作抴文七曳西戎有何名曳咥⿱竹曳技縫箄也揲數也褻遠也未也聅以矢貫耳司馬法曰
小罪聅。娎許列切說文娎娍也文二焎火氣。孑吉列切說文無右臂也一曰單也健也文六⿰禾孑禾把⿰糸孑絲束⿰金孑
方言戟楚謂之紓揲數也夆相遮害處一曰亭名在南陽。悅說兊欲雪切喜也樂也服也或作說兊文十四娧姚娧
好皃閱說文具數於門中也一曰察也出門者察而數也⿰兊鳥說文鳥也蛻方言燕趙謂蠭小者曰蚋蛻一曰蟬蛇解支也莌博雅小也
⿱艹閱菜名葉似竹生水旁脫蟲新出皮悅好皃司馬彪說⿰耳兊目玩也銳楚宋謂梲曰銚銳毤毛落也帨佩巾。叓

翲劣切說文舉目決人也文十二　烕說文滅也从火戌火死於戌陽氣至戌而盡引詩赫赫宗周褒姒烕之　娍盡也　颰颫小風或从叏　翄決从鳥飛皃或作決　炔抉炔火始然也　怴博雅怒也一曰愚皃　聀說文視高皃　吷小聲一曰飲謂之吷　絕𠚻拽也。鈌缺傾雪切說文器破也一曰少也或作缺文八　闋說文事已閉門也　蒛艸名爾雅茥蒛盆　𦏸博雅病也　𩫖說文缺也古者城闕其南方謂之𩫖　蟩蛚蟩雷師或省

蚗　妜婣悅切說文眉目間皃一曰怒也夏憂也文七　抉刔說文挑也或从刀　焆炔說文焆焆煙皃或从夬　𣪠𣪠旻目深皃　㖑怒也。朅丘傑切說文去也一曰武壯皃文十四　揭担拮舉也或作担拮　愒憩息也或作憩　藒𦾜藒車香艸或从揭　絜絜界也　蟍土蟍蟲名似蝗而小　偈博雅疾也　輵車疾皃通作偈　𩚍𩚍也　詰喬詰意不平。揭蹇列切舉也文四　紇覲也　扢拔也　訐告發也。傑巨列切說文傲也一曰俊傑文二十四　偈武皃

杰竊杰梁皿公子名　𥳑覆也　桀𡴣說文磔也从舛在木上也夏之末帝號古作𡴣　榤爾雅雞棲於弋為榤　檵概　楬杙也或省亦作楬　嵥嵥嵑高皃　滐水激回旋也　渴水盡也　竭說文負舉也一曰盡也　揭揭榤擔也或省亦从桀　碣𥕛說文特立之石東海有碣石山古作𥕛　𦼮艸名　𥟍穅也　𥢷禾出皃　藒藒車香艸　𡳐屍也

。孽魚列切說文庶子也文三十六　𧃰𧀯𧀯孼𡿪說文衣服謌謠艸木之怪謂之祅禽獸蟲蝗之怪謂之𧀯或作𡿪𧀯孼

𪇆鳥名說文鶂𪇆也　讞𤅊𤅊㦻說文議罪也或从言从口亦作㦻　糵說文牙米也　𧄼䴪牙麥也或作䴪

櫱𣟷𣡌木餘也又姓或作𣟷𣡌　闑臬槷說文門梱也𤅊或作臬槷　巘高皃　𡾊𡾊𡽹𡾊嵲說文

危高也或作𡽹巘　𩣡馬勒　𪙊龍龍鬐脊上　隉𡎸槷𩫨杌隉不安或

嵲木華書作峴　𨭆旁鐵　𪙊龍也　作𡎸槷𩫨　甈

爾雅康瓠謂之甈　𪘂博雅𪘂䏔危也　堨壁間隙也徐鍇說　屵高皃也　埶𦺅不動皃。蹶紀劣切僵也跳也文

十一　叕速也　趨蹳小跳也或从足　罬爾雅罬謂之罦　觼抵觸也　豩豕發土也　𦍩羊病謂之𦍩　𢺳掇也

亅鉤也　劅曲刀。豩巨劣切豕發土也文一。噦乙劣切逆氣也文三　衞防守也　衞寤言。𪚾鼈𪓰

必列切說文甲介蟲也或从虫从魚文十六　鷩說文赤雉也引周禮孤服鷩冕　鷩山海經基山有鳥名鷩鵂一曰鵂鷩別名　𥿻說文

扁緒也一說弩要晉銅帶一說御左回曰𥿻　蘻虌艸名爾雅蕨蘻或从鼈　柭棓也　鄨邑縣名在牂牁　𡋟大阜在左馮翊

池陽縣　憋惡也一曰性急　瞥目翳也　蔽菱也　𤺌腫滿也　朳八無齒杷李舟說。焆於列切煙气文二　𠯗怒气

。紇九傑切覩也急也文二　扢拔引也。潎匹滅切潎洌流輕疾皃文六　鐅說文河內謂臿頭金或書作鐅　𤺌枯病　撆

說文別也一曰擊　憋博雅惡也一曰性急　𧜮衣皃。𢿲便滅切敗也文五　𡟰輕也　𪘐古田器即𣂏也　彆𢳈

踣也或作獘。滅烕莫列切說文盡也古作烕文六搣說文批也烕火滅也緜也漢書緜力薄材孟康說絤細也

。𥮊筆別切分契也文十一別也兆說文分也引孝經重八八別也下有兆𧦝言析理也辯或作辯扒捌

剖分也或作捌莂移蒔也拔習俗謂平地除具拔筆山東謂筆𥮊分也六。別皮列切說文分解也文四捌剖分

也𡺳大𡺳山名通作別𧦝言析理也。扎側列切華緣也一曰夭死也文一。緆乙列切緆一不成絇而急一曰小意文二謁

白也李舟說

集韻卷之九

集韻卷之十

翰林學士兼侍讀學士朝請大夫尚書左司郎中知制誥判太常禮院群牧使上柱國濮陽郡開國侯食邑二千一百戶賜紫金魚袋臣丁度等奉

敕脩定

入聲下

藥第十八 弋灼切與鐸通

鐸第十九 達各切

陌第二十 莫白切與麥昔通

麥第二十一 莫獲切

昔第二十二 思積切

錫第二十三 先的切獨用

職第二十四 質力切與德通

德第二十五 的則切

緝第二十六 七入切獨用

合第二十七 曷閤切與盍通

盍第二十八 轄臘切

葉第二十九 弋涉切與帖通

帖第三十 託協切

業第三十一 逆切

集韻之卷十

洽第三十二轄夾切與狎乏通　狎第三十三轄甲切

乏第三十四扶法切

十八。藥弋灼切說文治艸文四十八藥博雅病也一說病消曰藥⿸疒翟淫⿸疒翟病也躍躒說文迅也或从樂𨇨⿰足蘥

⿰足籥方言登也一曰行也或从蘥从籥⿰女樂皃趯說文踊也⿺走龠說文趠⿺走龠也謂疾走礿禴𥜩爚說文夏祭也或

作禴𥜩亦从火瀹⿰氵蘥說文漬也一曰水皃或作⿰氵蘥鬲說文內肉及菜湯中薄出之通作瀹汋⿰氵藥水名一曰水動皃通作濼爚

爍說文火也一曰爇也或作爍⿰火夜火光敫說文光景流也⿰龠亢⿰籥亢仰也或从籥⿰龠見⿰目龠眩也或作⿰目龠龠說文樂之

竹管三孔以和衆聲也从品侖侖理也一曰量名合龠爲合籥說文書僮竹笘也⿵門龠⿰金龠說文關下牡也或从金⿰巾龠幕屋謂之

⿰巾龠⿰龠勺說文白⿰龠勺縞也纅說文絲色也蘥艸名說文爵麥也⿰氵藥藥艸貫衆也一名貫節通作濼櫟⿰木藥櫟陽縣名在雍

或从藥鸙天鸙鳥名形如鷃色似鶉⿰虫龠⿰虫冐⿰虫龠蟲名螢也汋挹也春秋傳汋與之也一曰水名鑠燿格也莊子鑠絕竽瑟一曰

銷也或作燿⿱艹⿰言吉風吹水謂之⿱艹⿰言吉龥呼也屵岸上出見皃⿺走樂動也擽揭也。⿱雨溥拂縛切大雨文二⿰方尃姓也

縛伏約切說文束也文一。削息約切說文鞞也一曰析也文四娋說文小小侵也⿱削手殺也⿱削鳥小鳥名。碏七約

切石雜色一曰敬也文二十一⿰立昔說文驚皃踖行皃一曰踖陵地也趞說文趞趞也一曰行皃娋小小侵也皵⿰散皮皴也或作
皵⿰木皵棤木皮理麤也或省通作皵舄䧿鵲鳥名說文䧿也象形或作䧿鵲舄又姓⿰犭足猎宋良犬獡名或作
措獡厝縣名䱜魚名潟鹵也周禮醎潟用貆錯物理麤也汋芍陂名在宋或作芍。⿳罒豆寸⿸厂鬯爵
即約切說文禮器也象爵之形中有鬯酒又持之也所以飲器象爵者取其鳴節節足足也一曰爵位也古作⿳罒鬯寸隸作爵文十五雀⿱雀鳥說文
依人小鳥也或从鳥通作爵穱穄也爝燋焳爑火炬或作燋焳爑⿰鼠勺鼠名出胡地⿰扌爵博雅擇也一曰捎也掴也
瞗目瞋皭白色。皭疾雀切白色一曰淨皃文十嚼⿰口雀噍噬也或作嚾噍爝燋爑⿰火焦炬火或作燋爑
燋瞗闕人名宋有謝瞗⿰鼠勺鼠名似兔而小。鑠爍式灼切說文銷金也或作爍文二十爍⿰火藥說文灼爍光也
或从藥爚儵爚光皃⿰女樂美皃⿰目樂美目⿺走樂走也濼⿱艹濼艸名爾雅濼貫衆或从艸⿰樂攴⿰女攴𢿫不定皃獡⿰犭樂
說文犬獡獡不附人也南楚謂相驚曰獡或从樂櫟地名在晉⿸疒樂療博雅病也或作療踼遽皃漢書河靈矍踼藥
灼藥熱皃纅絲色濯水皃。灼燋職略切說文炙也或作燋文二十九芍艸名一曰陂名焯說文明也引周書焯見三
有俊心一曰熱也通作灼⿰忄勺痛也驚也惄也勺汋說文挹取也象形中有實或从水勺一曰樂名⿰火芍⿰火芍爍艸木華色盛皃酌

說文盛酒行觴也一曰取也妁媒也謶博雅謞也一曰欺也彴橫水渡水曰彴摭拾也墌築土爲基礿方言礿繵謂之

襌繳說文生絲縷也或書作繳禚地名在齊穛說文禾皮也斫說文擊也菥艸名廣雅菥蘘蓂也犳獸名

出隄山狀如豹而無文⿰鼠勺鼠名炤明也詩亦孔之炤通作灼⿰釒勺博雅縞謂之⿰釒勺趵蹠跡也或作蹠圴土跡扚旁擊

⿰黑勺婦人以點飾。斮⿰昔戈側略切說文斬也或作⿰昔戈文二。⿰韋卓綽淖尺約切說文緩也或省亦作淖文十二⿰卓攴奪取物也

⿰石脣碏⿰石脣大脣皃逴齊楚謂跛曰逴婥婥約好也焯卓闕人名魯有孟公焯或省通作綽斫婥斫不解悟皃汋

水聲婼不順。杓實若切挹酌器通作勺文八勺勺藥調五味也芍芍藥香艸妁說文酌也斟酌二姓也

彴仢流星名或作仢汋說文激水聲也一曰井一有水一無水謂之瀱汋一曰陂名在宋酌挹也春秋傳不內酌飲。弱

弱日灼切說文橈也上象橈曲彡象毛氂橈弱也弱物并故从二弓隸省文二十一嫋弱也⿰月弱說文肉表革裏也惹廣雅拏也一曰

綽惹不定皃或書作⿰忄若𨅬⿰足彔也鄀國名介於商密秦楚其後遷於南陽即鄀縣春秋傳秦晉伐鄀是也溺說文水自張掖刪丹西至酒泉

合黎餘波入於流沙桑欽所說蒻艸名說文蒲子可以爲平席一曰菜名蠚螫痛也若⿱艸叒⿱屮叒說文擇菜也从艸右右手

也一曰杜若香艸一曰順也如也汝也一曰語辭古作⿱艸叒⿱屮叒通作叒叒⿱叒卩說文日初出東方湯谷所登榑桑叒木也籀作⿱叒卩箬篛說文所謂

竹皮曰箬或作篛楛果名博雅楛榴柰也一說楛榴安石榴渃渡渃水大皃⿰角弱弓偏弱⿰足叕足下文○⿰石著陟切說
文斫也一曰碎石文十一櫡𣃔鐯說文斫謂之櫡或从斤从金通作⿰石著婼靜也擆廣雅擊也箸著被服一曰置
也或从艸芍芍藥香艸偖施也安也亦姓勺勺藥調味和也○著直略切附也文四鐯爾雅斫謂之鐯擆擊也糴
關中謂買粟麥曰糴○辵勑略切說文乍行乍止也文十四逴博雅驚也一曰行皃踔略踔行皃躇踱超遽也春秋傳躇階
而走或作踱婼說文不順也引春秋傳叔孫婼㲋說文獸也似兔青色而大⿱㲋大小兔也獸名鄀邑名蠚⿱若虫⿱若虫
蟲毒一曰痛也或省亦作⿱若虫踼躩踼遽皃⿺辶⿰彳卓跛也○略力灼切說文經略土地也一曰智也行也要也取也利也亦姓文十六⿱略手撩取
也䂮磨刃⿱㓞各爾雅剡⿱㓞各利也⿱㓞言約⿱㓞言歎美也⿱㓞鳥鳥名擽擊也掠剠說文奪取也或从刀⿰目各盼也
⿱略糸博雅絣也一曰紩也藥勺藥調味和也⿰虫京⿰虫客⿱略䖵蟲名說文⿱聶虫⿰虫京也一曰蜉游朝生暮死者或作⿰虫客⿱略䖵詻聲也○謯謔
迄却切說文戲也引詩善戲謔分或省文三蹻方言⿱癶足也山之東西曰蹻一曰燥⿱癶足皃○卻却乞約切說文節欲也一曰退也或作却
文十⿰足去行不進⿰鄉阝⿱鄉阝鄉名在河東聞喜縣或省⿸疒卻⿸疒却瘡病或从却⿰卻見視皃⿰虫卻蜣蟲名天杜也或从羌
○腳脚訖約切說文脛也或从却文八蹻說文舉足行高也引詩小子蹻蹻屩繑鞽說文屐也或作繑亦从革

通作蹻卻節欲也郤足相踦皃○噱嗐極虐切說文大笑也或作嗐通作谷啣腏文十六谷啣說文以上
阿也从口上象其理或作啣腏牛舌⿰虫豦蟲⿰虫豦蟲名蜉蝣也⿰彳卻說文徼⿰彳卻受屈也醵⿰酉巨說文會歓酒也或从巨
蹻勪舉足行高也或从力⿰虫卻蟲名說文渠⿰虫卻蜋一曰天社⿰忄卻說文勞也⿰谷風說文相踦⿰谷風也臄切肉也取脾胃
寘腸炙之曰臄詩嘉肴脾臄⿰火豦火熾○肑筋逋約切筋鳴或从竹文二○約乙却切說文纏束也一曰儉也亦姓文九
手掐節文葯艸名白芷也⿰食勺食節也箹籥小者謂之箹蒦⿰尋蒦度也或从尋西平量也⿰口亞笑聲虐
虐逆約切說文殘也从虍虎足反爪人也隸省文五瘧說文熱寒休作⿰女岸⿰女岸斫不解悟皃⿰石岸⿰石岸⿰石肙大脣皃一曰磑也○篗
篗籆⿰角國⿱竹或王縛切說文收絲者也或作篗籆⿰角國⿱竹或文十一玃獸名說文㲋玃也⿺辶矍⿺辶矍⿺辶矍周遊也⿱竹⿰氵蒦取魚
竹器⿱艹矍⿱艹矍子菜名蠼蠼略行步進止皃臒䐿臒丹也○矆矍怳縛切說文大視也或从矍文九彏說文
弓急張也戄⿰忄蒦驚也一曰遽視或作⿰忄蒦矍目不正皃易視矍矍徐邈讀⿰言矍妄言攫搏也彉張弓○躩
屈縛切說文足躩如也文四⿺走矍說文大步也⿰彳矍行皃太玄其志⿰彳矍⿰彳矍⿰矍阝鄉名○矍厥縛切說文隹欲逸走也从又
持之矍矍也一曰遽也文二十一⿰禾矍艸名可染皁⿰革矍⿰革睪⿰革矍刀鞞皁⿱大蒦健皃攫說文扟也⿺走矍大步也⿰彳矍

三

行皃 钁說文大鉏也 彏急弦謂之彏 轋轋轋車輞也 玃蠼⿰犭瞿獸名說文母猴也引爾雅貜父善顧攫持

人也或从虫亦省 貜猨類似犬食猴 ⿰矍鳥鳥名如鵲白身三首三足 蒦博雅持也 ⿰矍阝地名 矡矛屬 躩足躩如也

⿰矍馬獸名麀形馬足人手 欔木名 ○戄局縛切諦視也文七 ⿰矍阝鄉名在聞喜縣 ⿺走矍大步也 ⿱奞夂健皃 貜猨類

狂狂狂犬走皃 迋往也 ○臒鬱縛切善丹也文十二 彠矱度也或从尋从矢 矆遽視皃 嬳

⿰女矍作姿態也江南謂之吚山東謂之嬳顔師古說一曰借也或作⿰女矍 蠖屈伸蟲也 沃茂皃詩其葉沃沃若徐邈讀 戄遽也

史記晏子戄然攝衣冠謝 矆勇皃東觀漢記矆哉是翁 ⿰日矍明也 ○⿰革尃⿰韋尃方縛切車上橐或从韋文三 ⿰齒尃齧物聲

○逽女略切走也文三 闒牽引也 蹃踐也 ○斮⿱竹戠士略切斬也古作⿱竹戠文二

十九 ○鐸各切說文大鈴也軍法五人為伍五伍為兩兩有司馬執鐸文二十二 度⿸广乇謀也古作⿸广乇 㤿⿰忄乇⿰忄度

忖也一曰企也或作侂⿰忄度 剫說文判也爾雅木謂之剫 踱⿰足乇⿰足乇足一曰乍前乍却或从宅 ⿰言度廣雅欺也 仛他也 喥

言無度也 凙冰結也楚辭之洛澤 檡說文袴也 ⿰乇頁⿰乇頁顱首骨 ⿰月睪肔⿰月睪無檢也 ⿰革睪廣雅⿰革棘⿰革睪鞾也 檡

棘屬 澤格澤星名一曰妖氣一曰澤索張掖縣名 鐔劍珥 蠌爾雅蜎蠌螺屬 ⿰車度⿰車度輅轉也 ○託闥各切說文寄也文

四十二 侂仛侂 説文寄也謂依止也或作仛侂 橐橐𢂽 説文囊也或从巾 玨 王名 汑 滑也 捽

析𨷌 説文判也引易重門擊𣛮或作析𨷌 欜 説文夜行所擊者引易重門擊欜 拓𢷎托 手推物或作𢷎

托 䟡𨂐 䟡落無檢局或作𨂐 䰐 落䰐無節 蘀 説文艸木凡皮葉爲擊引詩十月隕蘀也 籜 竹皮 沰

赭也 柘 説文衣衸 魠 説文哆口魚也 馲駝驝 馲駝畜名或作馲驝通作橐 飥𩞄𩟏 餺飥餅屬或作

𩞄鑮 矺 矺鼠木名一曰王棘 詫 毁也 𥨍 穿也 咤宅 奠爵也書三祭三咤徐邈讀或省 舃 大皃詩松桷有舃徐

邈讀 斥 揮斥放縱也司馬彪説 㮝蘀 説文木葉陊也或从艸 䏧 䏧胳畜水腸一曰腹大皃 𩑶 腦䏧 袥

開衣令大也 杔 杔櫨木名 ○洛 歷各切 説文水出左馮翊歸德北夷中東南入渭古書作雒文六十一 濼 水名在濟

南 零 説文雨零也 酪𩐨骆 説文乳漿也或从乳亦省 落 説文凡艸曰零木曰落一曰落居也一曰宮室始成祭之

爲落亦姓漢有巴郡落下閎 咯詻 説言也或从言 笿 説文桮笿也一曰東也 絡䌒 説文絮也一曰麻未漚或从素

鞜 説文生革可以爲縷束也 袼 博雅樞次衣也 珞 瓔珞頸飾 硌 磊硌石皃 樂㦡 娱也或从心 謋 謋詸狂言

眳 説文眄也 挌擽 擊也或从樂 躒 動也 剒斮 剫也或从斤 鉻 説文鬄也 烙 燒也 瘵 治病也 𡛷

殂𣧾死也通作落轢陵轢車所踐䡾車聲駱𩦠說文馬白色黑鬣尾也亦姓或作𩦠馲驝橐馲駝畜名或作
驝亦省通作駱鵅鳥名說文烏鸔也鸈鳥名一曰鷹赤首曰鸈皬𤽊鳥之白也或从隹蛒蛒螅鳴蟲鼦鼠名
出胡地皮可爲裘鮥魚名說文叔鮪也鱳魚名皪𤾉白色或从各櫟閼人名春秋傳晉有輔櫟通作躒爍
㮝欒木枝葉缺落皃或作欒格落箈蘺格也或作落箈霍艸名爾雅抱霍首轢頡釜也雒鳥名
說文鴟鵋也洛冰謂之洛澤峈峈嶧山皃路罿也漢書虎路謂以繩周繞之通作落犖牛駁色𦐇𦐇翻飛皃
輅玉輅車礫白石皃○諾匿各切說文譍也文五惹𢜻心然也古作𢜻䋆統諾變夷布名毦氈屬極細可以
㵵雨○博𡙁伯各切布也說文大通也从十从尃尃布也又州名亦姓或作𡙁文四十四簙說文局戲也六箸十二棊
也古者烏曹作簙簿簭具髆胉拍說文肩甲也或作胉拍狛獸名似狼𪗁𪘍嚩說文噍堅
也或从簿亦作嚩餺𩞃䴺餺飥餅也或从薄亦作䴺襮纀黼領謂之襮一曰表也或从糸䙏衫短袂謂
之䙏搏說文索持也一曰至也一曰拊也薄迫也䪙𨍏說文車下索也或从車鎛說文鎛鱗也鐘上橫木上
金華也一曰田器引詩庤乃錢鎛鑮鎛十二辰頭鈴鐘也或省牔屋耑版㬥說文頸連也爆𤏲火乾也一曰熱

也或作⿰火尃猼⿰豸尃獸名似人有翼一曰地名信都有下猼縣或从豸⿰羊尃吳羊牂曰⿰羊尃⿰鼠尃鼶鼠名⿰髟尃鬆也⿰虫尃
⿰虫尃蟭蟲名螳蜋子也欂榑椽也或省膊界埒也太玄福則有膊禍則有形溥溥濼水皃暷曝暴也或作曝
⿱尃鳥鳥⿱尃鳥鳥名犦牛名犎也溥水名⿰暴殳擊也。粕匹各切滓糟曰粕通作魄文三十八膊⿰月薄說文薄脯膊之屋上或从薄
狛獸名說文如狼善驅羊⿰尃頁頩面大醜皃或从并魄落魄不得志皃一曰肉顫搏擊也簙局戲六箸
十二棊⿰韋尃說文軛裹也⿰口普聲也普暷說文齊謂春曰普或作暷濼瀖⿰氵萑陂澤或作瀖亦省濼古國
名⿰普羽⿰白羽⿰尃羽⿰尃羽⿰普羽飛皃或从白从尃鑮說文大鐘淳于之屬所以應鐘磬也堵以二金樂則鼓鑮應之⿱雨革說文雨濡革也
蒪猼尃艸名博雅蒪且蘘荷也或作猼亦省⿱艹僕博雅⿱艹僕蘀落也蛢大魚似蝪蜥⿰氵蒪薄薄驅車也礴
旁礴混同也⿰虫尃⿰虫尃蟭螗蜋卵⿰骨甫髆胉骬也或从尃亦作胉⿰車尃博雅軒⿰車尃柳車也⿰禾白禾不實⿱雨溥大雨⿱艹并
月始生三日溥溥漠水皃⿰口尃噍皃。泊白各切止也一曰水白皃文二十六薄說文林薄也亦姓簿⿱竹鎛蠶具或从
搏怕憺怕靜也⿰衤尃博雅襌也箔簾也⿰革薄⿰車薄⿰車尃博雅靯⿰革薄謂之鞇或从車亦作⿰韋薄⿰韋尃鑮鈴也一曰
大鐘欂櫨也通作薄礴旁礴混同也踄說文蹈也⿰魚薄⿰魚尃魚名如鯉一曰或省⿰食薄⿰麥薄餅也或从麥蒲

蒲姓地名在齊暴曰乾也周禮春暴練劉昌宗讀魄聲也歐陽尚書火流于王屋爲鴉其聲魄一曰落魄志行褻惡皃彴彴約奔星⿺辶尃

鼠名鉑金薄也亳說文京兆杜陵亭一說湯都也絳州垣縣西有景原亳並西接安邑蓋湯將至桀都於此誓衆故春秋傳有景亳之命

杜預不釋景又曰亳今偃師非是◦莫䒬末各切無也定也亦姓古作䒬文三十一幕說文帷在上曰幕覆食案亦曰幕又姓漠⿰石莫

說文北方流沙也或作⿰石莫漠一曰清也塻塵也⿱雨莫雨皃鄚說文涿郡縣暯冥也瞙眊目不明或从毛膜說文肉間胲膜

也䩋鞊䩋皮也摸摸⿰扌索捫搎也熐火皃或書作⿱莫炎瘼說文病也慔勉也募說文死宋募務也或書作⿰礻莫

寞寂寞無聲也⿰莫力動也嗼說文㗂嗼也一曰定也⿱髟莫髻飾鏌說文鏌鋣也⿱竹莫⿱竹莫⿱竹邪竹名⿸广莫定也空也

⿱貘虫⿱貘虫貘蟲名螗蜋也通作莫謨謀也漢書謨先聖之大繇顏師古讀縸絡縸張羅皃⿱莫皮⿱莫皮⿱莫皮礱皮也⿴囗莫見文

貉爾雅靜也◦索昔各切說文艸有莖葉可作繩索从𣎵糸杜林說一曰盡也法也一曰索索懼皃一曰縣名在張掖亦姓文十三

⿰扌索摸也⿰氵索水皃一曰水名在滎陽⿰革索廣雅⿰革索韠綏也⿱艹索艸名⿱宀索寂寞也⿰風索風聲⿰衤索衣聲⿰木索木梢⿰禾索

禾皃⿰金索鑯繩也⿱竹索竹絙⿰糸昔大繩◦錯鍇倉各切說文金涂也一曰雜也乖也鑢也亦姓古作鍇文十五厝碏說文厲石

也引詩他山之石可以爲厝或从石蜡蝀也剒爾雅犀謂之剒縒縒綜亂也一曰鮮絜皃逪說文迹逪也一曰借也皵⿰⿱𥫗昔皮皵也

古作徹⿰魚昔魚名皐前有骨如斧斤一說生子在腹朝出食暮還入𪎭油麻一榨曰𪎭昔㸰也周禮老牛之角紾而昔碏闕人

名春秋傳衛有石碏莡艸名○作胙𢓜乍即各切說文起也亦姓占作胙作亦省文十三⿱𡐦麥屑麥蒸之也迮倉倅

也一曰起也論語三臭而迮通作作糳毇說文糲米一斛舂爲九斗曰糳或省通作鑿鑿鮮明皃詩白石鑿鑿柞木名⿰牜乍

山牛𪎭油麻一榨曰𪎭⿰口果喿喿○昨疾各切說文累日也文三十二醋酢說文客酌主人也或作酢秨說文禾搖皃

鑿鑿說文穿木也或省砟石也鈼甑也梁人呼爲鉹吳人呼爲鈼柞說文木也筰笮⿱竹昨說文筊也一說

西南夷尋以渡水益州有筰橋或作笮⿱竹昨耤⿰耤阝鄉名在臨邛亦姓或作⿰耤阝莋苲說文越嶲縣名或从乍葃葃菇艸名

⿱鑿言詈也諎酬言也⿰糸昔⿰糸乍絢緒艸組或作乍⿰巾乍博雅⿰巾閻⿰巾虒謂之⿰巾乍怍⿱作心說文慙也或作⿱作心詐作慙語飵

說文楚人相謁食麥曰飵一曰饕飵食也⿰牜乍牛名重千斤出華陰山岝岝崿山高皃⿰氵窄水也阼東階賓主之所酬酢也

胙祭餘肉⿰耤斤地名亦姓○鶴鶮鶡鵠曷各切鳥名說文鳴九皐聲聞于天或作鶮鶡鵠文二十七貈⿰豸亢貉

狢⿰豸豦說文似狐善睡獸引論語狐貈之厚一曰說文从舟誤當从亢聲或作狢貉⿰豸豦⿰馬隺說文苑名一曰馬白頟⿰氵貈煎盬也⿸鹵各說文

鼠出胡地皮可作裘涸⿰氵亙說文渴也或作沍洛洛澤冰皃佫姓也⿰目隺博雅望也⿰禾各禾屬似黍而小挌挌澤星名一曰

妖氣自地屬天翯羽白皃通作皠郝爾雅郝郝耕也皬皠白也史記皬然白首或从隺靃藿艸名爾雅抱靃首或从艸

通作隺隺鳥飛高也挌拫挌牽引也○膗黑各切說文肉羹也文二十七鰝大鰕鄗說文常山縣世祖所即位今爲高邑

郝說文右扶風鄠盩厔鄉亦姓嚛食辛也蠚蠚蠚螫說文螫也或从䖵蠚亦作蠚螫㕡壑說文溝也或从土

豰豕聲滈久雨嗃說文嗃嗃嚴酷皃一曰聲也一曰悅樂謞謞謞崇讒慝也熇熾也矐𥉌失明也史記乃矐其目或

作𥉌嗀㱿嘔吐皃或省酷虐也䤃醋也臯大也歊齠也䊦黍糗藃木乾藃也一曰草肥皃奭盛也○愙

恪克各切說文敬也引春秋傳以陳備三愙或作恪亦書作㤩又姓文四𥰭籠也絡絮也一曰生絲○各剛鶴切說文異辭也

从口夂夂者有行而止之不相聽也文十閣說文所以止扉也一曰觀也一曰庋藏之所亦姓胳說文腋下也袼袖也一曰衣腋縫

格樹枝也一曰繩束牆版詩約之格格骼牲後脛骨通作胳佫闕人名漢有張佫茖艸也咯雉聲鮥魚名如鼉喙長

三尺利齒虎鹿度河擊之斷卵如鵝○惡悪僫遏鄂切說文過也隸作悪或从人文十一鱷魚名如蛇或書作鰐噁噁噁鳥聲

堊說文白涂也蝁虫屬說文失也鐚白金啞笑聲𧭏誈譁也或省○𠵽咢逆各切說文譁訟也一曰徒擊

鼓隸作咢文四十六噩𡆕太歲在酉曰作噩籀作𡆕通作咢鄂覨久視也齶㖾腭齒斷或作㖾腭鄂口中上鄂也

諤譌諤諤直言或作譌顎頞頟顎恭嚴也或作顎頞頟顎逜愕遻愕說文相遇驚也或从心隷作遻愕

鄂鄂說文江夏縣名亦姓或作鄂⿰阝咢阜皃崿⿱山噩崖也或从噩堮⿰土噩堮圻也或作⿰土噩堮偔多也碍

碪碍石危皃萼蘁華跗或从噩通作鄂㮙穽也鑩的也⿰咢刂⿱丯刀咢鍔說文刀劒刃也籀作⿱丯刀咢或从金鶚⿰咢隹

⿱咢鳥鶚屬或从隹从屰⿰虫屰⿰虫咢鰐鱷魚名說文似蜥蜴長一丈水潛吞人卻浮出日南或作⿰虫咢鰐鱷⿰氵咢水名⿱竹咢

竹名⿰木噩華盛皃○穫⿰耒蒦劐黄郭切說文刈穀也或从耒从刀文二十鑊說文鑴也擭篧取魚竹器或作篧

⿸广蒦廓⿸广蒦空遠皃濩說文雨流霤下皃一曰濩渃大水一曰蠖濩宮室深邃一曰汚也一曰湯樂名春秋傳見舞大濩者徐邈讀⿰食蒦

嚄食無味或从口⿰火蒦熱也⿰忄蒦驚也憂也檴檴落木名可爲杯器素郭璞說⿸疒蒦痾⿸疒蒦物在喉獲隕獲困迫失志皃通作擭

瓠瓠落廓落也莊子瓠落无所容梁簡文帝讀⿸虍坙⿸虍又爾雅⿸虍坙阮虛也郭璞讀或省擭捕獸機檻䨼䨼䨼大雨○

霍忽郭切山名在荊州一曰國名一曰太山遶小山曰霍一曰揮霍猝遽也亦姓文二十三靃說文飛聲也雨而雙飛者其聲靃然霩

雲消謂之霩漷洪漷水勢相激皃矐暫明也瀖灌也⿰忄霍恐懼皃⿰目郭⿰目靃駭視也或从霍⿱艹靃藿艸名說文

之少也或省彉彍張弩也或作彍通作擴攉攉手反覆也或从隺劐裂也癨病亂也臛肉羹獲恢廓

皃 擴張大也 霍鳥飛高也 騅騅馬白頟 濩濩濩水皃 ○廓郭𢊍闊鑊切開也虛也或省古作𢊍文十八 崞嵺崞山谷深 霩說文雨止雲罷皃 鞹鞟說文去毛皮也引論語虎豹之鞹或省 彉彍說文弩滿也或作彍 𠠰劐博雅解也或作劐 擴𢷬張大也或从郭 籗籱篧罩也或省亦作篧 嘓叩聲 漷說文水在魯 ○郭𩫏光鑊切說文齊之郭氏虛善善不能進惡惡不能退是以亡國也一曰張也古作𩫏文二十八 𩫏墎𨻶說文度也民所度居也从回象城𩫏之重兩亭相對也或作墎𨻶 椁槨𥗸說文葬有木𩫏也或作槨亦从石蓋古或用石 𡓷埻國名山海經𡓷埻端國在流沙中隸作埻 彉彍弩滿也或作彍彍通作擴 矌䁨目張皃或作䁨 櫎長也通作𨻶 𡾟崞𨺪說文山在鴈門隸作崞或作𨺪 𪈙𩫏鳥公鳥名 漷水名在魯 擴𢷬張大也孟子擴而充之或从郭 聤𦗲大耳或从廣 嘓噓也 潅灌也 爟灼也 滈久雨 ○臒屋郭切說文善丹也引周書惟其敷丹臒文十二 彠度也 蠖說文尺蠖屈申蟲也 鸌水鳥 嬳㜃作姿態也或从矍 𩞁嚄無味也伊尹曰甘而不𩞁肥而不𩞁或从口 噁鳥聲 馲馲駝畜名 鋈白金 鴁鳥名 ○瓁五郭切玉璞文三 𤛓牛白皃 騅馬名 ○沰當各切滴也文二 砤磓也 ○𥗸盧穫切𥗸𥗸石聲文一 ○喿祖郭切喿喿鳴聲文一 嫫靜也

二十 ○陌莫白切阡陌田閒道南北曰阡東西曰陌文二十七 佰說文相什佰也 帞絈博雅㡌帞謂之幧帞或作絈

莫德正應和曰莫鄭康成說袹廣雅衤謂之袹腹捾拍擊也或从白銆銆刀兵器⿸尸泉說文履也青絲頭履⿺走百

越也洦⿰氵陌淺水或从陌貉貊說文北方豸種也孔子曰貉之爲言惡也一曰靜也定也一曰縮綸也即綸繩也謂牽縛貉之郭璞說

或从百⿰馬百⿰犭百獸名說文馲⿰馬百一說似騾而小或作⿰犭百貘獸名說文似熊而黃黑色出蜀中驀說文上馬也⿱莫夕說文宗也

⿱莫夕死宗⿱莫夕也从夕蛨虴蛨蟲名螌蝑也嗼博雅安也嵮漠⿰氵嵮嵮岶密皃或从水亦作⿰氵嵮。捾拍匹陌切說文拊

也或从白文二十一⿰片𠂢破物也敀說文迫也引周書常敀常任皛明也⿰兔兔⿱兔⿰兔兔疾皃或从三兔怕說文無爲也古書作息通

作泊魄說文陰神也霸⿱⺈⿰白月月始生古作⿱⺈⿰白月并珀琥珀出蜀國通作魄洦說文淺水也岶泊⿰氵岶

嵮岶密皃或作泊⿰氵岶⿰白白白色胉脅也粕糟也⿺走白逼也。百⿱一自博陌切說文十十也从一白數十百爲一貫相章也亦姓古从自文

十七伯白說文長也一曰爵名亦姓古省迫說文近也通作敀⿱艹柏葙藍艸名柏栢木名說文鞠也或从百洦⿰氵柏淺水

皃或从拍瓸瓻瓸甓也胉脅也禡師祭也禮禡於所征之地敀說文迮也欂壁柱佰百人之長⿰扌暴擊聲。皁

⿰白白薄陌切說文西方色也陰用事物色白从入合二二陰數一曰吉也亦姓古作皁或作⿰白白文十五帛說文繒也⿰白犬獸名似狼或書作狛

苩姓也百濟有苩氏⿱艹帛艸名象帛通作帛⿱⺮白竹名皮白舶⿰舟帛蠻夷汎海舟曰舶或从帛鮊說文海魚名廣雅鱎

也⿰乇鳥字林⿰乇鳥郁鳥名似鸛出懸雍山欂枅也⿰乇瓦瓦屋不泥也柏木名。磔陟格切說文辜也通作矺文二十二侂人所
豎立矺硾也搩⿱乍手手度物或作⿱乍手厇張也吒嘲也乇說文艸葉从垂穗上貫一下有根象形杔杔櫨盞酒具一
曰柱上枅舴舴艋小舟⿸广乇張設屋也一曰縣名在濟陰蠌虴⿰虫宅土蠌蟲名似蝗而小或作虴⿰虫宅⿱艹乇藥艸⿰乇頁⿰乇頁顱髑髏也
粍一粍屑米爲飲一曰粘也馲⿰馬乍⿰犭乇⿰豸乇馲⿰馬百獸名驢父牛母或作⿰馬乍⿰犭乇⿰豸乇諎木聲。墌摭斥坼拆
宅恥格切說文裂也引詩不坼不副或从手亦作斥坼拆宅文十五⿰片斥⿰片庠開也或从庠⿰斥皮皺也⿺走斥⿺走庠哇步也一曰距
也或作⿺走庠⿰乇頁頂骨⿰韋斤韄⿰韋斤刀靶中韋⿰食蒦食無味⿰骨昜骨間汁。宅宅⿸广乇度直格切說文所託也古作宅⿸广乇
或作度文二十四澤⿱白大說文光潤也古作⿱白大㤞懲也擇𢍰說文柬選也或从廾⿰韋睪⿰韋睪韄刀靶韋也檡桍也
檡木名棘也⿱艹澤蘀⿱艹澤蔦藥艸或作蘀礋神異經西方有人長短如人羊頭猴尾名礋研健行翟雉名一曰陽翟縣名
亦姓⿰宅鳥⿰宅鳥鸅鳥名錦文也鸅⿰睪隹鳥名鸅鶘也或从隹通作澤蠌水蟲爾雅螖蠌小者蟧螺類也⿱艹睪蔦屬⿰翟羽⿰翟羽⿰翟羽飛皃
乇艸皃擢樹枝直上皃。踖昵格切踐也文九𥻷粉餌⿱弱土水土和也搦⿰弱攴說文按也或从攴嫋長皃眲
輕視也列子見商丘開衣冠不檢莫不眲之一曰耳目不相信榒木名⿰角萬角似雞距。垎轄格切說文水乾也一曰堅也文十三胳腋也

洛沍陳堅也或作沍　趦廣雅趦趚僵也　格捍格不入也　格榹架也　輅輅車前橫木或作輅　涸水竭　貉

方言登也　柳角械木也一曰木名一曰案足　蛒蛭蛒蟲名地蠡也　。赫爀𧹛焃郝格切說文火赤皃或从火亦作𧹛焃赫一曰

明也文十九　赩赤色　嚇𧹛奭怒也或作𧹛奭通作赫　⿰目赫目赤　謞說文言壯皃一曰數相怒　閲恨也懼也

⿰忄閲閲虩赤紙　䞩見也　⿰火赫燒也　壑虛也　⿰忄閲楚人謂懟曰閲虩　潤潤沐惶遽也　捇搵土謂之捇　⿱雨翮翮

疾飛也　。客乞格切說文寄也文六　⿰血客喀嘔也國語伏弢喀血或从口　挌搿也　硌石堅　⿱艹赤⿱艹赤懼也　。格各

切說文木長皃一曰式也正也文二十四　⿰各戈⿰各斤捕也鬬也或从斤　佫佫假假䮷至也或作佫假假䮷通作格　挌敋

說文擊也或作敋　骼說文禽獸之骨曰骼　胳牲後脛骨　觡說文骨角之名也一說鹿角無枝曰角有枝曰觡　鉻鉤也一曰鬄也　挌

說文枝挌也一曰木枝橫者　茖說文艸也一曰山葱　⿰耒各耕也　⿺麥各麥碎曰⿺麥各　鵅鵅鵅鳥名鵂鶹也　鮥鮥魚名或省　蛒蟲名

方言蛄諸謂之杜蛒一曰蛭蛒地蠶一曰蝤蠐　⿰阝各闕人名漢有張⿰阝各　柳角械木　。啞⿰言亞乙格切說文笑也引易笑言啞啞或从言文四

⿰食亞飢也　韄佩刀絲　。額頟鄂格切說文顙也或作頟文十一　詻說文論訟也傳曰詻詻孔子容　峉⿱山頟山高大皃楚辭

山阜峉峉或从頟　⿰石逆⿰石屰礋⿰石逆西方獸名或省　⿰魚契鰝⿰魚契魚名皮有文　鄂柞鄂取獸阱中木　⿰革客補履謂之⿰革客　敋擊皃

獲胡陌切說文獵所獲也一曰獸名亦姓文十一　讗嚍讗讗誇也一曰言壯皃一曰數相怒或作嚍　欶吐聲　韄說文佩刀絲也

嚄大呼也一曰嚄嚍多言　穫收禾也　獲蒦博雅度也或省　鱯魚名大鮎也　濩濩澤縣名在澤州　。謋諕

霍虢切謋然速也或作諕文二十　⿰忄砉心驚皃　⿰火砉焃火光或作焃　砉皮骨相離聲或書作砉　騞解牛聲莊子奏刀騞然

⿰霍羽⿰雈羽⿰砉羽⿰霍羽飛疾皃或从雈　湱渹湱大波相激聲　漷郭水名在魯或省　捇⿰扌赫說文裂也或从赫　⿵門砉開也　剨

破聲　⿺風砉風熱皃　湱⿰氵虢水聲或从虢　讗說文言壯皃一曰數相怒　。劐⿰霍刂廓擭切解也裂也或作⿰霍刂文四　漷水名在魯

⿰虫卻蟲名天神也　。虢郭擭切說文虎所攫畫明文也亦姓文十一　⿰氵虢說文水裂去也　⿰言虢⿰言虢⿰言虢多言　⿰扌虎⿰虎攴打也或作⿰虎攴　漷

水名在魯　⿰土𩫏埻⿰土𩫏端國名隸作埻　唬虎聲　⿰目貝閉目皃神異經八荒有毛人見人則⿰目貝目開口　郭國名春秋傳攻郭郭則虞救之通

作虢　。擭屋虢切說文搫擭也一曰布擭也一曰握也文四十　蒦彠艸名說文規蒦商也一曰度也或从尋　矆視遽皃通作蒦　嚄

驚亘聲　韄⿰革蒦韄靳刀靶中韋或从革　濩濩澤縣名在河東　蠖陂名一曰村名在吳王舊城側　攫取也　欶吐聲　⿰食蒦

食無味　⿰角蒦⿰角萬角似雞距或从萬　。碧筆戟切石之青美者文一　狛獸名　。⿱艹⿰禾尃薄欂弼碧切說文壁柱也或作薄欂文三

。索色窄切博雅取也一曰求也通作⿰扌索文二十一　⿰扌索擇也　⿰亻索偒⿰亻索惡也　⿰氵索雨皃一曰水名在滎陽一曰水出聞喜縣　⿸疒索脉動也

⿰禾索禾穗⿺走索趚趚僵也⿱髟索髮堅皃⿰米索煑米爲傺⿰石索⿰阝索說文碎石隕聲或从阜𡩡說文入家搜也⿱艹索艸名⿱雨新
⿱雨索雨也或从索⿰風索風聲⿰衤索衣聲⿰木索⿰木束木枝上生或从束⿰金索鐵弗⿱竹索竹弗。拃助伯切拃鄂捕獸檻中機也文
二唶唶唶聲也。⿰豆昔測窄切破豆也文三簎杈刺取魚鱉也矠說文。矛屬。迮側格切說文迮迮起也一曰迫也文二十一
窄狹也岞岞峉山皃⿺辶窄姓也笮筰⿺辶笮說文迫也在瓦之下棼上一曰矢節皮曰箙竹曰笮一曰迻也亦姓或作筰迮⿰氵昔說文
所以攤水也引漢律及其門首洒⿰氵昔蚱蚱蜢蟬屬舴舴艋舟名唶聲也春秋傳行扈唶唶蚝蚝蛨蟲名蜙蝑也⿰乍鳥鳥名博雅⿰禾鳥⿰乍鳥
⿰馬巴也措追捕也漢書迫措青徐盜賊咋大聲柞除艸曰芟除木曰柞飵餾也苲艸也⿱雨乍雨皃齰說文齧也或从
乍。齰齚實窄切齧齒也或从乍通作咋文十四峼嶚峼山形咋吠咋多聲泎濳瀺泎水落皃或作濳岝岝峉山峻皃
諎大聲舴舴艋小舟柞除木曰柞蚱蟬屬笮笵也簎說文刺也引周禮簎魚鱉通作矠矠矛屬。虩迄逆
切恐懼也說文引易履虎尾虩虩一曰蟲名蠅虎也文二謋疾意莊子謋然已解徐邈讀。隙⿰𢆶𡭴⿰彳𡭴⿰阝谷乞逆切說文壁際孔也一
曰閒也或作⿰𢆶𡭴⿰彳𡭴文十六郤郄地名晉大夫叔虎邑亦姓或作郄迟說文曲行也𡭴說文際見之白也从白上下小見卻
廣雅券御極也⿰忄卻疲也⿰口卻大笑綌⿰糹卻⿰巾谷說文麤葛也或作⿰糹卻亦从巾覤覤覤驚懼皃⿷匚凵物曲也一曰曲受也

◦嗃 霅白切嗃嗃誇也文一 ◦戟戟 訖逆切說文有枝兵也引周禮戟長丈六尺或作戟文十四 撠 拘持也 丮丸 說文持也象手有所丮據也隸作丸 𠯈㖂 聲也或从戟 𨲠 疑皃 𢙾 疲也 𢔆 相踦也 狣犱 獸名窮䝄也或作犱

䔲 大戟巴戟皆藥艸 躆 手據地也太亙躆戟喈喈一曰動作也 ◦劇 竭戟切增也一曰艱也一曰縣名在北海文十一 噱 嗢劇笑不出 𠊲御俗𢚁𢔆 方言傍也或作御俗御𢔆 屐 說文屐屩也 𨋢 車軸伏兔 𢚰 說文角械也一曰木下白

跂 足也莊子闉跂支離 ◦逆 仡戟切說文迎也關東曰逆關西曰迎一曰却也亂也文五 屰 說文不順也从干下屮屰之也 咢 嘔也 縌𦀖 說文綬維也或省 ◦礐 離宅切石聲文一

二十◦麥 莫獲切說文芒穀秋種厚薶故謂之麥麥金也金王而生火王而死从來有穗者从夊亦姓俗作麦非是文十八 𩧬 騧騣騾屬 霢霢霡 說文霢霂小雨也或作霢霂 衇脈脉 說文血理分衺行體者或从肉亦作脉 眽眿 說文目財視也或作眿

覛 相視也或書作䁆 𪅈𩀠 鳥名或从隹 騞 解牛聲莊子奏刀騞然 覤 覛䚉茀離也艸木叢生皃 䈏 方言車枸簍謂之䈏 𪀦 鳥鷙視 派 泉潛通 ◦薜 博厄切艸名山蘄也一名當歸文十六 𣶏 水分流

檗蘗 說文黃木也或从薜 糪 說文炊米者謂之糪 擘 說文撝也一曰大指或書作擗 𤗚 豆中小硬者 辟 禮廱為辟

雞一曰冠裳辟積僻摘僻多禮節皃通作辟甓爾雅瓴甋謂之甓繴䍥捕鳥罔或作䍥擗博雅裂也鸊
鳥名方言野鳧其小好沒水中者南楚謂之鸊鷉繴織絲帶也疈磔牲也○擗匹麥切擗摖中聲文八鎃梁益謂裁木為
器曰鎃糪𥽍米飦半腥半熟曰糪或作𥽍𤗈劈分也或作劈繴䍥鳥罔或作䍥○繴薄革
切說文繴謂之罿罿謂之罬罬謂之罦捕鳥覆車也或作䍥文六繴織絲為帶謂之繴榑薄欂薄欂櫨壁柱或作薄欂
○栜㮦色責切木名中車輞爾雅赤栜白栜或作㮦文二十摵隕落謂之摵㨲䅭㨲捕鳥也愬虩覤
驚懼謂之愬或作虩覤𩊻堅也䨦霢也涑霋㵳說文小雨零皃或作霋㵳𣵀所以攤水也㾊
瘷瘮㾊寒病或从敕捒擇也𥹉糒𥹉壞米也鏼搶也柵槮也蓛以穀飼馬○策筴莿測革切說
文馬箠也一曰謀也一曰著也一曰小箕曰筴或作筴莿文三十一冊册笧說文符命也諸侯進受於王象其札一長一短中有二
編之形或作冊古作笧通作策筴𠕁說文告也𢻻敇說文擊馬也或作敇通作策憡㥽博雅痛也或省𢠵耿介
也瞔淨也婧嫧博雅好也齊也或作嫧茦說文莿也蹟正也𨥍鐵器䶦齰幘齒相值或
从昔亦作幘柵說文編樹木也𢿥摵博雅擊也或作摵矠簎刺取也國語矠魚鼈或作簎蓛說文以穀

委馬置莝中。粣粽也南齊虞悰作扁米粣　⿰米朿糒⿰米朿壞米　⿰扌策捒扶也或省。⿱朿貝責側革切說文求也隸作責

文二十一　嘖嘖嘖鳴也　謮怒也讓也通作責　瞔張目　諎唶說文大聲也或作唶　⿰責頁頭不正　嫧說文齊也

一曰善也　幘說文髮有巾曰幘一說古賤服漢元帝頟有壯髮故服之王莽秃又加巾　簀⿰爿責說文牀棧也或从爿　⿰月責魚子脯也　債

負財也　蟦小貝　鰿小魚　⿰忄責博雅情也　皟淨也　霥雨皃　樍木名樫也　⿰矛責矛屬。賾嘖士革切幽

深難見也孔頴達說或作嘖通作嘖文十五　嘖謮說文大呼也或从言　⿰耒責博雅⿰耒奄⿰耒責種也一說種灰中蓋畬田　莋菜名　⿰齒責說文

齒相值也一曰齧也引春秋傳晳⿰齒責　歵欱歵語笑聲　⿺走責⿰彳責⿺辶責走皃或从彳从辵　謫方言怒也謂相責怒也　⿰米責白米

鰿小魚　蟦小貝。摵率摑切拂也文三　⿰氵戚寒皃　槭木枝空皃。⿰扌畫簪摑切裂聲文一。⿺走赤⿺走責⿱朿貝畫切急

走也或从責文二。摘擿陟革切取也或从適文二十八　謫讁適說文罰也或作讁亦省　嫡⿰女屬也　⿰黍啇⿰米啇博雅

搏也黏也或从米　持⿰扌㝵⿰扌息摘擿說文搥也或作持⿰扌㝵⿰扌息摘擿　⿱穴啇兎窟　⿰犭易說文犬張耳皃　⿰啇鳥雉屬　⿰耳啇

聑耳豎皃或从二耳　蹢目豎　⿰麥啇博雅⿰麥啇麋揹也　厚石名　⿰馬啇⿰馬啇駿騾屬　⿰月啇挑取骨閒肉　⿰亻啇無悍也

硩取山厓上珊瑚謂之硩　⿰食啇日月⿰食啇蝕　⿰骨易骨閒汁　靻柔革。⿰石蒦力摘切⿰石蒦礋田器文三　砳礐石聲或作

嚳虩恐懼皃⿸戹皮姓也出東平○𤕫疔尼厄切說文倚也人有疾病象倚箸之形籒作疔文四眲耳目不相
信⿱卧良說文楚謂小兒嬾⿱卧良一曰餅屬○覈⿱雨敫礉下革切說文實也考事襾笮邀遮其辭得實曰覈或从雨从石文二十一
⿰米覈糓糠不破者通作覈滆湖名在陽羨磆說文石也惡也翮⿱羽兒說文羽莖也羽本謂之翮或作⿱羽兒⿰革羽撥也核
槅果中核或作槅䩹博雅補也杸燒麥柃投也⿰弓鬲束弓弩衣蒚西方名蒲中莖為蒚⿰糹覈⿰衤覈衣領中骨或从衣
衣覡男巫絯拘束也莊子方且為物絯徐邈讀⿰糹覈衣領內謂之繳鷊鶂鷊鳥名○⿱毄石克革切說文堅也文十一⿱鬲衣⿰衤鬲
說文裘裏也一曰薄也或从衣緙緯也紩也諽愅飾也謹也或从心⿰忄亟博雅愛也一曰疾也硞嚳硞水激石不平皃⿱毄缶器空
盡⿱鬲虎虎聲⿱毄口聲也○隔各核切說文障也通作鬲文二十七⿱竹鬲⿱竹槅竹障或从木膈䐙肓也或从革
諽愅說文飾也一曰謹也更也或从心⿰忄鬲智也通作⿰言鬲⿱雨革雨也革𠦊說文獸皮治去其毛革更之象古文革之
形古从三十三十年為一世而道更也曰聲搹把也⿰革棘博雅鞆⿰革棘勒也⿰革羽說文𧆞翅也⿱毄口說文虎聲也鰯魚名鬲縣名在平
原一曰鼎屬亦姓⿰言鬲博雅慧也槅說文大車枙䃒地多石⿰口革嗝⿰口革嗝鳥鳴也或作嗝䁶目不正䩹補也
⿰弓鬲束弓弩衣滆湖名在陽羨⿰扌革攺治也○戹厄乙革切說文隘也或作厄文二十八阸阨說文塞也或作阨

⿰食戹⿰食厄說文飢也或作⿰食厄 ⿰戹見⿰厄見善驚也一曰視皃或作⿰厄見 搤說文捉也 搹⿰扌戹扼說文把也或作⿰扌戹扼 ⿰車戹鬲
枙說文轅前也或作鬲枙 豟⿰犭厄⿰豕益爾雅豕絕有力者或从犬古作⿰豕益 ⿰鼠益⿰豸益⿰象益說文鼠屬或从豸亦作⿰象益 蚅
蟲名爾雅蚅烏蠋似蠶 砨砥砨玉名 嗌咽喉也 ⿰戹欠⿰厄欠笑語 ⿰言益⿰益欠聲也或从欠 呃說文喔也謂鳥聲一曰逆
气一曰小兒啼。虉逆革切小艸也有雜色似綬一曰鳥名文八 鳽鳥名爾雅鳽鵁鶄似鳧高足毛冠或从隹 ⿰革鬲履首謂之
⿰革鬲 ⿰弓鬲束弓弩衣 鶂鳥名 ⿰女厓好皃 ⿸厂兒⿰石鬲⿸厂兒石地。畫畫劃畫胡麥切說文界也象田四界聿所以畫之
古作畫劃隸省文十四 劃劐裂也或从蒦 嫿好皃 ⿰口畫咟⿰口畫嘖叫呼也或从百 繣徽也一曰結礙也 澅水名
在齊漢有澅清侯國 砉砉然皮骨相離聲崔譔說 㦊乖剌也 ⿰扌畫擗也。㦊恝麥切博雅敷㦊乖剌也文二十一 嫿說文靜好也
㦊裂帛聲 ⿰目畫目病 繣徽也 劃劐⿰或刂說文錐刀曰劃或作劐⿰或刂 ⿵門畫開也 掝⿰扌畫博雅裂也或从畫 ⿰或欠吹气
也通作啯 膕並足也 ⿰麥畫味辛也 掝䨥翡掝飛也或作䨥 ⿱殸石鞭聲 窢窢然逆歷聲 啯聲也 ⿸疒或頭痛皃
⿰氵閾流也。聝馘𢦏古獲切說文軍戰國耳也引春秋傳以爲俘聝或从首亦作𢦏文二十五 ⿰鼓國⿰鼓國鼙鼓聲 漍水也 幗簂婦人
喪冠也或从竹 膕⿰骨國博雅膕朏曲脚也或从骨 讗誇也一曰壯言 摑 慖 嘓啯嘓嘓語煩或从或 ⿰扌馘挻也 ⿰血或犬血

䂿擊石颰䫻颰赤氣熱風之恠也䠾䠾䠿倮也蟈螻蟈蟲名蛙也或作蜮鐬鐵器⿰目介目皃擴張也㦜車弓◦劐

口獲切博雅裂也文二碅石硬聲◦趪求獲切趪趪足長皃文二闃靜也◦逷湯革切爾雅遐逷遠也郭璞讀文二擿博雅搔也◦⿸疒啇

丑戹切⿸疒啇瘷寒病文四⿰米啇⿰米啇糯壞米⿰目啇⿰目啇睪目明皃⿰骨易骨間汁◦蹢治革切蹢躅不行也徐邈說文十二適適適驚視自失皃

謫讁博雅責也或从適通作適⿱穴啇窒也⿰氵墑滴土得水也或省⿰米啇博雅摶也⿸麥啇麥屑也擿投也鏑日月鏑蝕⿰骨易

骨間汁◦簎倉格切刺取魚鼈也文一

二十二◦㫺昔𦢾腊思積切說文乾肉也从殘肉日以晞之隸作昔籒从肉或作腊昔一曰古也亦姓文三十三⿰氵昔博雅隁也

焟⿰日昔博雅曝也或从日皵皴也惜說文痛也一曰貪也⿰镸昔⿱髟昔說文⿱髟皮也或从也⿰骨易胯間舄⿰革舄⿰革昔履也或作⿰革舄⿰革昔

⿰木舄木屨⿰石舄博雅礎磶磌礩也潟鹵地蕮⿱艹潟馬蕮艸名車前也或作⿱艹潟棤爾雅棤皵不皮甲錯也謝嶠說蚚蟲名似蝗爾雅

蟿螽蟿蚸孫炎讀醳昔酒也徐邈說猎⿰犭舄山海經先民之山有黑虫狀如熊名曰猎猎或从舄錫細布也劉昌宗說碏礙也⿰昔隹雉名

⿰女昔女字⿱穴昔⿱宀昔夜也或省通作昔晳摘也皙白也◦皵七迹切皴也文二十婧濟也䚍觀也⿰黑責黯⿰黑頁色敗黑莿

艸名茦也⿰立昔刺也刺措穿也傷也或作措趚趞側行也或作趞⿰走責忽遽也栜栜膝䅆栟也洓水名在北地

縣名在清河 磧 說文水者有石者 踖 有容也詩執爨踖踖 簎 刺取龜魚也周禮凡邦之簎事沉重讀 赤 捇 除撥也周

禮赤犮氏或从手 螫 蟲名廣雅螫蛝蚻蚻也 ○積 資昔切說文聚也文三十五 積 襞積衣間𧿹也 膌 㾊 說文瘦也古作㾊 晉

脊 說文背呂也隸作脊 樍 屋檼木也 趚 說文側行也引詩謂地蓋厚不敢不趚 蹐 說文小步也引詩不敢不蹐 嵴 山脊 唶

嘆聲 迹 遺 踈 速 蹟 跡 說文步處也或作遺踈速蹟跡 踖 說文長脛行也 借 說文假也 䳭 鶺 鳥名爾雅䳭鴒

雝渠雀屬也飛則鳴行則搖或从脊亦書作鶺 鰿 魚名鮒也 蟦 貝也爾雅蟦小而橢 ⿰魚脊 鯽 說文魚名或从即 瀸 水出也 樍 木名

穓也 磧 硧磧礓也 燋 灼龜烜 呰 此也 積 掩積種也 ⿱艹脊 艸名 耤 天子諸侯所耕田借人力以終之 ⿰月即 脚膱光澤皃

厝 縣名 ○席 ⿴ 祥亦切說文藉也禮天子諸侯席有黼繡純飾從巾庶省亦姓古作⿴俗作㡫非是文十五 蓆 說文廣多也

夕 說文莫也从月半見 穸 說文窀穸也 汐 水名出陽城山一曰海潮汐池也 ⿰⿱艹昔阝 鄉名在臨邛 繹 又祭也宗廟有繹徐邈說 皵

木皮甲錯也 躤 耤 踐也或省 襫 袯襫襫也 猎 黑獸似熊 嶧 山名 踖 躐也 ○籍 秦昔切說文簿書也文二十五 耤

說文帝耤千畝也古者使如借故謂之耤通作藉 藉 艸不編狼藉也亦姓 莋 葃 茹艸也或从昨 簎 刺取魚鼈也 膌 脨

㾊 瘠 胔 瘦也或作脨㾊瘠胔 塉 薄土 䣢 說文蜀地也 厝 縣名在清河 猎 獸名似熊 脊 死骨也 借

假取春秋傳計功則借人也陸德明讀⿰扌脊擊也筰䌟引舟筊或作䌟蹐小步踖⿰足耤躤趞踐也或从耤从藉从走釋

澤繹施隻切說文解也从釆釆取其分別物也或作澤繹通作醳文三十六⿰米睪說文漬米也⿰耒睪耕皃檡木名適說文

之也宋魯語亦姓夾㚒盜竊褱物也或作㚒奭奭奭說文盛也北燕召公名古作奭或作奭⿰目睪視皃睗說文目疾視也

晹日覆雲暫見也襫襏襫蓑襞也⿺乚百說文飯剛柔不調相箸郝姓也臭大白澤也螫蠚說文蟲行毒也或作

蠚液醳漬也周禮春液角沈重讀或作醳舍置也⿰女昔闕人名春秋傳叔孫⿰女昔徐邈讀剔鬄剃也莊子燒之剔之徐邈

讀或从髟⿰黑喜方言色也一曰⿰黑喜然赤色覞普眡也啇和也嘀囑也嫡婦人謂嫁曰嫡瘍關中謂病相傳爲瘍拓摭

拾也或作摭嬕女字。尺昌石切說文十寸也人手卻十分動脈爲寸口十寸爲尺尺所以指尺規榘事也从尸从乙乙所識也周制寸尺咫尋常仞諸

度量皆以人之體爲法文十九赤烾說文南方色也从大从火古从炎土㡿說文卻屋也斥指名一曰大也跡也通作㡿滷潟苦地

或从舄通作㡿斥臭⿱卣大大白澤也或作臭蚸蝷蟔蚸蟲名似蜙⿰虫從細長飛翅作聲者或从㡿蚇蚇蟲蠖名今蝍訴毀也

拆擊也卤姓也跅斥也漢書跅弛之士謂士行卓異不入俗撿如見斥逐如淳說一曰跣也郝盩屋鄉名覞普視也⿰目睪

視皃。隻之石切說文鳥一枚也从又持隹持一隹曰隻持二隹曰雙文二十三拓摭摕說文拾也陳宋語或从庶古作摕蹠說文

楚人謂跳躍曰摭蹠說文足下也𧻓行也適往也袥䙝袖也或作䙝炙𤏴說文炮肉也以肉在火籀作𤏴䨮雭䨮

大雨𠪾仄也墌坧碁址也或从石䃼蚚蟲名蟅蝜也或作蚚腋胳也𧼮走皃膪股也祏宗廟主螪字林蟲名

○石后常隻切說文山石也在厂之下口象形一曰州名亦姓古作后文十鉐鍮鉐以石藥治銅祏說文宗廟主也周禮有郊宗石室一曰大

夫以石爲主䄷說文百二十斤也稻一䄷爲粟二十升禾黍一䄷爲粟十六升大半升碩大也說文頭䳇鳥名鼫鷉也鼫說文五技

鼠也能飛不能過屋能緣不能窮木能游不能渡谷能穴不能掩身能走不能先人一曰形大如鼠頭似兔尾有毛青黃色好在田中食粟豆郭璞說

蚚蟲名螳蜋也一名蚚蜋妬女無子○射食亦切弓弩發也或从寸文四麝獸名爾雅麝父腳似麕有香𣿅水名出詹

諸山○䵂竹益切黏也文四𤄊潪說文土得水沮也或省嫡嫡孎女審諦皃○彳丑亦切說文小步也象人脛三屬相連也文六𤭛

甋盛酒器或作甋栜椽也𢱧𢱧擿也發迖跛也○擿擲直炙切說文搔也一曰投也或作擲文十三蹢躑𨇨說文

住足也或曰蹢賈侍中說足始也亦作躑古作蹢酈隮縣名在南陽或作隮𪎭說文麥覈屑也十斤爲三斗𧓍𧓍蠾蟲名𣾤

土得水謂之𣾤藡𦽏艸名博雅羊藡藡芺治也或作𦽏樀磨牀○益伊昔切說文饒也从水皿皿益之意也古通作𦏧文十謚

說文笑皃嗌𦏧說文咽也籀作𦏧上象口下象頸脈理也𪕽鼠名膉胆肉也一曰豕伏槽一曰肥也𨝐地名𦸗蓋母艸名茺蔚也𪘐

說文鹿麛粻𡡉女字。睪𡘾夷益切說文司視也从橫目从幸令吏將目捕罪人也古作𡘾文五十七繹說文抽絲也一曰陳也理也⿰示睪

祭之明日又祭名殷曰彤周曰繹通作繹⿰食睪⿰食睪飯壞曰⿰食睪襗襗袍襦⿰衤夜袔⿰衤夜袖也醳澤苦酒一曰醇酒也或作澤掖

說文以手持人臂投地也一曰臂下也曰門旁小門也通作液亦姓⿱睪廾說文引給也腋胳也在肘後通作掖亦說文人之臂亦也从大象

兩亦之形一曰又也奕說文大也引詩奕奕梁山一曰奕奕行也方言奕僷容也目開而面巳美容謂之僷奕奕僷僷皆輕麗皃弈說文圍棊也引論語不有

博弈者乎一曰盛也容也帟在上曰帟懌說文悅也斁斁說文解也引詩服之無斁斁猒也一曰終也古从攴射無射九月律名射出

也言陽气上升陰气收藏不復出也孔穎達說譯說文傳譯四夷之言者驛說文置騎也嶧說文葛嶧山在東海下引夏書嶧陽孤桐睗說文

日覆雲暫見也埸畔也墿博雅軌道也⿰耒睪⿰耒昜耕也或从易⿰炎睪炎也圛說文回行也引尚書圛圛升雲半有半無曎目明

皃⿰光睪燡曎光也或从火从日⿰王夜玉采焲⿰焱夜焬字林火光也或从三火亦作焬棭木名液洂說文盡也亦姓或作

洂浾水名瘍⿸疒睪說文脉瘍也一曰病也或作⿸疒睪易蜴蟲名說文蜥易蝘蜓守宮也象形或作蜴祕書說日月爲易象陰陽也一曰水

名亦姓檡棘名擇闕人名漢有司馬無擇⿰衤亦長衣也⿰革易素鞨履也煜闕人名後魏有張煜澤水流皃⿰米睪漬米

⿰禾易禾終畝⿰亻易交傷也⿰口睪川名夜縣名。役伇伇營隻切說文戍邊也古作伇隸省文二十四疫⿸疒役說文民皆

疾也或作㾈役𢓜炈說文陶竈窗也或作𢓜役⿱雨役⿱雨役霻大雨⿱殳虫⿱殳虫刺蟲名⿱艹役芡也方言北燕謂之⿱艹役⿰扌役說文種摟也
曰燒麥柃⿰禾殳⿰役鳥⿰役隹方言秦漢之閒謂鴢鳩小者曰⿰役鳥鳩或从隹豛豰說文上谷名豬或不省⿰魚殳魥魚名有四足如龜而行疾或省
⿱殳金⿰金役⿰矛殳小矛或从役从矛⿱役目視也焱火皃⿰走殳趙⿰走殳走皃○瞁規呼役切驚視皃或作規文十⿱役目眡也狊
犬視也⿱毛悉寐覺也⿰夗皿夘折⿸厂辟仄也砉皮骨相離聲焱火華也⿱辟巾柰布○辟⿱宀辟⿰亻戾必益切君也一
曰除也亦姓或作⿱宀辟古作⿰亻戾文十七⿱辟廾⿰辟廾說文治也引周書我之不⿱辟廾或从廾壁躃說文人不能行也或从足亦書作⿱辟足⿰骨辟弓張襞
說文韏衣也徐鍇曰韏革中辨也衣襞積如辨也璧說文瑞玉圜也鐴犂耳也薜藥艸爾雅薜山蘄即當歸也鸊鸊鷉鳥名鳩也
廦牆也⿱辟豕⿰犭辟⿱辟豕邪獸名鳥喙或从犬⿰糸辟紟繴絜也○僻辟薜⿰亻戾匹辟切邪也或省亦作薜古作⿰亻戾文十廦
牆也癖腹病闢爾雅湀闢流川謂通流也⿸厂辟仄也霹霹靂迅雷澼腸間水○擗毗亦切撫也文十八⿰女辟死皃⿺毛里毛也
辟⿰辟廾⿰亻戾說文法也从卩从辛卩節制其辠也从口用法者也古作⿰辟廾⿰亻戾闢⿵門开說文開也引虞書闢四門或从艸⿰骨辟廣雅𧅬彊⿰骨辟也
一曰弓彊萆萆薢艸名焷博雅焷謂之缹躄仆也僻便僻舉止輕傷也繴⿱罒辟罿也或作⿱罒辟椑棺也⿰巾卑冕也
搏拄也○碧兵彳切說文石之青美者文一○⿰足貝弃役切跛⿰足貝屈申皃文一○鵙工役切鳥名伯勞也文一○⿰⿱丶品刂令益切劙也文三⿸厂⿱秝貝

饜鏑食相箸 趯趯趯盜行 ○慇苦席切怖也文二 迟曲行也 ○擭玃俱碧切搏也或从犬文三 玃猿類 ○欂平碧切櫨也文二 韝韋裹韋鞄 ○躩虧碧切足皃文一 ○覿𩋿紇彳切說文繫牛脛或从乞文二 ○虩火彳切虩虩恐懼也文一 ○鋜鋪彳切器下平也文一 ○䵂知亦切黏也文一 ○剔土益切治也文二 騞刀解牛聲 ○𥄎七役切舉目使人一曰小動也文二 ⿰彳𥄎小行也 悌待亦切易也 弟或省文二 ○⿰金爾奴刺切絡絲具文一

二十三○錫先約切說文銀鉛之閒也一曰與也亦姓文二十七 裼說文但也 緆⿰麻易說文細布也或从麻 啺㖡啺啺鳥聲或从析

晳說文人色白也 晰明也 惁博雅惁惁憂也一曰敬也 ⿺風析⿺風析⿺風析風聲 析⿰木片⿰片斤說文破木也一曰析也亦姓或从片古作⿰片斤 淅⿰米析說文汏米也或作⿰米析 ⿰女析博雅⿰女辟⿰女析極也 菥菥蓂菜名大薺也 蜥⿰虫⿸广辛說文蜥易也或从⿸广辛亦書作蜤 蜤⿰虫朿蟲名博雅蜤蜆蜸也或省 硩摘也周禮硩蔟氏掌覆妖鳥之巢 ⿰骨易骻中也 焬乾皃 ⿱雨析⿱雨析⿱雨析小雨一曰霰皃 蜴楚謂欺慢爲脈蜴 婸女名

○戚鏚倉歷切說文戉也或从金戚一曰近也亦姓文十六 慽說文憂也或書作慼 覞覞覞面柔 鼜⿱鼓蚤說文夜戒守鼓四通爲大鼓夜半三通爲戒晨旦明五通爲發明或作鼜俗作⿱鼓蚤非是 ⿰黑責⿰黑責黰色敗黑 ⿰石戚碝⿰石戚石攻玉 ⿱艹戚艸名 ⿸戚虫蟲名蟾蜍也或書作⿰虫戚 顣嚬也 宿衛孫文子邑名通作戚 傶博雅近也 蹙蹙蹙縮小也 ⿰目戚見也 ⿰戚皮皺也 ○績則歷切說文緝也一曰業也文九 勣切也通作績 積

水名博雅樌積也　積襞也　爑持荆然火以灼龜　鶺鳥名　蟦蟲名　積聚也　鶺鶺鴒鳥名鶺鷄也　○宗寂諔

諔宗寂前歷切說文無人聲或作寂諔宗寂文十一　⿰口叔咊說文嘆也或省　⿰告見覿⿰矢見說文目赤也一曰遙視皃或作覿亦省

○壁必歷切說文垣也文十二　廦說文牆也　繴鳥罟爾雅繴謂之罿　綼絲綼絜也　鼊鼊鼊龜屬　⿱辟豸⿱辟豸邪獸名一曰鳥喙　⿰女辟

博雅⿰女辟⿰女斤歺也　鐴犂耳鐴也　⿱竹肑肑指節聲或省　𤿎皮乾聲　辟除也　○霹礔匹歷切霹靂雷之急激者或从石文十四

僻辟說文避也引詩宛如左僻一曰从旁牽或省　劈說文破也　鈲方言梁益之間裁木為器曰鈲　澼漂也莊子洴澼絖　憵博雅猝也

⿸厂辟說文反也　鷿鳥名說文鷿鷉也　癖⿰月辟積病或从肉　礕礕礰石聲　摽擊也　○甓蒲歷切說文瓴甓也引詩中唐有甓

文十五　萆說文雨衣一曰衰衣一曰萆藨艸名似烏韭　⿰月辟腑也　椑棺也　⿰女辟博雅⿰女辟⿰女斤極也一曰欲死皃　鷿鸊鳥名說文鷿鷉也或

从隹亦書作鸊　箄薄也　擘大指也　檗槃也　欂薄柱也亦省　綼裳在幅飾一曰絲細　辟僻糾擿邪辟也或从人　○覛

眽覓冥狄切說文衺視或作眽覓亦書作覔俗作覔非是文四十二　⿰黑覓⿰黑覔黷⿰黑覓色敗黑一曰闇也或从覔　覭微見也　糸幺說文

細絲也象束絲之形徐鍇曰一蠶所吐為忽十忽為絲糸五忽也或省　⿰糸覓博雅索也一說幷州謂帆索曰⿰糸覓　冖冪冪說文覆也从一下垂

也或作冪冪　幎說文幔也周禮有幎人或書作冪　鼏說文以木橫貫鼎耳而舉之引周禮廟門容大鼏七箇即易玉鉉大吉也一曰覆鼎者

幦禖說文髼布也引周禮駹車犬幦或作禖䈌蒻䈌奮帶也蓂艸名爾雅菥蓂大薺塓塗也春秋傳塓館宮室汨

𣶹說文長沙汨羅淵屈原所沈之水或作𣶹㵋水淺皃通作𣶹䮭馬嚙謂之䮭一曰馬驚視貘白豕黑頭謂之貘⿰虎冥⿰虎冥說文白虎也或

从冥省螟蟲名博雅蟿螟蟹也幭篾車覆式也詩鞹鞃淺幭或作篾霢霢霂小雨慏博雅廣也冥以繩麋取禽獸之名周官

有冥氏鄭康成說𤐫䤉⿰酉⿱冥鼎𤐫蠡乾酪或作䤉亦从冥鼎熐夷人聚落謂之熐蓂艸名趠趠趚狂走皃眽眽蝪欺慢也楚

人語鷶鳥驚視莫虛无也或引禮合莫溟溟溟雨小皃○旳的暚丁歷切說文明也引易爲的顙或作的暚文四十五肑

脊也⿰忄勺博雅怸也一曰痛也⿰勺刂斷也扚擊也引也⿺辶吊弔說文至也或省適親也嫡說文孎也蹢豴蹢也或从豕

馰說文馬白額也一曰駿也引易爲馰顙通作的衦襌衣靮繮也⿰鼠勺鼠名鷉說文雉屬戇鳥也玓說文玓瓅明珠色⿰石商⿰石適

⿰石勺博雅礍也或从適从勺一曰水⿰石商番車甋瓴甋謂之甓⿰弓勺勺射質也或省通作的鏑說文矢鏠也通作鍉⿰黑勺博雅龍須謂之

⿰黑勺一曰婦人面飾一曰黑子著面滴適說文水注也或从適魡⿱罒勺繫魚也或作⿱罒勺⿰火⿹勹白說文望火皃樀⿰木適說文戶樀也引爾雅

檐謂之樀一曰機上卷絲器或从適⿰商斗量器⿰禾勺禾穗垂皃菂芍芙蕖中子或省通作的擿挑也䭈也杓物之標雅通作魡

葯纏也墒階謂之墒商本也謫罰也鍉唾器○逖逷狄他歷切說文遠也引詩舍爾介逖古从易或省文四十二

歒歒歒小人喜笑皃趯趯趯狂走趯𨗨趯趯跳也或从辵踢吠踢獸名左右有首俶倜俶儻卓異也或作倜惕𢙁
惖𢡃說文敬也或从狄亦作惖愓古書作惖誔詆僻也一曰狡獪或省䐓說文失意視也覿覿見目赤一曰遙視或作覿鬄
說文骨間黃汁也焬望火皃蓧苖艸名蓨也或作苖篧竹長殺皃詩篧篧竹竿剔𠡷肆解也古作𠡷或作肆
鬄說文鬄髲也擿硩捌挑也或作硩捌𡷗山名鬄錫髲也或作錫騞解牛聲莊子奏刀騞然向秀讀適適適
然驚皃揥戲也取也嬥嬥嬥好也𥢶離而種之曰𥢶賈思勰說摘說文拓果樹實也一曰指近之樀福也𣣋痛也。狄
亭歷切說文赤狄本大種狄之為言淫辟也亦姓文五十六敵適說文仇也或作適邮說文左馮翊高陵踧踧踧平易也詩踧踧周道迪
說文道也𢓜說文行𢓜𢓜也頔好也覿覿𧢌爾雅見也或作覿𧢌𤅢土水和也糴籴說文市穀也亦姓或省𣣋
痛也𥙒福也𪌉麥屑潟滷鹹地或作滷𥻘穛穀名或从禾滌說文洒也𨗴博雅𨗴𨗴雨也从迪篴
樂器說文七孔筩也羌笛三孔或作篴籊竹竿皃𣐼木名藡荻艸名萑也或从狄𤎺光皃苖艸名說文蓨也蔋
說文艸旱盡也引詩蔋蔋山川或作蔋樀屋梠一曰卷絲具𤛮豴博雅𤛮特雄也或从豕𡐦堞也翟鸐說文山雉尾長者亦姓或
从鳥𦅸緣色𩵹馬𩵹魚名出東海逐浟遠也周易其欲逐逐或作浟儥買也儵儵儵罹禍毒也妯爾雅動也方言擾也

齊宋曰妯彴橋也一曰流星咷嗷咷楚歌服虔說仢說文約也嚁聲也⿰鹵翟鹹鹵也蓧莜盛種於器謂之蓧或省櫂楚宋

謂橈曰櫂一曰木枝直上皃婥女病⿰禾啇種也○秝狼狄切說文稀疏適也文一百三十七厤說文治也⿸厤分分也歷⿱艹厤說文

過也古作⿱艹厤曆說文曆象也通作歷⿺風歷⿺風斯⿺風歷風聲也靂霹靂也⿸厤月曆膜強脂也癧⿸疒麗瘰癧病也或作⿸疒麗⿰日鬲明也

⿰目歷⿰目歷⿰目鹿目明嚦嚦嚦聲也⿰齒歷⿸厤齒齒病或省⿰目樂目斷視⿸尸歷說文履下也⿺走歷⿺辶歷⿰彳歷⿰彳鬲行皃或作⿺走歷⿰彳歷⿰彳鬲

⿺走樂躒說文動也或作躒⿰足歷足所經踐酈麗說文南陽縣或省亦姓⿰厤阝⿰歷阝地名或从曆寥⿱宀歷寂寥無人

也或从歷⿰身歷⿰身周⿰身歷倮也⿱⿰厤⿱?衣⿸厤衣急纏也或作⿸厤衣⿰歷刂劙也磿礰說文石聲也或作礰⿰黑歷黑皃礫硌⿰石尞珞

說文小石也一曰石皃或作硌⿰石尞珞⿰王歷說文玉也瓅說文玓瓅⿰糸樂治絲也皪⿰白歷的皪白皃或从歷⿰歷刂⿸厤刀割也或省鬲

⿰鬲瓦⿸厤瓦鎘⿰鬲甫⿸厤鬲鑩鑠⿸厤金⿲弓鬲弓說文鼎屬也實五觳斗二升曰觳象腹交文三足或作⿰鬲瓦⿸厤瓦鎘⿰鬲甫⿸厤鬲鑩鑠⿸厤金古作⿲弓鬲弓象孰飪

五味气上出⿰骨歷骨病壢⿸厤土坑也或省⿰爿歷牀簀⿰言歷⿰言厤⿰言尞讈言不明或省⿰酉鬲⿰酉歷說文酳也或从歷⿰酉蠡⿱蠡酉⿰酉頁酪也

⿰米樂雜也⿰扌樂攦攊博雅擊也或从麗从歷轢轣轆說文車所踐也或作轣轆通作櫟櫪說文櫪撕椑指也⿰舟歷

船也⿰鼓歷⿰鼓國⿰鼓歷鼓聲⿰馬鬲馬色⿰羊歷⿰羊厤羖⿰羊歷山羊或省⿰豸歷⿰犭歷⿰犭樂⿰豸厤獸名或作⿰犭歷⿰犭樂亦省⿰虫歷野蠶⿸厤鳥鳥名似鷹而大

也䍡㬏羃䍡煙皃或从曰⿰魚鬲鱱鱳魚名博雅魰也或从歷从樂⿰鼠歷鼠名蚸蟲名似蜙蝑細長者⿸厤鬼歷名爏
⿸厤火火皃或省⿸厤谷谷名瀝㴝說文浚也一曰水下滴瀝或作㴝⿱雨瀝⿱雨秝霖靂雨不止皃或省濼貫衆艸名瀝瀝瀝
寒皃⿰阝歷木障竆穿也⿱艹鬲艸名說文夫蘺ヒ也⿱艹秝艸木疏皃藶葶藶艸名蘫水艸櫟說文木也一曰縣名⿰歹歷
⿰歹歷⿰歹斯欲死皃⿵門殳殺也⿸厤大⿸厤大落大也漻變化皃莊子由然漻然李軌讀轑撓也漢書轑釜⿱穴參博雅藏也⿰木厤養馬器通
作櫪觻獸角鋒曰觻扚按也𩯱髮踈皃㦒心所營也⿱歷星星皃⿵門歷開也䌫繩爲界埒也⿰耳歷耳審聞⿰鼻歷
鼻別臭⿸厤攴亂也⿰女歷女字⿺辶歷近也⿸厤爪以爪擇物⿸厤土積也⿸厤小⿰少力⿸厤小劣也⿸厤玉玉名⿸厤攴刈也⿰亻歷聞人名⿸厤火
竹火約刀爲⿸厤火。惄餒乃歷切說文飢餓也一曰憂也引詩惄如調飢或作餒文九愵⿰血惄說文憂皃或作⿰血惄亦書作惄氼溺說文
沒也或作溺⿰米弱粉餌熟曰⿰米弱⿱弱土水土相和也⿰女弱弱也。檄刑狄切說文二尺書文十三⿱敫鳥鳥名杸說文種杸也一曰燒
麥柃杸也薂爾雅的薂蓮實也覡⿱毄子說文能齊肅事神明也在男曰覡在女曰巫或作⿱毄子⿱敫角說文杖端角也獥狼子鼳
⿰鼠頁鼠名狀如鼠在樹木上或作鼰⿱竹鬲解注謂之⿱竹鬲殺矜矛屬長殺謂之勃盧或作矜。鬩⿰言赤馨激切說文恆訟也
引詩兄弟鬩于牆从鬥从兒兒善訟者也或作⿰言赤文六謚⿰赤欠笑聲或作⿰赤攴⿰鼻欠去涕也⿰氵鬩⿰氵鬩沐怖懅也通作⿰忄赤⿰車敫說文且嗌聲一曰小

皃篱籬屬焃赤也赫也殈卵坼不成曰殈砉砉然皮骨相離聲李軌說𢅥𢅥虪赤紙𧰥豛豯博雅豕子也

或作𧰥豯㤸心不自謂之㤸焱火華也㦦慙也○喫嚉噭詰歷切說文食也或作嚉噭文十三𢥈敎也觳觳也毄

勤苦用力曰毄擊也擊燩博雅曝也鈙吹器幦覆苓也禮君羔幦徐邈讀澼漂也莊子洴澼絖李軌讀豹豹

矛也或从兮○激吉歷切說文疑疾波也一曰半遮也亦姓淮南傳有激章文二十𩱡衺裏也𥨍回阬敫敬也毄說文相擊中也

如車相擊故从殳从軎𥌓目不瞬擊撽隔說文攴也或作撽古作隔轚說文車轄相擊也引周禮舟輿擊互者約纏也墼

說文瓴適也一曰未燒也獥獸名爾雅狼其子獥鸄鳥名爾雅鸄鶝鶔似鳥蒼白色𧂇說文艸也茭弓檠噭聲之激也春秋

傳噭然而哭鈙吹器憿疾也或書作𢥈譤訐也○鶃鷊𪀦鷁倪歷切說文鳥也引春秋傳六鶃退飛或从鬲从赤从益文十二

霓雌虹艗榏𦪇艗首舟也或从木从兒鶪虉𦺇說文綬也引詩卭有旨鷊或作虉亦从鶃𠩊說文石地惡也○闃

苦狊切靜也文三䠐踞也砉砉然皮骨相離聲○狊高閴切說文犬視皃爾雅狊鳥曰狊張兩翅也文十鼳獸名爾雅鼳身長須而賊

秦人謂之小驢一曰鼠名今江東山中有狀如鼠而大蒼色郭璞說犑牛屬鶪𨾊鴃鳥名說文伯勞也或从隹亦作鴃湨水名在河內

郹說文蔡邑也引春秋傳郹陽封人之女奔之𠜱剮也𠈃黠也○殈呼狊切鳥卵裂也禮卵生者不殈文十三𦬍艸名洫水名在漁陽

芍陂名矝殺矛屬或作殺昊犬視焱火華謂之焱砉皮骨相離聲辟車覆笭春秋傳以辟爲席盬山名漢書
盬町山出銀鉛在益州郡瞁眢視也或作眢◦棟榡霜狄切木名爾雅棟赤棟或作榡文二◦馘況璧切面也莊子槁項黃馘文二洫
深意郭象曰老而愈洫◦棫于昊切木名白桵也文一
二十四◦職軄質力切說文記微也一曰主也業也或从身文二十一戠說文闕織⿰糸式𦃇𦃜𦂶說文作布帛之
總名也樂浪挈令从糸从式徐鍇曰挈令蓋律令之書也或作𦃇古作𦃜𦂶膱脯脡也長尺有寸樴說文弋也通作職𩮞髮垢蘵⿱艹織
⿱艹戠艸名爾雅蘵黃蒢葉似酸漿華小而白或作⿱艹織亦省蟙⿰虫式蟙⿰虫墨蟲名蝙蝠也或从式埴黏土也昵膱⿰氵戠粘也周禮凡昵
之類不能方或作膱⿰氵戠通作職嬂女字◦識⿱戠言設職切說文常也一曰知也亦姓古作戠或書作⿱戠土文十七試用也通作式飾餝說文
㱔也一曰襐飾或作餝䀸目所記也式說文法也亦姓軾說文車前也拭⿰巾式爾雅清也或从巾⿰糸式織巳經未緯也鉽鼎屬⿱亦夾
竊盜挾藏謂之⿱亦夾⿱艹識苦蘵艸名即苦蔘蛓蛓⿰虫墨蟲名仙鼠也烒火皃栻木局也有天地所以推陰陽占吉凶以楓子棗心爲之通作式
◦瀷叱力切水出大騩山南入潁一曰水潦文二潩水出河南密縣東入潁◦寔丞職切說文止也一曰是也文十七遈行也湜⿰氵寔
說文水清底見也引詩湜湜其止或从寔殖說文脂膏久殖也一曰種也一曰興生財利曰殖埴⿱直土⿱戠土說文黏土也或作⿱直土⿱戠土稙說文早種

也引詩稙稚尗麥 植櫃說文戶植也一曰樹立也或从置 殖多也 筸筐也 萴藥艸 湏水名 禃專一也 値措置也

○食𩚏實職切說文一米也古作𩚏亦姓文五 蝕蝕𤸎說文敗創也或省亦从疒 ○側札色切說文旁也文十八 仄𠩺庂

庂說文側傾也从人在厂下或从昗籀从夨亦作庂 夨說文傾頭也从大象形 𣅺昃昗稷說文日在西方時側也引易曰𣅺之離或作昗昃稷

萴艸名說文烏喙也一曰附子一歲者 稄稫稄禾密皃 稷禾束也 𢱔打也或从昗 鴚鳥名 汄仄湢汄水流皃或省 崱山遶

皃 ○色𧈧殺測切說文顏气也古作𧈧文二十 𨊨博雅軨𨊨轉戾也 嗇𤲄𤳳嗇𠐦說文愛濇也从來从㐭來者㐭

而藏之故田夫謂之嗇夫古作𤲄𤳳隸省亦作𠐦 穡說文穀可收曰穡 薔艸名說文薔虞蓼 𣤨恐懼也春秋傳𣤨然而駭 懎恨也 𠢕助也

𩓞頰也 䈢篩也 𧕻蟲名 轖𩌍說文車籍交錯也一曰重革之蔑所以覆軨也或从革 繬博雅縫也 𠟠刺也 濇不滑也

㜲女字 ○測察色切說文深所至也文九 𥟇禾稠皃 溭溭淢水皃 惻說文痛也或書作𢜺 畟稷說文治稼畟畟進也引詩畟畟

良耜或从耒 𡋯說文遏遮也 䔔艸名 廁側也莊子廁足而墊之 ○崱實側切崱屴山大皃文六 𡸕𡷤𡸕𡷤疑山峻皃或

省 溭溭淢奔湍 萴藥艸博雅附子一歲曰萴子 𢱢支也 ○息諰悉即切說文喘也一曰止也生也古作諰文十三 䭒博雅息也

方言周鄭宋沛閒曰䭒 瘜𦞤說文寄肉也或从肉 熄說文畜火也一曰滅火 葸菲葸菜名生下溼地似蕪菁可食郭璞說 榐說文

木名 鄎 說文姬姓之國在淮北今汝南新鄎 ⿰阝息 地名 ⿰氵息 水皃 ⿱竹息 箕⿱竹息竹器 ⿰息鳥 鳥食 ○ 卽即 節力切說文即食也一曰就也亦姓隷作即文二十六 ⿰月即 ⿰月即膱膏澤也 喞 啾喞多聲 揤 說文捽也魏郡有揤裴侯國一曰拭也 䟌 蹙也 堲⿰火即 燒土周棺也或从火通作即 畟⿰耒畟⿰畟刂 畟畟耜利也或从耒从刀 稷⿰禾鬼⿰禾即 說文齋也五穀之長亦姓或作⿰禾鬼⿰禾即 ⿰火節 燭燼 ⿰木畟 說文細理木也 樍 木名 ⿰牛畟 牛名犤也 ⿰犬畟 犬生三子曰⿰犬畟 ⿰即鳥 ⿰即鳥鴔鳥名䳭渠也或書作⿱即鳥 鯽 魚名 蝍⿰虫資 蟲名爾雅蒺蔾蝍蛆似蝗食蛇腦或作⿰虫資 ⿰土畟也 畟 理也 ⿰木畟 堯臣能播五穀有功於民祀之通作稷 ⿰亻畟 小也 ○ 堲即 疾力切疾也書朕堲讒說或省文八 垐 以土增道也 ⿰扌則 打也 即欱 錯喉或作欱 蒺 蒺蔾艸名 崱 山皃 ○ 陟⿰亻陟徏隲徏徝 竹力切說文登也或作⿰亻陟徏隲徏徝文十二 稙 早種也 歡 痛也 ⿰月直 肥也 捗 打也 至到至也 ⿰目耳 耳目不相順也 ○ 敕勅勑 蓄力切說文誡也臿地曰敕从攴束聲古从力或作勑夲音賚世以爲敕字行之久矣文十九 飭飾 說文致堅也一曰戒也或作飾 侙恜 說文惕也引春秋國語於其心侙然或从心 ⿺辶敕 博雅張也一曰開也通作⿱敕心 ⿱敕心 從也 趩⿰足異 說文行聲也一曰不行皃或从足 栻 博雅曲道栻梮也 淔 說文水也一曰出潁川一曰艸名 鷘⿰式鳥 鸂鷘水鳥毛有五色或作⿰式鳥 ⿱艹直 艸名似冬藍味酢 式 古文也古者大出師則大史主抱式 ⿰金飭 飾也 潩 水湊急也 ○ 直 㮚⿱木𠧪㮚 逐力切說文正見也亦姓古作㮚⿱木𠧪㮚文九 ⿰山直 山皃 犆⿰巾直 緣也禮羔幦虎犆或从巾 植 立也詩植我鼗鼓 ⿰月直 肥也 值 措置

也。力六直切說文筋也象人筋之形治功曰力能圉大災亦姓文十九 仂勤也一曰稅什一也 𡯂行脛相交也 𠠷趙魏之間謂棘曰𠠷 朸縣名

屬平原一曰屋隅亦姓 屴屴崱山連皃 泐水石理也 𧳋犬名出遼東 鳨鳥名小鳧也一曰鳩別名 犳犬爭皃 扐縛也關中語

𧺆𧺆趧行皃 來𥝩𪍿𪍿來牟麥也或作𥝩𪍿𪍿 堎去皃 棶木名野棗酸者江南山東曰棶子 蝕谷名在杜南

。匿昵力切說文亡也一曰微也一曰朔而月見東方曰側匿文十一 𪘏齒病 䵒黏也 䘌𧉠𧍶蟲名博雅䘌蠅蝨也或作𧉠𧍶 㥾

恧愧也方言梁宋曰㥾或作恧 䱏魚名似鯇而小 嫟女字 慝隱情飾非曰慝 。弋逸織切說文橜也象折木衺銳著形从丿象物

挂之也亦姓文四十八 杙樴職說文劉劉杙或作樴職 隿說文繳射飛鳥也 𦑣翼𢍰𦐃說文翄也篆作翼或作𢍰𦐃翼

一曰輔也盛也又國名亦姓 𪀘鳥名 翊說文飛皃一曰輔也一曰馮翊郡名 翌爾雅明也 廙庂說文行屋也或作庂 㦾心動也 𨀁

𨗒說文趨進𨗒如也或从走 𢓑行也 𤵸肥澤也 𤻊病也 𦙍𩨗鈌盆骨也或从骨 㚤說文婦官也 熼火皃

𨟻說文酒色也 𧕻蟲名 釴爾雅鼎附耳外謂之釴 𠩵石利也 𠤧𠥩說文田器也或从翼 𦔶博雅𦔶𦔶耕也 𥢈

穓蕃蕪皃或作穓 𪌭秇麥䴬也或从禾 䕈蕓艸名蕅䕈也或省 芅銚芅艸名羊挑也通作弋 潩說文水出河南

密縣大隗山南入潁 黓黑也爾雅太歲在壬曰玄黓 𧆞闕入名魏有荀𧆞 翌舞名 蛡蜂房也太玄蠓其蛡曰蟲行皃 瀷說文

水出河南密縣東入潁 熤 闕人名後魏有張熤 ⿱竹弋 竹索 ⿰衤弋 黑衣 ⿹弋瓦 瓦坏也 ○殛極 訖力切說文殊也引虞書殛鯀于羽山或作極

文三十三 亟⿱艹亟⿱艹亟 說文敏疾也从人从口从又从二二天地也徐鍇曰承天之時因地之利口謀之手執之時不可失疾也或作茍亟 ⿰目亟 張目也 茍

說文自急敕也从羊省从包从口口猶慎言也古作𦭝 ⿰革亟革 說文急也或作革 ⿰忄亟 說文疾也悈博雅懂也通作極 ⿰去攴 去也⿰王棘

⿰王朿 垂棘地名字本作棘以其出美玉故从玉或謂王曰垂棘亦省通作蕀棘 襋⿰衤亟 說文衣領也引詩要之襋之或作⿰衤亟 棘⿱棘棘朿 說文小棗

叢生者又姓或作⿱棘棘亦省 ⿰革見 說文繫牛脛也 ⿰言亟 訥言也 蕀 艸名爾雅髦顛蕀細葉有刺蔓或謂之女朮 瞿 瞿瞿居喪視不審皃 ⿰革棘 博雅

羈⿰革棘勒也 ⿰棘力 力也 ⿰山亟 山名 ⿰羊亟 羊名 僰⿰亻棘 縣名或从人 麥 來牟也 諽愅 飾也謹也更也或从心 ○赩 迄力

切說文大赤也文十一 ⿰忄頁 怒也 黖 青黑色曰黖 歖 說文悲意 虩 虩虩驚懼皃 衋 說文傷痛也引周書民罔不衋傷心 ⿳大目又 博雅

⿳大目又⿳大目又肥也 ⿻大頁⿻大頁 斜視皃或省 赥 笑聲謂之赥 ⿰馬喜 馬走 ○億⿰亻畐億意 乙力切說文安也一曰度也辭也或作億億意

文三十二 啻 說文快也 憶 思也 ⿱啻心意 說文滿也一曰十萬曰⿱啻心籀作意 肊臆⿰骨啻⿰骨意 說文胷骨也或作臆⿰骨啻⿰骨意 繶 博雅

繶紃條也 𠨘 愊也 ⿰卬卩⿰扌⿰卬卩抑 說文按也从反印或从手隸作抑 ⿰土卬 邑名 ⿸疒意 病也 醷 釀醴醢爲漿也 ⿰氵啻澺 說文

水出汝南上蔡黑閭澗入汝隸作澺 ⿱艹啻薏 艸名說文⿱艹啻苢一曰⿱艹啻英或作薏 ⿰木啻檍 木名說文杶也或从意 橲 說文梓屬大者

集韻入聲十　二十二

可爲棺椁小者可爲弓材螠蠤蟲名博雅⿰虫憲螠也或作蠤噫語辭通作億抑⿰革意履莒⿰萬意數也通作億薏。極竭憶切說
文棘也一曰中也至也文五殛死也⿱革亟急也或作亟朸漢侯國名。㘈嶷懝譺鄂力切說文小兒有知也引詩
克岐克嶷或从山从心从言文七薿茂也觺觺觺角兒疑正立兒。䩯⿰韋亟乞力切韋堅也或从韋文六⿰革棘馬勒緙
紩也諽愅飾也謹也更也或从心。或域⿰阝或⿰𦣞或⿰田或越逼切說文邦也从口从戈以守一一名也或从土从阜古作⿰𦣞或⿰田或文二十
八⿱艹或艸木叢生通作棫淢說文疾流也罭罔也棫木名說文白桵也⿰有或疾兒惐惻惐傷痛也蜮蟈
蟲名說文短張也似鼈三足以气射害人一曰蝦蟇也或从國⿰或鳥鳥名博雅⿰或鳥鶝戴勝也⿱大或字林大力兒𨧫說文瓦器也琙闞人名漢
有公孫琙黬緎⿰韋或⿰羊或說文羔裘之縫或从糸从革从羊⿰馬或⿰馬畐⿰馬或馬走兒閾⿵門血說文門榍也引論語行不履閾古从洫
魊鬼名⿹或巛說文水流也⿱竹或竹叢生⿰羽或飛也。洫淢忽域切說文十里爲成成閒廣八尺謂之洫引論語盡力于溝洫或作淢文三
十二㰲吹也⿺走或盜走⿹或巛說文水流也侐⿵門血說文靜也引詩閟宮有侐或从門閾⿵門血門榍也古作⿵門血黬緎⿰韋或縫也
或从糸从革⿰或鳥鳥名⿰歹或殘裂也⿱目又舉目使人也⿸疒或說文頭痛也烅火光也⿱大或博雅方也一曰大也窢窢然逆風
聲⿰赤畐赭色殈卵破也禮卵生者不殈徐邈讀⿰肖或睡目兒⿰馬或⿰馬畐⿰馬或馬走魊魚名罭魚罔⿺風或風兒掝裂聲⿰或羽鳥飛

聲 盡痛傷也 惐心惑也 㖪嗖聲也或从叟 ○堛拍逼切說文古也文二十一 畐偪說文滿也从高省象高厚之形

或作偪 陝隔地裂謂之陝或作塥 畗多也 稫稫稄禾密皃 䵗治黍禾豆下潰葉也 䭰飽皃 副疈煏罷說文判也

引周禮副辜祭籀作疈或作煏罷 愊說文誠志也 踾踾聲 楅所以庋矢也 揊𢼄扑擊聲或作𢼄扑 馥香也 葍

艸名 ○逼偪筆力切爾雅迫也或作偪文十八 皕說文二百也 楅說文以木有所逼束也引詩夏而楅衡 幅行縢也春秋傳帶裳幅舄

䮠驅䮰馬走 鶝鳥名似鵲 湢湢汲水驚涌皃 颫䬍風也或作䬍 圀閉也亦姓 皀粒也 堛塊也 畗多也 踾踾䠞行迫

也 䵗粘也 稫踩禾下葉 䡊車笭間皮篋 ○愎弼力切戾也文二十 𩬛𥼶煏𠏩說文以火乾肉或作𥼶煏𠏩 䵗

耒畐治黍豆也或从耒 𧽎走也 踾踏也 鶝鳥名 腷服腷臆意不泄皃或作服 牑版也拆也 馥香也 颫風也 趚

僰地名在蜀或从人 𨻶山陊 𦋹賤稱 愊誠也 ○𥈶密逼切暂視也文一 ○㲯一曰切毛少也文二 得得滴水少

○日而力切太陽精至到也李舟說文三至也 𦔮耳目不相信

二十五 ○德的則切說文升也一曰行之得也文十三 悳惪說文外得於人內得於己也古作惪通作德 𨁲𨁲𨁲行皃 彠約也

𢽥取也 得㝵𡬠得說文行有所得也古省或作𡬠得 淂水皃一曰水名 陟得也周禮陟夢言夢之所得 𤸃

病。忒惕德切說文更也文十三忒說文失常也脦肋脦不正月容止也蟘蟲名博雅蟅蟒蟘也㥁心懼貣貸說文从人
求物也或作貸聽聽䀹目欲臥皃𢭏擊也挨也匿朔而日見東方曰見匿㥛慝也慝式惡也或作式通作匿。特
犆𢭏敵德切說文朴特牛父也一曰獨也或作犆𢭏文十五貣貸从人求物也或作貸蟘蟘蟘螣說文蟲食苗葉
者吏乞貸則生蟘引詩去其螟蟘或作蟘蟘螣職樴𣐧杙也周官有職人戚衰讀或从木从貣通作𢭏蟘關中謂蛇蠆毒曰蟘或書作蚮
𢭏木名䲦鴨屬。勒歷德切說文馬頭絡銜也一說馬鑾有銜曰勒無曰羈一曰刋也文十四肋說文脅骨也扐說文易筮再扐
而後卦一曰指閒也通作芀仂什一也禮祭用數之仂𠠲說文材十人也芀蘿芀菜名胡荽屬竻竹根朸說文木之理也
平原有扐縣阞說文地理也泐說文水石之理也引周禮石有時而泐塾玏說文玲塾也謂石之次王者或省亦書作瓅㔹廣雅
力也泐水聲。螚螚匿德切蟲名兔缺也一曰小蟲或省文五𦢊挨𦢊無光也𥞤穀穣也𦓠轊耨艸生皃
。𧊧必墨切說文𧊧也从二人相背一曰朔也古作𧊧文三𧊧蟞四足者曰蟞。菔蔔鼻墨切菜名說文蘆菔似蕪菁實如小赤
者或作蔔文二十五僃僃困也趙魏謂僃曰僃𢪃擊也匐𠣫伏服踾說文伏地也或作𠣫伏服踾菩
艸名踣趠仆掊婄卧說文僵也引春秋傳晉人踣之或从走亦作仆掊婄卧𤔣說文為蠻夷䵶方言農夫之醜

稱博雅僷黶醜也 垘土壅曰垘 䵚說文治黍禾豆下潰葉 培重也莊子而後乃今培風 蝮蝮蜪蟲名蝝也 煏火乾也 茯
茯苓藥艸。墨密北切說文書墨也亦姓一曰度名五尺曰墨文二十二 默說文犬暫逐人也 嘿默靜也或从欠通作默 嚜博雅
嚜屎欺也 矈矈寋視無所見 䁢聽䁢目欲臥皃一曰驚也 冒于也 冐突前也 䆱暫視也 嫼𡡂怒也或不省
纆纆說文索也或从墨 䀛䀛帽水蟲 蟔蟔蟲名齊人呼蝠爲蠛蟔 螺螺蟔蝨屬通作蠌 万寋万俟虜姓或作
寋 艒艒小舟或作艒 熼火皃。𡫸塞𡫸悉則切說文窒也从𡨄从廾窒宀中𡨄猶齊也亦姓或作塞𡫸文七 賽
𥊍寋視無見也 𢣃𢣃𡫸𡫸說文實也引虞書剛而𡫸古作𢣃𡫸。𡒄七則切階級也文一。則𠟭鼎𠟭即得切說文等
畫物也从刀从貝貝古之物貨也一曰法也即也古作𠟭𠟭籒从鼎文四。戝賊疾則切說文敗也从戈則聲隷作賊文十一 澸澸博雅澸測也 鰂
鱡鰂說文烏鰂魚名或从賊从即 蠈蝍蝗食禾節者或从則 蕺木蕺艸名 蹴踐害之也 㰈木名。㔍紇則
切法有罪 閡礙也。黑迄得切說文火所熏之色从炎上出四文七 嫼說文怒也 懚惽也 潶水名出黑山西 𪑚嘿
欬也或从口 鱡魚名鰊也。克亯𠅏𡧑𠅠𠅠乞得切說文肩也象屋尸刻木之形徐鍇曰肩任也負何之名也與人肩髆之義通等
勝此物謂之克古作亯𠅏𡧑𠅠𠅠文十二 𡢃娩老女卑賤謂之𡢃或省 𠢞殺也 刻𠜂說文鏤也一曰痛也一曰豕跡古作𠜂 勊說文尤極也一

曰自驪也悈駭而自專也○裓訖得切衣裾也文四𡢃東也𦓭𦓭䎝艸生䩘翅也○餩乙得切噎聲文三檍木名可為弓幹

𧖧蟲名○或獲北切疑辭文七惑說文亂也通作或𢦔水流也蜮蟈蟲名短弧也或从國鳥或鳥名方言戴勝燕之東北謂之

鶪𩲃鬼𩲃回風一說鬼因風伺人也或書作颬○𢧤忽或切巾帛被風聲或書作幗文一○國𡆠圀骨或切說文邦也古作𡆠唐武后作圀文六

蟈蟲名蝦蟇也膕曲膝中𥌤割耳也○復匹北切匐也文三覆反也蝮蟲名蝗也

二十六○緝七入切說文績也文十六葺說文茨也緁縙緶衣也或作縙褄說文裣緣也徣徣徣行皃咠說文聶語

也引詩咠咠幡幡㥏心不正也諿和也辯也𪔂鼓無聲輯斂也濈湒湁濈水沸皃或作湒𨀺博雅行也霵𩃈

雨下皃或省○𩋃𩎔息入切嬰兒履謂之𩋃或从韋文十三卌四十也○霫雴霫習大雨一曰霙霫東北夷名或作雴嘈咠咠

寒聲㿜小痛也𥮉織竹器緣趿斂膝坐也鈒小鋒也鄑邑名𨀿行皃楫持止也○嘁即入切說文噍也一

曰歃也文二十七䁒目動也咠唈咠咠聶語也或从口集人聚也潗㵫水漢也一曰湁潗水微轉細通皃或作㵫㙫

泉出於土也湒說文雨下也一曰沸涌皃䏸肥膏也一曰創潰出皃緝說文合也一曰蠻夷貨靸物相重累也斟說文斟斟盛也汝南名蠶盛

盛曰斟輯博雅輯謂之𨎌一曰車鞘揖聚也詩螽斯羽揖揖兮稽稽稽禾衆皃蓻說文艸木不生也一曰茅芽葺博雅覆也

蕺艸名菩也蕺山名檝楫舟擢也或省緝緝緝口舌聲汁汁光紀雲帝號䇬廣雅箭箾䇬也楗検緣

輯斂也○習席入切說文數飛也文二十九謵說文言謵讋也葺覆也襲𧟟說文左衽袍也一曰因也籀作𧟟戢兵淹也通

作襲褶袷也襲也一曰袴褶騎服湒湆湒水皃飁颯飁大風霫雺霫大雨一曰白霫北狄國隰濕𨺅𦑲說文坂下溼也

亦姓或作濕隰古作𦑲鳛䧅山海經小侯山有鳥狀如烏而白文名曰鳛鳛或从隹騽說文馬豪骭也一曰驪馬黃脊鰼魚名說文鰌也𤸁

痹疾熠光盛皃䈒𦪇龒覆船具或作𦪇龒槢說文木也一曰梁也䕽艸名博雅水苜䕽也蝔蝔蝔蟲皃慴懼也

早相次也亼合也○雧集籍入切說文羣鳥在木上也一曰聚也成也亦如或省文十五入說文三合也象三合之形卙說文詞之

卙矣慹說文悑也輯說文車和輯也一曰斂也通作楫檝楫舟擢也或省鏶鍓說文鍱也或作鍓蕺艸名菩也

葺䈕覆也或从竹楫聚也成也通作輯㠎㠎嶫山皃○溼濕失入切說文幽溼也从水一所以覆而有土故溼也或作濕文

三𦗾牛耳動皃○卙叱入切卙卙盛也文三蟄和集也濕濕濕牛呞動耳皃○執秇質入切說文捕罪人也一曰持也古作

秇文十二𧩁𧩁讘多言瓡縣名在北海慹說文悑也卙卙卙盛也汁說文液也𥂏羊箠也一說東夷謂𥂏爲𥂏蟄

靜也莊子蟄蟲始作郭象讀𠌥執事者通作䇬竹名洴脣聲○十寔入切說文數之具也一爲東西十爲南北則四方中央備矣文八阡

卄汁卄加縣名在蜀或从邑亦作汁 什說文相什保也 拾說文掇也一曰射韝一曰斂削 褶袴褶騎服 湒水皃 ○入曰執切說文內也象从上俱下也文三 廿說文二十并也 卒盜不止也 ○澀濇澁歰色入切說文不滑也或作濇澀歰澁文十八 蘁蘁蘁艸聲 䟱行不䟱進也 譅譅言不止 懾慳也 㯯木茂皃 嚃口不能言也通作歰 㴔歰立皃 霎雨也一曰小雨 翜說文捷也 鈒闒鍛鈒鋌也或作闒鍛 澁蠻夷酋長名唐有澁達國王摩俱澁思 ○届測入切届屎从後躡也一曰少也文十二 硒石 插插塌累土也 偛偛㑱小人皃一曰點皃 裺衣重緣 扱取也 稲種也 桶插桎林木皃 𨇾行皃 觙角多皃 品眾口 㞞闒人名 ○戢側立切說文藏兵也引詩載戢干戈文十三 咠說文眾口也 嘰喻也 䁒淚旹皃或省 濈湒說文和也或省 礛石皃 䁒胆肥膏出也或省 觙觵角多皃或从戢 偮人眾皃 蕺艸名葉似喬麥 糨殳立皃生濈地 揖聚也 輯斂也 霵䨹兩聲一曰雨下皃或省 檝木盛皃 戢山名在越 嶯以新穀汁漬舊穀也 蕺香菜 ○噦佳戢切噦聲疾皃文五 騺馬木盛皃 騹騶馬眾也或从集 騴騴騴馬行皃 ○縶陟立切縶也文八 騭說文絆馬也引春秋傳韓厥執馬前通作縶 嚌嚌嚌鳴也 霉小濕也 鷙馬卓鷙行不平 蹠足不相過 慹不動皃通作慹 慹怖也 ○湁勑立切說文湁湒湁也文曰 霅博雅雨也 塌說文下也 塩插塌累上

○蟄直立切說文藏也文十二䐴博雅淪也俋俋俋人行皃坙𡑞博雅益也一曰累土或从㬎脛脯也屈曰脛𡰯說文屆𡰯

謂少言譶譅譶言不止也漐汗出皃㶯㶯㶯小雨𦯩艸名堇也桱桱桱林木皃○立力入切說文住也从大立一之

止一曰成也亦姓文十七粒說文糂也古从食䬃齰齰齰咲堅物聲𨽸臨也鉝胡食器林邑王獻流離蘇鉝雴雴霫大雨笠

說文簦無柄也苙畜欄也孟子如追放豚既入其苙一曰藥艸白芷也砬砬磏石聲一曰石藥能制藥毒岦岦岌山皃鴗鳥名說文天狗也如翠而

食魚鵖鵖鴔小黑鳥鳴自呼江東名烏鳴䬆䬆䫻大風𤸁𤼏𤸁疾皃𠩺石聲𠯗𠯗𠯗送舟聲○孨㬹昵立切聚皃或作㬹文十

四溷濕溷水皃灄澀灄雨露皃潗潗𣽴沸聲婮姫婮婦皃𨼬陒𨼬陝皃図囡囲図図私取物或作囡囲抐

挹抐中制也籋箝也𦮄𦽱菈𦮄艸窓皃或作𦽱○揖一入切說文攘也一曰手著胷曰揖通作挹文五挹酌也咠聶語也

䔱艸名一曰䔱𦮄艸密皃箿挹器○熠弋入切說文盛光也引詩熠燿宵行文四㬹聚皃一曰多也䗨𧋋䗨蝓蟲名螢火也或

从昱○煜域及切燿也文十二喅𡃏喅喅衆聲或从雲曄熠爗曅暐曄光也或作熠爗曅㴔急流皃爗

火盛皣艸木白華皃䨾䨾𩅦雨聲騽馬豪也○吸迄及切說文內息也二十七㗱㗱𡅧衆聲疾皃𧮦疾言也一

曰𧮦評語聲歙說文縮鼻也丹陽有歙縣熻博雅爇也翕說文起也一曰衆也盛也𣊮日乾物也鶲鳥名瞈視皃翖西域諸國

官名有翖侯 𠟗欲割也 𨜶說文地名 歙揄擊也或从手 闟安定意史記闟然更始 潝𣽳說文水疾聲或作𣽳 嬆

女性淨 扱斂持也禮以箕自向而扱之 脅𦚔脅肩竦體也或作𦚔亦書作脇 傓噏翕斂也老子將欲傓之或作噏通作歙 念

合也太玄應而念之 熻心熱皃 鈒戟名通作闟 疲病劣 ◦泣乞及切說文無聲出涕曰泣文十四 𦢊䐑朐脯一曰乾也或从骨

湆說文幽溼也 礘砬礘石聲 䏚湇博雅膿謂之䏚或作湇 位位集人衆皃 𥈸𥉒𥈸也或作𥉒 𥈸目睛中也 扱

手至地儀禮婦拜扱地劉昌宗說 芨艸名烏頭也 𠯈𠯈𠯈送舟聲 ◦㤂急訖立切說文褊也一曰疾也隷作急文十八 伋說文人名

彶𨑃說文急行也或从去 給說文相足也亦姓 疲病劣也 級說文絲次第也 阣階等也通作級 汲說文引水於井也一曰縣名亦姓

鋈鋤屬 芨說文堇艸也通作急 跲躓也禮言前定則不跲皇侃讀 鴔鳥名 扱引也 皀穀香 品衆口 䓧

艸名蒴雚也 ◦及𠄎𨗼乁極入切說文逮也徐鍇曰及前人也古作𠄎𨗼秦刻石文作乁文十七 𡰠博雅戶壯也 笈

負書箱 𢄍新羅謂絹曰𢄍 苙芨白苙艸名茿蕢也或从及 菰博雅冬瓜菰也 鵖𪀚𨿮鵖鳩小黑鳥或从及从隹 給敏言

也禮恭而不中禮謂之給 伋汲伋伋虛詐皃或作汲 彶急行 ◦邑乙及切說文國也先王之制尊卑有大小文十五 笆捕魚竹器 浥

說文溼也 挹揖說文抒也或作揖 悒說文不安也 裛書囊一曰香襲衣也 阣阣隔陜也 䭒博雅臭也 㛕㛕婚婦皃 唈

嗚邑短氣芭艸傷壞也葩葩蒳艸盛皃厭厭浥溼意俋耕人行皃莊子俋俋乎耕而不顧○岌逆及切高過也爾雅小山岌大山峘文十五⿰亻岌⿰亻岌⿰亻岌人衆皃⿰馬岌馬行皃⿰口岌⿰口岌⿰口岌衆聲⿰虫岌蟲行皃⿰魚岌黑衆也⿰女立⿰女及危也或从及業壯也詩四⿰口業業扱拜手至地也⿱山邑地名春秋傳取宋師于⿱山邑圾危也莊子殆哉圾乎天下通作岌磼⿰山業磼磼山高皃或从山⿰予冊舟行○鵖北及切鵖鴔鳥名戴勝也文四皀說文穀之馨香也象嘉穀在裹中之形匕所以扱之一曰一粒也⿰阝業厓險危皃㗊衆口○鴔匐急切鵖鴔鳥名文也

二十七○合曷閤切說文合口也又州名亦姓文二十匌說文帀也郃說文左馮翊郃陽縣引詩在郃之陽一曰合也⿴囗合會也通作郃詥說文諧也⿰齒合哈⿰口⿴囗合食也或作哈⿰口⿴囗合頜頜車也⿺辶合說文遝也⿰木合⿰木合棔木名朝舒暮卷耠秴博雅穀耠也或从禾祫大合祭也⿱亼冋闕人名列子⿱亼冋闔⿱亼冋周穆王車右峆峆嵧山皃盒盤屬⿱艹⿴囗合艸名⿰口就柔也榙果名似李○欱哈呼合切說文歠也或从口文十⿰鼻合⿰鼻夾⿰鼻合⿰鼻句鼻息或从夾⿸疒合說文病劣也匌帀也⿰月及肥也⿰夾欠欱⿰夾欠呻也瘩寒病歙度也○⿸尸合⿸广合渴合切說文閉也或作⿸广合文二十⿸厂合⿸厂峇山左右有岸曰⿸厂合或从峇匌博雅帀也瞌欲睡皃佮姓也⿸厂合⿸厂⿱合口壓也或从厂⿱宀合⿱穴合人也或从宀歁歁歁癡皃一曰不滿意峇山形⿰言⿸厂合⿰言⿸厂合謵笈語⿰口⿸厂合齧齧也頜姓也遂之彊族鉿

博雅鋌也⿰禾害矛也⿱敆鼓鼓聲⿸疒盍病寒也○閤葛合切說文門旁戶也文二十九⿸尸合閉也合兩龠爲合佮說文
合也匌帀也欱說文合會也頜頤傍一曰耳下骨亦姓秴種也⿺毛合⿺毛合⿺毛及目睫長皃韐⿰巿合帢韎韐士服制如韍或作帢
恰詥會言也鞈䩡橐也一曰捍防也或从夾⿰巾及說文蒲席𡖅也一曰車藉拾㓣押⿰齒合哈食也或从口鉿
鋌也浩浩亹縣名在金城郡郃地名鴿⿰合隹鳥名說文鳩屬或从隹⿱合虫說文蜃屬有三皆生於海千歲化爲⿱合虫秦謂之
牡厲一曰百歲燕所化魁⿱合虫一名復累老服翼所化或書作蛤鮯博雅東方有魚如鯉六足鳥尾名曰鮯洽水名嗑聲也⿸广辟
和也○姶⿰女邑遏合切說文女字也引春秋傳嬖人婤姶一曰無聲古从邑文二十二⿰女弇婦名唈邑嗚唈短氣或省罯罯罯
覆也罨網也⿰火奄藏火也鞥䡅說文車具也或从車⿰火菴烹菜也⿰革弇說文轡鞥一曰龍頭繞者馣香氣
⿰彳奄痷跛疾或作⿰彳奄痷⿰豕奄繒也⿰王罨婦人首飾頜姓也春秋傳有頜氏庵豕屋䏩球體皃詩箋䏩肩諂笑沈重讀
趛趛赶走急皃○⿰口㬎鄂合切⿰口㬎⿰口㬎衆聲文十九㬎說文衆微杪也从日中視絲古以爲顯字一曰衆口皃或以爲繭繭者絮中往往有小繭
也⿰魚及魚名哈魚口皃圾岌危也莊子殆哉圾圾乎或从山⿰言㬎誣⿰言㬎笑語⿰舟合⿰舟及舟動皃或从及⿱穴合寢而首動
也⿰亻㬎⿰亻㬎⿰亻㬎無儀檢⿸疒合寒病⿰石㬎硆砐⿰石㬎⿰石㬎石皃或作硆砐岋動皃漢書天動地岋濕濕陰漢侯國名蛤蟲名

歖　歖歖癡皃。趿　悉合切說文進足有所擷取也引爾雅趿謂之擷文十八　靸鞈𩋙　說文小兒履也或作鞈𩋙　鈒　說文鋋也

㚾　媠㚾女字　䶜　龍龍飛謂之䶜　鎝　鏁也通作鈒　毾　毾毾目睫長皃　𣫩　𣫩髁首動皃　馺　說文馬行相及也一曰馳也

𨇾　說文行皃一曰此與馺同　颯　說文翔風也　霅䨟　博雅霅霅雨也或从妾　卅　說文三十并也　𤮊　器破　𨇾

言語疾皃。𨁂　所荅切唊也文一。𧼖　錯合切𧼖𧽚走皃文四　㜗　貪也　㑴　壯猛皃　磣　砂也。帀迊　作荅

切說文周也从反之而帀也或作迊文二十一　歃　歃歠聲也　咂𠹗噈啑唼　唊也或作𠹗噈啑唼　喊　喊咨伊怩歎也　噆

說文嗛也一曰齧脣　沛　沸皃　䍁　羊腌也一曰獸名似羊　𩶚　魚口動皃　魳　魚名　挾抾　持也或作抾　浹　浹辰十二

日也　𦄵　終也　蕺　艸名　𧎬　蟲多皃　𧺶　𧼖𧺶走急皃。雜襍　昨合切說文五彩相合一曰集也或从衣集文十四

雥　說文羣鳥也　𦾸𥴧　戶簾也或从竹　𣂎　斷聲　磼㠎　磼礏山高皃或从山　蹐　止也　鄵　亭名在貝　枀

不一也莊子鳩枀天下之川通作雜　𪉉　𪉉縣海鳥爰居也通作雜　蕺　艸名　𣿛　絕皃。荅畣富　德合切當也古作畣富通

作荅文十九　荅　說文小尗也　匒　匒匌重疊也　溚　濕也　𥖗　擊也　蹹踏　跳也蹴也或从答　瘩　字林肥皃　褡　被橫

謂之褡一曰衣敝　榙　榙㯓果名似李通作荅　聕　犬垂耳皃　嗒　舐也　剳　鉤也　𩢍　縶也　㜓　㜓㜓女皃　𤿕　皮縱　㺚

犬食。錔記合切說文以金有所冒也文四十六幍帳上覆撘搨搭冒也一曰摹也或作搨搭塔墖𨶳物墮

聲或从沓鞜革履䍇罔也一曰罯䍇覆也㚊說文俛伏也一曰服意佮合也榙果名說文榙似李𪑦黑也

晉書羊曼州里稱爲𪑦伯𨤲積厚也𨻰墊也𧭬誻說文語相反誻也或从沓嚃大嚃也禮䶀哈食也或作

哈䈎竹冒也一曰竹名踏箸地也𨂝說文跛也一曰跳也𩏽指衣狧㹺說文犬食也或作猎𥳑濕物濕附箸也

𦑣飛皃濕漯水名出東郡東武陽入海桑欽曰出平原高唐或作漯𨍏車榙鶅鳥名䓠萰菜名生水

中大葉或作萰沓行擊鼓也嗒荅解體皃莊子嗒焉似喪其耦或省𦧇說文歠也𨇖足重皃鞳鞈𩌏鼛

闟鏜鞳鐘鼓聲或省亦以眾从鼓亦作闒○沓達合切說文語多沓沓也遼東有沓縣一曰合也亦姓文四十一𪑦黑也鼛鞈

鞜說文鼓聲也古作鞈或作鞜誻嚺𧭬課說文𧭬誻也或从口亦作𧭬課譶說文疾言也㚊俛伏也罡說文

目相及也撘韜說文縫指撘也一曰韜也或从韋踏𨆨蹋踐也或作蹹蹋遝說文洽也偺儑偺不任事也撘累土也

緮字林綃重也涾說文涫溢也今河朔方言謂沸溢爲涾𡾋𨇖足趾重也或作𨇖𥔲說文舂已復擣之曰𥔲𡾋山重

皃龖說文飛龍䮳馺䮳馬行疾也蝽蟲名博雅蝔蝽蛘也蓮蘆菔也方言東魯謂之菈遝楷柱斗謂之楷𦒉

鶍博雅㧖𢹂飛也或从鳥　帢帳上覆謂之帢　譫多言也　䈋竹名　䯦鬆也　讋言不正也　𧮰籀从二龍　踏跳也

㱎歖㱎聲也。拉𢷔拹𢶒摺落合切說文摧也或作𢷔拹𢶒摺文二十一　柆說文折木也　肞肞臘肉雜也　翋

菈菜名蘆菔東魯謂之菈䕜　岦砬說文石聲也或作砬　磖磖礏破物聲　歖歖歖不滿皃　𩗗翔風也

翋博雅㧖𢹂飛也或作翋　䨂雨聲　𤛓摺拉牛抵也　𡚶朽折也　𢈲屋聲　䶟齧齒聲　袦粒秝衣敝。納諾荅切說文絲溼納納也一曰入也古作内文十二　衲補也　鈉治鐵也　靹博雅軟也　妠娶也一曰妠婚聚物　抐打也或省　軜說文驂馬内轡繫軾前者引詩茨以觼軜　魶說文魚似鼈無甲有尾無足口在腹下　笝竹索　蒳香艸異物志葉如栟櫚而小實類檳榔

二十八盇　盍盇轄臘切說文覆也一曰何不也亦姓隸作盍通作蓋文十五　磕石聲　闔說文門扇也　扂閉也亦姓通作闔

蓋青齊人謂蒲席曰蒲蓋　篕篕篨也　𥲢篕　郃說文地名　嗑譃詉說文多言也或从言亦作詉　鉀鑉方言箭小者長中穿二孔謂之鉀鑉或从蓋　𧇥藏也太玄盧其缺　熆火吹。歁黑盍切大味也文三　䱋魶魚名　螛蟲名

。榼䕅醢克盍切說文酒器也古从壺或从酉文十七　磕說文石聲　敆敲也　褡褡褶婦人袍　搕取也　𢋁山傍穴一曰地名　鞈鞈靸革履　瞌欲睡皃　轄車聲　溘殜說文奄忽也或从歺　蠚蟲名　𢈲閉戶也　𤄃博雅依也　㿶

疲病。砝居盍切石聲文二 ⿰去鳥鳥名。⿰盍頁谷盍切車⿰盍頁骨文十二 嗑⿰言盍嗑嗑語也或从言 鎑鎑鉼温器 蓋姓也

⿰革盍⿰革盍⿰革少履也 ⿰盍阝⿰蓋阝地名或从蓋 ⿰虫盍⿰虫盍蜡蟲名 閘閘門也 鉀鉀名 鰪魚名似鱝而小。⿰魚盍乙盍切⿰魚盍鱂魚

名文八 搕以手覆也 ⿰盍刂⿱髟盍飾采謂之⿰盍刂或作⿱髟盍 盦説文覆蓋也 ⿸厂盍山旁穴 廅藏也太玄廅其缺 ⿰魚盍魚名

。礏嶫王盍切礏礏山高皃或从山文七 ⿰骨業⿰業頁⿰骨及⿰骨業首動皃或从頁 ⿰目業睡皃 業⿱業殳壯也詩四牡業業一曰危也古作⿱業殳

。⿰亻⿱夭非⿰亻⿱夭圭⿱夭非采盍切博雅⿰亻⿱夭非偞惡也或作⿰亻⿱夭圭亦省文十四 ⿵門⿱夭非閉也 ⿱艹⿱夭非艸聲 ⿰口⿱夭非⿰口⿱夭圭⿰口⿱夭圭醜也一曰食皃 ⿰扌⿱夭圭破聲一曰持也

⿰衤⿱夭非⿰衤立⿰衤⿱夭非衣敝 ⿰足⿱夭圭⿰足⿱夭圭⿰足⿱夭圭行皃 ⿱雨⿱夭圭雨下也 ⿰⿱夭非攴起也 ⿰土⿱夭非⿰土⿱夭非⿰土⿱夭非土墮皃 卅説文三十并也 ⿰月⿱夭圭⿰月立⿰月⿱夭圭肉雜也。囃

七盍切助舞聲文四 雑集合意春秋傳宜雑然助之何休讀 ⿰石雑石多皃或書作⿱雑石 ⿰氵雑沸皃。⿱夭非疾盍切惡也亦姓文四 ⿰言⿱夭非

⿰言⿱夭非⿰言⿱夭非聲也 ⿰扌⿱夭圭攙⿰扌⿱夭非和攪也 ⿺走⿱夭圭疾走皃。諳章盍切多言也文一。⿰⿱夭非皮⿰月⿱夭非德盍切⿰⿱夭非皮⿰⿱夭非皮皮皃或从肉文十五 ⿰土耷

地之區處 耷大耳曰耷 搨⿰扌翕打也或作⿰扌耷 ⿰忄耷心恐也 ⿰⿱日羽刂⿰金耷鉤也或作⿰金耷 ⿰食⿱日羽⿰食⿱日羽⿰食內食皃 ⿱竹⿱日羽竹相擊

⿰口⿱日羽口動皃 ⿱艹⿱日羽菜名 ⿰石毛擲地鳴也 ⿰革⿱日羽皮服。榻⿰木翕託盍切牀也或作⿰木翕文二十七 ⿰亻⿱日羽⿰亻⿱日羽⿰亻⿱夭非惡也一曰不謹皃

塌地下也 遢邋遢行皃 ⿰言⿱日羽⿰言闒⿰言⿱日羽⿰言盍多言或作⿰言闒 ⿱盍鼓説文鼓⿱盍鼓聲通作闒 ⿰⿱日羽毛説文⿰⿱日羽毛地也 ⿰舟翕⿰舟⿱日羽大船曰⿰舟翕

或作䎇 翜說文頏也 翕說文飛盛皃 䮛䮛騔馬不進皃 狧㹕犬食或作㹕 鰈魼說文比目魚也或作魼 鰨魚名說文鰪鰨也 䓘艸名可作布 蹋蹈也 𦐊飛也 鑉鑉鑪箭也 㴙濕也 碟𦑛歠也或从習 闒闒茸意下

○蹋𨄔躢敵盍切說文踐也或作𨄔躢文十六 闒說文樓上戶也一曰闒閈里也 譶說文嗑也 譗多言 𦑣𣕢客扉謂之𦑣羽或从木 𨭆器也 㩉抵也 爉爉也 擸排也 𡓍塌墮也一曰地下也或作塌 闟土闒谷名在犍爲 獦獸走皃

○臘䑃力盍切說文冬至後三戌臘祭百神或作䑃文二十二 蠟蜜滓 鑞鑞錫也或作鑞 爉火皃 儠儠俳惡皃 䙘䙘褷衣敝 𥗼石墮皃 𪕢𪕟𪕢皴皮皃或作𪕟 邋邋遢行皃 翋鬣飛皃或从鳥 𪘨齃噍聲或作齃 𦆽𦇐𦆽颯紛雜皃或作𦇐 擸擖折也或作擖 闒闒茸意下 䮛䮛騔馬不進 ○魶鰨土盍切魚名鯢也似鮎四足聲如嬰兒郭璞說或作鰨文十 𩛞餲魶食皃 笝笚維舟竹索或从甲 𪗬齧也 䟜衲行皃或从彳 𧰤柔也 獳大食皃

二十九○葉弋涉切說文艸木之葉也亦姓文二十四 葉說文篇也 枼說文楄也一曰薄也 偞輕也一曰疾不甚皃 艓舟名 擛攝擛擛動皃或从三耳 緤繒帛番數也 偞說文宋衛之間謂華偞偞一曰訟也容也 媟媟㜸病也一曰

微也揲閱持也楪牖也一曰楪榆縣名在雲中欇柶端通作葉鍱說文鏶也齊謂之鍱煠爚也鬣帚端擖箕舌
禮執箕膺擖堞女牆也春秋傳環城傳於堞徐邈讀[illegible]籔也䁋目眇視䭟粿餅屬或从米䬉風動皃騠馬行
輕皃○魘𩲰益涉切眠不祥也或从止文二十一𤲹地名厭猒壓說文笮也一曰伏也合也或作猒壓⿰禾厭禾不
實㠋山谷形隁地險隘也𥈜目動皃靨䩄頰輔也或省擪說文一指按也或書作擫擫木葉動皃
㜸博雅好也擖箕舌㫈手網博雅罩罟因㫈率也嚈嚈達西夷名懕心可也揞捏也婕嬈婕女態○曅
曅域輒切說文光也或作曄曅文九爗燁爗說文盛也引詩爗爗震電或作燁燁皣說文艸木白華也曄目動
皃饁說文餉田也引詩饁彼南畝○㾊去涉切病少氣也文三㖸江南謂吃為㖸怯弱也○緁戟葉切博雅緁𦅸補縫也文二
鵖鴔鳥名○极極曄切說文驢上負也文八笈負書箱衱交領謂之衱袷劍柙拾更也鵖鳥名戴勝也
屐屆屐从後躡一曰小步昅乾也○𣪠憶笈切𣪠歔相及也文十一⿰糸劫緤補縫也腌漬肉裛書囊一曰香也
㫈手網鮑魚名淹漬也𨬿博雅推也痷瘦病踦跛也罨商也○妾七接切說文有辠女子給事之得接於君者从辛从女引春秋傳女為人妾妾不聘也文二十八箑
鯜鰈說文魚名出樂浪潘國或作鰈椄木名𦈲接也鏶鍱也

褄衣衿 剶續也方言秦晉續緬索謂之剶 緁褄緝說文緶衣也或作褄緝 淁說文水也 踥博雅踥踥行也 疌姓

㩘飯臭也 穕土穕農具 扱插 揷也或作插 㥦憏頭 䵷色 婕女皃 渫去水也 捷倢唼

捷捷譖言或从人亦作唼 睫目旁毛 睫睫臘目欲没。接攕即涉切說文交也一曰捷也亦姓或作攕文二十九 緀續縷 椄

說文續木也 楫檝輯艥說文舟櫂也或作檝輯艥 䀹睫䁗毽𣯛睫氎說文目旁毛也或作睫䁗毽𣯛睫氎

淁水名 啑多言 疌闕人名史記衛疌伯周諸侯 湕湕洆水出皃 婕說文女字也 倢說文佽也一口倢伃女字通作婕

帆衪衣衿或从衣 箑竹翣 菨菨艸名說文菨餘也叢生水中葉在莖端江東呼爲苦 鯜魚名 㼖瓦相掩一曰半瓦 睫睫臘目欲

没 䐑髃也。疌疾葉切說文疾也从止从又又手也屮聲文十八 捷說文獵也軍獲得也引春秋傳齊人來獻戎捷一曰㧗也 緁緶衣也

偼倢博雅疾也次也一曰斜出皃或省 諜多言 踕足疾 緁合也一曰遠夷物 嶕崨山皃或作崨 接勝也易書

日三接禮廿子生接以太牢皆鄭康成說一曰交也 椄椄槢梁也 艓舟行 寁作屋居之速也 萐編艸障戶 婕美也 箑

扇也 磼礏磼山連屬皃。攝失涉切說文引持也一曰假也一曰龜名文十八 欇博雅杖也一曰木名似白楊一日虎櫐亦書作聶櫐 懾

懾慴恐懼也 葉縣名亦姓 蠂蟲名蝗也 諜讋言諜言失也 灄水名在西陽 韘弽說文射決也所以拘弦以象骨

韋系箸右巨指引詩童子佩韘或从弓⿰聶風風皃歙歙氣也一曰縣名在丹陽⿰目聶睞睫目動皃或作睞睫喢多言⿰女疌

裁有水也⿰忄耴怪也悏怯也。歃色輒切貪也文九歃盟歃血也届从後躡也喢多言霎霅霎疾雨箑

扇也萐萐莆瑞艸翣柩羽飾也歃欲也。臿鍤函磣歃切舂穀去皮也或从金亦作函文八⿰馬臿馬行皃⿺走疌

疀揚麥枚一曰古田具或从㽹插刺也扱收也。謵尺涉切小言文十四詀呫囁細語呫呫囁附耳小語聲一曰多

言或作喢⿰女占說文小弱也一曰女輕薄善走一曰多技藝⿰阝妾女態一曰前却不媚⿰忄耴偛⿰忄耴黠皃⿰亻聶說文心服也一曰懼也⿰聶欠⿰聶欠

氣動皃⿰氵耴水出⿰氵疌灄⿰月耴⿰月耴聶肉動也欇蔓木名虎豆也捷插也聶木葉動皃。⿱龍言讋質涉切說文失

气言一曰不止也籀不省文二十五囁言無節一曰私罵讘說文多言也河東有狋讘縣或从詹⿱詹言言疾也謺

說文謺讘也霅霅霅震電懾⿰亻聶說文失气也一曰服也或作⿰亻聶慴說文懼也慹不動皃⿱執巾巾也欇博雅詘也

謂衣襞積摺說文敗也⿱聶木說文木葉搖白也一曰木名似白楊或書作欇⿰聶瓦⿰土聶盎屬或从土聑耳也⿰犭聶⿰犭聶博雅

豕屬或作⿰犭聶⿰月枼⿰月聶切也或从聶通作聶攝曲折也一曰龜名聶合也爾雅守宮槐葉晝聶宵炕。⿰木耴涉⿱止步實攝切說

文徒行厲水也一曰歷也一曰水名篆作涉古作⿱止步文十⿰糹步縎屬⿰金步鐵也拾躡足升也鍱鏶也齊人語慴恐也欇聶

蔓木爾雅欇虎櫐今虎豆或省。讘囁嵒日涉切詀讘多言或作嗫嵒文十三䮠馬行疾也蚷蟲行兒毷毛弱兒䎎肉動也顳顳顬耳前動也耴說文使也聶附耳小語灄水名㴸水兒夲盜不止。輒陟涉切說文車兩輢也一曰專也文十二耴聑說文耳垂也从耳下垂象形引春秋傳秦公子耴者其耳下垂故以爲名亦姓或作聑帄䎎說文領耑也或作䙝㧙持也銸說文鉆也茸艸名小葉鮿膊魚不鱸也漢書鮿鮑千鈞顏師古讀㛸㛸婜女不善兒敢使也㮖木小葉也。𦠆𠝣直涉切說文薄切肉也或作𠝣文十睫視不正兒䐑爚也一曰生熟半殜殜殗病也㙝墊廣雅益也一曰墊也或作壍偞疾不甚兒[illegible]豆也僷僷僷華也。鍤敕涉切綴衣鍼文十一𥲤博雅䈉也笛竹葉婚說文疾言失次也僷僷僷容也一曰華兒煠博雅瀹也㥘偛㥘黠兒一曰心動兒㵸淁㵸水兒霅霅霎小雨謵謵讋語不正咶多言。巤力涉切說文毛巤也象髮在囟上及毛髮巤巤之形文三十七鬣鬛𣰷說文鬣鬛也或作鬛𣰷獵說文效獵逐禽也通作獦獦戎姓犣牛名䪉馬鞁䪉鱲魚名儠說文長壯儠儠也引春秋傳長儠者相之𪘲齧聲颲風聲擸擖說文理持也或作擖躐蹹踐也或作蹹邋說文搚也一曰邁也瀸水聲襹衣兒𠝣博雅斷也𦾱艸動也䉭竹名䁽病視也欍蔓木名虎豆也纏林木而生䮢馬行兒讘讘讘多言曞日欲入也鼓巤鼓聲䜲聚名在上蔡一曰谷名 礲礲𥖿山石連屬皃 𡒉土皃 鬣毛車翣以禦風馬鬣也或作𩣡 臘劒兩刃也鄭康成說 累地名鉅鹿下曲陽縣西南有肥累城 獵豕長毛謂之獵 爉火聲 ○聶昵輒切說文附耳私小語也亦姓文二十五 喦說文多言也从品相連引春秋傳次于喦北 㚔說文所以驚人也一曰大聲也一曰俗語以盜不止為㚔隸作幸 䎎䀵目動或从耳 爗𣊻烣也或从日 睪伺視也吏持目捕人曰睪 聿說文手之疌巧也从又持巾 𢭃拈也 籋筆鑷鑈鉗說文箝也或从聿亦作鑷鑈鉗 聶𢿱聶相及也 疌說文機下足所履者 躡說文蹈也 䟓足不相過也楚謂之䟓 耴耳垂皃秦穆公子耳垂字之曰耴 𦄯補耴衣 𩣷說文馬步疾也或作𩣷 𩿋鳥飛皃一曰鳥名 ○抾去笈切廣雅去也文一 ○庿莊輒切藏也一曰屋庳皃文三 渫下溼皃 偛偛㑙黠皃一曰皮皺 ○㒏虛涉切畏迫自卑也一曰美容文十 歙㒏懼皃或作㒏 䁋睞 𥋝目眇視或作睞𥋝 鍱鏶鋌也鏶也或省 弽𢐦射決也或从合 ○婟丑聶切說文疾言失次也文一 ○𩾲貶耴切鳥名文一 ○姂匹耴切女皃文一 ○徢息葉切徢徢行皃文四 𩗢風皃 䨙雨雪皃 𩏶漸也

三十○帖託協切說文帛書署也文二十六 怗惵靜也或从業 貼說文以物為質也 鞊說文鞾飾 跕行曳履 屧屟𦿒履中薦或作屟𦿒 𪍇餅屬 𪔣𪔣說文鼓無聲也或作𪔣 鉆鐵銸也一曰膏車鉆 呫嘗也 蝶

蝶蛒蟲名 鍱 狧 犬小舐或作狧 㡇 領耑 諜 安也一曰軍中反間也 笘 簡也 墷 堞 女墻也或省 詀 妄言 蹀 蹈也

擪 壓 一指按或作壓。聑 的協切說文安也文一十八 呫 多語也 鞊 鞊鞢馬被具 㡇 䙝 領耑或从衣 迊

迊䢩走皃 喋 渉 血流皃或作渉 跕 跕跕墮墜落也一曰徐行 袩 方言褙謂之袩 𪑬 竹重裏黑 笘 笘䈎籤也 挕 說文拈也

𥨊 博雅厭也一曰屋傾下 墊 地下 䨊 寒也一曰早霜 沾 沾沾自整皃 輒 輒然不動皃 佴 佴僷輕佻皃 龖 龖龍

龍騷也 𥂰 田器 㤴 㤴𢥞志輕也 㭙 㭙𣜩蕈也 𧭾 多言 𣸉 水下皃 𡰱 也 𩊚 鞊鞢帶具 䎎 小耳垂。牃

達協切說文札也文四十九 牒 牃 牃簀也或从木 㯰 屋笮板 諜 說文軍中反間也 喋 血流皃一曰多言 慴 懼也 𥂰

田器 𥇊 閉一目 㥶 惵 安也或作惵 揲 閱持也 𢷾 排也 曡 疊 疊 說文楊雄說以爲古理官決罪三日得其宜乃行之从晶

宜亡新以爲疊从三日太盛改爲三田一曰厚也屈也懷也 𦅸 絲數 㯲 木名有緜可爲布 氎 𣰉 毛布或从罘 墷 堞 說文城上

女垣也或从業 墊 江名在廣漢 褺 說文重衣也巴郡有褺江縣 𧞤 褋 說文南楚謂禪衣曰褋或省 褶 襲也儀禮襚者以褶

一曰褶衣之在上者也短身廣袖一曰左衽之袍 𨆼 走聲 䞑 𨂿 說文䞑足也一曰小步或作𨂿 鍱 鍱 博雅鋌也一曰鑷也或省 𠠗

博雅刺也 𥳑 鍛也 轋 車聲 渫 浹渫凍相箸 𥲬 葉 書篇名或从艸 渫 渫渫波連皃 𪑬 竹重裏黑 蜨 蝶

蟲名說文蛺蝶也或作蝶䗻鸈鳥名山海經鸈禦火二首四足如斑鵲䐑治也槢梁也莊子析楊槢徐讀一曰枷中栓一曰檻下橫木鰈
鰨東方比目魚名或作鰨艓舟名䕅艸名蹀博雅履也○⿰夾瓦⿰而瓦力協切說文蹈瓦聲一曰瓦薄也或省文二十五⿵風劦
風也⿱雨⿰夾瓦小雨𩭐髮踈兒⿰立夾𨘺行不正也或作䢺劦力不輟也⿱⿰夾瓦土堅土⿰黑業竹裹黑
⿰耳⿰夾瓦耳垂也⿰耳夾或从夾⿱竹⿰夾瓦竹笭所以乾物⿱艹⿰夾瓦艸葉踈兒⿱⿰夾瓦衣衣相著⿱⿰夾瓦魚魚名⿱⿰夾瓦木木踈兒蛺蛺蝶蟲名⿰口⿰夾瓦⿰言⿰夾瓦⿰夾瓦呃多言或从言
胡蝶也⿱⿰夾瓦虫蟲行兒⿱⿰夾瓦心⿱⿰夾瓦心慨輕薄兒⿱⿰夾瓦鼓鼓聲⿱⿰夾瓦火火聲⿱竹聶作笪也○捻諾叶切捏也通作敜文三十二
擟摖擟擟中制或作摖⿰革念字林鞍⿰革念薄也攝持也一曰攝然安也鑷鉩鑈鉺博雅正也或省隸作鑈亦作鉺⿸广念
壓也鍂小釵一曰小頭釘⿰食念⿰麥念餅也或从麥敜說文塞也引周書敜乃穽⿰土内博雅深也一曰空也靜也埝益也一曰陷也
踗行輕也⿰音念諗聲止也或从言惗思也暬晦也慹不動兒苶疲兒一曰忘也⿱竹念竹索䒼艸名
蓻艸不生一曰茅莠⿱執手⿸厂⿱執土一指按也或作⿸厂⿱執土袩博雅䘯袩衽謂之樓杈⿱宀執屋下傾籋⿱竹尒箝也或作
苶○劦檄頰切說文同力也引山海經惟號之山其風若劦通作協文十九協旪叶說文衆之同和也一曰服也合也古从日十或从口恊
說文同心之和勰說文同思之和挾接說文俾持也一曰輔也或作接俠夾說文俜也一曰傍也亦姓或省綊說文紅綊也浹

浹渫浹相箸汁汁光紀黑帝號裌袿也一曰褱裌藏也𤛓牛健謂之𤛓恊束帶𥟖穧也𩗴風調也通作劦鵊鳥名

○頰𩒨脥吉協切說文面旁也籀作𩒨或作脥文十三筴箸也一曰小箕鋏說文可以持治器鑄鎔者一曰若挾持一曰劒也

莢說文艸實一曰艸初生一曰蓂莢瑞艸亦姓𥟖秎𥟖穧也唊䛟說文妄語也或从言蛺蟲名說文蛺蜨也㚒俠傍也或从人

挾持也○匧篋詰叶切說文藏也或从竹文十七蛺蛺蝶蟲名㥦悏婡說文快也或作悏婡亦書作愜

㾀叶也木𠫓㾀布念之脥腹下也㰼羨欲也𣢬吹气也㤲說文思皃㾜𤸷說文病息也或作𤸷攝

小龜名腹甲曲折解能自張閉者郭璞說岌山皃慊嗛足也或从口○婡呼帖切說文得志婡婡一曰婡息也一曰少气文二㰼

喘息○燮悉協切說文和也从言从又炎徐鉉曰此蓋从燮省言語以和之也二字義相出入故也文三十六燮燮說文大孰也从又持炎辛

辛者物孰味也籀从羊屧屟躞𡳐說文履中薦也或作屟躞𡳐𢞞意不平一曰𢞞𢞞志輕也𣟼𣟼𣟼草名𨆂

𨆂蹀行皃或从習𠹗𡒄聲𨗨𨗨走也弽射決也通作韘㣝𧾴行皃艓舟行也僷佩僷輕佻皃韘

鞊韘馬被具韘鞊韘帶具甗瓦破聲𤫍說文石之次玉者𩘍風風皃㡇楪㡇牒小楔一曰簡也或作楪耴

使也蜨螏蟲名博雅蛺蜨蝵蜨或从燮睫目閉目婕治也㮄㮄楫梁也淮南子大者爲柱梁小者爲㮄楫揲持數也易揲之

以四擾取也諜言相次也蓵艸名隰濕闕人名春秋傳有公子隰或从水浹即協切說文治也徹也通作挾文八浹浹渫凍相著瓬半瓦謂之瓬一曰瓦相掩挾持也詩既挾我矢𢃄巾也婡气劣皃䁽目閉帄衣領○蕥蓵疾協切艸簾或从捷文三踕行皃○䎛子俠切小折聲文一○浥乙俠切宊陷也漢書踰波趨浥郭璞讀文一○挾尸牒切持也文二蜨蛺蜨蟲名○蛺於叶切蛺蝶蟲名文一

三十一○業𨽌㸁𨻵逆怯切說文大板也所以飾懸鍾鼓捷業如鋸齒以白畫之象其鉏鋙相承也从丵从巾巾象版引詩巨業維樅或作𨽌古作㸁𨻵業一曰大也緒也事也始也文十九䜓樂也𠡍引也鄴說文魏郡縣亦姓㦉懼也通作業䌜糾纀補縫也劕績也嶪岌嶪山皃或書作嶫驜馬高大謂之驜鰈魚名鸈鳥名知人吉凶䲜魚盛魚皃㖸𣤷口動皃或从欠㶚橫水大版𨻵厓險危皃○𣩼殜余業切殗殜病也或作殜文三䜓樂器○脅迄業切說文兩膀也或書作脇文十九熁火迫也胠𦛿脥腋下也或从劫亦作脥歙𣣀說文翕气也或省嗋合也吸也莊子口張而不能嗋愶恊博雅怯也或省拹𢯖㩉說文摺也一曰拉也或从脅从翕𢏚弓強㴸水流皃䏷蛺肩也通作脇刦強取也莊子刦謂之賊魼魚脅也山海經鱋魚羽在鰓下𡑔堤也○㹤怯气業切說文气畏也杜林說从心文十三

呦呦呦聲也抾持也挹也呿臥息胠說文腋下也一曰法也疢欠氣也㾀羸也厗𠪺厗也或作𠪺魥枯魚

湇羹汁刦強取也○劫訖業切說文人欲去以力脅止曰劫一曰以力止去曰劫文十八刦強取也抾𢫬持也馬融曰抾

封豨或作抾鉣鋤說文組帶鐵也或从劫极裾也袷交領跲說文躓也一曰代也縌縫也呦聲也砝𥓠石

硬也或从劫蜐蛣石蜐蟲名足如龜或省睰急視𥝩艸名柗劒艸○𥗼士劫切𥗼破物聲文一○跲劫迲

極業切說文躓也或作劫迲文九柗劒柙拾更也极驢上負也笈負書箱昅日乾也給恭不中禮曰給○腌䏶乙業

切說文漬肉也或从邑文三十二淹漬也鰪䱈魚名一曰河豚一曰漬魚也或从邑餣博雅餣餇也䭇䑐䶈䭇饐臭也或从臭从

奄腌閉目俺說文大也㛪爓痷博雅病也或作爓痷浥潤也詩厭浥行露鞥車具稖禾敗不生𣄊手網

爓火不明裛說文書囊也帢幧頭也𨂍跛也罨說文罕也𦓤唵博雅𦓤積種也或从田饁野饋

也給敏言也禮恭而不中禮謂之給呿口開皃𢾉𢾉歃相及也錇樵也一曰治甲器掩打也𨕠前頓也○𡐘直業

切田實也賈思勰曰秋田𡐘實文一

三十二○洽轄夾切說文霑也一曰和也徧也文二十七柗說文劒柗也霅澉溼也祫說文大合祭先祖親疏遠近也

引周禮三歲一祫 陜陿峽狹說文隘也或作陿峽狹 㢎說文廦也 ⿰田夾溝相接 硤硤石縣名 ⿺走合走皃 烚火皃

䀹相著也 ⿱夾齒⿰齒咸齒曲生皃一曰缺齒一曰噍聲或从咸亦書作⿱夾齒 珨蜃飾器 給給歲在未曰給通作洽 敆郃爾雅

合也或作郃 祫領也 韐韎韐紳也 ⿰齒合盡內口中也 浹浹渫水皃 婡女行急皃 蛺蛺蜨蟲名 ⿰冫夾字林⿰冫夾渫凍相著

○⿰鼻夾⿰鼻合欱迄洽切⿰鼻夾齁鼻息或从合从欠文九 ⿰氵欱⿰氵欱濈湍流 ⿰夾欠息也 ⿰臿夾歃欱博雅歠也或作歃飲 ⿱夾齒噍聲

○恰乞洽切說文用心也文十九 帢⿱冃⿱合面帹𢅵⿱冃合袷帢弁缺四隅謂之恰帢士服也一說魏武帝放古皮弁以帛爲之

以色辨貴賤一曰按頭使下故曰帢或作⿱冃⿱合面帹𢅵⿱冃合袷帢 掐抓也 㓣陷也通作⿰合斗 ⿰合斗入也 䁍⿰目臽說文目陷也或作⿰目臽 ⿰齒咸

唯聲 ⿸疒走劊也 ⿱合心合也太玄瘱而念之宋惟幹讀 婡姑也 袷衣縫一曰衿也 湆肉汁 ○夾挾訖洽切說文持也从大俠

二人或从手文三十三 郟說文潁川縣亦姓 袷裌說文衣無絮也或从夾 帢韐⿰韋夾說文士無市有帢制如榼缺四角爵弁服

其色韎賤不得與裳同鄭同愼曰裳纁色或作韐⿰韋夾 鞈說文防汗也 浹瀐也 ⿰革夾⿰革盍說文鞮⿰革夾沙也或从盍 ⿰齒咸噍聲 餄

⿰食夾⿰食甲餅也或作⿰食夾⿰食甲 ⿰目合䀹眇也一曰目睫動或从夾 跲躓也 ⿸疒走劊也一曰戳足病謂之⿸疒走 筴箸也 唊多言 梜

說文檢押也一曰木名一曰木理亂 鵊鳥名杜鵑也一曰書篇名陰陽家有鵊治子篇 俠傍也 陜地名周召所分 蛺蛺蜨蟲名 ⿰木合劒匣

坱水旁地厌廦也䓞艸名浹浹渫凍相著皃䀹相著也○⿰足奄⿺辶奄乙洽切跛也或从允文十二容土墊凹

⿸广合低下也或作庈⿸疒西江淮之間謂病劣曰⿸疒西圔宊圔聲下皃浥潝水宊陷也史記踰波趨浥或从翕姶女巧痷

⿸疒盍病也或从盍○⿰目巠仡甲切視皃文一○歃⿰酉欠哈色洽切說文歠也引春秋傳歃而忘或作⿰酉欠哈文十一⿰氵算說文歓歃

也喢喢嚅小人言𦑟說文捷也飛之疾也一曰俠也⿰目臿目睫動皃⿸尸臿从後臿也⿺走夾⿺走夾⿺走夾行疾皃⿰風⿺辶夾風急皃⿰氵𦑟溢也

○臿⿰目臿舂𦥯凾測洽切說文舂去麥皮也从臼干所以臿之或从臼从舂亦作凾文二十五鍤說文郭衣鍼也曰鍫也插捷

說文刺肉也或作捷⿰彳臿⿺辶臿行皃或从辵扱接說文收也或作接⿰食臿餌也⿰言臿儳言⿰木臿木折聲⿸尸臿說文从後相臿

也⿰齒臿⿰齒臿⿰齒內齒動皃笈負書箱⿰犭及犬食也⿱叉火火乾也⿰女臿疾言失次也一曰怯也喢喢嚅小人言偛

偛⿰亻离小人皃⿰臿刂切聲⿰月臿腈肉也⿰齒疌說文斛也古田器○眨䀹側洽切目動也或从夾文十五⿱雨臿雨聲⿰臿皮皺⿰臿皮

老人皮膚皃⿰足臿足動皃⿰言臿⿰言齊⿰言臿多言偛偛⿰亻离小人皃一曰黠皃⿰氵臿⿰氵甲⿰氵臿下溼一曰滴水也⿸尸臿楔也⿰口⿸尸臿噍聲⿰糸臿

縫也⿰木臿重緣也⿰口乏豕食嶯山名在越插攝也○萐實洽切說文萐莆瑞艸也堯時生於庖廚扇暑而涼文十六

⿱竹建箑行書也秦使徒隸助宫書艸⿱竹建以爲行事謂艸行之間取其疾速不留意楷法也从筆从辵或作箑⿰言臿⿰言臿諜言不定⿰女臿女皃

集韻入聲一　三十六

灁 潝灁滸流 䮜⿰馬枼 馬驟皃或作⿰馬枼 ⿰彳臿⿺走臿偞 行疾或作⿺走臿偞 渫 水名在上黨 牐 閘城門具一曰以版有所蔽 煠

⿰氵臿 博雅淪也或作⿰氵臿 鰈 ⿰魚甲鰈鱗次衆多也一曰裝飾衆皃 ○劄 竹洽切刺箸也文八 ⿰馬荅 馬行皃 譗 譗諽言無倫脊

也 偛 偛庢忽觸人也 ⿰虫臿 蚑蟲也 溚 濕也 ⿱雨臿 雨聲 ⿰荅力 謹力也 ○⿱鹵皿 敕洽切和五味以烹也文二 ⿰貝臿 博戲具名

○㘡⿴囗丑 昵洽切說文下取物縮藏之或作⿴囗丑文十三 ⿰月聶 聶臑也 ⿰米㘡 粘也 ⿸广㘡 庘⿸广㘡隘也 冂 凹冂物低垂皃 ⿰女聶 美也 ⿰女夾

盡也 ⿰口劦 喢⿰口劦小人言 ⿰亻劦 偛⿰亻劦小人皃 ⿰齒内 ⿰齒臿⿰齒内齒動皃 ⿱竹㘡 竹維舟謂之⿱竹㘡一曰補籬也 ⿰氵最 水動皃 ○⿰衤立 力洽切衣

敝文一曰 ○諜 五洽切⿰言臿諜語笑皃文二 䀹 ⿰女臿䀹戲謔皃 ○⿰臿毛 徒洽切毛布也 ⿰疊毛 或从疊文二

三十三○狎 轄甲切說文犬可習也一曰更也近也文十八 匣 說文匱也 ⿰魚甲 魚名 ⿸虍甲 虎習搏皃 ⿰忄甲 悅也 ⿱竹匣

竹名或省 炠 火乾也 翈 博雅翈⿰扌族羽也 ⿰衤甲 衿也 ⿰華甲 華葉重多皃 霅 衆言聲一曰霅陽地名在樂浪 舺 艄舺舟也

押 撿押隱括也顔師古說 ⿰言甲 諞⿰言甲語聲也 柙⿰木扁⿶凵甲 說文檻也以藏虎兕或作⿰木扁古作⿶凵甲 ○甲⿱亼甲 古狎切說文東方之

孟陽气萌動从木戴孚甲之象一曰人頭空爲甲甲象人頭古作⿱亼甲始於十見於千成於木之象一曰介鎧也一曰狎也亦姓文十五 鉀 鎧也通作甲 ⿱竹甲

竹名一曰羿也 胛 闔也與胷脅相會闔也 ⿺辶甲 闞人名 ⿰王甲 玉名 押 輔也 柙 木名 ⿰石甲岬 兩山之間爲⿰石甲許愼說或从山 舺

艑舺舟也匣匱也神廣雅襦也⿰足甲行聲○押乙甲切按也文十二泙泙下浥水流下皃壓厭說文壞也
一曰塞補也伏也或作厭庘壞屋謂之庘一曰豕屋𥦍說文入剌謂之𥦍閘說文開閉門也鵖鴨鵪鳥名博雅
鳧鶩鵖也或作鴨鵪亦書作⿱邑鳥⿱甲鳥厭○呷○說文文六⿰言甲多言也譀誕也⿰甲欠⿰甲欠鼻息嗑嗑然笑聲
魻魻鰈鱗次眾多皃○翣翜翣篓色甲切說文棺羽飾也天子八諸侯六大夫四士二下垂或作萋接
翜攝翣篓文一十⿰忄妾面也唼唼喋水鳥食从妾⿰木疌木理起皃⿰豕疌博雅
⿰豕疌⿰豕樂牝豕也霅散也漢書霅然陽開⿰豕妾⿰豕妾獸名或从豕箑說文扇也通作霎萐萐莆瑞艸也王者不嗜味則生於廚
蜨蛺蜨蟲名霎雨聲一曰小雨○霅直甲切說文霅霅震電皃一曰眾言文九擖押擖重接皃⿰氵霅水名通作霅渫
徐去也一曰水皃渫浹渫凍相箸鰈魚名一曰魻鰈鱗次皃⿰華枼⿰華甲⿰華枼華業重多皃喋啑喋鳥食皃揲數也○霅
斬狎切地名霅陽障在樂浪文一○挾子洽切持也文二啑啖也
三十四○乏扶法切說文引春秋傳反正爲乏一曰匱也文六汎泛汎泛聲微小皃或从乏㚇說文婦人皃疺瘦也
貶射者所蔽通作之○灋法佱弗乏切說文刑也平之如水从水廌所以觸不直者去之一曰則也亦姓或省古作佱文四㚇博雅

集韻入聲十　三十七

好也。𦒉敕法切𦒉𦒉飛皃文一。𡢃巨乏切病也文一。𦑞眨法切𦒉𦒉飛皃文三。㵀水皃。嶯静也。猲㺀气法

切短喙犬一曰恐逼也或从歇文四姂好也抾挹也。饁下法切餉也文一

集韻卷之十

景祐元年三月太常博士直史館宋祁三司戸部判官太常丞直史館鄭戩等奏昨奉差考校御試進士竊見舉人詩賦多誤使音韻如叙序坐坐氐氐之字或借文用意或因釋轉音重疊不分去留難定有司論難互執異同上煩

影宋鈔本《集韻》跋

《集韻》雖修於宋人，而故書雅記所載奇字異音甄采致備，其賅博超越前修，當為韻書之總滙。顧其書元明之際不甚顯，顧亭林作《音論》疑其不傳。清康熙間朱竹垞始从毛氏汲古閣得傳鈔宋本，屬曹楝亭刻於揚州，其書始為从事文字音韻訓詁之學者所必讀之書。

昔戴東原與桂未谷談文字，每取《集韻》互訂，嘗曰：「《集韻》、《增韻》不背《說文》，差可依據」。段茂堂注《說文》亦頗事采用，嘗曰：「丁度等此書兼綜條貫，凡經史子集小學方言采擷殆徧，雖或稍有紕繆，然以是資博覽而近古音，其用甚大也。王石臞久欲董理《集韻》，顧以致力《廣雅疏證》成，日月既邁，未克如願。陳碩甫亦因丁度雖宋人而《集韻》為音詁之大總滙，願終身誦之，但亦未及操觚而期之及門。溯自段氏於乾隆五十九年得毛氏影宋鈔本與曹楝亭所刻相校勘，洎后展轉傳録，或增補，直至近代，百餘年間知名者衹五六十人。惟方雪齋（成珪）成《集韻考正》一書，刻入《永嘉叢書》中。馬遠林（釗）著《集韻校勘記》，有傳鈔本，未見刊行。故《集韻》詳校之業，尚有待於今之學人。

《集韻》是一部承先啓後蒐羅廣博之韻書，但傳本不廣，楝亭刻本越百又八年顧廣圻始修補重印，又越六十餘年而姚覲元据以重鐫。楝亭本因與它書同刻，統一行格，别定版式，已失宋本原貌。曹据傳鈔本，自易致誤，而顧氏修補亦難免無掛漏之處。此曹刻所以未能視為善本。

建國以來文化昌盛，珍本疊出。段氏据校之毛氏汲古閣影鈔宋本入藏於今寧波之天一閣，錢氏述古堂影鈔宋本今已歸之上海圖書館。此兩本皆出于北宋慶曆原刻。田世卿于南宋淳熙重刻之本，亦尚有兩帙，一為北京圖書館所藏，一為日本宮内省圖書寮所藏。即此南宋覆本，已屬人間瓌寶矣。

今就毛鈔與錢鈔言之，兩本版式行款，完

全相同，應為从同一底本所出，但錢鈔字畫不完，缺漏空白，而毛鈔則否，何也。竊謂缺字缺畫，審係原雕板片之漫漶，非印本紙張之殘損。毛鈔已經重修，所以不缺不殘。段校云：『但其版心每葉皆云某人重刊，某人重開，某人重刀，則亦非最初版矣』。諦審錢本缺字，及殘存筆畫，以意度之，錢本尚出於修補以前之印本。例如：平聲四、十八尤，毛鈔『周』字塗口，錢鈔作『周』。上聲五、五旨：『⿰目旨，《說文》詽也』。段校改『許』，注：『宋本作許誤也』。按錢鈔作『詽』不誤。上聲六、四十三等，『絙』字注：『一曰大索』，段云：『宋本少一索字』。按錢鈔有『索』字。去聲二、二十七恨，『艮』字注：

「引易艮其限，口匕目爲艮，目爲真也」。曹本「限」下空格，段校云：「空處宋作其」，按錢鈔作「其」，是也。據此，可知祖本則一，印本有先後耳。

錢氏影宋鈔本當據家藏宋本影鈔者。按《述古堂書目》：《集韻》下注「宋板」二字，入《宋板書目》。又《絳雲樓書目補遺》著有「宋板十册」。想見遵王所藏宋本得之牧齋者。錢氏影鈔之本，當即據此，至其影摹之精工，蓋不亞於毛鈔。毛錢兩鈔，異苔同岑，如驂之靳，宜視雙璧焉。

五十年前，龍負笈燕京，从事《集韻》之學，先後承葉揆初（景葵）丈以過錄段校郵示，張仲仁（一麐）丈亦以許勉夫（克勤）校本相假，均經迻寫，未及研讀，而蘆溝事變，舉家南旋，此事遂廢。年來喜獲錢氏影宋鈔本，以爲校訂譌訛尤爲重要，因亟謀之上海古籍出版社影印問世，公之同好。此書第六卷第十頁、第十一頁、第十二頁錯寫葉碼，今裝訂時錯字不改，次序更正，以便觀覽。它日如能以淳熙本並予印傳，以供校勘，則更善矣。當今党和政府重視古籍整理工作，倘能組織人力，參攷各家之校語，覆勘引書之原文，訂正字畫，辨析異文，成一《集韻》之定本，豈不盛歟！

一九八三年十二月　顧廷龍識于無錫大箕山華東療養院時年八十

附録

〔説明〕上海圖書館藏述古堂影宋抄本《集韻》有殘缺之處。現根據清曹楝亭刻顧廣圻修補本將所缺處全句録補，附於書後，供讀者參攷。附録中所列字在索引中用『△』表示，以便與正文一併檢索。

集韻卷之一

一/九/四 令 十四/七/七 魟 鱯公切海魚名似鼈文一

三十七/二/七——三/一 歔 𪗿 相笑也或作𪗿通作𪗿

三十九/十一/二 僞 假也 四十五/十/三 踞 躨踞獸動皃

四十五／十一／二[illegible]字林南方雉名 四十六／一／二—四夷

𡰥尼延知切說文平也東方之人也或作𡰥尼古書作夸文四十五

四十六／三／二恞爾雅悅也 四十七／六／二机木名似

榆山海經單狐之山多机木可燒以糞田 四十七／八／三—四耆

耆渠伊切說文老也一曰至也至於老境一曰癥耆或省文十九 四

十七／九／二鰭魚脊上骨禮羞濡魚者夏右鰭 四十七／十／三

鍺軸耑鐵 四十七／十／四祁說文太原縣一曰盛也亦姓

四十七／十一／二踶徒祁切蹋也莊子怒則分背相踶文一 四十

八／一／二⿰月癸臞⿰月癸醜皃 五十／二／三鵜鵜鶘小鳥名 五

十七／五／七—六／一—二期㫷朋說文會也一曰限也要也或作

㫷朋 五十七／八／一—四綥綦帺綮說文帛蒼艾色引詩

縞衣綥巾未嫁女所服一曰不借綥亦姓或作綦帺古作綨或書作綨紨

五十七/十/一 錤 鎡錤鉏名

五十七/十/二 倛 淮南祈雨土偶人曰倛

五十八/一/二—四 䑴艥舼 博雅䑴艃舟也或从基从元

五十八/二/一—二 鵋䳢 鵋鵋鳥名一曰小雁或从隹

五十八/二/六 蟇 彭蟇蟲名似蟹而小不可食蔡謨渡江不識噉之幾死歎曰為勸學所誤

六十二/三/三 僟 說文精謹也引明堂月令數將僟終

六十二/三/四 鬿 山海經北號山有鳥白首鼠足名曰鬿雀一曰星名

六十四/六/一—三 鶈鸃鸃 鳥名說文鶈鶈也飛則鳴行則搖或作鸃鶈通作渠

六十六/三/四 疋 說文足也上象腓腸下从止弟子職曰問疋何止一曰記也

集韻卷之二

一〇八／二／八 白 說文小皀也象形 一〇八／三／一 焨 光也

一〇八／四／二 䞣 坐皃通作敦 一一九／九／三—五 頣 顲

顲 彊頭也或从昏古作顲 一三三／一／九 榫 所斤切簣版文一

一三八／九／一 餛 餦餛餅也 一四七／九／三—四 捥 㧒 挨也或

作㧒 一四八／四／四 䊩 逋潘切博雅䊪也一曰部也文九

一四九／二／一 皤 馬作足橫行曰皤易賁如皤如董遇說

一五一／十／五 圞 圞濣水勢回旋皃 一五三／十／四 鬜

髮禿皃

集韻卷之三

一六一／九／一幵羌謂之幵一曰平也　一六一／九／二緈緈
繀懸絮　一六二／一／三荓秦荓藥艸　一六二／一／六祆
馨煙切說文胡神也唐官有祆正一曰胡謂神為祆關中謂天為祆文三
一六二／二／一訮說文諍語訮訮也一曰怒也訶也　一六二／四
／二誸言急莊子謀稽乎誸一曰堅正　一六三／八／二頊顒後
一六三／一〇／五痟骨酸也　一六四／二／一悁忿也魯連曰
棄忿悁之節　一六九／八／四匴方言篿或謂之匴璇一曰竹器
一六九／一〇／三旋旬宣切說文周旋旌旗之指麾也一曰疾也文三
十四　一七一／八／一二猭逯獸走皃或从辵　一八八／一一／二
鮹海魚名形如鞭旒　一九〇／十一／二謷說文不肖人

也一曰哭不止悲聲謷謷　二〇一／十／八⿰𦰩能山海經甘棗之山有獸狀如猷鼠而文題名曰⿰𦰩能食之已瘻二〇二／二／二誂僻誕也

二〇二／三／二碢碾輪通作⿰石隋磚　二〇二／四／三磚圜皃

二〇九／八／八—十—九／一苿釫鋘鏵說文兩刃臿也从木𥫗象形宋魏曰苿或作釫鋘鏵　二一七／九／五殭死不朽

二二四／十一／六⿰骨光枯光切博雅⿰骨光⿰骨良韻也文三　二二五／六／四

—五鍠韹說文鍠聲也引詩鐘鼓鍠鍠或从音鍠一曰兵器

集韻卷之四

二二九／八／二—四 鬃禔祊 晡横切說文門内祭先祖所以徬徨引詩祝祭于鬃或作禔祊通作閍文二十二 二二九／九／三 縍 結也 二二九／十一／三 垺 塜口穴 二二九／十一／五—六 嫎姗 嫎婷胖也或作姗 二三〇／一／二 忼 忼慨也一曰志懣 二三〇／四／一—五 輡轊輣髈傍 車聲也或作轊輣髈傍通作彭 二三〇／五／五 鬇鬡鬤亂髮皃 二三五／九／三 噌 噌吰聲也 二四一／七／一 橩 博子通作瓊 二四一／九／一—二 縈帶 娟營切說文收韏也或从巾文十 二四一／九／五 嫈 小心態一曰繚嫈漢侯國名 二四一／十／二 幎 覆也 二四二／一／一／二 聘 匹名切訪也文一 二四七／六／四 洞 滄也 二四七／六

／五 㽞 定息　二五一／一／五 承 漢縣名在東海一曰楚言春秋
傳蔡昭侯將如吳諸大夫恐其又遷也承　二五八／一／五 㰯 撇㰯
舉手相弄　二六七／六／二 銗 頸鉗也博雅鋞鍜謂之鏂銗
二六七／八／六 葔 艸名藹葔莎通作矦　二六七／十／六 𤿺 蠠
膜也　二六八／一／五 區 量名四豆為區又姓　二六八／二／四
膒 久脂也一曰以脂漬皮　二六八／三／三—五 櫙 樞 蓲
木名爾雅櫙茎今刺榆也或作樞蓲　二六八／五／三 𣂂 𣂂斪偃
鉏也　二七一／六／一—二 𨞰 鄃 說文恒農縣庾地或作鄃
二七一／七／一 頸 䫔頸面折　二七一／八／三 婾 說文巧黠也
二七一／九／八—十／一 褕 愉 褋褕短袖襦一曰近身衣或从巾
二七一／十一／二 歈 歌也　二七一／十一／三 匬 說文甌器也

二七一／十一／四⿱俞林 說文 𣏟屬或書作⿸广龠 二七二／二／一廔
說文屋麗廔也一曰種也 二七二／三／二⿱山婁 山顛也 二七
二／四／一慺 慺慺謹敬皃一曰勤也 二七二／五／一⿰巾婁 方言
飲馬橐自關而西謂之慺篼 二七二／六／二摟 說文曳聚也
二七六／六／二任 說文保也又姓 二七八／一／三枕 繫牛杙
也 二八一／五／二—五媅妉湛愖 說文樂也或从冘亦作
湛愖 二八一／六／四⿰甚冘 ⿰甚冘⿰甚冘室宇深邃皃 二八一／八／二
燣 熱也煬也色焦也 二八一／八／三⿰婁頁 ⿰婁頁顲俯首皃 二八一
／九／三—四南𡴭 那含切 說文艸木至南方有枝任也古作𡴭文二
十 二八一／十／一—二枏楠 木名爾雅梅枏或从南 二八
一／十／三⿰扌冄 廣雅持也 二八一／十一／八苒 艸名博雅藜蘆

葱蕳也　二八一／十一／九 暔 國名唐天寶中封其王為懷寧王

二八二／一／三 毿 蘇含切毛長也文九　二八二／一／四 鬖 䰐

鬖髮垂皃　二八二／二／二 犙 說文三歲牛　二八二／二／三

糝 糝糟糜和也　二八二／二／六 謲 謲譚怒語　二八二／二

／七—九 參 三 曑 倉含切謀度也間廁也或作三古作曑又姓文十二

二八二／三／二 謲 說文相怒使也　二八二／三／四 趝 趝趝走

也　二八二／四／三 摻 摻搓捫也　二八二／四／四—六 簪

鐕 篸 祖含切 博雅屨謂之簪或从蠶从參文十一　二八二／五／

三 𦏁 堛藏肉一曰獸名似羊　二八二／六／三 蠶 祖含切蟲名說

文任絲也俗作蚕非是文七　二八二／七／二 𠜿 掩馬也　二八

二／七／四 𦏁 羊臭謂之𦏁　二八二／十一／三 撖 柱也

二九五／十／一⿰骨咸 ⿰骨欿⿰骨咸骨高皃 二九五／十／四—五羬麙
郊羊其大者羬麙與或作麙 二九六／二／六讒 鋤咸切說文譖
也文二十五 二九六／三／一嚵 說文小啐也一曰喙也 二九
六／三／三饞 饕也 二九六／八／一⿰忄咸 湛咸切不安也文一
二九六／八／二炎 壯咸切銳也文 二九六／九／一—二衘
行 乎監切說文馬勤曰中从金从行衘行馬者也或省文十一 二九
七／二／七—八⿰口嚴⿰口巖 說文呻也或从巖 二九七／三／一⿰土嚴
穴也 二九七／五／六劖 刈也漢有劖胡子 二九七／七／
五嚵 讒言也 二九七／七／七纔 帛紺色 二九七／十一／
六⿱髟監 ⿱髟監鬖髮長皃

集韻卷之五

三〇九/九/五—六 䮔騋 說文馬小皃籀从來或書作䮺

三一三/六/四 伎 說文與也引詩籀人伎忒 三一三/七/一 踦 足脛也 三一三/九/三—四 㿦猗 博雅瘞也或作猗

三一三/九/五 𡯨 蹇也 三一三/十一/三 錡 說文鉏鎁也江淮之閒謂釜曰錡一曰鑿屬 三一四/一/一—二 轙钀 說文車衡載轡者或从金钀 三一四/六/一 骫 說文骨耑骫奊也一曰骫骳屈曲也 三二一/四/三 美 毋鄙切說文甘也从羊从大羊在六畜主給膳也美與善同意文九 三二一/五/七 匕 補履切說文相與比敘也上亦所以用比取飯一名柶文二十四 三二二/一/一 時 說文天地五帝所基址祭地右扶風有五時好時鄜時皆黃帝時祭一曰

秦文公立也　三二二／一／二杫板施於蹝上柱下者
三二二／二／三砋檮繒石太玄輮于砋石一曰礪石　三
二二／三／四紕繢苧一紕謂之紕　三二二／四／四—五恃
怖説文賴也或从市　三二五／三／五㚴説文女子也　三二五／五
／二—四𦐇習孖説文盛皃一曰若存籀作習或作孖　三二五／五
／六譺博雅調也一曰詒也或書作譺　三二五／六／一譩隱巳
切恨辭文五　三二五／六／二—四醫醷臆和醴酏爲飲也或作
醷臆　三二五／七／二弟蕩以切次也悌也文一　三二五／七
／三禮鄰以切體也履也文二　三二六／六／三膹父尾切膗也文十
三二六／六／四穓稻紫莖不黏者　三二六／七／四—五豨狶
許豈切説文豕走豨豨古有封豨脩蛇之害或作狶文七　三二六／八

一五 豈 去幾切說文還師振旅樂也一曰欲也登也非也文二 三二
八／六／一 綖 繼也 三三三／一／四—五 ⿰羽禹 齲 顆羽切說文
齒蠹也或从齒文九 三三六／三／三 樹 扶樹也 三四五／一
／三 鵜 鵜鴞小鳥名 三五六／一／六—七 靷 ⿰革⿱𠕁又 說文引軸也
籒作⿰革⿱𠕁又 三五六／二／六 ⿸疒雋 才尹切博雅⿸疒雋⿸疒戔蛘也文一
三五六／三／三 兟 說文進也引易兟升大吉 三五六／四／四 駪
爾雅馬逆毛居駪 三五七／十／六 魵 魚名鰕也 三五七／
十一／二 黺 說文袞衣山龍華蟲黺畫粉也衛宏說通作粉 三五八
／一／二—四 憤 憎 馮 父吻切說文懣也或从奮亦作馮文三十
三五八／二／三 坋 說文塵也一曰大防 三五八／四／二 魵 魚
名爾雅魵鰕出穢邪頭國 三六二／三／四—五 屵 ⿱屵言 仰也或从言

三六三／一／二 瓞 牡氏

三七一／二／二—四 誕 這 唌

說文詞誕也或省亦从口誕一曰大也

集韻卷之六

三七八／十／四—五 毨⿰先隹 理也說文仲秋鳥獸毛盛可選取以爲器
用或作⿰先隹 三八一／六／六 犬 苦泫切說文狗之有縣蹏者也象形
孔子曰視犬之字如畫狗也文二 三八一／七／一 畎 畎戎西戎之
種通作犬 三八一／十一／一 泫 胡犬切說文湝流也上黨有泫氏
縣文二十八 三八二／三／三 虤 虎怒皃 三八三／十／一
⿰亻然 矢善切意膬也一曰意急而懼一曰戁也文三 三八三／十／二
⿰女然 恣也亦姓 三八三／十一／二 繟 說文帶緩也 三八四／
一／五 墠 寬也老子墠然而善謀河上公讀通作繟 三八四／二／
二 憚 慢傷也 三八四／二／三 奲 寬大也 三八四／二／四
⿰耳善 盲善切耳門也文二十七 三八四／三／二 嫸 說文好枝格人

語也一曰斳也　三八四／三／三 ⿰羽戔 ⿰羽戔⿰羽戔武也　三八四／三／
四—五 ⿰金亶 ⿰亶刂 說文伐擊也或从刀　三八四／三／六 劇 博雅劇
攻搯也　三八四／四／二 皽 博雅皽皮寬也　三八四／四／
三 ⿰禾亶 束也　三八四／四／四 樿 說文木也可以爲櫛杓　三八
四／五／四 醆 栝也　三八四／五／五 撣 排急也　三八四／
六／二—五 譱 善 善 嬗 上演切說文吉也或省隸作善亦作嬗文
二十五　三八四／七／六 鄯 鄯善西胡國名　三八四／八／四
—五 潬 灗 涴潬水相薄也或作灗　三八四／九／一—二 蟺 蟮
蟲名說文蜑蟺也或作蟮蟺一曰土蟲　三八四／十／四—五 ⿰亻然 ⿰忄然
說文意膳也一曰意急而懼或从心　三八八／九／四 顈 綴也
三八九／八／二—三 齴 齗 語蹇切博雅笑也或作齗文十三

三八九／九／七—八菤𦶎艸名爾雅菤耳苓耳形似鼠耳叢生如盤或作𦶎

三八九／十／一韏屈也一曰革中辨謂之韏

三八九／十／二帣斂衣褰也

三八九／十一／二觠爾雅羊角三觠羷

三八九／十一／三𧯷豆屬

三八九／十一／四圈巨卷切說文養畜之閑文七

三八九／十一／五蔨艸名爾雅蔨鹿藿

三九○／一／三菌艸名蕈也

三九○／一／五欄來圈切木名文一

三九○／二／一藑詳究切艸名爾雅葍藑茅藑葍一種華有赤者爲藑郭璞說文三

三九○／三／二䞂女軟切小有財文一

三九○／三／四夗方言夗專簙也

三九○／四／一蜳螴蜳不定意徐邈說

三九○／五／一—二筱篠先了切說文箭屬小竹也或作篠文十

三九○／六／五[扌+肅]打也

三九○／八／二帩幧頭也一

曰凶首飾 三九〇／十一／四 朓 土了切說文晦而月見西方

謂之朓文八 三九四／七／二 駣 駣騂馬屬一曰馬三歲

三九四／七／三 䍦 說文羊未卒歲一曰夷羊百斤爲䍦 三九五／

九／二—四 褾 ⿰衤少 裱 俾小切袖端或从少从表文十三 三九五／

十／四 ⿰扌⿰票寸 落也北史⿰扌⿰票寸其門閭 三九五／

十一／二 縹 匹沼切說文帛青白色也文十八 三九六／一／二

⿰票見 目有察省見也 三九六／一／三 慓 說文疾也 三九六／

一／四 膘 說文牛脅後髀前合革肉也 三九六／二／二 犥 牛白

黃謂之犥 三九六／二／六 麃 麞屬 四〇一／四／三—四

埽 掃 說文弃也或从手 四〇五／一／七—八

㫊 旎 旖㫊旌旗皃或作旎 四〇五／二／四 袲 哀表衣皃

四〇五／二／五—六 檽 難 檽檽木茂或作難通作儺 四〇五／三／一 縒 想可切繒鮮絜謂之縒文六 四〇五／七／一 褁 說文纏也 四〇五／八／一 猓 猓然獸名似猴通作果 四〇五／八／二—四 蠃 蜾 蝸 蟲名說文蠃𣎆蒲盧細要土蠭也天地之性細要純雄無子引詩螟蠕有子蠃𣎆負之或从果亦作蝸 四〇五／九／一 𣎆 𣎆蘭車名喪服所乘 四〇五／九／五 堁 堀堁塵起皃 四〇五／十／一—二 棵 𤖯 俎名或从爿 四〇五／十／三 𣪠 說文研治也舜女弟名𣪠首一曰擊也 四〇五／十一／一—二 火 𤆍 虎果切說文燬也南方之行炎而上象形古作𤆍或書作灬文三 四〇五／十一／四—六 禍 禍 旤 戶果切說文害也神不福也古作禍旤通作媧文十一 四〇六／一／一 [illegible] 說文节恶驚詞也 四〇

六／二／／一——四輠楇⿰車咼過筩也車盛膏器或作楇⿰車咼過四

〇六／三／二⿰多委博雅⿰多果⿰多委多也　四〇六／三／三⿱髟委⿱髟委⿱髟貴髮

美　四〇六／三／四𥓬𥓬砈石皃　四〇六／七／二⿱山⿸广頁⿱山⿸广頁崴

山皃　四〇六／十／三揁揣擊也一曰動也　四〇七／三／二

椯說文箠也一曰椯度也一曰剟也　四〇七／四／二綞字林綞

子綾也　四〇七／四／四——五揣挆摇也一說度高曰擩或从朶

四〇七／五／二⿰革果履緣謂之⿰革果　四〇七／五／四⿱雨垂雲不族也

四〇八／六／六蜾蟲名虒蝓也通作蠃　四〇八／七／一——二⿰女厄

婧努果切婐⿰女厄好皃或作婧文三　四〇八／七／三扼趙魏之間

謂之爲捰扼　四〇八／七／五——八／／一齹⿱佐齒才可切

齒不齊也或从佐文二　四〇八／十一／／一⿰帚巴說文⿰扌鬼擊也

四一一／九／一倮内祖也　四一一／十／三䍠說文牝牂羊生角者也　四一二／五／二柭博雅鼓鞢謂之柭　四一五／五／一籔說文襄也一曰奠也　四一五／五／二釀艸名博雅葇蘇也一曰菹也　四一五／五／七賞始兩切說文賜有功也一曰玩也文八　四一五／六／一二𩞄餳說文晝食也或从傷省　四一五／六／五—七／一—二饟餉𩞺周人謂饋曰饟或从向从敞　四一五／七／三—七仿㑂髣𩬊㧍撫兩切說文相似也籒从丙或作髣𩬊㧍文十一　四一五／八／一紡說文網絲也　四一五／八／二—三鶭鴋鳥名爾雅鶭澤虞或省　四一五／八／四㕫如聞也　四一五／八／五—十一—九／一网罔網冈㓁宀𦊱𦋬文紡切說文庖犧所結繩以漁或作罔網冈籒作㓁古作宀𦊱𦋬一曰無也俗作冈非

是文二十一　四一五／十／二—五蝄蜩魍方、說文蝄蜽山川之精物淮南王說蝄蜽狀如三歲小兒赤黑色赤目長耳美髮引國語木石之怪夔蝄蜽或作蜩魍方　四一五／十一／一—二輞棢車輞或从木　四一五／十一／三䎱耳疾　四一五／十一／四茻衆艸也　四一五／十一／五淍水名在蜀　四一五／十一／八—四一六／一／一—三放倣方俩效也或从人亦作方俩　四一六／一／四—五魴鶭鳥名說文澤虞也或从紡　四一六／一／六旊說文周家搏埴之功也　四一六／一／七⿰髟益⿰髟益⿰髟彖髮亂　四一六／一／八—二／一⿰木㞷枉嫗往切說文衺曲也隸作枉文九　四一六／二／二𢾂說文放也　四一六／二／三—五⿰氵㞷汪⿰氵枉⿰氵㞷陶縣名在鴈門或省亦从枉　四一六／三／一—三⿰彳㞷往⿺辶㞷

羽兩切說文之也或省古作𨑨文六　四一六／三／四　暀　光美也

四一六／四／二　詤　夢言也　四一六／五／二—四　長　镸　夫

展兩切孟也進也古作長夫文五　四一六／五／七—九　丄　上　二

是掌切說文高也此古文指事也一曰外也或作上古作二文三　四一

六／七／三　儥　儥負戴器也　四一六／七／四　獷　犬獷獷不可附

一曰縣名在漁陽　四一六／八／四　硄　丘仰切石名也　四一七

／八／四—六　朖　䀶　𣍦　里黨切說文明也亦姓或从日古作𣍦亦書

作朗文二十一　四二〇／七／一　莣　艸莣

／三／一　䁅　䁅瞢有餘視一曰恚皃　四二一／四／一　鯭　胡蜢蝦

蟇屬通作蜢　四二一／四／二　鮩　白猛切蟲名文六　四二一／

四／三—六　蠯　𧖽　蜯　蚌　說文蜃也脩爲蠯圜爲蠇或从蚰亦作蜯

⿰虫寺或書作⿸广蛙

四二一/六/二 冷 魯打切說文寒也亦姓文二

四二一/六/四 盯 張梗切⿰目黽盯直視文五 四二一/七/二 掟張也 四二一/七/三 虰 皮膚急皃 四二一/七/四 瑒 丈梗切玉名長尺二寸祭宗廟有瓚文五 四二一/八/二 町 町除地爲墠也 四二一/八/三 檸 拏梗切木名皮可爲藥文一 四二一/八/四 丙 補永切說文位南方萬物成炳然陰气初起陽气將虧从一入冂一者陽也文十七

四二二/七/二—四 ⿰飠景 ⿰飠英 ⿰飠竟 餌也飽也或从英从竟

四二二/七/七 ⿸广英 廡也

四二九/一/三 邀 博雅盡也

四二九/二/二 ⿱竹領 朗鼎切⿱竹寧⿱竹領籯也通作笭文八

四二九/四/一—二 ⿰虫寧 ⿰虫寗 蟲名似蛙或从寗

四二九/五/二 汫 徂醒切汫濴水皃文一

四二九/五/三 婧 續領切女有才也

文一　四二九／七／一—五 抍承撜拯丞 舊說無切語音
蒸之上聲說文上舉也引易抍馬壯古或作承撜拯丞文九　四三〇／
六／一 懵 懵恒癡也　四三〇／六／二 恒 孤等切懵恒癡也文二
四三〇／六／三 縆 急也一曰大索　四三〇／七／一—二 有ナ
云九切說文不宜有也引春秋傳曰有蝕之一曰質也古作ナ又姓文十九
四四二／十／四 黮 博雅黮黵私也一曰深黑　四五〇／十一／四
彡 羌姓漢有西羌彡姐　四五一／十一／三—四 冄冉 而琰切
說文毛冄冄也象形或作冉又姓文十五　四五七／八／一 范 父鍐切
說文艸也又姓文八　四五七／九／一—二 軓軋 說文車軾前也引
周禮立當前軓或作軋　四五七／十一／一 𧿶 候也　四五八／二
／二 冂 五犯切凵冂張口文一

集韻卷之七

四六八／三／一朿 說文木芒也 四六八／三／五誠 謀也

四六八／四／四—六庛⿸广⿱朿木⿸广⿱朿木 周禮耒庛長尺有一寸鄭康成曰耒下前曲接耜者或作⿸广⿱朿木⿸广⿱朿木 四七一／六／五⿰酉宜 字林⿰酉宜⿰酉比面皃

四七一／七／六⿰歹委 益州人取鹿殺而埋地中令臭乃出食之名鹿⿰歹委鄭康成說 四七一／八／一⿰弓委 ⿰弓委⿰弓皮張弓皃 四七一／九／二⿸广⿱朿木 麋寄切覊緤也文一 四七一／九／三僞 危睡切說文詐也文一

四七一／十／二—三⿰皮攴⿰皮力 疲極也或作⿰皮力 四七一／十一／三

—四媯僞 方言媯娗慢也一曰健狡也或从人 四七二／二／三

—五避辟⿰彳辟 毗義切說文回也或省古从彳文四 四七二／二／二

／六比 次也親也 四七二／三／五披 散也 四七二／四／

三 詖 說文辯論也 四八三/九/五 䀿 凡人相輕侮以爲無知謂
之䀿一曰耳目不相信 四八六/四/四 譺 博雅調也一曰誰也
四八六/六/三 䔁 說文菫蘈也 四八七/四/四―六 誖 𢡺
㦎 惛也或作𢡺籀作㦎 四八七/七/三―八 鬻 狒 𩳐 𤝓
𧶄 𤝓 說文周成王時州靡國獻鬻人身反踵自笑笑則上脣掩其目食人
北方謂之土螻爾雅鬻如人被髮一名梟陽从厹象形或作狒𩳐𧶄𤝓
四八七/九/一 𧍙 𧍙蝩神蛇也 四八八/一/一 𧐇 獸名蛩也
四八八/一/二 𩱾 上烝氣也 四八八/一/七―二/一―三
氣 槩 鎎 旣 說文饋客芻米也引春秋傳齊人來氣諸侯或从旣亦
作鎎旣 四八八/三/一 𢜣 說文大息也引詩𢜣我寤歎 四八
八/四/一―二 塈 𡋯 仰塗也古作𡋯 四八九/十/二 𧡧

湀視　四九九／八／五—八 ⿱宀託咤宅詫 説文奠爵酒也引周書王三宿三祭三⿱宀託或作咤宅詫　四九九／九／一—四 殬⿰歹乇斁睪説文敗也引商書彝倫攸殬或作⿰歹乇斁亦省　四九九／九／五—七 蠹⿱木䖵⿰虫橐 説文木中蟲或从木象蟲在木中形譚長説亦作⿰虫橐　四九九／十／四 嗖 吒也　四九九／十／六 兔 土故切説文獸名象踞後其尾形通作菟文五　四九九／十一／二—三 鵻⿰九隹 鳥名爾雅鷂鵻軌或从隹　四九九／十一／四 吐 歐也　五〇〇／一／三 斁 塗也墍也　五〇〇／一／四 墿 道也　五〇〇／一／五 ⿸广蒦博雅簪也　五〇〇／一／六 ⿰土瓦 土瓶　五〇〇／一／八 芏 艸名海莧也　五〇〇／二／三 輅 説文車軨前横木也一曰王之五輅通作路　五〇〇／三／一—三 ⿸疒⿱甫心⿸疒盧⿸疒膚 ⿸疒尃⿸疒⿱甫心痞也或从盧从膚

五〇〇／三／四 露 說文潤澤也一曰彰也 五〇〇／三／五 潞
說文冀州浸也幽州有潞縣 五〇〇／四／三—四 蕗 簬 蘩蕗
艸名或作蕗 五〇〇／五／二 攄 抄攄收斂也 五〇〇／五／三
酪 醴屬 五〇一／一／八 ⿸广斗 ⿸广斗斗抒水器 五〇六／三／四
⿰虫麗 蟲名蚴蜥也 五〇七／六／一 檕 說文繘耑木也一曰杭檕梅
五〇七／九／二—三 嫕 嫛 婉嫕順從也或作嫛 五〇八／三／
二 詣 研計切說文候至也文二十四 五〇八／四／四 ⿰兒攵 說文歎也
五〇八／五／二 輗 軿輗車名 五〇八／六／四 帠 法也莊子何
帠以治天下 五〇八／八／四 蟪 蟪蛄蟬屬 五〇九／一／六
罣 絓也 五〇九／六／二 際 說文壁會也 五〇九／七／二
傺 方言逗也逗謂住也 五〇九／七／三—四 穄 穧 穫也或从

齊　五〇九／十一／五　剢　小傷也　五〇九／十一／七　蕝　租芮切束茅表位也文六　五一〇／一／三　爂　土輕脃也　五一〇／一／四—七　彗篲⿱竹慧⿱竹習　旋芮切說文掃竹也从又持甡或从竹从慧古作⿱竹習文二十　五一〇／二／一—二　槥櫘　說文棺櫝也或作櫘　五一〇／二／三—四　轊軎　車軸頭或作軎　五一〇／二／五—六　鏏鏸　大鼎或从惠　五一〇／三／二　蔧　艸名爾雅葥王蔧　五一〇／三／三　⿰忄彗　謹也　五一〇／三／六　⿰毀見　破碎也　五一〇／三／八—九—四／一　世卋　始制切說文三十年爲一世从卉而曳長之亦姓古作卋𠀍文六　五一〇／四／二　貰　貸也　五一〇／四／四　𪗮　齧也　五一〇／四／五　呭　呼世切气聲文一　五一〇／五／一—三　掣⿸广掣⿱埶手　尺制切爾雅甹夆掣曳也或作⿸广掣⿱埶手文二十　五一〇／七／五—七

制㓨𠠾 征例切說文裁也从刀从未未物成有滋味可裁斷一曰止也古作㓨制文三十八　五一〇／九／四 迣 說文迾也晉趙曰迣　五一二／五／一 裰 衣裹縫　五一三／六／二 橀 博雅檢橀釘也一曰車木鍺　五一三／十一／六 憩 許罽切息也詩召伯所憩徐邈讀文八　五一四／十／四 栵 木名爾雅栵栭樹似槲樕而庳小　五一五／八／七 泄 說文水受九江博安洵波北入氐　五一五／九／一二 枻栧 楫謂之枻一曰柂也或从曳　五一五／十／二 䎘 翮末也　五一六／一／七 憓 怒也　五一六／一／八 忕 狃忕過度　五一六／三／四 茷 方言艸生初達謂之茷　五一六／四／三 啜 爾雅茹也郭璞讀　五一七／七／三 蹛 說文踶也一曰蹛林匈奴繞林而祭也顏師古說　五一七／十／四 筷 海隅謂籃淺而長者曰筷

五一七／十一／四伕地名在海中　五一八／一／二襰秣襰祝詛　五一八／一／四—五賚鼇說文賜也引周書賚介秬鬯或作鼇詩鼇爾圭瓚徐邈讀亦書作賚　五一八／二／一—三⿰米萬糲⿰米剌說文粟重一秳為十六斗太半斗舂為米一斛曰⿰米萬或从厲从剌　五一八／三／三瘌楚人謂藥毒曰痛瘌　五一八／三／四⿰足賴跛也一曰⿰足賴頭邪行　五一八／四／一籟說文三孔龠也大者謂之笙其中謂之籟小者謂之箹　五一八／四／二—三藾莿艸名爾雅苹藾蕭或作莿　五一八／五／三厲也詩厲假不瑕鄭康成說一曰祖厲地名一曰鄉名　五一八／七／三耗獸毛客曰耗　五一九／八／四⿰歹寽病也　五一九／八／五⿰馬寽馬毛班白　五一九／九／三—四⿰忄巿怢博雅怒也或从犮　五一九／十一／三—四拔柿

木生柯葉皃詩柞棫拔矣或作柿　五二一／八／二—四　⿰歹盍⿰歹盍㱫死也或省亦作㱫　五二一／十／一—二　鵖雓鳥名爾雅桃蟲鷦其雌鴱或从隹　五二一／十／五—十一／一—五　會帀佮岁會會黄外切說文合也从今曾省曾益也亦姓古作帀佮岁會會文十八　五二二／三／一　翽說文飛聲也引詩鳳皇于飛翽翽其羽　五二九／十／三—五　⿱隊金⿰金隊⿱麻金說文⿱隊火也或作⿰金隊⿱麻金　五二九／十一／一—二　錞鐓說文矛戟柲下銅鐏也引詩厹矛沃錞或从敦亦書作鐜　五三〇／一／二—三　䵺⿰黑隊黮䵺黑也或从隊　五三〇／一／四　⿰山對山皃或書作對　五三〇／一／五　濉沱也　五三〇／一／六　⿰骨彖⿰骨鬼⿰骨彖恖皃　五三〇／一／七　⿱艹隊出⿱艹隊藗疏也謂朮上菌　五三〇／二／一　隶从後及之也一曰與也　五三〇／

二／二逮行及也　五三〇／二／四膭下大皃　五三〇／二
／五璹璹瑁　五三〇／二／六—七對對都内切說文應無方
也从丵从口从寸或从士漢文帝以爲責對而爲言多非誠對故去其口文
九　五三〇／三／一⿰亻對說文帀也　五三〇／三／二碓說文
舂也　五三〇／三／三—四轛⿰木對車箱或从木　五三〇／三
／五—四／一敦⿰𦎫瓦器名周禮珠槃玉敦一曰似瓿無緣盟以歃血者
或作⿰𦎫瓦　五三〇／四／二瀩潰也濡也　五三〇／四／三—八
復⿰彳内⿺辶内⿺辶⿱日夂⿺辶⿱日夂退吐内切說文却也一曰行遲也或从内古作
⿺辶内⿺辶⿱日夂⿺辶⿱日夂隸作退文十五　五三〇／五／二—三㥕怢博雅⿱髟隶也忘
也一曰肆也或作怢　五三〇／六／三纇盧對切說文絲節也文三
十三　五三〇／六／四頪說文難曉也一曰鮮白色从粉省　五

三〇／七／三—四 擂 擽 急擊鼓或从纍 五三〇／九／四 郝

說文今桂陽郝陽縣 五三三／一／一—二 詯 詷 膽气滿聲一曰

胡市也一曰泆後悔也或作詷 五三六／一／六 扢 磨也取也

五三七／十／二 驖 驖䮂馬怒 五三九／四／七—九—五／一 䑞

𡕘 舜 俊 輸閏切說文艸也楚謂之葍秦謂之藑蔓地連華象形古作𡕘

隸作舜或作俊文十五 五四二／二／二—三 鎮 銳 陟刃切說文

博壓也古作銳文六 五五四／二／三 瀕 瀨瀕水皃 五五四／

三／二 錛 柔鐵 五五四／九／四 眒 睕眒轉目一曰大目皃

五五五／八／三—四 樌 權 木叢生或作權通作灌

集韻卷之八

五六八／一／二錠 燈有足也　五六八／三／一槙 木根相迫緻也　五六八／三／二訑 慢訑弛縱意　五六八／五／三淛 情淛疾也　六一一／八／五有 復也通作又　六一一／九／二丨四嘼畜獸 説文犍也象耳頭足厹地之形古文嘼下从厹或作畜亦从犬　六一一／十／二痳 桼瘡　六一一／十一／三𨃚 跛行　六一二／一／一遬 説文恭謹行也　六一二／三／一玖 石之次玉者　六一二／四／二—三舊鵂 巨救切鳥名説文鴟舊舊留也或从鳥休舊一曰故也又姓文十一　六一三／四／二附 説文附婁小土山也从𨸏付聲引春秋傳附婁無松柏　六一三／六／一蜏 朝蜏蟲名華母也　六一三／六／四莠 荼也　六一三／八／六牰

爾雅牛黑眥牰　六一三／八／七 紬 繒也　六一三／九／三 殧
終也　六一四／一／一—二 殠 [illegible] 說文腐氣也或省从死　六
一四／一／三—七 祝 柷 咒 詋 詶 職救切詛也古作[illegible]或从口
从言亦作詶文九　六一四／二／五—七 授 [illegible] [illegible] 承咒切付也
又姓亦作[illegible]唐武后改作[illegible]文十三　六一四／三／三—四 壽 [illegible]
久也古作[illegible]　六一四／六／四 鏉 說文利也一曰鏉鏽鐵上衣
六一四／七／一—二 嗖 [illegible] 驅鳥聲或从宎　六一四／七／三
[illegible] 初救切說文艸皃一曰艸雜也文三　六一四／七／六 縐 側救切
說文絺之細也引詩蒙彼縐絺文十二　六一四／八／一—二 [illegible]
幓 衣不伸也或作幓　六一四／八／三 [illegible] 捕魚器　六一四／
八／六 瘷 博雅縮也　六一四／九／三 [illegible] 鞁也　六一四／十

／二―三僁謥　傺僁詈也或作謥　　六一四／十一／四⿱虤曰　虎爭聲
六一四／十一／一―三噣味注　說文喙也或作味注　　六一五
／八／三嬼　埤倉妖也　　六一五／八／四―五瘤瘻　腫也或作
瘻　　六一五／九／三璆　美玉名　　六一五／九／四鏐　黃金之
美者一曰弩牙　　六一五／十／五―六糅粈　女救切雜也或从丑
文十一　　六一五／十一／六緌　雜色繒　　六一五／十一／七
鞣　車輞　　六一六／二／二堠　記里堠　　六一六／二／三鄇
說文晉之温地引春秋傳爭鄇田　　六一六／三／二睺　博雅眗睺本
也一曰睺瞜貪財皃　　六一六／三／三―四詾詬　博雅罵也或从
后　　六一六／三／五逅　說文邂逅也一曰解悅也　　六一六／五
／六洉　沾濡也　　六一六／六／六⿰句頁　勤也一說⿰句頁⿰霸頁老稱　　六

二一／五／四霫 雨皃 六二一／五／五頿 頿頿頭皃一曰弱也

六二一／七／三壬 佞也 六二一／七／四滲 所禁切說文下漉

也文八 六二一／八／一罙 深皃俗謂深黑爲䆳罙一曰瘗也關中

謂瘗柩爲罙 六二一／八／三讖 楚譖切說文驗也文一 六二

一／九／一僭 數也 六二一／九／二揕 知鴆切擊也一曰刺也

史記持匕首揕之文七 六二一／九／三鈂 重也 六二一／九

／四炈 下擊 六二一／九／五／六𣢾𪌂 廣雅耕也一曰牽屬

或作𪌂 六二一／十／五𦨣 吳楚謂船行曰𦨣 六二一／十一／

六臨 力鴆切哭也文六 六二二／一／六禁 居廕切說文吉凶之

忌也一曰制也蔡邕說天子所居曰禁又姓文七 六二二／二／二襟 方

言格也謂今竹木格一曰所以扞門 六二二／二／三紟 單被

六二二／二／四 縹 青色陶隱居説藍染縹碧所用　六二二／三／二—四 㸒 䑫 齡 巨禁切説文牛舌病也或从舌从齒文二十六　六二二／三／五 靲 鞮帶也束物韋也　六二二／四／四 澿 寒皃　六二二／四／五—六 忴 㦗 心堅固或从禁　六二二／四／七—八 紟 䋮 被也一曰佩紟或从金　六二二／五／四—五 鈙 㩒 持也或作㩒　六二二／五／六—七 舲 舲 蜀人謂舟或从今　六二二／七／四—五 喑 噾 方言喑極無聲齊宋之閒謂之喑或作噾　六二二／八／五 禀 通鳩切受也文一　六二二／十一／四 蕈 桑英

集韻卷之九

六五一／三／六㥬憧也　六五一／四／四嗕嗕居左地匈奴別
種名　六五一／五／一—二蓐⿰犭蓐四沃切蓐且艸名蘘荷也或作
⿰犭蓐文四　六五一／六／一宗才竺切無聲也文一　六五二／一／
七擉刺也　六五二／四／四鸀鳥名山烏也似烏而小穴乳出西
方郭璞説　六五八／三／二—三㸿⿰牜翟説文白牛也或作⿰牜翟
六六三／十一／一—二漆柒説文水出右扶風杜陵岐山東入渭一
曰入洛亦姓或作柒　六八二／三／二⿰米悉糳也　六八三／十一／
二緭繒類　六八四／二／二—三⿰禾乞麧麤屑也或从麥
六八四／二／七—八曶回説文出气詞也从日象气出形引春秋傳鄭太
子曶一曰佩也象形籀作回　六八四／四／二⿱毳心⿱贅心也一曰熟寐

六八四／五／一總　博雅微也通作忽　六八七／八／七—八歺
說文剡骨之殘也从半冎倂錯曰冎剔肉置骨也歺殘骨也故从半冎
或作歺　六八八／七／四皤　白也　六九三／六／二駃　駃鶾馬
名　六九三／九／五敠　故敠度知輕重也一曰敠聚食不遠也
六九三／九／七祋　殳也一曰祋祤縣名　六九三／十／六[illegible]　方
言短也　六九三／十／七毲　蠻夷織毛罽也　六九五／八／一
一三鶻鷽學　鶻鳩鳥名似鵲或作鷽學　六九五／九／五䯏
骫䯏所以凝也　六九五／十一／六闊　疏也　遠也　六九六／一
一七婠　烏八切體德好也文十　六九六／二／六穵　探穴也
六九六／二／九聐　頡聐癡不能聽　六九六／三／二八　布拔切
說文別也象分別相背之形文十　六九六／六／三㒓　莫八切㒓僋

無憚一曰健也文十二　七〇四／一／三**顤**頭小皃　七〇四／
二／五**咽**聲塞也　七〇四／三／六—七**涃⿰氵壹**水流皃或作⿰氵壹
七〇四／四／六**壹**壹鬱不得泄也　七〇四／四／七**翳**蔽也
七一五／一／五**緜**弱也漢書緜力薄材孟康說　一七一五／二／二
別異也　七一五／二／三**八**說文分也从重八八別也引孝經說故
上下有別　七一五／三／二**拔**晉俗謂平地除垈臬曰拔　七一
五／四／四**⿰糹曷**乙列切紗⿰糹曷不成約而急一曰小意文二

集韻卷之十

七一八／三／一藥 弋灼切說文治病艸文四十八 七一八／四／二嬫 美皃 七一八／五／三鬻 說文內肉及菜湯中薄出之通作瀹汋 七一八／五／五——六／一爚爍 說文火飛也一曰爇也或作爍 七二一／一／五礡 陟略切說文斫也一曰碎石文十一 七二二／

七二一／二／六——七箸著 被服也一曰置也或从艸

七二二／四／五扚 手指節文 七二二／五／八——六／一虐虐 逆約切說文殘也从虍虎足反爪人也隸省文五 七二三／八／一鐸 達各切說文大鈴也軍法五人爲伍五伍爲兩兩有司馬執鐸文二十二 七二三／十／一澤 冰結也楚辭冬冰之洛澤 七二四／三／四蘀 說文艸木凡皮葉陊地爲蘀引詩十月隕蘀 七二八／一／三昔 摘

也周禮老牛之角紾而昔　七二九／十／二　蛩　虫屬說文蚨也　七三

二／一／二　袹　廣雅裲襠謂之袹腹　七四一／十一／四　摑　批也

七四一／十一／五　慖　悖也　七四三／一／一　曆　縣名在清河

七四四／九／五　蚸　蚸蠖蟲名今蝍蟖　七四五／八／三　攊　攊拔

發擿也　七四五／八／七—九　蹢　躑　蹢　說文住足也或曰蹢躅

賈侍中說足垢也亦作躑古作蹢　七五四／二／一　惖　心不自安謂之

惁　七五四／二／九　㲉　勤苦用力曰㲉　七五四／三／一　擊

旁擊也　七五四／四／一　激　吉歷切說文礙衺疾波也一曰半遮也亦

姓淮南傳有激章文二十　七五七／六／一—二　㰜　歐　錯喉或作

歐　七五八／十一／四　[illegible]　蜂房也大室螮其[illegible]一曰蟲行皃　七

六六／六／三　戢　側立切說文藏兵也引詩載戢干戈文二十三　七

六六／十一／六⿰土聶說文下入也　七六七／一／三俖俖俖耕人行皃　七七二／二／五榙果名說文榙㯯似李　七七二／三／五嚃大歠也禮毋嚃羹　七七二／五／四䡲車釭　七七二／五／五⿰木沓桂耑　七七二／十一／一龖說文飛龍也　七七四／一／三顉谷盍切顉車頷骨文十二　七七四／二／六鉀鉀鑪箭名　七七六／十一／一⿱竹妾竹器　七八九／一／五⿰氵甲⿰氵甲⿰氵臿下溼　七八九／二／二⿱穴甲說文入衇刺穴謂之⿱穴甲　七八九／三／一擪按也　七八九／三／二呷迮甲切說文吸呷也文六　七八九／四／二—八翣萐接⿱羽疌攝翜箑色甲切說文棺羽飾也天子八諸侯六大夫四士二下垂或作萐接⿱羽疌攝翜箑文二十　七八九／五／一帹面衣也　七八九／五／二⿰衤疌⿰衤立⿰衤疌衣敝　七八九／博雅⿱罒毳⿱冃俞謂之帹帕

五/三—四 𠴲 唼 𠴲喋水鳥食皃或从妾 七八九/七/六 渫 伱去

也一曰水皃

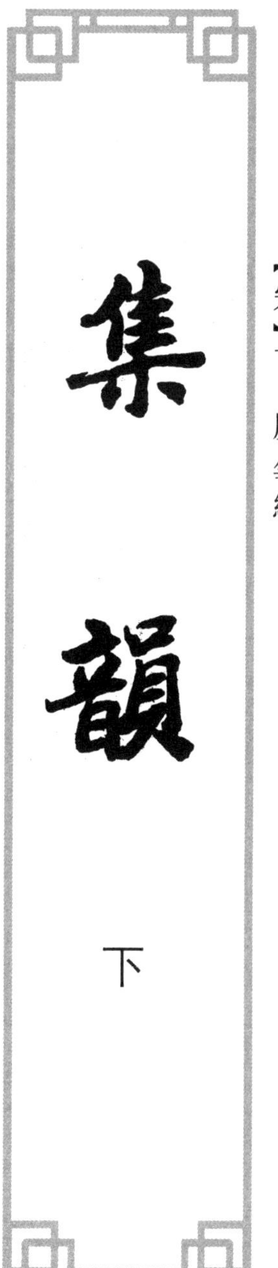

集韻

下

【宋】丁度等編

上海古籍出版社

《集韻》索引凡例

一、本索引採用四角號碼編製。例如"椿"：

35263 ………………………… 四角號碼

椿　　二三／十一／六

六 ………… 字序※

十一 ………… 行數

二三 ………… 頁數

椿 ………… 所檢字

※字序是指本字的次序。如"椿"是第二十三頁第十一行中，從上往下數第六個大字。

二、同一個字在不同頁碼中出現，本索引按頁碼的先後集中排列。例如"瘊"：

0013_2

瘊　　一〇四／十／三

一〇六／八／七

一〇八／十一／四

三四七／七／七

五三三／十一／四

三、此書底本係宋刻本，有避諱字。本索引在避諱字前加原字，括上方括弧，根據原字編四角號碼。例如"痓"：

0013_2

〔痓〕痓　　一六二／五／三

痓 ………… 避諱字

〔痓〕 ………… 原字

四、原底本有漫漶之處，我社根據顧千里修補曹楝亭本補上殘缺字，作爲附錄。凡頁碼前有"△"號，可從附錄所注同頁同行同字序中了解楝亭本關於此字的寫法與音義。如本字殘缺，則用圓括弧寫上楝亭本的寫法，並據此標四角號碼。例：

2341_0

（嵇）屼　　△三五六／三／三

屼 ………… 殘字

（嵇） ………… 楝亭本字

五、本書所收的古體字，也按四角號碼編排。例如𩙿亓䡼分别爲7722_7、1023_7、6650_2。

一九八四年五月

四角號碼檢字法

第一條　筆畫分爲十種，用0到9十個號碼來代表：

號碼	筆名	筆形	舉例	説明	注意
0	頭	亠	言主广疒	獨立的點和獨立的横相結合	123都是單筆，0456789都由二以上的單筆合爲一複筆。凡能成爲複筆的，切勿誤作單筆；如亠應作0不作3，寸應作4不作2，厂應作7不作2，乚應作8不作3.2，小應作9不作3.3。
1	横	一㇀乚	天土地江元風	包括横挑(趯)和右鈎	
2	垂	丨丿亅	山月千則	包括直撇和左鈎	
3	點	丶㇏	宀ネ冖厶之衣	包括點和捺	
4	叉	十乂	草杏皮刈大對	兩筆相交	
5	插	扌	扌戈申史	一筆通過兩筆以上	
6	方	口	國鳴目四甲由	四邊齊整的方形	
7	角	㇇𠂆亅乚𠂇㇕	羽門灰陰雪衣學罕	横和垂的鋒頭相接處	
8	八	八丷人𠆢	分頁羊余災汆足午	八字形和它的變形	
9	小	小⺌⺍忄忄	尖糸粦景惟	小字形和它的變形	

第二條　每字只取四角的筆形，順序如下：

(一)左上角　(二)右上角　(三)左下角　(四)右下角

(例)　(一)左上角……端……(二)右上角

(三)左下角……　……(四)右下角

檢查時照四角的筆形和順序，每字得四碼：

(例) 顏=0128　截=4325　烙=9786

第三條　字的上部或下部，只有一筆或一複筆時，無論在何地位，都作左角，它的右角作0，

(例) 宣　直　首　冬　軍　宗　母

每筆用過後，如再充他角，也作0．

(例) 干　之　持　排　犬　廿　車　時

第四條　四角同碼字較多時，以右下角上方最貼近而露鋒芒的一筆作附角，如該筆已經用過，便將附角作0．

(例) 芒=44710 元　拼　是　疝　歆　畜　殘　儀
難　達　毯　禧　繕　鑾　軍　覽　功　郭
疫　癥　愁　金　速　仁　見

0010_0
疒 二一六/四/四
0010_1
齏 九三/七/二
0010_3
壅 二一/三/五
0010_4
主 三三六/一/二
四九六/十一/二
宔 四一五/九/三
五九七/七/三
童 五/二/三
一六/六/五
臺 二一九/三/七
壅 二一/三/二
三〇六/四/二
四六二/九/六
四六五/七/一
薹 五/二/四
𡓮 一〇八/一/六
一一〇/一/四
廱 一二〇/七/五
0010_6
亶 一六五/九/六
一六六/二/六
三七〇/六/五
三七一/一/四
廛 二三二/七/四
0010_7
盲 六〇一/八/五
盳 二二四/八/四
盭 九三/八/三
盩 四二/九/一
盡 七八八/三/六
亹 一四〇/六/一
三二五/十/六
亹 三二五/十/七
0010_8
立 七六七/二/六
0010_9
鎣 一五一/二/一
0011_1
疕 四八/九/四
三一六/二/四
三二〇/十一/五
三二一/八/一
疣 六八五/九/七
疘 一〇/九/三
疮 二〇〇/十一/四
痄 二〇六/三/八
四〇九/十一/三
四一〇/二/三
疪 四八〇/九/六
痙 四二五/三/二
㽳 四五四/六/三
六六八/一/五
六九七/四/五
㾪 四〇二/九/三
疵 二八/八/四
二九/三/三
三一〇/九/一
五〇三/一/六
五二五/一/九
㾏 二二/五/一
㾍 一〇四/八/六
瘥 一九九/六/五
二〇四/三/一
五二四/十/二
五九六/十/一
癧 七五二/三/五
痱 五九/六/二
三二六/二/七
三四七/十/三
三五〇/十一/三
四八七/五/九
𤸃 四〇三/四/七
瘎 二七六/四/五
二八七/四/四
四五六/九/二
六二一/五/一
瘧 七二二/六/二
癰 三一/六/六
三一一/十/一
四六九/二/三
五〇五/十一/一
七五二/三/六
㿎 四六五/二/七
0011_2
疣 二七六/四/六
㾮 二三/五/六
痷 二〇〇/十一/五
疱 五八三/九/九
五八三/十/八
𤺥 五九/六/三
三四七/十/四
0011_3
疚 六九四/二/三
七一二/二/三
瘱 七七六/七/二
瘱 七八三/五/七
瘣 一〇七/三/四
一〇七/八/八
三四七/一/四
三四九/六/一
三四九/九/一
五三三/九/一
0011_4
痃 二五五/五/三

六一一/六/七
疙 四九九/八/四
痤 二〇〇/三/七
瘞 二七八/七/四
痓 四九七/一/八
痊 一六九/六/二
疣 四八八/九/一
痷 二〇六/九/二
瘗 五〇七/九/六
五一二/十/四
痤 四七三/四/五
痓 九八/八/五
一〇二/一/二
五二三/十/四
痽 二五一/九/二
疰 五九八/六/二
瘟 七〇二/六/四
瘇 五四/八/二
三二四/六/三
瘇 二二五/四/八
瘇 一三/七/三
癨 七三〇/十一/六
癃 一三/七/一
堆 四三九/八/七
瘇 三〇三/八/三
瘇 一三二/八/四
三五九/五/三
五四三/十一/一
瘇 六/二/三
三〇三/八/二
癯 七一八/三/三
癰 五八九/十一/二
癱 二一/四/九
癃 五五四/七/四
五五五/七/一
癯 七五/六/五

雔 一六五/六/四
00116
疸 三七〇/七/六
五五八/七/二
痷 二八四/四/一
七七〇/八/二
七七六/十/五
七八五/七/五
七八七/二/七
瘟 三三二/八/五
瘇 三七〇/七/一
五八七/九/五
瘇 一四五/四/三
瘇 五五八/九/二
00117
疣 五五四/七/三
痪 二二/七/一
疣 四八八/九/二
六六九/二/二
六七五/十一/五
疤 二〇三/九/五
瘺 六三七/十/二
瘟 四七〇/五/三
疣 六六九/六/一
瘨 六五/四/六
三二九/九/二
痆 五〇八/三/七
五二四/三/九
瘋 一一/六/四
瘟 一三一/三/一
一三九/一/三
六八五/七/一
瘟 五二一/四/一
七七三/十一/九
七八七/三/一
痿 一七三/一/二

疱 四八七/六/一
瘧 九三/一/九
瘧 二七/九/五
瘂 四一一/五/六
癗 二〇五/十一/五
癚 八七/九/四
△五〇〇/三/二
瘋 三三〇/十/三
四九二/四/五
瘋 三一/七/五
00118
垃 三六九/八/一
四二七/六/三
瘩 二五二/九/二
瘟 一一三/一/五
五三四/一/五
五三六/十一/七
00119
痞 一一〇/六/五
痊 七七〇/一/三
00120
痢 四五〇/七/一
疖 二五六/二/八
二五六/四/五
二七三/九/五
三九七/五/四
痢 四七七/四/二
痢 五一四/六/一
瘌 △五一八/三/三
六八九/七/四
瘌 五一〇/五/七
七〇九/二/六
00121
疔 二四三/十/三
七四〇/一/四
疔 五四五/六/七

瘌 五一三/二/六
五一三/五/四
疨 二〇八/三/四
二〇九/六/四
四一一/七/五
疴 一九六/四/二
五九五/五/一
痾 一九六/四/三
五九〇/二/二
⿸疒奇 三八/五/一
三一三/二/一
△三一三/九/三
三四四/十/四
瘉 八三/八/六
三三七/一/三
瘴 二三一/六/一
⿸疒斯 二八/一/四
九三/一/三

0012₂

疹 三五二/四/一
三五五/九/一〇
五四二/三/二
七〇二/七/六
瘮 四四二/六/四
四四二/八/一
六二一/七/五
瘳 一七六/六/五
二五九/七/九
癴 三五二/六/六

0012₃

癠 九二/六/四
五〇二/十一/二
癠 三四一/四/四
三四一/七/三

0012₇

⿸疒而 七一四/九/四
疞 四三〇/十/五
疠 三四五/九/四
三四五/十一/三
三五一/六/三
三五二/一/二
疿 三二二/八/一
病 六〇四/三/四
⿸疒卯 一七六/五/一
⿸疒希 四九八/六/八
四九八/八/六
痑 三〇八/三/四
痑 一四五/一/七
二〇〇/八/七
五五八/十/五
五八九/九/六
五九一/四/五
⿸疒而 一一四/一/一
一一五/八/八
⿸疒希 三五七/二/七
三五八/十/六
四八八/五/三
五四五/六/六
⿸疒旁 一七六/五/二
一九五/五/六
五八八/八/七
疞 七四/一/二
痀 七五/四/五
七五/六/六
三三二/八/四
三三三/八/一
四九四/五/二
⿸疒向 二一四/五/九
五九七/十一/九
⿸疒帝 四八六/十一/四
痟 一七七/十一/四
⿸疒卿 七二一/十/四
⿸疒爲 三一四/九/六
痌 四/十/六
六/二/二
痏 三二〇/五/一
六一一/六/六
六四六/七/二
痟 △一六三/十/五
痛 八四/八/六
八五/二/四
三三五/一/二
四九八/六/七
⿸疒高 一九七/三/一
一九七/七/七
二一〇/四/一
痛 四六一/四/七
⿸疒卿 七二一/十/五
⿸疒扁 一六八/六/一
⿸疒焉 三四〇/十一/三
瘍 七四四/六/六
七四六/九/二
⿸疒焉 五六一/十一/四
五六二/八/二
五九二/三/二
⿸疒商 二〇三/一/三
⿸疒鄉 五七七/五/六
⿸疒禹 七二/十/四
四九三/十/五
⿸疒商 二一四/五/一〇
瘠 六八五/一/六
⿸疒帶 五〇三/十一/二
五一二/三/八
五一四/三/五
五一七/七/一
瘠 三二九/七/三
瘍 二一一/五/一
⿸疒卿 六〇〇/九/三

瘸 五二七/九/二
痼 七四二/二/六
瘑 五二一/一/五
六八0/六/二
六八六/九/三
瘑 六七九/十/一
瘠 六八二/五/四
瘍 二0四/二/一
瘸 六四五/五/五
瘠 三四一/四/三
瘸 八八/十一/三
瘸 七0六/九/九
七一四/十/五
瘸 四00/二/五
癇 二三七/六/四
二五三/七/六
六0九/七/五
瘵 一三一/十一/二
一五二/九/四
瘸 五一四/六/三
五一八/三/一
瘺 三七九/四/六
五七六/五/二
瘠 七四三/十一/二
瘸 七00/五/三
癇 三五五/一/六
瘸 △三五六/二/六
三八三/八/六
癘 △五00/三/三
癘 二一一/五/三
瘸 三一四/十/一
瘸 三一二/八/一
三一九/八/四
五二三/九/三
癇 一五四/五/五
瘸 四0二/二/六

瘸 一七一/十/一
癘 四九二/三/二
癇 二八七/三/三

00128

疥 五二六/四/一
瘵 五二六/四/二

00129

痧 四九八/十/五

00130

痣 六二一/一/一
瘛 四八一/十/二

00131

疜 五九五/一/九
瘛 四八三/一/九
瘮 四二九/八/三
痓 三二八/六/三
七八五/一/六
瘷 一七九/一/九
五七九/九/五
五八四/八/一
瘯 六二二/六/七
癃 六二二/六/五

00132

瘀 一九七/二/八
一九七/七/六
瘃 四七三/十/三
瘃 六五三/六/四
瘝 一五五/五/二
瘵 二五三/一/五
〔瘁〕痉 一六二/五/三
痕 一三九/十/一
一四二/七/一
五五0/十/四
痕 五九九/五/四
瘃 六五三/六/五
瘃 四九0/五/六

五三七/十一/四
瘥 七五六/二/五
瘐 四六/四/四
痕 五九八/九/六
瘰 一0四/十/三
一0六/八/七
一0八/十一/四
三四七/七/七
五三三/十一/四
瘵 二六/四/七
四一/二/二
一九九/十一/三
癋 五0六/八/四
五一0/六/二
七0九/二/七
瘰 一五一/八/二
癒 三三七/一/四
癢 四一二/八/一
癱 一五/六/八
三0六/六/二
四六一/十一/六
四六四/五/三

00133

疼 一五/一/三
瘮 五0七/九/四
瘗 四七五/一/三
瘛 六六四/五/三
瘀 六三/三/五
四九0/十/四
瘂 三四八/九/六
五三0/五/六

00134

疾 六六四/四/四
瘓 一一三/一/八
三四六/五/一
瘊 二六七/七/一

瘓 三七一/九/三
瘨 五八六/三/四
瘯 六三七/三/三
瘼 七二七/五/四
㾓 五七三/十一/四
瘛 五〇六/八/六
五〇七/三/二
五〇七/六/四
五一〇/十/三
五一三/三/三
五一五/四/二
瘈 四八二/二/六
四八二/三/二

00136

痋 一三/六/一
一五/一/五
𤶡 三五一/七/八
瘙 一九二/三/五
𤺌 五八七/六/七
𤸸 七五六/十一/一
癔 七五九/十/六
𤺺 三六一/八/七
𤻮 △五〇〇/三/一
𤷪 二三〇/九/三
𤺈 二一/五/四
三〇六/四/六
𧑅 一二八/九/二
𤼙 五一四/六/四
𤼭 四〇八/四/五
𤼹 三三/十一/六
一〇二/九/九
蠺 四三/四/四
𧒒 七六〇/一/二
七六四/二/一
𤼯 一五三/四/三
𤼰 三〇六/四/五

00137

𤵸 四五五/四/二
七八九/十/五
㾑 二四五/七/四
𤷖 一〇八/十一/五
三四八/八/八
四六九/六/五
𤻮 二九〇/九/三
二九二/八/六
二九三/六/四
二九三/十/六
二九四/四/五
𤼉 三五八/七/二
𤼊 三五八/七/三

00138

㾜 七八三/五/六

00139

癒 一七一/十/二

00140

疚 五三七/八/七
疛 四三四/十/一
六一四/十/八
六一五/三/一
六四五/三/二
痔 七八/二/一
七八/八/五
三三四/七/一
三三五/一/一
疲 二八九/七/二
𤷒 四三四/十/二

00141

疖 七四/一/一
痔 三二四/四/三
痒 一一七/九/三
一二七/十/三
三六五/九/二

四四二/六/一
𤸃 七六一/十一/八
瘴 七四六/九/三
癖 七四七/八/一
𤻸 七四九/六/三
癉 一八二/六/四
𤸽 一七六/十/六
𧐳 一四一/五/二
𤼣 二六〇/六/六
四〇二/二/五
四三四/十/三
六一五/三/二
𧓐 三四九/一/四

00142

疷 二四/七/三
二六/八/四
三五/八/一
疧 四三/七/七
三四二/三/二
㾷 四九八/六/六
四九八/八/五
四九八/十/四
𤵽 五一〇/六/一

00143

𤺄 一七七/一/二

00144

疢 四一五/二/三
瘊 七〇四/十一/八
七〇五/六/一
痿 二七/三/二
三九/八/一
四一/十/二
三四七/七/八
四七一/八/二
𤼧 八三/一/一
四九八/二/六

六一五/八/五
六二〇/二/五
瘿 二四〇/十一/五
四二五/四/二

00146
痩 八三/八/五
三三七/一/五
瘦 四二〇/六/五
痹 四八〇/九/五
瘴 五九八/三/七
癖 四八一/七/二

00147
疫 四五〇/九/五
六一一/六/五
疫 五九四/九/八
疲 七六八/三/三
七六八/六/四
七六九/九/三
疲 三六三/五/四
五四九/二/七
五四九/三/三
疲 二四/七/二
疫 四七八/七/二
七四六/十一/八
疫 五二一/一/四
疲 三二/八/五
疫 一九四/九/四
疫 一四九/九/二
瘦 六一四/五/七
痔 二六六/八/四
瘢 七四六/十一/九
瘁 四七八/八/八
瘢 六〇九/十/二
瘢 六四四/七/五
六四四/十一/一
痕 一一九/十/一

瘁 一八六/一/六
瘢 一四八/八/四
瘅 一〇八/五/八
瘢 三五五/九/八
瘦 六四〇/九/六
瘦 六四〇/九/五
瘦 六一三/一/一
六一三/三/六
瘦 四四一/二/四
瘢 五一一/十/一
瘦 二六五/六/二
瘦 六一四/五/八
瘢 六〇八/八/二
瘢 五七/一/三
五二四/二/五
癈 五三七/二/二
瘕 二〇八/七/八
瘦 七三〇/七/五
蜉 三四八/七/四
瘕 二〇八/一/三
二〇八/三/三
四一一/三/五
五九五/七/八

00148
痰 三九七/五/五
瘁 四七五/十一/六
瘢 七三八/七/一
瘢 五八/六/一
瘢 三一一/三/五
瘢 二五〇/十/二

00149
痔 八八/十一/四
瘁 五〇一/一/七

00151
痒 二一一/五/二
二一三/八/五

四一二/七/五
五九七/四/二
癣 一六四/六/六
三八二/六/八
瘴 一三一/十一/三
一五二/九/五

00152
瘁 五九四/九/二
瘴 五一〇/五/六
五一一/一/四
七〇九/二/八

00153
瘛 七〇八/一/二
瘢 七四一/九/八
七六〇/十/四
瘢 七〇八/五/八
癥 六三〇/八/三

00154
瘁 一三/七/二
二二/十一/五
二三/二/六
痺 四八〇/十/二
四八一/四/二
七〇六/七/三

00155
瘥 三八三/四/一

00156
瘛 五一五/八/二
痺 二〇二/八/八
四八一/七/三
痺 一三九/九/三
瘴 三二七/五/三
痺 三七〇/七/二
四〇四/六/一
五八九/九/三

癉 一四四/九/三
一四五/二/四
一四五/四/四
五五八/七/三

00157
⿸疒并 二八九/七/一
二九〇/三/一
六二七/五/二
六二九/四/三
痗 四三八/八/六
⿸疒海 三四六/九/六
三四八/一/三
五三一/十一/四
五三三/六/七

00160
⿸疒西 七八七/二/二
⿸疒面 六三七/十一/六
痂 二〇八/七/六
⿸疒如 六七/八/三
四九二/八/六
⿸疒如 三〇/一/四
五四/二/一
⿸疒百 六四一/七/六
痐 一〇七/八/六
⿸疒面 五〇一/六/七

00161
痁 二八九/三/五
六二七/十一/一
⿸疒吞 七六九/九/七
七七〇/十一/二
七七一/十/七
⿸疒咅 一一〇/八/四
五三一/五/三
⿸疒酉 二五八/九/一
六一二/七/七
⿸疒香 二七九/一/二

六二二/八/四
⿸疒旨 二三〇/八/六
⿸疒詹 六二五/七/八
⿸疒晉 一六四/八/六
四四一/四/四
四四六/七/四
⿸疒晉 三一〇/七/三

00162
瘤 Δ六一五/八/四
瘏 四二二/三/二
⿸疒習 七六四/八/一
七六五/四/五

00163
瘤 四〇三/四/五
⿸疒古 一一一/九/五
⿸疒吝 五五〇/八/四
⿸疒畬 三四九/四/六
⿸疒器 四七九/二/六

00164
⿸疒舌 五〇一/六/六
⿸疒荅 四三一/六/三
⿸疒咎 五〇一/三/六
瘏 八七/一/二
痻 一一九/九/八
一三九/六/一
⿸疒富 三二〇/十/一
⿸疒暑 三三〇/十/四

00166
⿸疒宫 三三二/二/二
⿸疒誉 二四一/三/四
⿸疒曾 五二二/十一/五

00167
⿸疒詹 二一六/一/八
二二六/三/四

00169
⿸疒吝 三二〇/十/二

三二一/二/二
四三二/八/三
⿸疒春 二二三/一/七
⿸疒番 一四八/三/五

00172
疝 一五三/八/二
五六二/二/三
⿸疒出 四〇三/四/六
⿸疒出 六八五/九/六

00175
⿸疒旨 二八六/三/三
⿸疒冊 五一五/八/一
七〇八/一/一

00177
痯 三六九/二/一
五五五/五/六

00181
⿸疒疑 一七/十一/二
四六四/九/二
⿸疒眞 三八〇/一/二
⿸疒疑 三八二/七/一
⿸疒疑 三三〇/七/七
⿸疒疑 七八六/七/一
七八六/十/六
⿸疒旋 六三七/五/二
⿸疒眞 一一六/十一/一
一六〇/二/五
一六〇/十一/一
五三八/八/一
五六七/七/一
⿸疒眞 三八〇/四/二
癡 五四/一/六
⿸疒眞 七五八/八/四

00182
⿸疒夾 四二/十/三
四三/七/五

七八五/一/五
痎 一〇四/二/一
一一一/十/四
一一二/五/五
五三六/一/五
瘀 五四五/六/五
瘚 六七八/十/一
痎 三五〇/六/二
瘚 六一八/八/三
瘚 六七九/六/二
瘚 四一一/五/七
瘚 三七二/三/五
0018_6
瘨 二四/七/一
二五/八/七
四〇/四/四
三〇七/十一/三
三〇八/八/三
瘨 三五六/九/一
三五九/六/三
五四六/六/二
瘨 二九二/八/五
二九三/六/五
二九四/四/四
瘨 二二五/四/七
瘨 一三〇/六/四
三五八/二/六
五四五/五/四
瘨 五九三/八/一
瘨 一〇八/十一/二
五三〇/二/三
瘨 四八七/十一/三
瘨 一五五/六/一
癲 一〇八/十一/三
癲 六八九/七/五
癲 五一八/三/二
癲 一六〇/二/六
癲 四八二/三/三
0018_7
疢 六一二/二/二
0018_9
疢 三五五/三/三
五四二/三/一
痰 二八四/九/三
瘷 六一三/七/五
(瘷) △六一四/八/六
0019_1
瘵 六八九/十/七
六九七/四/六
六九八/五/二
瘵 五〇九/七/一
五一一/一/九
五一三/五/五
五二八/二/九
瘵 一七九/六/五
五八一/八/九
0019_2
痩 四六八/四/三
七三八/六/七
七四三/二/五
七四三/十一/一
0019_3
瘰 七三五/十一/五
瘰 三四九/二/二
四〇八/四/六
瘰 五〇六/八/五
瘰 二五三/一/六
瘰 一五一/四/二
一七一/九/七
0019_4
痳 六八四/四/六
痳 六七〇/三/六
六七一/十一/五
痲 二五五/九/六
△六一一/十/二
痳 三五一/二/四
痳 六八/四/二
二〇六/五/七
二〇六/十一/一
痲 二〇三/四/三
二七八/三/五
痲 六八/四/三
四九二/十/三
四九二/十一/一
痳 三一/九/六
一〇三/六/二
五二五/一/一
瘰 四〇八/四/三
五九〇/五/五
瘰 四一八/七/八
瘰 八五/八/一
瘰 四四二/九/六
四四三/七/二
四四三/七/五
瘰 五八七/六/六
瘰 五八〇/七/三
七一八/三/二
七一九/九/二
七二四/十一/九
0019_6
痩 六三七/二/三
痩 四/八/四
瘵 五八〇/七/四
七一九/九/三
0019_8
疥 五四二/三/三
瘵 一一四/七/三
五三四/十一/五

00200

广 四五五/一/五

00201

亭 二四四/五/三

00207

享 二二八/八/一
二三〇/一/七
六〇五/一/五

亯 七六三/十/三

亳 四一四/九/五

亭 七六三/十/四

彎 一五一/九/四

00210

庄 三三五/五/八

00211

庀 三一六/二/一
三二一/一/八
三四一/十一/五

厏 二〇六/四/二
四〇九/十一/一
四一〇/二/二

庇 四九/十/一〇
三一六/二/二
三二一/一/六
三四一/十一/六
四八〇/九/三
四八二/一/二

庛 二九/六/一
△四六八/四/四

鹿 六三九/七/三

鹿 六三九/七/二

麀 二五七/七/一
二七三/三/二

靡 三三/一/四
一九九/一/五
二〇三/五/六

三一七/一/三
四七二/九/六

廱 △五二九/十/五

龐 六/九/一
七/一/一
一九/六/二
二三/二/一

麗 三一/七/二

麗 九六/四/四

麤 八五/八/六

00212

庬 三〇二/一/一
三〇七/三/六

庖 一八七/二/三

亮 二一七/三/一

00213

庣 一七四/七/四
一七四/十一/六

充 一二/二/七

㐬 二六〇/九/九
二六六/五/三

廆 一〇七/六/三
三四七/三/二
三四七/九/四

麃 二六〇/十一/一

亀 一三七/八/一

魔 一九八/十一/四

00214

厇 四九九/十一/六
七二三/八/三
七三三/六/七

座 五九一/三/二

底 二〇六/五/六
二〇六/十/二
七三三/三/二

廑 五一二/十一/六

庢 六六六/八/七

雁 一〇八/二/五
一〇八/十/三

雁 二五一/十/四

產 三七三/八/一
五六二/三/二

塵 一一一/七/二
四〇六/八/六
五九〇/十/一

雁 三四五/五/七

雄 二一二/二/三
二一二/四/六
五九七/六/二

寇 一九一/五/二

雄 五九四/十/四

麾 三九/一/三
四七二/九/三

麾 四七〇/八/三

靡 二〇三/五/四

麈 一六〇/十/六

麈 一三二/七/五
三五九/四/一
五四三/十/六
五四五/十/三

麈 一六六/七/一
五七三/十/七

雜 二二八/五/二

廱 三一/一/三

麋 一二〇/七/六
五四二/五/一

麈 三三六/二/三

麈 二五二/三/二

廱 二一/一/一
三〇六/四/三

雕 二一九/七/五

麈 九九/二/四
麈 四〇/五/三
麠 七六/五/二

0021$_6$

兗 三八九/一/三
亶 五五八/九/一
竟 四二二/八/四
六〇三/四/二
庵 二八四/二/七
七七〇/八/六
競 六〇四/九/一
廬 三七〇/九/一
磨 二九一/十一/二
二九四/五/一
譩 六〇四/八/四

0021$_7$

亢 二二三/七/二
二二四/三/三
二二八/六/三
二二八/七/七
四一九/四/二
六〇一/十一/七
六〇二/一/五
兗 六〇八/十一/五
庵 一四二/二/一
庇 三六六/五/四
五五二/二/四
竞 二四九/四/七
庫 六五/十一/一
三二九/八/五
三三〇/三/四
四六八/四/二
抗 二二〇/一/一
盧 一九八/十一/六
二〇三/四/八
亮 五九九/三/六

兗 六〇九/三/三
盧 七七三/九/一
七七四/三/六
庬 四七一/十/八
羸 四〇八/六/三
羸 二〇二/四/七
亮 五八五/九/四
麃 三二〇/二/四
麌 一四六/九/二
廬 二〇五/十一/六
二〇六/三/一
庵 三二〇/二/二
三二三/十一/三
廬 六八/六/一
八七/十一/五
羸 二〇二/五/八
羸 二〇二/六/七
羸 二〇〇/五/三
羸 四〇八/三/五
廬 六五/七/四
六七/四/五
八五/八/八
三三八/二/六
四九二/三/一
兗 五三/四/三
羸 五九一/九/三
羸 五九一/十一/七
羸 二〇二/六/一
麃 九八/七/一
一〇一/四/五
羸 一六一/三/一
羸 三一/七/四
羸 二〇二/六/三
羸 四〇八/四/二
(羸) 言 △四〇五/九/一
羸 二〇二/七/三

羸 二〇二/四/六
羸 三一/七/七
羸 二四〇/六/三
羸 四〇八/五/三
羸 二〇二/五/一
羸 一六一/三/二
羸 二〇二/六/二
羸 四〇八/六/一
廱 七三一/一/七

0021$_8$

庄 七七三/四/四
蓎 二九八/七/四
廬 二四六/五/六

0021$_9$

麋 一八〇/八/六
一九〇/八/八

0022$_0$

廁 六八九/七/六
廁 四八四/四/四
七五六/三/一
七五六/九/三

0022$_1$

庁 二四四/二/五
房 二〇九/七/三
四一一/七/四
五九六/三/一
庴 三一三/九/八
三四四/十/七
廥 二七一/十/三
三三六/十一/四
廥 八四/二/六
廝 二五/十/五
二七/五/四

0022$_2$

彦 一四九/一/六
五七五/三/二

序	三二九/九/五
廖	一七五/十一/六
	二五九/八/一
	二六一/七/二
	五七八/四/七
	六一五/八/一
廫	一七五/八/五
	一八九/一/八

0022₃

齊	九三/五/六
	一〇五/七/一
	五〇二/六/二
	五〇三/一/一
齋	一〇五/六/九
齊	四二/八/八
	四三/七/三
	九二/五/二
	三四一/四/一
	三八二/九/五
齋	九二/七/二
齋	九三/八/二
齋	一〇五/八/三

0022₇

方	二一一/十/七
	二一二/四/四
	二二一/七/五
	△四一五/十/五
	△四一六/一/二
市	三二二/四/三
	五一八/十/六
	六七四/五/六
	六九二/五/一
	六九二/八/五
庈	二八〇/二/七
斉	五一五/五/九
帝	七四六/五/一
帝	二二四/九/一
帝	四七〇/一/二
	五〇三/八/四
序	三〇八/三/三
	三〇八/四/六
膐	三〇八/四/五
帝	二二四/九/二
腐	三三四/十一/九
言	三六二/一/四
帏	五一八/九/一
扃	二四八/三/二
	六〇八/九/三
席	七四三/七/二
旁	二二一/六/一
旁	二二一/五/八
	二二一/六/二
	二二九/九/六
	二三〇/七/四
商	二一五/二/六
鹰	三一一/六/一
	三四五/七/一
膀	三三/一/七
磨	三三/一/五
	三五八/二/四
齋	九二/六/二
齋	九二/八/三
	九三/七/四
	五〇二/十一/七
齋	九三/四/四
育	二二四/八/三
育	六一五/一/一
育	六四五/十一/六
商	二一四/一/三
扃	五/一/一
	五/八/四
商	七四四/六/三
	七五〇/十一/三
庸	八四/十/四
	八五/一/一
鹰	三三三/十一/四
鷹	五九二/三/一
齋	五一五/五/七
齋	九三/五/三
	一〇五/七/六
齋	四二/九/五
高	六〇七/八/三
高	一九〇/二/九
	五八五/十一/五
离	九二/八/二
鹰	四九三/十/三
高	六八〇/六/一
	六八七/五/一
廊	二二〇/六/一
席	五一七/八/五
齋	五〇三/一/二
齋	四二/八/六
膚	一九/十/五
高	六〇五/九/二
腐	五八一/二/三
高	四二五/八/五
	四二七/三/七
鹰	二六五/十一/七
廓	七三一/一/五
离	二一四/一/五
齋	九二/六/七
齋	五〇二/六/三
膺	二五一/八/六
	六一〇/二/五
齋	四〇六/七/七
齋	九二/六/一
齋	九二/六/三
	九三/三/四

齎 九三/五/一
齎 四三/四/三
齎 九二/七/一
勵 一三二/七/六
廟 五八二/一/六
膏 一九〇/五/二
五八五/十一/四
廣 八七/九/五
三三九/一/一
齋 二一四/一/八
齎 四二/八/一
齎 二八/四/三
膺 二五一/八/七
孌 一五一/十/二
齎 三八八/三/三
齋 二一四/一/九
麠 七九/六/四
八一/十/四
二七二/十一/一
五六〇/七/一
齎 九三/七/一
膺 一五一/四/一
一七一/十一/一
齋 二一四/一/四
膺 一七一/十/三

0022_8

疥 五二六/六/五

0023_0

卞 一四八/六/八
五七六/六/五

0023_1

庌 五九三/八/六
庵 七八二/六/九
庶 二〇四/十/二
三三〇/十一/四
四九二/三/五
四九二/五/四
廡 七九/二/一〇
三三五/五/六
應 二五一/九/一
六一〇/二/一
癃 六二二/六/四
廳 一八〇/九/一
一八四/七/三
一八七/四/二
△三九六/二/六
三九六/八/七
四〇三/五/七
廳 二四三/十一/五

0023_2

旅 五二四/四/四
床 四七三/十/六
床 二五七/四/五
宸 三二六/十一/二
應 八/五/二
五〇二/四/三
豪 四八九/二/二
㡾 二二〇/十一/六
康 二二三/二/五
六〇二/三/四
麼 一九八/十一/三
豢 四八六/四/五
四八九/二/一
麋 三二/十一/一
麼 三三/四/二
四〇六/七/六
豪 一八九/七/三
㯋 三五三/九/四
豪 一八九/七/二
橐 一八九/七/一
欒 一五一/二/三
五六〇/四/四
五七四/六/一
麎 二六/九/三
一一七/四/四
一二二/四/一〇
三五二/十一/五

0023_3

庝 一五/一/六
憊 五〇七/十/六
七八三/五/一

0023_4

㢋 三二三/一/六
㢋 三二三/一/七
㢋 二三三/五/一
△四二二/七/七
麼 三六五/七/二
虞 七二七/六/七
麌 三九五/二/五
四〇〇/六/五
麇 三六五/六/七

0023_6

麻 四二七/七/三
壓 三三/十一/四
一〇二/九/八
△四二一/四/三
廬 三三/十一/五
一〇一/一/四
一〇二/九/七
△四二一/四/四

0023_7

庭 三〇四/八/三
庈 二四六/七/三
廉 二九〇/八/四

0023_8

鷹 四一九/二/二
四二〇/一/一
四二〇/一/四

四二０/三/二
六０二/九/六

0023_9
廞 二０三/四/七

0024_0
府 三三四/六/一
廚 八二/六/一
廏 六三九/八/二

0024_1
㡯 五九三/三/八
序 三三三/十一/三
庰 四二五/十/三
六０五/十一/三
六０八/八/四
庭 二四四/四/六
六０八/二/四
庤 三二四/三/六
廯 四六一/九/五
廜 五三六/十一/五
廦 七七０/五/四
廦 三五/二/三
五０/八/四
三一七/二/三
廨 七四七/七/一
七四七/七/九
七四九/三/二
廦 一六一/十一/一
一六三/一/九
五七四/九/八
六０七/五/二
廦 五０/八/五
廦 五九三/七/四
七四五/六/五
廦 一０一/四/四

0024_2
底 三四二/三/四

0024_3
庈 七五八/七/五
慶 二三二/九/二
廈 二五七/九/五

0024_4
庋 六九三/二/三
廔 一九八/十一/五
廔 八三/二/二
△二七二/二/一
廮 四二五/三/四

0024_6
庚 八三/七/三
三三六/十一/三
廜 二一五/一/三
五九八/三/二

0024_7
夜 五九四/九/七
七四六/十一/四
废 五四九/二/四
庋 三一三/四/五
三一五/五/二
四七一/十/五
度 七三三/六/八
廢 一九二/四/五
庤 七四四/八/三
度 四九九/十一/五
七二三/八/二
庪 三一三/四/六
庪 三一五/五/一
四七一/十/六
庚 二二八/三/一
废 二五０/十一/一
二五一/七/三
四二九/八/六
庤 一八五/八/七
一八六/一/七
度 二六四/十一/七
慶 二一七/七/三
六０四/八/一
庫 一０八/二/六
一０八/十/四
夏 六四０/九/一
度 四三四/七/三
四三八/十/五
廋 四一０/十一/一
廈 七三０/六/一
廢 五三七/二/一
廏 六一二/二/四
廠 二六五/十一/六
慶 一四九/九/五
廈 二０八/九/六

0024_8
廠 四一四/七/三
五九八/二/九
廠 五六六/十/一

0025_1
庠 二一三/八/四
廦 三三五/五/七
廨 一六四/五/一
三八二/六/七

0025_2
摩 三三/三/三
一九八/十/六
五九０/十/二
㢆 △五一０/五/二
廨 五二三/十/二
摩 三四七/十/六
靡 三九/一/二

0025_3
廠 三七/六/三
廢 二九二/五/四
二九四/十/六
二九五/三/四
△二九五/十/五

廞 四四四/五/一
0 0 2 8 6
廎 六0五/九/三
廣 二二五/三/五
四二0/二/五
六0二/十/八
廥 二二八/三/二
六0三/四/八
六五三/四/二
廎 二四一/五/二
四二五/八/六
四二七/三/八
0 0 2 8 9
庱 三三四/十一/一0
0 0 2 9 0
庥 四00/九/七
0 0 2 9 2
康 四六八/四/一
廉 △四六八/四/五
0 0 2 9 3
糜 三三/一/二
五0/八/八
三一七/三/一
△四七一/九/二
麇 七0三/一/五
七0三/十一/五
麋 三五六/九/四
0 0 2 9 4
床 二一六/三/六
庥 三三/三/四
麻 二五五/七/六
庲 八六/五/六
八七/四/四
麻 二03/四/一
糜 六二二/九/五
糜 三二/十一/二
糜 五0/八/六
縻 一四0/五/五
糜 三二/十/五
糜 二二三/二/二
糜 五九五/七/一
糜 △四六八/四/六
麻 八五/七/一
麋 四四三/五/一
四四八/三/四
糜 一二七/一/六
一三一/八/六
三六0/一/一
麋 五0/七/三
五0/八/九
0 0 2 9 6
庯 二三二/八/三
康 六五三/二/六
六八九/八/一
0 0 2 9 7
康 二八三/八/三
康 四四五/五/七
廉 二九0/八/五
0 0 2 9 8
康 一一四/七/二
糜 一0一/四/六
0 0 3 0 7
麼 二四五/十一/五
0 0 3 0 9
廛 六三七/一/四
0 0 3 1 4
離 四八六/二/六
0 0 3 2 7
鳶 一二八/九/六
鷲 五三/八/一
五三/十一/三
鷹 二五一/九/三
鸞 一五一/一/五
0 0 3 3 0
亦 七四六/三/三
0 0 3 3 1
忘 二一二/五/六
五九七/六/五
悳 七六一/十/三
懟 三0/十/六
譙 五八0/一/五
0 0 3 3 2
烹 二三0/一/六
0 0 3 3 4
忞 一一九/九/一
三五四/十/四
三五七/九/五
五四四/八/五
戀 三八六/四/四
三八六/五/四
三八六/十/四
0 0 3 3 6
意 七五九/九/四
意 五七/二/四
四八六/二/四
七五九/八/八
憲 七五九/九/三
憲 五七/二/九
0 0 3 3 7
忞 二二四/六/四
忞 六八二/十一/三
六八三/二/四
0 0 3 3 8
孌 六七三/四/七
0 0 3 3 9
戀 五七四/五/三
0 0 3 6 9
廥 一四八/三/四

00400
文 一二〇/一/六
一二八/五/一
五四四/八/三
00401
辛 一一七/八/一
辜 一二一/十一/六
辜 一二一/十一/五
三五三/三/二
00403
率 四七三/十一/三
四七七/十一/六
六六三/五/三
六七二/五/一
七一〇/六/四
00404
妄 二一二/五/五
五九七/六/四
妾 七七六/十/八
耍 五一〇/十/五
五一六/一/四
孌 一五一/五/六
一五三/六/二
一七一/十/七
三八八/四/二
五七四/五/六
麼 二八七/六/一
00406
享 二三〇/一/九
章 二一四/九/八
五九八/三/三
章 七三一/四/二
麞 二一五/二/三
00407
變 七八三/七/二
享 二一七/六/一
二二八/八/二
四一四/九/四
五九九/九/四
六〇五/一/六
變 七八三/七/一
孿 五三/四/二
四八四/八/一
夔 六二/七/一
孿 五六二/六/三
00408
交 一八五/二/一
卒 一五四/八/六
一六七/十/一
卒 五三二/六/二
六八二/五/七
六八二/六/九
六七一/四/七
六七一/四/八
六七一/六/三
變 五七六/六/二
00409
雍 六六三/五/四
00412
亮 一八六/四/二
00414
離 一二八/七/五
離 二九/十/九
三〇/七/三
三一一/十/四
四六九/一/四
五〇五/八/一
雜 一二一/十一/三
00427
离 二九/十/四
三〇/八/一
離 二〇/三/四
00430
奕 七四六/四/一
奭 二一五/十一/六
奭 七二九/五/五
奭 七五九/八/一
變 一七一/十/六
慶 九一/七/一
三三二/七/二
慶 七二/五/二
四九三/十一/二
慶 三三二/七/三
00438
奕 七四四/三/二
七五五/八/八
00441
辨 三八六/十/一
三八六/十/五
辨 一五二/十/三
三八六/四/三
三八六/九/五
三八六/十一/三
四五五/三/八
五六三/四/三
五七〇/九/七
五七〇/十/三
辨 三七九/三/七
五七一/四/一
辨 五七〇/十一/一
辨 一五五/五/四
五六三/三/三
五六八/七/二
辨 五六三/四/一
辨 一五二/十/四
辨 一一九/六/三
辨 五七〇/十一/二
辨 三七九/三/六

訹 四一九/十/八
讈 一〇六/八/一
讔 一〇八/十一/六

00614
註 四九六/十一/五
四九七/十/四
詫 七二四/五/二
雒 四三七/十/二
離 三八/一/二
誰 四一/六/四
詮 五九七/七/五
讈 三〇/十/八

00616
諳 二八四/四/九
譩 六〇四/九/二
譠 一四五/一/五
一五三/十一/一
一五四/二/七
一六六/五/四
五七三/二/五

00621
奇 三六/十一/三
三七/七/四
三七/十/五
三一三/七/九
䛩 三六/十一/五

00622
諺 五五四/五/二
五七五/四/一

00627
訪 五九七/四/七
蒚 二二二/一/三
二三〇/八/五
六〇三/八/二
諦 九四/八/四
謧 九六/八/一

謗 二二一/四/四
六〇一/五/六
謧 三〇/十/七
一八九/二/二
蒚 二二四/十一/一
謫 七三九/六/五
七三九/八/三
七四二/四/一
七五〇/十一/四
譎 一八五/十一/三
五八二/八/三
六五六/七/一
七二九/四/四

00631
誌 六二五/三/二
六二五/四/二
䜁 二〇四/十一/二
四九二/四/三
譙 一七九/二/四

00632
譲 三六四/九/五
詃 三八一/十/一
譲 五五〇/四/四
讁 七三九/八/四
七四二/四/二
諑 一八九/八/二
五八五/六/三
〔誸〕誸 Δ一六二/四/二
一六三/九/二
讓 五九八/四/五

00634
誒 六六四/六/一
譔 三四三/十一/二

00636
譩 五七/二/一
六一/三/三
Δ三二五/六/一
四八六/三/三

00637
諕 二二四/七/四
Δ四一六/四/二
謙 二九一/四/五

00641
譁 一二一/六/五
譁 三五三/四/一
譁 五三九/三/五

00642
諴 七五一/二/三

00644
諉 六〇八/六/一
諉 五九七/八/三

00647
詖 七二三/九/四
諄 一二一/六/一
五三九/三/四

00648
詨 一八五/二/五
一八五/十/八
五八二/七/三
五八二/八/四
五八三/二/七
詨 六五八/五/七
誶 四七四/十/五
四七六/一/一
五三二/五/五
六七一/七/一

00657
誨 五三三/四/六

00661
詰 四一三/十/一
六〇四/九/五
六二四/六/一

六二五/十/一
諳 二八三/十/九
四三九/九/四
六二三/十一/五
𧬈 七六七/二/一
七七二/八/六
讇 一〇八/十一/七
讀 六三七/十一/五
0066$_{3}$
麠 二四五/十一/四
0068$_{1}$
䛳 七二〇/一/二
0068$_{2}$
該 一一一/十一/八
0069$_{0}$
訹 六四二/八/七
0069$_{6}$
諒 二一七/三/二
五九九/三/五
0071$_{0}$
亡 七八/九/四
二一二/五/三
0071$_{1}$
䖎 一三八/七/八
0071$_{2}$
麃 一八七/四/三
0071$_{4}$
亳 七二七/二/二
毫 一八九/七/四
雍 二一/一/四
四六五/六/四
0071$_{6}$
竜 一九/三/九
0071$_{7}$
甕 二一/三/八
三〇六/四/九

四六二/八/七
四六五/七/三
䴠 二〇三/五/二
0073$_{0}$
𠫔 六八二/十一/二
0073$_{2}$
衣 六一/一/四
四八九/一/一
衮 一四二/九/二
一九〇/八/六
袁 三五/二/二
衮 三六四/七/一
裹 二五六/六/二
𧙈 五一四/七/五
(玄) 玄 一六三/六/六
五七〇/一/八
哀 一一二/八/五
衷 一三/三/一
四六三/八/五
衰 二〇四/四/五
裘 二七〇/八/七
六一八/二/五
表 六六七/四/六
裹 七五二/六/二
褱 △四〇五/二/四
褎 三四四/一/四
衺 二六/四/六
四一/一/七
四八/八/三
一一〇/一/一
一九九/十/一
衰 四〇三/十一/七
裹 七三/七/一
裘 三九六/七/二
袠 六一二/七/五
六一三/八/四
褭 一九一/四/五

袁 一九一/四/六
二六七/一/三
二六九/十/四
衷 一〇五/二/三
袁 四〇一/一/一
五八三/十/二
袠 二六七/一/四
褰 △四〇五/七/一
五九〇/三/五
裊 三九一/九/三
三九四/三/一
襄 五一五/五/八
褻 六一八/二/六
玆 五三/三/三
五四/一/一
一六三/七/一
裹 三二四/六/四
四八五/二/六
褱 七一二/七/五
袠 一九一/四/四
二六九/十/五
衰 二一二/九/二
袁 七六八/十一/四
七七六/九/六
七八五/八/二
褢 六一二/七/六
褒 三〇三/十一/一〇
三八五/十一/三
褢 一〇五/二/一
褻 七〇七/九/一
襃 一九八/十一/七
三二/十/六
裹 一〇五/二/四
褱 一九一/五/一
裏 二一五/七/二
褸 三九六/七/四

0121_7

旊 △四一六/一/六

瓬 二二三/九/二

四一九/四/四

甗 二二/六/一

二二三/三/六

甀 五三五/八/二

甂 七五〇/八/二

甗 六二八/十/五

甗 二〇/四/二

0124_7

敝 六八三/五/六

㡀 二八二/二/五

廠 二九〇/十一/四

𠪚 二八二/二/四

鼛 六/四/五

0128_6

頍 一一二/五/三

一一二/七/二

三五〇/四/一

三五〇/六/五

頮 一〇一/十/三

一五二/八/四

頦 三四七/八/四

四八九/二/六

五二八/四/一

頏 二二三/七/三

二二四/三/二

四一八/十一/八

四一九/二/八

四一九/四/三

六〇一/十一/五

六〇二/一/六

顢 七〇〇/十一/二

顣 二〇三/四/五

顡 五二五/八/七

五二五/十/四

顲 一六五/六/七

顬 三九九/九/二

五八五/九/七

顧 二九一/十/六

二九八/六/一〇

四五五/三/五

顲 三八/三/四

顢 三八/三/五

顧 六五四/七/四

0131_7

甒 二二四/十/四

0132_7

鸇 一九/四/五

四一八/八/三

鷟 六/八/三

一九/七/一

三〇一/六/四

0133_1

慧 六/七/一

0140_1

龔 六/四/一

0141_6

䡡 一三三/十/六

䡡 一四六/十/四

0141_7

甄 五三二/五/三

甄 一四一/六/二

甗 七八三/十/二

甑 △五三〇/四/一

0144_1

龏 二〇/六/六

四六五/五/八

六五七/九/五

0144_7

龔 七六五/五/四

0148_6

頝 一八五/九/二

三九七/二/五

五八二/十/七

頳 四七五/十一/四

六七一/七/五

顊 三〇二/八/六

顙 四四四/八/二

0150_2

擊 六/六/四

0151_7

瓳 二三七/六/七

0160_1

聲 六/四/三

磬 六/七/六

四六一/十/三

謦 七七三/一/六

七七八/六/六

響 七七三/一/七

七七八/六/七

0161_0

訖 三一六/二/七

三二一/一/一〇

訌 九/九/五

一〇/十/一

四六二/一/四

訌 九/十/二

訨 三二二/二/五

訿 四八/九/八

三一六/二/六

三二一/一/九

0161_1

証 二三九/四/三

六〇六/六/四

誙 二三四/二/一

二三四/九/二

四二七/二/二

七七九/一/一

01646
諄 六六一/八/六
譚 二八〇/九/一
四四七/七/五

01647
敨 四三九/八/二
敲 三七/一/三
三一三/三/一
䛀 三六三/一/一
五四九/四/三
五五六/五/三
敨 四五六/二/一
譢 六四八/九/六

01649
評 二三一/七/一
六〇四/三/六
諱 九〇/九/四
一八五/十一/一
五〇一/一/一

01653
譏 五二二/二/七

01660
詀 二八九/七/六
二九二/十一/三
二九三/一/四
二九六/六/二
六二九/十一/六
七七八/四/五
七八一/一/八
䛟 三三八/十/六
䛟 五四〇/二/二

01661
詣 △五〇八/三/二
語 三二八/一/一
四九〇/八/四

諧 一〇四/五/五

01666
諨 六四〇/四/六

01668
誻 五一六/四/四
譒 四七〇/七/五

01672
謳 七六九/十一/七

01681
讖 七二一/八/七
謓 五三八/七/二
謓 一一六/十/三

01686
韻 四六一/六/五

01689
䛐 一〇六/九/五

01691
䛈 七四九/一/九
謤 一七九/九/一〇
一七九/十一/七

01694
𧬘 七五二/九/六

01696
謜 一三三/五/一
一六九/七/二
五四七/六/四

01717
䶬 六/八/一

01732
䜆 六六一/二/八
襲 七六五/二/五
𧟟 七六五/二/六

01747
穀 五二五/四/八
五二五/九/一
轂 二一三/一/六

二一五/七/一

01786
〔䪼〕頊 △一六三/八/二
五六九/十一/九

01801
龔 二〇/七/一
𪚚 六/六/五

01904
龒 六/三/三
一九/四/四

01947
彀 五一二/五/八

02100
劃 一六/十一/二
劃 三七〇/九/三
△三八四/三/五
五七二/七/六

02113
䇈 一六七/三/七

02114
氈 六/一/一
氊 一六五/六/一

02118
竳 二五二/八/五

02127
端 一五〇/三/四

02134
𥪡 三四三/十/七

02144
𥫉 五九〇/七/三

02157
竫 四二四/二/二

02200
刻 七六三/十一/四
劇 三三八/八/六
七二三/九/一

劑 二九/一/三
九二/八/四
五〇二/十一/四
劓 一五二/二/二
劘 二九一/四/四
劆 四二〇/二/六
七三一/二/六
七三五/五/五
劘 三三/一/六
一九八/十一/二
0221_4
𧘂 五一八/九/七
五二九/一/六
麾 二一九/七/七
0222_1
廝 四九二/六/四
0222_2
彫 一九/九/三
0222_7
鷹 一〇一/四/七
0223_2
繁 五四九/二/八
五四九/四/九
0224_1
麎 四二八/六/二
0224_4
廔 三九/八/六
0226_1
膺 一五二/八/五
0226_4
話 五二五/七/八
0226_9
膰 二三〇/七/三
0240_0
剩 三二二/八/八

六六三/六/九
六六九/十/五
六七三/七/五
0240_2
彣 一二八/五/二
0240_4
婓 一二七/九/六
0241_4
秏 六八二/三/三
六八二/八/三
耗 一二七/十一/四
一六四/四/三
0242_2
彰 二一四/十/二
0259_3
緐 一三六/七/三
一九八/九/三
0260_0
剖 三三四/四/二
四三七/九/一
剳 三七/一/七
三一三/四/三
訓 一二三/七/五
五四六/八/一
詶 二六四/四/一
△六一四/一/七
六一四/三/五
訃 五七八/十/三
訬 二九〇/八/一
二九四/七/五
訒 五一四/十一/六
詞 三五二/九/五
謝 七一五/二/四
七一五/四/二
謝 六八九/九/五
誨 五一一/一/一

0261_1
諦 七七四/七/五
0261_2
讖 七七九/十一/五
0261_3
誂 三九一/二/五
譏 三七一/九/一
0261_4
託 五九四/五/七
七二三/十一/五
訰 二七六/八/三
誣 二七六/七/三
二七八/四/七
託 五八五/七/四
諈 三〇九/十/四
四六七/五/一
四六九/三/七
誰 六〇〇/五/八
誰 四一/六/一
四一/六/六
四三/二/七
四六/十/四
一一〇/一/三
一一〇/五/一
二七一/一/二
三五一/三/二
謹 四六五/二/一
0261_7
詵 二〇/十/六
詘 五一/四/六
誘 △二〇二/二/二
六三七/十/一
詭 一〇二/六/四
謔 二七/九/四
九四/五/四
九四/八/五

02618
[illegible] 一一三/二/七
證 六〇八/十/一
02621
訢 五六/一/一
一二六/三/三
一三二/二/五
三二四/十/六
02627
誘 四三二/一/三
諯 一七〇/九/四
一七一/二/二
五七〇/三/五
五七二/二/一
五七三/三/四
五七三/十一/一
譌 一九八/二/七
二一〇/九/二
三一五/四/五
譎 三九二/十/六
三九五/五/三
五八一/二/四。
讗 七三四/三/六
七三五/一/二
七三五/五/四
七四一/十一/三
讗 四一一/十一/四
02630
[illegible] 一一〇/九/一
02631
訴 四九九/一/七
七四四/九/六
02633
[illegible] 三八〇/二/二
02634
訞 一八三/五/二
謑 九七/三/五
九七/七/四
三四三/十一/一
三四四/三/一
五二三/十一/一
五二三/十一/三
五九五/三/七
[illegible] 六三六/一/五
02637
詑 二九八/六/六
讔 三五八/十/二
02640
詆 九四/二/五
九四/八/六
三四二/四/三
五〇四/四/三
七五一/二/四
02641
誕 四二八/十一/二
六〇八/四/五
誔 △三七一/二/二
02644
諉 三九/九/二
四六七/九/二
四六九/八/六
四七〇/七/三
02647
詖 一九三/五/二
護 一三四/四/一
三六〇/十一/一
[illegible] 六八〇/八/三
02649
[illegible] 九〇/九/三
02653
譏 五九/九/四
02657
諍 二三六/二/四
六〇五/三/一
02661
詬 四三六/六/三
四三六/十一/四
△六一六/三/四
六一六/六/二
六一六/十一/一
六一七/四/四
02663
[illegible] 四〇三/四/三
諸 七七二/三/四
七七二/八/二
02664
話 五二八/八/六
五九六/五/七
[illegible] 五二八/八/五
譖 七八七/六/六
七八七/九/二
七八七/十一/三
[illegible] 四三二/一/四
02669
譒 一九八/六/四
五九〇/八/一
02670
訕 一五三/八/四
五六二/一/二
訩 二〇/十/五
02672
詘 六八三/七/八
六七一/十/一
六七六/六/五
六七七/三/一
02677
諂 一九三/五/一
五八八/二/二

02686
讃 六六二/八/四

02694
諫 六〇九/五/一
諜 一八八/二/四
一八八/四/二
五八四/六/九
𧭈 七八八/六/一
韘 七八四/六/一
諜 七二四/十/七

02700
[刻] 刻 一六二/五/二
刻 五五〇/五/三

02714
毷 四一/二/四
一〇六/四/二
毹 二一五/六/四
四一八/一/三

02730
鄺 二一五/七/七
二一七/四/一
二二一/二/五

02900
刺 二三二/十/四
五九九/六/七
七二一/七/七

02921
新 一一七/八/二

03117
埴 四七一/六/四

03121
坾 三三一/八/二

03127
埔 八五/二/六

03134
埃 三二三/一/二

03147
竣 一二二/十一/二
一二七/四/三
一六九/九/一

03150
城 六七八/五/三
戴 四八三/五/十
七五五/十一/四

03212
龒 一九/四/二

03214
聱 六一三/九/五

03234
袱 五一八/十/四

03242
褲 七一八/十/七

03244
被 六八三/五/七
六九二/十一/四

03247
旋 四一八/十/三
四一九/三/二

03250
戲 二〇/一/四

03427
媥 一五三/十一/五

03442
轉 七二五/七/二

03450
戟 七六〇/四/六
韱 二三九/五/三

03500
斠 五三三/五/三

03600
計 四九五/三/四
訫 五四〇/一/五

03601
讆 二八二/十/二

03611
訖 三四/十一/六
二〇〇/七/三
二〇一/三/六
二〇二/一/六
四〇四/九/三
詋 三六〇/四/五

03614
訧 二五五/六/一
詑 △四九九/八/八
五九四/六/二
五九五/四/二
諔 六一三/七/七
諻 六六六/九/二

03616
諠 一三四/四/二
三六一/一/三

03617
詑 四七一/六/三
謚 六六五/十/五
誼 四七一/六/二
讒 三六一/十/三
三八九/二/三

03621
訏 三三一/五/三
諄 二三六/八/六
六〇八/七/二

03622
謬 △二八二/二/六
△二八二/三/二
四四二/八/二
六二四/一/四

03627
誧 八四/八/五

五三一/七/一
六八一/八/三
六七四/十一/五
誖 六八一/五/五
誖 一八五/十一/五
護 五00/六/五
頀 五00/七/一
04654
譁 二0二/十一/八
二0九/八/三
二0九/十/五
二一0/九/一
04656
諱 七四0/六/二
七四0/八/一
七五九/六/七
七六0/四/一
諱 四八九/八/五
04660
詁 三三九/七/三
五0一/五/三
諸 六七/一/一
二0四/十/五
04661
詰 六六八/七/九
七一三/六/八
語 五八五/十/三
六四九/九/四
諾 七二五/六/三
譜 四一0/一/五
五九二/十/一
七二八/七/二
七三三/四/六
七三六/八/一
七三九/二/四
諸 四一/四/四

四七/九/一
五一/十一/五
04664
譮 二0四/七/二
二0六/五/四
二0六/九/四
04665
譆 五五/九/五
五七/二/六
04670
詌 六二三/九/六
詍 五一一/五/二
五一五/七/三
七0七/十一/六
04681
諆 五六/二/七
五六/八/四
五八/三/三
諆 一0/一/六
04686
讀 六一九/十/四
六三七/十一/四
04690
訹 六四六/十/六
訹 二七七/十/三
04691
謻 六八八/三/一
04694
諜 七八一/一/四
七八一/六/四
七八四/一/二
諜 七八四/八/五
諜 二六九/十一/二
謀 七七七/十一/三
謑 四八五/十一/二
04696

謻 一七六/一/六
04698
誄 二九/十一/三
四八四/十一/七
五三四/十一/四
04727
勷 二一五/十/三
04927
勍 二三二/十/二
05106
鞕 一六/六/七
三三六/十一/七
05127
靖 四二四/二/三
竮 二四二/九/四
05132
竦 四七七/四/三
七六七/三/四
05143
竱 一五0/四/一
三八五/二/六
三八八/一/三
五五九/九/五
五七四/二/四
05196
竦 三0四/二/八
四七七/十一/三
05244
韉 二七二/一/七
05290
槑 八二/二/四
05400
鞅 七0六/一/五
七一三/三/四
05416

五五七/一/二
五六一/十一/二
讙 七二二/九/四
06648
讝 一八九/十/一
二九八/二/一
06650
諽 七七三/八/六
七八八/九/二
七八九/三/三
諢 三三/九/二
三一六/一/三
06654
譁 六六五/三/四
06656
譂 三八三/十一/五
06660
諨 五九八/二/六
讇 三一九/三/四
06672
謅 二九五/八/五
06680
訳 二五/二/三
九七/六/三
三〇七/十一/四
06681
諟 三〇八/八/六
五〇三/九/二
06686
譩 五八九/六/五
06693
譔 三一九/三/五
譲 三一九/三/六
06694
課 一九七/七/四
五九〇/四/七
謀 一九二/六/八

五八七/六/二
讓 五八三/七/三
06910
親 一一七/十/一
五四〇/五/五
07104
望 二一二/六/二
五九七/六/六
堲 九六/一/五
鑿 四六二/六/四
07108
朢 五九七/六/七
07110
颯 二八一/九/二
六三七/二/七
七七一/三/二
七七三/三/六
七六七/五/二
07117
竏 三二三/一/四
鼂 一六〇/四/四
07119
鏖 三三六/七/五
07120
竘 三三二/九/三
三三三/二/三
三三三/六/五
四三六/八/一
四三六/十/四
翊 七五八/七/二
翽 一六七/三/六
07127
竭 七九/四/三
鵡 七六七/四/四
鄗 五/八/八
鵝 四三九/八/六

四三九/十/四
鄗 二一九/四/一
鶉 五/九/三
鷊 一六五/六/二
一六七/二/三
一六九/二/五
鸇 一四〇/七/六
一五三/四/四
一五三/四/五
07132
逯 六三九/九/五
六四〇/十/二
六六六/六/三
07140
竬 七九/十一/二
07141
竮 二四二/七/六
二四二/十一/六
07172
竬 三四六/十一/五
07207
翏 三五四/二/二
07210
颮 三八九/一/一
飆 一八〇/一/五
五八一/八/二
07217
飑 一五二/八/六
飑 四一八/三/一
07220
劑 三三八/八/七
翤 二二四/二/五
四一八/十一/九
六〇二/一/四
07227
邡 二一一/十一/四

	五九七/五/二	鷸	七三九/九/八	戇	四六五/三/四
郝	五一八/九/四		七五〇/七/五	07402	
	五一九/十/六	鷉	二一九/七/四	鶙	六四一/三/六
郯	一一二/三/四	鶮	六四九/四/五	07404	
	一一二/七/四		七二八/九/四	婺	二七九/六/三
邟	二二三/四/三	鷓	四二〇/三/三		二八一/二/二
	二二三/九/五	鸝	一六五/六/三		二八四/三/三
	二二四/一/六	07232			二八六/一/一
	二二八/六/五	麔	一二〇/十一/四	07410	
	六〇二/二/三	07247		覩	六四三/六/四
郄	三四二/二/八	毅	一一一/十/六	07420	
鄸	二二一/五/九		一一二/六/一	翝	六四七/十/二
	二二一/八/一		三五〇/六/七	翋	六七一/六/四
鄘	二二三/五/一	毅	四八九/一/六	爛	一四五/九/八
鄌	二一九/十/一	毃	一八五/十/一		一五四/二/二
鄗	一八五/八/六		五八二/十/九	07427	
	三九九/五/二		六五六/九/六	郊	一八五/四/四
	七二九/二/五	07282		鄭	三一/六/三
鶮	△四〇六/一/一	欸	四七九/二/七	郭	七三一/一/六
鴋	二一二/二/二		五二七/六/三		七三一/三/八
	二一二/四/五		五三六/三/五		七三五/四/五
鵁	五九四/十/三	欣	二二三/一/二		七三五/七/五
鄺	一九/十一/三	歋	二二三/二/六	鳩	一二〇/三/五
鄜	七七/四/七	歊	七五一/一/一		一二八/七/四
	六三九/十/八	歒	六四六/六/四	鳩	一八五/六/四
鄜	七七/四/六	歊	一八三/七/一		一八六/三/三
鄺	二二四/十/六		六四九/六/三	郭	二一五/一/四
	四二〇/三/一		七二九/五/六	鶉	六八二/四/六
鳩	二二四/二/七	07327		鶉	二一五/十一/一
鶙	九五/七/四	郲	二二四/十一/二	鶉	六八二/四/七
	五〇四/九/六	鷸	四八六/二/五	鶉	三一/五/二
鷓	五九三/五/七	07338		鶉	一二一/十一/四
鄽	一六六/七/五	戇	四六一/三/四		一二二/五/二
鷉	二二八/五/一		四六二/八/一		一〇一/六/八
	二二九/一/二	戇	四六二/二/三		一五〇/十/六
鷸	二一四/六/一	戇	四六六/三/二	鶉	二一五/二/五

鵁 一〇九/一/六
鶉 七三一/七/一

0743_4

斔 五五五/一/六

0744_7

竷 四四四/十一/五
四四五/三/三

0745_4

韸 四六六/一/五

0748_2

欬 六七一/五/二

0748_6

贛 四五二/十一/三
贑 四四四/八/一
贛 四六二/五/四
四六二/五/五
四六三/六/四
四六六/三/三
四六六/七/四

0760_1

讐 四四四/八/八

0760_7

訒 三一/八/六
四七/一/四
一〇一/九/四

0761_0

訉 六三一/一/五
訊 四七四/十一/二
五四〇/二/一
五四一/四/三
䛟 六七一/一/五
詛 三三〇/五/七
四九二/一/三
四九六/七/四
諷 一一/七/二
四六三/三/二

0761_1

詎 九六/二/四
三一八/九/四
五〇六/六/七
誙 四〇三/四/四
謵 七六六/三/二
證 五二七/四/八

0761_2

詑 一九一/七/二
一九四/四/五

0761_3

讒 六三〇/十/三

0761_4

諲 七五九/五/二
諻 三一四/十一/一
謹 二一二/七/五
五九七/七/四

0761_6

讒 △二九六/二/六

0761_7

記 四八五/八/一
詑 五四八/二/三
詭 三一五/四/三
說 一〇三/八/一
二〇七/四/一
五〇八/六/一
諟 六一九/四/四
譝 二四九/四/三

0762_0

訋 五七七/五/五
訒 三五三/二/二
五三九/一/二
誷 四一五/九/四
訽 三三四/四/四
詢 一二五/五/六
五四三/六/五
五四四/三/三
韵 五四三/七/三
五四六/五/六
詾 二〇/十/四
三〇五/七/二
諊 六四七/四/五
詢 四三六/六/四
四三六/十一/五
△六一六/三/三
六一六/六/三
六一七/四/五
詗 四二六/四/八
六〇五/八/二
六〇六/八/七
訥 六七八/一/八
六九九/一/四
詞 五三/八/二
詷 六/一/二
三〇一/一/六
四六一/七/一
六〇四/八/三
詢 一二二/六/四
詡 三三二/九/四
䚯 二二二/一/四
調 一七五/一/六
二五九/三/五
五七七/十/五
詢 一九四/四/四
謝 四九九/二/一
謿 一八八/九/六
譋 一四五/八/三
讕 三七一/五/六
五五九/五/五
讕 五八九/三/七
讕 一四五/八/二
三七一/五/五

五五九/五/四
調 二八七/四/二
二九〇/一/二
四五二/三/二
讕 七七四/十一/四
七七五/三/五
07622
謬 六一二/十/一
07627
部 三三七/十/二
四三七/十一/六
部 三七/七/三
訪 五二/八/五
二四九/十一/七
訪 二四九/十一/八
誃 三〇/四/二
三四/十/六
四〇四/九/五
四六七/二/五
五八九/十/六
[鄗] 鄗 六四四/九/五
六四六/八/五
六四六/十一/七
謻 三〇/四/一
三四/十/五
三〇八/五/二
三〇八/五/三
誦 四六四/十/一
諞 六二〇/三/八
諣 一〇二/三/五
五二三/九/二
五九六/七/二
諹 二六五/八/三
二六六/一/六
三九八/七/六
譪 四三四/八/一
四四〇/四/五
鴿 三三四/三/一
四三七/十/一
四三八/三/四
六一七/十一/六
鵅 三八/一/一
三八/五/四
誧 六五/二/二
三二九/五/八
鷸 二八三/十一/五
論 七〇五/五/四
謁 一二二/六/五
07631
認 四八五/十一/三
謑 二四八/十一/四
07632
認 五三九/一/三
六〇九/五/二
謥 四六〇/十/六
四六四/二/二
詪 三六四/六/五
三六六/十一/二
三六七/一/四
三六七/二/六
五五〇/九/二
謘 六三九/九/一
六五三/十一/五
諑 五七〇/三/六
諵 四六一/六/六
諏 △六一四/十/三
07634
誤 五八六/四/一
譴 六/十一/八
諆 五九五/五/五
諢 五五〇/四/二
07637
謰 一〇八/四/七
07640
設 二〇五/七/八
二〇六/九/六
五九六/十一/三
詡 二五九/六/二
謸 一八九/二/六
二〇七/二/一
五〇〇/六/四
五九四/九/四
諔 六四三/四/一
六四三/六/二
七四九/二/一
諏 七九/九/三
二六七/一/六
二七一/一/六
謸 四七六/九/一
07641
譯 六〇五/四/二
謼 四四/一/三
一〇九/二/四
四七七/一/九
譸 四四七/六/一
讀 一六三/五/六
07647
設 七〇九/一/三
謏 四一〇/三/三
詆 五七一/一/六
諁 七一一/九/五
諱 一〇八/五/一
諼 二七四/八/二
謖 三九〇/五/五
四三八/十/四
譭 三一四/十一/二
讀 五七〇/三/四
五七〇/五/七

0765$_{0}$
訮 二八一/十一/二
二八六/八/五
二八六/九/四
二九0/二/三
0765$_{4}$
[illegible] 二二/十一/七
二三/二/三
[illegible] 一八/七/六
[illegible] 六/十一/七
一一/五/一
0765$_{6}$
諢 五五0/七/二
0766$_{0}$
詺 六0五/十一/四
0766$_{1}$
譫 二八九/十一/一
七七三/一/三
七七四/八/三
七七五/三/六
七七八/七/三
[illegible] 五七/二/八
0766$_{2}$
詔 一八一/二/七
五八0/三/一
韶 一八一/三/四
[illegible] 六一五/六/二
謂 七六五/二/三
七七八/四/四
七七九/七/六
0766$_{4}$
詻 七二一/八/六
七二四/九/二
七三四/十/五
[illegible] 四九一/二/五
[illegible] 一八二/三/五
譒 二0六/五/五
0766$_{8}$
[illegible] 四二/七/三
0767$_{2}$
詘 六七六/六/六
六七六/十一/五
[illegible] 一九五/八/六
0767$_{7}$
[illegible] 五五/三/一
[illegible] 一0八/四/六
諂 四五二/三/三
0768$_{1}$
譺 三二五/四/五
△四八六/四/四
五二七/五/六
七六0/二/八
譔 一六九/七/一
三八六/一/七
五七二/一/一
五七三/八/二
0768$_{2}$
歆 六一七/十/五
歆 三七/七/五
三八/三/三
歆 二七九/六/一
0768$_{6}$
讀 五五0/四/三
0769$_{1}$
[illegible] 七00/二/一
0769$_{4}$
[illegible] 五九一/五/六
[illegible] 二九0/一/一
課 二九/十一/六
[illegible] 四七六/八/六
[illegible] 二九/十一/五
0772$_{7}$
[illegible] 二二二/六/五
二二一/十一/二
鄗 二一五/八/一
0774$_{7}$
氓 二三七/八/一
0778$_{2}$
[illegible] 二八六/一/四
0792$_{7}$
[illegible] 二一二/八/三
二二一/十一/三
鶉 二三二/八/一
[illegible] 六一三/九/四
0798$_{2}$
款 一三二/三/五
[illegible] 一五一/四/三
五七六/一/四
0810$_{4}$
[illegible] 七五一/十/四
[illegible] 一八五/八/十
0810$_{7}$
監 一0八/三/九
一四一/六/三
[illegible] 六二三/二/三
[illegible] 六二四/八/一
0810$_{8}$
[illegible] 六三七/三/七
0813$_{2}$
[illegible] 七六七/三/二
0813$_{6}$
[illegible] 二五/七/一
四六七/一/四
四七八/三/四
[illegible] 六三七/五/三
[illegible] 一七0/二/一
0813$_{7}$
蛉 二四五/三/四

08141
竮 二四三/一/一
08146
竴 一二三/二/五
08153
䇋 四七一/六/八
08166
竲 二五〇/八/六
竲 二三六/三/一
二五四/四/四
二五四/七/三
08200
㫃 三六二/五/六
三八九/七/四
08211
旎 四五/十一/三
三一一/十一/七
△四〇五/一/八
四七七/七/五
08212
施 二五/四/一
三四/八/四
三〇八/二/一
四六六/十一/三
四六九/十一/一
08213
旒 三九四/七/一
旈 二六〇/九/五
08214
旌 二三八/三/二
旄 一九一/九/一
四〇一/二/二
四九六/三/二
五八七/三/三
瞿 六六〇/十一/三
08216
𣄃 四五三/三/一
旜 一六五/五/二
08217
氉 一六八/一/九
08220
斺 一九/三/四
二四/二/六
三八七/六/六
斻 二五〇/十/三
斾 五二七/十一/五
08221
旂 六一/九/五
旑 三一三/八/五
四〇三/十一/六
旖 三八/四/一
三一三/八/四
四七一/五/一
08227
斾 六九三/三/七
旸 六七三/九/二
旆 五一九/十/八
㫊 四五三/二/三
㫈 △四〇五/一/七
旓 一八七/十/五
㫋 六三七/三/五
膂 三三一/十一/二
㫌 三二九/五/二
08231
旚 一七九/十/七
08232
旅 六八/十/二
三三一/十一/三
08233
於 六三/二/三
九一/九/三
旝 四七五/六/一

08234
族 六一八/八/五
六一八/十一/二
六一九/二/三
六三七/四/四
六三七/六/三
旞 一七九/八/四
08237
旍 二三八/三/三
08238
旟 四六/八/三
四七五/六/二
08240
放 二一一/十/九
△四一五/十一/八
五九七/五/三
敝 五六六/九/七
敞 三三八/八/五
敵 七五一/六/一
敦 二三六/七/三
敲 五八二/九/三
08244
旗 三九二/四/三
三九四/十一/七
08247
斿 二五八/三/二
二六〇/九/六
旃 一六五/五/一
旇 三二/二/一
四九/二/七
三一七/三/三
四七二/七/四
蔟 五七二/五/一
08248
旐 一八二/六/七
二五八/三/三

三九二/四/四

08253

𣄴 四八三/五/五

08256

𣄃 六〇/九/二

三六五/二/一

08260

𣃘 七七六/五/三

七七六/十/一

七八五/七/九

08261

㫩 七七〇/二/七

七八六/八/四

08266

旝 五二二/十/一

08269

旛 一三五/十一/三

一三六/八/三

08281

旋 △一六九/十/三

一七〇/五/五

三八一/七/二

五七二/二/七

旗 五七/六/七

旟 六九/六/一

08286

𣄔 六二八/八/六

08291

旚 一七九/十/六

08327

鷔 六六〇/十一/二

鷔 三五五/一/五

08334

慠 五二九/十/六

慠 三五四/九/一

慠 一〇九/一/七

三四八/十一/一

慠 五二九/十/七

08336

鰲 六三七/七/四

鰲 三五五/一/一

08338

𢥠 四六三/六/三

𢥠 六二三/七/一

08340

赦 五九三/二/五

08404

婺 二五/八/四

08437

鰜 二九三/八/二

08440

效 三九三/一/四

三九八/一/六

五八二/五/一

敎 一〇八/三/八

一四一/四/五

一四一/八/二

一四二/三/五

一五〇/八/一

一七四/二/三

二六〇/五/一

三五三/三/七

三六六/六/二

四〇二/八/五

△五三〇/三/五

五五一/十一/一

五八八/四/五

08447

𩏂 六二三/三/四

𩏂 六二五/二/三

𩏂 六二三/三/五

六二五/二/四

08461

韂 六二三/九/八

六二四/八/八

08486

贛 六二三/九/九

贑 四六五/三/五

08502

擎 六三七/七/五

擎 一四一/七/七

08504

擎 三二一/五/三

08540

敏 三二一/五/六

三五四/九/四

08600

啟 四三八/四/七

08601

謦 一四一/六/一

08611

詐 五九三/十/二

詐 五九四/一/七

七二八/七/八

譴 五二四/十一/一

五八九/八/一

08612

詑 三四/十一/七

二〇五/二/三

謚 三三七/八/五

謕 二五/八/二

三一二/二/三

08613

説 五一一/六/一

五一二/二/四

七〇九/九/六

七一二/九/四

08614

詵 二〇〇/一/一
五九一/三/一
詮 一六九/五/四
08617
訖 六七五/五/三
六七五/九/二
諡 四七〇/五/五
四七三/七/二
謚 四七八/三/七
七四五/十/五
七五三/十一/一
謐 四七〇/五/四
四七三/七/一
08620
訡 五二七/二/七
08621
詅 二七九/三/四
齡 二七九/三/三
諭 四九四/十一/三
08622
診 三五二/三/三
三五五/五/二
五四二/四/四
08627
訪 一二九/一/三
誇 九八/一/七
三四四/一/三
三四四/三/七
五〇七/十/二
論 一二四/四/三
一四二/五/三
五五二/三/四
譎 七六七/十/六
讁 三八三/一/八
論 五八〇/九/六
08631
諗 四四一/五/五
六二二/九/二
七八二/八/三
諗 七八二/八/二
謔 三四/十一/八
譕 七八/十一/二
八四/五/四
三三五/九/一
08632
訟 一八/一/一
一八/二/四
二〇/五/四
四六四/十/三
讌 三八三/一/一
譲 五九七/四/五
08633
譢 四七四/十一/一
08637
詅 二四五/四/二
六〇六/十/三
謙 二九三/七/四
四五四/八/一
六二九/十一/七
08640
敬 三一三/四/一
許 三二八/四/五
三三九/五/一
三三九/六/一
謸 三一一/三/四
譤 五二九/十/八
譤 七五四/七/三
譤 二九六/九/三
六二五/三/一
六二五/四/一
六三〇/三/一
七八九/三/四
08646
誁 二八三/十一/一
譐 三六五/十/四
三六五/十一/二
08651
詳 二一一/三/三
二一三/七;七
08653
議 三八/九/六
四七一/六/一
08660
詒 三八九/一/六
08661
詥 七六九/七/一
七七〇/三/一
誥 二八四/五/一
齬 二八四/四/二
諧 三三七/八/四
譗 七八八/二/五
譮 二八三/十/十
譮 六二三/十一/四
08664
諮 四三一/五/四
08666
譄 二五四/三/一
二五四/七/五
譮 五二二/一/一
五二八/八/二
五二八/八/七
譮 五二六/九/七
08667
譫 二一三/四/一
08668
諮 四六四/十/四
08686
譣 二八七/九/三

二八八/三/九
四五二/六/五
六二八/八/五

0 8 6 9 4
誄 八七/五/四

0 8 7 3 2
詠 八七/七/四
鼕 一四一/六/七
饕 一四一/五/三

0 8 7 4 0
改 三三四/三/四

0 8 7 7 2
鼗 一四一/五/八

0 8 9 0 3
繫 一四八/九/五
一九八/九/二

0 9 1 2 7
靖 五七九/八/二

0 9 2 2 7
鹡 一九五/二/二
五八八/九/三

0 9 2 5 9
麟 一二一/三/五

0 9 2 8 9
黻 四二〇/三/五

0 9 6 2 0
訬 一八八/三/三
一八八/九/一
三九六/四/七
三九八/七/七
五七九/八/一
五八四/七/五

0 9 6 2 7
謗 一九四/十/二
五八八/九/六
誚 五八〇/一/六

0 9 6 3 1
讜 四一七/三/一
六〇〇/十/七
六〇〇/十一/二

0 9 6 3 9
謎 一〇一/五/五
五〇三/七/四

0 9 6 5 0
評 五五六/六/三

0 9 6 6 6
譖 二二〇/一/二
四一七/三/二
六〇〇/十一/三

0 9 6 8 9
談 二八四/八/一

0 9 6 9 4
誅 一〇一/五/六

0 9 7 2 0
鈔 一七八/五/七

10000

一 六六八/十一/四

10100

二 △四一六/五/九

四七三/八/七

工 一〇/七/一

亐 五一三/三/六

10101

三 △二八二/二/八

二八五/八/五

六二五/五/七

正 二三九/一/三

六〇六/五/七

巠 二四七/四/一

二四七/十/八

四二七/一/七

四二七/四/五

𤴓 六〇六/五/八

六〇八/三/五

三 四七二/十一/七

歪 四三九/四/二

豆 六〇六/五/九

霊 七七四/六/三

10102

亚 二五四/八/七

10103

王 六五二/十一/六

王 六一一/九/六

六四一/十一/二

六五五/五/四

璽 三一〇/三/一

璽 二四四/十/七

10104

五 三四〇/十一/五

王 二一八/四/六

六〇〇/三/三

六五五/五/三

至 四七二/十一/一

七〇一/十一/三

巫 四八五/九/六

至 一一七/六/五

巠 四二七/四/六

巫 五六/六/五

亞 一二四/十一/五

亟 四八五/六/五

巫 六〇一/九/八

（霊） 忝 △四〇七/五/四

靈 四六五/四/六

巠 五〇一/九/六

七二九/十/一

靈 三〇四/十/七

靈 六二七/十一/八

10105

晒 二五四/九/一

10106

亟 三一〇/二/八

亘 一六九/四/六

六一一/二/六

畺 二一七/八/五

五九九/十一/二

噩 七二九/十一/一

10107

五 三四〇/十一/四

亙 三二八/九/八

盃 一一〇/五/六

盃 一〇九/二/一

盂 四〇五/六/三

盂 一四三/九/二

盂 七三/一/三

六八〇/三/二

盂 七三/一/四

亞 二〇九/二/三

五九五/十/二

六七四/五/三

10108

巫 七八/十/五

豆 六一九/七/四

雵 七六六/十一/五

七六七/三/六

靈 六一〇/六/二

靈 一一二/十/四

靈 二四四/十/八

靈 一一/五/二

10109

丕 四八/十/三

四九/三/七

丕 六五五/五/五

10111

霏 七五三/二/五

霏 五八/七/六

霏 四四七/九/四

六二五/九/四

疏 六三九/十/七

10112

霓 二七七/十一/一

10113

琉 十二/三/一

琉 二六〇/十/二

疏 六六/三/七

四九一/十一/一

霓 七七九/七/五

10114

雅 一七四/一/六

霪 二七八/六/三

霪 四九六/十一/四

雅 九八/四

三〇二/十一/三

雅 七九/二/五

霆 二一〇/八/二
琟 四六/十/一
六五五/七/二
[illegible] 六〇六/六/六
[illegible] 二四七/四/四
[illegible] 四一/三/七
[illegible] 一〇五/十一/二
[illegible] 六六二/四/三

10116
璄 四二二/七/一
璮 三七〇/十一/四

10117
玩 五五六/一/五
[illegible] 二四六/十/一

10118
[illegible] 七七三/三/七
[illegible] 七七三/四/一

10121
琦 三七/十一/六
[illegible] 三七/九/六
[illegible] 二四四/六/一

10123
璾 四二/九/二
三四一/四/五

10127
[illegible] 九/八/五
霈 五一九/八/六
[illegible] 三三四/二/二
四九四/九/五
[illegible] 二二一/九/二
璃 三一/二/一
[illegible] 六三〇/一/二
霶 二二一/四/七
[illegible] 三〇三/一/五
霽 三七二/四/二
[illegible] 七三九/九/九
[illegible] 一六九/十一/十一

10130
玣 五七六/九/七

10131
璡 一一八/一/二
五四〇/八/五
[illegible] 一七九/二/三

10132
[illegible] 玹 一六二/七/五
一六三/八/八
五六九/十/八
[illegible] 五二七/五/三
[illegible] 三八二/四/二
瓌 一〇七/四/五
[illegible] 一〇七/三/九
瓖 二一二/十/二

10134
[illegible] 六四/一/二

10136
蚕 一三三/八/三
[illegible] 三〇二/十一/七
[illegible] 一五〇/九/八
[illegible] △七二九/十/二
[illegible] 三五/十/四
[illegible] 三五五/一/四
六六五/九/三
六六六/六/二

10137
零 二四五/一/三

10140
玟 一一九/六/一〇
一二八/五/四

10141
雩 七四/七/五
[illegible] 一五二/十/六
[illegible] 一二八/一/一
[illegible] 一二七/九/五
聶 七七五/十一/三
七七八/六/五
七七八/十/四
七七八/十一/七
七七九/二/三
七八〇/二/三

10142
[illegible] 七一八/十/六
七二六/八/七

10143
[illegible] 六七三/五/四
[illegible] 五二九/九/四

10146
璋 二一四/十一/四
[illegible] 六二四/八/四

10147
[illegible] 七四六/八/四
[illegible] 七八三/十/三
[illegible] 一四九/七/七
五五七/二/一
[illegible] 二三/七/五

10148
珓 五八三/一/八
琗 五三二/六/五
五三二/十/七
五四〇/五/一
六七三/五/五

10153
[illegible] 七六四/六/九
[illegible] 七六六/八/五
[illegible] 七六四/六/八
七六六/八/四
[illegible] 二八七/十/四
二八八/七/二
二八九/三/一
二九六/一/一

1015_7

珻 一一一/八/三

1016_1

䨲 二九〇/五/一

琣 三〇一/六/八

三四八/九/七

琂 一三五/二/七

䁐 四八三/十一/四

踣 二七八/十/四

二七九/一/三

1016_3

灀 五九八/七/四

1016_4

露 △五〇〇/三/四

△五〇〇/四/三

1016_7

瑭 二一九/五/四

1017_4

雪 七〇八/六/三

䨮 七〇八/六/二

1018_2

雵 四三/五/六

1018_6

䨽 二八八/五/五

聵 七三一/七/六

1019_4

霂 六三六/六/三

䨿 四五二/一/三

六二七/七/一

霖 二八一/八/一

1019_6

翞 二一七/十/七

1020_0

丅 四一〇/十/二

丁 二三六/五/二

二四三/八/四

1020_1

亍 四九七/九/六

六五三/九/三

零 二七八/十一/五

1020_2

雩 二九六/一/三

二九七/五/四

四四八/七/六

1020_7

丂 三九九/九/一

乛 一九六/二/一

丏 三七九/五/六

三八六/八/一

丐 五二一/五/二

亏 七二/十一/四

雩 六三/五/三

七三/二/四

七四/二/六

四九四/十/七

𩂋 二四二/九/二

1021_0

兀 六八五/七/四

1021_1

元 一三三/三/一

雫 七三六/六/六

靂 七五二/三/三

靡(?) 六三九/四/二

靇 六/四/六

𩇔 七八一/四/七

靇 二四五/一/五

1021_2

死 三一七/十/三

1021_3

靊 三三七/七/一

1021_4

碓 五二/六/九

離 三四/六/六

霍 七二五/四/四

七二九/一/五

七三〇/九/一

雜 五五二/一/七

靃 一〇五/十一/一

五二七/十一/三

䨥 六一五/九/一

䨣 十九/一/六

靃 一三/八/七

穫(?) 一六/十一/四

靃 三一〇/十一/五

七三〇/九/二

1021_6

霓 五六六/九/二

𧢃(?) 三六〇/三/一

霓 六〇/六/四

一五四/十/一

四七九/一/一

1021_7

雹 三三九/十一/七

電 五二四/二/六

霓 九八/六/二

五〇八/五/五

七〇四/七/四

七五四/八/一

1022_0

丌 五六/七/一〇

五七/五/五

1022_1

亓 五七/五/六

霏(?) 一三八/九/六

二四四/六/八

1022_2

雩 七/六/一

二七〇/三/一

四六四/五/二

10222—10237

	四九六/二/一
	六一八/七/六
10223	
𡗗	五八六/五/六
齋	五〇三/一/七
霽	三〇一/三/五
	三〇一/八/六
	五〇二/五/一
10227	
万	五四九/六/一
	七六三/四/六
帀	七七一/四/六
丙	五四二/八/四
	六〇四/三/二
而	五二/二/二
	二五三/七/一
兩	四一三/三/二
	五九九/六/一
雨	三二九/五/三
	三三三/十/二
	四九四/九/四
𠚤	一一〇/十/二
爾	三〇九/二/二
	三四三/七/三
帝	五〇三/八/五
脊	五六/五/六
雰	一二八/十/五
	一三〇/三/五
㝱	二二一/六/五
雩	二一一/十/六
	二二一/四/六
需	七九/四/五
	八二/一/二
	三八五/七/四
	五六〇/五/五
鬲	七五二/七/八
西	一三一/七/一
霄	一七七/十/五
	五七九/五/六
萬	七四〇/九/六
	七四一/一/一〇
霧	二二一/四/八
霧	七/六/四
	四六二/十/三
	四六三/二/五
	四九六/二/二
雱	二二一/十/三
需	一九七/二/三
霄	二三七/十一/六
需	六七二/八/二
門	五四二/四/三
霝	三三九/六/三
閃	三五五/七/八
	五四二/九/五
需	一〇二/四/九
	二〇二/八/六
霱	二一四/一/六
儒	五四七/十一/五
雱	二四六/四/七
霄	五九一/六/一
需	二一四/一/七
鷸	二一四/五/三
闌	五四二/十一/一
霧	二四四/十/九
霈	三五六/七/五
闌	一一九/十一/七
	五四二/十一/二
10230	
下	三四〇/九/一
	四一〇/十/三
	五九五/一/三
	五九五/七/七
10231	
雁	一七八/九/一
霳	六四三/一/七
10232	
豕	三〇八/一/三
	三〇八/一/四
	三五〇/四/九
豕	六四四/八/三
	六五三/七/四
	六五三/九/五
汞	三〇二/八/四
	三〇二/十/五
	三〇六/十一/三
	四六二/二/七
霂	一〇一/十一/五
	一〇四/七/六
	二七七/六/二
	二七九/四/二
霧	五二九/九/五
霂	一二/七/一
	四六三/六/一
震	一一六/七/二
	五三八/三/一
霥	四六二/十一/四
震	七三七/八/一
	七五〇/三/四
(弦) 弦	一六二/四/四
霖	七二七/八/二
霥	七/五/五
震	一五/六/一
	一九/七/五
張	四一五/五/四
10234	
天	六〇三/七/五
10237	
爪	一六〇/四/七

亢 一一五/十/二
[illegible] 二二一/六/三
[illegible] 二二一/六/四
[illegible] 一三一/七/四
[illegible] 二八一/七/五
二九一/一/三
[illegible] 三五八/九/三
[illegible] 六六/九/四

1024_0
[illegible] 一二八/七/一

1024_3
[illegible] 二五七/六/二
霨 四九〇/三/六

1024_4
[illegible] 七八九/六/三

1024_7
反 一三六/二/七
[illegible] 四四八/七/七
四五四/九/四
四五八/一/一
雭 七六四/七/五
七六六/三/七
[illegible] 七四七/二/四
[illegible] 七三七/八/三
夏 四一〇/十/六
四一一/四/二
五九五/一/五
[illegible] 六一五/十一/八
[illegible] 四二/四/五
[illegible] 七四五/一/八
[illegible] 六四〇/七/五
[illegible] 七六一/八/三
七六二/十一/八
[illegible] 六四〇/五/一
[illegible] 六一二/十一/四
六一三/三/三

六四〇/二/七
七六四/四/五
弴 一四一/六/四
一七四/二/四
[illegible] 一三九/三/五
霞 二〇七/九/三
[illegible] 一五/七/三
一九五/六/二
[illegible] 四一〇/十/四
五九五/一/七
[illegible] 二六四/十/四

1024_8
[illegible] 七/六/二
四九六/一/七
[illegible] 五八/七/三
[illegible] 七〇三/二/六
[illegible] 五六六/九/一
[illegible] 七四〇/二/三
[illegible] 五七八/八/二
六七九/九/七
七四〇/二/二

1025_3
[illegible] 一六一/十一/五

1026_1
[illegible] 七一九/三/八

1026_4
霱 七/六/三
二七〇/三/二
四六二/十/二
四六三/二/四
四六四/五/一
六一八/三/四

1026_7
[illegible] 二一九/十/六

1027_7
[illegible] 五六七/八/七

1028_2
豥 一一二/五/二
一一二/八/二
一一三/二/一
三四六/二/五
[illegible] 一一二/七/五
一一三/二/五

1028_6
彍 七二二/九/六
七三〇/十一/二
七三一/二/五
七三一/六/二

1029_4
霖 二一六/四/一
[illegible] 三四/三/三

1029_6
弶 五九九/十一/四
[illegible] 二一六/十一/五

1030_3
[illegible] 一四/九/四

1030_7
[illegible] 三〇四/八/二
四五七/十一/四
四六四/七/六
零 一六一/三/三
二四五/一/一
六〇八/四/八
[illegible] 四六/七/二
一〇九/二/五
[illegible] 二四五/一/二

1031_4
[illegible] 二四六/二/三

1032_7
焉 一三五/九/一
一六七/七/五
一六七/七/六

10331
忑　三〇五/八/二
四六五/五/三
忝　四八五/八/四
惡　九一/一/一
九一/十/一
五〇一/九/一
五九五/十一/八
七二九/九/一
惪　五〇一/十一/二
醮　一七九/一/一〇
五七九/八/六
五八四/八/三
醮　一七九/三/四
五七九/九/八
10332
忎　四八五/十/三
恧　六四五/九/四
七五八/五/一
憂　二六八/五/六
10333
忝　四五三/十/二
慈　一六二/三/三
10336
恵　一一七/三/二
悪　七二九/九/二
翿　七二九/九/四
10338
悳　二五七/五/四
10343
霄　一五〇/九/六
三八五/六/三
10351
霹　二七/六/二
二〇〇/二/一
五六六/九/三

10400
干　一四三/六/六
五五三/一/四
五五三/十/八
五五四/三/五
五六一/一/三
于　七二/十一/五
七四/八/三
雯　一二八/九/五
耳　二五〇/二/一
三二二/五/六
四二九/十/三
10401
雩　九二/三/一
霆　二四四/六/七
四二八/八/六
四二八/十/二
六〇八/四/一
霆　五七四/九/五
10404
要　一八二/十/八
三九二/三/九
三九四/十一/六
五八一/三/二
霎　七七一/三/四
七七八/二/七
七八九/七/二
霎　九三/三/二
霎　三三六/十/五
霎　二四五/三/三
霎　六七一/九/三
10406
這　△三七一/二/三
覃　二八〇/八/二
二八七/四/一
四四一/九/三
四五〇/五/三
覃　二八〇/八/一
10407
雯　六〇三/四/六
雩　二六六/五/五
霙　七三〇/八/五
霙　二三/八/五
10409
平　一六八/八/六
二三一/六/五
二三六/十一/七
二三七/二/五
六〇四/四/二
丕　四八/十/四
10410
无　七八/九/三
10411
霻　一九九/九/七
10413
霏　五八/七/七
10414
稚　一四三/十/二
雅　一四四/一/八
一六一/十/二
二三四/一/五
七四一/四/三
雞　一二二/五/五
一七一/五/六
五七三/六/二
雞　四八/一/六
雅　一六三/一/四
雞　一八三/一/二
雞　二七八/八/六
10417
氛　六二七/十一/七
七六六/十/四

七八一/四/三
䨮 七八二/三/一
10427
𠕋 六一/二/一
𠕋 三二六/十一/六
䨩 三三三/十/六
四九四/三/一
四九四/十/一
䨜 七三0/九/三
七三一/二/一
10430
天 一二七/四/八
一六0/四/五
夾 三八五/六/六
五六0/五/八
㝴 一六四/三/四
䨝 二二九/七/六
䨝 七二七/四/二
10440
霎 六七四/十/三
10441
弄 四六一/八/八
𩂀 六0五/四/一
10443
霁 四一八/四/一
10446
𢍰 一六二/七/二
一六三/八/七
10447
𩃎 七三八/六/二
10448
霰 六八二/一/四
10480
𣦶 三六二/五/七
10482
孩 一一二/六/六
10500
㪅 五二八/二/八
10503
霵 二八七/十/五
二九七/五/五
霵 二九六/一/二
霵 二八八/七/一
㪅 六九四/八/九
六九四/九/二
10506
更 二二八/三/三
二四八/八/七
六0三/四/七
霻 四二0/八/四
䨨 七二六/六/五
七四0/八/四
䨨 一五一/十/六
10527
霈 六七四/三/七
霸 五九二/五/二
七三二/六/二
10530
霙 二一八/三/四
四一九/五/四
霙 二三三/三/七
10532
䨵 九五/二/七
10557
再 五三五/六/二
䨮 六一七/六/四
10600
㕣 三一七/五/五
石 七四五/三/一
西 四五四/一/三
六二四/六/七
六二七/八/四
西 四二/一/五
九二/八/六
一五八/一/三
七二二/五/六
西 四一0/十一/五
五九五/二/八
五九六/一/六
囱 四四七/七/一
六二七/八/五
百 七三二/七/五
百 四三三/六/四
七三二/七/六
酉 四三一/十/三
面 五七六/五/三
10601
吾 六三/一/一
九一/二/七
二0九/五/五
䨕 七八五/十一/三
晉 五四0/六/八
五七一/八/七
䨕 五九五/十一/五
䨕 二四四/十一/一
䨕 七六七/十/二
七七一/三/三
七七八/八/一
七八八/八/五
七八九/六/一
七八九/七/三
七八九/八/六
善 五0一/十一/三
䨕 二七七/五/四
(䨕)雨 △六二一/五/四
䨕 二四六/十一/二
10602
畱 六一五/五/七
䨕 七六四/七/四

七六五/三/四

1060$_3$

吞 四二六/七/四

五〇九/二/九

⿱雨囟 五四二/六/二

雷 一〇九/四/八

三一九/二/七

五三〇/七/八

⿱雨酉 一〇九/四/六

⿱雨⿱酉田 二八三/六/六

1060$_4$

⿱雨各 七二四/八/一

⿱雨舌 七八七/八/六

七八八/三/四

1060$_6$

畐 六三九/十一/七

七六一/一/六

⿱雨备 五二二/二/四

⿱雨⿱各田 五二三/二/六

⿱雨⿱囟田 二四六/十/六

⿱雨⿱田田 一九一/六/二

1060$_7$

⿱雨君 三五七/二/四

1060$_8$

⿱丆日 五六/五/五

△五七/六/一

⿱吾否 五九五/十一/四

1060$_9$

否 三二〇/十/八

三二一/二/一

四三二/七/一

⿱不百 六六六/八/三

⿱不酉 二六六/四/五

1061$_0$

⿰石亡 二二一/十/七

1061$_1$

⿰石鹿 六三八/十/七

⿰石非 一九八/十一/一

五九〇/九/七

⿰酉非 四〇六/八/三

1061$_3$

硫 二六一/一/一

四九二/一/二

1061$_4$

硅 三三六/一/五

（碓）石 △五三〇/三/二

⿰酉隹 四六七/五/四

⿰石雔 七七四/七/二

⿰石童 二四/三/六

⿰音隹 七六五/四/二

1061$_6$

⿰石亶 一四五/三/一

⿰酉亶 三八四/五/三

⿰酉亶 三七九/十一/三

1061$_7$

⿰石亢 二二三/四/四

二二八/七/四

六〇二/二/六

⿰酉亢 四一九/三/四

⿰酉盍 九七/四/六

⿰石𤬪 二四〇/六/二

1061$_8$

砬 七六七/四/二

七七三/三/三

1062$_0$

可 一九五/九/四

四〇三/八/六

1062$_1$

⿰石亍 二四四/二/四

哥 一九五/九/五

碕 三七/十/三

三七/十一/七

六一/十/五

三一三/二/三

1062$_3$

⿰酉齊 五〇二/十/四

1062$_7$

磅 二二一/五/二

二二一/八/二

二二九/十一/八

⿰酉市 六九二/九/六

⿱雨⿰酉亏 二七八/十一/四

⿰石商 七五〇/七/七

⿱夭甬 四二〇/十/四

四二一/一/一

四二一/一/四

碻 六五六/十/六

⿰酉旁 二二一/三/七

⿰酉离 三一/一/八

⿱雨⿰月易 二一一/八/三

⿱雨⿰酉呂 五二一/七/四

六八七/七/二

1063$_1$

礁 七四五/二/四

醮 一七八/十/四

1063$_2$

⿰石衣 三二七/一/二

⿰石康 二二三/四/七

⿰石適 七五〇/七/八

⿰石褎 三九一/十/六

磁 五三/十一/二

⿰石衰 一〇四/十一/四

一〇五/五/三

一〇七/六/二

一〇七/九/四

⿰酉麼 四〇六/八/二

⿰石襄 四一五/四/六

⿰酉襄 五九九/七/一

1063_3

礠 五三/十一/一

1063_6

醷 △三二五/六/三

七五九/十/七

1064_0

砇 一一九/六/十一

[酉府] 四九五/九/八

1064_1

霹 七四七/八/四

七四九/四/六

礕 七四九/四/七

[酉辜] 一二一/十/五

1064_7

[雨酸] 一四九/九/七

醇 一二一/十/三

1064_8

硣 一八五/八/五

碎 五三二/四/七

[酉交] 一八四/八/五

醉 四七五/二/五

[石駿] 五八二/九/二

1065_7

酶 一一一/七/四

[酉毒] 五三三/六/六

1066_1

醅 一一〇/八/二

二六七/三/一

四三七/十一/三

磊 三四九/一/六

醅 二七九/二/五

二八四/四/三

六二二/七/一

[酉音] 四四六/二/一

四五六/二/五

1066_3

[雨吅] 一〇九/四/四

霝 二四四/十一/四

[雨畾] 一〇九/四/七

[雨㗊] 二四四/十/一〇

[雷雷雷] 六一〇/三/五

1066_6

[雨𢆶𢆶] 五七四/五/四

[雨畐] 六五九/一/二

[雨畾] 一〇九/四/一

六一五/九/五

[雨畾] 一〇九/四/二

1066_7

磄 二一九/四/四

1068_2

硋 五三六/十/四

1068_6

礦 四二〇/十/六

1069_3

醾 三二/十一/五

1069_4

礁 七七一/八/五

七八五/四/六

[酉麻] 四〇六/八/四

醿 三二/十一/三

醿 三二/十一/四

1069_6

醇 二一七/一/三

醇 五九九/四/八

1071_0

[二𠂆] 三二五/三/二

1071_1

[雨甚] 四四七/九/五

1071_2

雹 六五〇/五/三

六五九/一/一

1071_4

[瓦隹] 三〇六/四/一

[雨毛] 六六六/八/二

[雨瓦隹] 三〇六/五/三

1071_6

[奄] 一三三/七/五

電 五六七/八/六

[雨奄] 四四六/二/二

四五三/五/一

[瓦鹿] 二一九/五/五

1071_7

瓦 三一四/四/四

四一二/四/四

五九六/九/六

[雨电] 一四二/四/五

[𢀶] 一六四/三/五

一六四/七/五

[奄] 一三三/七/六

[雨奄] 二四五/一/七

[雨奄] 二四五/一/六

[雨兒] 二四五/八/五

[奄] 一三三/七/三

[奄] 一四八/一/四

[雨奄] 二五/六/七

1072_1

[雨夸] 二七八/十一/三

1072_7

[雨鳥] 五二一/七/五

1073_1

云 一三〇/七/一

雲 一三〇/六/五

1073_2

〔玄〕 [玄] 五〇〇/八/七

[雨衣] 二一五/八/三

二二一/二/四

10746
爵　七一九/三/一〇

10747
夏　七八/十/七
夓　七八/十/六

10772
雪　六八一/六/五
靁　二八三/六/七

10775
霅　二八六/四/四

10777
邢　四三一/十/四

10801
疋　△六六/三/四
仌　一六〇/四/六
䨦　七八〇/九/四
䨵　四二/十/五

10802
死　六七六/八/六

10806
頁　七〇二/九/一
貢　四六二/五/三
賈　三三九/九/四
　　四一一/一/五
　　五九五/七/三
霣　一三八/九/五
　　三五六/七/四
　　五四六/七/七
賈　六一八/七/三
霣　七三九/四/五

10809
炗　二七八/八/三
　　二八四/九/七
　　二九〇/七/六
票　一七九/七/二
　　一八〇/一/二

10814
霆　一〇〇/三/四

10886
霙　二八八/五/四
　　二九六/四/七
　　六二七/二/三
　　六二七/五/六
　　六二八/十一/一
　　六二九/十/五
　　六三〇/五/六

10889
霰　五三八/三/二

10900
不　四七三/六/七
不　五三六/十一/三
　　六八七/八/四
不　七七/十一/六
　　二六六/三/四
　　四三二/七/二
　　六一三/二/四
　　六七四/五/五

10901
示　三五/五/八
　　五一/十一/四
　　四六六/九/五
　　四七三/六/六
栗　二六七/一/二
　　四三六/二/二
票　五八一/十/六
䨙　四六六/二/六

10902
䨕　七三八/六/四

10903
粟　△五七/八/四
粟　四九九/一/五
䨪　七三六/二/一

10904
栗　六六七/七/五
　　七一一/七/五
粟　六五二/十/四
粟　六六七/七/四
㮚　七七八/九/二

10906
秦　三八〇/十一/二

10914
雜　五六二/三/六

10921
䨏　七三六/一/九
　　七四八/八/四

10927
祊　二一二/一/三

10948
霰　五六六/九/四

10963
霜　二一五/十/四
　　五九八/七/三

10994
霖　二七八/二/五
霖　七五三/二/六

10999
秝　二九〇/一/九
秝　二九八/一/三

11000
北　四二〇/十/一〇
　　五六一/三/一

11101
坒　二五五/十/四
　　五九〇/九/二
韭　四三一/二/五

11103
璽　三四/五/四
璽　三一〇/三/六

11104

坒 二五五/十/五

墼 七八二/三/六

坒 五一九/一/五

五一九/十/七

五三一/四/一

壐 三一六/八/四

[illegible] 三二六/五/二

三二六/七/二

四八七/九/四

11107

盐 一六三/一/三

11108

[illegible] 七八二/五/三

11109

[illegible] 三四/五/一

[illegible] 四一三/九/四

11110

北 三二一/二/六

五三一/三/三

七六二/九/一

玒 九/十一/一

一〇/八/五

二二/三/三

缸 二九/二/三

羾 四六二/七/二

玭 一〇〇/十一/六

一一八/十/二

一五九/六/五

玼 二九/三/四

三一〇/六/一

三四一/五/六

四〇五/三/八

11111

非 五八/十/四

三二六/二/六

耻 二三九/四/四

珏 三八七/四/二

琲 三四七/九/五

五三一/六/二

瓑 七五三/五/八

瓏 六/七/五

一九/五/二

11114

珏 六五六/三/五

班 一五二/十/二

斑 一五二/十/五

[illegible] 五〇/十一/一

六六三/四/一

七五七/七/五

[illegible] 七/三/二

六四〇/十/八

六四四/十/五

七六一/六/三

11116

彊 二一七/八/六

四一三/十/四

11117

非 三九八/三/五

瓨 九/十一/三

一五/十一/七

二二/三/二

二二/九/三

二二四/四/三

甄 二三四/九/五

二四七/八/六

[illegible] 五五/五/六

[illegible] 五六/九/二

甄 一一六/二/一

一六五/七/四

五七五/一/六

甄 一六七/一/七

五三八/六/四

瓿 二五二/七/四

瓸 四二三/二/一

琥 三三九/四/四

瓐 八七/十/三

璩 三九九/七/八

五八五/六/一

甗 二四五/八/四

瓛 三八九/九/一

甗 七七八/九/三

11120

玎 二三六/五/三

二四三/九/二

耵 二四四/四/五

四二七/十一/五

玡 五九六/三/六

珂 一九六/一/二

訂 二三六/五/五

11121

珩 二二八/十/二

11127

巧 三九七/三/一

五八二/十/一

玙 七三/三/二

聏 五二/七/四

六四五/九/八

瑪 四〇八/九/五

瓀 一七一/四/七

璃 一六九/十一/五

[illegible] 七六/一/二

瑀 六七/十一/三

八六/五/三

聊 四一/一/一

璿 一六九/十一/四

翡 四八七/七/二

11131

耺 一三〇/九/五
二五二/四/一
璦 六七三/五/一

11132

瑑 六六一/三/一
聴 六四五/九/六
[illegible] 三〇二/十一/六
璩 六四/九/二

11134

瑍 一七一/四/八
三八五/九/七

11136

[illegible] 七六二/九/二
七六二/九/三
蜚 五九/三/二
三二六/五/一
四八七/十一/四
五三一/五/二
[illegible] 七八二/五/一
[illegible] 四八七/九/三
[illegible] 一三三/八/二
[illegible] 三二六/四/六
四八七/九/二
[illegible] 二一七/十一/四

11140

玕 一四三/八/八
玗 七三/三/一
珥 二五〇/一/六
三二二/六/四
四八三/九/四
聑 七三九/十/一
七六一/九/二
七八一/二/三

11141

[illegible] 三三五/八/三
[illegible] 五八六/九/三

11147

[illegible] 二九八/八/一
瑴 六三九/三/二
六五三/十一/四
[illegible] 一四二/六/五
三〇四/二/一
七七九/二/二
七七九/四/六
七八三/十/七
[illegible] 六一〇/七/七
[illegible] 六六二/四/八
七三三/十/七
[illegible] 七七四/六/四
[illegible] 七八〇/五/一
[illegible] 一九五/八/三
[illegible] 二六四/七/一
[illegible] 一八一/七/二

11149

玶 二三一/九/三
[illegible] 八六/五/四

11150

琗 三〇一/七/二
三〇七/一/七

11160

玷 二九三/一/二
四五四/一/六
六二八/一/八
聸 二九三/二/一
七八一/五/八

11161

珸 九一/四/六
聢 五〇二/一/三
瑨 五四〇/八/四
瑎 一〇四/一/三
一〇四/六/二

11168

璠 五一六/四/六
瑨 五〇九/四/六

11177

珋 二六〇/十/三

11181

瑱 三七九/十/八
瑱 五四二/二/五
五六七/七/三
五六八/四/四

11186

項 三〇六/十/三
頸 四八/十一/一
一〇六/二/四
一一一/二/三
頛 三〇二/十一/一
項 四二八/六/五
六五四/七/二
六五五/七/六
頸 二四〇/九/四
二四一/十一/一
四二五/二/四
四二六/一/三
[illegible] 六三九/四/五
頭 二七一/八/六
頭 三四〇/十/四
[illegible] 一六八/六/二
一七二/四/四
三三二/九/五
五七〇/九/八
顛 七三〇/一/六
[illegible] 七七九/二/一

11191

[illegible] 五八一/七/六
五八一/十一/三

11194

瑮 六六七/八/四

璪 六六七/八/三
璪 六四/九/四
璪 六四/九/三

1119_9
琳 二〇一/八/六

1120_1
琴 二七九/十一/四

1121_1
䨴 六〇七/二/六
麓 一六一/七/二
麗 二五/十/六
三〇/九/一
三四三/二/八
四六九/二/四
五〇五/七/六
麗 九六/六/二
七五二/五/五
龐 四六九/三/一
龍 一六一/七/一
一七二/五/三
七〇四/八/二
七一四/三/二

1121_3
隊 一〇六/七/三
彊 三八二/八/一

1121_4
彊 一六五/七/三
五七五/二/二
彊 一六七/二/五
䃺 三六二/九/一

1121_6
貆 一四六/八/三
彄 二六八/六/五
二六九/六/一
彊 二一七/八/九
二一七/十一/一

四一三/八/六
五九九/十一/三

1121_7
瓨 二四四/六/六
豟 七四一/二/二
瓸 七八二/二/六
甂 五/五/四
弫 五五/三/六
弫 三五二/三/五
甂 七五二/八/一

1121_8
弡 六一二/四/五

1122_0
豣 二四四/四/三
六〇八/三/一

1122_1
弸 五五一/五/一

1122_3
槊 四二三/一/五

1122_4
鬭 二七九/十一/七

1122_7
禰 三四/五/三
彌 三四/三/一
九八/五/三
一〇一/五/三
三一六/七/三
弜 九〇/六/六
九二/一/二
蒲 四八二/三/一
丽 五〇五/七/七
背 五三一/一/七
五三一/六/三
脊 七四三/十一/八
背 四八七/五/六
骊 五二/四/六

䨜 四七四/一/四
彍 七四〇/四/四
七四〇/十一/一
七四一/五/一
彏 二一七/十一/六

1123_1
祄 五〇五/七/八

1123_2
豯 一一九/五/一
一五二/九/七
張 八七/七/六
張 二一六/四/五
五九八/十/五

1123_4
𩐱 九三/九/三
一一五/八/五

1124_0
豣 一六一/七/三
三八〇/十一/九
弙 五五二/十/二
豣 一六一/十一/四
五六九/八/四
弭 三一六/四/四

1124_1
豨 七七八/九/六

1124_6
𧲸 一六八/十/一

1124_7
夎 五四一/九/二
㪟 六二一/二/二
𣫍 四六三/七/五
㪙 六六一/九/五
六六二/一/四

1126_0
禇 二五二/二/二
弻 六六六/二/六

弻 六六六/二/五
1128_1
𢐅 五四二/二/六
顛 一六〇/三/三
1128_6
頂 四二七/十/七
碩 六八五/十/七
預 四九三/五/一
頑 一五五/五/五
彊 七三/十一/三
額 五五二/二/六
顢 一〇/二/五
頿 一七六/六/二
一八八/十一/五
顬 八一/九/七
1129_1
彯 一八〇/十一/二
1129_6
貆 一三三/六/一
一四六/八/一
1132_7
鴷 三九七/二/三
驀 四八七/二/一
1133_1
甄 七八二/五/二
悲 四九/三/六
瑟 四八四/四/一
六七三/四/四
熏 三七九/八/七
三八〇/十/四
三八一/三/二
1133_2
恐 一八五/八/一
五八二/十/二
1133_6
鬻 七八二/四/六

1134_7
敪 二四九/一/四
1138_6
類 二八四/六/三
1140_0
斐 四九/三/八
五八/十一/二
三二五/十一/八
三二六/五/三
1140_1
延 一六六/四/二
1140_4
妥 三九七/二/六
嬃 三四/四/六
一〇一/四/一
三八二/八/二
婓 五八/九/一
五九/六/六
1140_6
迺 三五一/十一/四
1141_0
鼪 五七/三/六
1141_7
瓶 六〇三/九/一
六〇五/二/二
瓶 二三四/九/四
二四七/八/五
甈 七八二/二/五
瓩 二〇九/三/五
1142_0
玎 二四四/一/二
1142_7
孺 八二/一/四
四九七/五/四
彍 四一三/九/三
1143_0

斐 五八/十一/一
四八七/五/四
1144_0
开 一六一/六/一
△一六一/九/一
一六三/一/八
一七七/九/二
弭 七八二/四/一
研 五〇六/十/五
五〇八/四/七
1144_7
玟 一四三/八/七
1148_6
頊 一四三/二/三
一四三/四/六
一四三/六/五
五五四/二/二
六八七/十一/五
頵 四五二/八/四
頮 五三三/六/四
顡 四七八/九/一
頣 四四四/三/二
四二八/六/四
頚 四四一/二/五
1150_1
芈 五三一/三/二
辈 三二六/五/四
四八七/一/一
四八七/十/五
五三一/三/一
1150_2
掱 四八七/三/五
礊 一六二/十一/五
1150_6
韭 五三一/二/七
輩 五三一/二/六

1158_6
頨 四七/四/六
三五六/三/四
三五六/八/三
1160_0
砕 四二〇/十/九
1160_1
𣅀 五八/九/六
一一九/四/一
醿 一〇一/三/五
晊 五四〇/六/五
1161_0
矶 六八五/八/四
矼 二二/三/一
二二/六/六
二二/七/七
四六二/四/七
砋 △三二二/二/三
酏 三二一/七/七
砒 四九/十/四
一〇〇/十/一
一〇一/二/一
䣯 三二一/七/六
𩈊 四六七/四/五
1161_1
硁 二三三/十一/二
六〇七/四/四
礰 七五二/六/六
䣵 六〇五/七/四
䃞 四〇三/三/五
翫 五五六/二/二
醱 七五二/九/八
醨 二五/八/九
三一/六/四
三〇九/六/二
四六七/十/五
醨 六六/五/一
1161_2
磠 六三/五/五
1161_3
珁 六四八/十/三
六五五/七/三
1161_4
硜 一一六/一/二
一二五/二/八
1161_6
〔碹〕 硊 六一一/四/二
礓 二一七/九/六
醧 二六八/一/一
四九〇/九/三
醧 六一七/八/七
1161_7
砨 五二四/二/八
甌 七三二/九/一
䍒 九一/八/八
硻 二〇九/三/三
甗 一〇九/六/五
醘 八八/十一/二
酟 六四/十/一
四九一/六/四
酟 三二九/四/一
七二二/二/五
醢 七三/四/一
醢 七四/二/三
甗 一九五/十一/六
磃 六〇九/八/一
甗 六一五/六/四
醢 七四/八/一
礶 二一〇/十/三
1161_8
礨 二四六/五/四
醹 二四五/五/三
1162_0
矴 六〇七/十/七
砑 五九六/二/六
酊 四二八/二/二
砢 一九六/一/三
四〇四/十/二
四一〇/六/一
1162_7
碼 四〇八/九/四
礝 三八五/九/六
酉丐 三八六/七/六
面丐 三九八/七/九
礵 三五六/六/二
七二〇/五/一
碥 七四〇/三/三
七四〇/十/三
醹 八一/十/二
三三六/五/二
三三七/四/四
醨 七五二/九/七
礪 五一四/五/一
礴 五九二/五/五
1163_2
碾 六〇四/一/二
酥 六〇五/一/四
醵 四九一/六/三
七二二/二/四
醵 六四/九/七
1163_4
碶 三八五/九/五
1163_6
磃 四九三/三/三
1163_7
磟 二四六/五/五
醪 二四五/五/四

11640
矸 一四三/十/六
三六七/十一/七
五五三/一/三
五五三/十/五
五五四/四/三
硏 六九四/十一/二
研 一六二/十一/三
五六九/七/八
酐 四一九/一/二
⿰面干 三六七/十一/四
五五三/十/二
破 一六八/三/五
⿰酉耳 四七七/六/九
⿰酉耳 四八三/九/一

11641
⿰石弄 四六一/十/六
七三一/十/五
⿰石屖 九五/二/六

11646
硬 四二〇/七/四
六〇三/五/五
⿰石卓 三九一/三/四
磹 六二四/八/三
六二八/二/三
醰 二八〇/十一/五
六二四/六/八
醰 四四七/八/三

11647
⿰可支 四〇三/十/二
五八九/五/三
⿰君攴 一三一/十一/五
敲 七六一/三/五
鼔 二四六/七/四

11649
砰 二三七/三/五
二五〇/四/五
六〇五/五/一

11652
⿰酉犛 三二一/二/七

11660
砧 二七七/七/六
砳 七三九/十一/六
磠 三三九/一/三
皕 四八一/十一/二
七六一/四/三
酟 二九二/十/五
⿰面占 二九三/二/四
二九六/六/三
⿰酉面 三八六/七/五

11661
⿰石晋 七二七/十/七
⿰石皆 一〇四/一/四
一〇四/七/五

11663
礌 三四九/一/八
五三〇/七/七
醽 二四五/五/二
䨻 六〇五/四/六

11666
⿰畐畐 六一二/十/五
七六一/二/三
七六一/五/九
⿰畐畐 六四〇/七/七
七三八/二/二
七六一/二/八

11681
磌 一一六/二/二
一三二/一/三
一六〇/八/二

11682
⿰石厥 六七八/九/四

11686
碩 七四五/四/二
⿰可頁 一九六/二/四
四〇三/十/一
四〇四/九/七
頢 一一一/二/四
碽 一〇/八/七
一六/一/二
頵 一二六/七/五
一二七/二/二
三五七/一/二
⿰吾頁 九一/八/七
⿰面頁 五三三/六/五
⿰酉頁 二八三/六/一
四四五/四/一
⿰亘頁 三〇六/九/三
⿰盍頁 二四五/七/三

11690
⿰酉不 一一〇/八/三

11691
磦 一七九/七/六
醥 三九六/一/五

11694
碟 五二五/一/五
磔 六四/九/六
磔 六四/九/五

11711
⿰飞飞 三〇/九/二
琵 四九/四/五

11712
⿰面丙 五二/六/三

11714
⿰面區 三六九/六/五
三七三/四/一
⿱非毛 五九/二/六
⿱非毳 五八/十/一

五九/二/四
11717
𧖴 三八五/七/六
五四一/九/三
琵 三二六/一/一
琵 四九/二/三
琵 三二六/五/七
琶 五九/五/一
四一/三/二
四八二/六/七
琵 二〇三/十一/五
琶 五九/六/七
一一〇/十/五
鼉 一〇一/五/二
11732
裴 五九/二/七
五九/四/二
一一〇/十/四
䰠 七八二/四/五
饕 五八/十一/五
三二六/四/三
四八七/二/五
11772
舀 二八六/二/二
11777
䨽 一七七/九/四
11786
頙 三五〇/四/二
11801
巽 四七九/三/二
11806
賛 五三一/六/五
11807
䪴 二七九/十一/五
11809
燚 一二九/三/七

三七九/一/一
三八二/六/四
四八〇/一/一
六〇六/十/一
焚 二七八/八/四
㷆 四八七/九/五
甄 七八二/五/四
㷊 四二三/一/四
11886
頳 三八三/六/六
三八六/二/一
五五一/六/四
五七三/九/二
11904
柒 四八一/十/九
五三一/四/二
五三一/九/五
栞 一四三/五/七
一六七/二/七
棨 一四三/五/六
棐 五九/四/三
三二六/三/二
三二六/四/一
槃 七八二/四/七
礫 一六三/一/六
11906
檠 三八〇/十一/一
11917
瓶 一一〇/七/三
瓻 二〇二/三/八
四〇八/一/二
礚 四九二/一/六
11921
祈 五六/十一/四
11947
㲄 一七九/六/三

䨻 四〇二/一/三
11986
𩑛 一〇五/十/四
一〇六/二/五
一一一/二/二
顆 一八〇/三/六
三九五/十一/四
三九六/三/七
五八一/九/四
類 一六五/六/八
11991
祢 五五八/三/三
12100
刈 一七四/三/一
丑 六八九/一/三
刊 十/八/一
刑 二一六/一/六
刋 五七三/四/一
刭 二四七/五/二
四二七/二/一
四二七/四/三
六〇七/三/四
剥 六三五/十/九
六五八/三/七
刵 六二〇/八/五
刵 四八三/十/七
五一一/十一/七
五三七/五/六
到 五八七/十一/五
剅 二七一/五/六
剅 二五四/八/三
劚 三一/五/四
三四三/一/七
三四三/二/一
五〇六/一/一
剄 二〇九/三/四

五九六/一/一

剕 四八七/五/二

⿰王刺 六八九/八/二

⿰雪刂 六九四/五/三

⿰耳刺 六八九/十/三

⿰耳制 五一〇/八/四

1210$_{4}$

坔 四七六/一/七

⿱孫至 四七三/二/一

四七六/九/四

四八四/十一/二

⿱孫坣 四七二/二/三

⿱孫坐 四七六/九/六

1210$_{6}$

⿱蚤土 三七一/三/四

1210$_{7}$

⿱列皿 五一四/十一/三

1210$_{8}$

登 二五二/六/一

六一〇/四/四

1210$_{9}$

⿱癶金 五〇三/一/八

五一〇/七/三

五一四/二/四

五一五/一/二

1211$_{0}$

耴 六六九/五/六

七七九/三/一

七八〇/五/五

⿰朋乚 七七九/三/二

⿰羽乚 七九〇/一/四

1211$_{2}$

⿰羽巤 七七五/六/六

1211$_{3}$

珧 一八二/九/四

聎 一七四/九/二

一九三/十/八

一九四/九/五

1211$_{4}$

⿰王毛 七二四/一/六

⿰丑毛 六一九/九/二

七二五/六/七

毦 四八三/十/八

⿱登毛 二五二/八/一

璀 三四八/二/五

1211$_{8}$

璒 二五二/七/一

1212$_{1}$

⿰耳斤 五一〇/八/五

1212$_{2}$

⿰工彡 一〇/七/二

1212$_{7}$

琇 四三二/三/三

六一三/四/五

瑞 四六七/六/四

瑀 三三四/一/二

聥 七三/十一/四

三三三/三/三

三三三/十/一

四九四/十/六

⿰羽喬 一八四/五/五

瓗 二九/一/一

一〇〇/二/四

二四一/五/五

四七〇/六/六

五〇九/四/五

1213$_{0}$

⿰子厶 三二三/七/八

⿰王爪 三九八/九/二

⿰王厶 四二/一/一

1213$_{1}$

⿰王斤 四九九/三/六

1213$_{2}$

⿰耳厶 一七七/六/四

1213$_{3}$

聯 一六六/九/三

五七四/一/三

1213$_{4}$

璞 六五八/八/三

1213$_{6}$

⿱孫虫 三七一/三/五

三八八/八/四

1214$_{0}$

⿰羽氐 三五/九/五

四六六/十/四

聜 三五二/四/三

五三八/七/五

1214$_{1}$

珽 二四四/四/四

四二八/五/一

1214$_{2}$

⿰王彭 一二八/五/五

1214$_{7}$

璦 五三六/九/六

琈 七七/七/二

二六六/九/一

⿰王季 四七八/十/四

⿰耳孚 七七/一/四

瑗 一五一/十一/七

五四七/七/五

五四八/三/一

五七五/四/八

⿰羽爰 三〇二/五/四

四六一/一/六

1215$_{3}$

璣 五九/十/五

六二/二/一

四九九/六/三

	四八八/十一/一	剢	六三七/九/五	種	一六/十一/五
[illegible]	六九七/八/三	列	五一四/四/四	毹	一二/十一/五
瓆	四八八/十一/二		七一一/三/一		一七/五/一
12157		耏	五三五/一/八	毹	三〇三/十一/五
琤	二三五/八/五	剌	一六三/十/三		三五三/八/八
	二三六/四/六	刓	一四七/十一/五	毸	八〇/四/三
12161		引	三五五/十/七	12217	
垢	四三七/一/三		五四三/二/四	豝	二五/二/六
12163		剥	一六九/五/一	凳	六一〇/五/二
瑙	四〇三/三/四		一六九/八/一	虢	三〇八/一/二
12164			一六九/十/一	12221	
聒	六九一/二/六		一七一/八/三	豻	六六一/二/五
聏	七九〇/一/一	剹	二五六/五/三	祈	二七/四/二
12169			六四五/十一/二	㹷	五一〇/十一/六
璠	一三五/十一/二	劉	二七三/九/二	12222	
	一三六/八/四		二七四/一/七	彩	六五三/七/五
[illegible]	一三七/二/一	劉	二七一/三/五	彩	六五三/九/四
12172			二七一/三/六	耏	五二/三/二
琺	四〇三/三/六		四三九/四/一		一一五/八/七
聉	三四八/九/一		六一九/二/五		五三五/一/六
	五二八/三/六	㔍	八二/一/三	務	三一一/九/三
	六九六/二/一〇		三一〇/一/五		三四五/八/二
	六九七/三/三		三八五/十一/一	彭	二九/十/八
瑶	一八二/七/四	劀	六九五/十一/七	12227	
12177		劉	六九二/七/九	豹	七五四/一/六
瑫	一九三/八/三	劃	七三五/五/六	矞	一七七/四/八
12186		弼	一六三/十/四	鷸	三六/三/四
瓚	六六二/十一/四	劘	五〇六/一/二	12228	
12193		劙	七三一/二/七	秝	二一八/二/三
聯	一七一/九/三	12210		12230	
12194		凧	一三九/八/五	水	三一七/九/三
璅	四〇一/七/七	12212		沝	三〇九/十/二
	四〇六/九/七	獵	七八〇/二/一		三二一/十/二
[illegible]	一八八/四/一	12214		弧	八八/十一/六
[illegible]	七五二/七/二	翟	七一一/五/九		九二/二/六
12200		氄	三〇三/十一/七	[弘] 弘	二五五/一/五

⿲木彡水 七七八/十/五
⿲木甫水 二六一/二/六
⿲木石水 六八八/七/五

12232
癶 六九二/二/四
⿱木⿰木水 三九六/五/一

12234
豯 九七/八/三

12240
弤 一七四/二/五
三四二/五/五

12244
⿰歹委 Δ四七一/七/六
⿰弓委 四六七/九/三
四六九/九/二
四六九/九/三
Δ四七一/八/一

12247
⿰矛夋 九/三/六
弢 一九三/六/四
發 五三七/四/四
六八〇/七/五
六九二/四/六
酸 四六一/二/三
酸 九/二/一
三〇二/六/二

12261
猎 四二七/十一/一

12269
⿰豕番 一三七/一/七

12272
⿰豕出 六九七/五/六
⿰豕出 六七二/十/一

12293
⿰豕絲 一八二/六/五

12300
剹 二四六/四/八
六〇八/五/四
剹 六七三/六/六

12307
弖 七六八/八/二

12327
鴷 五一四/八/一
七一一/五/七
鴷 七一一/五/八

12330
烈 七一一/三/五
⿱列心 七一一/六/一

12336
⿱列魚 五一四/八/四
七一一/六/二

12339
愻 五五一/六/一

12400
刋 一四三/五/五
刑 二四七/七/三
剄 三八五/十/八
剄 六二〇/十一/六

12401
廷 二四四/五/一
六〇八/二/五
六〇八/三/六
廷 一六七/三/八
二三九/一/二
三八八/八/一
五七四/七/一

12403
巡 一七二/二/六

12404
⿱列女 七一一/五/二

12407
癹 六九二/八/一
六九三/一/七

12410
孔 三〇二/九/二

12413
飛 五九/一/一

12421
⿰子析 五一〇/十一/一
七〇九/四/六

12422
形 二四七/六/六

12427
劽 七一一/八/四
⿰子禹 三二九/四/二

12430
孤 三〇二/九/三
孤 八九/六/一
癸 三一九/九/二
⿰癸瓜 九九/二/三
⿰癸瓜 九九/六/四

12436
⿰子蒸 五一〇/十一/二

12493
孫 一四〇/八/四
五五一/五/五

12600
⿰召刂 一七四/三/二
⿰石利 六六〇/五/五
硎 二二八/七/三
二四七/七/四
酬 二六四/三/八
酬 二六〇/六/七
⿰石利 六五八/八/一
六六〇/五/四
副 六一二/十/四
六三六/一/六
六四〇/七/六

七六一/二/七
剳 四〇四/十/七
七四七/十一/五
七五二/六/四

1260_1
砻 六八八/七/六

1260_3
砮 七七二/六/一
七七二/七/二

1261_0
矶 六九五/六/四

1261_1
䂢 一〇四/九/三

1261_2
礲 七七五/六/二
七八〇/一/二

1261_3
砒 三九一/三/五
三九二/八/五
磈 三四六/十一/二
三四七/九/二
三四九/二/一〇

1261_4
砼 七二四/五/一
七三一/十/四
七三三/二/一
七七四/十/三
砫 一七四/六/七
一七五/一/八
硾 四〇七/四/三
四六九/五/三
酕 一九一/十/六
碓 一一〇/四/四
三四八/三/三
礶 七〇八/八/二
䃸 四〇五/一/一

1261_7
砲 四〇六/四/二
磃 二七/五/一
九五/三/六
三一〇/三/二
醘 三五〇/一/一

1261_8
磴 二五二/九/六
二五二/十/三
六一〇/四/三
磑 五九/十一/六
六一/七/二
一〇七/十一/七
一一二/十一/三
五三四/一/三
五三六/六/八
五三六/十一/八
醴 五三四/一/四

1262_1
斫 七二〇/二/四
七二〇/五/六
听 四〇三/九/四
碕 四〇三/十一/二
[石斯] 二七/四/四
[石斬] 四五一/四/五
四五六/七/三

1262_2
硎 二三四/二/三
[石彭] 二三七/五/二

1262_7
[石爲] 三一五/一/三
[石崩] 二三〇/一/一
醑 五四二/二/一
五四七/四/二
醑 五四三/二/二
五四四/四/三

1263_0
砅 三一/五/五
二五〇/四/四
四六九/一/六
五一四/五/二
砯 六一〇/三/二
瓜 八九/九/二

1263_1
醺 一三一/五/一

1263_4
磔 九七/二/二
醭 六三五/十/一
醭 六三六/一/一

1263_7
砭 二九二/七/五
六二八/十/一

1264_0
砥 四〇/二/七
九四/四/三
三〇七/七/三
三一七/六/四
三四二/六/一
酟 九五/一/六

1264_1
碇 一六四/四/七
五七二/七/七
礏 七二二/六/四

1264_2
酻 五一九/七/四
五三〇/十一/二
六九四/四/八

1264_4
碡 三一四/七/六
三二七/十/六
三四七/七/二
酸 一〇九/三/四

1264$_6$

釂 五七九/九/一

1264$_7$

⿰石夋 九/一/四

⿰石孚 二六七/三/四

酸 六九二/十/二

醱 六九二/十/一

1265$_3$

磯 五三六/七/一

磯 五九/十/六

磯 六二/二/五

⿰酉幾 三二六/十/三

⿰酉幾 四八八/十/七

1265$_7$

⿰石争 二三六/四/一

1266$_3$

碯 四〇三/三/三

⿰石沓 四四七/十一/五

七七二/十/五

⿰酉沓 四四七/五/五

1266$_4$

⿰石亩 七六六/四/六

⿰酉舌 七七二/六/四

⿰酉舌 六九〇/八/二

⿰酉舌 六九〇/十/三

1266$_9$

磻 一四八/十/四

一九八/六/一

五九〇/八/六

1267$_0$

酗 四九四/二/二

1268$_6$

⿰石負 四七三/二/六

六六二/九/六

1269$_4$

酥 八五/七/二

礏 七六九/三/四

七七四/四/一

⿰石巢 一八八/九/二

四〇六/十/二

⿰酉穌 八五/七/四

礫 六六二/七/一

七二五/六/二

七五二/六/八

⿰酉樂 六五六/七/二

七二九/五/四

1269$_7$

⿰石米 三五七/四/一

1271$_4$

(瓪) 瓦 △三六三/一/二

1271$_7$

⿱癶巴 六九二/八/四

⿱癶臣 八九/六/二

1273$_2$

裂 五一四/十一/一

七一一/四/六

1274$_3$

靉 三二六/十一/七

三五〇/八/四

1274$_7$

靉 四八九/一/四

五三六/九/一

1277$_2$

⿱氐山 六五七/十一/六

⿱列齒 七一一/七/六

⿱䶵齒 一六六/十一/四

1280$_1$

⿱飛異 七五八/六/五

1280$_9$

⿱耳火 七八七/七/四

1284$_7$

餕 五三七/二/六

1290$_0$

剩 五九一/四/八

剩 六六七/八/七

剩 六五二/十一/四

剩 一七九/五/七

一八〇/三/四

一八〇/四/七

三九五/十/三

五八一/七/二

五八一/十/七

剩 二七一/三/七

1290$_4$

⿱癶木 四七八/九/九

1291$_0$

礼 三四二/十一/一

1291$_4$

⿰乘毛 六五二/十一/三

1292$_1$

⿰不斤 六一/九/三

祈 五七/十一/三

1292$_2$

⿰乘彡 一八〇/一/六

五八一/八/六

1293$_0$

⿰乘瓜 一八〇/四/四

1294$_0$

祇 四〇/二/三

1310$_0$

玣 六五八/八/四

珌 六六四/九/五

七〇六/五/二

⿰耳心 三二四/二/三

⿰耳必 四八二/一/四

六六六/七/九

1311$_0$

玧 一四〇/四/四

一七二/二/三
三五六/三/五

1311_{1}

琬 三六〇/六/一
五五六/一/一

1311_{4}

瞠 三四二/四/二
六六七/一/三
六九三/十一/一

1311_{6}

瑄 一六九/四/二

1311_{7}

聮 三四/四/二
豌 一四七/十/一
瓱 三〇〇/八/五

1312_{1}

琊 一七〇/八/二
聹 二四七/一/二
四二九/二/五

1312_{7}

琑 三八一/十/七
三八一/十一/四
四二六/四/二

瑞 一一九/三/五
一五四/一/三

翤 七七/二/七

1313_{2}

球 二五六/十一/六
二七四/一/三

琅 二二〇/八/三
聧 二三四/十一/二

1313_{4}

琰 六八三/五/四
瓛 一四六/三/二
五四八/四/四

1314_{0}

武 七八/九/五
三三五/三/三

玳 五三四/六/五
珡 五七六/九/六
翐 七五八/六/七
珷 三三五/七/九

1314_{1}

聜 三五一/五/一

1314_{2}

翶 七七/二/六

1314_{7}

聕 四三八/九/八

1315_{0}

珹 六七一/二/一
珴 一九六/十一/五
珹 二三九/六/二
翝 六七八/七/七
翍 六七〇/二/二
瑊 二七六/二/三
二九五/一/二
二九五/五/四

琙 七六〇/六/四
聝 七四一/十/二
翽 七四一/九/三
七六〇/八/四

職 七五五/四/一
七五八/六/三
七六二/四/一

1315_{2}

聛 一七五/六/八

1315_{5}

琖 三七四/二/二
翪 一四四/七/三
三七二/五/二
三八三/二/一
二三八四/三/三

1315_{6}

翪 七〇七/十一/九

1316_{0}

珆 五五/六/一
一一三/五/五

1316_{8}

琀 二〇/三/九

1317_{7}

琯 一四七/八/六
三六八/九/六
五五〇/四/五
五六一/四/一

1318_{1}

琔 五六七/十一/七

1318_{6}

瓆 一一九/三/二
一五九/六/七

1319_{1}

琮 一五/九/五
四六四/三/三

聺 七〇〇/三/三

1319_{4}

球 六七一/二/二
璪 七〇一/三/七

1321_{2}

豟 六一九/五/一
豟 六六一/六/八
䝮 四一三/九/七

1321_{3}

豶 五八八/十/七
䝯 四一三/九/五

1321_{4}

豼 二五五/七/二

1321_{6}

豞 三二二/四/一

1322_{7}

豧 七七/四/二
八四/九/四
四九五/四/六
四九九/一/三
六一二/十一/五
六一七/十/八
⿰豸扁 一六一/七/五
⿰弓扁 一六八/八/五
弰 一六三/六/三
一六三/十/六
一七二/三/六
勥 二一七/十一/五
鬴 三三四/十一/四
鬴 七五二/八/四

1323_0
⿰犭悤 四七六/一/二

1323_2
⿰豸良 二二〇/九/二
⿰鬲良 七四〇/五/六

1323_4
⿰弓矣 三五二/九/二

1323_6
強 二一七/十一/三
四一三/八/五
四一四/十一/五

1324_7
⿰弓夋 五四一/二/三

1325_0
⿰豸戈 六六一/四/三
⿰豸戈 二七〇/四/三
⿰豸戈 一七六/五/四
六四五/七/五
⿰鬲戈 六七〇/二/一
⿰鬲戈 一九七/二/七
⿰豸戠 三七/五/七

1326_1
犗 五二一/二/八
七七〇/一/一

1328_1
⿰弓建 四四六/十一/八

1329_1
⿰豸宗 四六一/二/四
四六四/三/一

1340_4
⿱弓安女 二一八/一/五

1342_7
勥 四一三/九/二
四一五/一/二

1345_0
⿰癸戈 四八〇/八/一

1346_0
⿰犭台 一一三/三/七

1349_1
⿰子宗 一五/十/六

1360_0
⿰石卜 六五八/十一/二
⿰召卜 一七五/一/五
一八一/四/三
三九四/一/二
五八〇/三/五
五八〇/四/三

1360_1
謽 四一三/九/一

1361_1
砣 二〇二/三/六
硿 一〇/二/七
一〇/四/五
酡 二〇一/三/八
四〇四/九/六
⿰酉完 三六〇/七/六
六九一/十/二
醡 五二四/十一/六
五九三/十/四

1361_2
硥 三〇七/二/四
三〇七/三/一

1361_7
⿰石尼 五二四/二/七
七四一/三/一
醢 六六五/二/三
六六五/六/二
六六六/八/二
醢 六六五/十/七
醢 七/八/三
⿰石宜 六五/七/三
⿰酉宜 △四七一/六/五
⿰酉盧 五九三/十/八

1362_2
磣 四四二/七/四
七七一/四/五
醦 四四二/七/五
四五三/八/三
醦 四五六/四/二
醦 四四六/九/二

1362_7
碥 三七九/二/一〇
⿰石甫 三三四/九/三
⿰石穹 一四/四/七
酭 一六三/二/二
酺 四九八/十一/二
酺 八五/四/一
⿰石扇 五七二/七/四
酺 三三四/十一/三

1363_2
硡 二三五/一/四
二三五/六/九
硍 二二〇/八/二
六〇一/三/五

醷 八/七/二

1363$_3$

酉然 三八〇/五/六

1363$_4$

石矣 三二三/二/五

石戾 六八三/七/一

1364$_0$

可弋 一九五/十/二

四〇三/八/五

酉弋 七五八/九/一

酉代 五三四/五/九

碔 三三五/七/八

哥弋 一九五/十/一

1364$_4$

酉犮 六九三/四/三

1364$_7$

石夌 三九〇/六/四

酉夌 二六五/二/二

酸 一四九/八/八

酸 四一〇/三/五

1365$_0$

硪 一九六/十一/一

三一四/二/二

四〇四/三/四

石戚 六四四/五/四

七四八/十/二

石戎 一二/十一/七

石威 三四七/七/三

酉伐 六八〇/十/三

石感 二八三/四/四

四四四/七/四

酉戈 一二/二/六

石或 七四二/一/一

罒戠 七六五/二/七

罒戟 三八二/十/三

三八四/五/二

五七一/八/四

石戠 七六六/七/三

酉咸 四四四/八/七

石戢 四四二/十一/六

石截 六二四/二/七

石戩 二七五/二/三

六二八/六/四

酉識 四五一/一/一

四五三/八/二

酉識 四五六/六/一

面識 六二七/二/四

1365$_2$

石牢 一九五/三/五

1365$_5$

石戔 一五八/七/六

一六四/十一/六

三七四/四/四

醆 三七四/二/一

(醆)酉 ▲三八四/五/四

1366$_1$

石害 六九七/十/一

六九八/一/三

六九八/三/四

六九八/四/四

1366$_4$

碦 七二四/五/五

1366$_6$

石宫 一五/十一/一

一六/一/四

四六四/四/三

1367$_2$

石嗑 六八四/八/六

1367$_7$

酉官 三七三/二/四

五六二/六/二

1368$_1$

碇 六〇七/十/八

1368$_6$

碵 三五六/六/五

三五九/七/一

礗 一一八/五/三

1369$_1$

碂 四六四/三/二

1374$_4$

霺犮 六九三/四/二

1392$_7$

木甫 三三五/二/三

1411$_1$

珗 一五八/一/一

1411$_2$

耽 二八一/四/六

羽也 三〇/六/四

1411$_4$

珪 三六/十/四

九八/九/三

璂 五七/七/三

瑾 三五九/四/四

五四三/十/四

五四五/十/二

璀 五五五/六/四

1411$_6$

羽奄 六二六/十一/八

1411$_7$

王盍 五二一/五/五

1412$_7$

功 一〇/七/三

玏 七六二/七/四

勁 六〇五/六/一

王兩 一三七/六/一

一四〇/四/三

珛 六一一/九/五

六五四/八/一

璓 四三二/三/四
六一三/四/四
琦 二九/七/三
瑪 六八七/一/一

1413$_{1}$
聽 六〇八/一/七
聽 二四三/十一/四

1413$_{2}$
耾 二三四/十一/一
二三五/四/三
二三五/八/三
翃 二五四/十一/四
璲 二九/七/六

1413$_{4}$
瑛 二三三/三/一

1413$_{8}$
聅 七八二/四/二

1414$_{0}$
玫 三九九/八/二
五八五/八/二

1414$_{1}$
璹 四三四/二/五
五八八/六/三
六四三/七/八

1414$_{7}$
玻 一九八/七/八
皺 六三九/二/二
琤 五六七/五/六
攱 四六七/三/三
琤 五五一/九/一
五六七/五/三
翍 三五/九/四
翍 三一/十一/三
一九八/七/四
四七二/七/六
瓇 七三一/九/七

1415$_{3}$
醆 六九〇/六/六
琫 六八六/六/八

1415$_{6}$
瑋 三二七/三/三
四九〇/三/五

1416$_{0}$
琽 三三八/五/六

1416$_{1}$
聕 七七一/十一/二
聐 五六九七/二/九
六九八/五/五
耤 七三六/三/二

1417$_{0}$
玵 二八六/四/三
玴 五一五/八/六
聑 二八四/十一/八
二八五/四/二
翐 五一五/九/八
七〇七/十一/八

1418$_{1}$
珙 九/十一/二
二〇/八/六
三〇五/十/五
䎋 一〇/三/三
琪 五七/七/一
瞡 五七/九/二

1418$_{6}$
璜 二二五/七/二
瓄 六三八/五/一

1419$_{0}$
琳 二七八/二/三

1419$_{3}$
瑧 五七/七/二

1419$_{4}$
瑹 六六/八/二
八六/五/二

1419$_{6}$
璙 一七六/一/三
三九一/七/一
五七八/三/五
瞭 一九五/一/三

1420$_{0}$
豺 三五〇/四/一〇
耐 五二/三/三
二五三/六/三
五三五/一/七
弣 三三四/三/五
對 六四五/七/八

1421$_{0}$
冠 一四七/十一/六

1421$_{1}$
豿 一五八/一/二

1421$_{2}$
弛 二五/七/三
三四/八/三
三〇七/十一/七
三一一/四/六
四六七/一/五

1421$_{4}$
穜 一二五/十一/四
一三二/九/一
𩰫 九八/十一/一
鬹 九九/十/四
貛 一四七/二/二
彏 一五三/六/六
一七二/九/四
一七三/五/五
三六一/五/二
五四八/一/一
五六二/七/一

1421$_{7}$

弶 一四五/三/四
五五九/一/六

1421_8
豷 四七九/一/二
四七九/十一/四
五○七/九/一

1422_7
⿰兩力 四一三/四/四
豨 六○/五/四
四三二六/七/四
⿰弓巾 一二五/十/三
勈 三○五/二/二
勠 一七六/五/三
二六○/八/二
六一五/八/六
六四五/七/三
⿰豸力 六七/四/二
⿰豸青 三六/三/三
三一二/七/四
四○八/三/一
五九一/八/一
⿰豸靑 三六/三/二
三一二/七/三
五九一/八/二
⿰弓莆 四八二/六/一
勱 四九三/一/一
⿰弓蒲 一七三/九/二

1422_8
⿰豸秝 七四一/二/四

1423_1
⿰豸走 一○六/八/三

1423_2
⿰豸玄 一三/十一/四
弦 二三四/十一/三
二三五/四/四

⿰豸遁 二九/七/五

1423_4
⿰豸侯 二三四/四/二

1424_0
⿰豸交 五二一/九/五

1424_1
⿰豸耳 一七/四/五

1424_7
⿰弓皮 四七二/七/二
⿰豸孝 一八五/十/七
五八二/九/一
皷 二七二/十/三
敲 三一三/七/六
三一三/十一/四

1426_0
豬 六七/八/七
⿰鬲占 八八/十/一

1426_1
⿰豸昔 六六○/十/五
七三六/三/四
七三六/八/七
七三八/十一/四
⿰弓各 七七一/十/四

1427_7
⿰弓舀 六一二/四/四

1428_6
豶 一三○/一/五
⿰弓黃 七三○/十一/一
七三一/二/四
七三一/六/一
殰 六三八/二/四

1429_4
殜 七七七/十一/六
七八○/八/四
七八三/九/四

1434_7
⿰弓蒦 七二二/五/五
七三五/二/三
七三五/八/三
彏 七二二/四/五
七三一/八/四

1440_1
莚 一六七/四/五
莛 二四四/七/三

1440_6
蓪 三五二/一/六

1442_7
芀 三六一/十/二
三八九/六/四

1444_3
⿱艹⿰豸幷 三五三/九/三

1454_7
鼔 一三一/十一/四

1460_0
⿰石寸 四九五/十一/六
酙 六三五/二/二
酎 六一五/三/四

1461_0
硭 二一二/七/六
二二一/十/九

1461_1
⿰石先 一五七/十一/五
三六五/九/五
碪 二七七/七/五
四四六/四/一
六二三/三/七
磽 一八五/八/二
一八六/六/九
三九二/八/六
三九七/九/八
五八三/五/七
⿰酉甚 二七五/九/五
二七六/五/三

	二七八/一/四		一八三/二/三	14640	
醍	二七八/七/三		五八0/四/四	酘	一八四/八/六
14612		磣	四一0/七/七	14641	
酖	二八一/五/一	酚	三五四/七/四	醋	一七/四/六
酏	三五/一/六		三八六/七/一		四七七/六/八
	三一二/一/五	磡	五八三/三/八	醻	二六四/三/七
酖	六二四/三/五	硝	一四/七/四	醻	五八八/七/一
14614		磅	二一0/二/五		六一四/四/二
碓	六五六/十/五	醐	一0一/四/三	14642	
醛	七一0/七/三		一四八/三/二	礴	七二六/七/七
14616			一四九/六/七		七二六/十一/二
硽	二九一/九/五	酚	四三一/九/二	14644	
	四五三/五/二	醐	四四八/五/四	碎	六八七/十一/四
醃	二九一/七/二	礍	六八六/九/九	14647	
	六二三/十/四	碃	二0二/三/五	破	一八一/二/五
醃	二九四/六/五	磡	六二三/三/六	破	四七二/三/四
14617		醑	六一一/六/四		五九0/九/四
磕	五二一/一/七	礦	五五九/六/二	硤	二五一/七/四
	六八六/九/七	14631		硤	二五三/五/七
	七七三/七/三	砝	七七四/一/一	磚	一八六/一/三
	七七三/十/四		七八五/三/八	醇	五八三/二/一
碵	三二九/九/一	呿	一九六/三/四	礸	七三九/十一/五
	七四三/六/一	醼	三八一/五/四	14653	
磽	三九二/七/四		五六九/四/六	礒	六九四/六/六
	五八二/九/七	14632		礒	六九六/七/三
	六五八/三/五	砿	二三五/一/三		七0七/七/三
醢	四四七/五/四	礞	五二五/四/四	醶	六九0/五/三
醢	三四九/十一/三	醸	七/八/二	醶	六九六/六/七
礚	五二一/一/八	14634		醶	七0七/二/二
醢	七七三/十/三	碤	二三三/五/二	醶	七0七/二/五
礚	二八五/七/七	碤	七二七/三/五	14660	
14622		14636		酤	八九/八/一
磟	三九一/五/二	醯	三0六/一/七		五0一/六/四
[illegible]	六七七/七/五	14638		酤	三四0/一/七
14627		硤	七八六/一/七		三四0/三/二
劭	一八一/五/一			醋	八六/三/四

石諸 六七/二/三

14666_1

硈 六九四/七/六

六九五/一/二

硞 六四九/七/五

六五六/十一/八

七四〇/六/五

碏 七一八/十一/六

七二八/一/四

七四二/九/五

酷 六四九/七/三

七二九/五/三

醋 四九九/五/五

七二八/四/四

醏 四七三/五/七

14664_4

酉苦 五〇一/四/三

14667_7

石害 二三三/八/二

14670_0

酣 二八六/五/一

酣 六二三/七/六

14681_1

礎 三三〇/七/五

14686_6

磺 二二六/二/七

四二〇/十/五

酉黃 六〇三/一/三

石貴 六三八/七/四

14690_0

碄 二七八/四/二

醂 四四八/三/一

14691_1

石禁 四四三/十一/七

磜 六八八/四/五

六八八/六/五

酉桼 三七二/七/四

酉某 一一一/七/六

14694_4

碟 七〇九/八/五

14696_6

石尞 七五二/六/一〇

酉尞 三九一/七/二

14698_8

石來 三五一/十一/一

酴 七〇九/十一/七

七一〇/二/五

14711_1

雲甚 四四七/九/六

六二五/九/五

14894_4

貝桼 三六/九/二

四七八/十/五

14900_0

黑寸 五八一/六/七

14904_4

黍桼 六七/九/三

馬桼 四七〇/四/二

14910_0

禾土 四〇九/七/七

14914_4

稑 四〇九/七/八

14927_7

黍內 七七五/八/七

黍幼 四三一/八/四

黑力 五八一/六/六

五八一/十一/四

14947_7

秓 三一五/五/四

穀 一八六/十一/七

15011_1

电 一二/二/五

15100_0

玤 三〇一/七/一

三〇七/一/六

王央 七〇五/二/三

15106_6

珅 一一六/九/七

王曳 五一五/八/五

王臾 八三/六/二

羽申 一三/四/五

一三/六/二

耳申 四八三/十/六

羽曳 五一五/九/七

15107_7

王聿 一一八/二/三

王肀 一一八/二/二

15117_7

璶 五四〇/十一/三

15127_7

羽青 二三八/三/五

聙 二三八/二/六

聘 △二四二/一/二

聘 六〇五/十/五

六〇五/十/六

璛 六四一/十一/四

璛 二七五/七/三

15130_0

玞 七七/十一/二

耳夫 七八/八/七

羽夫 六六七/五/七

15132_2

王隶 五三四/七/三

耳隶 二四/四/二

15133_3

羽惠 五〇八/九/三

五一二/九/八

△五一五/十/二

15136_6

璉 一六六/八/七
三八七/九/二
⿰羽叀 五〇八/九/五
⿰羽連 一六六/九/四
1513$_{7}$
⿰羽慧 五〇八/九/四
1514$_{3}$
⿰王専 一七〇/十/六
1514$_{7}$
⿰耳叟 四三八/九/七
1515$_{3}$
琫 三〇一/六/五
1515$_{7}$
(瑇) 王 ▲五三〇/二/五
瑇 五三四/六/二
六五一/二/二
1516$_{1}$
⿰王替 二七四/十一/四
二七五/十/二
二七七/三/八
二七七/七/四
1516$_{3}$
瑃 一二四/三/一
1516$_{6}$
⿰耳曹 一七九/二/二
一九二/十/四
1517$_{4}$
⿰王彗 五一三/八/二
⿰羽彗 五〇八/九/六
1518$_{1}$
琠 三七九/八/三
三七九/十/七
五六七/七/六
1518$_{6}$
⿰耳責 七三八/十/五
⿰王責 一〇七/四/六
一〇七/七/五

⿰耳責 五二五/十/一
瓚 三六九/十一/四
⿰王賛 五五七/十一/一
五五八/一/三
1519$_{0}$
珠 八〇/九/一
⿰耳朱 四九六/十/七
四九七/一/四
1519$_{2}$
球 七五九/四/一
⿰王敕 七五九/三/七
1519$_{4}$
瑧 一二七/六/一
一五八/八/一
1519$_{6}$
⿰王柬 六八九/八/三
⿰足柬 六六/三/八
⿰王柬 五六八/六/一
1520$_{0}$
⿰弓走 七〇五/八/二
⿰鬲斗 一九七/二/二
1521$_{3}$
⿺尢虫 三二七/六/一
1521$_{7}$
豘 一四二/二/四
1521$_{8}$
⿰豕豊 三四三/三/三
1522$_{7}$
彇 一七三/九/一
1523$_{1}$
⿰豕生 四一/七/四
三一〇/一/三
1523$_{2}$
⿰豕夷 三一八/一/二
⿰鬲夷 七五四/四/二
1523$_{4}$

⿰豕奏 六一八/十/八
1523$_{6}$
⿰豕虫 一五/二/五
融 一三/九/三
⿰鬲蟲 一三/九/四
1524$_{0}$
⿰豕建 三六二/一/三
三八九/六/二
⿰鬲建 一三五/七/九
1524$_{4}$
⿰豕婁 八二/十/一
二七二/七/三
四九八/二/二
1526$_{1}$
⿰弓替 二八二/五/五
四四六/十一/七
1528$_{6}$
⿰豕責 七三九/四/七
⿰豕賛 三七〇/三/四
⿰豕贊 一五〇/一/三
五五八/五/二
五五八/六/四
1529$_{0}$
殊 八一/一/四
1539$_{9}$
隸 四七八/一/二
1540$_{0}$
建 三六一/十一/五
五四八/五/一
1542$_{7}$
⿰豕鳥 四九七/五/五
1560$_{0}$
砄 七〇五/九/五
⿰石丰 三〇七/二/八
⿰酉丰 四六六/一/六
1560$_{6}$

⿰石史 八三/六/三
碑 二〇四/九/三

1560_{7}
⿰石韋 六八三/七/二

1561_{7}
酕 一二一/十/四
一二二/四/八
酕 一二四/三/六
⿰酉盅 七/八/四
醠 四一九/五/八
六〇二/五/四

1561_{8}
醴 三二五/七/四
三四二/十一/三

1562_{7}
砩 五三七/四/三
五三七/六/八
六七五/四/四
碃 六〇七/十/六
⿰石肅 六四一/十一/五

1563_{0}
⿰酉央 四一九/五/九
六〇二/五/五
⿰石連 一六六/五/三
一六六/十/五

1563_{2}
⿰石隶 五三四/五/二
⿰石農 一八九/四/四
醲 一九/七/三
二四/五/一
⿰石襄 六〇一/五/五

1564_{3}
磚 一五〇/十/二
五二〇二/四/三

1564_{4}
⿰石妻 一〇六/三/五
五三二/七/三
⿰石妻 四四〇/二/五

1565_{7}
⿰石毒 六三八/七/二
六四五/一/二
六五一/二/一
⿰石龔 二六九/七/三
六一七/一/四

1566_{1}
⿰石替 二七四/十一/三
二七五/十/七
⿰酉替 四四一/一/五
四四一/三/四

1566_{6}
醩 一九二/七/七

1566_{9}
⿰酉替 二六五/二/三

1568_{1}
⿰石建 七七七/十/一

1568_{6}
磧 七四三/一/二
⿰石賛 六八八/六/六
⿰酉責 五二四/十/一
⿰酉責 五二四/十一/五
五九三/十一/一
⿰酉賣 五三三/六/三

1569_{0}
砞 六九〇/三/六
硃 八〇/十一/四
⿰石耒 三四九/二/五

1569_{4}
碟 七三三/一/五

1572_{7}
⿰雲弗 四八六/九/二

1573_{3}
靆 三五一/七/九
五三四/六/六

1574_{3}
甎 一七一/二/四

1578_{6}
靅 四八六/九/一
五三一/五/六

1590_{6}
⿰不申 一一七/五/五

1610_{0}
珀 七三二/六/五
珚 一六二/十/三
⿰王困 三五六/十/六
三五七/二/二
三九五/十一/二
珈 二〇八/六/五
⿰王目 五三五/四/四
五八七/一/五
六五〇/六/五

1610_{4}
聖 六〇六/五/四

1611_{0}
⿰亚見 七四〇/五/一
七五三/九/二
現 三八一/一/五
三八一/三/八
五六八/九/五
⿰隶見 六三九/一/五
六五四/一/一
⿰至見 六六二/十/二
七五一/七/五
覴 二五二/九/四
六〇九/八/三
⿰亞見 一六七/二/六
⿰亞見 五七五/二/四
⿰靈見 二四五/二/二

16111
琨 一三八/五/六
16113
瑰 一〇七/四/四
一〇七/七/四
⿰耳鬼 四八〇/四/三
16114
珵 二四〇/一/三
四二八/五/二
理 三二四/五/三
瑆 二四二/七/五
瑝 二二五/七/一
二二九/三/三
⿰耳里 三二四/七/二
16116
⿰王卷 七七〇/八/四
16117
璢 一三九/二/六
16127
瑒 二一一/五/六
四一七/二/六
△四二一/七/四
五九九/一/三
⿰王蜀 六五二/五/八
16128
琾 五二六/三/五
16130
聰 八/四/一
16131
⿰耳黑 六八三/十一/三
16132
環 一五一/十一/六
五六一/八/六
⿰羽睘 七七二/十一/六
七七五/二/三
16133
⿰耳㬎 七六五/九/一
⿰𤴓㬎 七七九/六/二
16134
⿰王吴 九一/四/五
16141
⿰王早 一四三/八/九
16144
瓔 二三四/七/四
二四〇/十/三
16150
玾 七八八/十一/三
琕 一五九/六/六
⿰𤴓卑 一〇〇/四/四
三七九/二/八
16154
琿 六六四/九/六
16160
琩 二一四/八/五
瑁 五三二/二/三
五三五/四/三
五八七/一/四
六五〇/六/二
⿰王畾 四五/五/五
一〇九/六/一
四六九/八/五
16172
⿰王蚩 一〇九/六/二
16180
⿰羽只 三〇七/八/七
瑱 五一九/一/四
16181
⿰王足 六四四/三/三
六六〇/五/七
⿰𤴓足 六四四/四/二
⿰羽足 六四四/四/四
瑅 九五/六/四
⿰𤴓是 四六七/三/四
16193
⿰王絫 四五/五/六
16194
⿰耳果 四一一/十一/三
璪 四〇一/七/五
⿰耳喿 三九三/七/五
16196
璟 四二二/六/七
四二二/十一/三
16210
覼 三一/六/七
三〇九/五/四
四六九/三/二
四七七/五/三
五〇五/十一/二
16211
⿰豸昆 一三九/八/二
16213
⿰霝鬼 八一/十/三
二七二/十/六
六二〇/五/一
16217
⿰豸昷 一三八/十一/二
16227
⿰豸号 三九九/七/三
16230
⿰豸悤 二三/十/一
16232
⿰豸睘 二五二/三/一
彋 八九/五/一〇
二二九/四/五
⿰彳睘 二三四/十一/四
⿰豸㬎 六五九/四/四
⿰豕㬎 六五九/七/五
16241

弲 五五二/十/三

16247

矡 七二三/二/五

彏 七二二/八/六

七二三/一/二

16254

磾 四八〇/九/九

六六四/十/一

16256

彈 一四四/十/四

一四五/三/三

五五九/一/五

16281

碮 三〇八/十一/七

四六七/三/六

四七六/六/七

四八四/十/一

16410

[illegible] 四七八/九/六

[illegible] 四四一/六/二

16600

[illegible] 五六九/七/九

硱 三六四/五/四

碅 一二七/一/三

二五一/十一/六

[illegible] 二〇八/十一/四

[illegible] 七四二/二/一

16601

碧 七三五/十/三

七四七/十一/二

16610

[illegible] 三九三/十一/四

五八〇/四/八

硯 三八一/一/四

五六九/七/七

[illegible] 五三/一/四

四八四/五/八

覠 一二七/三/一

靦 三七九/十一/一

[illegible] 五四一/十一/三

16611

[illegible] 一〇〇/十/二

[illegible] 一三八/九/二

二三四/一/六

三六三/十一/五

三六四/十/一

16613

磈 一〇四/十一/三

三一四/三/六

三一四/七/四

三二七/九/一

三四六/十一/一

五三三/八/七

醜 四三三/十/五

[illegible] 二四五/二/一

16614

[illegible] 七〇二/六/一

[illegible] 二四二/七/二

酲 二四〇/一/二

醒 二三九/十一/五

[illegible] 四〇四/十/三

醒 二四二/五/三

四二七/十/二

醒 六〇七/九/五

[illegible] 四〇四/十一/七

礨 三四九/二/六

礭 七五/四/三

七五/九/六

16617

醧 三五九/九/三

五四七/二/四

16627

碭 二一九/十/八

四一六/十/八

六〇〇/八/四

碣 五一三/六/三

六八〇/四/二

六八六/九/八

六九八/五/一

七一三/十/一

[illegible] 六三八/七/三

[illegible] 七三〇/二/一〇

16628

[illegible] 五二六/四/六

16630

[illegible] 五三三/四/五

16632

碨 一〇四/十一/二

一〇七/三/六

三一四/七/五

三二七/五/七

三二七/五/八

三四七/七/一

[illegible] 五八六/十/五

16633

[illegible] 七六八/四/二

七七〇/十一/三

[illegible] 七七二/四/七

16634

[illegible] 四三〇/十一/六

16641

礋 七三三/八/四

醳 七四二/九/一

七四四/五/二

七四六/二/四

16647

[illegible] 五二〇/五/二

醙 一四九/六/八

釅	五二九/四/五		三九五/十/二	盃	四一一/七/二
16648			△三九六/一/二	盠	九六/五/四
礹	二九七/二/六	16913			三四三/二/二
	四五五/二/五	[礻鬼]	三二七/八/五	盅	一八一/二/三
釅	六二八/八/三	16981		盈	二四〇/四/一
16650		禩	三三三/八/六	盁	一八一/二/四
砷	七八八/十一/六	16994		盭	三九七/四/五
碑	三二/四/四	祼	五五五/五/四	盡	六三八/九/三
醳	五〇三/六/六	17101		17108	
16654		丞	七六六/二/六	翌	六四六/六/一
醳	五〇三/六/五	17103			七五八/七/三
16656		丞	二四九/一/六	17109	
礋	九三/十/七		二四九/二/七	鋈	二〇/六/二
16660			△四二九/七/五		二〇/十一/三
礌	一〇九/六/四		六〇九/二/四	17110	
	三一八/十一/三	坙	二一/十/一	刅	二一六/一/二
	三四九/二/四	17104		巩	三〇五/十/六
	五三〇/七/五	坙	二一/十一/二	巩	三〇五/十/一
16661		亟	五六/五/一	玑	五四〇/四/五
礬	六五八/十一/五		七五九/二/一	[王風]	五三一/六/一
16681			七六〇/二/三	珇	三三〇/三/五
碇	六四四/四/五	[巠攵土]	四七七/三/五		三三八/一/三
碮	九五/十一/一	[翌土]	二一八/六/二	飍	七七八/一/一
醍	九五/一/五		二二五/七/三	17111	
醍	三四二/八/三		七五八/十一/三	琵	七六六/二/三
16693		[亶土]	一二五/一/一		△七八九/四/五
磦	四五/八/六	[臣又土]	四九六/七/六	琉	五一三/八/一
	三四九/一/七	[聚土]	四九六/七/七		五一四/三/一
16694		[巠頁土]	七三三/十/五	瑠	五一三/七/五
碟	△四〇六/三/四		七五三/八/二		五一四/二/五
碟	四〇〇/二/七	17105			六七八/四/二
16810		丑	四三四/十一/一	17112	
覡	二九〇/十/六	17107		玸	七八/六/六
16910		盂	四一八/五/五	瓟	四〇〇/十一/四
(䙳)兄	△六一四/一/四		六〇一/八/四	17113	
覭	一八〇/二/五		六〇三/七/四	飛	五九/一/二

17114

⿰𧾷尾 一一一/八/四

⿰𧾷尾 三四七/十一/五

17115

⿰王丑 四三五/八/六

17116

⿰王免 一四〇/四/五

17117

⿰王巴 三二五/一/二

⿰羽巴 二〇三/六/七

17120

刁 一七四/二/六

羽 三三三/八/七

三四〇/八/一

四九四/九/三

玓 七五〇/七/六

珋 四三五/四/一

聊 一七五/六/六

五七八/五/五

⿰耳卬 二六一/六/五

玥 六七八/二/二

玽 四三七/一/一

六一七/六/九

珦 五八八/二/一

五九九/九/一

珣 一二二/九/三

五四一/三/二

⿰耳刀 五〇二/九/五

⿰耳月 六七八/二/一

六九九/一/二

⿰羽羽 三三二/十一/四

翑 三三五/十一/七

四九四/十/三

跔 二七一/五/八

琱 一七四/三/四

⿰羽旬 二三五/七/六

(⿰耳周) ⿰耳门 △四一五/十一/三

瑚 八八/八/二

⿰耳周 六一四/二/三

⿰羽匋 二三五/七/五

瓓 五五九/五/三

⿰耳闌 六九六/三/一

17122

璆 二五六/四/六

二五六/十一/七

二五八/十一/一

二五九/六/四

二七三/九/六

二七四/一/二

△六一五/九/三

⿰耳翏 一七五/六/七

一九五/二/六

17127

⿰彐卩 三三四/十/六

卭 二一/八/二

⿰丕卩 四八/十/五

四九/十/十一

⿰巫卩 六〇九/二/八

⿰王卩 四二五/五/一

⿰丑卩 四三五/九/五

⿰巠卩 二四七/五/五

二四七/九/二

⿰豆卩 △二七一/六/一

六一九/四/三

六一九/九/四

⿰北卩 五三一/三/七

五三一/八/七

⿰至卩 六六二/十/四

六六六/十一/四

六六八/十一/二

六六九/二/五

耶 二〇七/四/七

⿰耳卯 二六五/九/一

三七〇/六/一

⿰羽卩 三三三/十一/六

⿰畱卩 二四〇/四/五

⿰㞢卩 二五五/十一/三

⿰垂卩 一一六/五/二

一二六/七/一

五七五/一/五

⿰𡍮卩 一六五/七/一

一六七/二/一

玚 二六/十/八

⿰王劦 四六九/二/二

五〇五/十一/四

⿰犭鳥 一七四/一/四

⿰登卩 六一〇/六/三

⿰王鳥 九二/一/五

三四〇/十/一

⿰工鳥 九/八/三

三〇二/十一/四

⿰丕鳥 四九/二/五

五〇/一/四

⿰巫鳥 七九/二/四

弱 七二〇/七/五

七二〇/八/一

⿰玉鳥 六五五/七/一

⿰正鳥 二三九/三/三

六〇六/六/五

⿰巠鳥 二四七/四/三

⿰王喬 二四一/五/四

璚 七〇五/二/四

⿰至鳥 四一/三/六

⿰豆鳥 二七一/十一/五

⿰羽鳥 七五/十一/六

二六七/五/三

⿰耳胥 六八四/一/三

⿰王卿 五九九/九/二

[illegible]	二五二/八/六
鵛	一六五/七/二
	一六七/二/四
[illegible]	六七二/九/七
聊	七三一/七/五
[illegible]	二〇九/一/五
[illegible]	六四三/七/七
[illegible]	四三四/一/八
[illegible]	五八八/二/七
[illegible]	一九四/三/二
[illegible]	二四六/二/一
17132	
录	六三八/八/八
璁	八/五/四
	三〇二/七/一
聰	八/三/七
[illegible]	九六/三/五
琅	一二六/一/四
	一四二/八/六
	五五〇/九/三
瑑	四四/五/三
	三五七/六/三
	三八八/一/六
	五七四/四/四
琭	六三八/十/二
[illegible]	六三九/二/三
[illegible]	六三九/九/六
17134	
[illegible]	二六七/五/二
[illegible]	六一六/四/四
[illegible]	五五〇/四/六
17136	
[illegible]	二一/七/四
[illegible]	二一/七/三
	三〇六/二/五
[illegible]	二〇二/八/七
	三四三/一/二
[illegible]	六七三/六/四
瑵	三九八/九/一
[illegible]	六七三/六/三
[illegible]	七/十/五
	二七〇/六/五
	六一八/五/五
[illegible]	三〇/八/三
	九六/五/三
	二〇二/六/五
	三四三/一/一
	四〇八/四/四
	四七七/六/二
	五〇六/四/二
[illegible]	二七〇/六/三
17140	
[illegible]	二六四/一/五
致	四七六/二/五
取	七九/九/二
	七九/十/六
	二六二/五/三
	三三五/十/二
	四三九/三/一
	六五三/二/五
琡	六四三/三/三
	六四三/五/六
	六四三/八/一
[illegible]	二六六/二/二
17141	
[illegible]	一六九/十一/一〇
17142	
[illegible]	三三五/八/六
17147	
[illegible]	六八一/五/二
[illegible]	三九九/八/一
	五八五/八/三
[illegible]	二七一/九/三
	五一九/三/七
	六一九/九/一
[illegible]	一一九/六/六
瑖	五五九/九/一
瑕	二〇七/九/五
	二〇九/一/二
	四一一/四/四
[illegible]	二七四/七/四
	六二一/一/九
[illegible]	三七九/十/九
[illegible]	二四一/五/三
[illegible]	五六七/七/七
[illegible]	五六二/五/五
[illegible]	七五二/七/一
[illegible]	四〇二/六/八
17148	
璻	三一八/三/二
17150	
珊	一四四/三/一
	六八八/四/二
[illegible]	二八一/十一/五
	二八四/十一/七
	二八五/四/一
	二八六/七/四
	二八六/八/四
17154	
[illegible]	二二/九/一
17156	
琿	一三七/十一/一
17161	
聸	二八五/三/三
17162	
玿	一八一/五/五
瑠	二六〇/十/一
[illegible]	一七六/六/八
	二六〇/十一/二

⿰耳習 七七八/九/五

17164
珞 七二四/十/三
七五二/六/十一
⿰玉各 七三四/六/七
琚 六四/一/一
六四/十一/三
璐 五〇〇/二/五
琘 一一九/五/四
一一九/六/七
⿰璽各 七二九/十一/二

17167
⿰王眉 五〇/七/六

17170
⿴囗丞 五九〇/七/七

17172
⿰王屈 六七七/二/一

17175
丣 一三六/十/四
畱 一三六/十/五

17177
⿱⺕口 二〇〇/五/三
珀 一〇八/二/二
⿰豆臽 六二五/二/六

17180
玖 四三一/二/一
△六一二/三/一
⿰耳真 一五九/十/四
⿰耳冥 三五四/八/二

17181
⿰耳真 二四三/八/二
⿰王巽 五七三/九/三
璵 六九/七/三

17182
⿰豆欠 四三六/二/一
六一九/六/四
⿰壴欠 九八/三/六
一二四/九/四
一六二/十/一
⿰豆欠 二〇九/三/一
四一一/六/二
五九五/十一/七
⿰鬲欠 七七八/五/五

17186
璝 一三八/五/七
瓎 六八九/八/四

17191
⿰耳祭 五〇二/九/四
五一一/一/三
六九六/十一/一
七〇〇/三/四

17194
琛 二七五/十一/四
二七七/八/八
瑈 二六四/七/二
⿰王𥻘 五五七/六/四
蹂 四一八/六/六

17200
𠃌 三六五/二/二

17201
孑 三〇六/二/四
六七六/八/五
六七八/十/五

17202
予 六九/三/一
三三一/十/三
三三二/四/六
⿱予彡 一七六/三/六
二六〇/九/三
五七八/六/二
六一五/七/七
六四五/五/三

17207
了 三九一/五/一
丂 二八三/八/二
弓 一三/十一/七
三五一/十一/二
四四五/六/一
弖 三六一/五/三
弓 五五九/一/七
⿱弓馬 二五九/十一/五
二六四/六/一
⿱玨弓 七三/二/五
四九四/十一/一

17210
旡 二一六/六/七
⿰豸且 六六/一/四
六七/四/一
八六/二/一

17211
⿸厂危 六八五/十一/三
六九二/一/三

17212
⿰甬巴 一八一/四/四

17213
⿰元鬼 一四八/一/二
⿰需鬼 二七二/十/一

17214
⿰豕坙 二七〇/二/四
⿰豕尾 六三七/八/九
翟 六六二/二/六
七三三/八/五
七五一/十/五

17215
⿰豕丑 四三五/十一/三
六四五/十/六

17216
⿰需鬼 五四九/八/二

1721_7

豝 六三七/八/八
六六一/六/一〇
豝 二〇三/八/四
弝 五九二/六/一
⿰瓦危 六七八/一/七
⿰土皃 二七一/四/三
⿰豕危 三一五/七/四
⿰帚巴 △四〇八/十一/一
⿱羽兄 七四〇/三/五
⿰弓兄 三一六/四/五

1722_0

刀 一九三/二/二
⿰刀刀 一八/一/六
⿰豕勺 七五四/三/六
七五五/一/二
⿰弓勺 七五〇/八/三
⿰刀月 □五七/六/二
⿰豕句 七六/一/一
三三三/六/一
六一六/七/三
豿 六五六/七/八
⿰豕同 四/十一/二
五/九/四
⿰弓同 五/十一/六
⿰豕閒 三五四/九/六
弸 二三七/三/四
二三七/五/四
二五〇/三/四
二五三/八/六
翮 七四〇/三/四
⿰霍羽 七三四/四/八
七三五/四/一
七四一/九/四

1722_1

鼐 六一一/四/四

1722_2

矛 二七〇/四/二
⿰水予 三三〇/二/一
⿰矛予 五三八/九/六

1722_7

乃 三五一/十一/五
五三五/三/三
⿰卩阝 二四四/十/四
⿰豕阝 一〇七/九/二
⿰乃刀 八九/七/二
三三九/九/三
⿰乃力 二四〇/六/四
⿰乃刅 四四/十/四
九六/九/三
帚 五〇五/五/二
⿰冄阝 四二一/六/一
四二一/十/一
六〇四/二/六
豫 四九三/四/六
⿰帚豕 四七八/二/三
祁 一三三/四/四
三六〇/二/三
⿰予阝 七三/六/二
⿱彐⿰巾巾 九五/四/一
甬 三〇一/三/三
三〇五/一/六
務 七九/二/九
二七〇/七/三
三三五/四/八
四九六/一/五
⿰矛希 二七〇/八/三
⿰豕帚 四七四/一/五
⿰阝易 三八五/七/十一
⿱乃冏 七六九/八/二
胥 六五/一/六
三二九/五/六
四九九/四/二
帚 四三三/八/四
鄝 三九一/八/五
⿰予易 四九七/八/二
弜 三五/八/四
三八/一/四
二一七/十一/二
四一三/九/六
⿱彐⿰冂冂 四三〇/八/四
⿱彐⿰巾巾 一三一/十/一
⿰帚阝 五八五/八/五
胥 二四八/十一/五
二四九/三/一
六〇八/十一/二
⿱乃冏 六七〇/一/七
六七〇/五/一
六七〇/八/六
六七二/八/一
七〇五/五/五
鳭 一八八/十/二
鄠 三四〇/四/三
⿰及鳥 七六八/九/六
⿰黍阝 二六五/九/二
三三五/十一/三
三七〇/五/八
四九六/八/二
⿰弓⿰釆彡 六四三/五/三
六四六/二/六
⿱羽⿰刀刀 一七六/五/五
二六〇/八/三
六四五/七/七
⿰元鳥 一三三/七/一
鴯 五二/六/八
鸍 二五/六/六
三四/六/四
⿰夒阝 二五七/七/五

鬲 二七〇/六/七
䣂 五三一/八/八
鷊 三一八/六/五
五五二/一/六
五五九/十一/一
五七四/三/三
鬲 三五二/一/三
五三五/二/五
鬻 一八二/六/六
鷊 一七六/四/二
二六一/三/七
二七〇/五/三
二七三/七/四
二七四/一/四
二七四/五/三
六一五/九/二
（鬻）△四八八/一/二
弻 六六六/二/一〇
鬻 四八三/八/五
鬻 三九九/二/二
六四九/三/二
六五六/七/七
六五七/三/四
七二九/一/一
鷊 二六一/七/三
鷊 七五四/七/五
鷊 六七〇/十/六
六七二/十/二
鬲 三九八/七/二
鬻 六四三/五/七
六四六/一/一
鬻 一三七/一/六
鬻 六四六/二/九
鬻 七五二/八/九
鷊 三四〇/六/三
五〇一/四/八

鬻 三三/三/五
鬻 六四二/五/二
六四六/二/八
六四七/九/二
鬻 二二八/四/六
鬻 一三五/七/七
鷊 六六二/二/五
七五一/十/六
鄗 三〇/九/三
七四五/九/一
七五二/五/四
鬻 一〇五/七/四
鬻 一六五/四/五
鬻 六五二/九/三
鷊 七四〇/五/四
鬻 六三六/九/六
鬻 一六五/四/一四
鬻 二二八/四/四
鬻 三九八/六/八
鬻 二七五/四/二
鬻 八八/九/四
鬻 四八三/八/四
鬻 六九〇/四/七
鬻 △三三〇/十/七
鬻 三三〇/十/五
鬻 六八一/十/三
鬻 一三五/七/八
鬻 六〇九/六/三
鬻 九七/四/七
鬻 一六五/四/九
鷊 三〇/七/四
鷊 九六/七/四
鬻 六四三/五/四
鬻 六四六/二/五
（鬻）高 △七一八/五/三

1722₈

彝 三四二/一/三

1723₂

豕 二四九/二/五
四二九/八/四
六〇八/十/六
彔 五五九/十/一
穗 一七/七/四
貇 一三九/八/一
三六四/六/三
三六七/二/二
三八〇/八/二
豫 六六/六/二
四九三/四/五
五九二/十/四
豫 四九三/九/三
豦 一三一/九/五
承 二四九/一/五
二四九/二/二
△二五一/一/五
△四二九/七/二
六〇八/十/五
聚 三三五/十一/一
四九六/八/一
豯 五七四/十/四
豯 八一/六/三
三三六/四/一
四三九/五/二

1723₄

猴 二六七/十/四
貒 一八/五/三
一八/十/四

1723₇

豨 二四六/九/七
県 三五一/十一/五

1724₀

豭 八一/六/四

三三六/四/二
四三九/五/三

1724_7
及 七六八/八/一
毅 六五〇/十一/一
七四七/二/三
毅 六三七/八/一
六六一/四/四
豰 七四七/二/四
殺 七四七/三/三
七五三/十/三
七五四/一/七
七五五/一/三
發 二七〇/三/六
弤 一一九/二/三
一四一/六/五
殺 二七四/七/五
二七四/十一/一
二八八/七/六
六二一/五/三
段 四一一/二/五
殼 四四八/九/三
豭 三〇八/九/二
㱿 二六四/五/二
㱿 二六〇/六/四

1725_0
貓 四三八/七/八
𧲣 一四四/四/一

1725_2
獬 三四四/八/五

1725_4
𧳢 一八/五/四
一八/十/五

1725_6
貚 一三一/九/二
五四六/十一/三

1726_2
弨 一八〇/十一/一
一八一/五/二
三九三/九/六
鬸 六一五/六/七

1727_2
豯 一九一/十/二
殟 六七七/三/二

1727_7
肩 二一六/九/六

1728_0
䝰 二四三/七/五
六〇七/九/一

1728_1
穓 三二九/十一/九

1728_2
弞 三五二/十/一
三五五/十一/六
𣧠 四七四/三/四
四七四/六/一
四七四/七/四
欵 五九三/八/三
歟 二五七/九/四
歐 二〇八/一/七
歡 七五一/五/六
七五一/七/九
七五七/七/二

1728_6
䫂 四二/十/六
四三/六/一

1728_8
貗 五五八/五/一

1730_0
乀 三五/三/八
五一五/十一/三
六七四/五/四

七〇二/四/七
七六八/八/四

1731_5
𢙾 六四五/九/七

1732_7
鄠 二四五/六/二
四二九/二/七
鄢 一六七/九/二
三六二/七/二
五四八/七/五
鴮 二四六/二/二
鳿 二一/七/五
三〇六/二/二
郵 二七五/五/一
鳿 二一/十/三
鷙 四九六/四/一
鳥 二六四/三/三
鷖 六四三/六/三

1733_1
恐 三〇五/八/一
四六五/五/二
烝 二四八/十一/三
四二九/八/二
六〇八/十/三

1733_2
忍 四八六/五/二
四八九/二/三
忍 三五三/一/七
五三七/八/六
五三八/十一/一
忎 二六四/十一/三
六一八/三/三
恿 四/十/七
三〇五/二/四

1733_3
懇 三六四/六/七

1733_4
忍 七六八/五/三
1733_6
焄 一三一/六/二
1734_1
尋 二七五/二/七
1740_0
叉 三五五/十一/二
五四三/四/四
1740_1
丞 三〇五/十/三
1740_4
婺 二七〇/八/五
[illegible] 六三六/八/七
娶 六五/四/三
七九/六/二
七九/十/七
八〇/四/四
三二五/十/三
四九六/六/一
[illegible] 七七八/三/二
△七八九/四/二
[illegible] 四九八/二/一
1740_7
孑 六六八/十一/一
七一二/八/三
子 三二三/五/二
四八四/九/一
孕 六〇九/四/二
六〇九/十/五
[illegible] 六〇九/十/六
孠 四八四/七/二
1740_8
翠 四七五/一/五
1741_0
孔 五四〇/三/四
五四一/三/五
1741_6
㝃 三六三/三/二
三八七/一/四
1742_0
刃 五三八/十/四
1742_2
孖 三三〇/一/五
1742_7
邘 一四二/一/二
一四三/九/三
邗 七三/六/一
七四/五/一
邢 二四七/九/三
四二三/七/二
郔 一六七/五/二
鄈 四八/一/三
四八/七/一
邦 四六一/九/六
郱 一六一/十/一
鳱 一四三/十/三
五五二/十一/二
五五四/四/二
五六一/一/六
鳽 一六一/六/六
一六一/十/三
二三四/一/四
七四一/四/二
鄟 二八〇/八/六
[illegible] 四八/一/五
四八/七/三
[illegible] 一二二/五/六
五七三/六/三
[illegible] 一六三/一/五
一六五/六/五
[illegible] 一八三/一/一
鴉 三四四/四/四
鶤 二七八/八/五
鶾 五八一/一/四
1743_8
癸 七六六/三/八
七八七/四/二
△七八九/四/七
1744_0
叒 五二〇/一/三
六七四/三/八
六七四/七/六
1744_1
羿 五〇八/三/四
1744_2
羿 五〇六/十/六
五〇八/三/五
五一五/十/三
1744_3
[illegible] 二四九/二/三
1744_7
孖 五三/四/四
四八四/八/四
[illegible] △三二五/五/四
五四〇/八/八
孨 三八三/二/三
三八五/三/一
三八九/一/九
五七三/三/一
五七三/九/一
七六七/五/六
[illegible] 七六九/三/六
1744_9
彝 四六/四/五
1748_2
欣 二三三/十/五
1749_3

[illegible] 四六/四/六

17501

羣 一三一/九/四

17502

[illegible] 二四九/二/四

[illegible] 二一/十/七

[illegible] 三〇五/十/二

17506

[illegible] 二四九/三/二

二四九/八/九

六〇九/四/一〇

[illegible] 四二九/八/一

六〇九/二/五

[illegible] 三〇五/十/七

[illegible] 三〇五/十/二

三〇六/三/二

[illegible] 六〇/十/二

17507

尹 一二六/九/四

三五六/二/七

17510

巩 七三七/一/五

17517

[illegible] 二八六/十/一

[illegible] 二八一/十/四

17527

弔 五七七/四/六

弔 七五〇/六/五

那 二八一/十一/六

四〇五/一/五

五九〇/一/三

[illegible] 二二八/五/三

四二〇/七/五

[illegible] 一三一/十/三

17601

[illegible] 二一/十一/三

三〇六/一/一

[illegible] 三五五/七/四

磬 三六七/一/五

17602

召 五八〇/四/二

五八〇/六/一

習 七六五/二/二

17603

圅 二八三/四/八

四四五/七/六

[illegible] 七六九/六/四

17604

[illegible] △三二五/五/三

五四〇/六/七

[illegible] 三三八/四/一

[illegible] △三二五/五/二

七六七/五/七

七六七/八/四

17607

君 一三一/六/六

17610

砠 六五/七/二

六五/十/三

[illegible] 三七九/十一/二

[illegible] 七六五/三/三

17612

[illegible] 六二八/十/二

砲 五八三/九/三

六五一/五/三

六五九/三/五

[illegible] 五八四/一/四

[illegible] 五八三/十/六

17613

[illegible] 三四七/九/三

17614

硜 五二五/四/三

[illegible] 五八/七/五

三二五/十一/六

17616

[illegible] 一四九/五/二

[illegible] 三六九/四/六

17617

[illegible] 二九二/七/六

[illegible] 一八一/三/八

硊 三一四/三/五

三一五/九/七

四七一/十一/一

配 五三一/四/三

[illegible] 一〇七/十/五

[illegible] 一六二/十一/四

17620

[illegible] 七五〇/八/一

[illegible] 一二五/七/一

司 五三/一/二

四八四/六/二

卲 五八〇/四/五

邵 一八一/四/六

[illegible] 五八三/九/四

[illegible] 一八九/四/三

砌 五〇二/九/一

[illegible] 五八〇/四/六

[illegible] 五三/八/三

硐 二四八/八/三

酌 七一九/十一/五

七二〇/七/四

酌 五四三/二/三

酚 五四四/九/三

[illegible] 二二五/四/八

硐 五/五/一

三〇一/二/五

[illegible] 一七四/六/八

一七五/二/一

	一七七/一/五	郘	二八/六/二		六七三/一/四
⿰酉幼	三九七/八/三		五四〇/十/一	⿰酉喬	七〇五/十/一
⿰酉羽	七七二/五/一	磆	六八六/十/二	⿰習鳥	七六五/四/一
⿰酉句	四九四/二/一		六九五/七/三	⿰酉咼	二六四/三/六
硼	二三七/五/一	⿰石肙	六八二/五/一	⿰咼鳥	二六〇/三/九
⿰石割	二三五/七/一	⿰召鳥	一七四/一/五	1763_2	
酮	五/十一/三	⿰召鳥	一七五/二/二	硍	一五四/十一/八
	一九/三/六		一七七/一/六		二三四/一/七
酮	三〇一/二/三		一八一/八/二		三七四/七/六
醄	一九四/四/二	⿰石鳥	三九〇/十一/二		五五〇/十/五
醐	八八/十一/一		三九一/一/四	⿰酉忽	八/七/一
⿰習羽	七七三/三/八		四〇二/三/六	碌	六三九/六/三
⿰酉閒	五六二/十一/四		七四五/四/三		六五四/二/三
1762_1		鴚	二〇八/十/三		六六二/七/二
⿰酉派	七五〇/四/三	⿰石郎	七三一/五/三	碾	三八七/十一/二
1762_2		咼	二六四/五/五		五七四/一/六
磣	六三八/十/六		二六〇/三/一〇	⿰酉家	七/八/一
	六四五/七/一	(咼) ヨ	Δ六一四/三/四	醁	六三九/四/三
	六五一/五/五	鶻	七七二/五/六		六五四/二/五
⿰酉参	一九五/一/五	咼	二六〇/一/二	1763_3	
1762_7		咼	二六四/四/二	⿰石冬	三〇〇/九/三
邵	五八〇/四/一	⿰咼阝	二四五/五/六		三〇六/五/五
郚	四三二/九/六		四二九/二/六	⿰酉冬	一五/三/四
畐	九二/八/七	咼	二六四/五/八	1763_4	
部	六三/一/四	咼	二五九/十一/七	礇	六四八/九/二
	九一/六/二	⿰吾鳥	九一/七/三	1763_6	
郡	五四六/十一/五	鵘	三五七/一/一	⿰酉魚	八五/七/五
碢	Δ二〇二/三/二		五四七/一/一	⿰酉螽	三四三/一/五
⿰石鳥	九二/三/二	醑	三二九/六/七	⿰酉蠡	九六/九/六
	三四〇/九/六	⿰石鶴	七四七/六/四	⿰酉蟲	三四三/一/四
确	六五六/十一/三	⿰石肅	三九〇/五/三		七五二/九/九
	六五七/五/四	⿰哥鳥	二〇八/十/四	1763_7	
硧	五/五/二	⿰咼鳥	六四〇/二/一	磓	四四/六/六
	三〇〇/十一/四		七六一/五/二		一〇八/一/八
	三〇五/六/四	⿰酉喬	六六九/十一/四	1764_0	
碼	七四二/八/二		六七〇/四/七	⿰石叉	一〇五/四/一

1764_0—1773_7

𥐟 二六四/二/一

1764_7

砐 七七〇/十一/五

硍 五七四/一/五

硠 三八七/十一/三

𥐰 一一九/六/八

䤔 三七二/七/五

酘 二七一/九/四

六一九/八/八

磐 一五三/二/二

〔碫〕 𥕐 一三二/五/六

三五八/八/四

醊 五一五/一/八

七一二/一/一

碫 五五九/九/二

五六〇/二/六

碬 二〇七/十一/一

醙 四三三/三/七

醍 四三四/七/一

1765_0

砪 四三八/七/二

1765_4

碎 九/八/一

1765_6

䤮 三六三/十一/一

五四六/四/一

1766_0

酪 四二七/八/三

1766_1

礶 四四九/五/二

1766_2

磂 二六一/一/二

六一五/十/四

醹 六一五/六/六

磖 七七三/三/四

1766_4

硌 七二四/十/四

七五二/六/九

酪 △五〇〇/五/三

七二四/八/二

礘 一一九/六/九

1766_8

骼 一九五/九/三

1767_7

硇 一〇八/一/七

䤈 一〇八/五/二

碯 六二三/三/八

六二九/七/一

1768_0

䤩 七五〇/四/二

碩 五七一/三/一

1768_1

礙 五七/四/五

五三六/十/三

醭 三二九/十一/二

三三二/六/一

1768_2

欲 一八一/七/四

歌 一九六/二/三

四〇三/九/五

五八九/四/三

五九四/七/七

五九五/五/三

歐 四四五/六/四

歌 一九五/九/一

礉 二七九/七/三

歆 七七三/三/五

1768_6

礦 一二五/五/五

一六二/五/五

三八一/四/一

1768_9

碳 七三六/一/五

1769_4

礫 四一八/七/四

1771_0

乙 六六九/四/三

六七五/十一/三

琵 三三五/四/二

1771_1

瓯 六三一/一/四

1771_4

毳 三五四/二/六

毵 五八七/二/七

六三六/六/四

六五九/九/四

1771_7

己 三二五/二/一

已 三二五/三/一

巹 三二五/四/二

卺 三五七/三/四

三五七/四/三

三五九/三/二

巻 三五九/二/三

甇 三〇六/一/二

1772_7

邛 三二五/一/三

卭 三二〇/三/四

邵 一三〇/八/五

邱 四一二/五/一

哥 五九三/七/二

鬲 △四五/十一/二

鄂 一六四/七/八

鵶 五四六/六/五

鸐 一六四/四/二

1773_2

裴 一三一/十/二

1773_7

㲋 三五一/十一/六
1774_7
殹 二六四/四/三
1777_2
凷 四三七/五/七
丞 二四九/二/六
函 二九四/十/一
巹 三〇六/一/三
[illegible] 三六四/六/四
1777_7
臼 二八三/五/一
1780_1
疋 六五/二/一
三二九/七/七
三三〇/四/三
四一一/七/一
四九一/十一/五
六〇六/六/一
六五三/三/五
跫 二〇/六/四
六五四/九/五
跫 二〇/十/七
二一/十/五
二二/五/五
三〇五/八/六
巽 三二〇/三/二
[illegible] 四六六/十/五
四七〇/三/七
翼 七五八/六/六
1780_9
癹 一一五/二/五
△四〇五/十一/二
癸 三九八/七/五
[illegible] 四九七/一/三
[illegible] 三九八/七/一
燹 三三〇/十/八

1782_7
鷏 四六二/六/六
1790_0
示 四〇〇/十/三
1790_3
絮 三九三/十一/一
1790_4
柔 四〇七/二/七
柔 六七/五/五
三二九/十/八
三三一/六/六
三三一/九/五
柔 二六四/六/二
梁 二一/八/五
三〇五/九/一
三〇六/二/六
梁 二一/十一/四
粱 二二二/二/八
粱 二六〇/三/二
二六五/十一/三
四三四/九/五
四三五/二/四
彙 三二七/二/三
彙 四八九/七/二
1791_0
祖 三三八/一/二
飄 一七九/五/五
一七九/十一/四
一八〇/四/六
1791_5
紐 四三六/一/一
1791_7
袍 三一五/五/七
禋 一一七/五/六
1792_0
豹 七二〇/三/三

翲 一八〇/二/三
五八一/七/七
1792_7
祁 三一七/六/一
[illegible] 二六四/九/五
[illegible] 二六六/三/五
四三二/八/一
[illegible] 一八〇/五/六
[illegible] 九五/七/三
[illegible] 三三五/十一/二
[illegible] 二六四/九/一
[illegible] 六六七/十/六
[illegible] 一七九/十一/三
[illegible] 一六五/六/六
[illegible] 二一五/十一/二
1810_0
玐 六九六/四/一
1810_3
弪 三四/五/五
1810_4
埊 七九/二/六
一九一/十/三
二六四/十/八
三三五/九/三
四三八/八/二
四九六/五/四
1810_8
登 二七〇/八/六
六三四/十/一
六三六/八/一
六三八/八/五
1810_9
弪 三四/五/二
發 二七〇/四/六
六一八/六/五
1811_1

瑳 一九九/四/五
四〇五/三/七

18117

⿰耳监 三四/四/一

⿰王监 二八五/七/三

18118

⿰王筤 二二〇/八/四

18120

玠 五二六/三/四

18121

玪 二七八/二/四
二七九/五/二

瑐 三八二/十一/一

瑜 八三/六/一

瑜 八三/八/二

18122

珍 一二〇/三/六

眕 三五二/四/二

18127

玢 一一九/三/一
一二九/三/一
一二九/五/六
一五三/二/四
一五四/一/四

玪 二九二/七/二
二九五/五/三

珶 九五/六/五
五〇五/六/四

⿰耳今 二八〇/一/二
二九二/三/五

⿰耳弟 一〇〇/四/五

聬 三〇三/二/三

18131

璑 七九/一/五

18132

玜 一〇/八/六

二二/三/四

瑑 一二四/二/五
三八八/一/七

18133

⿰王㐱 六三/三/六

璲 四七五/六/三

18134

⿰耳失 一四五/五/五
七一〇/十/六
七一二/七/六

18136

蚤 七九/二/七
一八七/八/二
二七〇/六/四
四九六/四/二

18137

玲 二三七/十/三
二四五/五/一

聆 二四五/四/五

⿰王兼 四四五/七/一
六二九/六/四

⿰耳兼 二九三/四/五

18140

攻 一〇/八/二
一五/十一/八
四六二/七/五

玫 七九/三/三

政 二三九/四/二
六〇六/六/三

玫 一一一/六/一

致 五一五/三/四

玝 三四一/二/一

致 四九七/七/五
四九七/十/七

敢 四四八/九/四

〔⿰王敢〕 璈 四二二/八/三

六〇三/三/八

璈 一九一/四/三

璬 三九二/九/六

璬 六八/六/二
七七/七/一

18141

⿰王并 二四三/四/一
四二五/十一/五

聠 二四二/十/一

18157

⿰王筆 六七六/一/六

18161

珨 七八六/二/四

⿰耳嗇 二六二/七/六

18164

(⿰耳善)耳 △三八四/二/四

18166

璔 二五四/五/四

璯 五二二/二/二
五二二/十一/四
五二八/七/五

18167

琀 二八三/九/五
六二三/四/九

瑲 二一三/二/二
二一六/二/一
二二二/六/四
二三二/五/二

18172

⿰王缶 四〇〇/八/四

18181

⿰王從 一七/七/五

琔 一六九/十一/八
二四一/五/六

璇 一六九/十一/九

18194

琮 八六/五/一
八七/四/三
1821_2
秚 二五/六/二
弛 三〇八/一/一
褫 二五/六/一
二〇四/十一/九
1821_4
雈 四九六/三/六
1821_7
氝 四八八/四/三
1821_9
醶 三三四/十一/五
1822_1
矜 一二五/十一/二
一三二/九/二
一五五/五/三
二五二/一/四
五四四/一/六
1822_7
矜 二三三/一/一
矜 七五三/十/四
七五四/一/八
七五四/三/七
稀 八四/六/一
四九六/二/四
六三六/八/五
六五四/八/二
稀 六一八/五/一
務 一九一/十/五
六一八/六/二
錀 一五四/七/六
鷸 二一四/五/二
1823_4
弞 三五二/九/六
1823_7
矜 二四六/九/八

1824_0
豥 六三七/八/二
六六一/四/一
弦 三九九/八/五
敉 二七〇/二/三
三三五/七/五
四九六/一/四
敵 三〇〇/十一/五
敵 三〇二/一/二
弢 六六六/二/七
黺 三一/二/三
三四三/一/六
五〇六/一/四
1824_1
弅 二三〇/三/四
二三七/一/一
1824_7
㚬 四三八/八/五
1825_1
弬 二一一/九/二
1826_1
弇 七八〇/八/五
七八四/十/六
1826_6
豬 二五〇/八/五
豬 二五四/七/二
彈 二三六/四/七
醯 二五二/三/三
六〇九/六/四
1826_7
獊 二一三/三/三
1828_1
猣 八/九/二
一七/十一/六
一八/二/一
㢗 八/七/八

貜 七八九/五/六
1829_0
弥 三四/三/二
1832_7
鶩 四九六/三/四
鶩 六三六/七/六
1833_4
愸 五三/十/七
愸 六一八/三/五
憖 二八六/一/二
六二五/二/七
六二五/三/七
1840_1
廷 二四四/七/五
筳 一六七/五/一
五七四/七/二
1840_2
迖 三五五/二/四
1840_4
婺 三四/四/七
婺 四九六/一/六
婺 一〇一/四/二
蓮 三八九/五/八
七八七/十一/一
1842_0
扴 一一二/六/七
1842_7
猕 三四二/八/八
1844_0
攷 五五二/九/七
敄 五三/四/一
遨 四二一/八/一
△四二九/一/三
1850_1
犂 四三八/八/三
四九六/三/五

1850_{6}

鞪 二七〇/四/七
六二六/七/二
六五九/十/三

⿱敄車 六三六/七/三

1860_{0}

⿰石八 六九六/五/二

1860_{1}

⿱敄石 一九一/十/四
⿱敄酉 八四/六/二
⿱敄酉 二七〇/三/四
六一八/四/四

1860_{2}

⿱務日 六一八/六/三

1860_{4}

⿱敄日 三四三/八/二
暓 七九/三/一
二七〇/七/四
四九六/二/三
六一八/四/二
六五九/九/三

1861_{1}

砟 五九四/二/五
七二八/五/三

(硗)石 四一六/八/四

酢 四九九/五/四
七二八/四/五

酢 三七二/四/五

磋 一九九/五/四
磋 五八九/七/五
醝 一九九/六/二
醝 四〇五/四/四

1861_{2}

酡 二五/七/二
三五/一/七

酡 二〇一/三/九

⿰酉施 三五/一/八

1861_{3}

砊 五一六/四/五

1861_{4}

⿰石生 四〇七/二/一
四一〇/三/七

硂 一六九/五/六

1861_{7}

矻 六八四/九/一
六九四/七/七

⿰石气 六八五/五/三
礛 二八五/七/八
二九六/十一/四

⿰酉監 四五〇/一/五
六二六/一/四

1861_{9}

碒 二七九/五/四

1862_{0}

砎 五二六/四/五
六九七/八/四

1862_{1}

⿰石俞 八三/六/四
⿰酉俞 八七/一/六
⿰酉俞 八六/七/三
二七一/十/五
六一九/十/八

1862_{2}

砱 一一五/十/四
三五二/六/五

1862_{7}

砏 一一九/二/六
一一九/六/一
一二九/一/二
一五三/四/二

碖 一二四/七/三
三六六/八/二
五五二/三/八

⿰酉今 二九五/二/五
二九六/十/五

⿰酉昜 二一四/二/三

1863_{1}

⿰石念 七〇二/八/二
⿰石無 七九/三/五
三三五/七/一〇

⿰酉念 六二八/六/二

1863_{2}

⿰石彖 四七七/九/五
五二九/九/二

硹 一二/一/七

1863_{3}

⿰石遂 四七七/九/六

1863_{4}

⿰石矢 三一七/八/七
⿰石族 六三七/三/四
六六一/一/五

⿰石奠 六〇七/十/九

1863_{7}

⿰石今 二四六/五/三
⿰石逆 七三四/十一/一
⿰酉今 二四五/五/五
磏 二九一/一/一
二九三/五/四

1864_{0}

敔 三二八/二/七
敳 四四八/九/二
礉 五八二/九/八
⿰嗀攵 一〇九/八/四
礅 一八六/六/八
六五〇/二/三
六五八/三/四

礅 一八五/八/四
一九一/一/二

礉 一八五/八/三

一八六/六/一〇
五八二/九/六
七四〇/二/四
[illegible] 四四八/十/二
敲 二六〇/六/三
四三三/十一/二
五八八/六/八
敲 二六四/四/五
四〇二/三/七
1864_{1}
硏 二三七/三/六
1864_{7}
[illegible] 七三四/十一/二
1865_{3}
礒 三一四/二/一
1866_{1}
硆 七七〇/十一/四
碖 二九二/一/三
1866_{4}
[illegible] △七二一/一/五
1866_{5}
[illegible] 三八四/七/五
1866_{6}
磳 二三六/四/八
二五二/一/一
磳 二五四/四/五
1866_{7}
[illegible] 二八二/八/二
[illegible] 二八二/八/三
1868_{1}
磫 一七/十/八
1868_{6}
醶 二九五/二/六
四五七/六/二
六二八/八/二
醶 四四八/三/六

四五六/十/二
1869_{0}
[illegible] 四一〇/六/三
1869_{4}
硢 七〇/一/一
酴 八七/一/五
1871_{1}
[illegible] 六二九/二/六
六二九/三/二
1871_{6}
[illegible] 二八三/四/六
[illegible] 二八三/十/二
1871_{7}
[illegible] 三二六/八/四
四八八/四/六
1873_{2}
[illegible] 七〇一/一/四
餐 四四九/十/三
1877_{2}
[illegible] 四九六/三/一
1880_{1}
[illegible] 四九六/三/三
六一八/三/一
1882_{2}
[illegible] 三五二/八/三
五三八/四/五
1890_{3}
黎 二六八/十/一
二七〇/五/一
二七四/五/二
六一六/九/六
1890_{4}
[illegible] 六三六/七/一
[illegible] 五〇三/八/一
[illegible] 一二五/十一/三
1894_{0}

數 一八〇/一/七
1896_{1}
[illegible] 二五八/八/五
六一二/八/五
1911_{1}
珖 二二五/二/六
1912_{7}
[illegible] 一九五/三/七
瑺 二一五/五/五
1915_{9}
璘 一二〇/十/五
三五五/七/二
1916_{6}
璫 二一九/十一/四
[illegible] 二二〇/二/一
1918_{0}
耿 二四八/五/七
四二三/一/七
四二三/六/一
四二六/六/七
四二六/八/一
[illegible] 二六二/七/五
二六三/四/一
1918_{6}
瑱 四〇六/九/六
1918_{9}
琰 四五〇/二/一
1922_{7}
[illegible] 五一六/十一/一
七〇六/四/五
[illegible] 六五九/十一/五
弰 一八七/十/四
1923_{4}
[illegible] 一二/十一/六
三〇三/十一/四
1925_{9}

1925_{9} (continued)

⿰豕粦 一二一/一/三

1929_{4}

⿰歹米 三四一/十/四

1933_{8}

⿱耿心 四二三/六/二

1960_{8}

⿱耿日 四二五/七/一

1961_{1}

硄 二二四/十一/七

1962_{7}

磱 一九五/三/六

硝 一七八/一/五

五七九/六/八

1965_{0}

⿰石半 一四八/十/二

1965_{9}

磷 一二〇/十/三

二三七/九/六

三五五/七/三

五四二/八/四

1966_{6}

⿰石营 二三五/七/二

1968_{0}

⿰酉秋 二六五/八/一

1968_{6}

碵 四〇六/十/一

1968_{9}

⿰酉炎 二八四/十一/三

四四九/九/二

1969_{3}

⿰石荣 二四一/十/四

1972_{7}

⿰雲肖 一七七/十/六

1973_{2}

⿱耿衣 四二六/五/四

1973_{4}

⿰𤇾夫 三八五/十一/二

1985_{9}

⿰頁粦 三五五/七/六

五四二/六/四

2000_0

丨 三六四/九/一
四七四/四/三
四七六/十/四
五一九/三/三
七一一/一/一
六七九/六/一

亅 五一五/三/六

乚 六七八/十/六
七一四/六/一

丿 三九五/二/三
七〇六/二/五

⺄ 五一五/四/四

2001_4

惟 六三五/八/八

2002_7

牓 三二一/五/七
四一八/一/五

⿰片离 三 一/四/三

2004_1

⿰片辟 七三七/十一/五

2004_3

⿰片卒 六六五/七/六

2004_4

⿰片妾 七八五/十/五

2004_7

⿰片帝 七二四/二/二
七三五/五/三

2006_1

⿰片咅 一一〇/五/一〇
一一一/二/一
一一五/七/五

2010_0

丄 △四一六/五/七

2010_3

壟 二 一/三/四

2010_4

壬 二四四/七/四
三五〇/九/八
二七六/六/一
四二四/十一/六
△六三一/七/三

壬 三二四/二/一
四二八/四/七

坙 二七六/八/五

垩 二七八/六/三

埀 三〇九/十/七

垂 二 六/十/四
四六七/八/一
四六九/七/一

重 一 九/二/四
三〇四/十/六
四六五/四/四

壟 二 一/三/一
四六五/七/二

2010_7

盉 一九八/一/六
五九〇/六/二

盉 一八四/五/六

2011_1

乖 一〇四/八/三

乖 七七四/五/三
七七四/七/四

2011_4

雌 二 八/二/五

雜 九 六/七/一

雌 二 八/二/四
九 三/四/五

雜 二 六/十一/六
四六七/七/四

雜 一 四/七/六
三〇三/七/二

2011_7

蠢 二六二/十一/八

2012_7

⿰黍离 三 〇/一/一
三 一/一/七

⿰黍商 七三九/八/七
七四五/七/一
七四八/五/一

2013_2

黍 三三〇/九/三

2013_6

蚕 三八〇/二/一

⿱髟黽 四七八/六/四

⿱隹黽 三八三/九/六

2014_7

𠬝 七一九/三/七

2017_4

⿱禾缶 三五八/六/二
五四五/十一/五

2019_4

⿰黍林 二〇三/六/一

⿰黍集 七六四/十/四

2020_0

广 四五五/二/三
六二八/九/二

2020_2

彳 六五五/九/六
七四五/六/五

彡 二八七/十/一
二九七/四/三
△四五〇/十一/四

2020_3

彳 一六三/六/七

2020_7

乎 五六三/四/四

秀 二三一/六/六

2021₁
垂 一〇三/二/三
二〇五/六/五
虒 六三九/十/三
衛 三一七/一/六
四〇六/九/二
2021₄
住 四九七/九/三
四九七/十一/二
侘 七二四/一/一
往 二一八/六/三
△四一六/三/二
佳 四　〇/四/五
四　三/二/四
三一八/三/六
三二七/九/四
三四八/四/八
倠 四　七/一/九
三四六/九/三
㒈 七　八/一/四
䧳 二六四/十/七
雞 五四一/四/二
雔 七四七/二/二
䧹 △三七八/十/五
雑 六三七/十一/一
僮 五　/三/一
四六五/三/七
僮 一　六/四/六
雔 二七六/八/二
駐 三五六/七/七
雛 二　一/二/二
雒 二六四/五/六
雔 一六三/二/五
儺 三　一/三/五
五〇五/八/五
雝 二　一/四/二
(䨏)䨏 △六　四/六/三
雔 三一四/四/二
儺 二〇一/九/五
四〇五/一/六
䨕 四四九/五/五
䨐 八　八/二/六
雦 七七一/八/一
雔 二六四/三/二
六一四/三/七
2021₆
覓 七四九/九/二
儣 六〇〇/一/一
六〇四/九/四
僮 一四五/四/七
一六五/八/五
三七〇/十/六
三七一/一/七
三八四/三/八
五五八/十一/二
五五九/二/六
五七三/二/二
僮 一五四/二/六
一六六/二/七
艟 三八四/三/七
五七二/九/四
2021₇
伉 二二三/八/八
四一八/十一/二
四一九/二/四
四二三/三/三
六〇二/二/二
秃 六三七/九/六
䆳 七二八/九/八
秃 六三七/九/七
䶡 五八一/六/三
䭯 五七八/八/四
五八一/二/二
五八一/六/一
嬴 五九一/九/四
嬴 四〇八/五/五
嬴 五一九/八/一
2021₈
位 四七七/四/六
四七九/十一/二
六六九/七/七
位 七六八/四/五
竝 七六九/二/六
七七三/四/三
2022₁
倚 三　六/十一/四
三　八/五/三
三一三/六/六
三一三/七/八
四七〇/十一/一
四七一/四/一
倚 三　七/九/一
三一三/六/三
四七〇/十一/四
犄 三　八/三/二
僜 二四四/五/四
猗 三　七/一/一
三　七/八/四
三一三/四/二
觭 三　七/一/六
三　七/七/八
三　七/十/六
三一三/二/二
四七一/一/一
觭 三一二/五/一
騎 三　七/二/一
三　七/八/五
𩥇 一六四/一/五

2022₂

豸 三一一/五/一

三四五/八/一

偐 五六一/一/二

2022₃

儕 一〇五/八/四

儕 五〇三/一一/四

2022₇

仿 二一二/四/二

△四一五/七/三

彷 二一一/十/二

二一二/四/三

二二一/七/四

佈 五一八/九/三

秀 六一三/四/三

爲 三 八/十/三

四七一/七/一

俤 五〇三/八/六

五〇四/八/三

傍 二二一/七/一

二二九/十/二

△二三〇/四/五

四一八/二/三

六〇一/六/七

徬 二二一/七/二

六〇一/七/二

傐 五〇五/九/一

儁 三四五/六/九

僑 四一〇/五/一

七三九/十/七

䝯 七五〇/六/九

喬 一八三/十/一〇

一八四/一/四

一八四/三/一

三九五/七/二

三九七/一/一

五八一/五/五

殍 二二八/九/一

鯆 五三七/三/一

雋 三八三/七/五

三八三/八/二

四七五/三/二

儁 五四一/六/七

傭 一 九/一/三

一 九/十/四

𤞤 二 〇/四/三

二 〇/四/四

殦 三九九/十一/一

艕 二二一/三/八

牖 二 〇/三/七

膂 五 四/三/五

艻 六七六/三/二

七〇八/一/三

艜 二 八/十一/二

鷸 三八三/七/四

鏞 二 〇/四/六

2023₁

傶 二〇四/十/四

僬 一七九/三/二

儦 一八〇/七/五

徶 一八〇/七/六

觿 一七九/九/八

一八〇/七/三

2023₂

依 六 一/一/五

三二六/十/五

[佉] 佉 一六二/三/六

一六三/八/五

㑝 五 七/三/三

六 一/三/二

三二四/九/七

三二六/十一/四

傢 三四三/八/四

儴 四六七/三/一

儴 一〇七/四/二

儴 一〇七/四/一

儴 三九一/九/四

[觤] 觟 三六四/十一/二

躴 二二三/四/二

孃 五二五/九/三

儴 二一三/十/四

二一五/六/三

纕 二一三/十/五

四一五/四/五

2023₄

倏 六六四/五/一

脧 六六四/四/七

2023₆

億 五 七/二/三

七五九/八/七

憶 七五九/八/五

2024₀

俯 三三四/六/四

2024₁

倅 一二七/十/七

綷 一二七/十一/五

觪 二三八/七/二

僻 五〇三/七/二

七三八/一/一

七四七/七/五

七四七/十/四

七四九/五/一

七四九/八/八

𢕌 △四七二/二/五

辭 五 三/八/四

嬖 七四七/八/七

七四九/三/七

七四九/七/四

2024₃
倴 六六三/六/七
2024₄
侫 六〇八/五/七
佞 二四七/二/四
貗 七八九/六/二
2024₆
偉 二一四/十/四
禕 二一四/十一/二
五九八/三/五
2024₇
愛 五三六/七/八
黍 六一九/一/四
僻 七二四/一/八
豕 四三四/一/四
復 六四〇/一/三
復 六四〇/一/二
六四〇/九/五
僾 七八三/九/七
媛 五〇〇/二/一
變 五六〇/三/五
2024₈
佼 一八五/一/六
一八五/二/三
三九七/四/七
三九七/十一/一
五八二/六/五
五八三/二/二
倅 五三二/五/九
五三七/一/一
六八二/七/一
媝 六八二/五/八
觪 六八二/八/二
2025₂
舜 △五三九/四/九
2025₆
彝 一〇三/六/五
2025₇
侮 三三五/四/三
四九六/五/三
六一一八/五/五
2026₁
倍 一一一/二/七
一一五/八/二
三四七/十/五
三五〇/十/二
五三一/三/四
信 一一六/七/六
一一七/九/一
五四〇/一/三
焙 三三四/三/六
三三五/二/八
四三二/八/四
七六二/十一/五
娪 五七五/三/四
猎 六二二/七/六
2026₂
徳 五二五/二/五
五九四/五/三
2026₃
[儲]儲 六四四/九/二
六四六/九/五
2026₆
儡 七五九/八/六
2026₇
傏 二一九/三/二
2028₁
倢 七七七/八/一
2028₂
佊 一一一/十一/一
一一二/二/五
一一二/八/四
三四六/二/三
三五〇/五/二
五三六/十一/四
絃 一一一/十一/二
一一二/六/二
2028₆
儣 四二〇/一/七
2029₄
彳麻 三一七/一/七
亻集 七六四/九/四
2029₆
倞 二一七/九/二
五九九/六/六
五九九/十一/六
六〇四/九/三
2030₇
く 三八一/八/二
乏 七八九/十/一
2031₁
魧 六一〇/十一/二
鯱 六三九/四/八
2031₄
𩺰 六六九/九/六
鮭 四三九/九/二
鯡 二七八/八/七
䲜 四 〇/五/一
三五四/一/五
𩸄 五 /九/二
鱋 一六六/三/四
2031₆
鱣 一四五/六/四
一六六/三/二
三八四/八/一
2031₇
魧 二二三/八/四

魛 二二四/三/六
四一八/十/五
四一九/四/六
2032₁
鯙 二四四/八/四
2032₃
鱭 五四一/五/三
四七二/九/五
2032₇
魴 二一二/四/七
魳 五一八/十/三
七七一/六/四
(魴)鳥 △四一五/八/三
鴋 △四一六/一/四
鯑 九 五/八/八
五〇四/三/六
鰟 二一二/五/一
四九八/十一/五
篤 △四一五/八/二
△四一六/一/五
鰝 三九九/六/一
四〇〇/三/六
七二九/二/四
鱅 一 七/一/一
二 〇/五/一
鷛 二 〇/四/五
2033₁
焦 一七八/七/四
一七九/四/一
二六二/九/六
焦 一七八/十/六
三九三/八/四
五七九/十/二
穛 六六〇/八/三
熏 一三一/三/四
五四六/八/五

慜 三七一/十/五
△六八四/四/二
六九五/十/六
七四七/四/一
鯀 二五四/一/二
繐 四七八/五/六
雛 一七八/六/三
鷦 一七八/八/五
燋 一七八/七/三
2033₂
鰦 五 三/七/一
鑲 三二四/六/八
2033₃
忝 四五三/十/一
六二七/九/四
悠 六 一/三/一
三二四/九/八
三二六/十一/三
2033₄
忎 一一七/七/三
2033₆
鱷 一六六/三/三
2033₇
惷 一三二/五/七
三五八/六/三
五四五/十一/六
2033₉
悉 六六三/七/七
2034₀
魰 一二八/六/一
2034₁
𩶛 一二八/三/三
騂 七四九/六/二
䳩 七四九/七/五
2034₂
孚 六七二/二/三

六九四/四/一
2034₄
鯘 七七六/十一/二
七七七/六/五
2034₆
孚 一六九/四/五
一七二/一/三
六〇四/六/四
2034₇
鯙 一二二/三/三
鰒 六四一/三/二
鱫 二 三/八/一
2034₈
鮫 一八五/五/四
䱣 六七一/五/五
駮 一八五/四/六
2035₇
鯆 一一一/七/九
二七〇/五/五
2036₀
鮨 五〇八/五/三
2036₃
[鰽] 鰌 六四四/十/一
2036₇
鱅 二一九/八/四
2039₆
鯨 二一八/一/一
二三二/十一/七
2040₀
千 一五八/一/四
2040₁
季 一六一/一/二
隼 三五四/一/六
隼 三〇三/十一/三
2040₃
孿 五六〇/三/三

2040₄
妥 一〇八/九/一
三四八/八/五
四〇七/七/五
委 三 九/六/五
三一四/五/五
四七一/七/五
婁 四 七/二/一
孌 三八八/四/三
2040₆
擘 五六〇/三/四
2040₇
手 三四二/九/二
爰 三九六/三/四
三九六/九/二
孚 七 六/十一/一
二六六/十/八
四九五/五/一
四九五/十一/四
受 四三三/十一/三
五八五/六/八
五八八/一一/一
五八八/八/一
季 四七八/十/一
𡚱 四二三/七/三
叜 七一二/二/六
隻 七四四/十一/一
變 一七一/九/五
雙 二 三/六/七
四六六/五/一
2040₈
卒 一〇四/八/五
卒 四三三/七/二
2040₉
乎 八 八/六/二
九 〇/八/六

2041₁
[illegible] 六三九/六/一
2041₄
雉 四〇〇/六/三
雅 二六六/十/三
雛 一一七/十一/三
雉 四〇〇/九/五
雎 四 二/三/三
雒 △四九九/十一/三
雛 八 一/五/三
四九六/八/四
雜 一九〇/七/四
雗 六六二/三/八
雞 九 六/九/七
艟 五 /六/五
一 六/十/三
四六五/八/四
四六六/六/三
2041₇
航 二二四/一/三
魧 二二三/一/六
2042₇
禹 三三三/九/一
舫 三一一/十/一〇
五九七/五/五
六〇一/六/五
艕 六〇一/八/四
六〇三/七/三
2043₀
夭 一八三/五/三
三九五/一/四
四〇〇/五/一
六四九/一/五
矢 七〇三/五/一
七五六/三/二
矢 七〇二/五/四

奚 九 七/八/一
奚 九 七/六/五
㚗 一〇一/六/四
雋 四 八/五/六
2043₂
[舷]舷 一六二/五/四
2044₁
辭 五 三/九/一
2044₄
弃 一五九/十/三
2044₇
爰 一三三/九/五
艘 六四〇/八/五
艭 二 三/七/一
2044₉
𠅆 五七五/八/五
五七六/二/一
2050₀
手 四三三/七/一
2050₁
犨 二六三/八/一
犨 二六三/八/二
2050₂
垂 一六一/一/四
犨 二 一/五/二
2050₇
爭 二三五/十/二
六〇五/三/二
2051₄
牲 四 一/六/二
犧 一九六/九/五
雉 七〇一/八/八
犍 三七三/八/四
六〇四/七/六
犝 五 /九/七
三〇〇/九/八

2051_7
牨 二二三/八/二
2052_1
犄 三 七/十/四
三 八/五/二
2052_7
牥 二一二/二/一
犻 五一八/十/一
犪 二二一/四/三
犕 七五一/十/二
犒 五八五/八/七
犣 二 〇/五/五
2053_0
乒 三一七/七/四
2053_1
犥 一七九/十一/一
一九一/六/四
▲三九六/二/二
三九六/九/一
三九六/十/四
四〇三/五/八
犧 五八八/十一/八
2053_2
犪 一〇五/五/二
2054_1
牸 二三八/七/四
犢 一七一/五/三
2054_3
觪 六八二/四/一
2054_7
犉 一二二/五/四
一七一/五/四
2055_7
爯 二四九/十/一
六〇九/二/二
2056_1
牾 四三八/二/五
2056_7
犝 二一九/八/一
2059_6
犆 二一七/二/一
五九九/六/三
2060_1
香 七四三/一/六
售 六一四/三/六
六四三/八/四
2060_2
舀 六六六/八/四
2060_3
吞 一四二/九/七
一六〇/五/一
喬 二一七/四/四
函 五六〇/三/六
2060_4
舌 六九八/八/七
七〇九/六/五
香 三一七/五/二
香 七八七/五/一
看 一四三/五/三
五五三/五/八
2060_7
畱 一九三/八/五
2060_9
香 二一七/四/五
番 三 二/九/九
一三六/一/三
一三六/十/一
一四八/三/一
一四八/十/五
一九八/四/六
一九八/八/五
五四九/二/二
五五六/八/二
五九〇/九/三
2061_1
鹿 六三七/六/二
2061_4
鮭 四九七/三/三
雊 七二五/二/四
雒 七二五/四/六
雊 四九四/六/七
六一七/三/二
雝 五 一/三/四
雝 六四九/二/七
六四九/十一/一
雝 一三七/一/五
雝 一〇四/二/五
2061_7
航 四一九/三/三
2062_1
騎 三一三/十/一
2062_3
鰿 五〇二/十/二
2062_7
帥 六九二/九/二
鰝 三九九/三/五
2063_1
鱗 四九二/五/五
鱗 四九二/五/七
鱇 三九六/二/五
三九六/八/六
三九六/十/三
四〇三/五/六
2063_2
鱶 一〇四/十一/七
一〇五/四/二
2064_1
辭 五 三/九/二

2064_4
餧 七七六/十一/五

2064_7
馥 六四一/二/五

2064_8
皎 三九二/九/二

2071_0
乚 二五四/十一/六
乚 三五八/六/五
山亡 二二一/十/八

2071_1
毺 六 六/五/六
毴 五八七/三/七
巕 三一七/一/四

2071_2
毭 四一八/一/八
氌 三 〇/十/三

2071_4
乇 七三三/二/六
七三三/十/一
毛 一九一/七/六
五八七/三/四
毲 七七七/四/九
崕 三七三/九/一
雒 一九一/七/七
毻 三五三/八/七
㠉 六 /一/四
毳 五〇九/十/五
五一一/八/二
五一二/三/六
七〇八/九/七
七〇九/十一/五
雒 二 一/一/二

2071_6
毠 一一一/一/七

2071_8

齸 七六七/三/三
七七三/四/五

2072_1
崎 三 七/七/六
三 八/一/六
三 八/四/六
六 一/十/六
三一三/二/七
三一三/七/五
嵉 二四四/十/二
齮 三 七/八/一
五 六/四/四
三一三/二/四
三一三/十一/一

2072_2
嵃 三六二/三/三
三七二/十/三
三七五/一/二
三八九/八/五
五七五/四/七
齴 三七五/一/一
三八九/八/二

2072_3
嶖 五〇二/五/五
齌 五〇二/十一/三

2072_7
崹 九 四/五/三
九 五/二/三
嵪 一八五/九/一
一九〇/二/七
嶑 二 〇/三/六
嶋 五四一/一/四

2073_0
厶 四 一/十/一
六 三/六/二
四三八/五/四

2073_1
嵨 四九二/六/二
嶕 一七八/十/七
嶕 一七九/二/六
嶫 一八七/五/一

2073_2
幺 一七七/五/五
七四九/九/七
嵈 五五〇/五/二
嵻 二二三/四/八
巏 一〇五/四/七
巕 三九一/九/六
㠙 一八九/九/四
嵫 五 三/六/一
嵾 二 一/二/三

2074_1
齘 六九七/二/三
辥 七〇七/八/三

2074_6
嶂 五九八/三/六
嶂 七三一/六/六

2074_7
毵 五七五/八/六
五七六/一/七
崞 七三一/六/七

2074_8
崪 四七五/十一/一
齩 三九七/九/三
三九八/一/五
齚 六八二/八/一
六七三/七/六
七一〇/五/二

2075_2
㠣 一九九/一/六

2076_1
𡼃 四三八/一/二

[illegible] 一三二/十/四

2076_7

嵣 二一九/九/五

四一六/十一/二

六〇〇/八/三

2077_2

缶 六〇六/六/二

函 七七八/三/六

七八七/五/四

[illegible] 一八二/四/四

[illegible] 一七三/四/一

[illegible] 四六九/六/二

[illegible] 二 一/三/六

四六二/九/一

2077_7

[illegible] 八 四/一/一

二五八/一/二

五九四/九/三

[illegible] 七七八/三/四

2078_2

峐 一一二/三/五

三二四/十一/七

2078_6

[illegible] 六〇二/十/一

2079_4

嶕 七六五/八/四

七七一/八/六

七七七/八/六

2080_1

乏 七二一/四/一

2080_6

負 四五一/十/一

2080_9

炙 一一七/七/六

[illegible] 一七八/七/五

2083_2

[illegible] 五五〇/五/四

2088_8

乑 三四九/九/三

2090_1

[illegible] 五六二/一/一

五六三/四/三

桑 五〇九/十/六

五一一/九/一

五一二/六/三

2090_3

糸 七四九/九/六

系 四八二/十/六

五〇六/六/八

2090_4

禾 九 六/十/二

一九七/十一/三

采 三五一/一/三

四三九/三/四

采 三八六/十一/五

五三五/八/七

采 七 六/十一/二

四〇〇/十/四

采 四七五/八/七

乘 二四九/四/五

五六七/十/五

六〇九/三/一

集 七六五/六/四

稟 一七八/五/二

雧 四 六/十/三

雧 五 三/十/四

五 五/五/一

雧 六八七/八/三

雧 七一四/二/二

桑 三七一/十/六

桑 五一一/九/五

桑 七六五/六/三

2090_7

秉 四二一/十/三

六〇四/二/一

2091_0

[illegible] 二一二/七/二

2091_1

統 二二二/二/三

纏 六三九/一/二

2091_3

統 四六四/三/四

統 二六〇/九/八

統 三八八/十一/五

2091_4

稚 四七七/一/二

維 四 六/八/一

雜 八 二/三/六

雜 六四八/一/九

種 五 /六/八

一 九/二/六

三〇三/六/二

四六四/十一/一

鞾 五四九/一/五

五四九/九/三

纏 一六六/六/二

纏 三七三/十一/五

纏 三七三/十/一

纏 三七四/一/八

2091_6

種 △三八四/四/三

纏 一四五/四/六

一六六/六/三

三七〇/九/四

三七一/二/七

2091_7

秔 二二八/四/一

統 四二〇/六/四

⿰糹嬴 五九一/十/一

2092₁

⿰禾奇 三 八/三/七

綺 三一三/一/二

三一四/二/六

2092₃

穧 五〇二/十一/六

穧 三四一/四/六

四六八/六/四

四六八/十/一

四七四/九/四

五〇二/六/五

△五〇九/七/四

2092₇

⿰禾方 二一二/一/五

紡 △四一五/八/一

⿰糹市 六七四/七/二

⿰禾旁 二二一/八/三

二五〇/七/一

⿰禾离 三 一/一/五

締 九 四/十/二

三一一/八/四

四七六/二/二

五〇四/三/五

五〇四/十一/六

⿰禾啇 七五一/五/三

⿰糹旁 二二一/三/三

六〇一/六/三

縭 三 〇/九/四

⿰糹育 六四六/三/二

稿 一九〇/六/一

⿰糹廌 一五八/四/五

縞 四〇〇/一/四

五八五/十一/三

縞 一八八/八/一

⿰糹髙 三七〇/二/六

⿰糹雋 一〇〇/一/二

2093₁

⿰糸焦 一七八/十一/四

⿰糹焦 一七八/六/六

穮 一八〇/八/二

一八七/一/七

五八三/十/三

⿰糸焦 二六二/六/六

二六三/五/八

穮 一八七/五/五

2093₂

[絃] 紘 一六二/四/五

五七〇/五/四

穅 二二三/二/一

縗 四 一/三/一

一〇九/十一/六

一〇九/十/三

二〇〇/一/七

⿰禾衰 三九一/十一/二

⿰禾茲 五 三/五/四

穰 二一五/五/七

二四一/十一/三

四一五/三/五

纕 二一二/十/一

二一五/七/六

二二二/四/四

四一五/三/六

2093₆

繶 七五九/九/九

2093₇

⿰禾㐬 二二四/七/二

⿰糹㐬 二二四/九/六

⿰禾廉 二九〇/九/二

⿰糹廉 二九一/四/三

2094₀

紋 一二八/五/三

2094₁

⿰糹辛 二五〇/七/一

⿰禾辛 三二三/十一/七

⿰糹屖 七三八/二/一

七三八/四/一

七四七/七/四

⿰禾韋 五三九/三/二

2094₃

⿰禾率 六七二/三/一

繂 六七二/二/五

2094₄

⿰糹妾 七七七/三/五

2094₇

⿰禾寽 五三九/三/一

⿰糹叟 七七二/十/一

⿰禾叟 六四〇/三/四

六四一/二/六

⿰糹寽 三五三/三/八

2094₈

絞 一八四/九/八

三九二/十一/五

三九七/二/七

五八三/二/八

稡 五二〇/八/一

六八二/三/四

六八二/七/二

綷 一〇九/十/六

四七五/二/四

五三二/七/四

五三二/九/四

六七一/六/一

2095₃

縴 △一六一/九/二

2096₁

⿰糹咅 三三四/三/七

六一二/十一/八

六一七/十/七
稽 二八七/六/四
六二二/七/三
稭 三〇七/一/五
2096_3
[穑] 穡 六四四/七/七
六四六/十/三
2096_7
䅯 二一九/十/七
2098_2
絯 一一二/四/三
三四六/二/二
三五〇/七/一
七四〇/五/二
2098_6
穬 四二〇/十一/二
穬 六〇二/十/七
纊 六〇二/九/四
六〇二/十一/三
2099_4
穕 七七七/二/二
緁 七六四/十/三
七七七/八/五
穙 三二三/三/二
纀 一二七/三/三
2099_6
綡 二一七/一/二
2099_8
[illegible] 六〇九/二/三
2101_1
[illegible] 七五三/三/一
2104_7
版 三七三/三/二
三七五/二/二
2104_9
[illegible] 六〇五/五/三

[illegible] 五九五/二/六
2106_6
[illegible] 七六一/二/九
七六一/七/七
2109_0
[illegible] 一一〇/六/一
2110_0
上 △四一六/五/八
五九八/四/二
止 三二一/十一/一
2110_1
些 二 八/八/七
一九九/三/三
二〇四/一/六
五〇二/八/五
五八九/七/三
2110_2
[illegible] 六 三/三/八
2110_3
[illegible] 六五九/八/二
2110_4
[illegible] 一二五/一/二
坒 二四二/二/五
四八一/四/六
六六五/五/一
[illegible] 四七六/一/六
豎 △四八八/四/一
五三六/七/四
2110_6
暨 四八八/八/五
四八八/十一/四
五二六/五/二
六六九/二/一
六七五/九/六
2110_7
盬 二八六/十一/二

壴 二八〇/八/三
甏 三二〇/四/四
三三五/十/一
三二六/一/一
盧 八 七/六/三
盬 四七九/七/二
四八五/七/五
四八八/六/七
四八八/十/四
四八八/十一/八
[illegible] 四八八/五/二
[illegible] 四七九/六/一
2110_8
砦 六七七/七/三
貲 三三九/二/七
2110_9
鈭 二 八/三/二
二 八/五/二
2111_0
此 三一〇/四/三
2111_6
齬 七五八/四/三
2111_7
歫 三二八/十一/四
甄 二 六/十一/五
三 〇/七/二
四·四/七/三
四六九/六/三
2112_7
与 三三二/四/五
嶋 三一〇/五/六
[illegible] 四九七/十/二
2113_2
[甋] 甋 五〇〇/九/一
2113_6
[illegible] 二九一/六/三

蚩	一三四/九/二
	三六〇/七/三
蚩	二 八/七/四
	四 三/一/二
	三四五/九/七
蚩	三五六/二/三
	三八八/八/五
蠆	一一九/一/四
蠆	四八八/五/一
蠆	四三〇/四/二
	五三五/三/一
	七六二/八/三
蠆	四三〇/四/一
	七六二/八/二
2114₀	
蛔	四八三/十/五
2114₇	
皲	六五八/六/八
	六五八/九/五
皼	四一六/二/八
皷	三五二/二/五
皺	三一八/五/三
2114₉	
蜉	五〇一/一/六
2116₀	
黏	二九一/五/一
	六二八/十/三
2116₆	
䅿	七六一/二/五
	七六一/六/一
	七六一/六/九
	七六三/一/二
2118₆	
頷	七 九/四/一
頷	四 八/十一/三
頔	二 八/五/五
頣	二 八/五/三
顗	三二七/一/三
	三五二/二/三
顫	三一八/八/八
2119₀	
衃	一一〇/七/一
	二六六/五/一
	二六六/十一/三
	二六七/二/四
	四三二/九/二
2120₇	
歺	二五二/二/五
	▲六八七/八/七
	六八八/八/七
卤	三五一/十一/八
鹵	二五八/一/九
卢	一七〇/八/七
2120₉	
步	四九八/九/二
蕣	七七八/十/七
2121₀	
仉	六八五/十一/四
仁	一一七/七/二
仜	九 /九/三
征	三一〇/二/四
仳	四 八/九/一
	四 九/六/四
	五一六/二/五
	五二〇/十/三
	三二一/一/五
	三二一/二/三
	三四七/十/一
	四八〇/九/一
佌	三一〇/三/五
	三一〇/四/四
	三一〇/九/二
豼	四 九/七/二
躭	四 九/六/五
觛	二 二/四/二
2121₁	
亢	二一六/六/六
征	二三九/二/四
征	二三八/十一/七
豻	一四八/一/五
俓	一六二/一/五
	一六三/一/二
	二三四/三/三
	六〇五/六/五
	六〇七/二/五
徑	二四七/五/一
	六〇七/二/一
歷	七五三/六/九
歷	七五二/四/九
歷	七五二/十一/五
俳	一〇五/九/四
	一一〇/十一/一
徘	一一〇/十一/二
儷	三四七/一/三
	三四七/三/一
豔	三九六/十一/五
徑	二三九/一/一
虐	▲七二二/六/一
歷	七五二/九/四
歷	七五三/三/八
能	一 三/十一/三
	一一三/四/二
	一一三/十一/五
	二五三/六/一
	四三〇/三/二
	五三五/二/二
傩	五三四/八/二
歷	七五二/六/一

狪 一九五/十/三
殈 一九六/一/四

2122_1

行 二二四/二/二
　三二八/九/三
　△二九六/九/二
　四一八/十一/四
　六〇一/十一/八
　六〇三/五/六
衍 一六七/六/二
　三八八/六/三
　五七四/六/六
卉 三五九/五/一
芔 五四五/十/一
衎 三二〇/六/七
術 四七五/十/四
　六七〇/七/一
衔 三六七/八/二
　五五三/六/四
衜 四六五/十/八
衛 三八三/三/二
　五七一/十/三
衙 三八八/七/六
[衕] 衕 五六九/十一/六
衕 五七〇/七/二
衞 五　八/五/二
衙 △二九六/九/一
街 三　六/十/三
　一〇一/七/二
衡 五　/八/六
　四六一/六/一
衝 三〇五/五/三
衝 二三九/一/三
　二三二/六/一
衛 四七三/十一/五
　六六三/六/二
衛 六六三/六/一
衞 四〇二/五/四
　五八八/二/五
衙 五六九/十一/五
　五七〇/七/一
衙 六　三/一/三
　二〇九/五/七
　三二八/三/六
　四九〇/八/三
衛 一三五/五/二
　一六三/四/八
　五七〇/二/五
　五七〇/六/二
衙 六二二/十一/一
衛 二二八/九/四
　二二九/一/五
衛 三二八/四/一
衛 一　六/九/三
　三〇三/八/一
衛 五一三/六/五
　七一四/六/五
衛 一　六/九/二
　四六五/八/五
鼑 四二七/十一/七
衛 七　五/八/五

2122_2

彪 七六三/十/六
彪 七六三/十/五

2122_7

㑒 △四一五/七/四
　△四一六/一/三
倆 四一三/四/三
㑹 五　二/八/三
儞 三一一/十一/二
㑊 三三二/五/二
市 △五二一/十一/一
㡀 一三四/十一/二
殇 四三〇/十/三
　六一一/十/一
傌 五九二/三/三
儒 八　一/七/二
肯 三五〇/二/七
　四三〇/二/四
㬳 五五五/十一/九
㡀 二　八/四/四
　四　三/一/五
　三一〇/五/七
齿 二　九/四/一
　四六八/八/三
　五二五/二/二
　七四三/十一/三
齿 五　四/一/三
豴 五　三/八/六
儰 一六七/九/三
　三六二/七/三
　五四五/十一/二
　五四八/八/三
㒖 二五五/九/四
帋 六六一/四/六
㡀 二　八/五/一
㒔 七五二/四/十
萬 三一七/十/三
㒖 四三二/一/五
虜 七　四/三/一
背 二　八/二/七
偝 五三七/一/三
偝 一一五/七/七
偝 五三一/六/四
齒 二　八/六/一
　二　八/九/七
　二　九/三/一
　三一一/一/四

虜　三二八/十/一
膚　六　八/五/二
　　七　七/八/四
慮　五四八/九/四
膂　三一〇/九/六
虧　三　七/六/一
　　三　九/三/二
臂　五二三/一/三
　　五三三/九/六
　　五三六/六/四

2122_8

僑　五七九/四/四

2122_9

倄　七五七/六/七
徬　七五七/六/九
儚　七五七/六/六
徸　三六〇/九/三

2123_1

虛　六四〇/八/一
偬　七二九/九/三

2123_2

侲　一一六/三/一
　　一一七/四/一
　　一二〇/五/四
　　五三八/四/七
倀　二一六/五/六
　　二一六/六/一
　　二一六/八/五
　　二三一/四/二
　　六〇三/九/六
豦　六　四/五/一
　　三二九/四/六
　　四九一/四/二
徖　三一〇/三/四
　　三一〇/四/六
觗　二　四/九/三
　　四六六/九/二
貑　七二八/十/二
𧇭　五一三/九/一

2123_4

偄　三八五/八/五
　　五六〇/五/三
　　五九一/十一/三
徳　一六七/九/十〇
虔　六三七/六/五
虞　七　二/四/一
躾　四　九/六/七

2123_6

慮　六　八/六/三
　　八　三/二/三
　　四九二/十一/六
儢　三三二/一/四

2123_7

牓　二四六/十/六

2124_0

仟　三六七/十一/一
　　五五二/九/五
豻　一四三/三/五
　　一四四/一/六
　　一五二/八/一
　　一五二/九/二
　　五五二/七/六
　　五五四/三/三
侀　二三四/三/四
佴　四七七/七/五
　　四八三/九/二
　　五三五/二/一
虔　一六八/二/二
倢　三六二/一/五
　　五七七/一/二
㚷　四八三/十一/三
觝　四六六/九/三

2124_1

倂　四六一/九/二
處　三三一/一/四
　　四九一/五/三
　　四九二/四/八
儡　七七八/五/四
　　七七八/八/三

2124_3

㑄　六五一/三/七
　　六五五/七/七
優　二六八/四/三
㥹　二五七/六/三

2124_4

僂　三九二/三/三
　　三九四/十一/五

2124_6

便　一六八/八/五
　　五七六/四/五
倬　六六一/五/一
　　六六一/十一/八
徫　五八四/十一/七
𢕟　六二八/二/五
觛　六六一/十/六
　　六六二/五/三
躻　五八八/六/五

2124_7

伋　三六二/十/四
彶　三六二/十/六
　　三七三/五/六
　　五四九/四/二
敚　三〇九/七/七
敠　四〇七/五/八
儆　二四九/三/七
㧊　四六七/十一/一
　　四七二/八/四
優　二五七/六/一

敲 五八一/五/四
𧇊 四五三/八/六
𧇊 四九三/二/一
䰈 三　二/四/一
優 一〇九/三/一
鬘 一〇五/七/三

2124_9

伻 二三六/十一/五
二三七/二/三
虖 八　八/六/三
九　〇/九/一
二四七/六/三
三四〇/八/八

2125_3

歲 五〇九/七/七
五九〇/十一/六
七〇八/七/三
[illegible] 五二二/四/四
[illegible] 五三七/十/五
[illegible] 二九五/十/三

2125_6

虚 七八八/七/四

2126_0

佔 二八九/五/七
二九〇/六/一
二九三/一/三
六二九/十一/二
袩 二七八/七/二
二八六/八/一
二八七/二/五
二九六/七/七
六二七/五/四
佰 六四一/九/四
佰 六四一/九/三
紬 五四〇/二/三
佰 七三一/十一/二

七三二/九/六
貊 六九九/二/三
七三二/二/四
鮎 二八九/七/四
偭 三八六/七/三
五七六/五/四
猶 五九七/九/七
貊 四三二/五/四

2126_1

倍 九　一/九/一
五〇二/二/三
偕 一〇三/十/三
一〇四/七/一
偕 一〇四/四/二
貓 一〇四/四/五

2126_3

𧇊 八　七/六/四
𧇊 三三二/三/三

2126_6

偪 六四〇/二/五
七六一/一/七
七六一/四/二

2126_9

佸 三四八/十/一
三五〇/九/八
貉 五　〇/二/四
三二一/三/二

2127_7

犻 五八四/二/九

2128_1

徙 二　七/十/一
三一〇/二/五
縰 三〇九/六/七
蹝 二一六/二/四
虞 三二八/十/六
(虛)虍 △七二二/五/八

傎 一六〇/二/二
虞 四九三/十一/五
虞 三二八/十一/五
七五八/十一/二

2128_2

觖 六七九/二/二
六七九/三/六

2128_6

偵 二三九/七/六
二三九/九/四
六〇三/十/二
六〇六/八/五
偵 六〇三/十一/七
須 七　九/三/六
一五三/二/八
䫙 五八四/一/六
穎 七　九/五/一
類 二七七/五/六
類 四四二/八/七
六二一/五/二
頻 一一八/八/四
頒 四〇四/五/二
傾 二四一/四/四
四二五/九/一
價 四一一/一/五
五九五/七/四
頒 四一〇/五/六
顯 五三七/十一/六
頮 一〇八/十/一
五九一/七/二
穎 四二五/五/五
四二五/七/二
顥 一七〇/九/一
㒩 二六七/七/二
䫶 四四六/六/二
四四六/九/五

巔 五五四/四/一
傾 七○二/十一/八
傾 四 四/六/八
傾 五 六/四/二
顔 三一四/三/三
三四七/八/三
傾 一六○/二/一
顛 一一八/七/四
一一八/八/五
顯 一五九/十一/七
顱 八 七/八/三

2128₈

𨘇 一○六/四/五

2128₉

𧲣 一○六/九/三

2129₀

𠇲 四 九/十一/六
豯 四 九/二/一

2129₁

僄 一七九/六/八
一七九/十/五
五八一/七/三
五八一/十/四

2129₄

傈 四○○/八/五
傑 二 六/四/一
傑 六 四/七/一
猓 六 四/五/二
彙 一一九/五/四
一五四/一/六

2129₆

傆 一三三/八/七
五四七/六/五
五六一/四/六

2131₀

魟 九 /八/六

一 ○/三/一
一 ○/九/八
▵一 四/七/七
二 二/四/三
魮 四 九/八/一
三二一/八/五
魮 三一○/八/六
鴻 二 二/九/七

2131₁

魭 一三三/四/三
三七二/一/一
魭 一三三/七/四
五五六/三/一
鯅 二四○/九/五
四二七/一/三
鯉 七五三/一/四
鯡 五 九/二/三
四八七/一/二
鱺 三 一/四/六
九 六/五/七
三四三/二/七

2131₂

鮀 一九八/四/二
鱸 六 三/八/四

2131₄

鯇 四七九/七/六
鮭 二一八/五/二
鮭 二一八/十一/二
鮭 四 一/四/三
[illegible] 七○一/八/七
鰹 三六二/八/五
鯢 四八八/十/一

2131₆

鮔 六一一/三/五
鰛 二五四/八/四
[鮰] 鮨 六一一/三/四

鯧 七五八/五/二
鱷 二一七/十一/七
二三二/十一/六
鰛 七 四/八/七
七 四/十/七
二六八/五/四
三三二/八/八
鰮 七三○/四/五
驅 二六八/三/六

2131₇

鯱 七三五/六/二
鱸 六四三/九/三
鮔 八 九/二/一
鮔 五 五/六/二
鱸 八 八/二/一
驢 八 八/二/五

2131₈

鮔 二七一/八/二
四三九/九/一
六一九/十一/五

2131₉

鯀 四 九/二/四
四 九/九/八
五 ○/二/一

2132₀

鮰 一九六/七/四
鮰 四○三/八/一
駉 一九五/十/四

2132₁

魣 五 八/二/五

2132₇

鮪 四 ○/十一/四
鮪 ▵四二一/四/二
四二一/十/二
鰤 五 二/七/一
駟 四 一/一/六

鷦 一三四/八/七
一三九/一/七
鰢 四〇八/十/四
鱬 八 一/十一/一
鰝 七五三/一/三
鴜 二 八/七/一
二 九/五/四
五 三/十一/五
騗 四〇八/十/五
鰢 七四〇/九/五
鰤 四 〇/十一/三
鰿 七四三/五/三
鱱 五一四/九/一
鶳 四 一/一/五
驚 四七九/七/四
鱝 三五九/二/四

2133_1

怨 一三四/九/四
五四七/二/六
五四八/一/四
恣 四八一/八/七
態 五三四/八/一
五三五/三/五
熊 一 三/十一/一
二五二/三/四
態 四八八/三/四
五三六/七/九

2133_2

忥 六 九/四/六
三三二/五/七
愆 一六七/九/六
[魟] 魟 五〇〇/十/一
衞 五一三/一/一
衞 五二三/三/四
衞 五一三/七/一
七一四/六/六

2133_3

鱁 六四五/二/二

2133_6

点 二九〇/六/五
鮆 二 八/七/二
三 一/十/二
四 三/一/六
三一〇/六/六
三一七/四/四
三四一/三/二
四六八/七/二
四六八/九/四
四七二/九/四
鱉 四七九/七/五
四八八/十一/七

2133_7

鳥 二五九/七/五

2133_8

悬 一一六/十/五

2134_0

鯜 一六八/三/二

2134_6

鯙 六六一/八/二
鯁 四二〇/五/三
六〇三/四/九
鯾 一六八/五/一
一六八/九/七
鱓 二七五/五/八

2134_7

魬 三七三/六/三

2134_9

鮃 四 九/九/九

2135_3

鱥 五一三/十一/三

2136_0

鮎 二九一/六/一
鮎 二九三/五/六
麪 一六九/五/八
麵 五六〇/二/七
六〇四/六/三

2136_1

鯃 九 一/八/一
鮨 四 〇/三/七
鮨 四 七/九/四
五 一/十/五

2137_7

鮣 二六一/五/二

2138_2

鱖 四 七/八/二
五一三/十一/二
六七九/二/三
六七九/八/四

2138_6

頦 六九四/四/三
顋 五四〇/二/九
頪 一六九/三/七
一七〇/六/五
六〇四/六/二
鱝 四四四/九/六
鱑 一七九/一/七

2139_0

魾 一一〇/八/五

2139_1

鯀 四 七/九/六
鯀 六四三/一/三
鰾 三九六/四/三

2140_1

乍 四〇〇/九/一

2140_4

姕 一三四/十/六
三六〇/三/六
五四八/三/二

婓 四八一/十/三
婓 二 八/三/一
二 八/五/六
二 九/六/二
三 一/十/一
四 二/七/四
三一○/六/三
婜 四 一/一/四
𡣿 二○八/五/四

2140$_6$
卓 五八四/十/五
六六一/四/五
六六一/十一/六
七二○/五/五
𠃅 二八○/八/四
𠃅 二八○/八/五

2140$_7$
攴 三 五/十一/四
六三五/十/四
六五八/九/九
𢼸 二 八/二/八
三二三/七/四

2141$_0$
舡 六八五/九/一
舭 三六○/五/七
舡 二 二/六/四
二 二/七/二

2141$_1$
艦 七五二/十/九
𦨣 五二七/十/一
𩴷 六三○/七/三
六三○/九/五
艞 六 /十/一
一 九/六/五

2141$_2$
𩴾 八 四/三/五

2141$_7$
甁 四三三/三/四
𩽅 一○六/八/四
艫 六 八/十一/一
八 七/十一/二
𩵛 六二六/四/三

2141$_8$
艛 二四五/九/三
𩵢 六三○/九/四

2142$_0$
舸 四○三/七/二

2142$_1$
舫 五 八/一/四
䑸 二二四/一/四

2142$_7$
禹 七○七/十/五
艣 三三九/一/八

2142$_9$
艕 四九八/十/八

2143$_0$
矣 六三七/六/四
矦 七四四/九/二
柴 三一○/五/四

2143$_7$
艬 二四五/九/五

2144$_0$
𨙸 五五二/八/五

2144$_1$
𢍏 五七二/八/八
𢍚 五二七/七/十

2144$_2$
𢍛 三三二/四/三

2144$_6$
艀 五八五/一/六

2144$_7$
舨 三七三/三/五

𢍚 一五八/八/六
彝 五二七/七/八
𣪊 七二○/四/七

2144$_8$
頿 五四七/七/二

2146$_3$
𦪇 二四五/九/二

2146$_6$
艏 六四○/三/一

2148$_6$
頍 七 九/六/一
頰 三六三/二/三
五七六/八/一
頷 三一五/三/四
頻 四 八/五/二
二五六/十/六
三二○/六/三
三二○/九/一
五三三/八/四
頦 三 九/六/六
一○八/九/六
顆 五○三/四/二
顙 九 七/十/四
顒 一八九/十/二
一九○/八/一
顚 四○○/一/三
顜 一二四/二/三
三六○/二/六
三六○/九/四
頑 五六九/九/三
顛 一六○/一/四
顣 二九七/七/三

2150$_1$
犛 二 八/三/四

2150$_2$
挈 六 九/五/二

[illegible] ▲一四七/九/四
五五五/十一/八
[illegible] 一〇三/六/三
四六八/六/五
四六八/九/二
四七一/二/五
四七二/八/二
[illegible] 五一三/七/三
五一三/十/九
五三四/二/三
五三八/二/一

2150₆
[illegible] 三 四/二/五
一一八/九/一
[illegible] 一一九/一/一

2151₀
牝 三二一/八/八
三二一/八/九
三五四/四/一
三八六/五/八
[illegible] 六八五/九/四

2151₁
牼 一五四/九/六
一六一/十一/八
二三四/一/二
二三四/九/一
六〇七/三/二
[illegible] 七五三/五/九

2151₄
[illegible] 一五五/二/二
[illegible] 三四二/二/六
[illegible] 五〇四/三/三

2151₆
[illegible] 二六八/四/五
四三七/六/二
四九四/三/五

[illegible] 二一七/十/一

2151₇
[illegible] 二〇五/十/一

2151₈
[illegible] 二四六/四/四

2152₇
[illegible] 四三八/六/二
[illegible] 四九七/六/三
犡 五一四/八/三
五一八/四/四

2153₄
[illegible] 五六七/八/五

2154₀
[illegible] 一四四/二/三
[illegible] 一三五/十/三
鼾 一四三/五/一

2154₆
[illegible] 一八八/十/六
五八四/十一/八

2154₇
[illegible] 一三五/七/四
[illegible] 一八一/六/四
三九四/二/六

2154₉
[illegible] 二三七/四/四

2155₀
拜 五二七/七/七

2155₇
[illegible] 二八六/九/六

2156₀
[illegible] 二九三/二/三

2156₁
牾 九 一/八/三

2158₆
[illegible] 一九六/九/七
四〇四/二/五

[illegible] 二九〇/一/三
[illegible] 四二四/五/四
六〇六/五/二
[illegible] 三 三/六/五

2159₆
[illegible] 一三三/五/四
一四八/一/三

2160₀
占 二八九/八/三
六二七/五/三
[illegible] 七四四/十/二
[illegible] 九 二/九/一
[illegible] 九 二/八/八
[illegible] 一七五/三/五
五七七/七/二
[illegible] 三三八/十/七
卣 二五八/二/一
四三二/一/六

2160₁
旨 三一七/五/一
呰 二 九/四/七
四 二/十一/二
三一〇/七/四
五〇二/八/六
五八九/七/四
七四三/六/三
砦 五二五/一/三
五二九/三/五
皆 一〇三/十/二
[illegible] 一〇三/十/一
[illegible] 三 九/九/一
一三四/十/二
[illegible] 二 八/八/五
一〇三/六/六
四六八/七/四
四六八/九/五

五〇二/十/五
訾 二 八/四/一
二 九/五/七
四 三/一/七
三一〇/七/二
三四一/八/七
髊 一二六/四/五
▲六一四/十/四
䐊 三五二/一/一
五一八/七/二
五三五/二/三
七六二/八/四
䐊 五三五/二/四
鑒 四七九/四/三
𧬈 一一八/十/一
衛 五一三/七/二
2160_8
容 三八八/十/二
五一六/二/一
睿 一七三/七/六
五四一/一/七
睿 五一六/一/〇
2161_0
龇 四 九/四/一
一〇〇/十一/一
龇 三一〇/六/二
三四一/六/四
蠣 七五二/七/五
䰲 五 八/八/二
五 九/三/一
2161_4
蠸 七二九/一/三
2161_7
瓴 五 五/五/三
䶤 七三三/一/三
齕 一〇二/十/六

甗 一三六/十/七
一四八/三/三
甑 五 五/一/三
鑪 八 七/六/五
2161_8
蠦 二四六/八/七
2162_0
魝 四二八/七/一
2162_1
奇 一九六/二/五
2163_7
蟉 二四六/八/九
2164_0
虷 五五三/二/二
2164_6
䵣 二八〇/十/五
2164_7
豰 七三四/六/九
七三四/十一/六
七三五/六/六
皈 七三二/五/二
皉 四三六/九/四
𢻹 三 九/五/六
2166_0
硒 六二七/八/八
鮎 二九六/六/六
四三六/十一/二
六二九/十/七
2166_1
岦 四九二/九/四
齡 二 九/四/八
九 三/六/三
三一〇/八/一
三四一/二/四
𪙻 一七三/三/六
齡 九 六/十/四

䶍 五四三/九/一
2166_3
蠕 二四六/八/八
2168_6
頔 五四〇/二/一〇
頔 六二七/十/二
頢 六九一/五/一
六九八/七/五
頟 ▲六一六/六/六
六一七/七/一
額 七三四/十/四
額 四 八/十一/二
四 九/十一/七
頔 四八一/三/六
頔 六四九/四/二
額 七 七/二/四
二六九/十/二
額 一三七/五/四
一九八/六/三
一九八/八/七
顓 四二五/七/六
2169_1
鏢 五八二/一/二
2171_0
匕 ▲三二一/五/七
三五四/四/二
五九六/六/四
虹 九 /十一/九
屼 六七七/九/五
六八五/八/五
比 四 九/四/四
三一六/二/三
三二一/一/七
三二一/六/一
▲四七二/二/六
四八〇/八/七

四八一/四/四
六六五/五/三
齔 六八五/十一/五
齕 三五九/四/五
五四二/一/五
齜 二 五/三/七
一〇三/五/三

2171_1
岏 一四七/十/六
⿰山巠 二三三/十一/一
二四七/十/五
⿰毛遷 六〇九/七/八
⿰齒歷 七五二/四/三

2171_2
⿰山虛 六 三/五/四
六 三/六/一

2171_4
⿰山坙 二四〇/九/三
峌 七〇一/十/七
⿰山垂 三 八/九/七
⿰毛垂 四 九/十/五
⿰山匽 三六二/六/一
旣 四七九/五/五
▲四八八/二/三
四八八/七/六
⿰齒至 六六六/十一/一
六六七/五/五
七〇一/五/六
⿰齒垂 三 八/十/一
五二四/四/三
⿰毛匽 七七九/一/六

2171_6
逌 二五〇/二/二
迺 二五八/一/八
六一二/九/九
岠 一九八/七/三
峘 一四六/四/三
二五四/九/二
⿰毛西 一一四/十/二
⿷匚盧 二五〇/二/三
嶇 七 四/九/二
⿰齒區 七五八/四/二

2171_7
⿰出瓦 六九九/七/四
⿰齒巨 三二八/九/三
三二九/一/四
三三三/二/五
⿰山盧 六 八/十/六
⿰齒盧 六 六/十一/一
二〇五/九/六
二〇六/二/四
三三〇/八/四
⿰山甗 一三五/三/四
五四八/十/四

2171_9
岯 四 八/十一/五
四 九/十一/一
三二一/一/三
三二一/三/六
⿰𠂤丕 四 九/一/一
四 九/十一/三
三二一/三/七

2172_0
岈 二〇八/二/四
齖 二〇九/四/五
五九六/二/五
⿰齒可 二〇八/四/三
四一一/一/四
五八九/五/五
五九五/五/六

2172_1
齗 五 七/十一/五

2172_7
峏 五 二/五/三
師 四 〇/九/二
⿰𠂤秀 二三七/三/八
⿰山雩 八 六/五/五
齲 七〇八/一/六
巁 三一四/五/六
七一一/八/二

2173_2
⿱此衣 二 八/九/四
四六七/十/六
四七二/八/一
五〇二/十一/五
餐 六七七/七/二
六七九/七/四
⿱此食 二 八/八/八
二 九/五/一
四 三/七/一
三一〇/九/五
⿰𠂤彖 六 四/四/三

2173_4
巘 七七六/四/一

2173_6
⿰山慮 四九三/一/九

2174_0
屽 五五二/十一/六
五五四/五/一
岍 一六一/九/四
⿰齒干 三六二/二/三
三七二/十/一
⿰齒幵 三六二/二/四
三七二/十/二
三八九/九/四

2174_1
⿰山弄 四六一/十/五

2174_4

嶁 三九五/一/三

2174_6

峺 四二〇/七/三

2174_7

岅 三六二/十一/二

[匕+支] 四七〇/二/三

[食+支] 五八三/十一/二

飯 三七三/五/四

[此+支] 四八一/二/一

[食+支] 二九五/三/六

鼓 六一二/三/四

[山+憂] 一九五/七/五

2176_0

[齒+占] 六二九/十一/三

2176_1

峿 九 一/六/三

三二八/三/四

[山+晉] 五四〇/九/五

[齒+旨] 五〇八/五/四

齬 六 二/十一/一

九 一/四/一

三二八/一/三

2177_2

𠚕 三二二/二/七

四二九/十/四

齒 三二二/三/二

[止+𠚕] 四九二/九/五

[齒] 四 〇/一/四

一〇五/七/八

二〇六/三/六

五二五/二/一

2178_1

[齒+頁] 一六〇/二/七

2178_6

頃 二四一/四/六

三一二/九/五

四二五/七/五

[乇+頁] 六三八/六/七

七二三/十/三

七二四/六/五

七三三/三/七

七三三/六/一

䪡 六七一/三/七

六八五/二/四

七一〇/一/五

[糸+頁] 一七七/七/二

[山+頁] 四六三/七/四

[女+頁] 五八三/四/五

[山+頃] 二 二/十一/二

[白+頁] 一〇八/四/三

三四八/八/一

[齒+頁] 一八六/四/三

2179_0

[山+不] 一一〇/七/七

[缶+不] 一一〇/七/八

2179_1

[山+票] 一七九/七/五

一八〇/四/三

三九五/十/一

2179_3

[系+系] 六一五/二/二

2179_4

[山+栗] 六六七/十/三

2180_1

夫 四一六/五/四

眞 一一五/十/一

[衛+足] 五一三/七/四

[衛+足] 五三五/八/二

五二八/九/一

2180_6

貞 二三九/七/四

貲 二 八/三/六

贊 三八二/三/四

五七〇/一/二

2180_9

黄 二二五/一/四

[能+衣] 一一四/一/三

2183_1

[食+云] 一三〇/九/二

五四六/五/二

2184_0

[耳+頁] 五六七/七/四

2188_1

[止+火] 三三一/十一/五

三二八/九/六

2188_6

顛 一二七/五/二

一六〇/十/四

五六七/七/五

[顛] 一三七/十/四

三五六/八/五

三五九/六/一

三六三/十/三

三六五/三/二

煩 二四八/五/二

2188_9

燚 二八八/七/一〇

2190_1

赤 六四二/十/一

熊 五三五/三/四

柴 一〇三/四/三

二〇六/二/二

2190_2

[此+米] 二 八/十/一

二 九/三/二

三一一/二/一

2190_3

紫 三一〇/六/七

紫 三〇四/四/七
四九六/五/七

21904

柴 三六四/三/三
五五〇/二/五
桌 六六七/七/二
桌 六五二/十/二
柴 四八一/九/四
柴 二 六/三/六
一〇三/四/二
二〇六/二/三
四六八/六/六
四六八/九/三
五二五/一/二
五二九/三/三
柴 四八一/十/一〇
宲 三 四/三/七
一〇一/三/四
槃 六六七/七/二
槃 六五二/十/三
槃 四八八/六/一
五三三/十/八
五三六/六/二
六八五/四/三
槃 ▲四八八/三/一
槃 五二五/八/三

21910

秅 三二一/七/五
紽 一三五/二/四
三六〇/八/五
紕 ▲三二二/三/四
秕 四 九/十/七
三二〇/十/四
三二一/七/三
秕 三四五/九/八
紅 九 /七/四
一 〇/七/五
四六五/九/二
紕 三 三/七/五
三 四/一/二
四 八/八/四
四 九/十/二
一〇〇/六/七
一五九/八/七
三二一/八/六
四八〇/十/一
四八一/六/一
紕 三四一/六/二

21911

𥿦 二三九/二/一
經 二四七/三/五
六〇七/二/三
䅑 三二六/三/一
纅 七五三/五/七
緋 五 八/十一/四
𥟏 三二六/五/八
䋔 三二六/三/四
穠 六 /三/四
𥢺 三 一/六/二
纚 三 〇/九/六
三〇九/四/五
三一一/十/五
三四五/六/二

21912

編 一五九/三/三
三七九/二/二

21913

纆 二 五/五/三
二 六/一/三
二 七/十/四

21914

秏 五九四/七/六
秔 四七九/四/五
秷 六六六/九/六
絰 七〇一/三/六
𦂶 五一三/四/二
緸 一二四/十/四
緾 一六六/六/四
𦁣 四 八/八/五
一〇〇/六/五
穊 四七九/四/四
四八八/九/三
𦁣 一〇〇/六/六
纏 五七三/十/五

21916

絙 一四六/五/一
二五四/八/二
六一一/三/二
緪 二五四/八/一
▲四三〇/六/三
繮 二一七/十/三

21917

䄺 四九九/十/三
秬 六 四/十一/四
三二八/十/三
𤬻 八 一/四/二
䋞 四一五/一/三
稏 五九五/十一/三
𦁉 四 五/八/四
甄 五一三/一/七
五一六/七/七
五一六/八/五
七一三/六/七
七一四/三/七
穞 二〇五/十/七
纑 八 七/十/二

21918

續 四八〇/七/二

種 二四五/六/四
2191$_{9}$
秠 四 九/一/二
二六七/二/二
三二〇/十一/三
四三二/九/三
四三六/一/六
2192$_{0}$
紅 四二一/六/三
秄 二〇九/五/三
絅 一九六/四/七
綱 一九六/四/六
2192$_{1}$
絎 六〇三/六/一
2192$_{7}$
緉 四一三/三/四
緉 五九九/六/二
𦅈 二 四/七/五
二 五/五/四
二 六/一/四
二 七/十/三
三一八/四/五
䋽 一六九/二/二
三八六/六/四
七〇七/四/一
七一五/一/六
紆 五七一/一/七
繻 七 九/五/二
八 一/八/三
穤 五一四/九/三
綃 五三一/二/二
2192$_{9}$
紗 七七八/十一/一
2193$_{1}$
秐 一三〇/七/七
紜 一三〇/九/三

繸 六七五/六/一
2193$_{2}$
[紘]紭 五〇〇/八/八
䋻 一一七/四/六
三五二/七/九
2193$_{4}$
稬 三七二/二/四
五六〇/六/一
五九二/一/一
緛 三八五/九/一
五七三/六/一
稹 三五二/八/二
𥣬 四五〇/九/五
六二六/八/一
七七六/三/七
縝 三五二/七/七
縝 三五二/七/八
2193$_{6}$
穛 五七九/十一/四
2193$_{7}$
穇 二四五/六/五
縿 二四六/六/四
2194$_{0}$
秆 三六七/九/六
五五三/三/三
秄 七 三/八/三
紆 三六七/十/三
紓 七 四/三/二
七 四/五/七
二六八/四/二
𥝤 三八〇/十一/四
緝 三二二/六/二
綫 三八九/四/四
2194$_{3}$
耨 六五一/四/三
縟 五〇三/十一/八
六五二/八/二
縵 二五七/八/四
二六八/五/一
二六八/十一/一
2194$_{4}$
縷 一八二/十一/四
2194$_{6}$
稉 二二八/四/二
綆 三六九/六/七
三八六/四/六
四二〇/六/三
四二五/十/六
緶 一五九/五/二
一六八/九/二
三七九/二/一
綽 七二〇/四/五
穯 四五四/三/六
2194$_{7}$
敊 六一三/十一/四
六四四/九/三
穀 一八一/十一/二
縠 七一九/八/七
轂 四七四/十一/四
2194$_{8}$
繫 七四〇/五/三
2194$_{9}$
秤 二四九/十/四
2195$_{3}$
穢 五二三/二/五
五三七/九/三
織 五〇九/八/三
2195$_{7}$
耩 二四九/九/一
2196$_{0}$
秥 二九一/六/二
䄷 七四五/四/一

栖 一六四/五/五
絤 五七一/五/四
綇 四三三/四/二
緬 三八六/六/三
2196$_{1}$
稭 一〇三/十一/五
六九四/十一/七
⿰糸皆 一〇四/四/一
三四六/三/四
縉 二 八/九/二
五四〇/七/一
2196$_{6}$
稫 七六一/二/四
七六一/六/二
⿰糸畐 六三九/十一/六
2196$_{9}$
秳 三二〇/十一/四
2198$_{1}$
縰 三〇九/五/一
三四五/六/三
稹 一一六/四/二
一五九/一/六
一六〇/十/二
五三八/六/三
縝 一一六/五/一
一一六/十一/三
一二〇/六/一
五三八/六/七
⿰禾眞 一一五/十一/三
一一六/十一/二
2198$_{6}$
須 四 九/十一/八
二七二/十一/五
頴 一〇六/二/一
緽 二三九/十/二
顈 三〇四/四/六

三三五/九/五
六七一/三/六
顈 七 九/七/七
三三五/九/四
四三三/四/一
穎 四二二/十/二
四二五/六/一
四二六/九/三
頴 四二五/六/二
穎 二四八/五/五
三八一/三/三
(穎) 頳 ▲三八八/九/四
穎 四二六/五/五
纇 一一八/十一/四
纈 七〇二/八/三
2199$_{0}$
紑 七 七/七/五
一一一/二/六
二六六/四/二
二六七/二/七
二七二/十一/三
四三二/十/一
四三六/一/五
六七四/十/四
2199$_{1}$
標 一七九/七/八
三九六/五/六
縹 ▲三九五/十一/二
五八一/九/二
2199$_{4}$
稞 六六七/十一/三
緤 六六七/八/五
緤 六 四/八/六
緤 六 四/八/五
2199$_{6}$
縓 一六九/七/三

五五八/六/一
五七二/一/三
2200$_{0}$
川 一二一/八/一
一七〇/七/一
巛 六五八/四/一
⿰爿礼 四二四/三/三
⿰爿目 一六三/十/一
⿰爿列 七一一/五/一
2201$_{0}$
儿 一一七/六/六
五二六/八/六
[⿰爿亂] 胬 三五三/二/五
五四三/一/五
⿰爿亂 三五七/五/二
2201$_{4}$
牦 一九一/六/五
⿰爿崔 一〇九/八/九
一〇九/十一/二
2201$_{7}$
⿰爿虎 九 四/六/五
2202$_{1}$
片 五五六/六/五
五七〇/十/一
斨 七四八/六/七
2203$_{0}$
⿰爿幺 二六三/九/五
2203$_{1}$
⿰爿斤 七三三/五/二
2203$_{2}$
⿰爿氏 七三二/五/一
七三八/三/三
2203$_{4}$
⿰爿業 六三五/十/三
2206$_{4}$
⿰爿畐 七八八/一/八

2209_4

脎 一九七/十一/一

𦢊 七八四/五/二

2210_0

刏 七五〇/六/二

剺 四 五/一/二

刲 四〇三/二/二

劍 九 二/八/五

剴 六 一/十一/五

一一二/四/五

一一三/二/三

五三六/六/六

五三六/十一/六

劃 一 六/十一/三

2210_4

㞢 二三二/一/一

生 一 八/七/九

二一八/十一/五

二五五/九/二

四六四/八/四

坐 二五五/九/三

垄 一六九/八/三

埊 四七六/一/八

墬 四一六/四/八

堂 七〇一/十/六

鏧 一二〇/八/二

2210_6

疊 七三〇/二/五

2210_7

㞢 五 〇/十/三

出 五 〇/十/一

豋 三三八/三/四

2210_8

岦 七六七/四/三

豈 ▲二二六/八/五

二五〇/一/四

登 二五二/七/三

豐 一 一/二/四

2210_9

鋆 二七九/五/三

鏧 四 四/十/六

鑿 五一〇/七/二

2211_0

北 三九五/七/七

北 六七八/九/五

2211_1

靠 一一〇/四/三

三一八/三/八

三四八/六/三

2211_3

乖 五六一/三/二

2211_4

牦 二三二/四/三

𦔮 六〇八/二/一

踵 三〇三/六/六

三〇三/八/七

2211_7

崩 七九〇/一/五

2212_1

斲 一二五/十一/六

一三二/七/二

三五九/二/二

五四五/八/一

斳 五一一/二/一

2212_7

嵛 五 一/七/一

五 二/一/一

四八三/三/一

嵡 三〇三/三/八

蕩 四一六/十一/一

嶠 一八三/九/七

巋 四 八/七/四

六 二/九/二

三二〇/五/四

三二七/十/五

四八〇/三/三

2213_6

蚩 五 一/六/二

三八七/五/五

螢 二一三/七/二

蠻 七一三/十一/三

蠹 三一三/十/九

蠶 七一一/十一/四

蠽 六九七/二/一

七一〇/三/二

2214_4

綏 三四九/七/八

緌 一〇九/三/六

2214_7

尌 一 八/八/一

鼓 三四〇/一/一

2214_9

稃 八 八/十/六

2215_3

截 七六六/八/七

七八七/十/三

畿 四七九/八/一

璣 三二六/九/二

鐖 五 九/八/二

譏 六 二/三/一

三二六/十/二

蟣 六 一/七/一

六 一/十一/四

一一二/四/四

一一三/二/二

五三六/六/五

2216_3

踏 七七二/十/三

蹹 七七二/三/一

2217_0

幽 七〇八/十一/六

2217_7

稻 四〇二/四/七

2218_2

欽 二七九/六/五
二七九/七/二
二九一/十/三
二九七/一/四

2220_0

例 二八四/九/一
二八五/二/五
四四九/十/六

刎 三五七/九/三

列 二六三/九/六

列 六八八/六/三
七一一/二/七

侀 二四七/十一/二

例 五一四/四/二
七一一/五/四

例 五一四/四/三

制 △五一〇/七/五

剬 一五〇/五/三
三八三/七/二
三八五/二/五
三八五/六/四

列 五一四/十一/二

列 五一四/六/二

剼 △二九七/五/六

制 △五一〇/七/七

𠛾 一四七/九/一

削 一六三/十一/一
五七〇/八/三
七一三/四/四

倒 四〇一/十一/四
五八七/十一/六

側 七五六/二/六

劌 五一三/九/九

觓 二五六/十/二

觓 二七三/十/六
四四〇/十/一

觓 三七三/十一/四

劇 一三五/七/二
一六八/四/六

劇 七三七/三/三

剻 一一一/一/二
二六六/十一/五
四三〇/二/二

劙 七七九/十/八

劇 二八九/九/五

劕 九　九/十/三

2220_1

屵 △三六二/三/四
六八七/七/七
七一四/四/三

岑 二七七/四/四
二七八/四/一
四四四/四/六

岸 七一八/十/三

2220_2

嵾 二七七/一/三

嵾 二八二/三/一

2220_7

參 一三五/二/六

㕘 七一一/三/三

岑 二七五/十/一
二七九/五/七
四四二/九/四

㕘 六六九/六/七

嵾 六八四/七/六

嵾 五九六/四/三

卣 五七三/四/七

嵩 三九九/七/五

2221_0

乩 六九七/一/三

亂 七八一/四/六

亂 五六〇/三/一

亂 五六〇/三/二

亂 五九一/十一/一

2221_1

岸 七二八/八/二
七三六/四/二
七三六/七/七

毛 七〇八/四/二

僱 七七四/五/一

催 七七四/五/二

薨 五七九/三/五

麄 一八六/七/六
一八九/三/五

蘢 六　六/一
一　九/六/四
三〇一/五/四

2221_2

葹 三一二/二/五

巤 七七九/八/二

儠 七七五/五/七
七七九/九/五

龜 一〇〇/二/三

2221_3

佻 一七四/八/七
一七四/十一/四
一九三/七/六
一九五/四/八
三九〇/十/七
三九一/三/六
五七七/九/一
五八一/一/二

五八八/五/四
⿰彳兆 一七四/十一/五
一九三/七/五
⿰丬兆 三九一/二/一
三九四/六/一
三九五/一/一
傒 九 四/一/八
⿰身兆 三九一/一/二
五七七/九/五
嵬 六 一/七/八
一〇五/四/八
一〇七/三/五
一〇七/十一/二
三二七/五/五
三二七/十/四
三四七/八/七
⿰亻嵬 一〇七/四/三
巍 三二七/五/六

2221_{4}

仛 五九四/六/五
七二三/九/五
七二四/一/二
七三五/一/六
⿰豸乇 七三三/四/五
任 △二七六/六/二
四四二/五/二
六二一/五/八
六二五/一/五
紝 二四七/三/六
⿰歹乇 ▲四九九/九/二
往 ▲四一六/三/一
六〇〇/三/七
倕 二 六/十一/一
四六七/七/一
四六九/五/四
催 四一六/七/一
四一六/七/二
六〇〇/六/三
六〇〇/六/四
崔 二〇六/一/四
萑 四 〇/七/一
四 五/二/二
一〇九/十/八
一一〇/四/二
三四八/五/四
三四九/十/一
催 一〇九/十一/三
一一〇/四/八
五三二/七/二
⿰彳崔 一〇九/十一/四
⿰豸毛 ▲二八二/一/三
二九六/一/四
崖 三 八/八/五
一〇一/十/二
嶉 一〇八/三/七
三四八/十一/六
倕 四六四/十一/四
⿰彳垂 三〇一/一/三
三〇三/七/一
蓷 一 三/七/五
⿰歹崔 五三二/八/四
⿰崔毛 一〇九/九/五
髦 一八四/六/七
⿰身垂 四六五/四/九

2221_{6}

⿱山兑 六〇〇/四/九
貌 七五〇/二/四

2221_{7}

兇 二 〇/十/一
三〇五/七/三
党 一一九/一/七
凭 二五〇/五/三
六〇九/七/二
⿰糹兑 五 九/九/二
嵐 二八一/八/四
俿 二 七/十一/四
三 〇/三/五
三一一/六/二
巷 一〇七/十一/四
三二〇/六/四
三二一/九/六
三四七/八/六
巻 六八五/十一/二
⿱屮兒 七一四/二/九
嵐 九 九/十一/五
⿰豸巷 二 一/四/一
三〇五/二/四
⿰豸巷 三〇六/十/二
巃 三一六/一/七
三二一/三/一
巃 三二〇/十一/六
巤 三二三/五/四
儱 九 四/五/六
⿰角巃 三一六/一/六
⿰角巃 三一一/四/二
三一一/六/四
巃 一〇六/三/四
六八二/二/一
巃 四八六/十/五
五三一/四/五
六七四/三/二

2221_{8}

僜 二五〇/十/四
二五二/六/四
二五三/一/四
六〇八/十一/三
六一〇/四/七
六一〇/七/三

燈　一一二/五/一
　　一一三/一/六
燈　六一〇/六/五
膯　一一二/七/六
　　一一三/十一/一
儃　一　一/三/二

2222_1

仱　五四五/七/三
㣻　五一二/十/二
　　五一五/八/三
　　七〇九/五/五
𣂑　二一三/四/二
斦　七〇九/六/一
偨　六二一/五/三
嘶　七四八/七/二
𦿛　五　七/九/四
𢕟　二　七/五/五
𠪚　三七一/七/八
𠪚　三七一/九/六
𤡋　四六八/一/一

2222_2

彩　五七六/六/三
觧　三一一/六/五
觬　三四五/七/三
彪　二七三/五/五
　　二七四/三/二
彫　一一九/二/七
　　一一九/三/三
　　一五四/一/五
嵺　一七五/八/七
　　一八五/十/二
𡢘　△二二九/十一/五

2222_3

佽　一六三/八/六

2222_7

芬　一二八/十/三

　　一三〇/四/五
岃　△五二一/十一/三
　　五二二/六/三
崙　一五〇/三/三
　　一七〇/八/三
倫　一五〇/四/二
　　一五〇/六/三
𫎇　六一三/五/一
傪　二〇〇/五/五
𠟥　三一一/九/五
貒　一四七/二/五
　　一五〇/七/二
　　五五九/十/六
僞　△三　九/十一/二
　　一九八/二/六
　　△四七一/九/三
　　△四七一/十一/四
𪂹　三一四/九/四
肯　二　二/六/三
　　六五七/一/一
肖　二　〇/九/五
崙　一二四/七/七
儒　三三三/九/四
𠟏　五一〇/九/六
葛　七五一/四/五
𦼮　七二七/三/二
僑　一八四/三/二
　　三九五/七/三
鵲　三一〇/十一/八
𪏆　五二八/十一/五
𦗻　三　四/六/七
𪀰　六五三/五/三
　　六五五/八/二
　　六六〇/十一/六
嵩　一　一/十一/一
僩　二五三/七/五

　　二五三/十/六
　　三四七/十一/一
　　三五〇/十一/四
　　六一〇/九/一
𡽏　六八七/十一/三
觿　一五〇/五/四
𦘦　一　四/七/一
𧃲　三一〇/十一/七
𧃲　三　六/八/五
　　九　九/八/二
　　三八三/九/二
僪　五〇八/七/二
觿　一八四/五/七
　　三九五/五/六
　　三九七/一/二
觽　五八一/五/三
觽　三　六/二/四
　　三　六/五/四
　　九　九/十/二
𪆟　二一四/五/一

2223_0

㼌　一〇二/五/三
　　二一〇/三/一
　　二一〇/五/一〇
休　六六二/五/七
　　七五三/七/五
𣳧　二一三/六/六
　　五九八/九/二
觚　八　九/九/一
㼋　二六七/十/二
𤬪　三　七/五/一
𤬪　八　八/三/一
𤬪　三六二/三/一
　　三八九/九/五
　　五四八/九/三
　　五七五/四/四

2223₂

𠂢	二七九/四/三
牅	二一三/六/五
檠	二一三/六/七
㢘	四一九/二/三
巖	一 五/五/五
嶽	七二〇/十/四

2223₄

伏	三九五/二/四
妖	三九五/二/二
傒	四 八/二/三
	四 八/五/五
	四七八/九/三
傒	九 七/七/三
	三四三/十/八
徯	九 七/七/五
	三四三/十/五
豯	九 七/八/四
僕	六三五/七/二
	六三六/一/六
	六三六/二/八
	六五〇/三/一
蒺	六四八/十/四
嶽	六五七/十一/四

2223₆

僅	三八七/五/六
僪	三六六/七/一
薤	六〇〇/一/二

2223₇

𣎵	四八七/二/七
桒	二二二/二/九
僁	三六五/二/五
	五四五/十一/四
蕊	三五八/七/六

2223₉

僁	六八二/四/八
	六六三/八/三
徯	六六三/九/五

2224₀

仟	一五八/一/五
低	九 三/十/一
彽	四 四/二/二
	九 三/十/二
	一〇九/二/六
觝	二 四/九/四
觝	三〇七/九/四
	三四二/四/九

2224₁

侹	四二八/六/三
	四二九/一/一
	六〇八/二/二
岸	五五四/一/七

2224₂

將	二一一/八/二
	二一三/三/一
	二一三/六/一
	二二二/七/五
	二三五/九/七
	四一三/一/三
	五九七/十/一
媣	△五一九/八/四
蔣	二一三/四/五

2224₃

僾	三二六/十一/五
	三五〇/八/六
觧	四 六/四/八

2224₄

佞	三四八/八/六
倭	三 九/七/三
	一九七/八/一
	四〇六/三/一
婑	三四八/九/二
	三四九/七/二
矮	三 九/八/二
錗	三一四/七/三
錗	一九七/九/四
	△四〇六/三/二
鞖	三四四/十/五

2224₆

蘬	三九四/四/二

2224₇

俘	七 七/一/一
愛	八 /八/三
	四六一/一/五
後	八 /十一/一
僾	五三六/八/三
薆	一〇五/九/二
夋	七六九/一/五
	七七〇/十/四
	七八三/六/一
俊	七六九/二/一
後	四三六/五/三
	六一六/四/二
嫂	三二一/三/五
	六一八/一/三
夌	八 /十一/五
	三〇二/六/五
倰	二三一/六/三
緩	一三四/二/八
	三六八/一/三
鬉	一三四/一/六
娐	七 七/一/三
	三二一/三/四
	三九六/九/三
綒	二六六/九/二
蔆	五四一/一/一
艀	七 六/十一/四
叜	三二二/九/八

蕧 六四〇/六/一
蕟 二五二/六/二
[illegible] 五三七/二/七
六八〇/八/一

2224_{8}

薇 二五九/一/三
藪 五八六/七/四
六五〇/二/二
藪 五七九/三/六
黴 五二〇/四/一
[illegible] 六九三/五/七
巖 二七九/五/五
二八四/六/一
二九四/二/六
二九七/二/一

2225_{0}

[illegible] 二一三/六/二
二一六/四/三

2225_{2}

儛 三五三/七/三
五七三/三/七

2225_{3}

戕 二一三/十一/五
嵗 一〇四/十一/一
一〇七/三/四
三二七/四/五
三四五/十一/五
僟 五 九/九/三
(僟) 僟 △六 二/三/三
崴 二八三/三/六
二八三/十/三
六二三/九/五
蕺 七〇〇/七/七
[illegible] 五 九/八/五
六 一/十一/二
三二六/十/一

藏 二二二/九/二

2225_{4}

[illegible] 二 二/九/五

2225_{6}

[illegible] 四 二/六/二

2225_{7}

[illegible] 一一九/一/六
僢 二四九/十/二
僢 六〇九/二/一
[illegible] 六七二/三/四

2226_{1}

貊 六一六/七/六
(詹) 詹 △三六二/三/五
詹 五五四/二/一
牆 二一三/十/五

2226_{3}

貓 四〇三/三/八
偕 七七二/九/七

2226_{4}

佸。 六九〇/八/三
六九一/二/一
六九一/四/五
六九八/十/一
低 六九一/四/六
偺 一三九/六/二
五五〇/一/四
五五〇/二/一
偛 七八七/七/七
七八七/九/三
[illegible] 七八七/六/一
七八八/一/四
循 一二二/四/三
一二三/四/四
五四一/十一/一
婚 一三九/四/六
五五一/四/二

䯏 六九八/九/一
六九八/十一/四

2226_{9}

僠 一九八/四/七

2227_{0}

仙 一六四/二/二
三八二/六/三
[illegible] 二 〇/九/八

2227_{2}

[illegible] 四〇三/五/一
[illegible] 六七一/九/六
貀 六八二/十/一
六七〇/三/八
六八六/一/一
六九七/五/一
傜 一八二/一/一
[illegible] 六七六/九/一
六八四/八/五
[illegible] 一二〇/五/二

2227_{7}

偛 七八〇/七/二
偛 七六六/五/二
[illegible] 一一六/五/八

2228_{1}

[illegible] 四二一/五/四
[illegible] 九 /一/二
三〇二/六/三
三〇三/三/九
[illegible] 二八五/十一/二
二九六/五/八

2228_{2}

[illegible] 二七九/五/一
[illegible] 五一三/十/八
六七九/三/三

2228_{6}

[illegible] 四二八/四/四

巔 △四〇六/七/二

2228₉

崁 五五八/九/四

2229₃

係 四八二/十/四
五〇六/七/一
五〇七/三/八

絲 一八〇/十/五
縣 一八二/五/三
緜 一六八/十/四
△七一五/一/五

2229₄

倸 四〇〇/十/五
脎 二一三/十一/三
㑦 三九七/十/一
三九八/九/六
五八四/九/三

殜 七八四/八/五
纝 六三四/八/二
纍 七五二/二/七
鰈 六三九/四/六
七五三/五/一

2229₆

崇 一三三/七/七

2229₈

嵘 三 四/六/八

2230₀

刹 六九四/四/二
劊 八 〇/五/一
五〇七/七/六
七〇三/十一/二

劁 一七九/一/五
五八〇/二/一

剫 九 二/三/五
鯏 五一八/五/二
鯯 七六三/七/四

2231₀

魞 六九五/五/三
魜 七七九/四/四
馲 七八〇/六/三

2231₂

鱵 七七九/九/四

2231₃

鮡 一七五/四/七
一八二/八/四
三九四/八/一
四〇二/八/一

鮠 五 九/二/二

2231₄

毞 五一九/八/三
七一二/五/一

魹 七二四/四/二
鮵 一七八/八/二

2231₇

鮑 四〇六/四/五

2231₈

鱧 一一二/八/三
一一三/一/四

2232₁

鯵 二七五/八/一
二七七/六/四

鰤 七〇八/十一/一
七〇九/八/三

鱭 二 八/一/三

2232₇

鯵 四四七/一/三
鰺 四四二/九/三
鸑 四 四/九/五
鰯 三 八/十一/四
三 九/二/二

儁 二七六/八/一
二七八/五/五

六二一/六/七

鷥 五 三/一/一
鱎 三九五/六/一
三九七/一/三
三九七/一/六

鱎 一八四/二/二
鱐 三 六/二/三
鱐 九 九/九/四

2233₀

憄 六八八/八/一〇
七〇九/三/一

怱 一七二/五/七

2233₁

怣 四八三/一/二
恁 二七六/七/四
二七八/五/六
四四二/三/二
六二一/七/一

恙 二一二/六/六
熏 一三一/三/三

2233₂

蔥 八 /五/三

2233₄

鯸 四 八/二/一
騃 九 七/三/二

2233₆

崽 一〇三/一/一
一〇五/五/五
三三三/四/二
三五一/四/四

蔥 五〇八/六/八
態 △五一三/十一/六
黛 五〇九/六/七
五一〇/九/五

2233₇

巛 一四七/三/五

五二二/九/三
巛 一三九/六/七
巛 一一五/二/九
⿱巛心 二〇〇/一/二
⿰馬乏 七六八/七/四
七七六/八/七

2234_0
⿰魚氏 四 一/四/二
⿰鳥氏 三 五/九/二
⿰馬氏 二 五/二/五

2234_1
⿰魚廷 二四四/八/五
四二八/八/五
⿰魚延 一六五/二/五
一六六/四/一
三五二/十/六

2234_2
鱂 二一三/七/三

2234_4
鮾 三四九/六/五
鯘 三四九/六/四

2234_7
⿰魚孚 七 七/四/一
二七二/十一/八
二七四/三/五
⿰魚孚 二六六/十/四
鮻 八 /九/五
鮻 四六一/二/一
⿰魚岁 七六九/二/五
鰀 三六八/三/五
鱍 六九二/十/七
鱍 六九二/四/七
鱍 六九二/十/六

2235_7
⿰魚爭 二三六/一/三
二三六/四/四

2235_9
鱗 一二一/二/六

2236_1
鮜 六一六/五/二
六一六/八/二

2236_3
鯔 五 一/四/三

2236_9
鱕 一三六/五/四
一三七/四/五
鱕 一三六/五/三

2237_7
⿰魚舀 一九三/十/四

2238_6
嶺 四二五/一/三

2239_3
鯀 三六四/十一/一

2239_4
穌 八 五/六/一
⿰魚業 一八八/八/三
四〇一/九/一
四〇六/十一/六
⿰魚菐 七八四/七/四
鱳 六三九/四/七
七五三/一/五
鱳 七二五/三/二

2240_0
父 三八〇/二/六
⿰舟刂 六八五/八/七
⿰⿱艹舟刂 一五八/八/七
劉 七一〇/五/五
劖 二九七/九/一
劖 四五六/七/四
劓 四七九/十/六
四八九/三/二
五一六/八/二
五二七/六/一
劓 六二〇/九/四

2240_1
芉 一二七/七/三
一二七/十/四
(莘) 屮 △二八一/九/四
蓳 三四八/六/二

2240_3
蔡 六一九/一/二

2240_4
妛 五 一/六/三
倭 二七六/七/二
六二一/五/七
萎 三一四/六/五
⿱制女 五一四/一/三
婁 八 二/十一/四
△二七二/三/二

2240_6
草 二四二/二/四
蕇 四四一/八/一

2240_7
屮 四〇一/五/四
七一〇/九/五
支 一九三/六/五
学 三二三/五/三
燮 三二六/九/五
蔓 四八四/四/七
孳 四八四/八/二
葦 一〇八/三/六

2240_8
萃 二 八/九/六
四 三/二/五
六八二/八/四
六七一/五/六
六七一/六/二

2240_9

纅 五四九/一/六

2241_{0}

乳 三三六/四/三

四九七/五/六

舢 六六九/六/三

[illegible] 六一一/十一/二

[illegible] 五七八/八/三

五七九/三/二

五八一/二/六

2241_{1}

[illegible] 四六五/一/五

2241_{3}

[illegible] 一九三/九/三

一九四/七/四

五八〇/十/五

巍 六 一/七/七

一〇七/十一/三

四九〇/四/二

2241_{4}

[illegible] 七 七/二/五

[illegible] 四六五/一/六

2241_{8}

[illegible] 一一三/二/六

2242_{1}

斲 七〇九/四/五

七〇九/七/一

2242_{2}

彤 二七七/十/二

[illegible] 七五六/五/二

2242_{7}

岁 七五八/二/一

[illegible] 七三一/一/八

[illegible] 七〇七/十一/一

(艣)舟 △六二二/五/六

[illegible] 二 九/十/五

[illegible] △四八七/七/五

2243_{0}

[illegible] 三四九/七/七

关 七五六/九/六

奬 四一三/一/二

奠 七五六/九/五

2243_{4}

[illegible] 三四三/十一/七

2244_{0}

[illegible] 三四二/五/四

五〇三/十一/三

2244_{1}

艇 四二八/九/二

2244_{3}

絆 一五一/八/一

2244_{7}

[illegible] 一三一/七/二

艸 四〇一/五/二

[illegible] △五一〇/四/一

[illegible] 一三一/七/三

觪 二六六/六/四

[illegible] 三三七/六/一

[illegible] △四一五/十一/四

[illegible] 四一八/三/四

四三八/六/四

[illegible] 二七三/九/四

[illegible] 四六五/六/三

艐 九 /二/二

五二六/五/四

五八九/五/一

[illegible] 一三一/九/六

[illegible] 六八〇/十/十一

六九二/七/四

2245_{3}

幾 五 九/九/一

六 一/十一/七

三二六/九/四

四七九/三/五

四八八/十一/三

2246_{4}

舑 六九〇/十/四

2246_{9}

[illegible] 一三六/三/三

2247_{7}

[illegible] 一九三/九/四

2248_{1}

嶷 五 七/四/一

七六〇/二/六

2250_{0}

[illegible] 一二二/三/四

一二三/五/二

[illegible] 二五六/五/一

犁 二六一/七/一

掣 五一一/四/三

2250_{2}

掣 △五一〇/五/一

七〇九/二/五

[illegible] 四 七/十一/三

2250_{4}

峯 一 八/六/一

華 二〇九/七/七

華 五九六/四/一

2250_{6}

[illegible] 五四六/四/五

[illegible] 四 三/六/四

2250_{7}

芈 一 八/二/六

羋 一 八/六/二

2251_{0}

[illegible] 三九七/一/四

六九五/六/五

2251_{1}

[illegible] 六一一/十/四

2251_2
犤 七七九/九/二
2251_3
犣 五 九/二/一
犪 六 一/八/四
三二七/五/四
四九〇/五/二
2251_4
牦 一九一/十/七
䳍 三一八/三/五
三二一/九/五
三四八/四/二
三四八/五/一
犨 一一〇/三/七
2252_1
斬 七〇九/七/二
2252_7
犻 六七四/三/一
六七四/十一/四
六七五/三/五
犡 六四七/七/三
2253_4
犦 六五八/十/四
2253_6
犝 三八七/六/七
2254_0
牴 九 四/三/二
一〇六/一/二
三四二/四/八
2254_2
犋 六九四/五/一
七一二/四/三
2254_7
牪 一九三/十/一
犋 七 七/七/三
2255_0
犐 三〇五/九/七
2255_3
羲 三一四/一/五
2255_7
牪 四三〇/八/三
2256_1
犼 四三六/七/二
四三六/十/三
四三七/六/一
2257_2
犥 一八二/十/四
2257_5
犕 四四九/三/三
2260_0
刣 四五四/二/二
六二七/十一/三
剞 二六九/一/八
刮 六九八/十/四
剳 七二四/十一/五
剒 五〇六/一/三
剻 七八七/八/一
2260_1
峇 七六九/十一/六
昔 五 一/九/四
嵑 四三三/六/五
書 一二六/二/五
言 一二六/三/一
嵒 六〇六/一/三
嶓 四四八/七/二
四五二/一/六
嶠 六二四/十/三
嶜 一四四/二/一
嶛 五一〇/九/七
嶝 五九七/九/六
嶟 二七五/一/六
二七五/八/三
二八九/二/二
四四四/五/六
朁 五四〇/六/六
嶜 一三七/七/三
一七〇/十一/四
2260_2
岧 一七五/三/七
峕 四二二/二/四
2260_3
岱 四六三/五/六
峀 五 〇/十一/四
一一五/四/五
四八四/二/五
嵒 五 一/四/四
嶓 六四一/五/四
2260_4
峉 七三四/十/六
峼 二 三/一/四
2260_6
峊 二 〇/十一/六
岦 五七三/四/八
2260_7
峮 一三一/十一/一
嵈 一二一/七/一〇
2260_8
峪 二四二/二/三
嵱 五三八/九/二
2260_9
巒 四八一/十一/三
2261_0
乱 三二二/三/七
乨 三二二/三/八
乩 九 六/十/六
2261_3
𤰈 一三五/十/八
2261_4

嶉 四 三/二/三
三一八/三/七
三二七/九/二
⿰目萑 三四八/三/一

2261_8
皚 六 一/七/四
一一二/十/三
⿰白登 四三〇/一/二

2262_1
岢 四〇三/八/七
⿱山斤 七二四/十一/六
七三四/六/二
斪 七 五/一/六
七 五/九/四
二六九/一/九

2262_2
⿰占彡 六三〇/六/二

2262_7
⿱山今 二八〇/七/一
⿱山茀 七二〇/十/五

2263_0
⿰舌瓜 六九一/二/五
⿰句瓜 二六七/十/一
二六九/五/一
六一七/五/九

2263_4
⿰舌奚 九 七/三/六
⿰白菐 六三五/十一/七

2264_0
舐 三〇九/一/五

2264_1
⿰舌延 一四五/五/四
一六〇/五/二
嶭 五二四/五/一

2264_6
皭 五七九/九/六

七一九/六/二
七一九/六/三

2264_7
⿰白夋 五三六/十/一

2265_3
畿 六 一/十/一

2266_4
⿰舌舌 五二八/八/八

2266_6
⿱山畾 四 五/五/四
三四九/三/一

2266_8
⿱大品 三六五/三/六

2266_9
(皤) 皤 △一四九/二/一
皤 一九八/四/五
一九八/八/六

2267_2
⿰舌出 六八一/六/二

2268_6
⿰⿱山大頁 七三四/十/七

2269_3
⿰舌系 一八二/一/四

2269_4
皪 六五八/四/三
七二五/三/三
七五二/七/四

2269_7
⿰舌米 七〇六/三/七

2270_0
丩 六八〇/三/五
丩 二五六/四/二
二七三/九/一
⿰山刑 二四七/十/六
刨 一八七/五/六
劵 五九八/七/八

⿰山別 七一五/四/一
⿰包刂 五〇三/二/三
⿰齒列 六八九/六/七
⿰皀刂 一〇〇/九/五
⿰皂刂 三七一/七/六
三七一/九/八
五五九/八/五
五六〇/一/二
⿰山剽 一七九/七/四

2271_0
⿱山乞 二二二/五/三
齓 三五四/三/三
三五五/三/二
三五六/五/三
五四二/一/六
五四七/四/三
五四七/四/四
⿱山巷 二二二/三/三

2271_1
⿱山邑 五九八/十一/六
⿱山谷 二一三/三/五
⿰金巤 七七九/八/五
岴 七 四/九/三
⿰毛萑 三四八/四/四

2271_2
⿰齒巤 七七五/六/八

2271_3
幽 二三六/十一/一

2271_4
⿰山垂 二〇二/一/三
四〇七/六/五

2271_7
⿰山光 一 一/一/八
二 二/十/三
⿰山兇 二 二/十一/一
⿱山卷 九 三/五/一〇

邕 二 〇/十一/五
三〇六/四/四
四六五/六/五

2271$_{8}$

嵦 一一二/十/八
三五〇/二/一
嶝 六一〇/四/二
齒豈 一一二/一/一
一一三/一/二
山豐 一 一/三/四

2272$_{1}$

岓 六 一/十一/一
齗 一三二/十/二
三五六/五/六
三五八/十一/六
三五九/五/五
三八四/十一/二
△三八九/八/三
齗 一五五/二/六
齗 五五九/八/六
齗 三三〇/四/一
三三〇/七/三
嶃 二九七/八/二
四五一/六/四
四五六/七/一
斷 三七一/七/五
三七一/九/五
五五九/八/三
五五九/十一/五

2272$_{7}$

岇 二二三/十一/五
山耑 一五〇/五/七
嵴 七四三/三/五
嶠 一八四/一/六
一八四/三/四
五八一/四/四

齲 △三三三/一/五
三三二/七/一

2273$_{0}$

厸 一二〇/九/四
缶瓜 一八二/五/四

2273$_{2}$

裂 七一一/四/五
山玄 一七〇/八/六
𢆶 五 三/三/四
二五七/九/三
二七三/二/二
山艮 三六六/九/四
山艮 四一七/九/七
蓑 三四六/一/一
製 五一〇/八/一
衰 三四七/六/六
褱 一〇五/四/六

2273$_{4}$

岆 三九二/七/三
三九五/一/六
嵠 九 七/二/一
一〇一/九/一

2273$_{7}$

山乏 六三一/三/四
山憲 三五八/七/五

2274$_{0}$

岻 四 〇/三/一
四 四/一/二
九 三/十/六

2274$_{1}$

薛 六八七/七/五
七〇四/七/七

2274$_{2}$

齒將 二一三/五/五

2274$_{4}$

山妥 三四八/九/五
四〇七/八/三

2274$_{7}$

山孚 二六六/六/一
山爰 三六八/四/一
餕 二五一/三/二

2275$_{3}$

齒幾 六 一/十一/六

2275$_{7}$

山每 一一一/八/一
山每 三四八/一/一
山每 五三二/一/一
崢 二三六/二/六

2276$_{1}$

齒旨 三八五/二/三
齒旨 一五〇/八/五

2276$_{3}$

山甾 四〇三/一/七
山沓 七七二/十/六

2276$_{4}$

齒舌 六九一/四/一
六九八/七/六
齒由 七八七/七/一

2276$_{9}$

嶓 一九八/五/四
五九〇/八/三

2277$_{0}$

凵 四五八/一/四
六二三/四/五
山 一五三/八/一
一六五/七/五
凶 二 〇/九/七
屾 一二七/十一/二
五六二/三/四
凼 二八六/二/一
出 五四〇/二/七
凹 三二二/三/一

凷 五二五/七/四
凷 五三三/七/五
幽 一一九/四/六
幽 一一九/四/五
一五四/一/二
凷 五 一/一/五
幽 二七三/二/一
四四〇/六/二
幽 五 三/五/三

2277$_{2}$
出 六五七/十一/七
出 四六七/六/二
四七三/十/一
四八二/十/二
六七〇/十一/二
六七一/十/二
岀 六八四/八/四
𡴑 五 一/一/四
𡾰 一八二/八/二
𪗇 六七〇/五/四
六七〇/七/六
六七三/七/七
六七三/八/四
齧 五一三/三/四

2277$_{7}$
旹 五一六/七/一
旹 七〇四/七/九
七一四/二/八
峕 一九三/十/二
齝 六五四/九/一

2278$_{2}$
嵌 二九六/十/四
二九七/一/二
四四八/十一/二
四四九/三/二
六二五/二/五

歒 四四四/三/四

2279$_{3}$
繇 一八二/一/三
繇 二五八/三/九

2279$_{4}$
嵊 二四九/七/一
六〇九/四/三
嶫 七六九/六/五
七七四/四/二

2280$_{0}$
尖 六四五/四/一

2280$_{1}$
燮 二一三/三/六
冀 一六〇/一/六

2280$_{6}$
僨 六二一/七/二
六二二/一/四
賁 五二四/八/六

2280$_{7}$
尖 二七七/六/一
炏 六九二/二/三

2280$_{8}$
燊 四八四/八/三

2280$_{9}$
炎 一一五/二/四
剡 七一一/三/四
焚 四四二/二/九
燹 四八二/五/三

2281$_{8}$
嵸 二一七/六/四

2282$_{2}$
彭 六 七/一/二
彭 五七六/六/四

2282$_{7}$
前 七五六/四/八

七五六/九/四
七五七/六/四

2286$_{9}$
繙 一三六/十一/一

2288$_{0}$
燚 六四五/四/二

2288$_{6}$
巔 一六〇/一/五

2288$_{9}$
燹 七八四/五/三

2289$_{4}$
繅 一八八/五/二
繅 三九一/八/二

2290$_{0}$
利 四七七/三/八
制 △五一〇/七/六
紃 一二二/二/二
一二二/五/一
一二三/六/一
一七〇/八/一
糾 二七三/十/二
三九五/六/二
三九五/八/一
四四〇/八/七
刹 五一四/九/二
七一一/六/五
剬 一 三/一/四
四六三/六/二
剿 一八八/二/七
三九三/五/四
五八四/六/七
緺 四四九/七/一
綃 三五五/三/六
三五六/二/四
劇 六六七/八/六
稠 七五六/八/三

剿 四七九/十/五
五一六/八/一
緰 一七八/一/二
2290₁
崇 一　一/十一/二
一　三/一/一
祟 四七四/十一/三
六七一/三/四
䅚 五〇二/九/九
䕵 七一三/十一/五
2290₃
糸 五　二/十一/六
紫 三〇二/二/九
傺 二七六/七/八
二七八/五/二
六二一/六/六
寨 三一八/十一/六
三四九/二/十一
綮 三一八/十一/七
三四九/二/八
2290₄
梨 四　四/七/七
九　六/八/四
㯃 七一一/六/四
㭬 四四二/四/四
六二一/六/一
巢 一八八/四/六
一八八/六/三
一八九/一/五
一八九/五/三
五八四/九/一
剿 五一四/九/四
葉 一七九/二/七
䕸 一八八/七/一
蘽 七八四/七/二
藥 七六五/一/二
欒 一八二/十/七
樂 五八〇/七/五
五八三/五/四
六五八/一/三
六六二/六/四
七二四/十/五
纂 三四九/二/九
2290₆
蘩 一七五/九/三
藥 六六三/二/四
2290₇
朮 五二四/六/二
2291₀
紅 四四〇/九/一
亂 五　四/三/四
四七七/一/七
2291₁
稽 五九八/十一/七
2291₂
纖 七七五/七/一
2291₃
䄻 一七四/八/二
一八九/二/三
一九三/八/一
絩 三九一/二/二
三九四/八/五
四〇二/八/二
五七七/八/四
纖 四八二/十/五
五〇七/四/三
2291₄
秏 二〇六/七/四
二〇六/九/八
二〇七/三/六
四九九/十/一
秏 五三三/六/八
五八五/七/一
五八七/五/二
稚 四四二/五/四
秏 一九一/十/一
絍 五八七/三/二
紝 二七六/七/七
二七八/五/一
六二一/六/五
蕥 三三六/七/四
綞 二七八/九/八
蓰 六一三/十/二
穜 二　七/一/四
二〇二/一/五
三〇九/十一/六
三一一/二/四
三一七/四/一
四〇七/九/二
四〇七/十一/七
四六七/七/六
(綞) 糹 △四〇七/四/二
毺 六五二/十一/二
種 一　九/二/五
三〇三/六/三
四六四/十一/二
維 五三二/五/八
緟 一　九/二/七
四六五/四/七
羅 二〇一/五/二
2291₆
纔 七四九/十/一
2291₇
稅 八　十/六
稨 二　七/十/六
縨 三　一/七/一
九　六/六/七
2291₈

䅳 五五〇/六/五
2292₁
𥝩 五 六/六/一
2292₂
彩 三五一/一/七
綵 三五五/三/七
𦃃 五五七/七/二
𦁡 二二九/九/三
2292₇
穑 一五〇/四/五
四〇七/五/三
綉 六一九/七/二
𥡵 三 五/四/五
穚 一八四/一/二
一八四/六/四
繑 一七七/三/三
一八三/十/二
七二一/十一/五
繃 二三六/十/二
纗 二 八/十/三
一〇〇/一/一
四六九/四/二
四七〇/六/七
五二三/七/七
2293₀
私 四 一/十/六
2293₁
紌 五九三/四/三
纁 一三一/四/二
五四六/九/五
2293₂
𥿖 五二四/四/五
五二四/五/四
崧 一 一/十一/三
2293₄
秗 四九〇/九/一

縘 九 七/三/四
穙 六三六/二/一
六三六/四/五
穙 六三六/二/二
纀 六五三/六/三
纀 六三五/八/三
六五三/六/二
2293₇
穏 三六五/二/三
𦅷 三五八/七/四
2294₀
秖 二 四/七/八
秪 四 三/八/一
紙 三〇七/七/一
紙 九 三/十一/五
2294₁
𥞩 四二八/十/四
綎 二四四/二/一
二四四/六/五
綖 一六七/五/三
三八八/八/二
五七一/五/三
五七四/七/七
2294₄
𥞘 四 一/九/九
四 二/三/一
綏 三 六/六/六
四 一/二/五
四 一/八/三
四 二/一/六
一〇八/九/二
四〇七/七/六
四六八/十一/三
四七〇/八/六
䅗 四 一/十/一
四六八/十/七

四七五/十/五
綉 四 一/八/二
2294₆
𥡛 六六〇/八/四
七一九/五/一
2294₇
稃 七 六/八/八
二六六/六/七
綒 七 七/七/四
稯 八 /十/五
三〇二/五/三
緵 四三四/一/二
六一四/三/二
緵 八 /十一/三
四六一/一/二
綘 二四七/十一/一
綬 三六一/二/一
三六八/一/一
三六八/九/四
䆈 四八七/九/七
纕 九 /四/一
2295₃
穖 二二六/九/六
四七九/四/六
2295₅
𥞋 三七四/四/一
三七四/五/五
2295₇
稱 六〇九/一/四
𦁆 二三五/十一/三
2296₃
稲 五 一/一/二
緇 三二一/九/四
緇 五 一/一/七
緇 四八四/二/三
2296₄

秳 六九〇/九/三
六九一/二/三
六九八/八/二
稖 六九八/八/一
絬 七〇七/九/二
緢 七八七/九/七
緍 一一九/十/二
一六九/一/五
縆 一二三/五/五
2296₉
穡 一三七/二/二
繙 一三六/一/一
一三六/七/六
一四九/一/三
2297₀
秈 一六四/五/二
䆅 二七三/六/七
2297₂
秥 四六七/六/一
絀 六六九/十/二
六七一/八/一
六七一/十/三
黜 六八五/十一/六
六九六/二/八
七一四/四/一
2297₇
稻 四〇二/五/一
四〇二/六/一
穭 七六六/五/五
縚 一九三/五/七
2299₁
綷 四七四/十/二
2299₃
綔 二九二/十/四
緣 五 二/十一/五
纞 六七二/八/七
六七三/二/二
2299₄
秫 七五二/二/三
絿 三五一/一/五
繅 一九一/十一/六
四〇一/八/一
繰 七八〇/六/一
七八四/六/五
纅 七一八/八/二
七一九/十/一
七五二/七/三
2299₇
穅 二九三/八/七
六二八/四/九
2300₀
卜 六三五/五/六
𠂉 六三五/五/七
2302₇
牑 一五九/一/七
一五九/八/二
三七九/五/四
五七〇/十一/六
牖 四三一/十一/一
2304₂
牔 七二五/十一/三
2305₃
牋 一五八/三/六
2310₀
䄻 六六五/六/六
七〇六/九/二
2310₁
坐 九 二/五/一
坌 二七六/九/四
二八二/二/九
2310₄
垈 六八〇/九/二
垂 四七二/十一/二
垐 一二九/五/七
五七六/八/五
垄 五四四/十一/二
埊 一二九/五/十三
坙 三一八/十/四
四六九/七/七
垒 二四二/四/四
2310₇
盇 三五〇/一/二
盨 一四四/七/一
2313₄
猷 一一三/一/七
2313₆
蚮 五三四/八/五
七六二/一/四
七六二/四/四
蠽 一九六/十/一
2314₀
弑 四八三/三/八
2314₇
䘒 二 八/十/五
一一〇/二/六
二〇〇/二/七
三一八/三/三
2315₀
戜 六七八/二/五
䘓 七四一/十一/九
2316₄
𧖶 七三四/五/二
2320₀
仆 四九五/四/五
六一二/十一/六
六一七/十/二
六三五/十一/六
七六二/十一/三

伈 四四一/三/二
四四三/六/三
六二一/一/八
佖 四八一/七/一
六六五/五/五
六六六/四/三
七〇六/七/四
外 五二三/三/三
六九二/一/四

2320₂
参 一九二/七/一
二七六/九/三
二七七/三/一
▲二八二/三/七
二八五/九/一
四四六/六/三
四四六/九/三
六二四/一/五

2321₀
允 一七二/二/二
三五六/三/二

2321₁
佗 三 五/五/二
二〇〇/六/五
二〇〇/九/二
四〇四/七/五
五九一/四/一
倇 三六〇/四/四
俒 一三七/八/五
五五〇/一/二
倥 一 〇/五/四
三〇二/十/二
四六二/三/五
鉈 二 九/十/七
婉 三六〇/八/六
六九一/十一/一

腔 四六二/四/四
舵 二〇〇/十一/二

2321₂
侂 二 三/六/一
三〇七/二/九

2321₄
侘 二〇六/八/六
五九四/六/六
僦 六一三/七/一
傕 六五六/三/四
僿 四八三/四/七
四八四/六/一
五三五/五/二
([illegible]) ▲六一三/九/三
[illegible] 六四二/三/四
六四二/五/四
七七一/七/一

2321₇
笐 五一九/五/四
倇 一四七/十/二
倦 三六二/四/七
舘 三 八/九/三
盧 三三一/七/六

2321₈
[illegible] 二三六/六/二

2322₁
佇 三三一/八/一
儜 二三六/八/五
[illegible] 六〇八/七/三
徛 四七〇/十一/五

2322₂
傪 二七六/九/七
二八二/三/五
四四六/五/二
四四六/八/三
六二四/一/六
七七一/四/四
[illegible] 四四六/五/三
六二五/六/三

2322₃
[illegible] 九 二/五/三
一〇五/七/二
[illegible] 一〇五/六/八

2322₇
佈 五三四/三/六
肯 一六四/一/二
五七〇/八/五
俻 五三四/六/七
俌 三三四/四/一
三三四/七/二
三三五/二/一
[illegible] 三三七/八/三
偏 一六八/五/五
五七六/四/三
徧 一五九/四/六
一六八/五/六
五七〇/九/四
偏 一六五/三/四
四八三/七/一
五七二/六/二
儛 三八九/四/二
艑 四六三/十一/五
[illegible] 三三四/七/六

2323₂
俅 二五六/六/三
[illegible] 三〇七/五/五
[illegible] 二五七/四/二
[illegible] 二五六/十一/一
佷 二一七/三/四
四一七/十/一
六〇一/三/四
觩 二五六/十/一

⿰角朱 二七三/十/七
二七三/十一/五

躴 二二〇/六/五

2323_3

⿰亻然 △三八三/十/一
△三八四/十/四

2323_4

伏 △五一七/十一/四
六一三/三/四
六四〇/七/八
七六二/十/六

狀 五九八/八/六

⿰亻戾 五〇五/九/四

⿰亻戾 四七七/六/三

俟 六 二/一/三
三二三/一/一
三二四/九/六

俟 五 八/三/一

⿰彳矣 三二三/一/五

⿰女犬 五〇四/七/五

猷 二八七/五/七

獻 三 七/五/三
三 八/九/一
一九九/四/二
五四八/三/五

2324_0

代 五三四/三/一

⿰彳弋 七五八/八/二

⿰爿弋 二二二/七/三

侙 七五七/八/三

⿰亻貳 四七三/九/三

2324_1

⿰歹辛 三五一/四/二

2324_2

傅 七 六/六/二
四九五/五/四
四九五/八/一

⿰犭尃 七二六/一/二

2324_4

侒 一四三/十一/四
三七一/十一/三

妭 六九三/五/三

⿰歲攴 六七四/六/二

2324_6

儯 六七四/十一/八

2324_7

俊 一四一/三/六
△五三九/五/一
五四一/五/六
五四一/六/六

⿰彳夋 一二二/十/九
五四一/五/四

⿰豸夋 一四九/九/四

傻 四三八/九/二
六一四/九/二

⿱艹⿰豸夋 二六四/十一/六

2325_0

伐 五三七/七/三
六八〇/八/四

伐 六四四/四/七

俄 一九六/九/六
四〇四/二/四

⿰彳戈 一 二/二/一

⿰亻戌 五二六/二/三

⿰亻戚 六五〇/八/一
七四八/十一/一

⿰亻𢦏 六三七/五/五

戕 一四四/七/六
二一三/七/五
二一三/十一/四
二三八/六/五

侔 二七〇/一/五
六一八/六/一

⿰歹戈 六七八/七/二
七一三/一/二

⿰歹戊 六七一/二/三
七〇八/七/一

⿰歲戈 五〇九/七/八

殲 五三七/九/四

⿰亻或 四五五/十/一

⿰亻韱 二〇三/一/一

⿰歹或 七六〇/十/二

戱 九 〇/八/七

戳 六八八/七/七

臧 二二二/六/八
二二二/八/四

臧 四一八/九/二

⿰爿戴 七六六/八/一

⿰彳韱 六二八/六/五

⿸疒戲 二二二/六/一〇

戲 三 七/二/五
三 八/四/七
三 九/一/四
三 九/四/三
九 〇/八/五
一九九/四/三
四七〇/十/一

軄 七五五/四/二

鱲 七六六/七/七

殲 二八七/十一/一
二八八/四/二

2325_2

⿰亻牢 一九五/五/三

2325_5

俴 三八三/一/九
三八三/三/四
三八五/十一/六

五七一/十/四
俴 三八五/三/一
残 一四四/五/六
牋 三七四/六/四
⿰角戔 三七四/二/三
戲 三七二/五/四
三七四/七/二
三八六/一/四
五六二/五/三

2326_0
佁 三二三/十/四
三二四/七/六
三四五/八/六
三五〇/四/六
三五一/六/二
三五一/七/七
四八四/十一/一
五三四/七/四
五三四/八/四
殆 三五一/七/五

2326_7
⿰亻署 三五六/九/五
⿰亻署 一七二/八/七
一七三/六/三
三五六/九/八
五三三/八/三

2326_8
傛 一 九/十/一
三〇五/五/一

2327_2
⿰亻密 ▲六九六/六/三
⿰齒密 六八七/十/一

2327_7
倌 一四七/五/一
五六一/三/三
倌 五六一/五/五

2328_1
⿰亻搴 三六二/四/六
三八九/四/一

2328_2
貁 六一二/五/六
⿰歹穴 三〇四/一/一

2328_6
儐 一一八/六/一
五三九/九/五
殞 三五六/七/三
三五九/六/五
殯 五三九/十/五

2329_1
倧 一 五/八/二

2329_3
傺 四 五/五/七
二〇二/八/四
三四九/三/三

2329_4
⿰亻宋 四四六/六/五
六二四/一/一

2330_0
鮅 六六五/一/五
六六五/八/四

2331_1
鮀 二〇〇/十一/六
駝 二〇〇/十一/八
鯇 三六三/七/四
三七二/十/六
五五四/九/五
綄 三六八/三/六
⿰馬陀 二〇一/一/一
⿰馬空 一 〇/六/一

2331_4
⿰馬玄 六一六/十/五

2332_7

鯿 一五四/二/一
一五九/四/一
鯆 八 四/九/七
鯆 八 五/二/一
三三七/九/四
三三四/九/二

2333_1
黛 五三四/三/四

2333_2
⿰魚良 二二〇/十一/四
⿰魚道 八 五/二/二

2333_3
然 一六五/十一/四
⿱⿰魚犬灬 六九六/八/六

2333_4
⿱代心 五三四/九/二
七六二/一/二
⿰魚犬 二〇四/一/三
⿰魚犬 五九二/七/五

2333_6
怠 五 五/七/四
一一三/五/一
三五一/八/一

2334_0
鮘 七六二/五/二

2334_2
鱄 八 四/九/六

2334_4
鮁 五三七/七/二
六九二/四/五
六九二/十/八
六九三/三/三
鮟 五五四/一/二
駊 六九二/四/四
六九三/六/三

2334_7

鮻 二〇〇/一/五
駿 五四一/四/一
2335_0
⿰馬戎 六七八/六/三
⿰馬戒 一 一/十一/四
鰔 六 一/六/三
⿰魚或 七六〇/十一/五
鰔 二九四/十一/三
四四四/九/三
四四四/九/四
四五六/一/二
鰔 二九五/七/六
⿰魚戢 七六三/八/一
2335_5
⿰魚戔 三七四/六/一
2336_0
鮐 五 五/七/三
一一三/五/二
一一三/九/一
駘 一一三/十/五
2336_8
鰫 一 七/一/二
二 〇/五/二
三〇五/六/九
2337_2
⿰馬密 六六六/七/五
2338_1
⿰魚蹇 三八九/五/三
2338_6
⿰魚賓 一五九/四/二
⿰魚員 一一八/八/一
2340_2
笄 五九五/九/二
2340_4
嫠 九 七/一/六
⿱婁女 九 三/三/五
2340_6
鞪 五八四/十一/二
六六一/十/五
2340_7
夋 一二二/十一/一
2341_0
(⿱山允) ⿱山允 △三五六/三/三
2341_1
舵 四〇四/八/一〇
⿰舟宛 三六〇/五/六
2342_7
艑 三七九/四/三
三八六/六/一
2343_0
矣 三二四/九/三
2343_2
艆 二二〇/七/六
2343_4
⿰舟突 六八三/三/九
2344_0
弁 一四八/六/七
五七六/七/五
2344_4
⿰貝欠 六九三/五/四
2345_0
⿰舟戈 一九五/十/四
⿱⿰幺幺戈 四 八/四/三
⿰舟咸 四四五/八/五
戟 七三七/一/二
艥 七七七/四/四
2346_1
⿰舟宿 六四一/十/四
⿰貝害 五二八/四/二
五二八/九/七
2346_6
⿰舟畐 六一三/二/三
2350_0
牟 二七〇/二/一
四三八/八/七
六一八/六/四
2350_6
⿱关牛 三六三/一/三
三六五/六/五
2351_1
牠 一九七/七/一
二〇〇/十一/一
二〇二/二/六
2351_2
⿰牛危 二 三/三/四
2351_4
⿰牛翟 △六五八/三/二
七三一/十/一
2352_2
犙 二六五/四/五
二七三/五/一
△二八二/二/二
二八二/四/二
二八三/四/二
二九七/五/三
2353_2
⿰牛求 二五六/十/三
二七三/十一/六
2353_4
⿰牛矣 三二三/二/四
2354_0
⿰牛貳 四七四/二/二
2354_7
牸 四八四/八/五
⿰牛交 二六五/四/四
2355_0
我 四〇四/二/一
2356_1
犗 五二六/五/六
2358_2
⿰牛宄 三〇四/一/四

2359_3
[illegible] 四 五/六/三
2360_0
台 五 五/二/一
一一三/四/一
一一三/十/六
四八四/七/三
昝 四四六/十/一
馝 六六五/六/五
七〇六/九/三
香 九 六/十/三
2360_1
畬 三六二/九/七
畲 五四八/十一/四
畬 五四九/三/四
2360_3
畬 三六五/四/一
2361_0
乨 三八三/八/五
2361_1
皖 三六四/二/三
三七二/十/一
2361_4
皠 六五七/五/七
七二五/二/三
七二九/一/四
2362_1
[illegible] 三三一/四/八
2362_7
[illegible] 三七九/四/五
2363_4
[illegible] 七三二/十/三
2364_4
馛 六九三/五/一
2365_0
皒 一九六/八/五

鹹 二九四/九/三
鹹 四四四/八/六
六二五/五/三
鹹 七六四/四/三
2365_3
戧 一五八/五/六
2366_1
[illegible] 六九八/三/一
[illegible] 五二一/一/二
六八六/八/一
2368_6
馪 一一八/五/一
2370_7
[illegible] 三 八/十/二
2371_0
[illegible] 一七二/二/一
2371_1
岮 二〇一/二/二
峗 一三五/二/二
三六〇/七/四
崆 一 〇/五/三
二 二/五/九
三〇七/四/五
四六二/四/一
峞 一四六/四/五
三六八/二/三
三七三/一/一
[illegible] 三 〇/四/四
2371_2
峷 二 三/四/三
2371_3
毬 二五六/九/四
2371_4
崆 七〇一/十/五
[illegible] 六六六/十一/二
2371_5

毬 四九六/九/七
毵 一五八/五/二
氈 二八八/一/一
2371_7
峴 五二四/二/二
巇 三四〇/四/五
𡾊 三六二/四/四
齸 二 六/三/二
2372_7
峭 一七二/五/八
㟬 一 四/五/一
峬 八 五/二/三
𡽱 一 四/七/二
2373_2
厷 五六三/一/七
峚 二五七/三/二
屳 三一八/十/五
四六九/七/六
袋 五三四/三/五
㟖 二二〇/八/一
㟪 二三五/一/八
2373_4
巘 三六二/二/五
巘 三八九/八/四
2374_2
[illegible] 七二三/六/五
七二五/八/六
2374_4
峖 一四四/一/三
五五三/十一/六
六八七/五/六
2374_7
峻 五四一/一/二
五四一/八/六
[illegible] 一四九/九/一
2375_0

⿰山戍 六七八/七/六
峨 一九六/九/二
四〇四/三/五
峸 二三九/六/六
⿰齒我 五八九/七/二
⿰齒成 二九五/二/一
二九五/七/一
七八六/二/三
七八六/六/六
七八六/九/五
巇 三 七/六/四
⿰齒戲 六九六/十一/二

2375_{2}
崪 一九五/一/七

2375_{5}
⿰山戔 三七四/三/三
三七四/五/六
⿰齒戔 三七二/四/四
三七二/六/一
三七四/七/三
三八六/一/一

2376_{0}
齝 五 一/五/一
五 一/七/五
五 四/二/四

2376_{1}
⿰齒害 五二八/五/二

2376_{4}
⿰齒客 五九五/六/一

2376_{8}
嵱 二 〇/三/五
三〇五/五/八

2377_{2}
岱 五三四/三/二
⿰山⿱穴出 六八三/五/五
⿰山⿸虍出 六八四/八/三

⿱佗齒 二〇〇/十/一
齾 六九八/五/四

2378_{1}
⿰山賓 四六六/十/二
⿰山襄 三六一/十/六
三六二/四/五
三八九/四/八
三八九/七/二

2378_{2}
⿰食穴 六二九/五/五

2380_{6}
貟 一二六/九/六
一三〇/十/六
五四六/五/一
貸 五三四/七/五
七六二/一/七
七六二/三/四

2380_{9}
皃 一一三/七/一
一一三/十/三

2390_{0}
秘 四八一/八/六
七〇六/九/六
⿰糸卦 五二三/七/三

2390_{3}
⿱叙糸 四 五/二/五
二〇二/五/七
三一八/十一/一

2390_{4}
⿱伏木 五三四/七/二
臬 三二三/三/一

2390_{6}
⿱⺈東 二三五/十/三

2391_{1}
紽 二〇一/三/一〇
綩 三六〇/八/四

⿰禾空 一 〇/四/二
綄 一四六/五/三
三六八/二/二
五六二/五/八
⿰糸空 四六二/四/六

2391_{4}
⿰禾它 二〇六/七/五
四九九/十/二
五九四/七/五
⿰禾窒 六六六/九/七
⿰糸窒 七〇〇/十/一

2392_{1}
紵 三三一/六/四
三三一/九/一
⿰禾寧 二三六/九/五

2392_{2}
穇 二七七/二/二
二九七/五/二
縿 一七八/一/一
一九一/十一/七
二八八/一/六
二八九/二/七
二九七/三/三
四四六/九/四
四四八/七/三

2392_{7}
稍 一六三/三/三
⿰禾甫 七 六/九/四
八 四/七/六
八 四/十一/六
三三五/一/三
綃 三八一/十/四
三八二/一/三
五七〇/一/四
五七五/一/一
編 一五九/一/八

一五九/五/三
一六八/八/四
三七九/一/五
三七九/四/四
緪 三三七/八/一
緆 三七九/四/一
三八六/六/二

2393_2

綵 二五六/六/五
二七四/二/一
稼 五九五/八/三
稂 二一七/三/三
二二〇/九/八

2393_3

緂 一六六/二/一
一七一/五/一
五六九/一/一
五七三/六/六

2393_4

紎 四八二/六/二
六四〇/十/三
綟 五〇五/十/三
七〇二/三/六

2393_6

總 三五一/八/四
繈 四一四/十一/二

2394_0

秇 七五八/十/三
絾 四八三/一/八
七五五/四/五
七五五/八/六
絣 一三六/七/四
一四八/九/七
五七六/七/六

2394_1

縡 三五一/四/六

五三五/七/四
五三五/十一/四

2394_2

稕 八 四/七/五
三三五/一/四
縳 四九五/八/四
五九二/一/六
七一八/十一/一

2394_4

紱 六七四/七/一

2394_7

稄 五四一/五/二
七五六/四/二

2395_0

䄎 三〇四/二/三
牫 八 二/二/三
絨 六七八/五/一
絾 一 二/十/二
緘 六四二/六/八
六四四/四/八
稢 六四八/三/五
穢 六四八/三/四
緎 六四八/六/四
七六〇/七/二
七六〇/九/九
緘 二九五/四/七
六二九/八/二
織 四七三/三/四
四八三/一/六
四八三/四/二
四八三/五/四
七五五/四/四
穢 二八七/七/三
六二八/六/六
纖 二七六/三/五
二八七/八/一

二八八/七/三
穢 △五〇九/七/三

2395_5

綫 一六四/六/四
五七一/五/一

2396_0

紿 一一三/五/三
三五〇/十一/五
三五一/二/三
三五一/八/三
稓 三四三/九/二

2396_1

縮 六四三/九/六
縉 六九七/九/四

2396_2

緇 六一五/四/六

2396_4

穇 三九九/六/五
四〇〇/一/五
五八五/六/九

2397_2

秳 九 七/十/三

2397_7

稻 二六八/九/一
綰 三七三/二/二
五五五/四/三
五六二/五/七

2398_1

𥟍 四二八/十/五
綻 五六三/五/六
五六八/三/六
五七一/三/四

2398_2

紞 六七〇/八/四
絖 六六八/四/五
六七二/七/六

僥 三九二/十一/四

2421_2

佽 四四七/七/四
他 二〇〇/六/六
五八九/十/四
㐌 二八一/五/六
㐌 四四七/二/五
六二四/三/七
𩵞 ▵六二一/九/六
儱 二五四/十/四

2421_4

佳 一〇一/七/一
二〇八/五/八
徃 一〇二/二/七
傕 六五七/二/一
僅 五四三/九/二
殣 五四三/十一/三
五四五/十一/一
觟 三四四/七/四
觟 ▵四一一/十/三
儓 一一三/六/三
一一三/七/六
五三四/八/三
觿 七七五/六/三
貛 一四七/二/一
一七三/三/四
觽 一三四/六/六

2421_6

俺 六二六/九/四
七八五/七/二
殑 二五二/二/三
二五二/四/三
四二九/九/四
六一〇/一/七
殗 二九一/八/三
四五三/六/二

六二六/十一/五
七八五/七/三

2421_7

仇 七 五/二/三
二五六/七/二
𠋆 七三七/四/一
𠋆 七六五/十一/一
值 四八四/十一/八
七五六/一/八
七五七/十一/八
徝 七五七/六/一〇
殖 ▵五二一/八/三
七七三/十一/五
殖 ▵五二一/八/二
殖 四八四/五/三
七五五/十一/一
殖 七五六/一/三

2421_8

侸 四九七/四/二
殪 五〇七/十/四

2422_7

仂 七五八/一/二
七六二/六/一
㐱 五三一/一/六
衲 ▵五三〇/四/四
七七五/八/六
豿 七五八/二/三
豽 六九七/五/二
㑰 四九八/七/四
㑰 六 〇/二/四
一〇四/四/四
一〇四/十/六
三二六/八/二
豨 一〇四/十/七
㚜 六八三/八/三
殅 五五八/二/一

勠 六七六/三/一
㑩 五八三/四/六
勠 六六九/六/八
㣿 五〇三/八/七
豧 一四九/七/一〇
一五三/五/二
五四九/八/四
五五七/二/七
侑 三二〇/五/三
四三〇/八/八
六一一/六/三
脩 一八四/九/一
一八九/六/一
三四七/一/五
三四九/十/二
勛 六五九/十/二
侉 九 二/四/一
二〇九/九/四
二一〇/一/一
五八九/六/六
五八九/六/七
徛 五九六/七/六
㒿 三一四/九/五
勨 三八八/七/三
四一二/七/四
四一二/十/二
四一六/十/一
觕 一二五/十/二
備 四八二/三/五
五二七/十/六
㔊 四三一/八/五
殢 五〇四/七/六
五〇五/七/一
五〇六/十一/五
儚 一 一/十/二
二五二/三/二

二五三/十一/二
勮 一六八/二/三
𪟝 四九一/六/二
四九三/二/八
勪 七二二/三/二
𧤛 二〇六/五/三
𨉖 四七三/十一/四
四七七/十一/一
六七二/四/四
𨉉 二一〇/一/六
勴 四九三/一/二
𧤂 一九七/七/三
二〇二/二/七
𪟤 八 八/三/二
四九三/一/三
𧥢 七三三/十一/二
七三五/十/二

24230_0
𡟯 六二一/一/二

24231_1
佉 二〇三/二/五
儏 一七七/五/四
德 四八四/十/三
七六一/十/一

24234_4
媄 一八三/五/四
胅 二一六/三/二
𠌯 六八九/一/四
𢕟 六八九/一/五
貘 七三二/三/三
僙 五五三/五/七

24236_6
僼 一九二/二/八
𢕩 一九二/三/七
五八七/七/二
嫶 八 五/八/三

24238_8
俠 七八二/十一/四
七八三/三/七
七八六/十一/二
㣣 六二七/二/六
婡 七八六/七/三

24240_0
伖 八 八/三/六
三三五/四/四
妝 二一六/二/五
𣦿 五五七/七/四

24241_1
侍 四八三/七/三
待 三五一/六/四
偫 三二四/四/一
倖 四二三/八/一
四二六/十一/二
𠊎 三〇四/二/五
𠎝 三二四/二/八
儔 一九四/二/七
二五九/九/二
五八八/三/二
𨊷 五八八/六/四

24243_3
体 五五一/三/二

24246_6
𧆍 九 〇/四/五

24247_7
伎 三 五/七/五
△三一三/六/四
四六六/八/三
四七〇/二/四
佊 三一六/八/七
四七二/四/一
彼 三一六/八/五
倰 二五一/四/一
二五三/四/三
四三〇/四/四
六〇九/十/四
六一〇/七/八
𢓜 二五一/七/五
𠊾 六八一/七/五
㑾 一八六/三/八
𣧍 三 一/十一/四
三一六/九/六
三一六/十一/四
皺 一二三/一/六
䬸 二五一/五/六
六一〇/八/一
𤿧 二 五/一/三
四六六/八/六
𨊻 二 四/六/七
𡿿 △二六七/十/六
六一六/四/七
㼰 三 七/七/一
三一五/六/二
△四七一/十/二
𧇓 四五一/十/四
𧇖 二〇五/十一/四
𧇙 二〇五/九/八
三三七/十一/二
𧇥 六 八/五/三
八 八/二/四
𩍈 三 二/三/八

24253_3
儀 六八一/一/一
七〇七/五/五

24254_4
觲 一七一/七/四

24256_6
偉 三二七/二/二
四八九/八/二

七七九/七/一
殜 七七五/十一/六
七七九/五/五
七八四/八/四
牒 七八一/六/一
鰈 五一二/八/六
鰈 五一六/一/三
七一〇/十一/二
2429_6
僚 一七五/八/三
三九一/六/四
四〇三/一/五
嫽 五七八/四/六
獠 一七六/四/四
三九八/十/六
四〇三/一/三
2429_8
倈 五　四/六/八
一一四/九/五
五三四/十/六
徠 一一四/一/五
五三四/十/五
猍 五　四/九/三
一一四/六/一
2430_0
鮒 八　五/五/四
鮒 四九五/十/五
鮒 四九五/十/六
鮒 四九〇/二/五
2431_0
魠 六六四/一/五
魤 一九八/四/一
五九六/六/六
2431_1
魷 三七八/十一/二
2431_2
魷 二七八/一/二
魫 四四一/七/五
四四二/二/四
2431_4
鮭 九　九/二/五
一〇一/七/四
一〇二/八/七
四一一/十一/六
鯥 六四五/八/六
鱹 五五五/三/五
鸛 一四七/一/二
2431_6
鮟 七八五/六/二
2431_7
鰪 七七四/二/七
七七四/二/八
七七四/三/七
2431_8
鷧 四七九/十/二
2432_7
魛 四六一/二/五
魶 七七五/七/七
鯑 八　五/一/七
四九八/六/五
鳨 七五八/二/四
鰗 一四九/八/二
魩 二七三/二/六
魩 四三一/八/五
四四〇/七/六
六四八/十/一
魶 七七三/六/一
鮪 三二〇/四/一
四三〇/十/二
鮬 五　〇/一/三
七　四/十一/一
九　〇/七/二
二一〇/二/一
五〇一/四/五
鮬 七　四/三/六
鰳 六九四/八/七
鰖 三　六/六/七
三一九/七/二
四〇七/八/二
五九一/六/二
五九一/八/七
鯖 四〇八/一/五
2433_0
㤥 七　七/二/一
三三四/十/四
四九五/七/五
馱 五〇五/六/二
五一七/十/三
2433_1
魼 六　三/八/三
七七五/一/七
七八四/十一/一
德 四七六/六/八
2433_2
殨 五一〇/六/九
鯵 六六四/一/四
儦 七六一/六/八
懪 五〇三/六/八
五二七/九/三
七六二/十/一
勳 一三一/五/二
五四六/九/四
驝 七　/八/五
2433_4
悠 五〇〇/五/八
2433_6
鱍 一九二/一/六
2433_9

烋 一八六/一/一
二五五/九/八
二七三/六/四

2434$_{1}$
鯙 五 一/十/四
鱓 一二八/三/二
鰣 五 一/十/三
騂 六九八/二/三
䮁 七一四/一/一
鰽 二六〇/四/三

2434$_{2}$
鱄 七二六/十一/五
鱄 七二六/十一/四

2434$_{7}$
皴 六五九/四/二
鮍 三 二/二/五
皺 三 二/二/六
鮻 二五一/七/二
鰒 五〇〇/九/六
五九六/五/三
七三五/二/五
騪 七三一/八/六

2435$_{3}$
鱴 七〇七/六/三

2436$_{0}$
鯺 六 七/二/五

2436$_{1}$
鮚 六六九/三/四
六七〇/一/一
六九四/八/八
七〇四/一/二
鯌 七一九/三/二
七二八/一/一
鰭 ▲四 七/九/二

2436$_{2}$
鰽 二五四/一/三

六一〇/十一/三

2437$_{0}$
鮒 二八五/十一/四
二八六/六/五

2438$_{1}$
䱈 三〇六/一/六
鯕 五 八/二/四

2438$_{6}$
鱝 三五八/四/三
鱑 二二六/一/一

2439$_{1}$
鯮 五一八/七/一

2439$_{4}$
鰈 七七五/一/六
七七六/十一/三
七八二/一/四
鰈 七八八/二/二
七八九/八/二

2439$_{8}$
鯠 一一四/六/三

2440$_{0}$
升 二四九/七/三
紂 六四二/十/六
射 七 六/十/八

2440$_{4}$
妛 七 七/二/一
二六六/十/九
四九五/七/四
婪 二一六/二/六

2441$_{0}$
仕 一五八/二/一
六五三/四/五

2441$_{1}$
𦪈 一八一/六/三

2441$_{2}$
勉 三六三/四/四

三八七/一/五

2441$_{4}$
𦪇 ▲五 八/一/三

2442$_{7}$
艜 五一七/七/四
勶 二九七/七/六
黐 三二六/八/三

2443$_{0}$
舦 五一七/四/五
奘 四一八/九/五
五九八/七/一
六〇一/十一/一
奬 二一四/一/二
四一八/九/三
五九八/七/二
臾 七〇二/二/二
七〇二/九/二

2443$_{2}$
艨 七 /七/一
四六二/十/五
四六五/八/六

2443$_{8}$
駚 七六九/九/二
駃 七八六/四/一

2444$_{6}$
弁 五八五/十/四

2444$_{7}$
𦨵 一四八/四/六
皺 二六六/二/九
六一四/八/八

2446$_{1}$
艁 四〇一/十/七
五八七/八/三
艢 二一三/十一/二

2448$_{1}$
舼 九 /十一/四

二 一/九/五
三〇六/二/三
䑴 ▲五 八/一/二
2448_6
艎 二二九/四/四
二五五/十/六
艩 三二六/六/六
2449_1
䑺 五二八/四/三
五二九/六/六
2449_4
艓 七七五/十一/一
七八二/二/二
2449_6
䑲 一七六/六/三
2450_0
𤘘 一九七/七/二
𤚽 一九七/六/七
𤛊 五九三/七/五
2450_6
𤙴 六〇一/十一/二
2451_0
牡 三三七/六/六
四三八/六/一
𤘤 一 八/七/〇
2451_1
𤜄 三九七/一/五
2451_2
𤘣 二七八/一/一
四四一/六/四
2451_4
𤛱 六四九/四/六
六五〇/一/八
六六二/七/五
𤜻 三五九/三/七
犪 一五三/六/五
五六二/七/二
2451_7
犆 七五七/十一/四
七六二/三/一
𦨈 二五六/十/七
2452_7
牞 六六八/六/三
𤘟 二七〇/二/二
𤙭 七八三/一/三
𤛗 六四一/三/三
犕 四八二/六/六
𦨻 三二四/十一/一
2453_6
𤛮 五一八/四/五
2454_1
特 七六二/二/七
𤜴 一一三/三/二
一一五/六/五
一八〇/十一/五
一九三/十一/五
一九四/九/三
二六三/八/四
四三〇/十一/四
2456_0
牯 三三九/十一/二
2456_1
牿 六四九/九/五
2458_1
𦪼 五〇四/三/四
2458_6
𤛮 二二六/二/一
犢 六三八/二/一
2460_0
𦧲 六九〇/十一/四
六九一/九/三
六九六/二/一
𦧻 四〇二/五/三
2460_1
𠰻 五九六/六/三
告 一八九/八/三
一九〇/八/二
五八五/十/六
六四七/四/六
六四九/八/六
六四九/九/三
六五七/六/一
2461_1
·𦧲 六二三/二/七
𦧟 三九二/八/三
2461_2
𦧇 三〇九/一/四
2461_4
𦧶 六四九/三/一
2461_6
馣 二八四/一/五
四四六/一/五
四五三/六/三
七七〇/七/七
2461_7
𩡣 五二一/七/三
2462_7
劬 七 五/六/三
𠡮 一八九/八/四
𠡷 一三六/六/二
𠢐 五二六/九/六
𦧴 三一四/八/三
2463_1
䭶 五四九/二/三
2463_2
𦧷 八 /一/一
三〇一/十/一
2463_8

⿰舌夾 七八六/四/六
2464_1
⿰目壽 二五九/十一/八
2464_7
⿰舌支 四七〇/二/六
⿰白支 七三二/九/四
⿰舌皮 六五七/一/三
⿰舌皮 七八七/八/七
⿰白皮 一二二/十/五
馞 六八一/六/一
六八一/九/九
2465_4
⿰舌華 七六七/十/一
七七六/六/六
2466_1
皓 一〇六/九/一
三九九/三/四
四〇〇/三/一
2467_0
甜 二九三/二/五
2468_6
馩 一三〇/四/二
2469_4
⿰舌枼 七七五/二/六
七八一/一/一
2470_0
⿰山斗 四三九/六/五
⿰山對 △五三〇/一/四
2471_0
⿰山芒 四一八/四/五
六〇一/八/一
2471_1
⿰山老 三三七/五/八
毨 △三七八/十/四
⿰毛埶 五二八/三/四
嵁 二八二/十一/七
二八四/五/六
二九四/六/一
二九五/四/一
四四三/二/四
四四六/三/三
四五七/六/五
嶢 一七七/七/六
⿰齒堯 三九七/九/四
2471_2
⿰毛也 一九一/六/六
五八九/一/三
⿰毛⿱艹也 一四〇/四/二
⿰齒也 三 〇/四/三
2471_3
⿰毛蚤 五八七/七/九
2471_4
⿰毛苴 三〇三/十/一
⿰齒圭 一〇一/十一/二
⿰齒堇 三五八/十一/二
巏 一七三/七/二
五五五/十/六
⿰食巠 五一二/十一/七
2471_6
崦 二九一/八/五
四五三/五/五
2471_7
⿰山丸 一四六/四/四
⿰山直 七五七/十一/三
2472_2
⿰山茅 一八七/七/八
2472_7
⿰屮力 二五六/四/三
幼 五八一/三/八
五八三/四/四
六二〇/七/一
六四八/九/四
岰 一八六/六/三
四四〇/七/二
五八三/三/七
⿰山帶 五〇五/三/六
七〇一/十/四
帥 四七三/十一/一
五一一/六/四
六六三/六/五
崤 一八四/十/七
一八九/九/五
⿰齒内 七七五/八/四
⿰齒内 七八八/五/三
⿰皀力 七〇六/五/五
⿰山葛 六八六/九/五
六八七/十一/二
⿰山萬 五一四/五/七
⿰山蒿 一九〇/一/九
⿰齒葛 六九八/二/六
七七五/六/九
⿰白脩 二 九/六/四
2473_2
⿰山厷 二三五/一/九
裝 二一六/三/一
五九八/六/三
⿰山蒙 八 /一/三
2473_4
⿰山莫 七三二/四/四
2473_6
⿰山墨 五一四/五/五
⿰皀蕭 五 六/六/八
2473_8
峽 七八六/一/三
2474_1
峙 三二四/二/七
崻 三二四/五/一
⿰山壽 四〇二/一/七

巕　六八七/七/六

2474_3

嶸　二二二/二/四

四一八/四/四

2474_7

岐　二　五/一/七

二　六/九/四

三　五/六/四

三　七/十一/二

岥　一九八/五/三

一九八/七/二

崚　二五一/六/二

二五三/五/二

歧　三　二/一/一

𣥄　三　二/一/三

三二一/一/二

2475_3

巇　七〇七/一/三

2476_0

岵　三四〇/四/四

2476_1

峼　三九九/七/二

㟚　七三六/七/三

齰　六九四/六/七

六九七/十一/一

齬　六三五/二/四

六四九/三/五

六四九/十一/二

六五七/二/六

齰　五九四/二/二

七三六/六/七

七三六/七/一

七三八/十/八

2477_0

岶　二八六/三/七

齨　▵五一〇/四/四

五一五/七/五

七〇八/一/五

2477_2

岂　五八五/十一/二

六四九/八/三

六五〇/一/二

齹　一九九/五/六

一九九/八/三

▵四〇八/八/一

2478_1

䶞　五　六/四/三

五　七/十一/四

齼　三三〇/七/四

2479_0

崊　二五六/一/五

2479_1

齽　六二二/二/五

六二二/三/七

2479_8

崍　一一四/四/六

齒來　一〇五/十一/六

一一三/三/一

2480_6

貨　五九〇/四/四

贊　二　五/二/二

三　五/十一/七

四七〇/四/四

2480_9

焚　五九八/六/五

儹　七六二/十/二

2481_4

燧　二八八/七/九

2482_7

勆　一三一/五/四

五四六/九/三

2484_0

炆　四三一/二/三

2489_6

獠　五八〇/七/一

䜍　三九一/八/一

2490_0

科　一九七/四/八

五九〇/五/六

𥝌　七　六/九/二

村　六四二/十/四

紂　五　一/二/一

紂　四三五/一/三

糾　四三九/七/三

紨　七　七/三/二

七　八/六/四

四九五/八/三

𦄸　三〇一/七/三

三〇六/十一/四

2491_0

秏　二一二/七/三

2491_1

𥠖　一八六/三/二

五八〇/五/七

繞　三九四/二/四

繞　五八〇/五/二

鐃　一七六/十一/五

2491_2

秖　三　四/八/二

紞　四四七/二/四

絻　五四九/七/四

2491_4

秸　一〇二/八/四

稑　六四五/五/六

秏　五八七/四/三

絓　一〇二/五/六

一〇四/九/一

五二三/六/二

字	出处
	五二三/七/二
⿰禾堇	五四四/一/五
⿰糸堇	三五九/四/三
⿰糸雚	一七二/九/六
	一七三/七/三
	五六二/七/四
2491$_6$	
⿰禾奄	二八四/一/六
	二九一/九/七
	四四五/十一/二
	四五三/七/七
	六二六/九/三
	七八五/七/八
⿰黍奄	七七○/八/三
⿰糸奄	六二六/十/三
2491$_7$	
⿰禾丸	五一六/五/五
	七六五/九/六
⿰糸九	二五六/六/六
紈	一四六/五/二
稙	七五七/七/一
稙	七五五/十一/五
⿰糸埶	五二八/三/五
2492$_1$	
⿰糸寿	三三一/九/二
2492$_7$	
⿰禾内	四六七/八/四
	四六九/九/四
⿰糸力	一　○/七/四
納	七七三/四/七
稀	六　○/二/三
絺	四　三/九/二
	三一八/四/二
⿰禾満	一四○/五/六
縿	四一○/四/五
	五九四/八/六
縿	四一○/七/三
勳	一八八/二/五
	一八八/八/七
	三九○/七/三
	三九三/五/五
	五八○/一/一
	五八四/六/六
勳	六四二/八/二
⿰糸有	三五○/四/五
	三五○/八/二
⿰糸南	二七八/五/三
絝	五○一/二/四
⿰禾薦	五六七/三/四
⿰糸幼	七八五/三/六
⿰糸荀	五七○/一/六
	五七○/二/七
⿰糸葛	七七五/七/二
2493$_1$	
紶	三二八/六/八
⿰糸志	四八三/一/七
⿰糸赤	七五五/四/六
⿰糸焦	一七八/十一/三
⿰糸薰	一三一/四/三
2493$_2$	
紘	二三四/十/五
⿰糸憲	八　/五/五
⿰糸豪	七，/九/二
	三○一/十/五
⿰糸喪	二二二/四/三
	六○一/九/四
2493$_4$	
⿰糸莫	四九八/五/六
	七二七/七/三
2493$_6$	
⿰糸僉	一九二/一/二
2493$_7$	
⿰禾蕪	二二四/七/一
⿰糸蕪	二二四/九/七
2493$_8$	
⿰禾夾	七八三/一/五
	七八三/三/二
綊	七八二/十一/六
2494$_0$	
絞	一八四/九/九
2494$_1$	
秲	三二四/四/四
	四八三/七/五
⿰禾華	六三七/五/七
⿰禾蕐	一二八/三/四
⿰糸華	四二六/十一/六
⿰禾茸	一　七/三/一
	三○四/一/七
⿰糸茸	一　七/三/四
	三○四/二/二
	四六五/一/二
2494$_7$	
秛	三　二/二/四
	四　九/三/一
	三一六/十/四
	四七二/三/三
⿰糸支	二　四/七/四
⿰扌支	四六七/三/二
稜	二五一/五/五
紴	一九八/五/一
	三一六/九/五
	三一六/十/二
	四七二/六/五
稃	六八一/十/二
綾	二五一/六/一
綒	四八七/四/二
	六七四/七/四
穫	五○○/十/四

七三〇/五/二
七三五/二/二

2495_3

穖 七〇七/四/二

2495_4

䅿 二〇九/九/六

2495_6

緯 七四〇/六/一
七六〇/三/七

稦 三　八/三/六

縴 三二七/三/七
四八九/五/二

2496_0

秙 五〇一/四/四

結 九　〇/四/四

䅳 五八四/三/一

緢 一八〇/六/六
一八〇/十/一
一八七/六/四
三九八/四/八
五八四/二/三

緒 二〇四/七/七
三二九/十/三

鮚 九　〇/八/二

2496_1

秸 六六八/十/四
六九四/十一/八

稭 六四九/七/六

絬 五〇六/六/十二
五〇七/四/六
六六八/十/一
七〇三/七/五

緖 七二五/六/六

䅺 七二八/六/一

䅿 五九二/十一/八
七四三/九/八

緒 七二八/七/三
七四四/一/三

穡 七五六/六/一

繬 七五六/七/六

稽 五　二/一/四

稽 四　七/十/二

2496_3

穮 二四六/十/二

2496_4

繥 四一〇/七/四

2496_5

䆃 一八七/九/二

2497_0

紺 六二三/八/一

紲 七〇七/八/四

2498_1

棋 五　六/五/四
五　七/九/三

2498_2

稵 二九四/四/三

2498_6

䅶 三〇七/十/五
三一二/六/一

穬 二五五/八/三

纊 六〇二/八/一

積 三六五/六/二

績 四九八/二/七
六五三/四/一

2499_0

綝 二七六/十/四
二七七/十/一

2499_1

䌌 △六二二/二/四

纅 六八八/二/三
六八八/四/六

纅 五二〇/四/七

2499_3

穄 七二七/九/九
七三六/一/一

2499_4

稌 八　六/十/二

緤 七〇七/八/五
七七五/十一/四

2499_6

繚 一七六/一/五
一八一/十一/一
三九一/五/四
三九四/三/四
五八〇/八/一

2499_8

稤 五　四/六/四
一一四/二/一
七五八/三/三

綵 五　四/六/三
一一四/四/四

2500_0

牛 二五七/五/一

2503_0

失 六六三/一/二
六六八/五/四

2504_4

牕 八　二/十一/三

2508_6

牘 一〇八/十/六

2509_0

牀 八　一/三/二

2509_4

牒 七八四/五/四

2509_6

牕 五六八/五/七

2510_0

生 二三一/十一/六

四二二/五/二
六〇四/七/二
䴶 六〇六/五/五
䵄 七一三/二/七

2510_4

㙓 七一三/八/四

2511_0

牪 一二七/十一/三

2513_0

䵂 一六七/一/二
三八七/十/一

2515_7

𡸒 六五一/二/五
六五一/二/六

2518_1

䵅 七八〇/九/五

2519_0

䵊 八　二/三/二

2519_2

𤚤 六〇四/七/五
䵜 二〇八/十一/三

2520_0

仗 四一五/二/二
五九九/二/三
件 二七〇/一/六
三八九/七/一
伴 一　八/七/七
舛 三五三/七/二
三八四/十一/四
𡙇 五〇九/一/一
觖 三一二/五/二
觖 五〇八/十一/五
觖 四七〇/九/一
七〇五/三/二

2520_6

仲 四六三/八/七
伸 一一六/七/五
一一七/九/四
一二〇/五/五
使 三二二/九/七
四八四/三/二
貄 三二二/九/六
四八四/三/八

2520_7

侓 六八三/七/五
律 六七二/二/二
貄 四七八/一/十
貄 四七四/三/五
傳 四八四/一/八
婢 四七八/一/五
婢 四七四/三/三

2521_0

徃 六〇〇/三/八
甡 二三六/二/三
二三八/五/五
甡 二三二/四/一
六〇七/九/七
䧹 二五五/八/八

2521_7

仛 三六六/六/一

2521_8

軆 三四二/七/五

2522_7

佛 四八六/八/四
四八七/二/三
六八一/七/三
六六六/五/三
六七四/一/八
六七五/一/七
彿 六七四/一/一
倩 五六七/一/四
六〇六/二/五
俜 二四二/九/一
俜 六〇五/十/八
儁 八　一/七/三
儁 二四二/九/三

2523_0

体 三六五/六/四
佚 六六八/三/三
七〇一/二/四
七〇一/十一/四
佒 二一八/三/五
二二二/十/一
四一三/八/三
㹻 二二二/九/四
𠍱 四一四/一/七
殃 四七六/十/三
六六七/三/四
姎 二一八/二/一
二二二/十一/五
偅 一六六/十/二
三六三/六/一
三八七/八/四
五四九/十/三
五七三/十一/六

2523_2

俵 五八二/一/四
貄 四七八/一/九
四八六/二/三
五一五/十/五
俵 四　六/一/五
徠 四　六/二/七
九　五/十一/六
婊 四七八/一/六
儂 一　五/六/四
𩬣 三〇六/五/七
三〇七/四/二
䢉 一　九/八/二

儴 六〇一/四/三
纕 六〇一/五/二

2524$_{0}$

健 五四八/五/三

2524$_{3}$

傳 一七一/八/五
五七四/二/三
五七四/三/六

2524$_{4}$

僂 二七二/三/四
三三二/九/一
三三六/八/二
四三五/六/七
四九八/二/三
六二〇/三/七
貗 八 三/一/四
八 四/三/二
三三二/八/三
軁 二七二/六/一
三三六/八/三
四九八/二/四

2525$_{3}$

俸 三〇一/八/二
三〇四/八/一
四六四/七/一
㛎 三〇四/七/五

2525$_{7}$

䚲 二九〇/四/四
僔 六五一/一/二
傋 三〇六/七/四
三〇六/八/三
六一七/五/六

2526$_{0}$

伷 六一五/一/二
䌷 六一五/一/五
六五一/三/五
七五一/七/一
㑇 四六三/十一/三
四六五/五/五

2526$_{1}$

僣 二七四/八/三
二七五/二/五
二七七/二/六
四五四/九/一
△六二一/九/一
六二八/七/一

2526$_{3}$

偆 三五三/五/四
三五七/四/八
三五七/七/二
偺 七〇一/一/二

2526$_{6}$

僧 一九二/九/一
一九三/一/九
二六二/十一/二
二六三/六/三
嶒 一九二/九/二
一九二/十/二
二六二/十一/三
二六三/六/四

2527$_{7}$

僭 四六六/三/六

2528$_{1}$

倎 三八〇/一/四
使 七七七/二/十〇
七七七/五/六
七七七/八/二
[illegible] 七八〇/九/二
七八三/九/五

2528$_{6}$

債 五二四/十一/二
七三九/三/五
債 七三九/六/三
犢 七三九/二/三
債 一〇四/十/四
一〇九/一/三
三四七/三/三
三四八/九/四
五三二/十一/四
儹 三七〇/四/一
積 一〇八/九/四
嫧 四六八/八/五
嫧 三四七/五/五
五三二/十一/二
六八四/一/六
𧶽 三四六/十/六
三四七/四/六
鰿 四八九/十/一

2529$_{0}$

侏 五二九/二/六
五三二/四/三
六九〇/一/三
[illegible] 八 〇/九/二
八 二/四/二
二五九/五/四
俫 五三〇/十一/一
姝 六九〇/六/四

2529$_{2}$

娕 四六八/八/六
[illegible] 七五九/六/五
七六一/八/一

2529$_{3}$

傃 四九九/二/五

2529$_{4}$

傑 六八〇/二/七
六八〇/三/六
六八〇/五/二
七一三/七/五

[illegible] 七一〇/五/四
[illegible] 三五四/二/五
[illegible] 一二七/九/一

2529_{6}

[illegible] 六三六/十一/一
六五一/十一/一
[illegible] 五六八/六/三
倲 四 /七/一
四六一/三/五
[illegible] 四 /七/三
[illegible] 四 /七/二
[illegible] 五五九/四/五
[illegible] 六六〇/一/一
六三六/十/四
觫 六三七/二/二

2530_{0}

[illegible] 三〇七/二/三
駛 七〇五/九/一
七五四/十/四

2531_{0}

鮏 二三六/二/二
鮏 二四二/六/三

2531_{8}

鱧 三四三/二/六

2532_{7}

鯖 二三七/十一/二
鯖 二四二/三/五
二四八/七/二
鯖 二三九/三/五
[illegible] 二三八/一/五
鱐 二六一/十一/二
二六五/二/五
鱐 六四二/一/三

2533_{0}

[illegible] 七 八/二/四
[illegible] 六六七/六/八

[illegible] 二一八/二/七
二二二/十一/一
駃 六六八/五/三
七〇一/二/三
七〇一/八/六
鰱 一六六/十一/六

2533_{1}

[illegible] 五三六/七/十〇

2533_{2}

鮧 四 三/六/五
四 六/六/四
九 五/九/二
[illegible] 四六五/一/三

2533_{3}

态 二五五/四/二

2534_{0}

鰎 三六二/一/二

2534_{3}

鱄 一五〇/十一/五
一七〇/十/二
三八五/三/六
三八五/五/四
五七四/六/五

2534_{4}

[illegible] 八 二/十/五
二七二/七/五

2535_{3}

[illegible] 三〇一/九/二
三〇三/五/三

2536_{0}

鮋 二五八/十/二
二六〇/四/二
二六四/五/三

2536_{1}

[illegible] 二七五/一/七
二七五/六/二
二七五/十/五
二七六/五/二
二七七/六/五

2536_{3}

鰆 一二一/八/三

2536_{6}

鰽 二六三/一/五
二六三/六/七

2537_{7}

[illegible] 一 六/八/五

2538_{6}

鰿 七三九/四/二
七三九/七/一
七四三/五/一

2539_{0}

鮇 四八六/七/七
六九〇/六/一
鮢 八 〇/十一/二
八 一/四/五

2539_{6}

[illegible] 五六八/六/四
鯟 四 /六/三

2540_{0}

[illegible] 七〇六/二/一

2540_{7}

[illegible] 一一七/十一/四
[illegible] 四七八/一/三
[illegible] 四七三/八/五
四七四/一/三
五一五/六/七

2541_{4}

[illegible] 五四八/十/六

2542_{7}

[illegible] 六七五/四/五
[illegible] 五六七/二/七

2543_{2}

齂　三二七/七/五
四七二/九/二
四七八/十/六
四八九/九/四
五二五/八/一
五二六/十/三
齈　四六一/十一/四
2544_4
艛　二七二/六/四
2545_7
䑳　二六九/二/三
2546_0
舳　六一二/九/六
六一五/五/五
六四五/一/一
2546_6
艚　一九二/十一/四
2548_1
𦪁　七七七/九/二
七八三/九/六
2548_6
𦫁　一九九/九/六
2550_2
犖　七三三/二/三
2551_0
牲　二三二/二/二
2553_2
齂　六九五/十一/二
六九六/七/五
齈　一　五/七/二
2554_0
犍　一三五/七/三
一三五/十/二
一六八/三/一
三六一/九/三
2555_0

𤛸　一三九/十/四
2556_0
牰　六一二/七/三
△六一三/八/六
六一三/十/一
2556_1
𪖐　二七四/十一/五
2559_4
𤛓　一一八/三/二
2560_0
缺　五〇九/二/一
缺　五〇八/九/二
2560_1
𧦝　四二二/三/一
四二四/六/三
2560_9
告　二七一/四/五
2562_7
睛　五六七/一/三
2563_0
𦈛　七　八/七/一
2563_4
𪉨　六一八/十/六
2565_3
𩠠　三〇三/四/六
2568_1
𦉈　七〇〇/二/八
七一四/十一/五
七七八/四/一
七八七/八/三
𩡊　七七八/三/八
2568_6
䁒　七三八/十/一
七三九/四/四
(𥌳) 𥌳　△六八八/七/四
2569_0

眛　六九〇/四/一
𩠹　七〇六/三/六
2569_4
𩡿　一八〇/五/七
2570_0
𩠺　六〇六/四/三
2570_3
鹹　七〇八/二/一
2570_6
𡸃　二〇四/九/五
𪗧　三二二/十/三
𪗧　四八四/三/四
鹹　五一五/七/六
2570_7
𡶐　六八三/七/三
2571_4
𥞌　二六五/四/三
2571_7
鼀　八　二/三/三
2572_7
崝　二三六/二/五
2573_0
峡　四一三/七/六
四一九/五/三
𪉟　七〇一/五/七
2573_2
𡿊　六〇一/五/四
𡿖　一九五/七/六
2574_4
嶁　三三六/九/二
四三九/十一/四
六二〇/三/二
2576_0
岫　二五八/十一/六
六一二/九/二

六一三/八/一
六一五/四/三
2576$_1$
嶆 二七七/五/三
2576$_6$
嶆 一九二/九/三
一九二/十一/六
2578$_1$
崨 七七七/八/七
2578$_6$
巑 一五〇/二/八
齼 七三八/十/七
七三九/五/五
2579$_0$
崃 四八六/七/八
2579$_4$
嶸 七一三/九/二
2579$_6$
崠 四　/七/四
四六一/四/六
2580$_2$
遡 五四〇/八/七
2589$_6$
餗 六五三/一/八
餗 七四五/一/七
2590$_0$
朱 八　〇/八/三
八　一/四/四
科 九　六/三/三
紻 七〇五/五/一
2590$_3$
緎 七〇七/八/六
2590$_4$
桀 六八〇/二/五
七一三/八/三
2590$_6$
种 一　三/五/五
秞 五一六/一/五
紳 一一六/九/一
絏 五一五/五/六
2590$_7$
緈 六七二/九/四
2591$_6$
繣 五二三/六/一
五二三/八/三
七四一/六/六
七四一/八/三
2591$_7$
純 五　一/二/二
一二一/六/四
一二一/九/二
一二二/五/三
一二五/八/六
一四二/一/六
一七〇/五/六
三五三/三/五
三六六/五/二
五三九/三/三
2592$_7$
稊 三一七/十一/一
三四一/八/五
秭 六八一/十/一
六六六/四/五
紼 四八六/十/三
六七四/七/五
稍 六一三/七/三
六一五/五/三
縍 二四二/十/五
縞 七　九/五/五
縃 六一五/二/四
綪 二三五/十一/四
二四二/三/三
五六六/十一/三
繡 一七三/十一/五
六一三/五/二
2593$_0$
秩 七　七/十/三
秩 六六七/三/六
六六八/六/二
七〇二/一/五
秧 二一八/三/三
二二二/十一/七
四一三/六/七
穓 四一四/六/三
紩 七　七/十/六
紩 六六七/二/七
六六七/四/三
紻 二一八/四/四
四一三/七/五
繹 四一四/五/四
鈇 六六七/五/一
縺 一六七/一/三
2593$_2$
𥟖 九　五/四/七
四七七/一/三
穠 一　七/四/一
一　九/七/七
繷 一八九/四/九
三〇六/六/一
隸 三五一/七/三
五三四/四/二
纕 六〇一/四/四
2593$_3$
穗 四七五/八/八
䌖 三八九/七/三
繐 五〇八/九/一
五〇九/八/二
五一〇/二/八

2593$_{6}$
緟 三八八/二/三
五七三/五/三
五七四/四/三
五八五/一/三
2593$_{7}$
縺 三五五/十/六
三八八/五/三
2594$_{3}$
縛 一七一/八/六
三八八/二/二
五七三/四/四
五七四/四/二
五七五/一/二
五七五/十一/一
五七七/一/一
2594$_{4}$
縷 九 三/三/六
三四一/六/一
耬 四四〇/二/一
縷 二七二/四/五
三三六/七/九
2594$_{6}$
綼 △五 七/八/一
2595$_{7}$
耩 三〇六/七/六
耩 三〇六/七/五
2596$_{0}$
秞 二五八/七/二
釉 六一二/九/六
紬 二五九/六/八
二五九/十/六
△六一三/八/七
六一五/二/五
2596$_{1}$
稽 △二七七/六/三
二八〇/五/一
二九二/七/四
六二二/十一/六
2596$_{3}$
[禾春] 二 四/一/六
2597$_{4}$
[糸彗] 五〇九/八/一
五一〇/二/九
2598$_{1}$
緁 七六四/五/三
七七七/一/三
七七七/七/四
2598$_{6}$
積 四六八/六/一
七四三/二/二
七四九/一/五
績 七四八/十一/五
績 一〇七/十/二
三四七/五/二
四八〇/七/二
五三三/一/三
六八四/一/四
積 七四三/六/四
穳 三六九/十一/二
穳 一五〇/一/六
三七〇/五/六
五五八/二/二
纘 三七〇/三/二
2599$_{0}$
秣 五三二/四/五
秣 六九〇/五/五
絑 六八〇/十一/八
絑 六九〇/三/二
絑 八 〇/八/五
八 二/五/一
絑 四六九/四/五
絑 四七四/五/四
2599$_{4}$
[禾柴] 六八〇/一/五
七一三/十/五
2599$_{6}$
練 六 六/四/三
練 五六八/四/五
2600$_{0}$
囟 三五七/五/二
四七四/二/四
五四〇/二/六
囟 八 /七/四
二 三/八/七
白 四七四/八/七
五九二/七/二
七三二/八/二
甶 四八七/四/一
六七四/一/七
函 七八八/九/五
自 四七四/八/五
四八一/三/四
2601$_{0}$
[片見] 三七九/三/四
2605$_{0}$
牌 一〇二/八/八
一〇五/十/一
2608$_{1}$
[片是] 九 五/八/四
2610$_{0}$
[黍日] 六六三/五/一
六六八/一/三
2610$_{1}$
皇 六四一/五/五
2610$_{4}$
堡 四〇〇/十/一
壂 五四四/十一/三

皇 二二五/五/一
四一六/三/五

2610$_9$
皇 六一九/七/五
皇 二二五/五/二

2611$_0$
覬 四七九/二/一
四七九/三/四

2612$_7$
鍚 五二四/九/三
五九三/九/六
蝪 二三二/一/三

2613$_2$
臮 四八二/七/九

2613$_6$
蠡 一 二/五/七
蠹 四九〇/四/三

2615$_0$
稗 三一五/十一/三
五二四/八/三

2615$_6$
蝗 六四五/十/三

2620$_0$
佀 五四〇/一/四
伵 四七八/八/三
㐰 三一〇/三/三
三一〇/四/五
三一二/三/八
貊 五四〇/三/三
佃 一六〇/六/四
五六七/十一/三
伯 七三二/八/一
伽 二〇三/一/五
㑴 五九〇/六/一
㑆 六 七/八/六
佪 一〇七/七/一

徊 一〇七/七/二
㚼 二六三/二/二
個 五八九/三/四
㒂 三三二/七/五
䩕 一六四/七/六
儃 五七六/五/五
䖒 七五〇/二/五
𦪙 七二二/七/三
躯 七四二/一/三

2620$_1$
侶 四四九/四/三
四五五/二/四

2620$_2$
㣊 二七四/五/一

2620$_6$
𨸏 一一六/五/七
𨸐 七三二/九/八

2620$_7$
粵 六七八/四/四

2621$_0$
皃 二 七/二/二
侃 五五三/六/二
皃 五八四/一/五
六五九/八/五
貌 五八四/一/七
六五九/八/六
但 五五九/一/一
俔 三八一/二/一
五六九/一/二
㚾 五八四/三/三
䑣 五五九/一/二
𠍴 一一七/十/五
五四〇/五/六
五四二/一/八
䑤 一八六/十一/一
五八四/二/四

䑣 三七〇/八/四
觛 五五八/八/一
覾 二〇二/七/五
三八八/三/五
五六〇/五/二
覷 七三六/十一/六
七三八/五/七
七五九/七/四
儭 六〇四/七/八
覻 六 五/八/一
覷 四九一/七/五
覰 四九六/六/二
𧢜 九 八/九/一

2621$_1$
㐼 二二三/六/二
貔 四 九/七/一
倱 三六三/七/三
𨈭 四 九/六/六
䑵 一三七/八/六
㒦 三一六/九/三

2621$_3$
傀 一〇四/十/五
一〇七/三/八
一〇九/一/八
三一五/四/六
三四六/十/五
五二五/四/二
傀 五九六/六/五
媿 三四七/一/六

2621$_4$
侱 四二八/五/四
偗 四二四/十一/一
徎 四二八/五/三
㣷 四二四/九/一
四二四/十/一
四二五/二/三

俚 三二四/五/六
四八五/三/一
貍 五 四/九/一
一〇五/十/八
五二八/一/一
六七七/七/六
偟 二二五/五/七
徨 二一八/六/六
二二五/六/一
[illegible] 三四九/五/六
儸 二〇一/六/一
二一〇/十一/一
[illegible] 五八九/十一/三
忂 七 五/七/五
四九四/五/四

2621_7

俋 六六七/六/二
△七六七/一/三
七六九/一/四
[illegible] 八 六/二/六
媼 一三九/一/二
六八五/六/四
[illegible] 三四〇/三/五

2622_0

皃 五一七/三/三

2622_7

帛 七三二/十/二
傷 四六七/四/四
四六九/九/八
七四六/十一/二
傷 四一六/十/七
四一七/六/三
偈 五一三/一/四
五一三/五/六
六八〇/二/六
六八〇/五/一
六八六/三/四
七一三/六/五
七一三/七/六
偶 四三七/六/五
四九三/十一/四
六一七/十/一
鼻 四八五/三/四
[illegible] 六三七/十一/二
六三八/二/三
六五二/四/六
婸 四七〇/一/一
偈 六七六/四/一
猬 四八九/七/四
[illegible] 一六八/十一/三
偈 七三〇/二/九
偈 六二四/六/二
七七四/十/七
婸 △五二一/八/四
鼻 一五九/十/一
傷 一五九/二/二
傷 一五九/五/六
傷 四六七/一/一
四六八/二/二
觸 四九七/十一/一
觸 六五一/十一/四

2623_0

偲 五 二/九/五
一一四/十一/六
三二三/四/七
䚡 五 三/二/三
䚡 一〇三/一/六
一一四/十/五
五三五/六/一

2623_2

泉 一 二/八/二
四六三/五/四
貗 一 二/六/三
泉 一七〇/四/三
五七六/十一/二
泉 四七九/五/七
偎 一〇七/二/七
儇 一六三/九/八
一七〇/三/一
一七二/三/四
還 一六九/十/五
媛 三四七/六/二
儤 五八三/七/二
儩 一五九/二/一
一五九/五/五
觬 三四七/五/七
觼 一〇七/一/六
灥 一二三/七/一
一七〇/四/四
一七〇/七/三
五七二/二/三

2623_3

僬 二八四/五/三
六二三/十一/六
七七〇/十一/一
嫶 七八五/七/四
七九〇/一/二

2623_4

俁 三三二/七/四
[illegible] 七五四/十一/三
[illegible] 四三〇/十/六
六一一/九/一
△六一四/一/一

2623_7

偲 三六七/八/一

2624_0

俾 四八〇/九/二

2624_1

貋 五五二/七/七
得 七六一/十一/五
[illegible] 七六一/八/七
偮 七六六/七/八
[illegible] 七六四/五/六
得 七六一/十一/二
嬕 △四九九/九/一
[illegible] 七六六/五/八
七六六/七/六

2624₃
[illegible] 一八九/八/七

2624₇
傻 七五七/五/三
[illegible] 七四八/三/五
儍 一四九/四/八
五六一/十/六
[illegible] 一五三/五/三
五五七/二/六
[illegible] 五二〇/五/三
[illegible] 七二二/十/二
七二二/十一/六
貜 七二二/七/五
七二三/二/一
七二三/三/七
七四八/一/六

2624₈
儼 四五四/十一/一

2625₀
俾 三 三/五/四
一〇〇/八/五
三一五/九/八
三四一/十一/一
四八一/四/五
五〇三/三/六
[illegible] 三一五/十/一
貏 三一六/九/四
三一六/十一/二
[illegible] 三 三/八/四
一〇〇/七/八

2625₄
[illegible] 六六四/十一/三
[illegible] 四八一/一/一

2625₆
僤 一六五/八/六
三七〇/九/五
三七〇/十/七
三七一/二/一
三八四/一/三
三八四/八/六
五五八/十一/五
六八八/十/六
僤 一四五/四/五
一六五/三/八
貚 一四五/六/五
五五九/一/四
貚 一四四/十一/二
一六〇/十/一
嬋 一四四/八/二
觶 四六六/九/一
觶 二 四/九/二

2626₀
侣 三二三/七/五
三三二/一/三
㑪 五五三/六/三
倡 二一三/二/一
二一四/八/一
五九八/二/七
船 二五三/六/二
躳 一 四/一/一
偪 四 五/八/二
六 一/八/五
一〇九/五/一
三二七/十/二
三四九/五/五
五三〇/十一/三

2626₁
偺 三四三/十/四
僭 一六七/九/八

2626₇
[illegible] 七一三/十/二
[illegible] 六八〇/四/四

2628₀
伿 四六六/八/四
四六九/十/二
[illegible] 二 四/六/五

2628₁
促 六五三/一/二
六六〇/四/四
偍 二 六/九/六
一〇六/四/四
三〇八/十/二
三一一/七/二
三四二/七/八
三四六/六/七
三四六/七/二
[illegible] 九 五/一/三
[illegible] 九 三/十一/四

2629₃
傫 四 五/五/九
三一九/五/三
三四九/三/四
五三〇/六/六
儽 四 五/五/八
一〇九/八/一
三四九/三/二
四〇八/三/九
四六九/八/四
五三〇/六/五

2629_4
保 四〇〇/十/六
⿰亻⿱夕呆 一六四/十/六
倮 四〇八/三/八
▲四一一/九/一
⿰爿果 ▲四〇五/十/二
⿰亻喿 五七九/八/三
躶 四〇八/三/七
餜 七〇四/六/三
七一四/三/六

2630_0
鮂 二六二/九/二
二六二/十一/八
鮊 五九二/七/四
七三二/十一/六
鯛 五〇一/八/二

2631_1
鯤 一三八/二/五
一三八/七/一
鯤 三六三/十/六
⿰魚皀 四 九/八/二

2631_4
鯉 三二四/六/七
鯹 二四二/六/四
鰉 二二六/一/二
⿰魚羅 二〇一/八/四
⿰魚瞿 七 六/三/五
三三三/七/二
四九四/六/二

2631_7
䰾 七八五/六/三
⿰魚邑 七七六/十/二
⿰鳥邑 七八九/二/四
鱦 二四九/六/七

2632_7
鯣 二一一/七/五
⿰魚曷 五二一/一/六
鰅 二 一/六/四
七 二/十/一
⿰魚胃 四八九/六/三
鰐 七三〇/四/四
鰛 七七五/一/八
鰨 七七五/七/八
七八二/二/一
⿰魚蜀 六三八/六/四
⿰魚蕭 一三八/七/二

2633_0
悤 五 二/九/二
怱 八 /三/六
息 七五六/十/四
悤 四九四/七/八
憩 五一三/一/三
七一三/五/八
鰓 一一四/九/六
⿰魚息 七五七/一/五

2633_1
⿰豸息 六五九/八/三
⿰豸黑 一〇二/十一/三
⿰豸黑 一〇五/十一/四
⿰魚黑 七六三/十/一

2633_2
傯 七五一/二/二
牕 七五一/二/一
鰥 一三八/七/三
鰥 一五五/四/三
三六四/十一/四
五六二/十一/五
鰁 一七〇/五/三
鱞 一〇七/二/二
⿰馬眔 一五二/五/二
⿰馬暴 六三六/四/一

2633_4
⿰魚吳 九 一/七/七
三三二/七/六
⿰魚吴 七 二/十一/二

2633_9
⿰亻⿱彖心 五八七/六/五

2634_4
鮾 三六二/八/四

2634_7
鰻 一四九/八/一
五四九/八/五

2635_0
⿰魚甲 七八八/七/三
七八九/四/一
⿰魚卑 三 三/八/七
一〇二/九/六
四八一/二/二

2635_4
⿰魚畢 六六五/一/六

2635_6
鱓 二〇一/一/四
三八四/七/八

2636_0
鯧 二一四/九/三

2638_0
⿰鳥只 三〇七/十/四
三一二/六/三

2638_1
鯷 九 五/九/三
三〇八/十一/四
四六七/三/七
五〇五/五/四
⿰鳥是 五〇五/四/七

2639_4
⿰魚果 四一一/十/四
鱢 一九二/一/五
⿰鳥喿 六五三/五/八

⿰馬暴 六三五/九/一

2640_0

皁 四〇一/九/五

⿰舟日 六六三/四/五

舶 七三二/十一/四

⿰舟目 六四一/七/二

2640_1

皋 九　〇/四/六

臯 三四八/五/八

2640_3

皐 一八九/七/六

一九〇/三/一

五八五/六/二

2641_0

覞 二六七/三/五

覣 三　九/七/四

一九七/十/一

⿰兒見 一七三/五/二

三六〇/十一/四

三六七/五/六

三六八/二/六

⿰鼻見 一九〇/四/五

2641_3

魏 六　一/八/六

一〇八/一/二

三一五/三/五

四九〇/四/一

2641_4

艃 五　四/七/二

三二四/六/五

⿰舟星 二四二/六/六

艎 二五五/十/五

⿰舟墨 七六三/五/一

2641_7

⿰鼻昷 六八五/七/三

⿰鼻巴 七八五/六/六

⿰系黽 九　七/九/二

2642_7

艊 七三二/十一/五

⿰舟曷 六七九/十一/二

⿰舟肙 六三六/七/五

艒 四八九/六/二

⿰舟弱 七七四/十一/八

⿰鼻曷 五二一/一/一

五二一/八/六

五二六/十一/二

六八六/七/七

2643_0

奥 二二八/九/五

吴 九　一/三/一

吳 七　二/四/二

臭 四〇〇/一/二

七三三/七/二

七四四/四/五

七四四/九/一

昗 七五六/三/四

臭 六一一/十/三

六一三/十一/六

六一四/一/二

2643_2

貇 一〇七/二/四

2643_4

⿰舟侯 九　一/六/一

齅 六一一/八/八

2644_0

兵 一　二/四/五

畁 五七六/七/四

舁 三二〇/三/五

四八五/十/四

2644_6

鼻 四八一/三/三

2645_0

舺 七八八/八/六

七八八/十一/八

2646_0

艒 五八七/四/五

六四一/七/一

六五〇/六/八

七六三/五/二

2649_4

⿰舟桀 五九五/九/八

2650_0

⿰牛口 四三六/十/二

牭 四七四/二/一

⿰牛因 一五五/二/一

2650_1

犛 六　一/八/三

四九〇/五/一

2651_1

犤 三　二/四/二

三　二/九/六

一〇二/九/五

三四五/四/一

2651_3

⿰牛鬼 四七六/十/二

2652_7

⿰牛曷 一三五/七/五

六八六/六/一

⿰牛蜀 六三八/二/二

⿰鼻曷 六八六/七/八

六八七/五/三

2653_1

⿰牛無 三　二/四/二

2653_2

犦 六五〇/二/五

六五三/五/六

六五九/三/六

七二六/三/二

崵 六八〇/四/三
六八六/二/五
六八六/九/六
嵎 七 二/八/一
二六八/六/四
緆 五一二/十/三
崿 七三〇/二/四
齵 六八六/六/四
齵 七 二/九/三
齵 二六八/六/一
齶 七二九/十一/四

2673_0

嵧 五三三/三/一
齫 五 一/九/一

2673_2

皇 五 二/十/四
峎 六 一/五/四
一〇七/一/五
三二七/四/六

2673_4

峔 九 一/六/四
齵 四六二/九/四

2674_1

峄 三六七/四/二
五五二/十一/五
嶧 七四三/九/五
七四六/六/三

2674_3

嵲 一九〇/四/七

2674_4

嶸 四二五/四/一
四二七/四/七

2674_6

齵 四六二/九/三

2674_7

嵸 五五七/二/四

齾 五二九/四/六

2674_8

巖 二九二/一/八
巖 二九七/二/五
六二八/九/五
六三〇/一/四

2675_0

岬 七八八/十一/七
崥 三 四/一/三
一〇〇/八/八
一〇一/一/三
三一五/十/八

2675_4

嶧 六六四/十一/七

2675_6

嶂 一四四/八/三
嶂 九 四/三/八

2676_0

嶇 三一八/十一/四

2677_5

嵒 五 二/九/三

2678_0

齞 三八一/六/五
三八九/九/三
五六九/九/一

2678_1

崼 三〇九/一/二
齷 六六〇/四/一

2679_3

嵝 四 五/五/一
嵝 四 五/五/二

2679_4

嵲 三四六/十一/四
嵲 七〇四/七/六
七一四/二/十一

2680_6

貸 四〇〇/十一/一

2680_8

臬 一 二/四/七

2680_9

䅑 七六一/六/五

2681_0

覷 五四六/五/七

2681_1

䊾 三六四/十一/七

2684_1

繹 七四六/七/五

2690_0

和 一九七/十/五
五九〇/五/七
柏 七二六/八/六
稇 一二五/三/三
四五三/十/三
秵 二〇九/一/一
稛 三六四/四/一
䅫 三五六/九/二
三九五/十一/五
絗 五〇二/六/六
絈 七三一/十一/四
細 五〇二/六/七
絪 一二四/十/一
綑 三六四/五/一
絅 六八四/一/七
稒 五〇一/七/二
緗 二一二/九/五
二一五/十一/四

2690_4

臬 五一六/七/四
七〇四/五/四
七一四/二/五
檗 四一〇/八/三

2691_0

稞 七五七/三/五
稂 三八〇/十一/五
組 五六三/六/一
䅡 六四二/四/一
七四八/九/四
綑 三八〇/九/三

2691_1

緄 四 九/九/四
稦 三六三/八/四
緄 一三八/八/三
三六四/一/三
三六四/八/一
罷 五九二/八/一

2691_3

緦 四八〇/五/一
五三八/一/三

2691_4

程 二四〇/一/一
綎 二四〇/七/五
緹 二四四/一/七
稈 二四二/五/一
䅣 二二五/八/一
二二九/四/一
纆 七六三/四/二
纙 五八九/十一/七

2691_7

䅬 一三一/二/一
緼 一三一/一/五
一三八/十一/三
三五九/八/八
三六五/三/一
五四七/三/四
纝 七八一/八/一

2692_1

䌳 五一三/三/八

2692_2

穋 六四一/七/七

2692_7

禓 七四六/十一/一
綿 一六八/十/五
緆 四六九/十一/四
七四八/五/三
䅣 六八〇/一/四
六八六/十/三
六八七/三/五
七〇四/二/一
七一三/十/四
緺 六八〇/五/七
(緺) 緺 △七一五/四/四
䅏 四七九/五/四
四八八/十/二
緭 四八九/五/一
繦 六五一/八/七
穆 三七九/二/五
穆 一五九/一/三

2693_0

總 五 一/九/二
總 三〇二/二/七
穗 三六七/一/二
緦 五 二/十/三
絗 五三三/三/五

2693_1

穛 三四八/一/六
三五〇/十一/五
五三一/十一/七
五三五/三/六
纆 七六三/四/一

2693_2

線 五七一/五/二
綅 一〇七/二/六
繯 三八二/一/九
繯 三八八/九/八
三八九/一/七
五六一/六/三
穩 一五九/一/四
三七九/二/七

2693_3

纞 七二五/九/五

2694_0

綼 一三六/七/五
稗 四八〇/十一/四
綼 五〇三/五/四

2694_1

稈 三六七/九/五
稈 七六二/八/五
稓 七六四/十一/三
緝 七六四/五/一
七六五/一/五
穓 七四四/一/九
繹 七四三/八/五
七四四/二/二
七四六/一/四
釋 七四四/二/四

2694_3

穉 一九〇/八/四

2694_4

纓 二四〇/十/四
六〇六/十一/二

2694_7

稷 七五六/三/六
七五七/三/四
稷 七五六/八/七
稷 一五三/五/五
五五七/二/三
綬 一四九/七/一
五五六/十一/一
五六一/十一/三

穋 一四九/五/六
緵 六九三/八/三
鰻 二七一/一/三
穙 七二二/十一/一

2695_{0}

稗 五二四/八/一
緈 七四九/三/四
綼 三 三/七/四
三 四/一/四
六六五/八/六
七四九/八/六

2695_{4}

繂 六六五/二/一
六六五/七/一
七〇六/六/五

2695_{6}

繟 一四五/四/二
一六五/十/一
三七〇/九/二
五七二/八/一
五七三/二/四
繟 ▲三八三/十一/二
繟 五四六/三/三

2696_{0}

稆 三三二/二/八
稆 二一四/九/五
穦 五三〇/十一/五
繣 三四九/五/七

2698_{1}

稊 九 五/四/四
稘 七五六/四/三
緹 九 四/二/八
九 四/四/六
九 四/十/一
三二五/七/七
三四二/八/一

2699_{3}

穤 二〇二/六/八
四六八/十/八
縲 四 五/二/四
二〇二/八/五
纝 四 五/三/一

2699_{4}

稞 一九七/六/一
四〇八/四/七
四一一/九/五
綵 四〇〇/十一/二
繰 一七八/六/一
一九二/一/一
三九三/四/四
四〇一/八/二

2701_{3}

牕 六三〇/九/七

2702_{0}

勹 一八六/九/三
用 四六四/六/二

2702_{7}

牑 一八一/十/二
一八三/三/二
四六七/一/二
牗 六三五/八/七

2703_{2}

牕 八 /七/五
二 三/八/九

2706_{1}

牄 六二七/四/四

2706_{2}

牊 七八二/一/二

2708_{2}

欣 二九四/四/二

2710_{0}

血 七〇四/九/四

2710_{1}

鍷 五二七/二/二

2710_{3}

垡 二五〇/二/六
鏊 二五八/二/七
四三二/三/五
鐅 二五八/二/六

2710_{4}

垈 七四七/一/二
墾 ▲五三九/四/八
壂 一 三/九/二
壂 三六四/六/六
三六七/一/六
壂 七二九/三/八
壂 七三四/四/四
壂 七三〇/八/二
壂 三四四/八/二
壂 四七六/一/五

2710_{7}

盌 三六八/五/五
盘 六三九/九/二
盤 一四八/六/四
盤 四一八/九/一
盤 四〇九/一/六

2710_{8}

豋 六七九/七/二
豋 一四七/九/八
豐 二五二/十一/一

2710_{9}

鋻 六五〇/十/五
鋻 一四八/六/三

2711_{0}

凪 五四〇/五/二
凱 三五〇/一/五
颽 三五〇/一/六

2711_{1}

䵒 三四三/七/七
𦫳 四七四/四/五

27114
䵓 四 四/九/七
䵔 三八〇/八/四
五六九/二/二

27115
衄 六四五/十/二
䵏 四三五/九/一

27116
𧖴 三六九/五/二

27117
龜 四 七/六/四
龜 一二七/二/四
二五六/一/四
艷 六二六/五/二

27118
僜 四九七/三/七

27120
勻 五八〇/三/六
七一九/十一/二
七二〇/六/三
七二一/三/三
七五〇/八/四
匀 一二五/六/二
一二五/七/六
黎刀 五三九/二/五
六六三/五/二
六六八/一/四
衂 六八二/三/五
衄 六四三/九/一
卸 二五五/五/八
匋 一九三/十一/六
匌 一二三/三/七
衄 五五九/八/七
匋 七七四/三/二

黐 八 八/十/四

27127
鄒 九 六/三/七
邮 六七〇/十一/三
六七三/五/二
鄒 四 四/十一/五
黟 二〇七/二/七
四一〇/七/一
黟 五九四/八/二
郰 二 八/六/三
郵 二 七/一/二
二五五/五/七
鄎 二五五/十/一
鴝 一二一/四/四
鵹 四 四/九/六
歸 六 〇/一/一
鴩 二二二/三/四
鴜 二 八/二/六
三一〇/五/五
鵄 二 六/十一/七
四六七/七/五
四九七/九/七
鶰 二五五/十一/二
鶽 一 九/三/一
三〇三/七/四
歸 五 九/十一/八
四八〇/七/六
酆 一 一/三/一

27131
黐 九 六/四/三

27132
黎 四 四/十一/三
九 六/二/五
黎 四 四/十一/一
九 六/九/一
䰧 七五三/七/四

黎 四 五/一/九
峎 一四二/八/五

27136
蛋 一四七/十/四
蟄 四 四/十/一
九 六/七/六
螽 一 二/五/四
螽 一 二/五/五
蟹 一四八/十一/四
一五三/一/三
蛗 四三三/二/二
蠁 四一四/十/二
五九九/九/三
蠡 一 八/六/六
蠡 四三三/二/三

27140
㲉 六四三/三/二

27152
䆷 九 六/三/一

27156
䴷 六四三/六/七

27177
䲨 六二三/二/二
六二四/八/二
六二五/九/六
鮜 三四八/七/六

27182
歈 二 八/七/六
欱 六七一/二/八
欽 六 九/三/四
欪 五 五/九/一
一一一/九/二
歎 四一六/二/七
歍 二 八/七/五
二 九/五/六
四六八/七/三

	四六八/九/一
歎	五 一/六/六
歔	六五二/四/五
斁	五八〇/十/三
2720_0	
夕	七四三/八/一
2720_1	
歺	二八七/一/五
	二八九/九/一
	二九四/七/四
	三一四/五/五
2720_7	
多	二 五/一/二
	二〇〇/五/二
㚇	一二二/七/一
	三五四/一/三
夓	五四一/六/五
夓	五四一/十/一
鄉	四一四/八/七
2721_0	
仉	四一四/三/三
仉	二九八/三/二
	六三一/一/六
	六三一/二/四
侐	四七八/八/二
	七六〇/九/四
佩	五三一/五/七
佩	六四一/十一/一
	六四三/二/三
偑	一 一/六/三
伹	六 五/八/四
	六 六/一/一
	一四五/五/一
	三三八/二/三
	三三八/三/二
	三七一/一/一
徂	八 五/十一/五
颬	六四一/九/一
妯	六六八/五/五
	七四七/四/二
	七五四/一/三
	七五四/十一/四
	七六〇/十一/二
殂	八 六/一/一
㱙	八 六/一/五
狙	三三〇/五/十〇
䵴	二〇五/九/三
䲝	三七一/二/五
䫻	二六七/二/一
2721_1	
伲	三一一/十一/一
貎	四 五/十一/一
僽	七七一/三/七
徑	七六四/八/六
	七六六/三/一
	七六六/五/七
	七七一/三/一
貆	四〇三/四/一
燈	七六六/三/六
㲋	三六〇/七/五
儱	五二七/三/一
牄	六六八/二/五
2721_3	
勉	一二三/一/四
	五四一/五/五
毚	四 六/二/五
㝥	五四一/八/二
㺗	八 七/二/七
儳	四五六/七/六
	六三〇/十一/一
儳	六三〇/七/一
	六三〇/十一/五
	六三〇/十一/二
髸	一六九/十一/六
鬒	四八九/三/一
2721_4	
侱	一八三/八/三
徑	四〇七/二/四
燚	一〇六/九/四
	五二五/四/五
偓	六五七/七/一
甓	九 六/七/二
殛	七五九/一/五
	七六〇/二/一
儸	三九一/二/七
㦬	三九一/二/四
㰕	五七八/三/一
2721_5	
殂	四三五/十一/八
2721_6	
俛	三三四/六/三
	三六三/四/五
	三八七/一/六
儳	二九六/二/七
	二九七/十/三
鬘	四 八/六/一
	四 八/八/一
	六 二/九/一
	三二〇/六/五
	四八〇/四/五
	△四八九/十/二
2721_7	
夗	三六〇/三/五
	△三九〇/三/四
豝	二〇三/九/三
危	三 九/九/五
佹	三 九/五/四
	三一五/六/一

倪 九 八/四/四
一〇一/十一/六
三四四/二/三
四九〇/五/七
五〇八/四/三
七〇四/六/六
猊 九 八/七/三
俷 四八七/十/六
俷 三二六/二/二
三二六/七/三
娩 三一五/二/七
鳧 七 八/六/五
儖 四二一/七/一
舥 二〇三/七/六
䑲 九 八/七/五
䑲 三四四/二/七
艗 三一五/七/六
偃 二七一/五/一
僶 三五四/七/六
三八六/七/三
儳 一六四/三/一
2721_8
儹 三三六/二/八
2722_0
勿 六八一/四/四
六七三/九/一
仢 六五九/一/四
彴 六五九/一/三
六二七/一/三
七五二/一/一
仞 五三八/十一/六
伆 三五七/八/七
六七三/十/二
豹 五八三/六/四
彴 七二〇/七/二
七五二/一/三

彴 七二〇/一/三
七二〇/七/一
㑦 五三〇/十一/七
向 一八九/四/一
夘 一七七/九/三
二三二/九/一
夘 三七一/十一/一
四〇八/四/一
仰 二二三/十一/四
四一三/十一/一
六〇〇/三/四
御 六〇二/七/二
佝 一二三/八/六
徇 五三九/七/八
五四〇/四/四
五四一/九/七
句 四一四/十一/一
五九七/十一/七
五九九/七/五
佝 七 五/一/三
四九四/五/三
六一六/六/八
六一六/八/七
六一七/五/五
徇 七 五/七/三
御 四九〇/七/三
㚉 三〇八/四/四
㚉 四六六/十/一
四六七/二/三
四六七/二/四
御 七二二/二/三
七三六/十/五
七三七/四/二
㘞 三五七/九/四
六八一/四/五
匆 一二二/十一/四

一二七/四/五
豿 四三七/三/一
六一六/七/七
夠 一四四/六/五
伺 五 三/一/三
四八四/五/七
侗 四 /十/四
五 /三/三
三〇〇/九/十〇
四六一/八/三
㣚 三〇〇/十/一
𧳇 四 /十一/四
五 /九/六
侚 一二三/八/五
五四一/六/四
五四一/十/二
五七〇/二/一
徇 一二三/八/四
五四一/五/三
五四一/九/八
五七二/五/二
夠 一二五/六/五
倜 二五九/五/三
五七七/六/六
七五一/一/七
徟 二六四/二/三
𧳏 四三三/十/四
夠 二六八/八/十〇
二六九/一/七
六一七/六/八
朋 六九二/二/一
六九二/六/三
六九九/一/三
㸯 五九九/七/六
匍 七 八/七/五
八 五/四/三

衜	一九四/二/六	躹	一 四/五/二	角	六三四/十一/二
御	三二八/四/二		一 四/六/五		六五五/十一/五
	四九〇/七/一	僩	四四六/四/二	角	六三九/四/四
	五九六/二/二		四五六/八/一	角	三五八/十/一
倗	一一一/一/三		四五七/十/三	郏	三七八/十/七
	二五〇/五/五	孄	五五九/四/六	俑	四 /十/三
	二五三/九/二	䚘	五六二/十一/二		三〇五/五/二
	三五〇/九/九	2722_2		郗	五二五/六/四
	四三〇/一/三	修	二六一/九/一	偈	八一〇/十一/五
	六一〇/十/一	修	二六一/八/七		八 一/七/一
㑳	四三〇/一/四	俘	六 九/四/一		六一四/九/一
們	五五一/四/三		三三〇/一/三		六一四/九/八
殉	一二三/七/四		三三二/五/一		七八八/五/二
	五四一/九/六	僇	一七六/六/四	蒡	二四四/六/四
	五七四/十一/六		六一五/八/二	絮	一五八/三/二
復	六四一/四/一		六二〇/九/三	絮	五五七/七/三
復	六一三/三/一		六四五/七/六		五六七/一/二
	七六四/四/四	僇	一八五/九/二	脩	二五八/二/二
翪	八 /八/四		一八七/一/六		四三二/二/一
躹	六四七/二/六		一八九/一/一	鄒	三 八/十一/三
鬻	六一三/三/二	䚧	二六一/六/三		三 九/二/四
鮦	六一七/二/五	2722_7			三 九/五/三
鮦	四二六/六/六	仍	五 二/八/六		三一四/九/二
𧳜	一七四/五/四		二四九/十一/三	鄒	二七六/十/六
翩	一七二/三/三		六〇九/六/一	留	二 〇/九/六
㛝	△二二九/十一/六	偈	四一二/三/一	留	五九二/五/三
躹	三〇〇/十/二	貑	三 五/二/五	留	七三二/六/三
舠	一 四/二/一	佛	三九〇/十一/三	偈	六五五/五/二
	六四六/十一/八		五七七/五/二	偦	六 五/四/一
倜	三七二/八/五	侈	三〇八/二/四		三二九/五/七
	三七四/十/一		三〇八/四/一	偱	六六三/八/四
嫺	一五四/五/六		四〇九/五/六		六九九/十/四
翩	五 三/八/五	侈	四六七/二/七	循	六九九/十一/三
翩	一 四/五/三	勢	四 五/一/四	幣	一四八/八/五
	一 四/六/六	鄋	四九八/十/六	鄬	二六七/八/二
翻	一八三/三/一	郄	五四一/八/四		△六一六/二/三

字	出處
僑	六六九/十一/二
	六七〇/四/五
	六七二/十一/四
	七〇五/九/三
傄	四三二/五/一
	六四二/十一/五
䝏	六八五/三/六
鄰	一二〇/九/二
郈	三 七/十/二
	三 九/十/四
	三一五/三/三
	三一五/六/六
	三二〇/三/一
	三二一/十/一
緺	四〇六/一/四
𣨼	△四〇五/十一/六
𣨶	六三四/九/三
	六三八/八/三
	六五七/六/三
𤕤	六六一/一/二
鄉	二一七/五/一
	五九九/八/一
鄜	三三九/五/七
御	四九〇/八/五
鵂	七 七/六/五
	七 八/一/三
僬	二五五/九/三
	△六一二/四/三
鄌	一六八/三/三
鄺	三八九/五/七
鄜	九 一/二/三
	三三九/五/六
鄺	六 四/十/三
𨞴	二五〇/十/一
躬	一 四/一/二
鳺	六三七/十/四
𪀦	二一三/四/四
鸂	七四七/二/一
鄗	三九五/七/四
鄸	一二二/八/七
鷈	四七〇/七/二
繆	七〇八/九/三
	七一三/二/五
鶩	八 /八/五
胥	五三一/三/六
鄘	一〇六/十一/四
	一一〇/六/二
	一一一/一/一
	二六六/十一/四
	四三〇/二/一
	五三五/七/五
䚜	四一二/三/四
鴇	四〇〇/九/三
鷸	二五一/十一/一
鷚	四一二/十一/七
觡	六五七/九/一
觢	六六二/五/四
鵤	一六三/二/四
鵺	二六八/十/四
儰	二五九/九/四
鵷	六一六/五/四
鷄	五三九/七/一
鄺	一九九/九/一
	二〇六/三/二
觿	七〇五/二/六
鄹	三八三/九/三
鄹	九 九/十一/三
	三九〇/二/二
嚮	四一四/九/一
	五九九/八/二
雟	五六〇/九/七
鴟	三一四/四/一
鴝	三一五/八/一
鷈	△六 四/六/二
鷂	一八四/一/三
	一八四/四/四
鷸	七六〇/三/二
鷸	五 七/四/二
鷖	四 八/六/二
	四 八/八/二
	六 〇/一/四
	四八九/十一/二
鷹	二八九/十/四
	四四九/五/四
鷹	五〇〇/四/七
鶵	七七五/六/七
鷹	七 二/五/一
鸛	九 九/八/三
觹	六六二/五/五
	七二一/一/三
鸕	六 八/十/三

2 7 2 3 $_0$

字	出處
仈	四一四/三/四

2 7 2 3 $_1$

字	出處
儻	二六〇/六/八
	六四二/十一/七
	七五一/十一/六
豦	三三八/二/七
豦	四九九/六/五
黨	六四三/一/一
	六四六/六/六

2 7 2 3 $_2$

字	出處
偬	八 /八/一
	三〇二/四/一
	四六〇/十一/六
絮	六八四/七/三
佷	二五四/九/三
很	三六三/十/二

三六六/十一/一
傢 五九七/四/一
象 四一二/九/四
像 四一二/十/一
瘃 六五〇/十一/四
貇 一三九/八/三
貒 五五九/十/七
㒓 一九七/五/四
𡞞 五三七/十一/三
㒡 四六三/八/一
䮷 六五四/二/二
觮 六三九/五/四
𪇰 八 一/六/六

2723_3
佟 一 五/三/一
𧳍 一 四/九/七
㚵 一 二/八/三
𧆛 一 二/七/三
𧈜 一 二/七/四

2723_4
倏 六四二/十一/六
𢈈 二六七/四/一
候 六一六/二/一
猴 四一三/一/四
㣦 一 八/四/四
偰 七〇七/十/三
𧳜 九 八/四/一
五〇八/二/四
六九五/四/六
七〇四/四/三

2723_6
儵 二五八/十一/四
鮸 八 五/八/四

2723_7
𠘞 四二二/十/五
傯 六四二/十一/四

2724_0
仅 八 八/三/七
伂 二五九/五/一
㑦 八 八/五/五
𧳇 七二八/九/七
奴 一四四/六/一
俶 四八三/六/八
六四三/二/四
六四三/八/三
七五一/一/六
叙 四八〇/一/七
𠋪 一一六/七/四
假 四九六/七/五
敍 二〇五/七/三
敘 一〇三/三/十〇
傲 四七六/七/三
四七七/二/一
㕡 七三〇/八/三
叡 一六九/十一/七
叡 二〇五/九/四
觳 四七七/二/五
四七七/二/六

2724_1
偋 四二五/十一/三
六〇五/十一/一
六〇八/八/五
𢓭 六〇五/十一/三
六〇八/八/六
緈 二七五/二/六

2724_4
倭 四八二/三/六

2724_7
伋 七六八/五/五
七六八/十/一
彶 七六八/六/一
七六八/十/三
伃 五 三/四/七
三二三/五/五
四八四/九/三
伇 七四六/十一/七
役 七四六/十一/五
六四七/一/一
叜 四五四/九/五
傁 四一〇/三/四
五九三/十/一
㚼 七六九/二/七
僝 三七四/六/六
三八三/七/七
三八六/三/一
𢔩 三一八/八/十〇
歿 六八一/五/一
伇 七四六/十一/六
傁 二六五/五/四
四三八/九/四
嫂 四 五/一/八
獀 二六五/四/六
𥞧 四 四/八/四
𨺅 三八五/七/九
侵 二七四/六/一
[殷]𣪊 一三二/四/四
五四六/一/五
㲉 七六八/九/一
㚣 一三九/五/二
一四〇/八/二
三八六/九/三
𪏮 四 五/一/七
僝 三八三/七/六
三八六/二/八
五七三/八/四
𣪡 四五六/五/二
假 七三四/六/六
徦 七三四/六/五

鍜 二〇八/九/四
假 二〇七/十/三
四一一/二/五
五九五/一/二
五九五/七/五
徦 二〇七/八/五
四一一/三/一
五九五/九/一
殼 三九五/四/三
艘 七一四/五/五
猳 五六〇/二/一
躳 二〇八/二/十〇
㱦 五六〇/二/二
艘 七〇五/二/五

2725₀
併 二九〇/四/三
侮 三三五/四/五
絣 二〇一/九/一
姍 一五一/六/三
五六二/三/一

2725₁
徲 四　四/二/一
九　四/十一/六

2725₂
觧 三四四/七/一
解 三四四/八/八
五二三/九/五
五二三/十/六
五二四/一/一
㒨 三四四/九/四
嶰 △五二二/三/一
五二二/五/一
紙 六　三/二/四
繲 九　一/九/四

2725₄
⿰彳夆 一　一/二/三

一　八/四/三

2725₆
⿰亻軍 一三七/八/四
一三九/八/六

2725₇
伊 四　七/二/六

2726₀
佲 四二七/八/四

2726₁
詹 二八九/八/一
儋 六二五/七/七
六二七/六/二
儋 二八四/十一/一
二八五/二/八
㣶 六二七/六/四
僋 一八二/一/二
⿰爿詹 二八七/一/四

2726₂
佋 一八一/三/七
三九三/十一/二
貂 一七三/十一/六
牊 一八一/五/四
⿰彳留 六一五/七/五
⿰舟召 三七一/七/七
⿰鼻召 三七一/九/七
⿰鹿召 七五〇/二/六

2726₄
佫 七二八/十一/四
七三四/六/四
⿰彳各 七三四/一/九
七三四/六/三
貉 五九二/二/二
七二七/八/一
七二八/九/九
七三二/二/三
⿰歹各 七二四/十一/十〇

倨 六　四/三/一
四九一/二/二
偹 一八八/十一/三
二五九/七/二
觡 七三四/七/三
殙 一三九/四/五
一四〇/七/三
⿰角居 三二八/十一/三
⿰角居 四九一/三/八

2726₇
⿰亻君 三五六/十/一

2727₂
倔 六七六/十一/四

2727₇
⿰亻㠯 三四六/九/四
⿰亻㠯 五六一/五/六
⿰亻臽 三〇八/四/三

2728₀
⿰亻冥 四二七/八/五

2728₁
倢 五　四/一/八
儵 二五九/七/八
六四二/十一/二
俱 七　五/三/三
僎 一二三/一/三
一二三/三/一
一二七/二/五
三八三/六/五
三八六/一/九
五四一/九/五
五七三/八/三
五七六/二/四
儗 五　七/三/五
儗 三二五/四/七
四八六/四/二
五三六/二/六

烏　九　一/九/二
　二〇九/一/六
　五六〇/十/七
鳥　三九〇/八/六
　四〇二/一/九
魝　三九〇/六/二
　三九一/九/一
鄔　六　三/二/五
　九　二/二/三
　三四〇/九/九
　四九〇/十一/一
鄡　一七九/二/五
鄥　七五七/一/一
鴔　六四一/三/五
　七六九/四/四
鴛　一　四/十/一
鄬　一七七/二/八
鵷　六二四/四/四
鯽　四　七/九/五
鱊　六九六/一/一
鷦　一六六/一/七
鷙　三　〇/七/五
　九　六/七/三
鴝　九　一/十/四
鄥　二　二/十/一
鵃　一四八/十一/三
鰖　六八五/四/五
　六九五/八/四
鰭　六　五/三/五
鵴　六五五/四/六
鯞　四三三/九/二
鵗　一九七/四/四
鱎　六七〇/十/一
鱎　六七二/十一/一
　七〇五/十/二
鷦　一七八/十一/五
鷏　五四六/九/七

2733_1

憮　一六三/六/四
炰　一八七/二/五
　四三二/六/五
鮤　四　四/九/八
　九　六/四/二
　一〇六/五/四
鰵　一四八/八/三
鱁　五二七/三/四
鱻　一七八/八/一

2733_2

忽　六八四/二/五
怱　八　/三/五
愁　四　四/十一/二
怨　三六六/七/六
　三七一/十一/二
鯥　六五四/三/一
鰇　一七二/一/六
鱌　四一二/十一/三
鰺　一四四/四/八

2733_3

懇　三六七/一/三
駗　一　二/七/五

2733_4

怒　六五一/四/六
　七五三/七/一
[愍] 慜　一三二/五/一
鱮　四三一/九/六
　五八六/四/八
鯸　二六七/九/二
鰈　七三四/十一/三
鯸　二六七/九/一
鯷　五九五/八/五

2733_6

魚　六　二/十/一
鯬　四　四/十/三
　九　六/五/六
鰲　一四四/五/一
鰵　六　二/十/三
　九　一/八/二
鱻　一六四/四/一
　三八二/六/二
鱶　三四三/三/一
鱻　七八四/七/六

2733_7

急　七六八/五/四
悬　一七六/七/五

2733_8

儵　六四二/十一/三
懯　五一一/十一/一
　五一一/十一/三
懸　五　四/一/七

2734_0

魰　三二八/二/四
鯓　二六四/一/四
鮛　六四三/一/四
鯫　二七一/二/六
　二七一/四/一
　四三四/九/四
　四三九/三/三
　四三九/四/四
　四四〇/四/四
鰕　七　九/八/四

2734_7

魥　七七〇/十/一
　七八五/一/九
鮫　七四七/二/六
鯚　六一〇/一/一
鰕　七四七/二/五
鰒　二六五/五/二
鱘　三七四/六/二

鰕 四一一/四/三
鰕 二〇七/十/二
二〇八/三/五
2735_2
鮮 三四四/八/二
2735_6
鰤 三六三/七/五
三六四/十一/五
三六八/三/七
2736_2
鮉 一七四/六/二
鰡 二六一/五/三
鰼 七六五/四/四
2736_4
鮥 三四七/五/二
七二五/三/一
七二九/八/六
七三四/八/六
鰫 七三四/八/五
鮶 四九一/四/一
鯣 六 四/三/四
駱 五〇〇/四/八
2736_7
鮶 一三一/八/三
2737_0
鮊 四三一/七/五
2737_2
鰩 一八二/二/五
2737_7
鮨 六二八/五/二
六二九/六/一
2738_1
鰈 三八六/二/五
鱮 六 九/十/二
三二九/十一/六
2738_2
鮫 七七一/六/三
七七三/九/四
鰶 五七九/九/二
駮 九 二/二/一
鰍 三六八/八/五
五五五/二/一
鰶 一三八/四/五
2738_6
鰨 六八九/三/三
2739_1
鰶 五〇九/六/六
2739_4
鰇 二六四/十一/二
2740_0
夂 一 二/四/八
二 五/十一/六
二 六/五/一
四 一/三/三
四 二/三/四
三一八/四/七
身 一一六/六/二
2740_1
処 三三一/一/三
夅 四六五/九/四
蠁 五二五/十/二
夓 六〇五/七/五
2740_4
婺 五五七/七/五
鍪 一四八/八/二
一九八/八/二
五五六/十/四
2740_7
阜 四三二/十一/四
夔 五六〇/四/一
阜 一六三/六/一
阜 五四一/十/三
夓 五七〇/三/三
2740_8
夓 三六一/一/五
2741_0
舧 六七六/二/五
颿 三四九/七/五
䑺 二九八/四/二
2741_2
鵵 △四九九/十一/二
鮑 五八三/十/七
2741_3
兔 △四九九/十/六
兔 八 七/二/九
毚 七三二/五/五
艬 六三〇/十/一
2741_6
免 二九七/七/二
三六三/四/三
三八七/一/二
五四四/六/六
五四九/九/一
[illegible] 七二四/八/二
毚 二九六/四/五
毚 二九七/七/一
艬 二九七/九/二
毚 四九五/三/五
毚 七三二/五/四
2741_7
舥 二〇三/七/四
舥 二九八/四/三
艒 七五四/八/四
艋 四二一/三/二
[illegible] 九 七/五/二
2742_0
勼 二五六/三/三
匍 二三七/三/七

⿹勹舟 二六三/九/二
舠 一九三/三/一
⿰舟句 二六九/二/二
⿰舟同 五　/六/四
⿰舟羽 二六四/一/六
⿰卓勺 五八三/十/四
⿰舟周 一七四/五/八
　一九三/三/二
⿹勹羽 六四八/一/一
⿱龹羽 六四六/十一/六
翱 三八二/九/三
翺 一九〇/十/一
孄 五五九/四/八
⿰鼻句 五〇一/四/六

27422
⿰鼻翏 五七八/五/八

27427
邦 一六四/七/九
郱 五七六/十/三
⿰舟阝 三九一/六/六
郛 七　七/四/三
　六一二/十/六
[illegible] 二六四/九/四
　四三四/一/七
郵 一六一/一/五
鄭 六四八/四/二
芻 八　〇/六/七
　二六六/三/一
⿱夕务 一四四/六/四
鄒 二六五/八/五
鄅 三三三/五/四
　三三三/十一/五
⿰舟卬 二　一/九/六
⿰鼻阝 一九〇/四/六
⿰皐阝 三九九/五/六
⿰舟蜀 八　一/一/二

　二六五/十/四
⿰夭鳥 一八三/五/五
　四〇〇/六/二
⿰㚒鳥 四〇七/九/一
⿰弁鳥 三六二/十/一
　三六三/二/二
　三八六/十一/二
　三八七/一/一
⿰孚鳥 七　七/一/二
　二六六/十/一
鵃 一七四/一/三
　一八一/一/三
　一八八/十/一
　二五九/五/五
　三九〇/九/五
⿰乍鳥 四〇〇/九/二
鷄 九　六/九/八
⿰豩鳥 一三四/一/九
⿱芻鳥 三四四/十/二
鶵 八　一/五/四
鷱 一九〇/七/三
⿰皁鳥 四〇〇/四/六
⿰奧鳥 三四四/四/五
鵫 五八四/十/二
　六六一/六/七
　六六一/十一/五
　六六二/二/七
鷦 三五四/一/七
⿰龜阝 二九六/四/三

27430
奐 五五四/八/四
　五五四/十一/一
奥 二五七/八/七
　五八六/二/五
　六四八/十/二
奧 七二一/五/三

27434
⿰舟契 五〇七/二/三

27436
⿰舟蠡 三四三/二/四

27440
舟 二六三/十一/一
⿰舟又 一〇三/三/八
　二〇五/八/四
⿰冊又 五三六/四/八

27441
彛 二五二/七/二

27442
夅 四　八/五/一
⿰舟將 四一三/二/四

27447
⿰舟及 七七〇/十/七
般 一四八/四/五
　一四八/六/六
　一五二/十一/三
　三六九/六/八
艘 一七三/十/三
　一九二/二/三

27454
⿰舟夅 二　三/二/七
舽 一　一/七/七

27462
船 一七四/五/七
⿰舟習 七六五/五/三

27464
貉 七二四/八/四

27481
疑 五　七/三/四
疑 三二五/四/六
　六七六/二/二
　七六〇/三/三

27482

欸 五 七/一/一
一一二/九/二
三五〇/七/二
五二六/十/一
五二七/六/四
歀 九 七/六/二
歟 六四八/六/九
艥 六七九/十一/一
𪛖 二九六/五/七
歔 七八六/四/三

2749_4
艓 二 一/九/四
𦪈 一四四/四/七

2750_0
夐 七〇五/六/五

2750_2
犂 四 四/八/七
九 六/三/二
掣 四 四/八/二
[illegible] 六五一/十一/五
搫 一四八/七/三
一九八/九/五
攣 七 五/一/五
[illegible] 七〇八/九/四

2750_4
夆 一 五/十一/五
二 二/八/二
夆 一 八/三/四
一 八/十一/一
一 九/一/一
四六四/八/一
五二〇/十/四
七一二/九/二

2750_6
曼 四八四/三/九
鞶 一四八/九/一

2751_1
[illegible] 五〇三/三/四

2751_3
犪 六三〇/九/二

2751_4
犫 六五〇/一一/七
◬六五八/三/三

2751_6
[illegible] 二九六/三/五
二九八/一/五

2751_7
犯 二〇三/十/四
[illegible] 六八五/九/五

2752_0
牣 五三九/二/一
物 六七三/九/三
㸰 四三六/七/一
四三七/四/一
犅 二二三/八/一
[illegible] 五 /十/一
[illegible] 二六八/十/三

2752_7
郛 二三六/一/六
郲 二四七/一/三
犄 二三二/六/二
三三八/三/三
犄 八 五/九/二
[illegible] 八 〇/七/一
[illegible] 六八五/五/二
[illegible] 二七〇/五/四
[illegible] 一九四/九/二

2753_2
[illegible] 五三九/二/二
[illegible] 四 四/九/一

2754_0
[illegible] 六〇六/四/四

2754_1
[illegible] 二七五/六/六

2754_7
犌 二〇七/十/四
二〇八/九/五
[illegible] 二七四/十一/六

2755_0
[illegible] 二〇一/十/七
牳 四三八/七/七

2755_2
鵝 一九六/九/四
[illegible] 三四四/七/三

2755_4
犎 一 八/七/四
一 八/九/二

2755_6
[illegible] 六 一/一/二

2756_2
[illegible] 七七三/四/二

2756_4
[illegible] 五九五/六/三

2760_0
名 二三八/九/七
二四三/六/二
六〇五/十一/五

2760_1
畱 三六〇/六/三
五四八/二/二
[illegible] 六五〇/十一/七
[illegible] 一八二/三/四
二五七/十一/一
磐 一四八/十/一
[illegible] 六九六/十/三
七〇〇/二/二
七〇九/一/一
[illegible] 一四七/九/六

字	出處
響	四一四/八/八
	五九九/八/五
響	四一四/八/四
響	五九九/十/一
響	▲三二五/五/六
響	四九三/十/七
響	五〇二/三/二
2760_2	
曶	▲六八四/二/七
晢	四 四/八/一
2760_3	
魯	三三一/十一/四
	三三八/九/五
2760_4	
各	七二九/六/四
督	六五〇/九/七
眢	七四七/三/四
	七四七/三/九
	七五五/二/二
督	六五〇/九/六
督	一四八/七/二
	一五三/三/五
	五六一/十/二
2761_0	
[illegible]	一〇三/十一/六
2761_1	
[illegible]	三一二/一/二
2761_4	
[illegible]	五一六/二/二
曜	五八〇/八/六
[illegible]	七五二/一/五
2761_6	
[illegible]	二九二/十一/二
2761_7	
皅	二〇三/六/四
	五九二/八/五
[illegible]	二〇三/七/三
[illegible]	一一二/七/一
2762_0	
句	七 五/一/四
	七 五/十/六
	二六九/一/二
	四九四/四/七
	六一七/二/六
旬	一二二/三/五
	一二二/十/二
	一二三/三/六
	一二五/七/五
甸	一六〇/七/三
	五六七/十/四
	六〇九/四/五
匋	七六九/六/二
	七六九/九/四
	七六九/十/五
	七七〇/二/一
的	三九二/二/一
	七五〇/五/五
匐	三三八/十一/二
旬	一二二/八/四
	三八二/二/六
	五六九/十/六
	五七〇/三/二
訇	七七一/十/二
訇	一六三/七/六
	一六三/七/七
	二三五/四/七
	五四三/六/六
[illegible]	七 五/六/八
匐	六三六/五/五
	六四一/一/八
	七六二/十/四
[illegible]	七二六/六/二
翗	七二五/五/五
翑	七 六/四/五
	三三三/三/八
翻	一三五/十/七
[illegible]	一四五/七/六
2762_7	
邰	一一三/四/三
邭	七 五/十/五
	四九四/六/一
部	五八五/十一/一
	六四九/十/三
郋	九 七/十/四
	五〇六/十/三
郇	一二二/八/六
	一五二/二/五
鄱	三 二/九/八
	一四九/一/二
	一九八/八/四
鄙	五 一/三/五
郎	二五八/十/一
鵅	七二五/二/一
	七三四/八/四
[illegible]	七三三/一/一
鴰	六九一/八/二
	六九八/十一/二
鴝	七 五/十一/二
	二六九/五/三
	六一七/三/五
歸	六八四/七/一
[illegible]	三二九/七/六
[illegible]	六六九/十一/五
鵠	六四九/二/六
	六四九/十/五
	七二八/九/六
[illegible]	一二一/四/五
	一二二/十/四

鶅 五 一/三/三
四八四/一/五
鷭 一三七/一/四
鴲 四 〇/四/一
四七三/三/二
鶛 一〇四/二/四
五二六/七/三

2763_2
睩 六三九/七/五

2764_0
䖒 一四四/六/二
㕡 四四八/九/一
㕙 七二九/三/七
叡 五一六/一/九

2764_1
䶒 二四二/十一/四

2764_7
㲉 二七一/十一/七

2765_0
𦈏 二八四/十一/六
二九〇/二/二
六二五/十一/五
六二七/八/七

2766_1
䑎 六二七/八/六
䑜 二八〇/七/三
二八九/七/八
二九二/十一/一

2766_2
𦧫 七七五/二/七

2766_4
𦧟 七二五/三/四

2767_7
䑙 二九五/五/七
四五五/十一/六
六二五/五/一

2768_1
䫏 六 五/四/五
六 六/四/二

2768_2
欲 一一一/十/一
歃 四三二/二/三
欿 七 三/十/五
三五二/十/二
四九四/二/五
欲 三九五/九/一
三九六/十一/三
四三一/六/二
四三一/九/四
四三七/五/二
四四〇/六/四
六一七/八/六
歈 二八一/四/一
歁 七八六/四/七
七八七/三/三
歃 一三二/八/一
歂 二 八/九/三
歔 一八二/一/七

2771_0
乙 六九五/五/七
屺 三二〇/一/四
岨 六 五/七/一
三三〇/五/六
三三〇/八/五
飄 五八〇/十一/三
颻 一八二/一/五
飂 二〇五/九/七
二〇六/二/五
三三〇/三/三
三三〇/六/一
三三〇/八/三

2771_1
屔 四 五/九/二
皀 七二一/五/二
氍 七七七/四/十一

2771_2
匓 八 /七/七
包 一八六/七/八
一八七/四/七
二六六/十一/一
毥 六〇九/八/二
峢 一八六/十/四
毱 六四八/一/四
毣 五四一/十/四
毴 五八七/三/六
齙 一八七/五/七

2771_3
巉 四五六/七/二
齸 六三〇/九/三

2771_4
峌 四〇七/二/五
毥 七七一/二/四
峄 三二五/十一/四
峫 七五九/六/二
齷 六五七/七/四

2771_6
巉 二九七/八/一
齹 二九六/三/四

2771_7
乣 三九〇/十/三
色 七五六/五/一
岜 三二四/十一/六
三四〇/三/四
巹 三八五/七/十〇
巹 九 六/九/二
邑 五 二/九/四
峴 七〇四/七/八
峗 三 九/十/一

三一四/五/一
三一五/九/六
六七七/九/四
巹 三六八/五/六
[illegible] 九 六/三/六
[illegible] 二〇三/十/一
五九二/七/一
齯 二 七/二/四
九 八/五/一
[illegible] 四八六/五/一
[illegible] 一〇一/十一/一
[illegible] 二六九/五/二

2772$_0$

岃 五三九/一/一
岉 六七三/十/一
匃 五二一/五/一
六八七/一/四
匈 二 〇/九/四
匌 六九一/八/五
幻 三九二/一/五
五六一/七/四
五六三/一/六
峁 六〇二/七/一
[illegible] 六六五/五/二
六六六/二/十二
岄 六七八/一/四
岣 七 五/四/一
三三三/五/三
四三七/一/二
六一七/五/八
峋 一二二/九/一
一二三/八/一
峒 五 /四/七
三〇一/四/二
四六一/五/四
[illegible] 五二五/五/八

鄉 二三二/八/五
[illegible] 一七五/六/三
[illegible] 二五六/一/六
二五六/二/四
二七三/七/五
卽 七五七/一/六
[illegible] 一七六/五/七
一八九/一/六
一九五/四/六
[illegible] 二五三/七/二
齣 五 一/五/二
五 一/七/四
五 四/二/五
[illegible] 四九〇/九/二
[illegible] 六一二/一/二
[illegible] 五三九/九/一
[illegible] 五六二/十/五

2772$_2$

嵺 一七五/九/四

2772$_7$

[illegible] 一四四/三/四
一五三/八/三
一六四/六/三
[illegible] 四六五/十一/二
峫 二〇四/五/一
二〇七/六/一
[illegible] 四六五/十/六
郎 一八六/十/三
一八七/一/五
一九一/五/四
一九一/七/一
嶋 三四〇/九/八
[illegible] 二〇一/十/三
[illegible] 二〇二/三/一
嵴 三二九/七/一
[illegible] 六八二/九/五

六八四/八/二
[illegible] 六九三/十/四
[illegible] 三九二/四/五
三九七/八/一
[illegible] 一八六/四/七
六二〇/七/三
齺 二六五/九/五
六六〇/十/三
[illegible] 一八二/五/五
[illegible] 五八〇/十一/二
[illegible] 一〇八/五/十〇
[illegible] 一〇〇/九/三
[illegible] 二九五/三/五
二九六/六/七
[illegible] 三二九/七/九
三三〇/四/二
[illegible] 七六九/三/七
七七六/八/一
七八〇/八/七
[illegible] 二 一/一/三
[illegible] 六九四/六/二
六九五/七/四
[illegible] 六九八/七/二

2773$_1$

[illegible] 三二五/一/一
四八五/七/六
四八五/九/四

2773$_2$

黎 四 四/八/六
[illegible] 三〇四/十/二
餐 六五〇/七/五
六五〇/十/四
[illegible] 四一二/十一/一
[illegible] 一四八/五/一
餐 一四〇/九/十〇
一四四/四/四

五五七/六/三
齦 一三二/十/三
三六四/五/三
三六七/二/一
三七四/八/六
饗 二一七/五/五
四一四/十/一
2773_4
嵊 二六七/十/三
2774_0
㟴 七　九/十/二
㩴 五八五/十/五
齱 二六五/九/四
四三九/五/四
六四八/十/五
六六〇/四/三
2774_7
岋 七七〇/十一/六
岷 一一九/七/三
殷 二五六/一/七
二五六/二/五
六一一/十一/七
2775_0
峹 六七六/六/四
2775_2
嶰 三四四/七/六
五二三/十/三
嶰 三四四/九/五
2775_6
齳 三五九/十/一
2776_1
嶒 二八九/九/四
嶒 六二七/六/六
2776_2
嵧 二六一/一/五
餾 三九四/九/六
齠 一七四/七/一
一七五/一/三
韶 五五九/八/四
五六〇/一/一
餶 七六五/三/八
2776_4
峈 七二五/五/二
崌 六　四/一/三
崏 一一九/七/四
2776_7
峮 一二六/八/三
一二六/十一/三
一二七/三/六
嵋 五　〇/四/一
2777_0
齨 四三一/四/二
餶 四三三/一/一
餶 六一三/三/八
餶 四七五/五/六
餶 七〇四/十一/一
七〇五/九/八
七〇六/一/四
饇 四八四/四/三
餶 五二四/一/三
2777_2
凶 三　九/九/六
崡 二九四/十/四
岛 二五七/十一/二
岛 四三二/十一/三
崛 六七一/四/四
六七七/二/三
六七七/八/七
島 三九〇/十/六
四〇二/一/五
鬻 一三九/八/四
嚻 六九八/六/四
七〇四/八/三
七一四/二/40
2777_7
臼 △一〇八/二/八
臽 四四五/三/一
六二九/五/四
臿 四三二/十一/二
嵒 四四四/十一/三
齨 六二九/五/三
2778_1
歔 三二九/六/六
嵮 四二七/九/三
嶼 三二九/十一/五
2778_2
欦 四四〇/六/六
歂 六六七/二/三
六六八/七/四
六六八/九/一
六七一/十一/四
六七六/六/二
六九五/十一/一
歃 七八七/三/四
欿 六四八/六/八
欿 二七三/二/四
四四〇/六/五
欪 四　八/十/一
歃 四三二/二/二
歃 一八二/一/六
歃 三九四/十一/三
歃 七七八/二/四
飲 二八三/一/三
四四五/二/一
四四五/六/五
2779_4
嵘 四〇七/六/六
五九一/五/四

2780_0
久　六一二/三/三
2780_1
奥　一九四/十一/三
奐　一二五/四/二
盤　一四八/九/四
遷　一六四/六/九
2780_2
欠　六二九/二/一
遹　六七〇/四/四
2780_3
退　五五〇/十/三
2780_6
負　四三二/十/三
貿　六一八/七/二
貪　四　六/二/四
貪　一二五/四/一
賫　一四四/六/三
貿　五二九/七/五
2780_9
灸　六一二/二/三
炙　五九三/五/五
炙　七四五/一/六
奐　六　二/十/二
粲　二二五/四/六
燧　三一〇/二/七
燹　四七五/五/二
2781_1
饉　五二七/二/二
2781_4
餰　六九五/九/二
餰　六八四/九/六
　　六九七/八/五
2782_0
匂　三五七/九/六
　　四〇一/一/四
　　五八三/十一/八
　　五八六/十/三
2782_7
郎　二三九/八/三
　　二四〇/二/二
鄉　一三〇/八/四
　　五四六/五/三
鄭　二　八/六/四
鴝　三三五/一/五
　　四三三/二/一
鵂　一六〇/四/三
　　一六〇/十/五
鶊　一一六/二/三
2784_0
叡　六九五/九/一
叡　五三六/五/二
2786_4
餎　六八四/九/五
2787_7
餡　六二三/五/四
2788_2
欻　六二九/二/二
2790_1
祭　五〇九/六/一
　　五二八/三/二
禦　三二八/二/一
　　四九〇/八/二
2790_3
縏　一四八/九/三
2790_4
桀　三一〇/二/六
棃　四　四/七/六
　　九　六/八/三
棃　四　五/一/十〇
棨　五五七/六/二
槳　四一三/二/二
槃　一四八/六/二
梟　一七六/七/四
梟　七二四/六/二
梟　二九七/九/四
2791_0
秈　一二八/二/四
租　六　五/十/五
　　八　五/十/三
　　二七一/三/二
　　六六四/三/七
組　六　五/八/三
　　三三八/一/五
2791_1
秜　四　四/八/五
　　四　五/十/六
　　六六八/一/六
秜　四　三/八/二
2791_3
纔　六三〇/六/六
　　六三〇/八/九
2791_4
稺　三二五/十一/三
　　四八二/九/五
　　四八六/七/三
稑　六三四/四/七
縨　六一七/九/六
緊　一六一/五/一
纙　四〇二/七/二
　　五八六/二/四
　　五八八/四/六
　　七五一/十一/一
糴　五七七/七/三
糶　五七七/十一/二
2791_5
杻　四三五/十/三
紐　四三五/八/二

27916

䅙 三六三/五/一
絻 一四九/八/七
絻 三八七/二/一
五四四/六/五
五四九/七/五
纔 五三五/十一/二
䆲 二九七/九/三
纔 一一五/五/一
二九六/三/二
二九七/五/一
△二九七/七/八
二九七/十/六

27917

䄯 三二五/二/三
䄯 五九二/八/二
紦 三二五/三/四
絕 七〇八/十一/五
絕 七〇八/九/二
䆈 △六一四/二/六
△六一四/二/七
絕 一六一/五/二
綐 二 七/二/五
一〇五/六/三
縕 二四〇/七/四
二四四/一/六
縋 二七一/六/六
靶 五四七/十/六
靶 五七五/七/二
鲃 六六九/七/二
六七〇/五/二
繩 二四九/四/二
三五四/七/三
六〇九/四/六
六一〇/一/二

27918

稈 七五八/九/八

27920

䅈 二五三/八/七
四六三/三/五
䄪 三九〇/十/一
七五〇/十/二
䄷 四七七/三/九
粡 六四七/二/二
約 五八一/三/七
約 五八三/五/三
六五七/十/三
七二二/四/四
七五四/五/六
紉 一一七/七/五
一二一/四/六
五四四/一/七
約 一二三/六/三
一七二/七/六
紡 六八二/六/二
七〇〇/三/二
緺 四六四/九/一
秱 六 /一/五
絅 二四八/五/一
二四八/八/四
四二六/四/一
四二六/六/五
六〇八/七/五
約 七 五/六/一
七 五/八/一
四九四/四/六
綱 二二三/六/四
䅉 六七三/三/六
七五七/三/六
綹 六七六/七/五
七七六/九/四
緬 七三六/十一/四
稠 一七五/一/七
二六〇/一/三
五七八/二/六
絅 四 三/六/二
五 三/十/五
絧 五 /一/五
五 /六/二
四六一/七/六
絇 一二二/十/三
一二三/六/二
五七〇/一/五
五七〇/二/六
綳 二三四/十/六
網 △四一五/八/七
△四一五/十一/五
翔 七五八/六/八
稝 二三〇/八/一
綢 一九三/六/三
二五九/十/七
五七八/二/二
綯 一九四/六/四
綳 二三六/十/三
繝 五六二/十/三
繝 二八七/二/一
四五〇/四/一

27922

紓 六 六/七/三
三三一/二/二
穋 二五六/三/八
二七四/二/二
六四五/五/七
繆 一七六/一/四
二五九/十/八
二六一/八/四
二七〇/五/二
二七三/十/一

	二七四/四/三
	三九一/五/五
	五七八/五/二
	六一二/十/三
	六四一/六/一
2792_7	
秎	二五〇/三/一
郲	三五一/一/六
郷	八 〇/八/四
	八 二/二/一
移	三〇八/七/四
移	三 四/八/一
	四六九/十/六
稆	五〇六/五/二
紾	三 三/一/三
	四六九/十/四
	四七〇/七/六
稿	一九七/六/二
稍	二六一/十/五
穃	二六一/十/六
鄕	一八八/五/六
	一八八/七/五
稿	八 〇/十一/六
	八 一/六/一
	二六六/二/五
鄒	五〇九/六/四
	五二八/三/一
稭	六八五/五/一
緺	一〇二/三/四
	一九七/三/二
	二〇二/八/二
	二一〇/四/五
稭	六 五/三/一
	三二九/六/四
縐	二六五/十/三
	四九七/八/四
	五八四/七/一
	六一四/七/六
	六四四/五/二
鶔	四六三/三/六
鴩	八 〇/十/二
	八 二/三/五
鵧	二六二/二/五
緍	六八三/十一/二
繙	六八五/二/五
	六六九/九/七
	六七〇/四/二
	六七〇/十/三
	六七二/八/六
	六七三/二/一
	七〇五/五/二
鄔	一七六/八/一
	一七七/二/七
鶔	六四七/八/三
	六四八/一/八
鄹	七二八/六/二
鷉	六七一/三/二
鷸	五五七/八/一
繝	六五一/八/六
鸞	七二五/二/二
2793_1	
緦	四八六/一/二
穮	二六一/十一/七
2793_2	
穗	三〇二/五/二
總	▲六八四/五/一
緫	八 /五/六
	八 /十一/四
	三〇二/二/五
	三〇二/六/六
	三〇二/七/二
	四六一/一/四
繐	三六四/二/七
緑	六五四/二/一
緣	一七二/一/五
	五七四/十/三
穋	四三四/九/三
	四六三/七/六
繆	四九七/八/五
2793_3	
終	一 二/四/三
2793_4	
穇	五五五/一/二
緱	二六七/八/七
	二六八/九/六
	二六九/三/六
綮	五〇九/十一/一
稧	五〇六/十/四
稧	七〇三/六/一
縫	一 一/八/六
	一 八/九/六
	四六四/七/三
穉	四七七/一/一
繂	四七六/十一/三
2793_6	
繇	五〇九/十一/三
	五一一/十/三
	五一二/六/六
	五二〇/六/二
	五二〇/七/二
2793_7	
縋	四六九/四/四
2793_8	
繾	三三五/九/七
	五七一/十一/九
2794_0	
叔	六四二/十/三
	六四三/二/五

六四三/八/二
𥟍 三三三/四/一
四九四/七/四
𠬶 四七四/十一/六
五一一/八/一
五一一/十/二
五一二/七/一
五七七/一/四
緅 七 九/十一/一
二六五/十/二
二七一/一/五
四九六/六/六
四九七/八/六
𥢶 四七七/三/三
繳 四七六/十一/一
緅 二七一/一/四
繳 四七七/二/三

2794_1
稺 四七六/十一/五
𦅺 四七六/十一/二
綒 二七五/三/一

2794_7
𥝤 七八五/四/四
秄 三二三/六/一
四八四/九/二
七一二/八/四
級 七六八/六/五
秄 三二三/六/二
紓 七一二/八/五
緡 一一九/十一/四
䄌 五一五/三/五
綴 三四六/六/三
綴 五一五/一/五
五一九/五/二
七一一/八/六
綬 二七四/七/七

二七四/十/三
二八七/八/三
緦 二六二/一/三
縵 二八七/八/二
緞 五六〇/二/四
緞 二〇七/十一/四
三七一/十/三

2795_0
緋 二九〇/三/三

2795_1
穉 九 五/四/六
穉 四 四/四/一

2795_2
繲 五二三/九/六

2795_4
稗 四六五/十/一
絳 四六五/九/一
絳 一 八/十/一

2795_6
緷 六 一/一/一
一三八/一/四
一三八/九/三
三六一/六/六
三六三/八/一
三六四/四/五
三六四/八/三
五四六/三/五

2796_0
絡 二四三/五/五

2796_1
繪 二八五/四/六

2796_2
紹 一八〇/十一/三
三九三/十/七
稻 二六一/五/八
縚 二六一/五/一

緡 七六四/五/四
七七七/一/五

2796_3
穭 三三二/二/七

2796_4
稆 七二八/十一/六
絡 七二四/九/四
七二九/六/三
稆 六 四/四/一
綑 七 五/八/四
緡 一一九/十/三
一三九/五/三
一六九/一/四
三五四/六/五
三五四/八/六

2797_2
縕 六七六/九/六
六七八/八/四

2797_7
絽 三三二/二/三

2798_1
綻 六 六/四/四
▲三二八/六/一
四九一/十一/二
纀 一六九/七/七
三二五/九/八
五七一/十一/八
穙 三三二/六/二
四九三/七/四
穟 三二五/五/一
穫 七五八/十/一

2798_2
秋 四八四/二/七
紞 二八三/三/八
紞 四 二/九/四
四七四/五/六

	四七四/九/五	2812_{7}			二〇二/十/一
欹	六四二/五/五	簃	二五九/二/三		二〇四/三/二
	六四二/九/四	2813_{6}		鑑	六三〇/一/三
2798_{6}		鳖	一七五/四/一	2821_{2}	
穦	四　二/十一/一	鼈	三三〇/三/二	傡	四二三/十/五
	四　三/四/十〇	2813_{7}			六〇五/四/五
	四六八/六/三	[illegible]	二九三/四/一	㼧	三　四/九/九
2799_{1}		2814_{0}		㼨	四六九/十一/六
穄	五〇九/六/五	敛	一二五/八/三	2821_{3}	
縩	五三五/九/四	數	三二四/一/五	傥	五一九/三/四
2799_{4}		(數) 圭	△四一六/二/二	從	六九四/三/三
稯	五九一/九/一	數	二五〇/九/七	𨓍	二九五/六/一
緵	四〇七/四/一	數	一〇七/五/九	2821_{4}	
稯	四三四/五/三		一〇八/一/一	侳	二〇〇/二/六
緵	△六一五/十一/六		一一二/十一/五		五九一/二/一
穟	一四四/五/四		六五一/十/五	傞	二　六/十一/二
繸	四一四/五/五	[illegible]	六二三/二/五	侳	一六九/六/三
緵	四七六/八/五	2814_{1}			一七一/七/一
2800_{0}		缾	一五九/七/一	𦍒	四三一/二/四
夂	四三一/一/二	2816_{4}		2821_{7}	
2802_{1}		衉	四三七/五/三	仡	六七五/五/四
牏	八　三/五/三	2820_{0}			六七六/一/二
	二七一/十/二	似	三二三/七/六		六八五/九/二
	四九五/三/二	2821_{1}		佹	五三六/三/二
	四九七/二/六	作	三三八/二/四		六六九/三/六
	四九七/十一/三		四九二/一/七		六七五/十一/二
	六一九/十/七		四九九/五/六	氣	四八八/五/四
2802_{7}			五八九/九/一	儖	一七五/二/六
牊	一五三/六/七		七二八/二/二		五七七/十/十一
2810_{0}		作	七二八/二/四	貖	七四一/二/六
以	三二三/七/七	祚	八　六/一/四	嗌	四七〇/五/一
	三二四/七/四	䄍	八　六/一/三	䨻	六四三/一/二
2810_{7}		傞	一九九/三/一	虓	四八九/三/三
鍳	七〇二/三/五		一九九/五/五	儖	二八五/六/一
2810_{9}			四〇五/四/三	艦	二八五/八/三
鑒	一七五/二/三	嵯	一九九/六/六	2822_{0}	

价 五二六/二/二

2822_1

伶 二五二/二/七
偷 二七一/七/四
揄 八 三/三/一
貐 八 三/六/五
 三一二/九/一
 三三七/二/六
軀 四九六/九/五

2822_7

伶 二八〇/四/三
 二九二/五/一
份 一一九/二/九
 一二九/二/五
㑦 九 八/四/五
俏 六六八/三/四
徇 六六八/三/五
倫 一二四/四/二
徲 九 五/十一/五
傟 三〇六/九/六
脩 一七四/十/四
 一七八/二/二
 二六一/八/六
翛 一七八/二/三
 二五八/十一/三
 六四六/六/二
傷 二一一/五/四
 二一四/三/一
徧 四九〇/七/四
貐 三 〇/二/二
㑘 七〇〇/四/二
傖 七六八/二/四
儩 三一八/六/三
䚗 五五二/三/五
𢕊 七一〇/十/五
殤 二一四/三/三

 五九八/一/一
鬠 一八六/七/四
 六五六/一/一
鬠 七五三/九/四
虧 三 九/三/三
觿 二一四/二/二

2823_1

𠍿 三三五/五/一
 三三七/六/八
儻 二五九/八/三

2823_2

伀 一 六/三/六
彸 一 六/四/一
倯 一 六/九/一
 一 七/六/三
𢕟 一 七/六/四
㒈 五九七/四/六
貒 四七五/八/六
飧 一四〇/九/九
舩 一 六/三/二
 二 二/四/一

2823_3

㑂 四六〇/十/三
㛰 三二九/五/四

2823_4

䠶 五九三/六/七
 七四五/六/三
傯 二八六/一/三

2823_6

儻 一七五/四/五

2823_7

伶 二四〇/三/四
 二四五/三/一
 六〇六/十/一
 六〇八/五/二
彾 二四五/三/五

朎 二四六/十/七
傔 六二八/五/六

2824_0

攸 二五八/五/三
 四三二/四/五
𢼊 二五八/五/五
仵 三四一/一/二
 五〇二/二/九
做 二六三/七/三
傚 五八二/五/二
儌 七〇六/十/四
徼 七〇六/十/三
牧 五六六/九/六
傲 四一六/一/一
敞 六九六/七/九
敫 六六六/二/八
敎 六一九/一/五
儆 六一八/三/六
嶅 三七〇/十一/七
 五五八/十/二
敞 五 八/五/三
敝 三八五/一/六
僘 四一四/八/二
徹 一一六/九/五
 一二〇/五/六
 一二一/八/五
 五四二/五/二
微 五 八/七/四
微 五 八/五/一
徵 六 〇/九/一
儆 二五九/七/五
[徹] 徹 四二二/八/六
 六〇四/九/七
儌 一九〇/九/六
 五八六/五/一
散 一九〇/九/三

2824_0

數　六四一/七/八
徵　二五〇/九/五
　　二五一/二/二
　　三二四/一/二
徽　六　〇/八/四
敫　一七六/九/六
　　一七七/四/一
　　三九二/十一/三
　　五七八/十/四
　　五七九/一/二
　　七一八/六/三
　　七五四/四/四
儌　一七六/九/三
徼　一七六/十/七
　　一八二/十一/二
　　三九三/一/一
　　五七八/十一/一
[illegible]　二五一/八/五
儆　六三〇/二/六
徹　七一一/一/八
徹　七一〇/十/一
　　七一一/一/七
敵　五六〇/四/二
徽　七一〇/十/二
[illegible]　三九五/四/二
徽　六　〇/十一/二
[illegible]　一六〇/七/四
黴　五三一/十一/五
徽　五　〇/七/一
[illegible]　六　二/十/六
[illegible]　八　七/九/三

2824_1

併　一五九/八/五
　　四二三/十一/一
　　四二七/六/五
　　六〇五/十/一

2824_6

傅　三六五/十一/三
傅　一五〇/三/二
傅　三六六/二/三
　　三七〇/五/三

2824_7

傚　五三九/七/五
復　五三〇/四/三
　　六一三/二/六
[illegible]　一八一/八/三
觳　六九六/八/四

2825_1

佯　二一一/三/二
　　二一三/八/二
　　二一四/一/一
徉　二一一/三/一
牂　二二二/七/四
[illegible]　二一三/八/三
　　五九七/四/三
[illegible]　二一一/三/六
　　二一三/九/五
儛　三三五/四/一
觲　二三八/七/一

2825_3

[illegible]　二八八/四/三
儀　三　八/六/五

2826_1

佮　七六九/十/七
　　七七〇/一/七
　　七七二/二/四
佮　▴五二一/十一/二
偤　二五八/九/二
猶　二五八/四/二
　　二六二/八/二
　　二六三/五/七
　　六一二/六/二

傛　七八八/三/一
[illegible]　二六二/四/一
　　二六三/四/二
[illegible]　七八六/四/二
[illegible]　三八四/六/七

2826_4

傛　四三一/五/三
偺　一九三/五/四
偺　一九三/五/三

2826_5

僐　三八四/五/六
　　三八四/六/八
　　五七二/十一/二

2826_6

僧　二五〇/九/四
僧　二五四/二/三
儈　五二二/五/六
徻　五二三/三/一
[illegible]　六二二/一/三

2826_7

傖　二二二/六/七
　　二三二/五/六
牄　二一三/四/三

2826_8

俗　六五三/四/四
　　七三七/四/三

2828_1

從　一　三/一/二
　　一　六/八/七
　　一　七/八/六
　　一　七/九/四
　　一　八/一/七
　　二　三/十/六
　　三〇二/三/二
　　三〇四/六/八
　　四六四/八/七

四六四/十/二
四六四/十/七
從 一 七/八/七
三〇四/四/二
從 三〇四/四/三
三〇七/五/四
㳻 五七二/三/二
鏦 一 八/二/二
2828_6
儉 四五二/十/二
四五二/十一/四
儈 二八一/四/五
六二四/四/八
六二四/九/二
儈 四四七/六/五
嬐 六二八/十/五
2828_9
倏 二五九/八/五
2829_3
儵 一九三/五/六
2829_4
倷 六 五/十一/五
六 六/九/一
徐 六 五/十一/四
條 一七四/十/一
一七五/二/七
2831_1
鮓 四〇九/十/四
五九四/一/四
鮭 四〇九/十/二
2831_2
鮀 二〇〇/十一/七
鯭 四二三/十一/二
2831_3
鯇 六九四/二/四
2831_5
鱶 二六二/三/三
2831_7
鮀 六七五/十/一
2832_0
鮒 五二六/六/二
2832_1
鯩 一二五/十一/六
二七五/八/二
四四一/七/二
四四二/二/三
四四二/九/二
四四七/一/四
2832_7
鯰 二七九/四/一
二九六/七/六
四四四/四/一
鯩 一二九/七/二
△三五七/十/六
△三五八/四/二
五四四/九/八
鯩 一二四/六/五
鮷 九 五/九/一
五〇五/五/三
鰯 一 〇/十一/一
鰤 七〇〇/六/六
鶩 一七六/八/六
三九三/一/三
五七八/十一/六
七五三/八/五
七五四/六/二
2833_1
悠 七二八/七/七
2833_2
鯰 一 〇/九/七
鰶 三五八/四/四
五四四/九/七
五五一/一/六
鱶 四一四/二/五
2833_4
悠 二五八/五/二
煞 四八三/三/七
五二八/二/四
鮢 四四一/九/七
徵 二五一/一/二
2833_6
忩 二五六/七/四
四三一/五/五
鯊 二六〇/四/一
2833_7
鯰 一二一/二/四
二四〇/三/七
二四六/二/五
鰜 二九三/十一/六
二九四/十一/二
六二八/五/三
六二八/五/七
鰜 二九三/十/三
2833_8
慫 三〇四/三/四
三〇四/六/七
2834_0
敍 六 二/十/七
四九〇/七/五
鮁 三九〇/六/三
鰍 一七五/四/六
二五八/十/三
斅 五 〇/七/二
鰴 六 〇/十一/三
鰺 一五〇/十/五
2834_1
鮮 四二三/十一/二
四二七/七/一

六六五/八/五

2834_6

鱒 三六六/一/一

三八六/三/三

五七三/九/四

鱒 三八八/三/一

五五一/十/三

2834_7

鰒 六三六/五/三

六五九/四/五

2835_1

鮮 一六四/三/六

三八二/五/八

五七一/五/六

2835_3

鱶 三 八/九/四

鱶 三 八/七/四

鱵 二七六/三/一

2836_1

鮯 七七〇/五/一

鱠 二六二/三/一

鰌 二六三/五/二

2836_4

鮥 三五〇/九/三

四三一/七/三

鮥 二六三/一/四

二六三/六/六

六一二/五/三

2836_5

鱔 三八四/九/四

2836_6

鱠 五二二/八/三

2838_1

鯲 一 八/二/三

[illegible] 一七〇/三/三

2838_6

鰜 二九二/一/二

四五五/三/一

2839_4

鰷 三九〇/六/一

鰷 一七五/四/四

鮽 八 七/二/一

2840_1

聳 三〇四/四/一

三〇七/五/三

2840_4

婺 一七五/六/四

二五九/一/四

2841_1

舴 七三五/三/一

七三六/五/三

七三六/八/三

艖 一〇三/三/七

一九九/九/五

二〇五/八/五

艖 四一〇/一/三

2841_2

舵 四〇四/八/十一

2841_3

艈 五八〇/十/六

2841_7

艗 七五四/八/三

艤 六七五/十/五

艦 四五七/一/二

鑑 五〇五/十/一

鑒 二九七/十/四

2842_1

舲 ○六二二/五/七

艅 八 四/二/四

2842_2

彤 ○六二一/十/五

2842_7

艙 一二四/六/三

一四二/五/八

一六三/五/一

艄 三四二/九/六

五〇五/四/五

變 七一一/二/二

艑 七七四/十/七

2843_7

舲 二四五/九/四

艓 六二八/五/四

2844_0

敆 四〇七/七/七

敦 三九一/四/七

敹 五〇五/十/二

艥 七一〇/十/一

2844_1

艵 二二九/九/二

2844_3

艀 七 六/十/七

八 五/四/七

四九八/十/九

2844_6

艀 五五一/十/一

2844_7

敠 六九六/八/五

艀 二五九/一/六

2845_1

艖 三三五/七/三

2845_3

艤 三一四/一/三

2845_4

艂 六 /十一/四

2846_0

船 一七一/三/一

一七二/三/九

2846_1

[illegible] 七七〇/十/六
艏 四三三/八/一
黔 七六九/九/一
2846_{6}
[illegible] 五二二/四/一
五二三/三/二
五二八/八/三
五二八/九/四
2846_{8}
[illegible] 一五八/二/二
五六七/二/一
谿 九 七/一/二
九 七/一/七
九 七/十/五
2849_{4}
艅 六 九/五/七
2850_{2}
[illegible] 三九二/十/七
五七八/七/六
△七五四/三/一
2850_{4}
[illegible] 二六三/七/五
2850_{6}
犨 一七五/二/四
2850_{8}
[illegible] 一 七/二/二
2851_{1}
[illegible] 七二八/三/五
七二八/八/一
2851_{4}
牷 一七〇/四/二
2851_{7}
[illegible] 四八八/二/四
2852_{0}
[illegible] 五二六/八/三
2852_{1}
牷 △六二二/三/二
犏 八 四/二/五
2852_{7}
牿 一二九/十一/七
犏 七七五/四/二
2853_{7}
牪 二四六/四/五
犍 二九三/四/六
2854_{0}
牧 六一八/五/四
六四一/六/二
犪 一四一/七/五
犞 二五六/十/八
2854_{4}
犊 二一七/十/二
2854_{7}
犪 四 八/四/二
2855_{3}
犧 三 七/二/三
犧 一九九/四/一
2856_{4}
牿 五九三/三/二
2856_{6}
犢 二五〇/九/三
2856_{7}
犬 二二二/六/二
2860_{1}
警 五七八/十/二
2860_{4}
咎 一九〇/四/二
四三一/五/二
2861_{7}
齕 一二二/八/二
齸 六二五/十/七
2862_{1}
舲 △六二二/三/三
齡 二五二/二/一
黔 二八二/八/六
二八三/十/一
龥 二七一/十一/八
2862_{7}
齡 二八〇/六/六
黔 一三〇/四/三
齝 二一二/六/一
黐 三〇三/三/五
2863_{7}
魿 二四六/九/一
齡 二四六/三/三
鹻 四五五/十一/五
黼 二九二/九/二
二九三/六/二
2864_{0}
敌 六九八/八/八
敆 二 五/六/五
敂 四三六/十一/六
六一六/八/六
敽 五九〇/七/八
敾 二五〇/九/六
敼 一〇四/三/七
鹼 四四九/一/三
六二五/一/八
六二五/五/二
皦 三九二/九/四
2864_{1}
皏 四二三/十/二
齭 二四二/十一/五
四二五/十一/六
2864_{7}
馥 七六一/三/七
七六一/七/八
2866_{6}
皠 八 /二/三

2866_7
䶊 二八二/八/五
2867_2
𪗼 四三二/八/二
2868_6
𪙈 二八八/三/五
四五五/十一/四
六二八/九/六
2870_0
𪗈 六九六/五/三
2871_0
𡴭 二一二/五/四
2871_1
嵯 二　六/三/三
嵳 一九九/六/一
一九九/七/三
齚 七三六/六/八
七三六/七/二
齹 二　六/三/一
2871_2
𣭀 五二六/七/五
2871_3
㟁 五一九/六/七
2871_4
𡸁 二〇〇/五/一
五九一/二/六
𣯛 一　七/十一/三
𤽮 △一〇八/四/二
2871_6
𣭒 七七〇/二/五
2871_7
屹 六六九/六/六
六七六/一/四
𡺚 五二四/二/三
𣯴 一　五/十/五
二　三/十/七

𡽗 一四〇/二/五
𪘀 六七九/九/四
六八三/九/一
六八四/二/一
七〇二/九/四
齸 五〇八/二/六
六六八/五/一
七四五/十一/七
2872_0
岕 五二六/八/一
齘 五二七/三/六
2872_1
𪗴 △六二二/三/四
崳 八　三/五/七
嶟 三六五/十一/六
2872_7
岒 二九二/五/六
崘 一二四/七/九
一四二/五/五
嵡 一　一/一/五
嵡 二九一/八/七
2873_1
𡼮 三九四/十/三
2873_2
飧 二六一/九/六
四三三/四/三
四三四/六/七
餐 三八〇/二/七
餯 四七七/九/八
2873_4
𠤕 五　七/三/七
𡻝 五六七/十/一
2873_7
岭 二四五/七/五
齡 二四五/五/七
嵰 二九一/十/五

二九七/一/三
四五二/九/一
四五五/十/六
𪙧 二九一/十一/五
二九五/十一/一
二九七/二/四
四三六/二/三
六二八/九/四
2874_0
收 二六三/七/一
六一三/十一/三
峧 三三五/三/一
𡶉 三二八/五/二
𢻫 四　八/九/二
三二一/一/一
三二一/二/四
敀 四　八/九/三
2874_1
𪘓 一五九/六/三
四二五/十一/二
2874_2
𪙺 七二五/八/七
2874_6
峅 二九一/八/六
四五三/五/六
嶟 一二三/二/三
一二三/三/二
一四一/二/一
2874_7
𡾗 四　八/七/二
2875_1
𡶭 二一三/九/二
𡿍 一六四/五/八
三八二/七/五
2875_3
嶬 三　七/六/五

齸 三　八/八/二
三一三/十一/二

2876_1
峆 七六九/八/三
峹 二八二/七/六
崷 二六三/四/三
𪘆 七六九/七/二
七七〇/三/六
七七二/三/六
七八六/三/三
𪙏 二八四/五/五
嶒 四四五/四/三

2876_6
嶒 二五〇/八/八
嶒 二三六/二/七
二五四/六/六
嶒 五二一/十一/六
五三三/一/一
嵢 二七八/四/六

2876_8
峪 六五四/四/四

2877_2
嶅 五八三/六/三

2878_1
嵷 三〇四/五/二

2878_6
嶮 二九二/一/六
四五二/六/四
四五五/二/二

2880_0
赵 四六四/十/八

2880_8
遽 七八五/四/九

2880_9
炎 四三一/二/二
倓 六四三/二/一
㷋 一　七/十/七

赞 三〇六/五/一

2883_7
鎌 六二六/四/一
六二九/六/五

2884_0
敞 一〇四/七/四

2890_3
繁 七二〇/二/一

2891_1
紷 九　一/九/五
秨 四九九/六/六
七二八/四/六
綼 四一〇/二/四
七二八/七/四
縒 二　六/三/四
三三七/十一/六
▲四〇五/三/一
四〇五/四/五
七二七/十一/二

2891_2
絁 二　五/五/六
繸 二　五/五/五

2891_5
秫 五一一/五/八
五一九/二/二
五五九/十/二
六九三/十一/四
七〇九/十/二
絨 五一九/六/一

2891_4
絟 一六九/六/七
一七〇/六/四
七〇八/七/七
七一〇/七/二

2891_6
纜 六二六/二/二

2891_7
秔 六七五/十/三
六八三/八/八
七〇二/十一/六
紇 六七九/九/三
六八三/九/四
七〇三/一/三
七一三/七/二
七一四/十/一
秔 四八八/八/一
▲六八四/二/二
紇 六八四/一/八
穑 五二四/二/四
縊 四七〇/四/五
五〇八/二/一
虤 六七一/三/一
繿 二八五/六/七
穭 二八七/四/七

2891_9
絵 二七九/十/三
二八〇/二/五
二九二/四/二
▲六二二/四/八

2892_0
紒 五〇七/四/四
五二六/八/四
七〇三/八/一

2892_1
紟 二七九/十/一
▲六二二/二/三
▲六二二/四/七
稕 三六六/一/三
緰 一五八/十/八
緰 七　九/五/三
八　四/二/三
一八二/九/三

二七一/八/四
二七一/十/六

2892_{2}

紾 三五二/七/六
三五五/九/五
三七九/十/三
三八〇/三/六
三八四/八/三
三八七/五/二
三八七/七/八

穇 二七七/二/一

2892_{7}

秎 一二九/十一/五
三五八/五/五
五四五/五/二

紛 一二九/一/一
一三〇/五/二

紟 二八〇/二/四
二九二/六/三

綸 五 一/八/一

稊 九 五/四/三

稐 三五五/八/二
三六六/八/一

綈 九 四/九/六

稐 三五五/八/三

綸 一二四/四/四
一四二/六/四
一五五/四/六

[illegible] 六七三/三/五

2893_{1}

稔 四四二/三/一

[illegible] 六五〇/一/四
六五一/四/五
七二〇/二/三

緫 六二八/四/三

[illegible] 三三四/三/八

2893_{2}

[illegible] 四七五/八/五

緣 四七五/六/五

[illegible] 二六二/九/三
二七三/六/六

2893_{3}

穟 四七五/八/四

繸 四七五/六/四

2893_{4}

縌 七三七/六/一

縸 五六七/十一/一

2893_{7}

秢 二四六/六/五

紷 二四六/三/二

稴 二九〇/九/一
二九三/四/二
二九三/九/三
二九三/十一/四
二九四/十一/六
四五四/四/二
六二八/三/四

縑 二九三/九/一

2894_{0}

敹 一七五/十一/五

[illegible] 六九六/八/一

[illegible] 六 〇/八/五

[illegible] 六九六/八/二

[illegible] 七〇三/二/五

繳 三九二/十/四
五七八/十一/七

繳 七四〇/四/六

繳 七 七/三/三

繖 七一一/二/六

繖 三六九/九/三

繖 五五七/三/六

2894_{1}

絣 二三〇/三/五
二三六/十/四
二三八/九/二
四二三/十/四
四二三/十一/七

2894_{6}

縛 一四一/二/三

2894_{7}

綷 七三七/六/二

2895_{1}

[illegible] 四九六/二/六

[illegible] 五七一/五/五

2896_{1}

秴 七六九/七/九
七七〇/二/四

給 七六八/六/三
七六八/九/八
七八五/五/六
七八五/九/一
七八六/二/五

緧 二六二/一/一

緧 二六三/四/四

2896_{4}

綹 四三五/五/一

2896_{5}

繕 五七二/十/一

2896_{6}

[illegible] 五二二/四/五
五二八/七/三
五九〇/四/一

繒 二五〇/六/六
六一一/二/四

繒 二五四/五/二
二五四/六/一

繪 五二二/一/二
五二三/一/二
五三三/一/四

2896_{7}

穃　六〇二/六/三

2896_{8}

綌　七三六/十一/三

綹　七二七/十/三

2898_{1}

⿰禾從　一　七/七/一

縦　一　七/九/六

四六四/九/三

縱　九　/五/六

一　七/九/五

三〇二/三/一

三〇四/七/一

四六四/八/六

綻　五七二/三/五

穓　四七六/一/三

四八二/九/三

縼　五七二/三/四

2898_{2}

⿰糹羨　三八三/二/四

⿰糹羡　三八三/十一/一

五七三/十一/二

五七四/九/一

2898_{6}

⿰糹僉　四五〇/十一/三

四五二/四/三

2899_{3}

縧　五〇六/九/四

2899_{4}

稌　六　七/五/二

八　六/五/七

八　七/五/五

三三八/六/四

三三八/七/二

⿰糹余　六　六/七/四

2905_{0}

牉　五五六/六/四

2910_{9}

鍪　一七八/四/十〇

2911_{1}

⿰𠂤光　四一九/八/一

2911_{7}

⿰黍卷　二六一/三/六

2913_{6}

蝥　二六二/四/八

2915_{0}

衅　五四三/七/六

2919_{6}

⿰缶京　七二二/二/二

2921_{1}

侊　二二五/二/二

二二九/六/四

觥　二二九/六/三

2921_{4}

⿱敄隹　二六二/二/七

二六二/八/一

二七三/七/一

2921_{7}

⿰亻⿱⺍冗　二四一/七/五

⿰亻⿱⺍兄　二四一/七/四

倦　三九〇/一/四

五七六/二/六

⿰彳卷　三六一/三/四

2922_{0}

仯　三九六/六/四

三九八/八/三

五八四/七/九

⿰彳少　一九九/三/二

紗　一八三/六/一

三九五/一/五

⿰角少　一八八/三/五

五八四/七/三

⿰身少　三九八/五/二

⿰彳少　三九六/六/三

2922_{7}

僗　一九四/十/一

一九五/五/四

五八八/十/二

帣　一七八/五/六

△三九〇/八/二

倘　二二〇/五/五

四一四/七/五

四一七/七/二

徜　二一五/四/三

俏　一七八/三/四

五七九/五/五

五七九/七/七

⿰彳肖　三九三/四/三

五七九/七/六

⿰亻劳　五七六/二/八

⿰角劳　四　〇/七/三

⿰亻鶯　二五三/一/三

⿰身劳　五八八/十一/一

艄　五八四/五/三

⿰角肖　三九八/六/四

⿸广鶯　六　/二/四

一　五/四/一

二五三/二/四

⿰舟鶯　一　五/三/五

二五三/二/三

2923_{0}

⿺夊少　六九七/一/二

七〇八/五/二

2923_{1}

儻　四一四/七/六

四一七/四/五

四一七/六/二

六〇〇/十/一

六〇三/十一/三

2923_8

僽 二六六/一/二

△六一四/十/二

2923_9

僯 六九九/十/三

2924_4

僂 六〇九/十一/一

2924_8

併 六〇九/十/九

2925_0

伴 三六九/七/三

五五六/七/三

五五六/十/三

2925_9

僯 三五五/六/一

五四二/七/一

2926_2

偗 四二二/六/三

2926_6

儅 二一九/十一/二

六〇〇/十一/四

2928_0

偢 二六六/一/三

五七九/八/五

2928_6

償 二一五/四/四

四一五/六/四

五九八/四/三

2928_9

倓 二八四/八/四

二八五/二/四

四四九/八/一

四四九/十/五

六二五/八/三

六二五/十/四

艈 二八九/五/五

四四九/七/三

2929_4

倈 三一六/五/八

儫 四一七/七/四

六〇三/十一/五

2930_0

魦 三九三/三/三

2932_0

魦 二〇〇/一/四

二〇五/五/三

五八〇/二/六

鷚 三九六/六/一

2932_7

鰷 七〇六/五/七

鶩 二六二/二/六

鮹 △一七八/二/五

一八八/一/二

2933_2

鰇 二五三/三/二

2933_8

愁 一九三/二/一

二六二/六/二

二六六/三/二

2935_9

鱗 一二一/二/三

2937_5

鱠 二一五/五/一

2938_0

鰍 七五一/十一/二

鰍 二六二/三/二

2938_6

鰿 四〇六/十一/五

2939_4

鮇 三四一/十/五

2940_4

婺 二六二/五/五

嫠 一八七/十一/三

三九八/六/三

2942_0

舯 五八四/六/八

魦 二九七/七/七

2942_7

艄 一八七/九/五

五八四/四/五

2943_0

촜 七〇二/二/三

2944_8

艕 四四三/三/一

2946_6

艡 二二〇/一/五

六〇一/一/二

2950_2

犂 二六三/五/五

2951_4

犆 二一九/八/二

2951_7

犈 一七三/三/六

五七五/十/五

2952_7

犆 五八四/五/四

2956_2

犆 四二一/二/二

四二一/二/三

2960_1

酱 二六二/六/三

二六三/二/七

2962_0

砂 二〇五/三/二

2962_7

鳊 七〇六/三/五

七〇六/九/四

䶊 一七八/二/七
五七九/六/五
2963_{1}
矘 四一七/五/六
2968_{9}
舕 四四九/十/一
六二五/十一/六
䶩 六二五/十/八
2971_{7}
甃 六一四/八/四
鼀 二六二/四/四
2971_{8}
毯 四四九/七/四
2972_{0}
紗 一七七/七/三
五八一/四/一
五八一/十一/六
紗 二〇五/五/六
2972_{7}
嶗 一九五/四/七
峭 五七九/六/七
2975_{9}
嶙 一二〇/十/一
三五五/五/四
2976_{6}
巆 二四八/一/六
二三五/一/六
二三五/八/二
二三五/八/四
2978_{9}
餤 四五〇/三/二
四五〇/七/二
六二六/五/七
餤 四五一/四/四
2979_{4}
嶸 二三三/六/一

二三五/一/五
2980_{4}
遳 四六〇/十/二
2990_{3}
綮 六四四/五/一
2991_{1}
絖 六〇二/九/五
六〇二/十一/四
2991_{4}
綫 二五三/一/九
2991_{7}
䅚 三六一/三/一
五七五/七/六
綣 三六一/二/六
五四七/九/四
䊷 五七六/二/十〇
2992_{0}
秒 三九六/五/五
紗 二〇五/四/三
三九六/六/二
2992_{7}
稍 六六五/六/七
七〇六/九/五
穋 一九五/一/二
穋 二四九/八/八
穋 五八八/十一/四
稍 一八七/十/七
三九八/四/九
五八四/三/五
稍 一八七/十一/一
綃 一七七/十一/六
一八七/十/八
綃 一八八/一/六
䌩 五八八/九/四
䌩 五七六/三/一
2993_{1}

穮 四一七/四/六
2993_{4}
穙 五四五/一/五
2995_{0}
秤 三六九/八/五
絆 五五六/四/三
2995_{9}
繗 一二〇/十一/一
2996_{6}
穭 二二〇/一/四
2998_{0}
秋 二六一/十一/六
緧 二六二/一/二
2998_{1}
(穳) 禾 △三二六/六/四
穳 四八七/九/六
2998_{9}
緂 二八四/六/四
二八五/一/六
二八六/七/五
二八九/六/一
四四九/七/二
2999_{3}
纇 二五三/一/八
2999_{4}
絑 三四一/九/三

四六五/六/七
灘 四二/三/三
灘 三一/一/九
瀘 一六六/七/七
雝 一三四/六/二
灘 二一/二/五
四六五/六/六
灘 一四四/十/八
一四五/六/八
三六七/七/四
五五八/十/四
五五九/二/四
五五九/七/一

3011$_{6}$
滰 四一三/十/三
六〇四/十/二
澶 一六五/九/四
一六六/三/五
一六六/七/八
五五八/十一/二
五五九/二/一
竟 二三〇/十一/九
竟 二三九/十/六
六〇六/八/二
瀘 △三八四/八/五

3011$_{7}$
沆 二二四/二/一
四一八/十/一
四一九/四/五
瀛 二四〇/五/五
瀛 一四〇/六/二

3011$_{8}$
泣 七六七/五/三
七六八/三/四
涖 四七七/五/一
五〇六/五/六

3012$_{1}$
漪 三八/二/六
渟 二四四/一/三
二四四/五/五

3012$_{3}$
濟 五〇二/五/二
濟 九二/八/一
三四一/五/六
三四一/六/七

3012$_{7}$
汸 二一一/十/五
二一一/十/八
二一二/四/一
沛 五一八/九/五
五一九/九/一
五二〇/一/五
六九三/八/七
渧 九四/八/三
五〇四/四/一
滂 二二一/五/一
滂 二二一/四/五
二二一/九/五
二三〇/一/五
二三〇/二/七
漓 三一/一/十〇
滴 二一四/七/四
滴 七五〇/九/一
淯 六四六/四/五
滴 七六八/四/四
七八五/二/一
七八六/七/五
窩 三〇五/二/七
瀉 一五八/六/二
瀉 五一五/八/八
瀉 三九九/五/一
六四九/七/二

六五六/七/三
七二九/四/二
七五一/八/二
廟 六二〇/三/四
濂 二〇/二/四
霈 四四一/四/五
濟 一五一/十/一

3013$_{0}$
汴 五七六/七/二
泝 七四六/八/十
汯 一三七/十/五
三六三/九/六

3013$_{1}$
潐 四九二/四/一
潐 一七九/四/三
五七九/九/四
瀌 一八〇/八/一
一八四/七/一
二七三/七/六
二七四/四/二
五八一/十一/二
五八二/四/二
濾 七八九/十一/二

3013$_{2}$
浓 六一/四/二
宷 二五六/六/一
滚 三六四/九/二
粢 二五七/四/一
[泫] 泫 一六二/七/三
一六三/四/五
一六三/七/二
泫 △三八一/十一/一
[泫] 泫 五七〇/一/七
滾 五五〇/四/八
滾 四二/四/四
潇 二二三/三/五

濠 一八九/八/八
浤 六〇三/九/二
滋 五三/五/一
五三/十一/八
滴 七五〇/九/二
瀤 一〇四/十一/五
一〇五/四/一
瀼 二一三/一/三
二一五/八/二
二二一/二/三
四一五/五/五
四一八/一/一
五九八/五/一
灢 四一五/五/六

3013_3
濨 五三/十一/七

3013_6
蜜 六六五/九/一
澺 七五九/十/九
蹇 一四三/四/二
蠠 六六五/九/二
蠹 二四七/二/二
六〇六/九/五

3013_7
濂 二九三/五/二
四五四/九/二

3013_8
鍃 三四四/十一/五
四一二/三/二

3014_0
汶 一一九/七/五
一二八/七/二
一四〇/七/一
三五七/十/二
五四四/七/三

3014_1
穿 九二/三/三
瀞 三八六/十一/四
澼 七四七/八/五
七四九/五/五
七五四/三/五
滜 一二一/七/五

3014_3
洴 七四六/九/一

3014_4
淒 七六四/九/六
七七七/一/六
七七七/五/一

3014_6
漳 二一五/一/六

3014_7
液 七四四/五/一
七四六/八/九
㴑 四九九/二/七
渡 四九九/十一/八
淳 一二一/七/三
一二一/十一/一
三五三/三/六
澓 六四〇/四/二
六四一/二/一
寖 二七四/十一/七

3014_8
洨 一八四/十一/四
一八五/六/三
五八二/六/七
淬 五三二/七/五
五三二/十/三
淬 五三二/六/四
六七一/五/三
六七一/七/七
瀔 七五四/四/三

3015_3
竄 七四一/九/六
七六〇/十/七

3015_7
海 三四九/十一/一

3016_1
涪 七八/八/三
二六六/五/六
二六九/九/五
湆 七六八/四/一

3016_3
[㴸] 滀 六四四/九/四

3016_6
湆 七五九/十/八

3016_7
溏 二一九/四/六
漕 二一九/四/五

3018_6
瀇 四一九/九/三
四二〇/四/一
六〇三/一/一

3018_9
窦 二八四/十/三
二八五/一/五
六二五/十一/二
竅 一六二/八/一

3019_1
窾 一二四/九/六

3019_3
瀿 五〇/四/五

3019_4
滦 七〇七/十一/三
濼 二四九/六/一
潫 七六四/六/五
七六四/九/五
澟 二八〇/六/二
四四三/七/一

字	出处
家	七四九/二/二
穿	一七〇/六/九
裿	三一三/二/五
	三一三/五/三
	三一三/十/二
窬	二七一/七/二
	二七一/十/四
	六一九/九/七
窬	八三/五/一
3022₂	
竊	六一〇/十一/七
3022₇	
甯	三三三/十/三
寗	三三三/十/五
穷	一一九/六/五
穷	二二一/六/六
帘	一二八/四/四
	二九〇/九/六
	五七九/二/三
祊	Δ二二九/八/四
帍	三四〇/五/三
帘	三五六/二/八
㒳	一四七/四/四
祢	四八六/十一/七
	六九二/七/一
	六九二/九/三
房	二一二/三/六
	二二一/六/七
窉	六〇四/四/五
	六〇四/五/三
	六〇四/五/五
窉	四二一/十一/二
	六〇四/二/五
禘	五〇四/六/八
窌	一八八/十一/七
房	三四/十一/二
宵	一七七/十/一
扁	一三六/二/九
	一五九/四/四
	一五九/八/六
	一六八/六/四
	三五四/四/六
	三七九/一/三
	三七九/四/八
	三八六/五/七
窵	三九/十一/三
	三一四/八/五
肩	一四二/七/七
	一五四/十/四
	一六一/五/六
	一六二/七/一
宵	六一一/五/一
宵	六一一/八/六
扃	二四八/三/一
	四二六/七/一
	四二六/九/一
	六〇八/九/二
窌	二三四/十/三
	二三五/三/六
	二三七/九/三
肩	一六一/五/五
窌	二三五/四/六
	二三七/九/四
甯	四六一/五/二
褵	三〇/九/五
褯	五九二/十一/三
	七四五/九/三
窉	四二一/十一/五
	六〇四/四/四
	六〇四/五/二
	六〇四/五/四
寨	七六三/四/七
窩	五/八/五
	三〇一/三/六
髙	六五五/四/四
帝	四四〇/十一/三
禎	六四六/六/五
窉	六〇四/二/四
	六〇四/三/五
扇	一六五/二/二
	五七二/五/六
窩	七三九/九/六
	七四二/四/三
禞	七五一/八/一
窩	七〇四/十/五
窮	六一〇/八/八
	六二八/九/八
寫	五四一/八/七
窩	一八四/三/三
寡	四一二/二/五
禞	三九九/九/四
寡	一五九/十/三
竊	四七八/九/四
窮	一四/二/二
	一四/六/一
寡	四六三/一/一
竊	三三一/三/二
	四九〇/十/一
竊	六〇四/三/三
竊	六〇四/五/一
竊	一七/一/五
竊	五〇一/十一/六
竊	四四一/一/二
3022₈	
夼	五二六/二/四
3023₀	
衸	七四六/十/三
3023₁	

居 四五四/三/二
[illegible] 六三/十一/二

3026$_{6}$
竆 一四/六/二

3026$_{7}$
启 三四三/八/一
禟 二一九/九/六

3027$_{2}$
窟 六八四/七/九

3028$_{9}$
[illegible] 四五〇/四/三
[illegible] 二八二/九/三
[illegible] 三九一/一/一
[illegible] 二八二/九/二
[illegible] 二八四/十/五

3029$_{1}$
[illegible] 二六七/三/二

3029$_{3}$
[illegible] 八九/四/五
四一一/九/二
五二三/八/五

3029$_{4}$
[illegible] 三四〇/二/一
四五五/九/三
[illegible] 五七七/八/三
五七八/二/四
[illegible] 三四一/十/一
[illegible] 三一七/二/四
[illegible] 四八一/七/五
[illegible] 七七一/七/六
[illegible] 五〇八/四/六
[illegible] 一〇一/三/一
三一六/六/六
三一七/二/五
三二一/五/四
三四一/十/二

三四四/三/四
四八一/七/七
[illegible] 五一六/六/五
[illegible] 五一六/八/三
[illegible] 五一六/六/六
五一六/八/四

3030$_{1}$
[illegible] 三三四/二/五
迒 二二/八/四
二二三/八/三
二二四/三/四
四一八/十一/一
進 五四〇/八/六
五四〇/十一/一
邅 一六六/二/五
三八七/七/六
五七三/十/六

3030$_{2}$
迊 六九二/二/五
六九二/十/九
六九三/一/一
遃 三六二/三/二
三八九/八/七
五五四/二/六
遆 九五/十/七
適 七三九/八/五
七四二/三/五
七四四/二/六
七四五/一/三
七五〇/六/六
七五一/四/九
七五一/六/二
遒 六四六/一/五

3030$_{3}$
迹 七四三/四/一
寒 一四二/十一/一

遮 二〇四/十/一
五九三/六/四

3030$_{4}$
[illegible] 一八五/二/四
逹 四七八/四/二
達 六六三/六/四
違 二一四/十一/一
避 △四七二/二/三

3030$_{6}$
這 五四八/十/三
五七五/三/六

3030$_{7}$
之 五〇/十/二
[illegible] 四五五/四/三
六一〇/八/九
六二八/九/七

3030$_{9}$
逨 四七七/八/四
邐 一〇一/三/七

3032$_{7}$
宀 一六八/十一/二
[illegible] 四〇八/十/三
寫 四〇九/一/二
五〇二/三/四
五九二/八/七
[illegible] 三九〇/十/四
四〇二/四/二
五七七/六/一
[illegible] 二六一/四/六
鶱 一六七/十一/一
三八九/六/三
五四八/六/六
[illegible] 一三五/五/五

3033$_{1}$
窓 三二〇/七/七
窻 一三四/九/五

六七七/八/二

窯 一八五/七/七

窯 一八二/二/一

五八〇/十一/一

䆗 六六四/四/二

䆗 二六二/十/四

潐 三九三/七/三

樵 五七九/八/七

禚 三九三/六/二

窸 七六三/六/二

䆗 一三一/四/五

3033_2

宓 六六五/九/六

六六六/六/四

窻 八/七/三

窻 二三/九/一

3033_3

窸 七六三/六/三

3033_4

窯 三五一/五/三

3033_6

憲 七二九/五/十

憲 五四八/四/五

憲 三八〇/七/五

3033_7

宗 二二四/十/八

寍 一四七/六/四

三六九/一/五

五五五/五/五

寘 一七七/四/三

3033_8

寒 一六七/九/七

五三五/五/四

七六三/六/一

3033_9

窸 六六三/十/二

3034_2

守 四三三/七/三

六一三/十/四

3034_7

𡨄 四三三/七/四

3035_1

辥 二七/六/三

3040_1

宇 三三三/十一/一

穻 七四/八/四

宰 三五一/三/三

寁 二四四/五/二

準 三一七/十/一

三五三/三/一

七一〇/一/五

3040_4

安 一四三/十一/三

窔 五七九/一/七

窔 三九二/五/三

宴 一九七/八/七

宴 三八一/五/五

五六九/四/四

寠 六七一/九/一

六九七/四/一

六九八/九/四

六九九/六/五

寠 二七二/八/三

四九八/一/八

窶 二七二/八/四

窶 三三三/七/五

3040_6

窧 四四七/十一/四

3040_7

字 五三/七/三

四八四/七/八

窔 二六五/三/四

四三八/八/八

𥤢 四八四/七/九

窮 一七〇/六/十

窙 一八六/一/四

一八六/一/五

寏 四四〇/十一/二

寏 一四九/八/三

寏 五八一/三/四

3040_8

窔 三九二/五/二

五七九/一/五

窔 五七九/一/四

窣 三五一/三/四

窣 六八二/六/七

窣 六八二/二/七

3041_2

窕 二七八/九/五

3041_4

雍 五六〇/九/四

雍 六八三/四/八

3041_6

寃 五五〇/六/一

3041_7

宄 三二〇/七/六

究 六一二/一/四

𥦗 六二八/二/一

七八一/四/一

七八二/九/五

3042_7

寓 三三三/十一/二

寓 四九三/十/二

竊 六四七/四/七

竊 六四七/五/一

3043_0

宎 一七七/六/三

三九二/六/七

五七九/二/四
宎 六八二/十/五
突 六八二/十/四
六八三/二/五
六九四/一/二
七〇一/十一/二
突 三九二/五/四
五七九/一/六
实 一四六/四/一
五七五/六/二
寏 五八六/二/六
窫 二四七/三/一
寘 七二七/六/一
竇 五〇七/十/三
七〇三/四/二
七〇四/三/一
竂 六九五/五/六
七〇四/三/二
寶 三七五/二/二
竂 七六三/五/四

30432
宏 二三四/九/八
突 △六二一/八/一
突 二七五/十一/二
二七六/十一/五
二七八/九/四
宖 二三四/十/一

30438
窫 四四七/九/二

30441
窉 四六一/十/四

30446
窶 四四六/二/七
四五三/一/四

30447
奐 一四/九/二

窡 六九七/三/一
六九九/六/二
竴 一四二/十一/二

30500
宊 七〇四/十/七
七〇五/十/四
七〇五/十一/三

30502
牢 一九四/十一/一
二七二/八/二
窂 六九六/二/七
六九七/六/一
搴 一六七/十一/五
一六九/二/六
三八九/三/四

30506
窜 十三/四/三
窜 △七八九/二/二
寅 四八四/三/五
窶 一四三/十一/五

30508
牢 一九四/十一/二

30516
窺 三六/七/六
窺 三一二/九/七

30527
穷 二〇八/六/三

30530
突 六六八/四/一

30544
窫 七〇五/十一/一

30557
寯 二四七/三/四
六〇八/五/六
寯 二六九/七/六
六一七/二/二

寯 六一七/六/三

30558
穽 四二四/四/一
六〇六/四/一

30601
宕 六〇〇/八/一
容 七六九/十一/四
容 七六九/十一/三
七八七/一/八
窖 五八三/一/五
五八七/九/七
害 五二〇/十/一
六八六/二/二
害 七四二/十/三
害 五〇一/十一/七
窨 六二二/七/二
窨 二七八/十/二
二七九/三/一
謇 三六一/十/五
三八九/二/六

30602
窅 四二二/五/四

30603
窨 七六一/八/五
七六三/三/五

30604
客 五九五/五/二
七三四/五/一
窖 六九七/三/二

30605
宙 六一五/一/六
宙 六一三/八/二

30606
宫 一四/二/三
富 六一三/一/四
𡪙 二三六/四/二

窅 四四七/九/一
四四八/五/一

30801
定 二四四/十/六
六〇八/一/二
六〇八/三/四
宾 四六二/二/二
宾 五九五/二/七
宾 一二五/三/七
寔 七五五/十/三
𡫸 四四六/九/六
七七七/九/三
蹇 三六一/十/八
三六二/五/三
三八九/二/二
蹇 一三五/四/二
一三五/五/六
一六七/十一/三
三八九/五/六
寘 四六六/八/一
四七三/八/一
窴 一二〇/七/二
一六〇/七/五
三八七/六/八
五六八/二/三

30802
宂 三〇三/九/一
四六五/四/一
六七〇/一/四
七〇四/八/四

30806
寅 四六/二/一
一二五/三/五
賓 六六五/十/二
賔 二三九/八/五
賓 一一八/五/六
賓 一一八/五/八
賓 一五/八/五
賔 一一八/五/五
五三九/十一/一
賓 六六三/二/三
賽 五三五/五/三
寳 六一九/九/六
六三八/四/六
寶 四〇〇/八/二

30807
宊 四三二/三/一
六一二/二/一

30808
[illegible] 一四二/十一/三

30809
灾 一一五/二/二
[illegible] 四四九/九/七
[illegible] 一一八/五/九

30848
[illegible] 六一二/一/五

30861
[illegible] 五〇一/十一/八

30901
宗 △六五一/六/一
七四九/一/七
宗 十五/八/一
䆫 四八一/一/六
察 五一二/六/二
六九六/十/二

30903
索 七二七/九/五
七三六/一/七

30904
宋 四六四/二/一
宷 三五一/二/二
四四一/五/三
宷 五三五/九/一
宗 四〇〇/九/六
[illegible] 二〇六/十一/八
[illegible] 二〇七/一/一
[illegible] 一四七/六/七
[illegible] 一七/十一/八
[illegible] 五五三/十一/四
[illegible] 五五三/十一/五
[illegible] 六六三/二/五
[illegible] 一一七/十/三
五四〇/五/八
[illegible] 一七/十一/九
[illegible] 七一三/八/二
寨 一六八/一/六
五二九/三/四
窠 一九七/五/一
窠 一八八/五/三
[illegible] 七二四/五/三

30906
[illegible] 一七五/八/四
察 一七五/九/一
[illegible] 一二五/三/八

30916
宿 △四三〇/六/二
寴 一一七/十/二
五四〇/五/七
五四二/一/四

30917
䆿 四八一/一/七

30927
竊 七〇〇/一/五
竊 七〇〇/一/四

30947
寂 七四九/一/八
[illegible] 五二〇/六/一
[illegible] 五五八/四/三

30948
[illegible] 一八八/七/二
30962
[illegible] △四三〇/六/一
30982
窾 一〇/六/四
一九七/七/九
三六八/七/六
30994
[illegible] 二七八/四/三
[illegible] 四八六/七/六
31104
[illegible] 五〇六/三/五
31107
[illegible] 七四/七/四
[illegible] 九二/三/四
五〇一/八/九
31110
江 二二/二/一
沚 三二一/十一/五
四八三/二/八
沘 四九/九/一
三二〇/十/六
三二一/七/八
泚 三一〇/五/三
三一〇/八/五
三四一/五/五
[illegible] 九/十一/七
四六二/八/五
31111
沅 一三三/四/二
三六〇/二/二
泟 二三九/十/四
涇 四二四/九/五
四二五/三/三
涇 二四七/四/二
四二七/三/四
六〇七/二/四
[洭] 洭 二一八/七/六
瀝 七五三/二/八
瀝 七五三/二/三
澁 七六六/二/七
瀧 二五三/六/四
瀧 六/八/二
一九/七/二
二三/八/二
二四/三/八
四六一/十一/二
灑 三〇九/四/二
三四四/四/三
三四五/五/四
四〇九/九/六
四六七/十/一
五二四/九/四
31112
[illegible] 六五九/七/六
31114
汪 二二四/五/三
二三五/四/五
△四一六/二/四
六〇〇/四/三
六〇二/十一/八
汪 二一八/十/五
(汪)氵 △四一六/二/五
汪 四二〇/三/七
六〇〇/四/五
六〇三/一/二
涇 四七六/六/五
六六七/六/六
湮 一二五/二/三
湮 一二五/一/四
一六二/九/六
五〇八/二/三
五六九/七/二
七〇四/四/四
涯 三八/八/四
一〇一/十/四
二〇九/七/四
滙 二一八/七/五
灗 七三一/一/四
瀅 七六五/八/五
溉 四八八/九/四
五三五/十一/七
五三六/四/九
瀘 九〇/十一/七
瀝 五三六/七/三
31116
沍 四〇六/七/一
洹 一三三/十一/一
一四五/四/六
漚 二六八/一/四
六一七/七/五
澶 二一七/九/四
31117
洰 三二九/四/三
涯 五五/四/三
三二三/十一/一
三二四/八/七
澀 二一〇/七/二
淲 九一/一/二
二七四/三/六
潀 三八二/八/四
瀨 四五七/三/七
瀘 六五/六/五
二〇五/十一/一
滮 七三五/五/三
七三五/六/三
澷 二〇四/一/四

瀘 八七/十一/一

31118

浢 六一九/九/五

灃 二四六/八/四

31120

汀 二四四/一/一

二四四/十/五

四二九/一/五

六〇八/三/二

河 一九六/六/一

31121

洐 二二八/十/一

氵術 六七〇/七/五

渦 一九五/十一/二

31127

洏 五二/四/二

沞 七七一/六/一

濔 三一六/五/四

三四一/十/六

三四三/七/二

污 七四/八/二

沔 三一六/五/六

三五五/一/二

三八六/七/七

沸 五二二/九/四

馮 一一/七/三

二三七/四/六

二三七/六/二

二五〇/四/七

二五〇/六/四

△三五八/一/四

六〇四/四/三

濡 五二/七/二

六七/八/二

七九/七/六

八一/七/四

一五一/一/四

二六四/十/一

三八五/七/五

四九七/六/二

五六〇/六/四

五九二/一/四

溤 一五五/二/三

一六七/七/三

一六七/八/一

五四八/八/一

馮 二五〇/六/五

瀰 三四/七/七

三一六/五/三

三四一/十/七

三四三/五/八

滆 七四〇/三/二

七四〇/十一/二

浰 五二四/九/七

潳 一二二/三/二

溮 四〇/十/一

浻 三七九/六/七

五七一/二/一

濿 五一四/五/三

澕 七五一/七/六

瀞 七四二/四/四

七四五/七/二

灞 五九二/五/六

灪 二七三/五/三

31129

涉 七七八/十/六

七八一/三/二

31131

沄 一三〇/十/二

澐 一三〇/九/一

31132

涿 六六二/三/三

涿 六三七/八/五

六三八/六/五

六六一/七/二

〔泫〕泫 五〇〇/九/五

〔泫〕泫 八九/二/二

五〇〇/十一/五

七二八/十一/二

七三四/一/二

派 一二二/三/三

漲 四一六/五/五

五九八/十/二

濠 六四/十一/八

三二九/三/八

四九一/三/五

四九一/六/六

漲 二一六/五/五

四一六/五/六

五九八/十/一

31134

淏 一四二/六/七

一五一/一/三

三六六/九/一

三七二/二/二

三八五/十一/四

五六〇/六/三

濵 七二/七/二

31136

濾 四九三/二/二

灩 六四/六/八

31137

漻 二四六/七/五

31140

汗 一四三/一/三

一四三/九/五

五五二/八/七

汙 七三/六/三

汧 | 九一/十一/二
 | 二一〇/七/六
 | 五〇一/八/六
 | 五九〇/六/七

汧 一六一/九/六
一六三/一/七
五六九/二/一
六〇七/五/三
洱 三一六/五/二
三二二/六/一
四八三/十一/一
[illegible] 五五三/二/四
五五三/九/六
[illegible] 三一六/五/一
三五五/一/三
三八六/九/一
[illegible] 七四五/九/五

31141
[illegible] 四六一/十一/一
灄 七六七/六/二
七七七/十一/四
七七九/二/四

31143
濤 六五二/八/三
瀀 二五七/六/四

31144
[illegible] 二七三/四/三

31146
淖 五八五/二/一
五八五/三/一
六六一/八/五
六六二/三/七
七二〇/四/六
浭 二二八/六/二
潭 二七五/四/六
二七八/九/三
二八〇/九/二
四四二/五/五
四四三/九/二
六二四/八/七
潬 六二四/七/六

31147
汳 五四九/一/一
五七六/七/一
豉 一〇/五/一
澉 五一六/十一/三
瀲 五四九/二/一

31149
浮 四八二/二/五
泙 二三〇/一/四
二三一/七/三
滹 九〇/十一/六
滹 三三九/五/三
滹 九〇/十一/八

31150
湃 五二七/八/三
五二七/十/四

31153
濊 五二二/四/二
五二三/二/三
五二九/七/四
六九〇/十一/二
濊 五三七/十/三

31156
[illegible] 七二六/五/六

31157
溝 三四八/五/四
溝 五三五/七/一

31160
沽 七二四/三/六
七三一/十/三
沾 二八九/七/三
二八九/八/四
二九〇/五/三
二九〇/六/二
二九二/十/一
六二七/十/五
七八一/四/四
洒 五六六/十/四
滷 三三八/十/八
七四四/八/五
七五一/八/四
洒 三四一/五/二
三四五/五/五
三四八/二/四
三六七/三/二
三七八/十一/三
四六七/十/二
五二四/九/五
五四〇/四/三
洦 七三二/二/一
七三二/六/六
七三二/八/七
洦 七三二/一/二
酒 四三三/四/六
湎 三八六/七/四

31161
浯 九一/五/七
瀝 七五三/二/四
湝 一〇四/一/一
一〇四/六/五
溍 五四〇/九/六
[illegible] 七八九/七/五
[illegible] 四〇/二/六
湆 五〇八/五/一

31163
[illegible] 一〇九/八/五
濡 二四六/八/三

褗 三六二/七/七
五四八/八/六

31216
⿰衤巨 一九八/七/十〇
⿰衤區 七四/七/二
八〇/六/六
二六八/二/五
三三二/九/二
四三七/五/五
六一七/八/二

31217
凴 六〇九/七/三
⿰鬲瓦 一五九/一/一
一六八/七/四
褼 一六四/六/七
⿰衤盧 四九二/一/五
⿰衤盧 三三二/一/二
⿰鬲盧 三三〇/七/一

31218
裋 六一九/八/一
裋 三三六/三/一
三七一/七/四
四九七/三/八
⿰衤壹 二四四/十一/二
二四六/九/四

31220
袔 一九六/二/六
五八九/六/四
袔 四一二/一/九
五八九/五/六
五八九/六/一

31227
袻 一七一/四/二
袻 五二/八/一
裲 四一三/四/五
襧 三四三/四/一
襦 七九/七/五
八一/八/一
⿰衤馬 五九二/二/一
七三二/九/三
⿰衤鬲 七四〇/五/七
⿰衤御 四〇/十/三
⿰衤厲 五一四/六/五
褙 五三一/二/一
⿰鬲馬 五七六/四/二

31232
褖 三八二/五/五
〔袨〕袨 五〇〇/十一/二
裖 三五二/十一/一
五三八/七/三
裖 三五二/七/五
五三八/五/三
⿱馮水 二三七/六/一
二五〇/五/一
二五〇/六/一

31234
⿰衤奐 三七二/二/五
三八五/九/二
襖 一七一/四/一
⿰衤厭 四五〇/九/四
六二六/八/二

31237
襂 二四六/九/五

31240
衦 三六七/十/二
五五三/十/四
衧 七三/七/二
⿰衤幵 五六二/十一/三
褸 一六七/十/五

31241
⿰衤弄 四六一/九/四
襵 七七八/八/七
七七九/三/四

31243
褥 六五一/四/一
六五二/八/一

31244
⿰衤要 五八一/三/六
⿰衤要 一八二/十一/三

31246
⿰衤覃 四四七/七/二

31247
⿰鬲支 六八三/六/一
⿰衤憂 四三一/十/二

31260
袥 七四五/二/九
七四五/三/四
袥 七二四/四/一
袩 二八九/五/六
二九三/一/五
袩 七八一/三/四
七八二/九/四
袹 六九九/二/一
△七三二/一/二
⿰衤酉 四三二/二/六

31263
⿰衤霝 二四四/十一/三

31266
褔 六一三/一/二
六三九/十一/二
褔 六一二/十/七

31281
⿰衤從 二五/九/五
⿰衤真 一一五/十/三

31282
⿰衤欮 六七九/三/四
六七九/六/三

31286
禎 二三九/七/三
襰 三四六/五/六
襰 四七七/十/四
䙆 七〇二/八/四
竆 四二九/三/三
襰 △五一八/一/二
顧 一五四/八/九
一六一/八/三
一六一/十一/七
五七九/四/五
顧 三四〇/一/三
五〇一/四/七

31291
禖 五八二/三/三
標 △三九五/九/二
三九六/八/一

31301
𨑒 八六/七/五
𨑓 三一〇/二/三
迋 二一八/七/一
二一八/十一/七
四一六/六/二
四一六/八/一
六〇〇/三/五
六〇〇/五/十二
六〇〇/七/四
七二三/三/二
延 二三八/十一/六
逛 四一六/六/三
六〇〇/五/十二
六〇〇/七/五
逕 六〇七/二/二
逕 二四〇/八/三
逕 四一/四/五
逗 二七一/十一/一
三一二/五/五
四七〇/三/二
四九七/十一/四
六一九/七/一
六一九/八/六
𨘢 七五三/六/三
𨓯 五九六/一/五
遷 一六四/六/一〇
𨙓 八五/十一/六
𨖼 三〇九/二/四
六六三/四/二
六六六/十/四
邐 三一一/九/四

31302
迈 四八五/八/二
迓 五九六/二/一
邇 三〇九/二/三
透 七四/六/一
三三二/八/七
三三四/二/一
𨑲 七七一/四/七
邅 三六〇/九/二
邁 一九/一/五
邁 一二三/十一/三
四九七/十/一

31303
逐 六一五/三/五
六四四/十一/二
七五一/十一/三
运 三五九/七/三
遯 一四二/五/一
三六六/六/四
五五一/十一/二
五五二/一/三
遽 六四/七/四
七六/二/四
四九一/五/四

31304
迂 一四三/七/二
迁 七三/一/一
迓 四九〇/八/六
返 一三六/二/八
三六二/十/五
三七三/五/五
𨓈 二二八/五/四
逴 六六一/六/一
六六一/九/二
七二一/四/二
還 五二九/九/六
遜 五五一/十一/三
五五二/一/五
遽 六八八/十一/四

31306
逌 二五八/六/一
逎 二六三/三/五
適 二六二/六/五
造 三四一/一/三
五〇二/一/七
𨖩 六五一/三/二
七五一/八/八
逼 七六一/四/一
遺 五七二/二/二
五七四/七/四
五七四/十一/三

31307
𨖩 四三/八/六

31308
𨑽 六〇六/八/八

31327
騫 二二四/六/二

31332
憑 四二九/十/二

號碼/字	出處
3133_6	
惉	二八九/六/四
3138_6	
⿺辶頼	一〇一/三/六
3140_4	
娑	三四〇/三/一
	五〇〇/七/八
	五〇一/十/三
⿱沾女	二八九/四/二
	二九〇/七/三
	二九二/八/四
⿱⿰氵禾女	二二四/六/三
3148_6	
頍	六八七/五/二
3150_7	
犛	四〇二/七/四
3158_6	
頪	四二九/三/四
⿰車頁	一三七/八/七
	一三九/八/七
	五五〇/六/二
3161_7	
砙	一七/二/三
	二〇/四/一
3168_6	
頟	一九/九/二
	四六四/九/五
額	七三四/十/三
3171_7	
⿰次瓦	二〇一/二/四
⿰皀瓦	二二一/一/一
3184_3	
⿰冫壽	三〇三/九/五
3184_7	
⿰冫敲	五四三/三/六
3188_6	
顁	四二七/十一/三
	六〇八/一/三
顛	二四三/五/二
顧	一一八/六/二
	一一八/十一/三
3190_4	
渠	六四/四/二
	三二九/一/三
	四九一/六/八
3198_6	六二四/一/二
頛	六二四/一/二
顡	七七四/四/四
3200_0	
州	二六三/九/四
3210_0	
洲	二六三/十/一
⿰兆刂	一七四/三/三
	一七四/七/五
浰	四七七/五/二
	五〇六/五/七
	△五六八/五/三
洌	七一一/四/一
冽	五一五/一/三
	七一一/四/三
洌	五一四/五/四
	七一一/四/二
淛	五一一/一/七
涮	五六二/六/五
	五七三/七/四
	七一〇/六/一
⿰氵削	六六〇/二/二
測	七五六/八/二
瀏	二六一/三/一
	四三五/五/四
⿰氵劇	四九一/三/六
⿰濡刂	一七九/十/二
淵	一二七/四/一
	一六三/四/二
	一六三/九/九
3210_4	
泟	五四四/三/一
	五四六/二/三
⿱漸土	六二七/一/二
3210_7	
⿱泛皿	二九八/三/五
⿱沚皿	四〇/三/五
	四四/四/四
3210_9	
鋈	六四八/十一/三
	七二九/十/三
	七三一/九/五
3211_0	
⿰氵札	六九九/四/一
⿰氵乳	三三六/五/三
	四四〇/三/八
⿰氵耴	七七八/六/一
	七七九/二/五
	七七九/七/四
3211_1	
泝	二五六/二/二
3211_2	
滮	二七四/三/七
灑	七七九/十/六
3211_3	
兆	三九一/四/五
	三九四/五/六
	三九四/五/七
	△七一五/二/三
洮	一八二/六/一
	一九三/九/五
	一九四/一/二
	三九四/八/四

五六二/一/四

32172

泏 六七一/八/五

六七一/十一/六

六八四/十一/二

32177

滔 一九三/九/六

一九四/八/三

湎 七八〇/七/一

32181

浜 二二九/十一/四

四二一/五/五

32186

濆 六六二/十一/五

32189

淡 五五八/十/一

32191

漴 一三/一/三

二三/十一/二

二一六/四/二

四六六/二/五

五九八/九/三

32194

沶 一九八/二/一

溧 二四九/五/六

濮 七八四/八/一

瀿 一八八/七/四

三九〇/七/二

三九三/八/二

灤 四〇六/十/七

濼 六三五/十一/一

六三八/九/五

六五一/五/六

六六二/六/五

七一八/八/四

七一九/八/五

七二四/七/三

七二六/五/五

七五三/二/七

32200

剜 一四七/八/七

剕 七〇二/三/一

七一一/三/二

剮 一六八/八/二

㧗 五七〇/八/二

㧗 一六四/二/二

32210

礼 三四二/十/八

𥘵 二九三/一/七

七七七/六/二

七八一/二/七

32211

𥙿 七七四/六/一

32212

禨 七七五/六/一

七七九/十/七

32213

祧 一七四/七/二

32214

𥘿 七二四/六/六

衽 四四二/四/一

衽 六二一/六/三

氄 三七九/五/一

毳 二三一/四/八

種 一六/十一/一

一七/一/四

一九/二/八

四六五/四/八

32217

襤 二一/四/八

四六五/七/七

褫 二六/七/六

二七/十/一

三五/五/二

三五/十一/五

褫 三〇/五/六

三一一/三/六

三一一/六/六

三一二/四/三

32221

祈 六一/九/二

三一五/五/五

32222

衫 二九七/三/二

32227

蕭 三一八/四/一

脊 七四三/三/一

禱 三一八/四/四

褍 一五〇/四/三

四〇七/三/一

褍 一五〇/七/四

五五二/三/一

五五九/九/八

帶 三七二/九/六

禡 三三三/六/四

襹 一五〇/四/四

禱 一〇〇/二/五

32230

祇 七四/一/六

𥚃 一五九/七/三

32231

禚 一三一/四/四

32232

禯 一二/十一/三

32234

袄 一六〇/六/二

△一六二/一/六

一八三/四/五

褑 一〇一/八/四

	五〇六/九/二		六九一/六/七	32302	
襆	六三五/八/四		六九八/九/六	近	七四五/八/四
	六五三/六/一		六九八/十一/一	近	三五九/五/一
32237		裕	六九八/九/七		四八五/九/二
襎	五四六/一/四	褔	七八七/十/一		五四五/九/六
32240		32269		透	六一九/五/一〇
衹	二四/七/七	襎	一三六/一/二		六四二/十一/一
	二六/九/一		一三六/八/一	逝	五一一/一/五
	三五/五/七		五九〇/八/四		五一一/二/六
衹	四〇/二/二	32272			七〇九/九/三
衹	三五/六/二	䙝	四七三/十/二	遄	一七〇/十一/五
	三四二/八/二	䙝	六七七/一/八	遄	六六〇/十一/七
祇	四〇/三/二		六九九/七/七	32303	
	九三/十一/二	32277		巡	一二三/四/一
	三〇七/十一/二	褅	七六六/五/三		一二五/六/八
	三四二/四/五	32286			五三九/七/四
32241		(灒)䞼	△一一九/九/五	巡	四二三/十一/六
䘸	一六五/二/六	32293		遳	三八七/六/一
	一六七/五/四	祿	五〇六/九/三	32304	
32247		32294		迂	一五八/二/六
複	九/三/四	淼	六四九/二/四	迡	三四二/六/三
褑	一三四/二/六	32300		迡	五〇三/十/七
	五四七/七/八	迵	五一四/七/六	遾	二五八/三/五
	五七五/六/一	遡	七一一/五/三	逶	三九/六/三
襏	四八六/十一/八	遡	一六四/一/四	邃	八/十一/二
	六七四/十/二	32301		逡	四三六/五/四
	六九二/三/六	逃	一九四/二/四	遴	四二三/十一/五
32253		遥	二七八/九/六	遴	二三六/十一/二
禨	五九/八/四	遙	六〇〇/三/四	遾	五四六/四/四
禨	四七九/八/二	遶	△四一六/三/三	32306	
	四八八/八/四	逃	七八一/二/八	适	六九一/一/四
	四八八/十/六	遞	五〇五/二/六		六九一/六/二
禨	六二/三/二		五一一/三/一	逅	二六七/九/四
32264		遭	三〇一/一/二		△六一六/三/五
祮	五五四/九/三	遞	三四二/九/七		六一七/四/六
	六九〇/八/一	遣	七七五/六/五	遁	六九一/六/一
			七七九/十/五		

通 七八七/六/二
遁 一二二/十/八
三六六/六/五
五五二/一/二
遣 一六六/五/六
一六七/四/二
五七四/十一/二

3230_{7}
逬 四〇一/十一/一
遙 一八一/十一/四

3230_{9}
遰 四七七/八/五
遜 五五一/五/四
邎 一八二/五/一
邎 二五八/三/八

3232_{7}
鶖 六四九/二/二
七三一/九/六

3240_{0}
剡 二六五/六/七

3240_{1}
芈 六六〇/十一/五

3241_{4}
毲 六六/五/四
八〇/一/一
八〇/二/三

3251_{4}
毴 六三六/四/三

3253_{0}
業 六三五/六/二
六三六/三/二
六四〇/二/四
六五〇/三/三

3260_{0}
割 六八七/一/二

3260_{1}
瀏 六八九/九/六
澅 四四九/二/四
澅 四五一/五/三
澅 四五一/二/三
灂 四三四/一/四

3260_{2}
沓 六一/六/五
晢 四〇四/十一/五

3262_{2}
㣦 三〇五/六/八

3270_{0}
劄 六八三/一/六
刨 二〇一/八/三
四〇四/十/六

3272_{1}
斫 四〇四/十/五

3273_{2}
餐 一八三/五/六
饕 四五一/二/二

3277_{2}
嶄 一二六/六/一
一三三/一/五

3290_{0}
剿 七七七/一/二
七八四/七/一

3290_{4}
業 七六九/二/八
七七四/四/六
七八四/五/一

3291_{0}
丵 七八四/六/二

3291_{4}
氂 七五/十/四

3300_{0}
小 一七九/九/七
心 二七四/八/八
必 六六四/六/五
七〇六/六/四

3300_{7}
空 三八/六/三

3308_{6}
嬪 五三九/十/四

3310_{0}
汴 六三五/六/一
沁 六二一/一/七
沁 二七四/九/一
四四〇/十一/七
四四一/三/三
四四二/七/一
六二〇/十一/一
六二一/八/二
泌 四八一/九/三
六六五/三/二
六六五/六/一
卝 三九四/五/五

3310_{4}
塗 二三/六/二
四六二/十/四
四六五/三/一

3310_{7}
盗 六六五/九/五
盧 八四/十一/四

3311_{0}
沆 三一九/八/一
三五六/五/二
三八八/十/三

3311_{1}
沱 三〇/五/四
二〇一/一/六
四〇四/八/四
浣 一三五/一/五
三六〇/七/一

五四八/三/四
涳 一〇/五/七
二二/六/五
二二/八/一
二四/五/五
四六二/四/五
浣 三六八/二/一
三六九/二/二
三七三/二/一
五五四/八/二
沱 四〇四/八/五
[illegible] 五九四/一/二
七二八/八/三
[illegible] 三四一/六/八
[illegible] 二〇五/二/一

3311_2
[illegible] 二三/四/四

3311_4
沈 二五五/五/六
淫 六六五/十一/八
[illegible] 四二〇/四/二
溶 二六八/八/九
六一六/十/一
[illegible] 六四九/五/一
七三〇/十/三
[illegible] 一〇二/二/四
四二五/五/四

3311_6
渲 五七二/一/二

3311_7
溢 六六五/十一/四
[illegible] 六六五/十一/五
沉 三二〇/八/五
涴 五九〇/六/六
[illegible] 三四〇/四/一

3312_1
泞 三三一/九/三
濘 二四七/三/二
四二九/三/六
五〇六/六/二
六〇八/六/二
[illegible] 六一九/十/二

3312_2
渗 六二一/七/九
滲 二七四/七/二
二七六/十一/一
△六二一/七/四

3312_7
泻 一一八/七/三
淯 七五八/八/三
消 一六三/二/一
五七〇/九/二
浦 三三七/七/五
湾 四六三/十一/二
瀉 四〇九/一/三
五九二/九/一

3313_1
淀 三五/五/一

3313_2
泳 六〇四/十一/一
淧 六六五/十一/六
[illegible] 二一〇/六/三
浗 二五七/三/三
浤 二三五/二/八
浪 二二〇/七/七
四一七/十一/二
六〇一/一/四

3313_4
沃 三八一/九/一
三八一/十一/二
洑 六四一/二/二
溪 六八三/二/二
六八三/四/五
[illegible] 五九八/九/一
淚 四七七/十一/二
五〇六/四/五
六七二/四/一
七〇二/四/四
涘 三二三/二/三
[illegible] 三八一/十/八
[illegible] 七一四/一/二

3313_6
瀗 五四八/四/二
[illegible] 二一八/一/四

3314_0
浒 五七六/八/四

3314_1
滓 三二二/七/三

3314_2
溥 七六/六/四
三三七/七/三
三三七/十/五
七二六/三/三
七二六/九/一
[illegible] 七二六/二/四

3314_4
泼 六七四/九/四
洝 五五四/一/三
六八七/五/四

3314_7
沷 六八〇/七/六
浚 五四一/二/一
五四一/九/一
淩 八〇/四/一
一八八/二/二
二六五/六/五

四三四/六/二
[illegible] 三三九/五/四
三四〇/五/四
溆 七四九/二/三
濅 四四一/四/二
濅 四四一/四/三
濅 二七四/七/三
濅 六二一/二/三

33148
淬 六八二/四/五

33150
浅 五九〇/四/二
泧 六七八/六/七
六七八/七/三
六八八/三/二
六九〇/十一/三
六九九/十/八
泧 六七〇/二/五
涐 一九六/十/四
四〇四/二/三
滅 七一五/一/一
減 五二六/八/二
五二七/五/二
泮 二七〇/二/五
淺 一一五/四/二
減 七三九/七/四
減 六六九/八/五
七六〇/五/二
七六〇/八/六
濈 一一五/四/一
一一五/六/三
滅 四四五/七/三
四五五/十/八
六二九/八/三
濊 四四七/三/三
濈 七五五/六/七
濊 四五七/二/五
濺 六八八/六/二
七〇八/五/五
濺 七六六/七/一
七八八/一/一
濺 六九三/九/二
七四三/五/五
濺 五三五/十/五
七六三/七/三
濺 二二二/九/一
濺 五三四/十/三
濺 二八七/十一/二
二八八/五/二
濺 三七/五/四

33152
泮 一九五/四/五

33153
淺 一五八/六/四
濺 一五八/六/三

33155
淺 一四四/七/五
三八二/八/三
三八三/四/五
五五七/十/三
五七一/七/六
濺 一五八/六/五
濺 五五七/十/五
五七一/七/五
五七一/十/五

33160
冶 四一〇/九/三
治 五四/三/三
五五/五/五
一一三/六/五
四七七/一/六
涾 四四六/十一/二

33161
潚 六四一/十/一
六四四/四/三

33166
涫 一四/二/六
五五四/六/七

33168
溶 二〇/二/三
三〇五/五/六
濬 三九二/七/二

33169
瀋 四四一/十/二
六二二/八/六

33172
滵 六六六/七/二
瀧 六八四/十一/五

33177
涫 一四七/六/八
五五五/八/一

33181
淀 五六八/一/三
㵉 七五五/十/六

33182
泬 三〇三/十一/二
七〇四/十/三
七〇五/三/四

33186
演 三五五/十一/五
三八八/六/二
五七四/九/三
湞 一二六/八/七
一三〇/八/六
三五六/八/一
濵 一一八/七/一
濱 六一九/十/一

33191

淙 一五/十/一
二三/十/四
四六六/二/三
四六六/四/三

33194
沭 六七〇/七/四
六七二/十一/三
涞 四四八/二/六
淚 六四/四/四

33200
祕 四八一/八/五

33211
袉 二〇一/三/五
四〇四/六/三
四〇四/七/六
五九一/四/二
衤完 三七二/十一/七
衤完 三六〇/五/一

33217
裷 一六七/十/四

33221
衧 三三一/四/五

33222
襂 二七六/十/三
二八二/二/一
二九七/三/六

33227
補 三三七/七/八
褊 三八六/四/二
褊 一五九/五/一
黹扁 三七九/四/二
黼 三三四/七/五
三三七/九/一
襺 一三五/四/三
黼 六六四/八/三
六六四/九/二

33232
裉 四一七/十/七

33234
裌 六八三/五/三
献 五〇五/九/三

33236
襁 四一四/十一/六
襁 四一四/十一/四

33240
衤犬 七五九/一/三

33242
禣 七二五/九/六
七二六/十/二

33244
袚 五二〇/二/二
五三七/二/三
六七四/一/五
袚 六七四/三/五
六七四/七/三
六七五/一/五
六九二/三/四
黻 六七四/六/一

33247
犮 五三六/八/二
袚 五三一/三/五
被 四八六/十一/五
衤夋 一二三/二/四

33250
裓 四九六/九/六
衤戈 一九六/九/一
裓 一九六/八/一
裓 一一二/二/三
裓 一〇四/三/二
一一二/二/四
六九五/三/六
七六四/一/二

襳 六四二/三/六
六四二/七/一
六五〇/八/五
襳 三三〇/七/二
戟 三四三/九/五
裓 二九七/三/七
襶 五三四/十/一
襳 二九五/十一/六
二九七/三/五
襳 二八七/八/六
二八九/二/三
襶 七〇八/六/一

33261
禧 五二六/四/七

33268
裕 一九/十/二

33277
衤官 三六八/八/一
三六九/一/二

33281
衤定 五七一/三/五
衤定 五六三/五/七
五六八/三/五
衤蹇 三八九/四/五
衤蹇 一六七/十/三

33282
衤亢 四六五/四/二
六七〇/八/五
七〇四/九/一

33291
衤祭 六九七/四/八

33294
衤林 六七〇/九/二
六七二/一/五

33301
迱 二〇一/二/五

述 二五五/七/四
遳 七三六/四/三
33302
遍 五七〇/九/五
逋 八四/十/六
逋 八四/十/七
33303
逑 二五六/八/三
邃 四七三/十/五
四七四/九/六
逘 三二三/一/八
33304
逡 一二二/十/七
五四一/四/六
逄 七三/一/二
33305
迺 六七八/三/一
邇 六七〇/二/六
遚 五一一/三/五
33306
追 三五一/七/一
33307
逭 三六九/二/三
五五四/六/三
33308
迒 三〇四/一/二
33309
述 六七〇/七/二
遫 六七〇/七/三
33330
惢 二八/十/四
三一一/二/二
四〇六/十/四
33430
逡 五五三/三/七
33507
肇 三九四/五/二

四〇二/七/五
33600
谷 六二〇/十一/二
33660
㗊 六二〇/十一/三
33772
岀 六六六/五/七
33850
戕 三五六/一/四
三八八/三/二
三八八/七/一
四三二/五/七
五四三/四/三
33903
縈 三一一/八/四
三〇九/十一/七
33904
縈 三〇九/十一/八
瀠 四七一/六/六
34000
斗 三三六/二/二
四三九/五/五
34100
汊 五三七/八/二
汉 五九六/十/二
汁 七六五/一/六
七六五/十/五
七六六/一/二
七八三/一/一
泭 七六/十/一
七八/六/一
二六六/六/三
湶 二〇四/六/四
澍 四六四/八/五
渊 五九二/十一/二
渊 五九二/十/五

五九四/十/五
對 △五三〇/二/七
澍 五二九/九/三
△五三〇/四/二
澍 四九六/十一/三
四九七/四/八
濧 三九六/二/四
34104
埊 三〇四/八/八
34107
盗 四四七/五/三
34109
鍪 三七八/十一/五
鋈 三二/六/八
34110
汇 六六四/二/一
洸 五九〇/四/六
泩 五九八/六/四
34111
洗 三四一/五/三
三七八/九/二
四二九/十/一
泣 三二二/二/六
流 二二四/六/五
湴 三一〇/八/四
灌 五九四/三/三
湛 二七六/五/一
二七七/十/五
二七八/六/四
△二八一/五/四
二八八/六/七
四四三/二/五
四四三/九/三
四四七/十一/一
四五〇/十一/二
四五六/八/四

六二一/一/十一
六二一/九/七
六二一/十一/二
澆 五七九/三/三
澆 一七六/九/四
一八九/二/一
五八五/四/三
五八六/七/三

34112
池 三〇/五/五
二〇一/四/二
沈 二七七/十/四
二八一/二/七
二八四/六/二
四四一/八/二
四四一/十/三
六二一/十一/一
浇 二七七/十一/六
湤 二八一/六/六
灑 二三五/六/一
灑 二五四/十一/二

34114
涬 五二四/十/六
洼 六六四/四/三
洼 五〇/九/二
九八/十一/三
一〇〇/四/一
一〇二/二/三
一〇二/八/一
一〇五/一/三
二一〇/七/一
涹 六四五/五/一
溚 六四五/五/二
灒 四一〇/九/六
潍 五〇九/二/七
五六九/六/二

潅 六五六/五/四
六五六/十/二
七三一/七/八
漌 三五九/四/二
漌 三〇〇/八/二
灌 三六九/一/四
五五四/九/一
五五五/八/二
灌 五五四/六/四

34116
浣 四二九/九/五
淹 二九一/七/一
二九四/六/七
四五三/五/七
六二六/十一/二
七七六/十/三
七八五/六/一
澾 五九四/二/六

34117
氿 二五七/四/一〇
三二〇/八/六
氿 一四六/四/七
港 三〇六/七/二
四六二/一/六
四六六/一/二
渣 二〇五/十/八
溘 七七三/十一/四
灎 五二一/二/七
七七三/十一/八
渲 七五六/一/六
七五七/九/六
濎 三二〇/八/四
灆 二八五/五/二
六二五/三/五
灩 四五〇/三/三
六二六/六/六

34118
澧 △七〇四/三/七

34121
漪 一九六/六/四
漪 五七一/八/六

34122
滲 三九一/八/三
灪 六七七/七/四

34127
汸 七六二/八/一
汭 一四一/十/三
四六七/八/六
五一二/一/一
七一〇/四/四
沛 四九八/八/四
泑 七五八/二/二
七六二/七/二
浠 六〇/六/一
滃 五八三/十/一
滂 二一一/十/四
洿 九一/十一/一
三四〇/四/二
五〇一/二/一
五〇一/八/七
泑 一八六/五/七
二七三/三/四
四四〇/七/三
滯 五一二/九/一
滞 五一〇/六/六
五一四/二/一
滿 三六九/三/三
五五一/四/一
淯 三二〇/三/六
湇 四四八/五/二
涛 三九九/十/六
滳 一八四/十一/三

潸 一五一/六/四
三七二/四/一
五六二/一/六
五七七/一/五
渤 六八一/九/三
潚 五五一/十/五
五六七/五/一
潸 四〇七/九/六
潸 七八四/十/七
澫 五一二/十/五
六八七/一/六
濛 七五〇/二/二
瀟 一四一/三/一
一五八/六/一
一五八/十/六
瀾 一四五/十/三
三七一/五/四
五五九/六/一
瀹 七一八/五/二
瀟 一七三/九/六

34130

汏 二〇一/四/五
五一七/四/六
五一七/九/三
六八九/二/三
汰 一〇六/五/二
五〇四/九/一
五一五/十/四
五一七/四/七
五一七/九/四

34131

沛 一一八/一/五
二〇五/十/五
二三九/十/三
法 七八九/十一/三
澿 六一七/九/四

34132

汯 二三五/二/七
溙 四七四/五/五
△六六三/十一/一
七〇〇/二/七
濍 八/三/四
溸 一三三/十一/二
灎 五一〇/六/七
濛 七/五/四
三〇一/十一/二
灖 四六/四/三
灉 三一/十/四
三一〇/十一/一
四六八/十/四

34134

渶 五八六/四/一〇
六四八/十一/一
漢 二三三/三/八
漢 七二七/三/四
七三二/四/五
灘 七三二/四/六
漄 六八九/二/二
灢 一四五/二/二
五五三/三/六

34136

滏 一九二/二/一

34137

滊 二九八/六/七

34138

浹 七八二/十一/七
七八四/一/七
七八六/三/七
七八七/一/四
浹 七八一/六/七
七八四/一/六

七八六/三/四
七八六/九/二

34140

汝 三三一/二/七
五六〇/十/六
洴 三二七/八/三
四八九/九/三

34141

洊 五〇一/八/八
浡 三一六/五/五
洔 三二一/十一/六
三二二/五/二
三二四/四/二
涬 四二七/一/一
涬 四二六/十一/七
澍 五一/十一/一
澍 三二二/五/三
濤 二七五/四/五
濤 一九四/一/四
二六〇/六/五
四三四/一/六
五八八/四/二

34142

溥 七二六/七/六

34143

泋 一四〇/一/六
一四〇/二/二
三六五/五/三
潾 四一八/四/二

34144

漊 四四八/二/五
漭 六〇一/七/七

34146

淖 一八一/九/三
潭 四四三/九/一

34147

波 三二/三/五
一九八/四/四
四七二/五/六
汥 四/十一/四
三五/八/八
四七一/二/一
四七二/八/三
洊 一四一/四/四
三六六/一/七
五五一/九/二
五六七/五/二
凌 二五一/三/五
六〇九/十/一
淩 二五一/三/三
涥 六八一/八/八
涍 一八六/二/八
五八二/八/五
瀎 九/五/四
濩 五〇〇/六/八
七三〇/六/二
七三五/二/六
七三五/九/三
瀫 六六〇/九/四

34148
淬 三四八/二/二

34151
涬 六八九/五/二

34153
濊 六九〇/四/四
七〇七/二/三
滅 二七六/五/四
瀸 六七九/八/三
六九〇/十一/一
瀐 五三七/十/四
灖 六九〇/十一/五

34154
澕 一九八/一/三

34156
漌 七二六/五/七
湋 六二/七/三

34160
沽 八九/八/二
三三九/九/一
五〇一/六/五
渚 三三〇/十一/一
潴 六七/九/二
瀦 六七/九/一
八六/四/三
藷 六七/二/七
六八/二/五

34161
潞 七七一/十/三
七八八/五/三
洁 六六八/十/二
浩 三九九/四/一
四〇〇/三/二
五八六/一/四
七七〇/四/一
渃 七二一/一/二
潽 四九九/五/三
四九九/七/六
七三六/四/七
七三八/六/六
七四二/六/五
瀋 七五六/七/八
瀿 七六六/二/四
濭 四三/十一/三
澔 四〇〇/四/四
澔 三九九/四/二

34164
湛 五九四/十一/四
潳 四〇九/六/四

34165
渵 一八七/七/九

34169
潜 五六二/一/五

34170
泔 二八六/二/五
泔 四四五/八/三
泄 △五一五/八/七
七〇七/十一/四

34181
洪 三〇六/三/一
洪 九/六/一
四六五/十/五
淇 五七/十/四
濋 三三〇/八/一

34186
潢 二二五/一/六
二五五/十/三
四一九/九/二
六〇二/七/四
濆 一二九/九/三
一四〇/二/一
三五八/一/七
潰 七〇八/四/三
瀵 二二九/四/三
六〇三/六/五
瀆 三五四/三/二
六一九/十一/六
六三八/四/五
六六二/三/五

34190
沐 六三六/六/二
沭 二五五/九/七
淋 二七八/二/六
六二二/一/一

34191

漆 五一八/六/七
漢 一一一/七/七
澿 四四三/十/一
四四四/一/四
△六二二/四/四
潫 五二〇/四/四
34193
漴 七二七/九/二
七三五/十一/四
漆 五八/三/四
瀠 七六七/二/三
34194
渫 △六六三/十一/二
涤 四五二/一/二
六二七/六/八
渫 七八一/十一/三
七八九/八/一
渫 五一五/九/四
七〇七/十一/二
七〇九/八/九
七七七/二/八
七八一/十一/六
七八八/一/七
△七八九/七/六
漆 二一六/十/九
澿 二八〇/六/五
澿 二八〇/七/二
漆 八六/十/一
潹 四四二/六/二
瀿 七一八/五/四
34196
潦 一七六/二/四
一九四/十/五
四〇二/十一/五
五八八/九/五
34198
涞 一一四/四/五
34200
衩 五二四/十/四
五九六/十/五
衹 五六一/九/三
袝 四九五/八/五
袝 四九五/九/一
榭 五九二/十一/一
34210
社 四〇九/七/六
34211
祛 五八九/八/九
襓 一八一/六/一
襓 五八〇/五/四
34212
枕 四四七/二/三
袘 三四/十/二
三一二/二/六
34214
袿 九九/一/三
禥 五六/十一/三
五七/十一/二
灌 五六二/七/三
34216
裺 四五三/七/六
六二六/十一/一
裺 二八四/二/五
四五三/三/三
六二六/十一/六
34217
襤 七七三/十/六
䙈 五一六/六/三
五二八/三/三
六九七/四/七
植 七五六/一/七
襤 五二六/四/八
34218
裋 △二二九/八/三
34227
袆 一二五/九/七
衲 五一二/三/七
七七三/五/一
褹 五八三/四/三
袴 五〇一/二/五
襻 八/一/九
褙 一〇三/四/四
褙 五九一/六/五
五九一/八/六
禡 五一四/六/六
禡 六八七/三/四
褙 五九一/六/六
襔 三八〇/十/一
襛 七一八/四/七
34231
祛 六三/八/五
祛 六三/七/三
四九一/一/八
34232
褖 六六三/九/三
褖 一三四/二/七
34238
袂 七八三/一/二
七八六/八/三
34241
禱 四〇二/一/一
五八七/十一/七
34243
裨 六九二/三/五
34247
枝 四七一/十一/五
被 二四/七/六
二四/八/三

被 三二/一/五
三一六/十/六
四七二/二/八
四七二/六/四
袸 一四一/四/二
五五一/九/八
五六七/五/七
裬 二五一/五/七
二五三/四/五
裬 二五一/四/七
裎 四八七/四/三

3425_{2}
襻 五六一/九/一

3425_{3}
襪 六八〇/十一/五

3425_{6}
褘 三八/三/九
六一/三/六
褘 六〇/九/三
六二/八/一

3426_{0}
祜 三四〇/二/四
祐 六一一/六/一
褚 三三一/四/四
三三一/七/三
四〇九/七/四
豬 三三一/四/二

3426_{1}
袺 六九四/十一/六
七〇三/八/三
禙 三九九/九/三
四〇〇/三/四
五八六/一/六
六四九/十/二
褡 七七一/十/八
褙 五九四/二/四

3426_{5}
禧 五五/十/一

3427_{0}
袦 四七八/三/三
五一五/五/四

3428_{1}
祺 五六/十一/二
五七/十一/一
祺 四八五/十一/五

3428_{6}
襀 二二九/二/四
襀 六三八/三/六
六五二/四/三
六五二/六/三
襀 三〇一/五/二
襀 三〇四/十一/三

3429_{1}
襟 六八九/十一/三
襟 二七九/十/五
褋 一一一/五/一

3429_{3}
襟 七二七/九/七
七三六/二/三

3429_{4}
褋 七八一/九/四
褋 七八一/九/三

3429_{6}
橑 五八〇/六/七

3430_{1}
迆 三二〇/六/八
迆 三一二/二/一
遳 五五二/二/五
遳 二〇〇/二/二
逵 四八/二/七
遶 三九四/二/五
邁 五五四/六/五

3430_{2}
迺 △五三〇/四/五
近 一三二/九/三
三五五/十/一
三五九/三/三
五三六/二/二
五四五/十/七
遰 五〇五/二/五
五一一/一/六
五一七/九/一
逌 四二六/三/七
邁 四/十/一
邁 一九七/三/六
一九七/五/二
遳 七六八/八/三
遍 三七九/二/四
適 二九/六/五
適 七五一/九/三
遽 一〇七/六/七
邁 五二九/二/一
邇 五四〇/十/二

3430_{3}
达 五〇四/六/九
六八九/一/七
六八九/四/四
遠 三六〇/九/一
遠 五四七/七/四
遂 六四五/一/三
六四六/十/一
遂 六四四/九/一
遂 四七五/九/一
遫 七七二/十一/四
遂 三一四/八/四
三六〇/九/五
邃 六四/七/三
七六/二/三

三二九/四/五
四九一/七/一
邁 五二九/二/二

34304
达 三一二/五/三
四七〇/二/二
遂 六九三/六/六
達 六八九/一/六
六八九/四/三
六八九/五/三
逹 六/十/四
二一/十一/六
四六四/一/二
遳 四〇一/十/六
邋 四九四/三/二
五六八/十/一
遳 一六一/二/三
三八七/八/五
五七四/一/一
違 六二/五/四
遴 二五一/六/四
邎 五二〇/十一/一
五二二/二/六
五二七/四/七
逹 六八九/五/一
邈 二〇七/十一/五
二〇八/八/四

34305
邁 六一七/六/七

34306
造 一九二/六/四
四〇一/十/五
五八七/八/二
五八七/十/三
遣 七二三/七/一
遳 一七四/十/七
遺 一七七/五/八
遣 七二七/十一/四
遳 △六一四/七/三
遭 二五八/一/七

34307
迣 △五一〇/九/四
五一一/三/六
五一二/七/三
五一四/七/七
七一一/五/五
遳 一八二/九/五

34308
遨 六三六/十一/四
遺 六三八/一/二
選 一四〇/九/八
三八六/三/三

34309
逨 一一四/一/六
五三四/十/八
逑 六六九/八/七
六七〇/八/二
六七二/四/二
迷 七八三/九/三
七八五/九/六
遳 一〇一/二/七
遼 一七五/十/一
遳 一四〇/九/七
遳 一七六/二/二

34330
懟 四七七/十/一
五二九/十/九

34332
遳 三六五/七/四
三六九/三/四
五五一/三/六
遳 三〇八/六/二
四七三/五/一
遳 五一二/九/五

34404
婆 一九八/八/三

34507
肇 三九四/五/三

34547
皸 一二七/一/五
一三一/九/一
一三二/一/二
五四六/十/八

34600
對 △五三〇/二/六

34601
濬 一九八/五/六
一九八/十/三
五九〇/八/五

34604
潞 五九〇/十一/二

34609
晢 六五〇/九/八

34627
劻 六二三/一/一
劼 六九七/八/二

34727
勂 二二一/一/二

35100
汼 二五七/五/三
二七三/四/六
泱 五〇九/一/七
七〇四/十一/五
七〇五/二/二
七〇五/三/五
七〇六/一/一
七一三/一/六
汫 四二七/三/二

△四二九/五/二
35103
洩 七〇七/十一/五
35104
湗 一一八/二/四
35106
沖 一三/五/四
三〇一/二/七
泱 四八四/三/六
浺 一三/四/一
涑 三二二/十/一
四八四/三/七
四八五/二/五
溾 八三/三/三
二五九/一/七
溾 五一五/十一/二
滭 五〇三/二/六
35107
津 一一七/十一/一
澿 一一七/十一/三
35110
泩 二三二/四/二
滙 四一六/三/六
35113
漶 三二七/八/二
35116
澅 五二三/七/六
七四一/六/七
35117
沌 一二一/九/三
一四一/十一/三
三六六/五/一
三八八/二/六
五五一/十一/五
瀘 三五三/十/二
三五三/十/五

三五四/三/四
五四〇/十一/二
瀘 三三九/十一/五
35118
澧 三四二/十一/四
35127
沛 三四一/七/一
沸 四八六/十/七
六七四/五/一
六七四/十/一
湾 二四二/十/四
清 二三七/十一/一
四二四/五/二
六〇六/二/二
六〇六/二/三
六〇六/三/六
瀞 五六七/二/六
滆 八一/七/五
瀟 二七五/九/一
瀟 二八八/十/二
二八八/十一/一
瀟 二七五/四/三
二七七/七/三
潚 一七三/九/七
六四一/九/六
六四二/四/七
六四四/三/二
35130
洗 六六八/三/七
七〇一/七/六
泱 二一八/三/二
二二二/十/五
二三三/四/五
四一九/五/一
六〇二/五/八
漣 一四五/十/二

一六六/九/五
溪 四一四/二/二
澳 四一四/一/四
四一四/四/八
35132
漆 五一七/五/一
溱 四六/四/二
三四二/七/七
五〇四/六/三
濃 四六一/十一/五
濃 一五/六/二
一九/七/四
瀮 五〇六/一/五
瀼 四一七/十一/五
六〇一/四/七
35133
瀍 五〇八/七/七
35134
湊 六一八/九/六
35136
濾 三六八/四/五
五五四/八/三
五五五/一/三
湹 一五〇/九/七
瀜 一三/十/二
35138
瀆 三一九/七/一
三四八/十一/四
五一九/六/八
35140
灉 三六一/九/二
35143
溥 一五〇/九/五
一七〇/十一/一
三八五/六/二
35144

褤 五八二/一/三
褤 △三九五/九/四
三九六/七/五
褄 九五/六/一
襛 一七/三/八
一九/七/六
襶 六〇一/四/五

3523_8

襀 四六/八/四
四七五/五/八

3524_4

褸 八二/八/三
二七二/五/四
褸 二七二/四/四
三三六/八/一

3525_7

褠 二六九/三/四
褠 五八八/一/四
五八八/三/五
六五〇/十/一

3526_0

袖 二五九/十一/一
六一五/五/二
六一五/六/三
袖 六一三/八/五

2526_3

褚 二三/十一/六
二四/一/一
二四/一/五
褚 二四/二/一

3526_6

禮 一九二/十一/一
禮 一九二/六/六
一九二/八/四
一九二/十一/二

3528_1

褳 七六四/五/五
七六五/一/八
七七七/一/四
（褳） △七八九/五/二

3528_6

襀 七四九/一/一
襀 四八〇/二/二
四八九/十/三
五二二/一/三
襸 五五七/十/六
襸 一五〇/一/五
五五三/九/五

3529_0

袜 六九〇/三/一
袜 四八二/八/二
袜 六八〇/十一/十
袾 八〇/九/三
八二/四/六
四九七/一/五
袾 八〇/五/五
八〇/十/四
八二/三/一

3529_2

褳 七四二/十一/七
襋 七五九/四/二

3530_0

連 一六六/八/六
三八七/九/五
五五九/六/四
五七四/一/二
達 六七二/四/三
達 六七二/十一/五
達 一一七/十一/五

3530_1

迍 一二三/十/二
三八七/五/七

3530_2

速 四七五/四/二
四七六/四/一
四七七/八/二
遒 四七五/四/三
遘 一五八/六/七

3530_3

迭 五〇五/二/七
六六八/五/六
七〇一/五/二
逮 三五一/七/四
五〇五/三/一
△五三〇/二/二
五三四/四/三

3530_4

遣 二七二/三/三

3530_5

遘 六一六/三/六
六一七/一/三

3530_6

迪 六五一/三/一
七五一/六/五
遭 一九二/八/六

3530_7

遺 三八八/四/六
五七四/九/七

3530_8

遺 七三九/六/四
七四三/四/二
遺 二九/七/四
四六/八/五
五五/二/六
三一九/八/六
四七五/九/四
四七八/五/四

3530_9

速 七四三/四/四
速 六三六/九/二

35333_3

[illegible] 一六六/五/八
一六六/十/一
三八七/十/三

36010_0

涀 四八〇/十一/二
五三九/十/三
六六四/十一/五
六七三/八/一
七〇六/三/二
七〇六/十/二
七〇七/三/四

36100_0

泅 二五八/五/六
二六二/十一/五
洶 五〇二/七/一
五四〇/三/一
泗 四七四/二/七
汩 六六九/八/四
六八四/二/四
六八五/二/二
泊 七二六/九/三
七三二/六/八
洇 一二五/二/四
涃 一二五/ユ/一
△七〇四/三/六
沺 一六〇/九/七
泇 二〇八/十一/六
洒 四三五/十一/五
洳 六七/七/三
四九二/八/五
涃 五五〇/三/一
溷 一三八/二/四
三六三/九/四
五四九/十一/四
五六一/八/二
滔 四二三/二/三

洄 一〇七/七/三
五三三/三/七
洎 四七九/五/一
四七九/六/二
洦 七三二/六/九
泊 七三二/八/八
涸 七六七/六/一
涸 五〇一/七/一
洄 四二一/二/一
涸 五〇〇/十/三
七二八/十一/一
七三四/一/八
湘 二一三/一/四
二一五/十一/五
湄 五三三/五/五
漍 七四一/十/六
澴 六二/七/四

36103_3

[illegible] 四一六/十一/三

36104_4

[illegible] 六四四/五/三
[illegible] 四二四/九/二

36107_7

盪 二二〇/五/一
四一六/九/三
六〇〇/九/七
六〇〇/十/三

36110_0

况 六〇〇/五/二
況 六〇〇/四/六
泹 六二九/十一/四
淣 五八四/二/一
涀 三四三/十一/五
三八〇/九/五
五六八/九/七
五六九/一/六

覜 一七四/九/三
三九〇/十一/七
五七七/八/一
瀙 五四〇/六/二
瀙 一一七/十/六
一二七/八/三
一二八/四/七
五四〇/六/三
五四一/十一/六
灢 五四〇/六/一
瀙 四二三/五/一
六〇四/七/七
覬 三八三/六/四

36111_1

泡 六六六/一/五
涀 四一九/九/一
混 一三八/三/一
一三八/八/二
三六三/七/一
三六四/九/三
[illegible] 三四八/四/一
[illegible] 三四五/三/五

36113_3

溾 一〇四/十一/六
一〇七/一/二
三四六/十/一
三四七/二/四
三四七/七/四

36114_4

涅 二九三/十一/七
七〇二/四/八
浧 四二四/九/三
四二四/十一/三
四二五/五/三
六〇七/一/一
浬 五四/十/五
湼 二三二/三/五

湟 二五五/十/四
六〇〇/四/七
灑 二〇一/六/四
灅 三一九/二/五
三四九/五/三
灈 七五/十一/一
36117
浥 七六八/十/六
七八四/三/三
七八五/七/六
七八七/二/四
七八九/一/六
温 一三八/九/九
五四七/四/一
36121
灦 五一三/四/四
五一四/一/一
濎 六〇八/二/七
36127
渴 七二/七/三
三〇三/五/六
四三七/八/二
渇 五二一/二/四
六八六/八/八
七一三/九/四
湯 二一一/一/五
二一四/四/六
二二〇/二/五
六〇〇/十/二
濁 六六一/八/四
六六一/十一/九
湾 七三〇/四/六
潒 四一六/九/二
渭 四八九/六/一
溻 七七五/二/五
湧 一五八/十一/六

澢 四六七/十一/六
濎 四二八/二/四
四二八/八/七
潏 六五六/七/五
36130
㴓 一〇三/一/四
㴧 七五七/一/三
36131
潶 七六三/九/五
潐 三九三/十/一
36132
澴 九/五/二
一二/五/三
一五/十/二
一七/十一/五
四六六/二/四
㵄 一〇七/一/二
三二七/四/九
三四七/七/五
澴 一五二/二/三
一七二/四/六
五六九/九/五
五七〇/五/五
五七四/十一/七
滬 四七九/六/四
濄 六八六/四/五
瀑 六三六/四/二
六五九/七/三
瀀 一五八/十一/五
瀼 四一八/一/二
36133
還 一五二/二/四
濕 七六五/三/六
七六五/八/六
七六五/九/四
七七〇/十一/七

七七二/五/二
七八四/一/五
36134
涢 九一/八/六
湨 三九九/三/一
湨 七五四/十/五
澴 五二四/八/五
五二七/十/三
瀫 四八二/四/三
36136
盪 四一七/一/五
36139
濼 一九二/七/三
36140
淖 四〇一/十一/三
渒 四八二/二/一
渒 四八〇/十一/三
36141
潯 七六一/十一/六
湒 七六四/六/六
七六四/十/一
七六六/七/二
澤 △七二三/十/一
澤 七二三/十一/一
七三三/七/一
七四四/二/一
七四六/二/五
滜 三四八/二/三
灖 七四六/十/六
36144
瀴 二四〇/十/六
四二七/五/一
六〇三/五/二
36146
濞 四八二/一/六
四八二/七/一

36147
澷 七五六/八/四
七五六/十/一
漫 一四九/三/二
五五七/一/三
五六一/十/五
澉 七八八/五/五

36148
灁 六二八/九/三
灁 二九四/三/二

36150
𣲷 △七八九/一/五
渒 三三/六/三
五一九/十/一
五二四/六/四

36152
浫 四九二/八/四

36154
滭 六六四/八/六
滭 六六四/九/四

36156
潬 三七一/三/三
△三八四/八/四
潬 一四四/十一/三
潬 五〇三/三/一

36160
淐 二一四/九/六
湄 五八七/一/一
潪 四六九/一/二
七四二/四/五
七四五/七/三
㵿 三九二/一/四
灅 三一九/二/三
三四九/五/四

36161
濳 六五九/七/四

36164
潞 三二〇/八/三
𣾶 四九二/七/七

36172
温 二八三/七/七

36180
𣲡 三〇七/八/三
三一二/六/二
浿 五一八/九/二
五一九/九/二
五二七/八/五
五二九/一/七

36181
浞 六六〇/九/三
湜 七五五/十/五
潩 七五八/十/七
潩 四八五/四/四
七五五/十/二

36186
𣽺 五八九/六/三
𣽝 三四五/四/五

36193
潔 四九三/四/二
潔 三一九/二/四
七七二/五/三
潔 四五/四/三
三一九/二/六

36194
淉 四〇五/六/四
五五五/五/三
𣿯 四四二/六/三
𤃡 七〇四/八/一
漅 四〇一/七/六
灅 五八六/十/一

36196
澋 四二〇/九/五
澋 四二三/二/四
四二三/二/六

36200
䄄 六七/七/二
六八/十一/三
衵 六六三/四/七
六六八/一/一
袙 五九二/四/七
裀 一二四/九/七
裍 一二四/十一/一
𧝁 三六四/四/二
𧞤 六二/六/四
三二七/三/六

36210
祝 △六一四/一/三
六四三/三/五
六四三/四/四
袒 五六三/五/五
視 三一七/八/八
四七三/六/一
覛 七四一/一/四
覑 一六八/八/一
襯 五四二/一/一
覫 一五四/九/二
覶 一五四/九/一

36211
裩 一三八/五/四
襬 三二/七/二
四七二/二/九

36214
裎 二四〇/二/四
六〇六/九/四
裎 四二四/九/四
四二四/十/四
𧛧 二四二/六/七
𧟌 二〇一/七/六

五八九/十一/一

3621_7
褞 一三九/二/五
三五九/八/六

3622_7
裼 五〇四/六/七
七四八/五/二
禓 二一一/八/一
二一三/九/六
二一四/三/五
褐 六八六/二/三
六八七/三/三
禍 七二/六/三
襡 四三九/六/四
四三九/十/二
四九七/四/七
六一九/五/八
六三八/三/五
六五二/四/一
六六一/三/三
[illegible] 四八一/三/一
四八二/二/七

3623_0
衵 四一五/二/七
五九八/十一/二
禗 四二/一/三
五二/十一/三

3623_1
禚 三二/七/一

3623_2
襮 六五〇/二/四

3623_3
襮 七二五/九/四

3623_4
祦 九一/八/五

3624_1
襗 七四六/一/五
襗 七二三/十/二
七三三/七/七
七四六/二/二

3624_4
𧞤 二三四/七/二
𧞤 六〇三/五/三

3624_7
褑 七五七/五/二
禐 一四九/四/三
襊 五二〇/五/五
六九三/七/四

3625_0
禆 七八八/八/三
七八九/一/二
裨 三三/五/一
三三/十/二

3625_4
褌 六六五/二/四

3625_6
禪 四八一/四/三
襌 一六五/八/二
五七二/十/三
禪 一四四/八/一

3626_0
裮 二一四/八/六
𧛞 五八六/十一/四
褔 一〇九/八/六

3628_1
褆 二六/七/四
九四/九/四
禔 二四/八/一
三〇/五/七
九四/九/五
三〇八/十一/三

三一一/七/一
禩 三二三/八/四

3628_6
䙏 五八九/六/二

3629_4
褓 四〇〇/十一/三
裸 四〇八/三/六
五五五/五/一
襆 六五三/五/七
襆 六五〇/四/四

3630_0
迴 二六三/二/五
迫 七三二/八/三
迦 二〇三/三/四
二〇八/八/二
三四四/六/三
迴 五三三/三/三
迦 二〇三/三/三
二〇八/八/一
五九五/九/四
迦 二〇三/三/五

3630_1
逞 二四〇/七/一
邈 六五九/八/一
逞 二三九/十一/六
四二四/九/六
遑 二二五/五/六
遲 二八七/十/三
遲 二〇一/七/二
四〇四/十一/八
五八九/十/七

3630_2
逷 七五〇/十一/七
逷 二一九/三/四
四一七/二/四
六〇〇/九/二

七四二/二/四
遏 二一/七/一
四九三/十/一
過 六八六/六/六
六八七/四/三
遻 七三〇/一/九
遢 七七四/十一/二
邊 一五八/十一/一
3630_3
遝 七七二/九/六
遛 一五四/八/四
一六七/九/九
還 一五一/十一/五
一六九/十/四
一七〇/五/四
五六一/八/一
3630_4
逷 △五三〇/四/六
逿 △五三〇/四/七
邏 七二二/七/六
3630_5
迧 七八八/十一/二
3630_7
遻 五〇二/二/一
七三〇/一/七
3630_8
迟 七三六/十/三
七四八/一/三
退 五二九/一/一
遈 七五五/十/四
選 五七一/十一/六
3633_2
[illegible] 四一七/一/四
3640_4
[illegible] 四一七/二/五
3641_0

覭 三九二/七/一
3651_0
覲 一三七/九/一
一三九/九/一
五四六/五/八
3671_0
覘 二五/三/六
二五/四/四
三〇/五/三
三六/三/五
3681_0
覭 七四九/九/五
覭 二四三/五/一
七三七/九/五
覰 一一八/四/七
一一八/六/四
三五七/四/二
五三九/十/二
五四〇/一/一
3681_3
魌 一一八/四/五
一一八/六/五
一一九/一/二
3702_0
冂 七四九/十/二
邲 四八一/十/四
六七三/五/三
3702_7
邲 六六五/三/一
六六五/四/七
六六六/四/四
鴓 六六六/四/六
六六六/八/五
七〇七/六/一
3708_2
欰 六六五/七/四

3710_4
坙 四三/五/一
七五七/五/六
埿 九六/一/一
五〇六/五/九
六三〇/五/一
3710_7
盜 六三一/二/六
盗 二九二/八/二
二九八/三/三
二九八/六/一
盗 五八八/四/七
盜 二九八/三/四
鑿 三九七/四/三
三九七/十一/五
五八二/七/二
六四五/三/六
3710_9
鋈 七六八/七/一
鑿 五八七/十一/四
鑿 六三七/七/一
鑿 七二八/三/三
七二八/五/一
3711_0
汎 一一/七/五
六三一/二/二
七八九/十/二
汈 二一四/七/三
汎 三四五/五/六
五二四/九/六
五四〇/四/二
洫 六六八/四/三
洫 六六八/六/一
七五四/十一/六
七五五/二/六
七六〇/八/五

沨 六五〇/七/四
六六〇/一/四
沮 六五/六/四
六五/十/二
六六/十一/二
一五八/八/五
一六〇/五/六
三二九/十一/一〇
三三〇/二/三
三三〇/六/三
四九一/十/三
渢 一一/七/八
二九八/五/一
六三一/三/三
澉 三〇二/八/五
湘 四九一/十/四
瀶 一一/八/八

37111
泥 九五/十一/七
三四三/五/七
五〇六/五/八
六〇八/六/四
淣 五〇三/二/七
澀 七六六/二/五
瀡 五二七/二/六
五三三/四/三
五三五/十一/六

37112
氾 二九四/八/一
六三一/二/三
泡 一八六/九/二
一八七/一/一
一八七/四/一
五八四/一/三
淝 五九/四/一

37113
丞 二四九/三/四
瀺 四五三/八/一
四五六/六/四

37114
浧 五二五/五/五
淈 三二五/九/四
滏 一三/八/一
瀣 一三/八/二
渥 六一七/七/六
六三四/四/一
六五七/六/五
濯 五八五/二/二
六六一/一/一
六六二/一/二
七一九/十/二

37115
沺 四三四/四/二
四三五/八/三
六四三/九/五
六四五/十/四

37116
浼 一四九/五/一
三四七/十一/二
五五七/三/三
浼 三六九/四/五
三八七/三/三
涴 一三五/一/四
瀺 二九六/四/四
灚 三九七/七/四

37117
氾 二九八/四/五
二九八/六/五
三二三/十/五
三二四/八/六
泦 六四/二/三
泦 六四七/七/六

淹 三九/十/三
三一四/五/四
三一五/七/五
滥 一四九/一/四
盪 六三八/九/四
浣 九八/八/七
一〇一/十一/七
五〇八/六/二
浼 七八/五/六
溫 二四〇/五/一
滟 六〇七/十/三
六〇七/十/四
滬 二四九/五/五
三五四/七/七
三八六/八/三

37118
涩 六四/二/二

37120
汐 七四三/八/三
沏 三五三/二/一
五六八/八/五
沟 六六〇/九/二
六六〇/九/六
七一八/九/三
沟 七一九/三/五
七一九/十一/三
七二〇/五/七
七二〇/七/三
沕 五三二/四/一
六六六/七/一
六七三/十/三
六八四/七/七
泖 三九八/四/一
四三五/七/五
洵 一八九/四/二
溷 二〇/十一/一

三〇四/五/五
三〇五/七/一
渊 六四七/十/六
汋 一二四/七/八
一二五/六/六
一二五/八/四
一二七/二/三
二四〇/六/一
五四三/七/一
泂 七五〇/一/六
洞 四二六/三/三
四二六/五/一
四二六/八/二
洞 二四一/十/六
△二四七/六/四
二四八/二/二
二四八/五/六
二四八/八/六
四二三/四/六
四二六/三/二
四二六/八/三
沏 六七三/八/二
七〇〇/二/四
泃 二六九/六/六
四九四/七/一
洞 四六一/八/七
洞 五/七/二
三〇一/二/四
四六一/五/三
洵 一二二/七/四
一二三/四/六
洞 五三/二/五
沏 七〇三/九/七
洏 二三五/三/五
润 四一八/四/三
淍 一七四/三/八

五七七/六/七
淍 二六四/二/二
淘 一九四/一/三
溯 四九九/二/九
六六〇/二/三
潣 四五一/七/一
濶 三六五/七/八
淜 一一/九/二
二五〇/四/一
二五〇/四/三
二五〇/六/二
二九七/十一/三
淘 二三五/五/七
六〇四/七/九
湖 八九/一/五
澗 三四六/八/八
三四七/十一/三
三五四/十/五
三八七/三/四
澗 六八七/七/一
瀾 七四一/十/一
潮 一八一/九/四
潤 五三九/八/一
澗 一五五/一/一
澗 五六二/十/四
瀾 一四五/十/一
五五九/五/七
澗 六七八/九/一
潤 六八/八/六
澗 二八七/二/八
二八八/九/四
四五〇/三/六
澗 七三四/四/六
瀾 七五三/十一/四
澗 五四三/一/二
澗 四四一/九/一

四四六/七/一
四四八/七/五
四四九/四/四
四五一/七/二
六二四/六/三
翧 一三四/六/三
一六九/四/三
澗 四四四/三/一
四四五/十/一
六二三/九/一
六二三/十一/二
瀾 三八四/一/二

3712_2

汿 三三〇/一/四
漻 二六一/五/七
滲 一七六/二/三
二六一/三/二
三九一/八/四
三九七/十一/二
七五三/四/三
漻 一八五/四/三

3712_7

渗 三四/十/七
渗 三四/十一/一
滁 二八六/五/六
五五三/三/二
滈 一九七/一/四
一九七/八/五
二一〇/五/二
涌 三〇五/五/四
滫 二六一/十/二
二六五/五/三
四三五/三/五
漏 六二〇/一/一
潙 三四〇/十/二
潙 四一六/十/三

澤 九五/三/二
九五/三/三
澤 二七五/四/四
二七八/九/二
二八一/三/三
37144
溪 二七五/十一/一
37147
汲 七六八/六/七
七六八/十/二
浮 二五八/三/四
二六二/十一/四
沒 四〇六/八/七
五三二/三/四
六八一/四/一
泝 七六五/十一/三
涙 一一九/一/八
一二〇/三/三
三五四/五/四
五七一/二/八
瀫 五二八/二/五
六九六/九/六
瀫 七一二/一/五
浸 四四一/一/一
六二一/一/六
六二一/四/一
浸 二七四/七/一
二七四/八/一
六二一/一/一〇
〔瀫〕瀄 一三二/五/四
溲 一九二/四/六
二六五/六/四
四五四/六/三
殼 一〇/五/二
冣 四九六/八/三
瀫 五六八/一/四

澤 一五三/九/二
一六五/十/二
澩 三九七/十/三
六四九/六/二
六五七/四/三
六六〇/十/二
瀫 六三四/十一/三
瀫 六三五/四/三
37148
澤 三一八/二/三
四七五/二/二
37150
汫 二八五/一/二
洴 二八五/一/三
澥 二八五/一/四
37152
澩 二〇七/四/三
澥 三四四/七/五
37154
洚 九/六/三
一五/八/三
一五/十一/四
二二/九/六
四六二/二/八
四六五/九/五
漨 一八/十一/四
37156
渾 一三七/十/三
三六三/七/二
三六四/九/四
灌 六〇/七/六
37157
浬 四七/三/一
37160
洺 二三八/十/一
37161

澹 六二五/九/三
六二七/六/三
澹 二八四/九/六
二八五/四/四
四四九/九/一
37162
沼 三九三/十/二
五八〇/三/四
溜 三五七/十/四
五三三/五/六
六八四/二/六
溜 二六一/六/二
六一五/五/六
澑 五三〇/六/二
澑 七六五/三/二
七六六/一/六
37163
涵 二八三/六/八
四四五/五/六
澛 三三八/十/一〇
37164
洛 七二五/五/一
七二八/十一/三
七三四/一/一
洛 七二四/七/二
渃 六四/二/一
湣 一二〇/二/一
三五四/十/六
五七一/二/六
潞 八七/五/一
二〇六/七/七
潞 △五〇〇/三/五
黠 三三九/七/二
潛 七六七/六/三
37167
涒 一二六/八/一

三四四/二/六
七〇四/五/二

37218
𧝌 三三六/三/二
四九七/三/九

37220
礿 七一八/四/五
礿 七二〇/一/六
礿 五八三/十一/七
七五〇/七/二
袀 三五三/十/三
袀 一二五/八/五
初 六六/九/三
袧 七五/五/八
二六九/三/一
袧 二六八/七/三
六一六/九/五
六一七/五/一
祠 五三/九/三
三二三/八/五
祹 五六九/十一/四
五七〇/五/三
祹 一二三/六/五
𧙅 三〇〇/十/六
裥 六/五/七
三〇四/十一/四
褶 三三二/十一/二
三三四/一/一
裯 八二/四/一
四〇二/二/二
五八八/一/五
裯 八二/七/二
一七四/五/一
一九三/二/六
二五九/十/五
裪 一九四/七/六
裪 一九四/六/五
䙀 八九/一/四
翩 一六八/六/六
襇 三七四/十/四
五六二/九/一
襴 一四五/九/七

37221
鼏 一六三/四/一
七四九/十一/二

37227
祁 二六/八/六
三五/六/一
四〇/四/二
四四/三/六
△四七/十/四
五一/七/八
衧 三九一/六/一
五七八/六/一
礽 二五〇/一/一
袳 三〇八/七/三
三四三/八/五
袳 四〇四/六/二
𥘉 一四/三/一
𧙐 一七四/五/三
胄 三五〇/二/八
四三〇/二/三
鄜 三五/四/二
𥛱 四一七/二/一
(禍) 礻 △四〇五/十一/五
(禍) △六一四/八/一
禍 △四〇五/十一/四
𧞨 七〇五/九/四
𧜵 一七四/四/七
三九〇/九/七
𧛓 三二九/六/三
𧞨 七〇五/四/五
鵵 一三四/八/八
鳸 三四〇/六/四
冪 七四九/十/三
禡 四〇二/一/二
禡 五八七/十一/八
鵍 一四六/九/三
一四七/一/三
一四七/七/二
鶕 七四三/四/一〇
七四九/一/六
鶣 一六八/七/一
三五四/五/一
三七九/四/九
襡 六五一/十/二
六五二/四/二
鶵 二四七/一/五
六〇八/六/三
鶬 一六一/六/四
鶴 七二八/九/三

37231
禗 四八五/十一/六

37232
䙕 三〇四/六/二
冡 三〇四/九/四
冢 七/四/一
襐 四一二/十/三
四一七/二/二
祿 五五九/十/二
禄 六二八/八/七
六三九/十/一
六五四/三/四
禒 六三九/六/六
𧜢 四〇七/六/四

37234
襖 四〇〇/五/三

⿰衤侯 二六七/十/九
⿰衤候 二六七/六/三
⿰衤癸 五〇九/四/二
⿰衤逢 一八/十一/二
褉 五〇六/七/二
六九四/十/二
⿰衤喫 七〇三/三/六

37240
衩 五九六/十/四
⿰衤身 一一六/九/四

37241
⿰衤犀 四四/五/二
襑 二七五/三/二
四四七/四/七

37247
衱 七七六/八/四
七八五/三/三
⿰衤殳 五一九/三/六
六六九/十/六
△六九三/九/七
⿰衤殳 八〇/五/六
⿰衤殺 六九六/九/三
⿰衤殽 三四六/六/二
△五一二/五/一
五二八/二/一
裰 五一五/三/三
七一二/一/二
⿰衤叕 六九三/十/一
⿰衤夌 二七四/八/四
二七四/十/一
四四一/二/三
六二一/二/六
〔般〕舩 一二六/七/三
一五五/一/五
三五八/八/三
⿱毄衣 七二八/二/六

37250
袡 二八九/四/六
二九〇/三/二
二九一/六/四

37254
袶 四六五/九/六
⿰衤夆 七/一/五

37256
褌 一三八/五/二

37261
襜 二八五/四/三
襜 六二七/三/七
襜 二八九/四/四

37262
袑 一七五/五/四
三九三/十一/五
袑 一八〇/十一/四
三九三/十一/三
⿰衤留 二五九/十一/二
六一五/五/一
六一五/六/一
褶 七八一/九/五
褶 七六五/三/一
七六六/一/五

37263
⿰衤畐 二八三/六/五
四四五/四/七

37264
袼 七二四/十/二
七二九/七/三
裾 六三/十一/五
六四/十一/一
四九一/二/三
⿰衤沓 六五〇/十/三

37272
⿰衤函 二八三/六/四

⿰衤屈 六七七/一/七

37277
⿰衤臼 三二三/八/三
⿰衤臽 七八六/五/七

37281
⿰衤眞 二四五/八/一
⿰衤真 七五〇/一/二
⿰衤巽 七〇/一/三
襈 三八六/三/四
五七三/八/五
五七六/三/四

37282
⿰衤欠 七四一/三/三
⿰衤欶 六八六/二/四
⿰衤欶 二六八/二/六

37286
襰 三七一/六/二

37294
⿰衤朵 二〇二/一/一
四〇七/六/一
襙 四一八/七/六
繫 七二八/一/二
七二八/四/一

37301
迅 五四〇/三/五
五四一/三/四
迉 三二四/十一/五
迡 五〇六/六/一
⿺辶邑 四四/一/五
五〇/九/一
逸 六六八/二/四
退 八五/十一/四
⿺辶婁 四六/九/一
遷 七五一/一/四

37302
⿺辶乃 二五〇/二/四

辺 六七三/十一/一
六八四/四/三
[illegible] 一八/一/八
迻 三四/八/五
迎 二三三/一/二
六〇四/十/五
迴 四二六/三/一
六〇七/八/二
迺 五七七/五/一
七五〇/六/四
逈 四六一/六/二
迿 一二三/八/二
五四一/三/一
五六九/十一/一
五七〇/五/二
通 四/九/五
過 一九七/一/二
△四〇六/二/四
五九〇/三/一
過 四〇六/一/二
[illegible] 五七八/四/八
遡 四九九/二/八
遹 六七二/七/一
遹 六七〇/十/四

3730₃

遬 四四/一/八
邌 九六/四/一
逯 五〇五/三/二
五三四/四/四
六三九/七/一
六五四/一/二
退 △五三〇/四/八
遂 一四二/二/六
一七一/八/二
三六六/六/六
五五二/一/四

五七四/三/二
遂 四一二/十一/六
遼 一三三/四/一

3730₄

迂 二五八/三/六
逄 二三/二/四
逢 六/十一/六
一八/九/五
遲 四四/一/四
遅 四八五/一/六
遻 六七一/八/四
遻 六一四/七/五
遱 四六/八/六
運 五四六/二/六
遲 四四/一/六
九二/十/二
四七七/一/八
邂 一〇一/八/七
三四四/六/二
五二三/十/五
遐 二〇七/八/四
（遐）廴 △六一二/一/一

3730₆

逭 一七四/十/六
遛 二六〇/七/二
遣 一八一/十一/五
遣 六二七/六/五

3730₇

追 二九/六/六
四三/八/五
一〇八/二/一
四七七/八/一
五三〇/六/一

3730₈

迩 四二/五/五
邀 六三六/九/四

遺 五五五/五/二
五六一/二/三
選 三七〇/一/五
三七〇/六/二
三八三/五/一
五七一/十/七
六九九/四/四
七一〇/六/六
選 七五八/八/一

3732₇

鶱 四三/一/八
四七四/六/二
四七四/八/三
鶉 六六六/七/四
七〇七/六/二
[illegible] 六七〇/十/七
[illegible] 一九七/四/三
[illegible] 六七二/十/三

3733₁

恣 五〇六/六/五
黛 一五三/五/七

3733₂

憑 三〇五/四/三

3733₄

〔慇〕慇 一二六/七/二
三五八/七/一

3733₈

恣 四二/六/三
四七四/七/一

3734₈

穿 四三八/九/一

3740₁

罕 三六七/五/八
五五三/五/六

3740₄

姿 四二/八/二

泠 二七七/五/五
二八三/七/一
六二三/九/四
湔 一六四/九/二
三七四/二/五
三八三/一/七
五五七/十/四
五七一/七/四
渝 八三/三/二
四九五/二/七
六一九/十一/三

3812$_{2}$
沴 三五二/四/六
三八〇/四/一
四七七/五/七
五〇五/十/八
七〇二/七/七

3812$_{7}$
汵 二八三/二/五
汾 一二九/六/一
一二九/六/六
一四〇/三/四
泠 四二九/二/四
淪 一二四/五/二
一五五/五/一
三五五/八/六
三六六/八/四
五四四/三/五
五五二/四/一
瀹 五五二/三/七
涕 三二五/七/六
三四二/七/六
三四二/十/三
五〇四/六/二
淯 五四三/四/二
漓 二八〇/六/四

澰 一二八/十一/五
潙 三六九/四/三
湯 二一四/四/七
滃 三〇三/一/六
瀄 六七三/四/一
蕩 二二〇/三/一
瀹 七六八/一/六
七八七/二/五
淪 五八〇/九/七
七一八/五/一
瀚 五五二/九/一
澗 三七四/九/四
瀉 五六二/六/六

3813$_{1}$
淰 四四六/一/四
淰 二九六/七/四
四四一/七/一
四四八/六/五
四五一/九/四
四五四/四/六
四五六/十一/一
四五七/五/三
溔 三九四/九/一
潕 三三五/七/六
淰 四五一/九/五
淰 四四一/九/四
瀚 三六八/一/六
五五四/八/一

3813$_{2}$
涂 四四四/二/一〇
湪 四七五/九/三
淞 一八/一/三
四六〇/十/五
淞 一七/五/五
一七/五/六
一八/一/二

湌 一四〇/十/五
一四四/四/五
漾 四一二/八/三
五九七/一/一
瀁 四一二/八/二
五九七/一/二

3813$_{3}$
淤 六三/三/三
四九〇/十/六
澻 四七五/九/二

3813$_{4}$
漢 三二一/五/一
滕 四四三/三/二
激 七四五/六/六
漠 五〇九/十/二

3813$_{7}$
冷 △四二一/六/二
四二九/二/五
泠 一六一/三/五
二四五/二/六
二四五/四/四
涔 二三八/三/六
濂 四五四/四/五
濂 二七八/三/三
二九一/二/二
二九一/五/三
二九三/五/三
二九六/十/六
四五二/五/二
四五四/四/三
四五六/十/一
六二九/七/二

3814$_{0}$
汷 二五八/五/四
浟 二五八/六/三
七五一/十一/四

汻 四一九/一/一
四二〇/一/二
激 三五七/十/三
激 五八一/九/一
七一四/十/三
激 三二一/八/四
三二五/八/三
五一六/十一/二
激 三二九/十一/三
激 五六八/五/二
激 五八三/二/六
激 五〇/四/七
五八/七/一
激 五〇/四/四
五八/七/二
激 六八一/九/四
激 一九一/一/三
激 二五〇/十一/六
激 二五〇/十一/七
激 四四八/九/六
四四八/十一/六
六二五/五/五
六二五/十一/一
激 五五七/五/三
激 七一一/二/四
激 三六六/七/二
激 六九一/十/七
激 四五二/四/五
六二八/十/六
激 一七六/九/九
五七八/八/一
五七八/十一/四
△七五四/四/一
滸 三二八/五/一
三三九/五/二

38141

洴 二三〇/一/三
二四三/一/三
淬 三六八/一/七
五五二/九/二

38143

滸 七六/十/二
七八/六/二

38146

濟 四五三/四/六
溥 一四〇/十一/四
一四一/三/三
漢 五一二/六/五
五六二/二/五
五七一/十一/一
六九四/五/四
七八七/三/六

38147

漨 四一〇/四/二
游 二五八/三/一
二六〇/九/七
二六二/十一/六
瀪 七二二/七/七

38151

洋 二一一/四/一
二一三/九/三
瀁 三三五/七/七
瀁 三八二/七/六

38156

漳 五〇三/四/一
漳 五二四/六/三

38157

潫 六六六/一/三

38160

沿 一七一/十一/二
三八八/十/四

38161

洽 七七〇/五/二
七八五/十一/一
涻 二八三/二/六
二八三/七/二
六二三/五/二
溚 七六六/十一/四
酒 二六三/三/一
湭 二六二/十一/七
潛 三三七/七/七
澮 二八三/七/四

38164

涻 五九三/二/六

38166

澮 一二七/七/四
澮 二五四/四/二
澮 五二二/九/二
五二三/二/四
五二八/七/一
六九五/八/六
湂 二七八/三/二
灆 二七八/三/一

38167

滄 二一六/一/九
二二二/五/八
二三二/五/四
五九八/八/三
滄 二二二/五/五
五九八/八/四

38168

浴 六五四/四/六

38169

瀋 一三六/一/五

38181

漩 九/五/五
淀 一七〇/一/五
五七二/二/五

淺 四三二/五/三
漩 一七〇/一/六
五七二/二/六
瀕 六九/七/二
3818₂
漾 一六四/十/九
五七四/九/二
3818₆
潰 二八一/四/四
潰 六二四/六/四
澰 四四八/二/四
四五二/四/六
六二九/一/一
瀪 六二三/八/二
3819₀
涂 五〇五/十/九
3819₂
淙 七三八/六/五
3819₃
潨 一三七/三/五
3819₄
涂 六八/二/四
八六/九/一
二〇六/十一/三
二〇七/七/三
滁 六八/二/三
3821₁
祚 四九九/六/一
襚 二〇六/四/三
褨 四〇五/三/三
四〇五/四/六
3821₂
袘 三五/四/四
四六九/十一/二
褫 三四/十/一
四六九/十一/三
3821₃
祱 四七二/八/七
五一一/七/三
五一九/七/八
祱 五一一/六/二
五一六/三/三
五一九/三/五
3821₇
褴 四三四/二/四
六一四/四/一
六四三/八/七
襤 二八五/八/二
襤 二八五/六/六
3821₉
襝 二七九/十/四
六二二/四/一〇
3822₀
祄 五二六/四/四
五二七/四/三
3822₁
衿 六二二/四/九
褕 八三/十/四
一八二/五/六
△二七一/九/八
3822₂
袗 一一六/四/四
三五二/七/四
五三八/五/二
3822₇
衯 一二九/一/七
衯 一二九/四/三
一四〇/三/六
衿 二七九/十/二
二八〇/二/六
二九二/六/二
黺 △三五七/十一/二
幣 五六九/三/七
禴 一一/一/四
脊 三四三/九/三
三四四/一/五
三四四/四/六
五〇七/二/二
禓 二一四/四/一
禡 六五〇/十/二
褕 五八〇/十一/五
七一八/四/六
襴 三七四/十/三
3823₁
禚 七二〇/二/二
襘 二七九/十/六
3823₂
衳 一六/五/七
三〇四/五/八
祢 三三二/一/一
衳 一六/五/六
三〇四/六/四
3823₃
襚 四七五/五/七
3823₄
袱 五〇四/十/六
3823₇
衿 二四六/九/六
四二五/一/六
3824₀
襒 七〇六/十一/八
襒 三一一/三/二
三一八/四/六
徼 七四〇/四/七
徼 一〇八/四/四
一〇八/十/七
3824₁
衹 四二四/一/一

字	出處
38246	
褕	六二六/十一/七
38247	
複	六三九/十一/四
38251	
祥	二一三/八/一
38261	
袷	七六九/八/一
	七八五/十一/四
	七八六/三/一
祫	七八五/三/四
	七八六/七/四
	七八六/八/二
⿰衤酉	二六三/五/一
38266	
⿰衤曾	二五〇/八/七
	六〇九/六/五
	六一一/一/六
⿰礻曾	二五四/六/二
襘	五二二/一/四
	五二二/七/一
禬	五二二/二/五
	五二二/六/一
38268	
裕	四九四/十一/二
38281	
⿰衤從	九/三/三
	三〇四/五/一
	三〇四/六/六
38286	
襝	二八九/四/七
	二九〇/十一/三
38290	
祢	三四三/四/二
38294	
⿰衤條	一七五/二/八
38301	
迄	六七五/五/一
迊	三五/三/三
	二〇一/二/六
	三一二/二/二
迮	七二八/二/七
	七三六/三/五
⿺辶笠	五一一/三/七
⿺辶⿱⺮隹	七三六/四/六
⿺辶⿱⺮奄	六六八/六/五
⿺辶⿱⺮雀	三八三/一/四
⿺辶⿱⺮虎	五〇五/六/五
⿺辶⿱⺮襄	一六四/八/五
38302	
递	三四二/九/八
	五〇五/二/八
逾	八三/二/五
	二七一/十一/六
⿺辶⿱⺮番	一九七/五/三
	二〇六/八/二
⿺辶⿱⺮甬	四/十/二
⿺辶⿱⺮算	一五八/十一/二
38303	
遂	四七五/四/一
送	四六〇/十/一
⿺辶無	三三五/三/五
⿺辶⿱⺮㒸	七五一/八/一〇
⿺辶⿱⺮⿱彡㒸	六四/八/一
38304	
迕	三四一/一/四
	五〇二/二/二
进	二三六/十一/六
	二三七/二/四
	六〇五/三/三
	六〇八/九/一
逆	七三七/五/二
邀	七五七/九/一
遊	二五八/三/七
邀	一九〇/九/五
邀	一七六/十/一
	一八二/十一/一
遵	一二三/二/六
⿺辶⿱⺮夆	六/十一/一
⿺辶⿱⺮尊	五五八/三/二
38306	
⿺辶合	七六九/七/六
遒	一二三/七/六
	二六二/五/六
	二六三/一/三
	二六三/三/六
	四三三/六/二
遒	二六二/六/四
道	四〇二/五/二
	五八八/二/四
⿺辶倉	六〇二/六/四
⿺辶⿱⺮車	六一四/七/四
38308	
⿺辶從	一七/八/八
⿺辶羕	五七一/九/二
⿺辶羕	一六七/四/一
	五七四/七/六
⿺辶⿱⺮僉	四五一/一/六
⿺辶⿱⺮雚	三八三/六/一
38309	
迹	三〇九/二/五
途	八六/八/一
⿺辶⿱⺮余	八六/十一/四
	五〇九/四/八
38334	
⿱遂心	二五八/六/二
38343	
導	五八八/二/三

39186

湞 四〇六/十/六

39189

淡 二八四/九/五

四四九/九/三

四五〇/三/五

六二五/九/二

六二六/七/三

濙 二四八/二/五

四二六/九/六

六〇七/七/七

39193

濼 二四一/二/五

滌 一五一/十/三

一七二/六/一

一七二/八/一

39194

沭 三四一/十/三

濼 二四一/二/七

39217

裷 三六一/七/三

褑 一三四/十/七

三六一/三/三

39220

袗 △三九五/九/三

39227

褵 七〇六/五/三

褙 一七八/六/八

一八七/十/九

39250

袢 一三六/八/二

五五六/九/一

39263

襘 三六〇/八/七

39266

襠 二一九/十一/三

39289

裧 二八九/五/二

四四九/七/五

六二七/三/九

39294

鱗 三四一/九/四

39302

逍 一七七/十一/三

39304

迷 五五六/十/五

39305

遴 五四二/六/七

39308

遂 七五〇/十一/六

39309

迷 三四/七/一〇

一〇一/二/四

39327

鴬 一九九/二/五

39336

鯊 二〇五/五/四

五九三/九/四

39338

濷 三九三/八/五

39404

娑 一九九/二/一

四〇五/三/五

四〇五/四/七

39502

挲 二〇五/四/六

39601

渚 二〇五/三/三

四〇五/四/一

四〇七/一/五

五九〇/十一/五

五九一/一/六

五九一/二/五

39602

𣺼 一九九/二/六

39621

𧥷 五八九/五/二

39714

毠 二〇五/四/五

39732

𧚨 二〇五/四/四

39904

梁 二〇五/五/二

4000_0
乂 一八五/六/六
三四〇/十一/六
五二一/十/三
义 五三七/七/四
ナ 四〇四/三/七
四三〇/七/二
五八九/八/八
十 七六五/十一/四
4001_1
左 四〇四/三/八
五八九/八/四
4001_2
⿺尢匕 二五七/十一/三
二七八/七/一
4001_4
雂 二五六/三/二
隿 七五八/六/四
⿰尤隹 六二一/十/七
雄 一 三/十/六
⿰犮隹 六九三/六/四
⿰尨隹 三〇七/三/三
4001_6
⿰尢言 一九〇/二/四
一九五/八/四
二五六/一/一
二五六/八/二
4001_7
九 二五六/三/四
四三一/一/一
丸 一四六/三/五
七三七/一/六
五五四/七/九
4002_7
力 七五八/一/一
4003_0
大 五一七/四/三
五一七/九/二
五八九/十/五
五九一/四/四
六八九/五/六
太 五一七/四/二
六八九/四/二
4003_1
⿻大廷 六七三/四/五
4003_2
厷 二三四/十/二
二五四/十一/五
4003_4
爽 四一四/四/二
4003_6
奭 七二九/五/九
七四四/三/三
奭 七 五/三/一
三三三/三/七
四九四/五/六
奭 七四四/三/四
4003_8
夾 四五一/八/二
七四四/三/一
七八二/十一/五
七八三/三/六
七八六/七/六
4004_7
友 四三〇/八/二
4008_9
灰 一〇六/七/一
4010_0
土 三三八/五/八
三三八/七/四
四一〇/五/五
四一〇/十一/七
四一二/六/二
士 三二二/十/四
4010_1
夳 五一七/四/一
4010_3
奎 一一四/五/一
4010_4
圭 九 八/九/二
坴 六四五/三/一
六四五/四/三
奎 九 九/四/二
三一二/十/二
三一五/三/六
臺 五 四/五/二
臺 一二九/五/九
臺 一一三/七/五
臺 六三四/三/三
臺 七五五/十一/三
臺 一一三/七/三
4010_6
查 一四三/四/五
一四六/十/一
三六〇/九/七
三六〇/十/四
壷 八 八/七/一
4010_7
盇 七七三/七/一
盔 一〇六/十一/二
查 二〇四/五/三
二一〇/十/四
查 二〇五/十/六
二〇六/二/一
盍 五二一/三/四
六八六/十/六
七七三/七/二
盍 四三〇/八/七

六一一/七/六
直 四八五/一/一
七五七/十/七
直皿 一〇七/八/二
四三〇/八/六
四三二/五/八
六一一/七/五
壹 一二六/十一/六
五四四/三/二

4010_8
壴 三三六/三/六
三三六/六/六
四九七/九/五
壼 一二五/三/四
一二六/六/七
一二六/七/六
一三一/一/一
三五九/八/五
五四七/三/六
△七〇四/四/六
壹 六六九/一/一
壺 五〇七/十/五

4010_9
鏊 二七九/十一/六

4011_1
垄 五二六/十一/二
壥 六三九/九/七
壧 八 五/八/七

4011_4
堐 一五三/十/六
一五三/十一/四
一六五/十一/一
一六六/八/五
垚 一七七/八/一
五七九/四/一
堆 一〇八/三/二

壠 一六六/七/三
雄 六四五/八/五
壦 三〇〇/九/九
三〇〇/十一/九
三七一/八/五
壢 一六六/七/二
雗 一四五/十一/二
鸛 五五九/六/六

4011_6
境 四二二/八/五
壇 一四五/二/七
三七〇/十/四
三八四/七/三
五五九/二/二
五七三/一/五

4011_7
坑 二二八/七/二
䲨 四〇六/六/二
矗 四六三/十一/七
六四四/三/七
六四四/十/二

4012_1
埼 三 七/十一/八
六 一/十/四

4012_2
埗 三三〇/一/二

4012_3
𡚶 一二六/七/七

4012_7
坊 二一一/十一/二
二一二/三/九
五九七/六/三
五九七/八/五
塄 六〇一/七/六
堉 六四六/六/三
墒 七五〇/十一/二

塙 一八五/八/十一
六五六/十一/七
墉 二 〇/三/一

4013_1
墲 七二〇/一/五
七四五/二/二

4013_2
㭻 六六三/十/四
埌 五五〇/五/一
壞 一〇五/五/四
五二五/四/六
五二五/八/八
壕 一八九/九/一
壤 二一五/九/六
四一五/三/二

4013_6
蚩 九 九/五/五
一〇二/八/三
蝨 △四九九/九/六
蠹 六九七/九/一
蠢 六八六/五/五

4014_1
埣 二三八/七/六
壀 三四二/一/一
五〇三/二/四

4014_6
墇 二一五/一/一
五九八/三/四
墶 七三一/五/四
七三五/七/一

4014_7
塿 三三八/九/一
埻 一〇八/六/一
三五三/三/三
五三九/四/三
五九一/八/五

七三一/五/五
七三五/七/二
塤 六四〇/四/五
六四〇/六/四
六四一/一/七
墢 五三七/二/五
蕟 一二九/十一/一
40148
埣 五三二/五/七
六八二/三/一
40153
𢦏 七六〇/十/六
𢧀 七六〇/六/二
戴 七〇二/一/四
40157
坶 一一一/七/一
四三八/六/七
六四一/六/四
40161
培 一一〇/七/四
一一〇/十一/三
一一五/八/一
二六六/十一/二
三五〇/十一/二
四三八/一/一
七六三/一/三
40167
塘 二一九/四/三
40172
埳 七三三/四/七
40182
垓 一〇四/三/一
一一二/三/一
40186
壙 四二〇/二/四
六〇二/九/三

40194
堞 七六四/九/七
壤 四四八/一/六
壚 四四八/一/七
40200
才 一一五/一/五
一一五/五/二
40207
夸 二四二/二/二
夸 七 四/五/四
七 四/十一/二
二一〇/一/二
四一二/一/四
四九四/四/二
夌 三〇八/四/二
四〇九/六/五
五九四/四/二
五九四/四/三
麥 二〇四/七/一
二〇六/四/六
五九三/四/一
40210
帄 二二一/十一/七
40211
㡆 二二一/十一/六
夽 四一〇/二/一
堯 一七七/七/四
40214
在 三五一/五/四
五三五/十/二
狂 四三九/八/八
四九七/二/三
雅 五 七/四/三
一〇一/十一/二
三一九/五/一
六一二/六/四

奞 四 二/三/五
四 七/二/五
一七八/三/一
五四〇/五/三
五四一/三/六
帷 四 六/十/五
寉 六四九/三/三
六五七/二/二
雜 六 〇/五/三
獞 五 十一/五
獾 二 二/十/六
幢 五 十一/二
二 四/二/二
四六六/六/三
雜 九 一/十/三
雝 七〇七/五/四
奮 一四七/二/六
雗 一八九/四/八
40216
克 七六三/十/二
獍 六〇三/四/三
㡩 三七一/三/一
40217
犺 四一九/三/五
六〇二/三/一
40221
猗 三 八/三/一
三一三/八/一
四〇四/一/五
四七一/四/四
熹 五 三/六/二
一一五/二/八
一一五/六/二
五三五/八/一
40223
介 三九九/七/四

四〇〇/一/一
⿰巾齊 五〇二/六/一

4022_7
巾 一二五/九/六
三五七/四/六
五四五/九/一
内 四六七/九/一
五一二/一/二
五三〇/十一/六
七七三/四/八
肉 六四三/八/八
肉 四九七/六/一
六一四/五/二
布 四九八/七/二
布 六九六/八/三
希 六 〇/二/一
三一八/四/二
犻 五三一/七/六
五三七/六/一
六八二/二/二
⿱㐅希 七〇六/五/六
⿱大希 二 四/六/二
冏 六八三/八/六
六九七/五/四
有 ▲四三〇/七/一
△六一一/八/五
肴 一八四/八/二
南 △二八一/九/三
⿰犭焉 三四五/六/八
⿰犭商 七五一/十/三
⿰巾旁 六〇一/七/一
脊 六二九/一/三
七六八/二/二
啇 一七四/五/五
脊 七八四/八/六
⿰犭高 一八六/三/七

⿱亠有 二二九/十/四
二五五/三/五
[illegible] 二一四/二/四
[illegible] 九 三/九/二
九 六/二/三
一一五/八/六
二〇一/十/五

4022_8
⿱大介 五二六/二/一

4023_0
⿰犭亦 一三六/四/一
一三六/五/四
一四七/三/一
三六二/十一/六

4023_1
⿰犭焦 六二九/十/二

4023_2
⿱大尒 八 九/十一/四
⿱大尒 二一〇/六/四
袁 一三三/九/四
[⿰犭玄]⿰犭玄 一六三/九/六
⿰巾袁 四〇五/二/二
猿 四 一/二/三
[⿰巾玆]⿰巾玆 一六一/五/三
一六二/五/一
獽 二一五/九/二

4023_7
⿰巾忝 二二四/九/三
⿰巾廉 二九〇/九/五

4024_1
⿰犭廷 二四四/八/二
⿺麥圭 四三九/八/三
⿺麥隹 七三七/九/三
⿰犭辟 七四七/七/三

4024_2
⿺麥啇 七三九/十/三

七四二/四/七
七四五/九/三
七五一/八/二

4024_4
帹 七七七/二/五
△七八九/五/一
⿺麥夜 五九四/十一/一

4024_6
⿺麥咅 六八二/二/三
四三八/一/六
獐 二一五/二/四

4024_7
皮 三 二/八/二
⿱夂又 六三六/三/四
夌 七三七/七/一
七五九/六/六
存 一四一/三/二
五五一/十/四
五六七/六/二
麦 二五一/二/五
⿰犭更 二二八/六/四
⿱隻夂 六九四/一/三
⿱夂⿱隹夂 六四〇/四/四
六四一/一/六
⿰巾雙 二 三/七/四

4024_8
狡 三九七/三/一
三九八/一/七
猝 六八二/五/五
⿰巾卒 五二〇/八/三
五三二/九/五
⿺麥責 四二〇/十一/三

4025_3
⿱大豖 六九〇/十/七

4026_1
狺 一二六/四/一

4040$_8$
[illegible] 二四九/八/五
[illegible] 六七六/五/二
[illegible] 四七九/二/二
[illegible] 四　〇/九/四

4040$_9$
[illegible] 四八九/九/五

4041$_1$
[illegible] 二二二/二/七
[illegible] 六三九/十/五
孊 三一七/二/二

4041$_2$
[illegible] 四四〇/三/四

4041$_4$
娃 四三九/七/一
婎 二　四/十/六
四七〇/三/五
婎 四　七/一/一〇
三一九/九/一
四七八/八/一
四八〇/十/六
婎 ·五二一/十/二
[illegible] 一四三/三/三

4041$_6$
嬗 一四五/一/六
一六五/八/四
三七〇/八/六
三七〇/十一/八
三七一/四/三
·三八四/六/五
五七二/十一/三

4041$_7$
妔 二二四/四/七
二二八/七/六
[illegible] 二四〇/五/四

4042$_1$
婍 三一三/一一/三
婷 二四四/五/七

4042$_7$
妨 二一一/十/一
五九七/五/一
[illegible] 七八二/三/五
七八二/十/一
媂 九　五/二/四
五〇四/二/二
嫎 二二一/十/二
嫡 七三九/八/六
七四五/七/四
七五〇/六/七
[illegible] 六四四/十一/四
[illegible] 五八二/八/六
[illegible] 五八三/二/三
[illegible] 一　七/二/四
一　九/二/二
[illegible] 六六九/六/四
[illegible] 一五一/十一/二

4043$_0$
[illegible] 七〇三/五/二
七〇三/九/二

4043$_1$
嬿 二〇四/十一/三
四九二/四/七
嫶 一七九/一/一
一七九/一/八

4043$_2$
[illegible] 六　一/二/四
[妶] 妶 一六二/三/二
一六三/九/五
[illegible] 一〇五/二/五
嫝 二二三/五/五
[illegible] 七四四/六/五
[妶] [illegible] 一六二/三/一

[illegible] 三九一/九/五
孃 二一五/七/三
二一七/三/六
二二一/二/六
四一五/四/三

4043$_3$
[illegible] 三四四/三/六
五〇七/九/五
[illegible] 五　四/一/五

4043$_4$
嫉 四七四/八/八
六六四/五/二

4043$_6$
嬑 四八六/二/七
[illegible] 七六〇/一/五

4043$_7$
婛 二二四/十一/五
嫌 二九一/一/二
四五二/四/四

4043$_9$
[illegible] 五七四/五/五

4044$_0$
妓 一二八/十/二
五四四/九/一
卉 三二七/七/六
四八九/九/一
七七一/三/五

4044$_1$
[illegible] 一一七/九/五

4044$_3$
奔 五四九/一/二
奔 三二八/五/五
三二八/七/三

4044$_4$
姦 一五二/六/四
奔 五四五/二/五

五五〇/十一/四
婈 七八三/十一/四
4044_6
[illegible] 四八九/七/七
嫜 二一四/十/三
4044_7
[illegible] 六四一/四/四
孇 二 三/八/六
4044_8
姣 一八四/九/二
三九七/四/六
五八二/六/六
奔 六四六/四/三
奔 六四七/二/七
4045_7
娒 三三五/四/七
六一八/四/六
4046_1
婄 一一〇/九/三
一一一/一/四
二七三/一/一
四三二/九/四
四三七/九/二
四三八/三/一
娮 一三五/三/五
[illegible] 二八四/四/五
[illegible] 五八二/十一/二
4046_3
[illegible] [illegible] 六四四/十/七
六四六/八/四
4046_5
嘉 二〇八/五/七
五九五/一/一
4046_7
[illegible] 二一九/十/九
4048_2

姟 一一二/二/七
4049_4
娽 一一七/十/四
4049_6
婛 三三二/八/四
4050_1
牵 六八九/二/四
六八九/五/四
4050_2
[illegible] 六九七/七/二
4050_3
[illegible] 二一〇/一/三
[illegible] 五二七/四/六
[illegible] 六九七/七/一
4050_6
韋 六 二/四/四
一〇七/六/八
[illegible] 二一二/九/四
[illegible] 一三七/十/八
一五一/十一/一
一五二/二/一
四八〇/二/七
4050_7
毐 三四八/一/二
毒 一一二/九/五
三五〇/八/三
毒 九 九/十一/七
4051_1
[illegible] 六三八/十一/五
4051_3
[illegible] 三八五/七/八
4051_4
鞋 四九七/一/六
[illegible] 二 一/四/六
四六五/七/四
[illegible] 二 一/四/四

[illegible] 五 /十/四
[illegible] 二〇九/八/六
[illegible] 一四五/十一/一
二〇一/九/二
△四〇五/二/六
五五九/六/五
4051_6
韁 三七〇/十一/二
六八八/十/二
[illegible] 七〇九/五/一
[illegible] 二八八/一/四
4052_1
[illegible] 三 六/十/八
4052_7
[illegible] 六六六/四/一
[illegible] 二二一/三/四
[illegible] 一五八/四/三
[illegible] 一 七/二/一
4053_1
[illegible] 五九三/六/三
4053_2
[illegible] 三八二/一/五
4053_6
[illegible] 七六〇/一/四
4054_6
韓 二一五/一/五
4054_7
[illegible] 八 六/四/一
[illegible] 七三一/二/三
[illegible] 六四〇/一/六
六四〇/十一/五
4054_8
[illegible] 一八五/三/二
4055_7
[illegible] 七一九/三/九
4056_1

鞊 三〇一/六/七

4060₀

咎 九 一/二/八

古 三三九/七/一

五〇一/五/四

右 四三〇/七/三

六一一/五/三

百 四七四/八/六

4060₁

吿 二五六/八/一

吉 六六八/九/二

六六九/二/四

六六九/十一/七

嗇 五〇六/十一/一

七〇三/二/七

𡘴 二〇九/十一/九

奩 三六九/五/五

嗇 七五六/五/七

蓄 七五六/五/四

奮 五四五/二/四

4060₃

眷 五三八/九/三

畜 三六五/四/二

4060₄

若 五四二/五/五

奢 二〇四/六/八

4060₅

喜 五 六/一/二

三二四/十/三

四八三/六/六

四八五/五/五

4060₇

客 二三三/八/一

4060₉

杏 四二〇/八/六

杳 三九二/二/四

畬 七五六/五/五

4061₄

雄 九 〇/三/五

讎 七一九/二/四

七四二/九/六

4064₁

壽 一九四/九/一

四三四/一/三

六一四/三/三

4066₁

嚞 七一〇/八/六

4066₆

嗇 二九〇/十/四

嚚 三四九/二/三

4068₇

畋 四三八/四/六

4071₀

七 六六三/十/三

匕 二〇九/十一/一

巹 二二二/三/六

卺 六〇一/九/三

4071₁

巵 六一二/二/五

4071₂

乜 四〇八/十/六

4071₄

雄 四七四/六/四

4071₆

奄 四五三/一/二

六二六/九/六

4071₇

奄 一二一/十/二

𡘋 二〇三/八/一

瓦 七五九/一/四

竈 四〇六/五/三

鼁 六四二/二/三

六四二/八/六

鼃 二六二/四/二

三二八/六/五

四九一/一/七

鼃 一〇二/七/四

一〇五/四/五

二一〇/七/四

二〇九/十/三

4072₇

奅 五八三/八/一

4073₁

去 六 三/九/一

三二八/五/四

三二八/七/四

四九〇/十一/四

厺 三五九/十/三

䖘 五九三/五/三

4073₂

厷 四三四/二/六

四三五/十/五

六一四/四/九

養 四〇二/四/五

五八八/二/一

喪 二二二/三/二

六〇一/九/二

4074₂

奁 九 四/二/一

三四二/三/三

五〇四/四/五

4077₂

𡙇 七八六/二/二

七八六/四/九

黜 二〇一/十/二

4080₁

走 四三九/四/二

六一九/二/二

五六二/三/三
橦 五 /六/一
一 六/二/四
一 六/十/二
二 四/二/四
三〇〇/九/一
雜 一七六/四/一
⿱艹雜 五二〇/四/六
⿰木雜 三 一/一/二
⿰木⿱艹雜 二〇一/十一/三

4091_6
橈 二三二/十一/五
檀 一四五/三/二
五七三/一/八

4091_7
杭 二二四/一/三
⿰木盍 九 七/五/一
⿰木羸 二四〇/四/三
⿰木嬴 二〇二/五/九
五九一/十/五

4091_8
柆 七七三/二/七

4092_1
椅 三 八/四/二
三一三/八/二
四七一/四/六
檹 三 八/四/四
楟 二四四/九/四

4092_2
⿰木彦 一五二/九/一

4092_3
櫅 九 三/六/五
五〇二/十/三
⿰木齎 九 二/七/五

4092_7
枋 二一二/一/四
五九七/五/六
六〇四/一/十一
柿 三二一/九/三
五一九/十/五
△五一九/十一/四
五三七/五/一
楴 四七六/二/一
五〇四/一/二
五〇五/三/三
五〇五/七/三
椁 二三〇/三/二
榜 二二一/五/五
二二九/九/七
二三〇/六/三
四一八/一/四
六〇一/六/一
六〇三/七/一
樆 三 〇/二/三
三 一/一/六
樀 七三九/九/四
七四五/十/三
七五〇/九/六
七五一/五/五
七五一/十/一
棛 六四六/三/三
槁 一九〇/八/三
三九五/六/三
三九六/十一/七
四〇〇/四/二
五八五/十/一
檇 二 九/二/五
四 三/二/八
四七五/三/一
欈 一一〇/四/七
槦 二 〇/一/五
三〇〇/十一/六
⿰木彎 一五一/十/四

4093_1
樜 四九二/四/四
四九二/六/一
五九三/四/五
樵 一七八/十/五
一七九/一/二

4093_2
⿰木衣 六 一/三/五
櫰 二〇一/十一/二
四〇四/十/四
△四〇五/二/五
⿰木褢 一〇五/二/六
一〇七/五/一
三四七/二/五
⿰木衮 二 六/五/二
四 一/二/一
槺 二二三/三/三
⿰木睘 一九六/五/二
四〇四/一/三
櫌 三九一/十一/三
⿰木適 七三九/九/五
七五〇/九/七
欀 二一二/十一/三
四一四/二/六
五九八/五/六

4093_4
槉 六六四/五/五

4093_6
檍 四八六/三/一
七五九/十一/三
七六四/一/七
櫶 七五九/十一/四

4094_1
梴 二四四/九/三
梓 三二三/六/四

4110$_7$
墭 二八六/十一/三
4110$_8$
鼟 二五二/九/一
二五二/九/七
二五三/三/六
4111$_0$
址 三二一/十一/四
批 四八一/六/二
4111$_1$
坃 一三四/五/八
壢 七五二/九/二
𪔀 七五二/十一/一
𡓾 三　〇/十一/二
壠 三〇五/一/二
𪔵 一　九/五/三
4111$_2$
墟 六　三/五/七
4111$_3$
垗 五八六/二/八
4111$_4$
垤 六六九/九/三
七〇一/六/六
坒 三四二/一/三
壂 七六七/一/四
七七九/五/七
堙 一二四/十一/七
堰 三六二/六/四
五四八/七/一
五七五/二/七
塈 四七九/六/六
4111$_6$
垣 一三三/十/五
一四六/十/三
[垣] 垍 六一一/三/三
六一一/四/三
塸 二六八/一/七
四三七/五/六
壜 二一七/八/八
壦 七三〇/二/七
4111$_7$
瓪 二八三/一/四
三三八/九/二
▲五〇〇/一/六
瓨 九　八/十一/二
九　九/十/七
甄 五一三/一/九
埡 三四〇/九/七
琥 五九五/三/一
甗 一六七/一/八
鉅 四一八/五/四
鉅 六三九/三/三
壚 六　八/十/一
八　七/七/三
4111$_8$
壇 四　八/二/八
四八〇/六/四
4111$_9$
坯 四　八/十一/六
四　九/十一/三
一一〇/七/五
一一五/七/三
三二一/三/八
六八五/十/八
4112$_0$
圢 二四四/三/四
三八〇/一/七
四二八/六/七
坷 四〇三/九/二
四〇八/七/四
五八九/四/六
4112$_7$
埒 九　一/十一/四
耦 七　六/一/三
壖 一七一/三/七
五七三/五/七
五九一/十一/十
壩 五九二/五/四
𡓏 三　七/三/六
三　九/四/一
4113$_2$
埱 六五二/十/一
塚 六五三/九/六
埥 二一六/七/五
五九八/十/四
壕 四九一/六/五
墋 五九八/十/三
鼗 二二〇/四/一
4113$_4$
堧 一七一/三/六
五六〇/六/五
五七三/五/六
五九一/十一/六
五九一/十一/九
4114$_1$
堺 四六一/十/七
壛 七七八/九/四
4114$_6$
埂 二二八/六/一
四二〇/六/六
壈 二八一/一/四
鼘 二八一/二/一
4114$_7$
坂 三六二/十一/一
三七三/五/三
鼓 七七三/十/五
4114$_9$
坪 二三一/七/二

六〇四/三/七

塼 八 六/六/七

三四〇/五/一

[illegible] 五九五/二/四

4116$_0$

坫 二七七/八/七

六二七/十/三

坧 七四五/二/三

墒 三三八/十/九

4116$_1$

堦 一〇三/十/五

[illegible] 五二五/一/四

4116$_6$

堛 六四〇/四/七

七六一/一/五

七六一/五/八

4118$_1$

塡 一二〇/四/三

一二〇/七/一

一六〇/七/六

三六三/五/三

三八〇/二/五

五四二/二/四

五六八/二/四

填 一六〇/八/一

4118$_6$

頪 二五六/六/四

墳 四六二/六/五

[illegible] 五一八/一/三

顛 五二一/三/九

〇七七四/一/三

巔 五二一/三/一

4119$_0$

坏 四 九/十一/四

一一〇/七/二

一一一/二/一〇

二六七/二/六

4119$_1$

[illegible] 四 三/十一/四

墂 一七九/七/三

4119$_4$

[illegible] 六六七/九/五

[illegible] 五二五/一/六

4121$_0$

[illegible] 三二一/二/五

三二一/六/三

三四六/一/三

[illegible] 四 九/七/三

三二一/九/二

4121$_1$

[illegible] 一三四/一/七

[illegible] 二八五/九/三

六二五/六/一

[illegible] 二三九/二/三

[狂] 狂 二一八/八/四

[illegible] 七五二/十一/六

猅 一〇五/十/五

[illegible] 一 三/十一/二

[illegible] 六 /十/二

[illegible] 六 /五/三

三〇一/四/七

四三〇/十/一

4121$_2$

[illegible] 六 三/四/二

4121$_3$

[illegible] 七八六/五/五

[illegible] 三八二/五/四

4121$_4$

狂 二一八/十/二

六〇〇/六/六

六〇〇/七/二

七二三/四/一

狴 一〇〇/七/五

三四二/二/四

[illegible] 三八二/五/一

[illegible] 二一八/十一/四

[illegible] 一五三/二/三

4121$_6$

狟 一三四/六/五

一四六/九/六

幅 二六八/八/八

4121$_7$

[illegible] 七四一/二/三

狤 三二九/一/六

[illegible] 四 三/九/四

七四五/七/六

[illegible] 一八三/四/一

一八五/一/一

一八五/十/五

二五九/一/二

[illegible] 三 〇/六/二

一八九/五/四

[illegible] 二 二/六/二

[illegible] 二二三/三/七

[illegible] 三九九/十一/二

[illegible] 二〇二/三/七

[illegible] 八 八/一/三

4121$_8$

[illegible] 七 八/十一/三

[illegible] 六一九/十一/二

[illegible] 二四六/一/六

[illegible] 二五二/十/六

4121$_9$

狉 四 九/二/二

五 〇/二/六

4122$_0$

[illegible] 二〇九/六/一

五九六/三/三

疔 •四二一/七/三

4122₁

獦 二〇八/十/二

4122₇

狮 四 〇/十一/二
獮 三八二/五/二
獁 五九二/四/三
獳 一九五/七/三
七七五/九/一
獳 八 一/十/五
二七二/十/五
六二〇/五/三
獼 三 四/六/一
獅 四 〇/十一/一
嬬 三八四/十/二
獯 五一八/六/二
蘜 二〇九/八/二

4123₂

[㹢] 狉 五〇〇/八/四
帪 一一六/二/四
一二二/四/六
五三八/六/八
帳 五九八/九/四
獴 六 五/一/五
獴 四九一/四/三
豩 七 /十一/五
一 一/十/七

4123₄

獏 二七二/十/四
嫫 三八四/十/三

4124₀

犴 一四三/三/六
一四三/十一/二
一四四/一/七
五五二/八/一
五五四/三/四
五六一/一/四
五六二/九/三
狅 五六一/一/五
忏 三六一/七/五
五五三/十/三
犿 一六一/十一/六
五六二/九/四
五六三/六/二
五六九/八/三
庍 三六七/十一/二
五五三/十/一
幱 八 二/七/三

4124₁

麩 三 三/十一/一
四 九/五/二
麮 三二九/二/二
獵 七七八/九/七

4124₂

麪 五七〇/十一/三
獝 四九七/二/二

4124₃

獶 二七二/九/六
麰 六 五/一/一

4124₆

獐 五八四/十/六
六六二/三/一
黏 二九一/五/五
七八〇/十一/四
麵 五七〇/十一/四

4124₇

獿 一九五/六/四
二五七/八/二
獿 三九四/二/一
三九八/十一/四
巎 三七一/七/一
獿 一八九/四/六
一〇九/二/八
一九五/六/三
巎 一〇九/三/五
巙 五五九/七/四

4125₃

獩 五三七/十/一

4126₀

㹸 七八一/一/二
帖 七八〇/十/一
狛 七三二/三/二
帕 六九九/二/二
七三一/十一/三
幅 三八六/六/七

4126₁

𤟌 九 一/六/五
五〇二/一/六

4126₃

獳 二四六/一/五

4126₆

幅 六三九/十一/五
七六一/四/五

4128₆

幀 六〇三/十/五
頫 三 二/十/四
一九八/六/五
三二六/十/五
四〇六/六/三
五九〇/九/六
額 六 〇/四/六
顢 一四九/三/七
幯 三四六/五/五
顢 三〇一/十/二
顭 二五三/十一/六
顛 一七七/八/三
一八六/一/八
五七九/二/八

五八〇/五/六
頳 一八五/七/九
五八一/二/六
顢 五二五/十一/一
顭 二五四/十/五
顴 一七三/二/一
4129_1
狋 四 三/三/二
四 七/五/一
五 二/二/一
一七三/一/四
幖 一七九/六/九
4129_4
⿰犭麻 七五二/十一/八
4129_6
獂 一三三/六/二
一四六/八/二
4131_0
⿰赤工 九 /十一/八
4131_1
䞓 二三九/九/六
4131_4
⿰赤垔 一六二/十一/一
4131_7
⿰[illegible]瓦 二二四/十/五
二二四/十一/八
4132_0
⿰赤丁 二三九/十/一
4132_7
⿰赤需 八 一/十一/二
八 三/十一/四
⿱犭鳥 二一八/十一/三
4133_1
⿱狂心 六〇〇/三/六
六〇〇/六/二
[illegible] ▵五〇七/九/二
4133_6
⿱赤心 七八一/七/二
⿰木頳灬 四三二/二/四
4136_6
⿰赤畐 七六〇/十一/一
4138_6
赬 二三九/九/七
⿱艹頳 一七七/三/四
4140_1
聲 七八〇/十一/五
4140_2
⿱獁十 八 〇/十一/一
4141_0
⿰女匕 三二一/六/五
妅 一 〇/一/二
妣 三二一/六/四
四八一/一/二
4141_1
⿰女匹 六六五/四/一
妧 一三三/九/三
一四八/二/五
五五六/二/一
姃 二三九/四/五
六〇六/七/三
娙 二三四/二/二
二三四/三/二
二四七/十/一
二四八/六/二
⿰女歷 七五三/六/二
孋 三 一/三/一
五〇六/五/四
4141_4
⿰女王 六二一/五/六
姪 六六七/五/三
七〇一/三/一
⿰女匡 一〇二/一/一
三四六/五/二
七四一/五/三
4141_6
姮 二五四/十/一
嫿 七五八/五/三
嫗 二六八/九/八
二六九/六/二
三三二/八/九
四九三/十一/六
4141_7
姬 五 五/六/三
五 六/五/三
婭 二〇九/四/二
四一一/六/一
五九五/十/三
⿰埶瓦 四二三/八/三
四二七/一/六
⿰女虎 一八六/三/九
⿰女虘 二〇四/三/三
二〇六/四/四
四九一/九/二
四九一/十/一
⿰女盧 四九六/七/三
4141_8
⿰女豆 六一九/四/七
六一九/十一/八
4141_9
⿰女丕 一一〇/六/七
4142_0
奵 二四三/十一/三
三七九/十/一
四二七/十一/四
妸 一九六/三/五
一九六/四/四
四〇四/一/八
婀 一九六/四/五

4142_7
⿰女而 五 二/八/二
嬭 三〇九/三/二
三四三/四/三
三四五/九/一
五〇六/六/四
⿰女丂 五〇〇/七/七
嬬 七 九/七/一
八 一/九/一
六二〇/六/一
媽 三三七/五/五
嫣 一六七/三/二
一六七/八/二
三六二/七/五
三八九/七/六
五四八/八/二
嫮 五〇〇/七/六
⿱艹馬 四〇〇/六/六
⿰女鬲 一〇二/三/二
4143_1
妘 一三〇/八/二
4143_2
⿰女豕 五四六/十一/二
娠 一一六/七/一
五三八/五/一
4143_4
媆 三七二/二/六
三八五/八/二
五五二/四/七
五七三/六/四
4143_6
⿰女慮 三三二/一/五
4144_0
奸 一四三/七/四
一五二/七/五
姧 一四三/七/五
一五二/六/五
姸 一六二/十一/二
⿰女耳 四八三/九/三
4144_1
姘 四六一/十一/三
⿰女聶 七八八/四/七
4144_3
嫥 六五二/八/四
六五五/八/一
4144_4
婹 三九二/三/四
4144_6
⿰女更 一六八/九/二
婥 五八五/三/四
七二〇/五/三
七五二/二/一
⿰女覃 二八一/三/五
四四一/六/五
四四八/一/三
四五三/十一/六
四五四/五/一
六二二/九/四
4144_7
⿰女攴 六五八/五/八
⿰幸攴 三 五/八/三
4144_9
⿰女平 二三七/一/六
嫭 九 一/二/五
五〇〇/七/五
4146_0
姤 四九九/七/八
七四五/六/二
姑 二八九/六/二
四五四/二/五
六二八/一/一
七七八/五/一
⿰女酉 六一二/九/八
⿰女百 四七四/九/一
媔 一六九/一/七
三八六/九/二
4146_1
娪 六 三/二/二
九 一/四/二
五〇二/二/八
媘 一〇四/三/五
4146_3
孀 二一五/十/五
五九八/七/五
4146_9
娝 七 六/八/一
二七二/十一/九
三二〇/九/五
4148_1
嫃 一一六/五/五
4148_6
頦 六八〇/七/三
頝 二三九/九/二
頝 四六二/八/二
頝 三一二/十/三
三一四/四/三
四七八/十/六
五七六/十/六
顡 ◦二八一/八/三
顡 一三〇/三/三
一三六/二/五
一三六/六/五
三六二/九/五
嬾 一一八/九/三
顛 二〇三/四/六
4149_0
⿰女不 四三二/八/五
4149_1

	四四五/八/四
	四四九/一/二
	六二五/三/六
𧇊	六二五/二/一
4172₀	
坷	五九五/五/四
4174₀	
𤮦	二八六/三/九
4174₆	
𤯊	二八〇/十一/二
	六二四/七/二
4174₇	
𢿍	二七七/八/六
4178₆	
䪴	四四一/十一/一
	四四三/一/六
	△六二一/五/五
4180₁	
𧺠	八 五/九/四
	三一〇/五/二
𧺷	二一八/九/八
	二二六/三/三
𧺦	四一五/二/六
	五九七/十/三
𧺆	三二八/七/五
𧻘	一三三/十/三
𧾔	七四八/一/一
	七五二/四/八
4180₂	
𧻀	七七一/七/四
𧾊	三六二/七/四
4180₃	
𧼍	六五三/八/五
𧽻	三〇四/十/四
	六五三/九/二
𧾷	六 四/十/五
4180₄	
赶	一三五/十/一
	一六八/四/五
	六七九/六/四
𧺛	三一三/一/五
𧽌	六七九/一/五
趠	一八八/十一/二
	五七七/十/一
	五八四/十一/六
	六六一/六/二
	六六一/九/三
𧽦	一五四/八/八
𧾍	一六七/十一/二
𧾞	二八〇/十/二
4180₆	
䟒	七四五/一/二
䟕	二九六/六/五
䟯	四九五/四/七
𧻺	七三二/一/七
𧾅	二四六/八/一
4180₈	
𧾩	五一三/十/七
	六七九/一/四
	六七九/四/三
𧾘	一六〇/二/四
	五六八/二/五
4180₉	
𧾲	七五二/四/七
𧾵	一七九/七/七
	一八〇/二/一
4181₇	
㼫	二 七/五/三
	九 三/一/七
𪎼	二二九/三/五
4183₁	
䵄	一 三/十一/五
4184₇	
𢻫	三〇二/八/二
4186₀	
黇	一五八/七/一
	二九〇/五/四
	二九二/十/三
4188₆	
頍	三〇二/八/一
䫏	五 六/三/二
(顛) 顛	△七〇四/一/三
4188₉	
𪏽	二九〇/八/二
4191₀	
朼	三二一/七/二
杌	五三七/五/四
	六七七/九/二
	六七八/二/四
	六八五/八/一
	六九二/一/六
杠	一 〇/十/二
	二 二/二/五
杫	三一〇/四/一
	△三二二/一/二
	四六八/一/二
枇	四 九/五/三
	一〇〇/九/二
	一〇〇/十一/五
	三二一/七/一
	四八一/五/一
枇	二 九/四/六
	三一〇/十/一
	三四一/八/三
4191₁	
杬	一三三/六/五
	一四八/二/一
	五四七/七/三

三三七/四/二
三八五/十/二
四四〇/四/二
六二〇/四/六
榪 五九二/三/六
⿰木雩 六 七/十/七
八 六/六/五
五九六/五/一
⿰木焉 一四二/七/六
楀 七四〇/四/一
七四〇/十/二
橋 一二二/四/四
櫔 五一四/十/三
構 二 八/八/二
⿰木虜 三三九/一/六
欛 五九一/六/三

4193_1

橒 一三〇/十/五
櫏 一六四/八/二

4193_2

椽 六 七/十/一
椽 六六一/三/七
[⿰木厷] 柸 五〇〇/九/三
桭 一一六/一/四
一一七/四/五
棖 二三一/二/三
⿰木豦 六 四/八/三

4193_4

⿰木奐 三八五/九/八
⿰木奐 五 二/六/二

4193_6

⿰木⿱西灬 二五八/八/四
櫖 六 七/十一/一
六 八/六/四
四九三/二/四

4193_7

⿰木零 二四五/八/七

4194_0

杆 一四三/八/五
五五三/九/四
杅 七 三/五/四
四九四/十/二
枅 九 六/十一/二
一六一/六/三
⿰木幷 一六一/十一/三
栮 三二二/七/二
⿰木叟 一三五/十/六
一六八/三/六

4194_1

栟 四六一/九/七
⿰木屏 九 五/三/一
欇 七七七/十/三
七七八/六/三
七七八/十一/六

4194_3

槈 六二〇/四/二
櫌 二五七/七/三

4194_4

樓 一八三/一/五

4194_6

梗 四二〇/五/一
六〇二/三/三
六〇三/五/一
楩 一六八/九/四
三八六/五/三
五七六/五/一
棹 五八五/一/五
橝 二七五/七/二
二八〇/九/三
四四三/四/二
四五四/三/四

4194_7

殺 五一二/四/五
板 三七三/三/三
三七五/二/三
柭 三四六/三/三
椱 四一一/三/七

4194_9

枰 二三一/七/四
六〇四/四/一
⿰木孚 六 七/十/六

4195_3

檅 五〇九/九/五

4195_6

椲 七八八/九/四

4196_0

柘 五九三/四/四
枯 二七七/八/二
二八七/十/六
二八九/四/一
栖 九 二/九/三
五〇二/八/四
梄 四四三/九/四
⿰木鹵 三三九/一/五
⿰木粘 二九七/四/五
栢 七三二/八/六
栖 四三二/五/五
⿰木面 一六八/十/八

4196_1

栺 四 〇/三/三
五 〇/十一/二
三一七/六/八
梧 九 一/五/一
三二八/二/八
五〇二/三/三
楷 一〇三/十一/一
三四六/三/二
榗 一五八/八/四

五四〇/八/三
五七一/八/一
榣 四〇四/十/一
五八九/十一/六
4196₂
檑 二六一/一/七
4196₃
橊 一〇九/八/三
五三〇/七/九
檽 二四五/八/六
4196₆
楅 六四〇/二/六
七六一/三/三
七六一/四/四
4196₉
栝 一一〇/五/三
4197₇
柹 四三五/三/一
4198₁
棫 三一〇/四/二
四六八/一/三
槙 一一六/四/三
一六〇/三/五
一六〇/十/三
三五二/九/一
五三八/八/二
五六八/二/一
4198₂
橛 五一三/十/四
4198₆
楨 二三九/八/一
頼 一一四/九/三
櫴 二七八/三/六
六二二/一/二
攋 一三六/六/六
樻 二 八/八/一
櫇 四九三/八/六
櫇 二 八/十一/六
穎 四四二/六/六
櫇 一一八/十一/二
樻 四一一/三/六
藾 四二五/四/七
四四四/一/三
顈 五七八/三/六
4199₀
杯 一一〇/五/五
4199₁
梀 一七八/九/四
標 一七九/六/一
一八〇/四/二
三九五/九/六
三九五/十一/三
三九六/四/四
五八一/十/一
五八二/三/二
4199₄
㮚 六 四/四/五
橗 七五三/四/六
楪 一〇〇/七/七
4199₆
槺 一三三/七/二
4200₀
刈 五三七/七/五
4201₀
toolbar 六九五/六/二
4201₃
尳 六二四/四/二
4201₄
毻 七 五/十/三
4206₁
蟠 七八三/二/二
燔 六八〇/七/二
4210₀
剎 三二二/八/六
六七三/七/二
圳 七一一/五/六
剄 二四〇/九/七
六〇五/六/四
刲 九 九/四/三
五〇九/一/二
剉 九 九/四/五
剗 四〇二/四/三
墹 七五六/九/一
劃 五四三/十/八
五四七/五/二
4211₀
圠 六九五/六/一
乩 四七九/九/一
四八九/一/二
六六九/五/三
4211₁
𡋯 七七四/六/五
4211₂
𡒄 七八〇/一/三
黹 七七九/十/七
4211₃
垗 三九一/四/九
三九四/六/四
4211₄
圫 六四八/四/六
垞 五八六/三/一
埵 二〇二/一/二
三四八/八/二
四〇八/三/二
墔 一一〇/五/二
堹 四六五/一/七
4211₈
塏 三五〇/一/七

墱 二五二/九/五
六一〇/五/五

4212$_1$

圻 六 一/十/二
一二六/五/二
一三二/十/六
一三九/九/六
三五八/十一/七

蘄 一三二/八/六
三五九/二/五

4212$_2$

彭 二二一/四/一
二二一/九/三
二二九/九/四
二三〇/三/七

4212$_7$

埣 二七五/十/三
垮 六四八/四/七
端 四〇七/三/三
堉 七四三/十一/四
墧 一八四/四/二
六五六/十/七
堋 六一〇/八/七

4213$_0$

坬 五九六/八/三

4213$_1$

坼 七三三/四/〇
壎 一三一/六/一
一三四/五/五
五四六/八/四

4213$_3$

壏 一二〇/九/五
一六七/一/五

4213$_4$

墣 六三五/十一/三
六五八/九/一

4213$_6$

蚻 六九七/一/五
七〇〇/八/六
蛰 二 七/七/三
蟿 二三〇/七/二
蟴 二 七/七/四

4214$_0$

坻 三〇七/八/一
三一〇/六/五
三一一/九/二
坘 四 三/十一/一
三〇七/七/四
三四二/六/五

4214$_1$

埏 一六五/一/七
一六五/九/五
一六七/四/三
五七四/八/六
毦 一 七/三/七
四六五/一/一

4214$_2$

埒 七一二/四/一

4214$_7$

墢 九 /一/五
二 三/九/三
四六六/二/二
埰 七 七/四/四
一一〇/九/五
二六六/四/四
二六九/九/三
四三八/一/三
墢 五三七/二/四
六八〇/九/三
六九二/六/六

4214$_9$

坪 九 一/一/九

4215$_3$

墢 六 一/十/三

4215$_7$

埩 二三五/十一/二
二三六/三/三
四二四/五/三

4216$_1$

垢 六一六/十/六
六四七/十一/七
蠚 一五四/十一/三

4216$_3$

堵 七七二/一/七
七七二/九/八

4216$_9$

墦 一三六/九/四
一四八/四/一

4217$_7$

埳 七六六/五/一
七六六/十一/七

4218$_1$

埃 △二二九/十一/三

4219$_4$

垛 三五一/二/五
垛 五三五/八/六
堔 七 七/四/五
墂 二四九/六/六
壥 一八八/五/五
一八八/七/三

4220$_0$

剆 三 二/一/三
三 二/十/二
四七×/三/一
㓐 五一四/七/四
猁 五〇七/七/一
五一〇/十/二
五一三/三/一

4224_9
⿰犭乎　八 九/五/三
⿰麥巢　四〇六/十一/四

4225_7
猙　二三六/一/一
　二三六/六/六
　四二四/四/三

4226_3
⿰犭甾　四〇三/三/七
⿰犭沓　七七二/四/六
⿰巾沓　七七三/一/二
⿸广甾　五 一/四/二

4226_4
狧　三〇九/一/七
　七七二/四/五
⿰巾盾　一二一/四/二
　一二二/四/七
　一二三/十一/四
　一二四/三/三
　一二四/四/一
　三六六/七/三

4226_9
⿰犭番　一三六/十一/六
　五七六/十/一
幡　一三五/十一/五
　一三七/五/五

4227_2
猺　一八二/七/六

4227_7
幍　一九三/五/八

4229_3
猻　一四〇/九/一
⿰豸系　五〇〇/十一/三

4229_4
⿰犭巢　三九八/十/一
　三九八/十/七
　四〇三/一/六
⿰犭樂　七一九/八/九
　七五二/十一/七

4230_0
刌　三六五/十/二
　三八二/八/六
　六八二/六/三
蒯　七〇四/一/五

4232_7
⿱犭鳥　六九七/一/四

4233_1
⿰犭羔　六〇〇/六/一

4233_2
[illegible]　七四八/六/三

4240_0
刦　四 〇/一/三
　三一三/四/四
⿰女冈　一二四/八/六
荆　二三二/七/一
⿰女刑　二四七/十/二
⿰女劉　二六一/二/一
　四三五/七/二
　▵六一五/八/三
[illegible]　七四二/一/一〇
⿰蒦刂　七三〇/五/四
　七四一/六/二
　七四一/八/五
⿰女剽　一八〇/四/一

4240_1
⿰女岸　三八九/八/九
⿱斲耳　五二五/十/三

4241_0
⿰女乳　四四〇/四/三
⿰女䰟　七六三/十一/一
⿰女巩　七七九/四/五

4241_1
⿰女丘　二五六/二/三

4241_3
姚　一八二/三/二
　一九四/八/二
　五七七/八/六
　五八一/一/一

4241_4
奼　四一〇/五/三
　四九九/八/一
　五九四/四/八
　五九四/六/四
妊　二七六/七/一
　四四二/五/三
⿰女毛　五八五/七/三
娙　二七八/六/五
⿰女毛　二 四/十一/二
耗　四一八/五/一
娷　二 七/一/九
　四六七/八/三
　四六九/三/八
　四六九/七/二
　四六九/九/七
⿰孛毛　六八二/一/一
⿰女崔　一一〇/二/一
⿰女重　一 九/三/七
　三〇四/十一/七

4241_7
姖　四〇六/三/七
(姖) ⿰女厂　▵四〇八/七/一
⿰女豈　二 一/五/三

4241_8
⿰女豈　四九七/四/五
⿰女登　二五二/九/三

4242_1
妡　一三二/四/三

六二六/七/六
婳 七七九/六/七
七八〇/八/六

4248_6
嬪 六六三/一/一

4248_9
嵃 五五八/十/三

4249_3
嫊 二九二/十一/五

4249_4
婖 一九八/二/三
婇 五三五/九/五
媃 三五一/二/一
嬠 一八八/九/三
嬫 △七一八/四/二
七一九/八/二

4250_0
荆 四二二/七/九
靭 三五五/五/一
△三五六/一/六
五四三/三/一

4251_2
韊 七七九/九/三

4251_3
鞉 一九四/三/四

4251_4
𩊱 四六四/十一/八

4251_7
韏 二 一/四/五
四六五/七/五

4251_8
𩏂 六〇三/十/一

4252_1
靳 五四五/七/二
𩊠 五一〇/八/二
七〇九/五/四
靳 五 九/十一/二
六 二/二/六
一三二/八/七
靳 五 七/九/七

4252_7
鞽 六五三/五/一
六六一/一/三
鞽 二〇二/十一/一
鞽 一八三/十一/二
七二一/十一/六
韉 六五二/六/四
六五三/五/二
韉 二 五/十一/二
四 一/三/二
一〇九/九/二

4253_4
鞵 一〇一/八/一
一〇四/六/四
𩎑 六三五/八/六
六五三/五/五
韄 六五三/五/四

4253_6
鞋 三一八/八/二
鞋 三八七/六/五
四二四/十一/四

4254_0
𩊃 二 六/十/一
三 五/十/六
鞮 九 四/一/三
九 五/一/二
五〇三/十一/一

4254_1
鞓 二四四/二/二
𩋖 一六六/五/七
三七一/三/二

4254_4
鞍 一〇九/九/三

4254_7
鞖 四六一/二/二
䩪 五四七/八/五
韈 五四三/三/二
(鞖) 靫 △三五六/一/七

4255_3
鞿 五 九/十一/一

4256_3
鞜 七七二/二/一
七七二/八/一
䪞 七七二/四/四
七七二/九/二

4256_9
𩏩 一三五/十一/一
一三六/十/六

4257_7
鞱 一九三/六/二
韜 一九三/六/一
五八八/一/八

4259_4
鞦 六九四/十一/九
韘 一八八/八/五

4260_0
劼 六九四/七/二
剳 七七一/十一/四
剒 七二七/十一/二
割 三三四/四/七
四三七/九/四
劄 七五六/七/七
𠠋 六五〇/十一/六

4260_1
喆 六〇五/二/四
誓 二 七/十一/七
九 二/十一/一

4260_2

晳 七四二/十/五
晢 七四八/六/一

4261_0
乱 七〇三/二/一

4261_4
氉 四 七/十一/一

4262_1
蔪 六六〇/七/四
七二三/七/四

4263_0
瓡 八 九/十一/二
瓠 六九四/六/八

4270_0
刦 七八四/十一/一
七八五/二/二
七八五/二/四

4271_4
髦 七八〇/一/四

4271_7
嫠 二 七/五/二
九 三/一/六

4276_9
播 △一四八/四/四

4280_0
剡 四四九/六/四
四四九/十/八
赳 二七三/十/四
四四〇/九/二
六二〇/八/六
六二〇/九/二
趙 三九四/八/三

4280_1
趒 一七四/九/一
一七四/十一/三
三九〇/十一/五
五七七/十/二
趆 六一一/十一/一
趬 七五〇/四/六
趡 一〇九/十一/五
𧽚 四六五/八/三
𧾍 三 〇/三/一
三四二/十/六
𧽛 七七四/八/二
鬒 六〇五/二/三

4280_2
赾 三五八/十一/二
三五九/一/三
𧻓 六一九/五/十一
𧼜 五一一/一/二
五一一/三/二
䟌 六七四/三/三
六七五/二/二
𧾈 六二五/七/一
趫 一八三/九/八
一八四/四/三
三九四/四/四
三九五/八/六

4280_3
趚 四〇九/六/六
五九三/一/四
五九三/三/六
七三三/五/五

4280_4
趆 四 四/一/七
三四二/六/二
越 九 四/一/六
五〇三/十/六
趏 二六六/八/一
四九五/三/六

4280_5
𧾊 六 二/四/三
四七九/二/三
𧾊 五 九/十/四
六 〇/四/三

4280_6
趏 六九〇/九/一
六九八/二/二
六九八/十一/七
𧺮 六一六/四/一
𧼕 七八八/一/五
𧽑 一二四/三/四

4280_7
趉 六七二/一/三
六七〇/四/九
六七六/九/四
六七七/一/五
六七九/五/三
䟥 一八二/九/一

4280_9
𧾩 六四四/四/六
𨆢 一八八/三/二
𨇽 七一八/十/四
七一九/八/四
七五二/五/一

4281_4
毦 一二九/四/四
一三〇/六/一
一五三/二/六
四七二/五/五

4282_1
斯 二 五/十/三
二 七/三/八
六 六/四/一
三〇九/五/二
三四五/六/四
四六八/二/一
斯 二 七/十/七

4282_7

一八四/四/一
一九〇/七/六
三九五/六/四
五八一/五/二
欈 四七五/三/四
欈 二 九/二/六
欈 三 六/三/一

4293_0

柧 八 九/九/三
五八四/八/四
柧 二一〇/五/五
梾 六一〇/三/四

4293_1

析 七二四/二/一
櫄 一二四/一/一
櫄 一二四/一/二

4293_2

杺 二二三/六/五
栎 五二四/四/六
五二四/六/五
五九二/六/五
櫶 一七一/一/七

4293_3

椂 四五三/十一/三
六二七/八/三

4293_4

枖 一八三/四/六
三九五/二/一
揆 四 七/十一/五
三一九/十/一
楑 九 七/十/二
一〇一/八/六
五〇六/九/一
樸 八 五/五/二
六三五/七/四
六三六/四/七
六五八/八/五
檏 六三五/七/五
六三六/二/五
六三六/四/六

4293_7

梭 二九二/八/二
二九八/四/六
檼 三五八/九/四
五四五/十一/八

4294_0

杅 一五八/二/四
一六四/八/四
柢 二 六/六/七
九 四/二/四
三四二/三/五
五〇四/一/一

4294_1

梃 二四四/六/二
四二八/九/四
梴 一六五/一/六
一六六/四/五
一六七/一/一
三八七/七/四

4294_2

桴 六九四/五/二
七一二/五/四
榑 二一三/六/四

4294_4

桵 四 一/八/四
楼 三 九/八/四
四 一/八/五

4294_7

棱 八 /十/四
棱 一一〇/三/三
桴 七 六/九/六
二六六/六/二
椶 一三四/一/一
五四七/八/二
五七五/六/六
橃 五三七/三/七
六八〇/十/八
六九二/七/五
欉 四六三/八/二

4294_9

枰 八 六/六/一
八 七/十/一
九 一/二/一
三三九/一/七

4295_0

柈 四三四/十一/二

4295_2

檞 五三九/五/三

4295_3

機 五 九/七/二

4295_7

棦 二三五/九/八

4296_3

椔 五 一/三/一
四八四/一/六
楷 ·七七二/五/五
七七二/十一/五

4296_4

栝 四五三/十一/四
五二二/十一/二
六二七/八/一
六九一/六/一〇
棔 六九一/六/九
㮑 七八七/六/七
楯 一二三/七/二
一二四/一/八
三五三/七/八
三五六/四/六

三五七/五/四
三五七/六/五
五三九/七/七

4296_9
橎 一三五/十一/四
一三六/六/一
一三六/九/三
一三六/十一/三
一九八/十/二
三六二/十一/五

4297_2
柮 六八二/九/二
六七〇/三/九
六八五/八/二
六九一/十一/四
六九七/五/三
榣 一八二/七/一

4297_7
槄 一九三/九/七
四〇二/四/六
㮑 七六六/五/六

4298_6
櫍 六六二/九/五
七〇〇/十一/三

4299_3
槂 一四〇/十/一
𣛮 一六九/二/一
五七〇/十一/五
檰 二五八/八/二
櫾 六一二/八/三

4299_4
𣏌 一九七/十一/二
棌 五三五/九/二
𣓁 三五一/三/一
櫟 一八八/四/四
一八八/六/四
櫾 八　五/八/五
櫟 七一八/八/五
七一九/九/一
七二五/三/五
七五三/三/七

4299_7
棅 六〇四/一/一〇

4300_0
弋 七五八/五/五

4301_0
尤 二五五/四/一

4301_2
尨 七　/十/一
二　三/三/一

4303_0
犬 △三八一/六/六

4303_4
㹜 一三二/十一/四

4304_0
犮 六九三/二/一

4304_2
博 七二五/七/一

4305_0
𢧀 四〇四/二/二
𢦙 二五七/四/六

4310_0
圤 六三五/十一/四
六五八/九/二
弌 六六八/十一/五
弎 四七三/九/一
式 四八三/三/四
七五五/八/二
七五七/十/四
七六二/二/六
弍 二八五/八/六
卦 五二三/五/一
𢎂 七六二/三/七

4310_4
埜 一二六/五/三
一三二/十/七

4310_7
盇 六九二/三/七
盡 二五七/四/八

4311_1
坨 三　五/四/六
埪 一　〇/四/四
垸 一四六/五/四
五五四/七/七

4311_4
垞 二〇六/十一/七

4311_7
𡋯 六一二/三/六
𡍼 六一五/七/二
埦 一四七/九/七
三六八/五/七

4312_1
坾 三三一/六/七
三三一/八/六

4312_2
墋 四四二/七/二

4312_7
埍 三八一/九/四
三八二/二/一
五七〇/二/二
五七〇/七/四

4313_2
求 七　五/五/二
二五六/五/七
埌 四一七/十一/三
六〇一/二/四

4313_4
𡉭 六四一/一/四

4323_{3}
獙 一六六/一/六

4323_{4}
𤞞 六八三/四/六
㺂 五　三/二/一
𤣊 四八四/五/六
獄 六五五/六/一

4323_{6}
幰 三六一/七/四

4324_{0}
犿 五七六/十/二
帇 七五五/八/五
𢅃 四七三/九/四
四七七/七/一

4324_{1}
𡖿 二〇〇/八/一
𡖨 一三七/九/九
一四六/九/七
三六三/八/五
三六八/五/一
三七二/十一/九
𡖸 六三四/七/二

4324_{2}
狩 四三三/八/三
六一三/十/三
猼 △六五一/五/二
七二六/一/一
七二六/七/二
𡖼 七　六/八/六
𡖿 一六三/三/四

4324_{4}
㹑 五三七/六/二
帗 六七四/四/一
六七四/七/七
六九二/三/三
𡖖 七五八/十/二

夎 二七〇/三/五
𡗀 七二五/九/三

4324_{5}
𡖍 六五二/六/二
𡗁 三七四/一/三
五六二/三/七

4324_{7}
獀 二七〇/十一/七
狻 一四九/九/三

4324_{8}
𡖵 六九五/七/五
六九五/十/一

4325_{0}
狨 六七八/七/五
㺊 一　二/十/一
𤢫 六四二/八/三
㦸 四八三/十一/五
裁 一九一/二/八
狘 二九五/十/六
四四四/九/五
𢧵 一九一/二/七
幟 四八三/二/三
四八三/四/一
𢧐 七六〇/五/五
𢨋 六四八/三/二
𤢪 三　七/五/八
𤣛 二八七/十一/五
幱 二八八/三/七
二八八/六/一

4325_{3}
帴 一五八/四/二
五一二/四/四
六九六/九/四

4325_{5}
𤞤 三七二/四/三
三七四/一/二
三七四/五/四
帴 一四四/六/七
三八二/十一/六
三八三/四/三
四五四/九/三
五五七/四/一
五七一/六/一
五七六/十一/一

4327_{7}
帵 一四七/五/三

4328_{2}
𤝢 六一二/五/七

4328_{6}
幀 一七二/七/五
獱 一一八/八/二
一一八/十一/六
一五九/三/二
𢅭 一一八/四/四

4329_{1}
㡏 一　五/九/一

4329_{4}
𤝗 六七一/十/六

4329_{6}
獠 一七六/四/五

4330_{0}
忒 七六二/一/一

4332_{7}
鷙 六五八/二/四

4333_{3}
憖 一二六/五/七
五四四/二/二
五四五/七/一
五四六/二/四
六九八/六/五

4334_{0}
鳶 一七二/一/一

4335_0

戴　五三五/八/三

䵵　四八三/五/二

4340_0

妼　四八一/六/六

　　六六五/七/二

4340_7

妒　四九九/七/七

4341_1

婉　三六〇/四/一

　　五五六/一/三

4341_2

婝　二　三/五/一

4341_4

妩　二五五/七/三

妊　四一〇/五/四

4341_6

媗　一三四/八/六

　　一六九/五/三

　　三六一/一/六

4341_7

婉　三六八/六/四

4342_1

姱　三三一/十/五

嬣　二三六/九/六

　　二四七/三/三

4342_2

嫪　二七六/九/六

　　二八二/三/六

　　四四六/八/四

　　七七一/四/三

4342_7

媽　一一八/九/六

娟　一六四/二/五

　　一七二/五/四

媥　一六八/六/三

娕　八　四/十/五

4343_1

嫕　一三四/十/五

4343_2

妹　二五七/四/九

嫁　五九五/八/一

娘　二一七/四/三

4343_3

嬿　一六六/一/八

　　△三八三/十/二

　　三八四/十一/三

　　五六八/八/四

4343_4

㛗　一七九/五/一

　　一七九/十一/五

嫔　五　五/十一/三

　　一一二/十/二

　　三五〇/七/五

4343_6

嬝　一一八/九/九

4344_0

妭　七五八/八/七

娍　三三五/四/一〇

4344_2

姱　六　六/三/六

嫥　七　七/八/一

4344_4

姣　四八七/三/四

　　六九二/四/八

　　六九三/三/一

姲　五六〇/十/四

4344_7

嫒　二〇〇/一/八

婈　四〇一/三/七

4345_0

娍　六七八/五/二

娥　一九六/八/四

娀　二三九/七/二

　　六〇六/七/五

姺　一　二/一/三

娡　一〇一/二/五

㚔　七四一/十/四

孅　七〇八/五/六

嬂　七五五/七/一

孅　二八七/八/五

　　二八八/三/六

4346_0

始　三二二/三/六

　　四八三/四/八

4346_1

嫁　五二〇/十/三

4346_8

嫆　二　〇/六/一

4346_9

嬏　四四一/十/一

4347_7

婠　一四七/九/五

　　五五五/四/四

　　△六九六/一/七

　　六九八/九/二

4348_1

婝　五六八/三/四

4348_6

嬪　一一八/九/八

嬪　一一八/七/七

　　一一八/九/五

4349_1

婃　一　五/十/七

4350_0

鞑　四八一/六/五

　　四八一/十一/四

　　六六五/七/五

六六六/五/二
韠 四八一/九/二
七〇六/六/六
4350$_{2}$
[鞃] 鞃 二五五/一/二
二五五/二/一
二五五/二/四
4351$_{1}$
鞑 二〇〇/十/四
鞔 一三一/二/七
一三四/十一/八
三六〇/五/三
三六〇/五/四
鞚 四六二/三/四
韈 三六〇/五/五
韃 二〇一/四/七
4351$_{4}$
鞓 六六三/一/四
4351$_{6}$
鞙 五四七/八/六
韗 五四七/八/七
4352$_{2}$
鞪 二八八/一/五
二九七/四/一
4352$_{7}$
鞘 一六三/三/九
一六三/六/五
三八二/一/四
三八九/二/一
鞴 三三七/十/八
韛 三三五/三/二
4353$_{4}$
鞦 六四〇/十/五
韍 四八二/六/五
韎 六四〇/十/四
4353$_{6}$
韆 五四七/八/八
4354$_{2}$
鞾 六一三/二/一〇
六一七/十一/四
七二三/六/三
七二五/十/三
韡 六一三/二/八
七二三/六/四
七二六/五/一
七四八/二/一
4354$_{4}$
韍 四八七/三/三
六七四/五/七
4354$_{7}$
鞍 二七〇/十/一
4355$_{0}$
韄 六七八/四/一
載 五〇/十一/六
一一五/三/四
三五一/四/五
五三四/九/六
五三五/六/三
五三五/十/四
鞿 六四八/六/二
七六〇/七/三
七六〇/九/一〇
4355$_{3}$
鞿 一五八/四/四
4355$_{6}$
鞥 五一四/一/五
韖 五一四/一/六
4356$_{4}$
鞜 七三四/十一/五
4357$_{7}$
鞱 三六八/十一/六
4358$_{1}$
韉 一三五/六/六
4360$_{0}$
𢦏 四七七/七/四
酨 五三四/五/八
4365$_{0}$
哉 一一五/一/四
戬 七二〇/四/三
戢 一一五/一/一
一一五/四/四
㦸 四七五/三/三
戫 五三四/六/一
五三五/七/六
五三五/十/六
戴 三五三/四/六
4370$_{0}$
甙 五三四/五/七
貮 六六九/一/五
4373$_{2}$
裁 六四八/三/一
4375$_{0}$
裁 一一五/四/六
五三五/十/三
戡 二八二/十一/二
四四二/十一/四
戴 一一五/三/六
五三五/七/三
4377$_{2}$
饕 一三三/一/七
三五六/五/五
三五九/五/六
4380$_{0}$
赴 四九五/三/三
貳 七六二/一/六
七六二/三/三
貳 四七三/九/二
4380$_{2}$

趁	△二八二/三/四	4385₃			六五七/一/五
	七七一/四/二	戴	一五八/七/二	4391₆	
𧻓	八 四/九/二	4385₅		楦	五四七/八/三
	八 四/十一/一	戴	三八七/五/一	4391₇	
	八 五/四/六	4390₀		榼	六六五/十一/一
4380₃		术	六七〇/九/六	椀	三六八/五/八
𧼎	二五七/四/三		六七二/一/二	櫨	三七四/三/一
𧺫	六〇一/四/一	朴	二六七/三/三	𣝔	三四〇/八/六
𧾱	三六〇/五/三		六一七/十一/一	4392₁	
	三六一/九/一		六一七/十一/八	柠	三三一/五/五
	五四八/四/三		六三六/二/七		三三一/七/二
4380₄			六五八/八/六		三三一/十/六
越	六九三/一/四	杺	二七四/九/五	檸	二三一/五/六
趁	一二三/二/二	柲	四八一/十一/五		△四二一/八/三
	六一三/六/六		六六五/七/八	椅	三 七/一/四
趨	二六五/三/一		六六六/一/七		三 九/五/五
	四三四/六/五		七〇六/十一/七	4392₂	
	六四四/一/七	4391₀		槮	一九二/五/二
4380₅		枕	五七四/十一/四		二七六/八/七
越	六七八/二/六	4391₁			二七七/二/三
	六九〇/八/九	柁	二〇一/四/四		二九七/六/二
𧼯	七六〇/九/二		四〇四/七/一		四四一/三/一
𧾍	四四四/十一/一		四〇四/八/八		四四一/八/四
𧾯	六六八/九/七	椌	一 〇/四/三		四四二/六/五
	七〇〇/七/四		二 二/五/四		四四六/六/一
𧾲	六六七/五/六	椗	一三八/三/二		六二一/七/七
4380₆			一四六/三/一	4392₇	
超	六〇〇/九/八		三六四/二/一	梢	一〇〇/二/六
4380₉			三六八/二/七		一六三/四/七
逑	六七〇/九/三		五五五/二/二		一六三/五/三
	六七一/十/四		五六一/八/四		一七〇/三/二
4385₀		榨	五二四/十一/四		一七二/二/八
𢦏	一一五/二/一		五九三/十/七		五七二/四/四
戴	五三四/九/五	4391₄		楄	一五九/一/五
戴	五三三/二/二	杬	二五五/四/三		一五九/三/四
戴	五三三/十/五	榷	六五六/二/四		一五九/七/五

梋 九 六/十一/三
 一六一/六/三
槁 二四八/六/一
樠 二七五/一/三
 二七五/八/七
槝 四〇九/一/四
㰈 五七五/二/一

4393_0

㯶 三一〇/二/二

4393_2

㭸 四二二/十一/一
梂 二五七/二/四
 二七四/二/五
 六四七/九/一
 六四八/二/三
 六五五/二/五
椽 五九五/六/五
根 二二〇/十/一
欀 一六八/一/四
欓 一五一/十一/三

4393_3

㶿 一六二/八/六
 三八四/十一/一

4393_4

㭁 六四一/一/二
㹜 五四四/二/一
椞 六八三/三/八
梾 五〇六/二/一
 七〇二/四/二
𣞁 三二三/一/三
㯌 七七六/四/七
㰚 六八七/八/二
 七一四/二/三

4394_0

杕 七五八/六/一
栟 五七六/九/一

栻 七五五/九/四
 七五七/九/五
𣓧 四八三/三/五
樲 七六二/四/三
樲 四七三/九/六
 四七七/三/四

4394_1

榟 三二三/六/五

4394_2

榑 七 八/三/四
 四九五/十/二
 七二六/二/二

4394_3

榉 三六五/六/一

4394_4

椒 六七四/一/四
 六九二/五/三
 六九三/三/二
 六九六/四/七
 七一四/八/三

4394_6

樟 六六一/四/七

4394_7

梭 一九二/二/二
 二六五/六/八
梭 一二三/九/六
 一六九/九/六
 一九九/十/八
 五四一/五/一

4395_0

械 六七八/六/二
栰 六八〇/十/九
栈 一 二/九/四
械 五二七/一/四
槭 六 一/五/二
栫 七 三/五/五

 二七〇/一/七
栽 一一五/三/二
 五三五/七/二
 五三五/十一/一
械 二六六/二/六
 六四二/七/三
 七三八/五/三
 七三九/七/五
棫 六四八/八/一
 七五五/三/一
 七六〇/五/四
槭 二八三/五/二
 二九五/一/四
 二九五/五/五
 四五五/十一/一
檝 四四四/十/六
樴 七五五/五/二
 七五八/六/二
 七六二/四/二
櫼 七六三/八/七
樴 七六五/一/三
 七六五/七/二
 七七七/四/二
櫼 三 七/四/五
欌 二七五/二/四
 二八八/一/三
 二八八/六/三

4395_3

欌 一五八/五/四

4395_5

棧 一二八/四/五
 三七四/三/二
 三七四/四/三
 三八五/十一/五
 五六二/四/三
機 一五八/五/三

櫼 五七一/八/五

4395_7

櫭 四二九/四/三

4396_0

枱 五　三/十一/二
五　五/四/六
三二三/十一/六

楮 九　六/十一/一

4396_1

槄 六四四/二/四

榶 六八六/五/六
六九七/八/七
六九七/十一/八

4396_3

櫓 三六三/一/四
三六五/五/五

4396_4

榕 七三四/一/五

4396_7

榴 四四七/十/五

4396_8

榕 二　〇/一/六

4396_9

橎 四四一/七/五

4397_2

榓 六六五/十一/二
六六六/七/八

4397_7

棺 一四七/六/六
五五五/十/一
五五五/十/五
五六一/四/二

榴 四五〇/一/一

4398_1

欏 一六八/一/五

4398_5

樾 六七八/五/五

4398_6

檳 一一八/六/七

4399_1

棕 一　五/八/四

檫 六九六/十一/四

4399_3

橥 四　五/三/九

4399_4

椺 四五五/九/四

4400_0

廾 二　〇/七/四
二　一/十/六
三〇五/九/六
四二〇/九/四

廾 一五三/三/三

兆 一五三/二/九

卅 七七四/六/六

卌 七六四/七/三

斟 七　五/二/一
二六八/九/五

4401_1

旌 五八九/八/六

旌 五八九/八/七

旓 四四五/十一/三

4401_2

旭 七五八/一/三

4401_4

旋 五四八/十一/一

4401_7

芫 六六九/四/一
六七五/七/二
六七五/八/六
六七五/十一/一

4402_7

协 七六二/六/二

劦 四四三/一/一

協 七八二/十/二
七八二/十/五

4403_0

炏 三二一/六/二

4404_0

姑 五四七/八/一

4404_7

豉 四五一/九/二
七八八/四/八

4410_0

坩 二七六/二/一

坿 七　六/十/四
七　八/六/三
四九五/八/二

封 一　八/七/八
四六四/八/三
六一〇/八/十〇
六二八/九/九

尌 三三六/三/四
四九七/四/一
四九七/十一/六

對 四九七/三/五

4410_1

茳 三二二/一/三

荎 一　〇/四/一

莖 二三四/六/五
二三四/八/四

菫 四三一/二/六

蘁 五二七/二/四

蘴 一　〇/六/三

4410_3

荗 二四八/十一/二

4410_4

芏 三三八/六/五
三三八/九/四

五〇〇/一/八
莝 五九一/一/三
荃 一四〇/九/六
一六九/七/五
六九九/五/二
七〇八/八/一
七〇九/十一/八
七一〇/七/一
茬 四 一/八/一
二三二/四/四
埜 四一〇/八/七
茎 五五一/三/三
茥 九 九/一/二
九 九/六/二
五〇九/一/五
荎 四 四/二/四
五 四/四/七
六六七/六/一
七〇一/十/三
菙 三〇九/九/二
三〇九/十/六
基 五 六/六/四
五 七/六/三
耊 七〇一/二/一
七〇一/三/三
堇 五 四/十/一
六四四/九/七
六四六/九/三
七五七/十/三
[illegible] 四一〇/八/六
[illegible] 三五九/一/五
[illegible] 一二四/十/五
⿱艹基 一二五/十/八
[illegible] 七〇二/七/二
[illegible] 七五九/二/三
墊 六二七/十一/四

七八一/四/二
墓 八 四/七/四
四九八/五/一
菫 一二五/十/五
三五九/一/四
五四三/九/四
五四五/九/二
堇 一三二/九/五
董 一三二/九/六
董 三〇〇/七/二
三〇三/七/二
墓 二二六/三/一
⿱艹埜 一二五/十/七
⿱艹基 五 六/九/六
五 七/九/六
耋 六六九/九/二
七〇一/三/四
[illegible] 五四三/四/九
五六九/二/五
董 三五九/二/一
五四三/十一/四
五四四/一/四
五四五/八/四
蓳 五 /七/一
三〇〇/七/一
[illegible] 七六二/七/三
墪 四七三/三/五
四七六/五/四
薹 一一三/九/七
[illegible] 四 五/三/七
[illegible] 一 三/八/三
[illegible] 二二〇/三/五

44106
荁 五五九/三/一
六八八/十一/一
莤 二五八/一/六

萱 一三四/四/五
[illegible] 八 九/五/一
薑 二一七/八/三
薑 一四五/七/二
蘁 五〇二/二/七
七三〇/三/二

44107
蓝 七〇四/十一/四
七五四/十一/五
[illegible] 二三六/九/三
[illegible] 一三〇/四/四
一四〇/二/六
[illegible] 七四五/十一/六
蘯 四 〇/三/六
四 四/四/五
[illegible] 二 五/二/四
苴 六 五/六/二
六 五/八/七
六 六/十/七
八 一/一/一
八 五/十/六
一八六/十/六
二〇四/四/二
二〇四/六/三
二〇六/二/六
三二九/八/四
三三八/二/一
四〇九/十一/七
四一〇/四/四
四九一/十/五
[illegible] 七 三/五/三
[illegible] 三四四/四/七
蓋 六〇一/九/一
六〇三/七/六
[illegible] 二四〇/七/三
苴 一四六/六/三

蒕 一三一/三/三
萱 三　八/九/五
薈 二〇六/三/六
蓋 五二一/四/七
六八七/三/一
七七三/八/一
七七四/一/六
蕰 四五七/八/二
[illegible] 二四九/一/二
[illegible] 三三四/八/二
[illegible] 六　六/十/二
[illegible] 三五三/十/六
五四〇/十/四
𧁩 六一五/四/二
藍 二八五/五/一
六二六/三/七
[illegible] 六　六/十/六
[illegible] 三四九/十/五
[illegible] 三四九/十/四
[illegible] 六　六/十/三
[illegible] 五〇一/四/二
[illegible] 一四〇/五/四
三二五/十一/一

4410_8

芸 七六七/四/一
七六八/九/二
苤 七　八/十/三
荳 六一九/十/三
萱 一一二/十/六
三二六/八/六
五三三/二/五
[illegible] 二三六/六/八
二五二/八/四
[illegible] 二五三/三/五
六一〇/五/六
六一〇/六/六

[illegible] 三五七/四/四
三五九/三/一
[illegible] 二四六/六/一
[illegible] 一　一/四/二
一　二/一/六
一　八/七/一
一　八/八/三

4410_9

茎 四　九/三/二
荃 二七九/七/四
二七九/十一/二
二八〇/三/四
[illegible] 七〇八/一/四
[illegible] 四七三/二/五
五〇三/六/四
七六五/十/六
七八一/五/一
七八一/六/七
[illegible] 一　五/四/九
四六四/四/二
[illegible] 二五二/四/六

4411_0

茫 二二一/十/六
[illegible] 七七九/四/三

4411_1

茳 二　二/二/二
[illegible] 三四三/五/六
埝 五一七/九/五
[illegible] 五三一/九/二
茈 二　九/四/二
一〇三/五/一
三〇八/八/二
三一〇/六/四
三一〇/七/一
[illegible] 一〇二/五/一
一〇四/八/二

[illegible] 二　九/四/三
[illegible] 七五三/三/六
[illegible] 一〇四/九/二
菲 五　八/八/一
三二六/一/五
四八七/十/四
[illegible] 一一一/三/四
堪 二八二/十/六
四四二/七/三
[illegible] 七六六/二/八
七六六/九/一
[illegible] 七七四/五/五
墝 一八五/八/九
五八三/五/八
[illegible] 六三九/十/六

4411_2

地 四七六/一/四
五〇五/七/四
[illegible] 六二一/十一/四

4411_3

蓅 二六一/五/四
蔬 三三〇/五/四
[illegible] 六　六/二/五
八　〇/三/四
[illegible] 一八二/八/六
五八〇/十/六
[illegible] 一〇七/五/二
一〇七/十/三
[illegible] 一九四/三/五

4411_4

[illegible] 七〇二/七/三
[illegible] 一二五/十/六
五四三/十/七
五四五/十/五
[illegible] 三〇四/二/六
[illegible] 一三四/五/七

蕩	二二〇/二/六	䕲	五〇七/十一/五	墊	七八一/九/一
	四一六/九/一	藹	六五三/十/六	4413₆	
	四一七/五/一	藒	一六六/一/二	茧	一 三/六/四
	四一七/七/一	蘬	四 八/七/五	萤	七二一/五/六
	六〇〇/十一/一		六 〇/一/三		七二九/三/三
蓊	一 〇/十一/六		六 二/八/四	蠆	二 一/八/一
	三〇三/一/二		三二〇/六/一		三〇六/一/五
蔀	二〇四/五/七		三二七/六/三		四六五/五/九
藹	四三七/七/五	4412₉		蟼	六六五/十/四
蘤	一五〇/五/一	莎	二 八/二/二	蟇	二三〇/九/一〇
蒚	一七四/四/三		四 二/四/一	螫	二 四/十一/三
蕣	二四二/八/三		一九九/十/四	蠚	一八七/八/四
萄	一九四/五/五		二〇五/五/五	蠻	一三七/一/一
蒻	六六二/五/八	4413₁		蠥	二三〇/九/八、
	七二〇/十/一	蕉	六二九/十/三	蟇	▵五 八/二/六
蔔	六五二/五/六	蘸	一三一/六/四	蟹	六四九/六/五
	六五三/十/七	4413₂		蟇	七二一/五/七
墈	六八一/九/六	菉	二五七/二/三		七二九/三/五
勤	五 八/三/二		二七四/二/四	蟊	二七〇/六/二
塳	一 一/十/一		六四八/二/五	蟊	一八七/八/三
蓹	一七六/六/一	蓫	六六三/十一/四	蟲	二八六/七/一
蔼	三九九/六/二	蒃	七七二/五/八		二九六/九/五
蒟	二六九/七/七	蔬	七六八/九/四		六二三/六/三
勸	一三二/七/四	藜	九 六/五/一		六二三/七/四
	五四三/十/一	蒃	六五四/三/二		六二五/四/八
堉	二〇二/三/四	蒎	二二〇/九/五	蟄	七六五/九/三
墻	七八四/十一/三		六〇一/三/二		七六五/十/七
蒿	七七五/二/一	蓤	一四〇/十/三		七六七/一/一
蔷	二三五/七/四	蓀	六三九/一/一	蠆	三一一/八/二
	二五四/十一/三	蘘	五二五/九/四		五二九/五/四
壛	六二三/四/二	壤	六〇一/四/六		六八九/三/四
墙	四〇七/十一/四	4413₄		蠧	一八七/八/五
蓱	九 五/五/一	蒺	三八五/十/六		二七〇/六/六
蓦	四九二/四/九	蔟	六六四/五/六	蠹	九 五/十一/二
蒚	七四五/十/一		七五七/六/三	蠹	三四三/三/二
蘠	一六三/三/五	墣	七二七/四/一	蟇	七二〇/十/二

七二一/五/五
七二九/三/四
七四四/四/七
蠚 六四九/六/六
蠆 一　三/五/三
一　五/一/九
鬘 五八七/九/二
七四八/九/六
蠥 七一三/十一/二
蠢 三〇七/十一/六
三三〇/十一/三
四九二/五/三
蠤 五二九/五/五
六八九/三/五

4413₇

蔬 四九一/十一/四

4413₈

埉 七八七/一/一

4414₀

葑 一　一/四/三
一　八/七/二
一　八/八/二
三〇一/八/五
四六四/八/二
薱 五二九/十/一

4414₁

蓱 二四三/一/四
埲 七七四/八/六
蘀 七三三/八/二
塒 五　一/九/五
三二四/四/五
壔 四〇二/三/二
六四三/八/五

4414₂

蒎 二　五/一/五
蒎 四　〇/三/四

四　四/四/三
薄 三三七/十/一
七二五/十/二
七二六/九/四
七三五/十/六
七三八/四/三
七四九/八/五

4414₄

葜 七〇五/七/六
蘸 一六八/四/四

4414₆

藫 二八一/一/八

4414₇

蓃 六八一/五/三
菝 二五六/九/五
菠 一九八/五/五
蔆 四三四/七/五
芰 五二一/九/四
坡 一九八/七/一
四七二/四/四
蔆 二五一/六/三
蒳 一七八/九/五
六四三/一/五
七五一/九/八
埻 六八一/九/五
菽 四七六/六/九
莍 九　/四/四
一五〇/一/八
二六五/十/五
二七一/三/三
四九七/七/一
蓛 九　/四/五
蕿 五五七/三/四
菽 二〇五/十/三
鼓 三三九/七/五
皷 七七四/八/四

蘐 二七六/十/一
鼓 三四〇/一/四
鼕 三一五/二/二
鼖 五二〇/七/三
五二〇/九/三
六九一/十一/三
七〇八/八/四
七〇八/八/六
七一〇/八/三
鼛 九　/四/三

4414₈

薇 五　〇/五/四

4414₉

萍 二三一/八/二
二四三/一/五

4415₃

蔋 一五八/四/一
藏 四五六/一/一
薉 七六〇/五/一
蕺 七〇一/十/二
蘵 七六六/七/九
七八四/三/二
藏 七五五/五/四
蘵 二八七/七/五
二八八/六/六
蘵 二八七/十/七

4415₅

蘒 五七一/八/八

4415₆

蓮 三四二/二/三

4415₇

蓮 一一八/一/三
一五八/五/七
一五八/九/三
蓮 一六四/九/一
蕣 六五〇/十/六

六五一|一|三
蒴 ◦二八一|十一|八
二八五|一|七
4416_0
蒏 二六三|二|四
堵 八 六|三|二
二〇四|十一|五
三三八|四|六
四〇九|七|二
4416_1
塔 七七二|一|六
蒏 一九二|七|六
二六三|二|三
二六三|三|二
蕕 二六二|九|五
墻 二一三|十|七
4416_2
菇 一七九|三|五
三九三|十|四
4416_3
菭 二 五|一|六
四 四|二|三
五 四|四|六
一一三|九|三
4416_4
萿 六九〇|九|二
六九一|二|四
六九一|七|四
落 七二四|八|五
蕗 ◦五〇〇|四|四
墖 三三一|八|四
4416_7
墻 二一九|九|三
4416_9
藩 一三六|四|二
一三七|二|四

4417_0
坩 二八六|一|六
4417_4
蓺 四七四|十一|五
△五一〇|三|二
4418_0
苡 三二四|一|一
三二四|八|二
4418_1
垬 九 十|六
蒖 九 六|四
4418_2
茨 四 二|十|二
四 三|三|四
4418_6
壙 二五五|九|五
墳 一三〇|一|一
三五八|二|五
三六五|七|一
蕢 三〇六|十|五
4418_9
蔹 二八四|十|二
二八五|二|三
蔌 四二三|六|三
蘞 二八八|八|六
二八九|一|七
4419_1
藻 一八〇|三|七
一八〇|五|一
一八〇|六|七
4419_4
菋 六三六|八|六
蔯 六七一|二|四
蓀 二七五|十|三
堞 七七六|二|一
七八一|一|七

七八一|八|六
藻 五一五|九|三
壕 七八一|一|六
七八一|八|五
藻 三九八|九|七
四〇一|八|四
藻 三九八|九|八
四〇一|八|五
蘸 七八三|八|三
藻 七一九|八|六
4419_6
藤 四〇二|十|三
墫 一七六|三|五
三九一|九|二
五八〇|八|二
4420_0
艹 一〇四|八|四
三四四|十|八
四一二|四|一
犲 一〇五|八|二
猗 四九五|六|三
帩 四九六|一|三
4420_1
芋 二四四|三|一
四二八|三|一
四二八|七|二
苧 六 八|一|三
三三一|八|八
棽 二七七|九|一
蓥 二三六|九|四
蒪 二四四|七|二
四二八|三|二
四二八|八|三
4420_2
莩 六 九|十|一
三二九|十|七

三三一/二/四
三三一/八/七
蔘 二七六/九/一
二八二/一/五
二八五/九/五
四五六/五/一
蓼 三九一/八/七
四〇三/一/一
四三五/六/四
六四五/六/五

4420₇

芩 二七九/三/八
二八〇/四/二
二九二/五/五
芌 三四四/九/六
苫 三四〇/五/八
芗 二〇〇/五/六
四七一/一/六
棽 二七六/十/七
芎 一　四/四/五
菁 四九四/九/一
考 三九九/八/四
䔄 二〇九/七/六
𦵝 七　四/二/八
蓍 七　六/七/四
二一〇/一/四
夢 一　一/九/六
二五三/十一/一
夢 四六二/十/十六
夢 七　/十/一
四六三/二/六
夢 一　一/九/五
蓦 七三二/三/五
蓦 七二七/五/六
七三二/四/一
蓦 二五二/四/五
葛 二八〇/四/五
七三〇/三/一

4420₈

芥 七〇二/六/七

4420₉

莎 三九三/九/一
莎 八　五/三/六
四九九/一/二

4421₀

帓 二二四/九/五
蔵 五六〇/五/一
五六一/四/三

4421₁

芫 六八五/八/三
茌 一一七/七/七
芜 二二五/三/三
芫 一三三/六/四
一四八/二/六
䒹 一七七/七/五
茬 四一〇/一/一
五九三/十/六
七二八/六/四
七三六/六/五
苑 一三四/十一/一
三六〇/六/四
五四八/二/五
荒 四一九/十/七
荒 二二三/三/四
莋 七二八/六/三
七四三/十/二
茺 三七八/十一/一
幌 二二一/十一/五
茞 三四三/六/三
莞 一四六/六/一
一四七/七/一
一五一/九/一
三六三/八/三
三六八/三/四
三七二/十一/五
五六一/八/三
莞 五五五/十/四
菀 三五九/八/三
三六〇/六/五
六七七/五/一
六七九/八/二
蕘 一二八/一/二
莋 四九九/七/四
獟 一七七/二/一
五八三/五/五
蒫 四　二/九/三
莧 四一九/九/七
四一九/十一/五
蘼 七五三/三/五
莧 一四六/七/四
五六八/十/二
䒮 一〇〇/四/七
菲 八　六/二/四
四九九/七/三
蘼 六三九/八/四
獟 一八三/十/八
五七九/三/七
五七九/四/六
蕘 一七七/八/五
一八一/六/五
一八九/五/一
五八〇/五/五
蘼 六三八/十一/八
蘼 三　三/二/一
三一七/二/七
蘺 五二七/二/三
蘢 三　二/七/五
三　二/八/七

三一六|十|七
三四五|三|八
四七二|五|四
龐 三 〇|十|一
龐 五〇六|二|四
蘢 六 |三|一
一 九|五|六
三〇一|五|六
蘼 八 五|九|五
三三七|十|四

4421_2

狏 二〇五|一|八
三〇八|十一|五
犹 六一二|五|九
忱 六二四|四|七
苀 六二一|十一|五
蘵 七七九|十|九
葂 七六三|十一|六
萉 五 九|三|五
葹 二 五|五|二
蓺 二三五|七|七
二五四|十|三
藝 一八九|十一|七
三九九|九|六
藝 一九〇|一|一

4421_3

芜 一 二|四|二
芠 六九三|十一|六
六九四|二|五
蓹 五一六|三|四
七一二|十|四
蒬 三八八|十一|六
蔻 三八五|七|七
蓹 六九三|十一|七
六九四|二|六
蒬 二六五|一|一

三四七|四|四
六一四|六|六
蘢 三四七|四|二

4421_4

花 二〇九|十|七
荏 五 二|一|六
荏 四四二|四|三
荏 五 一|一|六
五 二|一|五
莊 二一六|三|三
五九八|六|四
萑 四 〇|六|一
一四六|七|一
萑 一四六|六|五
蓶 一四六|六|四
蓷 三三五|十|三
四八六|七|一
蔻 一四七|八|五
蔻 六一六|七|四
蓶 三四九|一|五
藿 六四六|三|五
藿 一〇九|十|一
蓙 四三五|七|六
薩 六四五|六|三
蓷 五 四|九|六
蘳 五 四|九|五
一〇五|十|七
五二八|一|二
蓳 六八八|一|一
蘛 七五四|二|八
蓄 七二九|一|六
七三〇|十|八
藋 一四六|五|六
一四七|七|三
一四七|八|三
五五五|十|二

五五五|十|三
蘳 五七八|一|一
六六二|二|二
蘧 一二〇|八|四
獾 一四七|二|三
一七三|一|五
一七三|三|五
蘿 一四七|二|七
蘿 五 四|十|二
蘿 三一〇|十一|六
七三〇|十|七
蘿 七 六|二|五
蘿 一七三|五|六
三六一|三|二
五四七|十|二

4421_5

茄 四三一|七|一
四三四|五|四
四三五|一|一
四三五|九|六
六四五|十一|一
菰 四三五|九|七

4421_6

莧 四二三|四|五
藐 三九六|五|二
五八四|三|四
六五九|九|六
莧 三七二|十一|四
五六三|一|一
莞 七五〇|四|五
㤿 二八四|二|四
㤿 七八五|八|三
菴 二八四|二|八
菴 六〇三|四|五
莞 二五二|一|二
二五二|四|四

4422_4

[illegible] 一二六/六/四
一六三/十一/四

4422_7

[illegible] 七五八/二/五
芀 一七五/三/二
一八一/五/三
芇 一四九/三/一
一六八/十一/六
三七九/六/五
芮 五一二/一/三
五三一/一/一
五三九/九/四
七一〇/四/三
芬 一二八/十/四
芴 六七三/十/六
六八四/七/四
[illegible] 五三一/一/四
[illegible] 四一五/九/二
[illegible] 四一三/十一/四
[illegible] 四　三/十/三
五　五/七/二
五　六/二/四
六　〇/五/五
三〇八/二/五
△三二六/七/五
[illegible] 五　二/八/七
二五〇/一/三
六〇九/五/六
芳 二一一/九/九
[illegible] 四　〇/九/三
茀 三二二/八/三
苪 四二一/十一/一
[illegible] 二五〇/一/四
六〇九/五/五
芾 四八六/十/六
四八七/一/五
五一八/十/五
六七四/九/三
六九二/五/二
[illegible] 四九七/四/六
茀 五　二/五/四
一一五/八/三
[illegible] 一二九/八/七
三五八/四/五
莃 六　〇/四/七
[illegible] 二〇〇/五/四
[illegible] 一四九/二/三
一五三/六/三
三六九/五/一
四一三/四/一
五七一/三/二
[illegible] 一四九/七/九
[illegible] 三〇九/三/一
三四三/六/四
[illegible] 七八三/一/四
苘 四二五/八/三
四二六/六/一
莆 四六四/六/六
苐 九　五/五/四
荔 四六九/二/一
五〇六/二/六
五六八/七/七
[illegible] 一七八/一/七
一八八/十一/一
[illegible] 二〇四/六/二
二〇七/六/五
[illegible] 九　五/五/三
萵 二一五/五/六
菕 一二四/七/四
一四二/五/九
蔏 二二三/九/一
[illegible] 四三二/四/一
◦六一三/六/四
帶 五一七/六/二
[illegible] 五一〇/六/四
蔦 三　九/四/六
一九八/四/三
二〇九/十一/四
三一四/八/二
蓄 一二五/十/九
[illegible] 三五九/一/六
[illegible] 四三〇/九/四
六一一/八/四
[illegible] 一六三/三/一
[illegible] 三三四/九/五
[illegible] 三四五/十/四
四一二/一/八
[illegible] 二三〇/九/七
六七五/七/三
[illegible] 七四三/七/四
[illegible] 七三二/十一/二
[illegible] 二八一/十/六
四四八/六/三
[illegible] 一七四/九/七
一七五/六/二
二六一/十一/一
蒿 一九七/九/三
[illegible] 一五九/一/二
一五九/五/四
一六八/七/二
三七九/二/三
三七九/三/五
三九〇/二/四
蒡 二二一/八/五
二三〇/六/六
四一八/二/五
蔕 五〇四/一/四

字	出處
	五一七/八/一
	五二九/六/三
蓩	四〇一/一/六
	四九六/五/一
	六一八/六/六
	六三六/八/四
萵	二一五/三/一
蒚	二一四/五/十一
萹	六二〇/二/六
薦	五六七/三/二
	五六七/五/四
薷	八　一/十一/五
	二六四/八/四
蔏	二六四/二/七
蓨	六四六/四/一
蒿	七五九/二/二
菁	二三八/一/四
	二四二/三/四
	二四八/六/三
萮	一六一/八/二
藳	五六六/十/八
幕	五五六/十一/四
	七二七/三/三
蕩	二一六/五/七
	二一一/六/三
	二二〇/五/四
葡	四八二/二/八
蓿	六八五/三/三
蕭	六九九/十/二
萬	七五三/三/三
禑	四三七/七/七
獦	六八六/八/五
	六八七/二/六
獦	七七九/九/一
藳	五一五/九/五
薰	九　五/四/五

字	出處
蓺	七七八/八/六
	七八四/二/三
蕭	三　四/七/一
蒻	三　五/八/五
萷	一四〇/七/二
蒟	七　六/三/一
曹	四八九/七/九
萅	五　六/六/二
蓊	五七二/六/五
蒿	一八九/十一/四
	四〇〇/二/四
藁	一三八/六/四
蓺	五一一/六/五
蓺	四七三/一/二
蕎	一八四/一/五
	一八四/五/一
藳	三七三/七/一
	六六九/十/一
	六七三/一/二
菒	一三二/九/七
猜	三一一/一/二
	三一二/七/五
	三一七/三/五
藤	六〇九/一/一
萬	七四〇/四/五
蕎	一二二/三/一
藊	五七一/二/三
穚	六八六/四/三
獦	一九〇/一/一〇
蒡	四一八/二/四
蕭	三八〇/九/一
蘗	一三八/六/三
獦	六三八/六/一
	六五二/三/三
蓿	七四三/六/五
蕉	三八三/九/一

字	出處
蒱	八　五/三/二
薚	二二〇/五/三
蓨	三　六/一/四
	三　九/十一/五
	三一一/一/一
	三一二/六/五
貓	三一二/六/六
蕭	三八〇/九/二
䔥	三八〇/九/四
蔄	五六三/五/四
	六二〇/二/七
蒡	六七三/七/三
幫	二二一/三/一
蔥	七一二/十一/一
蕩	二一六/九/一
蓎	二一六/八/二
蘍	五四七/九/五
蘭	六〇一/二/七
蒻	一　四/六/四
蘥	七一八/八/三
蕑	五八九/四/五
蘭	一四五/八/七
蕳	一五二/七/二
	一五四/六/五
	一五四/十一/四
藺	六　八/八/一
蘭	五四二/十一/四
	五六八/七/六
蘆	七　八/一/一
幱	一四五/九/六
鷊	七五四/八/七
蕭	一七三/八/一
藝	五　/十/六
藺	四四七/十/一
虉	七五四/八/六
虉	七四一/四/一

七 八/四/四
八 五/三/一
蓻 三四五/十/四
荶 四九五/十/七
麸 一一五/三/五
一一五/五/五
麫 四三九/六/六
麯 一九七/六/五
蔛 六三五/三/三
蔚 四九〇/三/三
六七七/五/二

4424₁
祷 四八三/七/八
葞 三一六/七/二
帱 八 二/七/四
一九四/八/一
二五九/十/三
五八八/四/四

4424₂
蒧 三〇七/十一/五
三一七/六/六
蒧 三四二/五/六
蒋 二一三/七/一
四一三/一/五
麪 二五一/四/二
六〇九/九/七
禣 七 六/七/三
四三二/九/七
四三七/十一/四
四九五/五/五
麯 三一〇/十一/四

4424₃
麮 三二八/六/二
四九一/一/六
䴹 七二七/七/四
蘷 二五七/八/三

4424₄
耬 六一八/一/七
䴸 六八一/十/六
麺 七二六/十一/七
艧 一三五/八/八
一三五/九/三

4424₆
蕧 一六八/十/二
蓃 八 三/七/二
三三七/二/三
蒪 四八〇/十/三

4424₇
狓 三 二/二/七
芰 四 二/二/七
茇 七六八/五/一
七六八/七/二
七六八/九/三
帔 三 二/一/四
三 二/七/三
四七二/二/七
蚾 六二四/十/二
菠 三一二/六/四
七四七/一/六
薆 八 /十/二
蓤 二九六/七/五
六三一/三/五
葰 四 二/二/五
蔆 四 一/八/六
四 二/二/四
四〇六/十一/一
四一〇/三/二
五四一/八/五
蘷 五三六/八/五
薆 二五四/一/五
荐 五五一/九/七
五六七/四/二

猼 一八六/三/六
五八二/九/二
菱 二五一/六/五
蔽 七五一/九/七
蘷 三四八/四/七
五三二/十/一
五九一/二/二
五九三/十一/三
五九四/三/四
蔆 五〇〇/一/七
蔓 二二八/五/六
蔽 五二五/五/二
五二五/五/六
五二七/一/二
蓐 三九六/九/四
薐 二五一/六/六
蘞 四八九/二/九
蕧 二七六/十/二
六二一/二/四
蕧 六四一/二/四
蕧 七六二/九/四
蕧 六四一/二/三
蕧 六四〇/三/七
六四〇/五/三
獲 五〇〇/十/二
五九六/五/四
七三〇/七/六
七三〇/十一/八
七三五/一/一
荐 二五九/一/五
葭 五六〇/一/四
蔎 二 三/一/七
三〇一/七/四
三〇六/十一/五
椱 二八九/四/三
六二一/二/五

蕟 五三七|三|五
六八〇|八|二
蔽 五六八|三|三
蘰 一八五|一|四
蘷 六一〇|八|五
菝 二〇七|十一|六
二〇八|八|五
蕟 五三七|三|三
蘷 二二二|一|八
二五四|一|一
蘡 △三九〇|二|一
蘡 二四一|八|一
蘷 六四〇|六|六
蘞 三八〇|十|六
蘷 四 八|六|四
蘷 四 八|三|一
蘷 七一四|一|七

4424_8

蔽 一七四|十|五
一七五|三|三
五七七|十一|七
七五二|一|七
蘞 四七二|二|二
四八〇|十|四
五一六|九|一
五一七|二|五
六六五|一|七
六七四|十|五
七〇六|二|三
七一四|九|三
蔌 四〇一|三|二
四三八|八|四
六一八|二|一
獉 六七六|五|六
蔽 五 八|六|三
薇 五 〇|八|七

五 八|六|二
蔜 一九一|三|三
五八六|七|六
薇 三二四|一|三
蔽 三九二|一|三
七五三|九|一
䴺 五 七|八|六
蔽 三六九|十|五
蔽 一八五|一|三
三九七|七|二
三九七|十|六
五八二|六|一
蔽 七 六|七|二
麷 二二六|一|八
四二〇|十一|四
蘞 二七九|三|七
二九四|二|三

4424_9

麳 五 四|六|五
一一四|二|二
七五八|三|四
麳 一一四|二|三
七五八|三|五

4425_0

莽 三八五|一|三
五七三|四|三

4425_1

葎 二一三|九|四
蕣 五三九|五|四

4425_2

蕣 五三九|五|二
蘼 五九〇|十|四
蘚 一〇三|十一|二
三四四|六|四
三四四|九|一
蘚 五二三|十|一

4425_3

茂 四三八|八|一
六一八|一|五
茷 五一九|一|一
五一九|十一|五
五一九|十一|六
五三七|六|三
六八〇|八|六
六九二|五|五
六九三|七|一
茷 二三九|六|八
蔑 七〇七|一|二
蘵 一 二|十一|四
葳 六 一|五|一
葳 七四八|十|三
葳 二七六|二|四
二九二|三|七
二九五|一|一
二九五|七|五
葳 四五四|二|三
幭 六八一|一|二
七〇七|三|五
七五〇|三|二
蕺 七〇七|三|六
蕺 五三七|九|二
蕆 三八七|五|四
藏 七〇〇|八|二
藏 二二二|七|二
二二二|八|三
六〇一|十|二
蠽 二九五|一|五

4425_5

蕺 一四四|七|四

4425_6

莗 四六三|九|五
幃 六 〇|十|一

蘈	一〇九/一/二		七八二/二/三	蓐	三六五/十一/四
幩	一二九/二/六		七八三/八/四		三六六/一/二
	一三〇/一/三	蘖	三 三/二/二	4432_7	
	三五八/五/四		五 〇/八/二	蔦	九 二/一/一
	四七二/六/二	4429_6		蔦	七四二/八/四
隫	一〇八/八/一	獠	一七六/四/三	蔦	三九〇/九/三
	一〇九/一/一		三九八/十/五		五七七/六/二
蘋	一一八/十一/一		四〇三/一/四	蔫	四〇九/二/四
蘱	四八九/二/七		五八〇/八/三	蔫	一三五/九/二
蘱	四八九/二/八	憭	一七六/七/一		一六七/九/一
4428_7		蒼	五七二/一/四	蕎	一七二/一/二
荒	三一七/十/四	蓤	一三三/六/三	驀	五九二/四/四
4428_9			一四六/十/七		七三二/三/四
荻	七五一/九/四	蔯	一二〇/八/五	鷔	二 四/十一/一
莰	一〇六/八/一〇	4429_8		鷙	四七六/四/四
4429_0		荪	三 四/七/二		四七六/十/一
㹨	二五五/九/二	猍	五 四/九/四	鷙	六六六/十一/六
4429_3			一一四/六/二		四七三/三/一
蕂	一七四/九/六	4430_3			四七六/四/五
	一九三/十一/一	芟	一 四/九/六		六六七/二/八
4429_4		蘩	一四三/二/一		七〇九/五/七
猱	六九九/三/一	蘩	五 /十/七		七六六/十/五
茠	一九〇/一/四		一 五/一/八	鷥	五六九/五/六
	二五五/七/七	4430_7		4433_0	
	六一六/七/五	苓	一二七/五/二	芯	二七四/九/四
㺌	七七五/一/五		一六一/四/四	苾	六六五/六/四
蒤	六 六/二/三		二四五/十/五		七〇六/八/七
	六 七/五/四	芝	五 〇/十/四	蕊	三一〇/一/四
蓧	一七四/九/五	芝	二九八/五/七		三八三/七/八
	五七七/十一/八		六三一/三/一		七〇八/十/四
	七五一/三/二	蓼	二四五/十/四	4433_1	
	七五二/一/六	4432_0		赤	七三四/二/五
蒢	六 八/二/七	荊	二六四/二/六	蒽	二一二/七/四
葆	一九一/五/五	薊	五〇七/五/三		五九七/八/二
	四〇〇/八/六		五二六/七/二	葸	四八三/二/二
蘖	七八〇/十一/三	4432_1		蔥	四四二/四/六

蕈 二一五/三/一
蕈 二七五/六/三
二八一/三/八
四四一/五/二
四四一/七/四
四四四/二/四
四四八/一/五
四五四/四/一
△六二二/十一/四

4440_7

艾 五二一/九/三
芠 一〇三/三/六
二〇五/七/六
芟 三二一/三/三
三九六/三/三
三九六/九/五
六一八/一/二
芰 四七一/一/五
茇 二九七/四/八
三一二/七/二
芓 五　三/四/五
三二三/六/三
四八四/八/六
荸 七　六/八/四
二六六/七/一
三九六/三/五
三九六/九/六
孝 五八二/七/五
孛 四八四/八/七
蓌 六九三/一/八
蔓 六九九/八/二
萆 七四〇/八/六
蔓 八　〇/二/五
二六五/六/一
四三八/十一/三
草 四三三/三/三
蒦 七二二/五/四
七二三/二/三
七二三/四/四
七三五/二/四
七三五/八/二
薆 四四一/一/七
四四二/八/六
蔓 一四九/五/七
一五三/五/一〇
五四九/八/一
五五七/三/二
七〇七/六/七
萲 四四一/一/六
薆 二　三/八/四
蘷 六八七/十/八
孽 七一三/十一/一
虁 七二二/八/一
孽 一五一/五/二

4440_8

茭 一八五/五/二
三九七/十/七
五八二/十/五
七五四/六/四
萃 一〇二/七/三
萃 四七五/二/三
四七五/十/六
五二〇/九/一
五三二/六/一
六七一/七/四

4440_9

苹 九　〇/十一/五
苹 一五九/八/二
二三〇/二/六
二三一/八/一
二三六/十一/八
二三七/二/六

二四三/三/一

4441_0

芜 二五五/六/四
芤 二六八/十/二
奵 六六三/二/一
芫 七　九/三/二

4441_1

姺 一二七/十/二
一五七/十一/四
三四一/五/四
三六五/九/六
三七八/十/六
姥 三三七/五/一
蒫 一九九/七/五
二〇四/四/一
媅 △二八一/五/二
嬈 三九一/十/五
三九二/三/六
三九四/二/三
五七八/七/二
五八五/四/一
嬈 一七七/九/五
蘢 二　三/六/四

4441_2

苑 二七七/十一/五
二七八/九/九
四四七/三/五
她 三　〇/六/五
四〇四/四/三
四〇九/三/五
茲 一八七/一/三
(㚣) 尢 △二八一/五/三
葹 六五七/九/四
葾 三六三/三/六
三八七/二/四
五四四/八/四

4441_3

莬 八 七|二|六

四九九|十|一

蘶 四九〇|四|四

蕼 四九二|五|一

4441_4

姙 五九四|六|一

娃 一〇二|一|四

五〇八|十一|四

娃 六四五|六|一

嫆 一〇二|六|一

蘺 三一八|一|三

三一八|八|三

五〇四|八|二

五〇五|五|五

嫤 一三二|九|八

三五九|二|六

五四三|十一|五

嬞 三〇〇|九|七

蘿 三 〇|十一|三

嬧 一一三|六|二

一一三|八|一

嬨 一四六|十|一

一七三|三|二

4441_6

娆 七六三|十一|二

菟 三八七|二|五

五四四|七|五

莬 三六三|五|二

莬 一三五|一|二

三六〇|九|六

媕 二九一|八|一

四五三|五|四

六二六|十一|三

4441_7

艽 四 八|六|七

二五七|二|一

芄 一四六|五|五

芃 五四〇|四|一

梵 二五七|一|三

六一七|九|二

蘂 二四一|八|二

埶 七六五|九|五

蓺 六四七|五|五

七六四|十一|四

七八二|九|一

藝 七八二|四|四

4441_8

嬉 六六九|一|二

4442_0

葪 七一五|三|一

4442_7

艻 七六二|六|三

芍 五三八|十一|三

蒟 二三二|七|二

妠 二八六|九|一

六二四|九|五

六九九|七|三

七七三|五|四

姊 四九八|七|一

媂 四 三|十|六

六 〇|六|六

蓩 一九五|一|四

五八八|十|三

嫐 一八六|六|二

姱 七 四|五|三

七 四|十|三

二一〇|一|五

三四〇|八|二

蒟 七 四|五|五

萬 七 五|五|三

三二九|三|六

三三三|五|二

三三四|一|五

萬 二八二|一|一

葝 八 〇|六|八

勃 六八一|八|一

婧 六一一|六|二

婻 六二四|十|一

葧 六八一|十一|二

勢 五一〇|四|三

勤 七二七|六|二

萬 五四九|五|四

蓢 六四七|六|三

募 四九六|四|三

四九八|四|五

蘜 六四七|一|五

六四七|六|二

嫧 四〇七|七|八

四〇七|十|四

四〇八|七|二

五九一|六|四

五九一|七|五

五九一|十|九

五九二|一|三

勸 五二九|二|三

鄚 七四五|十|二

嫧 四〇七|七|九

四〇七|十|一

五九一|六|三

蓢 一八一|八|五

蘜 六四七|八|八

蘜 六四七|一|三

蘸 三 一|五|一

嬾 三七一|四|一〇

嬭 一七三|十|四

蘖 一二〇|二|三

4443_0

4444_7
茾　一四四/十/六
妓　三　七/一/五
　　三一三/六/一
⿱艹⿰女支　六　九/二/四
　　二〇七/二/五
⿰女皮　三　二/三/三
蔢　一三四/二/一
　　一三四/四/六
　　三六〇/十一/二
⿱艹⿰女孛　五八五/八/一
婈　二五一/八/二
⿱艹婈　二六五/一/二
　　四〇一/四/五
⿰女孛　六八一/六/四
⿱艹⿰女皮　一四八/十一/一
⿱艹⿰女𠬝　一九一/五/六
⿱艹⿰女叟　一九二/三/一
　　四〇一/四/六
嫂　五〇〇/十一/四
　　七二三/四/八
　　七三一/八/七

4444_8
萃　五一六/九/二
⿱艹教　六八一/十一/三
⿱艹敦　一〇八/六/六
　　一四一/五/七
藪　三三五/十一/六
　　三三六/十/四
　　四三八/十一/一
　　六一八/十一/三

4445_3
茙　一　二/十/四
蕺　五　九/十一/五
⿱艹載　七三七/三/一

4445_4
嬅　五九六/六/一

4445_6
媁　六　一/六/一
　　六　二/七/六
　　三二七/三/五
韓　一四二/十一/五
⿱艹韓　一四三/二/四
　　五五三/一/五

4445_7
娒　三三七/五/二

4446_0
姑　八　九/七/一
茄　一九五/十一/一
　　二〇三/二/一
　　二〇八/九/一
菇　六　七/七/一
　　六　九/二/二
　　二〇七/三/七
　　三三一/三/七
　　四九二/八/二
　　四九三/三/五
　　四九三/四/一
媌　三九八/四/二
　　六五〇/七/二
茹　二　九/九/三
⿰女者　四〇九/三/六

4446_1
姞　六六九/二/三
⿰女告　三九九/七/六
　　五八六/二/三
⿰女荅　七七一/十一/六
婼　二　七/三/一
　　七二〇/六/一
　　七二一/五/一
　　七四四/五/四
⿰女昔　七四二/十/一
嬙　二一三/十/二
　　七五六/八/一
⿰女薔　二一三/十一/六

4446_2
婄　六二四/九/六
　　六九九/七/二

4446_3
⿱艹⿰女台　三二二/四/二

4446_4
菇　八　九/十一/三
婼　二〇五/二/六

4446_5
媌　一八七/六/三
　　五八四/二/七
嬉　五　五/八/一
　　三二四/十一/三
　　四八五/五/七
嘉　二〇八/十一/五

4447_0
姏　二八六/三/五
　　二八六/七/三
　　六二四/九/四

4448_0
蓺　六四七/六/四

4448_1
⿰女共　一　〇/一/一
娸　五　六/二/八
薿　三二五/四/八
　　七六〇/三/一

4448_6
⿱艹⿰禾頁　四〇〇/七/四
蘋　四七七/十一/五
　　四八〇/三/二
　　五三〇/九/二
嬻　六三八/一/三
韇　四四四/九/一

四六二/六/三
贛 六二三/八/三

4449$_{0}$
婪 二五五/十/二
𡟯 四四八/三/五

4449$_{1}$
㛍 五一八/七/四
媒 一一一/四/六
五二〇/三/五
𡤟 五二〇/五/一

4449$_{3}$
蓀 一四〇/九/四
五五一/六/二

4449$_{4}$
婇 四五二/一/五
六二四/十一/一
㛗 二八六/三/六
四五二/一/四
媟 七〇七/十/一
媒 二五四/二/一
五三二/三/二
蘇 三六七/九/八
蘓 五五三/八/三

4449$_{6}$
嫽 一七五/十一/一
三九一/六/五
五七八/三/四

4449$_{8}$
婡 一一四/八/六

4450$_{0}$
芅 一九七/四/五
芉 三一六/六/四
苹 二五七/五/二
芺 七〇五/七/五
茟 一 八/三/一
六九七/九/三
掔 一 八/九/一
䩪 四三五/一/四

4450$_{1}$
革 二一一/六/四
摯 二一三/七/六
五四〇/九/三

4450$_{2}$
拳 三〇五/八/五
三〇五/九/四
六四七/九/三
六五四/十/四
㩣 九 六/八/五
攀 一五三/三/一
犟 六 七/六/五
六 九/一/四
撑 四一四/三/七
挈 二二一/三/六
攀 二八八/八/八
摯 △五一〇/五/三
摯 七一四/三/四
四七二/十一/三
四七六/七/一
六六二/十一/八
七〇四/六/四
摹 八 四/四/五
四九八/五/五
摹 三八一/一/二
三八九/五/一
擊 六 /十一/九
攀 一五一/三/一
一七一/十/九
三八八/四/四
五七四/六/二

4450$_{3}$
莑 二七〇/八/四
捧 七 /二/四

三〇一/八/四
三〇三/四/二
蔓 六九五/二/七

4450$_{4}$
荓 六 /十/五
一 八/三/三
華 一〇二/五/二
二〇九/七/五
二〇九/十/六
五九六/四/二
蕐 六六五/三/三
鞶 二 二/十一/八

4450$_{5}$
茷 五六二/五/一

4450$_{6}$
芇 一 三/三/三
一 三/六/五
革 七四〇/八/五
七五九/三/三
七六〇/二/二
蕈 三 三/六/一
三 四/二/六
草 三一五/十一/五
五一六/九/二
六九六/六/二
七四七/十/一
七四九/七/一
茰 八 三/七/一
三三七/二/四
莄 △四二〇/七/一
蓳 二〇四/九/一
董 一三一/五/五
葦 六 二/六/五
三二七/三/二
四八九/八/一
韃 六五四/十一/一

4453$_2$
荑 四 六/五/三
九 五/五/二
鞃 二五五/二/五

4453$_4$
[illegible] 四 八/七/六
鞯 七二七/五/一

4453$_8$
鞅 七七〇/三/三
七八六/九/三
鞅 七八六/八/六

4454$_0$
鞍 一八五/三/三

4454$_1$
葺 七六七/八/一
蘚 一三五/五/四
蕣 △七二四/三/四
七三三/八/三
鞯 一 七/三/二
三〇三/十/六
四六四/十一/七

4454$_2$
薄 七二六/十/六
鞲 三三七/十/六
六一七/十一/三
七二六/十/四
韝 七二六/十/七
韝 五三七/十/七

4454$_4$
蕟 六九三/六/七
六九六/六/一
蔢 四 一/九/一

4454$_7$
菝 三一六/十/一
鞁 三三九/七/六
鞁 四七二/三/六
四七二/七/一

(藙) 藙 一五二/五/五
鞼 四七一/一/七
韄 五〇〇/七/四
六五七/十/六
七三四/十/二
七三五/一/五
七三五/九/二
韄 七三五/九/一

4454$_8$
菝 六四一/七/四

4455$_1$
蕼 五二七/八/一

4455$_3$
莪 一九六/七/六
蘘 六九〇/五/六
蘵 五七二/九/三
韤 六八〇/十一/三

4455$_4$
韡 二〇二/十/五

4455$_6$
韓 三二七/二/七

4455$_7$
菶 四五二/二/三
蘩 四二九/四/四
蘢 六一七/六/六

4456$_1$
鞊 六六八/九/六
鞳 七七二/六/六
鞧 七四二/七/〇
鞴 七五六/七/五

4456$_2$
蓓 二六〇/二/二
蓓 七七一/七/二
七七一/九/二

4456$_4$
蓓 六九一/八/一

4456$_5$
萡 二六〇/二/一
藹 一五四/十一/一

4457$_0$
鞴 五一四/一/四
五一五/七/七
七〇八/二/三

4458$_1$
蕻 九 五/十/二
一〇六/五/三
蘳 七七七/九/四
七八四/二/八
鞯 四六七/九/四

4458$_6$
韄 二五五/八/七
韇 一二九/十一/二
韇 六三八/三/七
韇 六三八/四/二

4459$_3$
蘇 一三七/三/一
韖 七二七/九/三

4459$_4$
蕠 四三四/四/四
蕠 三九〇/七/四
韘 五二四/七/五
韘 七八三/九/八
韘 七八九/八/三
韘 七七七/十一/五
七八三/十/一

4460$_0$
茵 二五八/二/四
二六三/一/一
菌 四五六/十/五
菌 三一七/八/二
菌 五一二/一/五
苩 六六三/三/三
茜 四二六/六/二

苗 一八〇|九|二
苩 二〇三|六|三
七三二|十一|一
茵 一二四|十一|二
五一二|十一|五
菌 一二六|十|二
三五六|十一|一
三六一|一|四
三六一|五|六
△三九〇|一|三
蔨 五五〇|一|一
者 三三八|五|七
四〇九|六|七
苜 六四一|七|三
六九〇|二|六
七〇一|十一|五
七〇七|七|二
茴 一〇七|九|一
蓎 五〇一|七|四
蔏 七六九|八|五
萞 三六六|四|五
蔺 六一一|八|三
六四六|七|五
蘭 三五六|十一|二
三六一|五|七
△三八九|十一|五
五七六|四|一
蘴 六一一|八|二
六四六|七|六
蘦 四三〇|九|六

4460₁

苦 二八九|三|三
二八九|六|六
二九二|十一|六
六二七|三|五
茜 五一四|二|三
茜 五六六|十一|一
荅 七七一|十|一
七七二|六|三
荅 六二三|五|七
菡 三三九|二|三
著 四五四|一|五
六二八|一|二
(昔) 苦 △七二八|一|三
昔 七四二|六|二
菩 三五〇|十|三
四三三|三|一
四三七|九|五
六八二|一|六
七六二|十|九
䓘 二六四|五|四
二六八|四|一
菩 一三五|三|二
莤 二五八|七|五
四三二|四|三
六四三|十|一
善 六 三|一|六
九 一|五|四
萕 四 〇|八|五
蓍 二八四|三|四
䕭 一三六|九|一
藩 二一三|十一|八
七五六|六|二
耆 三一七|六|五
四七三|五|一〇
菩 六五〇|一|六
蓍 一二一|七|七
萻 六九七|九|二
菖 二三〇|九|九
碁 五 七|六|五
蓸 二三五|六|八
碆 七八五|三|九
耆 △四 七|八|四
著 四 〇|四|三
四 〇|八|四
䕐 七〇七|九|四
蟄 七八二|八|五
藷 五六六|十一|二
蕃 六 六|八|一
蕃 九 一|五|五
耆 △四 七|八|三
蓍 五 六|八|三
四八五|十一|一
耆 四六六|五|三
聱 六〇三|八|七
鼞 七七〇|一|二
七七二|六|九
七七二|七|四
蟄 七六五|十|一
七七八|七|五
七八一|五|四
蘠 五五五|四|二

4460₂

茗 一七五|三|一
一八一|五|二
菌 二六一|二|五
菅 四二二|五|六
曹 二五四|二|二
蔷 七 |十|六
二三〇|八|四
二五三|十|七
四三〇|五|三
四六三|一|三
六一〇|十|五
七〇七|六|六
蓸 七六五|五|六
蓸 一 一|九|三

4460_3

苔 一一三/九/四
菑 五 ○/十一/三
一一五/二/六
四八二/十一/四
四八四/一/七
四八四/四/五
莕 七七二/五/七
七七四/十/二
菌 四四五/六/三
蕾 三四九/四/七
蓍 三五三/七/五
[蕾] 蕾 六四四/七/六
六四六/九/六
暮 八 四/五/二
暮 四九八/四/二
[藷] 藷 六四六/九/八
蓄 三三九/二/二
蘑 五六九/五/四

4460_4

荅 七二九/八/四
七三四/八/一
荅 一九○/七/一
四三一/五/一
若 二○五/二/四
四○九/九/一
七二○/十/五
苦 三三九/六/四
三三九/九/二
五○一/三/五
苦 六九一/七/二
七○九/六/六
菩 一二○/二/五
著 六 八/四/一
三三一/四/三
三三一/十/四
四九二/九/三
△七二一/二/七
七二一/三/四
薯 四九二/七/六
蟼 三三九/七/七
醫 一二六/六/五
一六三/十一/七
蟼 一九○/六/二
醫 三三九/八/一

4460_5

苗 六四四/八/四
六四六/九/四
六五一/三/三
七五一/三/三
七五一/九/六
苗 六五四/九/二

4460_6

苫 三二八/七/六
营 一 四/三/二
一 四/四/四
蓄 四八六/三/四
七五九/十一/一
菑 六四○/三/五
六四○/七/三
六四一/四/三
蕾 二一四/九/二
蕾 二二○/一/七
藠 二五四/五/一
簪 五二三/一/四
曹 一九三/一/二
蕾 四九五/七/一
蕾 六一三/二/二
蕾 五八七/四/四
六四一/七/五
六五○/七/三

4460_7

茗 四二七/七/四
荃 四四五/七/一
蓍 一二七/二/一
一三一/三/二
一三一/七/六
三五六/十/七

4460_8

蓉 二 ○/二/二

4460_9

苦 七 六/七/六
苦 四二○/八/七
四五七/四/四
薗 五二○/四/三
蕃 五九九/十/三
蕃 三 二/九/七
一三六/四/四
一三七/二/三
蕃 四四一/八/七
藩 三七三/七/四

4461_1

蓖 四 九/六/三
一○○/四/六
萜 七二八/六/五
七三九/五/四
七四三/十/三
蔬 一三八/三/六
一四六/六/二
一五一/九/二
三六三/八/二
三六八/三/三
蔬 一四七/八/四
蕯 四一○/八/一

4461_3

蘸 四三三/十一/一

4461_4

蓷 四 六/九/五

	三一九|七|五
	三九四|十一|二
蘣	三〇三|四|一
蘿	四　一|七|一
4461₆	
䓍	四四六|一|六
4461₇	
葩	二〇三|六|二
葩	四八五|九|一
4462₀	
蒯	六九八|三|二
4462₁	
苛	一九六|三|三
	一九六|六|五
	二一〇|九|四
	四〇三|十一|一
蕲	七二〇|二|五
萌	五八九|四|二
蓇	一九六|一|一
蔄	五八九|四|一
4462₂	
葶	六　六|七|八
4462₆	
蒯	六八〇|十一|一
4462₇	
蒻	三五七|九|七
苟	二六九|七|五
	三三三|七|四
	四三七|一|五
	七五九|二|五
萷	一二二|六|一
劫	六六八|八|四
	六九四|七|一
	六九五|二|六
葋	三九二|二|二
	七五〇|十|三
萕	四三六|十一|一
蔛	六一七|九|三
葝	七　六|三|三
蔀	三三七|十|三
	四三七|九|六
	四三八|二|二
蕎	七五九|三|一
蕎	四三七|一|六
萌	二三一|十一|五
	二三七|七|三
	二五三|十一|八
葫	八　八|七|三
	九　〇|十一|四
蕎	四三六|十一|二
勸	七五六|六|五
鄯	五四七|一|二
鄯	八　六|四|四
蔄	七　六|三|二
蕌	七六二|九|五
藹	二〇九|十|八
蘤	六七七|三|五
蕩	六〇〇|八|五
蕩	五九九|一|一
藹	七〇三|二|二
薵	二六〇|一|五
藹	六八七|七|三
藹	五二一|六|四
4462₉	
蘛	三九六|五|三
	五八一|十一|七
4463₂	
蓏	六九四|八|四
蓑	六〇一|三|一
醲	五九八|五|五
醲	二一五|八|四
	△四一五|五|二
	五九九|七|三
4463₄	
蔌	二五八|七|四
藙	九　九|二|二
	九　九|六|三
4463₈	
䕭	七八七|一|三
4464₁	
蒔	七　四|四|五
蒔	五　一|十|二
	四八三|七|四
蒔	四八三|七|七
蕈	三六七|六|二
薛	五〇三|五|五
	六五九|五|八
	七三七|十|四
	七四七|六|三
	七四七|七|七
	五二七|十|七
薵	二六〇|一|四
	四三五|二|二
4464₇	
菠	六六八|十|二
菠	七一九|一|六
	七二七|十一|五
	七四二|七|三
	七四二|十|六
	七四三|八|六
	七四八|十一|四
菽	三三八|五|三
	三三八|八|一
菠	六八八|四|一
	七〇九|一|四
藪	七五四|六|三
藪	一四九|九|六
藁	一　一|十|四

護 五〇〇/十一/一

4464_8

許 三二八/五/三

4465_3

𦼮 一一五/三/三

蕺 七五五/六/一

蘵 七〇七/三/二

𧃑 七五五/九/一

4466_0

蓾 一二七/一/二

4466_1

喆 七一〇/八/七

嚞 四一〇/五/六

囍 七一八/十/一

4466_3

蘁 二四五/十/三

二四六/六/二

4466_4

酤 五〇一/四/一

藷 六 七/一/三

六 八/三/三

四九二/七/四

4466_6

蕌 七 六/八/三

蒀 三九二/二/三

藟 四 五/三/四

三一八/十一/八

𧆑 一八三/八/五

4466_9

藩 一九八/九/七

4468_6

蘏 四四五/七/二

𧄧 七〇三/一/一

4469_3

蘇 一八二/二/三

4469_4

蘇 △四八六/六/三

五二七/六/五

五二七/十一/六

五二八/四/四

蘓 三四一/九/一

4470_0

斟 七六四/十/五

七六五/九/二

七六五/十/四

斟 二七六/一/二

4471_0

芒 二一二/七/一

二二一/十/五

二二四/十/七

四一九/十/六

艺 一八五/三/七

一八七/一/四

二七三/十/一〇

4471_1

老 四〇二/八/六

芘 四 九/六/二

三一六/三/三

三二一/八/七

四八〇/九/四

四八一/五/三

四八二/一/一

(茝)茞 二一八/八/六

蓖 一〇〇/四/八

甚 四四二/一/一

六二一/四/五

萞 一三八/六/五

三六五/一/五

葚 四四二/一/四

六二一/四/七

𦾝 五八七/二/三

4471_2

也 三一二/三/七

四一〇/九/一

𦬁 四一〇/九/二

茜 八 二/十/七

二七二/六/九

三三六/十/二

芭 一八六/九/四

一八七/四/八

三九六/十/二

斟 二七九/六/四

二八一/二/五

△二八一/六/四

四四七/十一/三

4471_4

芼 七三三/三/六

芼 一九一/九/四

四〇一/三/四

五八七/四/二

耄 一九一/七/八

四〇一/二/一

耄 五八七/二/四

蕹 二 一/四/三

髦 六八六/四/二

毦 四七九/五/二

四七九/七/一

四八八/五/八

四八八/九/五

𦾝 五八七/二/五

4471_5

茙 一五二/七/四

4471_6

菡 四三二/四/二

菴 二八四/三/六

蓭 二九一/九/一

四五三/六/四

蘆 七 四/一/五

七 四|七|六
七 四|十一|四
七 六|八|二
八 〇|六|四
二五六|一|二
◦二六八|三|五
四九三|十一|七
六一七|八|十一

4471_7

芑 三二五|六|六
芑 三二五|一|六
芼 一二四|三|二
一四二|四|三
三六六|九|五
芭 二〇三|七|七
二〇三|九|一
苴 三二九|二|三
巷 四六五|十|七
巷 二六六|七|六
苣 一一六|五|三
一一七|四|七
苉 三二二|二|一
三二二|三|五
菴 一二二|一|八
葩 三二五|二|二
菤 △三八九|九|七
五七六|一|三
蒠 七六九|一|一
巷 五 六|十一|一
蘽 二三七|六|五
二四二|一|一
六一〇|十一|一
蘒 一六四|六|八
蘁 二三七|七|一
蘷 一三七|四|三
蠹 五一三|一|八

五一六|七|六
五一六|八|六
蘢 二七三|十一|二
蘁 七一四|八|二

4471_8

蕢 四八〇|六|三

4472_0

艼 二五六|三|七

4472_2

鬱 六七七|三|三
鬱 六七七|四|二

4472_7

茚 二二三|十一|三
四一三|十一|五
茆 三九八|四|六
四〇一|三|一
四三五|四|二
劫 七八五|二|三
七八五|四|八
苭 五六三|二|一
莇 三九四|九|二
三九五|三|四
莇 三九二|六|五
茚 五四三|六|一
莭 七〇〇|四|一
蓈 二二〇|九|七
葛 六八六|九|十
六八六|十一|六
蒒 四 〇|十|四
薌 二一七|四|六
四一四|八|六
勘 二八三|一|六
六二三|二|一
蔦 七一三|六|二
蓨 三九八|六|六
蘋 八 三|七|六

六四六|四|二

4473_1

芸 一三〇|七|二
一三八|三|三
五四六|六|四
芸 六 三|六|五
四九〇|十一|五
蕓 一三〇|七|三
蕓 一三〇|十|三
藝 五一六|五|三

4473_2

苁 一 〇|九|五
一 二|一|五
一 六|三|四
一 八|一|四
蓑 三六四|八|四
[芸]芸 一六三|三|二
五〇〇|八|五
茲 五 三|五|五
莨 五四八|五|二
五五〇|十|一
蓑 二二〇|九|三
萇 二一六|八|三
萇 一〇七|三|二
養 一〇六|四|一
一〇九|九|八
一一〇|一|七
一九九|十|二
樊 二七〇|八|八
樊 五六一|九|二
藝 六一七|九|一
藝 六一九|七|三
養 五四一|七|四
褻 七八一|九|二
藑 五一五|九|六
製 三〇一|七|五

萁　五　六/七/六
其　五　六/八/一
　　五　七/五/四
　　四八五/八/六
莛　七二八/二/一
趑　四四七/六/四
楚　三三〇/六/四
　　四九二/一/一
萁　五　六/八/六
　　五　七/九/一
蒁　二　六/七/一
冀　四八五/四/五
　　四八六/三/七
　　七五八/十/五
冀　四七九/四/一
蓮　七七八/三/一
　　七八四/一/三
　　七八七/十/五
　　七八九/六/五
趌　三一二/九/三
蘧　四六三/一/六
冀　一一五/十一/五
顛　六　五/三/三
　　六　九/七/一
　　三二九/十一/一
　　三三二/六/三
　　四九三/七/二
䞝　七七〇/九/一
趬　一七六/十/三
　　一七七/三/一
　　一八三/九/五
　　五七八/七/五
趬　五八一/一/五
蘧　五〇三/十一/六
蟄　七八一/十/二
蘧　五一二/九/三

蘧　五〇四/四/六
　　五一〇/十/六
　　五一七/八/四
　　五一七/十/五
蘧　三八九/五/二
冀　三二五/二/六
冀　一四〇/九/五
冀　七五八/十/四
蹵　六〇三/八/六
顛　二五一/十一/五
蘧　六八七/十一/七
趯　一五三/六/四
　　一七三/二/四
　　五六二/六/七

4480₂
芰　四五三/一/一
赳　七五八/三/一
䞦　六　〇/四/一
趙　六一一/七/四
趨　六二九/一/七
䞨　七〇三/十一/三
趟　五七二/四/二

4480₃
趚　七八七/四/五
䞥　七三九/七/七

4480₄
䞄　三　五/七/一
　　四　〇/一/二
　　四七〇/三/一
趥　六一三/六/七
䟇　七四二/一/二

4480₆
賁　五一八/十一/三
黃　二二五/四/五
黃　四　六/五/四
　　一二五/五/三

　　三八八/七/五
賁　三五〇/十/四
　　四三三/二/六
蕡　五三一/九/四
蕢　一三〇/十/四
蕒　△五一〇/四/二
　　五一一/五/七
　　五九三/三/三
　　五九三/七/三
薋　四　二/十一/四
　　四　三/四/一
黃　四六二/八/三
趌　六六八/八/一
　　六六八/九/五
　　六六九/四/二
　　七〇三/十一/一
趌　四〇一/十一/二
贊　一二九/九/二
　　一三七/五/七
　　三五八/五/二
　　四八七/十/三
　　五三一/九/三
　　五五一/三/一
蕒　三四五/四/四
趙　七一九/一/三
　　七四二/十一/五
　　七四四/一/八
蘱　四八〇/六/一
　　五二五/六/一
　　五三三/七/七
蕡　一一八/十/四
贊　六八八/六/一
蕢　二　八/八/三
贄　四七二/十一/五
　　七一四/四/五
　　七六六/十一/二

蕢 三八五/六/一
蕒 六五三/四/三
蕡 五四〇/十一/五
賷 一五四/十/三
五六三/一/二
蕡 一五四/七/一
贅 一二九/十一/三

4480_7

𧺆 五一二/七/四

4480_8

趪 二二五/四/四
二二五/五/四
二二九/八/一

4480_9

荧 四四九/六/五
四四九/十/七
荚 二二五/一/二
焚 一二九/十/四
五四五/二/二
燓 一二九/十/五
一三七/四/四
燹 二四八/一/一
四二六/三/五
趚 一一四/一/七
五三四/十一/二
莫 六九〇/七/五
七〇七/五/二
煑 三三〇/十/六
羔 五四〇/十一/六
趬 七三六/一/二
爇 七一〇/三/四
爖 五一三/九/四
爨 六七七/六/四

4481_4

蘳 四三九/七/四
六一九/六/八
蘳 四六一/五/一
黊 一〇〇/一/三
四一一/十一/二
五二三/八/二
蘳 三　六/六/二
四一一/十/二

4481_7

菹 六　六/十/四

4482_0

葥 七五六/一/五
七五六/四/一
七五六/十/二

4482_1

蘄 四六八/一/六

4482_7

蒟 六六〇/六/三
蓊 六二九/三/五
勤 四七三/八/三
四七八/二/五
五一五/六/五
鶍 四六八/一/五
䵇 三二〇/五/二
三四六/九/七
三四七/四/二
五三三/二/一
五三三/十一/二

4483_1

蕉 一九〇/九/一

4483_8

歎 二九二/九/四
二九三/七/一

4484_1

薒 三六七/六/一
蓴 二七五/六/四

4484_6

蔁 五八四/六/三
五八五/一/八

4484_7

葰 一三四/四/四
黈 六三八/三/八

4484_8

蒛 六二八/十一/六

4485_3

蕆 七六三/八/五

4485_7

韡 六一七/一/一

4488_6

䔶 二九二/九/一
蘰 二九一/一/六
二九三/六/七
二九四/三/五
二九四/四/八
四五二/五/三
六二三/四/四
䕼 一三七/二/六
𩕄 一六〇/四/一

4490_0

𣎳 三九三/三/二
杈 五二四/十/五
村 一四〇/十一/一
材 一一五/五/三
五三五/十一/三
料 三三六/二/一
四三九/五/六
树 七　六/十/三
七　七/十一/四
七　八/四/一
三三四/二/六
四九五/十一/三
槲 六三五/三/六
樹 四七七/七/八
(樹) 木 △五三〇/三/四

樹 五九二|十|三
(樹) 樹 △三三六|三|三
樹 四九七|三|四
4490_1
茉 七 六|七|七
二六六|七|四
四三二|九|一
茱 一七八|九|三
茱 三九一|十|四
某 一一一|四|三
禁 二七九|十|七
△六二二|一|六
蒜 五一八|六|六
六八九|十|一
蕠 四四四|二|一
蔡 五二〇|四|二
六八八|一|六
六八八|五|二
蔡 五一二|六|一
六九六|十|三
藁 一七九|七|九
三九五|九|五
三九六|一|六
三九六|三|二
五八一|七|一
五八二|四|一
蘗 三二八|四|四
4490_2
莱 四六八|三|三
七三八|十|四
蘘 二 八|十|四
二 九|一|四
4490_3
蒜 二九三|三|三
蔡 三一〇|一|一
蔡 七二七|九|四
七三六|一|八
蘩 四 五|三|八
二〇二|五|五
蘩 六 七|六|四
六 九|二|三
綦 △五 七|八|二
四八六|二|二
蘩 一〇三|八|四
綦 五 六|九|五
五 七|九|五
蓺 七六六|十|一
藝 一三七|三|二
纂 三七〇|二|五
藝 五〇七|二|六
五〇七|五|四
藝 四 五|三|三
二〇二|五|四
三一九|一|一
4490_4
茶 △二〇九|八|八
茶 六七二|一|一
茱 一九八|一|四
荼 二〇七|一|五
菜 五三五|八|五
藥 三一〇|一|二
茱 八 一|四|三
茱 四 五|八|八
五三〇|八|五
荣 四六四|二|三
茉 七七五|十|三
棻 三〇五|九|五
禁 六二二|三|一
荼 六 六|八|三
六 九|十|四
八 六|九|三
二〇五|一|五
二〇七|一|三
二〇七|七|五
荼 三四〇|九|二
荼 二〇四|六|一
藥 二四一|八|三
二四一|九|三
菜 一二九|一|六
一三〇|二|七
茱 六六三|十一|五
菜 四〇七|二|九
某 四三八|五|二
藁 二六四|八|三
四三四|四|三
葉 七七五|十|一
七七七|十一|一
七八一|十一|五
藜 四 四|八|三
九 六|五|二
葉 六六七|十|一
葉 四三八|七|三
綦 五 七|六|四
莫 四〇〇|二|三
萬 四〇五|六|二
墓 三二三|三|四
菓 一二七|九|四
藥 四 五|三|六
蓁 七一三|十|三
藜 五五七|七|七
藁 一八八|八|二
蓁 一一八|一|六
一一八|三|三
一二七|八|五
一二八|三|六
蕀 九 八|三|五
九 八|八|三
葉 七六五|一|一

七六五/七/七
菜 六 四/七/二
蒅 六四四/七/二
葉 二 九/一/五
一〇三/五/二
棊 五 六/九/七
棃 七〇二/七/五
七〇八/三/四
七一四/二/六
槷 七〇四/五/五
槸 七一四/三/五
櫜 三六六/一/四
蘗 四九七/六/八
蕫 四四二/十/一
蕺 一七九/一/四
棐 三二六/二/四
三二六/四/五
蕖 四〇〇/二/二
蘱 四五一/五/二
四五六/五/四
蘪 四四三/六/五
蘗 五〇三/五/六
七三七/十一/二
蘖 △七一八/三/一
藥 七一九/九/五
七二一/八/二
蘗 七一四/二/一
蘖 七一四/一/六
蘡 七二四/六/三
藁 四 五/三/五
三一九/一/二
藥 一五一/三/二
三八八/四/五

4490_6
萰 五六八/七/一
蔌 四 /五/二

四六一/三/六
蕫 三 一/八/五

4490_8
茶 七〇九/九/五
七八二/八/七
茮 一〇四/八/一
萊 五 四/十一/三
一一四/三/二
五三五/一/二

4491_0
杹 五九六/七/一
杜 八 七/四/一
三三八/五/五
三三八/七/一
荰 二二四/七/三
㭹 二一六/三/三
櫆 一〇六/十/四

4491_1
桄 三七八/十/八
𣙗 二五二/五/二
栳 四〇二/十一/一
槎 一〇三/七/一
葒 九 /六/五
橈 一八九/三/一
三九四/一/二
三九八/十/八
五八五/二/三
蕘 一八一/六/二
椛 四 九/六/一
䕘 二四七/五/四
椹 二七七/八/一
四四一/九/五
四四二/一/六
櫵 六三九/十一/一

4491_2
杝 三 〇/五/一

三 一/一/一
三 四/九/三
三一一/七/八
三四五/八/四
五九一/四/三
枕 △二七八/一/三
四四一/十一/二
六二一/四/二

4491_4
荰 三三八/七/三
桂 三 六/十/二
五〇八/十一/三
蓕 五八五/八/四
楏 九 九/五/一
萑 五〇九/一/四
蘿 四七七/一/四
蕼 六四五/六/四
蕥 七七一/八/二
七八四/二/七
橦 一二五/十一/五
三五九/三/六
蘿 二〇一/五/四
檯 一一三/十/二
櫂 一七二/十一/四
(櫂) 權 △五五五/八/四
蘿 五七八/一/三
蘿 五七八/一/二

4491_5
蒩 四三五/九/八

4491_6
掩 二八四/四/八
四五三/六/一
六二六/九/五
蓭 二八四/四/七
橦 八 八/八/一
藐 五四一/十一/四

二五三|三|八
蔆 二五三|五|三
椁 六八一|十|一
蔽 七三八|七|六
七三八|十一|六
蘐 三六八|五|二
蔽 五二〇|六|六
七五六|九|二
樓 七三〇|七|四
橄 二六五|十一|五
四三四|九|一
檄 七一九|二|一
藪 六三五|三|五
4494_8
梓 四七五|十一|三
蔌 六九九|五|一
4495_1
樺 三四〇|九|三
4495_3
檥 五一七|三|四
蘵 七〇七|四|三
織 七五五|五|五
4495_4
棒 七 |三|三
樺 二〇九|九|五
五九六|五|二
4495_6
樟 六九四|九|四
榫 六 〇|八|二
六 二|八|二
三二七|三|一
樣 六五五|一|七
4495_7
蒴 二四九|十|三
蕣 六〇九|一|二
4496_0
枯 九 〇|四|一
九 〇|五|三
三四〇|七|一
萜 一九八|一|五
蒟 七六七|七|三
楮 六 七|二|二
三三一|五|四
三三一|七|一
三三八|五|二
葙 二一三|一|二
櫧 六 七|一|五
4496_1
桔 七〇二|十|一
七〇三|八|二
梏 六四九|十|一
六五六|三|一
楛 七二一|一|一
榙 七六九|八|七
七七一|十一|一
△七七二|二|五
楷 七一九|二|二
七四二|八|六
橬 二一三|十一|一
蓿 七〇三|十|七
榰 二 四|八|四
藉 五九二|十一|六
七四三|九|二
七四三|十|一
4496_3
蕃 五 一|一|三
[藴] 藴 六四六|九|七
4496_4
楉 三四〇|六|一
萿 二九三|三|四
藸 六 八|三|二
4496_6
藴 六四〇|三|二
4497_0
柑 二八六|三|二
二九二|六|五
枻 △五一五|九|一
4497_2
菑 一六四|五|三
4498_1
栱 二 一|九|一
三〇五|十一|四
蕻 四六二|二|五
四六三|六|六
棋 五 六|十|一
五 八|四|一
蕸 九 五|十一|二
4498_2
菸 二九七|六|一
蔌 四三九|二|二
六三六|十一|二
款 三六八|八|八
4498_6
樍 一二九|九|四
三二六|六|五
三五八|三|二
横 二二五|二|四
二二六|二|五
二二九|一|四
四一九|八|三
六〇二|十一|一
六〇三|六|六
藾 △五一八|四|二
樻 六三八|三|四
蕢 四六八|六|二
繢 四八〇|七|四
4498_9
萩 一七八|十一|一

二六二|二|四
三九三|六|七

4499_0

林 二七八|一|五
二九八|五|六
五二四|六|一

𣚃 一三七|三|三

𣙰 一一九|六|三

㭝 六 六|三|三

𢷾 一九一|九|六
六一八|二|四

𣜚 四五二|八|一

4499_1

榇 五〇六|六|六

棋 一一一|四|二

蒜 五五八|四|一

𣚈 △六二二|二|二

𣛴 六八八|三|四
六八八|五|一

4499_2

𦾔 七五九|五|三

4499_3

𣗋 七二七|九|八
七三六|二|四
七三八|五|二
七五五|二|四

蘇 五 三|二|六

𣝛 五 七|六|六

𦿈 一五一|三|三
五七四|六|三

4499_4

菻 二〇三|四|二
四四三|六|四
六二一|十|八

蒜 七五三|三|四

楪 七七六|一|二

七八一|六|二
七八三|十|六

𣘦 八 六|九|四
二〇七|一|四

𦺳 六 八|三|五

𣖨 一二九|一|五
一三〇|二|六

蕛 四三八|五|一
六一八|一|六

𦾯 一二七|七|二

𣛻 七八一|六|三

𦿅 四〇一|八|六

𣘸 七一八|八|六

4499_6

楝 六三六|十一|五

𣖮 一七六|一|七
四〇二|十|一
五八八|九|八

𦽨 四〇二|十|二
五八八|八|六

4499_8

棶 一一四|七|一

𪁠 七五八|三|七

4510_6

坤 一三九|六|六

4510_7

𡎆 六八三|六|五

4511_7

坉 一四二|一|五
三六六|五|五

4512_7

坲 六七五|三|七
七〇六|十一|三

4513_0

块 二二二|十一|二

四一九|四|八
六〇〇|二|一
六〇二|五|六

𡒃 四一四|五|一

4513_2

埭 五三四|五|一

4513_7

𡓲 三八八|六|一

4513_8

壝 四 六|九|三
三〇九|十一|二
三一九|六|七
三二七|十|七
四〇八|三|四
四七八|六|一
四七九|十一|三

4514_2

塼 三三七|九|二

4514_3

墫 一五〇|七|八
一七〇|十|五
一七一|二|七

4514_4

𡓁 二七二|二|四
四三九|十一|二

4515_3

埲 三〇一|九|一
三〇三|四|四

4518_1

堪 三八〇|一|五

4518_6

墤 一〇八|十|二
五二五|七|三

4519_0

抹 六九〇|二|一

4519_3

塐 四九九/三/三

4519_{6}

堜 五六八/六/二

埬 四 /七/五

[壴柬] 四 /八/六

4520_{0}

[犭夬] 五二八/六/三

七〇五/九/六

4520_{6}

[犭吏] 三二二/九/五

[犭申] 一二〇/六/三

[犭曳] 五一五/十/六

4520_{7}

[犭聿] 四七四/三/六

四七八/二/一

4521_{0}

[犭生] 二三二/三/一

二四二/六/五

六〇六/一/四

4521_{6}

[巾盧] 七四一/八/一

4521_{7}

[犭屯] 一四二/二/五

4522_{7}

[犭弗] △四八七/七/四

[巾弗] 六七四/一/二

[犭青] 一一四/十一/三

4523_{0}

狭 二一八/四/三

二二二/九/五

[巾夫] 七 七/十/五

[巾失] 六六七/四/五

4523_{2}

[犭袁] 四 六/七/七

[犭農] 一 五/六/五

一 九/八/四

一八九/四/五

一九五/七/二

三〇六/六/三

4523_{1}

[巾慧] 五一〇/三/七

4524_{0}

[麦夬] 五三八/二/三

七一四/一/八

4524_{1}

[麦屯] 一四二/一/二

[麦豊] 三〇四/七/六

4524_{3}

[麦夫] 七 六/八/五

七〇四/七/一

4524_{4}

[犭婁] 八 二/九/五

八 四/三/三

[巾婁] △二七二/五/一

[麦婁] 四四〇/一/二

4524_{6}

[麦曲] 六四六/十一/四

[麦替] 五〇四/十/四

4524_{9}

[麦来] 六九〇/五/二

4525_{7}

[巾每] 六五一/一/六

[巾冓] 二六九/三/五

4526_{6}

[巾曹] 一九二/六/七

一九二/八/五

4527_{4}

[巾昔] 五一〇/三/一

4528_{6}

幘 七三八/十/九

七三九/三/一

4529_{0}

[犭朱] 八 〇/十/三

[巾朱] 六八〇/十一/十一

帓 六九〇/一/二

六九九/一/六

姝 六八〇/十一/九

4529_{3}

[犭素] 四九九/三/五

4529_{6}

[犭柬] 四 /六/六

4531_{6}

[赤虫] 一 三/十/五

4533_{6}

[赤虫] 一 三/十一/六

一 四/十一/一

4540_{0}

[女丈] 五九九/三/一

妌 四二四/三/一

六〇六/四/七

[女夬] 七〇五/十/七

七〇五/十一/四

七一三/四/二

妦 一 八/四/一

4540_{3}

[女曳] 七〇七/十/二

4540_{6}

妕 四六三/八/六

[女申] 一一六/九/九

4541_{0}

姓 二三二/三/六

六〇六/一/二

4541_{1}

[女造] 一三六/二/三

四九五/三/七

4541_{6}

嫿 七四一/六/三

七四一/七/五

4541_7

嬧 三五三/十/七

4542_7

婖 三一七/十/六

娉 六〇五/十/七

婧 二三八/二/四

四二四/二/四

△四二九/五/三

六〇六/二/一

六〇六/三/三

六〇六/四/八

4543_0

妋 七 七/十/一

二五七/八/五

妷 六六七/五/四

六六八/六/四

姎 二二二/十/二

四一九/六/三

六〇二/五/一〇

𡡉 一六六/十一/三

4543_2

姨 四 六/三/一

婊 三九六/八/三

4543_6

𡛟 一七〇/九/三

4544_3

嫥 一五〇/十/三

一七〇/九/二

𡢽 三八八/一/四

五七四/二/五

4544_4

嬞 二七二/九/二

三三六/十一/二

4545_7

媾 四五一/十一/六

嫹 六一七/一/六

4546_0

妯 二五九/六/九

二五九/十一/三

六三九/八/六

六四四/十一/三

六五一/一/一

七五一/十一/七

4546_1

媘 二八二/六/二

二八二/七/五

四四六/八/五

4546_3

媋 一二一/八/四

一二一/九/一

4546_6

嫅 一九二/十/一

4548_1

婰 三七九/八/六

婕 七七七/二/七

七七七/五/五

七七七/九/五

4548_6

嬻 七三八/十/三

嫧 七三八/十/二

七三九/二/七

七四二/十/七

嬇 五二五/七/七

五三二/十一/五

𡤧 五五七/九/三

五五八/一/二

4549_0

妹 五二〇/三/七

五三一/十/三

六九〇/一/四

姝 八 〇/六/一

八 二/四/五

4549_3

嫊 四九九/四/五

4549_4

嫀 一一八/三/五

一二七/九/七

4549_6

娻 五一八/六/一

六五三/三/二

六五五/八/六

六六〇/三/五

媡 五六八/七/四

媡 四 九/三

四六一/四/五

𡤏 六五五/九/一

六六〇/三/六

4550_0

𩊤 一 八/五/五

4550_6

䩱 一一六/九/二

鞩 五一五/十/七

4551_8

𩏐 三四二/八/七

4552_7

𩋂 六七四/八/五

4553_0

鞅 二一八/二/四

二二二/十/七

四一三/五/七

六〇〇/二/二

4553_2

𩋾 四 六/七/八

五〇四/七/四

4553_3

韢 四七五/六/七

五〇六/九/六

五〇八/七/三

五〇九/十/三

4553$_{1}$

[illegible] 五七四/十/一

[illegible] 四七五/六/八

4554$_{0}$

鞬 一三五/六/五

4554$_{4}$

鞻 二七二/五/二

四九四/四/五

四九八/一/九

六二〇/三/六

4555$_{3}$

鞛 三〇一/六/六

4555$_{7}$

韝 二六八/八/六

鞲 二六九/三/三

六一七/四/三

4557$_{4}$

韢 四七五/一/二

4558$_{6}$

鞼 一〇七/五/三

四八〇/二/三

四八〇/六/五

五三三/四/二

[illegible] 四八〇/六/六

五三三/四/一

五三四/二/二

[illegible] 三七〇/三/一

[illegible] 一四九/十/六

一五〇/二/二

4559$_{0}$

靺 六九〇/三/五

韎 四八八/十/五

五二〇/三/六

五二七/十一/二

五三一/十/四

六八〇/十一/七

六九〇/三/三

六九六/七/七

六九九/二/四

4559$_{2}$

[illegible] 七三八/六/一

[illegible] 七四〇/九/二

4559$_{6}$

[illegible] 六 二/五/二

[illegible] 七五九/五/五

七六〇/三/六

4559$_{7}$

[illegible] 六 二/五/一

4580$_{0}$

趹 五〇九/一/八

七〇五/六/三

4580$_{1}$

[illegible] 六六〇/三/七

4580$_{2}$

[illegible] 四 二/四/八

趇 四八六/九/八

六七五/二/六

4580$_{3}$

[illegible] 六八三/四/二

七〇一/五/一

[illegible] 七四二/十一/四

[illegible] 六 〇/四/二

4580$_{8}$

[illegible] 七三九/六/二

七三九/七/八

七四二/十一/六

趲 八 五/十/五

三六九/十一/一

三七〇/一/二

三七〇/五/五

趲 五五七/十/一

4580$_{9}$

趎 八 〇/五/三

八 一/四/一

八 二/五/五

八 二/七/一

二六〇/五/三

二六三/八/三

趚 七四三/三/三

趚 六三七/一/一

4581$_{7}$

[illegible] 一四一/九/六

一四一/十一/七

4590$_{0}$

杖 三四五/六/七

四一五/二/一

五九九/三/三

杵 二七〇/一/八

[illegible] 三〇七/一/三

柍 五七〇/七/五

七〇五/四/四

4590$_{6}$

柛 一一六/九/三

[illegible] 八 三/六/七

三三七/二/五

栧 △五一五/九/二

[illegible] 五六一/六/六

4590$_{7}$

[illegible] 四八四/二/四

4591$_{7}$

杔 一二三/十一/六

[illegible] 六〇二/五/九

[illegible] 一一八/一/一

三五三/九/七

三八〇/五/七

橇 一二四/三/五

4592$_{7}$

梂 三二二/十一/二
柫 六六六/四/八
六七四/一/三
六七四/一/六
六七四/九/二
樗 四二四/十一/七
四二五/五/二
棈 二三七/十一/五
五六七/一/五
檇 八 二/一/六
櫹 二六二/二/三
橚 一七三/八/六
二六五/七/一
三九八/六/一
六四一/十/七
六四四/二/九
欈 二七五/八/六
二七七/四/七

4593$_{0}$
枎 七 六/十/六
七 七/十一/七
七 八/三/一
七 八/三/三
柣 六六七/五/二
六七〇/五/三
七〇〇/一/二
七〇一/七/三
柍 二三三/二/二
四一三/七/一
六〇〇/一/七
六〇二/五/七
㯠 四一四/五/六
槤 一六六/十一/一
三八七/九/一

4593$_{2}$
桋 四 六/五/二
九 五/三/七
棣 四七六/二/三
五〇四/九/三
五〇五/四/二
五二九/十一/三
五三四/六/八
隸 五〇五/八/三
七〇二/四/五
隷 四六九/三/五
五〇五/八/二
[illegible] 四六九/三/六
[illegible] 一 九/八/一
欜 二二一/二/二

4593$_{3}$
[illegible] 五七四/五/二
橞 五〇八/八/二

4593$_{4}$
楱 六一八/十/七
六一九/三/一

4593$_{6}$
[illegible] 五六一/六/五
櫝 一九二/八/九

4593$_{7}$
[illegible] △五一〇/二/二

4593$_{9}$
[illegible] 六三七/一/二

4594$_{0}$
楗 三六一/十一/二
三六二/四/二
三八九/六/八
五四八/六/四
五七六/三/七

4594$_{3}$
槫 一五一/一/一
一七一/一/五
三八五/五/七

4594$_{4}$
棲 九 二/九/二
九 三/四/六
五〇二/八/三
樓 八 三/一/五
二七二/一/六

4595$_{3}$
棒 三〇七/一/二

4595$_{7}$
柟 四五二/二/五
構 六一六/十一/五
六五六/一/四

4596$_{0}$
柚 二五八/七/一
四三六/二/四
四九五/一/六
六一二/八/二
六二〇/七/二
六四四/十一/五
[illegible] 二五七/十/三

4596$_{1}$
[illegible] 二七五/八/五
二七六/五/六
二七七/五/一
二八九/一/六
二八九/十一/八

4596$_{3}$
椿 二 三/十一/三
一二四/一/五

4596$_{6}$
槽 一七九/四/六
一九二/八/八
一九二/十一/三

4597$_{4}$
[illegible] 五〇八/八/三
五〇九/九/六

五一三|九|二

4598$_{1}$

棲 七八九|五|五

4598$_{6}$

檟 七三九|四|六

七四三|二|三

七四三|五|六

七四八|十一|九

七五七|四|七

積 三二〇|六|二

四八〇|三|一

四八〇|五|七

樻 四八六|九|七

四八七|四|八

櫕 三七〇|一|一

三七〇|三|五

欑 一四九|十|四

一五〇|一|四

五五八|六|三

4599$_{0}$

株 四八六|八|二

五二〇|三|二

五三二|二|二

六九〇|七|三

株 八 〇|十一|三

八 一|五|一

八 二|一|七

4599$_{2}$

楝 四六八|五|一

七三八|五|一

七四五|八|二

七五五|二|三

4599$_{3}$

榡 四九九|二|六

4599$_{4}$

檪 七一三|八|五

榛 一一八|三|四

一二七|七|一

一二八|三|五

一五八|八|三

櫜 七二四|二|三

4599$_{6}$

棟 五四六|二|二

六三七|四|二

六五一|十一|二

六五三|三|一

六五三|八|六

七三六|二|五

楝 五六八|六|五

棟 四六一|三|三

4600$_{0}$

加 二〇八|五|六

二〇八|六|一

五九五|九|五

4601$_{0}$

旭 一三四|七|四

三九九|八|三

六五四|六|三

4610$_{0}$

堌 一二四|十一|八

垍 四七九|六|五

䵻 七四一|十|五

4610$_{7}$

欙 二一一|六|二

二一六|三|四

4611$_{0}$

坦 四九一|八|二

埧 三八〇|十一|六

三八一|一|七

䁰 五四三|九|五

4611$_{3}$

塊 一〇六|十一|一

三四六|十一|七

三四七|四|一

五二五|七|二

五三三|七|六

4611$_{4}$

埕 七〇二|五|一

埋 一〇五|十|九

埕 二五五|九|四

4612$_{1}$

塥 三八〇|一|九

四二八|四|五

四二八|六|八

4612$_{7}$

埸 七四六|七|一

堣 七 二|七|四

堨 五一三|二|三

五二一|八|八

六八六|六|七

六八七|四|五

七一四|四|二

堨 五一三|五|七

場 二一四|四|三

二一六|七|四

塄 七三〇|二|六

塌 七七四|十一|一

七七五|四|六

㙦 一六〇|一|三

4612$_{8}$

堺 五二六|二|七

4613$_{0}$

堌 五三三|三|四

4613$_{1}$

壜 二八一|一|一

4613$_{2}$

墁 一五二|四|一

4613$_{3}$

壩 △七六六/十一/六
七六七/一/五
七七九/五/六
七八五/九/七

4613_6

蛪 二〇八/十/八

4614_0

塀 三四四/四/一

4614_1

垾 三六七/五/一
五五二/十一/四

壀 五〇二/七/五

墿 八 六/八/二
△五〇〇/一/四
七四六/七/二

4614_7

墁 一四九/四/六
一四九/七/五
五五七/一/四

塖 七三〇/二/八

4614_8

壧 二九四/六/四

(壛) 壛 △二九七/三/一

4615_0

埤 三一六/四/二
三一六/十一/三

坤 三 三/六/四
三 三/九/五
三四五/一/二
五〇三/二/五

鞞 一〇〇/十/七

4615_6

墠 一四五/二/三
△三八四/一/五
三八四/七/二
五七三/一/四

4618_0

塤 五一八/九/六
五九二/五/七

4618_1

堤 二 六/六/六
三 六/三/七
九 三/十/五
一〇一/六/二
三四二/四/一

4619_3

塛 二〇二/五/六

4619_4

堁 △四〇五/九/五
五三三/八/二
五九〇/五/四
五九〇/六/八

塽 六六九/七/四

4620_0

狛 五九二/七/三
七二五/八/五
七二六/四/一
七三五/十/四

狚 一六二/十/二
七〇四/三/八

狆 一六〇/七/二

狟 五一三/三/五

帕 六六三/四/四

帕 五九二/四/六

幗 五三三/九/五
七四一/十/七

4621_0

狚 三七〇/八/五
六八八/十/三

帨 五八二/二/一
五八四/二/五

覼 一四七/六/一
五五五/四/一

4621_1

猑 一三八/七/七

幌 四一九/八/四

幒 四 九/十/一
一〇〇/六/四

帺 一三八/五/三

幱 四七二/六/一

4621_3

幌 一〇七/六/一
三二七/八/六

4621_4

狸 五 四/九/二

帹 一〇六/十/一

猩 二三二/二/三
二四二/六/二

徨 二五五/十一/六

翟 六 七/七/四

幱 四〇四/十一/三

玀 七二三/一/六

4622_7

猲 五八五/五/三

帑 六 八/十一/四

胬 二〇八/七/七

猲 七三九/九/七

獨 五二一/一/三
六七九/十一/三
六八〇/三/三
六八六/八/四
六八七/二/五
七九〇/一/六

幅 五一二/十/六
五二一/三/七

猬 四八九/七/五

胥 五九五/七/二

獨 六三八/五/二

獨 七七五|四|八

4623$_0$

⿰犭思 三二三|四|六

4623$_2$

獧 一六三|九|七

三八一|九|三

⿰犭⿱罒衣 一七二|五|二

五七〇|六|七

猥 三四七|五|六

五三三|十一|七

4623$_4$

⿰犭吴 九 一|六|六

4624$_0$

[illegible] 三五六|十一|三

三六一|七|二

4624$_1$

[illegible] 四 九|五|一

[illegible] 五六三|一|四

[illegible] 五四七|三|五

[illegible] 一三七|九|一〇

[illegible] 二〇一|六|二

4624$_2$

[illegible] 六三八|五|三

4624$_3$

獋 一八九|八|六

一九〇|五|一

[illegible] 七 |十一|二

[illegible] 三七二|十一|八

[illegible] 一五二|三|七

4624$_4$

[illegible] 三 二|六|二

三 三|八|一

三 三|十|六

[illegible] 六六四|八|二

[illegible] 一四九|六|六

4624$_7$

⿰犭⿱罒女 七五七|四|二

獌 一四九|七|八

一五三|五|一

五四九|八|三

五五七|二|五

幔 五五六|十一|三

⿸虍曼 三六三|三|五

五四九|六|六

⿰巾最 五二〇|六|七

玃 七二三|一|四

七四八|一|五

獿 七 五|五|四

4624$_8$

⿰犭巖 四五二|七|四

4624$_9$

[illegible] 一三七|九|八

四〇八|六|四

四一一|十|一

4625$_0$

狎 二九二|七|八

七八八|七|一

⿰犭早 三 二|九|三

三 四|一|五

一〇二|十|一

一〇五|十|二

三四五|二|三

⿰巾甲 三 三|八|六

七四七|十|八

4625$_4$

⿰犭畢 六六五|一|四

4625$_6$

⿰犭單 一五三|九|一

一六五|三|七

幝 一四五|二|一

一六五|四|二

三八三|十|五

五七二|八|三

褘 三一二|十一|五

三一九|十一|四

4626$_0$

猖 二一四|九|一

⿰巾昌 二一四|八|七

帽 五八六|十一|五

[illegible] 三一九|四|五

[illegible] 一八三|八|一

4628$_0$

狽 五一八|十一|五

4628$_1$

⿰犭足 六五三|二|三

七一九|二|六

⿰犭是 九 五|十|六

4629$_3$

⿰犭累 三一九|四|六

4629$_4$

⿰犭喿 △四〇五|八|一

懆 一七八|五|四

一九二|六|五

4631$_0$

⿰赤見 七三四|四|二

靚 四八三|二|六

4632$_7$

鴐 二〇八|十一|二

五九五|六|二

駕 二〇八|十|五

[illegible] 六 七|七|五

[illegible] 二一一|六|六

二四〇|七|六

4633$_0$

怨 一九五|九|七

恕 四九二|三|三

想 四一四|二|三

4640$_0$

如 六 七|五|六
四九二|八|三
五九〇|一|六

[illegible] 五〇二|八|七

姻 一二四|八|五

婟 三四〇|二|六
五〇〇|八|一
五〇一|八|四

4640_4

妿 一九五|十一|五
一九六|五|一

4641_0

妲 五五八|九|三
六八八|九|一

嫢 △五一〇|三|六

娊 三八一|四|二

[illegible] 一三六|二|四
一三六|六|七
三六二|九|六
五四九|一|三

4641_1

媲 五〇三|一|九

嫓 四 九|十|六
一〇〇|八|四
四八一|二|三

婫 一三八|八|五
三六三|九|七

4641_3

媿 四三三|十|七
四八〇|三|六

魏 五八三|五|六

4641_4

媞 二四〇|三|一

娌 三二四|六|一

媓 二二五|五|三

[illegible] 七六三|三|七

孋 二〇一|五|三

嬥 七 六|五|四
二六八|五|七

4641_7

[illegible] 七六八|十一|七
七七〇|六|二

媼 一三一|二|八
一三九|二|一
三五九|九|八
四〇〇|四|八
五四七|三|三

[illegible] 七〇一|三|二

4642_1

[illegible] 一三〇|八|三

4642_7

婸 七四八|八|六

婂 一六九|二|四

娚 二九六|七|三

媀 二 一|七|二
七 二|十一|三
四三七|七|四
四九三|十|四

婸 二一一|九|八
四一六|十|六

媢 四八一|七|六

媦 四八九|四|四

[illegible] 一六九|二|三

4643_0

媤 五 三|三|一

媳 一四二|九|六

4643_1

嫼 六九五|四|五
七六三|三|六
七六三|九|三

4643_2

嬛 一五二|四|二
一七〇|一|三
一七二|四|三
一七二|五|五
二四一|七|二

[illegible] 一〇七|三|一
三四七|六|四

4643_4

娛 七 二|七|一
五〇一|十一|四

[illegible] 六八二|二|五

[illegible] 一三五|二|一

4644_0

婢 五 六|三|一

4644_1

[illegible] 三七三|六|五
五六一|二|一

嬕 七四四|七|一

4644_3

[illegible] 五八五|六|六

4644_7

[illegible] 五九五|九|七

嫚 五六一|十一|一

嬡 一七二|六|五
一七二|七|七

[illegible] 五二〇|九|二

[illegible] 七二三|五|一
七三一|八|八

4644_8

孅 二九四|三|三
四五五|三|三

4645_0

[illegible] 三一六|三|四

4645_4

嬅 六六四|十一|四

4645_6

嬋 一六五|八|三

4646₀
娼 三五二|三|一
媢 二一四|八|二
媢 四〇一|三|三
五八七|三|一
六五〇|六|六
六五五|九|七
4646₄
嫸 四九二|八|一
4648₀
嫃 五一九|一|三
4648₁
娖 六五五|八|五
六六〇|三|八
媞 二 四|八|二
二 六|七|五
九 四|九|一
三〇八|十|三
三四二|九|四
五二五|二|六
五九四|五|八
4648₆
嬇 一〇二|十一|六
4649₃
嫖 四 五|五|一〇
四六九|八|一
嫖 四 五|六|一
四六九|八|二
4649₄
婐 二一〇|三|三
二一〇|四|二
四〇六|二|五
4650₀
鞇 一二四|十一|三
4650₂
拏 六 七|六|一

六 九|一|二
二〇七|一|八
四九三|四|三
五九四|八|三
4651₀
鞎 六八八|十|一
䩳 四二二|七|八
鞿 七〇三|三|二
七四八|二|三
七五九|五|一
4651₃
鞼 四八〇|二|四
四八〇|七|一
韢 三二七|五|二
韤 五五九|七|七
4651₄
鞓 二四四|二|三
4651₇
韞 一三八|十一|四
三五九|八|七
4652₇
鞨 六八六|三|一
七〇九|八|三
七一〇|五|三
鞨 二一一|八|五
七四六|十|四
韣 六五二|三|五
韣 六三八|四|一
六五一|八|八
六五二|一|一
六五二|三|四
韝 七七四|十|四
4653₂
鞹 七七二|六|八
4653₃
韅 三八〇|六|二

五六八|十一|二
五六九|三|三
4654₁
鞾 七六四|十一|一
韠 七二三|十|五
韡 七三三|七|六
4654₃
韓 一九〇|五|七
4654₇
韄 七二二|十一|二
4655₀
鞞 七八八|八|四
鞞 三 二|九|二
三 三|五|三
一〇〇|十|六
三一五|十|一
四二七|五|六
4655₄
韠 六六四|十|四
六六五|七|六
韠 六六四|十|二
4658₁
鞮 九 四|一|二
九 五|一|一
4658₆
鞼 一〇二|十一|四
4660₁
䂂 四〇九|九|三
五九四|十一|三
䂂 六 七|七|六
4661₀
覩 三三八|三|七
覩 四 七|八|六
五 一|十一|二
4661₃
䰩 八 六|四|五

四〇九/六/三
[illegible] 四〇九/六/二
謉 二六四/四/七
四三三/十/六

4662_1
[illegible] 四〇三/七/一

4665_6
[illegible] 四〇四/五/一
四〇九/五/四
([illegible]) 單 三八四/二/三

4671_0
峴 二 五/四/六
覩 二 四/一/四
四六六/五/五
[illegible] 二七六/一/一
二八一/二/三
二八一/六/一
四四七/八/五

4671_4
[illegible] 六 九/一/一
毠 二〇八/七/二

4671_7
毷 四一四/一/一
四一四/五/三
[illegible] 七八五/六/七

4672_7
[illegible] 六八一/二/五
七一三/五/三

4673_2
袈 二〇八/七/三

4675_0
[illegible] 三一五/十/二

4680_0
趄 七三二/七/四
[illegible] 五四六/十一/四
[illegible] 三五九/十/五

三九五/十一/三
六六九/十一/三

4680_1
[illegible] 一〇六/九/六
一一二/八/一
一一二/十/四
[illegible] 七 五/七/六

4680_2
[illegible] 七五一/一/二
[illegible] 二二〇/四/八
[illegible] 六八〇/二/一
六八六/十/九
六八七/二/七
[illegible] 六七九/三/五
[illegible] 六七六/四/二
[illegible] 六五一/八/五
六五二/五/七
[illegible] 一五九/二/五
三八九/七/五

4680_3
[illegible] 一三四/三/八
一六四/二/七
一七二/四/二
[illegible] 四六三/十/三

4680_4
[illegible] 一三七/六/五
一四〇/七/四
一四九/四/七
一五三/六/一
[illegible] 四八〇/十一/七
六六四/十一/一
[illegible] 七二二/十/一
七二二/十一/五
七二三/三/五

4680_6
賀 五八九/五/七

4680_8
[illegible] 六三七/三/六
六五三/三/三
趧 九 四/三/四
九 四/十一/七
趩 七五七/九/三

4680_9
趮 五八七/十/一
五八九/一/五

4681_0
覿 六三八/三/二
七四九/二/七
七五一/二/七
七五一/七/三

4685_6
[illegible] 三八四/一/一

4690_0
[illegible] 五〇二/七/二
五四〇/三/二
柶 四七四/三/一
枷 二〇三/二/二
二〇八/七/九
[illegible] 四五六/十/四
柏 七三二/八/五
七三三/一/四
栶 一二五/三/一
梱 一三七/十一/四
一三九/九/四
三六四/三/一
五五〇/三/四
[illegible] 一三七/十一/三
三六四/二/二
六九五/九/四
相 二一二/十一/一
五九七/八/六
棝 三四〇/一/二

五〇一|六|三
槶 一〇七|五|六
五三三|十|一
欗 一五〇|九|九
4690_3
絜 二〇七|三|一
五九四|八|四
綮 六 七|六|六
六 九|一|三
三三二|三|七
四九一|七|三
四九二|九|六
五九四|八|五
4690_4
架 五九五|六|六
桨 二〇八|十|七
三三一|三|五
架 六 七|八|四
4691_0
梘 六四三|三|四
六四三|五|五
梘 三八〇|十一|八
五六二|十|二
五六八|十|六
五六九|四|二
棍 一八六|五|五
覞 一一四|九|二
五三四|十一|三
欟 一三六|七|一
槻 三 六|八|六
欟 一一七|十|七
五四〇|六|四
五四一|十一|二
五五五|九|三
4691_1
梍 六一二|九|三
榥 四一九|八|五
棍 四 九|五|四
一〇〇|六|一
一〇〇|十一|四
棍 三六三|九|二
4691_3
槐 一〇五|三|一
一〇七|八|七
䰎 五二八|二|七
4691_4
楻 四〇一|十|一
桯 二四〇|四|四
桯 二四四|二|六
二四七|十|三
二四八|九|二
梩 五 四|九|七
一〇四|七|二
一〇五|七|七
一〇六|六|一
三二三|九|四
三二四|七|一
三二五|一|五
三四六|二|六
樫 一〇六|一|一
檉 二三九|九|三
欏 二〇一|六|五
五八九|十一|五
欋 七 五|九|七
八 二|五|四
4691_7
榲 一三九|一|一
一三九|二|七
三五九|九|七
五四七|三|一
六八五|六|六
櫃 四八五|二|一
七五六|一|二
櫑 七八一|八|二
4692_1
楄 四二八|三|五
4692_7
枴 三四四|十一|二
三四六|七|三
柺 四一二|四|三
栲 一八三|六|七
棉 一六八|十|六
楞 二五三|四|一
楀 四九三|十一|三
楬 六八〇|四|五
六八六|十一|一
六九八|一|五
七一三|九|一
楊 二一一|五|八
梬 六七八|六|一
枵 七三〇|三|三
欘 六五二|五|二
梍 二二三|十一|二
榻 七七四|十|五
櫋 一五九|十一|三
4692_8
楐 五二六|六|六
4693_0
楒 五 二|十一|二
㮩 七五六|十一|五
4693_2
椳 一〇七|一|三
一〇七|十一|五
三四七|七|六
檈 一二二|十|一
一六九|十一|二
五七二|四|八
4693_3

櫏 一六九/十一/一
五七○/八/六

4693_4

槉 九 一/十一/六

4694_1

樳 七三九/九/二
七六二/五/一

楫 七六五/一/四
七六五/七/四
七六五/八/三
七七七/四/一

檡 八 七/二/八
七二三/十/六
七三三/八/一
七四四/二/五
七四六/十/一

4694_3

槔 一九○/六/六

4694_4

櫻 二三四/六/四
二四○/十一/三

4694_7

櫻 七五七/三/八

槾 一三七/五/九
一四九/七/四
五四九/七/六
五五七/一/五

樶 一一○/三/二

欔 七二三/三/二

櫌 一六九/一/三

4695_0

柙 七八八/九/三
七八八/十一/五

桿 三 三/五/六
一○○/八/一
一○○/十一/七
七四七/十/七
七四九/七/三

4695_2

桴 六 九/二/一

4695_4

樺 六六五/一/二

4695_6

樿 △三八四/四/四
三八四/九/三
五七三/一/七

4696_0

梠 三三二/二/四

梋 五八七/四/六
六五○/六/七

櫑 一○九/五/二
三四九/三/六
五三○/十/二

4698_0

枳 二 五/二/一
三 五/十一/六
三○七/九/六
三一二/五/七
三一三/五/四

椇 五一八/十一/二

4698_1

提 二 六/五/四
三 四/九/八

4699_3

樏 四 五/四/二
三一九/二/二

欙 四 五/四/一
四○八/六/五

4699_4

棵 三六八/二/八
三六八/八/二
△四○五/十/一

橾 八 ○/三/七
八 ○/六/三
一七八/四/十一
四三八/十/七

樏 六六○/三/一

4701_0

飆 二三五/三/二

4701_2

尳 三一四/六/二

尳 一九七/九/二
三一五/一/二

4702_0

翃 二三五/二/一

4702_7

卭 七六六/一/一

郲 四四一/八/三

邲 七八六/八/一

鳰 五三七/八/五

鳩 二五六/三/一
二五七/一/五
三一一/八/一

鳨 一四六/七/三

鳦 七五八/七/一

鴆 二八一/三/四
六二一/十/六
六二四/四/三

鳷 一 三/十/七

鴃 七八六/十一/二

鴪 三○一/十一/四
三○六/六/四

鴝 二 三/四/二
三○七/三/二
四一八/六/四

鄭 七 五/二/二

4703_6

鮑 四四一/十一/五

4704_7
炈 二八〇|三|三
四四二|十|三
四四七|三|二
△六二一|九|四
4708_2
炊 二八一|四|二
炏 八 三|十|一
炊 七六九|九|六
七八三|五|三
七八三|六|五
七八六|四|五
4710_1
墼 二三四|三|一
二四〇|九|一
二四八|九|三
4710_4
塈 九 六|一|三
4710_7
盬 三三九|十|二
4710_8
鑿 二五二|九|八
4710_9
鑿 一 五|四|六
鑿 二三五|六|三
4711_0
坦 六 五|七|五
三七〇|十|三
堸 一 一|八|三
4711_2
匏 一八七|三|九
匏 五八三|九|六
4711_3
壈 四五六|七|七
4711_7
圯 五 五|四|五

三二三|十|八
垷 三四四|一|六
五〇八|四|五
坑 五八二|十|四
六四七|三|一
六四七|八|五
六五五|三|三
垝 三一五|四|一
三一五|六|四
四七一|十|一
鼁 一〇二|一|六
4712_0
㔡 六六三|八|五
均 七二〇|三|六
圽 六八一|五|四
埛 四三一|九|六
均 一二五|七|四
五四六|五|五
坰 七五九|十|五
垧 四三七|一|四
坰 二四一|四|七
二四八|三|六
二四八|八|二
六〇八|九|四
堈 二二三|七|一
鋾 九 八|十|四
九 九|六|五
堋 二五〇|五|二
二五三|八|五
二五三|十|二
六一〇|八|六
鄞 二五五|六|二
墹 六一〇|九|二
壏 七七五|四|五
4712_2
埒 三二九|十|二

4712_7
郲 二五一|一|一
郲 六六四|一|一
坒 三三八|六|三
坸 三〇八|五|四
郜 九 八|十|三
埇 三〇五|二|一
埆 六五六|三|三
六五六|十|四
六五七|五|二
塥 一九七|三|五
埲 二 三|一|六
塢 三四〇|九|五
五〇一|九|五
鷄 七 五|十|四
鄗 五二一|一|九
七七三|八|三
七七四|二|三
鶬 六六四|一|二
埽 ○四〇一|四|三
埽 五八七|七|三
堦 五〇二|七|三
塌 六八二|五|三
塢 三三八|九|三
鄗 五二一|六|一
七七四|二|三
鵠 七五七|十|二
鄯 一二六|二|一
一三三|一|一
墉 七三一|四|三
塢 六四三|八|六
鵠 三八〇|九|六
四七八|十|三
五〇九|二|四
七〇五|九|二
鵲 六四五|八|四

墧 四〇二/三/十

[illegible] 五〇八/一/二

五一二/十一/八

4713_2

塚 三〇四/九/五

垠 一二六/五/一

一三二/十/五

一三九/九/五

五五〇/十/六

塜 七　/二/六

埭 五三四/五/三

墂 三五七/六/一

三八八/二/五

五七四/四/五

篆 四一〇/七/二

[illegible] 一九七/八/六

4713_4

墺 五八六/二/七

六四八/四/四

堠 六一六/二/二

塳 七　/二/五

4713_6

蛩 三三九/三/六

[illegible] 八　九/五/五

蟿 六三五/三/七

蝨 七四八/九/五

[illegible] 一　五/四/八

4713_7

塠 一〇八/一/五

4713_8

懿 四七九/八/四

懿 五　七/二/七

四七九/八/五

4714_0

埱 六四三/三/一

4714_1

墀 四　三/十/八

墀 二七五/四/七

4714_7

圾 七六九/三/三

八七〇/十/三

坄 二七一/九/六

墁 二七四/八/七

墁 二七四/十一/八

二八五/九/二

殼 六一六/九/九

六三四/八/四

㱿 六三四/十/五

六五六/三/六

嗀 六三四/十/二

觳 二六六/四/三

壆 六五六/十一/六

六五七/五/三

4715_0

坍 二八五/一/一

坶 六四一/六/三

4715_1

墀 四　三/十/七

4716_1

[illegible] 六二七/四/三

六二七/五/五

4716_2

塯 六一五/七/一

4716_4

垎 七三三/十一/三

4716_7

堳 五　〇/七/五

4716_8

豁 四七九/十/四

4717_2

堀 六七七/一/二

六八四/一/一

六八四/十一/四

堀 六八四/七/八

4717_7

埳 一〇八/三/五

埳 四四四/十一/四

六二三/三/九

六二九/五/二

4718_0

填 七五〇/一/五

4718_1

埧 四九四/八/三

4718_2

坎 四四四/十一/二

六二三/四/一

款 九　八/十一/七

一〇二/二/一

欵 五　五/八/四

三一九/十一/二

三二四/十/一

六一六/七/一

歀 七六九/九/八

七七三/九/三

歖 五四三/十/三

歕 四七九/八/七

歡 四四六/十一/五

4719_3

[illegible] 七〇三/五/六

七一三/六/三

4719_4

墚 二〇一/十一/六

四〇七/五/一

四〇七/十一/五

[illegible] 四一八/七/一

4720_7

[illegible] 三二四/八/五

弩 三三九/三/二

4721_0

犰 三二〇|二|五
帆 四 七|十|五
帆 二九八|四|一
六三一|一|二
六三一|三|二
犽 五四〇|三|六
猦 七三七|二|六
狙 六 五|五|六
六 五|十|四
四九一|九|一
四九二|二|二
五五八|八|四
瘋 一 一|六|二
飌 一 一|五|四
飍 六八四|六|八

47211

狔 四 五|十|十四
三一二|一|一
猰 四〇三|四|二

47212

狍 一八七|四|四
麅 五八三|八|四
五八三|十|五
匏 一八七|四|五
翹 一八三|二|四
五八一|三|一
鷂 一八九|四|七
翹 一八三|二|一

47214

幄 六五七|八|六
獗 一五四|十|二
獾 六六二|四|六
齷 六三五|一|一
翟 八 九|四|三
鞏 六三四|十一|五

47215

狃 四三五|九|四
六一五|十一|五
六四五|十一|四

47216

悗 三八七|二|二
⿰巾免 一四〇|七|五
五四四|七|一
⿰犭毚 二九六|四|六
二九七|九|六

47217

犯 四五七|十|一
⿰犭巴 二〇三|八|五
帊 二〇三|六|五
五九二|四|五
猊 九 八|七|二
猛 四二一|二|五
⿸广巴 二〇三|九|六
⿰犭盈 二四〇|五|二
⿰犭盤 三九七|四|四
三九七|十一|六
艷 八 |一|二
一 一|十|六

47220

犳 一七七|六|六
七二〇|二|六
⿰巾勺 三九〇|九|一
⿰巾刃 五三八|十一|四
六六三|四|三
狗 一六三|九|四
一六四|二|六
⿰犭匊 六四七|八|六
狗 四三七|二|四
六一六|七|八
⿰希卩 六 〇|六|五
狕 三九七|九|一
⿰巾句 七 五|八|三
二六八|八|七
狪 四 |十|三
五 |九|五
⿰巾幼 三九七|八|二
⿰巾同 五 |一|八
⿰巾旬 一二二|九|二
一二三|六|四
⿰巾周 二五九|十|四
猢 八 九|三|三
⿰犭閑 一五五|二|九
⿰犭閒 一一一|十一|六
⿰犭間 一五五|二|八
⿰犭翻 七三三|九|六
七三五|四|二
幱 七三四|四|一
七五四|一|五

47222

⿰犭翏 一八四|十|五
一八五|九|五
一八六|三|五
一八六|六|一
一八九|一|七
三九七|六|五
三九七|十|四
三九八|十|一

47227

⿰犭多 三 五|二|四
⿰弟阝 三 五|六|三
⿰巾多 四〇五|二|一
狒 六三八|七|八
⿰犭弟 八 八|四|二
⿱𥫗弟 四一七|六|一
⿱𥫗帑 三五六|三|一
郗 四 三|九|三
⿰犭郎 二〇四|六|五
郁 一四一|四|三

猧 一九七|八|三
⿰高阝 四〇〇|六|七
郁 六四八|四|一
⿰肴阝 一八四|十一|一
郄 九 〇|六|七
猾 六九五|七|六
⿰犭脊 六 五|四|四
⿰巾鳥 三四〇|十|三
獦 七一九|二|八
七一九|八|八
七四二|九|三
⿰蒿阝 七 |九|三
獢 六七二|七|五
獢 六七〇|一|八
⿰夢阝 八 |一|七
一 一|十|五
二五四|一|六
四六三|一|四
⿰䓓阝 一五一|七|二
⿰希鳥 六 〇|五|二
三一八|五|五
鶜 一八七|八|一
⿰有鳥 四三〇|九|二
六四八|八|六
⿰夸鳥 九 一|十|二
五〇一|二|二
鸏 二 三|六|六
三〇一|九|六
⿰埶鳥 七〇七|五|三
⿰巾喬 二五九|十|二
⿱殸甬 六五七|一|二
⿰夢鳥 四六三|二|一
⿰藿阝 一四六|十一|六
一七二|十|七
鷮 六三四|七|六
⿰喬鳥 六一六|十|四
⿱殸喬 一八三|七|三
一八四|四|五
鸛 一四六|七|二
一四七|七|四
一七三|四|七
五五五|十|三

4723_2

⿰巾忍 五三八|十一|五
幒 一 六|五|四
三〇四|五|六
三〇四|六|一
狠 一二六|四|三
一三二|十一|五
一五二|九|六
一五五|三|三
三六七|二|三
猭 一六五|三|三
一六六|六|一
(⿰犭豙) 猭 △ 一七一|八|一
一七一|八|八
一七二|二|五
五七四|二|七
⿰巾彖 七 |四|三
四六二|九|七
⿰巾通 五 |一|七
⿱殸黍 二四〇|九|二
二四八|十|一
四二七|二|四
⿱殸鬲 六三四|七|一
⿰巾黨 五八八|四|三
⿰犭農 一九五|七|一

4723_3

⿰犭冬 一 二|九|一
⿰忄冬 一 五|一|二

4723_4

猴 二六七|五|一
帿 二六七|四|三
猰 九 八|四|二
五〇八|二|五
六九五|三|七
六九五|四|七
六九八|三|五
七〇三|四|一
七〇四|四|二
⿰巾逢 四六四|七|五

4724_1

麭 五八三|九|〇

4724_2

⿺麥勿 六八四|六|四
麴 六四六|十一|三
⿺麥同 三〇〇|十一|一
⿺麥匋 一九四|五|三
⿺麥咼 五九一|一|一
⿺麥眉 六八二|三|七
六九九|九|四
⿺麥鳥 七三七|九|二
⿺麥胡 八 八|十|二

4724_3

⿺麥怱 六八四|六|五

4724_4

⿱殸麥 六三四|八|七
⿺麥逢 七 |三|四

4724_6

⿺麥各 七三四|八|三

4724_7

⿰犭及 七八七|七|二
⿰巾及 七七〇|三|四
⿰犭般 一四八|十一|二
⿰巾殺 三四六|六|一
獀 二六五|四|七
四三四|七|二
殸 二三八|十一|四

六〇七/四/三
㲉 六三四/八/五
六五六/六/五
六五六/九/一
殺 一八四/十/一
一八九/十一/二
五八二/五/五
豰 四四〇/三/七
六三四/七/三
六五九/四/三
七二九/四/一
䴭 一〇八/五/六
殼 三〇七/四/六
猳 二〇八/九/三
穀 六三五/四/四
縠 六一七/七/二
六三五/四/六
六三七/七/七
六四九/六/七
六五六/八/五
觳 六三四/十/六
彀 二六八/六/六
二六九/七/八
穀 六五六/九/五
㲊 六五六/九/三
彀 六三四/七/五
瞉 六一七/三/一
六三五/四/一
六三八/八/四
㲋 六一七/四/八
鷇 六三五/一/三
六三五/二/三
六三五/五/三
六五七/五/六
縠 六五六/五/二
4724_{8}

獒 二五一/四/三
4725_{0}
狦 四三八/六/三
狦 一四四/三/六
五六二/二/四
姍 一五一/六/二
4725_{2}
獬 三四四/七/二
三四四/九/三
4725_{4}
狰 二 二/九/四
4725_{6}
㹆 六 〇/十/三
一三一/四/九
一三八/一/三
幝 一三八/五/一
4726_{1}
幨 六二七/三/八
幨 二八九/五/一
4726_{2}
狢 一七四/四/六
帤 一八一/七/六
猫 二六一/七/七
4726_{3}
幡 四四五/四/六
4726_{4}
狢 七二八/十/一
4726_{7}
猸 五 〇/四/八
4727_{2}
猛 一九五/七/四
猛 六七六/九/二
4727_{7}
狛 六二九/五/六
帕 七八六/五/八
4728_{0}

猽 二四三/七/六
幎 一六〇/一/二
二四一/十/二
二四三/五/二
五七一/二/四
4728_{1}
幩 七四九/十/一
㺜 六 九/八/二
4728_{2}
欷 六 〇/三/二
四七九/一/七
四八八/一/三
獓 六三七/二/四
欶 七 三/十/四
九 一/二/六
㺝 六七九/十一/四
六八六/八/三
七九〇/一/七
歗 七八四/九/五
歚 一八三/八/二
一八六/三/一
六五六/八/三
歡 一四六/十/八
4728_{6}
獺 六八九/三/一
六九九/八/一
4729_{1}
幓 五一二/四/二
七〇七/九/三
七〇八/六/四
七〇九/二/三
4729_{4}
猱 一九五/六/五
二六四/十/二
六一五/十一/四
六二〇/五/四

4730₃
[illegible] 一 五/四/七

4730₇
[illegible] 二四〇/三/六

4731₄
[illegible] 三二五/十/二

4731₇
赩 七三四/三/一
七五九/六/九

4732₀
赨 三〇一/二/二
[illegible] 四八三/三/二

4732₇
邦 一四〇/十一/三
郝 七二九/一/二
七二九/三/一
七四四/四/四
七四四/十/四
郣 五 一/四/七
[illegible] 三二二/十一/四
鶩 八 八/四/三
[illegible] 七五四/七/六
[illegible] 六九六/十/一
[illegible] 一六二/八/四
三八一/五/七
五六九/七/一
鷙 七七四/一/二
[illegible] 八 九/四/二
鷩 六一六/十/三
[illegible] 六三四/十一/四

4733₁
[illegible] 六五六/十/四

4733₃
[illegible] 一 四/十一/二

4733₄
怒 三三九/三/一
五〇〇/五/六
愨 六五六/十/三

4734₇
赧 三七二/七/一
赮 二〇七/九/四
穀 六三四/六/一
轂 二六八/九/一
五〇一/七/五
六一七/四/七
六五六/九/二

4738₂
[illegible] 七五三/十一/一
七五九/八/三

4740₁
聲 二三八/十一/三

4740₂
翅 二 五/八/八
四六六/十/三
四七〇/四/一

4740₄
嫛 二七五/六/七

4740₇
孥 八 八/四/一
三三九/三/五
五〇〇/六/一
[illegible] 四 七/四/八
[illegible] 一六三/五/八
二四一/七/三

4741₀
[illegible] 一二七/十/一
[illegible] 五二〇/二/一
五三一/十/一
姐 六 六/十/六
三一〇/九/四
四〇四/四/四
四〇九/三/三
四〇九/四/三
四九一/十/二
四九三/四/四
飆 一七九/五/二

4741₁
妃 四 五/十一/五
[illegible] 四〇三/三/一
[illegible] 五二七/五/一

4741₃
[illegible] 四九五/三/八
[illegible] 一三四/十/四

4741₄
娓 五 〇/八/三
三二五/十/一
三二七/七/四
四八二/八/三
[illegible] 六三四/五/一
六五七/六/六
嬥 一七四/十/二
一七五/一/一
三九一/三/三
五七七/十/一
六六二/一/五
六六二/四/一
七五一/五/二

4741₅
妞 四三五/十一/六

4741₆
娩 三八七/一/三
五四八/十/五
娩 三六三/三/三
五四四/九/二
五四九/六/三
[illegible] 五四八/三/二
[illegible] 五四八/十一/二
[illegible] 一三六/二/六

一三七|五|六
五四八|十|七

4741_7

妃 五　五|六|四
五　八|八|三
五三一|四|四
妑 二〇三|六|六
二〇三|十|七
娓 九　八|五|二
三四四|三|三
娷 三五二|四|五
媠 二一〇|九|三
三一五|四|七
嬔 三一四|三|四
菴 四一八|五|三
艴 六八一|六|七
六八一|七|四
嬃 六一九|四|五
嬭 二五一|八|四
六〇九|十|八

4742_0

妁 七二〇|一|一
七二〇|六|五
婌 三九八|四|三
四三五|四|五
姁 一二五|九|五
嫻 六四七|十一|二
姰 七　三|十一|二
七　六|三|四
三三二|十|八
四九四|二|三
四九四|三|四
嫐 三九二|三|五
三九七|九|二
姰 五九八|二|三
五九九|十|二

姛 五　三|三|二
婤 四六一|八|四
姰 一二二|八|五
一二三|七|三
一二五|九|二
五六九|十|七
五七〇|四|七
婤 一七四|六|三
二五九|七|一
二六〇|五|二
二六三|十一|四
媩 八　九|五|七
嫻 一五四|五|二
朝 八　二|四|四
一八一|八|四
一八一|九|一
嫺 一五四|五|一
嬾 三七一|四|九
孎 二八七|五|一
孄 一七三|三|二

4742_2

妤 六　九|四|二
嫪 二六一|十一|二
嫪 一九五|三|八
五八八|九|一

4742_7

努 六　七|六|三
郝 二　五|一|一
三　七|十一|一
郄 七三六|十|二
努 八　八|五|四
三三九|三|四
嫪 二　六|一|二
二　六|八|一
九　四|九|二
二〇〇|六|一

四〇四|五|六
姼 三〇八|六|三
三〇八|十|四
娜 六　七|六|二
媧 一〇二|三|二
二一〇|四|四
媥 三〇〇|十一|八
三〇五|六|七
娜 二〇一|十一|五
娜 四〇五|一|四
鴳 一八五|五|一
一八六|三|四
郣 六八一|九|二
嫋 八　〇|八|二
八　一|六|一
二六六|一|四
四九六|七|二
四九七|八|一
六一四|八|五
六一四|九|七
婿 五〇二|七|四
媚 六九九|十一|四
婦 四三二|十|二
鄭 七二七|四|三
鴳 △五二一|十|一
五三七|八|四
鴹 二　四|十|七
四七〇|三|四
嫋 三九一|十|一
七二〇|八|二
七三三|十|八
七五三|八|三
鵜 四〇〇|六|一
六四九|二|三
鄸 三五七|十|一
鶇 四　八|一|四

鄸 五四九/七/七
乾阝 一四三/九/四
鵓 六八二/一/二
鶀 七五四/八/五
鷙 五〇〇/七/二
孎 六五一/八/一
六五三/七/三
六六〇/三/九
六六一/五/六
孎 六五二/五/五

4743₀
嫢 六一七/七/三

4743₁
媳 四八六/一/一
嫣 五　五/十一/四

4743₂
㛰 八　/八/二
娽 六三九/三/一
六五四/一/五
媥 五　/二/一
娠 三八七/四/六

4743₃
㚲 一　四/十/二

4743₄
嫨 五八六/四/二
嫔 二六七/十/五
嫫 一五五/四/二
一六四/一/三

4743₇
媼 一七六/十/八
媿 一〇八/六/四

4744₀
奴 八　八/三/五
五〇〇/五/五
婌 六四三/七/五
㛂 七　九/十/四

二六六/二/三
四三九/三/六

4744₁
嫭 一〇六/五/五
嫥 二七五/六/四

4744₇
好 三九九/六/一〇
五八五/七/五
妀 八　〇/五/七
奴 七七一/二/一
娖 一二〇/三/四
嫪 四　三/九/一
五一五/一/六
六九七/三/四
六九九/六/四
七〇九/十一/六
嫚 五〇八/六/五
嫂 四〇一/四/一
穀 六三四/六/三
六五六/八/四
報 一九一/五/三
四九五/四/四
五八六/八/二
穀 四四〇/二/八
穀 四四〇/三/一
穀 四四〇/三/三
六一六/九/二
六一七/三/六
嫛 四一一/三/四
穀 六一七/二/一
穀 六二〇/五/二

4745₀
姘 二九〇/二/五
四五一/十一/五
四五四/五/三
姆 三三七/五/三

四三八/六/六
六一八/四/五
姍 一四四/三/二
一四八/四/三
一五一/七/一
一五七/十一/三
五六二/一/三
六八八/二/四

4745₁
嫳 一〇六/一/五

4745₄
媂 六　/三/五
一　八/四/二

4745₆
媈 六　一/一/三
一三八/三/五
一三九/八/八

4745₈
嬶 一三五/三/六

4746₀
姳 四二七/八/二

4746₂
媌 一八一/三/三
嫍 二六一/八/五

4746₄
娵 六　四/三/五
婚 一三九/三/四
嬻 七六七/六/四

4746₇
媢 四八二/七/四

4747₇
姫 五　五/六/五
三二三/九/二
娼 一〇八/六/三
媢 四五二/三/五

4748₀

娸　二三七/八/二
　　二四三/五/六

4748_1

娖　六　六/三/五
娸　四二七/七/六
嫸　五七三/九/六
嬩　六　九/四/三
　　三三二/五/八
嬹　二五一/十一/三
　　六一〇/一/四

4748_2

欿　七八四/九/六
嫰　五五二/四/六
歎　七三五/一/四
　　七三五/九/六
嬡　一四六/十一/二

4748_6

嬾　三七一/四/五

4749_4

嫋　四〇七/三/四
　　五九一/五/一
媃　二六四/六/三

4750_2

拏　二〇七/一/七

4750_6

犛　二三三/十一/六
　　四二三/四/三

4750_7

靷　三八二/一/七

4751_0

靻　三三八/一/四
　　三七〇/十一/一
　　七〇九/四/七
　　七三九/十一/四
颿　三二七/四/一

4751_1

靴　三四三/七/四

4751_2

鞄　一八七/三/八
　　三九八/二/八
　　五八三/十一/四
　　六五〇/五/四
　　六五一/五/四
　　六五八/十/一
　　六五九/六/四
鞄　三九八/三/一

4751_3

韉　六三〇/八/六

4751_4

鞕　七五九/二/二
　　七六〇/三/四
鞕　七六〇/三/五
韄　六六二/七/三

4751_6

鞔　一四九/四/九
鞔　三六三/四/二
　　三六五/七/七
韈　一三四/十一/七
韅　三六〇/五/二
韉　二八九/二/八
　　二九六/四/一

4751_7

靶　五九二/五/八
鞔　三一五/九/三

4752_0

靭　五三八/十/七
靮　七五〇/七/三
靹　二二三/十/三
　　四一三/十一/三
翱　五三八/十/六
鞠　一　四/四/六
　　六四六/十一/二
　　六四七/三/三
　　六四八/一/三
鞠　六四六/十一/一
鞠　六四七/三/五
鞫　七　六/四/二
鞇　五四三/六/三
鞈　五　/十/五
鞫　一八二/十/五
靭　一　四/五/五
翱　七四〇/三/六
　　七四〇/九/三
　　七六四/一/五
鞫　一九四/四/一
鞩　二五〇/四/二
鞫　六四七/四/四
鞨　八　九/五/四
韊　一四五/九/二

4752_2

鞗　六六二/七/四

4752_7

鄚　二三三/三/六
鄿　六　一/四/一
鶇　二三三/四/二
鞨　二六六/二/八
　　四三四/七/七
鄦　五　九/十一/三
鞨　七四二/七/九
鞴　二〇九/八/五
　　五九六/五/六
鄰　七二一/二/二
鷬　一四五/十/七
　　三六七/七/八
　　五五九/六/七

4753_2

鞎　一三五/八/四
　　一三八/二/二

一三九/十/二
一四二/七/五
三六七/一/一
五五〇/九/四
鞎 三六四/一/一
𩋖 六三八/十一/四
艱 一二五/十/四
一五四/十/七
韉 ∘六一四/九/三

4753_{4}
韼 一 八/十/三

4754_{0}
靫 一〇三/二/五
二〇五/七/二
七一〇/七/四
𩊻 四三四/七/六
𩌄 四七七/二/四

4754_{7}
靸 七六四/七/一
七七一/一/三
𩊱 一四八/九/二
二九七/四/二
𩊲 七六四/七/二
七七一/一/五
殼 六 〇/七/八
㲉 六一七/三/八
𣪊 六一七/三/七
𣪏 六一七/三/九
𩌏 七一一/九/一
𩋡 二〇七/十一/三
𣫀 六五六/七/六
𣪿 六三四/十/三
𩋦 三七一/十/四
𩋧 五六〇/二/三
𩋨 二〇七/十一/二
三七一/九/四

三七一/十/二

4755_{2}
韈 三四四/八/一

4755_{4}
韸 一 八/五/六

4755_{6}
韗 一三〇/十一/五
五四六/四/二
韗 一三〇/十一/六
五四六/四/三
五四六/九/六
五四七/八/四

4756_{1}
韂 六二七/四/二
韂 六二七/四/一
韂 二八七/三/二
二八九/四/五

4756_{2}
鞀 一九四/三/三

4756_{4}
鞜 七二四/十/一

4757_{2}
韷 六七六/十一/六

4758_{2}
歎 一四五/一/一
五五八/九/五
𩌂 二七〇/十/二
𩏄 五五八/九/六

4758_{6}
韇 四九〇/五/四
五三四/二/一

4758_{9}
韊 一四九/十/五
一五〇/二/一

4759_{4}
鞣 ∘四〇七/五/二

鞣 四〇八/一/四
韖 二六四/七/七
四三四/四/五
六一四/四/七
六一五/十一/一
鞣 四三四/六/一

4760_{1}
砮 八 八/五/一
三三九/三/三
五〇〇/六/二
磬 四二七/三/五
六〇七/四/二
磬 六五六/十一/二
磬 四二七/二/三
六〇七/五/五
罄 五八八/五/三
馨 二七八/十/三
二八四/四/四

4760_{2}
磬 一八一/三/五
一九四/三/六

4760_{4}
磬 七二九/五/一
磬 六三四/五/三
磬 四 五/十一/六
五 一/七/二
二四七/一/一
磬 六〇八/七/一
磬 五〇五/十一/三
磬 四六九/三/三

4760_{9}
馨 二四七/五/六

4761_{7}
艷 二五四/一/四
六一〇/十一/五

[illegible] 八 九|三|一

4762_0

胡 八 八|五|六
五〇〇|十|七
翓 七〇二|十|五
[illegible] 二六四|十|二
翿 一九四|三|一
四〇二|六|七
五八八|三|一
[illegible] 二五九|九|三

4762_7

郚 六六八|九|四
郜 七二〇|九|二
七二一|五|四
都 六 七|九|六
八 六|二|五
部 五九三|一|一
七四三|八|四
鴣 九 〇|三|四
鴶 六六八|十|五
六九五|一|四
鄯 二六四|五|一
四三四|一|五
鵲 七一九|二|五
鶘 八 九|四|一
鶷 六九六|一|五
鶹 一九四|七|五
二六〇|三|八

4764_0

教 五八八|五|二

4764_7

㱿 七二九|五|二
殼 六五六|六|三
彀 五〇一|七|六
縠 六五七|五|五
㲉 六一六|九|一
㲉 六一七|五|二
瑕 四一一|三|三
轂 二六四|四|四
穀 六三五|三|四

4768_2

欯 五二六|九|三
六六八|七|二
六六九|八|八
歆 七〇三|三|一
歖 五七八|六|七
七五六|六|三
七五九|七|三
歕 五 五|八|五
三一九|十|一
三二四|十|四

4772_0

切 五〇二|八|八
五三五|十|一
七〇〇|一|一
却 七二一|九|三
䦈 二八七|四|六

4772_7

邯 一四三|一|一
二八六|五|五
四四五|八|二
鄶 二九一|八|四
四五三|四|二
鳩 四七四|六|三
六六三|二|二
鄯 六八七|一|五
鶓 三 五|九|六
鵲 六二三|九|七
𢐗 四四三|二|一
鶘 一二〇|一|四
鵧 七八九|二|六
鶾 五二一|五|四
六八七|三|一
六九八|二|七
六九八|三|六
六九八|六|六

4773_2

毄 五二九|六|四
𣪠 二〇七|三|二
毇 六三五|五|五
𣫀 六三七|九|一
𣫍 六三六|十一|三

4774_7

㲄 七六八|六|二
𣪭 二六七|二|五
六三四|七|七
𣪏 七 七|六|二
𣪆 六五六|九|四

4777_2

𨉡 二〇六|六|四
㽴 八 九|五|六
磬 六一六|九|八
罄 四二七|三|六
六〇七|三|五

4778_2

歁 二八六|五|七
歂 五〇八|十|四
(歂) 世 ▵五一〇|四|五
歘 五一四|一|二
欯 二〇三|三|二
四九一|一|二
歖 四四七|十|四
歁 二八三|一|七
二九五|三|八
四四五|一|二
四五二|九|二
歆 七六九|十一|五
歔 六四八|十|六

歠 六四二/五/六
六四二/九/五
七七一/五/一

4780_1

起 三二四/十一/四
趄 六　五/五/七
𧻓 三一五/九/二
三一五/九/五
趯 五八〇/十/二
七一八/四/三
七五一/一/三

4780_2

趵 一二七/四/七
二四一/六/六
趍 三　〇/二/八
四九六/六/五
赳 六七六/九/五
趜 二五六/九/一
趐 二五六/九/二
六四六/十一/九
六四七/三/二
六四八/一/二
𧺫 七　五/七/七
三三三/二/一
三三四/四/三
𧻘 二四一/六/七
𧼕 三〇五/三/六
𧾂 七　九/八/二
四三九/二/八
四九六/六/四
六五三/一/四
𧺤 七〇三/六/三
𧿃 九　二/三/六
三四〇/十一/一
𧻿 一八八/九/七
五八四/十/四

趥 六九五/九/六
六九六/一/六
𧼛 六七二/七/二
𧾍 六八〇/四/三
六八三/二/四

4780_3

趢 六三九/三/六
六五四/一/四
𧽫 五一二/七/五

4780_4

𧺛 七一九/六/一
七四七/三/六
𧻇 二五九/三/一
𧼮 六五三/一/六
𧾊 七一一/十/一
七一四/五/二
𧼰 六〇五/三/六
趣 七　九/八/五
一二六/一/一
二七一/二/五
三五五/十/五
三五七/三/三
四三四/八/四
四三九/二/七
四九六/六/三
五四三/五/一
六五三/一/五
趬 一二五/九/四
𧾌 一二七/三/二
𧾩 一二三/四/三
𧽻 五三八/一/二
趲 三八八/八/八
𧿂 六七三/二/三
𧿈 六七〇/四/八
𧾯 五七二/五/三
𧿇 五七〇/四/三

4780_6

超 一八一/七/二
三九四/四/三
五七七/十/三
五八二/二/四
䞦 七三四/一/三
𧻏 三五九/十/四
𧿊 四五一/十/三
四五三/九/一

4780_7

趉 六七七/一/六
六七九/五/二

4780_8

趑 四　二/五/二
四七四/六/七
趦 四　二/五/一
𧾅 六　九/五/四
三三二/五/四
𧾵 七五八/七/七

4780_9

斄 四二七/三/三

4781_0

䫻 二二九/六/一

4781_3

𪏰 六〇八/十一/一

4182_0

期 〇五　七/五/七
䎎 六三八/七/五

4782_2

𪏻 四〇二/十一/三
五八八/九/二

4182_1

䣝 一　四/一/三
二　〇/七/六
𨞰 二五五/十/二
鶀 二　〇/八/四

鵙 五 六|四|七
△五 八|二|一
鶈 二 七|七|二
鷞 五 六|四|六
鷬 二二六|二|三
鶿 一三〇|二|二
一三九|十一|二

4784_7

㱿 六三四|六|二
六三五|五|四
六五六|八|六
彀 六五六|六|四
𣪺 二九一|二|一
二九四|四|六
𣫊 二二六|一|七

4788_2

欺 五 六|二|五
欺 二 五|十|九
歁 一四〇|一|八
五五一|一|四

4790_3

綮 六 八|十一|二
四一〇|六|二
繫 一 一|六|五

4790_4

縈 六八八|一|五
槃 六五六|六|一
六五七|二|四

4791_0

机 △四 七|六|二
三二〇|一|二
杋 二九八|五|五
二九八|六|三
枫 一二一|四|三
一二八|四|六
五四〇|四|六

柮 七〇四|十一|三
柤 六 六|十一|四
八 五|十一|三
二〇五|九|一
二〇六|三|五
三三〇|五|九
三七一|四|四
楓 一 一|五|七
二九二|七|七
二九八|六|四

4791_1

柅 四 六|七|六
柅 四 五|十|五
三一一|十|七
三一八|九|一
三四三|六|一
梍 七〇六|十一|五
欐 七六六|三|四

4791_2

枹 七 七|五|五
七 七|八|六
七 八|四|二
一八六|十|二
二六六|六|六

4791_3

欃 六三〇|九|六

4791_4

梶 三二五|十一|七
楃 六五七|八|五
極 七五九|一|六
七六〇|一|六
櫂 五八五|一|四
六六二|四|四
七三三|十|二
七五二|一|八
耀 七五一|八|六

4791_5

杻 一二四|一|三
四三四|五|五
四三四|十一|三
四三五|十|四

4791_6

梚 八 六|十一|一
椀 三六三|三|一
欃 二九七|六|四

4791_7

杷 三二三|九|七
三二五|一|四
三四六|二|七
杷 二〇三|十一|四
五二四|八|四
五二九|一|四
五九二|六|二
五九二|六|七
梶 一九〇|二|六
三九九|十|四
六四七|八|一
六五五|一|八
栬 五一〇|一|二
梍 九 八|五|七
三四四|二|二
七〇四|六|五
桅 一〇七|十|十
三一五|二|三
三一五|七|三
楹 二四〇|四|二
槐 二七一|六|七
欙 三九七|十|四

4792_0

杒 一七五|六|五
一九三|三|三
六三六|六|一

字	出處
枒	五 二|八|八
	五三九|二|三
杓	一七九|六|四
	五七七|六|五
	七五〇|十|六
杓	一七九|十|三
	七二〇|六|二
枊	二二三|十一|一
	六〇二|六|五
柳	四三五|三|二
杓	三五九|七|二
	五四〇|八|二
	五四三|四|五
	五四三|七|四
	五四六|七|五
椈	六四七|七|一
櫛	六六三|十一|三
桐	四二六|四|七
枸	七 五|五|六
	七 六|三|七
	二六九|一|五
	三三三|四|四
	四三七|三|三
	四九四|六|四
栒	六七八|一|六
	六九一|十一|六
棡	二二三|七|八
栁	七三四|九|二
	七三七|四|八
桺	七三四|二|一
栒	五 三|十|一
桐	五 |一|四
	五 |五|六
	三〇一|三|四
橱	四一七|十|二
栒	一二二|六|七
	三五三|十一|七
棢	△四一五|十一|二
栩	三三一|七|四
	三三二|十一|五
	三三四|一|三
榔	六六四|三|一
	六七三|三|二
楜	六六〇|三|二
	六六〇|六|四
椆	一七四|六|四
	二六〇|三|一
	二六四|二|四
	六一四|二|二
	六二〇|八|一
𣗳	一七五|七|一
	一九五|四|二
棚	二三〇|五|二
	二三七|六|三
	二五三|十|三
繝	五一二|四|七
	五二八|二|三
椚	五〇三|五|三
	五〇三|六|二
橌	一五四|七|二
櫚	五三九|九|三
橺	三七二|九|三
	三七二|九|五
	三七四|九|三
欄	一四五|八|五
(欄)	△三九〇|一|五
欄	五六八|六|六
櫚	六 八|七|二
𣞯	二八七|一|一
	四五〇|六|二
欄	四〇三|一|二
欄	一七一|六|三
欄	二八七|一|二

4792_2

字	出處
杼	三三一|二|三
	三三一|九|六
	四九二|七|一
	六一八|七|四
樛	一七六|六|六
	二五六|五|六
	二七三|八|三
	二七三|八|五
	二七四|五|四

4792_7

字	出處
鄰	一一四|三|四
朷	五 二|八|四
	二五〇|一|五
	六〇九|五|四
栘	三 四|九|一
	三 四|十一|五
	九 三|八|八
	一〇〇|二|七
	一一五|八|九
	三一二|四|二
梆	二七七|九|五
榔	六六三|九|四
杇	一 四|一|四
桏	二 一|八|六
㭔	五〇六|四|四
梛	二〇七|七|七
鄰	八 七|三|二
	八 七|五|三
桷	六五六|一|三
桶	三〇〇|十|七
	三〇一|三|一
	三〇五|六|三
榻	八 〇|七|二
	二六五|八|四

梆 二 三|一|五
槁 一九七|一|五
　四〇六|二|三
　四一二|二|四
　五九〇|三|四
　五九〇|六|三
樢 九 一|十一|七
　六八五|六|七
梛 二〇一|九|四
榔 二二〇|十|三
椭 二六一|十|四
鄒 三九一|八|六
楇 六四七|十|五
　六五五|一|四
　六五五|四|二
楈 六 五|二|七
　二九六|二|五
　三二九|七|四
　四九一|七|四
榍 六九九|九|五
　七〇〇|一|三
椰 二〇七|八|一
榾 六八五|三|五
鶔 一一四|六|四
樢 三九〇|九|四
　五七七|六|三
　六三六|九|一
榔 三〇七|一|一
槨 六四八|七|四
樢 七四二|八|一
榒 七三三|十|一
榔 七三一|五|二
橘 六七三|一|一
樗 一二二|六|三
　一二三|九|四
鶔 一七六|三|七
　五八〇|八|四
榾 六八三|十一|八
鶔 一一一|七|五
榪 一九四|六|一
鶔 五二〇|四|五
櫑 六五三|七|一
　六六二|四|五
欂 一七三|四|五

4793_1

槵 四八六|一|三

4793_2

楤 五三九|二|四
樬 八 |二|一
　八 |四|五
　三〇二|二|三
　四六〇|十一|二
檾 九 六|六|三
根 一四二|八|三
棞 四二六|四|六
橡 四一二|十|六
椽 一七一|八|四
　一七一|八|七
　五七四|五|一
樋 四 |九|七
檛 二〇六|一|三
　二〇六|八|三
橡 四一二|十|五
槂 三五五|五|三
　三八七|五|三
　三八七|七|三
　三八七|十一|〇
　五四二|四|五
　五七四|一|七
櫞 一七一|十一|四
櫲 四九三|八|五
欒 一二六|四|七

4793_3

柊 一 二|六|五

4793_4

樤 二六七|八|五
榠 三五三|十一|七
楔 六九四|九|五
　七〇三|十一|七
　七〇八|三|二

4793_6

櫾 三四三|二|三

4793_7

槌 四 四|六|三
　四六九|五|一

4794_0

杈 一〇三|三|一
　二〇五|六|三
椒 一七八|九|三
　五一二|四|一〇
　五七九|十|五
棷 二六五|十一|二
　二七一|三|一
　四三四|八|二
　四三八|十一|二
　四三九|三|二
　四三九|五|一
　五二〇|八|四

4794_1

槹 二七五|五|六

4794_4

棎 二八九|十一|四

4794_7

极 七七六|八|二
　七八五|五|三
杼 三二三|六|六
投 八 一|三|一
　五一九|五|一

殺 四八三|三|六
五一二|四|六
五二八|二|二
六八八|一|二
六九六|七|八
七〇八|二|七
椴 五二三|八|六
七四〇|四|三
七四七|一|七
七五三|八|六
榝 六九六|九|一
七〇八|三|三
七一〇|四|七
檓 七一〇|二|七
椶 一九二|二|四
椵 六三七|一|三
六四一|一|三
棱 二七四|七|八
二七五|一|一
二七七|一|五
四四一|二|二
六二一|三|一
穀 四四〇|三|二
六一七|五|七
六一七|七|四
榖 六三四|九|二
椵 五五九|九|六
五六〇|一|三
穀 六三四|九|一
樓 四四一|二|一
櫻 三一五|一|一
穀 六三四|九|四
轂 六三五|一|六
穀 六三四|八|三
椵 二〇八|一|四
二〇八|十一|一

四一一|四|一
五九五|六|四
樳 一二七|六|五
一六五|十一|二

4794$_9$

欅 四　六|五|一

4795$_0$

(栅) 冊 二八一|十|一
栅 二九〇|三|四
柵 五六二|二|六
七三八|十一|一
五七三|十|五

4795$_2$

樺 七〇三|十|一
欄 三四四|八|六
三四四|九|二

4795$_4$

栙 二　二|八|六
槰 一　八|四|七

4795$_6$

樿 六　〇|八|一
一三一|九|三
一三七|十一|五
三六五|一|八

4795$_8$

欅 三二八|八|四

4796$_1$

檐 六二五|七|四
櫓 二八六|十一|五

4796$_2$

柖 一八一|一|四
一八一|四|七
三九四|一|一
榴 六八四|五|四
榴 二六一|一|六
槢 七六五|五|五

七八二|一|三

4796$_3$

櫓 三三九|一|四

4796$_4$

格 七二五|四|一
七二八|十一|七
七二九|八|一
七三四|一|四
七三四|五|七
榣 五四二|四|六
椐 六　三|七|二
六　三|十一|四
三二八|九|一
四九一|三|七
棔 一三九|五|一
[illegible] 五〇〇|五|一

4796$_7$

桾 一三一|八|二
五四六|十|一
楣 五　〇|五|二

4796$_8$

榕 七〇〇|六|一

4797$_2$

㮼 二八三|十|六
二九四|十|二
椐 六七七|二|二

4797$_7$

梠 五　五|四|一
三二三|九|三
枱 四　四|五|八

4798$_0$

椇 二四三|七|四
四二七|七|五

4798$_1$

椗 六　六|三|二
椇 三三三|四|三

擬 五三六|十一|二
4798_2
杴 二九一|十|七
二九四|三|七
欶 七四一|三|五
欵 三六八|七|四
㰈 六七九|六|五
㰟 六三六|十一|六
款 三六八|七|三
歀 四四四|一|五
六二二|五|九
擨 三六八|八|四
五五五|二|三
𣤶 六三六|十|五
4798_6
槓 △五五五|八|三
擯 四四七|四|六
擯 三三三|八|六
四六二|六|二
4798_9
攗 五八五|一|七
4799_1
捺 六八八|三|三
4799_3
搩 七〇三|十|二
擦 三五五|九|六
4799_4
㮀 二〇二|一|四
五九一|四|六
探 二八九|十一|三
揉 四三四|三|四
六一四|四|六
六一五|十一|三
㩉 四七六|七|八
摷 二 一|九|二
操 一三五|六|三

4801_6
塷 四 八|二|六
二五七|一|四
4806_8
峪 二三五|一|一〇
4810_4
墪 四七七|九|九
鏊 四八四|十一|三
4810_7
盩 二五九|四|二
二六〇|四|七
盬 三三九|十|一
4810_9
鏊 一九一|一|四
鏊 六〇八|十|二
4811_3
垙 五一九|六|六
4811_4
堥 四〇七|六|二
4811_7
圪 六六九|六|五
六七五|十一|四
六七六|一|三
壏 四五七|三|二
壏 六二六|二|六
4812_0
圿 六九四|十一|五
4812_1
坅 四四三|十|二
堬 八 三|五|四
4812_7
坽 四四四|五|四
四四六|十|六
坋 一二九|十一|六
△三五八|二|三
五四五|一|一

五四五|五|三
埨 三五五|九|一
五五二|四|二
塕 三〇三|三|一
塲 二一四|四|二
4813_1
埝 六二七|十一|五
七八二|七|六
墲 七 九|一|六
八 四|六|三
八 四|八|四
三三五|七|四
4813_3
墜 四七五|五|五
塥 四九〇|十|七
4813_4
埃 三一八|八|五
4813_6
螫 五九三|三|五
七四四|四|六
七二九|三|六
(螫)蟄 二〇八|十一|八
二三二|八|二
四二二|十|一
4813_7
坽 二四六|五|八
謙 二九〇|十一|五
4814_0
敉 五五七|四|三
救 七 五|四|六
二五六|三|六
六一一|十一|五
檄 五五七|四|二
敊 五〇九|二|二
墩 五二九|一|五
敁 三三九|七|四

憿 三六九|九|四
徼 三六九|九|二
 五五七|五|四

48241
帡 二三八|九|一
 二四三|三|四
 四二五|十|四
麧 六七九|九|六
 六八三|八|七
 七〇二|十一|四
⿰麥气 ▵六八四|二|三
⿰麥差 一九九|七|一
 三〇九|七|四

48242
⿰麥俞 四三九|八|四

48243
⿰麥念 七八二|七|三

48244
⿰麥并 四二五|九|四

48246
⿰麥真 三九三|九|二
⿰麥善 三八四|七|七

48257
悔 八 四|五|七

48261
⿰犭合 七七一|十一|八
帢 七七〇|二|八
 七八六|五|二
猶 一八二|四|一
 二五八|四|一
 六一二|三|二
 六一二|六|一

48264
⿰犭答 一七七|四|五
 三九四|三|七
 三九五|八|四
 三九五|十|六
 三九六|十一|四

48266
獪 五二二|八|四
 五二八|六|二
 六九五|七|七

48268
⿰犭谷 六三五|一|二
 六五四|五|四
⿰巾谷 七三六|十一|五

48281
⿰犭從 八 九|三

48286
獫 二九一|二|三
 六二八|十一|四
 六二九|四|一
 四五二|六|一
 四五二|七|五
憸 二八八|三|四
 二八九|五|四

48290
狝 三 四|六|三
獼 三 四|六|二

48294
狳 六 九|八|三

48327
鷔 一 二|一|二
鶩 五八六|七|一
[鷩] 鷩 二三二|七|三
鶩 一九一|三|一
 五八六|七|二

48334
愗 六一二|三|五
慗 三七二|七|三
憝 六八一|八|七
熬 三九七|五|三

[憋] 憋 四一五|一|四
 四二二|九|二
 六〇三|三|六
熬 一九〇|十一|五

48336
⿱敄灬 一二一|二|七
⿱敖灬 一九一|二|三

48340
赦 四〇九|五|三
 五九三|二|四
 七三八|九|三

48367
⿰赤合 二八二|九|六

48400
姒 三二三|九|一
⿰卓入 五五三|七|一
⿰韓人 五五三|十一|一

48401
聱 一八六|六|五
 一九〇|十一|三

48404
婺 一八四|九|三
嫯 五八六|五|五

48411
⿰女乍 七二一|二|四
⿰女差 二〇四|四|四
⿰女差 四〇五|三|二

48413
⿰女尤 五一九|一|六
 五一九|五|五
 七一二|九|六

48414
⿰女坐 一九九|十一|二
 二〇〇|二|五
 二〇〇|三|五
 二〇〇|四|三

二〇三|二|四
五九一|二|七
姾 一六九|九|三
一七〇|六|七
⿰𠦝毛 一四三|二|六
⿰𠦝毛 五五二|七|一
雗 一四三|三|二
雗 五五二|六|二

48416
⿰女覽 六二六|一|三

48417
嗌 七四六|一|一
乾 一四三|八|一
一六八|一|七
嬣 二八五|八|四
六二六|一|二
嬣 三二〇|八|一
三九五|四|四
四四〇|九|五
四四〇|十一|四
四五四|八|二
七六四|一|三

48420
妎 五〇六|八|一
五二〇|十|二
五二六|八|五
五二七|四|四

48421
姈 二八九|六|三
六二二|六|一
媮 八 三|四|一
二七一|八|二
媊 二 八|五|七
四 三|一|一
一五八|九|一
一六四|十|二

三八二|十一|四
五七一|七|一

48427
妗 二九三|六|六
二九五|二|四
妢 一二九|八|一
㚾 三一三|六|二
婨 一四二|六|三
娣 三四二|九|三
五〇四|十一|二
婺 一八九|十|三
⿰𠦝力 三六七|五|二
嬸 七六八|一|八
翰 一四三|二|七
五五二|六|一
鶾 五五二|七|三
鶾 一四三|三|四
鶾 五五三|二|二
鶾 一四三|三|一

48430
[illegible] 一九一|三|二

48431
嫵 三三五|四|九
⿰𠦝余 五五三|八|一
⿰𠦝余 三六八|一|五
五五四|六|二

48432
妐 一 六|四|二
㛄 三三二|三|二
嫁 四七五|十|三
㜁 五九七|四|四

48433
嬘 四七五|十|二

48434
媄 三二一|四|五

48436
⿰𠦝金 五五二|七|二
⿰𠦝魚 五五三|三|四

48437
姈 二四五|三|二
嫌 二九三|十一|一

48440
效 五八二|十一|三
[illegible] 五八三|二|九
敎 一八五|二|六
五八二|十一|一
教 六八一|八|二
嫩 三二一|四|四
斡 三六八|十一|四
六九一|九|一
⿰𠦝攵 四〇三|六|一
嫩 五八六|五|四
嬓 五七九|一|一
嬓 七 七|七|八

48441
姘 一一八|九|七
二三七|二|一
二三八|九|四
二四二|九|五
⿰𠦝开 三六七|九|二
五五三|一|八
⿰𠦝开 一四二|十一|七
一四三|十一|一
五五三|八|二

48443
[illegible] 七 八|九|一

48444
[⿰𠦝卉] ⿰𠦝卉 二三二|十|一

48446
[illegible] 二八三|十一|八
四五〇|十|一
四五三|四|一

七七〇|六|三

4844$_1$
輸　一八一|九|二

4845$_0$
姘　一六一|二|二
五六八|九|一

4845$_3$
嬟　三一四|二|四
四七一|六|七
鞂　七三七|一|三

4845$_6$
韓　一四二|十一|四

4846$_0$
鞈　五五三|九|二
韐　一四三|五|四
五五三|六|一

4846$_1$
姶　七七〇|六|一
七八七|二|六
婄　二八三|十|七
婚　四三二|五|二
四三三|六|三
六一三|七|六
婚　六四二|八|五
嬒　四四五|四|二
四四六|二|三
四四六|三|二
嬒　二八四|一|一
二八七|六|三
四五三|七|一
四五五|一|二

4846$_5$
嫸　〇三八四|三|二

4846$_6$
嬸　二五四|五|五
嬇　五二二|九|一

五二三|二|七
六九一|十|三

4847$_2$
嫱　一一〇|九|四
一一五|七|一
一八六|十一|二
四三二|八|六

4848$_1$
嫙　一　七|九|三
嫙　一七〇|二|六
五七二|三|六

4848$_6$
嬐　二八七|八|四
四四四|四|三
四五五|一|三

4848$_9$
較　五五三|九|一

4849$_0$
婇　三四五|九|二

4849$_4$
嵘　二〇七|一|二
鞣　一四二|十一|六
一四三|九|一
五五三|一|七
五五三|九|三

4850$_2$
擎　一八六|七|三
[擎]擎　二三二|九|三
六〇四|十|四

4851$_2$
鞄　二〇〇|十|五

4851$_3$
靴　五一九|五|六
鞑　五〇九|十|四

4851$_7$
鞊　六八四|六|三

七四八|二|四

4852$_1$
鞥　二七九|十一|一
六二四|十|六
鞧　八　〇|二|六
八　三|四|二
四九六|十|二

4852$_7$
鞥　二八〇|一|一
二九二|三|一
(鞥)今　〇六二二|三|五
鞯　三二七|二|六
鞥　一　〇|十一|三

4853$_1$
鞥　七八二|六|三

4853$_3$
韆　四七五|六|六

4854$_0$
鞍　六八八|十一|五
鞍　六　〇|七|七
六　二|五|三

4854$_6$
鞥　二八四|二|三
七七〇|七|六

4854$_7$
鞥　二五五|三|四
鞭　六一三|二|九
鞭　六一三|二|七

4856$_1$
鞥　七七〇|三|二
七七一|一|四
七七二|六|七
七七二|七|五
七八六|九|一
鞥　七七〇|二|六
七八六|三|二

七八六|八|五
鞧 二六二|一|四
4855_6
⿰革侖 一三五|五|一
4858_6
⿰革僉 二九四|三|六
四五二|七|三
六二九|一|八
4859_4
⿰革余 八 七|四|五
⿰革涂 八 六|六|四
4860_1
謷 一八六|六|六
(謷)謷 ∘一九〇|十一|二
[警]警 四二二|九|一
4860_4
⿱敖日 一九〇|十|七
4860_8
⿱敖石 二 〇|二|一
4864_0
故 五〇一|五|五
故 六九四|八|一
[敬]敬 六〇三|三|五
⿰䖃攵 五八八|六|七
4871_7
⿱敖黽 一九一|二|二
4873_7
甘兼 二九二|九|三
二九三|六|三
4874_0
⿰甘攵 二 五|六|三
⿰奋攵 七八五|九|三
4877_2
⿱敖山 一八六|六|七
五八六|六|一
4880_0
趴 一 七|八|一
一 七|十|五
4880_1
⿺走乙 六六九|三|二
六七五|十|二
六七五|十|四
⿺走乞 六七六|一|一
⿺走坐 二〇〇|一|三
⿺走金 四四四|四|四
4880_2
⿺走令 四四三|十|四
趁 一二〇|四|四
一二〇|八|六
三五二|六|七
三五五|二|三
三八〇|五|三
三八七|十一|四
五四二|三|四
⿺走俞 八 三|二|七
四九六|十|一
⿺走侖 七一八|四|四
4880_3
⿺走念 六二八|五|五
4880_4
⿺走复 七六一|七|二
⿺走敫 五七八|十一|二
4880_5
⿺走并 六〇五|三|五
4880_6
⿺走合 七八六|一|八
⿺走酋 二六二|一|六
二六二|十|六
⿺走酋 四六三|四|一
⿱赞貝 五八六|六|三
4880_8
⿺走僉 四四三|十|三
4880_9
⿺走佘 五四二|三|五
⿺走余 八 六|六|三
八 七|四|六
4882_7
黅 二七九|九|二
4884_0
敹 三九七|五|二
敵 一二九|十一|四
斂 四五二|五|四
4890_0
朳 六九六|三|三
七一四|九|五
杁 一一七|七|一
4890_4
[槳]槳 六〇四|十|三
4891_1
柞 四一〇|一|七
七二八|三|四
七二八|五|五
七三六|二|八
七三六|六|三
七三六|八|三
槎 四〇九|十一|六
四一〇|一|六
槎 二〇六|一|五
五八九|八|二
4891_2
柂 三 一|五|六
三 四|九|二
四〇四|八|九
椸 三 四|九|五
四六九|十一|五
4891_3
棇 五一六|二|五
六八三|一|三
六九四|一|一

六九四|三|二
七一〇|二|六

4891_4
桂 一五〇|一|九
二〇〇|四|五
栓 一五一|十一|四
一六九|八|五
一七一|六|一
五七三|七|三
槿 三三六|七|三

4891_6
欖 四四九|十一|五
六二六|三|一

4891_7
杚 六八五|一|七
杚 五三三|十|七
五三六|六|三
榼 七五四|八|二
檻 四五七|一|一
櫑 二八七|一|六

4892_1
柃 二七五|五|二
榆 八 三|六|六
椅 三六七|十一|五
椭 三 八|四|三
三一三|八|三

4892_2
槮 二七七|二|四

4892_7
柃 二七五|十|四
枌 一二九|七|一
五六三|二|二
朽 五〇七|十一|四
梯 九 四|四|五
棆 一二三|十一|二
一二四|六|一

檎 二八〇|五|二
⿰木翁 一 〇|十一|四
⿰木筍 一二二|六|二
一二四|一|四
櫛 六七三|三|一
⿰木⿱⺮考 三九九|十|三
⿰木翕 七七四|十|六
七七五|三|八
⿰木篙 一九〇|六|三
五八六|三|一

4892_9
⿰木莎 一九九|十|六

4893_1
棯 四四一|七|六
四四二|四|五
六二八|四|六
樵 三九四|十|六
橅 七 九|三|四
八 四|四|三

4893_2
松 一 七|六|五
一 七|十一|七
棕 三三二|二|六
椽 四七五|七|三
櫞 三三二|二|五
樣 五九七|一|四

4893_3
檖 四七五|七|四
橯 四九〇|九|四
樬 六二〇|十一|五

4893_4
樸 三五五|四|一
四四三|三|七
模 五六八|四|一

4893_6
槌 五八八|六|六

櫝 六一二|八|四

4893_7
柃 二四五|九|一
四二五|一|五
槺 二九〇|八|六
四五五|九|二
四五七|十|五

4894_0
枚 一一一|三|五
杵 三三一|一|二
榝 三六九|九|一
檄 四〇一|三|五
六一八|七|一
橄 二六九|一|四
[檄] 檄 二三二|十一|三
四二二|九|三
檄 七五三|八|四
檄 七一一|三|三
檄 六二八|十一|五
檄 一〇八|四|五
一〇八|十|八
一四一|七|六
檄 四四八|九|五
四五五|九|五
四五七|二|三
六二五|五|四
撽 七 六|九|五

4894_1
栟 一五九|七|四
二三八|八|三
榉 三六七|十一|七
櫸 五五三|九|五

4894_2
檮 七二六|十一|一
七三五|十|七

4894_3

二八八/七/八

4922_0

⿰巾少 一八〇/六/四

4922_7

⿱类力 七五一/三/六

⿰犭肖 一七八/二/六

帩 五七九/七/八

⿱类帀 二八八/九/二

4924_2

麨 三九三/九/三

⿺麥沙 二〇五/五/七

4924_5

⿺麥粦 一六一/二/六

4924_8

⿺麥貞 四〇六/十一/三

六八二/三/八

五九〇/十一/四

4925_9

獜 一二一/二/一

二四五/六/一

二四六/七/二

三五五/七/七

五四二/十/三

4928_0

狄 七五〇/十一/八

七五一/五/七

(⿰巾秋)⿰巾才 △六一四/八/二

4928_9

⿰犭炎 四五〇/六/四

⿰巾炎 二八九/五/三

4929_4

⿰犭米 一〇〇/八/七

4933_8

⿱狄心 七五一/一/九

4941_1

姚 二二五/四/三

4941_4

⿰女堂 二一九/十/一〇

4941_7

婘 一七三/三/一

五七五/十一/二

4942_0

妙 三九六/六/五

五八一/十一/五

4942_7

娋 一八七/十一/二

五八四/四/六

七一八/十一/三

七一九/一/四

4943_9

⿰女迷 五〇三/七/五

4945_0

姅 五五六/五/四

五五六/七/一

4945_9

嫾 一六一/四/三

4946_2

⿰女省 四二二/三/四

4948_9

⿰女炎 二八四/十一/五

4949_4

嬫 二三三/七/二

4949_6

⿰糸貞 七三六/九/三

4950_2

⿱粦手 二八八/八/七

4951_4

鞺 二二〇/四/四

4952_0

⿰革少 二〇五/四/七

⿰革沙 一九九/三/四

二〇五/四/八

4952_7

⿰革㒳 七〇六/五/一

鞘 一八七/十/二

五七九/六/二

韒 一八七/十/三

五七九/六/一

4955_0

靽 五五六/四/四

4958_0

鞦 二六二/一/五

4958_6

⿰革貞 四〇六/九/八

4972_0

尠 三八二/六/一

四九六/五/六

4974_7

⿰黃炎 三〇三/十一/九

4978_9

⿰甘炎 四五〇/四/四

4980_1

⿺走卷 一七三/二/五

4980_2

趙 三九一/四/一

三九二/七/五

三九四/四/五

趟 二三〇/十/四

二三一/四/四

六〇三/十/三

六〇三/十一/六

4980_6

⿺走米 三六九/五/四

4988_9

⿰黃炎 二九〇/八/三

4990_0

⿰扌小 三九〇/七/六

三九三/三/四

三九三/五/二
三九三/七/四

4991_1
桄 二二五/二/五
六〇二/十/四

4991_4
樘 二三〇/十/六
二三一/一/三

4991_7
橩 二四一/八/四
檾 △二四一/七/一
棬 一三七/七/四
一七二/十/一
五七五/十/三

4992_0
杪 三九六/五/七
五八四/七/七
栍 一九九/三/六

4992_7
橯 五八八/十一/三
桸 六一〇/七/四
梢 一七八/二/九
一八七/九/三
三九八/六/二
五八四/三/七
六六〇/二/五

4993_1
欓 四一七/四/一
四一七/八/三

4993_4
樸 四四三/三/六

4994_1
檸 二三一/一/四

4995_0
桙 一四八/六/五
五五六/九/二

4995_9
橉 三五五/六/三
五四二/十一/六

4996_2
楮 四二二/四/四
四二四/六/四
四六八/一/四
五九五/十/一

4996_6
橹 二四一/一/六
檔 二二〇/一/一
六〇一/一/一

4998_0
楸 七五一/九/二
楸 二六二/二/二

4998_9
棪 二八七/四/五
四五〇/四/五
四五〇/七/四
檨 二八八/九/一

4999_4
樑 二一九/七/二
二三一/一/六
六〇三/十一/二

5000_0

丈 四一五/一/六

丰 一一三/一/三

五九六/八/二

夬 三七八/六/一

七〇三/八/一

丯 五二六/六/四

三三〇/十一/四

丰 一 一/八/一

一 八/三/二

5000_2

㸚 三一九/九/三

5000_6

中 一 三/二/三

四六三/八/四

四六三/九/一

史 三二一/九/四

申 一一六/五/六

五五八/八/七

五四〇/五/四

吏 四八五/二/二

史 八 三/八/三

三〇五/四/五

曳 五一五/四/三

串 五六一/二/六

五六一/四/五

五六一/七/六

車 六 三/九/五

六 四/一/四

二〇四/八/三

5000_7

聿 七八〇/四/二

肀 六七二/六/四

𦘕 二〇四/八/五

事 三二二/十一/五

四八四/二/一

四八四/四/六

5001_0

先 三七七/五/三

5001_1

摝 四六一/十/八

六三九/五/四

攡 三 三/三/二

一九八/十/七

五九〇/十/五

轆 六三九/五/六

5001_3

挖 三八八/十一/四

5001_4

拄 三三六/六/三

推 四 一/五/三

一〇八/七/五

摧 三七二/八/三

五五〇/十一/三

雉 二 六/八/三

七 八/二/三

雓 七〇五/七/二

撞 二 四/二/三

四六六/七/一

軴 四九七/九/二

婎 六五四/六/一

擁 二 一/五/一

三〇六/五/四

䡅 一〇八/六/七

攤 二 九/十/三

攤 三 一/四/三

攤 三〇六/三/三

攤 一四四/十一/五

三七一/六/四

五五九/六/八

擁 三〇六/三/六

䡴 一 六/十/一

一六六/六/一

5001_6

擴 四一三/八/二

四一三/十/二

四二二/七/五

六〇三/三/一

擅 五七二/十一/四

5001_7

抗 二二五/七/六

二二四/一/五

六〇二/一/八

軌 四一九/一/七

四二〇/一/六

六〇二/三/五

攍 二四〇/六/七

攍 五九一/九/八

5001_8

拉 七七三/二/二

5002_1

掎 三 七/一/三

三一三/三/二

三一三/十/四

四八〇/十/五

掎 二五六/七/二

輢 三一三/九/一

四七〇/十/六

四七一/二/三

四七一/四/二

四八九/一/五

5002_3

擠 九 五/六/四

五〇二/五/四

擠 三四一/八/八

5002_7

㧍 二二九/十一/二

△四一五/七/七

抻 六九二/九/一
六九三/五/六
揥 九 三/十一/三
五〇三/八/八
三〇四/五/四
五一二/八/五
七五一/五/一
揨 二三〇/七/二
搒 二二一/四/二
二七九/十一/一
二三〇/六/四
六〇一/六/二
六〇三/七/二
摛 二 九/十/二
三 一/四/四
摘 七三九/八/一
七五一/五/四
搞 一八五/七/二
五八五/九/六
軿 Δ二三〇/四/一
輏 六五四/五/三

5003$_0$
抃 一三六/五/五
五七六/八/三
夫 七 七/九/三
七 八/五/三
央 二一八/一/六
二七二/十/六
二三三/四/三
奭 四一四/四/三
奭 七三四/三/四
七四四/三/五

5003$_1$
摭 七二〇/一/一
七四四/六/八
七四四/十一/三
撫 一九〇/八/九
二六六/四/七
三九六/十一/六

5003$_2$
夷 Δ四 六/一/二
擐 三五〇/五/六
攘 三九一/十一/一
據 一八九/九/二
擿 七三九/八/二
七四一/二/五
七四三/四/八
七四五/八/五
七五〇/十/五
七五一/四/二
[搓] 搓 一六一/五/四
一六二/四/三
輆 三六四/十/二
擐 五二五/四/七
轘 三五二/一/五
五九四/九/三
轘 四〇五/二/七
五九〇/一/二
攘 二一五/六/五
二三一/五/五
四一五/四/二
五九七/十一/五
五九八/五/四

5003$_6$
叓 四八〇/六/二

5003$_7$
夾 八 四/四/二
轃 二九〇/九/七

5004$_0$
技 三五七/九/一
五四四/七/二
捕 三三四/十/三
四三七/八/六
四九五/七/三

5004$_1$
擗 七四七/八/六

5004$_2$
抵 三四二/四/七
三〇四/二/一
軧 三四二/五/三

5004$_4$
接 七七七/三/三
七七七/八/八
七八二/十一/三
七八七/六/四
(接) Δ七八九/四/四

5004$_6$
擠 七一九/五/七

5004$_7$
掖 七四六/二/六
捊 二三六/七/四
三四八/七/五
擭 三〇四/四/五
攖 七八四/一/一
轉 七二三/十一/四
攫 三〇四/四/四
三〇七/五/三
輹 六四〇/二/三
六四〇/十一/一

5004$_8$
挍 一八五/六/一
三九七/五/六
五八三/一/五
捽 五三二/九/七
六七一/六/六
六八二/五/六
六八二/六/八
六八二/七/四

較 三八三/一/三
六五六/三/三

5005_6
摢 三一五/十/四

5005_7
梅 五四八/一/五

5006_1
掊 一一一/一/六
一八七/三/二
二六六/七/二
二六九/十/三
四三七/八/五
四三七/十一/五
四九五/四/八
七六二/十一/四
棓 二九五/八/三
四四五/十/四
六二三/十/一
六二三/十一/三
六一九/九/三
七七六/五/六
輎 二三四/一/一
檣 三五九/七/四
五四六/十/六

5006_2
揞 四六七/二/二
四七六/七/五

5006_3
[搐] 搐 六四四/十/三

5006_7
搪 二一九/三/一
二二〇/四/七
⿰車唐 二一九/六/六

5008_2
㧡 三五〇/六/一
四八八/六/二
四八九/八/三
五三六/一/四
輆 三五〇/二/六
三五〇/四/七
三五〇/六/三
三五一/一/二
五三六/四/四

5008_6
擴 六〇二/七/七
六〇二/十一/六
七三一/一/一
七五一/三/一
七三一/七/三
七四二/一/八

5009_3
撫 一五一/五/三

5009_4
擽 四九〇/六/二
五四三/六/七
五四六/十/四
轢 四四八/二/三

5009_6
掠 五九九/五/五
七二一/七/六
輬 二一七/二/四

5010_0
击 △五一〇/三/九
戜 七〇一/七/七

5010_1
⿱止二 一二一/九/四

5010_2
畫 六一四/十/五
畫 七四一/五/五

5010_4
臺 六五七/八/二

5010_6
畫 六一四/十/七
畫 五二三/六/六
七四一/五/八

5010_7
盅 一 三/四/二
一 三/六/三
盎 四一九/六/一
六〇二/四/五
盡 三五三/十/一
三五三/十/四
盡 一一七/十一/七
壼 五六四/三/四
盡 三五九/十/三
四一〇/九/五
五〇一/八/五
盡 七五九/七/五
七六一/一/一

5011_0
虻 二三〇/九/四

5011_1
螰 六三九/二/六

5011_3
⿰虫㐬 二三八/十/六
二六一/五/五

5011_4
蛙 四九七/一/七
蜼 一 五/二/八
六 九/十一/五
三一九/五/二
三一九/六/四
四七八/六/二
六一二/六/一
蝰 七〇四/三/五
⿰虫童 一 六/六/三
蠰 一六六/八/一
⿰虫雝 三 一/四/七

5011_{6}
蟺 一四五/六/二
一六五/九/三
△三八四/九/一
5011_{7}
蚢 一二三/八/五
二二四/三/七
四一八/十/四
六○七/三/一
蠶 二一八/二/五
5012_{1}
[虫奇] 三 七/八/三
蝏 二四四/九/六
5012_{7}
蚄 二一二/二/四
䗖 九 五/八/六
五○四/一/九
螃 二二一/九/一
二三七/一/四
四一八/二/二
六○一/五/七
六○一/七/五
螭 二 九/十/六
螪 二一四/六/二
蜟 六四六/四/四
[虫啇] 七四五/二/一○
蟰 二 ○/五/三
[虫彎] 一五一/十/七
5013_{1}
蟅 五九三/五/八
蟭 一七一/十/三
二六二/十/三
[虫進] 五四○/九/一
[虫應] 二五一/十/一
5013_{2}
隶 三五一/七/二
四七五/八/六
四七八/一/八
五○五/六/二
△五三○/二/一
五三四/四/一
泰 五一七/四/四
蟓 五二七/五/四
[蚿] 蚿 一六二/六/一
螊 二二五/四/五
蠰 二一三/一/七
二一四/七/一
二一五/九/四
二一五/十一/三
二二一/一/六
四一五/四/八
五九七/八/七
五九八/一/六
5013_{4}
螏 六六四/五/七
5013_{6}
虫 三二七/五/九
重 一七○/八/五
五七五/四/五
五七三/九/五
蝨 四六八/五/八
蟢 七六○/一/一
蟲 一 五/四/六
一 四/十一/五
四六三/九/三
蠆 二六二/四/七
蝨 四 /六/一
蠢 三五三/四/四
蠹 △四九九/九/五
蠶 二六六/十/五
5013_{7}
蠊 二九一/三/一
5014_{0}
蚊 一二八/八/八
5014_{1}
[虫辛] 七五五/一/七
蟑 三五三/四/二
[虫摩] 一七一/十/四
5014_{3}
蟀 六六五/六/一○
5014_{4}
[虫妥] 七七一/七/三
5014_{7}
[虫夜] 五九二/九/四
蜶 七四四/九/四
七四八/七/五
蝮 六四○/四/九
六四一/三/四
蜉 一四一/七/一
一四一/九/二
三五三/四/三
三五六/五/一
三五七/五/五
△三九○/四/一
[虫夔] 七八三/十一/二
5014_{8}
蛟 一八五/五/五
5016_{7}
螗 二一九/八/五
5020_{0}
戊 一五二/三/一
5020_{7}
屯 一 五/二/四
聿 一一七/十一/六
5021_{4}
雕 八 五/一/六
離 二三八/一/六
5021_{6}

[illegible]	二 四/一/二	5033_6			六一九/一/二
[illegible]	四六六/一/一	忠	一 三/三/二	5044_6	
5021_7		患	一五一/四/四	冓	五 七/十一/六
壳	四八八/八/三		五六一/五/一		四八〇/八/六
5022_1		惷	一 六/八/三	5044_7	
冑	五 六/十/四		二 四/一/二	冓	六三四/十/四
5022_7			三五三/五/一	5044_9	
朿	三一七/十一/三	5033_7		毒	六三五/一/六
	三三三/六/八	惷	一 七/十一/六	5050_3	
朿	三二二/八/五		四六五/二/二	奉	三〇四/七/四
青	二四二/三/一		四六五/三/三		三〇四/八/九
	二四八/六/四		四六六/三/四		四六四/七/一
胄	六一四/十一/九		四六六/五/六	5050_6	
	六一五/一/三	慮	五三五/六/四	韋	六一五/一/四
寨	七三四/一/三	5034_2		韋	五三三/七/九
壽	六一四/十/六	専	七 七/六/三	5050_7	
肅	六四一/八/五	5034_3		毒	五五四/六/四
	六四四/三/三	專	一五〇/七/六		六五〇/十一/五
5023_0			一七〇/八/四	5055_6	
本	三六五/三/五		五七三/四/六	轟	三三五/六/四
5024_7		5040_4			六〇五/五/六
蔆	三〇四/九/二	妻	四 二/六/六	5055_7	
夌	三三六/八/一		九 三/二/一	冉	△四三一/十一/四
5032_7			五〇二/九/八	5060_0	
書	六四一/八/六	婁	三 一/八/三	由	二五七/十/一
鴦	二一八/二/八		八 二/九/二	書	五一三/八/三
	三三三/九/三		二七一/一/三	書	七四一/五/六
5033_1			三三六/八/六	5060_1	
恣	五三六/七/六		四三九/十一/三	峕	一二一/七/九
憔	一七八/四/三		四九八/一/三	書	七三五/三/四
	一七九/二/一	婁	二七二/一/三		七四一/七/一
	三七〇/十一/六	5041_4			七四七/四/四
	五七七/四/三	雔	九 三/四/三	書	六 六/五/八
	五八〇/二/三	雔	八 二/十/四	5060_3	
5033_3		5043_0		春	一二一/七/一一
惠	三〇八/六/六	奏	六一八/九/六		三三三/六/五

5060_4
書　七五四/一/四
七五四/九/二
七五五/一/六
𦘢　△五一〇/二/四
書　六　六/五/九
5060_6
𦘧　一二六/十一/七
三六四/五/五
5061_4
𩀝　二七五/一/四
六二一/五/四
5062_7
𩿭　四〇二/五/四
5064_1
䲒　四〇二/五/五
5071_1
𣍘　六　一/四/四
5071_2
𡿧　二五七/十/二
5071_6
𨻎　四　七/六/五
5071_7
屯　一二二/一/七
一三三/十/一
一四一/十一/一
三六六/七/四
旾　四一三/八/四
四一九/六/二
六〇二/四/六
𣅳　六九六/五/五
萅　二一八/二/六
萶　二二二/九/七
5073_2
表　一七九/五/六
三九五/十/七

三九六/七/一
囊　一二一/一/五
5073_6
𠀠　一七一/二/六
5077_7
𣌭 𣅀　三八八/五/二
舂　一　六/七/一
一　六/七/四
𦦧　七八七/五/三
5078_6
𠬞　六　一/四/五
5080_1
𧺆　四四六/十/五
四七六/五/四
七七七/一/八
七七七/五/三
七七七/七/二
𧺝　四七〇/一/三
四七七/九/一
囊　四八九/八/四
5080_6
責　七五九/一/五
責　一二七/九/七
五二四/十一/三
七五九/一/六
責　四八九/十/七
賷　五四〇/十/三
五四〇/十/六
5080_9
𤆍　一七五/七/五
𤉣　五四〇/十/四
𤎣　一〇八/七/四
5090_0
朩　四八六/六/一
末　六九〇/一/一
耒　四　五/七/四

三一九/四/二
三四九/四/八
四七七/十一/七
五三〇/八/三
七一二/六/二
𣝣　七　五/四/二
5090_2
朿　△四六八/五/一
束　七五九/四/六
棗　四〇一/八/三
5090_3
素　四九九/一/六
5090_4
桼　一一八/二/五
橐　三八八/一/二
𣝿　三六三/九/一
三六四/十一/六
槖　二二九/七/三
二三五/二/五
𣠽　五一六/一/一
櫜　四九九/十/五
五九三/六/二
七二四/一/四
七二五/一/七
櫜　五八九/一/二
櫜　一九〇/五/六
四〇〇/五/三
五八六/一/三
𣡿　五八九/一/一
𣠔　一八〇/五/三
一八〇/三/三
櫜　五二七/九/六
𣡺　二二一/一/四
5090_6
東　四九六/十/四
六五一/十/六

束 三七四/十/五
五六八/五/四
東 四 /四/一
5091$_4$
⿰耒童 二 四/二/五
5092$_7$
⿰耒离 四 四/九/三
⿰耒商 五〇四/八/四
七五二/二/二
5093$_1$
⿰耒庶 一八〇/八/三
5094$_1$
⿰耒卒 六八九/六/一
5094$_3$
⿰耒率 六六三/五/五
六七二/三/五
5096$_1$
⿰耒吾 二六九/九/一
5096$_2$
⿰耒曹 五〇四/八/五
5099$_3$
⿱耒⿰耒耒 四〇二/六/六
五八八/三/三
六五八/五/四
⿱⿰耒耒⿰耒耒 一九四/二/八
六五一/一/五
5099$_4$
⿱耒⿰木木 一一八/二/六
5101$_0$
扤 六七八/一/一
六八五/七/五
六九二/一/二
扛 一 二/二/四
二二三/七/七
三〇六/九/一
批 四 九/四/六
一〇〇/八/一〇
一〇一/一/五
七〇六/八/三
批 一 九/五/五
三〇七/九/五
三〇九/七/一
三一〇/八/三
三二一/八/四
三四一/六/五
三四一/八/一
軏 五三七/五/五
六七八/一/五
六八五/八/六
⿰車工 一 〇/八/四
5101$_1$
抏 一四七/十一/八
五五六/二/三
⿰扌巠 二三三/十/四
攊 七五二/十/四
排 一〇五/九/三
五二七/十/八
⿰扌匯 一〇四/九/六
⿰扌滙 一〇四/九/五
⿰車元 六七八/一/二
輕 六〇五/六/六
⿰扌能 三 一/十一/五
[軭] 軖 二一八/八/七
二一八/十/七
轣 七五二/十/六
輫 一〇五/九/五
一一一/二/五
攦 三〇九/六/一
三一一/十/六
五〇六/三/六
五二四/九/八
七〇二/三/三
七五一/十/三
攏 六 /十/三
三〇一/四/四
⿰車龍 六 /五/五
5101$_2$
⿰扌虚 六 五/七/四
⿰扌竜 七五八/二/三
5101$_3$
挑 一七八/五/一
5101$_4$
抚 四八八/五/七
抂 二一九/一/一
挃 六六六/九/五
六六七/六/四
七〇一/六/三
捱 一〇七/一/五
揠 六九五/四/一
軖 二一八/九/四
二一八/十一/一
摡 四八八/五/六
五五六/五/五
輊 二四〇/八/一
二四〇/八/二
⿰扌班 五六三/二/三
輕 四七六/五/二
5101$_6$
⿰扌亘 一五四/七/八
揯 二五四/七/七
[揯] ⿰扌⿰忄百 六一一/五/一
摳 七 四/十/四
一六八/七/一
四五七/四/四
⿰扌畺 二一八/一/二
5101$_7$
扼 七四一/一/八
拒 三二八/八/三

三二八/十/一
五五三/五/五
拒 五五八/四/一
五四四/一/三
五四五/八/六
甊 四一三/十一/六
四一四/五/二
挜 四〇四/一/四
四一一/六/三
摅 七三五/六/五
捲 一六四/八/七
摣 一〇三/八/三
二〇五/九/五
二〇七/四/二
攎 八 七/九/二
攄 二〇一/八/二
轤 八 七/十一/三

5101₈

拉 三七一/七/三
六一九/十一/四
攉 一四五/六/八
六〇八/五/五
轣 二四六/七/七

5101₉

抷 四 九/三/四

5102₀

打 四一八/四/六
扔 二〇八/五/三
三〇九/五/四
五九六/二/七
抲 一九五/十一/三
一九六/三/一
三〇七/四/五
二〇八/三/一
四〇三/十/七
四〇四/十/一
㧓 四〇三/十/六
軻 一九六/一/六
四〇三/九/一
五八九/四/七

5102₁

㧅 三五五/十一/三
五八八/七/二
掵 五四三/四/七

5102₇

扐 三九七/二/二
四三〇/十/八
挎 四四五/十一/五
柄 四二一/十/四
揙 四 一/九/四
一七一/五/五
掚 四一三/五/六
五九九/六/五
朽 九 〇/六/四
九 三/一/三
擩 四 一/九/二
一七一/四/四
三三六/五/一
三三七/四/三
四九七/五/七
六二〇/四/五
七一〇/四/五
摴 五 四/三/二
六 七/十/四
撟 五四六/一/七
輀 五 二/六/四
軻 六 九/五/六
㨦 七四〇/九/一
七四一/一/六
擩 三三八/十/二
轜 五 二/六/三

5102₉

5103₁

擟 八 五/三/七
四九八/十一/六
七五七/七/四
抎 三五六/七/二
三五九/五/七

5103₂

掾 六三七/三/四
六五七/八/三
六六一/四/二
振 一一六/三/四
三五二/八/四
五三八/三/五
振 二三一/三/三
據 四九一/二/一
四九一/七/二
輾 五七四/一/四
轋 六 四/八/四

5103₄

揳 四 一/九/三
一七一/四/五
七一〇/四/六
輭 三 二/六/六
五八五/七/二
攊 六八八/十一/六
轒 三五二/三/二

5103₆

擟 六 七/十/二
△五〇〇/五/二

5103₇

摻 二四五/六/七

5104₀

扞 三六七/十/五
五五二/九/三
扜 七 四/二/一
七 四/六/三

攄 一三五/九/六
軒 一三五/四/五
一三五/八/五
三六一/八/一
三六七/七/六
五四八/四/一
軠 九 七/一/三
摲 三六一/八/五
5104₁
拼 四六一/八/九
攝 七七七/十/二
七七八/十/三
七八二/六/四
七 三/五/八
(攝) △七八九/四/六
5104₃
搙 六一〇/五/五
六五一/三/八
六六二/五/二
擾 四〇三/五/四
5104₆
挭 四二〇/八/二
掉 三九一/三/二
五七七/十/六
五八五/三/五
六六二/五/一
撢 二七五/五/七
二七八/七/六
二八一/三/八
四四八/一/二
六二四/五/一
六二四/八/六
5104₇
拔 五一三/五/五
六五八/九/七
扳 一五二/十一/五

一五三/三/二
三六一/十/三
七六六/三/四
捊 七三三/四/八
攱 七 八/三/一
摟 四二〇/八/一
攄 一五二/八/三
一六八/一/二
攄 一三五/四/四
一三五/八/七
一五四/十一/六
軬 一三六/三/八
三六二/十一/四
擾 一八一/七/一
三九四/一/五
擾 三九四/一/四
轗 三五四/六/二
轗 三五四/十一/二
5104₉
抨 二三一/九/一
二三六/十一/四
二三七/二/七
搙 六 七/十/五
五〇〇/十一/六
軯 二三七/一/三
二三七/四/一
六〇五/四/七
5106₀
拈 二九二/二/四
二九三/六/一
四五五/五/一
拓 七二四/七/四
七四四/六/七
七四四/十一/二
栖 三 四/八/六
插 一六四/七/一

揔 三五八/十/三
栢 七三二/一/三
七三二/四/七
牺 一九七/四/六
5106₁
指 三一七/五/八
捂 五〇三/一/四
揩 一〇四/三/六
四九九/四/六
五二六/九/一
揩 六九五/一/五
揞 九 三/八/四
五四〇/八/一
五七一/八/三
擂 四〇五/一/二
輶 一五八/七/四
轞 七二五/一/二
5106₃
轜 二四五/九/七
5106₆
揊 七六一/三/四
輻 六一五/一/五
六四〇/一/一
5108₁
捷 七七七/二/九
搷 一六〇/九/二
搷 一二〇/五/八
轃 一五四/八/三
5108₂
撅 五一三/十/三
七一四/五/八
六七八/十一/二
六七九/四/六
5108₆
損 二三三/十/二
二三九/九/一

[illegible] 四二五/四/四
[illegible] 一三六/六/四
[illegible] 四一四/一/三
四一四/六/一
[illegible] 三〇一/九/三
五三〇/十/四
[illegible] 三〇六/八/五
[illegible] 四一五/七/四
四二五/八/四
[illegible] 五四六/五/四
[illegible] 五一八/六/四
[illegible] 二三三/十一/八
[illegible] 二〇四/九/四
[illegible] 七〇二/八/五
七〇三/三/四
[illegible] 七三〇/一/四

5108_9
[illegible] 一〇六/七/四

5109_0
抔 一一〇/九/二
二六九/八/二

5109_1
標 一七九/六/二
一八〇/一/八
一八六/十一/六
三九六/二/八
三九六/十/五
五八一/八/五
五八一/十/二
七四九/六/六

5109_4
摽 六六七/九/二
[illegible] 六六七/十一/二

5110_9
鏨 五六一/九/四
[illegible] 二四〇/八/四

四二七/二/五
六〇五/七/一
六〇七/五/一

5111_0
虮 六八五/十/二
虹 九 /九/一
二 二/十/四
三〇六/七/七
四六二/三/一
四六二/七/一
四六五/十/二
[illegible] 三三四/二/六
蚍 四 九/八/四
三一六/五/一
四八一/一/三

5111_1
蚖 一三三/八/五
一四八/一/六
蛵 二四七/六/二
二四七/九/四
[蚷]蚷 二一八/七/四
[illegible] 七五二/十一/九
[illegible] 四 九/十/九
[illegible] 二 五/九/七
三 一/四/五
△五〇六/三/四

5111_3
[illegible] 六五五/七/五

5111_4
蚟 二一八/五/一
蛭 五一二/四/一
六六二/十/六
六六七/一/六
六六九/九/四
七〇〇/十/四
七〇一/五/九

[illegible] 一六二/十/四
蜌 三二一/九/一
三四二/三/一
四〇八/十一/六
蝘 三六二/八/六
三八一/四/三

5111_6
[illegible] 四九四/二/八
四九四/四/一
四九四/十/五
六一七/八/一
[illegible] 二一七/十/五

5111_7
蚷 六 四/十一/五
三二九/三/七
蚅 七四一/二/八
[illegible] 三三九/四/五
[illegible] 六 五/五/三
[illegible] 三五三/八/六
蠦 八 八/二/二
蟺 二〇一/一/三
五五九/二/五
蠬 二 八/六/六

5111_8
[illegible] 二四六/六/三

5112_0
虰 二五六/八/三
二五九/十一/一
二四〇/三/一
二四三/十/八
蚵 一九六/七/一
五八九/五/四

5112_1
[illegible] 一六七/六/四

5112_7
蛃 四二一/五/一

四二一/九/四
六〇四/三/一
蜽 四一三/五/二
[虫亏] 七 三/四/四
七 四/七/七
蛃 三七二/八/三
蠕 八 一/十一/四
一七一/五/二
三五三/八/五
三八五/十/四
[虫焉] 一六七/七/四
一六七/九/四
螄 四 〇/十一/七
蠣 五一四/八/六
三一八/五/一
([illegible]) 虫 △四〇五/八/二
蟰 二 九/一/二
二 九/二/七
5113$_1$
蠥 七〇四/四/五
蠕 九 二/二/五
蠨 六七三/六/七
5113$_2$
蝝 一〇六/八/二
蜄 五三八/四/三
五三八/九/七
蜧 二一六/八/四
5113$_3$
蟓 六四五/二/四
5113$_4$
蝡 三五三/八/四
三八五/十/三
5113$_6$
蠦 六 八/九/六
四九三/二/七
5114$_0$

虷 一四三/四/一
一四三/十/五
蚈 一六一/十一/二
蝍 四八三/十/二
5114$_1$
蠹 二四四/九/二
5114$_4$
蝢 一八三/一/三
5114$_6$
蝖 四二〇/八/五
蝘 一六八/九/六
蟫 二七五/七/一
二七八/九/一
二八〇/十/一
5114$_7$
蝂 三七三/三/四
蠉 七六四/四/六
5114$_9$
蚲 二三一/八/四
5116$_0$
蛅 二八九/九/二
二九〇/四/二
蚚 七四五/二/三
七四五/六/一
蛨 七三二/四/二
蝒 一六八/十一/七
5116$_1$
蜈 九 一/七/六
蝔 一〇四/二/六
一〇四/六/七
蟳 五四〇/九/二
5116$_3$
蠕 二四六/二/六
5116$_6$
蝠 六四〇/一/四
5117$_2$

蚍 一六九/一/二
5118$_2$
蝛 六七九/二/一
5118$_6$
蚧 七〇二/十一/二
5119$_1$
蚽 二六一/五/九
二六六/九/七
5119$_1$
螵 一八〇/二/八
一八〇/三/四
5119$_4$
蠑 六 四/六/七
5119$_6$
螈 一三三/八/六
一四八/一/七
5121$_7$
瓶 二三九/六/四
六〇六/七/七
5124$_7$
敕 三三七/八/二
5128$_6$
頍 二三三/十一/一
二三九/六/三
顑 六四二/四/六
七四八/十/五
顢 三三四/十一/一
類 三〇六/十一/六
頕 二九五/四/三
四四四/十/一
四四五/二/四
六二三/四/六
六二三/六/五
六三〇/一/五
顣 四四五/二/三
六二三/六/一

六二三/六/六
顣 六二三/六/二
六二三/七/八
䝿 一九〇/十/五
顤 二三八/二/八
5131_7
甎 一七〇/十/三
5132_7
鷩 五三八/五/五
5141_7
甈 一〇三/三/五
一〇五/十一/五
二〇五/三/七
虪 五八六/九/四
甊 四四〇/一/一
5148_6
類 五〇六/七/三
五〇七/一/六
六九八/四/六
七〇三/四/四
顛 三七二/三/六
5151_7
虢 一五三/十/一
一五三/十一/二
一六五/十/四
三七一/六/三
5156_0
䩞 四五四/六/二
5158_6
顯 二九八/一/一
顆 三〇六/八/一
六五六/四/五
5161_7
虩 七四〇/九/四
5164_7
敼 三五三/五/一

5168_6
頔 七五一/七/二
[illegible] 四四一/二/六
[illegible] 四四一/五/一
四四一/十一/四
四四四/六/二
六二一/八/五
5174_7
敁 五五一/十/八
5178_6
碩 五五一/十/六
五五二/二/三
5180_1
[illegible] 二四〇/八/五
六〇五/七/二
六〇七/四/五
5188_6
顛 七三九/二/六
顛 三四七/五/一
五三二/十一/六
5191_7
甎 四六一/三/七
5192_0
耓 二四四/三/五
5193_1
耘 一五〇/七/六
五四六/六/六
5194_0
[illegible] 二八〇/十一/三
5194_3
耨 六二〇/四/四
六五一/四/二
耰 二五七/七/四
5194_6
䎣 七二〇/四/四
5194_7
敕 三 五/八/六
二七一/一/一
敕 五六八/五/六
5196_6
䎠 七六一/七/一
5198_6
頼 四八六/六/四
六九〇/二/三
頼 三四九/四/三
五三〇/十/三
5200_0
划 二〇九/九/二
四〇五/七/七
五九〇/三/三
捌 四三三/十/三
四三四/八/六
[illegible] 二六三/七/二
二七三/八/六
刿 七〇五/四/一
荆 二一六/一一/四
二四七/七/一
劐 四一四/一一/八
捌 七一一/四/七
剕 六七三/十一/六
六七四/八/四
六七五/三/一
捌 六九六/四/六
七〇六/七/八
七一五/二/七
七一五/三/六
揀 六八九/六/五
輞 一二四/一/六
捌 七五六/四/四
七五七/五/七
掴 四〇一/十一/八
捌 七五一/四/四

攌 二六〇/八/一
䡂 二五六/五/二
六二〇/七/三
六二〇/九/一
剚 四八四/一/一
㨶 二九六/二/三

5201_0

扎 六九五/四/三
六九七/一/二
軋 三七五/三/一
六六九/五/四
六九五/三/九
扤 七七九/四/一
七八〇/四/三
七八一/三/七
軏 七七九/二/七
七八一/四/三

5201_1

㨰 五二七/七/九
攠 七七四/三/七
七七四/八/一

5201_2

攦 七七五/七/三
七七九/十/一

5201_3

挑 一七四/七/六
一七五/三/一
一九五/七/四
五九一/三/一
三七七/十/七
𨋫 一七四/八/一〇
㩞 三七一/八/一

5201_4

托 七二四/一/六
挓 四四五/八/三
托 五八七/三/三

捶 三〇九/八/五
三〇九/十一/三
四〇七/五/七
摧 四 三/三/三
一一〇/二/三
一一〇/三/四
五三二/八/三
五九一/一/四
揰 三〇六/五/六
四六三/八/一
軠 二七八/五/四
軞 一九一/九/三
輊 二一八/十/六
撬 一七七/五/一

5201_7

㧺 六三七/十/三
扼 四〇六/四/四
(扼)扩 △四〇八/七/三
軛 二 五/三/一
搋 三 五/一/五
一〇三/七/三
一〇六/一/三
三一一/四/三
三一二/三/三

5201_8

㨟 一一二/二/一
一一二/七/七
撜 三三一/二/六
二四九/八/七
△四二九/七/三
六〇九/二/七
𢅏 二五二/十/四
𨏉 六一〇/六/一

5202_1

折 九 四/九/三
五一〇/十一/三

五一一/五/一
七〇九/四/四
七〇九/七/三
斬 四五六/六/二
六一九/十/四
撕 二 五/十/四
二 七/四/一
九 三/十/五
摲 二九五/十一/五
四四九/四/五
四五一/六/三
四五六/四/一
四五六/七/八
六三〇/七/五
六三〇/十/六
𨍭 二 七/十一/五

5202_2

𨎹 △二七〇/四/二

5202_7

捞 六八八/五/五
𢭃 二五九/六/七
六四三/二/一
揥 三〇九/七/八
揣 四 〇/七/二
一五〇/八/三
三〇九/七/六
三〇九/十/三
五八五/一/三
△四〇七/四/四
四六七/五/二
五七五/三/五
五七三/五/一
揹 七四四/一/一
撝 三 八/十一/三
三 九/一/三
三一四/十/二

揺	三三三/六/三
橋	一八三/十/七
	一八四/二/三
	一八四/六/五
	三九二/十一/二
	三九五/四/一
	三九五/八/七
	三九九/十/九
	五八一/四/五
	五八一/五/七
輲	一七一/一/四
	三八五/五/五
攜	九 九/七/四
轎	一八四/二/五
	一八四/四/六
	五八一/四/六
	五八一/六/二
[illegible]	一〇〇/三/一
5203$_0$	
抓	三九八/九/五
	五八四/七/一〇
㧓	一八八/四/八
	二一〇/五/五
	二一〇/八/三
[illegible]	五九六/四/七
[illegible]	二〇九/十/二
	五九六/四/六
軱	九 〇/一/一
[illegible]	六一〇/三/五
5203$_1$	
拆	七三五/四/十一
	七四四/十/一
5203$_2$	
振	七三八/一/五
5203$_4$	
扷	五八六/四/五
揆	三一九/九/五
㨙	一〇一/八/三
	三四四/一/一
	五〇六/八/七
撲	六三五/九/二
	六三五/十/二
	六五五/十/五
	六五八/九/六
	六五九/一/七
[illegible]	六三六/一/八
	六五九/二/一
轐	六三五/七/一
	六三六/五/一
	六五〇/四/二
5203$_6$	
[illegible]	三八七/七/一
[illegible]	一〇五/六/一
5203$_7$	
抸	七七一/六/六
[illegible]	一二五/四/二
攇	五四六/一/六
[illegible]	三五八/九/一
5204$_0$	
抵	三 六/一/二
	三〇七/九/二
抵	一〇六/五/六
	三〇七/九/三
	三四二/四/六
軝	二 六/十/二
	三 五/十/五
軧	四 四/五/一
	三一八/五/八
	三四二/五/二
5204$_1$	
挺	四二一/七/五
	四二八/八/一
	四二八/九/一
挻	一六五/一/五
	一六六/四/四
	一六七/六/三
5204$_2$	
捋	六九四/三/六
	七一二/六/一
[illegible]	二一三/六/三
	五九七/九/五
5204$_4$	
挼	三 六/六/五
	四 一/九/六
	四 二/三/七
	一〇九/三/三
	一〇九/九/一
	二〇二/九/二
	四六八/十一/四
	四七〇/八/七
	五九一/九/六
	五九二/一/五
摟	二 七/三/四
	四 一/九/三
	一〇九/三/二
	一七一/四/六
	一九七/十/四
	二〇二/九/一
	二一〇/十/一
	三一四/七/七
5204$_6$	
掙	一六九/三/二
	六〇四/六/一
5204$_7$	
捊	七 七/八/三
	一八七/三/三
	二六六/四/六
	二六七/一/七

二六九/七/九
二七二/十一/二
授 四五四/一/一
△六一四/二/五
揆 九 /三/一
撜 六九二/八/三
援 一五五/十/一
五四七/七/七
五五四/十/一
五七五/五/一
擾 七〇〇/七/一
七〇八/十/五
撥 六九二/二/二
六九三/六/八
輘 九 /一/三
轑 三〇二/四/五
攙 二九四/一一/二

5204_8
拨 三九七/七/三
攆 五三七/七/六

5204_9
擗 一四〇/九/三
軤 九 一/一/四

5205_3
機 六 二/九/五

5205_7
掙 二三五/九/四
挴 三五〇/十一/六
[車爭] 二五六/二/一

5206_3
搭 五五〇/八/五
揩 七七二/一一/三
七七二/九/一
[車沓] △七七二/五/四
輜 五 一/二/三
五 一/八/六

四八四/一/三

5206_4
括 六九〇/十/一
六九一/一/六
六九一/二/六
捨 六九一/二/七
揷 七七八/四/二
七八七/五/六
七八七/十/四
捪 三五四/十/一
三五七/九/二
揗 一二五/五/四
三五三/八/一
五三九/七/六
五四一/十/五
[車昏] 三五四/十一/五
輴 一二四/一一/七
三五三/八/三

5206_9
播 一九八/六/二
五九〇/七/六
轓 一三六/一/四
一三六/五/一
三六二/十一/三

5207_0
[扌山] 四五八/二/一

5207_2
拙 七〇九/十一/九
揺 六五八/二/一
搖 五八〇/九/九
摇 一八二/三/三
[車䍃] 一八二/四/三

5207_7
搯 一九三/七/二
插 七七七/二/四

5208_9
[扌炭] 一四四/十一/六
五五八/九/七

5209_1
[扌斥示] 五〇三/十/二

5209_3
[扌系] 五〇六/八/八
搎 一四〇/九/二

5209_4
採 三五一/一/四
摷 一七五/十/四
一八八/三/一
一八八/五/四
一九五/五/二
三九五/六/三
[扌穌] 八 五/八/二
輮 二四九/五/二
轈 一八八/六/五
擽 七一八/十/五
七二一/七/五
七二四/十一/三
七五二/十/二
轢 六八九/六/六
七三五/一/一
七五二/十/五

5209_7
揀 四二一/十/六

5210_0
[虫川] 三八一/八/三
虯 二七五/九/三
二七三/十一/一
三九四/四/一
蜊 四 四/九/九
蛚 七一一/六/二
[坴刂] 二四七/七/二
[或刂] 七四一/八/六
蚓 三五六/二/二

三五八/十/四
三六一/八/五
蛔 七六三/八/四
[illegible] 一二七/三/八
一六四/一/七
三八九/一/五
劃 七四一/六/一
七四一/八/四

5210$_4$
型 二四七/七/五
塹 四五一/一/二
六三七/一/一

5210$_9$
鏨 五〇三/七/三
五一一/四/一
五一四/三/四
五一五/十一/四
五一六/三/一
鏨 二八五/十/五
二九六/四/二
四四九/三/一
四五一/四/二
六二五/六/五

5211$_0$
虬 四四〇/十/二
六九五/五/二
[illegible] 七七九/一/五

5211$_1$
蚯 三五六/一/三

5211$_2$
蠟 七七五/五/五

5211$_3$
[illegible] 一八一/七/五
[illegible] 五〇七/七/三

5211$_4$
虴 七三三/三/四
七三六/五/四
蚝 四六八/五/三
蝩 一 六/六/二
一 九/三/三

5211$_6$
蜆 七五〇/三/一

5211$_7$
螔 二 七/八/一
三 五/三/六

5211$_8$
螘 三一三/十/五
三二七/一/四

5212$_1$
蚚 六 二/一/四
一〇七/九/五
五五三/二/七
蜇 五〇四/一/七
七〇八/十一/二
蜥 七四八/七/四
螹 二八八/十一/七
二九六/五/一
四五一/四/一
[illegible] 六六一/二/五

5212$_2$
蝝 三一一/五/二

5212$_7$
蜏 四三二/四/四
六一二/六/五
△六一三/六/一
[illegible] 三〇九/八/一
三八五/一/七
蟡 三 九/六/四
三一五/八/三
蟜 一八四/五/二
三九五/五/七
蠵 三 六/二/一
九 九/九/二

5213$_0$
[illegible] 四〇一/六/三

5213$_1$
蚸 七四二/八/七
七四四/九/三

5213$_2$
[illegible] 三三〇/十/一

5213$_4$
螇 九 七/四/一
九 七/九/三
[illegible] 四 八/二/二
[illegible] 六三五/九/四
六三六/四/八
六五〇/四/三
六五八/十/三

5213$_6$
蜇 七一〇/九/四
蟄 七四三/七/一
七四八/七/六
蟄 六八九/九/七

5213$_9$
蟋 六六三/九/二
六七三/七/一

5214$_0$
蚔 三 五/十/三
三一一/九/一
蚳 四 一/五/一
四 四/三/二
五〇四/一/八

5214$_1$
蜓 二四四/九/一
三八〇/三/一
四二八/七/三
四二八/十一/一
蜒 一六七/五/六

五七四/八/五

5214_2

蛶　六九四/四/四
　　七一二/五/三

5214_4

蜲　三 九/七/一
　　三一四/六/四

5214_7

蜉　二六六/十/六
螋　八 /九/六
蝬　七六九/二/四
蝯　一三四/一/三

5215_3

蟣　三二六/九/一
蠘　六 二/一/六

5216_1

蚼　四三六/七/四

5216_3

蝔　七七二/十/二

5216_4

蛞　六九〇/八/四
　　六九一/一/三
　　七九一/五/四
　　七〇九/八/六

5216_9

蟠　一三七/一/二
　　一四九/一/一
　　一九八/十/五

5217_0

蚴　二七三/三/五
　　四四〇/八/二

5217_2

蚰　六七六/七/二
　　六八五/十/一
　　七一〇/三/一

5219_3

蟂　一四〇/十/四

5220_0

刺　四九八/八/二
劇　五七七/四/五

5220_7

哲　七〇六/四/七

5221_4

氈　二 四/四/八
翟　二八五/十/七

5221_6

覽　二九八/一/六
　　六二九/十/一
　　六三〇/五/四

5222_2

彭　四二四/三/二

5222_7

帮　五一二/九/七
　　五一五/六/一
幫　六八九/九/八
𢅋　四四九/二/三

5224_7

擾　七〇八/十一/三

5225_7

靜　四二四/二/一

5230_0

剸　一五〇/八/六
　　一七〇/十一/三
　　三八五/二/四
　　五七三/二/六

5232_7

驁　七〇九/五/六
騺　二八五/十/六
　　四四九/三/五
　　六三〇/十/四

5233_2

悊　七一〇/八/五
慙　二八五/九/六

5233_6

𤍽　六八九/八/八

5240_0

𠠎　七〇三/五/三
劃　二七二/六/三
　　六二〇/二/三

5240_1

聻　四六八/五/九

5240_4

娎　五〇六/十一/四
　　三七八/七/一
　　七一二/八/一
嫸　二八五/十一/一
　　六二七/一/五

5240_7

𢻰　七〇八/十/二
　　七〇八/十/六

5241_4

氈　八 〇/一/二
𣯂　八 〇/二/四
　　八 二/九/四

5243_0

𤬪　二七二/六/七
　　六二〇/三/三

5250_0

剗　三七三/十/三
　　三九〇/一/六

5250_2

掣　六八九/六/二
摰　二八五/十/一
　　四四九/四/一
　　四五一/六/二
　　四五二/三/一
　　四五六/三/五
　　四五六/七/九

四五七/六/三
六二四/十/七

5260₀
割 七三五/四/九
剳 二九六/六/一
二九六/八/三
劄 四四六/十一/六
四四九/三/四
劃 七四一/五/七

5260₁
誓 七一〇/十一/七
七一一/二/五
七三九/十一/一
七四二/十/四
七四八/八/一
七五一/四/三
誓 五一一/一/一一
五一六/一/二
七二九/九/二
誓 二九七/八/四
誓 二八五/十/四
二八六/七/二
二九七/十/一
六三〇/五/五

5260₂
哲 七一〇/八/四
哲 七一〇/九/一
哲 五一〇/十一/五
哲 五一〇/九/一
五一二/八/四
暂 二八五/十/二
六二五/六/四

5271₇
㪅 七〇八/十/七

5273₂
裚 五〇二/六/四

餐 五一〇/九/八
七〇九/五/二
餐 四四九/二/一
四五一/二/一
六二五/六/六

5277₂
𠞰 六八九/七/一
𡸁 六二七/一/三

5280₀
劗 三八二/十一/二
劗 一四九/十/二
一五〇/三/一

5280₁
𨒀 五一二/九/二
七〇八/十一/四
𨒀 二八五/十/三
六二五/七/七
𨒀 四五一/三/二

5280₉
𤌶 七一〇/十一/四
七一二/八/二

5281₄
耗 七七七/四/八

5290₀
剌 七四二/十一/三
刺 四六八/三/四
六八九/五/五

5290₃
[illegible] 七〇六/三/六
七一四/七/三

5290₄
[illegible] 五〇三/十/二
五〇五/二/一
五一〇/七/四
七〇一/十一/七
七六四/八/七
梨 六八九/六/三

[illegible] 二八八/三/五
四四九/二/五
四五一/三/一
六二七/一/四

5292₁
𣂔 七二八/九/二

5292₂
彭 五五九/四/七

5293₀
瓡 三四九/四/五
瓡 五六八/七/七

5294₄
耧 三 九/八/五

5294₇
稷 九 /一/六
二 三/九/四
四六六/二/一
耰 三六八/一/七

5295₃
耭 五 九/十一/七

5295₇
𦔊 三五六/一/七

5296₃
耤 五 〇/十一/五

5299₄
耰 一七七/九/一
一八八/八/四

5300₀
扑 六一七/十/六
六三五/十/六
六五八/九/八
七六一/三/六
戈 一九七/一/一
抧 六二一/一/四
拟 四八一/六/八
六七五/四/四

六六五/八/一
七〇六/七/七
七〇六/九/一
掛 三四四/十一/四
五二三/五/六
[車心] 二七四/九/三
5300$_2$
[軚] 軋 二五五/一/一
二五五/二/六
5300$_6$
曳 七一二/七/二
5301$_0$
抗 三一九/八/五
五八三/八/三
五八/十一/三
五一六/三/五
五七四/十一/一
5301$_1$
挖 二〇〇/八/五
二〇一/三/二
四〇四/七/二
五九一/三/六
捥 五五五/十一/七
六七七/六/一
控 一 〇/四/六
二 二/五/五
五〇七/四/一
四六二/五/五
捖 一四六/五/五
三六八/一/四
三六八/八/五
三六八/九/一
六九八/十/五
[車它] 二〇〇/十/六
輐 一三一/二/六
一三五/一/一

輐 三六八/四/四
三七一/十一/四
三七二/五/五
五五四/八/五
五五六/二/五
5301$_2$
輐 五四六/七/五
5301$_4$
挓 二〇六/四/七
[扌就] 六一三/七/二
六四二/九/三
[扌室] 六六七/一/四
[扌寉] 六五六/二/二
七三〇/十一/五
七三〇/十一/四
[扌室] 六六九/十/四
七〇〇/十一/一
七〇一/六/二
5301$_6$
揎 一六九/三/一
5301$_7$
搤 六六五/十一/七
捥 △一四七/九/五
三六八/六/一
抏 七四一/一/七
攛 五五八/四/四
[illegible] 三四〇/三/六
軏 七四一/一/九
攛 一五〇/一/一
5301$_8$
[illegible] 二三六/五/六
[illegible] 六〇三/十/六
5302$_1$
掎 三一三/四/七
四七一/一/五
5302$_2$

摻 一七八/六/七
二七六/十一/三
△二八二/四/三
二八七/九/一
二八九/二/五
二九五/十一/二
四五六/三/四
四五七/七/二
5302$_7$
捕 四九五/六/五
四九八/九/四
捎 一七一/十一/五
揙 一五九/四/五
一五九/六/四
三七九/五/三
三八六/五/一
五八六/五/五
[扌穹] 四六三/十一/四
搧 一六五/二/一
五七二/七/一
輔 三三四/十/八
輎 三八二/一/八
[車扁] 三八六/五/九
[車扇] 五七二/七/五
5303$_2$
捄 七 五/一/七
二五六/四/一
二五六/九/八
二五七/四/十一
二七四/一/一
六一一/十一/六
[illegible] 五九六/九/二
[illegible] 四一一/五/一
[illegible] 二一〇/七/七
[illegible] 五九六/九/五
攘 一三五/四/一

	一六八/一/三
輱	二三三/二/四
輾	二二〇/七/五
5303$_3$	
撚	三八〇/四/五
擹	三八九/三/二
5303$_4$	
⿰扌犬	七六二/十/三
揬	六八三/二/三
捩	七〇二/三/二
挨	一〇四/五/三
	三四六/四/四
	三五〇/八/一
⿰扌候	一〇四/五/一
⿰車犬	六四〇/十一/三
⿰扌獻	六八七/七/五
	六八八/八/六
⿰車獻	六七九/八/六
	六八七/八/一
	七一四/二/七
5303$_6$	
⿰扌憲	三六一/八/二
摾	五九九/十一/五
5304$_0$	
拚	一三九/五/一〇
	一三五/十/九
	五四四/十一/四
	五七六/八/二
拭	七五五/八/四
軾	七五五/八/三
⿰扌貳	四七三/九/五
	四七七/二/一
5304$_2$	
搏	四九五/六/四
	四九六/一/一
	四九八/九/五

	七二五/十/一
	七二六/四/五
轉	七二五/十/四
	七二六/八/五
5304$_3$	
轉	三八八/一/一
5304$_4$	
拔	△五一九/十一/三
	五三一/九/六
	六八〇/十一/二
	六九二/六/四
	六九二/十一/七
	六九六/五/六
	△七一五/三/二
按	五五三/十一/三
	六八七/七/四
軷	五一九/十一/一
	六九三/三/八
5304$_7$	
捘	二 八/十一/一
	一一〇/三/一
	一二五/一/五
	三四五/五/六
	五三二/七/七
	五三二/九/六
	五五一/八/二
捘	二六四/十一/四
	二七〇/十一/四
捘	三九七/七/六
5304$_8$	
捘	五八三/四/七
5305$_0$	
找	二〇九/九/三
⿰扌戉	五二五/五/三
⿰扌我	一九六/八/三
	四〇四/三/三

⿰扌戒	一 二/十一/三
	二四九/十一/五
	三〇三/十一/一
	四六五/三/八
找	一一五/三/一
揻	五二七/二/一
摵	七一五/一/三
搣	一〇一/二/六
	六四四/一/二
⿰扌戚	六四二/七/二
	六四二/九/一
擜	七三八/十一/三
	七三九/七/三
掝	七四一/八/八
	七六〇/十一/八
揻	四四五/四/四
撼	四四五/四/五
⿰扌戠	四七七/三/七
攕	六六四/二/三
擑	七三七/一/四
⿰扌韱	七〇〇/七/三
擮	七七七/二/四
⿰扌戠	七〇一/一/一
⿰扌惑	七四一/十一/八
輱	二九四/十/五
	二九五/四/四
	二九五/七/三
	四四五/八/三
	四五五/十/七
	六二三/三/二
攕	二八七/九/二
	二八八/六/七
	二八九/二/四
	二九五/十一/二
轗	四四五/一/五
	六二三/三/一

攕　三　七/四/一
　三　七/十/一
　三一二/十一/六
　四七〇/十/二
擮　三一九/十一/六
𨏔　二九六/二/四
5305_3
輘　三七四/五/一
5305_5
輚　五六二/四/五
5305_6
抴　五一一/五/五
　七一二/七/一
5306_0
抬　五　四/二/三
揩　四四六/十/三
軩　三五一/八/五
5306_1
摍　六四三/十一/一
搳　六九七/九/五
　六九八/一/七
轄　五二一/四/二
　五二二/五/五
　六八六/六/九
　六九七/七/三
5306_3
輴　二六五/六/六
5306_4
揢　二〇八/五/二
　五九五/四/八
　七五四/五/四
輅　七三四/一/六
5306_7
擠　三五七/二/三
軞　三四三/十/三
5306_8

搈　一　九/十/三
　三〇五/四/六
輍　二　〇/三/八
5307_2
擟　六九六/六/四
5307_7
捾　三七三/二/三
　六九一/九/二
　六九六/二/五
　六九七/九/六
輨　三六八/十一/三
　六九七/七/五
5308_1
掟　△四二一/七/二
攐　一六七/十一/四
　三八九/三/三
5308_2
抭　六七六/四/五
抗　六六九/七/八
　七〇四/九/三
軏　三〇三/十/五
5308_6
揁　三六五/八/三
擯　五三九/十一/三
5309_3
擦　四　五/八/三
5309_4
𢭏　四四六/五/五
5310_0
𧊅　四八一/六/三
　六六五/八/七
或　七六〇/四/三
　七六四/二/二
彧　六四八/三/三
戜　七六四/三/四
5310_7

盛　二三九/五/六
盞　三七四/二/四
5311_0
蚢　三五六/四/二
5311_1
蛇　三　〇/五/八
　三　五/三/一
　二〇〇/七/二
　二〇一/四/八
　二〇五/一/三
　二〇七/八/二
蜿　一三四/九/一
　三六〇/七/二
𧋘　一　〇/六/二
5311_2
蠪　七　/十/二
　二　三/四/一
　三〇七/二/五
5311_4
蚘　一〇七/八/四
　二五五/六/二
蛇　五九四/四/五
　五九四/七/二
　七三三/三/五
蝤　六四二/八/一
　六四三/十一/三
蛭　七〇〇/十/七
螲　六六六/十一/三
　七〇〇/十/六
　七〇一/九/三
5311_6
蝖　一三四/七/二
　一六九/三/五
5311_7
蜿　一四七/十/三
5312_1

⿰虫宁 三三一/六/一
⿰虫寧 二四七/二/三
△四二九/四/一

5312_7
蛸 一六三/三/八
一六四/一/六
一七二/四/一
一七二/六/三
三八一/七/三
三八八/九/二
三八八/九/六
三八九/一/四
三八九/一/一〇
三八九/十一/六
五七六/三/五
蜅 八 五/四/五
三三四/九/一
三三五/二/四
蝙 一五九/二/六
一五九/八/八
⿰虫扁 四二六/八/六
⿰虫扇 五七二/六/四

5313_2
蛷 七 五/五/一
蜋 二一七/二/三
二二〇/十一/五

5313_3
⿰虫寒 一四三/四/三

5313_4
蜧 一二四/七/二
五〇六/三/三

5313_6
蜃 七四八/十/四
蜃 六四二/二/五
⿰虫憲 三五八/十/三
三六一/八/四

5314_0
蛢 五四九/五/一
蛓 七五五/六/三
七五五/九/二

5314_2
⿰虫尃 七二六/一/六
七二六/八/一

5314_4
蛂 一〇一/二/三
四八七/二/六
五〇五/六/一
六七四/二/一
六七四/十一/三
七〇六/九/一〇

5314_7
蛟 八 〇/三/二
二六五/五/一

5315_0
⿰虫戍 六六一/二/六
⿰虫戌 六七八/六/八
蛾 一九六/十/二
三一三/十/八
⿰虫戎 一 二/二/二
蛑 一九一/十/八
二七〇/五/七
⿰虫惑 六 一/六/二
蜮 七四二/一/五
七六〇/五/七
七六四/二/五
蝛 二九四/十一/五
二九五/二/七
蟙 七五五/六/二
蠘 三 七/四/六

5315_3
⿱戠虫 △四八七/四/六

5315_5
⿰虫戔 一六四/十一/三
三七二/五/三
三七四/七/四
三八六/一/三
五六二/五/四

5315_7
⿰虫⿱宀异 △四二九/四/二
六〇八/七/四

5316_0
⿰虫台 一一三/五/四

5316_1
⿰虫宿 六四三/十一/二
⿰虫害 六八六/六/二
六九七/九/七

5316_6
⿰虫宮 一 四/二/五

5317_7
⿰虫官 三六八/十一/一

5318_2
⿰虫宂 三〇四/一/五

5318_5
⿰虫越 六七八/六/六

5318_6
螾 一二五/五/二
五四三/四/六
蟦 七六二/三/六
⿰虫貸 七六二/三/五
蠙 一一八/七/六
一一八/十/三
三五四/五/三

5320_0
戊 四三八/七/九
六一八/一/四
戉 四九六/八/六
咸 三八二/十/四
⿵戊⿱口小 四七七/九/二

成 二三九/四/六
二四九/三/六
戣 二八二/十一/八
威 七一三/一/一
七一五/一/四
戚 二三九/四/七
戚 七四八/九/一
威 六一/四/三
四九〇/一/四
戚 三〇五/二/三
咸 二九四/九/一
二九五/六/四
四五五/十/九
六二九/八/四
盛 六〇六/七/四
感 四四四/七/一
四四四/八/五
四四五/五/四
六二三/四/八
戚 七一五/一/二
戚 六六四/九/三
戚 七六四/三/二
戚 四四五/七/四
戚 七六〇/十一/三
戚 七六四/三/一
5322_7
甫 三三四/五/四
三二七/八/七
四九八/七/七
嵗 六六四/八/四
戚 六七六/三/五
5328_1
戱 五六八/二/一
5330_0
感 六四二/八/四
戚 七六〇/八/二

七六〇/九/三
七六四/二/四
惑 七六四/七/三
5334_2
専 三三四/五/一
四九八/七/五
七二六/七/三
5334_6
蠢 五二一/七/五
六七四/十一/七
六八一/八/六
5340_0
戎 一二/九/三
二四九/十一/六
戒 五二五/十一/三
5350_0
戔 一四四/三/五
一四四/五/五
三八三/一/六
三八三/四/四
三八四/五/七
五七〇/十/四
戜 一二/九/二
5350_3
戔 一五八/七/五
戔 五七四/一/六
三七四/四/二
5354_7
轟 二五九/二/六
5355_5
輚 二〇四/八/四
5360_0
戟 七三四/六/一
戟 二八三/一/一
戜 五一/一/一
戚 六四二/六/四

戩 三五三/四/七
5365_0
戳 三五三/四/五
5370_0
戉 六七八/三/三
戚 六三七/七/六
六四二/四/四
六五三/一/三
臧 五二五/十一/四
5374_0
戭 四六六/五/二
5377_2
盞 二九五/九/四
5380_0
戊 六七一/一/六
戴 七六三/七/一
戴 五五四/九/七
5380_1
蹙 六四二/三/二
七四八/十一/二
蹙 六四二/四/三
5380_9
烕 六七四/二/五
六七五/一/三
燹 六七四/二/四
六七五/一/二
5390_0
絨 七五五/四/七
5391_1
蛇 二〇〇/九/四
5393_4
粢 六八三/四/一
5394_2
耨 四九五/十/一
5395_0
棘 七六四/一/四

5396_0
⿰耒合 五　四/四/一
五　五/五/二

5398_6
頛 一三〇/七/四
五四六/七/一

5400_0
⿰扌寸 三六五/十/三
抖 四三九/六/一
抍 二四九/二/一
二四九/四/一
二四九/八/六
△四二九/七/一
拊 七　七/十一/三
三五四/三/三
四三七/八/四
四九五/七/二
斞 三三六/十一/六
軵 三〇三/十/三
四九五/十一/五
⿰扌尌 一七九/五/八
(⿰扌尌) 木扌 △三九五/十/四
⿰車尌 一〇八/五/十一
⿰車尌 四七七/七/七
⿰車尌 五一五/三/一
(⿰車尌) △五三〇/三/三

5401_0
⿰扌化 二〇二/四/五
二〇二/十一/四
二〇九/十一/五

5401_1
抚 三七八/九/四
揕 二七七/八/五
四四二/十一/五
△六二一/九/二
撓 三九四/三/三
三九八/十一/一
五八五/二/四
撓 一七七/二/二
一八九/三/六
一八九/十一/六
五八〇/五/三
⿰車堯 五七九/二/五
五七九/三/四
⿰車堯 五七八/九/六

5401_2
扰 八　四/一/二
一九三/十/七
二五八/一/一
三三七/一/一
三九四/九/四
四四二/二/二
四四二/十一/一
四四七/二/一
五八〇/十一/四
扡 三　四/八/七
二〇〇/八/五
二〇一/三/四
三一一/四/四
三一一/六/三
三四五/八/三
四〇四/七/四
四六七/四/一
五九一/三/八
抛 一八六/十一/五
五八三/九/五
⿰車⿰九力 五八三/九/八

5401_4
挂 九　九/三/三
五二三/五/二
五二三/七/五
⿰扌奎 九　九/四/四
搉 六五六/十/一
⿰扌堇 一二五/十一/一
一三二/七/三
一五四/十一/二
三五九/二/四
五四四/一/二
五四五/八/五
⿰車圭 六四五/七/二
擡 一一三/八/三

5401_6
掩 四四六/二/六
四五三/二/一
六二六/十/二
七八五/九/五
⿰車奄 七七〇/七/四

5401_7
执 二五六/七/一
扏 四一一/八/五
⿰扌直 三二四/三/八
四八五/一/三
搕 七七三/十/七
七七四/三/一
搕 三四九/十一/六
軌 三二〇/六/六
⿰車盍 七七三/十一/三
⿰車盍 五二一/四/三
六八六/十一/四

5401_8
⿰扌壴 四七〇/五/七
四七九/九/三
四八六/五/三
五〇七/八/二

5402_2
⿰扌鬱 六七七/六/一

5402_7
扐 一一五/六/四

七五八/二/六
七六三/五/五
抻 一二五/十/一
五四四/一/一
五四五/八/七
抐 四六七/八/五
五一二/二/一
五五二/五/四
六八三/八/三
七六七/六/九
七七三/五/六
挧 六四五/十一/五
抪 八 四/十/一
八 五/一/四
八 五/五/一
四九八/七/三
抦 五一二/三/四
拹 七七三/二/四
七八四/十/三
𠡳 四八二/四/五
四八七/六/六
六七五/四/三
㨪 三七九/七/二
拗 七八五/二/六
抝 一八六/五/三
四四〇/八/四
㧱 七七三/五/五
拷 三九九/十/一
挎 九 〇/六/二
二六八/七/二
揇 四四八/五/六
勫 四七三/八/四
五一五/六/六
軏 六六七/十一/四
軜 五三一/一/五
七七三/五/七

摕 五〇三/十/一
五〇五/二/一
五一七/七/五
七四四/十一/四
㨋 六八三/四/三
七〇一/十一/六
揹 三一二/八/五
三一九/八/二
四〇七/九/五
四〇八/二/四
擕 五一三/二/一
六八七/四/一
六九六/一/二
六九八/二/一
六九八/二/四
七七五/七/四
七七六/一/七
七七六/五/二
七七九/十/二
七八九/七/四
擠 六二九/一/四
七七三/二/三
七八四/十/四
㩘 三 六/七/一
三一二/八/六
𨋊 一八六/五/四
五八三/五/二
擹 三八〇/十/三
㩋 一七三/九/四
轕 六八七/三/七
六九八/二/五
轠 五四二/七/四
5403_0
拼 六〇九/二/六
軑 五〇四/十/五
五〇五/四/一

五一七/五/五
5403_1
抾 五 六/五/二
六 三/九/三
七八〇/六/四
七八五/一/二
七八五/七/五
七九〇/二/二
捇 七三四/四/七
七三五/四/六
七四三/一/六
Δ七四五/八/三
𢹉 七三五/四/七
5403_2
搽 五八七/七/七
擭 六〇一/三/六
擄 七 /九/七
䡇 二五五/二/七
轃 一三三/十一/三
五七五/六/五
5403_4
撲 一八三/四/四
摸 七二七/五/二
撻 六八八/十一/三
5403_6
搔 一九一/十一/四
五八七/七/八
𢲛 一九一/十一/五
攂 六八九/三/七
5403_8
挾 七七一/六/五
七八二/十一/二
七八三/四/一
七八四/二/二
七八四/三/四
七八六/七/七

七八九/九/一

5404_0

較 五八三/一/三
六五六/三/二

5404_1

持 五 四/四/二
揖 一 七/四/四
二 四/五/二
三〇三/十/二
三〇七/四/一
輯 三〇三/十/四
擣 二六〇/五/四
四〇一/十一/六

5404_2

轉 七二六/十/三

5404_4

捹 五五一/二/六

5404_7

技 三 六/一/三
披 三 一/十一/二
三一六/九/七
△四七二/三/五
四七二/五/三
四七二/七/五
㧘 一四一/四/一
五五一/九/三
掕 二五一/四/六
二五三/五/四
六〇九/九/六
蚾 二三三/五/六
六〇〇/一/六
拵 六八一/十一/三
軷 二 五/一/四
二 六/一/三
二 六/十/三
三 五/十/七

擭 六三五/四/五
七三〇/八/四
七三五/八/一
攫 五九六/五/五
輘 二三七/十/一
二五一/四/八
六一〇/八/三
輘 二五三/四/一
轗 一九二/六/九
三〇二/六/四
四〇一/九/二

5405_3

攕 五〇三/七/六
六九六/七/六
七〇七/二/一

5405_6

揰 七四〇/十一/三
㨯 三二七/四/三
韡 六七四/五/八

5406_0

拈 四五一/十/五
描 一八〇/九/三
一八七/六/五
五八四/二/二
揩 四〇九/六/一
四〇九/七/三
軲 八 九/十一/七
九 〇/七/一

5406_1

拮 六六八/九/三
六九四/九/三
六九五/三/二
七〇三/八/四
七一三/五/六
拮 三九七/三/四
六四九/九/二

搭 七七二/一/五
措 七五六/六/一
七四二/十一/三
轖 七五六/七/四

5406_2

掐 六二四/十/五

5406_4

撦 四〇九/五/八
擆 七二一/二/五
七二一/五/六

5407_0

拑 四五八/二/三
抴 五一五/五/一
七〇九/七/五
七一二/六/五

5408_1

拱 二 〇/八/七
三〇五/九/二
四六五/六/一
六四八/二/四
掑 五 七/十一/七
輁 二 一/九/七
三〇五/十一/三
擄 四七六/三/五
轆 四七六/五/五

5408_6

撗 二二六/二/四
六〇二/十一/五
擯 一三〇/四/一
擴 六三八/八/六
轒 二二五/五/一
轒 六三八/八/二
轒 一二九/十/二
三五八/三/一
三五九/九/一

5409_0

㨆 一九〇/一/五
𢴤 四四三/六/一
四四八/三/二
5409_1
搽 六八九/十/五
㩒 二八〇/一/五
△六二二/五/五
攃 六八八/三/一
擦 六八八/四/四
5409_3
捺 七二七/九/一
七三五/十一/二
5409_4
捈 六九三/七/五
六九九/三/二
揲 七〇八/二/二
七〇九/二/四
七〇九/七/四
七一二/七/四
七一三/九/一
七七六/一/一
七八一/七/四
七八三/十一/六
七八九/八/五
擈 七七五/十一/二
摸 三九三/六/四
5409_6
撩 一七五/十/六
三九一/七/三
四〇二/九/一
五七八/五/七
五八八/八/五
轑 一七五/十/三
一九五/五/一
三九一/七/八
四〇二/九/五

五七八/四/二
五八八/十一/二
七二五/四/五
七五三/四/四
5410_0
蚪 四三四/十/六
蚪 四三九/六/七
蚹 七　七/五/四
四九五/十/八
六三六/五/二
蝌 一九七/六/四
5411_1
蟯 一八一/六/六
蟯 二七七/六/五
一七七/八/四
一八三/一/四
5411_2
虵 三　五/三/二
二〇五/一/四
四一〇/九/四
5411_4
蛙 一〇二/七/五
二〇九/十一/二
二一〇/七/五
蝰 九　九/六/一
蛭 六四五/九/一
蟷 三五五/十/三
三五七/三/二
三五七/四/五
三五八/十一/四
五四三/八/四
蠸 一四七/三/二
一七五/三/七
五五五/一/五
5411_7
蝹 七七三/九/五

七七三/十一/六
七七四/二/四
蟯 五八〇/五/八
5412_7
蚋 五一二/二/三
七一〇/四/二
蝨 五一五/六/八
蜹 五一二/二/二
七一〇/四/一
蛴 四九八/八/三
蟖 六　〇/六/二
蟎 五一六/三/七
蚴 二五七/九/一
二七三/三/一
四四〇/八/一
六二〇/七/四
蛸 一〇七/八/三
三四六/九/五
蝣 七八五/四/一
螮 五〇四/一/五
五一七/八/六
蠇 五一四/八/五
蠨 一七三/十/五
5413_1
蚨 三二八/六/六
七八五/四/二
蠮 七〇四/三/四
5413_2
蚿 二三五/二/二
蠓 七　/九/一
三〇一/九/五
5413_4
蝧 二二三/三/四
蟆 二〇三/五/二
蠭 七　/二/二
螟 七〇三/九/三

蟆 七〇三/二/四
蟆 六一八/一/一

5413_6
⿰虫造 四〇一/七/四

5413_8
蛱 七八二/四/八
七八三/三/五
七八三/四/四
七八四/四/二
七八六/三/六
七八六/十一/四

5414_1
⿰虫幸 六三七/四/七
⿰虫茸 一　七/四/五

5414_5
蟒 四一八/五/二
四二一/三/四

5414_7
蚑 二　五/十/一
五　七/十/八
六　二/一/七
四七〇/二/五
蚾 四〇六/五/四
⿰虫夌 二五〇/十一/四
蠖 七二二/八/二
七二三/五/二
七三一/八/五
七三五/九/四

5415_0
蚲 三一六/七/一

5415_3
蠘 七〇七/六/四
蜯 三〇一/八/一
三〇三/五/四

5415_4
⿰虫華 二〇九/八/七

5415_6
⿰虫韋 四八九/五/三

5416_0
蛄 九　〇/三/六
蝫 六　七/二/六
蠩 六　七/二/四
六　七/五/一

5416_1
蛣 五〇七/六/五
六六八/八/五
六六八/十/七
七〇三/七/一
七〇四/一/一
七〇四/七/五
⿰虫告 五八五/九/八
蜡 四九一/八/五
五九四/二/三
五九四/七/三
⿰虫嗇 七五六/七/三

5416_5
蟢 三二四/十/八

5417_0
蚶 二八五/十一/三
二八六/四/二
二八六/六/六

5418_1
蜞 五　八/二/三

5418_6
蟥 二二六/一/四
蟦 五　九/五/三
一三〇/五/六
一四〇/一/七
三二六/六/七
四八七/八/一

5419_0
⿰虫朮 六二六/八/三

5419_4
蝶 七八〇/十一/九
七八一/十一/九
蠂 七七七/十一/二
⿰虫某 二七〇/六/一

5419_6
蟟 一七六/四/六

5419_8
⿰虫荼 七〇〇/九/二

5421_1
⿰南先 二三一/一/一

5421_7
⿰南盍 七七四/三/三

5424_1
⿰南支 八　四/八/三
⿰南蒦 五〇〇/十/五

5425_3
⿰戊蔑 六八〇/十一/六

5440_0
⿰婁斗 四四〇/二/七

5450_0
斠 五八三/一/四
六五六/二/七

5482_7
勣 七四八/十一/六
勩 四八二/四/四

5491_4
⿰耒圭 九　九/一/一
一〇二/八/五

5491_6
⿰耒奄 四四五/十一/一
七八五/八/六

5492_7
勑 七五七/七/八
耡 六　七/三/五
四九二/二/四

5493_{1}
⿰耒芸 五四六/六/七
5493_{4}
⿰耒莫 三六七/七/二
五五三/四/四
5494_{7}
⿰耒皮 六九〇/六/五
⿰耒皮 三 二/二/二
⿰耒支 三 八/一/八
⿰耒蒦 七三〇/五/三
5495_{6}
⿰耒華 五二四/七/一
5496_{1}
耤 七四三/六/六
⿰耒者 四 七/十/一
5499_{8}
⿰耒來 一一四/八/五
5500_{0}
井 四二四/八/一
四四七/五/一
丼 四二四/七/六
扙 四一五/二/四
抉 七〇五/四/二
七〇五/十/一〇
七一三/四/五
⿰扌井 一 八/十/七
三〇四/七/三
三〇七/一/四
5500_{6}
弗 三七三/十/五
抻 一二〇/五/七
五三八/八/六
拽 五一五/五/二
軸 五四三/四/一
⿰車曳 五一五/十/八
(⿰車華) 車車 △二三〇/四/二
⿰車華 七五二/十/七
⿰車華 六四〇/十/九
5500_{7}
⿰扌聿 六八三/七/四
⿰扌律 六七二/三/六
5501_{0}
⿰扌先 二七四/十一/二
五五七/十一/四
5501_{6}
⿰扌畫 七三九/七/六
七四一/八/九
⿰扌畫 七四一/七/二
5501_{7}
托 五五一/十/七
⿰車乇 一四一/十一/二
5502_{7}
弗 六七四/五/二
六七五/二/四
拂 四八七/二/二
四八七/六/五
六六六/二/十一
六六九/五/五
六七三/十一/四
六七五/一/八
掅 六〇六/三/一
六〇七/十/五
輤 五六六/十一/四
⿰扌肅 一七三/九/三
(⿰扌肅) △三九〇/六/五
⿰扌肅 五七七/四/四
六四一/十/五
六四三/十一/四
5503_{0}
扶 七 七/九/四
八 五/四/四
扶 六六七/一/一
六六七/二/一
六六七/六/三
抉 二二二/九/六
四一三/六/一
揳 四一四/一/二
四一六/四/五
㚘 三六九/七/四
摙 三八七/八/五
五七三/十一/五
軼 六六八/三/六
七〇一/八/一
七一一/一/五
軮 四一九/六/七
5503_{2}
⿰扌表 五八二/一/五
⿰扌隶 六八三/一/七
擃 五〇七/三/七
⿰扌隸 五〇六/二/二
五〇六/五/三
5503_{3}
⿰扌惠 五〇八/七/五
轊 五〇八/九/九
五一三/八/六
五一六/四/一
5503_{4}
揍 六一八/十/四
輳 六一八/十/一
5503_{6}
揰 一五〇/九/三
五七三/五/二
5503_{7}
⿰扌慧 五〇九/十一/八
⿰車慧 五〇八/九/八
五一三/八/五
5503_{8}
⿰扌遺 三一九/八/三

5504_0
揵 一三五/十/四
一六八/四/二
三六一/九/四
三六二/五/一
三八九/六/一
5504_3
摶 一五〇/九/二
一七〇/十一/二
三八八/二/一
五七四/四/一
轉 三八五/四/一
五七四/二/二
5504_4
摟 八 二/九/一
△二七二/六/二
5504_7
捜 六四四/一/一
5505_3
捧 一 八/十/八
三〇四/七/二
三〇四/九/一
5505_7
搆 二六九/七/四
六一七/六/五
5506_0
抽 二五九/六/六
二六〇/四/六
軸 六四四/十一/六
5506_1
撍 二七七/四/一
二八六/五/一
二八九/一/八
四四六/十/二
六二四/三/三
5506_6
[illegible] 五八七/十一/三
5507_4
[illegible] 五〇八/七/四
五〇九/十一/九
△五一〇/二/一
五一〇/三/四
五一三/九/六
七〇八/六/五
轊 △五一〇/二/三
五一三/八/四
5507_7
摏 一 六/七/五
5508_1
捵 三五五/三/五
三七九/十/四
三八〇/四/六
捷 七七七/七/三
七七八/六/四
七八七/五/七
5508_6
[illegible] 四八六/十/一
四八七/六/四
五四五/四/一
攢 三六九/十一/三
攅 五五七/九/二
五五八/一/一
[illegible] 一四九/十/七
一五〇/二/三
5509_0
抹 五二〇/三/三
五三二/四/六
六九〇/四/二
5509_2
[illegible] 七三八/七/二
七三九/一/四
5509_3
搸 四九九/四/一
5509_4
搩 七一三/九/八
七三三/二/二
[illegible] 一一八/一/四
一二七/六/三
轃 一二七/六/二
一五八/七/三
[illegible] 七二四/二/五
5509_6
捒 二七〇/十/七
三〇四/二/九
四九一/十一/三
四九六/十/五
四九七/六/五
六五一/十/七
六六〇/四/七
揀 三七四/十/六
五六八/五/五
揀 三〇〇/九/五
㨂 三〇四/二/一〇
[illegible] 五 /一/六
5510_0
蚌 一 八/六/八
三〇七/二/一
△四二一/四/六
蚗 七〇五/七/四
七〇六/一/三
七一三/四/一
[illegible] 七一三/三/五
5510_3
豊 六五四/八/七
5510_6
蚛 四六三/九/四
[illegible] 八 三/十一/三
蛼 二〇四/九/二

5510_{7}
⿰虫聿 六七二/四/七
⿰虫律 六七二/四/六
替 一 一/二/五
5510_{8}
豊 三四二/十一/二
5512_{7}
蜻 二三八/二/一
二三八/六/六
二四二/三/六
四二四/七/五
六〇六/四/九
蠨 一七三/十/四
六四二/一/四
5513_{0}
蚨 七 八/七/三
蛈 五〇四/九/二
七〇一/一/六
七〇一/九/二
⿰虫連 一六七/一/四
五四九/十/四
⿰豐失 六六七/四/二
5513_{2}
蛦 四 六/六/五
九 五/十/四
蠰 二二一/二/一
5513_{3}
蟪 Δ五〇八/八/四
5513_{6}
䖵 一三八/六/六
⿰虫烛 一二八/九/一
蠹 四八七/十一/五
蠶 Δ二八二/六/二
蠆 一九五/一/三
5513_{8}
⿰虫遺 四 六/十/二
四七八/六/五
5513_{9}
⿰虫速 六三七/一/五
5514_{3}
蜅 一五〇/十一/六
5514_{4}
螻 八 三/二/一
二七二/八/一
六二〇/三/一
5515_{3}
蜯 三〇七/二/二
Δ四二一/四/五
5515_{7}
蝳 六五一/二/四
5516_{0}
蚰 二五八/十/八
六四五/二/三
蛐 六五四/九/六
5516_{3}
⿰虫沓 三五三/七/四
5516_{6}
螬 一九三/一/四
二六三/五/四
5517_{4}
彗 四七四/十一/七
四七五/八/二
五〇九/九/三
(彗) Δ五一〇/一/四
5517_{7}
⿰虫舂 一 六/八/四
5518_{1}
蝭 七八一/十一/八
七八三/十一/一
七八四/四/一
七八九/七/一
5518_{6}
⿰虫責 七三九/四/一
七三九/七/二
七四三/五/二
七四九/一/四
蟦 四八七/八/二
5519_{0}
蛛 八 二/五/四
5519_{2}
⿰虫束 七四八/七/七
5519_{4}
螓 一一八/三/一
⿰虫桀 七一三/六/四
七三三/三/三
⿰虫橐 Δ四九九/九/七
5519_{6}
蝀 四六八/五/六
六一八/九/三
⿰虫柬 四 /六/二
三〇〇/七/三
四六一/四/二
5520_{7}
⿱𣍘虫 六六六/二/九
5521_{6}
兢 二五二/一/三
5522_{7}
⿱茀虫 六六六/二/十三
螯 二七五/四/一
二七五/七/五
二七七/四/二
二七七/六/六
[illegible] 二七五/七/六
[illegible] 二八八/十一/二
5523_{2}
蛬 四二四/四/二
六〇六/四/二
⿱共虫 六七四/四/六

農　一　五/五/一
　　一九五/八/七

5526_1
[illegible]　六二五/七/五

5533_2
恵　六六六/三/一

5533_6
惠　三〇五/八/三

5533_7
慧　五〇八/六/六

5542_7
勢　七五八/一/四
　　七五九/六/一
[illegible]　△四八七/七/八

5543_0
[illegible]　六七四/八/一
　　六七五/四/二

5544_1
[illegible]　一二〇/八/一

5550_6
輦　三八七/八/一

5555_7
冓　二六九/二/四
　　六一六/十一/四

5560_0
曲　三三三/二/四
　　六五四/八/四

5560_1
替　二七七/三/二
　　二八八/十/三
　　四四六/八/一
　　五〇四/四/九
　　六二八/七/二
曹　一九二/七/五

5560_2
曺　四八七/六/二

　　六九七/九/四

5560_3
替　七〇一/二/六

5560_6
曹　一九二/九/六

5560_7
譖　五一三/九/五

5560_9
朁　一九二/九/五

5580_1
典　三七九/七/四
　　三八〇/三/五

5580_6
費　四八一/十/七
　　四八六/八/三
　　四八七/六/三
　　六七五/一/六
　　六七五/四/六
贊　五五七/八/四
贊　五五七/八/三

5580_9
楚　七五九/六/四
　　七六一/七/一〇
　　七六二/十一/七
贊　五〇八/九/七
贊　五一三/九/三
　　六七八/五/四

5590_0
耕　二三三/九/一

5590_6
軸　五四三/三/三
軸　三五六/一/二

5594_4
耬　二七二/六/六
　　四四〇/二/二

5595_7
耩　二六九/七/二

5598_6
積　六九九/三/八
　　七三九/五/三

5599_2
棘　七五九/四/四
隸　七五九/四/五

5599_6
𨋍　一九二/八/一

5600_0
扣　四三六/九/三
　　六一六/十/二
掏　一六四/七/二
抇　六八三/十/三
　　六八四/七/五
　　六八五/二/八
拍　七二五/八/四
　　七三二/一/四
　　七三二/四/八
𢭏　一二四/八/三
捆　一三七/十/二
　　三六四/四/七
摑　一三七/十/一
　　三六四/一/四
　　三六五/一/七
　　六八三/十/四
　　六八五/一/三
[illegible]　二一二/十一/二
[illegible]　五〇一/七/三
[illegible]　三六六/六/三
摑　△七四一/十一/四
[illegible]　三七三/一/三
軸　一六〇/七/一〇
[illegible]　六八三/十一/一
[illegible]　一五〇/九/四

5601_0

担 三七〇/八/二
七一三/五/五
攙 六五九/八/四
挸 三八〇/十/二
規 三 六/八/一
四七〇/九/四
七四七/三/八
摫 三 六/九/一
軏 四一六/四/三
六〇〇/五/六
輗 五八四/二/六

5601_1

掜 四 九/九/一〇
一〇〇/八/九
掍 三六三/十一/二
三六四/十/四
[illegible] 一〇六/三/一
三四八/六/四
五二五/九/六
擺 三四五/一/一
三四五/三/六
輥 一三八/九/四
三六三/十/一
三六四/八/二

5601_3

[illegible] 三四七/三/七

5601_4

揑 二四〇/二/六
捏 二三一/三/三
捏 七〇二/五/四
揘 二二九/二/六
二二九/五/五
二三三/六/六
[illegible] 二〇一/八/一
四〇四/十一/四
[illegible] 三一九/三/六

攉 七 六/四/四
六五四/十一/二

5601_7

挹 七六七/七/五
七六八/十一/一
揾 一三一/一/三
三五九/九/四
五五〇/五/七
六八五/五/六
轀 一三一/二/九
一三八/十/三
攂 七七五/四/四
七八一/七/五
轠 七八一/十一/二

5602_7

揚 二一一/二/四
揭 一三五/三/七
五一二/十/一
五一三/一/六
五一三/六/四
六七九/八/七
六八〇/一/二
六八〇/四/六
六八一/二/一
七一三/五/四
七一三/七/一
七一三/九/七
捐 六七六/四/四
擉 六五二/一/七
六五二/五/四
六五三/八/一
六六〇/四/五
六六〇/八/五
六六一/十/四
搨 七七二/一/四
七七四/九/二

暢 五九八/十一/五
[illegible] 六八〇/四/七
七一三/九/六
輰 二一一/五/七
輵 六八六/十一/五
六八七/三/八
六八七/六/四
六九八/四/七
七一三/六/六

5603_0

摠 三〇二/二/八
揌 一一四/十/七
一一五/一/三

5603_2

揋 一〇七/一/四
擐 一五一/八/三
一六九/三/三
五六一/六/一
擐 五六一/二/七
擐 三八一/十/六
[illegible] 三〇七/五/一
六五八/六/七
六五八/九/四
六五九/二/三
七三二/九/七
轘 一五二/一/五
五六一/六/二
五七六/二/三

5603_3

撫 三八〇/七/四

5603_4

[illegible] 八 八/十/一〇
[illegible] 五〇二/一/五
[illegible] 七五六/十/三
[illegible] 四三〇/十一/五

5604_0

捍 六五〇/八/六

[illegible] 四八〇/八/五

5604_1

捍 三七二/九/四
三七三/一/六
五五二/九/四

[illegible] 七六二/二/二

揖 四七九/九/四
七六四/十一/二
七六六/八/二
七六七/七/四
七六八/十一/二

擇 七三五/七/四
七四六/十/二

[illegible] 三四八/四/五

輯 六 五/四/二
七六四/六/四
七六五/二/一
七六五/七/二
七六六/八/三
七七七/四/三

5604_3

[illegible] 一七六/十一/三

5604_4

攖 二四〇/十/五
二四一/十/三

5604_7

摱 一三七/六/七
五六一/十一/五

撮 一四九/十一/一
三四五/十一/一
五二〇/七/四
六九二/七/二
六九三/八/四
七〇八/十/一

[illegible] 五四九/七/二
五五七/一/一

五六一/十一/六

攫 六五四/十一/三
七二二/九/五
七二二/十一/四
七三五/九/五

擾 七四八/一/四

[illegible] 七二三/一/三

5605_0

押 七八八/九/一
七八八/十一/四
七八九/一/四

[illegible] 二四一/十一/四
三四五/三/七

[illegible] 五〇三/三/二

5605_4

[illegible] 七〇六/四/四

5605_6

撣 一四四/十一/一
一四五/三/五
一六五/九/一
一六六/八/二
三七一/四/二
五五九/一/三

撣 一六〇/十一/二
△三八四/五/五

[illegible] 一四四/十/一
一五三/十/五
一六五/九/七
一六五/十/六

5606_0

[illegible] 五八七/二/一

[illegible] 一〇九/七/六
△五三〇/七/三

轠 一〇九/七/三
三一九/三/三

5608_0

抧 三〇七/九/一
三一二/五/一
三一二/十一/四
三四五/九/五

軹 三〇七/十/一
三一三/五/二
三五二/六/四

5608_1

捉 六六〇/七/一

提 二 六/六/二
五 一/十一/六
九 四/八/八
三四二/五/七
五〇五/五/六

[illegible] 二 六/八/三

5609_3

摞 二〇二/八/三

攦 一〇九/七/五
△五三〇/七/四

5609_4

[illegible] 四三七/八/三

捰 四〇六/三/五
五九一/九/五

操 一九二/六/一
五八七/八/一

[illegible] 六五九/二/二

輠 一八八/六/六
三四六/九/八
三四六/十一/八
三四七/三/六
三六八/四/三
四〇五/七/二
△四〇六/三/一
四一一/九/四
五九〇/六/四

5609_6

摬 四二〇/十/一

5610₀

蚎 六六九/八/六
六七八/六/四

蝈 七八八/三/二

𧌒 五五〇/三/二

蜠 一二六/十一/一
三五六/十一/四

蛔 一〇七/八/五

蜘 二　九/八/八

蟈 七四二/一一/四
七六〇/五/八
七六四/二/六
七六四/四/一

蝒 一六九/一一/一

5611₀

蛆 六八九/十/六

蜆 一六二/六/二
三八〇/六/五
三八一/三/四
五六八/九/六
五六九/二/六

5611₁

螕 四　九/八/五
一〇〇/七/九

蜫 一三七/九/七
一三八/六/七

5611₃

螝 四　七/七/二
三四七/三/五
四八〇/四/八
五三三/二/六

5611₄

𧍢 二四二/七/三

蝗 二二六/一/三
二二九/三/四
六〇三/六/四
六〇五/一一/一

𧒂 七六三/四/四

蟶 二三九/十一/三

蠷 七　六/二/二

5611₇

蝹 一二六/八/二
一三一/二/五
一三九/二/三
一七二/六/六
一七二/八/二
三五九/九/九
四〇〇/七/三

5611₈

蝭 七六七/八/六

5612₇

蝪 七四六/九/五
七四八/八/五

蝺 二　一/六/一
七　二/九/六

蝎 九　/九/二

蝎 六八六/五/四
六八七/三/二

蜴 二一九/九/一
二二〇/五/二

蠋 六五一/九/三
六五二/一/六
六五二/二/三
六五三/十/五

蝟 四八九/七/三

蝁 七三〇/四/三

5613₀

蟌 四六八/五/七

5613₁

𧑓 七六三/四/五

5613₂

蝝 一　二/五/六
四六三/五/七

蟓 一七〇/四/六

𧒌 一七二/三/七
三八八/八/七
三八八/九/七

5613₄

蜈 九　一/七/五

螑 六二〇/八/三

螑 六二〇/十/一

5614₁

蠌 七二三/十一/三
七三三/九/四

5614₇

蟃 一四九/七/十一
五四九/八/六

蠖 七二三/一/五

5615₀

𧉗 三　三/七/二
三　三/十一/二
四二七/七/二

5615₄

𧐦 六六五/一/一

5615₆

蟬 一六四/十一/五
一六五/九/二

蟬 九　五/十/一

5616₀

𧋍 二一四/九/七

蝐 五三二/二/五
五三五/四/七
六五〇/六/四

蠝 四　五/七/二
三一九/四/四

5616₄

𧏾 七二一/八/四

5618_1
蝭　二 六/七/三
九 四/四/四
九 五/八/五
五〇四/一/一〇
螟　七五八/九/二
5619_3
螺　二〇二/六/四
5619_4
蜾　一九七/四/七
△四〇五/八/三
△四〇八/六/六
5621_0
靚　六〇六/四/六
靚　四二四/五/一
5622_7
[illegible]　三 六/九/三
三 九/六/二
一〇〇/三/一
5628_0
[illegible]　二四七/六/一
5640_4
嫢　二 八/十/二
三 六/二/五
三 六/九/四
四 〇/一/一
三一九/十/三
三八一/三/七
四七〇/九/五
5641_0
[illegible]　二七二/三/八
三三六/十一/一
5651_0
[illegible]　二六七/九/五
三〇六/八/二
六一六/三/七
六一七/一/五
六五六/四/六
5671_0
[illegible]　四六六/五/四
5681_0
覿　七四二/十/八
七五一/七/四
5690_0
耞　二〇八/七/一〇
[illegible]　三五五/八/四
三五六/十/二
三五七/二/一
5690_4
槼　三 六/八/二
5691_0
[illegible]　四 二/五/七
四六八/三/六
[illegible]　四六一/四/四
5691_1
[illegible]　三六五/一/一
[illegible]　三 二/六/六
5691_3
[illegible]　四 八/二
5691_4
[illegible]　七 五/十一/五
八 二/五/三
5692_7
[illegible]　七四六/七/四
耦　四三七/六/六
5694_1
[illegible]　七六二/八/六
[illegible]　七四六/七/三
5694_7
耰　五五七/二/二
[illegible]　七五七/三/二
5698_1
[illegible]　七五八/九/七
5701_0
扟　一二八/二/五
五四〇/四/九
[illegible]　五二〇/一/四
五三一/十/二
[illegible]　四一一/八/四
抯　二〇五/九/二
四〇九/三/二
四〇九/三/七
四〇九/四/二
四〇九/四/四
[illegible]　△四五七/九/一
[illegible]　七 八/五/五
軓　五四〇/四/七
五六六/十/五
5701_1
扼　四 六/一/一
三一二/一/四
三一八/十/一
三四三/五/五
三四三/六/二
[illegible]　七〇六/八/二
5701_2
抱　一八六/十一/八
一八七/三/四
二六七/一/八
二六九/八/一
四〇一/一/二
軳　一八七/五/四
一九一/七/三
5701_3
拯　△四二九/七/四
攙　六三〇/九/八
5701_4
握　六一七/九/五
六三四/五/二

六五七/八/一
擥 一六一/八/五
二三三/十/三
四二三/四/一
擢 六六二/一一/三
5701$_5$
扭 四三四/十/五
四三五/九/二
六一四/十一/四
5701$_6$
挽 三六三/二/六
三八七/三/二
輓 三六三/二/五
五四九/七/三
攙 二七七/二/七
二九六/五/六
二九七/六/五
攬 三九七/三/三
三九七/十一/八
5701$_7$
抒 六七六/十一/一
把 二〇三/十一/三
四〇八/十/八
捤 三一五/六/三
三二七/十/三
挸 一〇三/七/六
五〇八/六/三
⿰扌盈 二四〇/六/八
蛫 四一三/八/一
掜 二七一/六/八
觤 五三一/五/五
五三一/七/七
六七四/二/二
六八一/六/六
六八一/七/二
⿰車巴 △四五七/九/二

⿰車巴 二〇三/十/八
輗 二 一/九/二
九 八/五/五
△五〇八/三/二
⿰車色 七五六/五/三
⿰車宜 九 八/五/六
5702$_0$
扚 三九〇/九/六
七二〇/三/七
七五〇/六/三
七五三/五/二
(扚) △七二二/四/五
⿰扌卯 四三五/八/一
⿰扌冂 四〇一/二/三
⿰扌冈 一八九/三/七
掤 五九八/八/一
⿰扌切 六八二/六/一
七〇〇/三/一
⿰扌冞 六四七/二/三
⿰扌印 七五九/十/四
扨 六九四/七/三
拘 七 五/一/二
二六九/一/六
三三三/六/二
四九四/七/三
六五四/十/六
抈 六七七/十一/六
六九一/十一/五
掆 二二三/七/五
六〇二/四/三
拗 三九七/七/五
六四八/七/一
挏 五 /十一/四
三〇一/二/一
⿰扌周 一七五/五/二
三九一/四/二

三九四/八/二
⿰扌匋 一九三/七/三
⿰扌卸 六六四/五/四
六七三/三/四
七五七/二/三
掏 一九四/二/三
⿰扌羽 七一三/一/五
搠 六五九/十一/八
軔 五 二/六/七
五三九/一/四
五七三/六/五
⿰車勺 二三五/六/六
⿰車卬 四一九/七/四
六〇〇/二/三
⿰車卿 四三五/六/八
掤 二五〇/三/五
捫 一四〇/四/一
⿰扌閃 四五一/八/三
六二七/三/四
掏 二三五/三/一
二三五/五/三
五七〇/四/二
軥 七 五/五/五
七 五/十/一
二六九/二/一
六一七/二/七
⿰車月 六七八/二/三
⿰車同 一二四/二/一
二三五/六/七
輖 一六〇/七/九
輞 △四一五/十一/一
拘 二三五/五/四
五七〇/四/一
⿰扌閏 二 七/三/三
一二二/五/七
一七一/四/三

二〇二/九/三
擱 四一/九/七
撊 三七二/九/二
三七四/十/二
輞 二六三/十一/二
四七六/五/三
五七七/六/四
輣 二三〇/五/一
二五三/十/四
輷 二三五/六/五
六〇五/五/七
攔 一五一/八/八

5702$_2$

抒 三二九/十/六
三三一/二/五
三三一/九/四
摎 一八一/十一/三
一八五/三/四
一八九/一/四
二五六/四/七
二六〇/七/六
三九七/六/六
三九八/十一/二
轇 一八五/四/二
三九八/一/四

5702$_7$

扔 二四九/十一/四
六〇九/五/三
邦 七 八/一/二
七 八/八/六
挷 四二四/八/二
拸 三 〇/六/一
四〇四/六/四
四〇四/九/八
四〇九/五/七
拸 三一一/四/五
三一二/三/四
㧅 三五五/十一/一
邦 二 五/一/二
挷 四八一/十/六
四八六/十/四
六七四/八/三
挪 七 〇/一/四
二〇七/六/四
捅 三〇〇/十/五
三〇二/一/三
捔 六五六/一/二
捔 六六〇/十/四
捔 六六〇/四/八
[illegible] 八 一/一/三
二六五/七/二
四三四/八/五
擲 二〇一/十一/一
[illegible] 五一五/十/一
搞 六五四/十/五
捐 六九九/十一/一
揟 六 五/二/五
六 五/十/七
搰 六八三/十/一
六八四/十一/三
六九五/十/四
六九五/十一/四
掃 △四〇一/四/四
五八七/七/四
鳶 一九七/三/三
軫 三四三/十/二
三四四/一/六
搦 六六二/四/七
七三三/十/六
搗 四〇一/十一/七
鴂 五〇九/二/五
七〇五/七/一
擲 七三一/三/二
七三一/七/四
鴂 三 六/八/四
七 八/二/二
七 八/八/四
[illegible] 四六三/九/六
[illegible] 六二四/四/五
鴂 七八三/一/七
[illegible] 四一四/六/一
[illegible] 六五四/五/六
擲 七四五/八/六
[illegible] 一九七/二/一
△四〇六/二/三
五九〇/六/五
[illegible] 四 六/六/三
九 五/六/六
[illegible] 九 二/一/六
二四〇/十一/二
[illegible] 六五三/七/一
[illegible] 四〇一/十一/五
[illegible] 三二九/七/八

5703$_0$

抓 四一四/三/二
[illegible] 二一六/一/五

5703$_2$

揔 六八四/三/二
六八四/十/一
摠 三〇二/二/六
四六〇/十一/七
拫 一四二/七/二
三六六/十一/三
五五〇/八/五
捸 六三九/三/五
掾 五七四/十/二
撾 二〇六/八/四
搌 二八七/四/四

二八七/六/三
五七三/十/四
⿰車怱 八 /四/四
三〇二/四/六
掾 六一四/十/一
[illegible] 一七二/二/七
⿰車艮 一三八/二/三
⿰車彔 六三九/四/一
六三九/五/七
輾 三八七/四/三
三八七/十一/一
5703_4
換 五五四/六/一
⿰扌逢 一 一/八/七
一 八/十/二
揳 六九四/九/六
七〇八/三/一
⿰扌運 六七六/四/六
⿰車逢 七 /三/一
5703_6
搔 二九八/八/七
5703_7
搥 一〇八/二/三
5704_0
扠 一〇三/三/九
一〇三/七/二
二〇五/七/一
掓 六四二/十/五
六四四/七/四
⿰扌身 二三三/十/一
撽 四七七/二/九
振 七 九/十/五
二六五/七/四
二六五/十一/四
二七一/二/四
四三四/八/三

四三九/三/五
⿰車舟 二五九/二/五
⿰車身 一六〇/十一/五
5704_1
摒 六〇五/九/四
⿰扌屖 四七七/一/五
撏 二七五/三/三
二八二/六/四
二八八/八/九
二八九/十一/五
⿰車屏 二四二/十一/二
5704_7
扱 七六八/二/一
七六八/四/九
七六八/七/五
七六九/三/一
七七七/二/三
七七八/四/三
七八七/六/三
投 二七一/八/七
六一九/八/七
撥 六九三/九/三
七一〇/二/四
七一一/十/一
⿰扌殼 三四六/六/四
六八八/二/二
六九六/九/七
七〇八/三/五
抿 一一九/九/七
掉 一〇八/二/四
搜 一七三/十一/一
一九二/四/三
二六四/十一/五
二七〇/十一/五
三九八/五/七
四三九/二/一

六一七/九/七
六一八/九/一
⿰扌𠬶 六二一/二/一
⿰扌殿 一四二/三/七
⿰車𠬝 三八五/七/一
⿰車𠬝 三八七/十/七
⿰扌𠬝 五五九/九/七
⿰扌𠬶 六二一/三/五
⿰車𠬶 七三七/四/七
輟 五一五/二/五
七一一/九/二
⿰扌學 三九七/十一/七
[轂] ⿰車殳 三五八/九/二
⿰車屖 三七四/五/二
三八六/一/二
五六二/四/六
5705_0
拼 △二八一/十/三
二八五/二/七
二九〇/二/四
拇 四三八/四/一
5705_1
⿰扌犀 一〇六/一/四
⿰扌羼 五六三/六/四
5705_2
⿰扌毄 一六一/八/六
五六九/一/四
5705_4
捀 一 八/七/三
一 八/十/六
四六四/七/四
⿰車夆 二 二/七/六
5705_6
揮 六 〇/七/四
一三八/三/四
五四六/十/一

⿰扌翬　六 〇/七/五
⿰車翬　一三八/一/一
5705₇
⿰車尹　三八二/一/六
5706₁
擔　六二五/七/三
　六二六/七/一
　六二七/六/七
擔　二八五/三/一
5706₂
招　一八一/一/六
　一八一/三/六
　一八三/三/三
⿰扌留　二五九/六/五
　二六〇/四/五
　六一五/十/一
　六四五/八/二
摺　七七三/二/六
　七七八/九/一
軺　一七四/六/五
　一七九/四/四
　一八一/四/五
　一八二/四/二
⿰車留　四三五/七/一
5706₄
挌　七二四/十一/二
　七二九/二/二
　七三四/六/八
挌　七三四/七/五
据　六 三/十一/三
　四九一/三/四
⿰扌昏　一一九/九/六
輅　△五〇〇/二/三
　五九六/二/三
　七二五/六/一
　七三四/一/七
⿰車昏　一二〇/三/一
5706₇
捃　五四六/十/五
輑　一二六/十一/五
　一三一/十一/七
　三五七/一/七
　三九五/十一/一
5707₀
⿰扌⿵冂彐　七五九/十/三
5707₂
掘　六七七/一/一
　六七九/四/四
　六八五/一/一
5707₇
掐　七八六/六/一
⿰車臽　一〇八/六/八
轁　四四五/一/四
　六二三/三/三
5708₁
捉　六 五/二/六
⿰扌具　三七九/六/二
擬　三二五/四/三
撰　三七〇/一/六
　三七二/六/二
　三八三/五/二
　三八六/一/五
　五七一/十/八
　五七三/八/六
⿰車具　二三三/十一/七
5708₂
⿰扌欠　三六五/八/四
　四四五/三/四
　四八四/二/二
　六七三/三/三
　七〇〇/六/七
掀　一三二/三/六
　一三五/五/三
　一四二/七/四
　五四七/五/一
　六七五/八/二
欶　八 三/十/二
摗　二七〇/十/六
　三〇二/一/五
軟　三八五/七/三
　五一七/十/一
軟　四七四/六/六
擻　三六八/七/五
撳　八 三/九/二
撖　六八〇/一/三
擨　三 五/一/四
⿰車歈　五〇六/十一/三
　七五三/十一/五
擻　一四四/十一/四
擨　二〇七/六/二
5708₆
摜　五六一/二/二
攋　三七一/六/一
　六八九/六/四
5708₉
擙　三九六/三/一
5709₁
擦　五〇二/九/六
　六九六/十/四
5709₃
⿰扌絜　七〇二/八/六
　七〇三/三/五
5709₄
搡　△四〇七/四/五
　五九一/五/二
探　二八一/三/七
　二八九/十一/六
　六二四/五/二

字	出处
揉	二六四/六/四
	三九四/五/二
	四三四/五/三
	四三五/十一/二
	六一四/五/一
搡	四一八/七/七
	六〇一/九/六
搡	一三五/六/二
輮	二六四/九/六
	四三四/四/一
	四三五/十/一
	六一四/四/四
	△六一五/十一/六
𨏄	四一八/七/九
5710_1	
蝥	九 三/六/六
5710_4	
蛪	一三九/九/六
蟿	七五四/五/七
5710_9	
鍪	五八七/九/三
5711_0	
虮	四 七/六/三
蛆	六 五/五/二
	六 五/十/一
	四九一/八/四
	七一〇/九/三
氄	六六一/二/二
5711_1	
蚭	四 五/十/七
蠶	三一八/六/一
5711_3	
螝	四 七/七/三
5711_4	
蜂	一 三/八/八
蠭	一 三/九/一
蠗	六六二/三/二
5711_5	
蚎	六四五/十/七
5711_6	
𧓎	二九七/十/一
5711_7	
蚆	二〇三/七/五
	二〇三/八/三
	二〇三/十/五
蜢	四二一/三/二
	六〇三/八/一
蜺	九 八/六/三
	五〇八/五/六
	七〇四/七/二
𧍯	三三〇/十/二
蛫	三一五/三/一
	三一五/八/二
蠅	二五一/八/三
5712_0	
虭	一七四/二/二
虳	一二五/九/一
蛧	△四一五/十/二
蝻	六四七/一/一
	六四七/三/六
	六四八/二/二
蚼	七 五/二/六
	七 六/二/一
	二六九/六/五
	四三六/七/三
	四三七/三/四
	四九四/二/九
蚃	四一四/十/三
蝍	二一七/七/二
	七二一/十/七
	七二二/三/五
	七三五/六/一
𧋈	四六八/五/五
	四八四/六/二
蜠	△四一五/十/三
蜪	一九三/十/五
蚼	九 二/四
	一二三/九/一
蛡	三三五/一/二
	△七五八/十一/四
𧊔	六六四/五/四
	七〇〇/六/五
	七五七/四/五
蜩	一七五/四/二
	五七八/二/一
蝍	五九二/九/五
蜪	一九四/七/七
𧊫	七六〇/十一/九
5712_2	
蟉	一七六/六/九
	二六一/六/一
	二七四/一一/五
	二七四/三/一
	三九一/八/八
	四三五/六/三
	四四〇/八/六
	四四〇/十/三
	五七八/五/一
5712_7	
蛥	七〇九/六/四
	七〇九/八/六
蝐	五〇五/十/五
螐	九 一/十/五
蛹	二〇五/六/一
𧓌	四九六/四/五
蝸	一〇二/四/五
	一九七/四/一
	二〇二/六/六

二一〇/五/一
一四〇五/八/四
[illegible] 四三三/二/五
螞 一　四/十/五
一　五/二/七
一七六/八/四
四六三/十/二
蟜 六七〇/十/二
蟜 六七二/十/四
蝑 六　五/三/六
三二九/七/五
三三〇/一/一
五九二/九/三
螖 六七八/六/五
六八五/四/四
六八六/十/一
六九五/八/五
[illegible] 七六〇/六/一
七六〇/十/一
螐 四　二/十/七
蠁 七四五/九/四
蠾 六五一/九/四
六五二/二/四
蠮 七〇四/三/三

5713₂
蟌 八　/六/四
蛝 一二六/五/八
一五四/六/六
[illegible] 六三九/二/四
蝝 一七二/一/四
五八八/九/三
五七四/十一/五
蟓 四一二/八/七
四一二/十一/二
五九八/一/三
[illegible] 一九七/三/四

五九〇/三/六

5713₄
[illegible] 二六七/九/三
六一六/五/五

5713₆
蛪 七〇三/七/二
七〇四/一/四
七〇四/四/八
七〇四/七/三
[illegible] 六　三/一/二
蠭 五七四/三/五
蟄 七〇三/七/三
蜸 四七八/五/二
五〇七/二/四
五〇七/六/二

5714₀
蚒 一　四/十/七
[illegible] 一七五/四/三
[illegible] 四三四/九/二

5714₁
[illegible] 四　四/四/六
[illegible] 三　六/二/二

5714₇
虸 三二三/五/六
[illegible] 七四七/一/五
[illegible] 一一九/十一/八
蝃 五〇四/一/六
六九三/十/五
七一〇/二/八
七一一/十一/五
螋 八　〇/三/一
蝦 二〇七/九/一
二〇八/二/九
四一一/三/二
[illegible] 九　九/九/三

5715₀
蚈 二八六/九/三
二九〇/四/一
六二七/九/七
[illegible] 二七〇/五/六

5715₂
蠏 三四四/六/一

5715₄
蜂 一　八/三/五

5715₇
[illegible] 四　七/四/一
蛜 四　七/四/二

5716₁
蟾 二八九/九/三
二八九/十一/七

5716₂
蛁 一七四/二/一
[illegible] 七六五/五/七
七六七/八/五

5716₃
蝠 二八二/九/四

5716₄
蛒 七二五/二/五
七三四/二/二
七三四/八/七
蜛 六　四/三/三

5716₇
蝞 四八二/九/二

5717₂
[illegible] 六七六/七/四
六七六/十一/二

5717₇
蜭 四四五/七/四
六二三/五/五
蜬 二八三/九/四
二八六/四/一

5718₀

螟 二四三/七/七

5718_1

蟤 一七〇/四/七
　一七一/六/七
　三九〇/一/七

5718_2

蚙 六四八/一/五
　七四一/八/〇
　七六〇/九/一

蟚 六五一/八/二

蜮 四九五/三/一

蝛 六三七/一/六

蠍 六七九/十/四

蟩 四 六/七/四

5718_6

蝜 四三三/二/四

蠙 四 二/六/五
　四 三/一/三
　四 三/四/三
　七五七/四/六

蟓 三五六/二/一

蟦 五五五/八/五

蠇 六八九/三/八

5718_7

蚔 △七四四/九/五

5719_4

蟍 四 四/十/二
　九 六/七/七

蝚 一九五/六/六
　二六四/九/三

蟂 一七六/八/三

5721_7

艶 二四二/三/一
　六〇七/十/二

豔 七〇〇/七/一

5722_0

栩 三六五/四/五

𦑣 二九五/一/三

感羽 四四四/十/四

翰 六一九/八/五

䎘 六四二/一/一
　六四四/二/二

5722_7

郕 二三九/五/一
　二四九/三/五

郙 七 七/五/一
　三三四/九/四

翱 五一一/五/六

翶 五一一/四/二

翺 五一〇/五/四
　五一〇/十一/四

鶮 八 四/九/五
　八 五/一/五
　八 五/五/五
　四九八/十/三

鵯 四二六/五/三
　四二九/五/四

鶺 二四二/三/二

鶄 七四九/一/三

鸗 二 四/五/四

鷫 六四一/十一/六
　六四四/二/八

5723_2

恝 七〇三/六/二
　七〇三/九/六

5724_1

氅 五〇六/六/九

5728_2

欳 二八二/八/九
　二九二/九/六
　二九五/二/二
　四四四/十/三
　六三〇/三/四

歗 五七七/三/五

5729_8

黎 四 四/九/二

5732_0

𦒁 七二六/六/三

5732_7

鄟 一五〇/十/一
　一七〇/九/五
　三八五/五/二

鷙 七二一/七/四

鷒 一五〇/十/四
　一七〇/十/一

5733_2

恝 五二六/七/四
　六九五/二/三
　六九八/七/四

𢚖 五〇七/三/三

𢚃 六一七/五/三

5733_4

慤 四七八/五/三
　五〇七/一/四
　五〇七/七/四
　五二三/十一/五
　七四八/一/二
　七五四/二/七

5740_4

𡟤 七〇三/九/八

婺 二七〇/十一/三

嫛 三四四/十/一
　五〇七/一/五
　五二三/十一/四

5742_7

郏 五〇七/五/二

鄞 二六五/一/四

鄝 四 二/四/七

九　三/一/五
九　三/四/一
鄹　八　二/十/二
二七二/二/二
䣢　四四〇/二/四
鶵　九　三/四/二
鶵　六九五/一/三
七〇三/十/八
鶵　八　二/十/三
二七二/七/二
三三六/十/三

5743_0
契　五〇六/十一/七
六七五/八/七
六九五/三/五
七〇三/五/三
七〇七/十/四

5748_2
歞　六二〇/四/一

5750_0
挈　六九四/十/三
六九六/一/四

5750_2
挈　五一〇/五/五
五一一/四/四
六九四/八/六
六九五/二/四
七〇三/一/二
七〇三/四/三
挈　五〇七/二/五
擊　五〇七/六/三
七五三/九/三
七五四/五/二

5750_6
擊　五〇七/五/一
七五四/五/三

5752_0
翸　四五二/一/一

5752_7
鄿　三八七/九/三
鶓　六一七/四/一

5760_1
砮　七二一/七/一
磬　七二一/七/三
磬　七四〇/五/五
七四一/九/五

5760_4
砮　七二一/七/二
七三〇/三/六
磬　五〇七/七/五
七四〇/七/二

5762_7
郚　二五八/九/七
六五一/三/四
七五一/六/三
鄐　七七一/八/八
鄐　二八二/六/一
二八二/七/一
五〇四/八/一
鶓　二五八/十/四
鄯　二六〇/四/四
鶓　二七五/一/五

5764_7
殸　△七五四/二/九
殸　七五四/四/五

5771_7
毄　五〇七/三/一
七〇三/六/七

5772_7
邨　一二三/十一/一
一四〇/十一/二
一四一/六/六

一四二/一/七

5774_7
毄　五〇七/四/二
五二三/十一/六

5777_2
罊　七〇三/七/四
七〇四/五/一
罄　四七八/五/一
五〇七/一/三
七四〇/六/六

5778_2
歜　九　四/五/七
五〇四/六/五

5782_7
鄭　四八一/十/五
鄭　一九九/九/二
三七〇/四/四
鄭　一五〇/二/七
五五七/十一/二

5788_2
歀　七三九/六/一

5790_3
絜　五〇七/三/六
六九五/二/五
絜　六九四/九/一
七〇二/九/五
七〇三/五/七
七〇三/九/四
緊　二八五/二/三
二九二/九/七
二九三/七/二
二九三/八/三
二九五/五/一
繫　九　七/五/三
四八二/十/三
五〇六/六/十一

五〇七/四/一

5790₄

栔 五〇七/一/一

栔 七〇三/五/四

⿱毄耒 九　六/十一/六

九　七/四/五

△五〇七/六/一

五二三/六/四

5791₀

耝 六　七/三/六

四九一/八/六

5791₇

耙 三二三/九/六

⿰耒色 六九〇/四/三

5792₀

⿰耒勺 六五七/十/四

⿰耒卩 三四九/三/八

⿱耒勺 七一八/八/一

5792₇

⿰耒阝 四八六/八/一

⿰禾阝 三四九/四/一

△五五〇/九/四

⿰耒局 六五五/四/一

⿰耒鳥 六九〇/五/七

⿰耒鄉 七四三/十一/五

⿰耒鶏 七〇三/十/九

⿰耒鳥 四　/六/四

5794₇

耔 五　三/七/二

5796₄

⿰耒各 七三四/八/二

⿱各耒 七二四/九/五

5797₇

⿰耒巨 三二三/九/五

5798₂

⿰耒欠 六一八/八/二

六三六/十/三

六四四/二/七

六五九/十/一

5798₆

⿰耒賴 五一七/十一/五

5799₄

⿰耒柔 五六八/五/八

5800₀

扒 五二七/八/二

六九六/四/五

七一五/二/六

5801₁

拃 三七二/五/一

搓 一九九/五/一

四〇五/五/一

撻 一〇五/六/七

控 一　〇/三/七

⿰扌斬 五九三/十一/六

5801₂

拖 二〇〇/八/四

二〇一/三/三

三一二/三/五

四〇四/七/二

五九一/三/七

搋 四六七/二/一

5801₃

挽 五一一/六/六

五一六/三/六

六九三/十一/三

六九四/二/一

5801₄

挫 二〇〇/三/二

二一〇/十/二

五九一/一/八

五九一/三/五

拴 一六九/六/一

輇 一二四/二/二

一六九/八/七

一七一/一/三

一七三/六/四

三八五/五/六

5801₆

攬 四四九/十一/三

5801₇

扢 六七五/七/四

六七三/九/五

六七五/十/七

六七六/二/四

六八三/九/三

六八三/十/二

六八五/二/一

七一三/七/三

七一四/十/二

扢 五三三/十/四

△五三六/一/七

五三六/六/一

六七九/九/一

六八三/九/五

七〇四/一/七

搕 五〇八/一/三

五二四/二/一

七〇四/四/一

七四一/一/五

揖 五九三/一/五

攬 三六二/一/一

擥 二八五/六/四

四四八/十/六

四四九/十一/四

轞 四五七/二/一

轞 二六一/十/七

5801₈

擹 七〇九/七/六

5801_9

捦 二八〇/一/四

5802_0

扴 六九四/十/一

5802_1

扲 六二二/四/二

揃 一六四/十/四

二八八/一/八

三八二/十/一

揄 八　〇/一/五

八　三/九/一

一八二/五/七

二五八/一/四

二五九/八/二

二七一/八/五

二七一/九/二

四三九/十/一

撙 三六五/十/六

擣 三一三/十/三

擶 五七一/七/五

輸 七　九/十一/四

四九六/九/一

5802_2

抮 三五二/五/一

三八〇/四/三

三八〇/五/五

三八〇/七/三

軫 三五二/三/一

5802_7

拎 二八〇/一/七

二九二/二/六

扮 一二九/三/二

一二九/四/二

三四四/十一/七

三五七/十一/三

三五八/二/一

挮 三四二/八/五

五〇四/九/五

掄 一二四/四/六

一四二/五/七

擒 二八〇/一/六

六二二/四/三

[illegible] 七八二/六/一

[illegible] 三〇六/三/五

[illegible] 六〇〇/十/四

軡 二八〇/六/八

二九二/六/四

擳 七〇〇/六/三

撿 七六八/一/四

七七三/二/五

七七四/九/三

七八四/十/五

[illegible] 三八二/十/二

輪 一二四/六/二

5802_9

挱 二〇五/六/一

5803_1

捻 七〇二/六/五

七八二/五/六

撫 八　四/四/六

三三四/二/四

[illegible] 八　四/四/四

5803_2

捴 三五七/十一/四

掾 六二二/九/六

[illegible] 二　〇/三/七

攁 四一二/九/三

5803_3

[illegible] 六二一/一/三

[illegible] 三〇二/二/四

[illegible] 三二九/四/七

四九〇/十/三

[illegible] 四七五/七/一

[illegible] 五六二/七/六

5803_4

[illegible] 六六〇/十/六

5803_7

拎 二四五/六/六

搛 二九〇/十一/六

二九三/十/五

軨 二四五/九/六

四二五/二/二

5803_8

掞 七三八/五/四

5804_0

[illegible] 五一六/十一/五

七〇六/七/五

[illegible] 六七五/三/四

軙 三三四/十一/二

[illegible] 三二四/二/二

[illegible] 五八六/七/五

[illegible] [illegible] 四二二/八/七

[illegible] 三一一/三/一

四七六/五/六

[illegible] 一七六/十/二

五八二/十/六

七五四/五/三

撤 二八二/十一/三

四五五/十/四

撤 七一〇/十/四

七一一/二/一

[illegible] 六八八/一/七

[illegible] 七　六/七/一

[illegible] 四三八/十/六

轍 七一一/一/三

5804_1

拼 二三六/十一/三

二三七/二/二

六〇五/九/五
輧 一五九/七/二
二三〇/三/三
二四二/十一/一
擀 三六七/十/四
5804_6
拚 四四六/二/五
揜 四五三/二/二
5804_7
投 二七一/九/一
攫 五〇〇/六/六
五〇〇/七/三
七三〇/五/六
輚 一四三/二/五
輹 六四〇/五/二
5805_2
[攀] 撵 四二二/十/三
5805_3
攕 三 七/四/二
轙 三 八/七/二
△三一四/一/一
5805_4
輳 六 /十一/三
5805_6
輪 一三五/四/六
5805_7
撻 六六六/二/一
5806_1
拾 七六六/一/四
七七六/八/六
七七八/十一/三
七八五/五/二
揂 二六三/六/九
擂 二五八/一/一〇
輶 二五八/八/六
四三二/三/二

六一二/七/四
5806_4
捨 四〇九/四/五
5806_5
搚 三八四/六/一
三八九/四/三
五七三/二/三
5806_6
擯 五二二/七/三
5806_7
搶 二一三/五/一
二二二/六/五
二三二/六/六
四一四/一/六
四一六/四/四
5806_8
輡 六五四/五/二
5808_1
摐 一 七/八/五
二 三/九/五
擨 一七〇/二/八
五七二/四/九
輚 一 七/十/一
轍 一 七/十/二
5808_6
撿 四五二/四/二
四五二/十/一
5809_2
擽 七三九/一/三
5809_3
攃 一九八/九/六
擵 六九三/八/五
5809_4
捈 六 七/十/二
八 六/七/四
八 七/三/五

二〇六/十/一
二〇七/八/三
輪 六 六/二/四
轃 六三六/七/四
5809_8
掭 七八二/六/二
5810_1
整 四二四/八/三
5810_9
鏊 五八一/六/五
五八六/六/四
5811_1
蚱 五九四/一/一
五九四/一/五
七三六/五/一
七三六/八/四
蜣 二一七/七/一
七二一/十/八
5811_2
蝷 四二三/十一/四
5811_3
蜕 五一一/七/五
五一九/二/一
五九一/七/一
七〇九/十/一
七一二/十/三
5811_7
蝩 四七〇/五/二
5812_0
蚧 五二六/四/三
5812_1
蛉 一二五/十一/七
蝓 八 三/十一/二
二五八/十一/二
5812_2
蟛 三八〇/三/二

5812$_{7}$
蚙 二九二/五/七
蚡 一二九/八/四
三五八/三/六
⿰虫弟 九 五/八/七
蜦 一二四/七/一
三五五/九/三
五〇六/三/二
五四四/三/六
蠄 二八〇/六/七
螉 一 〇/十一/二
三〇三/二/一
蝪 二一四/四/五
⿰䖵弟 六六七/四/一
蜦 七一八/九/二

5813$_{1}$
蟱 七 九/二/八
二七〇/七/五

5813$_{2}$
蚣 八 /二/五
一 〇/九/四
一 二/二/五
一 六/六/一
一 七/五/四
蜙 八 /二/四
一 二/二/四
一 七/五/三
⿰虫養 四一二/八/六

5813$_{3}$
⿰虫慈 四六八/五/四

5813$_{6}$
螯 一九一/二/五

5813$_{7}$
蛉 二四六/三/一
螊 二九一/二/四
二九四/十一/四
二九五/二/八

5814$_{0}$
蚥 三三四/八/八
三三五/一/六
⿰虫敖 二七〇/七/六
四九六/四/六
六一八/三/九
⿰虫敫 一四一/七/二
一四一/九/一
三七九/九/五

5814$_{1}$
蛢 二四三/二/五
六〇五/四/四
⿰虫荓 九 七/一/四

5814$_{7}$
⿰虫卉 七二六/七/五
七三〇/四/二
蝣 二五八/十/五
二六一/五/六
蝮 六五〇/五/一
七六三/一/四

5815$_{1}$
蛘 二一一/七/二
四一二/八/五
⿰虫鮮 三八二/七/四

5815$_{3}$
蟻 三一三/十/七
三二六/九/五
三二七/一/五
⿰虫羲 三 七/四/八

5816$_{1}$
蛤 一一三/九/六
七七〇/十一/八
⿰虫舍 六二三/五/六
⿰虫酉 一九三/一/五
二五九/二/一
二六三/五/三
蝤 二六二/九/一

5816$_{4}$
⿰虫舍 五九二/九/六
五九三/三/四

5816$_{5}$
蟮 △三八四/九/二

5816$_{8}$
⿰虫谷 九 七/四/三
⿰虫谿 九 七/四/二

5817$_{2}$
⿰虫缶 四三二/九/五

5818$_{1}$
⿰虫從 八 /十/一
九 /五/一
一 五/十/四
一 七/九/一
一 八/二/五
蜁 一七〇/二/二

5819$_{0}$
⿰虫尔 七〇〇/九/三

5819$_{1}$
⿰虫佘 二〇四/十一/六

5819$_{4}$
蜍 六 七/四/六
六 九/十/一

5820$_{1}$
⿱𠩺尸 五 四/三/六
五 四/五/三
五 五/十一/五

5821$_{4}$
氂 二 二/一/二
一九一/八/四
氂 五 四/五/四
一一四/五/三
氂 一八七/七/五
釐 一一三/四/五

氂 五 四/五/一
五 五/十/二
一一四/三/一
犛 △五一八/一/五

5822_7
剺 四 五/一/三
五 四/八/四
𢅩 五 四/八/三

5823_1
𢡺 四七七/四/一
四八五/二/四
𢤇 五 四/七/六

5823_2
𥿋 一一三/四/六
一五三/八/六
𥿋 五 一/六/一
五 一/八/二
五 二/一/七
五 四/三/一
五 四/十/四
五 七/四/四
一一四/八/一

5823_6
𪄣 五 四/十一/一

5824_0
敖 一九〇/九/四
敷 七 六/六/一
廒 六七五/三/二
𣀣 六四一/十/六

5824_4
𡠗 四 五/一/五
五 四/七/三

5824_7
𤛟 四八五/二/三
𤛟 五 四/七/四
𢁘 五 四/八/六

𢁘 五 四/八/七
𩡷 一九〇/十一/六

5825_1
犛 二 二/一/一
一九一/八/五
犛 一一四/五/二
犛 一八七/七/四
犛 五 四/八/八

5826_1
𪄣 五 四/八/一

5829_4
𥿋 五 四/十/六

5829_8
𥿋 一一三/四/四
一九一/八/六
𥿋 五 四/五/五
一一四/四/一
一八七/七/六

5832_7
鷔 一九一/二/九
五八一/六/四
鷔 七五七/十/一
鷔 二七三/四/五

5833_4
憝 七五七/九/二
憝 七 七/六/四

5834_0
𢿡 八 四/十/三
𢿡 六七五/三/三

5840_1
聱 二七五/四/四
五八六/八/一

5840_4
婺 一九〇/十一/四

5840_7
孷 五 四/七/五

5842_7
勢 一九〇/十/三

5844_0
數 三三〇/五/三
三三五/九/六
三三五/十一/四
四九七/六/四
六三七/一/七
六四四/二/五
六五三/二/四
六五五/八/四
六五九/十/五
六六一/一/六

5844_4
弊 五 四/八/五

5844_7
𢍰 一九一/一/五

5850_2
掣 三四五/八/七
摯 一八五/七/一
一九〇/十/四

5860_1
謷 二七三/四/七
五八六/六/一
謷 六三六/九/三

5873_2
餐 六三六/十/一

5877_2
𡿧 一九一/一/一

5880_1
𧾷 一九一/二/六

5880_6
贅 一八六/七/五
五一一/九/八

5884_0
敟 三七九/八/一

[illegible] 一四九/十/三

5890_{0}

[illegible] 三二三/九/八

5890_{4}

[illegible] 一九一/一/六

5892_{7}

[illegible] 一二四/八/一

[illegible] 四四/九/四

5894_{0}

敇 七三八/九/二

敕 七五七/七/七

敕 一二〇/七/四

5896_{1}

耠 七六九/七/八

5898_{1}

[illegible] 二〇四/二/十一

5901_{1}

輄 二二五/三/二

5901_{4}

摚 二一九/六/四

三三一/二/七

[illegible] 二一九/六/七

三三一/一/七

5901_{7}

捲 一七三/六/一

三六一/五/一

三六一/六/四

三八九/十/四

五七五/十/七

5902_{0}

抄 一八八/二/八

一九九/二/二

三九八/七/六

五八四/六/四

5902_{7}

撈 一七五/十/五

一九五/一/六

五七八/五/六

五八八/八/四

[illegible] 二三六/六/一

捎 一七七/十一/二

一八七/九/六

三九八/五/四

五八二/二/二

五八四/五/一

[illegible] 六一〇/七/五

輎 一八七/十/六

[illegible] 二一九/七/一

5903_{0}

[illegible] 六六四/二/二

5903_{1}

攩 四一四/四/一

四一七/三/四

四一七/八/一

四一九/八/六

六〇二/七/六

5903_{4}

擹 五四四/十一/五

5904_{1}

撑 二三〇/十/五

5905_{0}

拌 一四八/三/六

一四九/一/五

三六九/六/一

三六九/八/三

五五六/六/一

5905_{9}

撛 三五五/六/二

五四二/六/六

轔 一二〇/十一/二

二五五/五/六

五四二/七/五

5906_{6}

擋 六〇〇/十一/六

[illegible] 二二〇/一/三

5906_{9}

播 四〇六/五/六

5908_{0}

[illegible] 一一五/二/三

5908_{6}

損 △四〇六/十/三

5908_{9}

掞 四五〇/二/三

六二六/六/三

六二七/三/三

[illegible] 六二六/六/四

5911_{4}

螳 二一九/八/六

5911_{7}

蜷 一七三/五/七

5912_{0}

[illegible] 一八〇/六/二

5912_{7}

蟧 一七六/四/七

一九五/一/八

蛸 一七八/一/六

一八八/一/三

5913_{0}

[illegible] 六六四/二/五

七〇八/五/九

5913_{6}

[illegible] 二五五/二/六

5915_{9}

[illegible] 五四二/十/一

5916_{2}

[illegible] 四二二/五/一

六〇六/一/一

5918_{9}

蛟 六二五/十/六
蠑 二四七/十一/五

5919_4

蠑 二三三/六/五

5919_6

蟟 七二一/八/三

5921_1

耗 二三九/十/七
六〇六/八/三

5992_0

耖 五八四/七/二

5992_7

稍 三九八/五/六
五八四/四/一

5998_9

䅖 四五〇/五/二

6000₀
口 四三六/八/三
囗 六二/六/二
〇 二四二/四/五

6001₀
𣅆 二二二/一/七
甿 二二二/二/六
二三七/七/六
二五四/十一/七
六一〇/十一/四
盳 二二一/九/四
二二二/二/二
五九七/八/一

6001₁
晥 二二二/一/六
四一九/十一/九
六〇二/八/五
睆 四一九/十一/一
𠲣 二八/九/一
二九/五/三
三五/三/五
𥉐 六三九/一/四

6001₄
哇 三三六/二/四
三三六/六/五
四九七/三/一
唯 四一/六/五
四六/八/二
三一九/六/一
旺 六〇〇/七/六
眭 六〇〇/四/四
睢 三六/四/四
四二/三/二
四七/二/二
六五/五/五
九九/七/三

四七八/七/四
噰 七七四/六/八
噇 二四/三/二
嗺 二一/一/五
三〇六/四/七
曈 四/十一/一
五/三/四
三〇〇/十一/二
疃 三七一/八/三
瞳 五/四/三
四六六/五/七
曨 六八九/十一/二

6001₆
𣊊 三七一/二/六
䁴 三八三/十/三
三八四/二/五

6001₇
吭 二二四/三/一
四一八/十一/七
四一九/二/七
六〇一/十一/四
𤰶 二二三/六/六
四一九/三/一
六〇二/四/四
唬 五九九/四/二

6001₈
𠯗 七六七/五/五
𠯿 七六八/五/二

6002₁
畸 三六/十一/六
三七/十/七
𥆃 二三〇/十一/七
二三六/八/一
二四四/六/二

6002₂
喭 三七五/一/四

五五四/二/四
五七五/三/五

6002₃
嚌 九三/八/七
一〇四/二/三
一〇五/七/五
五〇二/九/一〇
𥋯 九二/六/六

6002₇
㕫 △四一五/八/四
昉 四一五/十一/六
𣅀 五一八/八/三
啼 九四/七/八
眆 四一五/七/八
𥃬 五一八/八/二
五一九/九/五
六九二/九/五
嗙 二二九/十/一
六〇一/六/六
哼 二二八/九/二
唷 六四六/一/四
瞝 三〇/一/五
嗃 一八五/十一/七
三九八/十/三
五八二/八/二
六四九/七/一
六五六/八/二
七二九/四/三
瞞 七三九/十/二
七四二/三/二
嚆 九九/十一/二

6003₀
眩 三六四/二/四

6003₁
嗻 二〇四/十一/一
四九二/六/五

	五九三/五/四		三二五/六/五		七二三/九/六
噍	一七八/九/六		四八六/三/二	啍	一〇八/七/二
	一七九/三/七		五二七/六/二		一二一/六/二
	二六二/七/四		六二二/八/二		一四一/八/五
	五七九/十一/二		七六〇/一/三		一四二/三/二
	五八〇/一/二	6003₇			二一七/五/四
	七一九/六/六	晾	二二四/十/一		三四八/七/七
噟	六一〇/二/四	䁁	二二二/一/五	𥈁	一二一/六/六
䁐	二五一/九/四		二二四/七/五		一二二/三/四
𪢐	一八七/二/八				一四一/十/六
	一九一/七/五	6004₀			五三九/四/一
6003₂		旼	一一九/八/四		七三一/六/四
呟	三八一/十/九	旼	一一九/八/五	嚘	七八三/九/二
眿	七三七/八/八	6004₁		𥌃	七八三/十一/三
㗛	四一九/二/五	噼	五四八/十一/五	6004₈	
嚷	三〇八/七/五	嚔	一四一/八/四	咬	一八五/二/七
[眩] 眩	一六三/八/三		三四八/七/三		一八六/四/八
眩	五六三/一/八	䁹	五〇三/三/七		三九七/六/一
[眩] 眩	五六九/十/一	噼	五四八/十一/六		三九七/九/六
	五六九/十/四	6004₃			五二七/一/一
	五六九/十一/七	啐	五一二/六/四	啐	五一一/七/六
	五七〇/四/六		五二九/四/二		五二九/五/三
	五七〇/七/三		六六三/七/五		五三二/五/四
嘀	七四四/六/四		六七二/五/五		五三二/六/七
𥉋	二二三/四/一		七一〇/六/五		五三二/八/一
曞	四〇六/八/五	6004₄			五三二/九/二
嗞	五三/六/四	唛	七七一/五/六		六七一/五/一
䁒	五三/七/四		七七七/二/十一		六七一/七/三
噥	一〇七/六/四		△七八九/五/四		六八八/八/五
6003₃		睖	七七七/四/一〇	晈	三九二/九/三
嚽	五三/十一/六	6004₆			五七九/一/三
6003₄		暲	二一四/十/一	睟	五三二/八/五
嗾	六六四/六/二	6004₇		睃	三九七/三/二
6003₆		𠹢	二〇六/七/三	睟	四七四/十/四
噫	五七/二/二		△四九九/十/四		五三二/十/五
	六一/三/四		五九四/三/八	駮	五八三/九/一

6005$_0$
喙 五四二/五/四
6005$_7$
晦 五三三/五/四
晦 四三八/四/五
晦 六四一/八/一
6006$_0$
暗 四七三/六/四
6006$_1$
喑 六一九/六/五
唁 五四八/十/一
五七五/三/三
喑 二七九/一/四
二八四/一/三
四四四/三/二
四四六/一/二
△六二二/七/四
六二三/十一/一
嗜 二八六/八/三
暗 四四五/九/二
六二三/十/二
6006$_4$
咯 五四二/五/六
6008$_1$
𥉌 四五一/七/四
睷 七七七/十/七
6008$_2$
咳 一一二/五/四
一一二/六/五
晐 一一一/十一/九
晐 一一二/三/二
胲 一一二/六/三
6008$_6$
嚝 二二九/五/四
曠 六〇二/八/七
六〇二/十/五
曠 六〇二/九/二
七三一/六/三
6009$_4$
噍 七六四/八/八
6009$_6$
晾 五九九/五/三
五九九/十/六
6010$_0$
日 六六三/三/一
七六一/九/一
曰 六七六/四/三
六七八/四/三
旦 五五八/六/五
6010$_1$
亘 三〇七/八/五
目 六四一/五/一
囯 二一六/九/五
昰 五九五/一/六
6010$_3$
呈 二三九/十一/七
六〇六/九/二
呈 二一八/十一/六
四二四/九/七
呈 七〇二/五/二
里 三二四/五/二
罣 三三六/二/五
四九七/二/四
六三八/四/三
国 七〇〇/十一/五
星 二四二/四/三
(罿) 四 △五〇九/一/六
罣 五二三/六/三
圕 一六二/八/二
墨 五〇/八/一
五三二/一/五
七六三/二/一
量 二一六/十/三
纍 四六五/四/五
量 二一六/十/二
五九九/五/八
壘 五/六/三
一六/四/四
壘 四五/八/五
三一八/十/三
三二七/十/一
三四九/四/九
五三〇/七/六
六七二/六/二
疊 二四二/四/二
6010$_5$
囯 七六七/六/八
七八八/四/二
6010$_6$
疊 三八三/五/五
6010$_7$
盟 一三八/十/一
回 △六八四/二/八
品 一三八/十/二
三二八/九/二
罍 六五五/九/三
六六〇/五/六
罝 六五/十/六
二〇四/三/八
畾 二三一/九/六
四二二/二/二
圖 七八七/二/三
置 四八四/九/四
四八五/一/四
疊 一〇九/五/四
疊 七八一/七/六
疊 七八一/七/七
6010$_8$
昱 六四六/一/六

6011_1

罘 七七二/八/八

罪 三四八/六/一

蹗 六三九/六/四

躧 三一七/一/五

6011_3

罨 一八一/八/八

罠 三九四/五/四

䟽 八五/七/六

6011_4

跓 三三六/七/六

跜 七二三/九/三

踓 三一八/二/二

三一九/六/五

六四二/三/三

蹝 三七四/一/四

雒 四二/二/二

雜 六五一/九/二

蹱 一六/四/五

一九/一/二

四六五/三/六

雝 六五〇/二/七

躔 一六六/六/六

三八七/七/七

6011_6

䠨 三七九/十一/八

三八一/六/二

6011_7

䟘 四一八/十一/三

四一九/四/一

罪 一八七/九/一

三九八/四/五

6012_0

剮 五八四/十一/四

囦 △一五一/十/五

6012_1

踦 三六/十一/二

三七/八/二

三八/一/三

三一三/三/四

△三一三/七/一

三一三/九/二

三一四/二/五

四一七/四/五

6012_2

跈 三七五/一/三

6012_3

躋 九三/五/四

五〇二/五/六

6012_7

罵 七五〇/九/四

蜀 六五二/二/二

趽 二一二/一/一

二二一/七/八

二三〇/五/三

五九七/六/一

跡 四八七/一/三

五一八/八/五

六九三/一/二

罬 七七五/一/二

蜀 九九/十一/四

𠢵 六五四/七/一

䠙 二二一/七/九

六〇一/七/四

蹄 九四/十一/二

五〇五/二/四

蹢 七四二/三/四

△七四五/八/七

七五〇/六/八

蹻 一八五/七/六

五八五/十/二

6013_0

跡 七四三/四/六

罫 五二三/七/四

6013_1

蹠 四九二/六/六

七二〇/三/五

七四四/十一/五

6013_2

暴 五八六/八/五

六三六/三/六

六五〇/六/一

六五八/五/五

六五九/五/七

七二七/一/一

躟 二一五/十/二

四一五/四/四

6013_6

蝨 三〇六/一/四

蚤 一八〇/二/七

一八〇/五/五

一八〇/五/八

蟁 三一九/八/七

蠲 三三/七/三

三三/十一/三

一〇〇/七/一〇

一八〇/二/六

一八〇/六/一

6014_0

罫 三四四/十一/六

躕 八二/六/二

6014_1

趼 五九三/三/七

躃 六八七/十一/六

躄 七四七/五/四

七四七/十/三

6014_4

踒 七七七/一/七

6014_7

踱 七二一/四/五

七二三/九/二

最 五二〇/六/五

五二〇/七/一

五二〇/六/五

六九三/七/三

躞 七八三/八/七

𨇹 二三/八/三

6014_8

跤 一八五/七/五

踤 四七五/十一/七

六七一/六/五

六八二/五/六

六八二/八/六

冣 四二六/一/四

6015_3

罭 七六〇/五/三

七六〇/十一/六

國 七六四/三/三

6015_7

踇 四三八/四/四

6016_1

踣 一一一/三/一

二六九/九/四

四九五/四/九

六一二/十一/七

六一七/十/三

七六二/十一/一

6016_2

蹭 △七四五/八/九

6016_3

〔蹹〕蹹 六四四/十/四

六四六/十/二

6016_4

𦊐 五〇〇/三/六

6018_2

䠹 五三六/二/一

6018_6

𨆪 六〇二/十/三

5019_3

𨇠 一七一/九/六

6020_1

号 四二八/八/八

罕 四二八/七/四

罘 二七七/七/二

6020_2

𦋷 六二一/七/八

𦌾 二七六/九/二

6020_7

号 一八三/六/六

一八九/七/七

五八五/五/一

𦉪 七三/九/四

𦊁 四〇五/二/三

𦊫 四三六/三/五

6021_0

四 四七三/十一/六

六六三/九/六

兄 二三三/七/四

六〇〇/四/八

見 五六二/十/一

五六八/九/三

五六九/三/八

6021_1

兕 二二九/七/一

园 一四七/十一/七

一五〇/七/七

𦋺 七五三/一/一

𦌋 四四/七/一

一〇九/一/四

曆 七五三/一/二

麗 六三八/十一/六

罷 三二/三/一

三二/三/七

三二/八/六

二〇四/一/二

三一六/九/二

三一六/十一/一

三四五/一/六

四〇九/一/一

七六一/二/一〇

羅 三〇九/六/五

𦌾 六六/五/二

6021_2

罨 四六六/十一/五

四六九/十/五

魁 三八/一/五

魑 二九/十一/一

6021_3

鬼 三二七/八/四

魍 一〇九/八/七

6021_4

囮 一九八/三/二

二五八/九/四

四三二/五/六

貶 六五五/十一/二

罹 五八四/九/七

雉 六七二/六/三

雌 一一七/四/三

雛 七三〇/三/九

6021_6

圓 三八五/三/三

覓 五八七/五/四

六五〇/七/一

七六三/三/四

6021_7

园 六〇二/一/七
罯 五二/十/二
二〇四/三/一〇
6022_0
罘 六六九/八/三
罰 六六〇/一/五
6022_1
罽 五一三/三/七
罗 二〇九/七/二
䍐 四五六/十/七
鼎 四二七/十一/六
六〇八/一/四
鼏 八〇/一/四
八三/五/二
四九五/一/五
鼒 一三〇/十/七
一七二/六/八
6022_2
畀 七/八/六
一八七/七/一
六一八/四/一
彲 四〇八/九/二
圝 八六/十一/六
6022_5
界 三九九/二/四
罾 三四一/四/二
三四一/七/二
6022_7
另 四一二/三/七
圃 三三七/八/八
四九八/七/八
易 四六七/四/三
四六九/九/九
七四六/九/四
囧 四二三/一/一
昜 二一一/一/三

圌 一七一/一/二
圐 七六四/三/五
罛 四六三/五/五
胃 四八九/三/四
罤 九四/十/五
罤 一三八/四/一
圎 一六三/五/四
一七二/六/二
胃 三八一/十/二
三八二/一/二
五七〇/六/六
囿 四三〇/八/五
六一一/七/七
六四六/六/七
圃 三三七/八/六
四九八/七/六
蜀 四四八/七/一
罤 一三八/四/二
胃 一六四/一/一
胃 四八九/三/五
圜 二三七/十一/二
二四二/四/一
羃 六八四/七/二
䍥 六五四/十一/五
䍈 三九九/三/七
三九九/十一/四
6023_1
㬥 三七二/八/四
五六二/七/七
6023_2
罠 九〇/三/一
圂 五四九/十一/一
五六一/七/二
園 一三三/十/四
眾 一六九/十/六
罳 二四一/六/八
晨 一一七/一/二

一一七/一/四
一一七/六/一
一一八/三/六
圜 一五二/五/一
一七〇/二/四
一七二/七/一
䍡 六三八/十一/七
晨 一一七/一/一
6023_4
罢 一六七/三/四
一七三/七/四
五四八/八/八
圄 六五五/六/二
6023_7
羅 二九三/十/二
6024_0
罻 四八〇/一/四
四九〇/二/三
六七七/八/四
6024_7
罬 七五六/八/六
七五七/三/一
罭 四六一/一/三
罬 四八四/九/五
嚴 四五四/十一/四
6025_1
舞 七九/二/一
三三五/六/三
四九六/二/五
6025_3
晟 六七〇/三/二
晟 二三八/一/三
二三九/六/一
二三九/六/五
六〇六/八/一
6028_1

昃 七五六/三/五

6030₃

晷 一四/九/三

6030₇

图 二四五/七/二

䍅 二四六/七/一

䍅 四二九/二/三

6031₁

黱 六三八/十/三

6031₇

黖 二二三/一/四

6032₁

黇 六〇九/九/三

6032₇

曷 七二四/五/六

罵 四〇八/十/一

五九二/二/四

黐 三一/二/四

黷 一九/二/一

鷩 三一九/六/二

三九二/一/六

三九二/六/六

鸓 四五/七/一

三一九/四/三

6033₀

囪 七六一/五/六

思 五二/九/一

一一四/九/八

四八四/五/五

恩 一四二/九/一

恩 五四九/十一/二

6033₁

黑 七六三/九/二

暴 三七二/八/二

五六二/八/一

羆 七九/二/二

三三五/七/一

羆 三九〇/七/五

三九三/七/二

黊 三三六/六/二

羆 三二/三/六

6033₂

愚 七二/六/四

昜 二一一/九/七

黝 五三/三/五

6033₃

㬎 三八〇/六/二

七七〇/九/三

6033₄

㬎 一五二/六/六

6033₆

愚 五二/十/一

蜀 一五五/四/四

黷 二八六/八/二

二九五/八/二

四五六/一/四

6033₇

昂 三八二/四/三

幽 二四五/一/四

6033₈

恩 六六三/八/一

6034₁

罗 七六一/十一/四

寻 五三六/十/五

尋 七六一/十一/三

6034₂

團 四九五/九/七

6034₃

團 一五〇/七/五
一七一/一/六
三八五/五/八

6034₄

黷 七七七/二/六

6034₆

團 一六九/三/九

6034₇

黥 五五二/四/五

6036₁

黯 四四五/九/六

6038₂

歜 一三八/九/八

6039₆

黥 二三二/十/三

6040₀

田 一二七/五/四

一六〇/六/三

甲 七六五/六/一

早 四〇一/六/四

旻 一一九/八/二

6040₁

旱 三六七/四/一

五五二/八/二

圉 三二八/一/五

旱 七六四/五/七

七六四/九/二

七六七/七/六

睪 ▵四九九/九/四

七四六/一/二

七八〇/四/一

圛 七四六/七/六

6040₄

囡 七六七/六/七

娶 二七二/一/四

晏 三八一/六/三

五六〇/十/三

五六九/七/四

婴 四九八/一/四

晏 五五四/一/六

五六〇/八/三

嬰 六七一/九/二

囊 二七二/九/三
四三五/三/五

6040_6

單 四八四/九/六
罩 五八四/九/四
六六一/七/七
六六一/十一/一

6040_7

因 四五六/十/三
七六七/六/六
七八八/四/一
囝 三八九/五/四
六七七/十一/二
罦 七七/三/四
七八/八/一
二六六/九/四
曼 一四九/五/四
三六九/四/七
五四九/六/二
五五七/三/一
曼 六七八/七/八
六八一/一/四
七〇七/七/一
七一二/十一/七
七四八/三/四
七六〇/十/三
要 一八二/十/一〇
暈 四三六/三/四

6040_8

暴 五八六/九/一

6041_0

圂 三四五/九/三

6041_4

雎 七五四/十/三
雜 五二一/三/三
雖 七二/五/四
雛 七三三/九/三

羅 三〇/十/一
羅 三〇/十/二
羈 二三四/六/一

6041_6

冕 三八七/一/七
冕 三六三/四/七
三六三/六/二

6042_7

男 二八一/九/五
禺 二一/六/二
七二/六/一
四九三/十/六
四九六/五/二
禺 △四八七/七/七

6043_0

因 一二四/八/二
吳 五九六/四/五
臭 七四七/三/一〇
七五四/九/三
七五五/一/四
昊 三九九/二/五
圜 七二七/七/五
冥 四八二/四/二
羼 四八二/四/一

6043_2

罛 九〇/三/二
罟 二二九/七/二
二三五/二/六

6044_0

弇 二〇/七/五
昇 二四九/七/四
界 四八〇/八/四
數 一四九/七/二
五五六/十一/二

6044_3

昇 五七六/九/二

6044_4

羿 七三三/七/五
七四六/三/一

6044_7

罬 六七一/八/六
七〇五/八/三
七一一/九/四
七一四/五/四
暴 三六八/二/四

6050_0

甲 七八八/九/六
甼 三三/四/四
三四/二/二
三一五/十/二
四八一/五/六
甼 一一八/九/二
一五三/二/七
三一六/三/七
六六五/四/三

6050_1

羣 七四六/一/三

6050_4

畢 六六四/七/三
六六六/二/四
畢 六六四/七/二
畢 七六七/九/七
七七六/六/二
罼 六六四/七/四

6050_5

罨 五七一/五/七

6050_6

畢 四〇一/六/三
圍 六二/六/三
四八九/七/六
暈 五四六/三/二
暈 六五四/十一/四

6050$_7$
罶 四三八/七/六
罶 一一一/六/三
罶 三三五/七/二
三三七/五/七
四三八/七/五
罶 五三二/二/一
6051$_4$
罹 三三/七/一
羅 一五四/三/三
五五九/七/二
6051$_6$
韇 三七九/十一/四
6052$_1$
羇 三六/十一/一
6052$_7$
罵 三六/十/五
羈 三六/十/七
覊 三六/十/六
6060$_0$
呂 三三一/十一/一
回 一〇七/六/五
一〇七/六/六
三四七/三/八
五三三/三/二
昌 二一四/七/六
圀 四五六/十/六
昌 二一四/七/五
五九八/二/八
畐 二一七/八/四
冒 五三二/二/六
五八七/一/二
七六三/三/三
圖 五〇一/八/一
畾 三二〇/九/四
6060$_1$
固 六〇〇/九/六
固 六〇〇/九/五
圄 三二八/一/四
圁 一二六/二/二
一三三/一/三
一五五/三/一
罯 四四五/十/三
七七〇/六/六
詈 四六九/一/三
圖 二七/一/五
罟 二七九/四/五
二九四/三/四
二九五/九/二
四四四/五/三
譽 一九一/七/四
四〇一/一/五
六五八/八/二
六五八/九/一〇
六五九/二/五
譽 六五九/二/四
罯 三一九/三/一
三四九/五/二
三四九/八/五
五三〇/十/一
6060$_2$
罶 四三五/三/三
6060$_3$
罾 七七二/二/二
罾 一〇九/七/二
圖 五四八/一/三
五七六/二/二
6060$_4$
固 五〇一/五/六
罟 三三九/十/四
罯 三二〇/七/五
畐 三二〇/九/三
署 四九二/六/七
暑 三三〇/九/一
圖 八六/十一/五
6060$_6$
罟 四九三/二/五
睿 二五四/三/四
6060$_8$
合 六四一/五/二
6060$_9$
罟 五〇/三/二
七七/三/六
七八/八/二
二六六/九/五
6061$_4$
䍦 一四五/十一/六
羅 三一九/四/七
6062$_0$
罰 六八〇/九/一
6062$_7$
罰 四三七/二/三
6064$_1$
尋 七四/一/三
八九/五/九
辟 五〇三/六/三
七三八/一/四
七三八/三/六
七三八/三/八
七四七/十/六
6066$_0$
品 四四二/十/二
晶 二三八/一/二
畾 一〇九/七/七
三一九/三/二
晶 六五九/十/一
6066$_6$
畾 一〇九/七/一

6067₇
罍 七八六/五/三
6071₀
毘 一八六/四/五
三九七/八/五
五八三/三/四
6071₁
罡 四四二/一/二
六二一/四/六
毘 四九/五/七
昆 三九二/五/五
昆 一七七/七/一
三七四/十一/六
昆 一三八/二/六
一三八/三/七
三六四/一/六
6071₂
罷 七七/三/五
一八六/十一/九
二六六/九/三
六一三/二/五
6071₆
罨 四五三/三/二
七八五/八/五
罨 七七〇/七/一
6071₇
囙 六六三/三/二
囤 一四二/五/二
三六六/四/四
邑 七六八/十/四
七七〇/六/五
罝 三二九/三/四
圈 一三七/七/二
一七二/十/四
一七三/五/四
三六一/四/一
三六一/六/一
(圈) △三八九/十一/四
五四八/一/二
五七六/三/八
罨 一七二/九/五
罾 三五四/十一/一
罍 一二五/三/九
罍 一八一/八/六
6072₇
昴 四三五/三/四
昴 一八七/八/六
三九八/四/四
昂 二二三/十/二
六〇〇/二/五
昴 二二三/十一/六
曷 六八六/二/一
六八六/八/七
六八六/十/五
六八七/六/三
圖 六九八/四/二
鄙 四一四/九/二
四一五/六/三
五九八/一/二
五九九/八/六
6073₁
国 一二六/九/一
一三〇/十一/三
一三四/二/五
曇 二八〇/十一/八
6073₂
畏 六一/四/六
一〇七/二/一
三二七/四/七
三四七/六/七
[罣] 罣 五七〇/二/三
畏 六〇一/二/六
纍 四一七/十一/四
6074₂
罠 三四二/七/二
6074₇
罭 五六/七/四
罠 一一九/十一/三
6077₂
岀 二七九/五/六
二九五/八/四
七六九/三/二
七七九/一/三
七八〇/二/四
罌 四五/七/八
一〇九/五/三
6077₇
罪 二六一/八/一
罤 二六一/八/二
罯 七八六/五/六
6079₃
罽 一九八/三/三
罽 二五八/九/三
6080₀
囚 二六二/十/七
只 二四/十/一
三〇七/八/四
貝 五一八/七/五
五二八/十一/四
6080₁
足 四九六/七/一
六五三/三/四
是 九五/九/四
三〇八/八/四
異 四八五/三/三
異 五六/七/八
巽 五六/七/九
異 五六/六/二

巽 三八三/五/三
三八六/二/三
三八六/三/五
五六二/二/一
五七一/十一/五

6080_6
員 一七二/六/七
圓 一七〇/二/三
買 三四五/四/二
圜 一七二/七/二
五四六/七/二
五七二/四/七
賣 六三八/四/四

6080_8
暌 一二/四/六
暌 一二/四/四

6080_9
炅 四二三/一/六
四二六/七/三
五〇九/二/一〇
炅 一二四/八/四
焭 五八〇/八/九

6081_4
雎 三四五/五/二

6083_2
眩 三八二/二/五

6083_7
賺 二九一/一/四

6084_7
瞍 三三八/四/四

6084_8
賥 四七五/一/四

6085_7
晦 三四六/八/二
五三三/七/三

6086_4

賂 五四二/六/三

6088_1
贔 六六〇/六/二

6090_0
四 二三/九/二

6090_4
困 一六三/十/二
五五〇/二/四
困 一二六/十/一
三五六/九/七
呆 四〇〇/十/七
罙 三四/三/五
一〇一/三/三
杲 三九九/二/三
三九九/十一/三
果 四〇五/六/一
四〇五/十/六
四〇八/五/四
五五五/五/二
纍 四七九/五/八
羅 一八八/四/三
五八四/七/四
臬 一七八/四/九
五八七/五/五
暴 六五五/一/三
暴 五八六/八/七
暴 五八六/八/四
暴 六五八/五/一
圞 一二七/三/四
三五六/九/三
三六四/四/三
三九五/十一/六
梟 三一九/一/三
鼎 五四七/十/五

6088_2
賅 一一二/二/六

三五〇/五/三

6088_6
贔 四八二/三/四

6089_6
䞉 二一七/一/一
五九九/五/六

6090_1
罘 五〇/三/三
二六六/九/六
罺 四三八/七/四

6090_3
累 四五/六/四
三一八/十一/二
三四九/五/一
三四九/八/三
四六九/七/四
四九八/二/五
七八〇/一/七
暴 六三六/三/五
圞 三六四/四/四
暴 六五四/十一/七
暴 六三六/五/四
七二五/十一/四
纍 四五/二/三
三四九/四/一〇
四六九/七/五

6090_6
景 四二二/六/五
四二二/八/二
𦋟 五七八/四/九

6091_4
罹 三〇/十/四
二〇一/七/四
羅 三一/七/三
二〇一/五/一
五八九/十/八

6091_{7}
罝 二〇四/三/九
6092_{7}
羁 七四/一/四
羂 三八一/十/三
䍦 三九九/三/八
6093_{2}
𦌴 三八一/十/五
𦍑 五七〇/六/五
6094_{1}
𦊺 三三二/九/六
6094_{6}
𦌇 五八四/十一/三
𦋸 五八四/十/一
6098_{9}
𦋈 四四九/七/六
6099_{3}
𦋳 四四四/二/三
羉 一四九/六/一
一五一/五/四
圞 一五一/五/五
6099_{4}
罧 二七六/十一/四
二七八/三/四
四四一/二/七
四四一/八/五
六二一/七/六
圝 六一一/七/八
六四六/七/一
6101_{0}
叱 五九六/七/三
叿 九/十/三
一〇/十/三
呲 三一六/一/四
六六五/七/一〇
吡 二九/五/二

三五/三/四
五四/一/二
呲 四九/四/二
眦 五二五/一/七
6101_{1}
呕 六六五/四/六
咥 六〇七/二/七
䀆 三六〇/二/五
眐 二三九/三/一
六〇六/七/二
睲 二三三/十/七
四二七/五/三
七八七/三/二
嚦 七五二/四/二
啡 一〇五/十/三
一一〇/十/一
三四八/十/二
三五〇/九/七
五三一/五/一
暃 五九/六/五
嗟 七二二/一/四
曆 七五二/四/一
嚨 四三〇/四/三
曬 三〇/一/六
四六七/十/三
五二四/九/二
五九三/九/五
曥 三〇九/五/三
三四三/三/五
三四五/五/三
曨 三一/四/一
嚨 六/四/二
曨 六/五/一
三〇一/五/三
矓 四六五/二/三

6101_{2}
嘘 六三/四/四
噓 四九〇/十一/三
噩 一八七/三/一
6101_{4}
旺 六〇〇/三/二
啞 四六/十一/三
五五/九/二
四七三/四/二
四七六/四/七
四七六/九/二
四七九/一/四
四八二/十一/三
四八八/一/四
六六七/二/二
六六八/七/六
七〇〇/十/五
七〇一/五/四
曌 七六八/四/七
晊 六六二/九/三
啀 一〇一/十/六
睚 一〇一/十一/四
五二四/三/六
五九六/三/五
哩 一五五/二/四
一六二/九/三
嚜 一二四/九/三
眐 二二四/六/一
眰 六六二/十/三
六六七/二/五
七〇二/一/七
[䀣]眶 二一八/九/一
嘅 三五〇/三/一
五二一/二/一
五三三/八/六
五三六/三/四
嚋 七〇一/五/五

⿰目要 三六二/九/四
三八一/五/二
五六九/六/六
五七五/二/六
六九五/四/四
矅 七二九/四/六
七三〇/十/六

6101_6
⿰口叵 四〇六/七/三
咺 一三四/八/一
三六〇/十/一
晅 一三四/七/三
三六〇/十一/六
暅 三六〇/十一/八
[暅] ⿰日佰 六一一/三/六
⿰耳亘 三六〇/十一/七
⿰目亘 六一一/四/一
暱 六六三/三/五
⿰目匿 六六七/十一/五
六七〇/一/六
⿰目匿 六六八/二/一
嘔 七四/三/四
七四/十一/五
八〇/六/五
二六七/十一/四
四三七/四/六
四九四/一/四
⿰日區 六一七/八/一〇
瞘 二六八/一/八
二六八/九/四
⿰日畺 二一七/八/七
⿰口暨 四八五/六/三

6101_7
⿰目巨 三二九/三/二
⿰日匝 三五二/八/一
⿰目巨 三三三/三/五

啞 二〇九/三/六
四一一/五/五
五九五/十一/一
七二二/五/七
七二九/十/四
七三四/九/三
唬 一八五/十/四
一八九/七/八
三九九/七/七
七三五/七/三
⿰口甌 四一一/八/六
嚧 八七/九/一
曥 四九一/八/一
矑 八七/八/五

6101_8
⿰口豆 六一九/六/六
⿰目豆 二七一/五/四
噔 六七七/六/五
⿰日豐 二四五/二/四

6102_0
叮 二四三/十/七
呀 二〇八/三/一
町 二四四/三/三
三八〇/一/六
△四二一/八/二
四二八/四/三
四二八/六/六
四二九/一/四
盯 二三〇/十一/五
二三一/三/四
△四二一/六/四
六〇三/十/七
呵 一九六/二/二
一九六/七/五
五八九/三/六

呵 一九六/七/三
啊 五八九/六/八

6102_1
⿰目行 二二四/二/六

6102_7
⿰口帀 七七一/五/二
⿰口巿 五二/三/四
昞 四一五/十一/七
四二一/九/二
六〇四/二/七
⿰目丂 五七一/一/四
眪 四一五/七/九
四二一/十一/四
⿰目帀 五二/七/三
⿰目兩 四一七/九/三
曬 三四/四/四
嚅 八一/九/四
眄 三七九/六/一
五七一/一/三
嘕 一六七/三/一
一六八/一/一
嚋 九〇/九/五
曘 一七一/三/五
二〇二/九/五
五九一/十一/一〇
噧 七四〇/十/五
⿰目馬 五九二/二/三
⿰目需 一二二/五/九
⿰日萬 七五二/三/七
⿰口厲 五一八/二/四
六八九/一/九
嘴 三一一/一/六
⿰目萬 七四〇/十/六
⿰日厲 五一四/十一/五
⿰口禹 一〇二/七/一
⿰口厲 三三八/十一/三

6103_1

眃 一三〇/十/一
噁 五〇一/十/一
七二九/九/五
七三一/九/三
[illegible] 六七三/六/五

6103₂
啄 六三七/九/二
六六一/六/五
[illegible] 七七一/五/三
[illegible] 三〇二/十一/五
[illegible] 六七六/五/四
𠰭 一一五/十一/二
㖃 五九八/十一/四
五九九/二/五
䀼 一一六/十/二
五三九/一/六
嚎 七二二/一/三
䁻 二一六/五/二
五九八/十一/一
饕 六七七/六/六

6103₄
噢 三五三/九/二
燠 三七二/一/五
噢 一七一/三/四
三八五/九/四
五七三/五/五
五九一/十一/八
嚘 三三二/七/一
噘 七七六/五/四

6103₇
瞜 二四六/九/三

6104₀
叹 三五七/八/四
吁 六三/四/五
七三/八/一
七三/九/三

四九四/九/二
盰 一四三/十/四
三四一/一/六
五五二/八/六
五五三/七/二
盱 七四/二/四
䀗 五〇七/三/四
眪 四一九/一/三
咞 ◆六二/六/三
三八一/二/四
五六八/十/五
盰 三六七/十/六
五五三/七/四
盱 七三/八/二
七三/九/五
九一/一/五
咡 五二/三/五
四八三/十/一
眪 九六/十一/七
一〇〇/一/六
唛 一六七/三/二
三六二/二/一
睅 九七/二/三
眲 △四八三/九/五
七三三/十/九
七四〇/一/五
七五七/七/六
嚼 七八二/三/八

6104₁
哢 四六一/九/三
囁 七七八/七/一
七七九/一/二
矊 七八〇/三/六
矊 七七八/一/三
七八〇/三/三

6104₃
哹 六二〇/六/六
△六五一/四/四
六五二/八/五
嚘 二五七/八/一
二六八/四/四

6104₄
喓 一八二/十一/五
䁏 三九二/六/三

6104₆
哽 四二〇/五/二
四二一/二/四
[illegible] 一六八/八/七
䁍 四二〇/八/三
啅 五八四/十一/五
六六一/六/四
䀿 六六一/五/四
六六一/十/一
䀿 六六一/五/三
嘾 二八一/三/二
四四七/八/四
瞫 二八一/二/四
四四一/六/一
四四一/十/四
六二二/九/三
六二四/七/三

6104₇
㕯 五五六/五/二
五五六/七/四
五五六/九/六
眅 一五三/四/一
三六九/六/六
三六九/八/四
三七三/四/四
三七三/六/一
五五六/五/一
眅 五四九/三/一

趾 三二一/十一/二
踁 六〇七/六/二
跐 三〇九/七/二
三一〇/五/一
三一〇/八/三
三四五/九/六

6111_1
䟜 一四七/十一/二
踁 二三三/十一/三
〔𨀣〕𨀣 二一八/九/七
𨇄 七五二/五/三
䠊 三二六/五/六
四八七/五/一
𨇄 七五三/五/五
躧 三一/三/二
三〇九/三/三
三四五/五/七
四六七/九/七
躘 一九/五/五
三〇五/一/四
四六五/二/四

6111_3
𨀁 六五五/七/四

6111_4
䟨 四七六/九/七
六六七/二/六
七〇一/七/一
䟻 五七三/十一/三

6111_6
𨄕 七四/九/四

6111_7
距 三二八/十一/一
䠆 六〇九/七/七
䢽 一六四/四/五
䟸 二〇九/二/五
四一一/六/四

𨄶 一九九/八/五
二〇六/三/三
䡴 六八/十/四

6111_8
䟳 二七一/六/五

6112_0
𨀁 二三一/一/二
二三六/五/四
二三九/十/五
二四三/十/四
跒 二〇八/四/四
四一一/一/二

6112_1
䟘 五六/十/六
䠇 五一三/十/六

6112_7
䟗 五〇一/三/四
五〇二/四/一

6112_9
踄 七二六/十一/三
踄 四九八/九/三

6113_1
𨄚 四八七/五/三
䠔 一六四/四/四

6113_2
䠗 六五三/十/一
六六一/三/二
䟴 一一六/四/一
五三八/四/二
蹍 一六六/六/七
䠆 二一六/七/一
躆 四九一/五/二
七三七/三/二

6113_3
䠔 六五三/十/四

6113_6

蠹 四九/八/三
蠹 三八〇/六/六

6114_0
䟖 五五三/八/七
五六一/一/九
跰 一六二/一/四
三八〇/十/五
䟧 一六一/八/一
一六三/一/一
五六九/八/一

6114_1
躡 七八〇/五/三

6114_6
䡰 二二四/三/五
二二八/五/五
𨁲 一六八/十/三
踔 三九一/四/六
五七七/十/四
五七八/二/三
五八四/九/六
五八五/一/一
七二一/四/三

6114_7
跂 三一二/四/八
七三七/五/一
𨇊 七二四/三/二
斀 六五八/六/六
七二六/三/四
斀 六三七/九/三
𨇛 三九四/二/七

6115_3
䠣 五三八/二/二

6116_0
跕 七八〇/十/六
七八一/三/三
跖 七四五/一/一

6116_6

踾 六四〇/二/二

七六一/三/二

七六一/五/一〇

七六一/七/三

6117_2

⿰足齒 六四四/三/四

六五五/九/二

六六〇/四/二

6118_1

蹝 三〇九/三/五

蹎 一六〇/二/三

6118_6

⿰足頁 三一八/八/九

頭 三七〇/十一/五

⿰足煩 一三六/十/二

⿰足頃 三一二/九/六

⿰蜀頁 六三八/二/八

⿰足賴 △五一八/三/四

⿰足顛 三一二/九/八

6118_2

蹶 五一三/十/五

六七八/十一/五

七一四/五/六

6119_0

⿰足不 七七/九/二

6119_1

跡 六四二/五/三

⿰足票 一八〇/二/二

6119_3

⿰足紫 三四一/八/二

6119_4

⿰足粟 五八一/八/七

6121_1

⿺鬼虎 九〇/十/四

⿺鬼虒 九〇/十/三

魖 六三/五/一

⿰鬲虒 七五三/一/六

6121_2

⿺鬼丙 四一三/五/三

6121_7

號 一八九/七/五

五八五/五/二

6121_8

⿺鬼瓦 三四七/九/一

⿰号盧 三九九/五/七

五八五/五/五

6122_7

⿰瞿馬 七六/一/四

6128_6

⿺鬼頁 五六/三/四

三四六/十/三

⿰号頁 七三〇/一/三

⿰厰頁 五四七/六/三

⿰鼎頁 四二七/十一/二

6131_1

⿰黑歷 七五二/六/七

6131_4

⿰黑旡 四八八/四/七

黫 一五五/一/三

6131_7

黸 八七/八/一

6133_4

黰 三五二/六/一

6133_6

點 二八九/九/六

四五四/一/四

五八九/十/二

六二七/十/四

6134_0

⿰黑干 三六七/十一/三

6134_3

⿰黑辱 六五二/九/一

6134_7

黢 四五八/一/二

6135_3

⿰黑戠 六九一/一/二

6138_1

黰 一五五/一/二

6138_6

⿰絫頁 五三二/四/二

五三三/七/四

⿰显頁 一一四/十/一

顯 三八〇/六/一

五六八/十一/四

6141_1

⿰禺瓦 四三七/七/三

6142_7

驪 七二三/三/一

6144_7

毀 四〇三/十/三

五五二/九/六

6148_6

顒 二一/五/五

⿰嬰頁 四二五/四/四

6150_6

咢 七六六/十/三

轡 三八〇/六/四

五六八/十一/一

五六九/三/二

6151_7

甄 三二一/四/一

⿰早瓦 三四/二/三

一〇一/一/二

6153_2

⿰單辰 四三/九/六

一二〇/五/一

三五五/二/二

[illegible] 三五二/七/三
[illegible] 六六七/三/一
6154_{7}
戥 三四四/四/二
五〇三/五/二
[illegible] 六六四/七/五
6158_{6}
[illegible] 三一六/一/五
三四一/十/八
四八一/二/六
6164_{1}
[illegible] 五八七/二/二
毆 五三〇/七/二
6171_{7}
虢 一九三/四/三
甗 二八一/一/二
6173_{2}
饕 一九三/四/二
6174_{0}
[illegible] 六八七/二/八
6178_{6}
顥 六八六/三/二
六八六/七/五
六八六/十/八
6180_{1}
匙 二六/五/三
題 九五/三/四
三四二/十/一
6180_{8}
題 九四/六/八
五〇五/一/五
6180_{9}
昊 四二三/一/三
6181_{1}
䟓 五五六/一/六
6181_{4}

賱 三六二/六/二
五四八/八/四
6182_{7}
贎 五一四/七/二
6183_{2}
賑 三五二/六/二
三五五/三/一
五三八/三/三
五三八/四/六
6183_{4}
䞍 三八五/九/三
(䞍) △三九〇/三/二
6184_{6}
贉 四四七/八/一
六二四/七/四
6184_{7}
販 五四九/二/九
䀀 五四九/二/一〇
6185_{3}
贓 七〇八/七/二
6186_{0}
貼 七八〇/十/四
6186_{8}
賵 五四一/二/四
6188_{6}
䫜 六〇六/八/四
䫜 四二六/七/二
6191_{7}
甈 三六八/五/三
四一一/八/七
甈 四六九/八/三
䝔 一八九/九/六
6198_{6}
顆 三六八/八/七
四〇五/九/四
潁 三九九/三/三

6200_{0}
喌 二六四/一/二
叫 五七八/九/一
六二〇/九/五
剮 一六二/十/五
一六三/十一/二
剛 一二三/六/九
五三九/四/五
剮 一六三/十一/三
咧 七一一/三/六
唎 四七七/五/五
剕 五七三/四/二
䀏 二五九/七/三
三九二/十一/一
三九五/五/五
三九五/十一/一
三九七/八/六
㖿 六九六/四/四
喇 六八九/十/一
唰 六九九/四/五
七一〇/六/二
吲 三五二/十/三
睓 五一〇/九/三
昖 三五五/四/三
䁻 六八九/七/二
睓 五一〇/八/三
嚠 七三七/三/四
瞟 三九六/一/一
6201_{0}
叱 六九五/五/四
吼 四三六/六/八
六一六/六/五
嗚 四四〇/三/六
吼 七八一/二/四
䁝 七八〇/三/四
6201_{1}

[口丘] 二五六/二/一
[口霏] 七七四/五/六

6201_2

[口巤] 七七九/九/六
[囗巤] 七七九/十一/六
[目巤] 七七九/十一/二

6201_3

咷 一九四/五/一
五七七/八/二
七五二/一/二
[罒兆] 三九一/二/三
三九四/六/五
眺 三九〇/十一/六
五七七/七/六
五八二/二/五
眫 一五一/八/六

6201_4

吒 二〇六/七/一
五九四/三/六
七三三/二/五
[口毛] 六五六/六/二
唾 五九一/五/七
眊 五三二/三/三
五八七/二/六
六五九/九/一
七二七/四/六
[口崔] 七九/十/一
一〇九/九/六
一一〇/二/二
三四八/五/三
([目崔])昕 △四一六/三/四
睉 六〇〇/三/一
喠 三〇三/六/四
三〇三/八/八
三〇四/六/五
三〇三/七/五

睡 四六七/七/二
[口崖] 一〇一/十/七
[罒重] 五/一/九
三六六/三/二
三七一/八/四
[目崔] 六四六/一/二
[目崖] 五二四/三/七
[毛毛] 五二九/三/七

6201_7

[口邕] 二一/二/一
嗁 九四/七/七
[口虒] 五九五/四/一
[目虒] 九四/七/二
五〇五/一/六

6201_8

[口豈] 一一二/六/八
暟 一一一/十一/七
三五〇/一/八
瞪 二三一/三/五
二五一/一/三
六〇九/八/六

6202_1

听 五七/五/一
六一/六/六
一三三/一/四
三五六/六/四
三五八/十一/五
三五九/五/四
六六九/七/一
昕 五六/一/三
一三二/三/一
唽 六九九/五/六
蜥 七四八/五/六
盺 一三二/三/七
晰 五一〇/九/二
七〇九/二/一
七〇九/三/四
[目析] 七四八/六/二
晣 七〇九/四/一
嘶 九二/十/六

6202_2

[目彡] 二九六/二/二
六三〇/六/一
嘭 二三〇/八/二

6202_7

[口岑] 二七九/五/八
喘 三八五/一/一
噅 三九/二/一
三九/四/五
[目爲] 三一四/五/二
[目禹] 三三三/三/四
[目粤] 七七六/五/八
嘺 一八三/二/五
一八三/十/九
一八四/六/六
五八一/二/一
嚋 七三五/一/三
[口巂] 四一一/十一/五
七三七/一/一
[目巂] 三一九/八/八
[目巂] 二八/十一/五
一〇〇/一/五
四七八/七/五

6203_0

呱 九〇/一/二
二一〇/八/四
[罒瓜] 二一〇/六/六
[目瓜] 二一〇/五/七

6203_1

字	出處
听	五五四/五/三
曛	一三一/四/七
曛	一三一/四/六
6203_2	
吆	一七七/五/六
脈	七三七/八/七
	七四九/九/一
	七五〇/四/七
嚟	五〇六/五/一
6203_3	
嗦	三八〇/一/八
6203_4	
呋	一八六/五/一
眣	一六〇/五/四
	五六七/八/一
嗘	九七/一/五
[日奚]	九七/七/七
睽	九九/四/一
	九九/二/六
	九九/三/六
	四七八/九/二
睽	九七/四/四
	三四三/十一/三
瞙	六五八/十一/三
6203_6	
嗤	五一/六/五
瞌	五一/七/六
6203_7	
咗	七八七/十/二
眨	七八七/八/四
噫	三六五/三/三
6204_0	
盱	一五八/三/三
呧	九四/二/六
呧	九四/八/七
	三四二/四/四
眂	二四/十/四
	二六/八/五
	四七三/六/五
眡	九四/三/六
	三一七/八/一〇
6204_1	
唌	一四五/五/三
	一六四/十一/一
	一六七/七/一
	△三七一/二/四
[目延]	一六五/三/一
[目廷]	四二九/二/一
	五七四/八/七
6204_2	
呼	六七二/五/六
	七一二/五/二
[日乎]	七一二/五/五
6204_3	
[口粦]	一五一/八/五
6204_4	
咹	一〇九/九/七
唩	一九七/十/三
	三一四/五/六
6204_6	
嚼	五七九/十一/三
	五八〇/一/三
	七一九/六/四
[日爵]	五七九/十一/五
	七一九/七/一
[目爵]	二三八/四/四
	五七九/十/一
6204_7	
哹	二六六/四/一
	二六六/八/五
	二六七/三/七
	二七二/十一/七
[口受]	六一四/三/一
[口犮]	七六九/二/三
噯	五二一/九/一
[日犮]	一九三/五/五
喛	一三四/二/二
	一三四/四/七
	一九八/二/二
	三四六/八/五
	三六〇/十/二
	五五五/一/一
曖	五二一/九/二
	五三六/九/二
瞹	九/三/二
	三〇二/四/二
	四六一/一/一
	五二六/五/五
暖	一三四/八/二
	三六一/一/二
	三七二/一/四
[田爰]	三七一/八/六
[目爰]	一三四/五/四
	三六〇/十一/三
	三六七/五/四
	三六八/二/五
[目蔓]	九九/七/二
[日蔓]	一一六/八/六
6204_8	
[口嚴]	△二九七/二/八
6204_9	
呼	九〇/八/四
	一八五/十一/二
	五〇一/一/三
	五八九/四/四
	五九五/二/三
	七〇二/三/七
6205_2	
瞬	五三九/六/二

6205$_3$
嘰 五九/九/五
六二/二/四
四七九/八/三

6205$_7$
睜 四二四/三/四

6206$_1$
㖃 四三六/六/二
四三六/六/五
六一六/六/四
𥄫 六一六/八/一
嚐 二五九/四/一

6206$_2$
啠 六九七/六/二

6206$_3$
嗒 七七二/八/三

6206$_4$
咶 五二八/八/一
五九六/五/八
六九八/八/三
哂 七七八/一/六
七七八/二/六
七八七/四/一
七八七/七/六
唔 六九八/八/四
嚐 一三九/五/五
睸 七八七/五/二
䀨 六九一/三/五
六九五/十/二
六九八/十/二
晤 六九五/十/三
睸 七八七/四/三
睧 一二八/七/七
一三九/六/四

6206$_9$
噃 一三六/三/六
一三七/五/二

6207$_2$
咄 六八二/八/八
六九三/十/二
昢 三四八/十/四
五三一/五/四
六八一/六/八
嗂 一八二/七/二
暚 一八二/十/二
䁘 三九二/六/四
䁏 一八二/十/一

6207$_7$
哂 七七八/四/七
七七九/八/一

6208$_6$
嘖 六六二/八/三

6209$_1$
絫 七○○/二/三

6209$_3$
嗾 五五一/五/三
䁆 一六八/十一/一
三七九/六/三
睬 一六三/七/五
一七二/四/五
三八二/二/三

6209$_4$
嘌 五八四/九/二
噗 七八四/七/七
䁨 七七四/四/五
嚛 六三四/五/四
六四九/五/四
七二九/三/二
𥌓 七一九/八/三
七五二/四/五

6210$_0$
跘 六二○/八/四
劉 六六一/三/八
㔁 七七四/九/五
劚 七八一/十/六

6211$_0$
𨈈 四七九/九/二
踋 七六六/十一/一
七八○/五/四

6211$_1$
跕 六一一/十/五
蹅 七七四/六/二

6211$_2$
躐 七七九/十/三

6211$_3$
跳 一七四/十一/一
一九四/二/五
三九一/四/四
五七八/三/二
躝 三七一/八/七

6211$_4$
𨇊 七八一/八/四
躍 一一○/一/六
𨇾 七七四/十一/六
踵 三○三/六/五
四六四/十一/三
𨉫 七八一/八/三
七八八/六/四

6211$_7$
䟕 九四/十一/一
躐 二八一/九/一

6211$_8$
蹬 二五二/六/三
六一○/四/五
六一○/六/四

6212$_1$
踥 五一二/七/七
五一三/二/四

⿰𧾷岕 二七七/七/一

6212_2

⿰𧾷彡 六六三/十/五

6212_7

蹘 六八八/五/六

踹 三八五/四/四

五五九/九/三

蹐 七四三/三/四

七四四/一/四

蹫 一九八/二/五

踽 三三三/一/六

三三三/三/六

蹻 一七七/五/二

一八三/九/六

一八四/五/四

三九五/五/四

六五五/一/九

七二一/九/一

七二一/十一/三

七二二/三/一

6213_0

⿰𧾷瓜 二一〇/三/六

⿰品瓜 一三九/一/五

6213_1

跅 七二四/三/一

七四四/十/三

蹊 九七/七/六

三四三/十/六

蹸 四八/六/六

四七八/九/八

蹼 六三五/八/二

蹼 六三五/八/一

6213_7

⿰𧾷乏 三〇四/八/五

△四五七/十一/一

⿰𧾷㥯 三六五/二/六

6214_0

踶 一〇三/七/四

三〇八/十/一

跃 四三/七/八

五〇三/十/五

6214_1

蹝 一六五/三/二

6214_2

踍 七一二/三/二

蹡 五九七/九/一

6214_4

踒 三九/九/四

四一/十/三

一九七/九/一

五九〇/七/一

蹝 四一/十/四

踌 一三九/十/五

6214_6

踔 六六一/四/八

六六一/九/四

6214_7

蹬 六九二/八/二

蹳 六九二/六/五

六九三/六/九

6216_3

踣 五五〇/八/六

踏 七七二/四/二

七七二/九/三

6216_4

跍 六九一/二/二

踊 七八七/九/一

踲 三六六/六/七

6216_9

蹯 一三〇/四/六

一三六/十/三

6217_0

跏 二〇/十/八

6217_2

跐 六七六/九/三

踩 五八〇/九/八

踰 一八二/七/三

躐 三七一/十/一

6217_7

蹈 五八八/五/七

6218_6

蹪 四三/七/九

四七六/三/六

六六二/十一/二

6219_4

躁 一八八/八/六

躒 六六二/六/六

七一八/三/五

七二四/十一/四

七五二/五/二

6220_0

別 △七一五/二/二

七一五/三/五

剔 五〇四/五/三

七四四/五/五

七四八/三/二

七五一/三/五

劉 七五七/三/三

剮 七三〇/三/五

劚 七六三/六/七

劀 七六三/十一/五

剻 七六三/六/八

6221_1

毻 五八五/七/二

氀 四二七/五/二

6221_2

彫 四八二/七/七

甀 △六二/三/四

6221_3
飜 一五二/三/三
一七二/三/二

6221_4
氍 六四/十一/六
七五/十/二

6221_7
[illegible] 五八〇/九/二

6222_1
斷 七五/九/五

6222_2
[illegible] 四〇八/九/三

6225_3
[illegible] 六一/十一/三

6226_7
嵓 四三三/十/八
五七五/八/三

6230_0
[illegible] 二三二/十/五
[illegible] 三八〇/七/一

6231_0
[illegible] 一〇四/五/四
四八九/一/三
六九五/五/一

6231_4
[illegible] 四九九/八/九
[illegible] 七六一/八/六
[illegible] 三六六/三/三

6231_6
[illegible] 七四九/九/四

6231_8
[illegible] 六〇九/九/一

6232_7
黳 七五〇/五/一

6233_1
[illegible] 三六六/四/一

6233_4
[illegible] 六三六/一/二

6233_6
黂 七七二/二/六

6233_7
黜 六七一/九/一〇

6233_9
[illegible] 一六三/七/四

6234_2
[illegible] 六九四/四/五

6236_3
[illegible] 七七二/七/三

6236_4
[illegible] 三六四/二/六

6240_0
[illegible] 七五四/十一/二

6250_0
[illegible] 四九/十/三
一〇〇/九/四
五〇三/二/二

6251_4
[illegible] 七八八/六/三

6261_4
[illegible] 五八七/五/一

6270_0
[illegible] 七〇九/八/四

6271_4
[illegible] 六八六/二/六
六八六/十一/二
六九八/一/四
[illegible] 五一二/五/四
七〇九/十/六

6280_0
則 七六三/六/五
[illegible] 九四/二/三
劓 五二九/一/二
七六三/六/六

6282_1
[illegible] 六九九/五/七

6282_7
[illegible] 三一八/五/一
[illegible] 三六八/三/一
三七一/八/二
[illegible] 四一二/五/三
四七一/九/四

6283_7
貶 四五五/三/六
四五七/十一/三
七八九/十一/一

6284_0
貾 四四/三/五

6286_4
[illegible] 七八八/三/七

6290_0
[illegible] 四〇五/七/六
剝 三九〇/八/五
三九三/五/三
四〇一/九/三

6292_2
影 四二二/六/六

6294_1
[illegible] 四九七/三/六

6299_3
縣 一六三/七/三
五六九/九/四

6300_0
卟 九六/十/五
三四三/八/六
咇 四八一/六/七
六六六/二/二
六六五/二/五
六六五/七/三

七○六/九/七
⿰目必 四八一/九/五
六六六/八/一
六九六/六/五

6300_7
昈 三四○/二/五

6301_0
吭 三五三/七/七
三八三/八/四
三八五/六/五
三八九/一/八

6301_1
啌 二二/五/二
二二/七/二
唍 三七二/十一/六
⿰目它 三五/四/八
晥 一四六/十/二
三六八/四/二
三七二/十一/二
唑 五○二/十/一
晼 三六○/八/一
畹 三六○/六/二
五四八/二/一
睆 一五五/四/一
三六八/七/一
三七二/十/五
六九八/十一/三
睕 五五六/一/四
六九一/十/一

6301_2
⿰口⿱宀毛 二三/五/四
⿰目⿱宀毛 二三/五/三

6301_3
⿰口⿱宀能 三九一/二/六

6301_4
咤 二○六/七/二
△四九九/八/六
五九四/三/七
七二四/五/四
噈 六四二/三/五
六四二/六/一
六四二/九/六
七六九/八/六
七七一/五/四
⿰日寉 七三○/十/二
⿰口窒 六六六/十/五
七○○/十/三
⿰目寉 六五六/五/一
七二八/十一/五
七二九/四/七
⿰目窒 七○○/十/二

6301_6
喧 一三四/三/六
暄 一三四/三/三
睻 一三四/五/三

6301_7
⿰口宂 五二四/三/一
七四一/三/六
⿰目监 七○七/三/一
⿰口𡨚 三八九/二/四
⿰目⿱宀免 一四七/十/五
三六八/七/二

6302_1
咛 二三六/八/四
嚀 二四七/二/一
眝 三三一/五/一
三三一/八/五

6302_2
⿰口⿱宀参 二九六/二/三
四四六/五/一
四五六/四/五
六二四/二/六
⿰日⿱宀参 六二四/二/二
⿰目⿱宀参 二九六/二/一
四四六/六/四

6302_7
哨 七一三/五/二
七一四/九/七
哺 八四/十一/五
三三四/九/七
四九八/九/六
晡 八四/十一/二
瞎 四六三/十/七
睄 一六三/三/六
一七二/六/四
五七○/五/六
五七○/八/四

6303_2
咏 六○四/十/七
嚓 五九六/九/四
哴 二二○/六/六
五九九/四/一
⿰日良 △四一七/八/五
六○一/二/三
⿰目良 二二○/七/一
四一七/九/四
五九九/五/二
五九九/十/五
六○一/二/二

6303_3
嘫 一五四/三/二
一六五/十一/六
⿰目然 五六八/八/三

6303_4
呔 五三七/五/七
⿰目太 △三八一/七/一
三八一/八/四

四二六/八/七
喉 五〇六/三/一
七〇二/四/一
唉 五五/九/七
五七/一/二
一〇四/五/三
一一一/九/七
一一二/九/一
三二四/九/四
三四六/四/五
三五〇/七/三
五三六/九/三
睺 七〇二/二/四
⿰目矣 五一/五/五
⿰目族 一七九/九/六
嗾 六一八/八/四
⿰口獻 五四八/十/二
六八七/十/三
六八八/八/二
七一四/一/四

6303_{6}
嗯 一一三/五/六
三五一/八/六

6304_{0}
⿰目式 七五五/八/一
⿰口貳 四五/十/二

6304_{2}
⿰口守 六一三/十一/五
⿰口尃 七二五/八/八
七二六/九/二
⿰目尃 七二六/二/五

6304_{4}
⿰口犮 六八〇/十/七
咹 五五四/一/五
六八七/五/五

6304_{7}
唆 一九九/十一/五
五九三/九/九
嗖 一八八/二/三
△六一四/七/二
六四四/二/六
睃 五四一/二/二
五四一/七/五
晙 五四一/七/二
脧 一六九/十/二
五四一/九/四
瞍 四三八/九/五

6305_{0}
⿰口戊 四九六/十/三
六七一/二/七
哦 一九六/八/二
四〇四/三/一
⿰口戒 五二六/十/二
⿰目戊 六七〇/二/四
睋 一九六/十/三
⿰目戌 六九〇/十/八
⿰目戍 一一六/十/一
七一三/二/三
嘁 七七一/五/七
⿰口或 六四八/六/六
七四一/九/七
七四一/十一/七
七六一/一/三
喊 二九五/三/一
二九五/五/二
四四四/十/二
四四五/八/二
四四五/八/七
四四八/十/三
六二五/一/五
⿰口減 四四五/八/一
⿰口感 二八二/九/五
四四六/四/三
六二五/一/六
眸 二七〇/一/四
⿰日或 七六〇/四/七
⿰目戚 七四八/十一/三
⿰口戩 六六四/三/二
⿰目咸 二八二/十一/五
四五五/十/三
七八六/六/四
⿰目戠 一一五/一/二
一一五/四/三
⿰口戦 七三七/二/二
⿰口戢 七六六/六/五
⿰目戢 七六六/六/六
⿰口戬 二八八/五/六
⿰口韱 三七/二/六
四七〇/十/四
⿰目韱 四五一/二/五

6305_{2}
哰 一九五/四/一

6305_{6}
嗖 五一一/五/三

6306_{0}
咍 一一一/九/一
眙 五五/二/二
四七七/三/六
四八四/十/四
六〇九/八/四
六〇九/八/五
喈 四四六/十一/三

6306_{1}
嗐 五二〇/十一/二
六九七/十/二
⿰口窨 △六二二/七/五
⿰目客 七六九/十/六
瞎 六九七/十/五

6306_4
喀 七三四/五/三
6306_6
⿰口宮 四六二/一/二
6306_8
⿰口容 三〇五/四/一
⿰目官 七〇五/十/五
七〇五/十一/五
6307_2
⿰目密 六六五/十/六
六六六/六/五
⿰口⿱宀居 七七〇/五/三
6307_7
⿰口官 一五一/八/四
6308_0
瞑 二三七/八/四
6308_1
⿰目定 六〇八/四/六
6308_2
⿰目宂 六七〇/二/三
七〇四/九/六
七〇五/十/六
6308_6
⿰口寅 三五五/十一/四
三八八/七/四
五七四/八/一
⿰口貞 一三〇/十一/四
三五九/六/四
⿰目寅 五三九/六/一
⿰目貞 三六五/九/三
⿰口賓 七三九/四/九
矉 一一八/六/三
一一八/十一/五
6309_3
⿰目絛 四五/七/七
6309_4
⿰目朮 六六九/八/二
六七〇/三/三
6310_0
⿰足卜 四九五/四/一
七六二/十一/六
⿰足必 五〇三/六/一
七〇六/八/六
6310_7
⿰黑⿱𠂉皿 七五五/一/八
6311_1
跎 二〇一/二/七
踠 三六〇/四/六
五九〇/七/二
⿰足⿱人云 九三/五/七
五〇二/五/八
6311_4
蹴 六四二/三/一
六四二/五/一
六四二/九/二
6312_7
蹁 一五九/二/三
一五九/四/五
⿰足甫 八四/九/三
6313_2
⿰足求 二五六/九/三
⿰足⿱宀瓜 五九六/九/一
踪 四一一/五/二
踉 二一七/一/五
二二〇/七/四
五九九/五/七
六〇一/三/七
6313_3
⿰足然 三八〇/五/一
三八四/九/五
6313_4
⿰足犬 六三八/七/七
⿰足犬 六四〇/十/一
七六二/十/八
⿰足戾 六八三/六/二
⿰足戾 五〇五/九/六
⿰𧾷犬 六三八/七/六
6313_6
⿱⿰足攵虫 七六三/八/三
6314_0
⿰足武 三三五/三/四
6314_4
跋 五一八/八/六
六九二/三/二
六九二/十一/六
6314_7
踆 一二二/十一/三
一二七/四/四
一四一/二/四
一四一/三/八
6315_0
⿰足戈 六七八/三/二
六七八/七/四
戢 △七六六/六/三
⿰足戢 七六三/八/六
⿰足戠 六三〇/八/四
6315_5
踐 三八三/二/五
五七一/十/六
6315_6
跩 五一一/三/三
6316_0
跆 一一三/九/二
6316_1
⿰足宿 六四四/一/五
6317_7
⿰足官 五五四/六/六
6319_4

跊 六七一/十/五

6321$_2$

䰧 三三四/八/六

6321$_4$

魃 六九三/二/二

6321$_5$

魊 七六〇/八/一

6321$_6$

䰳 四八四/十一/五

6321$_9$

魑 六九六/十一/五

6323$_4$

猒 二八七/五/六
六二六/七/八
七七六/三/五

6325$_0$

戢 二一一/九/三

戳 七五/九/三

6330$_0$

黆 六三六/一/三

6331$_1$

黦 六七七/六/八
六七九/七/六
六八〇/六/六

6331$_2$

𪐀 二三/四/五

6331$_4$

黕 二五五/五/四

6331$_6$

䵷 六七九/七/五

6332$_2$

黲 四四六/八/二

6333$_3$

默 七六三/二/二

𪑧 二八七/五/四

6334$_0$

黓 七五八/十一/一

6334$_7$

黢 六七一/四/六

6335$_0$

䵻 六四八/六/三
七六〇/七/一
七六〇/九/八

黬 二九五/六/三
二九五/十/二
四四六/一/三
四五〇/八/五
四五六/二/四

6345$_0$

戥 一四三/七/一
五五二/十/四

6355$_0$

戰 五七二/八/六

6360$_1$

醫 七七六/四/五

6363$_4$

獸 六一三/十一/一

6364$_7$

䯝 一四九/八/九

6365$_0$

𢨊 五七二/八/七

6380$_0$

貞 六三六/二/四
六五八/十一/九

6380$_1$

贇 六四二/六/五

6381$_7$

䝹 三六八/六/二

6382$_1$

貯 三三一/四/一

6382$_7$

䝮 四九八/十一/四

6383$_2$

賕 二五六/十一/八
六一二/五/五

6383$_4$

賧 一七九/八/五

6384$_0$

賦 四九五/六/一

6384$_2$

賻 四九五/九/九

6384$_7$

賐 五四一/二/五

6385$_0$

賊 七六三/七/二

䞓 六二九/七/四

贓 二二二/七/一

6385$_5$

賤 五七一/九/三

6386$_0$

貽 五五/二/五
四八五/五/二

6400$_0$

叶 七八二/十/四

旪 七八二/十/三

𥄊 三六〇/八/二
五二九/七/三

嚉 六八二/九/一

𥌛 五二九/十/二

6401$_0$

叱 六六三/一/五
六六四/一/三

吪 一九八/二/四
二〇九/十一/七

吐 三三八/六/二
△四九九/十一/四

𥃳 二〇二/十一/七

𠿪 二〇二/十一/五

6401_{1}

咾 四〇二|十一|六

𥈭 四一九|十一|八

嘵 一七六|十一|六

𥈭 二二三|一|三

諶 四四八|一|一

曉 三九二|八|一

驍 二六八|二|一

二六八|九|三

三九七|八|七

五八三|三|五

6401_{2}

吪 四四七|三|四

䀛 二八一|二|六

二八一|五|七

四四三|一|二

四四三|二|六

四四七|一|六

四四七|八|六

𠹍 二八七|七|一

6401_{3}

睦 一三四|十|三

6401_{4}

哇 九九|三|四

一〇一|九|五

一〇二|一|五

一〇二|六|三

一〇二|八|六

二一〇|八|一

五二三|八|四

哇 二八|一|七

三六|三|六

九九|三|二

九九|十一|一

眭 二八|一|六

三六|五|一

四二|四|六

四七|二|三

一〇〇|一|四

一〇一|六|三

四七〇|六|三

五〇九|二|八

睦 六四一|五|三

瞠 九九|六|八

嚾 六八八|四|三

嚾 一四六|十一|四

五五四|十|三

五五九|十一|二

嚏 一一三|十一|三

三五一|九|六

矐 一七三|一|一

五五五|三|四

五六一|三|六

6401_{6}

唵 四四五|十|五

七八五|八|七

晻 四四五|八|五

四五三|三|四

四五三|四|五

六二三|十|三

唵 四四五|十|六

晻 七八五|七|一

6401_{7}

䀘 △五五四|九|四

嗑 七七三|八|四

七七四|一|四

七八九|三|六

嗑 五二一|八|五

五二七|七|一

五二八|十|五

六八六|七|三

瞌 五二一|七|七

瞌 七七三|十一|二

曉 五八二|十|八

矆 二三七|八|三

6401_{8}

噎 五〇八|三|一

五二七|七|三

六六九|一|三

七〇四|二|二

曀 四七九|十|三

五〇七|十|七

七〇四|二|七

6402_{1}

嗬 四〇三|十|八

6402_{2}

嘐 四〇二|九|二

6402_{7}

呐 六七〇|四|一

六八三|七|七

七一〇|三|六

七一二|六|三

呦 七八五|一|一

七八五|三|七

哷 二七九|三|六

唏 六〇|三|三

三一九|十一|三

三二四|十|七

三二六|七|六

四七九|一|五

四八〇|一|三

四八八|一|五

五二六|十|五

眑 六四五|十一|五

晞 六〇|四|四

呦 二五七|九|二

二七三|二|三

	四四〇/八/三
喃	二八一/十一/四
	二九六/七/二
	四四八/六/六
哊	三六六/一/五
	六四六/七/三
	六四八/八/三
呦	四四〇/八/五
咵	四一二/二/二
睎	六〇/三/一
唷	一八四/十一/二
[口帶]	五〇三/九/五
瞞	一四〇/八/一
	一四九/二/二
	一五九/十一/一
	三六五/八/一
	三七三/七/二
[目南]	△二八一/十一/九
	四四八/六/七
[目夸]	七四/二/五
	九一/一/七
	二一〇/二/七
眑	一八六/四/六
	四三一/九/一
	四四〇/七/一
[目夸]	七三/九/六
	九一/一/六
[目劫]	七八五/四/三
[口脊]	七八四/九/七
噧	三一三/一/一
	五二六/十/六
	六八九/一/八
[口勤]	一〇/三/四
	一五/十一/二
	三〇一/四/一
	四六一/六/四
	四六二/二/一
	四六四/四/四
噧	一八五/十一/四
6403₀	
呔	五一七/十/六
6403₁	
呿	六三/九/二
	二〇三/二/六
	四九一/一/三
	七八五/一/三
	七八五/九/二
哧	五九五/三/五
嚇	五九五/三/三
	七三四/三/二
[口憙]	四七〇/六/五
[目憙]	七六二/二/一
[目憙]	四七〇/六/二
[目赫]	七三四/三/五
嚥	五六九/五/二
[目燕]	五六〇/十/一
	五六九/七/五
[目燕]	五六九/六/七
囈	五一六/六/七
6403₂	
[口厷]	二三五/一/二
[口桼]	六七三/八/三
[口蒙]	八/一/五
曚	七/六/六
	三〇一/九/七
矇	七/七/二
	三〇一/十/四
6403₄	
[目英]	六〇三/二/二
噠	六八八/十/四
[目英]	二三三/四/一
	六〇三/三/二
嗼	七二七/六/三
	七三二/四/三
噠	六九七/六/四
瞙	七二七/四/四
嘆	一四五/一/二
	五五八/十一/一
瞙	七二七/四/五
[目𦰩]	三六七/六/五
	五五三/四/一
暵	三六七/七/一
	五五三/四/三
6403₆	
瞼	一九二/五/四
[足告]	二七〇/十/一〇
	四三八/十/三
	六一八/十一/六
	六三七/五/一
[口憙]	四八五/六/二
[口薑]	五二九/六/一
6403₇	
[目蒜]	二二四/七/六
6403₈	
[口恭]	二〇/九/三
[日恭]	二〇/八/二
咉	四五〇/八/三
	七八三/三/三
	七八六/十/八
映	七八六/一/六
眏	四五一/九/三
	七七七/四/五
	七七八/一/四
	七八六/十/四
	七八七/八/五
	七八八/六/二
6404₀	
[口卉]	四八九/九/二

喏 四〇九/九/二

6406_{5}

嘻 五五/九/四
五七/二/五
四八五/六/一

暿 五五/十/六
三二四/十一/二

瞦 五五/十一/二

6407_{0}

咁 二九六/十/二

呭 五一五/七/一
七〇八/三/六

6407_{2}

⿰口茁 六七一/九/八

6408_{1}

哄 一〇/二/四
二〇/九/二
四六二/一/三

晎 三〇二/七/四

⿰田共 二〇/八/一

⿰目共 三〇二/八/七

唭 四八五/七/三

嚔 六六/九/五

嚏 四七六/三/三

嚏 五〇三/九/四

6408_{6}

嘖 一四〇/一/九
五四四/十/三
五四五/三/四
五五一/一/一

曂 六〇二/七/五

⿰口賣 六一九/十/五

⿰目賣 四九七/五/三
五二四/三/八
五二四/八/八

6408_{9}

咴 一〇六/八/十一

6409_{0}

咻 一八六/一/二
二五五/七/八
三三二/十/五
四九四/二/七

啉 二八一/七/四

6409_{1}

⿰口柰 五九〇/一/五

噤 四四四/一/一
六二二/三/六

6409_{4}

嗏 八七/六/一

喋 七七六/七/三
七八一/三/一
七八一/六/五
七八九/八/四

⿰口某 二六九/十一/四

⿰目枼 七七九/五/三
七八〇/七/七
七八一/七/一
七八四/二/五

⿰目業 七七六/二/三
七八〇/七/六

6409_{6}

嘹 一七五/七/七
五七八/四/一

暸 一七五/七/五

瞭 一七五/七/四
三九一/六/二

6409_{8}

唻 一〇六/四/三
一一四/九/一
三五一/十/七
五三五/一/一

⿰田來 一一三/三/五
一一四/三/三

睞 一一四/八/二
五三四/十一/一

6410_{0}

⿰足斗 二四九/八/三

跗 七七/八/七
四九五/九/五

斟 七六五/六/六

⿰蜀斗 六一九/四/一

⿰蜀斗 六五二/一/四

⿰足尌 八二/六/三
四九七/四/四

6410_{3}

豎 五五三/三/五

6411_{0}

⿰黑土 五二五/八/九

6411_{1}

跣 一五七/十一/二
三六五/九/四
三七八/十/三
三八二/八/五

踸 二七七/九/四
四四三/一/三
四五六/八/三

蹺 一七七/三/二
一八三/九/四

6411_{2}

⿰足尤 四四三/一/五

6411_{4}

跬 三一/十/三
一〇二/六/二
三一二/九/四
六九九/十一/二

踛 六四五/八/一

踜 九九/五/四
三一二/十/一

三一四/五/三
⿰足雚 一七三/二/七
6411_{6}
⿰足奄 四五三/七/五
七七〇/七/八
七七六/十/六
七八五/八/四
七八七/一/六
6411_{7}
⿰足直 四八五/一/五
6412_{7}
⿰足内 六八三/八/四
七七五/八/五
蹣 一四八/七/四
一四九/四/四
跨 二一〇/二/四
三四五/十/六
四一一/十/五
四一二/一/一
五〇一/三/三
五九六/七/四
蹛 五一四/二/二
蹛 二八五/四/五
五一七/六/一
ム五一七/七/三
五一七/十/七
七〇一/四/八
蹛 二〇〇/六/三
⿰足⿱艹夸 五九六/七/七
⿰足萬 七七九/十/四
⿰足⿱艹⿱夸 五六/九/四
⿰足⿱艹⿱夸 七一八/三/七
6413_{0}
⿰足犬 三二七/八/一
6413_{1}
⿰足去 四一二/五/六
七二一/十/一
6413_{4}
蹥 六八九/一/一
6413_{6}
蹬 五八七/七/一
6413_{8}
⿰足夹 七〇三/二/三
6414_{1}
跱 三二四/三/一
⿰足幸 六八九/一/二
⿰足茸 一七/四/二
三〇四/一/三
⿰足薛 七〇八/二/六
躊 二五九/九/八
6414_{7}
跛 二五/一/八
三五/七/二
三五/十/二
三八/二/二
三一一/十/三
四七〇/二/一
跛 一九八/八/一
四〇六/五/一
四七二/五/一
⿰足存 一四一/三/五
踜 二五三/四/六
四二九/九/二
六一〇/八/四
皷 六五八/五/二
鼔 六五一/十/四
6415_{3}
踤 五九六/七/五
6416_{0}
跕 九〇/六/五
⿰足者 四一〇/五/二
6416_{1}
踖 七二〇/九/一
七二三/七/三
七三三/十/三
踏 七七一/十/五
七七二/四/三
七七三/一/八
踖 七一九/一/二
七四三/一/三
七四三/四/七
七四三/九/六
七四四/一/五
⿰足猪 五九二/十一/五
七四四/一/六
躤 七四三/九/一
七四四/一/七
6416_{4}
⿰足若 四〇九/九/五
五九四/九/一
躇 六八/二/二
三三一/八/三
蹯 四一〇/七/六
6417_{0}
跇 五一一/三/四
五一二/七/二
五一五/五/三
6418_{1}
跿 八七/二/三
⿰足⿺走夹 八七/二/四
⿰足楚 四九二/一/九
踑 五六/十/五
五八/一/一
三二〇/三/三
蹥 四七六/三/二
6419_{1}
⿰足禁 二七九/十/八
六二二/五/八
6419_{4}

蹀　七八一/一/九
　七八二/二/四

6421$_0$
魁　一〇六/十/三
　三四六/十一/六
　五三三/八/五

6421$_1$
[illegible]　一八八/三/四
　三九七/九/九
[illegible]　一八八/八/八
[illegible]　五八二/二/六
[illegible]　六二六/十一/四

6421$_3$
[illegible]　一八九/三/四
　五九〇/一/七
[illegible]　二〇一/十/一

6421$_4$
鬾　六五五/十一/三
[illegible]　三八/一/六
　三一三/七/二
　四七一/三/一

6421$_6$
[illegible]　一八〇/十/二

6421$_8$
[illegible]　五六/三/三

6422$_7$
[illegible]　三四五/三/三

6424$_7$
[illegible]　三〇/二/五

6431$_1$
黮　四四二/十/四
　四四三/四/三
　四四七/六/三
　四四七/九/三
　四五一/十一/二
　四五六/九/三
　六二四/六/五

6431$_2$
黕　四四二/十一/三
　四四七/一/五

6431$_4$
[illegible]　一〇〇/四/三
[illegible]　一一三/二/八
　一一三/十/四
　五三四/十/二

6431$_6$
黤　四四五/九/五
　四五三/七/三
　四五六/二/六
　四五七/五/四

6431$_7$
[illegible]　五五四/七/五

6432$_2$
[illegible]　六七七/八/五

6432$_7$
[illegible]　七八二/十一/一
黝　二七三/四/一
　五八一/四/三
[illegible]　五二九/三/一

6433$_0$
[illegible]　五一七/五/七
[illegible]　五一七/十一/二

6433$_2$
[illegible]　四七/四/四
　四三一/九/八
　四四〇/六/一
[illegible]　四五四/五/四

6433$_7$
[illegible]　二九一/十一/三
　二九二/五/二

6434$_4$
[illegible]　一四〇/一/五

6434$_7$
[illegible]　七六一/十/五

6435$_3$
[illegible]　二八〇/四/一

6436$_0$
[illegible]　五九三/六/一

6436$_1$
黠　六九四/六/一

6436$_5$
[illegible]　五六/一/五
　七四四/六/一
　七五九/七/二

6437$_0$
黚　二八〇/三/五
　六二三/九/二

6438$_6$
黷　六三八/一/一

6439$_4$
[illegible]　六九九/三/五
[illegible]　七八一/三/五
　七八一/十一/七
　七八二/三/七

6439$_8$
[illegible]　三一/二/五
　一一四/七/四
　五三五/一/五

6441$_0$
[illegible]　五二五/五/一

6444$_7$
[illegible]　五五二/十/一
[illegible]　一四九/五/三

6453$_8$
[illegible]　七八六/二/一
　七八七/一/五

6454$_7$
[illegible]　六六四/十/三

6462$_7$

勖 六四六/十/五
勗 四五/七/三
一〇九/七/四
五三〇/七/一

6464₇
⿰器攴 三七/七/二

6471₇
豎 六九九/七/五

6472₇
⿰曷力 六八六/六/五
六九七/十一/五

6480₀
財 一一五/五/四
五三五/十一/五

6480₄
⿺是達 三二七/一/六

6481₂
貤 三五/四/一
四六九/十/三

6482₇
賄 三四六/八/一
五三三/七/二
贎 五一四/七/三
五一八/一/一
五四九/七/一

6484₁
⿰貝寺 三二四/三/三
⿰目寺 三二四/三/四

6484₇
⿰貝皮 四七二/三/二
四七二/五/二
四八一/十/一
⿰貝夌 三一三/七/四
四七一/二/四

6486₀
賭 三三八/四/三

6487₀
⿰貝甘 二八五/十一/五
六二三/七/二

6488₆
贖 四九七/五/一
六五二/六/一

6491₂
⿰黑尤 二七五/九/三
二七六/五/四
二七七/十一/三
(⿰黑尤) 尤 △六二一/九/五

6494₇
⿰黑支 △四〇五/十/三

6500₀
吽 二六八/六/二
二七九/二/六
四三六/六/七
⿰口丰 四六六/一/七
⿰口井 二三三/九/二
⿰目丰 一八/六/四
咉 七〇四/十一/六
七〇五/十/三
七〇九/十/五
七一三/二/四
眏 七〇四/九/七
七〇五/五/六

6500₃
呠 三六五/五/一
⿰口戍 七〇八/四/一

6500₆
呻 一一六/八/一
一一七/九/二
⿰口曳 五一五/七/二
唓 六六一/一/四
眒 一一六/八/五
五三八/八/三
五四四/三/四

6500₇
⿰口聿 六八三/六/四
⿰口律 六七二/五/四

6501₀
⿰目生 一二四/九/一

6501₆
⿰口畫 七四一/六/四
⿰目畫 七四一/八/二

6501₇
吨 一四一/十一/四
三六六/三/六
旽 一四一/七/九
五三九/四/六
盹 一二一/六/七
五三九/四/二
嗑 六〇二/五/一
瞌 六〇二/六/一
⿰口盖 五四〇/九/四

6502₇
咈 六六六/五/一
六七五/二/一
⿰目弗 五八/十/二
四八六/九/三
五四四/十/二
六七三/十一/五
六九二/十一/五
⿰目弗 四八六/十/二
四八七/十一/一
六七四/三/六
啨 二三八/五/四
二四八/七/一
晴 二三八/六/一
睛 二三八/二/五
四二四/三/五
四二四/七/四
四二五/一/一

嘯	五七七/三/一
	六四二/二/二
	六六三/一/六
⿰目肅	六三七/二/八
6503₀	
呹	六六七/三/二
	六六八/七/一
咉	二一八/二/九
	二二二/十/四
	四一九/六/五
昳	七○二/一/一
映	四一九/五/五
	六○三/二/一
眣	六六七/二/四
	六七七/九/六
	七○二/一/六
眏	二二二/十/三
	四一三/七/四
	四一九/五/六
	六○三/三/三
6503₂	
咦	四六/七/三
	四六/十一/二
	五六/一/六
	一○六/五/七
⿰目隶	五三四/五/五
眱	四六/三/三
	九四/七/五
	五○五/一/二
噥	一五/五/八
	二四/四/三
⿰目隸	四六九/三/四
⿰目農	一五/七/四
	二四/四/五
6503₃	
⿰口惠	五○八/十/一
⿰目逮	五三四/五/四
	五三四/九/四
6503₄	
⿰目奏	六一八/十一/四
6503₆	
嗹	一六六/九/二
⿰目惠	五六二/六/一
6503₇	
⿰口慧	五○八/九/十一
⿰目慧	五○八/十/三
6503₈	
⿰目賣	四六/九/四
	四七八/五/七
6503₉	
⿰口逮	二七○/十/九
6504₀	
⿰目建	一三五/八/六
6504₃	
⿰目尃	一七一/三/三
囀	五七四/二/一
6504₄	
⿰口妻	五三二/七/一
嘍	二七二/四/三
	四四○/一/五
瞜	八二/八/一
	二七二/三/七
6505₃	
唪	三○一/八/三
	三○三/四/三
	三○四/九/三
6505₇	
⿰口冓	二六九/三/七
	六一七/三/三
⿰目冓	六一六/十一/六
6506₀	
⿰口曲	四六三/十一/六
	六五四/十/一
6506₁	
⿰口替	四四六/七/五
	四四六/十一/一
	七七一/五/八
⿰目替	二八八/十一/四
	三三八/三/五
	六二七/一/七
	六二八/七/四
6506₂	
⿰目曹	一一/九/四
6506₃	
⿰口春	三五三/六/七
睶	三五三/六/六
6506₆	
嘈	一七九/四/五
	一九二/十/五
	五八七/十一/一
⿰日曹	一九三/一/六
6507₄	
嘒	五○八/九/一○
⿰目彗	五○八/十/二
6508₁	
⿰口典	三八○/一/一
⿰目典	三七九/十/六
	三七九/十一/六
啑	七七一/四/一
	七七一/五/五
	七七七/五/二
(啑)	○七八九/五/三
啑	七八九/九/二
睫	七七七/三/二
	七七七/六/七
睫	七七七/三/一
	七七七/四/六
	七七八/一/五
6508₆	

嘖 七三九|二|一
七三九|五|一
嘳 四八〇|一|六
五二五|六|六
五二五|八|五
瞶 五八|十|三
囋 三七〇|一|三
囋 六八八|七|一
囋 一四四|四|六
五五八|二|四
六八八|八|一
瞔 七三九|二|三
瞶 四八九|十一|一
6509_0
味 四八六|六|二
五二八|一|三
五三二|三|一
咮 八〇|十|一
八一|九|六
二五九|三|三
四九七|三|二
四九七|九|四
(咮)味 △六一四|十一|二
六九〇|六|五
六一九|五|三
昧 五二〇|三|四
五三一|十|五
六九〇|四|五
眛 五二〇|二|五
五三一|十一|一
六九〇|二|四
七〇七|六|五
眛 五三〇|九|一
6509_2
唻 三一一|一|五
6509_3
嗉 四九九|三|四
6509_6
㖨 六一八|九|四
六五一|十一|三
六五九|十一|三
睞 一四五|十|六
三七四|十一|一
㖨 三〇〇|九|四
睞 六八九|七|三
㖨 四|八|五
6510_0
趹 五〇八|十一|六
五〇九|二|六
七〇五|六|二
6510_7
𨀕 六八三|六|三
6512_7
跡 四七七|八|三
跰 四八七|一|四
六七四|二|三
六七五|二|五
蹜 五七七|四|一
6513_0
趺 七七|八|八
跌 六八三|五|二
七〇一|四|七
6513_2
𨃐 六八三|一|二
跠 四四|五|五
四六|二|九
6513_4
𨆢 六一九|二|四
6514_0
踺 五四八|六|一
6514_3
𨂾 三八五|四|三
6516_1
𨆡 七七一|八|七
𨆡 二八二|五|四
二八二|七|三
6516_3
踳 一二一|八|二
三五三|七|一
三八四|十一|五
6517_7
踏 一六|八|一
6518_1
𨂃 三七九|十一|七
踕 七七七|八|四
七八四|三|一
6518_6
蹟 七四三|四|五
蹟 一〇八|十|五
四八〇|三|四
躦 一九九|八|六
躦 一五〇|二|四
6519_0
跊 五二〇|二|六
五三二|二|七
六九〇|七|二
跦 八二|二|五
八二|六|四
二五九|五|二
跊 五三〇|九|三
6519_2
踈 七四三|四|三
6521_3
魅 二九|十一|二
四八四|十一|四
六六七|三|三
6521_6
䰣 一一六|七|三

⿰鬼申 一一七/五/七

6521_{9}

魅 四八二/七/八

⿰鬼束 六三七/二/五

6527_{4}

⿰黑彗 五〇九/九/四

五一〇/二/七

6530_{7}

⿰黑聿 四七七/十一/八

6531_{7}

黗 三六六/三/一

6533_{1}

⿰黑屯 一四一/十一/一

6533_{2}

⿰黑農 一九/八/三

6533_{3}

⿰黑逮 △五三〇/一/二

五三四/五/六

⿰黑惠 五二八/一/四

五二八/十/二

6538_{6}

⿰黑責 七四二/十/九

七四八/十/一

6539_{0}

⿰黑未 五二〇/三/一

五三一/十一/六

6540_{0}

趹 七一三/五/一

6555_{7}

⿰日毒 五三四/六/三

六五一/二/三

6580_{0}

⿰𧾷大 三四二/八/四

三四二/十/五

6581_{0}

貹 六〇四/七/四

6581_{7}

贐 五四〇/十/七

6582_{7}

⿰貝青 二三八/六/四

六〇六/四/五

6583_{0}

⿰貝央 四一三/六/三

6583_{8}

⿰貝遺 四七八/五/五

6584_{4}

⿰貝婁 六二〇/二/四

6585_{7}

購 二六九/五/四

六一七/二/三

6586_{3}

賰 三五七/四/七

6588_{1}

⿰貝典 三七九/十/五

6600_{0}

吅 一三四/三/四

一六九/五/二

四六四/十/六

哅 五四〇/二/五

呬 四七六/九/三

四七八/八/四

四七八/十一/一

四八二/十一/一

咽 一二六/六/二

一六二/九/一

一六三/十一/六

五六九/五/一

△七〇四/二/五

⿰口困 三五六/十/三

昍 一三四/三/九

⿲口口口 二四六/七/六

⿰口固 八八/六/一

⿰口相 四四九/六/一

䀠 七五/二/四

四九四/五/五

啯 七四一/十一/六

6601_{0}

呪 △六一四/一/五

唲 一〇二/二/二

⿰日兄 六〇〇/六/七

呾 六八八/九/二

六九七/六/三

六九八/四/三

⿰目兄 六〇〇/五/一

哯 三八一/二/三

五六八/十/四

⿰日旦 五五九/三/二

晛 三八一/二/五

五六八/八/二

五六八/九/四

睍 三八〇/七/六

三八一/二/六

五六八/十/三

⿰目規 三六/十/一

四七〇/九/三

四七八/九/七

⿰日規 四七〇/三/六

6601_{1}

⿰口畏 四八/九/七

⿰口是 五九三/八/四

⿰日晃 四一九/十/一

四一九/十一/二

⿰目昆 三六三/十/五

6601_{3}

⿰目鬼 四八〇/四/四

6601_{4}

哩 七〇二/五/五
喤 二二五/六/三
二二九/三/一
二二九/五/二
四二〇/一/三
睈 四二四/十一/五
暒 二三八/六/二
六〇七/九/六
睲 二四二/七/一
四二四/七/一
嚜 四八一/八/四
四八二/八/四
五三二/四/四
七六三/二/五
囉 二〇一/七/一
二一〇/十一/二
四〇四/十一/九
五八九/十一/四
𣋠 七六三/三/一
曪 四〇五/一/三
曬 四九四/八/五
曜 七六/四/三

6601₇
唈 七六八/十一/八
七七〇/六/四
嗢 六八五/五/七
六九六/二/二
䁪 一三九/二/二
䁗 二三〇/八/八

6601₈
喅 六四六/一/三
七六七/九/二

6602₇
呺 一八三/六/四
一八九/十/四
四三六/七/五
五八五/六/四
喝 五二一/四/五
五二七/六/六
五二八/十/四
六八六/四/四
六八六/七/二
喁 二一一/六/三
七二一/十/二
三三二/八/二
四三七/八/一
啺 七四八/五/五
啺 二一九/二/二
㘗 六七八/四/五
𥊧 六八〇/五/四
六八六/七/四
六八七/六/五
喟 四八〇/一/五
五二五/六/五
五二五/八/六
睗 七四四/四/一
七四六/六/四
瞊 二一一/一/四
暘 二一六/七/六
五九八/十一/三
五九九/二/四
噣 △六一四/十一/一
六一九/五/二
六三八/六/六
六五一/七/四
六六一/六/六
㘗 七二九/十一/五
睗 七四四/三/七
暘 二一一/四/三
喝 七七四/十/一
𥊧 六九七/十/六
𥈶 六七六/三/六
暘 一五九/九/三
三七九/六/四

6603₁
嘿 六四一/八/三
七六三/二/三
七六三/九/七
𥋳 六八三/十/五

6603₂
睩 五六二/十一/六
噮 五七〇/八/一
嚗 五八三/九/七
五八六/十一/二
六五八/七/一
六五八/十/五
曝 一五二/三/四
三八六/十/七
三八八/九/一
𥌓 六三六/三/八

6603₃
嚃 五〇四/八/七
五三〇/五/七
△七七二/三/五
𡁤 七七〇/九/二
𣋝 七六八/四/六
䁍 七六八/四/八

6603₄
𠲎 三三二/八/一
𥈱 七四七/三/七
七五五/二/一
嗅 四六三/十/五
六一一/八/九

6603₇
嘷 五七八/九/三

6604₁
𠯗 七六四/九/三
睤 七六四/九/一

七六六/六/七
哻 三三二/九/五
暤 三九九/三/二
⿰口睪 七四六/十一/三
睅 三六七/五/三
三七二/十/四
三七三/一/四
曎 七四六/八/三
⿰目睪 七四四/三/六
七四四/十/六
七四六/七/七

6604_3
嘷 一八九/八/五
⿰目皋 五八五/六/五

6604_4
⿰日妟 五六〇/十/二
⿰目妟 三八一/五/一
五六〇/九/一
五六九/六/五
嚶 二三四/五/四
⿰目嬰 二三四/七/六

6604_6
嚊 四七八/十一/二
四八二/二/二

6604_7
嗖 七六一/一/四
嘬 五一二/六/七
五二九/三/六
⿰日最 五二〇/六/三
⿰目最 五二〇/五/四
⿰日矍 七二三/六/二
⿰目矍 七二二/八/五

6604_8
⿰口嚴 二九二/一/七
△二九七/二/七
⿰日嚴 四五五/一/一
⿰目嚴 四五四/十一/三
一二五/一/四

6605_0
呷 △七八九/三/二
⿰日甲 三二/五/二
⿰目甲 三四一/十一/二
五〇三/三/五

6605_4
⿰口畀 六六五/二/六

6605_6
嘽 一四五/一/三
一六五/四/一
二〇〇/八/八
三七〇/七/五
三七〇/十一/六
三八三/十一/三
五五九/三/四

6606_0
唱 五九八/二/四
⿰目昌 四〇一/二/五
五八七/二/八
六一八/四/三
六四六/九/一

6606_1
⿰口⿱𦥯日 六五八/十/六
⿰口⿱罒𦥯日 五八三/七/四
⿰日⿱𦥯日 七二六/二/六

6606_4
曙 四九二/七/二

6608_0
唄 五二九/一/三
⿰目貝 七三五/七/四

6608_1
哫 六五三/三/六
⿰口是 二六/六/四
五二/一/三
九四/八/二
睼 九四/七/三
五〇四/七/七
五六七/八/三

6608_6
嘪 三四五/四/三
⿰目買 一〇二/十一/一

6609_3
⿰目累 四五/七/六
一〇六/二/三
⿰日累 四五/七/五

6609_4
⿰目果 四〇六/三/六
⿰口果 五七九/二/七
五七九/三/一
⿰日梟 三九二/十一/七
嘄 五八七/五/六

6609_6
⿰日累 四二二/十一/五

6610_0
⿰足田 一六〇/九/四
⿰足冏 三六四/五/五
跏 二〇八/七/五
跏 三〇/三/三

6610_4
罝 二〇一/九/三
五五九/七/六
罿 一六/九/四

6610_9
[illegible] 二四〇/十一/六

6611_0
⿰足見 五六九/八/二

6611_1
⿰足昆 一〇〇/十/四
五〇三/二/一

6611_4

踁 二四〇/二/一
跮 六〇七/六/三
𨇜 五八九/十一/八
躍 七五/七/四

6611_7

跁 四六五/十一/一
豝 四六五/十/九
𨇤 七八一/十/一

6612_7

踼 七〇一/五/三
七一九/九/四
七二一/六/一
七五一/一/五
踢 二一四/七/二
二一九/三/三
二二〇/四/九
四一七/八/二
六〇〇/八/二
躅 六五三/十/二
六六二/一/一
蹋 七七二/九/五
七七五/二/二
七七五/三/一

6613_2

躟 五七〇/六/八
𨆶 五八六/九/二
𨇨 一五九/二/四

6613_3

𨄮 七七二/六/五
七七二/十/四

6613_4

踈 七四七/十一/三
七五四/九/一
𨂺 四六三/十/四
六一一/十/七
△六一一/十一/三

六二〇/八/二

6613_6

𨇃 二〇一/一/五

6614_0

䟸 二三一/五/三

6614_1

踍 三六七/五/七
𨁡 七六一/十/四

6614_4

䠁 二三一/五/二

6614_7

𨆮 五二〇/五/六
躨 七二二/九/七
七二三/二/六
七四八/二/二

6615_0

𨀊 七八九/一/三
𨂔 四八/九/五
一〇三/八/五
一五九/八/一
三一五/十/六
三一六/三/一
三一六/三/六
三二一/八/三

6615_4

蹕 四八〇/十一/八
四八一/五/四
六六四/十一/二

6615_6

𨅚 四〇四/五/四
五八九/十/一

6618_0

䟴 五一八/八/四
五一九/十/二
五一九/十一/二

6618_1

𨂐 六四四/三/五
踶 三〇/三/四
△四七/十一/二
九四/十一/三
三〇八/十一/六
三一一/七/七
五〇五/二/三
𨄇 七五七/九/四

6619_4

踝 四一一/八/三
躁 五八七/十/二

6620_7

咢 七二九/十/八
䣞 二四三/八/三

6621_0

覞 五八〇/九/一
五八二/三/一
七四四/六/二
七四四/十/五
𧢜 七二九/十一/三

6621_1

罣 四三二/十一/五

6621_4

翟 九八/十一/六
瞿 七五/九/一
四九四/五/八
四九四/七/六
七五九/五/四

6622_3

罪 四二〇/十/二
四二六/八/五
四九四/五/七

6622_7

胃 四二五/四/三
𥌖 一五九/九/四
囂 一八三/八/四

6666_8
囂 一八三/六/二
嚻 一九一/三/四
6671_0
器 二二二/三/一
6671_7
鼉 二三四/三/六
鼉 六〇六/十一/六
鼍 一四五/六/三
二〇一/一/二
鼍 五七三/二/一
6673_4
䫹 六八〇/五/六
6674_4
毀 二三一/五/一
6677_2
咢 四七九/二/五
噩 二三四/三/五
六〇六/十一/五
6680_0
賙 一二六/十一/二
6680_1
題 九四/七/一
五〇五/一/四
6680_6
買 一八三/六/三
貫 一九一/三/五
6680_9
賏 四二六/九/四
6681_0
貺 六〇〇/五/三
覬 一〇二/十一/二
覼 五四二/一/三
6682_7
賜 四六七/十一/三
6686_0
賵 四六三/二/七
6688_0
賏 二三四/七/三
二四〇/十/二
六〇三/二/三
6688_9
賧 七七四/四/七
6699_4
睬 一一一/四/四
四三八/五/三
6700_7
叩 四〇/九/一
四七/一/二
四七八/十一/三
6701_0
吃 六六九/五/二
盵 六六一/七/三
吼 七三七/二/一
咀 三二九/八/六
三三〇/二/二
衄 七〇四/十/一
䀹 三七〇/十一/三
6701_1
呢 四五/十/一
三一二/一/三
三一八/九/五
昵 三四三/七/一
六六三/三/四
六六七/十一/六
六七〇/一/五
七五五/六/五
眤 四六/三/四
九四/七/六
五〇五/一/三
嚁 七六六/三/五
矖 五二七/二/五
6701_2
咆 一八七/二/七
五八四/一/二
𥄳 五八三/十一/三
六五九/五/四
6701_3
鼉 四五一/四/六
四五三/七/八
四五六/七/五
六三〇/七/七
6701_4
喔 六三四/四/二
六五七/七/三
𥇒 七五九/二/四
瞿 六五九/九/二
嚁 七五二/一/四
瞾 二三三/十/六
曜 五八〇/八/七
矔 五八〇/九/五
6701_5
吜 四三五/一/二
6701_6
晚 三六三/二/四
晩 三七五/二/一
鼉 △二九六/三/一
△二九七/七/五
6701_7
吧 二〇三/六/八
二〇三/十/二
𥃦 五三一/十/六
唲 二七/二/六
一〇六/三/二
睨 三四四/二/五
䁅 △四二一/三/一
六〇三/七/七
晲 三四四/二/四

6701,—6702。

五〇八/四/一
䁁 二七一/五/三
[illegible] 四二三/十/一
六〇三/七/八

6702。

叩 四三六/九/二
六一六/十一/三
叨 一九三/四/四
㕵 六五八/七/二
呁 五四三/六/四
吻 三五七/八/一
啺 五八三/六/六
旳 七五〇/五/四
昀 一二五/六/七
昒 六七三/十/四
六八四/四/七
畇 一二二/九/四
一二三/六/六
一二五/六/三
一二五/八/二
一六〇/八/三
三八二/三/一
五六七/十/三
哅 一〇/一/七
[illegible] 五三九/一/五
呴 七四/三/五
二六八/十一/三
二六九/六/三
三三二/十/四
四三六/六/六
四九四/二/四
六一七/三/四
六四七/十一/六
昀 一一九/八/七
一六〇/八/四
一六二/七/四

一六三/八/四
昒 五二七/十一/一
五三二/三/五
六七三/十一/三
六九六/一/三
六九六/六/六
哟 五八三/三/六
[illegible] 六四七/六/五
[illegible] 三九八/四/七
[illegible] 七二二/一/六
七三六/十一/二
哃 五/四/五
㖫 五一/五/三
五一/七/三
五四/二/六
昫 七三/十/一
三〇五/七/五
三三二/十/一
四九四/一/六
明 二三一/九/五
六〇三/八/四
[illegible] 二三五/四/二
唧 六六四/三/三
六七三/三/八
七五七/二/二
[illegible] 七六/五/三
二六九/一/一
咰 一二二/六/六
六六三/七/三
眀 二三一/十一/四
[illegible] 五〇二/九/三
[illegible] 六五九/十一/四
[illegible] 二三一/九/四
啕 一九四/四/六
眮 五/三/五
[illegible] 一九五/二/一

啁 一八八/九/四
一九三/四/一
二五九/三/三
二六六/二/七
五七七/九/七
五七八/二/五
眗 七三/十/三
七五/二/五
七六/五/七
二六八/九/二
[illegible] 一二二/九/五
一二三/六/七
[illegible] 三九二/二/五
三九七/八/八
六九〇/二/五
[illegible] 五三/一/五
眮 五/四/四
三〇一/一/五
四六一/六/三
眴 一二二/八/三
一二三/九/三
五三九/六/四
五六九/十/五
睭 四三三/十/二
[illegible] 八八/十一/五
䀞 五七〇/三/一
嘲 一八八/九/五
[illegible] 二〇八/二/八
[illegible] 四一〇/十一/四
[illegible] 一四五/八/四
三七一/五/七
[illegible] 一五五/二/七
[illegible] 二〇八/二/七
四〇三/九/六
四一〇/十一/三
五九五/三/二

囒 五四二/十一/三
瞷 一五四/五/三
五六二/九/六
瞤 一二二/五/八
一七一/五/七
五三九/六/五
嚪 四四九/八/七
六二五/八/六
⿰目關 五二五/十一/二
⿰目闌 一五四/二/四
矙 六二五/一/三

6702_2

⿰目予 六九/六/五
⿰口翏 一八五/四/五
一八五/十一/八
一八七/一/二
一八七/五/八
一九五/六/一
五八三/七/六
六一二/十/二
⿰目翏 二六0/十一/五
六四六/十/四
六四九/六/四
瞜 一八五/七/八

6702_7

叩 四三六/九/五
哆 二0四/九/六
二0六/九/一
四0四/五/三
四一二/五/五
四八三/五/八
五八九/九/七
哆 三0八/五/一
四0九/五/五
五九四/四/一
五九四/七/一

吗 四四五/六/二
眵 二五/三/二
二六/一/一
⿰口弱 八0/八/一
七八八/五/一
嗚 九二/二/二
五0一/十/四
喝 一0二/四/八
⿰口甬 三0五/四/二
哪 二0一/十/四
哪 七0二/八/一
哪 五九0/一/四
⿰口鄉 六四八/六/七
喟 六九六/二/三
哪 二0四/六/六
嗚 二三一/十一/一
六0四/七/一
睮 六三四/十/七
六三五/五/一
六五六/二/六
嚅 六七0/九/四
六七二/九/五
⿰口鄂 七三一/三/六
七三一/七/七
瞻 七五一/二/五
暍 二一0/五/六
晞 四三三/十/一
瞗 二七一/六/九
鵙 一七四/五/六
瞖 六九五/九/三
瞲 六七0/三/一
七0四/九/五
⿰目鄂 二五九/十一/四
二六四/五/九
⿰目鄉 七三0/十/五
囑 六五一/七/三
鳴 三九四/十/七
瞗 二三一/十/一

矚 六五一/八/四
鳴 二三一/十/二
瞗 七五/十一/七

6703_1

⿰口忌 四八六/一/六

6703_2

⿰口怱 六八四/四/五
⿰目怱 六八四/四/八
⿰口彔 六三八/十/一
喙 五0八/十一/一
五一一/八/四
五三七/十/七
喙 六一九/五/四
睩 六五三/十一/二
⿰口展 三六三/五/五
⿰口過 一九七/四/二
一九八/一/二
眼 三六六/九/三
三七四/十一/五
⿰目黎 九六/八/二
睩 六三九/一/三
六五四/三/五
⿰目彖 四六二/十一/五

6703_3

⿰口慼 五三七/十一/五

6703_4

噢 三三二/八/六
三三三/二/六
四三一/九/三
四九四/一/三
五八六/四/九
六四八/六/一
⿰目奧 六四八/五/二
喚 五五四/十/二
五五四/十一/五
⿰目奐 五五四/十一/四

6710_{7}

盟 二三一/九/八

二三七/八/五

四二二/二/一

六〇三/八/三

六〇四/六/六

盟 二三一/九/七

6711_{0}

䟸 七六四/八/三

跙 六五/五/九

三三〇/三/一

三三〇/八/八

四〇九/三/一

四九二/一/八

五九三/一/三

䟵 三三〇/六/二

6711_{1}

跜 △四五/十/三

6711_{2}

跑 一八七/三/六

六五〇/五/二

六五九/三/一

6711_{3}

𨇤 六三〇/八/八

6711_{4}

𨂏 六五七/七/五

躍 七一八/三/四

6711_{5}

𨀋 六四五/十一/三

6711_{7}

跁 二〇四/一/一

四〇八/十一/三

五九二/七/九

䟺 六四七/七/七

跪 三九/十/五

三一五/三/二

三一五/九/一

三一五/九/四

6712_{0}

趵 五八三/七/五

六五八/六/二

六六〇/六/五

七二〇/三/四

踘 六四七/三/一

六四八/一/六

跔 七五/三/二

七五/七/一

三三三/二/二

跀 六七七/十一/四

六八五/十/三

六九二/一/七

六九二/六/一

六九九/一/一

𨀥 七〇〇/二/五

𨁈 五/一/三

𨃀 七〇三/六/四

𨂻 二五三/十/五

𨄠 八九/四/六

躝 六七八/十一/六

六七九/五/一

躝 一四五/七/三

一四五/八/一

躝 五四二/七/三

躝 四五七/十/四

躝 七七五/三/三

6712_{2}

䟕 七/五/二

野 三三一/一/六

三三二/六/四

四一〇/八/四

蹘 一八九/一/二

6712_{7}

郢 六〇六/十一/四

跒 四一二/三/五

郢 四二五/四/八

鄄 三二四/五/四

鄤 一三九/一/四

跢 三〇/二/七

二〇〇/六/四

五一七/七/二

五八九/九/二

六六七/一/二

𨟊 六五二/一/五

六五三/八/二

鸈 七七三/一/一

𨃩 二〇一/十一/四

踊 三〇五/三/四

踼 七九/八/三

二六五/十/一

蹁 六二〇/三/五

踻 二〇二/四/一

二一〇/三/七

跼 七五/七/二

六五五/三/一

踴 三〇五/三/五

鵙 三七〇/七/三

五五八/八/三

鄙 二三〇/九/二

二三一/十一/三

蹻 六七三/二/五

鷊 六五〇/二/六

七二六/三/一

鸀 六五一/九/一

六五二/二/一

△六五二/四/四

六六二/二/四

躑 △七四五/八/八

鸓 五八六/十/四

酈 七二一/十/三
七二三/二/四
鸓 七五/十一/三
一七三/四/六

6731_0
黓 一五五/一/四

6731_1
黖 五五〇/五/五

6731_4
黫 六五四/四/三
六五七/八/四

6731_6
黮 六七七/六/九
黷 二九六/五/三

6731_7
黦 五六八/一/五
鼆 六〇九/十一/四
六一一/二/二

6732_0
黔 七五〇/八/六

6732_2
野 三三一/二/一

6732_7
郻 三二三/五/一
黟 四七/四/三
鸔 一一四/十/四
鸎 四二二/一/三
鷺 八八/二/三
四九三/三/一
五〇〇/四/五

6733_2
煦 七三/十一/一
三三二/十/三
煦 七四/四/六
二五五/七/九
三〇五/七/七
三三二/十/七
四九四/一/五
眗 七三/十/二
黔 七二〇/四/一
黲 九八/二/四
黝 四三〇/九/三
黩 六三八/十/四

6733_6
照 五八〇/二/七

6734_0
瞅 七六一/十一/一

6734_7
黢 五六八/一/六

6735_0
黵 一四四/四/二

6735_4
黭 二三/一/一

6735_7
黝 四七/四/五

6736_1
黯 四五三/八/五
黪 四四九/五/三
四四九/七/七

6738_1
黮 七四九/九/三

6738_2
歇 二〇八/三/六
歜 七六三/二/四
歔 一三八/四/四
歟 七七一/一/一

6740_7
學 二四一/八/六

6742_7
郢 四〇一/九/四
鄂 五五三/一/二
鄍 三九九/五/五
鄙 七二/六/二
鄚 七五四/十一/一
鄹 七三〇/二/一
鄾 一三七/六/四
一四九/七/六
五四九/七/八
五五七/二/九
鶡 五六〇/九/六
五六九/六/四
鶚 七二/五/三
鶪 七四七/十一/四
鶮 七五四/十/二
鶹 三六七/八/三
五二一/三/二
五五二/十一/三
五五三/六/六
六八六/五/二
六八六/十/四
鷃 五六〇/九/五
鄸 二四〇/十一/一
四二五/三/五
鸈 七三三/九/二
酅 七二一/十/二
七二二/十/三
七二三/三/四
鸚 二三四/五/六
鸝 七二三/二/二

6748_2
歝 七四六/五/四
歞 四二五/四/五

6750_2
犂 七二一/六/四

6752_0
翢 七八八/八/二

6752_7
鄂 三二/九/一

	三三/九/一	[illegible]	一三八/八/一	6783₄	
	三三/十/三	6778₂		[illegible]	○六一六/三/二
	一〇二/九/四	歇	五三七/八/八	6784₀	
鴨	七八九/二/五		六七九/十/三	[illegible]	五一一/九/九
鄲	一三〇/十一/七		六八六/八/二	[illegible]	四七六/六/六
	一四四/十/二		六九八/四/五	6785₆	
鄲	二〇〇/六/二	6780₂		[illegible]	三五九/九/二
[illegible]	三三/六/六	趐	二六/六/三		五四七/三/七
	六六五/四/二		五二/一/二	6786₁	
[illegible]	六六五/一/三	[illegible]	九五/七/二	贍	六二七/五/八
[illegible]	九五/七/一	6780₉		6786₄	
	一四五/六/六	[illegible]	四二六/五/二	賂	五〇〇/二/四
	五〇五/四/六	6781₀		[illegible]	六三/十一/一
6753₂		[illegible]	六七一/一/一	6788₁	
[illegible]	三八七/六/四	6781₇		[illegible]	三三〇/五/一
6755₀		[illegible]	四一二/五/四		四九五/七/六
[illegible]	二八一/十/五		四七一/九/五	6788₂	
	二八六/九/七	6782₀		吹	三七/五/五
	二九〇/三/六	[illegible]	一一九/十一/一		一〇一/九/六
6758₂		[illegible]	六一七/二/四	6789₄	
[illegible]	一一六/八/二	[illegible]	一一九/十一/二	[illegible]	二七七/八/九
	七八九/三/五		二四一/三/六	6790₃	
6762₇			二四一/八/五	緊	七二一/八/一
郘	三三二/二/一		二四一/十一/五	6791₂	
鄙	三二〇/九/二		二四八/二/一	[illegible]	三九八/二/七
[illegible]	一〇九/八/二	賙	二六三/九/三	6792₇	
[illegible]	二一四/九/四	6782₂		黟	三四六/一/二
[illegible]	五八七/四/一	[illegible]	一八九/一/三	黟	四〇六/一/三
[illegible]	一〇九/七/八	6782₇		[illegible]	一七八/七/一
6771₂		[illegible]	四六六/九/四		一九二/四/二
[illegible]	七六/一/六	[illegible]	三二九/七/二		一九二/六/三
6771₇			三三〇/五/二		二八二/四/一
[illegible]	六八六/十一/三	[illegible]	八六/三/三		五八七/九/一
6772₇		[illegible]	二六/五/六	[illegible]	六五八/七/四
鷗	七二八/九/五	[illegible]	三四五/五/一	6794₇	
鷗	六八六/五/一	[illegible]	二三四/七/七	[illegible]	六五〇/八/三

6800$_0$
叭 六九〇/五/一
䀚 六一五/七/三
6801$_1$
咋 五九三/十/三
五九四/一/六
七三六/六/二
七三六/七/四
哓 五九九/十/四
昨 七二八/四/三
嗟 二〇二/九/六
二〇四/二/四
晓 五九九/十/七
䁟 四〇五/三/六
𣈶 一九九/七/二
𥈠 一九九/六/四
二〇四/三/六
6801$_2$
㗑 二五/八/五
䀸 三五/二/三
6801$_3$
眺 七一二/十一/三
6801$_4$
睉 二〇〇/三/四
二〇〇/四/二
四〇七/二/六
五二九/七/二
𥇉 一六九/九/二
一七〇/四/一
一七一/六/六
6801$_7$
吃 六七五/九/一
六七五/九/三
六八〇/一/六
嗑 一四〇/三/五
五四四/九/五
嗌 五〇八/二/七
五二四/三/三
六五七/十/五
七四一/三/二
七四五/十一/一
盵 四八八/六/六
𣇈 四八八/七/三
𥊟 四八八/七/二
嚂 二八五/五/六
四四八/十/四
六二五/一/七
六二六/二/一
𥌃 六三〇/四/三
𥌃 二九六/十一/一
6801$_8$
噬 五一一/二/二
五一六/一/一
6801$_9$
唫 二七九/四/六
二七九/八/三
四四四/一/二
6802$_0$
吤 五二六/七/一
五八九/三/五
𥄒 五二六/二/六
昦 七四二/一/七
6802$_1$
呤 六二二/十/一
昤 四四三/十一/四
喻 八四/三/一
四九五/一/一
睮 八六/七/二
𣈄 八三/四/四
6802$_2$
昣 三五二/七/一
眕 一一五/十一/一
三五二/七/一〇
眕 三五二/四/四
三五五/二/一
6802$_7$
吟 二七九/三/二
四四四/五/五
吩 五五一/一/三
兮 三四四/三/五
盼 一二九/六/四
盼 三五八/五/一
啼 九四/八/一
盼 一五三/三/六
五六三/二/四
喻 五五二/四/二
喻 三五五/九/二
盻 三四四/三/二
三七五/一/五
五〇六/七/四
五〇八/三/六
五六三/三/一
睇 九四/五/二
九四/七/四
五〇五/一/一
嗡 一一/一/一
一一/一/六
三〇三/三/七
睔 一五二/三/五
三六三/十/四
三六四/七/三
三六六/八/三
五五〇/三/六
五六一/三/五
䨀 三〇三/二/二
嚌 六六四/四/一
六七三/三/七
𥇦 六三四/十/八

瞃 二五九/七/四
暘 二一四/四/四
噏 七六八/二/五
噏 七六七/十一/四
瞈 七六七/十一/六
七八〇/八/一
瞈 五八〇/九/四
七一八/六/七

6803_1

唸 五六七/六/四
六二八/一/六
嘸 三三四/五/三
三三五/八/八
瞴 三三/四/一
七九/一/四
二七〇/八/一
三三五/五/四
三三七/六/七

6803_2

呄 一〇/十/三
一六/五/二
四六四/十/五
噁 五五一/一/二

6803_3

唹 六三/三/四
三二九/五/五

6803_4

咲 五七九/五/二
睽 三五五/四/四
昳 五一/五/四
二五九/七/六
四四一/六/三
五三九/六/三
嗾 二七〇/十/八
四三八/十/一
五九〇/十一/七

六一八/十一/五
六三七/四/八

6803_7

吟 二四五/四/一
昑 二四五/二/三
嗛 二九三/七/五
二九六/十/一
四五四/六/五
四五四/七/三
七八三/六/三
聄 二四六/五/二

6804_0

吺 三三四/三/二
三三四/九/六
三三四/十/七
旼 一六〇/七/一
五六七/十一/二
旿 五〇二/一/二
睃 二六三/七/四
二七三/十/九
嗷 一九〇/十一/一
噭 一七六/十/五
五七八/八/六
五七八/十/一
七五四/二/六
七五四/六/五
[曒] 皦 六〇三/四/一
六〇四/十/一
噭 一四一/八/六
一四二/三/三
噉 四四九/八/五
六二五/八/七
瞰 五〇/六/五
五八/六/八
暾 一四一/七/八
𡅏 四九七/六/七

曒 六二五/二/二
曔 七一一/一/二
皦 三九二/十一/六
三九九/六/三
瞰 七一一/一/六
瞰 六二五/一/二
瞰 七五四/五/一

6804_1

睟 五五三/七/三

6804_6

噂 二八四/五/七
噂 三六五/十一/一
瞊 五五一/八/四

6804_7

唪 七三七/五/四

6805_1

咩 二一一/四/二
五九七/三/一
眻 二一一/九/六
二一三/十/三
眻 二一一/九/五
二二二/八/一

6805_3

曦 三七/三/四
曦 三七/三/三
曦 三七/六/六
嚱 六二七/二/一

6805_7

嗶 六六六/一/二

6806_1

哈 七六九/七/三
七六九/八/九
七七〇/三/七
七七〇/十/二
七七二/三/七
七八七/三/五

哈 六二三/五/一

䀎 七八六/十/三

晗 二八三/十/四

6806_4

咯 四三七/五/一

6806_5

𥊍 三八四/二/六

五七二/十/五

6806_6

噌 二三六/四/三

二五〇/九/二

噌 △二三五/九/三

二五四/五/三

噲 五二二/十一/三

五二八/七/四

五二八/九/六

六九一/八/四

噲 五二八/六/六

瞺 二五四/六/四

噌 四三〇/四/六

矰 二五四/六/五

㬈 五二三/二/一

6806_7

喀 二八二/九/一

嗆 二一三/五/二

二三二/六/七

6806_8

㗋 六三四/十一/一

6807_7

𠹭 七二六/五/二

6808_1

暰 一七/十一/四

瞛 一七/七/六

暶 一七〇/三/四

璇 一七〇/二/七

6808_6

噞 二九二/一/一

四五五/二/六

六二八/八/四

嗩 四四七/六/二

瞼 四五二/十/四

6809_0

㖎 四〇九/九/四

睮 三四/四/三

6809_4

唋 八六/六/六

6811_1

踪 四七〇/一/六

蹉 二六/三/五

一九九/四/四

蹉 五八九/七/六

6811_2

踫 二九七/十一/一

跪 二〇一/三/一

6811_4

跿 五九一/二/四

跧 一二三/二/八

一五二/六/二

一六九/六/四

一七〇/六/八

一七一/六/五

6812_1

跲 四五六/八/二

踰 八二/五/六

八三/二/六

一八一/十一/七

三三七/三/二

6812_2

跈 一二〇/八/七

三八〇/三/四

三八〇/五/二

三八三/二/六

三八七/十一/五

6812_7

趻 四四二/七/六

四四三/一/四

𧿳 一二九/三/四

䟡 九四/四/七

踚 一二四/五/一

一四二/五/六

䠐 七七二/九/四

七七五/三/二

䠛 七一八/三/六

䠥 七一八/四/一

6813_1

踗 七八二/八/一

6813_4

䠞 六三七/四/六

6813_7

跉 二四〇/三/三

二四五/三/六

6814_0

蹩 七〇六/四/三

斀 六六一/三/六

躈 五七八/八/五

躈 七一〇/十/三

七一一/一/四

6814_1

跰 一五九/六/一

四二五/十一/四

六〇五/三/四

六〇八/八/七

6814_6

蹲 一二三/一/二

一二三/三/四

一四一/三/四

三五七/六/四

蹲 一五〇/二/五

三六五/十一/五
三六六/二/一

6814_7
躨 四八/六/三

6815_1
𨀜 二一三/九/一
𨇽 一六四/四/六

6815_3
蟻 三七/九/五

6815_7
𨅒 六六六/二/三

6816_1
跲 七六八/七/三
七八五/三/五
七八五/四/七
七八六/十/五
踏 七七一/十/六
蹈 六四二/四/五
蹭 二六二/一/七
六四二/四/二
躤 五九二/十一/四

6816_4
躇 四九二/十一/四
七二一/四/四

6816_6
蹭 二五〇/八/二
六一一/一/一

6816_7
蹌 二一三/三/四
五九七/九/二

6818_1
蹤 一七/十/四
蹤 一七/十/三
踪 五七二/三/一

6819_4
跦 四一一/一/一

五〇〇/一/九
𨄔 一七四/十一/二

6821_3
𩲡 二四五/四/三

6821_4
𩸉 五〇/六/四
五八/六/七

6821_7
𩪐 七四一/二/七

6823_4
𩨐 二一九/二/三

6824_0
𩨂 四六九/十/一
𩨂 二一一/二/五

6832_2
黟 五三八/七/一

6832_7
黔 二八〇/三/三
四五二/十一/二
黐 二八〇/三/六
黭 二一四/五/四

6833_1
黔 二九五/七/二

6833_2
黔 二九二/四/四
二九四/六/九
黔 二九四/七/三
黲 △五三〇/一/三
黸 八七/七/五

6834_0
黴 七六三/九/六
黷 四四九/一/五
四五〇/十一/一
四五六/三/一
四五七/六/一
六三〇/四/六

6834_6

黤 四四四/三/三
四四五/九/三
四五三/五/三
四五六/三/三

6835_3
黷 二七六/三/二
二九五/六/二

6836_6
黯 六一一/二/一
黵 五二三/二/二
五二八/九/三
黵 五二八/八/四

6836_8
黣 六五四/四/五

6838_6
黬 四五二/十一/一

6844_0
數 八七/五/七
△四九九/九/三
△五〇〇/一/三
七四六/五/三

6854_0
敤 三四一/十一/三
𢿢 四八〇/十一/五

6881_2
𧴤 四六七/四/二
𧶄 四七八/三/一

6881_7
𧸘 五二四/三/五
𧹈 六二六/三/三

6882_2
賑 三五二/六/三
五三八/三/四

6883_7
賺 二九一/一/五
六二九/十一/五

6884_0
敗　五二八/十一/一
　　五二八/十一/二
敗　五二八/十一/三

6884_1
賆　一五九/六/八
　　六〇五/九/七

6886_6
贈　六一一/一/七

6888_6
[貝+僉]　四五一/一/五
　　四五五/三/七
　　六二四/七/五
　　六二八/十一/三

6889_4
賒　二〇四/七/三

6894_0
數　五九〇/五/一
數　一九二/六/二

6901_1
晄　四一九/七/五
　　四二〇/三/四
[田+光]　二二五/二/八

6901_4
唯　七一九/六/五
[目+坴]　二四九/六/四
瞠　二一六/六/二
　　二二〇/四/五
　　二三〇/十一/三
　　四二一/七/六
　　六〇三/十一/八
　　六〇四/一/八

6901_7
睠　五七五/八/一

6902_0
吵　一八八/三/六
　　三九六/四/六
　　三九八/八/二
　　五八四/七/六
眇　三九六/四/五
　　五八二/一/一

6902_1
瞢　六〇四/一/六

6902_7
嘮　一八五/十一/六
　　一八八/十一/一
　　一九四/十/三
瞞　七〇六/六/三
哨　一七八/二/一
　　一九二/五/一
　　五七九/七/五
　　五八〇/一/四
　　五八〇/六/四
　　五八四/六/二
　　六一二/九/一
睄　一七七/十/二
睄　五八四/五/六

6903_0
吣　七〇八/五/七

6903_1
曭　四一七/五/二
矘　四一七/五/四

6903_8
[口+愁]　一八八/六/二
　　二六六/二/一

6903_9
瞇　三一六/八/三
　　五〇三/八/二

6904_4
嘍　六〇五/五/四

6905_0
畔　五五六/九/三

6905_2
嘩　六六二/六/一

6905_9
[口+粦]　一六一/四/二
暽　一二一/三/七
疄　一二〇/九/六
　　三五五/五/八
　　五四二/七/六
瞵　一二〇/十/六
　　一六一/三/四
　　三五五/六/五
　　五四二/六/五

6906_2
啫　四二二/五/三
噆　四二一/一/五

6908_0
吙　二〇二/十一/六
瞅　一六六/一/五
啾　一八八/六/一
　　二六二/七/七
　　二六三/六/八

6908_1
䁎　二三〇/十一/二

6908_9
啖　四四九/八/三
　　六二五/九/一
[口+淡]　二八四/十一/二
睒　四五〇/四/二
　　四五一/七/三
　　六二五/十/五
　　六二七/三/六

6909_4
眯　三四/四/五
　　三二一/五/五
　　三四一/九/二
　　四八一/八/一

7010_3

璧 七四七/六/一

7010_4

埅 二一一/十一/三

二一二/三/八

壁 七四七/五/三

七四九/三/一

7010_9

鐾 五〇三/五/八

7020_7

[illegible] 五〇三/五/七

7021_1

膔 六三九/十/二

[illegible] 六五四/七/五

[illegible] 一九九/一/四

[illegible] 四〇/五/四

7021_2

[illegible] 一八六/二/五

[illegible] 二一一/十一/一

[illegible] 九五/八/三

[illegible] 三一/五/三

7021_3

[illegible] 三八八/十一/二

7021_4

陮 一〇八/六/五

三四九/一/一

[illegible] 三四八/七/二

[illegible] 四〇/八/三

胜 三三六/七/八

雅 二〇九/一/三

二〇九/六/三

四一一/六/五

脽 四一/六/三

四一/六/七

二六四/二/九

[illegible] 三七四/一/一

[illegible] 六六三/六/八

雕 一七四/一/一

[illegible] 一二四/二/四

膧 五/四/一

五/四/二

二四/三/四

[illegible] 二一/四/十

三〇六/三/七

[illegible] 一二八/七/三

五四四/八/二

[illegible] 七四九/七/六

[illegible] 二四/三/三

7021_6

[illegible] 二一九/十/五

膻 一六五/一/四

三七一/一/五

髗 七四/十/六

[illegible] 二一九/八/三

7021_7

阬 二二三/八/七

二二八/七/一

六〇二/三/六

肮 二二三/七/四

二二四/四/四

六〇一/十一/六

骯 四一八/十/二

四一九/一/六

7021_8

[illegible] 七六八/四/三

七七三/二/八

7021_9

[illegible] 五九九/四/六

[illegible] 二一六/十一/三

五九九/五/一

7022_1

陭 三八/四/五

三一三/九/六

陭 六一/二/三

四七一/三/二

四七一/四/三

猗 三七/九/二

[illegible] 四七一/一/二

[illegible] 三一三/七/三

7022_3

隮 九三/五/五

五〇二/五/七

[illegible] 四三/二/一

7022_7

防 二一二/二/五

二一二/三/七

五九七/八/四

[illegible] 二二一/十/四

肪 二二一/十一/五

二一二/五/二

肺 五一九/九/六

五三七/四/五

[illegible] △二三〇/四/四

六〇一/六/九

腣 九四/一/四

九五/十/五

五〇三/九/六

脖 二二八/八/六

[illegible] 三九九/五/三

膀 二二一/五/三

二二一/七/六

[illegible] 二〇/三/二

[illegible] 四一〇/八/二

五二五/二/四

七三九/十/六

七四五/二/八

[illegible] 七三八/三/四

七四九/五/三

[illegible] 七四七/四/六

7028_{6}
臏　七三一/四/四
臏　六〇二/十一/七
7029_{3}
[illegible]　一七一/十/五
7029_{4}
[illegible]　一九九/一/三
髍　一九九/一/一
7031_{1}
驍　六三九/七/四
7031_{4}
駐　四九七/八/八
　　四九八/一/一
騅　四〇/五/二
[illegible]　三七三/九/五
[illegible]　六/二/六
[illegible]　七二五/一/四
7031_{6}
驢　一四五/二/六
　　一四五/五/六
　　一六六/三/一
　　五七三/九/八
7031_{7}
[illegible]　四一九/七/三
驘　二〇二/五/二
7032_{1}
騎　三七/十一/四
　　四七一/二/二
[illegible]　二三一/四/一
7032_{7}
[illegible]　五一九/十/四
騯　二二一/八/七
　　二二九/九/五
　　二三〇/四/六
　　四一八/二/一
[illegible]　三一/二/二
[illegible]　七三九/十/五

7033_{2}
〔[illegible]〕[illegible]　一六三/八/九
　　五六九/十/二
驤　二一二/十/三
　　二一五/十/一
7033_{4}
[illegible]　七四九/五/六
7033_{7}
[illegible]　二二四/十/二
7034_{0}
馼　一二八/六/三
7034_{1}
騂　二三八/七/三
　　二四一/四/一
　　二四一/十一/四
7034_{8}
駮　六五六/四/四
　　六五八/四/四
[illegible]　四七五/二/一
7036_{1}
[illegible]　五〇六/十一/六
　　五〇八/十一/二
　　七三五/三/五
　　七三七/九/四
7036_{4}
駱　五四三/一/一
7036_{7}
[illegible]　二一九/七/六
7038_{2}
駭　三四六/二/一
7038_{6}
[illegible]　二二五/三/四
7039_{4}
[illegible]　二四九/五/四
　　六〇九/四/八
[illegible]　七六六/九/五

7040_{4}
[illegible]　五三七/七/七
嬖　四七二/一/七
　　五〇三/四/四
7044_{4}
[illegible]　七四七/五/二
7050_{2}
擘　七三七/十一/四
　　七四九/八/二
7051_{4}
[illegible]　四三八/五/六
7054_{1}
[illegible]　七四七/九/二
7055_{4}
[illegible]　七四七/五/一
7060_{1}
[illegible]　七四九/六/五
譬　四七二/一/一
7061_{4}
[illegible]　一二〇/一/二
7064_{1}
辟　三三/七/六
　　三一六/一/二
　　三一六/七/四
　　四二五/十一/一
　　四七二/一/二
　　△四七二/二/四
　　五〇三/三/八
　　七三七/十一/六
　　七四七/四/七
　　七四七/七/六
　　七四七/九/一
　　七四九/四/五
　　七四九/五/二
　　七四九/八/七
7071_{4}

乇 五五〇/一/三
五六一/七/五
五六三/一/九
雎 三五/九/三
雎 四一/三/四
雎 一二〇/一/三
雎 四三一/六/五
雎 三六二/八/一
雎 六一七/八/四

7071_7

乚 三九〇/十/二
覽 七三八/一/二
七四九/六/七
覽 七四九/三/五

7072_7

日市 五三七/五/二
五三七/七/一
六八〇/十/二

7073_2

[illegible] 七四七/五/六
[illegible] 五七八/六/六

7076_1

[illegible] 四七九/五/三
[illegible] 三一七/六/二

7090_3

緊 七三八/一/三
七三八/三/五
七三八/三/七
七四七/十/五
七四九/三/三

7090_4

[illegible] 四七二/一/三
七三七/十一/一
七四九/八/三
[illegible] 六九六/五/四
七三七/十一/三

七三八/三/一

7091_4

[illegible] 三七三/十一/四

7110_0

厂 七四〇/一/三
匚 三四三/十一/四
五九七/五/四

7110_1

歷 七七六/三/二

7110_4

坙 △四八八/四/二
五三六/七/五
垔 五九七/七/二
壘 二一二/六/四
壘 一二六/三/六
壓 四五〇/九/一
六二六/八/四
七七六/三/六
七八一/二/二
七八二/九/三
七八九/一/七

7113_6

蠶 三五三/一/一
三五四/五/二
五三八/九/四
蠶 一三三/八/四
蠶 五一三/十一/一
六七九/一/七
蠶 七五八/四/六
蠶 三五三/一/二
蠶 六四/六/六
三二九/四/四
蠶 五一四/四/六
五一八/五/四
五二九/五/六
蠶 一三三/八/一

一四八/一/一
蠶 六六八/一/七
蠶 七五八/四/四
蠶 三六二/八/七
三八一/四/四
蠶 五一四/八/七

7116_2

瘤 二六〇/八/七

7118_6

頣 六五/十一/二
頸 △二七一/七/一

7120_0

厂 二九四/二/五
三六七/六/三
五五三/五/三

7121_0

阢 六一/八/二
一〇八/一/四
六七七/九/一
六八五/十一/一
[illegible] 九/七/七
阯 三二一/十一/三
阰 三四/二/四
四九/九/二
肛 九/九/四
二二/四/四
二二/六/七
肶 四九/七/五
一〇〇/十一/三
三四二/一/九
四八〇/九/八
骴 二九/三/五
四六八/八/二
五二五/二/三

7121_1

[illegible] 四八八/八/二

阮 一三三/四/五
三六〇/二/一
厏 四〇九/十一/二
四一〇/二/六
陘 二四七/九/一
六〇七/三/三
阷 二三九/十一/四
歷 七五二/二/六
肮 三六九/二/五
𩖃 九/十/五
𦙶 二三九/三/四
厔 一九九/七/四
脛 四二六/十一/四
六〇三/六/七
六〇七/六/一
陫 一一一/三/三
三二六/六/八
四八七/五/七
厞 五九/六/四
四八七/五/五
骯 一四七/十一/三
𩩲 二四七/十/七
〔𦛨〕脏 二一八/九/六
六〇〇/七/七
腓 五九/三/四
四八七/五/一〇
𨹔 三二六/六/九
䏂 四〇三/二/三
𩗴 七五二/三/二
𩪗 七五二/九/一
𪚛 一三三/九/二
隴 三〇五/一/一
𪛆 四三/一/四
朧 六/五/二
三〇一/六/一
𪚾 三六二/八/三
三八九/八/一
𪛁 八八/三/四

7121_2

厄 一九八/三/五
𠩵 二三/三/二
𨹙 六二〇/一/三
䬕 二〇八/三/二

7121_3

陑 七八六/一/二
飈 六七六/四/一〇
六八四/六/七
壓 七五三/六/七
魇 七五三/一/八
飇 六七三/六/二
魘 四五〇/九/二
七七六/三/一

7121_4

尾 七三三/二/四
𥑮 六六六/九/三
屣 五一三/四/一
厓 三八/八/三
一〇一/十/一
五二四/四/一
厗 一〇八/三/三
雁 五六〇/十一/三
㕎 二七/一/六
二八/九/五
三九/十一/四
四一/七/二
壓 七五二/九/三
厘 一六六/七/四
陻 一二四/十一/六
脭 四一/三/八
四七六/六/二
六六六/十一/五
隱 三六二/六/三

五四八/七/二
陛 三四二/一/二
𡒊 六七九/五/七
腥 一六二/九/四
壓 七五三/六/五
陞 一〇〇/七/四
一〇〇/十/三
腫 一六六/八/三
膣 七六七/一/六
髀 三四二/一/六
𩪖 二四三/二/四
𩫓 六三五/十一/二
𩫔 三二二/六/五

7121_6

陋 一九八/七/五
颭 四五一/十/二
胆 六一一/二/七
陃 七四/九/一
二六八/五/五
腽 △二六八/二/四
六一七/八/八
髓 八〇/六/二
𪛊 七四五/四/四
𪛌 九一/七/二
𩘦 七六一/五/五

7121_7

厄 七四〇/十一/五
阨 五二四/一/六
七四〇/十一/七
厩 七四一/五/四
七五四/八/八
㕓 七七三/十/八
七七四/三/五
𨸍 五五/一/五
𦙹 四六四/六/五
靨 七五二/八/二

甌 二二三/九/三
甌 五/五/五
脠 三五二/十一/三
虒 一三二/九/九
颵 五一六/七/三
膔 六〇九/七/四
脛 五九六/一/二
膚 二〇五/十/二
臚 六八/五/一
髗 八七/八/四
魖 二六一/四/三

7121_8

㕢 七六七/五/四
七七三/三/二
𨸹 六一九/五/七
脰 六一九/八/四
䧢 二四六/十/八
𩪇 七〇二/十一/一
七五三/十/一

7121_9

𠩬 二八〇/三/一
二九二/七/三
六二二/五/一
歷 四九二/三/六
肧 一一〇/六/六
曆 七五二/八/八
曆 六七九/四/七
歷 六六七/九/七
鬁 五八一/八/一

7122_0

厕 五一三/二/五
五一三/五/二
五一六/二/四
六八一/二/四
牙 二〇九/四/三
四一一/八/一

五九六/三/四
阿 二四三/十/二
肘 六〇七/十一/五
阿 一九六/三/六
四〇四/一/六
骬 二四四/三/七
骬 一九六/一/五
五九五/四/六

7122_1

厊 四一一/七/三
胻 二二四/二/三
二二八/十一/三
四二〇/九/二
六〇三/六/二
骱 二二八/十一/四

7122_7

疹 二七九/五/九
二八〇/三/二
阬 三九七/二/四
陃 四二一/十一/六
陃 五二/五/一
帬 四七八/二/二
隔 三四三/七/六
帬 五〇五/五/一
膂 七五二/七/七
膂 七五二/二/五
厲 三三九/四/二
庯 七七/五/二
脪 五二/四/三
脦 四一三/四/二
△四一七/八/六
隲 四三三/一/四
隲 五九二/三/四
膂 六七八/十一/二
六七九/三/七
膐 六七九/五/五

膐 七一三/十/七
隯 五二/五/二
隯 四〇九/二/三
五九二/九/七
隔 七五四/五/四
隔 七四〇/七/三
隲 五四八/七/三
鴈 五六〇/十一/一
膂 七五二/三/四
膂 一二二/二/七
厲 四三六/三/一
厲 五一四/四/五
△五一八/五/三
七一一/八/一
膈 五二/四/五
八一/十/一
一九五/八/五
三七二/三/一
五五二/五/一
五八八/十一/五
隲 六六二/十/五
七五七/六/八
鬶 一五九/三/五
一五九/十/二
髈 七三/七/四
鷹 七五二/八/五
鬶 四七八/一/七
鷹 六七九/二/四
六七九/五/六
鷹 七五二/十一/十
膈 七四〇/七/六
勵 五四三/九/三
膐 六七九/五/四

7122_9

陟 七五七/六/五
七六一/十一/七

7123_1
厺 七八五/一/七

7123_2
辰 三二/十/三
辰 三二六/十一/一
三五〇/七/四
五三三/十一/六
辰 一一六/十一/四
豦 三〇八/三/五
三〇八/八/一
厤 七五三/六/四
辰 一一六/十一/五
陙 一一七/五/三
一二二/一/一
㕟 四八〇/七/七
豪 四七八/二/四
豦 二五/八/六
豚 一四二/二/三
三六六/六/十
五五二/二/二
豚 六三七/八/六
六六一/七/一
歷 七五二/六/三
隊 六四/十/二
脤 三五二/十一/二
脹 二一六/七/三
五九八/九/五
臄 六四/六/五
七二二/三/六
厵 一三三/三/二

7123_3
慼 五〇二/三/五
六五二/六/七
懕 二八七/五/三
六二六/七/九

7123_4
厌 七五六/二/九
厌 二六七/四/二
隟 五二/八/九
二五〇/一/二
四四〇/四/一
㷠 七五三/四/二
膘 五二/四/四
九三/九/一
九六/二/二
一一五/八/四
三八五/八/一
厭 二八七/五/五
二九一/九/三
四四六/一/一
四五〇/十/五
四五六/二/三
六二六/七/七
六二六/九/七
七六九/一/三
七七六/三/四
七八九/一/八
△七八九/三/一
隭 七七六/四/二

7123_6
臆 六八/十/五

7123_7
髈 二四六/七/八

7123_8
厥 七八六/一/五
七八七/一/二
懨 六七九/四/一

7124_0
阡 五五三/三/一
肝 一四三/八/三
肟 七四/五/二
骭 三七四/八/五
·五五三/一/六
五五三/八/五
五六一/一/八
骭 七三/七/三
腁 四八三/十/四

7124_1
厈 三六七/六/四
五五三/五/四
厗 九五/二/五
厚 七三九/十/四
厲 七四五/二/一
七四七/四/三
七四七/八/三
七四九/六/一
隴 七六七/六/五
朧 七七八/十/二
七七九/一/七
七八八/四/三

7124_2
厎 九四/三/五
三一七/六/三
五〇三/十/四

7124_3
底 四七六/七/二

7124_4
屡 六七九/一/一
六七九/七/一
腰 一八二/十/九

7124_6
腰 四二〇/六/二
骽 四二〇/六/一
膞 二八〇/十一/六
六二四/五/三
六二四/七/一

7124_7
反 三六二/十/二

字	出處
厥	六七九/一/二
7128₆	
隕	二三九/八/四
頎	六一/九/四
	三六七/一/七
	五四五/七/四
厱	二八二/十一/一
	二八五/七/六
	二九四/五/五
	二九五/四/二
	二九六/十一/五
	二九七/一/七
	四五五/三/四
頋	四四二/九/一
	四四三/十一/二
頠	二九八/六/十一
	四五二/八/三
	四五五/五/三
[illegible]	五一七/十一/六
[illegible]	一二二/二/八
	五三八/六/二
脜	二六四/七/六
	四三四/五/二
[illegible]	二四一/四/五
[illegible]	四二五/九/二
[illegible]	一一八/七/五
[illegible]	三〇〇/十/四
[illegible]	四四三/十一/三
[illegible]	二一〇/五/四
[illegible]	四〇六/四/三
[illegible]	六七七/九/三
願	三六〇/三/二
	五四七/六/一
	五五六/三/二
[illegible]	五四七/六/二
[illegible]	一〇六/十/二
	一三九/七/二
	三四六/十/四
	四一二/二/一
	六八四/十/二
[illegible]	二〇七/十/六
[illegible]	四四四/五/二
[illegible]	二七/九/二
[illegible]	一六〇/三/六
7128₉	
[illegible]	四九二/三/七
[illegible]	五五二/五/二
7129₀	
阫	一一〇/九/六
阫	一一一/二/九
肧	二六七/二/三
7129₁	
膘	一八〇/三/二
	三九三/六/六
	▲三九六/一/四
	三九六/四/二
[illegible]	一七九/六/七
7129₄	
厤	七五二/二/四
[illegible]	六六七/十/四
7129₆	
原	一四八/一/八
原	一三三/三/三
7129₈	
[illegible]	五四/六/一
	一一四/四/二
7129₉	
厯	七五三/六/六
7131₁	
騑	五八/九/三
	五九/一/三
驪	三一/二/六
	四四/四/二
驪	九六/六/一
驡	六/九/二
	七/一/二
	二四/四/一
	四六五/三/二
7131₂	
驉	六三/四/一
7131₄	
駐	四七六/四/六
7131₆	
[illegible]	四〇六/六/六
驅	七四/十/一
	二五六/一/八
	四九四/三/三
7131₇	
駏	三二九/一/五
驢	六八/九/二
7131₉	
駓	四九/一/四
	五〇/一/一
7132₀	
[illegible]	五八/一/七
7132₇	
馬	三三七/五/四
	四〇八/九/一
[illegible]	四〇/十一/六
[illegible]	五一四/八/二
[illegible]	七五二/十一/二
[illegible]	二一〇/四/七
[illegible]	一〇二/四/四
驫	一七九/八/二
	二七三/五/二
	二七三/六/三
	二七四/三/四
	七六六/九/四
騳	四二四/十/三

7132_9
[illegible] 四九八/十一/一

7133_1
[illegible] 四八八/三/五
[illegible] 四八八/六/五
[illegible] 七八三/四/五
[illegible] 五六/十/三
[illegible] 五七/三/一
五〇七/八/三
[illegible] 七五八/五/四
七六二/二/五
[illegible] 四五〇/八/四
四五六/二/二

7133_3
[illegible] 六四五/三/三
[illegible] 七七六/五/五

7133_4
[illegible] 六五二/六/六

7133_9
愿 一三三/八/八
五四七/七/一

7134_0
馯 一四三/四/四
一五二/七/七
五五二/七/五
駬 三二二/六/三
騑 五八/九/四
三二六/二/一

7134_1
[illegible] 四〇〇/十一/五
[illegible] 七八〇/六/二

7134_3
辱 六五二/六/五

7134_4
騕 三九二/三/七
[illegible] 一三九/十一/四

7134_6
[illegible] 五八五/一/三
六六一/五/二
驔 二八〇/十一/七
四五四/三/五
六二八/三/三

7134_7
[illegible] 六五二/九/五

7134_9
駍 二三七/四/二
[illegible] 四九/一/五
五〇/一/二

7135_3
驖 五一三/十一/五
△五三七/十/二

7136_0
[illegible] 七三二/三/一

7136_1
[illegible] 九一/八/四
[illegible] 一〇四/六/六

7136_3
驦 二一五/十/六

7136_6
騗 七六一/五/一

7136_9
[illegible] 五〇/二/七
三二〇/十/七
三二一/四/二

7137_7
[illegible] 二六一/四/二

7138_1
[illegible] 一六〇/三/一

7139_1
驃 五八一/九/九
五八一/十/五
五八二/三/四

7140_2
[illegible] 一一二/七/三
一五二/四/三
三八二/二/四
五六九/十/三

7140_4
娿 一九六/四/一
四〇四/一/七
[illegible] 六二六/八/六
七七六/五/一

7140_7
[illegible] 八八/五/二

7140_8
[illegible] 二〇八/一/一

7142_7
[illegible] 四九六/十/六

7143_0
[illegible] 五六七/九/四

7143_2
[illegible] 五一五/二/二
六七六/十/六
六七七/二/七
六七八/十/四
七一四/五/六
七一四/六/三

7144_2
[illegible] 四九七/二/一
六五一/十/三

7144_7
[illegible] △六九三/九/五
七〇八/八/三

7148_6
[illegible] 六一一/七/二
[illegible] 一〇三/三/二
二〇五/七/四
[illegible] 六八一/四/三

六八五/五/四
顯 七一〇/二/一
七一二/一/三

7150$_{2}$
擘 四五〇/九/三
七七六/四/六
七八一/二/一
七八二/九/二

7150$_{6}$
馬 七六六/十/二
馬 六七〇/十/五
七七一/十一/五
[illegible] 四五〇/十/四

7158$_{6}$
頨 二九〇/一/五

7160$_{1}$
[illegible] 四五〇/八/六
七七六/四/四

7160$_{3}$
唇 一二二/四/五
唇 一一六/三/二
五三八/六/一
昏 一一七/六/二
曆 七七六/三/三
曆 七七六/四/三

7160$_{6}$
[illegible] 五二一/十一/七
[illegible] 一一七/一/三

7164$_{0}$
聑 二三八/十一/五
聑 一二八/八/一

7164$_{7}$
敀 三五四/九/七

7168$_{6}$
頟 六八七/十一/一
六九〇/十/二
六九二/一/一
六九七/四/二
頟 一四〇/六/六
額 △一一九/九/四
一三九/四/七
一四〇/六/五

7171$_{0}$
匚 二一二/三/一
六五五/九/四
匽 二二二/三/四

7171$_{1}$
匹 六六五/三/五
匹 三四/九/四
二〇一/四/一
三一二/一/六
〔匡〕匡 二一八/六/九
匡 六五四/九/七
匤 一七〇/六/六
匡 一八二/十/六
匯 三九/三/一
一〇四/九/四
三四七/二/六
五三三/二/四
匩 二二二/六/九
二二二/八/五
匪 五八/九/五
一二九/三/九
三二六/三/三
匾 九四/四/八
匭 三二〇/七/四

7171$_{2}$
匠 五九七/十/二
匢 六八四/六/二
匼 二八三/十/五
匼 二八三/七/三
匧 六二〇/一/二

匾 三七九/一/四
匳 五〇五/七/二
匬 △二七一/十一/三
三三六/十一/八
匳 一五八/十一/三

7171$_{3}$
匟 九/五/七
一七〇/二/五
一七〇/六/二
匧 七八三/四/二
医 三三四/八/三
匨 七五八/四/五

7171$_{4}$
𠤷 一七五/二/五
五七七/十一/九
匽 三三六/十一/五
匩 二一八/六/七
匣 三一六/一/一
匽 三六二/五/四
五四八/九/一
匵 四六/十一/一
六二/八/三
匵 △一六九/八/四
三二九/八/三
匶 三三五/九/二
匷 一四四/九/二
甌 五四三/五/五
甌 九八/四/三
甌 四七六/四/二

7171$_{5}$
匿 五七六/九/四
匰 三七〇/一/七
三八六/三/八

7171$_{6}$
叵 四〇六/六/四
叵 三八六/四/一

匣 七八八/七/二
七八九/一/一
匿 六六八/二/三
七五八/四/一
七六二/二/三
匶 六八四/六/一
匶 二二二/五/一
區 七四/八/九
七五/六/二
二五五/十一/一
△二六八/一/五
二六九/一/三
二七三/七/三
六一六/九/三
匲 二九〇/十/三

7171_7
巨 六四/十/七
三二八/九/六
臣 一一七/三/一
匠 五五/一/一
一一五/九/二
匨 二三二/一/二
瓹 五〇三/十一/四
瓸 三二三/十一/五
甌 五五/五/四
甄 二一六/八/一
五九九/二/二
五九九/三/四
匲 六一二/五/一
甌 二六八/一/六
四三七/六/三
匲 三五三/一/三
五三八/九/五

7171_8
医 六一二/四/七
匧 七三六/十一/七

匭 三二〇/七/二
匳 二九〇/十/二
匴 七五八/九/五
匵 六八七/五/七
匱 四八〇/五/二
匵 六三八/三/三
匶 七五八/九/六
匷 四四七/四/五
匵 四四四/七/二
四六二/六/一

7171_9
匧 一一〇/五/八
匳 五七七/十一/十

7172_7
馬 二三五/三/三
驪 三四/三/四

7173_2
長 二一六/六/五
長 二一六/六/四
△四一六/五/二
五九九/三/二
饕 七四七/十一/六
饕 六二六/八/三

7174_7
改 三二四/七/七
敃 一一九/十一/六
毆 五三八/四/四
毆 三五/八/七
毆 四三七/四/三

7177_2
酉 二〇九/四/四
醫 七六九/十/四
醫 七五二/四/四

7178_6
頣 一四〇/六/七
頤 九四/三/七

頤 △一一九/九/三
頤 三六五/一/四
三六七/二/四
五五〇/十/二
頣 三七九/八/四
三八一/一/一
頡 六五八/一/二
頤 一九八/六/六
〔頤〕頤 二一八/九/二
頤 五五/一/二
一一五/九/一
頤 三五二/十/四
頤 六五八/一/一
頤 二六八/一/二

7179_1
跡 三九一/十/二

7180_1
阯 三〇七/八/八
壓 六七九/四/八

7180_6
贗 五六一/一/一

7180_9
歷 七五三/二/一
贗 五五四/二/七
五六〇/十一/二

7190_3
縻 五〇〇/六/三

7190_4
檿 五一三/十一/四
六七八/十一/四
六七九/四/二
檿 四五〇/十/二
檿 一二八/一/六
七六六/八/六
七六六/九/三

7194_7

[illegible] 三五/八/二

7198_6

頪 二一三/五/六
二二二/四/五
四一八/六/五

7210_0

刞 四九一/八/七

劉 八三/一/三
二六0/七/四
四三五/四/六

到 二七一/五/七
六六一/二/四

劃 二八五/七/五
二九六/十一/三
六二六/二/三

[illegible] 四五七/三/六
六三0/四/四

7210_1

丘 二五五/十/六

至 二四七/三/七

7210_4

垕 二五五/十/七

7211_4

毦 六八五/六/一

氍 二九0/一/七

7212_1

斲 六六一/二/一

7213_6

蠡 四四/三/三

蠡 一二八/八/七

7213_7

𨑊 二九八/三/六
六三一/二/七

7220_0

𠛎 二一0/五/八

剛 六五八/四/二

劂 △五0九/十一/五

刖 六七七/十一/三
六八五/十/一
六八七/十/七
六九二/一/五
六九八/九/三
六九八/十一/八

剻 五四六/八/三

刷 六九九/四/三
七一0/五/七

剛 二二三/六/一

剭 五一三/十/二
六七六/十/四
七一四/六/二

剮 四一二/三/八

劂 五一三/十/一
五一六/七/二
六七八/十一/一

劀 九三/一/二

剮 一七四/三/七

劘 七五二/七/六

㔁 二五三/八/二

劅 六三四/三/四
六五七/八/三

刖 三五五/四/二
三五六/一/一
五四三/二/一

劇 九四/六/三
三一一/四/一

劚 五一四/十一/四

劇 三七四/七/一
三八三/八/一
△三八四/三/六
五四二/一/七
五四九/十/一
五六二/四/二

7221_0

颲 七一一/四/四

颲 四七七/五/四
五一四/十一/七
六六七/九/六

肌 七七八/六/二

颲 六八九/十/四

颲 二六一/三/五
四三五/六/一

7221_1

颼 一九一/六/三

飆 七七九/九/七

飈 二三六/六/四

䑋 七七四/六/七

飍 二七/七/一
九三/一/一
九五/八/二

7221_2

飈 七一0/十一/三

飈 七四八/六/四

臟 七七五/五/一
七八0/一/六

7221_3

胒 一七四/九/四
一八二/九/二

(胱)胐 三九0/十一/四
三九一/四/八
三九四/六/三
五七七/七/四
五七七/九/二
五八0/六/二
五八0/六/三

飂 九七/九/一

飃 六三五/九/七

7221_4

胜 四四二/二/八

肬 八六/三/五

二〇六/七/八
四九九/八/三
厜 四三六/三/三
陲 二六/十/六
陮 四三/二/六
一〇九/十一/一
三四九/一/二
尾 三九八/十一/五
[illegible] 二七/三/五
三九/七/二
一〇七/二/三
陲 一九/三/五
腄 三〇三/六/一
腰 二七/一/八
二九/九/五
四一/七/三
四四/七/四
一〇六/二/七
二五五/四/四
四六七/八/二
四六九/六/六
[illegible] 一一一/一/八
脽 一〇六/二/六
𩨐 二五五/九/一
䯢 四六七/七/三
𩪠 三〇三/八/六
[illegible] 八九/三/二
䯻 二四四/八/三
六〇八/四/三
膬 五〇九/九/八
五一一/九/六
七〇八/七/四
七〇八/十/三
䯿 五三七/六/六
六九三/三/五

7221_6

颱 六一六/四/六
颾 五一/八/八
髓 一三七/一/三

7221_7

庉 三三二/三/五
厄 四〇六/四/一
卮 二四/九/一
三七/九/四
虒 二七/六/五
虒 九五/十一/四
三一一/五/四
颵 六七六/八/二
肥 四一〇/六/六
𨻶 三一一/八/五
䏎 三〇三/三/三
颵 二七三/四/二
颵 二七/一/三

7221_8

隑 六一/七/六
六一/十/七
一一二/五/六
一一二/十/七
三五二/二/四
五三六/二/三
五三七/一/四
隑 五三六/四/三
隥 六〇/四/一
獃 一一二/一/二
一一三/一/三
六八五/十一/八
膛 一〇七/五/八
一一二/一/三
一一三/一/一
三五〇/二/四
隥 二五二/十/一
䯧 一一二/十一/二

7221_9

颾 六八八/三/五

7222_1

斤 一三二/四/二
一三二/五/八
• 五四五/八/二
斦 一三二/十/一
脈 一七四/八/四
一七八/四/六
所 三三〇/三/六
肵 六二/二/二
五四五/九/五
脤 七〇九/四/三
七〇九/九/一
肵 五七〇/十/二
脈 二五三/八/一
斷 七〇九/四/二
斷 六五三/六/六

7222_2

彤 一三/十/三
一三/十/四
彫 一七四/三/六
膨 二三〇/五/六
六〇三/八/五
六〇五/二/一

7222_7

帋 三〇七/七/二
隝 三八/十一/二
三九/二/三
隝 三一四/九/三
四七一/七/二
鶋 三八五/三/四
臍 七四三/二/四
七四三/十/五
鵝 △三三三/一/四
腨 三八五/二/一

七七九/八/三

7271_3

⿰镸兆 四〇二/六/三
四〇三/二/四
五八八/十一/六

⿰髟兆 四〇二/七/一
五八八/五/五

⿰髟毚 六三〇/八/七

7271_4

髽 二〇六/一/二

髦 一八七/七/七
一九一/八/一
二七〇/一/三

⿰日垂 三〇九/九/七
四六七/四/七

⿰镸垔 六〇六/五/六

⿰髟垂 四四/六/二

⿰髟重 五四/六/六

⿰髟雀 一〇九/十/二
三四八/四/三

7271_6

⿰髟兔 二一/十/四

7271_7

⿰髟凡 六四七/七/七

⿰髟色 二〇三/七/一
五九二/七/六

⿰髟虎 六四七/七/八

鬈 一七二/十/六
一七三/六/五
三六一/六/七

⿰镸免 二七一/五/五

⿰髟監 二八五/六/三
△二九七/十一/六
六二六/三/二

⿰镸盧 六八/八/四
八七/八/二

7271_8

⿰髟益 △四一六/一/七
六〇一/七/三

⿰髟登 一一三/三/四
二五二/八/三

7271_9

⿰髟巠 四八/十一/四

7272_0

⿰髟剛 七〇二/一/二
七五一/四/一

7272_1

斷 △二六八/五/三
二六八/八/三

⿰髟摯 二三一/四/六

⿰镸俞 一六四/九/三

⿰髟俞 三八二/十一/五
五七一/七/二

7272_2

髟 一七九/八/六
二七三/五/四
二七四/三/三
二九七/四/四
五八一/九/六

鬀 七/五/一
一九一/八/三
二七〇/一/二

鬖 二七七/一/一
二七七/二/八
△二八二/一/四
二八五/九/四
二九六/一/五
四五六/四/四
六二五/六/三

7272_7

⿰镸丙 五二五/三/二
五三一/一/二

⿰镸两 三四九/十/三

⿰镸方 一一四/一/二
二五三/六/五

⿰髟方 △四一五/七/五

⿰髟丙 △四一五/七/六

⿰日耑 四六七/四/八

⿰髟耑 五二/三/一

⿰髟侖 三四三/四/四

⿰髟帚 四八六/八/五
四八七/三/二
六七三/十一/七
六七五/一/一

⿰镸肖 一八七/十/一
三九八/六/七
五八四/四/二

⿰髟委 五九四/九/六

⿰髟帝 五〇四/五/一

⿰髟鬲 一四九/四/二
五四九/六/四

⿰镸易 五〇四/十/一
五〇四/十一/三
七四四/五/六
七五一/四/六

⿰髟焉 七四二/七/五

⿰镸匋 一七四/四/四
一七五/一/四
二六〇/三/四
六一四/二/一

⿰镸肯 一五二/八/二

⿰镸焉 六五五/四/五

⿰镸鳥 六九七/十一/三

⿰镸朋 二五三/十/一

⿰镸青 三〇/六/六
三六/七/四
四四/六/一
四〇七/五/五

四〇七/八/六
四〇八/一/七
五九一/九/二
⿱髟高 一九〇/一/八
⿱髟鳥 七七九/八/四
⿱髟喬 三九五/七/六
髾 六九九/四/二
⿱髟鳥 一五九/十/五
鬢 三三八/十一/一
(⿱髟間)鬜 △一五三/十/四
⿱髟間 一五四/九/三
一六五/十一/三
六八六/十/七
六九四/七/四

7272₈
⿱髟介 五二六/三/一

7272₉
⿱髟㐱 一九九/二/七
一九九/十一/四
二〇五/四/二

7273₂
⿱髟永 四七四/五/三
⿱髟公 八/三/一
一五/七/六
一七/六/二
一七/八/四
⿱髟悤 八/九/一
一五/七/七
三〇二/三/三
鬆 八/三/二
一五/七/五
一七/六/一
一七/八/三
四六〇/十/四
髤 二五五/八/四
四七四/五/二

⿱髟彔 四八六/八/六
六三五/九/六
⿱髟豪 七/五/三
鬤 一五二/三/二
⿱髟㬎 六三六/四/四
鬞 一九/八/五
二四/四/七
四六二/一/一
四六六/四/一
⿱髟所 六六一/二/七
⿱髟寰 二一五/六/三
二三一/四/七
四一五/四/一
⿱髟囊 六〇一/五/一

7273₄
⿱髟夭 四〇〇/五/四
五八六/四/六
⿱髟冀 五九二/三/七
七二七/六/四
鬔 七/一/四
⿱髟契 六九四/七/五
六九五/三/一
六九八/六/三
⿰镸業 六三六/二/九
六五〇/三/二
⿱髟葉 六三五/九/五
鬒 三五二/五/五

7273₆
⿱髟蚤 一九二/三/六
⿱髟恩 一一四/九/七
四八四/四/二

7273₇
⿱髟令 二四六/八/六
鬑 二九一/四/一
二九三/三/七

7273₈
⿱髟夾 七八二/三/二

7273₉
⿱髟丞 七〇八/五/四

7274₀
氏 二四/十/二
二三八/三/一
三〇七/十一/一
三〇八/九/一
氐 四三/八/三
九三/九/四
三一七/六/九
三四二/三/一
四七三/四/四
五〇四/二/四

7274₁
⿱髟屏 五五四/五/四
⿱髟耳 一七/三/六
四八三/十一/二
⿱髟聿 一七/三/五
⿱髟壽 二六〇/三/三

7274₂
⿱髟并 七七/六/一
七八/二/六
三三四/十/二
四九五/六/六
⿱髟尃 七二六/一/五

7274₄
髮 五三七/四/二
六八〇/七/一
⿱髟屏 六八七/十/六
⿱髟婁 △四〇六/三/三

7274₆
⿱髟尊 五五一/八/一

7274₇
孵 四九五/五/二
叐 二三一/六/四

髲 四七二/六/三		⿰髟夆 七/一/三		⿰髟咠 二三/十一/五
⿰髟夌 八/八/七		7275_6		一二三/九/二
⿰髟婁 二七〇/十/五		⿰髟兔 五〇四/十/三		三五三/五/三
⿰髟般 一四八/七/一		7275_7		五三九/六/六
一五二/十一/四		⿰髟并 二九〇/一/四		⿰髟需 二四六/八/五
三六九/七/二		六二七/七/三		7276_4
五五六/十/二		鬇 二三二/六/三		⿰髟舌 六九一/三/三
鬘 二八七/十/二		二三六/三/四		7276_6
二九四/一/一		二三六/六/五		⿰髟畐 六一二/十/八
⿰髟憂 一四九/四/一		7276_1		⿰髟畗 六一二/十一/一
一五三/五/六		髺 二九〇/六/四		六四〇/六/二
⿰髟最 九/四/二		二九二/十一/七		鬠 五二二/二/一
⿰髟發 六九二/二/六		⿰髟吾 七七/二/三		五二二/六/五
⿰髟最 六九三/八/二		七八/二/五		六九一/三/四
7274_8		二六九/十/一		鬙 二五四/二/四
⿰髟夆 五二五/三/一		三三四/四/五		7276_8
五三二/五/二		四〇〇/十一/七		⿰髟咎 一九/九/四
五三二/八/二		四三七/九/三		7276_9
六八二/七/三		⿰髟善 五〇七/四/五		⿰髟舌 三三四/四/六
六八二/八/七		六六八/八/六		膰 一九八/九/一
⿰髟殺 一九一/八/二		六六八/十/六		7277_2
二七〇/一/一		七〇三/一/四		岳 六五七/十一/五
⿰髟殺 一九〇/十/二		七〇三/十一/四		⿰髟幽 四〇三/五/五
7274_9		⿰髟詹 六九七/十一/二		7277_5
⿰髟丰 五〇/三/五		六九八/一/六		昬 六九一/三/二
7275_3		六九八/六/二		六九八/八/六
⿰髟我 十二/二/三		⿰髟酉 二六三/六/一		⿰髟冊 五〇四/十/二
⿰髟咸 二三二/六/四		⿰髟酋 二六二/七/三		⿰髟昏 二九二/七/一
二三六/三/五		⿰髟眷 四七/九/三		六二三/八/四
⿰髟戠 七五五/五/三		7276_2		7277_7
⿰髟戠 五〇二/五/三		髫 一七五/一/二		⿰髟臽 四四五/七/三
五〇九/六/三		⿰髟侖 六五四/十/二		7278_1
七〇八/五/三		⿰髟臿 一三九/九/二		⿰髟㚇 一七/八/二
⿰髟戠 三四一/五/一		7276_3		三〇二/三/四
⿰髟戢 七三七/二/三		⿰髟吞 一一三/六/一		⿰髟其 二〇/八/三
7275_4		⿰髟香 七七三/一/五		鬒 五三八/七/八

六九三/四/一
颰 六八〇/七/七
飈 一七三/十/二
二六五/四/一
四三四/六/六
脽 六四九/五/五
七二九/二/三
七三〇/十一/七
髓 六五八/六/三
颩 五三七/六/五
六九三/三/四
颾 五四一/六/一
五四一/八/三
飃 七二六/一/四
七二七/一/四

7321$_5$
颭 六七八/七/一
䫿 六七〇/三/七
颹 七四二/一/二
七六〇/十一/七
飊 七〇〇/九/一
飈 二九六/五/二
二九七/七/四

7321$_6$
颫 一五/十一/三
飀 六四一/十/三
臗 一三九/七/五
髖 一三九/七/六

7321$_7$
阮 七四〇/十一/六

7321$_8$
䬋 三〇四/一/六
颩 六一二/七/二

7321$_9$
颫 六七一/三/五
七一三/一/三

7322$_7$
陏 三八二/二/二
陠 八四/八/二
八五/一/二
四九八/六/三
四九九/一/四
脯 八五/四/二
三三四/七/四
四九八/十一/三
牑 三五七/三/六
三七九/五/五
䏓 三九二/一/七
𩨱 三三四/九/八
七二六/八/二
骗 三七九/四/七

7323$_2$
脉 七三七/八/六
脙 二五五/八/二
二五六/九/六
腋 二一〇/八/五
硠 四一七/九/五
(朖)朖 △四一七/八/四
䯖 二一七/三/五
二二〇/七/三

7323$_4$
肰 一六六/一/三
猒 五五二/二/八
脥 六八二/十/七
膦 一七九/九/三
一八〇/三/一
脵 五〇五/九/七

7323$_6$
膙 四一五/一/一

7324$_0$
胒 七六二/一/三
肬 六/一/三
四六一/八/一
陚 四九五/六/七
陚 三三五/八/四
骮 七五八/八/六
膩 四七七/六/五

7324$_1$
脖 三二二/七/七
四七四/二/六
五四〇/二/八

7324$_2$
膊 七七/六/六
一一〇/九/七
七一二/五/六
七二六/二/三
七二六/三/六
餺 四九五/九/四
髆 七二五/八/二
七二六/八/三

7324$_4$
肢 五二〇/一/一
六七四/十一/二
六九三/一/五
胺 六八七/六/二
骳 五二〇/二/四
六八〇/十/五
骰 五三七/六/四
六九三/一/六

7324$_7$
陖 五四一/一/五
陵 四三九/二/五
脧 二八/十/六
一一〇/二/四
一六九/四/一
一六九/九/六
二〇〇/三/一
三一八/三/四
䯇 六八六/九/四

骽 二六六/二/四

7325_0

𨸹 二三九/六/七

戚 三〇四/二/七

隇 六一/五/三

𦙶 六〇六/七/八

陚 七六〇/四/五

胮 二七〇/四/一

戚 六八〇/十/六

𦞠 六四二/六/六

𦢊 六四二/六/七

膱 七五五/五/一

䐈 七六六/七/四

䯞 △二九五/十/一

𦣂 三七/三/七

𦣢 二八八/一/二

二八八/三/二

四五一/二/四

四五三/八/四

四五六/五/五

7325_5

𨹔 三八三/三/三

𦚐 一四四/六/六

五五八/二/二

𦚐 三七四/五/三

7326_0

胎 一一三/三/六

7326_1

䯏 五二〇/十一/四

7326_4

骼 五九五/四/五

7326_6

𦛛 一四/二/四

7327_7

䏓 三六九/三/一

7328_0

𩩲 二三八/十/三

7328_1

𨻶 九三/十/四

九五/二/二

7328_6

隕 一二六/九/三

三五六/七/一

五四六/七/六

䐊 三六五/八/五

䏩 一二五/四/三

臏 一一九/一/三

三五四/四/五

三五七/三/五

髕 三五四/四/四

7330_0

駜 四八一/六/四

六六五/八/二

六六六/四/七

7331_0

馻 △三五六/四/四

7331_1

駝 二〇〇/八/九

䮖 二二/五/六

7331_2

駹 二三/三/三

7331_4

駀 二五五/七/一

駝 七二四/四/四

騅 六五六/四/二

六五八/三/一

七二八/十/三

7331_7

𩢍 三八九/一/二

𩣶 三八/六/七

7332_2

驂 二八二/三/三

六二四/二/四

7332_7

䮮 一六三/六/二

三八二/三/五

五七〇/一/三

五七〇/四/五

五七〇/六/四

五七一/三/六

騰 七三七/十/二

7333_2

駺 二一七/二/二

二二〇/十一/三

7333_3

騫 一四三/二/二

7333_4

馱 二〇〇/九/三

䮓 六四一/二/七

騃 三五一/十/四

騃 三二三/二/一

三二四/四/七

三二四/十/二

三二五/五/七

三四六/四/六

三五二/二/二

7334_1

騂 三五一/五/二

7334_4

駭 △六九三/六/二

7334_7

駿 五四一/三/三

五四一/八/一

駿 四三九/一/五

7335_0

駴 一九六/十一/四

四〇四/三/六

戟 六五二/九/四

䐲	五〇三/九/七	𨽐	三一九/七/三	䏢	七三三/五/四
膶	六八七/四/二	𨽐	四〇八/一/六		七四〇/一/二
	七七五/五/二	𨽐	三一九/七/四	陵	二五一/三/一
骻	四一一/十一/八	7423_8		肢	二四/六/六
	五九六/七/八	陜	四五一/八/四	脖	六八一/十一/四
臍	四〇七/九/二		七八六/一/一	𩨂	三八/二/三
隮	三一〇/十/七		七八六/十一/三	骳	三一七/一/一
䯍	三一〇/十/六	脥	四五〇/八/一		三一七/二/六
䐶	五七七/三/二		七八三/二/三		四七二/七/三
7423_1			七八三/五/二	䯆	二五三/五/一
阹	六三/八/一		七八四/九/四	𩪃	七五三/六/八
䏯	四八三/一/十	7424_0		䯋	一八六/二/四
胠	六三/八/二	肢	三三一/三/六	7425_1	
	三二八/六/四	䧖	三〇〇/十/三	膟	七〇一/四/六
	四九一/一/四		三〇一/二/六	7425_3	
	七八四/九/二	骰	一八五/七/四	髒	六九〇/六/八
	七八五/一/四	𣪠	五三七/六/七	臓	六〇一/十/三
7423_2		7424_1		7425_6	
肱	二五四/十一/七	膊	七七四/八/五	膵	七四〇/七/七
膝	六六三/八/六	膞	八九/十一/六	髒	六九六/七/二
𨻶	三一二/七/六	隯	四〇二/一/八	膗	四八九/六/四
𨻶	八/一/六	𦡴	二五九/九/七	7426_0	
膝	七/六/五		四三四/十/四	陼	八七/三/四
	七/六/七		四三五/二/五		三三〇/十一/二
	三〇一/十/三	髒	四一八/八/四		三三八/四/九
	三〇七/三/五	髒	六〇一/十/一	階	二四九/七/五
隨	二九/六/三	7424_2		胋	九〇/七/三
膸	三一〇/十/八	膊	七二六/三/七		三三九/八/三
髓	三一〇/十/五	7424_3		賭	六七/八/九
	四六八/十/六	骿	四一八/六/二	骷	九〇/七/五
髓	四六八/十/五	7424_7		7426_1	
7423_4		陂	三二/三/四	陪	六四九/九/一
膜	八四/五/五		三二/十/一		六四九/十/四
	七二七/四/七		一九八/五/二	陪	七七二/三/二
7423_6			一九八/七/六	腊	七四二/六/四
𦠞	一九二/一/四		一九八/九/四	膳	四七三/五/八
			四七二/四/五		

駱 七八八/二/四

7436$_5$

[illegible] 七五九/八/四

7438$_1$

騏 五八/一/六

7438$_6$

[illegible] 二五五/十一/四

[illegible] 一三九/十一/三

[illegible] 六三八/六/三

7439$_4$

[illegible] 七七六/二/七

七八八/一/三

7439$_8$

駷 一一四/五/四

五三五/一/三

7440$_4$

[illegible] 四五一/九/一

[illegible] 五九一/七/六

7444$_7$

臒 五〇〇/十/六

七二二/八/三

七二三/四/三

七三一/八/三

7448$_6$

[illegible] 一五〇/七/一

7450$_0$

犚 四九〇/二/四

7450$_2$

[illegible] 四九〇/二/一

7451$_2$

阤 四〇四/四/二

四〇九/三/四

7460$_1$

譬 三六/五/二

四七五/一/一

7471$_1$

阽 二〇二/十/二

二〇四/二/七

四〇四/四/六

7471$_2$

[illegible] 二五八/一/三

三九四/九/五

7472$_7$

[illegible] 二一八/八/三

[illegible] 二六八/四/六

7473$_2$

[illegible] 四九〇/二/二

五三四/一/一

7474$_0$

[illegible] △三二五/三/五

7474$_1$

隯 四〇二/三/五

7474$_7$

[illegible] 三二三/十/三

陂 一一九/十一/五

三五四/六/三

[illegible] 七四/十/二

7477$_2$

陷 四〇七/八/四

[illegible] 四〇七/八/五

四〇八/二/三

7479$_6$

[illegible] 一七五/九/五

三九一/五/三

7480$_9$

熨 六七七/六/三

7491$_1$

[illegible] 四四二/一/五

7510$_0$

[illegible] 七〇五/二/一

7513$_6$

[illegible] 一二〇/九/一

三五五/二/五

三五七/七/一

五四二/三/六

7520$_0$

阱 四二四/三/六

陜 七〇四/十一/二

七〇五/九/七

七六一/二/一

[illegible] 三〇一/九/四

[illegible] 五〇九/四/三

七〇五/四/三

胖 一八/五/七

二二/十一/六

四六六/一/三

7520$_6$

[illegible] 一二〇/六/六

[illegible] 五四二/四/二

胂 四六/三/五

一一六/八/四

一二〇/六/四

胦 八三/八/四

三三七/三/四

7520$_7$

肆 四七八/一/一

7521$_0$

胜 二三二/四/五

二四二/六/一

六〇六/二/四

六〇七/九/四

隗 七〇五/一/一

七一三/一/四

7521$_1$

[illegible] 一四二/四/六

[illegible] 二三二/三/三

六〇四/七/三

六〇六/一/五

7521_2

䬍　六七四/九/五

髓　二三八/二/三

飅　六四一/十/二

　　六四四/二/一

7521_4

颷　三〇三/五/五

飈　一五〇/八/七

7521_6

鼬　六一二/七/一

7521_7

飩　一四二/一/四

肫　一二一/七/二

　　一二二/一/五

　　一四一/十一/八

　　三四八/五/五

　　三五三/三/四

　　五三九/四/四

　　七一〇/一/四

7521_8

䬸　七八〇/九/三

颶　一〇九/二/二

體　三二五/七/五

　　三四二/七/四

7521_9

飕　二七〇/十/三

7522_7

颵　七〇一/九/五

肺　三二二/七/六

胇　五三七/四/六

　　六六六/五/四

腈　二三八/四/三

髆　二四二/八/二

隲　二八八/十/一

䐹　二六五/二/四

　　五七七/三/三

7523_0

𩗗　七〇一/九/四

肤　七七/八/五

胅　七〇一/四/三

胦　二二/十/五

　　二一八/四/一

　　二二二/十一/四

　　四一三/七/二

　　四一九/六/四

𩗓　四一四/一/三

𩩲　七〇一/四/四

7523_1

䬸　四四/三/四

7523_2

陕　四六/二/六

胰　四六/四/一

膿　一五/六/七

7523_3

隱　五〇八/八/八

7523_4

腠　六一八/十/五

7523_6

𨸓　九/七/六

　　四六二/七/四

䏕　三八五/四/六

　　五七三/五/四

7523_8

膸　四七八/七/三

7524_0

𨻓　一六八/一/十

腱　一三二/六/三

　　一三五/六/七

　　一三五/九/四

　　三六一/十一/三

　　三六二/三/七

　　五四八/六/三

7524_3

𨻰　三八五/五/三

膊　一二二/一/六

　　一七〇/十/八

　　一七一/二/三

　　一七一/三/二

　　三八五/二/二

　　三八五/四/五

髆　三八五/三/五

　　三八五/五/一

髆　三〇九/九/四

7524_4

𨼆　九三/五/九

𨼆　二七二/二/三

　　三三六/九/一

𨼆　四三九/十一/五

膢　八二/八/二

　　二六一/三/六

　　二七二/五/三

髏　二七二/三/五

7524_7

𨹄　六二七/九/六

7525_7

𦟛　二六九/七/一

　　三〇六/九/二

7526_1

𦢒　二七五/二/二

　　二八二/五/二

　　二八九/一/一

　　四四一/四/一

　　六二一/三/二

7526_3

𦞦　三五三/六/一

　　三五七/五/一

7526_6

䐬　一九二/八/三

　　一九二/十/三

7528_{1}
⿰阝典 三七九/十/三
腆 三七九/九/一
腱 七七七/七/一
7528_{6}
⿰阝賁 一〇八/九/五
⿰月責 七三九/三/四
膹 一〇七/五/五
△五三〇/二/四
五三二/十一/三
五三三/三/六
⿰骨賁 四八〇/二/五
五三三/十一/一
7529_{0}
陎 八一/五/二
⿰月朱 六九〇/六/二
7529_{2}
脨 七四三/十/六
7529_{3}
膝 四九九/四/三
7529_{4}
⿰月豪 五八九/一/四
7529_{6}
陳 一二〇/六/五
五四二/四/一
腖 六五三/二/一
7530_{0}
⿰馬史 五二八/七/六
七〇五/六/四
7530_{6}
駊 三二二/十/二
駛 八四/二/七
四八四/三/一
7530_{7}
⿰馬聿 六七〇/九/八
六七二/十/六

7532_{7}
⿰馬甫 八四/九/一
騁 四二四/十/二
驌 六四二/一/二
六四四/三/一
7533_{0}
⿰馬本 四九九/一/一
駃 六六八/五/二
七〇一/八/二
駚 四一三/七/七
四一九/六/六
騻 二一五/十/七
四一四/四/五
7533_{1}
⿱肰灬 三六六/三/五
7533_{2}
⿰馬表 四六/七/一
7534_{0}
騝 一三五/七/六
一六八/三/四
7534_{4}
⿰馬婁 六八/九/三
二七二/九/一
7536_{0}
⿰馬由 六一五/四/一
7536_{1}
⿰馬者 七四八/三/三
七五一/四/八
7536_{3}
⿰馬春 三五三/六/四
7537_{7}
⿰馬舂 一六/八/六
7539_{0}
駯 六九〇/六/九
7539_{4}
⿰馬桼 七二四/四/五
七二五/一/六

7539_{6}
駷 三〇二/一/四
三〇四/五/三
四三九/一/四
⿰馬東 四/九/一
7570_{7}
肆 四七四/一/二
四七八/一/四
六六三/十/一
七五一/三/七
7573_{0}
⿰镸夬 六六六/九/一
七〇一/四/一
⿰镸夫 七〇一/九/一
7573_{2}
⿰镸表 四七四/一/一
7578_{6}
⿰镸責 七三九/四/八
7579_{0}
⿰镸朱 六九〇/七/一
7580_{6}
賢 一六二/二/五
7593_{2}
隸 五〇四/五/五
7611_{0}
⿰目見 六五/八/二
蜆 二七一/五/二
7620_{0}
⿰阝田 一六〇/十一/四
胉 七二五/八/三
七二六/八/四
七三二/七/二
七三二/九/二
⿰月困 一六二/九/二
䐃 三五六/十/五

⿰月圖 五四九/十一/三
膕 七四一/九/一
七四一/十一/一
七六四/四/二
⿰骨國 七四一/十一/二

7621_0

⿸𠂆見 七三七/九/一
七四九/八/九
肒 六〇〇/五/五
⿰阝見 三八一/三/六
⿰月見 二七七/九/二
六二一/十/三
⿰月見 六二一/十/四
胆 六八/十/五
⿵几旦 六六九/七/五
⿸厂見 七四一/一/三
⿰糹見 五〇八/四/三
⿸尸見 三四五/十/七
三四六/五/三
⿸厲見 五一四/十/一
⿰門見 一五四/五/四
一五四/十一/五
三七四/十一/三
三八六/十一/一
五六二/九/五
五六九/六/三

7621_1

⿰阝昆 四九/九/三
一〇〇/七/六
⿰月毘 二〇二/十一/九
⿰月昆 一三七/九/二
一三八/六/八
三六四/一/五
⿰月皃 四九/七/四
一〇〇/十一/二
⿰冂昆 三六四/十/五

7621_2

⿺風乇 一八九/十/五
颺 二一一/五/五
五九七/三/四
⿰風冒 四八九/五/四
六六九/七/六
六七六/三/四
⿰風畐 二六〇/三/七
⿰絲畐 五一二/十一/四
五二一/八/一

7621_3

隗 三九/六/一
一〇八/一/三
三四七/八/五
⿰月鬼 一〇七/九/七
三四六/八/六
三四九/九/四
颸 五一/八/七
五二/九/七
⿰骨鬼 五三三/十/六
⿰絲鬼 七五四/九/四
⿰絲足 九一/七/四

7621_4

⿰阝里 三二四/五/五
脭 二四〇/二/五
隍 二五五/九/六
六〇五/一/二
腥 七〇二/五/三
腥 二四二/五/七
六〇七/九/三
⿺風里 一〇一/二/二
⿺風犀 六六四/八/七
⿰月羅 二一〇/十一/三
⿰月罣 二〇一/十/六
⿰絲匽 三六二/八/二
臞 七五/六/四

四九四/八/一

7621_6

⿰絲畾 三一/八/二

7621_7

⿰阝色 七六八/十一/五
⿰月色 七八五/五/八
膃 六八五/六/三
六九六/二/四
⿰骨昷 四〇〇/五/五
⿰月黽 二四九/七/二

7621_8

⿰絲足 六五三/二/二
⿰絲貝 七五三/九/六

7621_9

⿺風絲 一九二/二/七

7622_7

⿰几昜 四一七/六/七
隅 七二/八/二
陽 二一一/一/一
⿰阝蜀 六五二/一/八
⿰阝咢 七三〇/二/三
⿰月曷 一四七/一/五
腸 二一六/七/二
⿰月昌 五一二/十一/三
腢 一一/二/一
七二/九/二
七二/十一/一
一〇七/十一/八
二六八/六/三
四三七/七/二
⿰月冒 四八九/四/一
⿰骨咢 三九四/十/二
⿰月蜀 六五一/九/五
六五二/一/三
六五二/十一/七
⿰骨昜 七三三/六/四

七三九/十一/三
七四二/三/三
七四二/四/十
七四二/七/七
七四八/八/二
七五一/二/八
髃 一一/二/二
七二/九/一
一〇七/十一/九
四三七/七/一
髃 五三六/二/七
六七九/十/五
六八六/三/三
髑 六三八/二/七

7622_{8}
隙 五二六/二/八

7623_{0}
隐 七五七/一/二
⿰月息 七五六/十一/二

7623_{2}
隈 一〇六/十一/六
五三三/十一/五
腰 二二九/七/四
腲 三四七/六/三
⿰月暴 六五八/五/四
六五八/十一/一

7623_{3}
隰 七六五/三/五
七八四/一/四
⿰月㬎 七六八/三/五
⿰骨㬎 六二三/十一/七
七六八/三/六

7624_{1}
⿰月早 五五二/十一/一
⿰月咠 七六四/十/二
七六六/七/五
⿰月睪 七二三/十/四

7624_{3}
⿰阝皋 一八九/十/七
⿰月皋 一七七/一/三
一八三/九/二

7624_{6}
⿰月皐 四七九/十一/一
四八一/四/一
四八二/二/三
四八二/五/一

7624_{7}
服 五三〇/五/一
⿰月睪 七二九/十一/六

7625_{0}
⿰阝甲 三三/五/二
三三/九/三
一〇二/十/四
胛 七八八/十一/一
脾 三三/十/五
一〇二/十/三
三一五/十/七
三四二/一/八
髀 三一五/十/五
三一六/四/三
三一六/八/一
三二一/八/二
三四二/一/五

7625_{6}
⿰阝單 三八四/一/四
⿰阝單 三八七/十一/九
⿰月單 一四四/十/三
⿰月單 四八一/二/四
⿰月單 五〇三/三/三

7626_{0}
⿰阝智 七四五/九/二
⿰月畾 三四九/四/四

7628_{0}
⿰月只 二四/六/四

7628_{1}
隄 二六/六/五
九三/十/三
九五/二/一
隄 一〇一/六/一
⿰月是 九四/一/五

7629_{3}
⿰阝泉 七六五/三/七
腺 四五/八/七
一〇六/二/二
三一九/二/一

7629_{4}
⿰阝果 七〇四/六/二
腂 四一一/十一/一
五九〇/四/三
膆 一九二/一/三
髁 一九七/七/八
四〇五/十/五
四一一/十/六
四一一/十一/七
五二二/五/三
五九〇/五/二
膝 六五九/四/一

7630_{0}
駟 四七四/二/三
六六三/九/七
馹 六六三/四/八
駰 一二五/二/二
一二六/六/六
一二六/八/四
⿰馬回 一〇七/九/三

7631_{1}
騉 一三八/七/五

7631_{3}

騩 四七/七/四
六〇/一/二
六一/八/一
一〇九/一/五
四八〇/四/七

7631$_4$
騜 二一八/六/一
二五五/十一/三
驩 七六/五/一

7631$_7$
騙 一三八/十一/一

7632$_7$
騔 六八七/二/三
騯 二一一/七/四
䮖 二一/五/六
䮷 六三八/六/二
六五五/八/三
駽 七七五/一/三

7633$_0$
騦 五二/十一/四

7633$_2$
騄 一七〇/五/一

7634$_1$
駻 五五二/七/四
驛 七四六/六/二

7634$_4$
騴 五六〇/九/二

7635$_6$
驒 一四五/二/五
一四五/六/一
一六〇/三/二
二〇〇/九/五
騨 九四/三/三
一六〇/十一/三

7638$_1$
騠 九四/一/一
九五/七/五

7639$_3$
騾 二〇二/五/三

7671$_0$
睍 一〇一/三/八
一五九/十一/四
覞 一〇一/三/九

7672$_7$
䀏 四三一/四/一
睗 四一七/一/三

7674$_7$
殹 九八/一/四

7680$_8$
咫 三〇七/八/六

7710$_0$
且 四〇九/二/六
皿 四二一/三/五
四二二/一/一
且 四〇九/二/七
且 六五/五/八
六五/九/二
八六/一/七
三二九/八/二
四〇九/二/五

7710$_1$
亘 一三九/三/三
昰 三〇八/八/五

7710$_3$
凰 六四一/十一/三
堅 九八/三/三
墼 五六七/十一/八
壆 五四三/八/三
五四四/八/六

7710$_4$
圣 六八四/九/四
坙 四〇七/二/二
五九一/三/三
坙 四一〇/十/一
屋 九六/一/二
堲 四三/五/二
六六四/一/六
七五七/二/五
七五七/五/四
堅 五八〇/三/二
堅 三九四/一/三
堅 一六一/四/五
堅 五九七/七/一
堅 九八/二/二
五〇七/十一/二
墼 五六七/九/二
閠 四二八/七/五
閨 五三九/七/九
閨 四九七/七/六
壆 六五六/五/三
六五七/五/八
闉 六六二/十一/三
七〇〇/十一/四
七〇一/七/五
閨 九八/十/一
堅 二一二/六/三
闒 一二五/一/三
一六二/九/九
闤 二一四/八/四
二一九/四/八
二二〇/三/六
壆 四九三/六/七
闤 一六六/七/六
壆 一二六/三/五
鑿 四六/二/二
闤 六四三/七/三
六四六/五/三
鑿 一二五/三/六

7710_5

閜 四三五/十一/四

7710_6

閆 三七〇/七/四

三七〇/十/五

闠 七四一/八/七

7710_7

盌 七/七/五

盄 四六四/六/四

盤 九六/五/五

豐 五四三/八/一

五四四/七/四

豎 四三九/九/七

闓 七六〇/九/五

盥 三六九/一/三

盥 五五五/九/四

闓 五二四/三/四

盥 一五/六/六

盥 七三/八/六

盥 八九/五/二

闓 七七三/七/四

7710_8

豎 三三六/二/七

豎 三三六/二/六

豎 五六/十一/六

閭 一一一/十/五

三五〇/二/二

五三六/四/二

闠 七〇四/二/八

7710_9

鋻 六五五/一/二

鋻 一六一/四/七

鋻 五六九/四/一

7711_1

跜 四五/九/三

九六/一/四

昵 四一六/二/六

四一六/七/六

闢 七七四/五/四

7711_3

巍 二二二/二/十

7711_6

闢 四四〇/九/四

7711_7

䟴 六〇〇/六/五

閈 一五一/七/五

一五四/十/六

闞 七六〇/七/七

七六〇/九/七

闞 二七三/十/八

闞 二六九/六/四

7712_0

卬 六一九/二/一

7712_1

闞 二七一/六/四

六一九/三/四

7712_7

邱 二五五/十一/二

耶 六五/七/六

六五/九/三

鄧 △二七一/六/二

鄧 六一九/四/二

鴡 六五/五/四

鬭 七〇五/一/四

鸝 二六一/四/七

鷖 九八/一/二

五〇七/八/五

△七〇四/四/七

闒 七七二/七/一

七七五/二/八

七七五/三/四

七七五/七/五

闒 七六六/四/二

七六八/一/五

七七五/四/七

鸊 二八五/八/一

7712_9

闕 五九三/九/二

7713_2

彔 四八二/八/一

緊 一二六/一/二

三八〇/八/五

五六九/二/三

五六九/四/三

7713_6

蚤 三九八/八/六

四〇一/七/二

蜸 六四一/四/二

蝨 四〇一/七/一

蝨 三八七/五/一

蝒 五九/五/二

蜸 三八〇/八/六

閩 一一九/八/一

一二八/八/四

一四九/八/四

蟲 一二八/八/六

蟶 三二六/四/六

△四八七/九/一

蟹 五〇八/一/一

蠭 五〇六/四/三

蠡 一四六/一/一

蠅 △四八八/一/一

闔 一二八/八/五

蠶 三八七/四/七

蠹 六六五/九/四

7714_7

毀 三一四/十/四

	四七〇/八/二
	四七二/九/一
毀	三一四/十/五
闞	三一四/九/一
⿱隆鼓	一三/八/四
⿱隆鼓	一五/一/七
	一五/四/五
	二三/二/二
7714$_8$	
闞	四七六/十一/四
闞	四四八/十一/三
闞	四五七/四/六
	六二五/一/一
	六三〇/三/三
7715$_3$	
閾	七六〇/七/六
	七六〇/九/六
7716$_4$	
闊	六九一/一/三
	△六九五/十一/六
7720$_1$	
孕	二四三/十/六
	二四四/三/六
7720$_2$	
閿	二六〇/七/五
	三九二/十/八
	七五三/四/一
7720$_3$	
柔	六〇/二/二
7720$_7$	
卩	一三〇/六/六
尸	四〇/七/四
号	一六二/六/六
(咢) 咢	△二四七/六/五
粤	二四二/七/七
7721$_0$	
几	八一/二/一
	三二〇/一/一
凡	二九八/三/一
凨	三五二/五/三
	五三八/七/七
阠	一二八/三/一
	五三八/八/五
	五四〇/三/七
	五四四/四/一
凬	六七六/八/三
凤	六四一/九/二
䏎	一一/九/一
阻	三三〇/五/五
	四九二/一/十
肊	七五九/九/五
肌	四七/六/一
	四八八/九/七
凮	一一/五/六
⿰月血	六九九/十/一
風	一一/五/三
	二九八/六/二
	四六三/三/三
⿰阝風	一一/七/一
⿵几貝	四六三/二/八
胆	六五/五/一
	一四五/五/二
	三七一/一/六
	四九一/八/三
凰	二五五/十一/一
鳳	四六三/三/四
7721$_1$	
尼	△四六/一/三
	一一七/七/四
尼	四五/九/一
	△四六/一/四
	三四三/六/五
	六六八/一/二
屁	四八一/一/四
屁	四八一/一/五
颩	二七四/四/一
⿰風比	七/二/三
⿸尸歷	七五二/四/六
屝	四八七/四/七
⿰風比	三二五/十/五
⿰風匕	一七九/五/三
	一八七/三/十
	五八三/十一/一
	六五八/十/二
	六五九/七/七
⿰骨比	三四二/一/七
⿵門比	三六九/三/二
⿱髟比	六七七/五/三
⿵門鹿	七五三/五/六
⿸鹿比	二五/八/十
7721$_2$	
颮	一八七/四/六
	六五九/五/三
肥	五九/三/三
⿰風巴	一八八/十/五
	一八九/五/二
⿰風卯	四三五/五/五
胞	一八六/九/一
	一八六/十一/三
	一八七/二/六
	二六六/四/八
	五八三/八/五
颮	六七六/四/九
屍	四〇/八/一
	四七三/五/二
颭	一七九/五/四
飀	五〇五/十/五
骲	一八七/五/三

三九七/九/七
三九八/二/六
五八三/十一/六
六三五/十一/五
六五九/一/六
飂 一七五/八/二
二六一/三/三
六一五/八/七
六四五/五/四
䬘 一八八/十/四
六一四/二/四
䬝 六七二/八/三
䬙 二三五/五/一
鼦 一七三/十一/八
𪕊 五八三/六/五
七一九/五/六
七一九/七/二
七二〇/三/一
七五〇/七/四
𪕋 四三五/六/二
鼩 七六/一/五
𪕬 二四八/四/三
𩘸 一九四/二/二

7721₃

尾 三二五/九/一
颸 六七六/四/八
六八四/六/六
䬠 三〇二/十一/八
閲 七一二/十/一
䬤 二六七/十/七
䬤 六一六/四/五
颮 五八七/六/四
颮 二六五/四/二
䶂 一二/六/一
一五/四/二

飑 六三〇/十/二

7721₄

屘 三二五/九/二
屋 六三四/三/一
六五七/八/八
隆 一三/六/七
陧 七〇四/六/一
七一四/三/三
屋 六三四/三/二
屣 三一七/八/六
屗 六四七/八/五
腥 六三四/四/六
六五七/七/六
颹 六一四/六/一
闔 五四二/十/五
五六八/八/一
屘 五一三/一/五
罌 六五七/三/三
六五七/十/一
臞 五八一/一/三
五八四/五/九
罍 四九三/八/三
罏 四一五/三/三
羅 一三八/二/一
一三八/八/四

7721₅

肚 四三四/九/七
四三五/八/七
六一四/五/四
六四三/九/二
六四五/十/一

7721₆

脘 五四九/六/五
脕 三六三/三/四
五四四/八/一
飅 一八一/七/八

䫿 二六一/三/四
覽 五〇七/八/一
覺 五八二/十一/六
六五五/十一/一
鼬 七二五/二/六
七二八/十/五
隴 二九七/九/五
鼦 一七三/十一/七
鼺 二六一/四/四

7721₇

爬 二〇三/十一/二
兕 四七三/十一/八
尻 一九〇/二/一
尻 六三/十/一
屜 三二五/九/三
屍 一九〇/二/二
兒 二七/二/一
九八/八/二
兕 三一七/十一/五
阬 一〇六/十一/七
六四七/七/四
屍 一四二/二/七
五六八/四/三
肥 三二〇/九/六
陒 三七/三/九
三一五/六/五
陒 三一五/四/二
凮 七八一/五/六
朊 一九〇/二/三
扈 三二〇/二/一
脃 五〇九/九/七
脃 六八二/六/四
七〇八/七/五
腃 三二〇/二/七
隱 七〇八/九/一
骲 五九二/六/四

	四九三/七/一
膠	一八五/三/六
	一八九/十/六
	三九七/六/二
	三九八/十一/六
	五八三/一/七
髎	一七五/七/六
	一八一/十/五
	一八八/十一/六
	五七八/五/四
7722_3	
[illegible]	四一六/六/一
7722_7	
[illegible]	三二〇/一/三
[illegible]	二九八/五/四
冎	四一二/三/六
邤	一三二/三/四
	一三五/六/一
阞	二五〇/二/五
邪	六五/十一/六
	六九/十/三
	二〇四/四/六
	二〇五/一/六
	二〇七/四/六
陊	三一一/七/六
	四〇七/十一/二
陊	四〇四/八/三
咼	一〇二/四/七
[illegible]	三〇八/三/二
郘	二六七/十一/二
	四三六/六/一
	六一六/二/四
扃	六一九/十一/九
扁	一六八/六/五
郤	一一七/三/四
[illegible]	五六一/十/七

[illegible]	七五九/十/一
[illegible]	三八/十/四
帚	△五〇八/六/四
局	六五五/二/六
胗	三〇八/七/二
	四〇四/五/五
	五九四/八/一
肜	二〇七/二/六
	四一〇/六/四
屑	六八二/四/四
	六九九/九/一
眉	六八二/四/三
	六九九/九/二
隝	三四〇/九/四
隖	五〇一/九/四
[illegible]	五/八/七
骨	六八五/一/四
[illegible]	七五/八/二
郳	二七/二/三
	九八/八/一
鄏	二六四/一/三
郿	六四/三/二
屑	一六三/四/六
鄽	七五二/五/六
鬻	四八九/七/一
[illegible]	二一八/七/二
隅	三九〇/十/五
	四〇二/一/六
鴈	七五六/四/五
鄽	七五二/五/七
腸	二七一/三/四
	四九七/七/二
	四九七/八/三
	六一四/八/七
鵬	一四七/一/四
鴉	二〇九/一/四

	四一一/六/六
腈	二六一/九/五
郿	五〇/七/四
	四八二/七/五
閔	一二九/二/二
鄏	六三四/四/四
腡	一〇二/四/二
	二〇二/八/一
	二一〇/三/八
鄜	六一六/二/五
隝	四〇/八/二
纂	七四九/十/四
腎	三五二/十/七
學	一三〇/六/三
鶌	五三八/五/六
屬	四九六/十一/一
	四九七/五/二
	六五一/七/二
	六五二/三/一
[illegible]	六九九/九/六
騰	六七三/一/三
	七〇五/一/二
屩	一八三/十/五
	七二一/十一/四
[illegible]	八七/三/三
	二〇六/十一/五
閔	二一二/三/四
	二二九/九/一
閙	五八五/三/二
關	三一六/六/二
	三四三/六/七
閒	一五四/四/二
	一五四/十/五
	三七四/十一/四
	五六二/九/二
	六九七/十/四

閜	二四八/三/三	鸕	八七/二/五		三八八/二/四
𦡦	七二〇/八/三	臀	一四二/二/九	展	三八七/三/六
闖	一〇二/五/八	臂	一四二/三/一		五七三/十/二
	一〇四/十/一	鶻	五〇/五/一	腮	三五三/二/四
	三一四/八/六	鬮	一五/五/六		五三九/九/二
鳲	六七六/七/二	鬭	三〇四/八/六	屒	一一七/二/二
	六七六/十/五		三〇五/十一/一		三五三/一/四
髃	二一〇/二/六		三二八/七/二		三五五/一/七
膷	二一七/五/二	闢	四一四/十/四	䝭	三七四/九/一
鵰	一七四/一/二		五九九/八/七	腺	六五四/二/七
鶋	六四/二/五	鷳	一五四/六/四	豚	三六六/六/八
鶥	一二四/二/三	擧	六一〇/一/五		三八八/二/七
鵩	六四一/三/一	學	二一/十/八		三九〇/三/五
鶻	△六八三/十一/六	鷴	一五四/六/三		五五二/二/一
	六八五/四/一	闢	七一八/七/二		六八三/三/四
	六九五/八/一	黌	二七八/二/七	屪	四四/五/四
骨	六三四/四/五	釁	五四三/七/五		四六/二/八
	六四九/一/一	7722_8			三二四/九/二
	六四九/一/二	閇	五〇六/九/五	隊	二七一/二/三
	六五七/十一/二		五二七/四/二	服	一四二/八/二
鴡	九八/七/四	7723_0		閡	六六一/九/一
	七四一/五/二	爪	四一四/三/一	闋	六三七/九/四
	七五四/七/四		六四七/十一/一	腿	二〇六/八/五
閪	一〇二/五/七		六五五/二/四	舉	三九七/十/二
闒	五六七/六/一	閞	五七六/十/四		六四九/六/一
鵬	二五三/八/三	7723_1			六五七/四/二
	二五三/九/一	颱	七三七/八/四		六六〇/十/一
髾	六三五/二/五	膝	二四九/一/一	鬻	一五二/六/一
	六五七/二/三	7723_2		闌	一五二/一/四
	六五七/三/一	尿	五七八/六/四	農	一五/五/四
	六五八/二/二	彖	六三七/八/七	鬷	五九八/四/六
鬌	六四八/十一/四	彔	五七八/六/三	鬹	一八〇/四/五
鷈	二七/八/二	冡	三一七/十一/六	7723_3	
	九四/五/五	限	三六六/九/二	朕	一五/一/四
	九五/十/八		三七四/七/五	腿	三四八/八/四
胥	五四三/一/六	隊	三五七/六/二	閱	一六二/八/五

一六七/八/三
四九〇/十一/二
六八〇/六/三
六八七/四/四

7723$_4$

屄 四九二/十一/五
戻 三一七/八/三
隩 五八六/三/二
六四八/四/五
戾 三二三/一/九
腴 五五四/九/二
腆 四〇〇/五/六
五八六/四/三
六四八/七/六
脵 四七/一/一
四七八/十一/四
䐌 二六七/七/五
腱 二二/十一/四
脥 五〇六/八/三
髌 二六七/六/五
髋 四六四/七/七

7723$_6$

膴 六二/十一/六

7723$_7$

屘 七六七/一/七
七七六/九/一
膇 四六九/六/四
髄 四四/七/五

7724$_0$

阪 七〇〇/五/二
㕟 二〇七/三/三
㕞 七一〇/五/六
㞍 一一/五/五
𨻶 七九/十/三
二六五/九/三
二七一/二/二

肞 三五五/九/九

7724$_1$

屏 二三八/八/五
二四二/十一/三
四二五/十/二
六〇五/十/三
六〇八/八/三
屖 九二/十/一
腁 三五〇/九/二
𦠆 六〇五/四/三
𨼆 二七五/四/八
𦡀 二七五/三/四

7724$_4$

屡 一〇八/八/二
一一〇/二/七
二四八/九/一
屦 一〇八/八/三
一一〇/二/八
二〇二/四/四
二〇二/十一/三
四一一/九/三
屢 八三/一/二
四九八/一/二
屨 四九四/四/四
四九八/一/六

7724$_7$

閉 五〇三/四/三
七〇六/五/八
艮 六四〇/八/二
七五七/五/一
艮 三八五/十/五
三八七/十/六
阧 三二三/七/一
陂 七六八/六/六
㞍 三八四/十/一
股 五八五/七/六

屐 六三六/三/三
六四四/四/一
六五五/五/一
豣 二〇九/六/二
屐 二八/十/七
一一〇/二/五
二〇〇/三/二
屐 二〇二/十一/二
屐 七三七/四/六
屧 三一八/八/十一
屐 三二/八/四
股 三三九/八/二
股 七六九/九/五
服 四三三/三/二
六四〇/八/三
七六一/七/六
殷 一一六/三/五
一一七/三/五
一二八/四/二
屦 三二九/十/五
屦 三一八/八/七
屦 六一九/一/六
服 六五九/六/一
七六二/十/七
殿 五六七/九/一
障 四三三/一/二
障 六一三/四/一
段 五五九/八/二
五五九/十一/三
鬖 六四六/十一/五
履 三一八/八/六
履 三四三/三/七
轂 七七一/二/五
穀 二七一/九/七
三三九/八/四
假 五五九/八/八

鬉 三五五/十/四
𦟝 五一〇/三/五
五一五/二/一
六九三/九/六
七一一/十/三
段 二〇八/一/五
五九五/七/六
殿 五六七/六/三
殿 六二八/一/四
膄 六一四/五/九
屖 一五三/十/二
一五三/十一/三
一六四/九/四
一六五/十/三
三七四/六/三
三八五/十一/七
腶 二〇八/十一/七
腵 五五九/八/九
骰 七一二/一/四
臌 一四二/二/二
嫠 六五七/四/一
閺 一一九/二/一
一一九/七/六
一二八/八/三
骰 五九五/四/七

7724_8
臎 三一八/二/四
四七五/一/六

7725_0
阩 四五四/一/二
四五四/五/二
肼 二八五/二/二
胟 四三八/四/二
䏬 一四四/二/四

7725_1
犀 四二/一/四
九二/十一/三

7725_2
𨼌 三四四/七/七

7725_3
䐎 六八〇/十/四

7725_4
降 一五/十一/六
二二/八/三
四六五/九/三
四六六/一/一
胮 二二/十一/三
二三/二/五
𡳞 四六二/八/四
四六五/十/三

7725_6
㞗 五〇四/七/三
腪 三五九/九/六
五四六/七/四

7726_0
𡲤 四七八/四/五

7726_1
𡳃 三一七/五/四
𡱇 九七/二/四
𡳁 三二〇/一/五
隌 六二七/四/七
六三〇/七/二
腤 四四九/五/一
闇 二八七/一/七
四五二/九/四
六二七/四/六
六二九/二/四

7726_2
𨹊 五八〇/三/三
腦 一二二/二/九
三五四/六/一
三五七/八/六
𦞋 二六〇/八/八
膤 七六七/一/二
七七九/五/四

7726_3
𦞅 四四五/七/七

7726_4
𨹈 七二九/八/三
七三四/九/一
胳 七二九/七/二
七三三/十一/四
七三四/七/二
居 五六/八/二
六三/九/六
四九一/四/四
屇 七七八/二/五
七八七/六/八
七八七/九/五
屠 六八/四/四
八七/一/一
腒 六四/二/六
六四/六/四
四九一/三/二
𨼆 三〇/五/二
二〇六/十一/六
骼 七二九/八/二
七三四/七/一
膰 三五七/八/五

7726_6
層 二五四/五/六
二五四/五/七

7726_7
𡲛 三一七/八/四
屆 五二六/五/二
六九五/三/三
𡲬 五〇/三/七
眉 四七八/十一/六

五〇七/二/七
五二六/十/四
闇 二一九/五/一
7727_{2}
屈 六六九/十一/一
六七六/六/三
六七六/十/二
六七七/二/五
六七八/八/五
六七九/二/五
屈 六七六/十/一
六七七/二/四
居 五二六/五/一
[尸出虫] 六七七/二/六
[月屈] 六八四/十一/一
7727_{5}
[尸冊] 五〇四/七/二
7727_{7}
陷 六二九/五/一
[月臽] 一〇八/五/九
三四八/七/一
[尸臽] 七六六/四/五
七八七/四/四
[月舀] 六二三/五/三
六二三/七/五
六二五/四/七
六二九/六/二
[骨臽] 一〇八/五/三
7728_{1}
[尸足] 六三/九/八
屐 三〇九/四/一
四六七/九/六
四六八/二/三
[月疑] 四七七/六/六
[月巽] 三六五/九/一
五五一/六/三

五五一/九/六
五七三/八/七
腴 三三二/六/七
三五〇/九/一
[月興] 五四五/六/八
7728_{2}
[瓜欠] 二一〇/八/七
欣 一三二/二/一
[尸欠] 四七/一/三
[石欠] 四三七/五/四
[眉欠] 三五三/一/五
五三八/十/二
[月欣] 五四五/六/四
[咼欠] 一〇二/四/一
二一〇/四/三
[骨欠] 六八五/六/二
六九六/一/八
[厭欠] △二五八/一/五
[厤欠] 五六七/六/六
[麻欠] 三五/一/三
二〇七/六/三
[阝戔欠] 五九五/二/一
[歷欠] 六五一/八/三
[髓欠] 二九七/一/六
7728_{6}
[尸貝] 四七八/十一/五
四八〇/一/二
[尸貧] 四二/五/九
[月貴] 三八一/三/一
7728_{9}
[阝灰] 七三六/一/六
[月灰] 五九三/五/六
7729_{1}
際 △五〇九/六/二
7729_{2}
[尸原] 四二/五/八

四六八/五/十
7729_{3}
[尸系] 三二三/二/二
七三二/一/六
[月槼] 五〇六/八/二
七〇二/九/三
7729_{4}
[尸朩] 四三/十/四
三一八/十/二
四七六/七/六
四七七/七/六
[尸示] 四七/一/六
四七/二/四
三一七/八/五
[尸巢] 四八二/十/一
[阝尸朩] 二〇一/十一/七
四〇七/四/六
四〇七/十一/六
[尸業] 七八〇/十一/一
七八三/八/一
[尸樂] 七八〇/十一/二
七八三/八/二
[尸柔] 四七六/七/七
[尸檗] 五〇四/七/一
[尸棄] 四〇五/十/四
五二二/五/四
五九〇/五/三
五九六/八/一
[月尸朩] 四一一/五/四
[月尸柔] 四七/一/五
[月尸条] 二六四/七/四
四三四/五/一
六一四/五/三
六一五/十一/二
7730_{4}
[門爾] 六八八/十一/二

7730_7

[illegible] 四二一/六/三

閝 二四六/六/六

7731_0

⿰馬凡 二九八/五/三

⿰馬風 二九八/五/二

六三一/一/三

駔 六七/四/四

八五/十/二

三三八/三/一

四一八/八/二

四一八/九/六

7731_2

⿰馬包 六五九/三/四

7732_0

馰 七五〇/七/一

⿰馬刃 六六三/四/九

⿰馬卬 二二三/十/四

四一九/七/二

六〇二/六/六

⿰馬卯 四一九/七/一

⿰馬囟 六八〇/三/四

六八七/二/二

⿰馬匊 六四七/一/四

六四七/十一/四

六四七/十一/九

駒 七五/三/四

四九四/六/五

駉 二四八/四/一

駧 四六一/八/二

駨 五七〇/四/四

騊 一九四/七/二

⿰馬開 一五四/六/二

驧 六四七/十一/三

六四七/十一/八

⿰馬間 一五四/六/一

7732_7

[illegible] 五四八/一/五

嶌 三一七/十一/四

鳥 七四二/七/八

舄 七一九/二/三

⿰馬阝 四〇八/十/二

五九二/三/五

鄔 六五二/九/二

⿰馬多 三〇/二/六

⿺乚鳥 四八六/一/五

騧 一〇二/四/三

二一〇/四/六

騔 七九/九/一

八一/六/五

八二/四/三

二六六/一/一

六一四/九/五

駶 六五五/四/三

⿰馬骨 六八五/四/二

驕 六六九/八/一

六七〇/一/三

六七〇/九/七

六七二/十/五

⿱臼鳥 四三一/六/四

六四七/八/四

六五五/二/二

驚 九八/一/一

闖 二七七/九/三

四四三/二/二

六二一/十/二

⿱巛鳥 六四九/一/三

六五六/四/一

六五七/十/二

⿰馬昌 四〇二/二/三

⿰馬冒 五八八/一/七

驚 九七/十一/五

五〇八/一/五

鷽 六四九/二/五

六五七/三/二

六五七/九/六

六九五/八/二

鸒 六九/七/四

四九三/七/五

鸒 六九/九/三

7733_1

忌 三二五/六/七

四八五/八/三

四八五/九/五

熙 五五/七/一

五五/十/三

⿵門思 七三五/四/八

⿵門黒 一七七/二/六

⿵門黑 一七八/十一/六

⿱𦥯黑 六四九/四/四

黳 九八/三/一

一〇二/二/六

7733_2

⿱冊心 二八七/九/六

⿱周心 二六四/三/五

驄 八/六/三

⿰馬黎 四五/二/一

九六/六/四

⿰馬彖 七/九/四

四六二/十一/一

騄 六五四/二/六

⿰馬展 五七三/九/七

驟 六一四/九/四

六一九/三/三

7733_4

恳 二〇七/十/七

⿵門忩 五六一/五/二

慇 六二八/一/五

7733_5
⿱毌心 一五一/七/三
二八七/九/五
四五一/一/四
⿱母心 二六九/十一/五
7733_6
⿱辰心 三五四/八/四
⿰馬急 六二/十一/五
騷 一七三/十/七
⿵門悤 六三/二/一
縈 六一六/五/三
六一六/八/三
六一八/七/五
六五七/十一/一
黨 六四九/一/四
7733_7
悶 一四〇/八/三
三六五/八/二
五五一/三/四
閟 四八一/九/一
⿱門息 五六一/五/三
7733_8
⿱與心 三三二/五/六
⿱興心 二三五/五/六
7734_0
馭 四九〇/七/二
駒 二五九/六/一
7734_1
閘 四八三/八/二
四八四/六/五
7734_7
㝵 四五五/四/一
馺 七七一/二/六
駸 六五八/四/五
驋 七一一/十一/八
騨 四三三/一/三

駸 二六五/六/三
騴 二七四/六/二
二七七/二/五
四四二/八/四
騣 二七四/六/三
騪 二七四/十/二
馺 五六〇/二/五
騢 二〇七/十/一
7735_2
驊 九六/六/六
7735_6
騨 六〇/十一/一
一三八/一/二
7736_2
駋 一八一/二/一
騮 二六一/四/一
騽 七六五/四/三
七六七/十/三
7736_4
駱 七二五/一/三
7737_0
馹 四三一/七/三
7737_2
騙 六七六/八/四
7739_4
騄 二六四/八/五
驔 二二二/四/二
四一八/七/二
7740_0
叉 六一一/五/二
叉 一〇三/二/一
二〇五/六/二
叉 三九八/八/五
閔 一一九/八/三
三五四/九/二
7740_1

聞 △五五三/一/一
聞 二四四/十/三
四二九/一/六
闅 一二八/七/六
五四四/六/二
閳 三二八/三/五
聲 七六六/八/八
7740_4
⿱巴女 五八/八/四
婜 一五四/八/五
娶 三五五/十/二
婁 八二/九/三
四九八/一/五
妟 二七二/一/五
婜 四七/四/七
九八/二/一
△五〇七/九/三
娶 五五/二/四
五五/八/二
嫛 三一四/十一/三
嬰 一八二/十/十一
嬰 五八一/三/三
闄 三六二/四/三
三八九/六/九
闄 三九二/六/二
三九四/十一/一
三九五/三/一
7740_7
殳 八一/二/二
殳 六八一/四/二
殳 六九六/七/四
叟 一一六/六/一
一七三/十一/二
一九二/四/四
二六五/三/三

四三八/九/三

學 五八二/五/七

五八二/十一/四

六五七/二/八

六五七/九/七

△ 六九五/八/三

[illegible] 四三四/六/四

7740$_{9}$

閈 二三七/三/一

六〇五/五/二

7741$_{7}$

[illegible] 三二二/九/一

[illegible] 六四三/七/二

六四六/五/二

7742$_{7}$

[illegible] 一九二/四/一

[illegible] 六九三/十/三

六九四/三/五

六九七/三/五

六九九/六/一

[illegible] △ 四八七/七/三

[illegible] △ 四八七/七/六

7743$_{0}$

[illegible] 二四四/九/五

四二八/三/四

五六七/十/二

[illegible] 五〇九/四/四

七〇五/一/三

七〇五/八/四

七一三/三/一

[illegible] 七五四/八/九

[illegible] 七〇五/一/五

7743$_{2}$

[illegible] 二五五/二/三

二三四/十/四

二三五/七/八

7744$_{0}$

丹 一四四/八/四

冊 七三八/八/一

7744$_{1}$

弃 五五/三/二

四八五/三/五

開 一一一/十/二

[illegible] 一一一/十/三

[illegible] 二三七/三/二

[illegible] 五五一/四/五

[illegible] 一六一/九/五

7744$_{2}$

[illegible] 一二三/二/七

7744$_{3}$

[illegible] 五四九/四/八

五七六/八/六

[illegible] 一五一/七/四

一五一/九/五

7744$_{7}$

[illegible] 七二〇/十一/一

[illegible] 三二四/九/一

七一一/八/五

七一四/五/一

[illegible] 六九/五/一

三二八/九/四

[illegible] 四一一/二/三

[illegible] 七四七/九/五

[illegible] 五二九/四/四

7747$_{7}$

[illegible] 六七〇/六/一

7748$_{2}$

[illegible] 三二二/九/二

五二九/四/一

[illegible] 六七八/八/三

六七九/四/五

7750$_{0}$

毋 七八/十/一

八四/七/二

一四七/七/六

二七〇/七/一

二七〇/八/二

三三五/八/七

四三八/三/五

五五五/三/一

六一八/四/七

[illegible] 七〇四/十/四

7750$_{2}$

掔 一五四/七/五

一六一/九/三

[illegible] 三一四/十一/四

擧 三二八/六/九

舉 四九三/七/六

[illegible] 六九/五/三

7750$_{3}$

[illegible] 三八二/一/一

五七〇/一/一

[illegible] 一六三/九/一

二三五/四/一

[illegible] 二七〇/九/一

[illegible] 三〇四/八/七

7750$_{4}$

[illegible] 三七四/八/一

三八〇/八/七

五六九/三/四

七〇二/十一/三

7750$_{5}$

[illegible] 七一〇/五/一

7750$_{6}$

[illegible] 七七四/二/五

七八九/二/三

[illegible] 一五四/八/一

[illegible] 三九八/三/二

闌	六〇/十一/四	7760₁		譽	六九/六/二
	六二/六/一	吕	三二五/三/六	譽	四九三/六/八
闌	一六五/四/三	署	二三三/十一/四	譽	六九/三/六
闌闌	三八三/十/四	罟	四二三/四/二		四九三/六/二
攀	四九三/六/五	書	二六九/十一/七	7760₂	
7750₈		署	九八/三/二	留	二六〇/七/一
舉	三二八/七/一	閤	六〇〇/九/一		六一五/七/六
舉	四九一/五/一	閤	七七〇/一/四	留	四三五/六/五
7751₆		閤	二九〇/七/五	畱	五八七/一/三
闚	三六/七/六	譽	一五/四/四	冒	六八四/五/三
	四七〇/九/二	譽	一三/八/五	學	六五七/七/二
7751₇			四六四/四/一	嚳	六五五/十一/四
毞	三一〇/九/三	閣	七二三/七/二	閣	四二二/五/五
艦	二九〇/三/五	閣	六九四/六/五	7760₄	
7752₀			七〇二/十/二	各	六一一/五/四
䎃	四四八/六/一	閣	六四九/四/三	冊	七三八/九/一
	四四八/八/一	譽	六三五/三/一	昏	一三九/三/二
7752₇			六四八/十一/五	督	三七四/七/七
那	二〇一/八/五		六四九/五/二	督	一〇一/九/三
鴅	三三五/八/五		六五六/十一/一		三四四/十/六
	四三八/五/五		六五七/四/四		六七五/八/三
7753₀			六五八/二/三	閣	六九一/一/一
閑	七〇一/七/四		七三七/六/三		六九五/十一/五
7755₀			七三九/十一/七	閣	七二九/七/一
冉	二八一/十一/七	醫	五六/十一/五	醫	五〇七/十一/三
	二九〇/一/八		△三二五/六/二	閣	三四三/八/三
	二九八/一/二		五〇八/一/四	閣	八六/三/一
	△四五一/十一/三	譽	九八/一/六		二〇四/十/六
冊	五六二/二/九	閭	二七九/二/三		二〇四/十一/四
	五六二/四/一		二八四/三/一	閣	一三九/四/八
	七三八/八/二		四四五/十一/五	7760₅	
7755₁			四五六/一/五	母	二六九/十一/六
犀	三七三/十一/一		六二三/十/五	7760₆	
	五六三/六/三	閭	一二六/二/四	閭	六八/五/四
7755₇			一三三/一/六	閭	二一四/八/三
闢	五六二/二/八	譽	六四九/八/一		二二〇/四/二

閶 二二〇/四/三

7760_{7}

問 五四四/六/一

間 六四七/二/五

閶 三六四/三/二

五五〇/三/三

闇 二一三/五/八

7761_{4}

闓 五九四/五/六

7762_{1}

閜 四〇三/九/三

四〇三/十一/五

四一〇/十一/二

閜 三七/六/七

7762_{7}

舀 七二〇/十一/二

鶹 二六一/四/五

鷗 一二〇/一/一

鸓 七三八/一/六

7764_{1}

闢 七四七/八/二

七四七/九/四

7766_{3}

闠 二四六/六/七

7768_{2}

歇 一三九/四/四

歜 三二二/九/三

五二九/三/八

七〇九/十/四

歠 七〇九/十/三

7771_{0}

罒 △四一五/八/十一

罨 二二二/三/五

7771_{1}

巳 二一二/三/二

皀 四九〇/一/三

閰 三五/四/七

〔闔〕闔 二一八/九/五

7771_{2}

肥 三八六/二/二

7771_{6}

罨 七七六/十/七

閹 二九一/八/二

四五三/三/五

7771_{7}

巳 三二三/八/一

三二四/七/五

四八五/四/一

四八五/八/五

巴 二〇三/八/二

䏚 三三九/十一/六

吧 五七三/八/一

配 五五/三/三

五五/八/三

閰 一四二/四/四

閰 六八三/十/六

六八五/九/三

黽 二三〇/十/三

三五四/七/五

三八六/八/四

四二三/八/六

鼆 六三五/二/六

闘 四六五/十一/四

鼉 四二三/九/一

鼊 一六四/七/四

鼂 一〇一/五/一

鼉 七六/一/七

7771_{8}

皀 二一六/九/三

7772_{0}

卬 二一九/一/五

二二三/十/一

四一三/十一/二

卯 三四一/八/四

三九八/三/四

卵 一三八/七/四

印 五四三/五/三

卲 六六四/一/七

七五七/一/七

七五七/五/五

㽲 三九二/四/一

7772_{2}

髟 九八/二/三

鬯 六七七/三/六

7772_{7}

邸 三四二/二/七

郰 五〇四/二/三

邑 三二三/十一/四

三二五/三/三

四八六/一/四

郎 六四/十/四

三二八/八/六

郎 一一六/一/六

一一七/三/三

五三八/五/四

〔郘〕郘 二一八/七/三

鴟 二六/六/一

鴟 四一/三/五

鄾 三六二/七/一

五四八/七/四

鷗 五九七/十/四

鷗 一二八/九/三

鴎 六六五/四/五

鴡 三二九/三/五

鵰 七四三/四/九

七五七/四/三

闞 六九五/六/三

六九八/四/一

鄜 二三〇/九/一

二三七/九/一
四二二/二/三
四二三/九/三
鷗 三六二/七/八
鷗 七五/一/一
二五七/九/六

7773_2

艮 一四二/七/三
五五〇/九/一
〔堅〕堅 五〇〇/九/四
餐 三九八/二/二
展 一六五/四/十二
五五七/九/八
展 一六五/四/十一
三七〇/三/三
五五七/九/七
畏 四九〇/一/二
閔 一六/六/四
緊 九八/一/五
緊 二〇八/七/一
緊 四八九/十/四
閬 三七四/八/二
閬 二一九/五/二
二二〇/六/四
四一三/五/五
四一七/十一/一
六〇一/二/一
展 三八七/三/五

7774_0

臤 一四三/六/三
一五四/八/七
一六二/一/二
一六二/二/四
臤 二三三/十一/五
五四三/五/二

7774_2

民 九四/四/一
嚳 三九九/七/九
五八二/六/三

7774_7

民 一一九/一/五
殹 一一一/九/四
殹 五〇六/十/二
五〇七/八/四
叚 三二八/九/五
瑕 四〇八/三/三
閜 一一九/七/七
毆 七四/十/三
二六八/九/七
四三七/四/二

7777_0

凹 一八六/五/六
七八七/一/九
冎 七八八/四/六
臼 二六九/十/六
四三一/三/二
六四七/二/四
六五四/十/三
卯 七五九/十/二
𦥑 六五四/八/三
𦥓 六五四/八/六

7777_2

岳 七二/十/三
七〇〇/五/四
七〇〇/七/六
峁 七〇〇/五/五
嵒 六五六/十一/五
六五七/五/一
嶨 五四三/八/二
五四四/八/七
醫 三八〇/八/三

7777_7

凸 六八三/三/二
七〇一/四/二
凸 六五四/八/五
呂 三二四/七/三
㔽 二一二/三/三
區 六五五/九/五
區 三五一/十一/七
匳 一一〇/五/九
匱 五六/七/七
匵 一九三/九/一
闇 二八七/二/二
二八八/九/三
四五〇/五/五
閭 六二六/五/三
謦 三八八/五/一
匲 一五八/十一/四
匵 四三一/八/一
六一二/五/二

7778_2

欧 四七/一/八
欧 五五/九/三
一一一/九/三
欧 △七五七/六/二
歐 七七八/二/三
七七八/三/三
七八三/五/四
欧 五五/三/四
歐 三八一/四/六
五四八/八/七
五六九/七/六
五七五/三/一
歐 二六七/十一/五
四三七/四/五

7779_3

關 三八五/三/二
關 三八八/九/五

7780_1

具 四九四/八/二
與 一三九/六/八
眞 三二五/二/五
[illegible] 七五七/二/四
巽 三八六/一/六
五五一/四/六
閞 四六二/一/七
四六四/十/十
閧 四六五/十一/三
與 六九/三/五
三三二/四/二
三五〇/九/四
與 四九三/六/三
興 一六四/七/三
興 一九三/九/二
[illegible] 七四二/二/三
興 六一〇/一/三
興 二五一/十一/二
輿 六九/五/五
三三二/六/五
四九三/六/四
闐 一六〇/七/八
五六八/二/二
[illegible] 三三二/四/四
[illegible] 四九四/十/四
[illegible] 七三/八/五
[illegible] 一六四/七/七

7780_2

(閔)[illegible] △七五七/六/一
閔 三五〇/六/四
五三六/二/四
五三六/十/六
七六三/九/一

7780_6

貿 二七〇/七/二

貫 一四七/八/一
一五一/九/六
五五五/二/五
五六一/二/五
賢 一二五/六/一
一六二/二/三
五六八/十/七
[illegible] 四八九/十/六
[illegible] 四七〇/五/六
四七〇/七/一
闠 七〇二/十/三
[illegible] 二二五/四/一
[illegible] 四八〇/八/三
五三三/二/三
[illegible] 一一八/四/三
五四〇/一/二
贙 四九一/三/三
[illegible] 二二九/二/五

7780_7

尺 七四四/七/二
閃 四五一/六/五
六二七/二/五
六二九/四/四
[illegible] 四六/二/三

7780_9

閃 五四二/九/四
[illegible] 六五七/六/二
[illegible] 一二九/二/一
[illegible] 一八〇/一/一
[illegible] 一七九/九/二
一八〇/七/一
五八一/八/八
[illegible] △五一〇/一/三
[illegible] 一四〇/十一/五
[illegible] 一四九/十一/二
五五八/五/三

五七二/二/四

7782_7

鄧 六一八/五/二
鄭 五五五/十一/一
鄉 二五一/十一/四
六一〇/一/六
[illegible] 四九三/八/二

7788_2

歟 六九/三/三
三三二/五/五
四九三/六/一

7788_6

[illegible] 四七八/十一/七

7788_8

[illegible] 六四四/三/八

7790_3

緊 三五五/九/四
緊 九八/一/三
五〇七/八/六

7790_4

朵 四〇七/二/八
[illegible] 三四四/十一/一
[illegible] 四一二/四/二
[illegible] 三七四/八/四
[illegible] 三二五/十一/二
[illegible] 四三〇/十一/二
四三一/四/三
四三一/九/五
閑 一五四/四/一
[illegible] 九八/二/五
[illegible] 八七/五/二
舉 四九三/六/六
闌 五一六/七/五
七〇四/五/三
七一四/二/四
[illegible] 六九/十一/四

7822_0

骱　五二七/三/五
六八六/四/六
六九四/十一/三
六九七/十/三

7822_1

𦙫　二八三/四/一
隃　七九/七/四
七九/十一/六
一八一/十一/六
隃　八三/五/五
四九六/九/二
腧　四九六/九/四

7822_2

胗　三五二/三/六
三五五/九/七

7822_7

·梯　七〇一/九/六
肣　二八〇/一/三
二八三/五/三
四四五/五/一
肦　一三〇/二/九
一五二/十一/二
陯　一二四/五/六
一四二/五/四
䏲　九四/六/四
七〇一/四/五
腀　一二四/七/五
𦡊　三〇三/三/四

7823_0

陰　二七八/十一/一

7823_1

腍　四四一/八/六
四四二/五/六
六二八/三/一
𨻶　七九/一/七
隂　二七八/十一/二
二八四/三/二
六二二/八/一
膴　七四/三/三
七九/一/三
八四/六/四
九〇/十/五
一一一/五/六
三三二/十一/一
三三五/五/五
脍　六二二/六/六

7823_2

隊　三四八/十一/二
四七五/五/四
四七七/九/四
五二九/九/一
𩩲　△五三〇/一/六
騄　六三〇/二/三
六三〇/四/五
𦢊　四一二/九/一

7823_3

隧　三四八/十一/三
四七四/九/七
四七五/五/三
四七七/九/七
𩩍　三二九/五/一

7823_4

朕　三五五/四/五
四四三/二/七
𦣃　二二八/四/八
二二八/十一/二

7823_6

膰　四四三/三/五
𦡽　四四三/三/四

7823_7

阾　二四五/七/六
四二五/一/四
朎　二四五/二/五
隒　四五二/五/一
四五二/九/三
四五五/二/一
䯍　二四六/七/九
膁　二九二/一/四
二九五/四/五
四五四/七/四
六二九/六/六
䯡　六二八/五/一

7824_0

阫　七〇〇/五/一
肸　四八一/十/八
六六九/一/六
六七五/六/二
七〇三/三/三
敫　一一七/三/六
三五二/五/二
敫　九八/八/四
三四四/二/一
△五〇八/四/四
𦚢　六〇三/一/四
隞　一二〇/七/三
五四二/三/八
隞　一九一/四/一
腶　四七六/六/一
臌　一四四/二/五
𦢳　一四一/十/四
礉　四三九/二/六

7824_1

胼　一五九/五/七
骿　一五九/六/二
𩩅　五五三/八/六

7824_6

䏓　二八四/二/二

7836_6
驓 二五〇/八/一
六一一/二/三
驓 二五四/六/七
7838_1
驥 三七/二/二
四七九/四/七
7838_6
驗 六二八/八/一
7839_4
駼 八七/一/七
7841_3
[illegible] 七一〇/二/三
7844_0
斆 五八二/五/六
六五七/二/七
數 六五九/十/六
7850_2
擘 四四九/十一/二
7850_6
[illegible] 四五七/二/二
7860_1
[illegible] 二八五/六/二
譼 二九六/十/八
譼 二九六/十/九
六三〇/四/二
7860_4
暋 一一九/二/五
一一九/九/二
一二〇/二/二
一三九/五/四
7864_0
[illegible] 三五四/十/三
7864_7
[illegible] 五九〇/九/五
7867_2
[illegible] 一一九/七/一
7870_0
[illegible] 四三一/三/一
7871_1
[illegible] 二〇二/九/七
[illegible] 三〇九/七/五
[illegible] 二〇四/二/五
[illegible] 九四/五/一
7871_4
[illegible] 二〇三/十/三
[illegible] 四七六/四/三
7871_7
覽 二九七/一/一
六二六/三/七
覽 六二五/四/四
六三〇/二/一
7874_0
敃 三四二/五/一
改 三二五/四/一
三五〇/三/二
三五〇/三/三
三五〇/九/五
攺 一二九/三/六
三五四/十/二
敺 四九四/三/六
[illegible] 一九一/二/一
[illegible] 五八三/六/一
7876_4
[illegible] 二七八/二/二
7876_6
臨 二七八/二/一
△六二一/十一/六
7877_2
[illegible] 一一九/七/二
[illegible] 六二六/三/六
[illegible] 四五七/三/一
六二五/四/五
7880_9
[illegible] 四七五/五/一
7890_4
[illegible] 六三〇/二/五
槩 四四八/十/五
槩 四五七/三/三
六三〇/二/四
槩 四五七/三/五
7892_7
[illegible] 五〇四/六/一
7912_0
[illegible] 二九七/十一/五
7921_1
[illegible] 二二五/二/七
胱 二二五/二/三
[illegible] △二二四/十一/六
7921_2
颵 一七七/十一/一
一八七/十一/六
五八四/五/五
7921_4
隚 二一九/三/八
[illegible] 二四九/六/二
膛 二二〇/三/二
7921_7
[illegible] 三六一/六/二
三八九/十/三
五七六/一/二
腃 一七二/十一/三
一七三/六/二
四八〇/二/六
7921_9
[illegible] 二三一/四/五
7922_7
陗 五七九/六/六

8000_0
人 一一七/六/三
入 七六五/六/五
七六六/一/七
八 △六九六/三/二

8010_0
仌 七六五/六/二

8010_1
仝 一七〇/三/五
企 三一二/四/六
企 四七〇/一/四
金 七八九/十一/四
金 八七 /五/六

8010_2
全 二二二/四/七
竝 三六九/八/二
四二三/十/六
四二七/六/四
六〇一/六/八

8010_4
全 一七〇/三/六
坐 五五一/一/五
五五一/二/一
金 三二二/七/五
金 一一三/七/四

8010_7
益 七四五/十/四
盆 一四〇/二/三
盦 五二一/四/八
盦 七五六/二/二
盒 二八四/四/六
七六九/八/四
盫 一三〇/三/六
盦 七七四/三/四
盦 四四五/九/四
盦 二八四/一/七

8010_9
金 二七九/八/七
金 二七九/九/一
釜 三三四/十一/七
釜 三三四/十一/六

8011_0
仐 五二六/二/九

8011_1
鏕 六三九/五/一
鏖 一九〇/八/七
六四八/五/七

8011_3
鋶 四六三/五/一
六四三/四/二

8011_4
鉒 四九七/二/五
四九七/九/一
錐 四 〇/六/三
𨭉 七六八/九/七
鏟 三七三/十/四
三八四/二/一
五六二/三/五
鐘 一 六/二/二
鑵 一四五/十一/三

8011_6
鏡 六〇三/四/四
(鐔) 亶 △三八四/三/四
鐔 五七二/七/五

8011_7
氫 四八八/四/八
氫 一三一/一/四
鑷 二〇二/七/二

8011_8
鉝 七六七/三/五

8012_1
錡 三 七/十一/五
三一三/六/五
△三一三/十一/三

8012_3
鑇 九 三/八/六

8012_7
鈁 二一二/一/二
鈰 三二二/五/四
鋍 九 三/七/五
翕 一二八/十一/三
一三〇/六/二
翁 一 〇/十/五
三〇三/一/三
三〇六/四/八
四六二/九/五
鍗 九 五/六/三
翕 七六七/十一/三
鎊 二二一/五/四
鍹 六四六/二/三
鏑 七五〇/八/五
鎬 三九九/四/四
翦 一六四/十/一
三八二/九/二
五七一/六/四
鏽 二 〇/一/二
鐫 一六九/九/四
二八八/七/七
三八三/七/三

8013_1
鏂 四九二/四/六
鐎 一七八/十/二
一七九/三/一
二六二/十/一
鑣 一八〇/七/二

8013_2
[鉉] 鉉 一五一/八/七
一五四/十一/九

一六三/三/一〇
一六三/九/三
二四八/五/四
鉉 三八一/十一/三
鐎 二三〇/二/三
鎡 五 三/六/三
鑲 二一三/一/五
二一五/七/五
二一七/四/三

8013$_{4}$

鏃 六六四/六/四

8013$_{6}$

釜 三三四/八/七
三三五/二/一
[illegible] 一三〇/四/八
[illegible] 七七〇/四/五
鍂 二三〇/九/六
鑫 二六二/四/九
[illegible] 三一三/十/六
[illegible] 二三〇/九/五

8013$_{7}$

鐮 二九〇/十/九

8014$_{1}$

鋅 三二三/七/三
鎨 三五四/二/一
鐴 七四七/六/二
七四九/四/一
鐔 一四一/七/四

8014$_{3}$

鏲 七一二/三/四

8014$_{7}$

鈹 五九四/十/一
鎪 八 六/九/二
五〇〇/一/一
鍑 六四〇/一/八
鋍 一二一/十/六
一四一/七/三

三四八/十/五
△五二九/十一/一
五九一/八/三

8014$_{8}$

鉸 一八五/三/一
三九七/四/二
五八三/三/二
鉸 六五六/四/三
錊 五三二/十/六
六五〇/八/四

8015$_{7}$

鋂 一一一/六/二
二三七/七/四

8016$_{1}$

鋙 二六六/八/七
二六九/十一/一
鋙 二六六/六/五
二六九/八/五
六一七/十一/五

8016$_{7}$

鎕 二一九/五/三

8018$_{2}$

羡 三九〇/三/一
羨 四 六/六/一
一六七/四/四
五七一/九/一
五七一/十/二
五七四/七/五

8018$_{6}$

鑛 四二〇/十/七

8019$_{4}$

鏶 七六五/七/五
七七六/十一/六

8020$_{0}$

个 二四三/八/五
五五三/十/六

五八九/三/二
丫 二〇九/三/二

8020$_{2}$

㐱 三五二/五/四
五三八/七/六

8020$_{7}$

今 二七九/八/六
令 二七九/一/一
兮 九七 /六/四
户 △六八七/八/八
分 二五二/二/六
爹 二〇六/四/五
爹 四〇四/七/七

8021$_{0}$

允 二二四/五/四

8021$_{1}$

乍 四九九/七/五
五九四/一/三
七二八/二/五
羌 二一七/六/二
五九九/九/五
差 二 六/二/三
一〇五/六/四
一九九/五/八
儢 三〇三/八/四
儢 五九一/九/七
儢 三 一/七/六
儢 四〇八/六/二
儢 一五四/三/四
龕 二八二/十/五
鑢 六三九/五/三

8021$_{2}$

宛 五四八/一/六
倚 三一三/二/六
三一三/三/三
△三一三/九/五

四七〇/十一/二

8021_3

兊 五一六/二/六

五一九/三/二

六九四/三/一

七一二/九/五

8021_4

雂 二八〇/五/七

二八三/一/五

二八三/三/四

二八三/十/八

二八六/四/六

二九二/五/八

雓 二二二/六/二

䶳 一四五/十一/四

8021_5

羞 二六一/九/二

8021_6

兊 五一九/五/三

倍 五九〇/十/六

六一七/十一/七

8021_7

兖 四一四/四/四

氛 一二八/十一/一

一三〇/三/四

氛 五　九/八/三

氣 一七七/十/七

餼 七一八/六/四

龕 二四五/一/八

8022_0

介 三〇九/一/八

五二六/一/三

五八九/三/三

六九五/二/一

8022_1

斧 三三四/八/四

斉 三一七/七/五

前 一五八/八/八

三八二/九/四

俞 七　九/十一/七

八　三/二/四

二五九/一/一

三三七/三/一

四九五/二/三

四九六/九/三

六一四/十一/七

8022_2

㐱 二　五/四/二

8022_7

分 一二九/三/八

一三〇/四/七

五四五/三/三

五四五/四/四

五六三/三/四

龠 三〇九/二/一

侖 五四九/五/六

五八五/三/三

侖 一二八/十一/二

一三〇/三/二

侖 一二四/五/三

一四二/六/二

弟 一〇九/一/九

△三二五/七/二

三四二/九/一

五〇四/十/七

七四八/四/一

帟 三三三/九/二

俞 六七五/七/五

龠 一二四/五/四

龠 一二四/五/五

龠 二八〇/五/四

𠦪 一七〇/三/七

𠝣 一六四/九/五

䘵 五一七/六/三

萬 二一四/四/八

萬 二三〇/二/一

萬 二二八/四/五

侖 七一八/六/八

8022_8

𠎣 四　一/一/八

8023_2

豙 四七五/三/五

㒸 四四四/二/七

兼 四四四/二/九

兼 五九七/一/三

8023_7

兼 二九三/八/六

二九三/十一/三

六二八/四/八

8024_7

夋 一六八/四/八

夒 七七一/十一/七

复 六四〇/三/九

六四〇/九/二

8025_1

舞 三三五/三/七

8025_3

羲 三　七/二/四

8026_1

䜂 六二九/八/六

8026_7

倉 二二二/四/六

五九八/八/五

8028_9

羨 四〇九/十/五

四一〇/二/五

8029_4

龕 △二七一/十一/四

8030_7

令 一六六/十一/二

二四〇/三/五
二四五/七/一
四二三/三/二
六〇六/十/二
六〇八/五/一

8031_7
忥 四七九/一/六
四八八/三/三

8032_7
篤 一二八/十一/四
一二九/四/一
一三〇/三/一
篤 一七一/十一/六
篤 七三〇/四/一

8033_1
念 六二八/四/一
念 六二八/四/二
忔 六七五/八/一
六七五/十一/六
羔 一九〇/四/八
無 七 八/九/二
恙 五九七/二/一
悆 五四八/一/七

8033_2
忩 五二六/二/五
五二六/十一/六
六九五/三/八
忿 三五七/十/五
三五八/一/五
五四四/九/六
煎 一六四/八/八
三八三/二/二
五七一/七/八
愈 八 四/一/四
三三七/一/二

8033_3
慈 六〇四/八/二
慈 五 三/十/六

8033_6
念 七六八/二/六
七八六/七/二
煎 二五〇/七/三
養 四一四/二/四
羹 四〇九/十/一

8033_7
無 四三二/六/四

8033_9
悆 六 六/七/五
四九三/五/三
慾 四四八/四/二

8034_6
尊 一四〇/十一/七

8040_0
父 三三四/五/五
三三四/十/五
午 三四一/一/五
五〇三/二/六

8040_1
羊 四四二/五/一
伞 三五一/三/五
耷 五九三/九/三

8040_3
傘 一五一/四/七

8040_4
姜 二一七/九/一

8040_7
弟 七二六/八/八
七三二/六/四
七三七/五/三
叜 五四九/五/五
叜 三五四/八/五

8040_8
伞 一九三/七/一
傘 五五七/三/七
傘 三六九/九/五

8041_1
差 一〇三/二/二
二〇四/二/六
二〇五/六/四
五二四/十/三
五九六/十/三

8041_4
雉 三三五/二/六
雉 三一二/三/六
三一七/十一/八
三一八/六/二
三四六/四/一
四七七/二/一〇
雜 二八三/十一/七

8042_1
犄 △三一三/九/四

8042_7
禽 三三三/九/三
禽 二八〇/五/三

8043_0
奊 三六九/九/六
矢 三一七/七/二
关 五七九/五/三
美 △三二一/四/三
奠 五六七/九/三
六〇八/一/一
六〇八/四/四
奠 六 二/四/五
羹 二二〇/十/二
二二八/四/七
二二八/十一/一

8044_0
敉 一五四/一/一

8044$_1$
弁 二三八/八/二
四二五/十/一
六〇五/十/二

8044$_2$
弃 一二九/二/七
一三〇/五/一
三五八/二/二

8044$_6$
弅 二八二/一/二
二八三/二/一
二九一/九/四
四五三/一/三
六二六/十/一
算 一四〇/十一/六

8050$_0$
年 一二七/五/一
一六一/一/三
六〇八/六/六

8050$_1$
羊 二一一/七/一
伞 六八九/二/五

8050$_2$
伞 五四五/四/三

8050$_6$
命 七八八/九/七
輦 四 二/六/一
四 三/六/三
輦 一〇三/六/四
一〇五/六/六
一〇五/九/一

8051$_4$
犍 五 /十/二

8051$_6$
羶 一六五/一/二

8052$_7$
羚 四八七/三/六
五一九/十/三
六九二/四/三
六九二/十/五
羞 三 七/三/二
三一四/二/三
四七一/五/三

8053$_0$
羨 一五三/一/一

8053$_2$
羲 五二五/九/五

8054$_7$
羱 五九九/十一/一
六〇〇/二/六

8055$_1$
犛 一五四/七/四
一五五/三/五
一六五/一/一

8055$_3$
義 三 七/六/二
三 八/八/六
四七一/五/二

8060$_0$
谷 三八八/十/一
囱 五 六/七/五
台 一 〇/六/七

8060$_1$
合 七六九/六/一
七七〇/一/六
舍 二八三/四/七
六二三/四/一〇
首 四三三/六/六
六一三/十一/二
酋 二六二/五/一
二六三/二/一
二六三/二/六
酋 二六二/九/四
普 三三七/七/二
畲 六二八/六/三
四五〇/九/六
六二六/八/五
畲 二八〇/十一/三
二八二/八/四
四四四/二/十一
鲞 三 一/九/五
一九九/六/三
△三八四/六/三
善 二〇四/二/三

8060$_4$
舍 四〇九/二/二
四〇九/四/六
五九三/二/一
七四四/五/三
畚 二〇四/十/三

8060$_5$
善 △三八四/六/四

8060$_6$
旨 六四〇/四/一
會 △五二一/十一/四
畬 七七一/九/五
曾 二五四/三/二
二五四/六/三
會 五二二/六/二
六九〇/九/四
六九一/八/五
會 △五二一/十/五

8060$_7$
(畬) 今 △五二一/十一/五

8060$_8$
谷 六三四/十/九
六三九/六/二
六五四/四/三

七二二/一/五
畲 七五六/五/六
8060_9
畬 六 九/六/四
二〇四/七/四
四九三/九/一
8061_4
雂 七七〇/四/四
[illegible] 六 六/八/六
[illegible] 二八三/十一/二
8061_7
氤 一二四/十/三
8062_7
命 六〇四/六/五
8064_8
醉 五三二/十/四
8066_1
[illegible] 二八四/一/四
六二三/十/六
六二九/八/五
[illegible] 二九一/七/四
[illegible] 二七九/一/五
四四五/十一/四
譱 △三八四/六/二
8071_1
仓 四六六/十一/四
[illegible] 一九八/十一/八
8071_2
乜 三 五/四/三
二〇一/四/三
8071_5
医 五〇七/七/七
8071_4
飪 四三九/八/五
四九七/二/七
四九七/十/六

鐘 二 四/三/一
鏞 三〇六/五/二
8071_6
鏡 △四二二/七/四
饘 一六五/四/四
三八四/四/七
8071_7
乞 四八八/七/一
六七五/八/五
气 四八八/六/三
六七五/八/四
爸 四〇六/七/五
五九二/六/六
瓮 一四〇/二/四
瓮 四六二/八/六
龛 一 九/四/三
饕 三二八/四/七
8072_3
鐍 四 二/八/四
四 三/四/九
8072_7
鑴 三七九/五/二
鏑 二一四/五/八
鏑 七三九/十一/二
七四二/四/九
鎬 一九〇/五/五
五八五/八/六
鏞 一 七/一/七
8073_0
会 二七八/十一/六
飰 三六三/一/七
五四九/四/六
8073_1
鏕 四九二/六/三
8073_2
公 一 〇/六/六

一 六/四/三
衾 二七九/七/一
食 四七四/九/二
四八四/七/六
四八五/四/二
七五六/二/一
飬 四四四/二/八
養 四一二/七/一
五九七/二/五
饟 五二五/九/二
鑲 二一四/五/五
△四一五/六/五
五九七/十一/四
五九八/五/二
8073_7
鐮 四五四/八/三
8074_7
鍑 六四〇/三/八
8074_8
鉸 一八五/四/一
七五四/三/三
七五四/七/一
餃 五八三/三/一
8076_1
鋙 四三八/二/一
䭲 四三八/一/七
8076_7
餹 二一九/二/五
8077_2
仚 一六二/二/二
一六七/三/五
岔 一六四/六/二
缶 四三二/六/二
[illegible] 八 六/八/五
[illegible] 八 六/八/四
[illegible] 一九九/五/七

齹 三 一/九/三
一九九/八/四
ɔ 四〇八/七/五

8077₇
酋 七二六/五/三

8078₂
⿰釒亥 一一一/十一/五
⿰飠亥 一一二/二/二
五二七/七/五

8080₀
仌 二五〇/五/二

8080₁
⿱人疋 三一二/四/七
四七〇/一/五
羑 四三二/一/一
⿱人建 七八〇/五/二
巽 四七九/三/三
⿱人具 五 四/十一/六
⿱亼⿺辶豆 四一〇/十/五
⿱人⿺辶林 三三五/三/六

8080₃
⿱𦍌厶 四三二/一/二

8080₆
⿱人貝 四五二/十一/六
貧 一一九/六/四
貪 六二四/六/六
貪 二八一/三/六

8080₉
⿱人火 一二九/十/六
五五一/二/二
羨 二六 /二/六
二 九/五/八
三 一/九/四
四六八/十/二
覓 二五四/三/七

8088₆

僉 二八八/二/一
六二九/四/二

8090₁
佘 二〇四/十一/七

8090₄
⿱人木 七五一/七/八
七七一/八/九
余 六 六/二/一
六 六/七/二
六 九/二/六
八 七/四/二
四九三/四/八
⿱余余 六 九/五/二
⿱业余 三二六/六/一
⿱䒑⿱西余 一六四/十/三
五六二/四/四

8091₄
雜 六 九/九/四

8091₇
氣 △四八八/一/七
四八八/六/四
⿱自氣 四四三/四/六

8099₄
⿱人林 四四八/四/一
⿱無林 三三五/六/一
⿱人⿰秝禾 一一八/二/七
⿱無森 七 八/九/六

8111₀
釔 一〇〇/九/八
釭 一 〇/八/三
一 六/一/一
二 二/三/六
鈚 四 九/九/五
一〇〇/九/七

8111₁
鉦 二三九/二/二
鋞 二三四/九/七
二四七/八/一
四二〇/九/三
四二七/一/二
六〇七/六/四
⿰金歷 七五二/八/六
⿰金非 三二六/七/一
鑨 六 /九/六

8111₂
⿰金黽 六五九/七/一

8111₄
銍 六六二/十一/七
六六六/十/三
⿰金匽 三六二/九/二

8111₆
鋭 △五四二/二/三
⿰金叵 一九八/七/七
鏂 二六八/五/一
二六八/八/二
⿰金⿷匚畾 七三〇/五/四

8111₇
鉅 三二九/一/一
錏 二〇九/二/一
五九六/一/四
⿰缶瓦 七七一/三/六
⿰⿱𥫗金瓦 一六七/二/二
鑪 八 七/七/一

8111₈
鋀 二七一/八/一
四三九/九/六

8112₀
釘 二四三/九/一
四二八/四/二
六〇七/十一/一

釾 二〇七/五/三
鈳 一九六/五/三
四〇四/一/一
錒 一九六/五/四
8112_7
鈵 四二一/十一/五
六〇四/二/二
鑈 三一一/十一/五
三一八/九/三
三四三/五/二
七四八/四/二
七八〇/四/七
七八二/六/七
釫 八 八/十/九
九 一/十一/五
二〇五/二/二
△二〇九/八/九
銙 二九一/十/二
二九四/五/四
二九八/七/二
鑐 七 九/七/二
八 二/一/一
二六四/六/六
鎘 七五二/八/三
錉 一二二/二/一
鑛 三三九/一/九
8112_9
[金步] 七七八/十一/二
8113_1
[金惡] 二〇九/二/二
8113_2
録 三〇二/一/一
鋠 三五二/十一/四
五三八/十/三
鋹 四一五/三/一
鐻 六 四/九/一

三二八/十一/七
四九一/三/一
8113_6
鋻 二 九/八/六
鑢 四九三/一/五
8114_0
釬 一四三/十/七
五五二/十/五
釪 七 三/二/一
銒 一六一/五/七
二三四/九/三
二四七/八/四
四二七/一/五
8114_1
鑷 七八〇/四/六
8114_3
鎒 一九〇/一/六
六二〇/四/三
8114_6
鋽 五七七/九/三
五七八/一/五
鐔 二七五/三/五
二七八/七/五
二八〇/十/四
四四七/十一/二
六二二/十一/三
七二三/十一/二
8114_7
鈘 二八〇/二/二
△六二二/五/四
鈑 三七三/四/二
鋄 四五七/十一/五
鈙 七六八/一/三
8114_9
鉼 四 九/二/六
五 〇/二/二

錞 五九五/二/二
8115_3
鐬 五二二/三/三
8116_0
鉆 二七七/七/七
二八〇/五/八
二九〇/五/二
二九〇/六/六
二九二/三/三
七八〇/十一/七
鉐 六三七/六/一
七四五/三/三
[金卣] 三三九/二/一
銆 七三二/一/五
8116_1
鋙 六 二/十一/三
九 一/四/四
三二八/三/三
鐕 四九九/五/一
鍇 一〇四/一/二
一〇四/七/三
三四六/三/一
三四六/七/一
8116_3
鐳 一〇九/六/三
8116_9
銛 一一〇/五/四
8117_2
鑡 六六〇/六/一
8117_7
鉓 二六〇/九/二
8118_1
鎭 一二〇/四/二
一六〇/七/七
△五四二/二/二
鑌 三二八/十一/八

8118.6
鍞 二三三/九/五
顉 二七九/八/一
四四三/十一/一
四四六/二/八
顉 七 九/七/五
䪺 一 〇/十/六
三〇五/二/六

8119.1
鏢 一七九/九/五
一七九/十一/二

8119.4
鏁 六五三/一/一

8121.2
餂 七 四/六/二

8121.3
[illegible] 一〇六/八/六

8121.4
餁 一四四/一/四
餭 五八五/一/二
六六一/十/二
七二〇/五/二
七二一/六/二

8121.7
瓴 二八五/五/五
甁 九 五/三/五
甂 八 四/一/五
甑 二九六/九/四
四四五/八/四
六二九/十/六
六三〇/七/四

8124.7
敂 二八〇/二/一
二九四/七/二
二九八/七/三
𢿱 二九五/三/七

8126.1
𩜋 一〇四/五/六

8128.6
領 二八二/十/四
二八二/十一/六
二九八/六/九
頌 一三〇/二/八
一五二/十一/一
頌 六九九/六/六
額 五二五/十/五
頟 九 四/六/二
頮 二九二/一/五
二九五/四/六
二九五/九/五
四五五/九/六
四五六/十一/五
六二九/七/七
六二九/八/一
頷 七一八/十/二
顩 四九五/一/三

8131.7
瓴 二四五/八/五
甒 三三五/八/一
甋 二四六/三/四
甄 一四一/一/一

8132.0
飣 二四六/四/六

8138.6
領 四二五/一/二
頪 一三〇/二/一〇
一七七/二/四
一八三/十/三
五七八/七/三

8141.0
飿 二 八/八/六
九 三/八/五

8141.4
矬 六六六/九/四

8141.7
瓶 二四二/十/七
矩 三三三/五/一
短 五九五/十一/六
甀 六〇六/九/五

8141.8
短 三七一/七/二

8142.1
矴 二 九/八/四

8144.7
𢼌 二三〇/三/六
𣀌 五二九/五/一
五七七/二/二
七一〇/六/七

8146.1
𥏼 五〇二/二/四
䂖 三四六/四/二

8148.6
頝 四〇〇/八/一
䫉 二四二/九/六
四二三/十/三
四二七/六/一
頫 七二六/四/五
七三〇/一/五

8151.1
羦 一四八/二/四
羥 一五四/九/四
二三四/一/三
羳 七五二/十一/三

8151.4
𦎧 一五五/一/六
𦎧 九 八/三/四
一二五/二/五

8151.6

8174₇
飯 三六五/一/五
五四九/四/四

8174₉
鈃 二四四/十/八

8175₃
饑 四七九/九/八
五三七/九/五
鐖 五二五/四/一

8176₀
鉆 四五四/二/一
六二七/十一/二
鉆 二八六/九/五
二九〇/四/五
二九一/五/四
二九三/五/七

8176₃
鑐 二四五/八/一

8176₆
鍢 七六一/二/六

8177₂
鑡 六九八/六/一

8178₆
頌 一 九/九/一
四六四/九/四
頌 六八一/二/三
頌 三四九/九/三
三六四/一/二
三六四/六/一
三六五/一/三
三六七/二/五
三六七/三/一
六七九/十/二
六八四/十/三
頟 六二二/九/七

8179₀
鉌 一一〇/五/七

8179₁
飾 四八三/八/七

8188₆
頒 二九八/六/八
四四三/十/五
四五二/八/二
四五四/十一/五
六二五/四/六

8190₄
槊 三七八/九/七
三三三/三/二

8210₀
剉 五九一/一/二
五九一/二/八
剑 一六九/八/二
剑 一七六/十/四
一八一/二/二
一八三/三/四
一八八/五/七
釗 二五六/十一/三
二七四/一/六
釧 一七〇/七/二
五七三/三/二
鉶 二九〇/七/二
鉶 二四七/八/二
劉 五八八/一/三
五八八/八/二
六六一/五/五
六六一/十一/三
鋁 三五五/一/六
三五六/一/五
五三八/十/一
五四五/三/四
劊 二八八/三/三
劊 七六八/一/一
鐗 一七九/九/四
鐗 六九九/三/七

8211₀
鈧 三五一/十/五
鈧 三〇六/九/七
鉳 七七九/四/二
七八〇/四/八
七八二/六/八

8211₂
鑯 七七五/五/四

8211₃
銚 一七四/八/五
一七五/五/五
一七八/四/七
一八二/三/一
五七七/九/八
五七七/十一/四
五八〇/十一/七

8211₄
鉒 四一八/一/七
鉒 二七六/七/六
四四三/八/五
鉒 二七六/七/五
四四三/八/四
鏗 六六六/十/一
錘 三 〇/七/一
四 四/六/五
三〇九/十/三
三〇九/十一/四
四六七/五/三
四六九/四/三
四六九/五/二
鑵 三四八/三/二
鍾 一 六/二/一
四六四/十一/六
鑵 一〇九/十/四

8211₇

鑢 九 五/六/二

8211₈

鎧 三五〇/二/三
五二六/四/一

鐙 二五二/六/五
六一〇/五/一

8212₁

釿 一二六/五/四
一三二/五/九
一三三/一/八
三五六/五/四

𨬍 四〇四/十一/二

鐁 二 七/四/三

鏩 二九六/五/四
四五一/五/五

8212₂

釤 二八七/十一/四
六三〇/五/七

鉹 二四七/八/三

8212₇

銹 六一三/五/四

銙 二九七/八/六

鍴 一五〇/五/二

鐈 一八四/五/三
三九五/七/五
五八一/五/一

鑴 二 八/二/三
三 六/六/一
九 九/五/五
九 九/十/一

8213₀

鈲 九 〇/三/三

8213₁

鑂 五四六/十/三

8213₂

鋠 七三八/二/四

七四九/五/四

8213₄

鍨 四 八/四/四

鍨 四八〇/八/二

鏷 六三〇/四/一

鏷 六三五/九/五

8213₆

鎚 一六六/四/三

鎚 三八七/六/二

8213₇

鋑 四五七/十一/六
六三一/二/八

鋑 七四八/二/六

8214₀

鉃 三〇八/二/三
三〇八/六/六

8214₁

鋌 四二八/八/二
四二八/九/三

鋋 一六五/七/六
一六七/五/三

錌 △五五四/三/二

8214₂

鋝 七一〇/六/三
七一二/三/三

鏘 二一三/二/三
二三五/九/六

8214₄

鋖 四 二/一/二

錗 四六九/九/一
四七〇/七/四

錛 一四〇/一/二

8214₇

鋢 七 七/六/三

鍰 一五二/一/二
五六一/八/五

五七五/六/四

鏺 六九二/七/八

鏺 六九二/七/二
六九二/七/七

8215₀

鉟 四三四/十一/四

8215₃

鐖 五 九/七/二
六 二/二/七
一一三/二/四

8215₇

錚 二三五/九/一
二三六/一/四

8216₁

鉐 △二六七/六/二

鉐 三〇六/十/四
六一六/五/七

8216₃

鐂 五 一/二/四

錔 七七二/一/一

8216₄

銛 二八七/七/一
四五〇/七/五
四五三/十一/一
六九一/四/二
六九八/十一/六

鋡 六九八/十一/三

錉 一一九/十/四

鍤 七七八/三/五
七八七/五/五

錨 六八三/二/六

8216₉

鐇 一三六/一/六
一三六/五/二
一三六/九/二

8217₀

[illegible] 二 〇/十一/四

8217_2

鈯 六八三/三/五

鎐 一八二/八/一

8217_7

銛 七七九/六/四

8218_6

鑕 六六二/八/二

8219_4

鉌 一九八/一/一

鏁 四〇六/九/五

鑠 七一八/九/四

七一九/七/三

七五二/八/七

8220_0

[illegible] 一一八/五/四

一一九/二/八

一一九/四/三

[illegible] 五一九/六/五

剃 五〇四/五/二

七〇二/一/三

[illegible] 二七一/九/五

[illegible] 一〇三/二/四

四一〇/一/八

創 二一三/二/五

二一六/一/三

五九八/七/六

[illegible] 一七三/八/三

一八八/一/四

8221_1

[illegible] 五一九/三/一

五九一/六/八

[illegible] 二二四/五/五

[illegible] 一七一/七/三

[illegible] 三〇三/八/五

8221_3

[illegible] 三〇九/十/一

三一七/九/五

[illegible] 九 四/十一/五

8221_4

[illegible] 三四八/九/四

三四九/八/一

[illegible] 五三〇/五/四

[illegible] 三一五/二/五

[illegible] 五三〇/五/五

[illegible] 一二八/十一/六

一二九/六/二

一三九/八/二

[illegible] 七一二/十一/五

毹 八 〇/一/三

八 〇/二/一

8221_6

[illegible] 六九〇/十/五

8221_7

[illegible] 三 〇/四/五

8221_8

[illegible] 九 四/一/七

九 四/十一/四

8222_1

[illegible] 二七一/七/三

[illegible] 一二六/二/三

一三二/十/八

五四七/二/三

8223_0

[illegible] 一五三/二/一

[illegible] 二九一/三/三

四五四/四/四

六二八/三/五

8226_1

眢 五 〇/三/六

8229_4

[illegible] 一九七/十/六

8230_0

[illegible] 二四六/四/九

[illegible] 三六五/十/五

8231_4

[illegible] 一六一/三/六

二四六/一/二

8233_0

[illegible] 二四六/四/三

8233_6

[illegible] 六九一/三/七

[illegible] 六九一/三/九

8240_0

[illegible] 二九四/六/八

矧 三五二/九/三

[illegible] 二〇五/八/三

[illegible] 五一一/九/三

五一二/五/五

五二九/五/二

五四九/九/五

六九九/二/七

六九九/五/四

七一〇/八/二

8240_1

[illegible] 六九一/三/八

[illegible] 六九一/三/一〇

8241_3

[illegible] 三九一/四/三

8242_1

[illegible] 二 八/一/三

九 三/一/八

[illegible] 五〇九/十/一

五一二/五/六

六九九/二/八

六九九/五/三

8242_7

矯 一八四/二/四

三九五/三/五

8243$_4$

⿰矢業 六三六/三/一

8244$_1$

⿰矢廷 四二七/五/四

8244$_4$

矮 三四四/十/三

8247$_2$

⿰矢出 六七一/九/五

七〇九/十一/三

七一〇/一/一

8250$_0$

⿱𥫗釗 五四九/九/六

⿰⿱𥫗俞刂 一五一/六/五

三六九/十/三

五五七/五/五

8251$_3$

⿰⺷非 一八一/十/三

△三九四/七/三

四〇二/七/六

8251$_4$

氍 一六五/一/三

8252$_2$

⿰⺷彡 二一一/三/七

8254$_0$

羝 九 四/三/一

8254$_2$

⿰⺷寺 二二二/七/六

8254$_4$

⿰⺷委 三一四/六/三

四七一/八/四

8255$_7$

⿰⺷爭 二三六/一/五

8256$_9$

羳 一三六/十一/五

8257$_2$

⿰⺷出 六八二/九/三

8259$_3$

⿰每系 一四八/九/六

8260$_0$

⿰合刂 七八六/六/二

⿰舍刂 二八三/三/三

⿰⿱𥫗句刂 二九〇/七/四

六二七/七/六

劄 七八八/二/三

⿰侖刂 六一一/一/三

劊 六九一/四/四

⿰⿱𥫗侖刂 四三八/二/四

劊 五二二/八/一

8261$_2$

⿰谷巤 七八〇/一/一

8262$_1$

⿰谷斤 七二〇/四/二

⿰⿱𥫗谷斤 七二一/二/二

8262$_2$

⿰谷彡 六〇九/九/四

⿰谷彡 二五五/一/三

8263$_4$

谿 九 七/十一/一

8266$_1$

⿰谷后 二六七/八/三

六一六/七/二

8270$_0$

⿰乞刂 三 八/二/五

五 九/八/一

六 二/一/二

五三六/七/二

六六九/七/三

⿰气刂 四八八/十一/五

五二二/七/四

五三三/十/三

创 五二一/五/三

六八七/一/三

8271$_0$

⿰飠乚 四七九/九/六

8271$_3$

⿰飠兆 一八二/六/三

8271$_4$

飥 七二四/四/六

飪 六二一/六/八

⿰飠𡈼 四四二/二/五

餁 四四二/二/六

⿰缶垂 二 六/十一/四

⿰缶重 一 六/六/六

⿰飠垂 四六九/四/一

⿰飠雈 一〇九/十/五

8271$_7$

⿰飠光 五 九/十/二

8271$_8$

⿰飠登 二五二/八/八

六一〇/五/四

⿰飠豈 五五〇/六/四

五五〇/十一/一

8272$_7$

⿰飠嶲 二 五/十一/五

二 七/三/七

三 六/七/五

一〇〇/二/二

五一一/七/二

五一六/三/二

8273$_4$

飫 四九〇/八/九

8273$_6$

⿰飠蚩 三八七/七/二

8273$_7$

⿰缶乏 七七五/一/一

七七五/四/一

⿰飠乏 四 七/五/四

五 九/十/三
七五三/七/二
饍 五五〇/五/八
五五〇/十/七

8274_0
䬵 九 四/二/七
九 五/一/八

8274_2
⿰飠予 五一九/七/五

8274_4
餒 三四九/六/三
餧 三四九/六/二
四七一/七/四
餴 一二九/五/四

8275_3
饑 四 七/五/五
饑 五 九/十/一

8276_1
缿 四三九/十/五
⿰飠耑 四四九/二/一

8276_3
⿰飠甾 五 一/四/一

8276_4
餂 二九三/二/六
四五三/十/四
⿰飠函 七八七/六/五

8277_7
餡 一九三/四/五
一九四/五/四

8279_1
⿰飠宗 一 三/二/二

8279_4
⿰飠采 三九八/二/一

8280_0
劍 六二九/六/四
⿰⿱𠂉貝刂 五一一/九/四

五一二/五/七
六九九/五/五

8280_9
⿱⿰⺈圭犬 四四二/二/七

8281_4
⿰⺈隹 一一〇/三/六

8282_1
⿰⿱𠂉貝斤 二 七/十/二
四 一/一/三

8283_0
⿰⺈水 二五一/十/七

8310_0
釙 六五八/九/三
⿰金心 六二一/一/五
鉍 四八一/十一/六
六六五/二/二
六六五/七/九
六六六/一/八

8311_0
鈧 三五六/四/三
五一六/二/七
五一九/六/三

8311_1
鉈 二〇四/十一/八
四六六/十一/七
鋎 三七二/十一/三
鋺 一三四/十一/六

8311_3
鈗 五一九/六/二

8311_4
鑵 六五八/三 六
⿰金窒 六六六/十/二

8311_6
鍹 一六九/四/四

8311_7
鑹 五五八/四/五

8312_1
鑏 二三六/九/二
四二九/四/五

8312_2
釤 二九六/一/七
鏒 一七八/六/二
六二四/二/五

8312_7
銷 一六三/五/二
三八二/四/一
五七二/四/五
鋪 七 六/六/五
八 四/八/一
八 五/二/五
四九八/六/一
鎢 四〇九/一/五

8313_2
銶 二五六/十一/五
二七四/一/八
鋃 二二〇/九/一

8313_4
⿰金笑 六八三/三/七
⿰金矦 一〇九/八/八
五〇六/五/五
鍭 五三〇/八/一
钀 三 八/七/三
六七九/八/五
七一四/三/一
钀 △三一四/一一/二

8313_6
鑗 一六四/十一/四
鏹 四一四/十一/三

8314_0
釴 七五八/九/三
鉽 七五五/八/七

8314_2

鏄 七二五/十/五

8314$_4$

鈸 六九三/六/一

8314$_7$

鋑 一五〇/一/二

一六九/九/五

二八八/七/五

鍨 八 〇/二/三

二六五/三/六

8315$_0$

鈛 一九七/二/六

鋮 六七一/二/五

鉞 五二二/三/二

六七八/三/四

鏚 七四八/九/二

鉾 二七〇/四/五

𨨏 六四八/五/六

鍼 二七六/一/三

二九二/二/一

二九二/三/六

鑯 二八七/七/四

二八八/七/四

鐵 七〇二/二/一

鐡 七〇〇/十一/九

鐵 七〇〇/十一/七

鐵 七〇〇/十一/六

鑯 二八八/二/四

二八八/四/四

8315$_2$

鉾 一九五/三/二

8315$_5$

錢 一六四/十一/二

三八二/十/五

三八三/四/二

錢 三七四/二/六

8316$_0$

鈶 五 三/十/三

五 五/四/七

三二三/九/九

鍺 九 七/一/一

三四三/十/一

8316$_1$

銘 六〇〇/十/六

鎋 六九七/七/四

鏥 六一三/五/三

8316$_8$

鎔 二 〇/一/一

8317$_7$

錧 三六八/十一/五

五五五/九/六

8318$_1$

錠 △五六八/一/二

六〇七/十一/六

六〇八/四/二

鑳 三六二/五/二

三八九/六/七

8318$_6$

鏔 四 六/三/五

一二五/五/一

鑌 一一八/六/六

8319$_4$

鉥 六七〇/八/三

8321$_2$

偏 六九二/七/六

8321$_8$

偬 六九五/七/二

8325$_0$

戩 二九三/八/五

戧 二一六/一/七

8344$_4$

𢼸 六九六/五/七

8351$_1$

𦍭 二〇〇/十/七

羫 二 二/四/七

四六二/五/一

羦 一四六/七/六

8352$_1$

羜 三三一/一/一

三三一/十/一

8354$_2$

䍸 四九五/六/二

七二六/一/三

8355$_0$

䍬 七六〇/七/四

羬 二九二/五/三

二九四/十/七

△二九五/十/四

8355$_5$

䍪 三七四/六/五

8356$_1$

䍹 六九八/三/三

8361$_1$

谾 六 /七/三

一 〇/二/六

二 二/五/八

二 二/七/四

8363$_4$

㕡 二五八/五/一

8364$_0$

谽 二五四/三/六

8365$_0$

䜪 七二三/七/五

䜮 七四一/十/三

七五五/二/五

𧯁 六四八/九/五

8365$_2$

谸 一七六/六/七

一九五/三/一

8365_5
⿰彳戔 五六二/五/二
8366_1
⿰彳害 六九〇/十/六
8367_7
舘 五五五/六/三
8370_0
飶 六六五/六/三
七〇六/九/八
8371_1
⿰飠宛 六七七/七/一
六七九/七/三
8371_7
⿰飠尼 七四一/一/一
8372_1
⿰缶宁 三三一/四/九
⿰飠寧 二三六/九/一
8372_2
⿰飠參 四四二/八/五
四四六/四/七
六二四/二/一
8372_7
⿰飠肖 三八一/八/一
五七〇/七/六
餔 八 四/十一/三
四九八/九/一
四九八/九/七
8373_6
⿰飠強 四一三/十/六
8374_0
餅 三六三/一/六
五四九/四/五
8374_2
餺 七二五/九/一

8374_7
餕 五四一/七/三
五七六/十一/三
⿰飠窔 二六五/三/一
8375_0
餓 五八九/七/一
⿰金或 七六〇/六/三
⿰飠咸 六二三/六/七
⿰飠戠 四八三/六/四
⿰飠戴 七〇〇/八/三
⿰飠韱 六三〇/八/二
8375_5
餞 三八五/三/五
五七一/八/二
五七一/十/一
8376_0
飴 五 四/十一/四
四八四/七/七
8376_1
⿰飠害 六九七/八/一
8377_7
館 三六九/一/一
五五五/六/二
8385_0
鈛 四五八/一/三
戭 四八三/五/一
8410_0
針 二七六/一/五
六二一/四/三
⿰金廾 四二〇/十/八
釴 五六一/九/五
鈄 四三九/八/一
四三九/十一/一
⿰金付 二六六/八/六
8411_0
鈚 一九八/三/一

鋩 二一二/八/一
8411_1
銑 三七八/九/一
鎈 二〇五/八/一
鍖 二七七/八/三
四四三/二/三
鐃 一八九/二/四
三九四/一/六
五八五/二/五
⿰金曉 三九二/八/二
三九二/十/一
五七七/九/四
8411_2
鈂 二七五/九/四
二七六/五/五
二七七/十一/二
△六二一/九/三
8411_4
⿰金奎 九 九/六/六
鑵 五五五/九/二
⿰金藿 五七七/十一/六
8411_6
⿰金奄 二八四/二/六
四五三/七/二
七七六/十/四
⿰金奄 七八五/九/四
8411_7
⿰金九 二五六/十一/二
⿰金仇 二五六/十一/四
鎑 七七四/一/六
⿰金蓋 七七三/八/八
七七五/二/四
8412_7
鈉 五一二/一/七
七七三/五/二
⿰金芮 五一二/三/五

七一二/一/八

勜 三〇三/二/五

三〇六/十/一

鏋 三六九/四/四

鏋 三一八/五/二

銙 三四五/十/二

四一二/一/五

鈾 七八五/三/二

鋤 六 七/三/三

三二〇/八/七

鑁 四六三/二/三

六一〇/十/七

鎘 七七五/五/五

鑈 五五一/七/一

五六七/二/三

五六七/五/八

鑣 五六六/十/二

鐆 三四九/一/三

四〇七/七/二

四〇八/二/二

8413_{0}

鈦 五〇五/三/四

五一七/五/四

五一七/十/二

8413_{1}

鋕 四八三/一/五

鉣 七八五/五/一

8413_{2}

鈜 二三五/一/一

8413_{4}

鍈 二三三/五/三

鏌 七二七/六/五

鏠 七 /二/七

8413_{6}

鎰 一九二/二/五

8413_{8}

鋏 七八三/二/五

8414_{1}

鏲 七七四/九/六

鏟 九 〇/一/四

鑄 四九七/一/二

8414_{2}

鏄 七二五/十一/二

鑮 七二五/十一/一

七二六/六/四

七二六/十/八

8414_{3}

錊 六九二/四/一

鏻 三三七/六/五

鏻 四一八/四/八

8414_{7}

鈘 三一三/七/七

三一三/十一/五

鈹 三 一/十/五

銌 五五一/八/六

鋍 六八一/十/四

鑊 七三〇/五/五

8415_{3}

鑖 五〇三/七/七

七〇七/二/四

鍼 六二一/四/四

鑶 二二二/八/八

8415_{4}

鏵 · △二〇九/九/一

8415_{6}

鍏 六 二/七/二

三二七/三/四

8416_{0}

鈷 八 八/八/四

二二九/十一/一

五〇一/八/三

8416_{1}

鎝 七七一/二/二

錯 四九九/五/二

七一九/三/四

七二七/十/四

鍣 七〇三/十/六

鍺 △四 七/十/三

8416_{2}

鉊 一七四/三/五

一七五/六/一

一八一/三/一

鏪 六一〇/十/六

8416_{4}

鐯 七二一/三/五

8417_{0}

鉗 二八六/四/五

鉗 二九二/三/二

二九四/七/一

8418_{1}

鉷 九 /十/六

錤 五 六/九/三

△五 七/十/一

8418_{6}

鐄 二二九/四/七

鐀 一二九/十/一

一三一/六/三

一四〇/一/一

五四六/八/六

鑟 六三八/三/一

8419_{0}

鉥 六七一/一/四

8419_{3}

鎍 七二七/十/一

七三六/二/六

8419_{4}

鍱 七七六/一/四

七七八/十一/四

七八〇/八/三
七八一/十/五
鐷 七八〇/八/二
鍱 七八一/十/四
8419_6
鐐 一七六/一/一
五七八/四/四
五八八/九/七
8421_1
佐 二〇二/十/三
俺 二八四/一/二
四五三/七/四
七七〇/八/一
七八七/一/七
僅 一五四/三/五
8421_4
彼 一九八/四/八
五九〇/九/一
彼 四〇六/五/二
8421_9
怵 二五五/十/一
8424_7
⿰令支 二八二/十一/四
彼 六八三/一/四
六九四/五/四
七一二/二/一
⿰夋支 六二九/七/六
⿰羊皮 四七二/十/七
8426_0
估 八九/六/四
8436_1
⿰羊昔 四〇九/十/三
8442_7
⿰羊力 二二九/十/三
二三七/五/三
8444_1
⿰矢幸 四二六/十一/五
8444_7
⿰羊皮 一九九/九/四
五八七/八/六
⿰羊皮 三〇九/八/四
矱 七二三/四/六
8446_1
⿰矢吉 六九四/八/二
8451_3
⿰羊蒐 一四六/七/五
8452_7
⿰羊力 二一一/九/四
8455_6
⿰羊韋 三三七/五/一
8456_0
⿰羊古 三三九/十一/四
8458_6
⿰羊責 一二九/十/三
三五八/四/一
⿰羊賣 五二四/九/一
8460_0
⿰合斗 七八六/六/三
8461_7
⿰谷九 二五七/一/二
⿰谷九 一四六/九/一
七三七/二/五
七三七/四/五
8462_7
⿰谷力 七八八/三/五
8463_4
⿰谷英 二三三/五/五
8464_0
⿰酉女 六四二/三/七
8464_7
⿰谷皮 七一九/一/五
七二七/十一/六
⿰谷支 六〇三/三/七
8468_1
谼 九　/七/八
8468_6
⿰谷責 六五八/四/八
8470_0
⿰食付 二六九/八/四
⿰食斗 一九七/六/六
8471_1
⿰食莊 一〇二/七/二
⿰食甚 四四九/一/四
饒 一八一/五/六
五八〇/五/一
8471_2
⿰乞也 六八四/九/二
⿰乞也 六六九/三/五
⿰食也 三　〇/六/三
8471_4
饉 五四三/十一/二
罐 五五五/九/一
8471_6
⿰食奄 七八五/六/四
8671_7
⿰食巴 七八五/六/五
饁 七七六/七/一
七八五/八/八
七九〇/二/三
⿰食盦 三四七/七/九
⿰食蓋 五二〇/十一/六
8471_8
饐 四七九/九/六
五一二/十一/二
六六九/一/四
七〇四/二/四
8472_7
⿰食內 七七五/八/一

餝 七五五/七/六
餚 一八四/八/三
一八九/十一/二
勦 四一二/九/二
鐫 三七九/一/二
䭘 三一〇/十一/二
三一二/九/二
餚 三一〇/十一/三

8473_{1}
饎 五七〇/七/七

8473_{2}
饛 七　/七/三

8473_{4}
餸 四九〇/八/八
䭊 四一三/六/三
△四二二/七/三

8473_{8}
鉠 七八六/十/一

8474_{0}
餀 五一三/十一/七
五二一/三/五
餅 一二九/五/三

8474_{2}
餺 七二五/九/二

8474_{4}
餧 四八四/五/一

8474_{7}
鈘 三　九/五/一
䬳 五二〇/十一/五
餕 二五一/五/二
二五三/五/六
六〇九/七/一
六〇九/九/五
餑 六八一/十/五
鑊 七三〇/六/三
七三一/九/一

七三三/六/三
七三五/九/七

8474_{8}
餯 一二九/五/一

8476_{0}
餂 八　八/九/三

8476_{1}
饍 四七五/五/六

8476_{5}
饎 五　一/七/七
五　六/二/一
四八三/六/一

8477_{0}
餂 二八六/三/一

8478_{6}
饋 一二九/五/二
䭭 二二六/二/二

8479_{4}
餜 七七六/二/四

8484_{7}
籔 四〇六/六/一
五九〇/八/二

8489_{4}
籙 七八一/十一/一

8490_{0}
斜 二〇四/五/二
二〇五/一/七
二〇七/一/六
二〇七/五/六

8510_{0}
缺 三一二/十一/一
五七六/十/五
鈌 五〇八/十一/七
七〇五/三/一
七〇五/十一/三

8510_{7}
銉 六七二/九/二
鏟 四八四/一/二

8511_{0}
鉎 二三二/二/一
二四三/五/五

8511_{7}
鈍 五五二/一/一

8511_{8}
鑗 三五一/十/六

8512_{7}
鋍 九　二/七/三
鏽 六一三/五/五
六四二/三/一

8513_{0}
鈇 七　七/十一/一
三三四/八/五
鉄 六六七/四/四
鉠 二一八/三/一
二二二/十一/六
三五三/五/四
鏈 一六六/五/二
一六六/十/四

8513_{2}
銕 四　六/一/六
九　五/五/七
七〇〇/十一/八

8513_{3}
鏸 五〇八/八/七
△五一〇/二/六
五一六/二/八

8513_{4}
鏉 六一八/十/二

8513_{6}
鈾 一　五/二/二
鑴 一　五/二/三

8514_{0}

鍵 一六八/四/一
三六一/十一/一
三六二/四/一
三八九/五/五
三八九/六/六
五四八/六/五

8514_{3}
鏄 一五一/一/二

8514_{4}
鏤 九 二/七/四
九 三/八/一
鏤 八 二/十一/一
六二〇/二/一

8514_{7}
⿰金冓 二六八/十一/五

8515_{7}
⿰金冉 四五二/二/一

8516_{1}
鐟 二七七/四/三
二八二/四/七
四四七/一/一

8516_{6}
鏪 一九三/一/八

8517_{4}
鏏 五〇八/七/六
△五一〇/二/五
五一三/九/七

8518_{1}
⿰金典 三六六/三/七
三七九/八/五
三七九/十/一〇

8518_{6}
鐀 四八〇/五/三
鑽 一四九/十/一
五五八/六/二

8519_{0}
銖 八 一/一/五
銇 五三〇/八/二

8519_{6}
鍊 五六〇/八/二
五六八/四/七
錬 四 /八/三

8521_{3}
⿰亻虫 一〇四/十/二
一〇六/八/五

8521_{8}
⿰亻遺 一〇六/一/六
一〇八/十一/一

8523_{8}
⿰亻遺 五二九/七/一

8553_{2}
羠 四 六/六/二
五一八/一/一

8553_{6}
⿰𦍌惠 一五二/四/五
五五四/七/一
五六一/七/三

8554_{4}
⿰𦍌婁 二七二/七/四

8556_{1}
⿰𦍌替 二七五/二/一
△二八二/五/三
△二八二/七/四
二八九/二/一
七七一/六/二

8558_{6}
⿰𦍌責 四六八/七/一
四六八/八/一

8559_{0}
⿰𦍌朱 六八一/一/三

8559_{6}
⿰𦍌東 四 /六/五
一二〇/八/三
四六一/四/二

8566_{0}
⿰谷由 六一三/八/三

8570_{0}
缺 七〇五/一/七
七一三/二/六

8570_{7}
⿰飠事 四八四/五/二

8571_{7}
飩 一四二/一/一
五四四/四/二

8572_{7}
⿰飠青 二三九/三/八

8573_{0}
⿰飠夬 四一三/六/六
六〇〇/一/五
六〇三/二/六
⿰飠本 三六五/七/三
⿰飠連 一六七/一/六

8573_{2}
⿰飠隶 五三七/十一/二
⿰飠農 一 五/五/七
二 四/五/五
三〇七/四/三
四六六/四/二

8573_{6}
蝕 六 /七/四
七五六/二/四
七五八/三/八

8573_{7}
⿰飠遣 三八八/五/四

8573_{9}
⿰飠速 六五六/十/二

8574_{0}
⿰飠建 一三五/八/一

一六五/四/八

8576_1

䭘 四四一/三/五

8577_7

䭣 三八八/五/五

8578_6

饋 一〇九/二/三

四八〇/七/五

四八九/十一/四

饡 五五七/九/六

8579_0

䬴 六九〇/五/四

8579_3

䭆 四九九/二/三

8579_4

饟 七二四/四/八

8579_6

餗 六三六/九/七

六六〇/六/六

𩜸 四 /八/一

8610_0

釦 四三六/十/一

六一六/十一/二

鏓 二 三/十/二

鉑 七二七/二/一

鈿 一六〇/九/五

五六七/十一/四

錮 五〇一/六/二

8611_0

鋧 三八一/三/五

8611_1

鎤 四一九/九/六

四一九/十一/七

錕 四 九/九/六

一〇〇/六/三

一〇〇/九/九

錕 一三八/六/一

一六六/二/四

三六三/九/三

三六四/十/三

䥯 三 二/六/四

三四三/一/五

三四五/二/四

五九二/八/四

8611_4

鋥 六〇四/一/一

鍟 二四二/五/六

鍠 △二二五/六/四

二二九/二/二

二二九/五/七

鑼 二〇一/七/三

鑸 三四九/三/五

鑺 七 五/九/二

8612_7

錦 四四三/十一/六

鍚 四六七/十一/四

五〇四/十一/五

七四二/九/四

七四八/五/一

七五一/四/七

錫 二一一/四/五

鍻 六八〇/二/二

𨭌 六〇〇/十/五

鍝 七 二/九/五

𨮲 六八〇/六/四

鐊 二一一/四/四

鐲 九 九/三/一

一六三/二/三

鐲 六五二/五/一

六六一/三/四

六六二/一/六

鍔 七三〇/三/七

8613_1

鑲 二八一/一/三

𨰛 三 二/六/五

8613_2

𨨏 一五五/四/五

鍡 三四七/六/五

鐶 一五二/一/一

五七二/四/六

8613_3

𨮴 三八〇/七/二

8613_4

鋘 △二〇九/八/一〇

鋘 八 八/十/八

九 一/四/三

鎳 三〇三/三/六

8613_7

𨯈 一七六/十一/一

8614_1

銲 五五二/十/六

鍓 七六五/七/六

鐸 △七二三/八/一

8614_7

鏝 一四九/七/三

五五七/三/五

鑁 七二三/一/一

8615_0

鉀 七七三/八/七

△七七四/二/六

七八八/十/一

鉀 三 二/六/三

三 三/五/五

四 九/九/七

一〇〇/六/二

一〇〇/九/六

8615_4

鏎 六六四/九/七

8616_0

鋁 四九三/一/六

鐳 一〇九/五/五

8618_0

鋇 五一八/八/一

8618_1

錠 六六〇/五/九

六六〇/十一/一

鍉 二六/五/五

九四/二/二

九五/八/一

七五〇/十一/五

8619_3

鏍 二〇二/七/四

8619_4

錁 四〇五/七/三

四一二/一/七

鐰 一七八/四/八

一九五/一/一

五八七/七/十一

8621_0

覦 八三/四/五

四九五/一/四

四九六/八/五

覶 五八〇/九/三

七一八/六/六

伹 三一七/十/二

[illegible] 三五二/五/四

8621_1

倪 一五九/十一/六

倱 二五九/二/四

五八〇/十/一

[illegible] 三六〇/二/四

8621_3

偡 三四七/六/一

三三三/十一/三

8621_9

倮 五九一/十/四

8625_6

貋 三一九/十一/五

三四二/八/六

五〇四/六/四

8626_0

錩 五九八/二/五

8640_0

知 二九/八/三

四六八/十一/七

8640_4

娭 五〇/九/三

8641_0

䂓 七四九/二/八

8641_1

矲 三四五/二/二

三四六/七/四

五九二/七/七

8642_7

𥎼 二一三/四/六

𥏊 二一四/三/四

8644_4

𥐳 二四〇/十一/四

8645_0

𥎵 三五/八/五

一〇〇/七/三

五二四/七/六

8650_0

𦍒 一二三/二/六

8652_7

𦍼 四九〇/五/五

羯 六八〇/二/三

𦏵 六五八/六/八

8653_2

𦏺 一五二/四/六

8653_4

𦎧 一五五/三/六

8660_0

智 四六八/十一/六

8660_1

𥏫 二九/九/二

8661_0

𥐖 七四九/二/六

七五一/二/六

8661_7

鼅 二六二/四/三

8664_3

𧮰 一八九/十一/五

一九〇/四/一

𧮯 一七七/五/五

一八九/十/一

8664_7

𧮝 一三七/六/三

一四九/五/五

8665_0

[illegible] 三三/十/一

8670_0

𩜁 八八/九/五

五〇一/五/一

8671_0

飢 六四五/四/五

𩚵 五八四/三/二

8671_1

餛 一三七/九/五

△一三八/九/一

8671_3

餽 四八〇/四/六

四八〇/七/八

四八九/十一/三

8671_4

𦍺 五二四/一/四

⿰飠呈 六〇六/八/六

餭 二一八/六/五

二五五/八/四

饠 二〇一/六/五

8671_7

⿰飠巴 六六九/五/一

七六八/十一/六

⿰飠黽 二 九/八/七

四六九/一/一

8672_7

⿰飠帚 六〇二/七/三

餲 五一二/十一/一

五二七/七/四

五二八/十/三

六八六/四/七

六八七/六/一

餳 二三八/五/二

三三八/六/七

餳 二一九/二/八

⿰飠蜀 六三八/八/一

⿰飠咠 七七四/九/七

8673_0

⿰飠息 七五六/十/六

8673_4

⿰飠吳 四三〇/十一/三

8674_1

⿰飠睪 七四六/二/一

8674_7

饅 一四九/六/五

8675_0

⿰飠甲 七八六/十/二

8675_4

饆 六六四/八/一

8675_6

⿰飠單 五七二/八/五

五七三/一/三

8678_0

鉙 三四六/五/七

8678_1

鍉 三四二/十/二

饌 五 四/十一/五

8679_4

餜 四〇五/九/三

8679_6

⿰飠景 △四二二/七/七

六〇三/二/五

8680_6

賀 二 九/九/四

8710_4

塑 四九九/三/二

8711_0

釠 四五七/十/六

釩 六三一/二/九

鉏 六 六/二/二

六 七/三/二

八五/十一/一

二〇六/三/四

三三〇/八/六

四九二/七/五

8711_1

鈮 三四三/五/三

8711_2

鉋 一八七/三/七

五八三/十一/五

六五九/七/二

8711_3

鑱 六三〇/八/五

8711_4

鏂 二六八/八/四

鏗 二五三/九/四

鑃 五七七/十一/五

8711_5

鈕 四三四/十一/五

四三五/八/五

8711_6

鋺 一三四/十一/五

鑱 二九七/八/五

8711_7

釲 三二二/十/二

鈀 二〇三/七/二

二〇三/九/四

銫 三一五/七/二

[illegible] 三〇六/九/八

鋞 四三九/九/五

8712_0

釖 一九三/二/五

釰 六六三/四/六

釣 五七七/五/三

鈎 一二五/七/二

鉚 四三五/五/三

卸 五九二/八/六

鈅 六七八/一/五

鉤 七 六/三/六

二六八/十一/四

六一七/四/二

⿰金冈 二二五/六/三

六〇二/四/二

⿰金旬 一二五/七/三

銅 五 /四/六

鋼 二二三/九/四

⿰金御 六 二/十一/二

錭 一九三/三/六

一九四/六/六

鋾 一九四/七/一

鎙 六五九/十一/七

⿰金御 三二八/三/一

錋 二三〇/五/四

鍧 二三五/六/二

鍸 八 八/八/三
钃 五五九/六/三
鐗 五六二/十一/一
鐧 六 八/十/七
四九三/一/七
钃 七七二/一/八
鐗 五六七/十一/六

87122

鉧 二七〇/四/四
鏐 一七六/一/三
二六〇/九/一
三七四/三/三
二七四/三/六
△六一五/九/四

87127

鄊 五九一/一/七
釕 三九〇/十一/一
三九一/七/四
鉚 七四五/十一/三
鉹 三 四/八/九
四六七/二/六
鉹 三〇八/三/二
三〇八/六/五
鄃 一 一/一/三
鎯 二〇七/五/四
鏅 三六一/十/三
銿 一 六/二/三
二 〇/二/三
鎢 九 二/一/四
鍋 一九七/二/五
四〇五/七/五
鍽 六一九/十一/七
六二〇/二/二
鎢 二八〇/五/六
鋦 六五三/一/一
鐍 六七二/九/三

七〇五/二/七
鄃 七六四/八/五
七六八/一/二
鎰 一四〇/五/一
鎰 七五四/七/七
鍗 五八七/七/六
鎢 三三五/二/七
鄉 二〇七/五/五
鴿 七六七/五/一
七六八/九/五
鑷 六五二/五/三
六五三/六/七
鶲 七六七/十一/五
鷂 六 七/四/三

87132

鏓 八 /三/三
八 /五/一
三〇二/一/六
鑗 四 四/十/五
九 六/三/四
銀 一二六/一/三
録 四九三/三/二
六三九/八/五
六五三/十一/一
鎵 七 /十一/四
四六二/十一/三
四六五/一/五
鎵 一 七/七/三
二 三/九/七
鐌 四一二/十一/五
鍋 一九七/二/四
四〇五/七/四
五九〇/三/二

87133

鉖 一 五/二/四

87134

鐭 六四八/五/五
鍭 二六七/六/一
鍭 六一六/四/三
鏠 一 八/四/五
鍥 五〇七/一/二
七〇三/六/五
七〇三/十/二

87136

鳌 八 三/十一/三
六五四/六/二

87137

鎚 四 四/六/四
一〇八/六/二
四六九/七/三

87140

釵 一〇三/一/七
二〇五/七/五
錋 七三八/十/六
鎅 二三三/九/三

87147

釪 三二三/七/二
釪 七一二/八/六
鈒 七六四/八/四
七六六/四/一
七六八/三/二
七七一/一/六
鍛 七四七/三/一
鍛 七四七/三/二
鋠 一一九/二/四
一一九/十/五
鎩 五一二/四/三
五二八/一/三
六九六/八/七
七六六/四/三
錣 五一五/二/七
六九九/六/三

七一三/一/七
鎪 二七〇/九/三
鋟 三七四/七/六
三八八/三/三
三八八/四/五
四四一/一/四
四四一/四/六
六二一/三/六
鍜 二〇七/九/一
五五九/八/一
鎒 一三七/八/四
一五三/十/三
一六五/十/五

8715_2
⿰金挈 七〇三/六/六
七〇三/十/三

8715_4
鋒 一 八/四/六

8716_0
銘 二四三/六/一

8716_2
鉊 一八一/一/五
鎦 二六〇/七/三
六一五/十/三

8716_4
鉻 七二四/十一/七
七三四/七/四
鋸 四九一/二/六

8717_2
⿰金函 二八三/七/九
二九四/十/三
⿰金屈 六七六/八/一

8717_7
⿰金臼 三二三/十/一
錎 四四五/一/一
六二三/三/六

六二九/三/七

8718_1
⿰金與 四九三/九/二
鐉 一六九/八/六
一七一/七/五

8718_2
欽 二七九/三/五
二七九/六/六
欽 三七九/六/七
鏉 三七〇/九/四
△六一四/六/四
六一八/八/六
六三七/三/一
歛 七六七/十一/一
七七八/一/三
七八〇/七/四
鐝 三六八/七/七
五五五/一/七

8718_6
鐀 五五五/九/五

8719_1
⿰金栔 七二八/三/二

8719_3
⿰金絜 七〇三/十/四

8719_4
鐰 四〇七/四/七
五九一/四/七
鍒 二六四/六/五
鎟 四一八/七/五

8721_0
俎 八 六/一/二

8721_1
饱 一八七/五/九
⿰饣危 五一五/三/四
四七一/一/四
四七一/十一/二

四七一/十一/六
⿰饣風 五七四/十/五

8721_2
⿰饣立 一八七/二/一
一八七/六/一
五七八/四/五
⿰饣登 六八三/十一/五
六八五/一/五
六九五/七/一

8721_7
⿰饣色 九 七/五/三

8721_9
⿰饣丞 五九一/五/三

8722_0
⿰侖羽 五九八/七/七
翔 二 六/四/一

8722_7
邠 一一九/四/四
邻 二八〇/六/一
鄃 七 九/十一/三
八 三/五/六
⿰介鳥 五二六/六/一
鳻 一二九/二/四
一二九/八/六
一四〇/三/一
一五五/一/二
鴒 二八三/三/五
鴒 二八〇/五/三
三九二/六/一
⿰允鳥 七一三/十/二
鵃 七三六/五/五
鶨 九 四/六/六
九 五/六/七
鶼 二九三/九/二
鷂 六三九/一/五
七六一/七/四

鶬 二一三/五/七
二二二/六/一
[illegible] 三七六/二/五
[illegible] 七一八/九/一
、
8723_1
鯩 一七三/八/四
8723_2
[illegible] 六三九/五/一
六五五/十一/六
8728_2
佽 五二六/十一/三
饮 二八三/八/八
二九二/九/五
二九七/七/三
二九四/五/三
二九五/二/三
二九八/七/六
四四五/八/六
四五二/九/六
四五五/五/二
[illegible] 一一九/五/三
欦 四 七/一/七
三 六/一/四
九 七/五/四
歈 八 三/九/三
(歈) 俞 △二七一/十一/二
歉 四五四/六/七
四五五/十/二
六二八/五/八
六二九/七/三
龡 二 六/一/七
四六七/五/七
8732_0
翎 二四六/二/四
8732_7
鄦 三二八/四/六

鴒 二四六/一/七
鷡 • 七 九/二/三
鷀 五 三/十一/四
鷷 一二三/三/三
一二三/九/七
一四一/二/二
一四一/五/七
[illegible] 六 六/八/四
8733_2
[illegible] 一二二/一/二
一二七/四/六
二四一/六/五
愬 四九九/二/二
七三八/五/五
8733_8
慾 四九五/二/二
六五四/四/二
8738_2
[illegible] 六○五/七/三
[illegible] 五六七/六/七
六二八/一/七
歎 三九四/十一/四
8741_7
[illegible] 二四二/九/七
四二七/六/二
[illegible] 三一五/二/六
8742_0
朔 六五九/十/四
8742_7
郑 二四三/一/二
[illegible] 三三五/二/五
鄭 六○六/九/一
[illegible] 三一八/六/四
[illegible] 四 九/七/六
△五 ○/二/三
一○二/十/五

二○四/一/五
二三八/九/六
二四三/二/二
△三四五/一/三
[illegible] 二二一/一/三
[illegible] 二八三/十一/六
[illegible] 六四八/一/七
[illegible] 六四七/八/二
8743_2
[illegible] 五三七/五/三
五三八/一/一
8744_0
[illegible] 二五九/四/三
8744_7
[illegible] 七一一/十一/七
[illegible] 五四九/九/四
8746_2
[illegible] 一七四/四/五
8748_2
[illegible] 六七八/十/二
8751_4
[illegible] 七五九/六/三
8751_7
[illegible] 二○三/十一/一
[illegible] 九 八/八/六
一○三/七/五
[illegible] 三一五/七/七
8752_0
[illegible] 六八○/二/四
翔 二一三/八/六
[illegible] 五 /十/三
8752_2
羜 六 六/一/六
8752_7
[illegible] 一六一/一/六
二四七/一/四

鄯 三 八/七/五
五一四/五/二
䍬 六八五/三/四
鴹 二一一/六/五
二一三/八/七
8754$_{7}$
羖 三三九/十一/三
羧 六七八/十/三
七一二/一/六
七一三/三/三
七一四/五/七
8758$_{1}$
䍦 三八五/六/三
三八六/三/六
五七一/十一/四
五七二/四/三
8759$_{4}$
䍴 二六四/八/一
8761$_{0}$
谻 七二二/一/二
䜫 七二二/三/五
8761$_{7}$
䒊 六一一/一/二
艷 二三四/二/五
䨼 六四二/二/四
8762$_{0}$
卻 七二一/九/二
七二二/一/一
䙡 六四七/十/七
六四八/一/五
翖 七六七/十一/七
𨣋 二八二/九/七
𧮣 一七七/二/三
二六〇/五/三
䎁 七二六/六/一
䙡 二〇八/二/六
䎁 二五四/四/一
䙡 二〇八/二/五
8762$_{2}$
舒 六 六/六/一
四九三/四/七
繆 一七五/九/二
8762$_{7}$
郤 七三六/十/一
郃 七六九/六/三
七七〇/四/二
七八六/二/七
郐 二〇四/七/六
五九三/二/二
鄐 六 六/七/七
鄫 二五〇/七/二
鄯 △三八四/七/六
五七三/一/一
鄶 五二三/八/六
鵒 六五四/五/五
鴿 七七〇/四/三
鴒 二八三/十一/四
鶬 六 六/八/五
鷭 二八三/十一/二
8763$_{4}$
𧮰 二六七/八/四
六一六/五/一
8768$_{2}$
欲 四九五/二/一
六五四/四/一
欱 七六九/八/八
七八六/四/八
歙 二八二/八/七
歈 四四四/二/五
8771$_{0}$
飢 四 七/五/三
四 七/十/七
餌 六 六/十一/五
四〇九/三/八
四一〇/一/四
8771$_{1}$
饨 四 五/十/四
8771$_{2}$
飽 三九八/一/八
8771$_{4}$
䬸 四八二/九/六
䬵 三二五/十/四
四八六/七/四
六九〇/四/八
8771$_{5}$
䭆 四三五/十/二
六一五/十/七
8771$_{6}$
饒 一三七/六/六
饈 一三四/十一/四
五六三/四/一
饙 一三四/十一/三
饞 △二九六/三/三
8771$_{7}$
䬶 四八三/六/三
8771$_{8}$
𩚍 六七五/九/四
8772$_{0}$
釦 四三二/七/三
飳 一九二/四/六
飦 七二二/五/一
餰 四三五/七/七
餉 六一三/一/三
餇 六四七/五/二
飼 二六九/三/一
餇 四一六/八/四
飼 四八四/七/五
餉 二一四/三/六

△四一五/七/一
五九七/十一/一
餇 七〇四/二/五
䬵 一九四/五/二
餬 八 八/九/二

8772_2
䭔 二六一/九/七

8772_7
𩚵 四〇九/四/七
𩚵 四一〇/六/五
鳻 一 〇/九/六
一 二/一/一
鳦 六八三/十一/七
䭗 三〇五/六/五
餶 三〇五/六/六

8773_2
餵 五五〇/十一/二
餯 五三七/十一/一
饟 △四一五/六/一

8773_4
饃 五八六/四/四
餱 二六七/七/六

8773_7
䭊 一〇八/五/四

8774_0
餟 四九〇/八/七
餖 四八五/六/七

8774_1
餅 五七三/七/八

8774_7
餕 六一九/五/九
六一九/八/三
七〇九/三/二
餟 五一五/一/七
七一一/十/二
餿 二六五/三/二

8775_6
餫 一三七/九/四
五四六/五/四

8776_1
饘 六二七/六/一

8776_2
䬰 五八〇/四/七
餾 二六〇/十一/四
六一五/六/五

8776_8
餎 四 三/四/六

8777_7
館 一〇八/五/五
餡 六二三/四/三

8778_1
䭓 四九四/八/四
饌 三七二/六/四
三八六/二/七
五四九/五/二
五七五/七/七

8778_2
钦 四七九/三/六
饮 四八八/九/六
飲 四四四/二/六
四八八/七/四
六七七/七/七

8779_4
䭐 六一四/五/六
六一五/十/八

8781_0
俎 六 六/十一/五
三五〇/五/八
四九二/二/一

8782_0
劒 六三九/三/三

8788_2
歛 二八二/十/五
二八六/一/五
二九四/六/二
二九八/七/一
六二五/五/四
歙 二八一/四/五

8790_4
槊 六五九/十一/六

8791_4
糴 一九四/九/六
七二一/三/七
七五一/七/七

8792_7
郄 六 六/一/三
八 六/七/一
八 七/五/一
二〇四/七/五
鴒 三 四/六/五
鵌 七 九/八/四
䳢 八 七/二/二

8800_0
从 一 八/一/五
入 四一三/三/三

8800_6
鼇 六四二/七/六

8810_0
釟 六九六/四/二

8810_1
竺 六四四/五/六
六五〇/九/四
笠 三二二/二/四
筌 一 〇/三/六

8810_3
筊 二四九/一/二
䉛 三 四/七/四

8810_4

坐 四〇七/一/三
五九一/五/四
坐 二 六/十/五
笙 二〇〇/二/二
笙 二七八/八/二
笙 三五六/七/二
笙 二三二/一/四
筌 一六九/六/八
笙 五〇九/一/三
篁 二四〇/二/三
笙 五 一/八/四
篁 二四四/二/七
六〇八/三/二
篁 七〇二/六/二
篚 二 七/一/七
二 九/九/六
四 三/八/七
三〇九/九/一
三〇九/十一/三
篁 二四二/五/四
四二四/七/一
四二七/十/六
篁 二三五/七/三
篁 三〇〇/七/六
簺 三五三/五/一
篁 一三二/七/一
三五九/三/五
篁 三〇〇/七/三
篁 六四四/六/三
簹 一一三/十一/二
88106
笪 三七〇/八/一
三五八/八/二
六八八/九/五
六九/二/七
篕 一三四/八/四
箮 七五六/一/四
88107
笪 五九三/一/二
篕 五二一/六/二
七七三/八/二
盜 二四〇/六/六
簋 三二〇/七/一
簋 七 七/十/二
八 五/五/三
三三四/八/一
四九五/四/三
簺 三五五/九/六
籃 二八五/五/三
籄 三七〇/二/二
88108
笠 七六七/三/七
筮 五一一/二/四
五一五/十一/七
篁 六一九/七/七
簦 二五二/八/二
簟 三四五/一/五
簦 二二五/十一/三
88111
笠 二 二/一/五
筅 三七八/十/一
筕 三一〇/十/二
鉝 七二八/五/一
籠 三四五/六/五
88112
箷 五 〇/四/八
鉇 二 五/五/八
鍦 二 五/五/七
二〇四/八/一
二〇五/一/一
四六六/十一/六
88113
筂 二五八/十一/五
五八〇/十/四
篪 二六一/一/四
銃 五一六/二/三
七一二/十一/四
88114
銼 二〇〇/四/一
五九一/一/五
六三七/七/二
銓 一六九/五/五
篁 七〇二/六/二
鐘 一 六/三/一
88117
笵 四五七/八/二
鈗 六七五/六/三
筑 六四五/一/四
筑 六四四/六/一
鎰 六六八/四/四
釳 六七六/三/三
鐑 一八八/二/五
五三六/四/六
篚 一一六/一/三
鑑 六三〇/二/二
鑑 二九六/十一/二
六二六/三/四
六三〇/三/六
88121
篍 四 七/五/二
一三二/十/九
鈴 二七四/八/五
二八三/九/二
鍮 二七一/七/六
鏄 三七〇/五/四
鏄 一四一/一/二
88122
鈔 一二〇/三/七

8812_3
箌 五八四/十/三
劉 二六一/二/二
四三五/四/三
六一五/十/一

8812_7
筠 三五三/九/五
三五六/六/三
三五六/八/四
鈐 二九二/三/四
鑰 七八二/六/三
鈽 七五七/十/五
笻 二 一/八/三
鈞 一二六/八/五
銻 九 五/三/六
蒲 八 五/三/四
䈸 七 六/七/五
鈁 五一五/四/一
筋 六〇三/六/二
筋 四九二/十/五
筍 四九四/七/二
鎬 一五〇/一/六
鎓 一 〇/十一/五
三〇三/一/四
節 二〇七/七/二
鏥 六一三/六/五
節 一七六/二/一
簜 四一六/十一/四
鎓 一 一/一/七
篙 七二〇/十一/四
鉤 二六九/四/三
篘 七七五/三/七
鎬 四二四/四/五
錀 七一八/七/三

8813_1
錜 七八三/七/一

8813_2
笨 二五七/三/七
簑 五二四/七/三
鈆 一 六/七/三
藜 九 六/九/四
篆 六三八/十一/二
籙 六五三/十一/三

8813_3
鐩 四七五/四/三

8813_4
鉃 三一七/九/二
六五七/四/五
鏃 六一八/十/三
六三七/四/一
六三七/四/三
六三七/七/三
六六〇/三/八
六六〇/八/六
鐅 六九六/八/八
鎮 五六七/十一/五

8813_6
鑒 一九二/五/五
簽 一 四/五/四
二 〇/六/二
二 一/九/八
鑑 七〇〇/八/一
蠶 二七七/三/五
△二八二/四/五
六二四/三/一

8813_7
鈴 二四五/四/六
笭 二四五/十一/一
鎌 二九〇/十/八

8814_0
鐓 五二八/一/六
鐵 五 八/六/六
鐓 一〇八/四/一
一四一/五/五
三四八/十/六
△五二九/十一/二
五五九/九/四
鏾 三六九/十/四
五五七/六/一

8814_1
箳 一三八/九/三
鉼 二四三/三/二
四二五/九/五
六〇五/九/六
簈 二四二/八/四
籓 七八二/五/五

8814_2
簿 五三七/九/五
七二六/九/五

8814_3
簈 一五八/十/二
鋳 一 八/九/三

8814_6
簞 四五四/三/一
鐏 五五一/八/三
五五一/八/五
鐏 一四〇/十一/八

8814_7
筟 二六六/五/二
二六六/七/三
二六七/三/六
篏 二六五/十一/一
鍑 六一三/二/一
籤 五二〇/八/五
篡 五二〇/九/四
鍛 三一五/二/一

8814_8

箊 六〇六/七/一

8815_5

箴 七三三/七/四

七六〇/八/三

藏 四五五/十一/二

鐵 二七六/一/四

籤 二八八/一/七

籖 一五八/七/八

一五八/十/三

8815_5

籛 一四五/十一/八

一五八/五/一

三八三/一/五

五七一/六/七

8815_6

簰 一〇二/九/一

8816_0

箔 七二六/十/三

鉛 一七一/十一/二

8816_1

箈 一五八/七/七

一五八/十/一

二八八/十一/三

鈴 七六九/十一/〇

七三〇/三/八

鉿 二八三/八/一

8816_2

落 五九五/十/六

8816_3

箬 五 四/四/四

一一三/九/五

三五一/九/一

五五一/十/三

8816_4

落 七二五/四/一

簵 五〇〇/三/七

鐯 七二一/二/三

鏴 五〇〇/四/一

8816_6

鏳 二五六/四/三

鏳 二三五/九/一

鐪 七四二/一/六

8816_7

鎗 二一三/二/四

二三二/四/六

二三二/六/五

8816_8

鉿 二 〇/五/六

六五四/五/一

鎝 三三七/十一/五

鎝 七二七/十/五

8816_9

籓 一三六/四/三

一四八/五/三

8817_4

鐫 四七四/十一/八

四七五/八/三

四七八/七/一

△五一〇/一/三

五一六/四/二

六八二/四/二

8817_7

䈂 二八三/八/六

8818_1

篊 九 /七/一

鏦 一 七/七/二

二 三/九/六

鏇 一六九/十一/三

鏇 五七一/三/三

鎭 一六〇/九/六

鍉 九 四/十/六

五〇五/四/四

8818_3

筊 三二四/八/四

8818_6

鐱 二八八/三/八

8818_9

𥲤 四四九/九/六

六二五/九/七

8819_0

鉨 七八二/六/六

8819_1

篠 四六六/四/四

8819_2

鏼 七三八/七/四

8820_0

笒 二七七/五/二

二八三/八/七

六二二/五/三

8820_1

竽 四二八/八/四

竽 三三一/九/七

四九二/十/八

箞 五 四/十/三

箏 六〇八/一/三

8820_2

篸 二七六/九/三

二七七/三/七

篸 二七七/一/一

△二八二/四/六

六二四/三/一

8820_7

篣 七 三/五/一

七 四/二/七

竽 七 三/二/三

篣 三九九/十/二

篢 二四二/十/三

簩 七三〇/四/七

篸 三五三/十一/三

8821_1

筅 二一七/十一/七
[illegible] 二 六/二/四
[illegible] 二 六/二/五
笎 一三五/九/一
筅 五七八/十/二
笮 五九三/十/五
七二八/五/七
七三六/四/四
七五六/八/五
筰 七二八/五/六
七三六/四/五
七四四/一/二
[illegible] 六八八/七/三
筦 三六八/十一/二
箢 五六〇/八/三
[illegible] 五二四/十一/七
[illegible] 二 六/四/三
四一〇/一/二
[illegible] 一二八/一/四
[illegible] 三 二/八/一
簏 六三八/十一/一
籭 二 五/九/一
四 一/一/二
一〇三/一/三
三〇九/四/四
籠 六 /二/七
一 九/六/一
三〇一/四/三

8821_2

[illegible] 五二六/三/三
[illegible] 六九四/十一/四
六九八/七/一
七〇二/四/六
[illegible] 七七九/十一/一

[illegible] 三 九/六/一
[illegible] 三二八/十一/〇
箷 二 五/五/一
二 六/九/二
三 四/九/六
[illegible] 六二四/三/六

8821_3

[illegible] 四六三/五/三
篪 二八三/二/九
二九一/十一/四
二九三/十/四
七八二/三/四
[illegible] 一〇五/五/一
二六五/六/六
三四七/一/二
三四七/二/三
[illegible] 三四七/一/一
三四七/二/二

8821_4

[illegible] 四四二/四/二
六二一/六/四
篧 六六〇/七/三
六六〇/十一/四
七三〇/五/七
七三一/三/三
[illegible] 五〇〇/六/七
六六一/七/五
[illegible] 三二五/十一/五
[illegible] 三七三/八/二
[illegible] 六四五/六/二
[illegible] 六一六/九/七
[illegible] 二一八/六/八
篷 一 五/八/六
[illegible] 六六一/七/六
七三一/三/四
[illegible] 一四七/七/五

[illegible] 七五一/三/四
七三一/九/一
[illegible] 六六一/七/四
七三一/五/三

8821_6

筧 三八〇/十一/七
三八一/二/七
[illegible] 二六八/二/二

8821_7

[illegible] 六 /十一/五
笐 二二五/八/六
二二四/五/一
四六五/十一/五
六〇二/一/二
[illegible] 七八二/四/三
[illegible] 二〇五/十/六
[illegible] 二七一/六/三
[illegible] 三三九/六/二
[illegible] 三 〇/四/六
[illegible] 五四二/八/三
[illegible] 三四〇/五/六
籚 八 七/十一/四
[illegible] 二四〇/六/五

8822_0

竹 六四四/五/五
六四四/九/六

8822_1

[illegible] 一三二/十一/一
[illegible] 五 六/七/三
笌 二〇九/七/一
筕 二二四/四/二
二二八/十一/六
[illegible] 五一五/五/三
[illegible] 三一三/九/七
箭 五七一/六/三
[illegible] 一六二/六/四

衞 五一三/八/七

8822_2

篸 二五九/九/一

8822_3

筣 五一五/一/四
笂 三五六/二/五
箭 六五九/十一/九

8822_7

笍 五一二/三/二
五一五/二/六
七一二/六/四
第 五〇四/十/八
笏 三五七/九/八
六七三/十一/二
六八四/五/二
侖 四七四/四/四
笰 三二二/五/五
笏 一三五/七/一
三四八/六/二
笏 二一二/三/五
篩 四 三/九/五
第 三一七/十一/二
第 三二二/七/四
第 三五四/三/一
第 四六七/十一/二
第 六七三/四/三
篇 三 四/七/六
一〇一/五/四
七六七/七/一
七八〇/四/四
七八二/九/六
篙 七四二/六/三
篛 二〇七/七/一
筲 一八七/十一/五
六六〇/一/三
䈁 一二四/六/四

篰 二 六/十一/八
一五〇/四/七
一七一/一/一
篛 三六九/四/二
篙 三一四/九/七
筲 五七〇/九/一
箹 六五八/五/六
七二二/四/三
筯 七四九/四/二
筒 五 /六/六
四六一/七/五
筩 五 /六/七
三〇五/六/二
篣 二二一/八/六
二三〇/六/五
篃 六五六/二/一
六五七/十一/三
筩 三〇一/五/二
筋 一三二/六/一
一三五/九/五
一六八/二/一
篙 四一二/三/三
篃 四四八/六/四
篙 五六七/四/一
篇 一六八/五/三
篝 二一五/五/四
二五八/五/一
五六七/三/一
箇 一七四/六/六
簪 六 五/三/一
篟 五六七/二/四
簹 四三三/九/一
篡 四一七/一/一
四一七/六/六
篙 七五三/十/二
七五四/一/一

簩 二九〇/十/五
篽 三二八/二/二
籞 三二八/二/五
籋 三 四/七/五
篇 五七二/七/二
篙 一九〇/六/四
五八六/一/七
簥 一八四/二/一
一八四/六/一
簜 二一一/八/四
簪 三七九/九/二
篴 三七四/十一/二
簡 三五四/十一/四
簱 五四八/十/七
四〇七/七/四
四〇八/一/一
五九一/八/四
籒 七四〇/七/五
籥 七四〇/七/四
篡 三 四/七/三
簡 一六二/一/一
簡 三七四/九/二
籣 一四五/九/一
簪 一四三/三/八
簽 七一八/七/一
簡 五八八/五/六
簫 一七三/八/二
簡 六 八/七/三
籣 五四二/十一/五
籲 二八七/五/四

8823_0

竿 五五八/三/一

8823_1

篤 四九二/四/二
籚 一八七/五/五

8823_2

笊 三九八/九/三
五八四/八/二
笟 八 九/十/三
筂 三一七/九/四
篨 四七五/七/六
篆 三 九/一/一
一三三/十一/五
篆 三八八/一/三
簇 三三二/一/九
簶 六三八/十一/三
簝 六 四/八/二
三二八/八/二
箛 八 九/一/三
箛 八 九/九/四
簇 九 /四/六
籐 一三三/三/四
簻 二 九/七/二
籞 一三七/三/四

8823_{5}
笲 六三五/十/二
箊 六 三/三/一
䉌 四七五/八/一

8823_{4}
笨 三六五/四/三
三六五/五/四
篌 ▲五一七/十/四
篌 三四六/六/五
簇 二六七/八/八
簇 六三七/三/二
六六〇/五/一

8823_{6}
篙 四九三/二/三

8823_{7}
簾 六二八/六/一
簾 二九一/三/四

8824_{0}
敘 六二九/二/三
敍 二九二/二/三

攽 一一九/四/二
一三三/一/四
敓 六九四/一/三
𢿌 八 四/二/八

8824_{1}
箅 二三八/八/四
二四三/二/三
四二五/十/三

8824_{2}
箭 二一三/七/四
四一三/一/一
四一三/一/六
四一五/二/五
五九七/九/三

8824_{3}
符 七 八/四/三
𥳑 六三五/三/二

8824_{6}
箯 一六八/五/二
一六八/九/五
箯 三五七/三/三

8824_{7}
筊 五三二/七/八
五三二/十/一
五九一/二/三
五九三/十一/四
五九四/三/五
笈 七六八/八/六
七七六/八/三
七八五/五/四
七八七/七/二
篸 八 /十/三
篓 一九九/十/七
篌 四〇六/十一/二
箙 三 二/八/三
篓 二五一/五/一

篸 五五六/八/四
籔 一〇四/九/八
一〇六/十一/三
五二三/五/四
五二五/六/三
五二八/六/五
篋 ▲五〇〇/一/五
䈞 二五三/三/八
簃 四八九/三/三
篗 六二〇/十一/四
箙 六四〇/十一/三
篗 六四〇/一/七
簸 三三七/三/四
篋 一四二/三/六
五六七/七/二
篗 六四〇/十一/六
篋 五三七/三/二
籆 六一三/一/三

8824_{8}
筱 ▲三九〇/五/一
籔 五一六/十/四
箉 三九八/一/三
篏 五 〇/六/二
五 八/六/三
篃 五 〇/六/一
五 八/六/四
篡 三六九/九/七
五五七/五/六
六八八/一/四
簸 一八四/十/六
一八五/三/三
三九八/一/二
五八二/六/二
䉽 三九七/七/一
䉶 三九四/二/四

8824_{9}

号码	字	出处
	篣	五〇一/一/五
8825$_{2}$		
	⿱竹觧	三四四/八/四
8825$_{3}$		
	筏	六八〇/十/一〇
		六九二/六/二
		六九二/十一/二
	筭	三八五/一/四
	筬	二五九/七/一
	箋	七〇七/四/九
	箴	二七六/二/二
		四五五/十/五
		四五五/十一/三
	⿱竹感	四四七/四/四
	⿱竹幾	七三〇/三/三
	籤	七〇〇/九/四
8825$_{5}$		
	⿱竹殘	一四四/五/二
8825$_{6}$		
	⿱竹仲	四六三/九/二
8825$_{7}$		
	箻	六七七/五/八
	⿱竹靜	四三四/四/四
8825$_{0}$		
	⿱竹犇	五四二/八/二
8826$_{1}$		
	箵	四七四/五/七
	箸	七二〇/十一/三
	篬	四三九/一/三
	簷	二八七/一/三
8826$_{7}$		
	篃	四八二/八/六
	篃	五 〇/五/五
	⿱竹盾	二一三/五/三
		二二二/五/四
	篖	二一九/六/一

号码	字	出处
8826$_{9}$		
	籓	一三六/三/七
		一三六/四/六
8827$_{2}$		
	⿱竹仙	一六四/六/一
	⿱竹屈	六七六/十/七
		六八五/三/二
8828$_{1}$		
	簁	二 五/九/三
		一〇三/一/五
		一〇五/六/二
		三〇九/四/三
8828$_{6}$		
	⿱竹須	七 九/八/一
	籲	四 九/二/四
8828$_{9}$		
	⿱竹⿸广炎	七五三/六/一〇
8829$_{4}$		
	篠	△三九〇/五/一
	篨	六 八/二/六
8830$_{3}$		
	笗	一 四/九/五
8830$_{7}$		
	笒	二四五/十/一
		六〇八/五/三
8832$_{7}$		
	笭	四二九/三/一
	篤	六五〇/九/三
	篤	五九二/九/二
8833$_{1}$		
	⿱竹念	六二八/四/四
		七八二/八/八
	⿱竹忽	四八三/二/五
	⿱竹悤	四八五/九/七
	⿱竹無	七 八/十/四
		八 四/七/一

号码	字	出处
	⿱竹惪	二六〇/二/四
	⿱竹燕	一六二/九/七
	⿱竹熏	四一七/二/三
	⿱竹熹	六九九/四/六
		七一〇/七/六
8833$_{2}$		
	⿱竹忽	八 /一/十一
		四六〇/十一/三
8833$_{3}$		
	⿱竹悠	三一〇/二/一
	⿱竹然	一六一/二/一
		一六六/二/一
8833$_{4}$		
	⿱竹愍	三五四/十一/五
	⿱竹憖	三五四/十一/六
	⿱竹慧	二六〇/二/五
8833$_{0}$		
	⿱竹惠	五 二/十一/一
		三二三/三/六
	⿱竹息	五 四/四/五
		一一三/十/一
		三五一/九/一
		三五一/十/二
	⿱竹悳	七五七/一一/四
	⿱竹熊	一〇四/五/三
8833$_{7}$		
	⿱竹⿱雋心	△五一〇/一/六
8834$_{0}$		
	敆	七〇二/六/六
		七八二/七/四
8834$_{1}$		
	等	三五一/九/五
		四三〇/一/一
	⿱竹尊	二七五/六/五
8834$_{2}$		
	⿱竹守	六七二/五/七

8834$_{3}$
篿 一五〇/八/三
一七〇/十/七
8835$_{1}$
鮮 一六四/五/七
三八二/七/三
8836$_{1}$
鱔 四五一/十一/一
8838$_{6}$
籲 △四二九/二/二
8840$_{1}$
竿 一四三/八/四
三六七/九/四
五五三/十/七
竽 七 五/二/二
筵 二四四/四/二
四二八/十一/五
䇯 一 二/十一/八
一 七/二/六
三〇三/九/三
䈀 七六四/八/二
七六五/八/二
8840$_{3}$
笔 七五九/一/二
8840$_{4}$
笅 一八四/十/五
䈜 △七七六/十一/一
七七七/六/三
△七八九/四/八
箑 五六一/十/一
簍 二七二/六/五
三三五/八/二
三三六/九/四
四四〇/二/三
8840$_{6}$
䈙 五八四/九/五
六六一/八/一
六六一/十一/四
簟 四五四/二/六
六二八/五/二
8840$_{7}$
笅 四一二/六/三
筟 七 七/五/一
簽 四三九/一/二
篗 二六五/七/七
篗 七二二/七/二
籆 七三二/六/五
箄 三五三/十一/二
箋 六四四/六/四
籗 二 三/七/二
籰 七二二/七/一
8840$_{8}$
筊 一八四/十/四
三九七/四/一
箤 六七一/七/二
8840$_{9}$
筟 八 九/一/二
8841$_{1}$
笔 四〇二/十一/二
箠 一九九/七/六
8841$_{2}$
笵 二七七/十一/四
8841$_{4}$
矬 二〇〇/三/六
䉁 四七七/三/二
籬 三 〇/十一/四
8841$_{7}$
䉞 四七三/三/六
七六五/一一/七
七六五/十一/二
8842$_{3}$
箹 七一五/二/一
七一五/三/四
8842$_{7}$
笏 一三二/六/二
七六二/六/四
笱 二五六/五/四
篣 一九四/十一/四
五八八/十/五
篶 三三三/七/二
篘 二六五/七/五
篱 三 一/一/四
箺 六四七/四/七
簕 五七一/六/二
籘 六四七/十/三
籲 六四六/十/八
籥 六四七/四/一
籦 六四七/三/四
8843$_{0}$
笶 五〇四/七/八
笑 五七九/五/一
笑 三一七/七/四
篸 四 八/二/四
簔 三四三/十一/六
篡 三八五/十/七
簽 六八三/二/一
簢 四〇〇/七/二
篹 六四七/十/一
六四八/五/八
六四九/二/一
簊 六一八/九/二
簒 七二七/六/六
簨 三五三/十一/五
8843$_{2}$
箛 八 九/十/一
8843$_{8}$
筴 七五八/七/八
七八三/二/四

七八六/十/七

8844₀

敍 三五二/九/四

筊 六九二/十一/三

⿱竹敷 五一一/九/二

五一二/五/三

五四九/一/四

五四九/九/二

8844₁

筭 九 六/十一/四

一五七/一/八

笲 二五八/九/五

二四三/二/一

箅 五一五/十一/六

七〇九/七/七

䈆 三七〇/六/四

五五八/二/五

筭 六四四/六/五

⿱竹𢍰 三六七/九/三

⿱竹𢍰 五五三/十一/一

⿱竹弇 五一一/二/三

⿱竹弇 五六三/五/二

⿱竹弇 三八六/十/二

三八六/十一/六

8844₂

篿 七二五/七/三

七二六/四/六

8844₃

笄 三六三/二/一

五七六/九/五

笲 四一八/六/三

8844₄

⿱竹弇 四一三/二/五

8844₆

箅 四四二/一/五

算 四八一/二/五

算 三七〇/一/四

三七〇/六/三

三八三/六/二

8844₇

⿱竹冊 七三八/八/三

⿱竹发 八 八/五/三

二〇七/三/四

四九八/五/三

五〇〇/五/四

簍 三六八/三/二

五七五/七/一

⿱竹般 一四八/五/五

一四八/十/六

算 六 九/九/二

⿱竹鈹 二六六/一/五

(⿱竹鈹) [illegible] △六一四/八/三

8844₈

籔 三三五/十一/五

四三九/一/一

8845₃

笺 一 二/十一/一

籛 五 九/十一/四

8846₃

⿱竹始 六 七/八/五

笳 二〇/八/三

8846₆

矰 二五四/三/三

8846₇

⿰矢倉 三一三/四/七

⿱竹婠 四八二/九/一

8848₃

⿱竹欽 六四七/四/三

8848₆

⿱竹贛 四四七/四/一

⿱竹贛 四四四/九/二

8850₁

⿱竹羊 二一一/九/一

8850₂

⿱竹半 六四二/十/七

⿱竹拳 六四四/七/三

⿱竹掌 四一四/三/六

8850₃

笺 二八八/四/一

箋 一五八/三/五

8850₄

⿱竹峯 四六二/六/七

⿱竹夆 六 /十一/二

二 二/八/五

⿱竹車 四八〇/十一/六

六六四/十一/六

⿱竹輋 三五四/十一/七

8850₆

笚 一 三/四/四

⿱竹車 七七四/九/八

七七五/八/二

七八八/七/七

七八八/十/二

⿱竹車 三五三/十/五

⿱竹車 三 三/六/二

一〇〇/三/六

一〇三/九/二

三一五/十一/二

四八〇/十一/一

五〇三/五/一

五〇三/六/七

七四九/八/一

筻 五一五/八/四

筻 七一二/七/三

⿱竹更 八 三/八/一

⿱竹輦 五四九/五/三

篳 一四四/九/一
篷 一七一/六/二
五七三/六/七

8850₇
笋 三五三/十一/一
箏 二七五/十/四
筆 七八〇/四/五
筆 六六五/十一/九
七一五/三/三

8851₂
箍 八 九/十/二

8851₄
籊 六六二/四/二

8851₇
範 四五七/九/三

8852₁
䈇 五一〇/十/四
七〇九/五/二
七〇九/八/一
羭 八 三/十一/一
四九五/二/五

8852₅
箭 一四四/三/三
三七〇/二/三
三七三/九/四
三七八/十一/四

8852₇
羒 一二九/三/三
一三〇/一/四
第 四八七/三/一
六七四/四/二
六七四/九/一
箐 一八七/十一/四

8853₀
筴 四一九/五/七
六〇二/六/二

簨 四一四/四/六

8853₁
羚 二四五/十一/八
䈌 二四五/十一/一

8854₀
敉 四一二/七/二
五九七/二/六

8854₁
篺 七六七/八/二
籜 七二四/三/五
䈥 五六六/十/六

8854₂
簙 七二五/八/一
七二六/九/六

8855₁
箻 五二四/七/二

8855₃
䉉 三一四/三/一
籤 一五八/十/四

8855₆
䈙 三 二/九/四
三 四/一/六
一〇二/十/二
二九二/八/一
三四五/三/四

8855₇
箺 四五二/三/四
四五四/五/五
篝 四二九/五/一
篝 五六二/二/七
篝 二六九/四/一
六一七/一/二

8856₁
筈 二九二/二/三
籍 六六〇/四/六
六六〇/十/七
六六一/十/三
七三六/三/三
七三六/八/六
七三八/十一/五
七四二/三/一
七四三/一/四
七四三/十/四

8856₄
篐 九 〇/八/三
䈑 五〇〇/四/一

8857₅
箝 二九二/二/二

8858₆
羷 四五二/六/二
四五二/七/一
六二九/一/二

8859₄
䍩 六 六/一/五
七 〇/一/二

8860₁
笘 二八六/七/六
二八九/三/四
二八九/七/七
七八一/一/五
七八一/三/六
筃 五一四/三/二
答 二八三/八/四
答 七七一/九/四
箇 三三二/二/十一
筶 七〇一/八/二
筶 八 五/三/五
二六六/七/五
二六九/八/七
四三八/三/二
箸 九 一/五/三
筃 二六五/七/六

箬　一七五/三/一
篖　二三〇/十/二
籓　七五六/七/二
簪　三八三/一/三
　五七一/六/五
簮　二七七/三/四
　△二八二/四/四
　四四六/十/四
籗　一四七/六/二

8860_2

箵　四二二/六/一
　四二四/六/六
　四二七/十/四
籀　二六一/一/三
簪　△五一〇/一/七
　七六五/五/二

8860_3

筈　五 四/二/二
笘　七三二/十一/三
笛　七五一/八/九
箇　七七五/八/一
　七八八/五/四
筃　一二四/十一/四
　一二五/三/一
箘　一二六/十/三
　三五七/一/四
　三九〇/一/一
笛　六五四/九/三
箸　七七二/四/一
　七七三/一/四
箇　二三〇/十/一
　四二三/一/一
　四七三/二/五
箇　五八九/三/一
篋　一〇七/五/七
簂　五三三/九/四
　七四一/十/八
篡　四九八/五/四
箘　三六一/五/五
　三九〇/一/一
簪　三三九/二/五
籄　二 七/一/一

8860_4

笞　三三九/六/六
　三四〇/一/五
箬　六九一/一/六
　六九一/七/一
答　七二四/九/三
簦　一九〇/六/五
箬　三三九/六/五
　六九八/五/三
箸　四九二/九/二
　四九二/十/四
　△七二一/二/六
籓　三七九/九/七
箸　四九二/五/二

8860_6

筥　三二八/八/一
　三三二/二/一〇
簹　六四〇/三/二
　六五九/五/五
管　六五〇/九/三
簹　二一九/十一/六
　六〇〇/十一/七
篬　二五四/七/四
簪　一九三/一/七

8860_7

箬　一二六/十/四
　一三一/八/一
　三五七/一/六

8860_8

𥬇　七四二/六/一
箺　五一一/二/五

8860_9

籓　一三六/四/七

8861_1

筰　七二八/五/八

8862_1

笴　三六七/九/一
　四〇〇/四/一
　四〇三/七/三
　四〇三/十一/二
篣　四〇三/七/三
篙　四〇三/七/四

8862_2

箏　六 六/九/一

8862_3

箚　四三七/十一/一
簡　二六一/二/三

8862_7

谽　二八二/八/一
　二九五/五/三
䜫　一二九/五/五
　一二九/七/三
筍　四三七/二/二
笥　五 三/二/二
　三一三/四/八
　四八四/五/四
筍　一二六/九/五
　三五三/十/八
　五四一/四/七
篰　四三七/十一/二
　四三八/七/三
篰　八 六/四/二
箶　八 九/一/一
籒　一七五/三/四

8862_9

篎　三九六/五/四

五八一/十一/八

8863₁

[illegible] 四九二/五/六

8864₀

敆 七七〇/二/二

七八六/三/六

[illegible] 四四八/十一/一

四五七/三/二

8864₁

辥 四七二/一/四

五〇三/七/一

[illegible] 一四七/六/三

籌 一九四/八/五

二六〇/二/三

8866₁

谽 二八二/七/七

8866₃

簬 四七九/三/一

8866₇

谽 二九五/三/一

8870₀

飤 四八四/七/四

[illegible] 五 四/十一/七

8871₁

笓 四 九/五/五

一〇〇/五/四

一〇〇/九/一

一〇一/一/一

四八一/五/二

六六五/八/八

篦 二七七/三/六

飵 四九九/六/四

七二八/七/九

七五六/六/四

篦 四 九/五/六

一〇〇/五/五

篦 一二六/十/五

一三八/七/六

三五七/一/五

[illegible] 三二六/三/五

8871₂

[illegible] 三 〇/四/七

笣 一八六/四/一

一八六/十/一

8871₃

[illegible] 一八二/八/三

[illegible] 二 七/三/六

三 六/七/二

四七二/八/六

五一一/七/一

五一九/七/七

篋 七八三/四/三

8871₄

笔 六六六/一/一

[illegible] 五一二/五/二

8871₅

饈 二六一/九/四

8871₆

[illegible] 七八八/七/六

[illegible] 二六八/二/二

8871₇

笆 三二五/二/四

[illegible] 五六六/四/三

笆 二〇三/九/二

四〇八/十一/二

四〇八/十一/五

[illegible] 三二九/二/五

[illegible] 五 六/九/一

[illegible] 一 九/四/一

箞 一七二/十一/二

五七五/七/五

[illegible] 二六八/十/三

[illegible] 六七五/五/五

[illegible] 四八八/五/二

六七五/五/六

[illegible] 二三七/七/二

[illegible] △四八八/二/七

餼 六七五/五/七

[illegible] 三七〇/二/一

篹 三七〇/四/三

三七二/六/三

三八六/一/八

8871₈

籄 四八〇/五/五

8872₂

[illegible] 三七九/九/六

七〇一/一/三

8872₇

飭 七五七/八/一

飾 七五五/七/五

七五七/八/二

節 七〇〇/三/五

七〇〇/七/五

[illegible] 九 五/一/七

篙 六八六/十一/七

六九七/十一/七

篩 四 〇/十/二

餳 二一四/五/七

△四一五/六/二

五九七/十一/六

[illegible] 三九八/六/五

8873₁

[illegible] 六 三/六/三

[illegible] 七八二/七/二

餻 一九〇/五/三

[illegible] 五九七/二/二

[illegible] 一三〇/十一/七

[illegible] 五一六/五/四

8873₂

笿 一 六/三/三
[䇾] 笠 五〇〇/八/六
篒 二一六/十/一
二二〇/九/六
四一七/十/六
六〇一/四/一
簑 三二七/四/八
籡 二〇七/三/五
饈 五九七/三/三
䉉 五 四/一/四
篡 五六三/七/五
五七七/三/一
䉵 四一六/五/一
籑 二一五/九/一
△四一五/五/一
篸 三七二/六/五
三八六/三/六
五七三/七/六
五七四/三/六
五七六/三/五
8873_3
飫 四九〇/八/十一
8873_6
餁 七五六/三/三
篕 一五〇/八/四
8873_7
鈴 二四五/八/三
䬫 二四六/四/一〇
鎌 二九〇/十/七
四五二/四/一
四五二/九/五
四五四/七/一
六二九/六/七
8873_8
迨 二一六/九/七
8874_0
敘 二 四/八/八
敛 六八四/九/七
饊 △四一五/七/三
䭤 三六九/十/一
8874_1
鉼 二四二/十/六
餅 四二五/九/三
8874_2
餺 七二六/十一/六
8874_6
篘 一八八/四/五
六六〇/七/二
8874_7
笢 一二〇/一/五
三五四/八/一
8875_6
籑 一四六/十/一〇
8876_1
餄 七八六/九/六
8876_4
餂 四〇九/四/八
8876_5
饍 五七二/十一/一
8876_6
𩞄 五二二/七/三
8876_7
鎗 三二二/六/六
8877_2
畚 三 六/十一/三
四 四/七/三
畚 四六九/六/一
笛 六七一/九/七
籓 六六六/六/一
七〇七/五/一
飿 三九八/三/三
8877_5
笞 三八六/三/四
四四八/十/一
8877_7
箵 一九三/八/四
管 一四七/八/三
三六八/九/五
䈲 二八三/八/五
䈰 七七九/六/六
8878_1
餟 三 三/十一/一
8878_2
餃 三八〇/二/八
餩 七六四/一/六
8879_4
餘 六 九/六/三
二〇七/七/四
8880_0
箕 七三七/十/一
七五〇/一/三
8880_1
篊 三七九/七/五
箕 五 六/七/一
簨 五五八/二/六
筵 二 六/六/八
三 四/九/七
九 四/十/七
九 六/十一/五
筳 七七七/九/六
七七八/二/八
七八七/十一/三
七八九/六/四
𥳍 一一五/十一/四
簨 三五三/十一/四
三七二/六/六
䭡 六 九/九/一
籑 六四二/三/八

六四二/七/五
六四二/九/六

8880₂
笶 四五二/九/六
六二九/三/一

8880₆
簀 一三〇/十一/一
一七二/七/四
簣 一 〇/九/一
四四四/七/三
簧 二二五/七/四
篢 三四六/六/六
籄 一三〇/五/三
簮 四四七/四/二
籫 五二四/十一/八
七三九/五/二
籅 四八〇/五/六
五二五/六/二
籑 三七〇/四/二
䉵 五六三/一/三
籯 五五七/十一/五

8882₁
簖 二 五/九/二

8882₃
箣 △二八二/七/二
二八四/九/九
二八六/九/二
二九〇/七/一

8882₇
箹 六五九/五/六
六六〇/五/三
六六〇/八/七

8884₀
敛 二九一/三/一
四五二/三/六
六二八/十/四

8884₇
簸 二九〇/十/一

8888₀
笵 七 二/四/二
箂 二 六/十/七

8888₁
簇 四六三/七/一

8888₆
簽 二八八/一/九

8889₄
簶 七七六/二/二

8890₁
築 一七九/八/一
一八〇/六/三
三九六/二/一
五八一/九/三
籞 三二八/二/五

8890₂
策 七五八/七/七

8890₃
䉬 六三五/一/五
篡 七三七/十/二
七三六/二/七
纂 三一九/三/四
篹 三一九/五/五
䌙 一三六/七/二
篡 三七〇/二/四

8890₄
筞 六九〇/三/四
策 八 〇/三/四
八 二/四/七
二六五/七/三
三〇七/五/六
筡 六 六/八/七
六 七/十一/二
六 八/一/二
八 六/十一/五
箓 三〇九/四/七
篥 七七五/十/二
七七九/六/五
七八一/十一/四
籴 四 五/一/六
築 六四四/六/六
筞 二〇六/八/一
四〇八/二/五
簗 六六七/十/二
纂 三二三/四/一
五五二/一/八
篆 二一九/六/五
二三一/四/二
篻 一八八/四/七
籘 一四四/五/三
築 六四四/六/二
六四五/三/四
簗 四一三/二/一
纂 一三〇/一/七
三七〇/五/七
籙 三一五/一/五
籛 六 /九/五

8890₆
簝 一七六/一/八
一九五/四/二
四〇二/十一/四

8890₈
笨 七八二/九/七
筷 一一四/八/四

8891₃
篼 一八二/十/三
一九四/六/五

8891₄
箺 四九七/十一/五
篪 六一三/六/八

	六四二/七/七	8894$_2$			二六二/二/一
籬	七七一/八/三	簙	七三五/十/五		五七九/七/四
籮	二〇一/五/五	8894$_3$		8899$_1$	
8891$_7$		䉄	一九七/七/五	籬	四六六/四/五
䈏	六〇二/一/一	䈙	四三五/二/三	8899$_4$	
8892$_3$			六一五/四/五	籹	二七八/一/六
箣	四 四/十一/六	䈫	四九五/八/七		四四三/八/一
	五 四/十/二	8894$_6$			六二一/十一/七
	九 六/九/五	䉗	六六一/十一/二	籗	五九一/十/六
	三四五/五/六	8894$_7$		8910$_0$	
	四七七/五/六	簸	三一五/一/四	釥	三九三/四/五
8892$_7$		䉉	六三五/一/四		三九三/八/三
簃	五 〇/三/六	䉤	六三五/四/二	8911$_4$	
	三 四/十/四	8895$_6$		鏜	二二〇/三/三
	三一一/八/三	篺	一〇二/九/一	8911$_7$	
箹	五八五/四/九	8895$_7$		錈	一七二/十一/一
	六五七/九/二	籜	二六九/四/二		三六一/七/一
	六六〇/三/二	8896$_1$		8912$_0$	
	七二二/五/三	篟	三三七/十/四	鈔	一八八/二/六
䈫	七七三/六/二	篟	九 一/五/二		二〇五/三/四
篣	三四五/六/六	籍	七四三/九/七		三九三/九/八
䈾	一八七/九/四	8896$_2$			五八四/六/五
	六六〇/一/一	籀	六一五/二/一	鈔	一九九/三/七
䉁	八 〇/四/二	8896$_3$		8912$_7$	
篙	六九七/十一/六	箱	二一二/十一/五	鐒	一九五/三/三
8893$_1$		8896$_4$		鐺	二一五/四/五
簇	六二八/四/五	篠	七二九/六/二	銷	一七八/一/三
8893$_2$		簬	七二五/四/三	鏛	二一五/四/六
䉋	三〇二/二/一	8898$_2$		8914$_4$	
籙	四六九/一/五	簌	六三七/二/六	鏤	一九九/三/八
	五〇六/二/三	8898$_6$		8915$_0$	
8893$_3$		籟	△五一八/四/一	鉡	三六九/七/五
䉆	一 二/八/一	8898$_9$		8915$_9$	
8894$_0$		篵	一〇六/十一/五	鏻	一二一/二/二
敍	三一九/九/四		五三三/十/二		五四二/八/五
敹	七三八/十一/二	籔	一七八/五/三	8916$_6$	

鐺 二一九/十一/五
二二〇/三/四
三三二/五/三

8918_{6}

鎖 四〇六/九/四

8918_{9}

鍁 五八四/七/八

錟 二八四/九/八
二八五/二/一
二八七/七/三
四五〇/六/一
四五一/四/三

8919_{4}

鑠 三二九/二/一

鐰 三三二/四/七

8921_{2}

俏 一七七/十一/五

8922_{0}

⿰黍少 二九三/五/一
六二八/三/六

8941_{7}

⿰矢卷 五五三/八/一
五二八/二/四

8942_{7}

⿰矢肖 七〇六/四/八

8962_{7}

⿰谷勞 五八八/十/四

8969_{6}

⿰谷京 七三六/九/四

8971_{7}

⿰食卷 五七五/十一/四

8972_{7}

⿰食尚 五九七/十一/二

8975_{0}

⿰食半 三六九/六/四

8978_{9}

餤 二八四/九/四
二八六/十一/四
二八七/六/五
四四九/八/六
六二五/八/五

9000₀
小 三九三/三/一
9001₀
忙 二二二/一/一
9001₁
慌 四一九/十/三
愧 六三九/十/四
懽 三三/四/三
一九九/一/二
9001₃
恍 一二/三/二
愧 一三七/八/三
9001₄
性 六〇〇/四/一
惟 四六/七/九
惟 一〇九/二/七
憔 三七三/十/二
三七三/十一/二
三七四/一/七
五四九/十/二
五六二/三/八
憧 五/十一/七
十六/五/一
十六/八/三
十六/九/五
四六一/七/三
四六六/六/四
9001₇
忼 二二三/一/五
二二三/五/三
四一八/十一/五
四一九/一/四
六〇二/二/一
憢 五九九/四/五
9002₁
惝 三七/九/三
三一三/一/四
9002₃
懠 九三/六/一
五〇二/十一/一
懠 四三/七/二
九二/六/五
四六八/十/三
四七四/九/三
9002₇
㤃 二一一/十/三
怖 △三二二/四/五
五一八/十一/四
△五一九/九/三
五三七/一/二
五三七/四/七
六八〇/六/七
六九二/三/一
悖 二二八/八/七
二三〇/二/四
六〇三/九/三
傍 二二一/七/三
懦 三〇/十/五
情 六四六/二/四
惝 五八六/二/二
慵 一七/一/六
儶 五四一/七/一
9003₀
怀 五七六/九/三
9003₂
懷 三六四/八/六
㥂 五二七/五/五
懷 一〇五/一/四
慊 二二三/五/二
四一八/十一/六
四一九/一/五
懡 四〇六/八/一
懷 二一五/七/四
五九八/五/三
9003₆
憶 七五九/九/二
懲 一七二/八/三
9003₇
慭 二二四/八/一
9004₃
悴 六七二/三/三
9004₆
憧 二一四/十一/三
9004₇
慶 七二三/八/六
悖 一二一/七/一
一二二/二/五
一四一/五/一
慢 三〇四/三/一
懮 七八三/八/五
懮 二三/七/六
三〇四/三/二
9004₈
悛 三九二/十/五
三九七/六/四
三九八/一/一
五八二/五/八
悴 四七五/十/一
四七五/十一/五
六七一/七/六
9005₇
悔 三四六/八/四
五三三/五/二
9006₀
惛 三一七/五/七
9006₁
悟 四三六/一/四
惜 二七八/十/一

二七九/二/二

9006_3

[illegible]　六四四/十/六

六四六/八/三

9006_4

恪　五四二/六/一

9008_2

㤥　五三六/一/一

9008_6

懭　四二〇/一/五

四二〇/十一/一

六〇二/九/一

懡　七五九/七/一

9009_4

懍　四四三/六/二

四四八/三/三

懔　六二二/五/二

㦬　四九〇/六/二

9009_6

惊　二一七/一/六

五九九/四/四

9010_1

堂　四一四/七/四

五九八/四/四

9010_4

坐　七四四/八/二

坣　二一九/三/六

堂　二一九/三/五

埢　五四四/十/五

9010_7

盎　一七二/十/三

一七二/五/三

五四七/十一/四

五七五/九/四

盞　一七二/十/五

9010_8

豋　三六一/五/四

(豋) 失　△三八九/十一/三

豋　五七五/九/三

9011_4

雔　一四五/十一/五

9013_6

𧊒　五七五/十/七

蠆　二二〇/一/八

9020_0

少　三九三/八/六

五八〇/二/三

9020_7

夢　二〇六/九/三

券　一七二/九/三

五七六/一/五

券　五七五/八/七

夢　二〇六/六/三

9021_1

光　二二五/一/一

六〇二/十/六

卷　三三/二/四

三四/五/六

二四三/七/二

麇　三三/三/一

三四/五/七

二四三/七/三

9021_4

雀　七一九/四/一

䳄　二一五/五/三

雚　一七三/四/四

9021_6

党　四一七/四/二

兑　五七六/七/三

9021_8

[illegible]　四一九/七/八

四二〇/二/二

9022_7

尙　五一六/十一/六

五一七/一/二

尚　四八九/十/八

肖　一七八/三/六

五七九/五/四

帣　一七三/七/一

△三八九/十/二

五七五/九/五

券　五七五/八/二

尚　二一五/四/二

五九八/四/一

常　二一五/三/二

[illegible]　一七三/一/六

△三八九/十一/二

[illegible]　五七五/十/六

𥼶　七五一/九/五

[illegible]　六四六/二/七

9023_2

豢　三六八/五/四

三七二/三/二

五六一/七/一

9024_0

[illegible]　一四五/九/九

一五四/二/三

9024_1

[illegible]　二三一/一/五

六〇三/十/八

9025_9

粦　一二一/三/一

五四二/九/一

9030_0

心　六六四/二/四

七〇八/四/七

9032_7

焉　七一九/四/二

90732
裳 二一五/三/三
餋 三六一/二/三
五四七/十一/六
五七五/九/一
90772
[illegible] 一七三/四/二
90775
[illegible] 二一五/三/五
90800
火 △四〇五/十一/一
90801
[illegible] 二三〇/十一/八
二三一/三/一
五九八/一/四
糞 五四四/十/六
90806
[illegible] 四〇六/九/三
賞 △四一五/五/七
90809
炎 二八四/十/一
二九一/六/五
△二九六/八/二
二九八/七/七
六二六/五/六
燹 二二五/一/三
90811
熝 六三九/二/一
90814
炷 三三六/一/三
四九七/一/一
[illegible] 七一九/五/四
[illegible] 五/八/三
[illegible] 一四二/九/四
90817
炕 二二三/一/一
二二三/四/六
六〇二/二/五
90827
[illegible] 二〇/一/三
二〇/八/二
焇 六四六/二/二
熇 一八三/八/六
一八六/二/七
三九九/十/八
五八五/九/一
六三四/五/七
六四九/五/三
七二九/四/五
[illegible] 二九/二/三
三八三/七/一
90831
[illegible] 一九〇/八/五
90832
炫 三八二/二/七
[炫] [illegible] 五六九/十一/二
[illegible] 四一五/五/三
90837
燫 二八七/五/二
二九〇/十一/二
二九三/四/四
90840
炆 一二八/六/二
90841
燂 一四一/九/三
90847
[illegible] 七一八/六/二
七四六/八/五
烰 一〇八/七/一
一二一/十一/二
一四一/九/四
一四二/四/一
三七〇/五/一
五五一/七/三
五五一/九/五
90848
烄 三九七/五/一
五八三/六/二
五八六/一/一
焠 五三二/六/六
90857
烸 三四九/十一/二
90861
焙 五三一/八/五
90867
煻 二一九/四/七
90882
烗 一一一/十一/四
五二六/八/八
90886
爌 四一九/七/七
四一九/十一/四
四二〇/二/一
六〇二/八/八
90889
[illegible] 四五〇/五/四
七四六/八/六
七四七/三/五
七四七/四/五
六二六/六/二
七五四/二/二
七五五/一/五
90894
[illegible] △二八一/八/二
四四八/二/一
[illegible] 三九九/十/七
90901
[illegible] 五七五/九/二

90903
粢 一七二/九/二
五四七/九/二
五四七/十一/二
五七五/七/三
五七五/九/六
六五四/十一/六
90904
米 三四一/八/九
粲 一二八/一/七
二〇九/十/四
五三四/一/七
桼 一七二/十/二
五七五/十/四
棠 二一九/六/二
橐 五七六/三/二
櫜 一二九/五/十二
90906
粜 七三六/十/四
90911
粧 三二/十一/六
一九九/一/七
三一七/二/一
90913
粇 二六〇/十一/六
90916
䊮 一六五/四/十三
90917
粇 二二三/二/四
90918
粒 七六七/三/一
90927
𥼢 二二一/八/四
𥻆 三一/六/一
糯 七三九/八/八
七四二/三/一
七四二/四/六
90932
糠 二二三/二/三
𥻕 五九九/七/二
90943
𥼝 六七二/三/二
90948
粎 一八五/六/一
粹 四七四/十/一
五三二/五/六
90957
𥹍 一一一/七/三
90967
糖 二一九/二/六
90993
䊔 五七四/六/四
91010
𢖻 一〇/十/四
91011
忨 一四七/十一/一
五五六/二/四
忹 二三九/二/五
㤵 四二〇/九/一
四二六/十一/三
[恇] 恇 二一八/八/二
四一六/八/三
懕 七五三/五/四
悱 三二六/一/二
㥎 三二六/一/三
三二六/六/二
㦗 六/九/四
三〇一/四/六
四六一/十/一
91012
𢡜 六三/九/四
91014
恎 四七三/四/六
六六二/十一/一
七〇〇/十/八
七〇一/六/一
㤿 五二四/四/三
㥑 二一八/八/一
性 四八/八/七
一〇〇/八/二
三四一/十一/七
𢟪 三六二/七/六
三八一/六/一
𢙶 一〇〇/八/三
慨 五三六/三/一
91016
[恒] 恆 二五四/八/五
二五四/八/六
六一一/三/七
㥾 六六七/十一/七
七五八/四/七
七六二/二/四
慪 二六八/一/三
91017
怇 三二九/三/三
㤎 五九六/一/三
91018
𢘐 六一二/十一/三
六一九/十/六
㦓 二四六/四/二
91020
忊 六〇八/二/三
六〇八/四/七
㤉 二〇八/四/五
二〇九/五/一
五九六/二/四
91021
𢖰 二二四/四/六

91096
⿰忄原 一三三|五|二
91104
⿱類土 五三〇|九|五
91217
⿰米瓦 五四二|八|六
91247
敞 六〇四|一|三
穀 二三六|七|五
91286
頪 七〇六|八|四
91404
娄 五五六|九|五
91486
類 三四九|八|四
四七七|十|三
五三〇|九|六
六七二|三|七
91547
粄 五五六|八|四
五五六|九|四
數 五四五|一|三
91586
頖 五五六|五|六
91604
瞥 六〇四|一|五
91617
甑 四二二|四|一
甗 二二〇|二|四
91686
顲 四四三|七|三
四四八|二|二
顈 六二四|九|一
91786
⿰卷頁 一七三|一|七
91810
灴 九|十|八
91811
炡 二三九|四|一
烴 四二五|三|一
四二七|四|四
四二七|五|五
爏 七五三|一|九
⿰火齒 四〇三|四|九
91814
煙 一六二|七|六
91816
烜 三一四|十一|八
三六〇|十一|九
五五五|七|三
熰 二六八|四|七
六一七|八|九
91817
炬 三二九|二|四
爐 八七|七|二
91818
爧 二四六|五|九
91820
灯 二四三|十一|二
91827
炳 四二一|五|三
四二一|九|一
六〇四|二|八
烲 五二|四|七
⿰火爾 三八二|六|五
⿰火丐 五九〇|七|四
燸 八一|十一|三
五六〇|五|七
焇 五三一|八|四
爄 五一四|十|二
七一一|八|三
91832
⿰火彖 六七六|五|七
⿰火隶 三〇二|十|六
⿰火豦 七二二|四|一
91834
煗 三七二|一|二
91836
爈 六八|九|一
四九三|一|四
91837
⿰火零 二四六|五|十
91841
⿰火嵒 七八〇|三|五
91846
焯 六五〇|十一|三
六六一|三|五
七一九|十|六
七二〇|五|四
燂 二七五|五|二
二八〇|十|三
二八八|八|四
二八八|十一|五
91847
⿰火支 六三六|二|三
六五八|十一|七
⿰火反 五五六|八|五
⿰火数 六二六|七|五
91860
炶 二八六|六|二
六二七|三|一
粘 二八六|六|一
二八七|十一|三
二八八|八|五
二八九|一|四
二九七|四|六
六二六|六|一
六二七|二|七

六二七|九|二

91866

煏 七六一|六|七

七六三|一|五

91886

煩 一三六|六|三

熲 二八四|十|四

二八七|四|三

[illegible] 六八九|八|六

91891

熛 一七九|七|一

一八〇|一|三

91904

[illegible] 五五五|七|四

91910

[illegible] 九|七|二

粃 四九|十|八

三二〇|十|五

三二一|七|四

91911

[illegible] 四八一|十一|一

91914

[illegible] 七二九|五|七

91916

[illegible] 一四七|三|四

91917

粔 三二九|二|一

[illegible] 七三六|八|八

七四八|二|五

[illegible] 七三八|五|六

七四〇|一|一

91918

[illegible] 二四六|十一|三

91919

[illegible] 一一〇|八|六

91920

[illegible] 六〇八|一|六

91927

[illegible] 七〇七|四|八

糯 五六〇|六|二

五九二|一|二

糲 五一四|十|五

△五一八|二|二

六八九|九|三

91929

[illegible] 四九八|十|二

91932

粻 二一六|五|四

二一六|八|六

二三一|三|八

五九八|十|六

91937

糝 二四六|十一|四

91946

粳 二二八|四|三

[illegible] 二八〇|十一|一

四四七|八|二

六二四|八|五

91947

粄 三六九|六|二

91948

[illegible] 七四〇|三|一

91960

粘 二九一|五|二

粞 九二|十|三

一一四|十一|一

五〇二|八|二

91961

[illegible] 一〇四|四|三

91966

[illegible] 七六一|六|六

91986

頪 五一九|八|二

△五三〇|六|四

類 △五三〇|六|三

92000

[illegible] 五一五|六|三

[illegible] 五一四|十一|八

惻 七五六|八|五

懰 二六〇|八|五

四三五|四|四

92010

[illegible] 七七八|二|一

七七八|五|三

七七九|七|三

七八一|五|二

92013

恌 一七四|八|八

一八二|四|六

[illegible] 三七一|九|二

92014

[illegible] 七二三|八|五

[illegible] 四六九|九|五

性 二一九|一|四

[illegible] 二一八|十|三

惟 一一〇|四|五

[illegible] 三〇四|十一|一

四六五|五|一

92017

[illegible] 二八|一|五

三五|一|一

九四|十|四

三〇八|三|六

三一二|三|二

92018

愷 三五〇|一|三

五三六|四|七

憕 二三一|三|六

五七九/六/三
五七九/七/十
五八四/四/四
七一八/十一/二
𠞰 一二一/三/六
92210
亂 三五五/八/一
92214
毻 一七八/四/一
一八四/七/四
二六一/十一/五
92237
𢇍 一二〇/十/二
三五五/五/五
五四二/七/七
92327
劙 七一八/十一/五
92500
判 五五六/五/四
92502
拳 二六二/五/七
𠞳 一七八/二/八
二九五/十一/四
五八四/五/二
六六〇/一/六
七一八/十一/四
92630
𤬪 二二〇/一/六
92700
𠟊 二三四/四/五
92800
剡 四五〇/二/二
四五〇/七/三
四五一/五/四
四五一/十/六
𠟵 六八九/八/五

剆 四〇七/一/三
92812
熾 七七五/五/六
七八〇/二/二
92813
烑 一八二/六/二
92814
𤆍 五九四/四/七
六四八/五/三
爟 一〇九/十/七
92818
燈 二五二/六/六
92821
炘 一三二/三/二
三五八/十一/一
五四五/六/二
燍 二七/十/六
九二/十/八
四二七/十/五
92822
熮 一三/十/一
92827
烤 六四八/五/四
煓 一五〇/六/二
燆 一七七/四/七
一八三/九/一
92833
爋 三八七/九/四
92841
烶 四二九/一/七
烻 一六五/三/五
一六六/五/九
五七四/八/三
92844
㶳 一九七/九/五
92846

爝 七一九/五/二
七一九/六/七
92847
烰 二六六/八/三
二七三/八/二
煖 一三四/三/一
三六一/一/一
三七二/一/三
爜 九/四/七
92861
熘 二三九/三/七
92863
熖 四〇三/四/八
𤇗 一一五/二/七
92864
姡 四五〇/三/一
四五三/十一/二
六二七/九/一
焝 五五〇/一/五
92869
燔 一三六/十一/四
92872
𤆼 四〇三/四/十
炪 六七一/九/九
六七一/十一/三
七一〇/一/二
熎 五八一/四/二
92877
焰 六二六/五/五
92894
燥 一八八/五/一
𤒾 六六二/六/三
△七一八/六/一
七一九/七/五
七二五/三/六
92900

七六四|一|一
慽 七四八|九|三
惐 六四八|九|三
七六〇|五|六
七六一|一|二
㥛 二九一|十|一
△二九六|八|一
四五五|九|七
㥜 四四五|五|三
四四八|一|四
六二三|四|七
𢡟 四八三|五|三
懺 六三〇|六|七
9305 5
㤿 一四四|七|二
9305 6
㥔 五一二|八|二
9306 0
怡 五五|二|三
9306 1
㤫 五二〇|十一|三
五三六|一|三
9306 4
恪 二〇八|四|六
五九五|五|七
9306 6
𢜵 一四|四|一
一四|七|五
𢢧 六一二|十一|二
9306 8
𢜶 三〇五|三|三
9307 7
悺 三七三|二|五
9308 6
𢙴 一二〇|九|四
三五六|八|二

三五九|六|七
𢤭 一一八|五|二
一一八|八|三
9309 1
悰 一五|九|二
𢣠 六九六|十一|六
9309 4
怵 六七〇|三|四
六七一|一|三
六七一|十一|一
𢗀 六二四|一|三
9313 6
𨫼 七〇八|四|五
䥫 六九七|一|六
七〇〇|八|五
七〇八|四|四
9321 1
𤇼 一〇|二十
9325 0
𢧐 七〇〇|七|二
9380 0
炑 六五八|八|七
9381 1
烷 一四六|十|六
焢 十|二|二
㶽 五三六|十|二
六七九|八|一
六八一|三|一
六九一|十|五
9381 6
煊 一三四|三|二
9381 7
𤏭 三四〇|八|四
9382 1
炈 三三一|六|五
9382 7
焆 一六三|三|七
一六四|二|四
七〇五|十|九
七〇五|十一|六
七一三|四|五
七一四|九|六
烳 三三七|七|六
三三七|九|三
烤 一四|三|四
四六三|十|六
煽 一六五|二|三
五七二|六|三
9383 2
烺 四一七|十|五
9383 4
焕 五五|十一|一
一一二|九|四
9384 0
烒 七五五|九|三
9384 2
煿 七二五|十一|六
9384 4
炦 七〇六|十一|一
9384 7
焌 三七〇|五|二
五四一|七|六
五五一|七|二
五五一|九|四
六七一|四|五
9385 0
烖 六七〇|二|七
煘 五二六|八|九
熾 四八三|四|九
㸂 四七〇|十|三
9386 6
焰 一四|三|五

9388$_{6}$
熉 一三〇|八|一
三五九|六|六
9389$_{4}$
烌 六七二|一|四
9390$_{0}$
粆 七〇七|四|七
9391$_{1}$
粺 二〇〇|八|二
粽 一四六|九|五
三六一|三|七
9392$_{2}$
糁 △二八二|二|三
四四六|四|六
9392$_{7}$
糒 四九八|十|一
糄 一五九|三|六
三七九|三|一
9393$_{2}$
粮 二一六|十|五
9394$_{0}$
粰 五四九|二|五
五四九|四|七
9395$_{0}$
糨 六四二|七|四
糍 二九五|五|六
四四五|七|二
四五六|一|三
糤 二八七|十一|六
9396$_{0}$
粭 五四|十一|八
9399$_{1}$
粽 四六〇|十一|五
9399$_{4}$
粖 四四六|五|四
9400$_{0}$
忖 三六五|九|七
怤 四九五|九|六
9401$_{0}$
恾 二二二|二|五
9401$_{1}$
慌 四一九|十|二
恅 四〇二|九|四
慌 六〇二|八|六
惉 四〇七|十|五
五九一|七|七
愖 二七六|四|三
二八一|五|五
六二一|十|一
六二二|十|五
憢 一七六|九|二
一七七|一|一
9401$_{2}$
怹 九七|五|五
四一二|六|一
五〇六|十一|二
忱 二七六|四|二
9401$_{4}$
懂 一三二|八|二
三五九|一|二
五四三|十|二
五四五|十|四
懩 三〇〇|七|四
懹 一一三|三|三
懽 一四六|十|九
一四七|六|五
五五五|四|五
9401$_{6}$
惓 二九一|七|五
四五三|四|三
六二六|九|二
惓 二八七|六|二、
9401$_{7}$
懢 五二一|七|八
9401$_{8}$
愷 四三六|一|三
五一〇|七|一
懀 四七九|八|六
9402$_{7}$
怐 六八三|八|五
怖 四九八|五|八
悕 六〇|三|四
惏 一四九|三|六
怮 二五七|七|六
二七三|二|五
四四〇|六|三
五八三|五|一
恸 七八四|十|二
惰 六四八|八|四
惰 一八四|九|六
恗 七三|十一|六
九〇|六|三
九〇|十一|三
二一〇|二|三
三四五|十|五
四一二|二|三
懘 五一二|九|六
懘 五二九|六|五
懘 七〇一|六|五
慵 三四五|三|二
四八二|七|二
五二七|九|一
愑 四九一|九|五
懜 七|十|四
一一|十|三
二五三|十一|三
三〇一|十|七
六一〇|十|二

[illegible] 二〇二|四|一
四〇七|十|三
五九一|七|四
五九一|十|七
惰 七八四|十|一
憜 五九一|七|三
[illegible] 五一三|二|七
慟 四六一|七|二
[illegible] 四〇七|九|八
四〇七|十|二
五九一|十|八
懄 一三二|八|三

9403₀
忕 五一一|三|八
五一七|十一|一
七〇九|八|八
忲 五一七|五|二

9403₁
[illegible] 四八三|二|七
[illegible] △七五四|二|一
怯 七七六|七|四
七八四|十一|五

9403₂
[illegible] 八|二|二
懞 八|一|八
三〇一|十|八
四六二|十|六

9403₄
慔 四九八|四|四
七二七|五|五

9403₆
[illegible] 一九二|三|二
慥 五八七|八|四

9403₇
[illegible] 二二四|八|二

9403₈

悏 四五一|二|六
七七八|二|二
七八三|四|六

9404₀
恔 一八四|九|七
五八二|五|九
忟 四九二|九|一

9404₁
恃 △三二二|四|四
三二四|三|五
四八三|八|三
悻 四二三|八|四
四二六|十一|一
[illegible] 七七四|九|四
[illegible] 九〇|五|二
懤 二五九|九|六
四〇二|四|一
四三五|二|六
六一五|三|三

9404₃
[illegible] 三三七|六|三

9404₆
悼 四〇一|六|一

9404₇
忮 二五|三|三
三六|一|一
三一二|五|四
四六六|八|二
四七〇|四|三
四七一|三|三
怶 四七二|四|二
㥄 二五一|四|四
二五三|五|五
悖 三四九|九|六
五三一|二|四
五三一|七|二

六八一|八|四
懮 七二二|九|二
七三〇|七|三

9405₄
㦊 二〇九|十|一

9405₆
愅 七四〇|六|三
七四〇|八|二
七五九|六|八
七六〇|四|二
愇 三二七|二|一

9406₀
怙 三四〇|二|二

9406₁
恄 六六八|七|五
[illegible] 七二五|六|四
悎 三九九|七|一
五八三|一|一
六四九|七|四
六四九|八|五
六五六|二|五
惜 七四二|七|四
懎 七五六|六|四
愭 四七|八|五

9406₂
懵 七|十|三
二五三|十一|四
三〇一|十|六
四三〇|五|四
六一〇|十|三

9406₄
[illegible] 二〇六|七|六

9406₅
憘 五五|八|六
三二四|十|五
四八五|五|六

94070

怈 二八六|二|四

怈 五一五|六|四

94077

憺 △三五八|一|三

94081

㤨 九|十|一

二〇|九|一

三〇五|十|四

惎 五七|十|三

憷 三三〇|七|六

四九一|十一|六

懂 四七七|二|七

懥 四七三|二|四

四七六|六|三

94086

憤 △三五八|一|二

憒 九三|六|二

94089

恢 一〇六|九|二

三二七|九|五

94090

惏 二七八|四|四

二八一|七|三

四四八|四|四

94091

㦗 二七九|十一|三

四四四|二|二

△六二二|四|六

94094

惵 七八〇|七|五

七八〇|十|三

七八一|七|三

惵 七九|一|二

三三五|五|三

三三七|五|六

四三八|七|一

94096

憭 一七五|十一|三

三九一|六|三

94212

糰 一四五|九|四

94218

糙 四二〇|二|三

942[illegible]7

鬻 七〇七|四|四

94247

敞 五七九|六|四

94254

韡 七七六|六|五

94500

料 五五六|四|一

94727

勬 一七二|八|六

五四七|十|一

94811

烧 三七八|九|三

煁 二七六|四|四

燒 一八〇|十|四

五八〇|二|四

94812

灺 四〇四|九|二

四〇九|四|一

94814

烓 一〇〇|三|三

三一二|十一|二

四二五|八|七

四七〇|六|一

六〇八|八|一

七〇六|一|二

烇 三一二|十一|三

熣 六四九|三|四

六五〇|二|一

七三一|八|一

爟 一七三|五|八

五五五|七|二

五八五|一|九

94816

烇 七七〇|七|二

燊 七七〇|七|五

94817

熆 七七三|九|二

燼 五二一|三|八

94822

爩 六七七|六|七

94827

焫 三六六|八|五

五五二|五|三

焬 七一九|十一|四

炳 七一〇|三|五

烯 六〇|四|五

㸆 四三一|八|六

四四〇|七|四

焴 一〇七|八|一

(焴) 火 △一〇八|三|一

三四六|八|三

三五〇|九|六

五三三|四|四

爋 六八一|九|八

爄 五三四|九|三

六八九|四|一

七一〇|十一|五

熁 六二九|一|六

七八四|九|一

燆 七一八|四|八

爤 五五九|四|一

爔 一七三|十一|三

94831

烁 七三四|二|六
七三五|三|三
七五四|一|二
爀 七三四|二|四
燋 七一九|六|十
爒 七一二|二|二

9483 2
熜 八|六|五

9483 4
燠 六二三|四|六
熐 七二七|五|三
熯 三六七|六|六
三八四|十|七
五五三|四|二

9483 6
爞 六八一|二|六

9484 7
焞 六八一|九|七
爙 七三〇|七|二
爀 四九七|七|四

9485 4
燁 七六七|九|九
七七六|六|四

9485 6
煒 七三四|四|三
燁 六〇|七|三
三二七|二|四

9485 9
爑 五四二|九|二

9486 1
焅 五八五|九|二
焟 七四二|七|一

9486 9
燔 一三六|三|二

9487 0
焳 二八六|六|三

9488 1
烘 九|十|七
一〇|一|五
二〇|八|五
二一|十一|一
四六二|一|五
四六三|六|五

9488 6
熿 一二九|十|七
五五一|二|三
燌 二五五|八|六
四一九|七|六

9489 0
烼 二五五|十|三

9489
煤 一一一|六|四

9489 4
煠 七七六|一|五
七七九|七|二
七八八|一|九
爍 七一九|七|六

9489 6
燎 一七六|三|三
一八一|十|四
三九一|七|六
五八〇|六|六

9490 0
料 一七五|十一|四
五七八|四|三
粉 七六|九|三

9491 0
粃 二一六|二|八

9491 1
粩 一二八|二|三
糂 四四六|四|四

9491 4
糚 六一六|二|七
五九八|六|五

9491 8
糦 七〇四|二|六

9492 7
糒 一三七|六|二
一四〇|五|二
一四九|六|三
䊇 四四八|六|二
麴 一七一|七|二
一一七二|八|五
五四七|十一|三
五七五|十|一
糲 △五一八|二|一
六八九|九|二
糒 四八二|五|二
精 五二七|十|五
糷 一四五|十|五
三七一|五|二
五五九|五|一

9493 6
糝 六一三|六|三
糙 五八七|八|五

9494 0
敉 三三一|三|四
三三六|三|六

9494 1
𥼶 二六〇|六|二
五八八|二|六

9494 7
𥹲 三五|十一|三
糉 二五一|五|四
𥻗 六八一|十|七

9495 3
𥽄 六九〇|五|一
七〇七|四|六

94960
粘 八八|九|七
糍 六八|四|五
94965
糖 五六|二|二
四八三|六|五
94970
糿 二八六|二|六
94981
粠 九|七|三
粸 五七|八|五
94986
糩 二二六|一|九
94993
粽 七三六|一|四
94994
糕 七七六|二|五
95000
忡 一三|三|四
快 五二二|五|二
五二八|七|二
怍 三〇七|二|七
忡 一一六|九|八
悰 四八五|三|二
悷 八三|四|三
三三七|一|六
惯 五一五|六|二
95010
性 六〇五|十一|六
六〇七|十|一
95016
憘 七四一|七|二
七四一|七|四
95017
忳 一二一|六|三
一二二|一|四
一四一|十一|五
三六六|七|五
五五一|十一|四
五五二|三|二
愠 一三|六|六
95027
怫 四八六|九|九
四八七|六|七
五三一|七|四
六七五|二|三
情 二三八|五|三
95030
怢 △五三〇|五|三
六八三|一|五
七〇一|二|五
怵 三六五|六|三
快 二一八|四|二
四一三|六|二
六〇〇|一|三
懊 四一四|四|七
95032
慷 五三〇|一|一
△五三〇|五|二
五三四|七|一
六八三|一|一
慸 五一七|五|三
悽 △四六|三|二
憹 一五|六|三
二四|四|六
一九五|八|八
四〇三|三|八
95033
憓 五〇八|七|一
(憓) 忄 △五一六|一|七
95036
懥 一三|三|五
一四|十一|六
95043
悖 一五〇|九|一
一七〇|五|七
三八三|九|四
95044
悽 九三|三|三
五〇二|九|七
慺 八二|七|五
△二七二|四|一
三三六|八|四
95053
俸 三〇七|二|六
95057
慒 三〇六|八|四
悔 △六五一|三|六
95060
怞 二五九|二|二
二五九|三|四
二五九|九|五
六一二|九|五
六一五|四|四
95061
惜 七三五|三|一
憯 四四六|七|三
四五四|八|四
95066
慒 一五|九|四
一九二|八|二
二六二|十|八
95074
恃 △五一〇|三|三
95081
慔 三七九|十一|五
慩 四七八|三|二
四八四|十一|六

五五八|十一|四
五七二|八|二
六八八|八|十一
懌 五八九|九|四
96060
怊 三三二|一|七
悁 五八七|五|三
96061
⿰忄詈 三〇|十|九
九六|七|五
五〇六|四|一
憯 六五九|二|七
96081
惿 九五|五|五
三〇八|八|七
96086
慣 一〇二|十一|五
96094
惈 四〇五|六|五
懆 一九二|三|三
一九二|七|二
四〇一|五|七
四四六|九|一
五八七|七|十
五八七|八|七
懪 六五八|十一|六
96096
憬 四二二|十一|二
四二三|三|一
四二六|九|二
96214
⿰光里 一〇五|十一|三
96241
⿰光睪 七四六|八|一
96517
⿰光巴 二三|一|三
96800
烟 一二四|十|二
一六二|七|七
⿰火囟 四二二|十一|四
96810
炟 六八八|九|三
⿰光見 四五一|七|五
96811
⿰火⿱宀巳 七五〇|九|五
七五一|三|一
焜 一三七|十|七
一三八|六|二
三六三|八|六
96813
⿰火鬼 三一四|十一|七
96814
煋 二四二|七|四
煌 二二五|八|五
二二九|二|三
四一九|七|九
六〇二|八|二
⿰火墨 七六三|五|三
96817
熅 一三〇|十一|八
一三九|二|八
三六五|二|四
五四七|三|二
六八五|七|二
96818
煜 六四六|二|一
七六七|九|一
96827
焬 七四六|八|七
七四八|八|三
⿰火曷 六八〇|五|五
煬 二一一|二|二
二一四|六|四
五九七|三|三
五九八|一|五
焆 四八九|五|六
⿰火禺 七二|九|四
燭 六五一|七|一
96830
煾 一三九|二|九
一四二|九|三
熄 七五六|十一|三
96832
煨 一〇七|二|五
六七七|八|六
爆 六五八|六|四
六五八|十|七
六五九|六|二
七二五|十一|五
爆 五八三|七|一
96841
焊 三六七|六|七
燡 七四六|八|二
96847
爆 五五八|五|五
96850
炠 七八八|八|一
焷 七四七|十|二
熚 三二|六|一
三三|十|四
96854
燀 六六四|八|五
熚 七七六|六|三
爗 七六七|九|六
96856
煇 一六五|三|六
三七〇|八|七
三八三|十一|六

三八四|四|六

96861

[illegible] 六五八|六|五

六五八|十|八

六五九|六|三

96881

熼 七五八|八|八

96894

[illegible] 三四六|九|二

五五五|七|一

燥 四〇一|四|二

五八七|六|一

96900

粡 七八八|四|四

粣 四七四|四|一

粕 七二六|三|五

七三二|七|三

糰 一五〇|十一|二

96910

粯 五六三|一|五

96911

[illegible] 一三七|九|五

[illegible] 三四八|三|五

96914

[illegible] 二五五|八|二

糧 二一六|十|四

96927

糃 六八六|六|三

[illegible] 二一九|十|二

96930

[illegible] 一一四|十一|二

96932

糫 一五二|三|六

96934

糗 二九三|九|四

四三〇|十|七

四三〇|十一|一

六一一|十|六

96941

[illegible] 七四四|二|三

七四六|十|七

粺 三四八|三|六

96947

[illegible] 一四九|六|四

96950

[illegible] 五二四|七|四

五九二|八|三

96981

[illegible] 三〇九|一|一

三一一|七|三

四六七|三|五

96994

粿 四〇五|九|二

四一一|九|六

97010

恤 六七〇|十一|四

怛 六五|八|六

八五|十|一

八五|十|四

二〇四|三|四

三三〇|二|四

四九一|九|四

97011

怩 四五|九|四

[illegible] 七六六|三|三

[illegible] 五二七|三|五

97012

怉 三九八|二|四

四〇一|一|三

97014

怪 五二五|四|一

怪 一七三|十|六

[illegible] 七四〇|六|四

七五九|三|四

慳 一五四|七|三

一五四|八|二

[illegible] 一六一|四|六

97015

忸 四三五|八|四

六四五|九|五

97016

悗 一四九|三|四

悗 三六五|七|九

[illegible] 二九六|五|六

97017

忆 三五〇|三|四

三五〇|六|六

五四八|一|八

[illegible] 五九二|五|一

[illegible] 三九|十一|一

三一五|四|八

[illegible] 二四九|四|四

97020

[illegible] 一九三|二|五

二七三|十|五

[illegible] 五三九|一|七

[illegible] 三九〇|九|二

七一九|十一|一

[illegible] 七五〇|六|一

[illegible] 一二二|一|三

二四一|六|四

[illegible] 二〇|十|二

[illegible] 六四七|十|四

[illegible] 四九四|五|一

六一六|六|七

六一六|九|四

六一七|五|四

[illegible] 五九八|二|二

怮 一七七|五|七
六四八|七|二
𢘓 七二二|三|四
七三六|十一|一
七三七|二|四
七三七|四|四
恫 四|十|五
三〇〇|十一|三
四六一|八|五
忉 二二九|三|六
二三七|九|五
恂 一二二|七|二
一二三|四|五
三五四|二|四
五三九|六|七
五四一|四|五
惘 四一五|十|一
惆 一九三|三|五
二五九|七|七
六一三|七|八
六一四|十一|八
㥊 二三七|四|八
二三七|五|五
㥮 二三五|五|五
憫 三六五|七|六
憪 三五四|九|三
㦝 一五四|四|四
憪 一五四|四|三
三七二|九|一
㦨 三七一|四|八
㦞 六八|八|五
㦟 七五四|二|三
㦠 七三四|四|五

9702_2

忬 六六|七|六
四九三|五|二

憀 一七五|十一|二
二六〇|八|四

9702_7

㤓 三〇七|十|二
三〇八|六|一
三〇八|十一|一
㤒 一四|四|三
悀 三〇五|三|一
㥷 三九八|八|一
㦷 三〇五|三|二
㥠 六五|二|三
二二九|六|一
愲 六八五|二|六
㥠 六九九|十|五
憰 七〇五|五|七
㥼 六五八|七|五
㤎 二〇四|六|七
愵 七五三|七|三
愕 三五四|一|四

9703_1

惎 四八六|二|一

9703_2

惚 六八四|二|四
惚 八|六|一
四六〇|十一|一
悢 五五〇|八|二
𢜛 六五四|三|六
㥏 一〇〇|二|八
一〇一|八|五
㦅 四一六|十|四

9703_3

㤝 一四|十|四
一五|一|一

9703_4

懊 一九〇|九|二
四〇〇|五|七

五八六|三|七
六四八|八|五
愌 五五四|九|六
五五五|一|四
㥇 二六七|十|八

9703_6

慅 四〇一|六|二
五八七|九|四

9704_0

㤿 一八九|三|三
二五六|二|六

9704_1

㦦 四四七|五|六

9704_4

慺 八二|七|六

9704_7

㤱 三八五|八|六
㤵 一一九|一|九
一三九|四|一
一四〇|六|三
惙 五一一|十一|五
七一一|十|四
㥦 一九二|三|四
㤱 二四一|六|二

9705_0

悔 三三五|四|六

9705_2

㥬 二〇七|二|四
㦡 五二三|九|四

9705_4

悻 四六五|十|四

9705_6

煇 一三四|八|三
三五六|十|四
三五九|七|六

9706_1

懀 四四九|九|四	97091	𤎂 六〇|七|二
六二五|八|一	憏 五一二|九|四	97327
97062	97094	鄰 四一七|三|六
怊 一七五|五|三	㥒 六二四|五|五	97410
一八〇|十|六	㮎 一九五|八|一	飂 七八三|十|四
一八一|七|五	㵿 四七六|八|七	97627
惱 二六〇|八|六	97127	䣼 四二二|六|四
慴 七六五|五|八	鄭 二一九|四|二	鄱 二七六|八|四
七七八|八|四	97210	二七八|八|一
七七八|十一|五	𩙪 五四三|一|四	鄱 四四三|七|四
七八一|六|六	97214	97810
97064	耀 五八〇|八|八	炡 七六〇|十|五
恪 七二九|六|一	97220	97811
愘 五四二|六|二	翖 一七八|二|四	炬 四六|七|五
惽 一三九|四|三	翻 一二一|二|五	97812
一四〇|六|四	爛 一四五|九|三	炮 一八七|二|四
五七一|二|七	97227	五八三|八|三
97077	㸚 三九〇|八|一	97814
惂 四四五|一|三	三九三|八|一	焜 三一四|十一|六
97080	二九三|八|七	三二七|七|二
惧 四二六|一|一	五八〇|二|五	燿 一八二|八|五
七五〇|三|五	鄁 五八二|二|三	五八〇|八|五
97081	五八四|四|三	五八四|六|一
惧 四二七|八|八	鄁 四一四|八|一	七一八|九|五
懊 六九|四|五	四一七|三|五	七一九|七|四
懝 三二五|四|四	鄱 五四二|八|七	97815
五三六|十一|一	鵜 七一四|七|二	炷 四三五|十一|七
七六〇|二|七	鵜 四一四|七|七	97818
㦏 三五四|二|三	鸊 二一五|五|二	熞 七四六|十|五
三八六|三|七	鸞 二六|二|一	七五九|一|一
97082	鸞 四六七|五|六	97820
忺 一三二|二|三	97247	炌 一八六|二|六
㦑 五二一|二|三	敝 二三六|七|七	一八八|十一|四
97086	97252	灼 七一九|十|二
慣 五六一|二|四	鸛 七〇八|四|六	炯 四二六|三|四
𢥠 三〇二|七|六	97256	四二六|七|六

烔 五|八|一
四六一|八|六
[illegible] 六六四|三|六
七五七|二|六
熌 六二七|三|二
[illegible] 一〇六|八|八
三四六|八|七
三四七|十一|四
燗 五五九|四|三
爛 五五九|四|二
爓 六二六|五|四
[illegible] 二八七|二|三
二八七|二|七
二八八|八|一
二八九|一|三
[illegible] 七八五|八|一
[illegible] 七七五|四|三

9782_{1}

燸 七五〇|四|一

9782_{2}

[illegible] 一七六|三|四
二六一|八|三
四三五|五|二
五七八|五|三

9782_{7}

邩 四〇五|十一|三
郯 二八四|八|二
六二五|十|二
[illegible] 三〇八|七|一
[illegible] 三四|十|三
[illegible] 三九八|七|三
[illegible] 四〇六|十|五
熘 六七二|八|四
[illegible] 二八七|三|五
二九一|六|七

9783_{2}

熜 八|六|六
三〇二|五|一
[illegible] 六七六|五|八
熥 四|九|六

9783_{3}

炵 一四|十|三
一四|十一|三

9783_{4}

燠 二五七|八|六
四〇〇|五|二
四九四|一|二
五八六|三|六
六四八|五|一
煥 五五四|十一|二
燵 七|一|六
三〇三|五|一

9783_{7}

[illegible] 一〇八|七|三

9784_{0}

[illegible] 二六四|二|五

9784_{1}

燖 二七五|五|四
二八八|八|三
二八九|一|二

9784_{7}

烄 七四七|一|三
焯 四三二|一|五
煆 二〇八|二|二
四一〇|十一|六
五九五|三|六
燬 三一四|十一|五
三二七|七|三
五九〇|四|五

9785_{4}

烽 七|二|一
八|五|二

9785_{6}

煇 六〇|七|一
一三一|六|五
一三七|十|六
三六三|八|七
五四六|三|一
五四七|八|九

9786_{2}

炤 一八一|一|二
三九三|十|三
五八〇|二|八
七二〇|三|二
[illegible] 七六五|五|一
七六七|八|三
七六七|九|五

9786_{3}

[illegible] 四四五|五|五

9786_{4}

烙 七二四|十一|八

9786_{7}

煝 四八二|八|五
煝 四八一|八|三

9787_{7}

焰 六二九|六|三

9788_{0}

[illegible] 七五〇|四|四

9788_{1}

[illegible] 二四二|五|四
熼 二九|二|四
三八三|六|八

9788_{2}

炊 二六|二|二
四六七|六|三
欻 六七六|五|五
[illegible] 五四五|六|一
[illegible] 六二六|五|八

二七一|七|五
四九五|二|六
六一九|六|七

98027
忴 二八〇|四|四
二九二|四|三
悕 三四二|九|五
三五一|九|三
五〇四|十一|一
七四八|三|六
惀 一二四|四|五
一四二|六|一
三五五|八|五
三六六|七|七
五五二|三|六
憦 六一八|三|八
㦨 七〇〇|三|六
慯 二一四|三|二
五九七|十一|八
慃 三〇六|九|五
㥏 七六八|三|一

98031
惗 七八二|八|四
憮 七九|一|一
九一|二|二
三三三|一|一
三三五|五|二

98032
忪 一六|五|三
㥶 四七四|九|八
㦌 五九七|二|四
懩 四一二|七|三

98033
憽 四七四|九|九

98034
㥜 五〇四|八|六

98037
怜 一六一|二|五
二四六|四|一
四二九|三|二
慊 二九三|八|一
二九三|十一|二
四五四|七|二
七八三|六|二

98040
忤 五〇二|二|五
㤫 六一八|三|七
憿 四一四|六|五
慠 一九〇|十|八
五八六|五|二
憞 六三〇|三|五
懯 一七六|九|八
三九二|九|一
三九二|十一|八
七五四|七|二
憿 一四一|八|一
五五二|二|七

98041
恲 △ 二三〇|一|二
二三七|四|七
四二五|九|六
六〇五|十|四

98046
㤺 六二六|八|七
六二六|九|一
四五三|四|四

98047
愎 七六一|六|四

98048
㤈 一九〇|四|三

98051
㦂 三八二|七|七

98061
恰 七八六|五|一
恰 二八二|十|一
㤹 二六二|十|二

98064
恪 二五六|三|五

98066
憎 二五四|三|三
懀 五二三|一|五
五二八|九|五
六九一|十|四

98067
愴 二一六|二|二
四一四|二|一
五九八|八|二

98081
惎 四七九|四|二

98086
憸 二八七|九|四
二八八|二|二
四五一|一|三
四五二|六|六

98089
惔 七四二|一|九

98092
㦒 七三八|九|四

98094
悇 六九|四|四
八六|六|二
八七|四|七
四九二|十|一
四九三|八|四

98104
堅 七一四|八|五

98109
鋻 七一四|十|四

9813_6
蟞 七〇六|四|二
七〇六|六|七
七〇六|十一|二
七一四|六|八

9820_7
彆 五一六|十|六
七〇六|四|六

9821_2
斃 五一七|二|二
七〇七|一|一
七一四|十一|六

9821_4
氅 五一六|九|六

9821_6
覕 七〇六|三|一

9822_7
𢿨 五一六|十一|四
七〇六|二|四
幣 五一六|十|一
五一七|一|四

9824_0
敝 三一六|四|一
五一六|十|二
五一七|一|三
七〇六|九|十一
七一四|十一|三
𢼸 四一四|六|四
六〇三|十一|一
敞 一八八|一|七

9832_7
鷩 四八〇|十|五
五一六|九|五
七一四|七|一
鷩 四一四|七|二

9833_4
憋 七〇六|十|六
七一四|九|一
七一四|十一|一

9833_6
鱉 七一四|六|九

9840_0
𢿧 五一七|二|四

9840_1
𦗵 七〇六|三|三

9840_4
嫳 七〇六|三|四
七〇六|十|五
七一四|十一|四

9843_0
獘 五一七|二|一
獘 七〇六|十一|九
七一四|十一|七

9844_4
弊 五一六|十|五
五一七|二|三
七〇六|十|一

9850_2
撆 七〇六|二|二
七〇六|十一|四
七一四|十|六

9860_4
瞥 七〇六|四|一
𧬈 五一六|十|三
五一七|一|一
五三七|十|六
七〇六|二|七
七一四|九|二

9871_4
鼈 四一四|七|一

9871_7
鼈 五一六|九|四
七一四|八|四
鼈 七一四|六|七

9873_2
𧝓 五一七|一|五
七一四|十一|二

9880_1
蹩 七〇六|八|一

9880_6
𧶠 五一七|一|六

9880_9
𤏤 七〇六|六|二

9881_2
炧 四〇四|九|一

9881_7
熂 四八八|四|五
六七九|十一|五
爁 二八五|六|五
四五〇|一|二
六二六|二|四
六二八|十一|二

9882_0
炌 五二六|八|十

9882_7
烯 九四|六|一
五〇五|五|七
熻 三〇三|三|二
𤎌 六六四|三|五
七〇〇|六|四
七五七|三|七
熻 七六七|十一|二
爚 △七一八|五|五
七一九|八|一

9883_2
炂 一六|三|五

9883_3
燧 四七五|四|四

圖書在版編目(CIP)數據

集韻：附索引/(宋)丁度等撰.—上海：上海古籍出版社,2017.7(2023.8重印)

ISBN 978-7-5325-8337-9

Ⅰ.①集… Ⅱ.①丁… Ⅲ.①韻書—中國—北宋 Ⅳ.①H113.4

中國版本圖書館CIP數據核字(2017)第032001號

集韻：附索引

(全二册)

(宋)丁 度 等撰

上海古籍出版社出版、發行

(上海市閔行區號景路159弄1-5號A座5F 郵政編碼201101)

(1)網址：www.guji.com.cn

(2)E-mail：gujil@guji.com.cn

(3)易文網網址：www.ewen.co

常州市金壇古籍印刷廠有限公司印刷

開本 890×1240 1/32 印張 45.75 插頁 10

2017年7月第1版 2023年8月第3次印刷

印數：2,351—2,950

ISBN 978-7-5325-8337-9

H·167 定價：198.00元

如有質量問題,請與承印公司聯繫